中国民族统计年鉴

CHINA'S ETHNIC STATISTICAL YEARBOOK

2000

国家民族事务委员会经济发展司
国家统计局国民经济综合统计司 编

EDITED BY ECONOMIC AND DEVELOPMENT
DEPARTMENT STATE ETHNIC
AFFAIRS COMMISSION
&
DEPARTMENT OF INTEGRATED
STATISTICS STATE STATISTICAL BUREAU
PEOPLE'S REPUBLIC OF CHINA

民族出版社
ETHNIC PUBLISHING
HOUSE

中央民族工作会议
民族团结进步表彰

江泽民总书记在大会上作重要讲话

中央民族工作会议暨国务院第三次全国民族团结进步表彰大会在北京隆重召开

暨国务院第三次全国
大会在北京隆重召开

朱镕基总理在中央民族工作会议上作重要讲话

江泽民总书记等党和国家领导人接见出席会议的代表，并与代表合影留念

大会共表彰了1254个各民族团结进步模范，其中模范集体626个，模范个人628人

中央民族工作会议闭幕式会场

中华人民共和

国务院总理朱镕基、全国政协主席李瑞环出席了开幕式

在喜迎共和国50周年华诞之际，来自全国各省、自治区、直辖市、中国人民解放军和新疆生产建设兵团的56个民族的兄弟姐妹，欢聚在一起，共同参加由北京和拉萨共同主办的本世纪末我国民族体育最后一次盛会 — 中华人民共和国第六届少数民族传统体育运动会。国家民委和国家体育总局在民运会期间对为发展民族体育事业做出贡献的55个模范单位和35位先进个人进行了表彰。

国务院副总理、本届民运会名誉主席李岚清将“中华民族圣火”点燃

国家民委主任李德洙致开幕词

竹球(广西　仡佬族)

宁夏队和青海队在木球比赛中

拉萨分赛场开幕式上的大型文体表演

对模范单位和先进个人进行表彰

中华人民共和国第六届少数民族传统体育运动会
北京 1999 拉萨

内蒙古选手获得跑马拾哈达的金牌

达瓦孜(新疆　维吾尔族)

中共中央政治局常委、全国政协主席李瑞环在西藏展区参观

中共中央政治局委员、国务院副总理吴邦国在新疆展区参观

历史的跨越 辉煌的成

—— 全国少数民族和民族地区

国务委员司马义·艾买提在内蒙古展厅参观

国家民委主任李德洙在展厅参观

就

名优产品博览会

1999年10月22日至11月4日，由国家民委、国家经贸委主办的“全国少数民族和民族地区名优产品博览会”在北京民族文化宫隆重举行。这次博览会集展览、销售和经贸洽谈为一体，汇集了全国31个省、自治区和直辖市展团900多家企业的17类1200多种名优产品，并有600多个经济技术贸易等投资合作项目供商家洽谈。博览会在北京引起轰动，国内外的数十家新闻媒体进行了全方位的报道。3800多平方米的展区，运用多种现代化手段，布展设计创意新、科技含量高，具有浓郁的民族、地方特色和强烈的时代感。参观者络绎不绝，三十多万人次参观了博览会。

3800多平方米的展区运用多种现代化手段

来自法国、加拿大、希腊等100多个国家的驻华使节、联合国驻华机构和有关国际组织、外国通讯社驻华记者及外国商社、企业驻京代表500多人参观了展览

2000年1月21日，国家民委所属民族团结杂志社和《中国民族统计年鉴》编委会，共同举办了“1999年中国十大民族新闻”评选活动，国家民委各业务司厅的主要领导参加了投票评选。

1999年中国十大民族新闻

● 9月29日至10月3日，中央民族工作会议暨国务院第三次全国民族团结进步表彰大会在北京隆重举行，江泽民、李鹏、朱镕基、李瑞环、胡锦涛、尉健行、李岚清等党和国家领导人出席了开幕式，江泽民总书记和朱　基总理分别在大会开幕式、闭幕式上作了重要讲话。会议总结了50年来民族工作的成就和经验，明确了进一步做好民族工作的指导思想和主要任务；江泽民等党和国家领导人为受表彰的全国民族团结进步模范集体和模范个人代表颁奖，国务院共表彰了1254个全国民族团结进步模范集体和个人。会议代表和由部分被表彰人员组成的全国少数民族国庆观礼团，分别登上天安门城楼和观礼台，参加庆祝建国50周年的盛大活动。

● 党中央和国务院正式明确提出实施西部大开发的战略，为民族地区在21世纪初经济社会的全面快速发展提供了有利的条件和机遇。

● 8至9月期间，第六届全国少数民族传统体育运动会分别在北京(主赛场)和西藏拉萨(分赛场)举行。来自包括台湾在内的全国34个代表团和29个观摩团的6000多人，参加了北京主赛场的运动会，共有23个代表团获得比赛项目的71枚金牌，有113个表演项目获奖；全国33个代表团和40个观摩团共2386人参加了拉萨分赛场运动会，在4个竞赛项目中决出25枚金牌，有40个表演项目获奖。

● 10月22日至11月4日，国家民委和国家经贸委联合在北京民族文化宫举办建国以来规模最大的“全国少数民族和民族地区名优产品博览会”。共有31个省区市组成了参展团，900多家企业、1200多种产品和600多项招商引资项目参展，有30多万人次和几十个国家、地区的外宾参观了博览会。博览会取得了良好的社会效益和经济效益，全国政协主席李瑞环、国务院副总理吴邦国等党和国家领导人亲临参观。

● 9月，国务院新闻办公室发表《中国的少数民族政策及其实践》。这是新中国建立以来，我国政府发布的一部系统阐述中国民族政策及其实践的白皮书。该书的发布对国内外了解我国民族政策产生了积极的作用。

● “全国城市民族工作座谈会”在武汉召开。这是建国以来第一次关于城市民族工作的专题会议，交流研究了新形势下如何进一步做好城市民族工作的重大课题。

● 国家民委倡议发起以富民、兴边、强国、睦邻为宗旨的“兴边富民行动”，得到中央领导的充分肯定和有关部门及各地的积极响应。

● 一套名为《民族大团结》的邮票，于国庆前夕在北京首发。这套邮票汇集了56个民族的形象，共56枚，它的发行创下了世界邮史上的“第一”。

● 国务院决定国家民委继续管理所属院校，其中的中央民族大学通过了国家“211工程”可行性研究报告和立项审核，进入全国重点建设的100所大学的行列。

● 新疆南疆铁路全线通车，这条铁路东起吐鲁番，西至喀什，全长1451公里，对我国西部区域经济社会的发展将起到重要的作用。

审稿人名单
（按姓氏笔划排序）

于洪文　马尔立　马美红　马徽江
王庆良　毛公宁　包玉梅　石胜福
李　红　李瑞志　李　膺　刘万庆
任继远　曲木林古
肉孜·依不拉音　张德斌　吴仕民
陈乐齐　陈家才　陈夏春　周　平
金恒绩　陆　健　单玉华　杨　帆
武建新　罗建生　赵学义　胡毅力
铁木尔　奎　速　郭国志　钟　安
黄海坤　董文良　塔瓦库勒
魏奔雷

撰稿人名单
（按姓氏笔划排序）

于凤贤　马万学　马　震　马继祖
文　英　王　维　王春报　王丽萍
王宏晓　方府清　云　冰　兰智奇
乐长虹　冯常海　甘玉贵　齐　梅
安　燕　刘开岚　刘书琴　刘庆余
刘宝明　刘烈军　朱　彤　吕明淑
迟文秀　李钟协　李　民　李红杰
伊力哈木　陈　丹　陈　进
陈并凤　陈国良　陈建辉　孟淑贤
沙　丽　杨志杰　杨学军　杨盛龙
张　云　张　琼　张家成　张铁军
张若璞　张献民　张湘冀　宋　全
沈　林　苏晨光　若　仆
阿不力米提　何志鹏　金　枫
金惠淑　金艳华　周　方　周毛草
周旭平　郑智杏　陆滨茹　赵新萍
赵庆霞　赵丽娜　姜国利　胡学竞
袁　彦　袁　斌　侯前所　唐建军
唐武华　夏　杰　黄　飞　黄家望
符彦还　隋　青　梅　菊　程　伟
覃乃昌　蓝祥平　雷炳恩　犟永红
薛承芳

编者说明

一、《中国民族统计年鉴》(2000)是一部全面反映中华人民共和国民族自治地方国民经济社会发展情况的统计资料和全国民族工作基本情况的大型资料性工具书,主要反映上年度民族自治地方和全国民族工作的新情况、新资料。

二、本年鉴从1994年起每年编印一册,2000年为第7册。

三、本期年鉴由"特载"、"文献篇"、"概况篇"、"纪事篇"、"人物篇"、"理论研究篇"、"统计资料篇"、"附录"等8部分组成。

1.特载。记述1999年国家民族工作的几项重大活动。

2.文献篇。分两部分,其中:领导讲话——国家民委领导的有关讲话。文件——按综合、经济、文教、地方性政策法规等四类,收集了1999年国家民委及有关部委和省、自治区、直辖市有关部门颁发的关于民族工作方面的文件、法规等文献,该部分按文献时间排序。

3.概况篇。收编了各省、自治区、直辖市少数民族和民族地区经济社会发展概况,以及国家和各省、自治区、直辖市民族工作部门撰写的民族工作概况。

4.纪事篇。该篇分"民族团结进步表彰活动"、"民族自治地方成立庆祝活动"、"民族工作会议"、"民族政法"、"民族经济"、"民族教育"、"民族科技"、"民族干部"、"民族文化"、"民族语言文字"、"民族古籍"、"民族体育"、"民族卫生"、"对外交流"、"民族工作部门自身建设"、"各类活动"等16个栏目,收编了国家和各省、自治区、直辖市民族工作部门撰写的有关少数民族各项事业条目。

5.人物篇。收集了各省、自治区、直辖市政府民族工作部门现任主要领导人的简介。

6.理论研究篇。收编了国家和各省、自治区、直辖市民族工作部门提供的理论研究动态和论文篇目。

7.统计资料篇。包括:行政区划和自然资源,综合,人口、从业人员,农业,工业,运输、邮电,建筑业,固定资产投资,国内贸易,对外贸易、旅游,财政、金融,人民生活,教育、科技,文化、出版,卫生、体育等15类统计资料。该部分按全国民族自治地方全面资料进行统计(不作重复计算),各项指标的发展指数扣除了区域变动和价格变动因素,年度之间可比。各部分末附有《主要统计指标解释》,对主要统计指标的含义、统计范围和统计方法作了简要说明。

8.附录。收集了1999年民族工作大事记、民族工作机构名录、全国民族院校简介及有关民族方面的资料等。

四、书中涉及到的全国性统计数据均不包括台湾省和香港特别行政区、澳门特别行政区;资料所使用的度量衡单位均为国际统一标准计量单位。

五、本年鉴的统计资料来源大部分来自各民族自治地方的统计资料;一些反映民族特色的指标,如教育、文化、出版、卫生、体育等资料来源于国家政府主管部门。

六、本年鉴统计表中的符号使用说明:"空格"表示该项统计指标数据不详或无该项数据;"#"表示其中的主要项;"*"表示本表下有注解。

七、本年鉴统计资料中,部分数据的合计数或相对数,由于单位取舍不同而产生的计算误差,均未作机械调整。

八、由于时间紧迫,资料来源有限,疏漏和不妥之处恳请读者批评指正。同时,谨对各有关部门、单位和各方面人士的大力支持表示感谢。

Editorial Note

I. "China's Ethnic Statistical Yearbook 2000" is a tome reference book, which gives a full representation of the statistical data of the economic and social development in the ethnic minority autonomous areas of the People's Republic of China and the basic situation of the national minority ethnic work, particularly the situation and data of the national work on ethnic minorities and the work in the ethnic minority autonomous areas in the first half of 2000.

II. A volume of the yearbook is published every year as of 1994. This one published in 2000 is the seventh volume.

III. This volume of the yearbook consists of eight parts, which are entitled Special Subjects, Documents, Survey, Events, Personages, Theoretical Studies, Statistics and Appendix, respectively.

1. Special Subjects: This part records the several important events in the national work on ethnic minorities in 1999.

2. Documents: This part is divided into two sections, including leaders' speeches, or the speeches by the leaders of the State Ethnic Affairs Commission (SEAC); and documents, or a collection of the documents and regulations on ethnic work promulgated in 1999 by the SEAC, other ministries and commissions concerned, and departments concerned of the local provinces, autonomous regions and municipalities, which are listed in the four categories of miscellany, economy, culture and education, and local policies and regulations and in order of the time of promulgation.

3. Survey: This part is a collection of the brief accounts of the economic and social developments of the ethnic minorities and such developments in the ethnic minority areas in the provinces, autonomous regions and municipalities throughout China, and a collection of the articles on ethnic work written by the state, provincial, autonomous regional and municipal departments of ethnic affairs.

4. Events: This part is divided into 16 columns including commendatary activities for the unity of ethnic groups. celebrations of anniversaries of the founding of the ethnic minority autonomous areas, conferences on ethnic work, ethnic policies and regulations, ethnic economy, ethnic education, ethnic science and technology, ethnic cadres, ethnic culture, ethnic Spoken and written languages, ethnic ancient books, ethnic physical culture, ethnic health external contacts, self-building of working departments of ethnic affairs, and various other activities, which collect clauses and sub-clauses on various affairs of the ethnic minorities written by the state, provincial, autonomous regional and municipal departments of ethnic affairs.

5. Personages: This part is a collection of the brief introduction to the main incumbent leaders of the governmental departments of ethnic affairs of the provinces, autonomous regions and municipalities throughout the country.

6. Theoretical Studies: This part is a collection of theses and articles on the developments of theoretical studies provided by the state, provincial, autonomous regional and municipal departments of ethnic affairs.

7. Statistics: This part includes 15 categories of statistical data of the ethnic minority autonomous areas, namely administrative district and natural resources. miscellany, population, genral survey, agriculture, industry, transportation, post and telecommunications, building industry, investment in fixed assets, domestic

trade, Foreign trade and economic coorperation, tourism, finance, banking, people's livelihood, education, science and technology, culture, publishing, public health and physical culture. These data are collected in an all-round way in each of the ethnic minority autonomous areas throughout China (without overlapped statistics). All the factors of regional differences and price changes have been deducted from the development indexes. Thus, these indexes are yearly comparable. At the end of each categories is an appendix entitled "Interpretation of Main Statistics Indexes", which gives a brief account of the meaning, statistical scopes and statistical methods of the main statistical indexes.

8. Appendix: This part is a collection of the major events in the ethnic work in 1999, introductions to the institutions of ethnic affairs , brief accounts of the ethnic universities and colleges in the country and data of other ethnic aspects.

IV. All the national statistical data in this book do not include those in Taiwan Province, Hong Kong Special Administration Zone and Macao Special Administration Zone. The international standard metric system is used for the unit of measures and weights in the data.

V. The major source of the data in this book are the statistical reports of the ethnic minority autonomous areas. Some indexes of the data representing the ethnic characteristics such as those of education, culture, publishing, public health and sports came from the state governmental organizations in charge of the ethnic affairs.

VI. Explanatory notes for notations used in this book: Blank space means the data are not available while # means only the major items of the data are here and * means there is a footnote below.

VII. Statiscal discrepancies due to rounding are not adjusted in this book.

VIII. We apologize in advance for the omissions because of the limit of time and data resources and sincerely expect comments from readers. Meanwhile, we would like to express our appreciation for the valuable contributions of various ministries, departments, organizations and personages to this book.

目　　录

特　载

文　献　篇

领导讲话

文　件

综合类

经济类

文教类

概 况 篇

纪 事 篇

民族教育

民族语言文字

民族古籍

民族体育

各类活动

人 物 篇

现任各省、自治区、直辖市民族工作部门主要领导人

统 计 资 料 篇

十五、卫生、体育

附 录 篇

Contents

Special Subjects

Documents

Speeches by Leaders

Events

Personages

Main Leaders of Currently in Office

Theoretical Studies

Developments of Theoretical Studies

Results of Theoretical Studies

Statistical Data

I、DIVISION OF ADMINISTRATIVE AREAS AND NATVRAL RESOURCES

II、General Survey

Appendixes

特　载

Special Subjects

记述 1999 年国家民族工作的重大活动。

中共中央总书记江泽民在中央民族工作会议暨国务院第三次全国民族团结进步表彰大会上的讲话

（1999年9月29日）

同志们：

在新中国成立五十周年之时，中央召开这次民族工作会议和全国民族团结进步表彰大会，五十六个民族的代表聚集首都北京，共度国庆佳节，这是具有重要意义的。我代表党中央、国务院，向受到表彰的模范集体和先进个人表示热烈的祝贺！向民族工作战线的同志们和所有关心与支持民族团结进步事业的同志们，致以崇高的敬意！向全国各民族人民，致以诚挚的问候！

这次民族工作会议的任务，是在邓小平理论和党的基本路线指引下，通过回顾五十年来我国民族工作的伟大成就，进一步认识和把握社会主义初级阶段民族问题的规律，深入研究民族工作面临的新形势，全面部署跨世纪的民族工作，以利更好地团结全国各族人民努力实现党的十五大确定的宏伟目标。

新中国的成立，开创了中华民族历史的新纪元。毛泽东同志、邓小平同志等老一辈无产阶级革命家，审时度势，高瞻远瞩，创造性地把马克思主义的民族理论与中国民族问题的实际相结合，确立了平等、团结、互助的社会主义民族关系，建立了符合我国国情和各民族根本利益的民族区域自治制度，制定了一系列促进各民族共同发展繁荣的方针政策，领导我们走出了一条具有中国特色的处理民族问题的正确道路。

我们党处理民族问题的政策和制度，既全面考虑了我们这个多民族的统一国家走上社会主义道路的基本事实，又全面考虑了我国五十六个民族在发展水平和文化风俗上存在多样性与差异性的基本事实，既深刻总结了我国历史上处理民族问题的经验教训，也积极借鉴了世界上一些国家处理民族问题的经验教训，因而具有历史和现实的科学依据。这些正确的政策和制度，保证了我国平等、团结、互助的社会主义民族关系的形成和巩固，保证了各民族在共同发展、共同繁荣的道路上不断前进，保证了我们多民族国家的政治统一、经济发展和社会稳定。这些基本政策和制度是我们的重要政治优势，是我们做好民族工作的根本保证，必须继续坚定不移地贯彻执行，任何时候都不能有丝毫动摇和改变。

新中国的民族工作主要有两大历史任务：一是通过进行社会制度的变革，引导翻身解放的各民族人民走上社会主义道路；二是通过进行社会主义建设，加快各民族特别是少数民族和民族地区的经济社会发展，促进各民族的共同繁荣。在党的领导下，第一项任务早已胜利完成，第二项任务也已取得举世瞩目的伟大成就。事实充分说明，我们的民族政策是完全正确的，与世界其他国家相比，我们处理民族问题也是最成功的。这是全党同志和全国各族人民团结一心、共同奋斗的结果，大家应该百倍珍惜。

当今世界，和平与发展是时代的主题，但天下仍很不太平。纵观全球一些热点地区发生的冲突和战争，大都与民族问题处理不当或外国势力插手民族纠纷有关系。凡是民族问题处理得不好的地方，都不同程度地出现了问题或乱子。任何一个国家，如果没有社会的安定团结，什么事情都办不成，经济和社会的发展都无从谈起。这些年来，我们在前进过程中遇到了不少困难和风险，有政治领域的也有经济领域和自然界的，有来自国内的也有来自国外的，但我们都顶住了，保持了我国改革、发展、稳定的大局。其中很重要的一个原因，就是我国五十六个民族始终同心同德、紧密团结。在跨世纪发展的征程上，我们要继续坚持不懈地做好民族工作，加强民族团结。

新中国成立和社会主义制度确立以后，全国各族人民成为国家和社会的主人，真正掌握了自己的命运，实现了各族人民在根本利益上的一致。这是各民族大团结，各民族人民同呼吸、共命运、心连心的坚实政治基础。民族特点和民族差异将长期存在。我们既不能忽视民族特点和民族差异，也不能人为地扩大民族差别。全党同志必须把加强民族团结、促进各民族共同发展和共同繁荣，作为整个社会主义初级阶段民族工作的行动纲领。

按照党的十五大提出的跨世纪发展的战略目标，从现在起到2010年，我国民族工作的主要任务是：高举邓小平理论伟大旗帜，坚持党在社会主义初级阶段的基本路线，以经济建设为中心，加快少数民族和民族地区的经济发展和社会进步，提高少数民族人民群众的生活水平，加强民族团结，维护祖国统一和社会稳定，巩固和发展平等、团结、互助的社会主义民族关系，逐步实现各民族的共同发展和共同繁荣。

第一，抓住历史机遇，加快少数民族和民族地区的发展。加快少数民族和民族地区的发展，是我国社会主义事业的本质要求在民族工作上的体现，也是党的民族政策的基本出发点和归宿。民族地区地域广大，资源丰富，潜在市场广阔，战略地位十分重要。在国家未来的发展战略中，加快民族地区的发展将摆在更加突出的位置。这是逐步缩小全国各地区之间的发展差距、最终实现全体人民共同富裕的要求，是保持国民经济持续快速健康发展、实现我国现代化建设第三步战略目标的要求，也是加强民族团结、保持社会稳定、维护祖国统一的要求。总之，加快少数民族和民族地区的发展，不仅是一个重大的经济问题，也是一个重大的政治问题。全党同志一定要充分认识做好这项工作的重要性和紧迫性。

民族地区的发展与沿海地区还存在着相当大的差距。改革开放以来，民族地区的发展步伐大大加快了，但这种历史形成的差距不可能在短时期内消除。我们要继续抓住机遇，加快民族地区的发展，以利于逐步缩小差距，实现共同繁荣。民族地区的发展，要努力适应社会主义市场经济和对外开放的新的历史条件，坚持按客观经济规律办事，坚持从本地区的实际出发，充分发挥地区优势。国家要加大对民族地区支持的力度，同时通过政策引导吸引国内外资金、技术、人才等投入民族地区的开发。要重点帮助民族地区建设一批对经济发展起重大作用的水利、交通、通信、能源等基础设施项目。合理开发和利用民族地区的资源，建立一些产业基地，使之成为促进民族地区和国家经济增长的重要支点。开发这些资源和建设项目，一定要注意让少数民族和民族地区得到利益和实惠。同时要注重民族地区生态环境的保护和建设，要把它放在与经济发展同等重要的地位。民族地区的扶贫攻坚任务还比较艰巨，应进一步加大工作力度。

加快中西部地区的发展特别是实施西部大开发战略，条件已基本具备。实施西部大开发是我国下个世纪发展的一项重大战略任务，也是民族地区加快发展的重要历史机遇，从现在起有关部门应加紧进行研究。要进一步明确民族地区发展的主要目标、基本任务和重要方针政策，有目标、分阶段地推进民族地区人口、资源、环境与经济社会的协调发展。民族地区的广大干部和群众要抓住机遇，发扬自力更生、艰苦奋斗的精神，努力创造改革和建设的新业绩。

加快民族地区的发展，必须坚定不移地实施科教兴国战略。要优先发展教育事业，全面推进素质教育。加快实用科技开发和成果转化，努力推广实用技术和有条件发展的高新技术，支持和鼓励高等院校和科研部门向民族地区转让科技成果，积极引导科技人才向民族地区合理流动。要继续推进文化、卫生、体育等各项社会事业，大力普及科技知识，引导人们崇尚科学，破除迷信。要结合少数民族的实际，实行计划生育和优生优育，以利提高人口素质，使人口增长与经济社会发展相协调。各民族互相尊重、互相了解、互相学习、互相帮助，是中华民族的优良传统，要继续发扬光大。既要继承和发展各民族的优秀文化，又要积极吸取新知识、新观念。

第二,坚持和完善民族区域自治制度,大力培养少数民族干部。民族区域自治,是我国的一项基本政治制度,它把国家的集中统一领导与少数民族聚居区的区域自治紧密结合起来,具有强大的政治生命力,我们要始终不渝地坚持并不断加以完善。任何时候都要正确把握维护国家统一与实行民族区域自治的关系,国家依法保障民族自治地方的自治权利,民族自治地方要全面贯彻党和国家的方针政策,并结合本地实际创造性地开展工作。要健全民族工作方面的法制,以利维护和促进民族自治地方的改革、发展、稳定的良好局面。

要进一步加强对少数民族干部的培养。各级党委和政府要满腔热情地关心少数民族干部队伍的建设,按照干部队伍的"四化"方针和德才兼备的原则,制定培养计划,积极选拔优秀中青年少数民族干部进入各级领导班子,尤其要重视高、中级领导干部的培养和选拔。要通过开展以讲学习、讲政治、讲正气为主要内容的党性党风教育,努力提高他们的思想政治素质。同时,要努力改善干部队伍的结构,培养更多的适应民族地区建设需要的科技人才和经济管理人才。民族地区的汉族干部与少数民族干部团结奋斗,为民族地区的经济发展和社会进步作出了不可磨灭的贡献。无论是少数民族干部还是汉族干部,都是党和国家的干部,都要以党和全国人民的事业为重,互相尊重、互相关心、互相学习、互相支持,共同为各民族群众谋利益。

第三,加强民族团结,维护祖国统一和社会稳定。这是全国各族人民的共同愿望和根本利益所在。要努力发扬各族人民同呼吸、共命运、心连心的光荣传统,这是我们战胜各种困难和风险,推动建设有中国特色社会主义事业不断前进的重要保证。没有民族地区的稳定就没有全国的稳定,没有民族地区的小康就没有全国的小康,没有民族地区的现代化就不能说实现了全国的现代化。在当前国际形势下,加强民族团结,维护社会稳定,意义更为重要。全党同志都要高度重视民族问题。

要坚持开展马克思主义的民族理论和党的民族政策的学习与教育,提高各级干部和广大党员执行党的民族政策的水平,增强做好民族工作的自觉性和责任感。还要坚持在全社会开展民族团结进步的宣传教育,使广大人民群众牢固树立汉族离不开少数民族、少数民族离不开汉族、各少数民族之间也相互离不开的思想。尤其要注意在各族青少年中开展这方面的教育工作,让我国各民族大团结的优良传统代代相传。

维护社会稳定,是民族工作的重要任务。要用团结、教育和疏导的办法,正确处理各民族和民族地区的人民内部矛盾,及时解决出现的利益纠纷,防止不尊重民族风俗习惯、伤害民族感情的事件发生。要教育各民族群众高举团结和法律的旗帜,自觉维护社会稳定。要认真做好散居和杂居的少数民族群众的工作,尊重他们的风俗习惯,保护他们的合法权益。

维护祖国统一,反对民族分裂,是一项长期的政治任务。利用民族和宗教问题实施西化、分化中国的政治图谋,是西方敌对势力的一贯手段。民族分裂主义分子是各民族人民的共同敌人。维护祖国的统一和各民族的大团结,是五十六个民族共同的神圣职责。我们必须旗帜鲜明地反对民族分裂主义,最大限度地团结和依靠各族干部群众,最大限度地孤立和依法打击极少数民族分裂主义分子,防范和抵御国外敌对势力的渗透破坏。

民族问题往往与宗教问题交织在一起。要全面正确地贯彻党的宗教信仰自由政策,加强对宗教工作的领导和依法加强对宗教事务的管理。积极引导宗教与社会主义社会相适应,以利于宗教工作为民族团结、社会安定和现代化建设服务。要坚持政治上团结合作、信仰上互相尊重,继续巩固和发展党与爱国宗教界的统一战线。要坚决反对民族分裂势力利用宗教从事分裂活动,进一步深入开展爱国主义教育,把宗教的领导权牢牢掌握在爱国宗教人士手中。坚持政教分离的原则,无论哪一种宗教都没有超越国家宪法和法律的特权,都不允许干预行政、司法、教育等国家职能的实施。要加强对各族干部群众和青少年进行科学世界观的宣传教育。在宣传教育中,应遵守宗教政策。要加强信教和不信教群众的团结,把他们的力量凝聚到加快民族地区的现代化建设上来。

第四,坚持和加强党对民族工作的领导,不断提高民族工作的水平。各级领导干部特别是高级干部，都要认真学习马克思主义的民族理论和党的民族政策，认真研究党的民族工作的历史经验和民族工作面临的新情况、新问题，及时了解世界民族问题的发展趋势和动向，努力掌握在改革开放和社会主义市场经济条件下做好民族工作的特点和规律，不断提高正确处理民族问题的能力。各部门各地方要通力合作，把一些影响民族团结和社会稳定的问题解决在基层，解决在当地，解决在萌芽状态。

要大力加强民族地区的基层党组织建设。采取切实有效的措施，帮助民族地区的党员提高思想政治素质、文化科技水平和发展经济的技能。不论出身于哪个民族的党员，都要坚定社会主义、共产主义信念，不能信仰宗教，不得参与和组织宗教活动，不得参与封建迷信活动。民族地区的基层党组织要进一步密切与各族群众的联系，真正发挥战斗堡垒作用，带领群众努力发展生产、脱贫致富、增强民族团结和创建文明新风。

各级党委和政府要关心、支持民族工作部门，努力培养一支高素质的民族工作干部队伍，并帮助解决工作中遇到的实际困难。要加强对民族、宗教界代表人士的工作，团结一切可以团结的力量，调动一切积极因素，为改革开放和现代化建设服务。各级党委统战部门和政府民族工作部门，要全面提高自身的政治和业务素质，通过履行自己的职能，继续当好党和政府在民族工作方面的参谋和助手。要继续充分发挥各级工会、共青团、妇联组织在推动民族团结进步事业中的积极作用。

中央号召，全国五十六个兄弟民族更加紧密地团结起来，高举马克思列宁主义、毛泽东思想、邓小平理论的伟大旗帜，抓住机遇，开拓进取，求真务实，艰苦奋斗，为把我国民族团结进步事业继续推向前进，为实现中华民族的全面振兴而努力奋斗！

加快少数民族和民族地区发展 把民族团结进步事业推向新世纪

——国务院总理朱镕基在中央民族工作会议闭幕时的讲话

（1999年10月3日）

中央民族工作会议今天就要结束了。这次会议是在世纪之交和举国欢庆新中国成立50周年的时候召开的。会议开始时，国务院隆重表彰了全国民族团结进步模范集体和模范个人。江泽民同志发表了重要讲话，深刻总结了50年来民族工作的成就和经验，明确了进一步做好民族工作的指导思想和主要任务。这个讲话是我国跨世纪时期民族工作的纲领性文件，我们一定要深刻领会精神，坚决贯彻落实。会议期间，与会代表交流了民族工作的经验，还参加了国庆活动。全国民族团结进步模范集体的代表和模范个人以及这次会议的代表共1200人，都登上了观礼台，这充分体现了党中央对少数民族的关怀。这次会议是一次继往开来的民族团结进步的大会，是促进各民族共同发展和共同繁荣的大会，对于深入贯彻党的十五大精神，进一步做好民族工作，把我国的民族团结进步事业和社会主义现代化建设事业全面推向21世纪，必将产生重大而深远的影响。

下面，我根据江泽民同志在这次会议上的讲话精神和会议讨论情况，主要就加快少数民族和民族地区发展的问题讲几点意见。

一、充分认识加快民族地区发展的重要性和紧迫性

江泽民同志在这次会议讲话中提出，加快少数民族和民族地区的发展，不仅是一个重大的经济问题，也是一个重大的政治问题。我们一定要高度重视这个问题，进一步做好民族工作。我国是统一的多民族国家，全国56个民族中，55个是少数民族，人口1亿多，占全国人口的8%以上，这是我国的基本国情之一。做好民族工作，推进民族团结进步事业，关系到国家的统一、民族的团结、边疆的巩固、社会的稳定，也关系到我国改革开放和现代化建设的顺利进行。我们应该从国家长治久安和振兴中华民族的高度，从建设有中国特色社会主义和实现国家现代化的高度，充分认识民族问题和做好民族工作的重要性和紧迫性。

无论是从国内情况还是从国际环境看，都需要把民族工作放在更加重要的地位。从国内看，新中国成立50年特别是改革开放20年来，由于我们党和国家实行了正确的民族政策与制度，我国的民族团结进步事业取得了举世瞩目的成绩。少数民族和民族地区发生了历史性的深刻变化，经济迅速发展，科技、教育、文化等各项社会事业取得长足进步，人民生活水平显著提高。这些成就，使我国平等、团结、互助的社会主义民族关系不断巩固和加强，也为全国的现代化建设作出了贡献。现在，我国各民族在政治和其他一切权利上是一律平等的，但由于历史和自然地理等因素的制约和影响，一些少数民族和民族地区的经济社会发展水平还相对落后。我国即将全面实现现代化建设的第二步战略目标，并向第三步战略目标迈进；实现新的宏伟目标，需要全国各个民族共同奋斗、共同发展、共同繁荣。必须认识到，没有少数民族和民族地区的经济繁荣和社会进步，就没有整个国家的兴旺发达和文明昌盛；没有少数民族和民族地区的现代化，就没有全中国的现代化。

从国际看，以美国为首的西方国家，为了推行霸权主义和强权政治，往往利用主权国家的民族矛盾干涉别国内政。不久前，以美国为首的北约空袭南斯拉夫联盟共和国，就是一个利用民族矛盾武力入侵一个主权国家的恶劣事例。西方敌对势力亡我之心不死，利用民族、宗教问题加紧对我国进行“西化”、“分化”，支持极少数民族分裂主义分子进行分裂活动。因此，在当今复杂多变的国际环境下，切实做好民族工作，对于增强中华民族凝聚力、维护祖国统一尤为重要。

进一步做好民族工作，关键是要加快少数民族和民族地区的发展，特别是要把经济搞上去。这是广大少数民族干部群众的迫切愿望，也是实现各族人民共同富裕、解决民族问题的根本途径。我国各民族团结进步事业有现在这样的好局面，最重要的就是我们党和政府在保证各民族一切权利平等的同时，真心诚意地帮助少数民族和民族地区发展经济。这次会议上，江泽民同志指出，实施西部大开发是我国下个世纪发展的一项重大战略任务。这是党中央高瞻远瞩，把握大局，审时度势作出的一个重大决策。我国少数民族和民族地区主要集中在西部地区，实施西部大开发战略，也就是要加快少数民族和民族地区的发展。这对于逐步缩小各地区发展差距，促进全国经济的振兴和发展，实现全国各族人民共同富裕，巩固和推进我国民族团结进步事业，都有重大而又深远的意义。

我们应当正确认识和贯彻中央关于实施西部大开发和加快民族地区发展的战略决策。一方面要看到，现在加快民族地区发展的条件已经基本具备。改革开放 20 年来，我国综合国力显著增强，生产力布局已经展开，沿海地区的经济有了很大发展，国家和沿海地区有必要也有可能加大对西部和民族地区发展的支持力度。近几年，国家建设的重点逐步向西部倾斜，为民族地区的进一步发展打下了较好的基础。这些都是加快民族地区发展的有利条件。我们要抓住实施西部大开发战略这个机遇，努力做好各项工作。同时，我们也应当看到，西部地区的落后面貌是历史遗留下来的，要从根本上改变这种面貌，要做大量艰苦细致的工作和进行坚韧不拔的努力，要充分认识到实施西部大开发是一项长期的、艰巨的战略任务。因此，我们对加快少数民族和民族地区的发展，既要有高度的历史责任感和紧迫感，又要从实际出发，按客观规律办事。从现在起，就要抓紧研究和制定规划，采取更加有力的措施，有计划、有步骤地实施，分阶段达到目标。

二、加快民族地区发展需要抓好的主要工作

加快少数民族和民族地区发展，必须着力抓好以下几个方面的工作。

第一，加强民族地区基础设施建设。基础设施落后是制约民族地区发展的一个主要因素。中央对民族地区的基础设施建设历来是重视的，多年来在民族地区陆续建成了一大批重点项目。比如，改革开放以前建设的兰新铁路、成昆铁路、青藏公路等；改革开放以来建成的南昆铁路、新疆塔里木油田、西藏拉萨机场、兰西拉（兰州—西宁—拉萨）光缆工程等。近两年，国家在实施扩大内需和积极的财政政策中，较大幅度地增加了对中西部地区特别是民族地区的基础设施建设投资。目前还有一批在建的国家重大项目，比如内昆铁路、川藏公路、宁夏扬黄灌溉工程、新疆引额济克工程等。这些已经并将对促进西部地区的发展发挥重大作用。在西部地区和民族地区搞基础设施建设，投资很大，许多项目本身在一定时期不可能发挥经济效益，但也一定要搞。没有基础设施的建设，就没有少数民族和民族地区的发展。

今后，必须下更大的力量把民族地区基础设施建设搞上去。一要加快交通运输体系的建设，加强新疆、西藏、西南和东北边境地区的铁路建设，全国公路交通纵横主干线要覆盖更多的民族地区，还要因地制宜地发展水路、空运和管道运输。二要坚持把水资源的开发和综合利用放在突出位置，特别要抓紧解决农牧区人畜饮水困难的问题。三要继续加强能源特别是电力建设。四要加快通信建设，推进民族地区的信息化进程。这些不仅有利于民族地区当前的经济发展，而且能够为长远发展创造条件。

第二，加快产业结构调整，发展各具特色的民族地区经济。这几年，我到过一些民族地区，深感民族地区自然资源丰富，有的地区有多个气候带、多种生物物种资源，发展各具特色的区域经济大有可为。要坚持以市场为导向，发挥当地资源优势，扬长避短，调整和优化产业结构。一是要大力调整种植业结构。充分发挥多种生物资源的优势，发展生态型的高产、优质、高效农业，因地制宜地发展多种经济作物。二是要加快牧区建设。切实把草原建设摆到与农田基本建设同等重要的位置，从根本上改变重农轻牧、重粮轻草的做法，促进畜牧业与农业协调发展。三是要充分发挥矿藏资源丰富的优势，建成一批国家重要的能源基地、有色金属基地、稀土基地和石油化工基地等。四是要大力发展旅游业和第三产业。总之，各地一定要从实际出发，着力培育能够发挥本地优势的各类产业，特别是支柱产业，形成新的经济增长点。

第三，切实抓好天然林保护工程与生态环境建设。这是中央从我国现代化建设全局和实施可持续发展战略出发作出的一项重大战略决策。近些年来，我国南部一些地区水患频繁，险情加重，除了气候变异原因外，主要是因为大江、大河的上中游地区滥砍乱伐森林，植被遭到破坏，造成严重的水土流失。因此，如果不把江河上中游的天然林保护好，并通过植树造林恢复生态、保持水土，就不可能根治水患；同时，我国西北部地区日趋严重的干旱和荒漠化问题也不可能得到有效解决。去年长江流域发生特大洪涝灾害之后，中央就果断作出决定，停止长江、黄河上中游天然林砍伐，植树种草，防治水土流失。今年以来，我几次到西南、西北的一些地方，都反复强调了这个问题。搞好天然林保护和生态环境建设，也是实施西部大开发，加快民族地区发展的重大步骤。一定要全面规划，综合治理，标本兼治。长江、黄河上中游治理水土流失和实施天然林保护工程，要采取“退耕还林(草)、封山绿化、以粮代赈、个人承包”的措施，恢复林草植被。半农半牧地区要以水定耕，没有水源保证的必须退耕还草。禁止天然林砍伐、退耕还林还草之后，中央和省级财政对有关地区与群众要给予应有的补偿和补助。现在粮食总量供过于求，全国粮食库存达5500亿斤，加上农民手里的存粮，全社会存粮达10000亿斤，相当全国一年的粮食产量。这是以粮食换森林、换草地的极好时机。一定要抓住而不能错过这个历史机遇。有关部门和地区一定要下更大的决心，抓紧制定和实行有效的政策措施，持之以恒地把实施天然林保护工程这项工作抓紧、抓实、抓好。植树造林、恢复生态，需要子子孙孙持久奋斗，但现在已经刻不容缓。十年树木，若干年后森林长起来，我国的生态环境就会有很大改观，就会为我国经济可持续发展创造十分重要的条件。

第四，集中力量加大扶贫攻坚力度。这几年，民族地区的扶贫工作取得了很大成效。1994年到1998年，民族地区有850万人解决了温饱问题。现在，我国扶贫攻坚已经进入关键阶段，我们要从全局的、政治的高度，加大对少数民族贫困地区的扶贫力度。坚持以解决温饱为中心，以贫困村为主战场，以改善基本生产生活条件和发展种养业为重点，多渠道地增加扶贫投入。一定要把扶贫攻坚的目标和措施落实到贫困村、贫困户。对解决灾害多发地区贫困人口、生态环境恶劣地区贫困人口和牧区贫困人口的温饱问题，必须采取一些特殊的政策和措施。要加大科教扶贫力度，把治贫与治愚结合起来。

前面讲到的实施天然林保护工程，也是帮助少数民族群众脱贫致富的一个措施和途径。居住在山区的少数民族群众要跑很远路到山上种地，收的粮食往往不足以温饱。通过实行退耕还林、以粮代赈、个体承包的办法，无偿供应粮食，鼓励植树种草，既可以很快解决群众的温饱问题，还可以改善生态环境、吸引众多游客，使旅游业和其他第三产业发展起来，一举多得。

第五，实施科教兴国战略，积极推进民族地区经济和社会协调发展。民族地区发展要提高起点，走出一条新的路子，必须科教先行。要加大对民族地区的科技投入，促进科技成果向民族地区转移，提高民族地区科技成果转化的能力和科技创新能力。现在少数民族的教育存在一个很大的问题，就是一些少数民族和贫困地区的学生要上高中、上大学很困难，一个重要原因是交不起学费。如果青少年不能够上学，没有知识，那么，改变民族地区的落后面貌就缺乏必要的基础条件，也就不可能实现。国务院已经把这个问题作为一个专题，研究解决的办法。要采取多种措施加快民族地区教育事业的发展，积极探索适合民族地区特点的办学机制和办学形式，鼓励和提倡多种方式的联合办学，切实解决一些民族地区办学难、上学难问题。要加快医疗卫生事业发展，提高少数民族群众的健康水平。要结合少数民族的实际，搞好计划生育和优生优育工作。积极发展民族文化事业，保护和开发少数民族文化资源，结合时代精神，继承和弘扬少数民族优秀的传统文化。

加快民族地区发展，必须继续培养少数民族各级各类高素质人才。要努力造就德才兼备的少数民族干部队伍，既要注意扩大数量，更要注意提高素质，改善结构；同时要大力引进人才。只有人才加科技，才能把自然资源优势转化为经济发展的优势。要建立有利于各类人才到民族地区工作的激励机制。国家要采取措施，鼓励大专院校毕业生到西部地区和民族地区工作，民族地区也要努力创造条件吸引各类人才，使人才愿意来，留得住，扎下根。

三、努力为加快民族地区发展创造有利条件

加快少数民族和民族地区的发展，必须从多方面采取措施。

要抓紧研究和制定促进民族地区发展的中长期规划。国家正在编制的“十五”计划和长远规划，要把西部大开发和加快民族地区发展作为一条重要指导方针。要立足当前，放眼长远，明确西部大开发与加快民族地区发展的主要目标和任务、发展重点和步骤以及相应的政策措施。民族地区要在全国统一规划的指导下，从实际出发，制定加快本地区发展的规划和措施。既要积极进取，又要实事求是，注重实效。

国家要进一步加大对民族地区发展的投入力度。认真落实对少数民族地区的优惠政策，继续在民族地区优先安排基础设施建设和资源开发项目。在向规范的转移支付制度过渡时期，中央财政对民族地区实行的特殊照顾政策要尽可能保留不变，同时随着中央财力的增强，要逐步加大对民族地区地方财政的支持力度。中央和地方要共同努力做到“三个确保”：第一是确保“吃饭”，保证民族地区各级党政机构能够正常运转，同时民族地区也要精兵简政；第二，确保各级民族自治地方政府能够向居民提供起码的公共服务；第三，确保民族地区基础教育经费，在适当增加基础教育经费的同时，要清理向农牧民征收的教育附加费，并整顿教师队伍，调整不合格人员，以减轻收费负担。

加强和完善东部沿海地区对民族地区的对口支援与合作。对口帮扶的办法，过去在促进地区经济协调发展中起了重要作用，今后应当继续加强。要总结经验，巩固已有成果，开拓新的内容和方式。对口支援要立足于帮助民族地区发挥优势，优化和调整经济结构，创造更好的发展条件，不能转移落后技术、搞重复建设。

继续推进民族地区的改革和开放。大力发展社会主义市场经济，提高民族地区生产的商品化、社会化程度，增强经济发展的生机和活力。民族地区要实行对国外和国内地区的双向开放，进一步鼓励国内外投资者到民族地区投资和开发。最近，国务院制定了鼓励外商到中西部地区投资的政策，包括放宽中西部地区吸收外商投资的领域和设立外商投资企业的条件，放宽中西部地区设立外商投资企业外资持股比例等。这些为民族地区扩大开放提供了有利条件和机遇。要大力加强边境地区的民族工作，继续推进“兴边富民行动”，为富民、兴边、强国、睦邻作出贡献，巩固祖国的万里边疆。边境贸易对促进民族地区经济发展起了重要作用，要进一步完善政策，促进边境贸易的进一步活跃和发展。

实现少数民族和民族地区的全面振兴和发展，归根结底要依靠民族地区干部群众自力更生、艰苦奋斗。只要广大干部群众坚定信心，自强不息，苦干实干，奋发努力，再加上发挥社会主义制度的优越性，就一定能够实现民族地区的振兴和繁荣。

四、坚决维护国家统一和各民族大团结

加强民族团结，维护祖国统一，是全国各族人民的根本利益所在，也是加快少数民族和民族地区发展的基本前提和重要保障。要坚定不移地高举民族团结的旗帜，坚持和完善民族区域自治制度，保障民族自治地方的自治权利和各民族的平等权利。要继续在各民族中深入开展马克思主义民族观和爱国主义教育，提倡向民族团结进步模范集体和模范个人学习，使“三个离不开”，即汉族离不开少数民族、少数民族离不开汉族、各个少数民族之间也相互离不开的思想深深扎根于各族人民心中，努力发扬各族人民同呼吸、共命运、心连心的光荣传统。

我国现阶段的民族关系处在历史最好的时期之一，应当十分珍惜和维护这种好的局面。这里很重要的一点，就是要正确认识和解决存在的某些矛盾和问题。由于经济利益、宗教信仰、风俗习惯等方面的不同和差异，出现一些矛盾和纠纷是难以避免的。我们要注意及时化解和妥善处理各民族和民族地区的人民内部矛盾。利用民族和宗教问题实施“西化”、“分化”中国的政治图谋，是西方敌对势力的一贯手段，科索沃问题的教训应该引起我们的高度重视。我们既要反对大汉族主义，也要反对狭隘的民族主义，共同维护平等、团结、互助的中华民族大家庭。要旗帜鲜明地反对民族分裂主义，坚决依法打击民族分裂主义分子的破坏活动。

依法治国是我们党治理国家的基本方略，也是实现民族团结和进步的保证。要加强民族法制建设，建立和健全民族法律、法规体系。同时，要强化执法监察，推进依法行政，从法律上和制度上保证党的民族政策的贯彻落实。

民族工作战线的同志，长期以来为我国的民族团结进步事业作出了巨大贡献。在新的形势下，要加强学习，再接再厉，奋发进取，努力开创我国民族工作的新局面。

我们深信，在即将到来的新世纪中，我国的民族团结进步事业必将更加兴旺发达。让我们紧密团结在以江泽民同志为核心的党中央周围，高举邓小平理论伟大旗帜，齐心协力，扎实工作，为加快少数民族和民族地区的发展，把我国民族团结进步事业推向新世纪，实现中华民族的伟大振兴和国家的繁荣富强而努力奋斗。

国务院关于授予包头钢铁(集团)有限责任公司等集体为全国民族团结进步模范集体吴登云等同志为全国民族团结进步模范个人称号的决定

(1999年9月27日)

各省、自治区、直辖市人民政府，国务院各部委、各直属机构：

为表彰在推进民族团结进步事业中做出显著成绩的模范集体和模范个人，促进我国民族团结进步事业，国务院决定：授予包头钢铁(集团)有限责任公司等626个集体为“全国民族团结进步模范集体”称号，授予吴登云等628名同志为“全国民族团结进步模范个人”称号。

希望受到表彰的模范集体和模范个人珍惜荣誉，认清使命，谦虚谨慎，戒骄戒躁，争取更大光荣。全国各族人民要以民族团结进步模范为榜样，高举邓小平理论伟大旗帜，在以江泽民同志为核心的党中央领导下，同心同德，开拓进取，为维护祖国统一，增强民族团结，促进各民族共同繁荣与进步，实现中华民族的伟大振兴而努力奋斗。

附：全国民族团结进步模范集体和模范个人名单

(模范集体626个，模范个人628名)

国务院第三次全国民族团结进步表彰大会模范集体、模范个人名单

北京(集体12、**个人**10)

北京同仁医院
北京中华民族博物馆
北京华天饮食集团公司
北京市人民政府农林办公室
北京市教育委员会
北京市文化局
北京市财政局
西城区人民政府
北京市公安局宣武分局牛街派出所
崇文区回民幼儿园
北京市星光影视设备集团
北京市公交公司第四分公司61路车队

安阿玥	男	45	回	民进成员	中日友好医院肛肠科主任、副主任医师
金毓荃	男	53	满	中共党员	北京工业大学环境与工程学院副院长
金日光	男	66	朝鲜	群众	北京化工大学材料学与工程学院教授
覃正标	男	41	壮	中共党员	铁道部第十六工程局总经济师
杨广宏	男	47	回	中共党员	北京市西城区人民政府月坛街道办事处主任
彭光强	男	38	满	中共党员	北京市怀柔县喇叭沟门满族乡乡长
仉振亮	男	71	回	中共党员	北京市房山区窦店村党委书记
周　晔	女	36	满	中共党员	北京市第一聋人学校主任
马纯礼	男	54	回	中共党员	北京市海淀区民政局副局长
翦英海	男	37	维吾尔	群众	北京华普产业集团董事长兼总裁

天津市(集体10、**个人**10)

红桥区人民政府
河西区人民政府
天津市教育局
天津市体育运动委员会
天津市公安局
天津市鸿起顺餐饮有限责任公司
大港油田集团有限责任公司
天津市民族职业中等专业学校
天津市公路管理局第二管理所
天津市人民政府经济协作办公室

穆祥友	男	53	回	中共党员	天津市北辰区天穆农工商总公司董事长
陈　敬	女	61	满	民建成员	果仁张天津食品有限公司董事长
石金明	女	57	回	中共党员	中共天津市南开区委书记
洪国起	男	62	回	中共党员	南开大学党委书记
乌力吉	男	52	蒙古	中共党员	武警天津总队副政委
金汉范	男	67	朝鲜	中共党员	天津市朝鲜族联谊会会长
安特莱·维拉	女	65	维吾尔	中共党员	河西区伊斯兰教协会会长

张俊兰	女	37	汉	群众	天津日报社农村部记者
李金元	男	41	汉	群众	天津天狮集团公司总经理
刘秀财	男	59	汉	中共党员	中共天津市委工委统战处处长

河北省（集体 16、**个人** 15）

秦皇岛市人民政府
河北师大附属民族师范学校
沧州市人民政府
河北省财政厅
廊坊市民族宗教事务局
邯郸市民族宗教事务局
华北石油管理局总医院
高碑店市和平办事处高二村
承德市人民政府
唐山市人民政府
河北省计划委员会
围场满族蒙古族自治县人民政府
河北省民族宗教事务厅
石家庄市民族宗教事务局
河北日报社
河北省扶贫办公室

杨德温	男	47	回	中共党员	邯郸市大名镇回民中学校长
闫　宪	男	37	汉	群众	赤城县民政局股长
刘智广	男	44	汉	中共党员	中共大厂回族自治县委书记
赵国权	男	41	汉	中共党员	中共孟村回族自治县委书记
刘海环	女	49	回	中共党员	高碑店市保定亚威集团有限责任公司董事长兼总经理
张金鸿	男	78	回	群众	衡水市饮食服务公司退休人员
鲁　杰	男	45	回	中共党员	中共张家口市桥西区委书记
金松寿	男	48	朝鲜	中共党员	抚宁县留守营镇西河南朝鲜族村党支部书记
刘月荣	女	47	满	中共党员	唐山市唐海县二农场五队农民
回登甫	男	46	回	中共党员	沧州市交通局党组成员、副局长
韩福才	男	41	满	中共党员	宽城满族自治县县长
王之三	男	52	回	中共党员	威县民族宗教局局长
张敏卿	男	43	回	中共党员	无极县高头回族乡党委书记
于贵勤	女	43	满	中共党员	承德县三家乡孤山小学校长
宋振华	男	43	蒙古	中共党员	中共围场满族蒙古族自治县委书记

山西省（集体 5、**个人** 8）

太原市人民政府
长治回民化学有限公司
临汾地区行政公署
山西省教育委员会
榆次市人民政府

李纯泰	男	62	汉	中共党员	临汾地区翼城县北关村党支部书记
赵志忠	男	52	回	中共党员	中共长治市城区区委书记
李克俭	男	42	回	中共党员	太原市话剧团演员
李曼丽	女	43	汉	中共党员	太原市迎泽区回民学校校长
马守成	男	41	回	中共党员	大同市南郊区城关乡永宁村党支部书记
金春子	女	36	朝鲜	群众	山西省文化厅副处长

李海峰	男	58	汉	中共党员	山西省宏艺首饰总厂厂长
张丁海	男	44	汉	中共党员	运城地区绛县商业局副局长

内蒙古自治区(集体 30、个人 31)

呼和浩特市
呼和浩特市民族宗教事务委员会
包头市
包头钢铁(集团)有限责任公司
乌海市乌达矿务局五虎山煤矿
赤峰市巴林右旗
赤峰市克什克腾旗达来诺日镇
中国人寿保险公司赤峰市分公司
呼伦贝尔盟阿荣旗
呼伦贝尔盟莫力达瓦达斡尔族自治旗
呼伦贝尔盟鄂伦春自治旗
呼伦贝尔盟鄂温克族自治旗
呼盟伊敏华能东电煤电有限责任公司
兴安盟科右前旗满族屯满族乡
兴安盟科右中旗西日嘎苏木何家艾里
哲里木盟民族事务局
哲里木盟
哲里木盟科左后旗
中国农业银行锡林郭勒盟分行
锡林郭勒盟苏尼特右旗乌日根塔拉苏木
乌兰察布盟四子王旗卫镜苏木
乌兰察布盟民族事务局
伊克昭盟鄂托克旗
巴彦淖尔盟民族事务局
伊克昭盟东胜市人民政府
巴彦淖尔盟乌拉特中旗
阿拉善盟阿拉善右旗
内蒙古自治区民族事务委员会
内蒙古自治区畜牧厅
中共内蒙古自治区直属机关工委

张　贵	男	46	汉	中共党员	中共准格尔旗委书记
达布希拉图	男	50	蒙古	中共党员	中共乌审旗委书记
巴特尔	男	53	蒙古	中共党员	乌拉特前旗民族宗教事务局局长
徐靖宇	男	51	汉	群众	乌拉特后旗巴音宝力格镇兽医站站长
乌那嘎	男	47	蒙古	群众	西乌旗杰仁苏木都日布勒吉嘎查嘎查长
朱　拉	女	66	蒙古	中共党员	苏尼特左旗白音宝力道苏木萨如拉塔拉嘎查牧民
高建忠	男	36	蒙古	中共党员	乌海市中蒙医院院长
何福林	男	58	汉	中共党员	大雁矿务局党委书记
杨兴梅	女	46	汉	中共党员	新巴尔虎右旗赛汉塔拉苏木中心卫生院院长
拉木苏荣	男	38	蒙古	中共党员	新巴尔虎左旗巴音塔拉苏木巴音塔拉嘎查党支部书记
那仁扎日格乐	男	45	鄂温克	中共党员	鄂温克族自治旗北辉苏木乌日切希嘎查嘎查达(村长)
斯日古楞	男	49	蒙古	中共党员	中共翁牛特旗委书记
王爱新	男	37	汉	中共党员	元宝山区小五家回族乡党委书记、乡长
王　福	男	54	满	中共党员	喀喇沁旗大西沟乡马场村党支部书记
米树华	男	36	蒙古	中共党员	通辽发电总厂厂长
那木拉	男	46	蒙古	中共党员	哲里木盟扎鲁特旗教育体育局副局长
席布和贺希格	男	50	蒙古	中共党员	奈曼旗人大常委会副主任
陈忠泽	男	55	蒙古	群众	科左中旗蒙古族中学校长
塔　木	男	49	蒙古	中共党员	哲里木盟民族事务局科长

云六六	男	52	蒙古	中共党员	托县古城乡什力邓村党支部书记
张德小	男	38	汉	中共党员	土默特左旗白庙子乡党委书记
向　东	男	38	蒙古	中共党员	内蒙古自治区地方税务局税收管理处处长
谢　民	女	47	汉	中共党员	内蒙古自治区财政厅机关党委副书记
姚兴朴	男	47	蒙古	中共党员	阿拉善左旗人大常委会主任
包高娃	女	35	蒙古	群众	扎赉特旗努文木仁乡乌日和其村原村委副主任
满都拉	男	51	蒙古	中共党员	乌兰浩特市民族事务局局长
郭守刚	男	47	汉	中共党员	乌兰察布盟物价工商行政管理局局长
沙斯楞	男	40	蒙古	中共党员	中共察右后旗纪检委副书记
张贵民	男	49	汉	中共党员	化德县民族宗教事务局局长
雪家琦	女	52	回	中共党员	包头市回民中学校长
韩　宝	男	46	蒙古	中共党员	达茂旗巴音敖包苏木巴音宝力格嘎查党支部书记

辽宁省(集体 24、个人 24)

辽宁省体育运动委员会
阜新蒙古族自治县人民政府
中国石油集团公司锦西炼油化工总厂
阜新市教育委员会
中共沈阳市委组织部
凌源市民族事务委员会
清原满族自治县人民政府
辽宁省蒙古族师范学校
鞍山市朝鲜族中学
大连市民族宗教事务委员会
岫岩满族自治县人民政府
北宁市人民政府
凌海市右卫满族镇人民政府
本溪市
辽宁省扶贫开发领导小组办公室
营口市公安局
铁岭市清河区清河满族乡人民政府
辽阳市第一中学
辽宁省人民政府接待办公室
喀左蒙古族自治县人民政府
辽宁省民族事务委员会
宽甸满族自治县人民政府
盘山县人民政府
大连理工大学

刘冠华	男	56	汉	中共党员	本溪市民族宗教事务委员会党组书记、主任
桂光贤	男	52	朝鲜	中共党员	辽宁日报社、朝鲜文报总编辑
鲁　滨	男	46	汉	中共党员	辽宁省群众艺术馆副馆长
田育广	男	56	汉	中共党员	辽宁省交通厅党组书记、厅长
甄　政	男	32	汉	中共党员	辽宁省财政厅预算处主任科员
韩　松	男	57	蒙古	中共党员	阜新市人大常委会民侨外委主任委员
韩景瑞	男	48	蒙古	中共党员	中共阜新蒙古族自治县委书记
王振东	男	56	蒙古	中共党员	朝阳市民族宗教事务委员会主任
李家仁	男	45	满	中共党员	兴城市南大山满族乡党委书记
谭玉敏	女	37	汉	中共党员	葫芦岛市财政局科长
李炳国	男	56	朝鲜	中共党员	铁岭市农机局局长
赵凤义	男	50	回	中共党员	锦州市财政局局长
张克东	男	49	汉	中共党员	丹东市振兴区副区长
唐贵昌	男	54	满	中共党员	中共东港市委书记

李英杰	男	49	汉	中共党员	中共本溪市委书记
祝建平	男	42	满	中共党员	中共新宾满族自治县委书记
朴玉顺	女	45	朝鲜	中共党员	抚顺市顺城区施家街道第八居委会党支部书记
桂永梓	女	45	朝鲜	中共党员	大连市朝鲜族学校校长
杨景芳	女	47	回	中共党员	中共鞍山市委党校副校长
周维云	男	51	汉	中共党员	大连市财政局助理调研员
关纯祥	男	46	锡伯	中共党员	沈阳市新城子区黄家锡伯族乡乡长
金永浩	男	39	朝鲜	中共党员	沈阳市东陵区浑河站朝鲜族乡乡长
闫建成	男	43	满	中共党员	岫岩满族自治县县长
何东升	男	47	锡伯	中共党员	建设银行沈阳市分行内支行副行长

吉林省(集体 19、**个人** 23)

长春三星集团有限责任公司
长白朝鲜族自治县
延吉市人民政府
延边大学
乌拉街满族镇人民政府
民盟吉林省委
吉化集团公司
东丰县三合满族朝鲜族乡
吉林省财政厅
长春市财政局
前郭尔罗斯蒙古族自治县
龙井市朝阳川镇人民政府
叶赫满族镇人民政府
通化市教育委员会
伊通满族自治县
郭化市人民政府
镇赉县人民政府
延边朝鲜族自治州
东北电力学院

宋顺女	女	53	朝鲜	中共党员	延吉市民政局优抚科科长
武双宝	男	44	蒙古	中共党员	通榆县向海蒙古族乡乌兰塔拉村党支部书记
柯　嘉	男	49	汉	中共党员	延边朝鲜族自治州工商银行行长
金在万	男	69	朝鲜	中共党员	延吉市荣复军人建筑安装有限责任公司经理
金成秀	男	54	朝鲜	中共党员	延边朝鲜族自治州交通局党委书记、局长
江惠芬	女	60	汉	群众	延边华侨烧伤专科医院院长
程长祝	男	50	汉	中共党员	中共伊通满族自治县委书记
南相福	男	54	朝鲜	中共党员	中共延边朝鲜族自治州委副书记、州长
乌日图	男	49	蒙古	中共党员	中共前郭尔罗斯蒙古族自治县委副书记、县长
黄　兴	女	47	汉	中共党员	通化市副市长
成七星	男	48	朝鲜	中共党员	通化市农业技术推广总站站长
李吉顺	男	47	汉	中共党员	吉林市副市长
金　华	女	46	朝鲜	中共党员	吉林省民族事务委员会主任
李宗先	男	63	汉	中共党员	白山市人大常委会副主任
包　秦	男	48	蒙古	中共党员	吉林省水利厅副厅长
杨振军	男	37	回	群众	辽源市伊斯兰教协会会长
关靖强	男	46	满	中共党员	中共吉林省直属机关党工委统战部部长
王德才	男	57	回	中共党员	长春市民族事务委员会主任
刘德全	男	48	汉	群众	和龙市德全实业总公司总经理

桑粤春	男	37	满	群众	长春吉港集团董事长
郭云龙	男	37	朝鲜	中共党员	吉林省石油化工设计研究院院长
佟景春	男	43	满	中共党员	吉林省农村经营管理总站站长
崔今顺	女	47	朝鲜	中共党员	吉林省广源有限责任公司总经理

黑龙江省(集体 13、个人 19)

哈尔滨市财政局
哈尔滨市民族宗教事务局
哈尔滨市清香阁清真饮食有限责任公司
齐齐哈尔市人民政府
齐齐哈尔市梅里斯达斡尔族区人民政府
大庆石油管理局总机械厂
黑龙江省人民政府办公厅四处
黑龙江省财政厅
黑龙江省教育委员会民族教育处
黑龙江省民族事务委员会
牡丹江市人民政府
黑河市财政局
绥化市民族事务委员会

白奎福	男	38	汉	中共党员	哈尔滨市牛羊肉类加工厂党支部书记、厂长
郑相浩	男	49	朝鲜	中共党员	阿城市市长
沃岭生	男	41	达斡尔	中共党员	中共齐齐哈尔市委常委、宣传部长
康广胜	男	51	蒙古	中共党员	齐齐哈尔市民族宗教事务委员会党组书记、主任
金光范	男	52	朝鲜	中共党员	牡丹江市民族事务委员会党组书记、主任
林凤春	男	49	朝鲜	中共党员	海林市民族事务委员会主任
龙利军	男	33	赫哲	中共党员	同江市民族事务委员会主任
安昌善	男	44	朝鲜	中共党员	桦川县星火朝鲜族乡乡长
常树林	男	47	蒙古	中共党员	大庆市人民政府副秘书长、民委主任
李金富	男	45	蒙古	中共党员	杜尔伯特蒙古族自治县县长
王新文	男	34	汉	群众	黑龙江省宏伟集团董事长
李久君	男	45	汉	中共党员	中共密山市委书记
付　刚	男	37	赫哲	群众	饶河县四排赫哲族乡乡长
隋乐勤	男	56	汉	中共党员	鹤岗市民族事务委员会主任
周振家	男	48	汉	中共党员	中共逊克县委常委、副县长
莫平生	男	44	鄂伦春	中共党员	黑河市民族事务委员会科长
蒙　和	男	48	蒙古	中共党员	绥化地区民族宗教委员会副主任
褚　凤	女	55	汉	中共党员	大兴安岭地区副专员
舒景祥	男	60	赫哲	中共党员	黑龙江省民族事务委员会主任

上海市(集体 12、个人 7)

黄浦区
上海市农业委员会
上海市教育委员会学校后勤管理处
上海市职工技术协会
静安区人民政府
上海华谊(集团)公司
上海宝钢集团公司
江南造船(集团)有限责任公司
上海铁路分局
上海港务局党委办公室
中共上海市卫生局委员会统战处
华东师范大学少数民族教职工联谊会

火恩杰	男	56	回	中共党员	上海市地震局党组书记、局长
白苏娣	女	46	回	中共党员	上海理工大学党委委员、副校长
朱全忠	男	41	朝鲜	群众	奉贤县新寺镇副镇长
张淑平	女	34	汉	民盟成员	上海水产大学食品学院讲师
顾玉东	男	62	满	中共党员	上海医科大学附属华山医院手外科主任
郑国芳	女	58	蒙古	群众	浦东新区华侨联合会副主席
陶凤珍	女	44	回	群众	普陀区民族宗教事务局主任科员

江苏省(集体 7、个人 8)

灌云县
爱德基金会
南通市少数民族联谊会
常州西藏民族中学
丰县
南京市
宿迁市泗阳县张家圩乡大园村

李春光	男	54	汉	中共党员	淮阴市民族宗教事务局局长
马鑫男	男	47	回	中共党员	上海铁路公安处苏州站派出所三督
徐　进	男	57	汉	中共党员	镇江市交通局党委委员、纪委书记
谈铁人	男	50	汉	群众	高邮市副市长
周新民	男	46	汉	中共党员	江苏省畜牧兽医学校党委副书记、副校长
龙玉清	男	56	汉	中共党员	中共江阴市委统战部、江阴市民宗局民族宗教科科长
廖立地	男	52	汉	中共党员	盐城市民族宗教事务局局长
吴仁宝	男	72	汉	中共党员	江阴市华土镇华西村华西集团党委书记、董事长

浙江省(集体 7、个人 6)

浙江省援藏工作领导小组办公室
中共苍南县委、县人民政府
宁波市人民政府
衢州市民族宗教事务局
政协杭州市委员会
绍兴县绍兴西藏班
景宁畲族自治县

金宏义	男	68	回	中共党员	浙江医院院长
陈金水	男	65	汉	中共党员	临安市气象局工程师
蓝世根	男	54	畲	中共党员	中共云和县委统战部部长
楼科进	男	42	汉	中共党员	金华市民族宗教事务局局长
蓝玉聪	女	50	畲	中共党员	泰顺县司前畲族镇左溪村党支部书记
雷国华	男	46	畲	群众	临海市国华珠算博物馆馆长

安徽省(集体 6、个人 7)

淮南市人民政府
蚌埠市民族事务委员会
滁州市人民政府
望江县漳湖镇回民村

安徽省财政厅

阜阳市人民政府

许怀森	男	42	回	中共党员	寿县民族宗教局局长
汪方兵	男	33	汉	群众	铜陵市食品公司肉联厂牛羊肉批发部主任
哈飞跃	男	42	回	中共党员	亳州市民族宗教局副局长
哈九刚	男	57	回	中共党员	太和县民族宗教局局长
杨宪成	男	35	回	中共党员	长丰县庄墓镇镇长
刘文英	女	45	汉	中共党员	宿州市财政局副局长
马小龙	男	42	回	中共党员	芜湖市民族事务委员会办公室主任

福建省(集体 8、**个人** 6)

宁德地委、地区行政公署

漳州市人民政府

泉州市人民政府

永安市人民政府

上杭县人民政府

中共福建省委组织部

福建省计划委员会

福建省教育委员会

雷朝瑞	男	45	畲	中共党员	福鼎市民族事务委员会主任
叶　明	男	36	汉	中共党员	罗源县白塔乡党委副书记
许少钦	男	41	汉	中共党员	漳州市市长助理
陈建华	女	38	高山	中共党员	中共松溪县委常委、宣传部长
兰益江	男	45	畲	中共党员	中国光大银行福州直属支行行长
丁聪枝	男	46	回	中共党员	中共晋江市委常委、宣传部长

江西省(集体 7、**个人** 4)

上饶地区行政公署

上饶县交通局

江西省革命老根据地建设委员会办公室

江西省财政厅

资溪县乌石镇新月畲族村

南昌市第十七中学

江西省计划委员会

胡德成	男	57	汉	中共党员	江西省电力工业局(公司)党组书记、局长
吕　鑫	男	36	汉	中共党员	兴国县民族宗教事务办公室主任
毛国辉	男	40	汉	中共党员	永丰县龙冈镇党委书记
雷友根	男	44	畲	中共党员	铅山县民族宗教事务局局长

山东省(集体 11、**个人** 13)

济南市

山东省民族事务委员会

淄博市周村区下河办事处灯塔民族村

泰安市民族宗教事务局

中共临邑县委、临邑县人民政府

枣庄市民族宗教事务局

济宁市任城区接庄镇王庄村

山东凤祥集团总公司

中共青州市委、青州市人民政府

菏泽地区行政公署

平邑县平邑镇莲花山居委会

马学福	男	58	回	中共党员	章丘市埠村镇杨家巷村党支部书记
王法廷	男	56	汉	中共党员	青岛市民族宗教局局长
周兴勇	男	38	汉	中共党员	禹城市十里望回族乡党委书记
马长河	男	49	汉	中共党员	阳信县河流镇党委书记
金兰英	女	53	回	中共党员	泰安市泰山区市场街党支部书记
陈玉霞	女	46	回	中共党员	临沂市文化局党组书记、局长
王立智	男	52	汉	中共党员	中共荣成市委统战部部长
周富云	女	55	回	中共党员	济南市民委党组书记、主任
窦余亭	男	40	回	中共党员	聊城市东昌府区古楼办事处铁塔回族居委会党总支书记
展　涛	男	36	回	中共党员	山东大学副校长
毕松卿	女	52	汉	中共党员	烟台市人民政府副秘书长
沙德堂	男	48	回	中共党员	曹县副县长
常金月	男	50	回	中共党员	山东玉泉集团股份有限公司董事长、总经理

河南省（集体 12、个人 11）

河南省财政厅
中国农业银行河南省分行
河南省民族事务委员会
郑州市民族事务委员会
开封市顺河回族区人民政府
洛阳市瀍河回族区人民政府
商丘市人民政府
南阳市人民政府
平顶山市人民政府
漯河市源汇区人民政府
沈丘县槐店回族镇
沁阳市人民政府

林　海	男	38	汉	中共党员	河南省军区政治部秘书群联处副团职干事
朱延龄	男	75	回	群众	许昌伊斯兰教协会会长
常　科	男	33	回	中共党员	新蔡县李桥回族镇党委书记
蒋笃亮	男	57	汉	中共党员	商丘市民族宗教局局长
王道云	女	47	汉	中共党员	信阳市副市长
王新志	男	48	回	中共党员	南阳市民族宗教事务委员会党组书记、主任
丁学义	男	52	回	中共党员	周口地区民族宗教局局长
黄全利	男	46	回	群众	河南省太行振动机械股份有限公司董事长、总经理
巴顺利	男	39	回	中共党员	郑州市管城回族区东城乡北大街村党支部书记
韩天经	男	56	汉	中共党员	河南省水利厅党组书记、厅长
夏宗勇	男	58	汉	中共党员	河南省计划委员会党组成员、主任

湖北省（集体 17、个人 17）

恩施土家族苗族自治州民族事务委员会
来凤县人民政府
巴东县三峡酒厂
湖北稀世宝矿泉水有限公司
中共长阳土家族自治县委
武汉市民族事务委员会
洪湖市民族宗教事务局
湖北民族学院
武汉钢铁(集团)公司扶贫办公室
湖北省清江水电开发有限责任公司

湖北省电力工业局
湖北省财政厅预算处
湖北省人民政府扶贫开发办公室
湖北省交通厅
湖北省农业厅
湖北省民族宗教事务委员会
湖北省计划委员会国土处

郭大孝	男	53	土家	中共党员	恩施土家族苗族自治州州长
曾祥国	男	46	汉	中共党员	中共恩施市委书记
冯宗德	男	57	土家	中共党员	利川市民族事务委员会主任
何诗标	男	37	汉	中共党员	咸丰县县长
冯国亮	男	49	汉	中共党员	中共宣恩县委书记
彭　军	男	39	汉	中共党员	中共鹤峰县委书记
聂德媛	女	46	土家	中共党员	长阳土家族自治县副县长
李盈奕	男	44	土家	中共党员	中共五峰土家族自治县委书记
吕盛东	男	50	汉	中共党员	武汉市民族事务委员会主任
丰素娥	女	55	壮	中共党员	中共武汉市青山区委统战部部长
吴道美	男	54	汉	中共党员	荆州市民族宗教事务委员会副主任
刘义青	女	42	回	中共党员	襄樊市友谊街居民委员会书记
海本栗	男	50	回	中共党员	房县民族宗教事务局局长
郑晓英	女	46	汉	中共党员	中共安陆市委统战部民族宗教科副科长
笪邦祥	男	40	回	中共党员	荆门市九里回族乡党委书记
周远华	男	46	汉	中共党员	仙桃市沔城回族镇党委书记
周立春	男	33	汉	中共党员	神农架林区下谷坪土家族乡党委书记

湖南省(集体 24、个人 19)

娄底湘中武术职业学校
湖南省教育委员会
湖南省财政厅
保靖县梅花乡他沙村
慈利县高峰土家族乡
湘西土家族苗族自治州民族事务委员会
张家界市永定区王家坪乡
新晃侗族自治县人民政府
中共邵阳市委、邵阳市人民政府
怀化市人大常委会
中共绥宁县委、绥宁县人民政府
湘潭钢铁集团有限公司
永州市财政局
长沙市人民政府
湖南省卫生厅
湖南岳阳市一中
长沙铁路总公司
常宁市人民政府
中共湖南省委组织部干部一处
中共株洲市委、株洲市人民政府
龙山县人民政府
郴州市北湖区人民政府
湖南湘泉集团有限公司
吉首市人民政府

覃清香	女	44	土家	中共党员	石门县县长
彭诗来	男	54	汉	中共党员	中共湘西土家族苗族自治州委副书记、州人大常委会主任
龙清秀	女	50	苗	中共党员	湖南省计划委员会以工代赈办公室主任
杨先平	男	44	回	中共党员	中共汉寿县委副书记、县长

盘新才	男	47	瑶	中共党员	郴州市苏仙区白露塘镇东波瑶族村党支部书记
陈　健	男	44	苗	中共党员	麻阳苗族自治县县长
蒙兰凤	女	34	侗	中共党员	通道侗族自治县双江镇中心校教师
周福坤	男	49	汉	中共党员	芷江侗族自治县艾头坪乡党委副书记
李培登	男	50	土家	中共党员	中共武陵源区委党组书记
刘宗林	男	40	侗	中共党员	怀化市常务副市长
何　剑	男	43	土家	中共党员	中共永顺县委书记
翦冰清	男	58	维吾尔	中共党员	益阳市人大常委会主任
龙玉霜	女	46	苗	中共党员	凤凰县三拱桥中心完小教师
彭继福	男	46	土家	中共党员	永顺县旱粮研究所所长
刘昌刚	男	38	苗	中共党员	花垣县县长
陆汉平	男	51	汉	中共党员	江华瑶族自治县副县长
欧阳慧英	女	44	瑶	中共党员	江永县源口瑶族乡党委书记
肖华中	男	48	汉	中共党员	中共城步苗族自治县委书记
陈美林	男	44	白	中共党员	中共桑植县委书记、县长

广东省(集体 9、个人 6)

深圳市人民政府
东莞市人民政府
广东省经济委员会
广东省民族事务委员会
广东省高等中专学校招生委员会办公室
乳源瑶族自治县人民政府
佛山市第一中学
连山壮族瑶族自治县第二人民医院
广州市宗教界支持民族教育委员会

黄庆道	男	54	汉	中共党员	广东省卫生厅党组书记、厅长
廖军文	男	51	汉	中共党员	中共深圳市委统战部、市政协部长、副主席
杨　维	男	50	汉	中共党员	广东工业大学党委副书记
房卫党	男	50	瑶	中共党员	中共连南瑶族自治县委副书记、县长
张松新	男	50	汉	中共党员	中共翁源县委统战部副部长
李成日	男	43	朝鲜	群众	广州新太阳实业集团董事长

广西壮族自治区(集体 41、个人 39)

南宁地区行政公署
中共天等县委
宁明县桐棉乡人民政府
柳州地区民族师范学校
融安县雅瑶乡大琴村委会
柳州地区民族事务局
中共百色地委
田阳县人民政府
德保县民族事务局
巴马瑶族自治县人民政府
河池地区民族事务局
都安瑶族自治县大兴乡骨龙村党支部
贺州地区教育局
富川瑶族自治县人民政府
南宁市民族事务委员会
武鸣县人民政府
柳州市城中区人民政府
柳州市柳江制药厂
兴安县华江瑶族乡人民政府
桂林市民族事务委员会
恭城瑶族自治县人民政府
资源县车田苗族乡人民政府

中共蒙山县委
广西农垦国营星星农场
防城港市港口区公车镇人民政府
中共上思县委
钦州民族师范学校
贵港市教育委员会
兴业县山心镇人民政府
柳州铁路局宜山车务段
中共广西壮族自治区委办公厅
中共广西壮族自治区委组织部
广西壮族自治区民政厅
广西驻北京办事处
广西民族学院
中国农业银行广西分行
广西广播电视二三六台
中国民主建国会广西区委
中国西南扶贫世界银行贷款项目广西办公室
共青团广西区委
广西壮族自治区人民医院

谭三川	男	49	毛南	中共党员	中共环江毛南族自治县委书记、县长
龙朝水	男	53	壮	中共党员	南宁地区民族事务局党组书记、局长
雷庆多	男	43	汉	中共党员	中共崇左县委书记
樊月珠	女	39	瑶	中共党员	马山县里当瑶族乡龙那村党总支书记
彭祖意	男	50	瑶	中共党员	中共柳州地委书记
潘爱国	男	37	苗	中共党员	融水苗族自治县永乐乡党委书记
黄仁荣	女	34	侗	中共党员	三江侗族自治县古宜镇镇长
李高送	男	59	壮	中共党员	乐业县幼平乡渡口村村完小学校长
杨明福	男	36	苗	中共党员	隆林各族自治县县长
韦永环	男	35	壮	群众	田东县林逢镇副镇长
罗楸弋	女	40	瑶	中共党员	凌云县伶站瑶族乡乡长
莫振汉	男	49	壮	中共党员	河池地区专员
罗汉玉	女	42	仫佬	中共党员	罗城仫佬族自治县教育局副局长
蓝华兴	男	51	瑶	中共党员	大化瑶族自治县县长
韦志刚	男	34	瑶	中共党员	贺州市大平瑶族乡乡长
唐淑双	女	50	瑶	中共党员	富川瑶族自治县妇幼保健院院长
钟妙玲	女	50	汉	中共党员	邕宁县人大常委会副主任
罗世敏	男	44	壮	中共党员	中共南宁市郊区委员会副书记、区长
廖能成	男	42	壮	中共党员	柳州化学工业集团公司副总经理
韦开翔	男	43	布依	中共党员	中共柳城县委书记
晏支华	男	47	汉	中共党员	中共桂林市委副书记
俸　娥	女	35	瑶	中共党员	全州县东山瑶族乡党委副书记
白　峰	男	27	回	中共党员	桂林市雁山区草坪回族乡乡长
石东龙	男	36	侗	中共党员	龙胜各族自治县县长
李　国	男	38	壮	群众	岑溪市民族事务局局长
苏家德	男	47	汉	中共党员	北海市民族宗教事务局局长
苏明芳	男	45	京	中共党员	东兴市江平镇万尾村党支部书记
韦　芳	女	40	壮	中共党员	防城港市防城区民族事务委员会副主任
梁业邦	男	36	壮	中共党员	钦州市钦北区大寺中心卫生院院长
刘杰清	女	46	壮	中共党员	贵港市副市长
邹智勇	男	54	汉	群众	北流市龙荔果场场长

蒙天书	男	50	汉	中共党员	中共柳州铁路局委员会统战办副主任
潘鸿权	男	55	壮	中共党员	广西壮族自治区人民政府秘书长
侯世华	男	58	苗	中共党员	中共广西壮族自治区纪委副书记
梁　斌	男	46	汉	中共党员	广西壮族自治区发展计划委员会副主任
柳荣远	男	37	汉	中共党员	广西壮族自治区公安厅12处副处长
杨世杰	男	60	汉	中共党员	平果铝业总公司党委书记、总经理
莫文军	男	59	壮	中共党员	广西壮族自治区民委监察室主任
胡东红	女	52	瑶	中共党员	广西壮族自治区教育厅财务处处长

海南省（集体12、个人11）

海南省国兴中学
椰风集团有限公司
三亚市天涯镇文门村党支部
海南省第二人民医院
万宁市三更罗黎族苗族乡人民政府
海南省国营中坤农场
琼中黎族苗族自治县人民政府
白沙黎族自治县人民政府
海南省以工代赈办公室
海南省扶贫开发办公室
海南省民族宗教事务厅
海南省教育厅

林明方	女	49	汉	中共党员	海南省人民医院副主任医师
吴理文	男	53	汉	中共党员	白沙黎族自治县白沙镇方香村委会村党支部书记
吴侄英	女	50	汉	中共党员	保亭黎族苗族自治县保亭小学高级教师
王应才	男	38	黎	中共党员	昌江黎族自治县副县长
张力夫	男	47	汉	中共党员	中共陵水黎族自治县委书记
马跃进	男	45	苗	中共党员	乐东黎族自治县民族宗教事务局局长
符史环	男	46	黎	中共党员	东方市抱板镇党委书记
吴亚汉	男	50	黎	中共党员	儋州市政府办公室民族科科长
陈徽娥	女	48	汉	中共党员	琼海市民政局局长
王明东	男	39	黎	中共党员	通什市公安局毛阳派出所所长
杨少文	男	40	回	中共党员	三亚市羊栏镇党委书记

重庆市（集体15、个人11）

重庆市计划委员会
中共重庆市委组织部
重庆市政协民族宗教委员会
重庆市教育委员会
重庆市财政局
重庆市人民政府办公厅
石柱土家族自治县河嘴乡人民政府
重庆市水利电力局
重庆市扶贫开发办公室
酉阳土家族苗族自治县民族宗教事务委员会
重庆市民族宗教事务委员会
黔江土家族苗族自治县人民政府
重庆市黔江开发区管理委员会
西南师范大学
黔江土家族苗族自治县妇女联合会

钱书远	男	53	苗	中共党员	彭水苗族土家族自治县龙塘乡黄金村党支部书记

冉懋权	男	50	土家	中共党员	秀山土家族苗族自治县中和水泥厂厂长
刘中慧	女	50	土家	中共党员	石柱土家族自治县教育委员会主任
姚　斌	男	34	汉	中共党员	荣昌县副县长
张有为	女	49	汉	中共党员	万盛区副区长
王志芳	女	60	汉	中共党员	重庆市人大民族宗教侨务台务外事委员会主任委员
卢卫平	男	35	汉	中共党员	重庆市经济委员会副处长
叶　欣	男	57	土家	中共党员	中共重庆市委副秘书长
万方贵	男	38	土家	中共党员	奉节县云雾土家族乡乡长
郑自立	男	51	汉	中共党员	中共重庆市委统战部民族宗教处处长
刘学普	男	41	土家	中共党员	重庆市黔江开发区管理委员会党工委副书记、主任

四川省(集体20、个人20)

德阳市旌阳区人民政府
自贡市人民政府
中共乐山市委
甘孜藏族自治州里伍铜业股份有限公司
会理县人民政府
四川省交通厅
四川省地震局
绵阳市财政局
康定民族师范学校
成都市民族宗教事务委员会
阿坝藏族羌族自治州财政局
宜宾市民族宗教事务局
凉山彝族自治州烟草企业
四川省对口支援藏区协调办公室
四川省大学中专招生委员会办公室
四川省农业科学院
中共仁寿县委
泸州市民族宗教事务委员会
广元市民族宗教事务局
攀枝花市民族事务委员会

胡孔瑜	男	51	汉	中共党员	中共武胜县委统战部部长、政协副主席
立克石波	男	53	彝	中共党员	中共马边彝族自治县委常委、副县长
何成炳	男	44	汉	中共党员	中共遂宁市委常委、副市长
秦道彬	男	44	汉	中共党员	中共隆昌县委统战部副部长
香根·巴登多吉	男	50	藏	群众	甘孜藏族自治州副州长
王雨顺	男	50	藏	中共党员	阿坝藏族羌族自治州州长
陈　智	男	39	汉	中共党员	成都市民用建筑统一建筑办公室主任
斯朗旺姆	女	56	藏	中共党员	四川省卫生厅党组成员、副厅长
张居平	男	59	汉	中共党员	四川省邮电管理局局长
周维莲	女	54	汉	中共党员	四川省财政厅厅长
邓世良	男	36	汉	中共党员	四川省公安厅一处八科科长
肖永学	男	50	苗	中共党员	资阳地区民族宗教事务局局长
骆玉祥	男	53	汉	中共党员	中共凉山彝族自治州委书记
邱　康	男	38	彝	中共党员	雅安地区民族宗教事务局局长
祝春秀	女	36	彝	中共党员	中共冕宁县委副书记、县长
杨大洪	男	47	汉	中共党员	达川地区民族宗教事务处处长
杨秀全	男	54	苗	中共党员	四川省人大常委会巴中地区工委委员、处长

余海清	男	26	羌	中共党员	茂县林业局副局长
马新福	男	48	回	中共党员	阆中市博树回族乡乡长
王光四	男	46	土家	中共党员	四川省以工代赈办公室主任

贵州省(集体 31、个人 29)

贵州青溪酒厂
中共施秉县城关镇委员会
黔东南苗族侗族自治州民族行政管理学校
雷山县西江镇脚尧村民委员会
黔南布依族苗族自治州民族行政管理学校
黔南布依族苗族自治州人大常委会
长顺县民族事务局
黔西南布依族苗族自治州民族事务局
普安县人民政府
望谟县石屯镇拉袍村民委员会
中共贵州省毕节地委
毕节地区民族宗教事务局
毕节地区卫生学校
中共赫章县委
铜仁民族师范学校
中共玉屏侗族自治县平溪镇舞阳村支部
松桃苗族自治县民族事务局
镇宁布依族苗族自治县民族中学
关岭布依族苗族自治县白水镇乌拉村民委员会
紫云苗族布依族自治县四大寨乡党委
贵阳市民族事务局
清镇市王庄布依族苗族乡
务川仡佬族苗族自治县电力局
习水县民族宗教事务局
中共钟山区凤凰办事处石桥村支部
水城县保华苗族彝族乡人民政府
贵州省计划委员会
贵州省民族事务委员会
中共贵州省直属机关工委
中共贵州省委组织部
贵州省民族学院数学系

龙光乾	男	48	苗	中共党员	麻江县农业办公室主任
赖向前	男	34	侗	中共党员	榕江县车江乡章鲁村农技师
张　卫	男	35	侗	中共党员	凯里市副市长
王玉芳	女	55	汉	中共党员	黔东南州中级人民法院业大分部专职副主任
韦族琼	女	27	水	中共党员	三都水族自治县中和镇镇长
冯安都	男	59	布依	中共党员	平塘县民族事务局党组书记
龙贵雄	男	38	苗	中共党员	荔波县佳荣水族乡大土村党支部书记
代春山	男	56	汉	中共党员	贵州省都匀市供电局局长
廖明星	男	55	汉	中共党员	安龙县文体广电局党组书记
王永仲	男	44	布依	中共党员	册亨县民族事务局局长
蒋雁群	女	48	汉	中共党员	兴仁县妇联主席
周长琦	女	53	汉	中共党员	中共毕节地委副书记
王继超	男	42	彝	群众	毕节地区彝文翻译组组长
姚朝贵	男	32	布依	中共党员	黔西县大兴实业有限公司总经理
陈泽芳	男	54	土家	中共党员	德江县政协主席
周德碧	女	51	苗	中共党员	思南县财政局局长
杨德兴	男	55	侗	中共党员	石阡县龙塘镇银丰村党支部书记
张国芬	女	46	汉	中共党员	紫云苗族自治县非公有制经济联合工会党支部书记
杨家翠	女	46	苗	中共党员	普定县城关镇新堡村党支部书记

汪洁白	女	49	汉	中共党员	贵阳市乌当区副区长
李柏林	男	48	布依	中共党员	贵阳市花溪区民族与宗教事务局局长
雷甘霖	男	43	仡佬	中共党员	道真仡佬族苗族自治县县长
石道本	男	55	水	中共党员	遵义市副市长
谭智勇	男	44	汉	中共党员	仁怀市市长
杨兴光	男	48	白	中共党员	盘县县长
韩海康	男	33	汉	中共党员	贵州省生物技术研究开发基地副主任
刘忠平	男	42	水	中共党员	贵州省民政厅安置处副处长
陈德媛	女	59	汉	中共党员	贵州省中医研究所民族医药研究室主任
高庆怀	男	56	汉	中共党员	贵航(集团)有限责任公司副总经理

云南省(集体35、**个人**44)

中共文山壮族苗族自治州州委、州人民政府
中共江城哈尼族彝族自治县委、县人民政府
景东彝族自治县太忠乡大柏村村公所
勐海县勐阿糖厂
大理白族自治州民族宗教事务局
中共巍山彝族回族自治县委、县人民政府
保山市芒宽彝族傣族乡人民政府
中共瑞丽市委、市人民政府
宁蒗彝族自治县宁海中学
怒江傈僳族自治州人民政府
迪庆藏族自治州农牧局
双江拉祜族佤族布朗族傣族自治县
耿马傣族佤族自治县
云南省妇女联合会
云南省民族事务委员会
云南省人民广播电台民族部
云南省财政厅
云南省民政厅
云南省科学技术委员会
云南省政府办公厅秘书四处
云南民族学院
云南师范大学
云南省个旧供电局
西双版纳农垦分局
昆明市
寻甸回族彝族自治县
昆明市西山区团结彝族白族乡
中共昭通地委、昭通行政公署
中共曲靖市委、市人民政府
中共宣威市委、市人民政府
中共楚雄彝族自治州委、州人民政府
武定县民族宗教事务局
玉溪市民族宗教事务局
中共新平彝族傣族自治县委、县人民政府
中共红河哈尼族彝族自治州委、州人民政府

王光华	男	41	彝	中共党员	石林彝族自治县县长
海文达	男	36	彝	中共党员	禄劝彝族苗族自治县县长
蒋鼎文	男	60	回	中共党员	云南省人大常委会昭通地区工委主任
文成端	男	50	彝	中共党员	昭通地区民族宗教事务局局长
陶明光	男	56	苗	群众	昭通市民族宗教事务局副局长
熊明华	男	38	布依	中共党员	罗平县长底布依族乡本坎村公所主任
朗万祥	男	35	水	中共党员	富源县古敢水族乡沙云村公所党支部书记
李联会	男	54	彝	中共党员	楚雄彝族自治州民族宗教事务局局长
余芳芝	女	44	彝	中共党员	大姚县六苴镇外期地办事处妇女主任
杨崇勇	男	44	满	中共党员	中共玉溪市委书记
孙峻刿	男	50	汉	中共党员	玉溪市民族宗教事务局局长

赵树彪	男	44	蒙古	中共党员	通海县兴蒙蒙古族乡人大主任
白成亮	男	41	哈尼	中共党员	红河哈尼族彝族自治州州长
松万明	男	42	彝	中共党员	红河哈尼族彝族自治州民族事务委员会主任
邓国兰	女	43	瑶	群众	河口瑶族自治县妇幼保健院院长
罗绍恩	男	45	苗	群众	马关县人民医院院长
王永奎	男	52	壮	中共党员	文山壮族苗族自治州州长
陆克耀	男	38	壮	中共党员	西畴县西泗镇党委书记
岩　秒	男	44	佤	中共党员	思茅地区民族宗教事务局局长
罗　萍	女	39	拉祜	中共党员	澜沧拉祜族自治县妇联主席
朱树先	男	54	基诺	中共党员	西双版纳傣族自治州政协副主席
岩　槐	男	46	傣	群众	西双版纳傣族自治州水利水电局副局长
李映德	男	51	白	中共党员	大理白族自治州州长
田灿荷	女	39	白	中共党员	鹤庆县金墩乡党委副书记
马显能	男	54	回	中共党员	保山地区民族宗教事务局局长
姚自生	男	56	德昂	中共党员	保山市民政侨务局副局长
麻　端	男	48	景颇	中共党员	德宏傣族景颇族自治州人大常委会主任
管国忠	男	45	傣	中共党员	德宏傣族景颇族自治州州长
赵东芬	女	46	阿昌	中共党员	梁河县河西乡副乡长
和段琪	男	42	纳西	中共党员	丽江地区专员
和光明	男	46	普米	中共党员	丽江纳西族自治县九河白族乡金普村党支部书记
高德荣	男	45	独龙	中共党员	贡山独龙族怒族自治县人大常委会主任
朱文勇	男	43	傈僳	中共党员	泸水县县长
欧阳辉	男	38	怒	中共党员	兰坪白族普米族自治县民委主任
齐扎拉	男	41	藏	中共党员	中共中甸县委书记
李国民	男	42	佤	中共党员	沧源佤族自治县岩帅镇副镇长
王正洪	男	31	苗	中共党员	凤庆县新华彝族苗族乡紫微村公所文书
颜恩泉	男	49	苗	中共党员	云南省社会科学院历史研究所副所长
高学明	男	42	汉	中共党员	云南省科学技术协会主任科员
马有良	男	57	回	群众	云南省教育委员会副主任
和文光	男	57	纳西	中共党员	云南省公路局中甸管理总段党委书记
徐爱民	男	42	汉	中共党员	云南省农业科学院茶叶研究所副所长
卢贵忠	男	45	汉	中共党员	云南农业大学工程技术学院副院长
杨琴媛	女	51	汉	群众	云南省深圳南方管理培训中心主任

西藏自治区(集体 21、个人 21)

拉萨市城关区

拉萨市运输总公司

日喀则地区农牧局

日喀则地区谢通门县

山南地区贡嘎县

山南地区民族宗教事务局

林芝地区交通局察隅公路养护段四道班

林芝县达则乡帮纳村

那曲军分区比如县人武部生产连

昌都地区交通局丁青公路养护段第十九道班

昌都地区芒康县纳西民族乡党委、政府

昌都地区昌都县日通藏医药研制中心

阿里地区普兰县
阿里军分区普兰边防连
西藏自治区文联美术家协会
拉萨市国家安全局
西藏自治区水文水资源勘测局
西藏自治区测绘局
林芝地区工商行政管理局
西藏自治区民政厅优扶安置处
西藏自治区政府驻成都办事处第二招待所

孙伟华	男	43	汉	中共党员	堆龙德庆县副县长
旦增桑姆	女	80	藏	群众	拉萨市仓姑寺民管会主任
次仁塔杰	男	57	藏	中共党员	中共亚东县委书记
冯全贵	男	47	汉	中共党员	日喀则地区教体委主任
次仁久米	男	43	门巴	中共党员	中共错那县勒布区委书记
唐时若	男	56	汉	中共党员	中共山南地区财政局党组书记
次旦拉姆	女	48	未定	中共党员	中共聂拉木县樟木镇委副书记
曲　珍	女	35	珞巴	中共党员	米林县丹娘乡康不热村村长
布　林	男	36	未定	中共党员	林芝地区邮政局副局长
亚　达	男	31	藏	群众	聂荣县沙色乡四村村委会副主任
金　巴	男	59	藏	中共党员	那曲地区民宗局党组书记
张志全	男	50	汉	中共党员	中共昌都地委秘书长
达瓦卓玛	女	37	藏	群众	察雅县人民医院护师
巴桑拉姆	女	50	藏	群众	阿里地区人民医院护师
昂强巴	男	56	藏	中共党员	中共西藏自治区委组织部副部长
洛桑曲加	男	51	藏	中共党员	西藏交通厅天路交通股份有限公司监事会主席
扎西平措	男	50	藏	中共党员	西藏自治区邮政局党组副书记
曾群辉	女	45	汉	中共党员	西藏农牧学院牧医系副教授
王育淑	女	53	汉	中共党员	西藏自治区第一人民医院副院长
李万功	男	55	汉	中共党员	西藏自治区工商业联合会党组副书记
米　地	男	42	藏	中共党员	中国人民银行西藏阿里中心支行行长

陕西省(集体7、个人6)

西安市新城区人民政府
陕西省农电管理局
宝鸡市民政局
武警陕西省总队医院
陕西省考试管理中心
陕西电视台新闻部
陕西省水利厅

石志光	男	50	回	群众	西安石油化工厂工人
马明阳	男	50	回	中共党员	西安老孙家饭庄总经理
沈长河	男	57	土家	中共党员	航空工业总公司第六〇三研究所党委书记
周茂密	男	37	汉	中共党员	洛南县民政局民族宗教股股长
吴化方	女	59	满	群众	陕西省农业科学院畜牧兽医研究所研究员
王其智	男	52	汉	中共党员	汉中市民族宗教事务局局长

甘肃省(集体 23、个人 17)

中共甘肃省兰州市委
甘南藏族自治州人民政府
临夏回族自治州人民政府
天水市人民政府
张掖地区行政公署
临夏回族自治州民族宗教事务局
玉门市人民政府
中共天祝藏族自治县委
华亭县人民政府
礼县民族宗教事务局
会宁县新添堡回族乡
中国国民党革命委员会甘肃省委员会
兰州化学工业公司
兰州铁路局
西北民族学院
甘肃日报政治理论部
甘肃省体育运动委员会群体处
中共甘肃省委组织部
中共甘肃省委统战部
甘肃省计划委员会
甘肃省教育委员会
甘肃省民族事务委员会(省宗教事务局)
甘肃省财政厅

旦正甲	男	51	藏	中共党员	甘南藏族自治州民族宗教事务局党组书记、局长
刀杰草	女	55	藏	中共党员	迭部县电尕乡拉路村党支部书记
马继梅	女	30	保安	中共党员	积石山保安族东乡族撒拉族自治县郭干小学代课教师
赵维国	男	39	东乡	中共党员	中共东乡族自治县委副书记、县长
马正录	男	44	回	中共党员	中共张家川回族自治县委书记
王宗文	男	49	汉	中共党员	中共永昌县委副书记
杨永华	女	46	回	群众	嘉峪关市阿禧艳餐饮有限责任公司董事长、总经理
敏　加	女	52	蒙古	中共党员	肃北蒙古族自治县民政局局长
毛力达胡马尔	男	69	哈萨克	中共党员	阿克塞哈萨克族自治县建设乡乌呼图村牧民
安永红	男	44	裕固	中共党员	肃南裕固族自治县县长
任伯年	男	48	汉	中共党员	武威市市长
闫振华	男	75	回	中共党员	岷县伊斯兰教协会会长
赵振声	男	55	汉	中共党员	中共庆阳地委副书记
顾士德	男	50	汉	中共党员	甘肃省扶贫办陇南处调研员
马自祥	男	50	东乡	中共党员	甘肃省文化艺术研究所党委书记、副所长
鄂承钧	男	38	满	群众	甘肃省兽医技术推广总站高级兽医师
妥玉元	男	57	裕固	中共党员	中共酒泉钢铁(集团)有限责任公司统战部部长

青海省(集体 14、个人 20)

中共海北藏族自治州委员会
政协果洛藏族自治州委员会
玉树藏族自治州人民医院
海东地区行政公署办公室
平安县人民政府
中共湟中县委员会
河南蒙古族自治县蒙藏医院
天峻县人民政府招待所
乌兰县巴音乡塔拉村
兴海县人民政府

中共大通回族土族自治县委员会	青海省水土保持局
青海省计划委员会	青海省民政厅

克　保	男	49	藏	中共党员	海北藏族自治州州长
王建海	男	47	汉	中共党员	果洛藏族自治州公安局副局长
何乙努	男	49	撒拉	中共党员	玛沁县副县长
施　全	男	62	汉	群众	青海民院少语系玉树大专部教师
才仁朋措	男	39	藏	中共党员	玉树藏族自治州公安局政保科科长
宋玉龙	男	45	土	中共党员	互助土族自治县县长
韩尚文	男	44	撒拉	中共党员	循化撒拉族自治县县长
董尚科	女	36	藏	中共党员	乐都县中坝藏族乡副乡长
辛家泰	男	58	藏	中共党员	黄南藏族自治州水电开发总公司总经理
刘生文	男	47	汉	中共党员	尖扎县中学校长
德　娃	男	52	蒙古	中共党员	海西蒙古族藏族自治州德令哈市怀头他拉乡乡长
张凤华	女	28	汉	共青团员	都兰县民族中学教师
刘才成	男	52	土	中共党员	贵德县河阴镇大史家村党支部书记
黎　佳	男	58	藏	中共党员	海南藏族自治州水电局局长
刘　德	男	42	汉	中共党员	西宁市民族宗教事务局局长
董秀敏	女	49	蒙古	中共党员	西宁市财政局副局长
开　哇	男	37	藏	中共党员	青海省民族学院少语系主任
乌成云	男	35	回	中共党员	门源回族自治县县长
金河清	男	41	回	中共党员	西宁市城东区副区长
冶兆忠	男	48	回	中共党员	民和回族土族自治县县长

宁夏回族自治区(集体 15、个人 22)

银川市公安局巡警支队二大队	宁夏电视台国际部《五色土》栏目
永宁县杨和乡杨和村	宁夏高校民族预科部
吴忠市利通区人民政府	中国人民解放军 84994 部队
灵武市民族宗教事务局	宁夏地质工程勘察院
中共固原县委统战部	宁夏民族化工集团有限责任公司
西吉县文工团	石嘴山市第三中学
宁夏回族自治区伊斯兰教协会	彭阳县民族宗教事务局
宁夏华西村管理委员会	

马　越	男	45	回	中共党员	银川市凤城饮食服务(集团)有限公司董事长、总经理
谢振华	男	42	汉	中共党员	银川市第一人民医院儿科主任
朱莉媛	女	55	汉	中共党员	银川市第一幼儿园副园长
丁吉文	男	58	回	中共党员	平罗县造纸厂厂长
马兴业	男	48	回	中共党员	宁夏石炭井矿务局二矿掘井队队长
朱嘉瀛	男	55	满	民盟成员	石嘴山市民族实验中学校长

王明礼	男	54	回	中共党员	同心县民族宗教事务局局长
谭咏梅	女	46	回	群众	中宁县白马乡跃进村农民
张志前	男	38	汉	中共党员	宁夏夏进乳品饮料有限公司总经理
马万林	男	50	回	中共党员	青铜峡市峡口镇党委书记
黑富礼	男	47	回	中共党员	固原地区民族宗教事务局局长
杨成珠	女	31	土家	中共党员	海原县高台中学教师
黄正武	男	41	汉	中共党员	海原县学科技术局局长
潘胜田	男	46	回	中共党员	固原地区六盘山国营林业局副局长
马廷秀	男	62	回	群众	泾源县白面镇南沟清真寺阿訇
余振贵	男	53	回	中共党员	宁夏社科院院长
金玉琴	女	45	汉	中共党员	宁夏日报社主任编辑
丁晓莲	女	45	回	中共党员	固原县国税局副主任
孔繁元	男	61	汉	中共党员	宁夏医学院院长
朱奕龙	男	35	汉	群众	宁夏恒丰不锈钢型材制造有限公司董事长
刘金虎	男	40	汉	群众	宁夏金龙集团总裁
杨梅珍	女	49	回	中共党员	宁夏银川市《银川晚报》社记者

新疆维吾尔自治区(集体 38、个人 50)

伊犁糖厂
伊犁地区公安局
霍城县第二中学
沙湾县
新疆乌苏啤酒集团有限责任公司
哈巴河县加依勒玛乡
富蕴县
温泉县昆得仑牧场
米泉市铁厂沟镇曙光上村
阜康市龙丰股份合作公司
鄯善县金矿
库尔勒市
和静县巴润哈尔莫墩镇
且末县地税局
阿克苏市中医院
拜城县察尔齐农场
库车县阿格乡栏杆村
乌恰县黑孜苇乡
泽普县
喀什地区公安局
麦盖提县央塔克乡阿尔浪卡村
和田市
和田地区公安局
洛浦县拜什托格拉克乡
乌鲁木齐市天山区
乌鲁木齐市新市区人民政府
克拉玛依石油管理局油田建设工程公司
兵团农八师 133 团
新疆新华印刷厂
塔里木石油勘探开发指挥部
乌鲁木齐铁路局
新疆林业厅木垒林场
新疆医科大学
新疆有色金属工业公司稀有金属矿
新疆八一钢铁(集团)煤焦化有限公司
克孜勒苏柯尔克孜自治州公安局
乌鲁木齐市第三中学
乌鲁木齐市民族宗教事务委员会

阿曼·克德巴依	男	42	哈萨克	中共党员	伊犁哈萨克自治州财贸学校校长
伊不都明·伊明	男	72	维吾尔	中共党员	伊宁市汉宾乡城盘子村四组农民
崔俊杰	男	58	汉	中共党员	中共伊犁地区统战部、民族宗教事务委员会副部长、党组书记

吴元明	男	42	锡伯	中共党员	察布查尔锡伯自治县土地管理局局长
帕尔哈提·尼亚孜	男	37	乌孜别克	群众	伊宁县人民检察院助理检察员
安尼瓦尔别克	男	59	哈萨克	中共党员	伊犁地区人大工作委员会副主任
绕先·热西太	女	34	哈萨克	中共党员	托里县阿合别里斗乡党委副书记
林　太	男	56	达斡尔	中共党员	塔城市阿西尔达斡尔族乡牧场牧民
达巴沁斯克·丽玛	女	36	俄罗斯	群众	塔城市第二幼儿园高级保育员
阿布旦	男	59	哈萨克	群众	富蕴县杜热乡阔克布拉克村牧民
张万杰	男	47	汉	中共党员	布尔津县妇幼保健站党支部书记
查格那	男	47	蒙古	中共党员	博乐市达勒特镇俄罗森布拉格村党支部书记
王　云	男	52	汉	群众	精河县库斯台卫生所医师
马国栋	男	36	回	中共党员	昌吉市人民法院副院长
柯忠有	男	55	汉	中共党员	吉木萨尔县工商行政管理局局长
沙都瓦哈斯	男	36	塔塔尔	中共党员	奇台县第三中学教师
张林成	男	58	汉	中共党员	托克逊县政协副主席
阿不都热衣木·热衣木	男	36	维吾尔	中共党员	吐鲁番市恰特卡勒乡喀拉胡坎儿孜村农民
韩延赵	男	49	汉	群众	巴里坤哈萨克自治县计生指导站站长
艾拜坎·库坎	男	38	哈萨克	中共党员	哈密市德外里都鲁克哈萨克族乡乡长
泽尔克太	男	41	蒙古	中共党员	和硕县塔哈其乡乡长
冯有智	男	46	回	中共党员	焉耆县广播电视局局长
沙吾尔沙吾提	男	53	维吾尔	中共党员	阿瓦提县丰收三场西沙依拉提村村委会主任
单琳芝	女	52	汉	中共党员	新和县财政局局长
吐尔洪·艾拜都拉	男	62	维吾尔	中共党员	巴楚县夏玛勒乡铁热克村党支部书记
米吉提·艾力	男	48	维吾尔	中共党员	疏勒县罕南力克镇博亚克其格勒村党支部书记
贺永祥	男	53	汉	中共党员	麦盖提县副县长
居马克	男	41	塔吉克	中共党员	塔什库尔干塔吉克自治县人民医院外科主任
吴登云	男	59	汉	中共党员	乌恰县人民医院院长
阿不都米吉提·依米提	男	26	维吾尔	共青团员	和田地区公安局技侦科副科长
买提肉孜·阿不都热依木	男	49	维吾尔	群众	于田县先拜巴扎镇阿日希村农民
何占山	男	55	回	中共党员	乌鲁木齐县二工乡八家户村党总支书记
铁力克·买买提尼亚孜	男	49	维吾尔	中共党员	乌鲁木齐市公安局天山区分局政委
罗　莉	女	43	汉	中共党员	乌鲁木齐市头屯河区头屯河街道办事处党委书记
卡德尔拜	男	45	柯尔克孜	中共党员	伊犁州公安边防支队副支队长
李卫国	男	46	汉	中共党员	喀什监狱政委、党委书记
米力干	女	35	维吾尔	中共党员	红其拉甫海关征统科科长
艾山·巴拉提	男	32	维吾尔	中共党员	新疆昆仑股份有限公司团委书记
帕尔合提·铁力米希	男	40	柯尔克孜	中共党员	乌恰县县长

买买提·艾合来提	男	61	维吾尔	中共党员	喀什地区人大常委会主任
张良阶	男	59	汉	中共党员	阿克苏地区人大常委会副主任
胡拜都拉	男	48	哈萨克	中共党员	中共阿勒泰地委副书记
买买提肉孜·赛帕尔	男	60	维吾尔	中共党员	新疆维吾尔自治区公安厅副厅长(正厅级)
郑炎甫	男	60	汉	中共党员	新疆维吾尔自治区林业厅副厅级调研员
孟吉翔	男	37	汉	九三学社成员	新疆大学教授
迪丽娜尔·阿布都拉	女	33	维吾尔	群众	新疆歌舞团一级演员
谢日甫江大毛拉	男	82	维吾尔	群众	乌鲁木市天山区洋行清真寺阿訇
戴志文	男	76	汉	中共党员	新疆维吾尔自治区工商行政管理局原副局长
热合莫夫·阿不力孜	男	79	维吾尔	中共党员	新疆维吾尔自治区民政厅原厅长
再娜甫·阿斯勒	女	45	维吾尔	中共党员	新疆第一建筑公司一分公司电焊工

新疆建设兵团(集体 6、个人 7)

新疆生产建设兵团和田农场管理局四十七团场
农二师三十团
哈密农场管理局红星医院
农六师军户农场
农三师四十四团场
农九师一六八团

哈玛加依	女	40	哈萨克	中共党员	新疆生产建设兵团农四师六十七团团计生委主任
郭荣富	男	58	回	中共党员	新疆生产建设兵团农十师党委统战部部长
沙迪克·达吾提	男	39	维吾尔	中共党员	新疆生产建设兵团农一师五团副团长
陈红山	男	70	汉	群众	新疆生产建设兵团农八师一四二团退休工人
王春全	男	41	汉	中共党员	新疆生产建设兵团农五师八十九团党委书记、政委
肉孜·依不拉音	男	51	维吾尔	中共党员	新疆生产建设兵团民族宗教事务委员会主任
李景卫	男	42	汉	中共党员	乌鲁木齐农场管理局头屯河农场场长

中共中央办公厅(集体 1)

中央办公厅第五批赴青海玉树县帮扶组

中共中央组织部(集体 1)

中央组织部干部调配局调配处

中共中央宣传部(个人 1)

荀天林	男	51	汉	中共党员	中央宣传部《党建》杂志社副社长

中共中央统战部(集体 4、个人 1)

中央统战部二局
中国光彩事业促进会办公室
中国藏学出版社
香港培华教育基金

文　娜	女	38	蒙古	群众	北京泛达(集团)公司董事长兼总裁

中央政策研究室(个人1)

马文余	男	34	回	中共党员	中央政策研究室政治组副处级调研员

全国人大(集体1)

全国人大民族委员会机关党支部

全国政协(集体1)

全国政协民族和宗教委员会办公室

国务院办公厅(集体1、个人1)

国务院办公厅秘书三局

木旦里甫	男	40	维吾尔	中共党员	中办国办信访局接待三处二秘(副处级)

国家发展计划委员会(集体2)

国家计委农村经济发展司
国家计委社会发展司

国家经济贸易委员会(个人1)

李明星	男	34	朝鲜	中共党员	国家经贸委副处长

教育部(个人1)

夏　铸	男	51	藏	中共党员	教育部民族教育司司长

科技部(集体1)

中国农村技术开发中心

国家民族事务委员会(集体2、个人2)

中央民族歌舞团
中央民族语文翻译局

杨侯第	男	60	藏	中共党员	国家民委政法司司长
沙丽娟	女	54	回	群众	民族文化宫副处长

公安部(集体7、个人5)

中国人民公安大学西藏部
西藏边防总队山南边防支队
公安部一局十一处
哈密公安边防支队伊吾县下马崖边防派出所
吉林省公安边防总队白山市边防支队
云南公安边防总队红河支队十里村边防站
黑龙江省公安边防总队新鄂公安边防派出所

黄必山	男	39	壮	中共党员	广西靖西县公安局龙邦边防派出所正营职所长

余加银	男	34	汉	中共党员	西藏边防总队聂拉木边防检查站办公室副主任
吴世运	男	35	汉	中共党员	霍尔果斯边防检查站调研处处长
高福民	男	35	汉	中共党员	丹东市边防支队沿江边防工作站副政治教导员
扎木苏	男	34	满	中共党员	内蒙古兴安盟科右前旗勿布林边防派出所所长

中纪委、监察部(个人 1)

依米提	男	51	维吾尔	中共党员	中央纪委、监察部第九纪检监察室综合处正处级检查员、监察员

民政部(集体 2、个人 1)

民政部勘界工作办公室　　中华慈善总会

李本公	男	53	汉	中共党员	民政部救灾救济司司长

司法部(集体 1)

西南政法大学

财政部(集体 1、个人 2)

江西财经大学

徐敦楷	男	48	汉	中共党员	中南财经大学校党委书记
许京花	女	38	朝鲜	中共党员	财政部预算司地方一处副处长

劳动和社会保障部(集体 1)

中国劳动社会保障出版社

国土资源部(个人 1)

王保生	男	51	汉	中共党员	西藏自治区地质矿产厅党组副书记、厅长

建设部(个人 1)

汪　科	男	27	汉	中共党员	建设部办公厅副主任科员

铁道部(集体 1、个人 1)

铁道部发展计划司

岳玉忠	男	56	汉	中共党员	兰州铁路局党委副书记

交通部(集体 1)

广西壮族自治区交通厅

信息产业部(集体 1)

中国邮电电信总局

水利部(集体1)

水利部松辽水利委员会

农业部(个人1)

徐殿试	男	58	汉	中共党员	农业部发展计划司巡视员

对外贸易经济合作部(个人1)

魏建国	男	52	汉	中共党员	对外贸易经济合作部人事教育劳动司司长、经济师

文化部(集体1)

上海戏剧学院

卫生部(集体1)

四川省卫生厅

国家计划生育委员会(个人1)

马　旭	男	36	满	群众	国家计生委科研所生殖遗传研究室主任

中国人民银行(集体1、个人1)

中国人民银行哲里木盟中心支行

陈　正	男	79	汉	中共党员	中国印钞造币总公司上海印钞厂原副厂长

海关总署(集体1、个人1)

中华人民共和国勐腊海关

米里干	女	35	维吾尔	中共党员	红其拉甫海关科长

国家税务总局(集体1)

四川省阿坝藏族羌族自治州国家税务局

国家环保总局(集体1)

国家环保局扶贫办

中国民用航空总局(集体1)

中国民航乌鲁木齐管理局和田航站

国家广播电影电视总局(集体2)

中央人民广播电台驻西藏记者站

中央电视台社教中心《中华民族》栏目组

国家体育总局(个人1)

李顺柱	男	41	回	中共党员	国家体育总局重竞技运动管理中心教练(国家级)

国家统计局(个人1)

林贤郁	男	50	朝鲜	中共党员	国家统计局司长、总统计师

国家工商行政管理局(集体1)

新疆维吾尔自治区和田地区工商行政管理局

新闻出版署(集体1)

新闻出版署图书出版管理司

国家林业局(集体1)

国家林业局扶贫开发领导小组办公室

国家质量技术监督局(个人1)

李春华	女	39	土家	中共党员	中国标准出版社处长、副编审

国家宗教局(集体1、个人1)

中国藏语系高级佛学院

马　劲	男	33	回	中共党员	国家宗教事务局一司伊斯兰教处副处长

国务院机关事务管理局(集体1)

国务院机关事务管理局服务三处

国务院法制办公室(个人 1)

宋全中	男	37	汉	中共党员	国务院法制办公室农业资源环保法制司三处副处长(正处级)

国务院研究室(个人 1)

张定龙	男	43	回	中共党员	国务院研究室副司长

国务院扶贫开发领导小组办公室(个人 1)

高鸿宾	男	46	汉	中共党员	国务院扶贫开发领导小组办公室主任

新华社(集体 1、个人 1)

新华通讯社西藏分社

汪有富	男	57	汉	中共党员	新华通讯社新疆分社副社长(高级记者)

中国科学院(集体 1、个人 1)

中国科学院电工研究所新能源研究室

余成群	男	35	汉	群众	中国科学院自然资源综合考察委员会拉萨站副站长

中国社会科学院(集体 1、个人 1)

中国社会科学院民族研究所

白庚胜	男	42	纳西	中共党员	中国社会科学院少数民族文学研究所副所长

中国地震局(集体 1)

新疆维吾尔自治区地震局喀什基准地震台

中国气象局(集体 1、个人 1)

新疆维吾尔自治区和田地区气象局

嘎玛扎西	男	43	藏	中共党员	四川省甘孜藏族自治州气象局局长

中国证券监督管理委员会(个人 1)

高　能	男	34	回	中共党员	中国证监会成都证管办公室党委副书记、副主任

国家国内贸易局(个人 1)

吴雅菁	女	42	汉	中共党员	国家内贸局民族贸易管理办公室副处长

国家建筑材料工业局(集体1)

国家建材局茫崖石棉矿

国家烟草专卖局(个人1)

张凤全	男	57	彝	中共党员	云南红塔集团楚雄烟草企业书记、州烟草局局长

国家测绘局(集体1)

四川省第三测绘工程院

国家文物局(集体1)

中国文物研究所

国家中医药管理局(集体1)

中国中医研究院

国家电力公司(个人1)

齐抗美	男	47	蒙古	中共党员	中国电能成套设备有限公司副总经理

中国石油天然气集团公司(集体1)

新疆石油管理局

中国石油化工集团公司(集体1)

广西壮族自治区石油总公司

中国航天科技集团公司(个人1)

米保忠	男	60	回	中共党员	中国航天科技集团〇六二基地咨询委主任、研究员

中国航天机电集团公司(集体1)

中国航天机电公司第六研究院红岗机械厂

中国人民解放军、武警部队(集体31、个人31)

中国人民解放军89760部队　　　　总后嫩江基地5场

中国人民解放军58024部队
第二炮兵工程学院教学勤务大队
中国人民解放军39897部队
中国人民解放军37404部队
重庆市酉阳县人民武装部
中国人民解放军56095部队
四川省壤塘县人民武装部
贵州省习水县人民武装部
中国人民解放军35549部队
中国人民解放军54247部队
浙江省景宁畲族自治县人民武装部
中国人民解放军54637部队
中国人民解放军84636部队
中国人民解放军84504部队
中国人民解放军84854部队
中国人民解放军36917部队70分队
中国人民解放军36914部队68分队
中国人民解放军36129部队
中国人民解放军51082部队5中队
中国人民解放军52880部队
中国人民解放军52819部队
中国人民解放军81400部队
中国人民解放军81322部队
武警广西壮族自治区总队柳州地区支队
武警内蒙古自治区总队赤峰市支队
武警新疆维吾尔自治区总队伊犁地区支队
武警宁夏回族自治区总队银川市支队
武警西藏自治区总队那曲支队
中国人民武装警察8663部队

洛桑次成	男	50	藏	中共党员	中国人民武装警察部队西藏总队副总队长
庞绪明	男	44	汉	中共党员	解放军总后勤部青藏兵站部拉萨大站站长、上校军衔
克里木	男	58	维吾尔	中共党员	中国人民解放军总政歌舞团一级演员、技术三级
麻兰柱	男	52	汉	中共党员	中国人民解放军57398部队政治委员(副师职)
魏文裕	男	40	汉	中共党员	中国人民解放军80306部队牧场政治委员
郁振红	男	28	汉	中共党员	中国人民解放军87144部队64分队政治指导员
李茂来	男	41	汉	中共党员	中国人民解放军87151部队政治委员
李洪海	男	44	汉	中共党员	中国人民解放军38311部队团长
陈蔺云	男	37	汉	中共党员	成都军区联勤部川藏兵站部政治部副主任
马　竞	男	43	汉	中共党员	成都军区政治部办公室群工处处长
马美能	男	43	回	中共党员	中国人民解放军35201部队政治部处长
刘德伟	男	44	汉	中共党员	中国人民解放军56041部队政委
李有新	男	45	汉	中共党员	中国人民解放军53607部队政委
张从发	男	53	汉	中共党员	湖北省恩施军分区政委
吕卫宁	男	40	汉	中共党员	福建省宁德市人民武装部政委
宁志杰	男	67	汉	中共党员	中国人民解放军第88医院主任医师
罗继龙	男	27	汉	中共党员	中国人民解放军84669部队77分队兽医
王　义	男	44	汉	中共党员	甘肃省临夏县人民武装部副部长
张绪让	男	42	汉	中共党员	陕西省镇安县人民武装部部长
李　海	男	25	汉	中共党员	中国人民解放军36326部队62分队军士长
赵政国	男	35	汉	中共党员	内蒙古呼伦贝尔军分区政治部正营职干事
苏耀乐图	男	44	蒙古	中共党员	内蒙古自治区额济纳旗人民武装部政委
陈兴林	男	41	汉	中共党员	中国人民解放军81689部队部队长

那斯卡	男	37	蒙古	中共党员	中国人民解放军89790部队政治部干事
李国安	男	53	汉	中共党员	北京军区给水工程团内蒙古军区副参谋长
李柱国	男	44	汉	中共党员	武警吉林省总队延边朝鲜族自治州支队支队长
郭水文	男	42	汉	中共党员	武警四川省总队凉山支队政治委员
李书红	男	35	汉	中共党员	武警贵州总队黔西南州支队政治处副主任
蔡忠宝	男	37	汉	中共党员	武警甘肃省总队阿克塞哈萨克族自治县中队政治指导员
申世权	男	42	汉	中共党员	武警青海总队海西蒙古族藏族自治州支队政治委员
舒　明	男	43	汉	中共党员	武警云南省总队第三支队政治委员

中华全国妇女联合会(集体1)

全国妇联城乡工作部

共青团中央(集体1)

团中央统战部

全国总工会(个人1)

蒙景辉	男	47	汉	中共党员	《工人日报》驻青海省记者站副站长

中国国民党革命委员会(集体1、个人2)

民革桂林市委员会

马志伟	男	47	满	民革成员	西宁铁路分局经济技术开发总公司总经理
彭　桓	男	46	汉	民革成员	云南省屏边县副县长

中国民主同盟(集体1、个人1)

民盟甘肃省委员会

劳天源	男	67	汉	民盟成员	广西大学教授

中国民主建国会(集体2、个人1)

民建云南省委员会　　民建贵州省委员会

仰　协	女	40	汉	民建成员	西昌农业高等专科学校教授

中国民主促进会(集体1、个人1)

民进四川省委员会

马文宝	男	45	回	民进成员	陕西百事通投资有限公司、西安文宝斋画廊董事长、总经理

中国农工民主党(集体 1、个人 1)

中国农工民主党贵州省委员会

严晓蒸	男	60	汉	农工党成员	中国农工民主党中央咨询服务部高级工程师

中国致公党(集体 1、个人 1)

中国致公党重庆市委员会

庄应烘	男	64	汉	致公党成员	广西大学材料科学研究所教授

九三学社(集体 1、个人 1)

九三学社辽宁省委

张开翔	男	68	汉	九三学社成员	中科院南京地理与湖泊研究所研究员

台湾民主自治同盟(集体 1、个人 1)

台盟吉林省委员会

陈荣驾	男	65	汉	台盟成员	昆明冶金研究院高级工程师

中华全国工商业联合会(个人 2)

伍淑清	女	50	汉	群众	中国北京航空食品有限公司副董事长
王玉锁	男	34	汉	民建成员	新奥集团股份有限公司董事长兼总经理

宋庆龄基金会(集体 1)

宋庆龄基金会

中国残疾人联合会(个人 1)

施纪平	男	44	汉	中共党员	中国国际企业合作公司主任

人民日报社(个人 1)

李而亮	男	44	汉	中共党员	人民日报记者部(西藏日报社)总编、高级编辑

光明日报社(个人 1)

王远方	女	35	汉	中共党员	光明日报国内政治部编辑

说　　明

国务院第三次全国民族团结进步表彰大会共评选出民族团结进步模范1254个,其中模范集体626个,模范个人628个。

一、在626个模范集体中:

党政机关312个,占集体总数的49.85%;

企业61个,占集体总数的9.73%;

教育44个,占集体总数的7.02%;

科研单位9个,占集体总数的1.44%;

军队28个,占集体总数的4.47%;

武警6个,占集体总数的0.96%;

文化单位4个,占集体总数的0.64%;

卫生12个,占集体总数的1.91%;

公安14个,占集体总数的2.23%;

新闻出版11个,占集体总数的1.75%;

金融5个,占集体总数的0.80%;

航空1个,占集体总数的0.16%;

铁路5个,占集体总数的0.80%;

社会团体15个,占集体总数的2.39%;

民主党派12个,占集体总数的1.91%。

模范集体中有:

自治州1个;

自治县7个;

民族乡5个;

市、县(区)18个;

乡(镇、苏木)9个;

村24个;

街道1个。

模范集体中:

1988年受到国务院第一次全国民族团结进步表彰大会表彰的有36个,占集体总数的5.74%;

1994年受到国务院第二次全国民族团结进步表彰大会表彰的有80个,占集体总数的12.75%;

1988年和1994年均受到国务院全国民族团结进步表彰大会表彰的有21个,占集体总数的3.3%。

二、628个模范个人中,按民族、性别、年龄、职业、党派分别统计如下:

1.按民族统计:

模范个人中,包括56个民族,汉族228人,占个人总数的36.41%;蒙古族42人,占个人总数的6.68%;回族90人,占个人总数的14.31%;藏族26人,占个人总数的4.13%;维吾尔族25人,占个人总数的3.97%;苗族19人,占个人总数的3.02%;彝族11人,占个人总数的1.75%;壮族17人,占个人总数的2.70%;朝鲜族26人,占个人总数的4.13%;满族21人,占个人总数的3.34%;土家族19人,占个人总数的3.02%;瑶族12人,占个人总数的1.91%;哈萨克族8人,占个人总数的1.27%;其他民族84人。

2.按性别统计:

模范个人中,妇女同志占119人,占总数的18.95%。

3.按年龄统计:

18岁~35岁的模范个人55人,占个人总数的8.8%;

36岁~60岁的模范个人538人,占个人总数的85.7%;

61岁~90岁的模范个人35人,占个人总数的5.57%。

4.按职业统计:

干部393人,占个人总数的62.24%;

工人6人,占个人总数的0.95%;

农牧民49人,占个人总数的7.79%;

军人25人,占个人总数的3.97%;

武警8人,占个人总数的1.27%;

警察14人,占个人总数的2.23%;

教师37人,占个人总数的5.88%;

医生19人,占个人总数的3.02%;

新闻工作者9人,占个人总数的1.43%;

专业技术18人,占个人总数的2.86%;

个体工商业者1人,占个人总数的0.16%;

科学工作者7人,占个人总数的1.11%;

企业家33人,占个人总数的5.25%;

艺术工作者1人,占个人总数的0.16%;

宗教人士6人,占个人总数的0.95%。

5.按党派统计:

中国共产党员544人,占个人总数的86.65%;

共青团员3人,占个人总数的0.48%;

民主党派15人,占个人总数的2.38%;

无党派人士65人,占个人总数的10.35%。

6.模范个人:

1988年受到国务院第一次全国民族团结进步表彰大会表彰的有5人,占个人总数的0.79%;

1994年受到国务院第二次全国民族团结进步表彰大会表彰的有18人,占个人总数的2.86%;

1988年和1994年均受到国务院全国民族团结进步表彰大会表彰的有3人,占个人总数的0.47%。

中央民族工作会议暨国务院第三次全国民族团结进步表彰大会综述

在人类即将跨入新世纪和庆祝中华人民共和国成立50周年的大喜日子里，党中央、国务院于1999年9月29日至10月3日，在北京隆重召开了中央民族工作会议暨国务院第三次全国民族团结进步表彰大会。这是世纪之交的民族盛会，是我国民族工作的又一重要里程碑。

9月29日上午，中央民族工作会议暨国务院第三次全国民族团结进步表彰大会在庄严肃穆的人民大会堂隆重开幕。江泽民、李鹏、朱镕基、李瑞环、胡锦涛、尉健行、李岚清等党和国家领导人出席大会。这次会议有56个民族的代表参加，许多同志来自民族工作第一线。参加会议的有各省、自治区、直辖市党政负责人、统战部部长和民委主任，各大军区党委、中央和国家机关有关部委、军委各总部、有关人民团体负责人，计划单列市、新疆生产建设兵团负责人、统战部部长和民委主任，各自治州负责人，部分自治县和未建立自治地方的少数民族干部代表，全国民族团结进步模范集体和模范个人的代表，以及首都各族群众，共3000多人。

大会由中共中央政治局常委、国务院总理朱镕基主持，中共中央总书记江泽民代表党中央、国务院发表了重要讲话。他在讲话中深刻总结了我国民族工作的成就和经验，系统阐述了党的民族理论和民族政策，明确指出了今后一个时期我国民族工作的主要任务。大会还为受到国务院表彰的民族团结进步模范集体和模范个人的代表进行了颁奖，共表彰了628名模范个人和626个模范集体。

会议提出，从现在起到2010年，我国民族工作的主要任务是，高举邓小平理论伟大旗帜，坚持党在社会主义初级阶段的基本路线，以经济建设为中心，加快少数民族和民族地区的经济发展和社会进步，提高少数民族人民群众的生活水平，加强民族团结，维护祖国统一和社会稳定，巩固和发展平等、团结、互助的社会主义民族关系，逐步实现各民族的共同发展、共同繁荣。会议还提出了当前和今后一段时间要认真做好的工作：

一、必须抓住历史机遇，加快少数民族和民族地区的发展

这是我国社会主义事业的本质要求在民族工作上的体现，也是党的民族政策的出发点和归宿。我国下个世纪发展的一项重大战略任务是实施西部大开发。抓住这个机遇，用好这个机遇，民族地区的经济和社会各项事业必将有一个大的发展。要适应社会主义市场经济和对外开放的新的历史条件，解放思想，实事求是，坚持按客观经济规律办事，大胆地探索和开拓前进。要加强民族地区的基础设施建设，调整经济结构，发展特色经济，改善生态环境。要制定发展规划，加大国家对民族地区的支持力度，积极推进民族地区的改革开放，努力创造改革开放和现代化建设的新业绩。

二、必须坚持和完善民族区域自治制度，大力培养少数民族干部

民族区域自治把国家的集中统一领导与少数民族聚居区的区域自治紧密结合起来，具有强大的政治生命力，是符合我国国情的一项基本政治制度。国家要依法保障民族区域自治地方的自治权利，民族自治地方要全面贯彻党和国家的方针政策，并结合本地实践创造性地开展工作。积极选拔和大力培养高素质的少数民族干部队伍和各类专业技术人才，对于实行民族区域自治，加快民族地区发展，具有决定性意义。要采取有力措施，提高少数民族干部的素质，改善干部队伍的结构，满腔热情地关心少数民族干部队伍的建设。

三、必须进一步加强民族团结，维护祖国统一和社会稳定

我国各族人民同呼吸、共命运、心连心，是我们战胜各种困难和风险,推动建设有中国特色社会主义事业不断前进的重要保证。要坚持在全社会广泛开展民族团结进步的宣传教育,使广大人民群众牢固树立“汉族离不开少数民族,少数民族离不开汉族,各少数民族之间也离不开”的思想。全国各族群众要高举团结的旗帜,努力增强法治意识,自觉维护社会稳定。要不断加强和巩固民族的大团结,旗帜鲜明地反对民族分裂主义,防范和抵御国外敌对势力的渗透和破坏。

四、必须坚持和加强党对民族工作的领导,不断提高民族工作的水平

这是做好跨世纪民族工作的关键。各级领导干部特别是高级干部都要认真学习马克思主义民族理论和党的民族政策,深入研究我国民族工作的历史经验和民族工作面临的新情况、新问题,及时了解世界民族问题的发展趋势和动向,努力掌握在改革开放和社会主义市场经济条件下做好民族工作的特点和规律。要大力加强民族地区的基层党组织建设,帮助民族地区的广大党员提高政治思想素质、文化科技水平和发展经济的技能。

10月3日上午,大会在京西宾馆隆重闭幕,朱镕基总理作了总结讲话。他指出,进一步做好民族工作,关键是要加快少数民族和民族地区的发展,特别是要把经济搞上去。这是广大少数民族干部群众的迫切愿望,也是实现各族人民共同富裕、解决民族问题的根本途径。我国各民族团结进步事业有现在这样的好局面,最重要的就是我们党和政府在保证各民族一切权利平等的同时,真心诚意地帮助少数民族和民族地区发展经济。我国少数民族和民族地区主要集中在西部地区,实施西部大开发战略,也就是要加快少数民族和民族地区的发展。这对于逐步缩小各地区发展差距,促进全国经济的振兴和发展,实现全国各族人民共同富裕,巩固和推进我国民族团结进步事业,都有重大而深远的意义。

会议期间,与会代表交流了民族工作的经验,还参加了国庆活动。全国民族团结进步模范集体的代表和模范个人以及这次会议的代表共1200人,都登上了观礼台,这充分体现了党中央对少数民族的关怀。这次会议是一次继往开来的民族团结进步大会,是促进各民族共同发展和共同繁荣的大会,对于深入贯彻党的十五大精神,进一步做好民族工作,把我国的民族团结进步事业和社会主义现代化建设事业全面推向21世纪,必将产生深远的影响。

中国的少数民族政策及其实践(白皮书)

国务院新闻办公室

(1999年9月)

一、统一的多民族国家

中华人民共和国是全国各族人民共同缔造的统一的多民族国家。迄今为止,通过识别并经中央政府确认的民族有56个,即汉、蒙古、回、藏、维吾尔、苗、彝、壮、布依、朝鲜、满、侗、瑶、白、土家、哈尼、哈萨克、傣、黎、傈僳、佤、畲、高山、拉祜、水、东乡、纳西、景颇、柯尔克孜、土、达斡尔、仫佬、羌、布朗、撒拉、毛南、仡佬、锡伯、阿昌、普米、塔吉克、怒、乌孜别克、俄罗斯、鄂温克、德昂、保安、裕固、京、塔塔尔、独龙、鄂伦春、赫哲、门巴、珞巴、基诺等民族。在中国,由于汉族以外的55个民族相对汉族人口较少,习惯上被称为“少数民族”。

1990年中国第四次人口普查的数据表明,在全国总人口中,汉族人口占91.96%,少数民族人口占8.04%①。1995年全国1%人口抽样调查表明,在中国12亿多人口中,少数民族人口为

10846万人,占全国总人口的8.98%,比1990年提高了0.94个百分点。

中国各民族分布的特点是:大杂居、小聚居、相互交错居住。汉族地区有少数民族聚居,少数民族地区有汉族居住。这种分布格局是长期历史发展过程中各民族间相互交往、流动而形成的。中国少数民族人口虽少,但分布很广。全国各省、自治区、直辖市都有少数民族居住,绝大部分县级单位都有两个以上的民族居住。目前,中国的少数民族主要分布在内蒙古、新疆、宁夏、广西、西藏、云南、贵州、青海、四川、甘肃、辽宁、吉林、湖南、湖北、海南、台湾等省、自治区②。

中国自古以来就是一个统一的多民族国家。公元前221年,中国建立了第一个统一的多民族的中央集权国家——秦朝。今天中国的广西、云南等少数民族较为集中的地方都在秦朝统一政权管辖下,并设有郡县加以统治。汉朝(公元前206年—公元220年)继承秦制,中央集权的封建国家更加强大。汉朝在西域(汉朝以后对今中国甘肃敦煌以西地区的总称)置都护府,增设17郡统辖四周各民族,形成了包括今天新疆各族人民先民在内的疆域宽广的国家。在汉朝与周边的少数民族进行频繁的各种交往活动中,汉朝之名也遂被其他民族用来称呼华夏民族,形成了世界上人数最多的民族——汉族。经过秦朝的开创、汉朝的巩固与发展,中国统一的多民族国家从此奠定。

汉朝以后,中国历代中央政权发展和巩固了秦汉"大一统"的多民族国家的格局。各个朝代的中央政权既有汉族建立的,也有少数民族建立的。公元13世纪,蒙古族建立起统一的多民族的大元(1206—1368年)帝国。元朝在全国实行行省制度,在南方部分少数民族聚居的府、州设置土官(以少数民族首领充任并世袭的地方行政长官),在西藏设立主管军政事务的宣慰使司都元帅府,西藏从此成为中国领土不可分割的一部分,还设立澎湖巡检司管理澎湖列岛和台湾。元朝的民族成分包括现今中国绝大多数民族。公元17世纪,满族崛起,建立中国历史上最后一个封建王朝——清朝(1644—1911年)。清朝在西域设立伊犁将军并建立新疆行省,在西藏设立驻藏大臣,并确立了由中央政府册封达赖、班禅两大活佛的历史定制,在西南地区实行"改土归流"(少数民族地方行政长官由中央政府委派)等一系列政策。

中国历史上虽然出现过短暂的割据局面和局部分裂,但统一始终是中国历史发展的主流③。

在长期的大统一过程中,经济、文化交往把中国各民族紧密地联系在一起,从而形成了相互依存、相互促进、共同发展的关系,创造和发展了中华文明。中国各民族相互依存的政治、经济、文化联系,使其在长期的历史发展中有着共同的命运和共同的利益,产生了强固的亲和力、凝聚力。

中国各民族团结合作,共同捍卫了统一的多民族国家。特别是近代以来,中国曾沦为半殖民地半封建社会,中华民族遭受帝国主义侵略、压迫和欺凌,陷入被压迫民族的境地,为捍卫国家的统一和中华民族的尊严,各民族团结奋斗,共御外侮,与侵略者和民族分裂主义者进行了不屈不挠的斗争。19世纪,新疆各族人民协同清军消灭了阿古柏反动势力,挫败了英、俄侵略者企图分裂中国的阴谋。19世纪末和20世纪初,西藏军民在隆吐山、江孜两次战役中,重创英国侵略者。在中国人民反抗日本帝国主义侵略的八年抗战(1937—1945年)中,各族人民同仇敌忾,浴血奋战,其中的回民支队、内蒙古抗日游击队等许多以少数民族为主的抗日力量为抗战的胜利所作的贡献为世人熟知。针对极少数民族分裂主义者在帝国主义侵略势力的扶持下,策划和制造"西藏独立"、新疆的"东突厥斯坦"、东北的伪"满洲国"等违背历史潮流和中华民族意志的分裂国家行径,各民族人民进行了坚决的斗争,维护了国家的统一。

在中华人民共和国成立前,中国历代政府虽都有一套关于民族事务的政策和制度,但无论是汉族还是少数民族建立的中央政权,民族间无平等可言。1949年中华人民共和国的建立,开辟了中国各民族平等、团结、互助的新时代。在中华人民共和国统一的民族大家庭内,各民族在一切权利完全平等的基础上,自愿地联合和团结起来,相互促进,共同发展,致力于建设富强、民主、文明的新中国。

二、坚持民族平等团结

在中国,民族平等是指:各民族不论人口多少,经济社会发展程度高低,风俗习惯和宗教信仰异同,都是中华民族的一部分,具有同等的地位,在国家和社会生活的一切方面,依法享有相同的权利,履行相同的义务,反对一切形式的民族压迫和民族歧视。而民族团结是指:各民族在社会生活和交往中的和睦、友好和互助、联合的关系。民族团结要求在反对民族压迫和民族歧视的基础上,维护和促进各民族之间和民族内部的团结,各民族人民齐心协力,共同促进国家的发展繁荣,反对民族分裂,维护国家统一。中国政府历来认为,民族平等是民族团结的前提和基础,没有民族平等,就不会实现民族团结;民族团结则是民族平等的必然结果,是促进各民族真正平等的保障。

民族平等和民族团结作为解决民族问题的基本原则和根本政策,在中国的宪法和有关法律中得到明确规定。

《中华人民共和国宪法》规定:“中华人民共和国各民族一律平等。国家保障各少数民族的合法权利和利益,维护和发展各民族的平等、团结、互助关系。禁止对任何民族的歧视和压迫”。中国各民族公民广泛地享有宪法和法律赋予公民的各项平等权利。诸如:各民族公民不分民族、种族、宗教信仰,都同样地享有选举权和被选举权;各民族公民的人身自由和人格尊严不受侵犯;各民族公民都有宗教信仰自由的权利;各民族公民都有接受教育的权利;各民族公民都有使用和发展本民族语言文字的权利;各民族公民都有言论、出版、集会、结社、游行、示威的自由;各民族公民都有从事科学研究、文学艺术创作和其他文化活动的权利;各民族公民都有劳动、休息和丧失劳动能力时从国家和社会获得物质帮助的权利;各民族公民都有对国家机关和国家工作人员提出批评和建议的权利;各民族公民都有保持或改革自己风俗习惯的自由等等[④]。

中国政府采取了特殊的政策和措施,努力使宪法和法律规定的各民族一律平等的权利在社会生活和政府行为中得到有效落实和保障,形成了各民族平等相待、团结和睦、友好互助的良好社会环境。

保护少数民族人身自由

中华人民共和国成立前,中国少数民族地区经济社会发展很不平衡,有的处于封建农奴制社会,有的处于奴隶制社会,有的还处于原始社会末期。这些地区的少数民族群众大都附属于封建领主、大贵族、寺庙或奴隶主,可以被任意买卖或当作礼物赠送,没有人身自由[⑤]。在西藏,形成于17世纪并沿用了300多年的法律——《十三法典》、《十六法典》,将人严格划分为三等九级:“上等人”是大贵族、大活佛和高级官员,“中等人”为一般僧俗官员、下级军官和上等人的管家等,“下等人”是农奴和奴隶。“法典”规定:“上等上级人”的命价按尸量黄金计,“下等下级人”的命价仅为一根草绳,而“下等人”占西藏总人口的95%以上[⑥]。不改革少数民族地区落后的社会政治制度,宪法和法律规定的少数民族的各项平等权利就无法实现。

中华人民共和国成立后,根据大多数少数民族地区人民的意愿,中国政府采取不同方法先后在少数民族地区逐步实行民主改革,并在50年代末完成。这场改革废除了领主、贵族、头人等特权者的一切特权,消灭了人剥削人、人压迫人的旧制度,使千百万少数民族群众翻身解放,获得人身自由,成为国家和自己命运的主人。1959年在西藏进行的民主改革,彻底废除了长达700多年的政教合一、贵族僧侣专权的封建农奴制度,昔日百万农奴和奴隶获得了人身自由,成了新社会的主人。

各民族平等参与国家事务的管理

在中国,各少数民族与汉族都以平等的地位参与国家大事和各级地方事务的管理,而且少数民族参与行使管理国家的权利受到特殊保障。在中国的最高权力机关全国人民代表大会的选举中,充分反映了对少数民族权利的尊重。中国各少数民族都依据《中华人民共和国全国人民代表大会和地方各级人民代表大会选举法》的规定,选出代表本民族的全国人民代表大会代表,人口特别少的民族,即使达不到规定的产生一名代表的人数,至少也有一名代表。从1954年第一届全国人民代表大会至今,历届全国人民代表大会中,少数民族代表在全国人民代表大会代表中所占名额的比例,均高于同期在全国人口中所占的比例。1998年选出的第九届全国人民代表大会代表中,少数民族代表共有428人,占代表总数2979人的14.37%,比同期少数民族人口占全国总人口的比例约高出5个百分点。

在地方各级人民代表大会中,少数民族聚居的地方,每一聚居的少数民族都有代表参加当地的人民代表大会。散居的少数民族也参加选举代表本民族的当地人民代表大会的代表，而且每一代表所代表的人口数可以少于当地人民代表大会每一代表所代表的人口数。

国家大力培养使用少数民族干部，全国现有少数民族干部270多万人。在中央和地方国家权力机关、行政机关、审判机关和检察机关都有相当数量的少数民族人员，参加国家和地方事务的管理。目前，在中国全国人民代表大会常务委员会副委员长中，少数民族占21%，在全国政协副主席中，少数民族占9.6%；在国务院领导成员中，有一人为少数民族；在国务院的组成部门中，有两位部长是少数民族；155个民族自治地方政府的主席、州长、县长或旗长都由少数民族人员担任。

确认少数民族成分

在中华人民共和国成立以前，中国究竟有多少少数民族，并不清楚。中华人民共和国成立后，为了全面贯彻实行民族平等政策，从1953年起，国家组织了大规模的民族识别考察工作，辨别民族成分和民族名称。识别考虑从中国的历史和现实情况出发，按照科学认定与本民族意愿相结合的原则，只要具有构成单一民族条件的，不管其社会发展水平如何，不论其居住区域大小和人口多少，都认定为一个民族。经过认真的调查研究，到1954年，中国政府确认了38个民族；到1964年，中国政府又确认了15个民族。加上1965年确认的珞巴族、1979年确认的基诺族，全国55个少数民族都被正式确认并公布。新中国的民族识别工作使许多不被旧中国的统治者承认的少数民族获得了应有的承认，并与中国其他民族一样享有平等权利。

反对任何形式的民族歧视和压迫

旧中国在民族歧视和民族压迫制度下，许多少数民族没有平等的、准确的称谓，有些少数民族地区的地名也带有民族歧视和压迫的含义。中华人民共和国成立以后，中央人民政府采取措施，于1951年发布了《关于处理带有歧视或侮辱少数民族性质的称谓、地名、碑碣、匾联的指示》，废除了带有侮辱性的称谓、地名等。有的少数民族称谓虽然没有侮辱性的含义，也根据少数民族自己的意愿进行了更改，如僮族的“僮”改为“壮”等。

在中国，任何煽动民族仇视和歧视，破坏民族平等团结的言行都是违法的。少数民族如遭受歧视、压迫或侮辱，有向司法机关控告的权利，司法机关对此种控告必须负责予以处理。

中国加入了《消除一切形式种族歧视国际公约》、《禁止并惩治种族隔离罪行国际公约》、《防止和惩治灭绝种族罪行公约》等国际公约，并认真履行国际公约的义务，同国际社会一起，为在世界各国实行民族平等，反对种族隔离、民族压迫和民族歧视进行不懈的努力。

维护和促进各民族大团结

为保障民族平等，加强民族团结，中国宪法规定：要反对大民族主义，主要是大汉族主义，也要反对地方民族主义。同时，国家还在全体公民中广泛开展各民族大团结的宣传和教育。在文艺作品、影视作品、新闻报道、学术研究中都大力倡导民族平等、民族团结，反对民族压迫和民族歧视，特别是反对大民族主义。为防止和杜绝意识形态领域的大民族主义和不平等现象的出现，中国政府有关部门、机构专门就严禁在新闻出版和文艺作品中出现损害民族团结内容等事项作出了规定。

自80年代以来，中国政府及有关部门多次举行民族团结进步表彰活动，对维护各民族平等权利、促进各民族和睦相处和共同进步繁荣的单位和个人给予表彰和奖励。1988年，中国政府在全国广泛深入开展民族团结进步活动的基础上，召开了第一次全国民族团结进步表彰大会，有565个先进集体、601名先进个人受到表彰。1994年，中国政府又召开了第二次全国民族团结进步表彰大会，1200多个模范单位和个人受到表彰。1999年，中国政府还将在北京召开第三次全国民族团结进步表彰大会。通过开展民族团结进步表彰活动，激励先进，弘扬正气，使民族团结成为强大的社会舆论和良好的社会风尚，不仅推动了民族团结进步事业的发展，而且对维护少数民族地区和整个国家的稳定也产生了深远影响。

尊重和保护少数民族宗教信仰自由

中国是一个有着多种宗教的国家，主要有佛教、道教、伊斯兰教、天主教、基督教等。中国少数民族群众大多有宗教信仰，有的民族群众性地信仰某种宗教，如藏族群众信仰藏传佛教。中国政府根据《中华人民共和国宪法》关于公民有宗教信仰自由的规定,制定了具体政策,尊重和保护少数民族的宗教信仰自由,保障少数民族公民一切正常的宗教活动。在中国,不论是信仰藏传佛教的藏、蒙古、土、裕固、门巴等民族的群众,还是信仰伊斯兰教的回、维吾尔、哈萨克、东乡、撒拉、保安、柯尔克孜、塔吉克、乌孜别克、塔塔尔等民族的群众,以及部分信仰基督教的苗、瑶等民族的群众,他们正常的宗教活动都受到法律的保护。目前,中国有清真寺3万余座。在新疆有清真寺2.3万座。在西藏,有藏传佛教各类宗教活动场所1700多处。

使用和发展少数民族语言文字

中国各民族都有使用和发展自己语言文字的自由和权利。国家在50年代组织人员对少数民族语言文字情况进行了全面调查,建立专门的民族语文工作机构和研究机构,培养民族语文专门人才,帮助少数民族创制、改进和改革文字,推进少数民族语文在各个领域中的运用。

目前,中国55个少数民族中,除回族和满族通用汉语文外,其余53个民族都有自己的民族语言。有文字的民族有21个,共使用27种文字,其中壮、布依、苗、纳西、傈僳、哈尼、佤、侗、景颇(载佤文系)、土等十多个民族使用的13种文字是由政府帮助创制或改进的。

在中国,无论是司法、行政、教育等领域,还是在国家政治和社会生活中,少数民族语言文字都得到广泛使用。在国家政治生活中,全国人民代表大会、中国人民政治协商会议召开的重要会议和全国或地区性重大活动,都提供蒙古、藏、维吾尔、哈萨克、朝鲜、彝、壮等民族语言文字的文件或语言翻译。民族自治地方的自治机关在执行职务的时候,都使用当地通用的一种或几种文字。在教育领域,各民族自治地方的自治机关根据国家的教育方针,依照法律规定,决定本地方的教育规划和各级各类学校的教学用语。少数民族为主的学校及其他教育机构,使用本民族或者当地通用的语言文字进行教学。在新闻、出版、广播、影视等领域,目前中国用17种少数民族文字出版近百种报纸,用11种少数民族文字出版73种杂志。中央人民广播电台和地方台用16种少数民族语言进行广播,地、州、县电台或广播站使用当地语言广播的达20多种。用少数民族语言摄制的故事片达3410部(集)、译制各类影片达10430部(集)。到1998年,全国36家民族类出版社用23种民族文字出版各类图书4100多种,印数达5300多万册。

三、实行民族区域自治制度

在中国,民族区域自治制度是中国政府结合中国实际情况采取的一项基本政策,也是中国的一项重要政治制度。中国的民族区域自治是在国家的统一领导下,各少数民族聚居的地方实行区域自治,设立自治机关,行使自治权,使少数民族人民当家作主,自己管理本自治地方的内部事务。

中国的民族自治地方分为自治区、自治州、自治县(旗)三级。民族自治地方的建立有以下类型:(一)以一个少数民族聚居区为主建立的自治地方,如新疆维吾尔自治区等;(二)以两个少数民族聚居区联合建立的自治地方,如青海省海西蒙古族藏族自治州等;(三)以多个少数民族聚居区联合建立的自治地方,如广西龙胜各族自治县等;(四)在一个大的少数民族自治地方内,人口较少的少数民族聚居区建立自治地方,如广西壮族自治区的恭城瑶族自治县等;(五)一个民族在多处有聚居区的,建立多个自治地方,如宁夏回族自治区、甘肃省临夏回族自治州、河北省大厂回族自治县等。对于有些少数民族聚居地区,因地域太小、人口太少,不宜建立自治地方和设立自治机关的,中国政府通过在这些地区设立民族乡的办法,使这些地区的少数民族也能行使当家作主的权利。民族乡是对民族区域自治制度的一种补充。

截止到1998年底,中国共建立了155个民族自治地方,其中自治区5个、自治州30个、自治县(旗)120个,还有1256个民族乡。在全国55个少数民族中,有44个民族建立了自治地方。实行自治的少数民族人口占少数民族人口总数的75%,民族自治地方行政区域的面积占全国总面积的64%。自治地方的数量和布局,与中国的民族分布和构成基本上相适应⑦。

中国所以实行民族区域自治制度,主要基于以下三个因素:一是中国在历史上长期就是一个集中统一的国家,实行民族区域自治制度符合中国的国情和历史传统。二是长期以来中国的民族分布以大杂居、小聚居为主。从各民族的人口构成来看,汉族一直占全国人口的绝大多数,少数民族的人口占少数。中华人民共和国成立初期,少数民族总人口占全国总人口的6%。除西藏、新疆等个别地区外,大多数民族地区的少数民族人口比汉族都要少。少数民族人口虽然少,但分布区域很广,超过中国陆地面积的一半以上。长期的经济文化联系,形成了各民族只适宜于合作互助,而不适宜于分离的民族关系。三是自1840年鸦片战争以来,中国各民族都面临着反帝反封建、为民族解放而奋斗的共同任务和命运。在共御外敌、争取民族独立和解放的长期革命斗争中,中国各民族建立了休戚与共的亲密关系,形成了汉族离不开少数民族、少数民族离不开汉族、少数民族之间也相互离不开的政治认同。这就为建立一个统一的新中国,并在少数民族地区实行民族区域自治奠定了坚实的政治和社会基础。

民族区域自治是与中国的国家利益和各民族人民的根本利益相一致的。实行民族区域自治,保障了少数民族在政治上的平等地位和平等权利,极大地满足了各少数民族积极参与国家政治生活的愿望。根据民族区域自治的原则,一个民族可以在本民族聚居的地区内单独建立一个自治地方,也可以根据它分布的情况在全国其他地方建立不同行政单位的多个民族自治地方;实行民族区域自治,既保障了少数民族当家作主的自治权利,又维护了国家的统一;实行民族区域自治,有利于把国家的方针、政策和少数民族地区的具体实际结合起来,有利于把国家的发展和少数民族的发展结合起来,发挥各方面的优势。

中国的民族区域自治制度有如下两个显著的特色:一是中国的民族区域自治,是在国家统一领导下的自治,各民族自治地方都是中国不可分离的部分,各民族自治地方的自治机关都是中央政府领导下的一级地方政权,都必须服从中央集中统一的领导。上级国家机关在制定各项政策和计划、进行国家经济文化建设时,必须充分考虑各民族地区的具体情况和需要,动员各方面的力量予以帮助和支持。二是中国的民族区域自治,不只是单纯的民族自治或地方自治,而是民族因素与区域因素的结合,是政治因素和经济因素的结合。在中国,实行民族区域自治,既要有利于国家统一、社会稳定和民族团结,又要有利于实行自治的民族发展和进步,有利于国家的建设。

中国民族区域自治制度的确立经历了长时间的探索和实践。1947年,在中国共产党领导下,中国建立第一个省级少数民族自治地方——内蒙古自治区。1949年9月29日第一届中国人民政治协商会议通过的具有临时宪法作用的《中国人民政治协商会议共同纲领》,将民族区域自治制度确定为国家的一项基本政策和重要政治制度之一。1952年8月8日颁布的《中华人民共和国民族区域自治制度实施纲要》,对民族区域自治制度的实施,作了全面规定。在1954年制定及以后修正颁布的《中华人民共和国宪法》中,都将民族区域自治作为国家的一项重要政治制度加以规定。1984年颁布的《中华人民共和国民族区域自治法》,对少数民族自治地方的政治、经济、文化等各方面的权利和义务作了系统的规定。中华人民共和国建立后相继成立了四个自治区:1955年10月,新疆维吾尔自治区成立;1958年3月,广西壮族自治区成立;1958年10月,宁夏回族自治区成立;1965年9月,西藏自治区成立。

《中华人民共和国宪法》规定,民族自治地方的自治机关是自治区、自治州、自治县的人民代表大会和人民政府。民族自治地方的自治机关,其建立和组织均依据人民代表大会制度的基本原则,但又有别于一般地方国家机关。《中华人民共和国民族区域自治法》规定:民族自治地方的各民族都应有适当名额的代表参加各级人民代表大会;民族自治地方的人大常委会中应当有实行区域自治的民族的公民担任主任或副主任;自治区主席、自治州州长、自治县县长由实行区域自治的民族的公民担任,自治区、自治州、自治县人民政府的其他组成人员要尽量配备实行区域自治的民族和其他少数民族的人员。

民族自治地方的自治机关在行使地方国家机关职权的同时,依据宪法和民族区域自治法的规定,还行使立法权,变通执行或者停止执行权,经济发展权,财政权,少数民族干部培养使用权,发展教育和民族文化权,语言文字使用和发展权,以及科技文化发展权等。

——民族自治地方的人民代表大会有权依照当地政治、经济和文化的特点,制定自治条例和单行条例。截至1998年底,民族自治地方共制定自治条例126个,单行条列209个。

——民族自治地方的自治机关对上级国家机关的决议、决定、命令和指示,有不适合民族自治地方实际情况的,可在报经上级机关批准后,变通执行或者停止执行。根据《中华人民共和国婚姻法》第三十六条的规定,中国五个民族自治区和一些自治州结合当地的具体情况,制定了执行《中华人民共和国婚姻法》的补充规定,将婚姻法中关于公民的法定婚龄"男不得早于22周岁,女不得早于20周岁"的规定,修改为"男不得早于20周岁,女不得早于18周岁"。

——民族自治地方的自治机关在国家计划的指导下,自主地安排和管理地方性的经济建设事业,根据本地方的特点和需要,制定经济建设的方针、政策和计划。内蒙古自治区根据本地区的实际情况,制定并实施了一系列适合当地经济发展的政策和措施,使本地区经济得到了较快发展。1998年,全区国内生产总值达1192.02亿元,人均国内生产总值5067元,财政收入达131.2亿元,城乡居民人均收入分别达4353元和1981元,这几项指标分别比1997年增长9.6%、7.5%、17.9%、10.4%、11.3%⑧。

——民族自治地方的自治机关根据国家建设的需要,采取各种措施从当地民族中大量培养各级干部、各种科学技术、经营管理等专业人才和技术工人,充分发挥他们的作用。到1998年,广西壮族自治区共有各类少数民族干部37.29万人,占全区干部总数的35%。全区12个民族自治县的政府主要领导都由实行区域自治的民族干部担任,62个民族乡的乡长也由建乡的少数民族公民担任;全区地(市)、县、乡各级党政领导干部中,少数民族干部分别达到26.92%、39.71%和48.03%;在省部级、地厅级和县处级后备干部中,少数民族所占的比例也分别达到46%、32%和35%。西藏自治区到1998年藏族干部在全区干部总数中占74.9%,在西藏区、地、县三级领导骨干中,藏族及其他少数民族干部已分别占78%、67%和62%,在科技干部队伍中,藏族及其他少数民族也占到60%以上。

——民族自治地方的自治机关根据国家的教育方针,依照法律,决定本地方的教育规划,各级各类学校的设置、学制、办学形式、教学内容、教学用语和招生办法,自主地发展民族教育(见表一)。1949年以前,宁夏全区文盲率高达95%以上,没有高等教育;现在一个结构合理、各类教育事业互为补充、多层次办学协调发展的教育体系已经形成。截至1998年,宁夏全区有各级各类学校6100多所,在校生达130多万人,其中普通高等学校5所,在校生有1.1万多人,全区非文盲率达到89.5%。旧西藏没有一所现代意义的学校,文盲率高达95%;到1998年,全区已拥有各级各类学校4365所,适龄儿童入学率达到81.3%,文盲率减少了47个百分点。

表一:1998年与1952年少数民族自治地方教育事业发展相比

项目 \ 年份	1952年	1998年
普通高等学校(所)	11	94
普通高等学校在校生(万人)	0.45	22.64
中等学校(所)	531	13466
中等学校在校生(万人)	20.94	529.64
小学(所)	59597	90704
小学在校生(万人)	467.31	1240.90

素有"教育之乡"美誉的吉林省延边朝鲜族自治州,近50年来教育事业得到了长足发展。据统计,1998年全州小学学龄儿童入学率达到99.97%,升学率为99.98%;全州初中入学率达95.2%,毕业率为96.8%,基本普及了九年义务教育。全州高等教育、职业教育、成人教育逐步走上协调发展的轨道,大中专毕业生和中级以上知识分子占人口的比例超过了全国平均水平。

——民族自治地方的自治机关自主地决定本地区的医疗卫生事业发展规划,发展现代医药和民族传统医药,加强地方病防治和妇幼卫生保健,改善卫生条件,使少数民族的健康水平得到提高(见表二)。

内蒙古自治区成立后,仅用三年时间就遏制了鼠疫的流行。宁夏于1963年控制了人间鼠疫。1961年在全国包括少数民族地区消灭了天花。西藏人均寿命由1959年民主改革时的36岁,增加到目前的65岁,婴儿死亡率由四十年前的43%下降到1998年的3.7%。宁夏人均寿命由

1949年前的只有30岁左右,增加到目前的69岁。

表二:1998年与1952年少数民族自治地方卫生事业发展相比

项目 \ 年份	1952年	1998年
卫生机构(个)	1176	16700
病床(张)	5711	393000
卫生技术人员(人)	17877	605255
平均每个卫生机构服务的居民(人)	47619	10139
每千人拥有病床(张)	0.10	2.32
平均每个卫生技术人员服务的居民(人)	3132	341

四、促进各民族共同发展

中华人民共和国成立前,农牧业是中国少数民族地区的主要产业,发展十分缓慢,一些地区仍停留在"刀耕火种"的原始农业生产方式,部分地区铁制农具尚未得到使用,水利设施更是缺少。1949年,少数民族地区平均粮食亩产只有75公斤,全国少数民族地区农业总产值仅31.2亿元,中华人民共和国成立前,少数民族地区几乎没有现代工业。1949年,全国少数民族地区工业总产值仅有5.4亿元。交通、邮电和通讯事业也处在十分落后的状态,运输主要靠兽驮人背,汽车和公路极少,不少地区一封书信要走上一个月甚至更长时间,许多人没有见过汽车和电话,西藏没有一公里公路。

中华人民共和国成立后,国家尽一切努力,促进各民族的共同发展与进步。国家根据民族地区的实际情况,制定和采取了一系列特殊的政策和措施,帮助、扶持民族地区发展经济,并动员和组织汉族发达地区支援民族地区。《中华人民共和国民族区域自治法》中,有十三条规定了上级国家机关帮助民族自治地方发展的义务。国家在制定国民经济和社会发展计划时,有意识地在少数民族地区安排一些重点工程,调整少数民族地区单一的经济结构,发展多种产业,提高综合经济实力。特别是随着近年来中国改革开放的不断深入发展,国家加快了对少数民族地区的投资力度,加快了少数民族地区对外开放的步伐,使少数民族地区的经济发展呈现新的活力。

加强少数民族地区基础设施建设,促进基础产业发展

从"一五"计划(1953—1957年)开始,国家即在内蒙古、新疆、宁夏等民族地区安排了一批重点建设项目,如内蒙古包头钢铁基地、宁夏的青铜峡水电站、新疆的石油勘探和内蒙古兴安岭林区的开发等。仅在五六十年代,国家就在少数民族地区建设了四川至西藏、青海至西藏、新疆至西藏等公路干线,建设了包头至兰州、兰州至西宁、兰州至乌鲁木齐、贵阳至昆明、成都至昆明、成都至贵阳、长沙至贵阳等通往西北、西南少数民族地区的主要铁路干线。国家先后在少数民族地区建设了一大批大中型工业企业,仅在五个民族自治区和云南、贵州、青海三省少数民族聚居地就建设了1400多家。

国家对少数民族地区的基础设施建设和基础产业发展十分关注,近年来优先在少数民族较为集中的中西部地区安排水利、电力、交通、环境保护和资源开发项目,并实行投资倾斜,引导外资更多地投向中西部地区。1998年,国家增加的财政投资用于中西部地区的占62%,中央财政用于中西部地区固定资产投资增长31.2%,高出东部地区14.9个百分点,创新中国成立以来最高水平。这些政策和措施有力地促进了少数民族地区的经济发展(见表三)。据统计,1998年少数民族自治地方铁路营业里程达1.73万公里,是1952年的4.6倍;公路通车里程达37.41万公里,是1952年的14.4倍;邮路及农村投递总长度113.54万公里,是1952年的8.6倍。

表三:1998年与1952年少数民族自治地方主要工业发展对比

项目 \ 年份	1952年	1998年
工业总产值(亿元)	5.4	5313.0
生铁产量(万吨)	0.90	701.73
钢产量(万吨)	0.06	632.80
原煤产量(万吨)	178.0	17568.6
原油产量(万吨)	5.20	2047.24
发电量(亿千瓦小时)	0.8	1323.1

近年来，在国家的大力帮助下，新疆陆续建成了乌鲁木齐石化总厂、独山子石化总厂乙烯工程等一批技术先进的现代化大型工业项目和南疆铁路、塔城机场、吐鲁番—乌鲁木齐—大黄山高等公路等一批大型交通设施。据统计，在1978年至1997年的20年间，新疆建成投产项目5万多个，其中大中型项目64个，形成固定资产1900多亿元。这些投资使新疆的水利、交通、邮电等基础设施环境有了很大改善。新疆现已成为全国第四大产油及加工区，是全国重要的棉、毛纺业基地和毛皮加工基地⑨。

中央政府对西藏的基础设施建设和基础产业发展给予了特殊的支持。1984年，中央组织九省市的人力、物力，用一年多的时间，在西藏援助修建了包括能源、交通、建材、市政建设等43项工程，投资达4.8亿元。1994年，中央政府又决定由中央和全国其他省市无偿援助西藏建设62项工程，总投资超过40亿元，现已有60项竣工。1997年，国家投资20.14亿元的羊卓雍湖水蓄能电站竣工、发电。据统计，从50年代到1998年，中央政府共向西藏投入400多亿元，并调动了大量物资进藏。中央政府和其他省市的援助，极大地改善了西藏的基础设施和基础工业建设，如今西藏已拥有电力、采矿、建材、森工、毛纺、印刷、食品等现代工业。

发展少数民族地区农牧业经济

中华人民共和国成立后，从中央到地方的各级政府积极领导少数民族农牧民开展农田基本建设和草原基本建设，采取各种措施发展农村经济，提高农业生产水平。政府通过无偿发放农具、发放生产资金、减免农牧业税、发放无息或低息贷款等措施，扶持少数民族地区农村经济的发展，取得了显著成就(见表四)。1998年，少数民族自治地方农民人均纯收入达1633.11元，是1980年的21.5倍。

表四：1998年与1952年少数民族自治地方主要农牧业发展对比

项目 \ 年份	1952年	1998年
农业总产值(亿元)	31.2	3210.5
粮食产量(万吨)	1581.50	7295.43
大牲畜总数(万头)	2439.2	5564.7

80年代初，中央政府对西藏确定了“土地归户使用、自主经营”和“牲畜归户、私有私养、自主经营”的两个长期不变政策，并对农民实行“免征免税”的优惠政策，从而极大地调动了占西藏人口80%以上的农牧民的生产积极性，农业生产连年丰收。1998年西藏全区粮食总产量达85万吨，比1959年增长4.6倍。为进一步改善西藏农牧业生产条件，国家在90年代投资20多亿元，综合开发治理雅鲁藏布江、拉萨河、年楚河“一江两河”流域的农业基础设施，整个项目计划修建40项工程，项目完成后，受益耕地约占西藏现有耕地面积的45.6%。在国家的支持下，宁夏1989年以来在河套灌区先后完成了第一、二期农业综合开发，开垦荒地4万公顷，改造中低产田10万多公顷，新增粮食生产能力近4亿公斤⑩。

为帮助民族乡的发展，1993年中国政府制定了《民族乡行政工作条例》，规定上级政府应在财政、金融、税收、基础设施建设等方面采取特殊政策和措施支持民族乡发展经济。在“八五”期间(1991—1995年)，政府每年设立1亿元贴息贷款，用于扶持少数民族地区发展乡镇企业。

加大少数民族地区改革开放力度

中国自70年代末实行改革开放政策以来，少数民族地区同全国其他地区一样，按照建立社会主义市场经济体制的改革目标，实施了农村、国企、财税、金融、投资、外贸、流通、社会保障、住房等方面的一系列改革，经济体制和运行机制发生了根本性的变化，国民经济的市场化和社会化程度明显提高。同时，随着国家全方位、多层次、宽领域对外开放格局的形成，少数民族地区发挥各自的沿海、沿江、沿边特点，积极发展边贸和对外经济技术合作，对外开放进入新的阶段，在全国对外开放总体格局中的地位和作用也日益突出。

70年代末以来，国家在保留对民族地区的财政补贴并设立发展基金等多项优惠政策的同时，鼓励少数民族地区从本地的实际出发，积极开展外引内联，发展边境贸易，支持少数民族地区通过积极稳妥的改革，推动社会经济结构的调整，增强自我发展能力。

1987年，国家确定，在边疆少数民族地区选择一些条件较好的地方，借鉴国际上设立内陆开发区和边境自由贸易区的做法，加快对外开放步伐。为活跃沿边地区的经济，富裕边民，促进与周边国家的经贸合作，1992年，国家决定进一步开放内蒙古自治区的满洲里、二连浩特，吉林省的珲春，新疆维吾尔自治区的伊宁、博乐、塔城，广西壮族自治区的凭祥、东兴等少数民族较为集中的内陆边境城市。1993年，国家选择了呼伦贝尔盟、乌海市、延边朝鲜族自治州、黔东南苗族侗族自治州、临夏回族自治州、格尔木市、伊犁哈萨克自治州等七个民族地区作为改革开放的试点。

80年代后，广西壮族自治区的北海市被国家列为14个沿海开放城市之一，还有一市五县列为国家沿海经济开放区；乌鲁木齐市、南宁市、昆明市、呼和浩特市、银川市、西宁市、贵阳市等少数民族自治区首府和少数民族较多的省的省会城市被国家列为内陆开放城市；国家还先后批准了桂林市、南宁市、乌鲁木齐市、包头市四个民族地区大中城市建立高新技术产业开发区。

目前，新疆已同世界上70多个国家和地区建立了稳定的经贸关系。1992年至1997年，新疆进出口贸易总额达69.9亿美元，年均增长21.1%。新疆六个开放城市和经济技术开发区、边境经济合作区各方面的建设和招商引资都取得重大成果。新疆已开通15个开放口岸，兰新铁路复线和第二座亚欧大陆桥的贯通，使一个现代化的西北国际大通道初步形成。

广西对外开放以来，外来投资不断增长。“八五”时期（1991—1995年）实际利用外资（含外国政府贷款）32.4亿美元，比“七五”期间（1986—1990年）增长5.6倍。至1997年末，广西累计批准外资项目8505个，合同外资金额137.9亿美元，实际利用外资67.1亿美元。目前，到广西投资的国家和地区已达30多个[11]。

对少数民族地区实行优惠的财政政策

国家财政从1955年起就设立“民族地区补助费”，1964年又设立“民族地区机动金”，并采取提高民族地区财政预备费的设置比例等优惠财政政策，帮助少数民族地区发展经济和提高人民生活水平。据统计，仅上述三项优惠政策，到1998年国家就对少数民族地区累计补助达168亿元。1980年，中央财政又对五个民族自治区及贵州、云南、青海三个少数民族比较集中的省实行定额补助制度，上述三项优惠政策也计入定额补助中继续予以保留。从1980年到1998年，少数民族自治地区获中央财政定额补助1400多亿元。1980年，国家设立支援经济不发达地区发展资金，其中很大一部分用于少数民族地区。1986年，国家设扶贫贴息贷款和以工代赈资金，其中很大一部分用于少数民族地区。1994年，国家实施“分税制”财政管理体制改革，原有对少数民族地区的补助和专项拨款政策全部保持下来。国家在1995年开始实行的过渡期转移支付办法中，对西藏等五个自治区和云南、贵州、青海以及其他省的少数民族自治州专门增设了政策性转移支付内容，对少数民族地区实行政策性倾斜，政策性转移支付额随国家财力的增长不断增加。1998年，中央对五个民族自治区和少数民族较为集中的贵州、云南、青海省的一般性转移支付额近29亿元，占全国转移支付总额的48%。

鼓励少数民族地区发展贸易，照顾少数民族用品生产

国家对民族贸易实行优惠政策，扶持其发展，如1963年开始实行利润留成照顾、自有资金照顾和价格补贴照顾的“三项照顾”政策等。为尊重少数民族的风俗习惯和宗教信仰，适应和满足各少数民族生产生活特殊用品的需要，国家不仅确定了涉及服装、鞋帽、家具、绸缎、食品、生产工具、手工艺品、装饰用品、乐器等16个大类、4000余个民族用品品种，而且还采取建立专门生产基地、优先保证生产资金和原材料供应、减免税收、低息贷款、运费补贴等优惠政策。

1991年以来，国家结合改革开放的新形势，对民族贸易和民族用品生产的优惠政策进行相应调整。“八五”期间（1991—1995年），国家对426个民族贸易县的商业、供销、医药企业和2300多家民族用品定点生产企业在信贷、投资、税收和商品供应等方面给予优惠照顾，并设立专项贴息贷款用于民族贸易网点建设和民族用品定点生产企业的技术改造。1997年6月，国家出台了新的民族贸易和民族用品生产的优惠政策，其中包括在“九五”期间（1996—2000年）每年由中国人民银行安排1亿元贴息贷款用于民族贸易网点建设和民族用品定点生产企业的技术改造，对县以下（不含县）国有民族贸易企业和基层供销社免征增值税等。

扶持少数民族贫困地区摆脱贫困

中华人民共和国成立以来,尽管少数民族人民的生活有了很大改善,但由于自然地理的制约,以及社会发展程度低、生产条件差、科技和文化知识不够普及等原因,少数民族较为集中的西部地区与东部沿海地区比较,发展相对落后,有些少数民族地区生产和生活条件还相当困难,还有部分少数民族人民的温饱问题尚未得到解决。中国自80年代中期大规模地开展有组织有计划的扶贫工作以来,少数民族和民族地区始终是国家重点扶持对象。

在十多年的扶贫开发过程中,少数民族贫困地区除享受其他贫困地区扶贫开发的优惠政策外,还享受国家制定的一系列特殊政策:(一)放宽标准,扩大对少数民族地区的扶持范围。1986年首次确定国家重点贫困县时,将少数民族自治县列为重点贫困的标准从全国统一的1985年人均收入低于150元放宽到200元,对牧区和民族地区的一些困难县放宽到300元。当时确定的331个国家重点扶持贫困县中有少数民族贫困县141个,占总数的42.6%。1994年开始实施《国家八七扶贫攻坚计划》时,重新调整了国家重点扶贫县对象,在确定的592个国家重点扶持贫困县中有257个少数民族县,占总数的43.4%。(二)在扶贫资金和物资的分配上重点向少数民族贫困县倾斜。国家在分配扶贫资金和物资时将五个民族自治区全部视同西部省区,予以重点扶持。部分省区在分配扶贫资金时专门切出一部分资金用于扶持少数民族贫困县。据不完全统计,1996年至1998年国家共向257个少数民族贫困县投入中央扶贫资金169.5亿元,占扶贫资金总数的45%。(三)对少数民族贫困地区安排专项扶贫资金。从1983年到2002年,中央政府每年拨出2亿元专款用于甘肃和宁夏少数民族比较集中的“三西”(甘肃的定西、河西地区和宁夏回族自治区的西海固地区)干旱地区的农业建设。从1990年起,国家专门设立了“少数民族贫困地区温饱基金”,重点扶持全国143个少数民族贫困县。(四)积极开展同国际组织在少数民族贫困地区扶贫开发的合作。1995年以来,世界银行在中国实施了三期扶贫项目,贷款规模总计6.1亿美元,覆盖了广西、内蒙古、宁夏及其他省区的43个少数民族贫困县。(五)组织东部省、市同少数民族地区开展扶贫协作。1996年,中央政府决定组织九个沿海发达省、直辖市和四个计划单列市对口帮助西部十个贫困省、自治区,三年来共捐款捐物10.4亿元,实施合作项目2074个,投资近40亿元。

通过十多年的扶贫开发,中国少数民族地区人民的生产和生活条件得到了明显改善。从1995年到1998年,257个少数民族贫困县解决了1092万人、1514万头牲畜饮水问题,五个民族自治区贫困人口从835万人下降到473万人,贫困发生率由12.4%下降到6.9%,贫困县农民人均纯收入从833元增加到1395元。同时,少数民族地区基础设施建设进一步加快。1995年到1998年,新修基本农田1000多万亩,修建公路6.9万公里,架设输变电线路11.7万公里。

对少数民族实行宽于汉族的生育政策

为提高少数民族人口素质,加快民族自治地方的经济社会发展,中国各民族自治地方的人民代表大会,根据国家有关少数民族也要实行计划生育的精神,制定了本地区少数民族的计划生育政策。其生育政策宽于汉族的生育政策,一般规定,少数民族家庭可以生育两个或三个孩子;边境地区和自然环境恶劣的地区、人口特别稀少的少数民族可以生育三个以上的孩子;西藏自治区的藏族农牧民可以不受限制地生育子女。这使得少数民族人口的增长速度高于全国平均水平。1953年全国第一次人口普查时,新疆的少数民族人口为454万人,1990年全国第四次人口普查时,新疆的少数民族人口增至946万人,到1998年,新疆的少数民族人口达到1046.01万人,占新疆总人口的62%。1952年,以达赖为首的西藏地方政府向中央政府申报的西藏人口为100万人,到1998年,西藏人口已增至252万人,仅藏族人口就增加了120万人。目前,藏族人口约占全自治区总人口的94%。

支持和帮助少数民族地区发展教育

民族教育是中国教育事业的重要组成部分。发展民族教育,对于提高少数民族人口素质,促进少数民族地区的经济文化发展,有着重要意义。国家根据现代化建设的需要和发展教育事业的方针政策,坚持从少数民族的特点和民族地区的实际出发,积极支持和帮助少数民族发展教育事业。

国家采取了许多政策和措施支持少数民族教育事业的发展，如赋予和尊重少数民族自治地方自主发展民族教育的权利，重视民族语文教学和双语教学，加强少数民族师资队伍建设，在经费上给予特殊照顾，举办民族院校和民族班，实行定向招生，积极开展内地省市对少数民族地区教育的对口支援，全国支援西藏教育事业等。

国家对贫困地区特别是少数民族贫困地区的普及义务教育给予重点扶持。1993年，国家有关部门提出了经济、教育比较发达的省、直辖市与国家重点扶持的143个少数民族贫困县开展教育对口支援协作的意见，明确了协作关系和教育扶贫的主要任务。国家教育部和财政部联合组织实施了国家贫困地区义务教育工程。按照工程规划，在1995—2000年间，中央财政将投入39亿元，加上地方配套资金将超过100亿元。这项工程的启动，对推动少数民族贫困地区的普及义务教育有着重要作用。国家鼓励通过建立“希望工程”等形式资助民族地区发展基础教育，如1995年湖南湘西土家族苗族自治州通过“希望工程”建成了136所希望小学，解决了数万少数民族贫困儿童的失学问题。

国家兴办了一批民族院校，截至1998年，国家独立设置的民族院校有民族大学和民族学院12所、民族师范学校59所、民族职业中学158所、民族中学3536所、民族小学20906所。民族院校先后开设了一些民族预科班，在其他的一些高等学校、中等专业学校和成人高等学校也相继举办了相当数量的少数民族预科班。1998年，全国举办民族预科班的高等院校达80余所，当年计划招生7142名。预科教育对提高少数民族学生的文化基础知识，使更多的少数民族学生升入高、中等专业学校学习起了很大的作用，它已成为主要为少数民族学生举办的独具特色的办学形式。

五、保护和发展少数民族文化

中国各少数民族在长期的历史发展过程中，都形成了本民族独具特色和风格各异的文化。在中国，少数民族传统文化受到尊重和保护，各民族都可以自由地保持和发展本民族的文化。

尊重少数民族风俗习惯

中国各少数民族的风俗习惯差异较大，具有不同的生产方式和生活方式，表现在服饰、饮食、居住、婚姻、礼仪、丧葬等多方面。国家尊重少数民族风俗习惯，少数民族享有保持或改革本民族风俗习惯的权利。在社会生活的各方面，政府对少数民族保持或改革本民族风俗习惯的权利加以保护。

在中国，约有十个少数民族有食用清真食品的传统习惯。为妥善解决好食用清真食品的少数民族的伙食问题，国家在食用清真食品的少数民族较多的机关、学校、企事业单位，设立清真食堂或清真伙食，人数较少的采取几个单位联合举办或备专门灶具。在食用清真食品的少数民族较集中的地方，广设清真饮食网点，在城市、交通要道、饭店、旅馆、医院，以及列车、轮船、飞机等交通设施上，设清真食堂和清真伙食点。国家对经营清真饮食有严格的规定，要求对食用清真食品的少数民族食用的牛羊肉，在屠宰、包装、运输加工、销售等各环节上，都必须标明“清真”字样。在食用清真食品的少数民族聚居的大、中城市，国家有关部门设立专门经营牛羊肉的批发部门或零售机构，并在政策上给予优惠。

中国各少数民族的丧葬习俗各有不同，有火葬、土葬、水葬、天葬等不同的葬法。政府尊重少数民族的丧葬习俗。对回族、维吾尔族等一些习惯土葬的少数民族，国家划拨专用土地，建立公墓，并设立专门为这些少数民族服务的殡葬服务部门。现在，全国凡有回族等习惯实行土葬的少数民族居住的大、中、小城市，都建有公墓。同样，对藏族实行的天葬、土葬、水葬，国家也给予保护和尊重。

中国各少数民族年节习俗丰富多彩。如：藏族的藏历新年、“雪顿节”，回、维吾尔等民族的“开斋节”、“古尔邦节”，蒙古族的“那达慕”，傣族的“泼水节”，彝族的“火把节”等等。各少数民族自由地按本民族的传统习惯欢度节日，国家按照各少数民族年节习惯安排假日，并供应节日特殊食品。

保护少数民族文化遗产

为使各少数民族传统文化得到保护，国家有计划地组织对各少数民族的文化遗产进行搜集、整理、翻译和出版工作，保护少数民族的名胜古迹、珍贵文物和其他重要历史文化遗产。

国家成立了全国少数民族古籍整理出版规划

小组和办公室，组织和领导全国少数民族古籍整理工作。全国现有25个省、自治区、直辖市，130个自治州、地、盟建立了民族古籍整理与研究机构，民族院校也建有古籍整理与研究机构。截至1998年，已搜集少数民族古籍12万余种，整理11万余种，出版古籍书籍5000余种。国家组织3000多名专家学者，完成了关于少数民族的五种丛书的编辑出版工作，包括中国少数民族简史、少数民族语言简志、民族自治地方概况等丛书400多种，9000多万字。现在，中国55个少数民族都各自有了一部文字记载的简史。

中国政府设立了中国少数民族三大英雄史诗《格萨尔》（藏族民间说唱体长篇英雄史诗）、《江格尔》（蒙古族著名的英雄史诗）、《玛纳斯》（柯尔克孜族著名的传记性史诗）专门工作机构，有计划有组织地进行收集、整理、翻译、研究工作。出版了包括少数民族文字、汉文和多种外国文字版本的三大史诗以及一些研究专著，仅关于《格萨尔》就出版了300多万字的大型学术资料汇编《格萨尔集成》，涌现出一批卓有成就的"格学"研究专家。近年来，国家拨付了以千万元计的巨额资金支持校勘出版共计150部的传统藏学的百科全书《中华大藏经》。

从50年代初开始，中国各级政府以及文化艺术部门组织了数以万计的人类学、社会学、民族学专家和文学艺术工作者，深入到少数民族聚居地区，抢救、搜集流传在民间的传统文化艺术。80年代初，中国政府又投入大量资金和人力物力，搜集整理各民族民间文艺资料，编纂了《中国民间歌曲集成》、《中国民族民间器乐曲集成》、《中国民间故事集成》、《中国民间谚语集成》等包括各民族文学、音乐、舞蹈诸门类的十大文艺集成，共计整理出版310卷，全部出齐约450卷，总计约4.5亿字。

近十年来，国家投入巨资对西藏拉萨的哲蚌寺、色拉寺、甘丹寺，青海的塔尔寺，新疆的克孜尔千佛洞等大批国家重点文物古迹进行了维修。特别是1989年至1994年，国家投入5300万元、黄金1000公斤，对著名的布达拉宫进行了维修。各地还建立了一些博物馆、文化馆，搜集、保护少数民族文物。投资近亿元的西藏博物馆已建成使用。

繁荣少数民族文化艺术事业

国家和有关部门通过组建少数民族文艺团体、艺术院校、文化馆和群众艺术馆等措施，大力培养少数民族文艺人才，繁荣少数民族文艺创作，发展少数民族文化艺术事业。50年代初，北京建立了国家级的中央民族歌舞团，由各民族演员组成，创作各少数民族歌舞节目，到全国各地演出，还数十次把中国少数民族文艺节目带到世界各国演出。到目前为止，全国民族自治地方有各类艺术表演团体534个，艺术表演场所194处，图书馆661个，群众艺术馆82个，文化馆679个，文化站7318个，博物馆155个。全国五个民族自治区和云南、贵州、吉林等省有24所高等和中等艺术院校，专门培养少数民族艺术人才。

曾经濒于灭绝的维吾尔族巨大音乐经典套曲"十二木卡姆"，由40年代末仅有两三个高龄艺人能够较完整的演唱到成立新疆木卡姆艺术团、木卡姆研究室，广泛演唱，得到发扬光大。已有500多年历史的藏戏不仅得到保护和发扬，而且在每年的雪顿节期间与其他歌舞、话剧相映生辉，使雪顿节成为藏民族欢乐喜庆的综合艺术节。

国家定期举办少数民族音乐、舞蹈、戏剧"孔雀奖"评比和少数民族题材的电影、电视、文学"骏马奖"评选。国家自1992年开始在少数民族聚居的广西、云南、西藏、新疆、内蒙古、黑龙江、吉林等九个省、自治区实施"全国万里边疆文化长廊建设"工程。几年来，各级政府投入大量资金，建成了一批公共文化基础设施，改善和丰富了当地的文化生活，受益的边疆各族人民群众达1000多万人。

近十多年来，少数民族文化艺术团体扩大对外交流，活跃在国际舞台上，从中央到地方已有100多个少数民族艺术团体走向世界。

少数民族作家队伍不断壮大，一大批少数民族作家茁壮成长，创作了大量文学作品。中国作家协会少数民族会员的比例已超过10%，人数近600人。

少数民族工艺美术异彩纷呈。藏族壁画艺术不断充实，增加了表现藏族发展史和藏族人民新生活的内容。藏族卷轴画唐卡艺术得到保护。维吾尔族、蒙古族的地毯、壁挂，从民族地区风行到全中国，外销世界上许多国家和地区。布依、苗、瑶、仡佬等民族的蜡染，而今更为流行，且图案、花样、品种都有很大发展。土家、壮、傣、黎、侗等民族的织锦技艺，已从过去的一家一户的小型作业发展到织锦工艺厂，生产规模不断扩大。

保护发展少数民族传统医药

国家大力培养少数民族医药人才，在西藏、内蒙古、新疆等地相继成立了藏医、蒙医、维吾尔医高等院校，已培养民族医药人员2531人。其中西藏藏医学院建立近十年来，共培养各类藏医药人才500多人。目前，全国共有民族医院127所，其中藏医院52所，蒙医院41所，维吾尔医院26所，其他民族医院8所。国家积极扶持对少数民族医药的开发和应用。1992年国家确定了蒙药、藏药、维吾尔药的制剂中心，将传统医药与现代研制技术相结合，已经生产了十几种剂型，上百种藏药、蒙药、维吾尔药品种。

发展少数民族传统体育活动

中国少数民族传统体育运动源于广大少数民族群众的生活，内容丰富，形式多样，历史悠久，特点鲜明，不仅具有高度的技巧，而且常常伴有歌舞、音乐，如赛马、射箭、马上游戏“叼羊”、摔跤、荡秋千、跳板、赛龙舟、登山等等。中国各少数民族自治地方都建立了体育工作机构，积极培养少数民族体育人才，开展民族传统体育和现代体育活动，提高少数民族的健康水平。现已挖掘、搜集、整理出少数民族传统体育项目290多个。1953年，在天津举办了全国首次民族传统体育表演及竞赛大会，即第一届全国少数民族传统体育运动会。1982年后，中国每四年举办一次全国少数民族传统体育运动会。第六届全国少数民族传统体育运动会于1999年9月在北京举行，同时在西藏自治区首府拉萨设立分赛场。全国已有25个省、自治区、直辖市每四年举办一次少数民族传统体育运动会。

中华人民共和国的五十年实践证明，中国的民族政策是成功的，走出了一条符合自己国情的解决民族问题和实现各民族共同发展的正确道路。同时，中国政府也清楚地看到，由于历史和自然地理等因素的制约和影响，中国中西部少数民族较为集中的地区与东部沿海地区相比，在发展上还存在着较大差距，有部分少数民族地区人民还未解决温饱问题，有些地区因生产条件较差严重影响持续发展。这些问题已经引起中国政府的高度重视，并正在采取措施加以解决。中国政府相信，随着国家改革开放和现代化建设事业的发展，中国各民族必将得到更快、更好的发展，在即将到来的21世纪，中国各民族平等、团结、互助的关系必将得到进一步巩固和发展。

注：

① 中国少数民族人口情况，参见江平主编《中国民族问题理论和实践》，第492—496页，中共中央党校出版社1994年版。

② 中国少数民族分布情况，参见吴仕民主编《民族问题概论》，第383—385页，四川人民出版社1997年版。

③ 中国统一多民族国家的形成，参见戴逸《中国民族边疆史研究》和张传玺《中国古代国家的历史特征》两文，载《中外历史问题八人谈》，中共中央党校出版社1998年版。

④ 相关法律条文，参见《中华人民共和国民族政策法规选编》，中国民航出版社1997年版。

⑤ 1949年前中国少数民族社会状况，参见杨侯第主编《中国少数民族人权述要》，北京大学出版社1997年版。

⑥ 1959年前西藏社会历史情况，参见《中国西藏社会历史资料》，五洲传播出版社1994年版。

⑦ 中国少数民族自治地方分布情况，参见吴仕民主编《民族问题概论》第386—390页。

⑧ 参见《中华人民共和国1998年国民经济和社会发展统计公报》，外文出版社1999年版。

⑨ 参见新疆维吾尔自治区人民政府新闻办公室编《中国新疆》，五洲传播出版社1999年版。

⑩ 参见宁夏回族自治区人民政府新闻办公室编《中国宁夏回族自治区》，五洲传播出版社1998年版。

⑪ 参见广西壮族自治区人民政府新闻办公室编《中国广西壮族自治区》，五洲传播出版社1998年版。

D 文献篇

Documents

分两部分，其中：领导讲话——国家民委领导的部分讲话。文件——按综合、经济、文教、地方性政策法规等四类，收集了1999年国家民委及有关部委和省、自治区、直辖市有关部门颁发的关于民族工作方面的文件、法规等文献，该部分按文献时间排序。

深入学习邓小平民族理论 以崭新的面貌把民族工作推向21世纪

——国家民委主任李德洙在国家民委邓小平民族理论研讨会暨全国民委主任会议上的讲话

(1999年1月19日)

同志们:

在这次邓小平民族理论研讨会暨全国民委主任会议上,国务委员司马义·艾买提作了重要报告,陈虹同志作了工作报告,几个省(区)的同志作了大会发言。会议开得很好,取得了三个方面的成绩:一是把理论研讨与研究部署工作结合起来,促进了理论和实际相结合,使实际工作者进一步增强了理论意识,使理论工作者进一步了解了民族工作实际;二是把总结经验与思考未来结合起来,通过总结改革开放二十年民族工作的经验和对跨世纪民族工作的思考,进一步增强了我们的责任感和使命感;三是把全国的大事和民族工作部门的大事结合起来,站在大局的高度,选择自己的角度,明确了自己的任务,增强了做好今年工作的信心和决心。

现在,我代表国家民委党组,就如何深入学习邓小平理论,如何运用邓小平理论分析研究当前的民族问题、做好民族工作讲几点意见。

一、结合实际深入学习和研究邓小平理论

江泽民总书记在党的十五大报告中强调,旗帜问题至关重要,旗帜就是方向,旗帜就是形象。邓小平理论是马克思主义同当代中国实践和时代特征相结合的产物;是当代中国共产党人的行动指南,是建设有中国特色社会主义的指导思想;是马克思列宁主义的重要组成部分和新发展。它不仅在中国革命和建设中,而且在国际共产主义运动中都占有重要地位。在建设有中国特色社会主义伟大事业的整个过程中,必须高举邓小平理论这面伟大旗帜,坚持邓小平理论的指导地位不动摇,从面向世界、实现中国跨世纪发展的大局高度,以强烈的历史责任感和使命感,不断增强深入学习和研究邓小平理论的自觉性和紧迫感。

学习邓小平理论要把握以下几点:和平与发展是邓小平理论所处的时代特征;中国处在社会主义初级阶段,是邓小平理论的出发点;邓小平理论是对社会主义实践经验,特别是中国社会主义实践经验的科学总结和理论概括;解放思想、实事求是是邓小平理论的灵魂,是邓小平理论的精髓,是贯穿邓小平理论的一条红线;什么是社会主义,怎样建设社会主义是邓小平理论的核心。

我们常说民族工作要有大局意识,要把握大局,服从和服务于大局。大局意识是什么,就是在工作中,从大局的角度考虑问题。就当前而言,就是从改革开放的大环境和全国发展的总趋势上观察和研究我国的民族问题;就是要从国际大环境和世界发展的总体格局中观察和分析我国的民族问题。

(一)结合世界和中国的发展趋势,深入学好邓小平理论。

和平与发展是当今世界的两大主题。在20世纪即将结束的时候,世界形势出现了新的现象:

经济上,以信息革命为中心的世界科技革命进入了一个新阶段;以科技革命为推动力,世界经济主要是资本主义经济进入了一个新阶段即全球一体化阶段,世界各国经济联系加强,互相渗透,互相依赖,日益成为一个整体,一个国家经济发生动荡,立即会引起一个地区甚至全世界的经济动荡。

政治上,世界多极化的格局更加明显,国际形势总体上趋于缓和,但霸权主义和强权政治仍威

胁着世界和平与地区稳定;因民族、宗教、领土等因素引起的局部冲突此起彼伏;一些西方国家仍利用"人权"、民族、宗教等问题作为干涉别国内政,瓦解别国的突破口;泛突厥主义、泛伊斯兰主义等在世界部分地区仍然是不稳定因素。

从国内形势看,发展和稳定仍然是大局。根据邓小平制定的国家发展战略目标,在本世纪末要达到小康;到下世纪中叶,即新中国成立100周年的时候,要达到中等发达国家水平,使中华民族巍然屹立于世界民族之林。相比之下,民族工作的任务更加繁重。

党的十五大特别是九届人大一次会议以来,我国的改革进入攻坚阶段,发展处在关键时期。去年,在亚洲金融危机冲击、南北方发生严重洪涝灾害的情况下,我国的经济仍取得了较高的增长速度,国有企业改革、机构改革、金融改革、粮食流通体制改革、住房制度改革、医疗卫生制度改革等等都取得了很大的进展。与此同时,长期积累起来的深层次矛盾逐步暴露出来,深化改革、促进发展、保持稳定的任务十分繁重。

从国际形势看,我们面临难得的机遇,又面临严峻的挑战。我们要正确把握形势,掌握工作主动权,把改革开放的伟大事业全面推向21世纪。实现这一目标,最重要的就是要学会并善于运用邓小平理论正确观察世界,解决中国的现实问题。

(二)结合共产主义发展历程学好邓小平理论。

邓小平理论是当代中国的马克思主义,是马克思主义在中国发展的新阶段。这是通过改革开放和现代化建设的实践得出的科学结论。

从1848年《共产党宣言》诞生至今,共产主义运动经历了四次大的飞跃。一是马克思、恩格斯创立了马克思主义,使社会主义从空想变成了科学;二是1917年俄国十月革命,列宁创造性地运用马克思主义,创立了列宁主义,使社会主义首先在一个国家取得了胜利,把社会主义从理论变成了现实;三是毛泽东率领中国共产党人,把马克思主义的基本原理与中国革命的实际相结合,在半殖民地半封建的东方大国取得了社会主义革命的胜利,又一次丰富和发展了马克思主义,理论成果是毛泽东思想;四是邓小平继承马列主义、毛泽东思想,深刻总结了社会主义建设的历史经验,确立了邓小平理论。社会主义制度建立后,如何建设、巩固和发展社会主义,这是世界共产主义运动面临的新课题。苏联和东欧一些原社会主义国家因种种原因,垮下来了。邓小平总结我国革命和建设以及国际共产主义运动的经验教训,使我国走上了建设有中国特色社会主义的道路。

(三)结合贯彻落实十五大精神深入学好邓小平理论。

党的十五大标志着我们党学习和运用邓小平理论达到了一个新的境界:一是对邓小平理论的历史地位、指导意义、科学体系和时代精神作出了新的阐述。二是创造性地运用邓小平理论解决我国经济、政治、文化发展的一系列重大问题。三是对建设有中国特色社会主义的认识达到了新的高度。十五大把邓小平理论作为党的指导思想。十五大报告论述的关于社会主义初级阶段问题,关于党的基本路线和基本纲领问题,关于经济体制改革和经济发展战略问题,关于政治体制改革和民主法制建设问题,关于有中国特色社会主义文化建设问题,关于党的领导和党的建设问题等等,是邓小平理论在新的形势下的丰富和发展。学习邓小平理论,就要把十五大精神领会透,把握准,贯彻好,要把深入学习邓小平理论与学习十五大报告紧密结合起来,做到在对邓小平理论的科学认识上,在运用邓小平理论解决实际问题的能力上,在改造主观世界的自觉性上都有新的提高,使深入学习邓小平理论和做好民族工作达到十五大要求的新水平。

(四)结合跨世纪民族工作实际学好邓小平理论。

十五大报告提出,要全面贯彻党的民族政策,坚持和完善民族区域自治制度,切实加强民族工作,巩固和发展平等、团结、互助的社会主义民族关系。这些要求是我国跨世纪民族工作的主要任务。圆满完成这一任务,关键是必须始终坚持将邓小平理论作为统帅民族工作的灵魂,把学习和实践邓小平理论变为广大民族工作者的自觉行动。

通过学习邓小平理论,要在六个方面有新的提高:一是要学习邓小平同志关于从讲政治的高度、全局的高度观察和处理民族问题的马克思主义的立场、观点和方法。二是用邓小平理论作指导,正确认识世界民族问题的发展趋势。三是用邓小平理论作指导,认识现阶段我国民族问题的特点和发展规律。四是用邓小平理论作指导,认识民族问题在建设有中国特色社会主义伟大事业中的地位。五是用邓小平理论作指导,正确把握民族工作的大政方针。六是用邓小平理论作指导,研究和探索社会主义市场经济条件下解决民族问题的方法。

二、深入学习邓小平理论,全面、准确地把握邓小平民族理论的体系、内容和精髓

邓小平民族理论是时代的产物,是邓小平理论的重要组成部分。它是在总结我们党处理民族问题实践经验的基础上,结合时代特点,遵循实事求是的思想路线,充分把握当代中国民族问题的实际情况得出的科学理论,是集体智慧的结晶。其主要思想,体现在《邓小平文选》中,体现在十一届三中全会以来党的历史文献中,体现在以江泽民同志为核心的党的第三代领导集体对民族工作的指示和讲话中,体现在改革开放以来的民族工作实践中。邓小平民族理论是由一系列互相联系的观点组成的比较完备的科学体系,又是一个开放的、需要在实践中继续丰富和发展的科学体系。

研究邓小平民族理论,要遵循江总书记"一个中心,三个着眼于"的原则,即一定要以我国改革开放和社会主义现代化建设的实践问题,以我们正在做的事情为中心,着眼于马克思主义的运用,着眼于对实际问题的思考,着眼于新的实践和新的发展。邓小平民族理论高屋建瓴,蕴意深刻,切中实际,对马克思主义、毛泽东思想既有继承又有发展。它与毛泽东民族理论一脉相承,又结合新时期民族工作的实践大胆创新,把创造性地运用马克思主义解决中国民族问题的理论与实践提高到了新的阶段,极大地丰富和发展了马克思主义民族理论。其理论贡献主要有:

(一)彻底否定了关于社会主义时期民族问题实质的错误观点,科学地阐明了我国社会主义时期民族关系的性质。

十一届三中全会后,民族工作在理论上的重大突破是从彻底否定"民族问题的实质是阶级问题"的错误观点开始的。

民族问题实质是社会政治经济关系的本质反映,是经济基础与上层建筑关系的本质反映。民族问题从来不是一个孤立、一成不变的东西,它在不同的社会制度、不同的发展阶段,其内容和性质是不同的。民族问题与阶级问题有联系,但不完全等同于阶级问题。在阶级社会里,民族压迫的根源是阶级压迫。这就是马克思所讲的:"人对人的剥削一消灭,民族对民族的剥削也会随之消灭;民族内部的阶级一消灭,民族间的敌对关系就会随之消失。"在社会主义社会,剥削阶级作为阶级已经不存在了,阶级压迫制度已被推翻,民族问题的性质相应地发生了根本性变化,基本上是劳动人民之间的关系,是平等、团结、互助的关系。

但50年代末60年代初,在"以阶级斗争为纲"的错误思想指导下,把民族问题与阶级问题等同起来,把"民族问题的实质是阶级问题"的提法当作"马克思主义的普遍原理"来指导我国社会主义时期民族工作的实践。这是民族问题上"左"倾思想的集中表现,是"文化大革命"中林彪、"四人帮"一伙破坏党的民族政策,搞阶级斗争扩大化,制造大量冤假错案的理论基础。

邓小平同志以马克思主义者的非凡胆略和科学态度,号召全党解放思想,坚持党的实事求是的思想路线,坚持实践是检验真理的惟一标准,对社会主义建设的重大理论和实践问题正本清源、拨乱反正。1979年6月,邓小平同志在中国人民政治协商会议第五届二次会议开幕词中指出:"我国各兄弟民族经过民主改革和社会主义改造,早已陆续走上社会主义道路,结成了社会主义的团结友爱、互助合作的新型民族关系。"在这一思想指导下,党中央对我国民族问题的性质作出了两个基本估计:一是我国的民族关系基本上是各族劳动人民之间的关系,二是民族矛盾的性质主要是人民内部矛盾。并由此得出两个结论:一是经过民主改革和社会主义改造,各民族已经走上社会主义道路,形成了平等、团结、互助的社会主义新型民族关系,二是正确处理人民内部矛盾是社会政治生活的重要课题,是解决我国民族问题的重要课题。

1980年4月,中央在《关于转发〈西藏工作座谈会纪要〉的通知》中明确指出,所谓"民族问题实质是阶级问题"的说法是错误的,此后在《云南民族工作汇报会纪要》等重要文件中也都多次阐明了这一观点。同年7月,《人民日报》发表特约评论员文章《评所谓“民族问题的实质是阶级问题”》,全面系统地对这一观点进行了批判,推翻了这个导致在民族问题领域推行阶级斗争扩大化的错误理论,直接推动了民族理论和民族工作的思想解放。

彻底否定“民族问题的实质是阶级问题”的错误观点,对民族工作产生了巨大的推动作用:第一,拨乱反正,平反冤假错案。一大批受到错误对待的党的优秀少数民族干部摘掉了“修正主义”、“地方民族主义”等帽子。第二,民族地区开始真正放弃“以阶级斗争为纲”错误方针,实现了党的工作重点的转移。第三,全面恢复党的民族、宗教政策,以及各项方针政策。第四,民族团结得到巩固和加强,改善了社会主义民族关系。在这个问题上的理论突破,极大地调动了各族人民的积极性,加速了民族地区的发展,使我国民族工作迎来新的历史时期。

(二)用初级阶段的理论,再认识我国民族问题的长期性、复杂性、重要性。

关于民族问题的三个特点,革命导师有过许多十分精彩的论述。比如长期性问题,列宁提出,民族差别就是无产阶级专政在全世界范围内实现以后,也还要保持很久很久,消灭民族差别这在目前是荒唐的幻想。毛泽东说,首先是阶级消亡,国家消亡,而后是民族消亡,全世界都是如此。但是在社会主义实践中,无论是原苏联,还是我们,又恰恰就是在这个方面干了许多否认民族问题长期性、复杂性、重要性的错事、蠢事。1961年,苏联宣布由于各民族之间的共同性越来越多,差别性越来越少,民族融合的因素正在逐步增长,苏联已形成“各民族新的历史性共同体——苏联人民”。以这种忽视民族特点的理论为指导,实践中必然出现重大失误。我国在民主改革和社会主义所有制改造基本完成后,在大跃进和人民公社化运动中,也犯过这方面的错误。在民族地区的各项政策上表现出来的突出现象是忽视民族特点和地区特点,急躁冒进,取消对民族地区行之有效的优惠政策,照搬汉族地区经验的“一刀切”现象严重泛滥。

正确判断社会发展阶段,历来是党制定正确政策的基础。十五大报告中指出,十一届三中全会以前我们在建设社会主义中出现失误的根本原因之一,就在于提出的一些任务和政策超越了社会主义初级阶段,十一届三中全会以来,我们讲一切从实际出发,这个最大的实际就是中国现在处于并将长期处于社会主义初级阶段。

邓小平提出的“社会主义初级阶段”理论,为我们充分认识民族问题的长期性、复杂性和重要性提供了科学的理论依据。用社会主义初级阶段理论分析我国的民族问题,不难发现,我国的少数民族由于脱胎母体不同,社会发育程度不同,经济文化发展更为落后,还处在社会主义初级阶段的较低层次。因此,民族差别的消失,还需要一个相当长的历史过程。

在新的历史时期,民族问题呈现出新的特点。一是民族地区的经济有了长足发展,但总体上生产力水平还很低,与发达地区的差距还不断拉大。二是社会主义市场经济打破了民族间、地区间的阻隔,使民族之间交往日趋频繁,彼此之间的共同性在增多,但民族特点和民族差异仍然存在,在经济权益、风俗习惯、语言文字等方面,因相互了解和尊重不够以及其他一些复杂原因,还时常发生影响民族关系的矛盾和纠纷。三是国内外敌对势力企图在民族问题上打开缺口,对我实施“西化”和“分化”战略。由于这些特点的存在,民族问题显得更重要。李瑞环同志讲,民族问题关系到国家的统一,关系到社会的稳定,关系到经济的发展,关系到边防的巩固,关系到全民素质的提高,关系到挫败国际敌对势力的图谋。这六个“关系到”,充分说明了民族问题的重要性。

对待民族问题,必须从实际出发,实事求是,做到“四不”:不否认,不回避,不夸大,不缩小。民族问题是客观存在,是需要经过长期的历史过程才能解决的问题,任何人为的因素都不是科学的态度,都是有害的。在现实生活中,各民族之间在经济文化发展上还存在差异,民族意识依然存在。如果我们正视它,采取的方针政策符合实际,工作得力,就有利于增强民族团结,有利于不断巩固和发展社会主义民族关系。如果对存在的问题视而不见,听而不闻,这种掩盖矛盾的做法,只会使错误的东西滋长蔓生,最终激化矛盾。江泽民总书记特别强调“民族消亡将是一个漫长的历史过程,在民族未消亡以前,忽视民族差别和民族特点是错误的。”我们要首先承认客观存在的东西,才能研究出解决的办法。原苏联在民族问题上实行高压政策,对少数民族不信任,强迫一些非俄罗斯民族大迁移。当时表面上的平静使苏联领导人对民族问题作出了错误判断,认为各民族日益接近,已形成"新的人们共同体",并宣布已"一劳永逸"地解决了民族问题。这是自欺欺人。事实上没过多久,国家就四分五裂了。从国际经验看,人为地忽视民族问题,只会造成更严重的后果。

总之,对民族问题一定要坚持实事求是的态度,任何人为的因素都无助于问题的解决。

(三)站在生产力的理论高度,全面、正确地分析了我国的民族问题。

党的十一届三中全会以后,特别是彻底否定了"民族问题的实质是阶级问题"的错误观点以后,理论界对我国的民族问题作了进一步思考,有了新的认识。

在1992年召开的中央民族工作会议上,江泽民总书记对民族问题作了精辟地阐述。他指出:"民族问题既包括民族自身的发展,又包括民族之间、民族与阶级、国家等方面的关系"。我认为,这个阐述是完整、准确、科学的。因为:第一,它包含了当代民族问题的基本内容;第二,把民族自身发展问题作为民族问题的重要内容并放在首要位置,蕴意十分深刻,符合民族工作的实际。改革开放以来,邓小平同志多次强调社会主义的根本任务是大力发展生产力。他从生产力标准的高度看待民族问题,特别强调少数民族的自身发展。他指出:"观察少数民族地区主要是看那个地区能不能发展起来。"在社会主义条件下,特别是在我国少数民族经济发展状况很落后的情况下建设社会主义,把发展摆在民族问题的首要位置具有重要的理论意义和现实意义。第三,民族自身的发展,与民族之间,与阶级、国家等方面的关系有着内在的辩证关系。马克思说:"各民族之间的相互关系取决于每一个民族的生产力、分工和内部交往的发展程度。"一个民族生产力的发展程度决定着该民族与其他方面发生关系时所处的地位及作用。另一方面,国家、阶级、民族之间的关系又影响和制约着民族自身发展问题。

一些西方国家在对待少数民族的自身发展问题上,热衷于保留落后民族的文化面貌,使他们长期处于原始状态,并美其名曰保留传统文化,要求他们老老实实不闹事,对少数民族的生存和发展问题漠不关心。这几年,因工作关系,我与西方国家的一些政要及学者打交道比较多,在人权问题上有过多次交锋。我们历来认为,对于一个国家和民族来说,人权首要是生存权、发展权。没有生存权、发展权,其他一切人权均无从谈起。在这个问题上,美国前总统里根认为,贫困是慈善和伦理问题,不是政治问题,政府不应该管。而我们则相反,把消除贫困,促进少数民族自身发展,实现全民族的共同富裕作为党的民族政策的首要内容,作为建设有中国特色社会主义的重要目标。

贫穷不是社会主义。社会主义要显示出比资本主义更合理的、更优越的内容,首先必须摆脱贫困,必须创造更高的生产力。这不仅是个经济问题,而且是一个重要的政治问题。改革开放以来,为解决少数民族的贫困问题,党和国家进行了卓有成效的工作。今后,仍将一如既往地为消除贫困、解决温饱问题不懈努力。

江总书记指出,现阶段,我国的民族问题,比较集中地表现在少数民族和民族地区迫切要求加快经济文化发展上。解决民族问题最根本的是靠民族的自身发展,发展是民族问题的核心。无论是少数民族个人的公民权,诸如生存权、劳动权、受教育权等等,还是民族自治地方的自治权等等,都离不开经济的发展,离不开物质基础。少数民族自身发展了,就为其他问题的解决创造了良好的前提。在实际工作中,大家都把现代化建设的新时期看做是民族问题解决得最好的时期之一,原因就在于我们紧紧地抓住了发展这个主题,并以此带动其他问题的解决,才取得今天的大好局面。基于这种认识,我们认为,江泽民总书记对民族问题的理论概括,为我们正确认识和解决民族问题提供了科学的理论依据,在制定正确的民族政策,发展民族经济,促进各民族共同繁荣的伟大实践中,必将发挥巨大的指导作用。

(四)促进各民族共同繁荣是社会主义本质的体现。

邓小平关于社会主义本质的思想是邓小平理论的一条主线,是核心。他说:"社会主义的本质是解放生产力,发展生产力,消灭剥削,消除两极分化,最终达到共同富裕",这个科学论断的特点在于,它把发展生产力放在社会主义本质的首要地位，把发展生产力和解放生产力统一起来，把生产力同生产关系统一起来。要用这个思想来看待民族问题、民族工作。邓小平同志还十分鲜明地提出，解决民族问题的首要任务，就是“让少数民族发展和进步”，民族地区能不能发展起来，是观察少数民族地区一切工作得失成败的标准。1987年中共中央、国务院批转的《关于民族工作几个重要问题的报告》，根据邓小平社会主义时期要大力发展生产力的观点，提出新时期民族工作的根本任务是：“以经济建设为中心，全面发展少数民族的政治、经济和文化。”在当代中国，抓住了发展问题，就抓住了民族问题的核心，这是邓小平民族理论的重要思想，是邓小平对马克思主义民族理论的重要贡献。

实现各民族共同繁荣，是我们党解决民族问题的一项基本政策，是社会主义民族政策的根本原则。在这方面，邓小平理论的贡献表现在：

第一，鲜明地提出共同富裕是社会主义的本质要求，是社会主义民族政策与其他民族政策的本质区别，是社会主义制度与其他社会制度的区别所在，是社会主义最大的优越性所在。邓小平指出，“社会主义不是少数人富起来，大多数人穷，不是那个样子。社会主义最大的优越性就是共同富裕，这是体现社会主义本质的一个东西。如果搞两极分化，情况就不同了，民族矛盾、区域间矛盾、阶级矛盾都会发展，相应地中央和地方的矛盾也会发展，就可能出乱子。”

第二，为实现共同富裕指明了正确的道路。过去由于时代的局限性，很长时间我们并没有找到一条实现各民族共同繁荣的切实可行的路子，长时间在力求均衡发展中徘徊，没有摆脱出平均主义的束缚。十一届三中全会以后，我们选择什么样经济发展战略，是像过去一样平均使用力量，各地齐头并进，缓慢发展，还是让条件优越地区先行一步？邓小平同志高瞻远瞩地提出，搞平均主义不行。搞平均主义，吃大锅饭，实际上是共同落后，共同贫穷。共同富裕不等于同步富裕。小平同志根据我国的基本国情，提出了优先加速沿海地区的发展，然后再由沿海地区拿出更多的力量来帮助内地发展的战略思想。他指出，一部分地区和一部分人先富起来，“必然产生极大的示范力量，影响左邻右舍，带动其他地区、其他单位的人们向他们学习。这样，就会使整个国民经济不断地波浪式地向前发展，使全国各族人民都能比较快地富裕起来。”

第三，提出了“两个大局”的思想。80年代末90年代初，邓小平同志提出了“两个大局”的思想。他指出：“沿海地区要加快对外开放，使这个拥有两亿人口的广大地带较快地先发展起来，从而带动内地更好地发展，这是一个事关大局的问题。内地要顾全这个大局。反过来，发展到一定的时候，又要求沿海拿出更多力量来帮助内地发展，这也是个大局。那时沿海也要服从这个大局。”对地区发展差距问题，小平提出，在本世纪末达到小康水平的时候，就要突出地提出和解决这个问题。到那个时候，发达地区要继续发展，并通过多交利税和技术转让等方式大力支持不发达地区。他强调，“这是一个大政策，一个能够影响和带动整个国民经济的政策”。此后，邓小平同志又多次提出，我们提倡一部分地区先富裕起来，是为了激励和带动其他地区也富裕起来，并且使先富裕起来的地区帮助落后的地区更好地发展，目的是为了更快地实现共同富裕。

近些年，民族地区在发展水平上与东部沿海地区的差距拉大了。解决这个问题，需要三个方面的工作：一是国家宏观调控，由政府搞平衡。对差距拉大问题，党和政府给予了极大的关注，在1994年第三次西藏工作座谈会上，中央作出全国支援西藏的决定，投资数十亿元，建设了62个项目。1998年江总书记在新疆视察时明确提出把新疆作为下个世纪国家经济发展的重要支点。十五大报告明确提出，今后要重点支持和加快中西部地区和民族地区的发展。二是通过深化改革，增强民族地区的自我发展能力，使民族地区在经济体制、经济政策、产业结构等方面适应社会主义市场经济的要求。三是依靠民族地区干部群众自力更生，艰苦奋斗。民族地区要发展、要进步，离开自身的努力，是不可能的。各族群众要坚定信心，经过努力，我们一定能够逐步顺利解决沿海同内地贫富差距的问题，最终实现各民族共同繁荣。

（五）明确指出改革开放是实现各民族共同繁荣的必由之路。

党的十一届三中全会以来，我国进入了社会主义建设新的发展阶段。改革开放是新时期的主旋律,是时代的主要特征。二十年的实践充分证明,改革开放是中国强盛的惟一出路,是实现各民族共同繁荣的必由之路。正如我国改革开放的总设计师小平同志所说的,“不搞改革,少数民族的贫困就不能消灭。”“真正兴旺发达的民族,是开放的民族。”少数民族要摆脱贫困,成为发达的民族,必须改革开放。

社会主义市场经济理论是邓小平理论的重要组成部分,是对马克思主义政治经济学的重大发展。二十年来,我们实施的最大改革措施就是建立社会主义市场经济体制。市场经济作为经济运行方式本身没有姓“资”姓“社”的问题,市场经济是社会化大生产的产物,是人类文明发展的结果。社会主义要大力发展生产力,要获得与资本主义相比较的优势,最有力的手段,就是在公有制基础上建立社会主义市场经济体制。

改革开放政策的实施和社会主义市场经济体制的建立,促进了民族地区从自然经济半自然经济向商品经济的转变,推动了产业结构的调整,促进了资源优势向经济优势的转变,改变了束缚生产力发展的僵化的经济体制,改变了人们的思维习惯。观念转变了,眼界开阔了,交往扩大了,经济也就发展了。

同时也要看到市场经济本身的缺陷和消极方面。市场经济对资源的配置是通过竞争手段实现的,追求的是形式上的平等,是不考虑民族、贫富和地区因素的。因此很容易造成“穷的越穷,富的越富”。靠市场能解决效益问题,但解决不了社会公平问题。要使少数民族和少数民族地区也能在社会主义市场经济条件下获得更多的实惠,经济上发展再快点,生活水平提高再快点,应该从民族地区的实际出发,制定有利于他们发展的政策,使社会主义市场经济深深地根植在民族地区。

在今后的工作中,要注意三个方面问题。

1. 民族政策的制定与调整必须适应社会主义市场经济的要求。要认真研究社会主义市场经济条件下,民族政策主要是经济社会发展方面的政策应该继承什么,发展什么,舍弃什么。我国的经济体制已发生了根本变化,我们要认真研究这些变化对制定、执行民族政策产生了哪些影响。要看到市场经济带来的四个方面的变化:一是经济运行的机制变了。过去一切靠计划,计划就是法律。现在市场在资源配置中起着基础性作用,生产要素的配置是通过市场进行的,商品的价值、价格主要是由市场决定和形成的,经济主体的生产经营活动及其经济利益是通过市场实现的,政府对国民经济的调控是借助市场发挥作用的。二是利益格局变了。在社会主义市场经济条件下,利益主体多元化了,经济成分多样化了。国家的分配职能和社会保障职能也要相应改变,要通过分配政策和税收调节,保证经济的高效率,又要保持社会公平,提供必要的社会保障。三是调整社会关系、解决问题的手段多样化了。过去解决问题的手段比较单一,主要是思想工作、行政手段,现在,法律、经济等手段日益地发挥着重要的作用。四是地方政府管理自身事务的自主性加大了。市场经济加大了经济主体和地方的自主性,除了中央制定统一的大政方针外,各地应发挥主动性、创造性,多制定一些适合地方特点、民族特点的切实有效的政策。因此,在新的历史时期,制定民族政策要拓宽领域和思路,除继承能在新体制下运行的已有政策外,更要注意研究制定与市场经济规律相适应、适合少数民族和民族地区特点的新政策。

2. 对少数民族和民族地区经济社会发展仍然需要特殊的保护政策。市场经济对于商品经济不发展、甚至还没有进入商品经济发展阶段的某些少数民族来说,接受起来问题较多,困难较大。我们在建立社会主义市场经济体制过程中,一定要充分考虑到民族地区的适应能力、接受能力。改革开放以来,党和国家制定了一系列帮助、扶持民族地区发展的特殊政策,对于民族地区适应新的经济体制发挥了积极的作用。今后,还要继续坚持和完善行之有效的政策。

3. 要深入研究具体的民族政策。诚心诚意地帮助和支持少数民族、民族地区的发展,是个大政策。但只有这一点还远远不够。如果各地根据本地实际拿出可行的贯彻落实意见,工作中才能取得事半功倍的效果,否则只能是事倍功半。近年来,湖南、云南等地在梳理地方性政策措施方面做了大量的工作,对完善民族政策起了很好的作用,他们的做法值得提倡。

建立社会主义市场经济体制是一场广泛而深刻的革命,它将推动包括经济、政治、文化在内的整个社会生活的变革。引起人们精神面貌、价值观念、生活方式的重大转变。民族地区改革开放的步伐落后于发达地区,除体制原因外,我们的观念意识跟不上时代的发展是一个重要原因。要在行动上有突破,首先要在思想上有突破,要有改革意识、市场意识、金融意识、科技意识和信息意识。

要扩大与发达地区的交流。一是请进来,要欢迎人家到民族地区投资经商,不要说人家抢了我们的饭碗。人家来,是好事,要打开山门,打开寨门。二是走出去,要鼓励少数民族到内地经商办企业,他们能走出去就是进步,"外面的世界很精彩",看到听到的多了,眼界宽阔了,渠道打开了,发展生产的办法就出来了。

(六)强调要加强社会主义精神文明建设,尽快提高少数民族的文化水平。

社会主义精神文明的思想是邓小平理论对马克思主义理论宝库的一个新贡献。加强民族地区的精神文明建设是邓小平民族理论的又一重要内容。在少数民族贫困地区有一个共同的现象,就是物质贫困与精神贫困交织在一起。凡是物质贫困的地区,往往是教育落后、科技落后,缺乏人才。在精神状态上,有的人包括一部分干部,生活态度消极,安于现状,不思进取。邓小平理论明确提出建设社会主义,不但要有高度的物质文明,而且要有高度的精神文明;精神文明建设包括思想道德建设和教育科学文化建设;爱国主义历来是中国各族人民团结奋斗的一面旗帜;建设社会主义现代化,科技是关键,教育是基础,要尊重知识,尊重人才,提高整个中华民族的文化科学水平;要培养有理想、有道德、有文化、有纪律的社会主义新人。根据小平同志的这些思想,1987年中央和国务院批转的《关于民族工作几个重要问题的报告》将民族地区的精神文明建设列为民族工作的重要任务,把坚持四项基本原则,坚持爱国主义、民族团结和民族政策教育,积极开发智力,培养人才,树立新观念新风尚作为民族地区精神文明建设的重要内容。江泽民总书记在中央民族工作会议上也强调要"发展教育、科技、文化和卫生、体育事业",努力提高少数民族的科学文化素质和身体素质。党的十五大提出"鼓励一切有利于国家统一、民族团结、经济发展、社会进步的思想道德"。改革开放的实践证明,在新的历史时期,民族工作只有贯彻一手抓物质文明,一手抓精神文明,"两手抓,两手都要硬"的方针,以经济建设为中心,突出团结、进步两个主题,才能促进民族地区的经济和社会的协调发展。

(七)明确提出要使聚居地区的少数民族真正实行民族区域自治。

坚持和完善民族区域自治制度,是邓小平民族理论的重要组成部分。邓小平同志明确提出,中国只能实行民族区域自治制度。1987年,小平同志在总结社会主义国家解决民族问题的经验时指出:"解决民族问题,中国采取的不是民族共和国联邦的制度,而是民族区域自治的制度。我们认为这个制度比较好,适合中国的情况。我们有很多优越的东西,这是我们社会制度的优势,不能放弃。"

邓小平同志强调,实行民族区域自治,必须把经济建设放在首位,把自治地方的经济搞上去。早在新中国建国初期,邓小平同志就强调指出:"实行民族区域自治,不把经济搞好,那个自治就是空的。少数民族是想在区域自治里面得到些好处,一系列的经济问题不解决,就会出乱子。"在改革开放的新时期,民族问题集中地表现在少数民族和民族地区迫切要求加快经济文化发展的问题上。因此,进一步坚持和完善民族区域自治制度,就必须大力强化和充实其经济内容,把少数民族的经济发展程度作为衡量民族区域自治制度是否完善的重要标准。

要用法律手段保障民族区域自治制度的实施。早在80年代初,小平同志针对"文革"中忽视民族自治权,随意撤销、合并民族自治地方等问题,明确提出用法律手段保障民族自治地方自治权力的实施。在邓小平关于加强社会主义法制建设一系列重要思想的推动下,1984年我国颁布了《中华人民共和国民族区域自治法》。这部法律,对民族区域自治制度来说具有里程碑意义,标志着我国的民族区域自治制度建设步入了法制化轨道。1991年国务院颁发了《关于进一步贯彻实施〈中华人民共和国民族区域自治法〉若干问题的通知》,各自治地方也相继出台了一些单行条例或自治条例,有力地保证了民族自治地方充分行使自治权力。

坚持民族区域自治制度是建设有中国特色社

会主义民主政治的重要组成部分。1991年江泽民总书记在建党七十周年讲话中将坚持和完善民族区域自治制度提高到建设有中国特色社会主义民主政治的高度,党的十五大报告又把民族区域自治制度同人民代表大会制度、中国共产党领导下的多党合作和政治协商制度一同并称为我国三大政治制度,进一步明确了民族区域自治制度在我国政治生活中的重要地位。

民族区域自治制度要不断巩固和完善。民族区域自治制度和其他事物一样,有一个随着形势的发展而不断完善的过程。当前,要根据建立社会主义市场经济体制的要求,按照党的十五大提出的依法治国战略部署,搞好民族法制建设。《民族区域自治法》的修改要迈出重要的步伐。现行的《民族区域自治法》是在计划经济体制条件下制定的,在今天,有相当一部分内容主要是一些经济方面的条款已经不能适应社会主义市场经济发展的要求。修改好自治法,首要的问题是学习市场经济知识,研究市场经济规律,把民族地区在发展中遇到的问题了解清楚,做到心中有数,保证修改后的自治法真正起到促进民族自治地方发展进步的作用。要制定配套的民族法规,如制定五个自治区的自治条例,国家机关实施民族区域自治法的行政法规等等,建立比较完备的民族法律法规体系。要加大民族法律法规的实施、监督力度,形成有法可依,有法必依,执法必严,违法必究的机制。

(八)指出造就德才兼备的少数民族干部队伍,是做好民族工作和处理好民族问题的关键。

重视培养和使用少数民族干部是我们党的一贯方针。邓小平对培养少数民族干部有一系列重要论述,早在50年代,小平同志就指出,“在少数民族地区,党必须用最大的努力培养本民族的干部。”“团结各民族于祖国大家庭的中心关键之一,是在于各民族都有一批热爱并联系群众的干部。”1981年8月,他在民族地区视察工作时强调指出:“干部问题具有极端重要性”。指出“干部的培养、选拔、使用、提升都要有章可循,有法可依。”同年10月,他在同民族地区一位负责同志谈话时又强调:“要选拔培养中青年干部,要在实际工作中了解、认识符合中央干部条件的中青年干部,把他们提拔起来。”

在邓小平关于干部工作一系列重要思想的指引下,党的十一届三中全会以来,培养和使用少数民族干部在理论和实践上都有了很大的发展:第一,明确地提出少数民族干部队伍的状况是“衡量一个民族发展水平的重要标志。”第二,对完善少数民族干部队伍结构提出了明确要求,强调“要努力造就一支宏大的、德才兼备的少数民族干部队伍,既要在数量上有计划地扩大,还要在提高素质、改善结构上下功夫;第三,既要选拔一批目前能起骨干作用的少数民族干部,又要培养一批跨世纪的少数民族中青年干部”,“不仅要继续重视培养一般少数民族干部,而且还要重视培养少数民族高中级干部。”第四,培养少数民族干部的工作实现了正规化、制度化。培养少数民族干部的渠道更广泛,形式更多样,效果更显著。

从几十年的发展历程看,我国民族问题解决得比较好,尤其是在近些年国际风云变幻,不少国家和地区民族矛盾日益突出的情况下,我国却始终保持民族团结、社会稳定和经济发展,很重要的一条就是因为有一支能够忠实地贯彻执行党的路线方针政策的民族干部队伍。

(九)强调必须坚定不移地高举民族团结的旗帜,反对民族分裂,维护祖国统一。

民族团结是马列主义解决民族问题的一个根本原则。在改革开放新的历史时期,在邓小平理论的指引下,民族团结被赋予了新的内涵:

首先,明确提出坚持四项基本原则是民族团结的基础。他反复强调要“坚持在四项基本原则的基础上,加强全国各族人民的大团结”。在现阶段,我国实现民族团结的基本条件是:社会主义道路是民族团结的政治基础;中国共产党的领导是民族团结的核心;人民民主专政是民族团结的政治保证;马列主义、毛泽东思想是民族团结的指导思想。党的第三代领导集体总结国际、国内的历史经验,高度重视加强民族团结,强调“国家统一、民族团结,则政通人和、百业兴旺;国家分裂、民族纷争,则丧权辱国、人民遭殃。”

其次,提出在全国人民中树立“三个离不开”的思想,使之成为全国各族人民加强团结、互相信任、互相支持、互助帮助的行为准则。“汉族离不开少数民族,少数民族也离不开汉族,少数民族之间也互相离不开”,各民族只有“同呼吸,共命运,心连心,"才能实现共同繁荣。"三个离不开"的思想,是新形势下对我国民族团结和民族关系特点的高度概括。

第三,加强民族地区与发达地区的经济、技术、文化等方面的交往,使民族团结在广度和深度上得到了新的发展。

第四,搞好各族人民的团结,要正确处理人民内部矛盾中的民族矛盾。在新中国成立初期,反对民族主义,特别是反对大民族主义,为消除民族隔阂,建立新型的民族关系发挥了重要的作用。但是在"左"的思想影响下,在实际工作中,简单地用反对民族主义的口号,在维护民族团结方面存在不少问题。十一届三中全会后,中央总结过去的经验教训,要求要实事求是地处理民族关系方面存在的问题,是什么问题,就解决什么问题。坚决反对采取简单扣帽子的办法。处理问题就是要化解矛盾,消除隔阂,促进团结。用简单的、抽象的提法来对待思想认识问题和工作中的具体问题,容易把事情办坏。扣帽子的作法既不利于团结,也无助于问题的解决。

第五,必须旗帜鲜明地反对民族分裂活动。分裂问题是近现代帝国主义侵略中国的产物。80年代以来,冷战结束,东西方两大阵营解体,苏东剧变,西方国家加强了对社会主义中国的破坏活动,加强了对民族分裂主义势力的支持。与此同时,反对民族分裂,维护祖国统一的斗争也自然成为新时期民族工作的重要内容。

在与分裂主义分子的斗争中,必须坚持正确的斗争原则:(1)分裂和反分裂的斗争是政治斗争,是敌我矛盾,从实质上讲,不是民族问题,也不是宗教问题。要把极少数民族败类同他们所属的民族严格区分开来,决不要把个别人或极少数人的问题,看成是一个民族的问题或民族关系问题。(2)要旗帜鲜明地反对民族分裂活动,在维护祖国统一问题上毫不动摇。民族分裂主义分子闹独立不行,半独立、变相独立也不行。(3)高举维护人民利益,维护法律尊严,维护民族团结,维护祖国统一的旗帜。敌对势力往往打着民族和宗教的旗号进行破坏活动,在这种情况下,敌我矛盾与人民内部矛盾往往交织在一起。要坚持"四个维护"的原则,坚定不移地相信和依靠各民族干部群众,严格区分两类不同性质的矛盾。(4)对极少数分裂主义分子和其他违法犯罪分子,不论在哪一个地区,不论是哪个民族的,都必须依法处理。(5)分裂主义对民族团结、社会稳定具有极大的破坏作用。一定要做到未雨绸缪,把问题解决在萌芽状态,解决在基层,解决在当地。

(十)必须高度重视民族地区的宗教问题,做好宗教工作。

民族与宗教有着十分紧密的联系,构成民族的四要素之一的"共同文化心理素质"就与宗教信仰有着密切的联系;宗教是人类历史上普遍存在的社会意识形态之一,民族性是它的一个重要的社会特征。民族与宗教的关系不仅涉及人类社会和文化的起源和发展,而且涉及到现实政治和社会的稳定与和谐。各民族的社会生活要受到来自宗教的影响,同时,各民族的社会生活又制约着宗教的传播与发展。宗教关系与民族关系之间的相互影响还表现在任何一种关系的和谐都可以促进另一种关系的和谐,任何一种关系的对抗性倾向也会引起另一种关系的对抗性倾向。无论在理论上还是实践上,民族问题与宗教问题,民族政策与宗教政策都具有相关性的关系。因此,从事民族工作的同志,必须要了解和掌握邓小平理论关于宗教问题的基本观点。邓小平理论关于宗教的主要观点是:

1.提出了宗教有其发生、发展和消亡的过程,在社会主义社会中仍然具有长期性、复杂性、群众性、民族性和国际性等特点的观点;重申尊重和保护宗教信仰自由是我们党和国家的一项基本政策;提出了宗教无小事的思想;提出处理一切宗教问题的根本出发点和落脚点,是使全体信教和不信教的群众联合起来,把他们的意志和力量集中到建设现代化社会主义强国这个共同目标上来;提出要善于体察民族问题与宗教问题的区别与联系,并正确加以处理。

2.在处理我们党同爱国宗教界关系问题上,提出了政治上团结合作、信仰上互相尊重的观点。这是邓小平关于宗教问题理论的重要内容。我们共产党人与宗教界人士的信仰是不同的。但这并不意味着我们之间没有共同的政治基础。爱国主义和建设有中国特色的社会主义,是我们同宗教界朋友之间在政治上实现团结合作的基础,也是在信仰上互相理解、互相尊重的基础。

3.在处理宗教与社会主义社会的关系问题上，提出了积极引导宗教与社会主义社会相适应的重大理论观点。江泽民总书记指出，贯彻党的宗教信仰自由政策也好，依法加强对宗教事务的管理也好，目的是要引导宗教与社会主义社会相适应。在我国，信教群众与不信教群众在根本利益上是一致的，社会主义制度是全国人民的共同选择，这是宗教能够与社会主义社会相适应的政治基础。引导宗教与社会主义社会相适应，不是要求宗教信徒放弃宗教信仰，而是要求他们在政治上热爱祖国，拥护社会主义制度，拥护共产党的领导，坚持“四个维护”的原则。

三、深入学习和运用邓小平理论，扎扎实实地作好今年的民族工作

1999年在我们党和国家历史上具有特殊的意义。在新的一年里，我们将迎来中华人民共和国成立50周年，迎来澳门回归，彻底结束殖民主义在中国的历史。1999年，是把建设有中国特色社会主义事业全面推向21世纪至关重要的一年，对民族工作也是至关重要的一年，它直接影响到我们以什么样的精神面貌迎接新世纪的到来。去年11月，党中央决定在今年9月召开第二次中央民族工作会议，并在今年的中央政治局常委会工作要点中明确提出：要“进一步坚持和完善民族区域自治制度。全面贯彻党的民族政策，大力培养少数民族干部，巩固和发展平等、团结、互助的社会主义新型民族关系，促进民族地区的经济发展、政治稳定和社会进步。”“开好中央民族工作会议”。根据中央的精神，民族工作的基本思路和总的指导思想是：高举邓小平理论的伟大旗帜，继续深入贯彻党的十五大和十五届三中全会精神，抓住机遇，服务大局，谋大事，办实事，进一步促进少数民族和民族地区各项事业的全面发展，坚定地维护民族团结和社会稳定，以崭新的面貌迎接21世纪的到来。

党和政府历来十分重视民族工作，新中国成立以来，在一些重要的历史阶段，都要召开专门会议研究民族工作：

第一次是1957年7月由全国人大民委在青岛召开的全国民族工作座谈会。周恩来总理在会上作了《关于我国民族政策的几个问题》的报告，这个报告对当时民族工作面临的若干重大问题做了全面、系统的阐述，其基本精神对今天的民族工作仍具有重要的指导意义。

第二次是1962年由全国人大民委和中央民委在北京召开的民族工作座谈会。

第三次是1979年4月中央召开的全国边防工作会议。这是贯彻三中全会精神，拨乱反正，全面恢复和贯彻落实党的民族政策，开创民族工作新局面的重要会议。

第四次是1992年召开的中央民族工作会议。江泽民总书记发表了重要讲话，李鹏总理作了总结讲话。会议全面总结了建国以来我国民族工作取得的伟大成就和基本经验，分析了新时期民族问题的表现形式和特点，提出了90年代民族工作的主要任务，为开创民族工作的新局面起了巨大的促进作用。

今年即将召开的第二次中央民族工作会议，是党中央在我国改革开放和社会主义现代化建设处于关键时刻召开的又一次重要会议，将是我们党和国家民族工作史上又一次具有里程碑意义的重要会议。会议将全面深入地总结建国以来特别是党的十一届三中全会以来我国民族工作的伟大成就和基本经验，研究当前我国民族工作中若干重大理论和实践问题，明确我国跨世纪民族工作的指导思想和基本任务。概括地说，会议要研究新情况，解决新问题，形成新思路，制定新政策。

各级民族工作部门和民族地区的广大干部群众对召开中央民族工作会议寄予很高的希望。做好中央民族工作会议的筹备工作，抓好会议精神的贯彻落实，是全国民委系统今年工作的头等大事，是今年民族工作的主线。我们要从讲政治的高度充分认识做好这项工作的重要性。要把筹备中央民族工作会议的过程，当作接受马克思主义民族观再教育的过程；当作学习和运用邓小平理论观察、分析和解决我国现代化进程中的民族问题的过程；当作深刻理解以江泽民同志为核心的党中央对民族工作的重大决策和重要部署的过程；当作系统学习党的民族政策的过程；当作各部门提高认识，统一思想，关心民族工作，支持民族工作，共同做好民族工作的过程。

召开中央民族工作会议是全党的大事。首先是我们民委系统的大事，各级民族工作部门要积极行动起来，开动脑筋，出主意，想办法，统一认识,统一行动,积极配合,扎实工作,全力以赴开好中央民族工作会议。要使我们的会议筹备工作,做到民族工作部门满意,全国各族人民满意,中央满意。

今年还要召开国务院第三次全国民族团结进步表彰大会,以及第六届全国少数民族传统体育运动会。在培养少数民族干部、发展民族经济、繁荣民族文化艺术等方面,都有许多重要的工作要做。今年是大事、喜事多的一年,要充分利用这个有利时机,利用一切可以利用的新闻媒体宣传党的民族政策,宣传民族工作的成就,宣传少数民族的优秀文化,使更多的人了解少数民族,了解民族工作,了解民族政策。各级民委都要重视这项工作。

根据今年民族工作面临的形势和任务,对今年的民族工作提出六点要求:一是工作要有全局性。要认清大局、把握大局、服务大局。二是工作要有敏感性。民族工作是一项政治性、政策性和群众性很强的工作,从事民族工作的同志眼光要敏锐,要培养明察秋毫的本领。三是工作要有预见性。今年是民族工作跨世纪的重要一年,我们所做的事情不能只考虑当前,要着眼于今后,要研究今后五年、十年的民族工作如何做,要研究跨世纪的民族工作如何做。这需要认真总结过去的历史经验,站在历史的高度、时代的高度,做有预见性、前瞻性的研究。要用跨世纪的眼光来对待当前的工作。四是工作要有责任心。我们是共产党员,要对党负责;我们是国家公务员,要对国家负责;我们是人民的公仆,要对人民负责。五是工作要讲理论。做工作不能就事论事,要把工作的经验上升到理论高度,要得出具有规律性的认识。六是工作要讲协调。协调能力是工作能力的重要方面。民族工作是一项综合性很强的工作,许多事情都要通过协调有关方面才能办,加强协调就是为了调动各方面的积极性。

今年民委的工作任务很艰巨。为圆满完成这个任务,我们一定要统一思想,坚定信心,抓住机遇,知难而进,团结一致,艰苦奋斗,努力工作,以优异的成绩向全国人民汇报,向党中央汇报,迎接建国五十周年的到来。

国家民委党组书记、主任 李德洙在国家民委党组 “三讲”教育总结大会上的讲话

(1999年6月28日)

同志们:

按照中央的统一部署和要求,我们在中央巡视组的具体帮助的指导下,从4月1日开始,用三个月的时间,以高度的政治责任感、足够的领导精力、良好的精神状态,以整风的精神,扎实深入地开展了“三讲”教育,收到了明显效果。现在,我代表委党组作“三讲”教育总结。主要讲两个问题,一是这次“三讲”教育的基本情况,二是如何巩固这次“三讲”教育成果,做好今后的工作。

一、关于“三讲”教育的基本情况

这次“三讲”教育经历了四个阶段,包括准备阶段是五个阶段。第一阶段是积极准备、搞好动员;第二阶段是思想发动、学习提高;第三阶段是自我剖析、听取意见;第四阶段是交流思想、开展批评;第五阶段是认真整改、巩固成果。这五个阶段的具体情况不讲了,因为是我们一起经历的,每一阶段的工作都以各种方式向大家作了通报,我们的“三讲”教育简报已编发了86期,通过简报大家了解每个阶段的情况。我着重讲一讲我们这次“三讲”教育采取了哪些基本做法、有哪些基本经验。

这次“三讲”教育,我们的基本做法和基本经

验概括起来说就是“六个始终”。

(一)始终抓认识。

任何工作都是这样,能不能搞好,行动是否到位,关键在认识。认识到位了,领导重视了,大家关心了,行动就能到位。某种程度上讲,认识程度有多高,积极性、自觉性就有多大,工作力度就有多大,因此,首先要抓认识。这次“三讲”教育,我们主要抓了这么几方面的认识:一是抓“三讲”教育历史意义、现实意义的认识,抓“三讲”教育重要性、必要性、及时性和迫切性的认识,这几个认识是始终抓的。今天上午,江泽民总书记在纪念建党78周年座谈会上语重心长地讲,我们党能够战胜一切艰难险阻、不断开创新的事业境界,很重要的一条历史经验就是我们始终坚持在马克思主义指导下,结合我国的具体实际和不同历史时期的形势,围绕党的中心工作,在带领群众进行伟大实践的过程中,坚持不懈地加强党的思想建设、政治建设、组织建设和作风建设。在革命战争年代,我们党经受住了考验。和平建设时期,我们党对加强党的建设始终高度重视,尽管有时有失误,但对如何搞好党的建设是非常重视的,进行了不懈努力和新的探索,也积累了不少新的经验。改革开放以来,形势变了,改革深化了,经济发展了,我们党认真总结正反两方面的历史经验,为探索在改革开放和现代化建设的新时期加强党的建设的路子,取得了重大成果。现在,在社会主义市场经济条件下,如何加强党的建设?实践证明,“三讲”教育是加强党的建设的很好的经验、很好的方式。我们在“三讲”教育中就始终抓这个认识。抓认识,不是说“三讲”教育这三个月就完了,“三讲”教育本身的时间是有限的,本来安排两个月要完成,为保证质量,延长了一个月,也只有三个月。但讲学习、讲政治、讲正气是长远的、经常的,所以我们关键是要不断提高对“三讲”的认识。二是抓每个阶段的认识。在每个阶段如何提高认识、统一思想、搞好工作?怎么处理好每一阶段同其他阶段的关系?还是要抓认识。为此,我们每次转段动员,都讲认识。此外,我们还着重抓了三个方面的认识,其一是抓整风精神的认识;其二是抓如何正确对待群众,这次“三讲”教育,就是始终解决正确对待群众的问题;其三是抓如何正确对待批评与自我批评。

(二)始终抓学习。

中央强调在“三讲”教育全过程都要把学习理论、武装头脑同整顿思想、改进作风结合起来。按照中央的要求,我们坚持把抓学习贯彻“三讲”教育整个过程,学习了中央文件和必读篇目,学习了马克思、毛泽东特别是邓小平同志的著作,学习了《人民日报》评论员文章。党组8位同志脱产集中一周,专门学习,要求不缺席、不请假、不会客,不安排与学习无关的活动,还要求读书要写笔记,发言要有提纲,讨论要联系思想、工作实际,学习确实有效果。有的同志患重感冒、发着高烧,也坚持学习,不少同志晚上睡不着觉,早上早早起来学习。据统计,集中学习期间,8位党组成员共写出了约14万字的学习心得、32份发言提纲,编发了19期简报。党组同志讲,用这么多时间,真正坐下来认认真真地读书,联系实际开展讨论,进行充分的思想交流,这是近几年来少有的。我们还采取了个人自学与集体学习结合起来、集中研讨与分散学习结合起来、学习与辅导结合起来的办法,提高学习的效果。我们请杨春贵同志作辅导报告,大家反映很有启发。我们还坚持理论联系实际,敢于把自己摆进去,把问题摆出来,边认真读书,边深入思考。通过学习,大家进一步认识了什么是社会主义,进一步认识了党在社会主义初级阶段的基本纲领,进一步认识了党的三大作风、民主集中制,进一步认识了讲政治到底讲什么怎么讲,为查摆、剖析、解决问题打下了良好的思想基础和坚实的理论基础。“三讲”教育期间,发生了两件大事,一件是“法轮功练习者聚集中南海”,一件是以美国为首的北约在空袭南联盟过程中,悍然轰炸我驻南使馆。我们对中央围绕这两个事件下发的文件,及时学习、及时讨论,提高了党员干部对讲政治的重要性、迫切性的认识。

(三)始终抓发动。

这次“三讲”教育,群众是主要的动力。“三讲”教育不走过场,离不开群众的推动和帮助、促进和监督。什么叫整风精神,很重要的是发动群众,依靠群众搞“三讲”。在“三讲”教育中,我们向委机关、所属单位和地方民委发出征求意见表500张,深入17个单位和部门进行了摸底调查,召开了座谈会23次,开展谈心156人次,共收集意见300多条。机关干部不到200人,提出300

多条意见不容易。这也是“三讲”教育的关键环节，没有这一点，“三讲”教育很难取得成效。从提的意见来看，大家是诚心诚意的，是凭着高度的责任感提出来的。绝大多数意见是实事求是的，非常宝贵。在对待群众的问题上，党组的共识是，要大公无私，抛弃一切私心杂念，正确对待批评。如果有谁对给自己提意见的人穿“小鞋”、搞“秋后算账”，要作为政治纪律严肃处理。说实在的，这300多条意见，有些是比较刺耳、难听的，也有些是不正确的，失实的。大家给党组同志提的意见，“三讲”办都原汁原味地反馈给了本人，这些意见我都看了，当时，我是有顾虑的，这么尖锐的意见，我们的同志能不能正确对待呀？但是，我们党组的同志都本着有则改之、无则加勉的态度虚心接受了。可以说，依靠群众搞“三讲”是这次“三讲”教育的一个重要保证。

（四）始终抓“武器”。

这个武器就是积极开展批评与自我批评。毛主席讲过，党内如果没有积极的思想斗争，党的生命也就停止了。在“三讲”教育全过程，我们都强调能不能拿起这个有力武器。开展积极的健康的思想斗争，不仅是衡量这次“三讲”教育成效的重要尺度，而且是把这个优良传统发扬起来、继承下去的实际步骤。在这次“三讲”教育中，能不能自觉地拿起批评与自我批评的武器，勇于解剖自己，是对领导干部党性的一次严峻考验。为了拿起这个有力武器，我们反复学习了有关论述和有关文件，我们感到，拿起这个武器，必须大公无私，克服私心杂念，克服个人主义、好人主义、自由主义，才能正确对待群众，正确对待批评。

开展批评与自我批评，我们做了几项工作，一是进行了广泛深入的谈心交心活动。谈心活动很重要，这次给我的教育和启发，就是作为“一把手”平时必须多开展谈心、开展批评、增强感情、增进了解，这样才能加强团结。问题不要积累到开展教育的时候才解决，平时要多谈心，多交流好。对我自己来说，特别是到北京后，这次是谈心最多的，受教育也最深。二是根据大家的意见，在总结情况的基础上，党组和每位成员都撰写了剖析材料，党组的剖析材料摆了5个突出问题，是根据大家意见反复修改，九易其稿形成的，个人的剖析材料也改了多次。党组会上，蒋先进同志根据中组部、中央“三讲”办、中央国家机关工委的意见和巡视组了解的情况，给每位成员提几条意见。大家根据提的意见又反复修改。有位同志经过反复学习、反复思考、广泛征求意见后写出来的剖析材料，写得很好；有位同志10天没动笔，一直在思考、谈心、看材料，还找巡视组谈话，经过努力，反复修改，剖析材料写得也很好，后来在民主生活会上，摆了3个方面的根源，有理论，有实际，从世界观、人生观、价值观上检查，不仅自己提高了认识，大家也从中受到了教育。我们还根据巡视组的意见，抓住三个重大问题和两个群众关注的热点问题，召开民主生活会，交流思想。我们党组在这次“三讲”教育中，坐下来召开民主生活会的时间是比较长的，2天半专门开展批评，后来又专门开了半天，是为了郝文明同志开的。当时他住院了，出院后民主生活会已结束了，但他要求听听大家的批评，接受大家帮助，就又开了半天。3天的民主生活会，大家摆问题讲情况，统一了思想，提高了认识，共同总结了经验教训。此外，还用了3天时间，专题研究问题，统一认识。

（五）始终抓团结。

“三讲”教育刚开始，我有点担心。因为搞“三讲”教育，发动群众提意见不能含糊，班子内部开展批评与自我批评不能含糊，总结经验教训也不能含糊，这样做会不会影响班子内部团结？会不会闹出什么新的矛盾？另外，也顾虑到我到民委时间不长，与前任班子的关系怎么处理，会不会伤害大家积极性？现在看，担心是多余的。这次“三讲”教育确实是从团结的愿望出发，按照“团结—批评—团结”的办法，达到了团结的目的。我们没有发现因“三讲”教育闹出新的矛盾或者人与人之间关系紧张，可以说“三讲”讲出了党性，讲出了干劲，讲出了新的面貌，讲出了团结。我强调，平时抓工作，团结非常重要，自我批评也好，批评也好，还是要达到团结的目的。特别要强调的是围绕加强团结，中央巡视组做了大量细致的工作，了解情况、谈心比我多，团结的工作做得比我多。

（六）始终抓领导。

这次“三讲”教育的形式是我们执政党自己带领群众对自己存在的问题进行查摆、剖析、整改，然后轻装前进的积极探索。抓领导有两层含义，领导是关键，领导是重点。领导既是受教育者，又是"三讲"教育的组织者。"三讲"教育的重点是领导,全委系统的重点是委党组,党组的重点是我"一把手"。机关各司局的司处长是本部门的重点,委属各单位一把手是各单位的重点。既是"三讲"教育的第一责任人,也是受教育的重点、整改的重点,说起来好像有矛盾,其实不矛盾。我们在中央巡视组指导下,在大家帮助下,两者关系处理得比较好。从4月1日到现在,围绕"三讲"教育,委党组开会21次,6次是民主生活会,15次是研究党组如何加强对"三讲"教育的领导问题。不仅开会研究,平时,党组书记、副书记、成员也经常在一起研究,商量。可以说,党组对"三讲"教育是加强了领导。

以上这"六个始终",是我们这次"三讲"教育的基本经验和主要体会,它对我们今后抓各项工作也都是适用的。各项工作都是如此,不抓认识、不抓领导,就不能引起足够重视,就难以取得成效;不抓学习,素质就不能提高,也很难提高领导水平;不抓发动,就失去了基础力量和动力;不抓团结,就没有战斗力;不抓"武器",就难以达到真正意义上的团结。今天,根据党组意见,概括这"六个始终",不仅仅是这次"三讲"教育的体会,也是我们今后的工作方法,应在今后的工作实践中进一步加以体现和深化。

"三讲"办的同志就这次"三讲"教育概括了八个特点和四点启示,概括得非常好,这次"三讲"教育确实进行得顺利、健康,取得了积极成效。但是,不是说通过"三讲"教育,所有问题都解决了,我们还是不要说得太满、太高。"三讲"教育重要的是看实践,看今后是否经常性地、自觉地讲学习、讲政治、讲正气。

"三讲"教育告一段落,我们党组讨论"三讲"教育成果,大家讲得最多的两句话就是,参加工作以来或者说改革开放以来,这次"三讲"教育是对自己触动最大、受教育最深的一次。上周五,有两位同志同我讲,对这次"三讲"教育有四个没想到,一是没想到中央下这样大决心,这么重视抓"三讲"教育,派出得力的巡视组,几次召开会议,中央领导同志反复讲"三讲"教育;二是没想到民委党组这么下决心、花功夫抓"三讲"教育;三是没想到这么广泛地发动群众评议、测评、提意见。测评后,有个老同志、老领导跟我讲,这种形式好,保证不走过场。四是没想到委党组真正坐下来开展批评与自我批评,研究问题,解决问题。党组内部讲的两句话和四个没想到也是我们的收获。

二、关于落实整改措施、努力做好今后工作

这次"三讲"教育,给我们很多启发。根据受到的启发和得到的提高,讲讲今后我们如何做好工作。这既是"三讲"教育的收获,也是今后的努力方向。

(一)抓学习,提高政治觉悟,坚定政治信念。

这次"三讲"教育取得的最大成效,就是在全委上下兴起了学习马克思主义、毛泽东思想尤其是邓小平理论的新高潮,进一步提高了政治觉悟,受到了一次深刻的马克思主义理论再教育,受到了一次坚定政治信念的再教育。这次"三讲"教育中,涌现了很多感人的事例。大家知道,我委离休老干部莫志恒同志,今年93岁,他始终不渝地追求共产主义信念,在"三讲"教育期间,他再次申请入党,机关党委根据他的历史情况和现实表现批准入党,实现了他近一个世纪的人生宿愿。入党宣誓那天,很多老同志讲,这是民委有史以来第一次,93岁高龄的老同志一再要求入党。我由此想起到中央统战部为孙岳琦老人过百岁生日,当时兆国同志主持会议请孙老讲话,孙老站起来讲,其中心意思是他为什么在共产党困难最多、处境最危险的时候,要转入共产党这一边,当时国民党还很得势嘛。他讲的就是信念问题,因为共产党是为人民、为老百姓谋利益的,也是最有希望的。那次孙老讲了20多分钟给我的教育很大。这次莫老入党,对我教育也很大,所以怎么忙也要去祝贺。再有这次"三讲"教育,离退休老同志非常关心、非常重视、非常热情,诚心诚意帮助我们在职的同志。离退休老同志开了三次座谈会,提了很多、很好、很有价值、很深刻的意见,还有老同志主动找我提建议,帮助分析问题。每次开大会,老同志到得最早。离退休了,不考虑工作也可以呀!为什么?!就是对党负责、对人民负责、对民族工作负责、对民委负责,充分体现了老同志的党性。为什么有的人在信仰上动摇?有的参加长征、参加抗战的老党员动摇了,不信唯物论,信唯心主义了?而莫老在这个时候入党,有的年轻同志在"三讲"教育中也多次写思想汇报,申请入党。这次有个年轻处长的剖析材料写了一万八千字,修改了四次。这次“三讲”教育中的好人好事有很多，这里不一一讲了。我们一定要向莫老学习、向老同志学习。

在“三讲”教育期间发生了两件大事，一件是发生在国内“法轮功练习者聚众中南海静坐”，严重影响了首都社会秩序；另外一件是以美国为首的北约空袭南联盟并悍然轰炸我驻南使馆。这两件事情对我们政治上敲了警钟。在这个问题上，我们民委表现很好，周日召开座谈会，大家表现了很高的爱国热情。通过“三讲”教育，特别是从这两个事件中，我们受到什么启发呢？一是要坚定正确的理想信念；二是要在路线方针政策上保持清醒的政治头脑。在今天上午的会议上，总书记也讲了，情况千变万变，当前来讲，以经济建设为中心，加快现代化建设是当前最大的政治。中国不可侮，中国不能乱，只能加快发展。发展起来了，才有地位，腰杆才硬，贫穷、落后就是挨打。所以一定要统一思想，提高认识，加快发展，使祖国强大起来。在路线方针政策上要把握好政治关。三是要始终保持政治上的清醒和坚定，不断增强政治鉴别能力。在国际交往中，要有政治眼光，要看到以美国为首的西方敌对势力，亡我之心不死，对他们不能抱任何幻想，识破他们分化、西化我国的阴谋。在国内工作中，要增强政治责任感，提高政治敏锐性，正确识别一切事物、一切问题。四是做好民族工作，要有正确的马克思主义的民族观，要强化四种意识：①任何民族的利益都要服从国家的利益，国家的利益是高于一切的利益，强化国家观念；②国家的利益和民族的利益在本质上是一致的，民族利益必须体现国家利益，国家利益也代表各民族共同利益；③要高举爱国主义、社会主义的伟大旗帜。国内来说，爱国主义和社会主义也是统一的，不拥护社会主义很难讲爱国，没有社会主义很难维护统一；④增强各民族大团结，要坚持三个“离不开”，即“汉族离不开少数民族，少数民族离不开汉族，少数民族之间也相互离不开”，形成中华民族同呼吸、共命运、心连心的局面。

“三讲”的核心是讲政治，讲学习是前提和基础，讲政治必须体现在讲正气上。当前，讲政治，从大的方面来讲，要把握哪几个问题呢？一是要高举一个旗帜——邓小平理论的旗帜；二是要坚定一个方向——建设有中国特色社会主义的方向；三是要保证一个团结——紧密团结在以江泽民同志为核心的党中央周围，与党中央保持高度一致；四是坚持一个路线——党的一个中心两个基本点的基本路线；五是强化一个精神——国家观念和爱国主义精神。

（二）讲真话、做实事、求实效，坚持党的思想路线。

通过“三讲”教育，受到了思想路线的再教育。实事求是是邓小平理论的精髓，是我们党的思想路线。解放思想、实事求是要求我们要敢讲真话、大公无私、光明磊落、襟怀坦白。不但要讲真话，更重要的是要办实事、求实效。为什么有的同志有的场合不讲真话，分析一下有几个原因，一是不敢讲，没有讲的胆略；二是不想讲，讲也不深讲、不全讲，还是有私心杂念，不是大公无私，怕丢乌纱帽，怕吃亏；三是讲不出来，脑子空空的，没有调查研究，这是作风问题；四是想不出真话，水平低，学习不够，分析能力差。说来说去，还是要加强学习，加强调研，加强思想修养，克服私心杂念。有人老是说老实人吃亏，我看还是毛主席说得对：老实人，敢讲真话的人，归根到底，于人民事业有利，于自己也不吃亏，爱讲假话的人一害人民，二害自己，总要吃亏。

（三）牢固树立党的根本宗旨，全心全意为人民服务。

这次“三讲”教育，我们也受到了一次根本宗旨的再教育。人民群众是我们党的力量源泉和胜利之本，群众路线是我们党的根本工作路线，也是党的鲜明特点和政治优势。江泽民同志深刻指出：“什么叫政治，从根本上说，政治问题主要是对人民群众的态度问题，同人民群众的关系问题。”他强调，实现、维护和发展人民群众的利益，始终是我们最大最重要的政治。深刻理解这一论断，把最广大人民群众的利益实现好、维护好和发展好，是实现党的宗旨的最好的体现。

什么叫共产党？邓小平同志讲，“中国共产党员的含义或任务，如果用概括的语言来说，只有两句话，全心全意为人民服务，一切以人民利益作为每一个共产党员的最高准绳。”改革开放以来的路线、方针、政策之所以得到广大人民群众的衷心拥护，就是因为我们党的理论、路线、方针、政策体现着广大人民群众的现实利益和根本利益。因此，作为领导干部,作为中央国家机关,必须始终把人民的利益摆在第一位,把人民“拥护不拥护”、“赞成不赞成”、“高兴不高兴”、“答应不答应”作为自己行动和工作的出发点和落脚点。

最近中央连续召开了好几个重要会议,一个是全国扶贫工作会,一个是全国教育工作会,一个是西部地区国有企业改革座谈会。三个会上,江总书记都作了重要讲话,都讲到进一步加快中西部地区发展问题。我们党组也进行了学习,还要进一步研究,在工作中要有体现,要真正为人民办实事。

就我们国家民委来说,为人民服务,主要体现在哪里?要体现在服从和服务于全党工作的大局,服务于少数民族和民族地区,维护各民族大团结,服务于委属各单位这三个重要层次上。

(四)弘扬正气,加强修养,保持廉洁本色。

刚才讲了“三讲”之间的关系,讲政治是核心,讲学习是前提和基础,讲政治必须体现在讲正气上。党对人民群众的领导,一是依靠党的路线方针政策的正确,二是依靠党的各级领导干部。党的各级领导干部的素质如何,直接关系到党的领导水平和党的执政水平,也关系到党的整个事业。我们所说的正气,就民委机关来讲,概括起来就是:要有言行一致、表里如一的品质;要有朝气蓬勃的精神状态;要有艰苦奋斗的工作作风;要有坚持真理、坚持原则,同一切歪风邪气作斗争的勇气。我们从政治的高度、党性党风的高度讲正气,来源于坚定的政治理想,来源于正确的世界观、人生观、价值观,来源于全心全意为人民服务的根本宗旨。这三条,一条是从政治上讲的,一条是从思想上讲的,一条是从宗旨上讲的。没有这三条的结合,不可能有真正的正气。民族工作的正气,除了这三条外,还来源于对党和国家事业的高度责任感和对各族人民的深厚感情。做民族工作,对少数民族和民族地区必须要有感情。有感情,不能在口头上,应该是思想深处的,应该在实际工作中体现出来。

讲正气,非常重要的是廉洁。廉洁是领导干部应有的最基本的政治修养和道德情操。领导干部讲廉洁,是我们党与人民群众保持血肉联系的根本保证,是事关执政党生死存亡的根本问题。讲廉洁,是新的历史条件下对党的领导干部党性的严峻考验。现在说,廉洁就要过好“五关”,即:名位关、权力关、金钱关、色情关、人情关。过好这五关,说起来容易,做起来难。特别是我们领导干部手中都有一定的权力,这个权力就是执政的权力。实际上权力是一种责任、是一种义务。但权力往往表现有两个方面,有的人为国家做贡献、为人民服务;有的人利用这个权力为个人、为少数人服务,搞不正之风。群众最不满意、最讨厌的就是这个。权力是人民给的,不为人民服务,只给少数人服务、给自己服务,群众最讨厌、最反对。我来民委的时候讲过,我们是党员、公务员、人民的公仆,必须堂堂正正地做人,清清白白地从政,勤勤恳恳地工作,默默无闻地奉献。人民群众最喜欢的就是清正廉洁、勤奋敬业的干部;不干净、不干事的人,在群众中就没有分量、没有威信、没有凝聚力。把权力私有化、个人化,群众最讨厌。

这次我们又学习了毛主席的《纪念白求恩》和《为人民服务》这些著作,包括《实践论》、《矛盾论》等,过去也学习过,这次再学习,又有新的感觉,陈虹同志在党组会上当场赋诗几首,听了很有启发。我们领导干部重要的是学做“人”,要按《纪念白求恩》中要求的做五种人,也就是,一个纯粹的人,一个高尚的人,一个有道德的人,一个脱离了低级趣味的人,一个有益于人民的人。这五种人的标准就是我们讲正气、个人修养的最好的标准。

(五)增强团结,顾全大局,贯彻执行民主集中制。

现在,我们面临艰巨的历史任务,加强全党和全国各族人民的团结,是一切工作取得胜利的根本保证。以前讲过,团结就是力量,团结就是水平,团结出凝聚力、出战斗力、出新的生产力。民委怎么加强团结?首先党组本身要加强团结,靠大家帮助、监督,搞好团结。希望大家发现党组同志之间有不团结的苗头,马上提出来,帮助我们解决在萌芽状态。各级班子都是这样。问题大了、成堆了,不好解决了,怎么办?对不起,人事调整,没办法呀,思想工作解决不了了,就调整人呀,因为不能耽误工作、不能耽误事业,所以最好是平时解决。二是民委机关民族成分多,我们抓各民族大团结的工作,本身要加强各民族团结,不要在民族问题上作文章。有的在工作上作不了文章,就在民族间造谣、诬告,最让人讨厌。我们民委一定要高举团结的旗帜，加强民族团结。只要胸怀宽广、顾全大局，同志间有什么事不好解决的？不要搞小动作。话说在前头，今后谁要在团结问题上搞小动作，抓住典型要狠狠处理。我们都是革命同志，都是一个家庭的成员，相互间要有感情，要相互帮助，相互爱护。小心眼团结不了同志，小动作误大事。听说下属单位有的风气不正，在这个问题上作文章比较多，不怪下面，怪我们自己抓得不紧、不狠、不实，处理不严。再有一个很重要的问题是加强民主集中制。大的原则就是“四个服从”：个人服从组织、少数服从多数、下级服从上级、全党服从中央，这是党的政治纪律和大的原则。一个班子、一个集体怎么体现，“一把手”很重要。我在地方上当过一把手，也当过二把手，也当过班子的一般成员，各有各的难处，但只要有共同的感情、共同的目标、共同的语言，就好处理，没有私心杂念，大公无私，就好处理。民委的班子，我“一把手”很重要，要胸怀宽广，要容纳人，希望大家监督，我自己一定要努力。一把手不正，小气，小心眼，心胸狭窄，不容人，打击报复，其他同志就不好工作了。民委有好的传统、好的风气，要继承下去，做好工作。

（六）转变作风、提高效率，加强机关建设。

我们今后的任务很重，今年的任务也很重，要筹备开好中央民族工作会议、国务院第三次全国民族团结进步表彰大会和第六届全国少数民族传统体育运动会，还有很多日常工作。需要统一思想，提高认识，增强责任感，加强团结，加强机关建设，共同把工作做好。在机关建设上，要树立几个好的风气。一是要树立良好的学习风气，通过“三讲”教育，进一步掀起学习的新高潮；二是要树立调研的风气，没有调查就没有发言权，没有调查就没有饭吃；三是树立团结紧张严肃活泼的风气，要开展“三优一满意”活动，机关不要死气沉沉，要开展点生动活泼的活动；四是要树立做好服务的风气，真正意义上说，机关的一切工作就突出两个字：服务。领导是服务，大家也是服务，都是服务，为民族工作服务，为基层服务。民委机关要像个国家机关，像个少数民族或民族干部之家，要有感情的投入，要有措施。五是搞好制度建设。党组制定了一个整改方案和一些具体措施，已原则通过了，不要纸上谈兵，要一个一个落实。比如，三个统一大家都赞成，文件、活动、财务统一，现在正在做。服务局的问题，上次开民主生活会讨论了，开展了批评与自我批评，也向大家通报了，要按通报的内容办，有问题要查，是什么问题就解决什么问题，是谁的问题就解决谁的问题，态度要坚决，不能含糊。

三个月来，我们国家民委党组及机关“三讲”教育工作，在中央的关怀和巡视组的具体指导下，在全委广大干部群众的热情帮助和积极参与下，经过委党组与各部门、各单位的共同努力，顺利完成了各项工作任务和规定程序，达到了预期目的，在思想上、政治上、作风上、纪律上，确实取得了明显成效，圆满完成了这次“三讲”教育工作。特别是中央巡视组做了大量工作，我看可以用几个字概括，一个是严，严肃认真、严格要求、严格把关。一个是细，工作非常细，提意见非常细。再一个是热情，既严肃认真又热情周到。批评时真厉害，帮助时真热情，提出了很多好的主意。我们的“三讲”教育能顺利进行、能取得实效，与以蒋先进同志为组长的巡视组的指导帮助是分不开的。我代表党组、代表大家向巡视组表示衷心的感谢。同时，也感谢我委老同志，感谢“三讲”办，感谢广大干部群众。

让我们进一步高举邓小平理论伟大旗帜，紧密团结在以江泽民同志为核心的党中央周围，加强学习，努力完成党中央和全国各族人民交给我们的任务，以优异的工作成绩，迎接新中国50周年大庆！

高举邓小平理论伟大旗帜 开创跨世纪民族工作的新局面

——国家民委常务副主任陈虹在国家民委邓小平民族理论研讨会暨全国民委主任会议上的讲话

（1999年1月19日）

同志们：

这次邓小平民族理论研讨会暨全国民委主任会议，是国家民委在世纪之交召开的一次重要会议。会议的主要任务是：高举邓小平理论伟大旗帜，深入学习和研究邓小平民族理论；总结1998年的民族工作，研究和部署1999年的民族工作。

把邓小平民族理论研讨会与全国民委主任会议合并召开，是为了推动理论与实践有机结合，提高民族工作部门广大干部运用理论解决实际问题的能力。因此，这是一次理论联系实际的会议，是一次统一思想、振奋精神、总结过去、开创未来的会议。

现在，我受李德洙主任委托，向会议作工作报告。

一、过去一年工作的回顾

1998年，是我国历史上极不平凡的一年，我们面对各种挑战，经受了严峻考验。全国各族人民在党中央的正确领导下，齐心协力，克服了亚洲金融危机带来的严重困难，战胜了百年不遇的特大洪灾，保持了国民经济持续、快速、健康发展，维护了社会稳定。民族工作坚持以经济建设为中心，服从和服务于党和国家工作的大局，努力进取，奋力开拓，取得了新的进展。

（一）深入学习邓小平理论，推动了民族工作的新发展。

各级民族工作部门积极响应党中央关于深入学习邓小平理论的号召，认真贯彻《中共中央关于在全党深入学习邓小平理论的通知》精神，把加强理论学习，提高干部的政治素质和理论水平摆在突出地位，紧密联系本地区和本部门的实际，重点抓了邓小平理论、党的十五大和十五届三中全会精神以及江泽民总书记考察新疆重要讲话精神的学习。国家民委党组举办了委系统司局级以上领导干部邓小平理论学习班，李德洙同志作了重要讲话，其他领导带头发言，畅谈学习体会，为委机关和委系统的学习带了好头。云南、贵州等省民委为配合今天召开的会议，专门召开了“邓小平理论与民族工作研讨会”。即将在这次会议上宣读论文的五位同志是民族工作部门学习邓小平理论宏大队伍中的代表。今天的会议是对过去一个时期全国民委系统理论学习情况的一次检阅，展示了全国民委系统学习邓小平理论的丰硕成果，标志着各级民族工作部门在用邓小平理论指导民族工作方面迈出了新的重要步伐。

通过学习，使我们进一步坚定了坚持党的基本路线和在政治上与党中央保持高度一致的自觉性，提高了全面贯彻党的民族政策的水平；进一步增强了用邓小平理论指导民族工作的自觉性，坚定地把“三个有利于”作为衡量民族工作得失的标准；进一步思考和理清了新时期民族工作的基本思路，增强了做好民族工作的信心。

（二）民族地区经济和各项社会事业实现了新的发展，人民生活进一步改善。

各地认真落实党在农村的各项政策，农牧业的基础地位进一步加强；国有企业实施鼓励兼并、规范破产、下岗分流、减员增效的方针迈出重要步伐；坚持以公有制经济为主体、多种经济成分共同发展的方针，以“三个有利于”为标准引导、鼓励和支持个体和私营经济的发展,促进了经济的全面增长;紧紧抓住国家实施扩大内需,加强基础设施建设的有利时机,新上了一批基础设施项目,改善了投资环境;加大了扶贫攻坚工作的力度,一批少数民族贫困人口的温饱问题得到解决;民族八省区农牧民人均纯收入达到1280元,城镇居民可支配收入达到近4500元;经济增长速度基本与全国平均速度持平,个别地区略高于全国平均速度。

(三)民族团结进步事业有了新发展,社会主义民族关系进一步巩固。

各地民族工作部门高举团结进步的大旗,认真贯彻江泽民总书记关于“三个离不开”的重要思想,广泛开展以各民族互相依存、互相帮助、共同发展、共同繁荣为主题的民族团结进步活动,全国各地涌现出了一大批民族团结进步模范。国家民委分别与26个省、区、市,以及全国妇联等部门联合召开了表彰大会,大力宣传模范人物的先进事迹,努力营造民族团结进步的社会氛围,学习和争做民族团结进步模范在全社会蔚然成风。

(四)宁夏和广西两个自治区成立40周年庆祝活动取得圆满成功,全面宣传了党的民族政策,展示了民族工作的伟大成就。

庆祝两个自治区成立40周年,是两个自治区各族群众政治生活中的大事,是全国民族工作的大事,是全党和全国的一件大事。中央对两个“大庆”非常重视,责成国家民委负责中央代表团的组织协调工作。我们以此为契机,把筹备庆祝活动的过程,作为宣传党的民族政策的过程,作为动员全社会关心民族工作、支援民族地区发展的过程,作为激发自治地方各民族干部群众坚持走建设有中国特色社会主义道路、建设富裕文明的美好家园的过程。中央根据形势的变化,决定在热烈、隆重、节俭原则不变的情况下,缩短庆祝活动的时间,把节约下来的经费用于支援自治地方的建设,得到了自治地方干部群众的热烈拥护。两个自治区把庆祝活动作为总结经验、深化改革、扩大开放、加快发展的大好机遇,把庆祝活动与经贸活动结合起来,把宣传成就与解决问题结合起来,在中央有关部门的大力支持下,解决了本地区发展中存在的一些实际问题,为今后的发展打下了更坚实的基础。两个“大庆”活动的圆满成功,为今后民族自治地方举办逢十周年庆祝活动积累了新的经验。

(五)少数民族教育和文化事业进一步发展。

各地紧紧抓住国家实施科教兴国战略的有利时机,实施教育优先发展战略,加大投入,努力探索教育与经济发展相结合的路子,促进了民族教育的发展。民族院校坚持党的教育方针,面向民族地区两个文明建设深化改革,在培养少数民族高素质人才方面发挥了重要作用。赫哲族等民族提前实现“普九”目标。在湖北长阳召开的全国少数民族文化工作现场经验交流会,总结交流了社会主义市场经济体制条件下少数民族文化事业发展的经验,推动了民族文化事业的发展。全国少数民族题材电视电影艺术“骏马奖”评奖活动推动了少数民族题材影视艺术创作。少数民族语言文字的立法和信息处理工作取得新进展。文化事业单位牢记宗旨,奋力开拓,为繁荣民族文化作出了重要贡献。中央民族歌舞团全年演出100多场,观众超过百万人次。民族语文翻译中心出色完成了重要会议文件的翻译任务,受到中央和社会各界的好评。

(六)培养选拔少数民族干部工作的力度进一步加大。

由中央组织部、中央统战部和国家民委共同组织的少数民族干部挂职锻炼工作不仅受到少数民族干部的欢迎,而且得到全社会的支持和赞誉,参加挂职锻炼的人数不断增多,仅去年达到205名。国家民委和中央统战部为落实江泽民总书记考察新疆重要讲话精神,举办了新疆地州市民委主任、统战部长培训班。各地民族工作部门利用多种形式,拓宽培养渠道,加大培训力度,培养选拔少数民族干部工作取得了显著成效。各地人大、政府、政协的换届选举工作较好地贯彻了党的民族干部政策。

(七)反对民族分裂,维护祖国统一的斗争取得了新的胜利。

去年,西方敌对势力利用民族、宗教、“人权”等问题加紧对我实施“西化”和“分化”战略。达赖继续打着“民主”和“宗教”的旗号搞分裂祖国的活动,妄图使“西藏问题”国际化。达赖集团还与境外的新疆民族分裂分子、“民运”分子相勾结,妄图达到分裂社会主义祖国的目的。美国国会利用所谓“人权”问题干涉中国内政的活动始终没有停止。针对这些情况，我们努力配合国家的外交工作，发挥民族工作部门的优势，积极开展人权领域的国际对话，宣传我们党的民族政策，介绍中国少数民族的发展情况，使更多的国际友人了解中国，有力地挫败了敌对势力的种种图谋。在中央的领导下，各部门密切配合，旗帜鲜明地反对民族分裂，维护祖国统一，取得了反分裂斗争的新胜利。

（八）各级民族工作部门转变工作作风，深入开展调查研究，增强了做好民族工作的自觉性和主动性。

国家民委把调查研究作为转变工作作风的首要环节来抓，派出了6个调查组，由委领导带队，分赴11个省区，分6个专题进行了广泛深入的调查研究。各地民族工作部门对国家民委的调查研究工作非常重视，积极配合，有的省区还根据国家民委的调研提纲进行了先期调研。一些省区的领导亲自主持召开调研座谈会，全面系统地反映情况，并对调研寄予了很高的期望。调查研究使我们增加了许多有关少数民族和民族地区的第一手材料；提高了对民族工作坚持解放思想、实事求是思想路线重要性的认识；增进了对民族地区和少数民族群众的感情；明确了当前和今后一个时期的工作重点。在今天的会议上，青海、河北、辽宁、湖北等省民委将介绍他们的经验。他们的特点是从本省实际出发，有针对性地开展工作，取得了显著成效。其他省市也有自己的经验。比如天津市在民族食品、民族医药卫生、民族教育、民族工作机构四个方面形成了较完善的体系。吉林省民委在调查研究的基础上，进行认真讨论，形成了做好新形势下的民族工作要在五个方面下功夫的共识。海南省每年拿出1500万元解决少数民族的住房问题，受到了少数民族群众的欢迎和社会各界的好评。

（九）国家民委机构改革顺利完成。

机构改革是国务院各部委去年的一项重要任务，得民心，顺民意。国家民委在较短的时间内圆满完成了这项任务。机构改革后，国家民委的职能得到了加强，充分体现了中央对民族工作的高度重视；进一步理顺了与相关部委的工作关系，为进一步做好今后的工作提供了条件；机构设置和人员编制更加合理，人员结构得到优化，公务员队伍整体素质有较大提高，提高了工作效率。

回顾去年的工作，我们体会到：民族工作必须坚持以经济建设为中心，服从和服务于全党全国工作的大局。只有把民族工作放在建设有中国特色社会主义整个事业中去考虑，才能正确认识民族工作所处的地位，民族工作才能获得发展的动力；民族工作是全党的工作，涉及面广，只有动员和依靠全社会的力量，才能做好民族工作；民族工作需要完成的任务很多，只有抓住关键，突出重点，才能抓出成效。

二、关于1999年的工作安排

1999年，是我们党和国家历史上非常重要的一年，是我们迈向新世纪的最后一年。我们将隆重庆祝中华人民共和国成立五十周年，迎接澳门回归，在实现祖国统一大业的道路上迈出重要步伐。民族工作要根据中央关于今年工作的一系列重要部署，服从和服务于全党全国工作的大局，高举邓小平理论的伟大旗帜，深入贯彻党的十五大和十五届三中全会精神，努力促进少数民族和民族地区各项事业的进步，加强民族法制建设，坚持和完善民族区域自治制度，大力培养少数民族干部，坚定地维护民族团结、社会稳定和祖国统一，统一思想、坚定信心，抓住机遇、知难而进，团结一致、艰苦奋斗，以实际行动迎接建国五十周年。

今年，要着重抓好以下几方面的工作：

（一）高举邓小平理论的伟大旗帜，努力做好中央民族工作会议的筹备工作，抓好会议精神的贯彻落实。

党中央决定今年9月召开民族工作会议，并把召开这次会议作为党中央今年的一件大事写入了中央政治局常委会的工作要点。这是以江泽民同志为核心的党中央高瞻远瞩，总揽全局，高度重视民族问题和民族工作的具体体现。充分说明了民族问题和民族工作在建设有中国特色社会主义伟大事业中的重要地位。这次会议，将是党中央在我国改革开放和社会主义现代化建设处于关键时刻召开的又一次重要会议，将是我们党和国家民族工作史上又一次具有里程碑意义的重要会议。会议将全面深入总结建国50年来特别是党的十一届三中全会以来我国民族工作的伟大成就和基本经验，研究当前民族工作中存在的若干重大理论和实践问题，制定面向新世纪民族工作的大政方针和根本任务，对跨世纪民族工作将产生重大和深远的影响。

各级民族工作部门和民族地区的广大干部群众正热切地期待着这次会议的召开。做好会议的筹备工作,抓好会议精神的贯彻落实,是各级民族工作部门今年工作的重中之重,是贯穿各项工作的一条主线。我们要从讲政治的高度充分认识做好这项工作的重要性,认真做好会议的筹备工作。要把筹备中央民族工作会议的过程,作为我们学习和运用邓小平理论观察、分析和解决我国现代化进程中民族问题的过程;作为我们深刻理解以江泽民同志为核心的党中央关于民族工作的重大决策和重要部署的过程;作为我们统一思想,提高全党对民族工作重要性认识的过程;作为我们研究新形势下民族工作新思路、新途径、新方法的过程。我们一定要高度重视,全力以赴把这项工作做好。

会议结束后,各级民族工作部门要认真贯彻会议精神,使民族工作乘着中央民族工作会议的强劲东风实现新的发展。

(二)做好国务院第三次全国民族团结进步表彰大会的筹备工作,开好会议,全面推进民族团结进步事业。

国务院将在国庆五十周年前夕,召开第三次全国民族团结进步表彰大会。做好这次大会的筹备工作,是今年民族工作的又一件大事。要把会议的筹备过程,作为学习党的民族政策、宣传民族团结进步模范先进事迹的过程。要借这次表彰大会的东风,进一步开展形式多样的民族团结进步活动。要把开展民族团结进步活动与建国五十周年庆祝活动结合起来,通过宣传建国五十年来社会主义建设所取得的巨大成就,进一步激发各民族人民的爱国主义热情,深化爱国主义教育活动。要把开展民族团结进步活动与发扬伟大的抗洪精神结合起来,进一步增强中华民族的凝聚力。要把开展民族团结进步活动与深入学习江泽民总书记考察新疆重要讲话精神结合起来,使各族人民牢固树立“三个离不开”的思想,推动民族团结进步活动向纵深发展。

(三)解放思想,开拓创新,努力促进民族地区的经济发展。

经济建设是全党工作的中心,民族工作必须为这个中心工作服务。要认真总结民族地区开展扶贫攻坚工作的经验,确保国家“八七”扶贫攻坚计划在民族地区顺利进行;重点研究民族聚居且人口较少的少数民族整体解决温饱和散杂居地区民族乡、村的脱贫致富问题;深入贯彻党的十五届三中全会精神,认真研究五大牧区的发展问题;以改革的精神,对民族地区在建立社会主义市场经济体制过程中存在的若干重大问题进行深入的调查研究,为中央提供决策依据;积极为民族地区与发达地区开展经济文化交流与合作创造条件;通过多种渠道,实施以兴边、富民、强国、睦邻为宗旨的“兴边富民工程”,动员有关部门和社会力量为边疆少数民族地区办实事,促进边疆的稳定和发展。

(四)积极推进民族法制建设,依法协调社会主义民族关系。

按照党的十五大关于加强法制建设和“依法治国”的要求,协助有关部门加强民族立法,健全民族法律法规体系,使民族工作真正走上法制化轨道;积极做好修改《宪法》的有关配合工作,参与修改《民族区域自治法》的各项准备工作,参与制定《中华人民共和国散居少数民族权益保障法》,加快《中华人民共和国少数民族语言文字法(草案)》的起草进程;加大民族法律法规的宣传普及力度,依法协调社会主义民族关系;开好城市民族工作座谈会。

(五)办好第六届全国少数民族传统体育运动会,努力促进民族地区的社会主义精神文明建设。

第六届全国少数民族传统体育运动会,是本世纪我国少数民族传统体育的最后一次盛会。办好这次盛会,对推动少数民族传统体育活动的蓬勃发展,促进民族地区的精神文明建设将起到积极作用。广泛开展少数民族文化活动,充分展示各民族多姿多彩的文化和建国五十年来民族文化发展的成就,全面反映各民族人民在中国共产党领导下建设有中国特色社会主义的良好精神风貌。认真总结建国五十年来民族文化工作的基本经验,研究制定加快民族文化发展的具体措施。深入研究民族教育发展中的若干重大问题,着手筹备第三次全国民族教育工作会议。

(六)进一步做好少数民族干部的培养选拔工作。

深入贯彻落实江泽民总书记去年考察新疆时

对干部工作的重要指示精神,提高认识,狠抓落实,把中央的有关文件精神和中央领导同志对这项工作的指示精神落实到行动上,贯彻到工作中。适当时候召开培养选拔少数民族干部工作座谈会,从历史与现实的结合、理论与实践的结合、现状与未来的结合上,全面总结建国以来特别是党的十一届三中全会以来培养选拔少数民族干部工作的经验,提出进一步做好培养选拔少数民族干部工作的措施;加大少数民族干部到中央国家机关和经济发达地区挂职锻炼工作的力度,使更多的民族干部得到锻炼机会;做好干部培训工作,拓宽培养渠道,形成包括党政干部、科技干部、企业管理干部在内的民族干部培训机制,建立比较完善的民族干部培训体系。

今年,民族工作任务重、责任大、要求高。完成今年的工作任务,要着重抓好六个方面的工作:

第一,加强理论学习,提高理论水平。要结合民族工作和民族工作部门干部的思想实际,进一步深入学习邓小平理论。把学习邓小平理论与学习党的十一届三中全会以来民族工作的重要文件结合起来,与学习党的三代领导集体关于民族工作的重要论述结合起来。要着眼于理论的运用,更要着眼于理论的发展,进一步提高运用邓小平理论指导民族工作的水平。民族工作头绪多,涉及面广,但不是没有规律可循,关键是能不能抓住规律。要在科学理论指导下把握民族工作的发展规律,按规律办事。要在各级民族工作部门中深入开展以“讲学习、讲政治、讲正气”为主要内容的“三讲”教育活动,提高广大干部的政治敏锐性和政治鉴别力,加强党性修养,增强纪律观念,提高全心全意为人民服务的自觉性。

第二,增强大局意识和全局意识。要认清大局,把握大局,服务大局。民族问题是建设有中国特色社会主义的重要组成部分,要把民族工作放到国际大环境中,放到国家全局中考虑。在国际大环境中,在国家全局中看它所处的地位和应起的作用。从全局的高度认识民族工作的重要性,观察和处理民族问题。

第三,提高工作的协调能力。民族工作是综合性很强的工作,许多问题要通过协调才能解决。凡是民族工作做得比较好的地方,都是协调工作搞得比较好的地方。搞好协调是为了做好民族工作,是为了党的事业。民族工作部门的干部要善于做协调工作,有意识地培养和锻炼这方面的能力,广交朋友,动员各方面力量共同做好民族工作。

第四,加强民族工作部门的自身建设。深入开展“创优质服务,树优良作风,建优美环境,做人民满意的公务员”的“三优一满意”活动,树立民族工作部门和民族工作者在少数民族干部群众中的良好形象,树立民族工作部门和民族工作者在全社会的良好形象。

第五,切实加强调查研究工作。把调查研究作为各级民族工作部门履行职能,搞好服务,锻炼干部,增进与少数民族群众感情的首要环节来抓。调查研究是各级民族工作部门的一种主要工作形式,是一项长期的基础工作,是坚持实事求是的根本保证,是坚持“三个有利于”的前提,也是各级领导干部的基本功。不调查研究,就没有资格当参谋和助手,就没有发言权。各级民族工作部门要结合筹备中央民族工作会议,深入开展调查研究,把调查研究作为一项工作制度长期坚持下去,作为衡量干部的一项重要标准长期坚持下去。通过调查研究增强工作的主动性和针对性,确保工作不流于形式。要在去年调研的基础上,列出今年调研工作的重点,深入基层,深入实际,深入群众,摸透情况,找准问题,理清思路,解决问题。

第六,努力开拓创新。民族工作要适应新形势和新任务的要求,必须有新办法。民族工作部门的干部,一定要有强烈的创新意识和开拓精神,这是责任感强不强的表现,是素质高低的表现。只有奋力开拓,民族工作才能在建设有中国特色社会主义伟大事业中赢得地位,才能为把建设有中国特色社会主义伟大事业全面推向21世纪作出新的贡献。

同志们,新的世纪正向我们走来,新的任务已经摆在我们面前,让我们在以江泽民同志为核心的党中央领导下,振奋精神,开拓进取,为实现中华民族的伟大振兴而努力奋斗!

国家民委副主任江家福在全国城市民族工作座谈会上的讲话

（1999年12月6日）

同志们：

这次全国城市民族工作座谈会的主要任务，就是要全面贯彻落实党的十五大和中央民族工作会议精神，系统地总结建国50年来特别是改革开放20年来，我国城市民族工作所取得的成就和经验，认真分析研究城市民族工作面临的新情况、新问题，部署跨世纪城市民族工作的任务，全面开创21世纪城市民族工作的新局面。

下面，我就我国城市民族工作50年来，特别是改革开放20年来的基本情况及今后的工作任务作一个发言。

一、城市民族工作的发展历程与主要成就

自古以来，在中国这块广阔的土地上就生活着众多的民族。千百年来各民族在迁徙和交流中不断聚合或分化，使得今天在我国的各民族中，都呈现出“你中有我，我中有你”的民族演化特点，相应地形成了“大杂居，小聚居”的民族分布格局。我国的各民族都是优秀的民族，在悠久的发展长河中，各民族都建立过相当数量和规模的城市。随着城市的扩大和发展，原先单一的民族和文化结构逐步被打破，城市既作为人口、活动、物资、设施等高度集中的中心，又作为政治、经济、文化的中心，必然成为各民族、多种文化接触与交融的中心，因而城市在民族交往与聚合、在民族文化形成与发展的过程中，扮演了一个十分重要的历史角色。

尽管我国有着悠久的城市传统和民族演化过程，但是，由于漫长的封建社会的束缚，我国城市大多发育不成熟，城市的民族和文化也比较单一，区域间、民族间都较封闭。新中国建立以来特别是改革开放以后，随着社会经济的发展，社会主义市场经济体制的建立和逐步完善，打破了城乡分离，开放了人口流动。各地区之间、各民族之间正以前所未有的规模与速度全方位地进行着物质与文化方面的交流。城市民族工作出现了许多新情况、新问题。

城市民族工作实际上古已有之。但在新中国成立以前，统治阶级的民族政策以民族同化为目标，民族歧视、民族压迫为其主要内容，同时辅之以安抚。新中国建立以后，城市民族工作进入了一个划时代的崭新阶段，其特点是以民族平等团结为目标，以发展为主要内容，以保障和帮助为主要手段。城市民族关系形成了平等、团结、互助的新型社会主义民族关系。

我国城市民族工作50年来经历了一个曲折的发展过程：

新中国成立至“文化大革命”前，是我国城市民族工作开创奠基时期。主要任务是在城市贯彻民族平等、民族团结政策，消除民族隔阂，疏通民族关系，帮助城市少数民族解决就业、学习以及改善生产生活条件。根据《中国人民政治协商会议共同纲领》关于各民族一律平等的原则规定，中央人民政府政务院于1951年5月发出《关于处理带有歧视和侮辱少数民族性质的称谓、地名、碑碣、匾联的指示》，于1952年颁布《关于保障一切散居的少数民族成分享有民族平等权利的决定》，这是我国城市民族政策民族法制建设中的一个重要里程碑。这一时期的后一段，主要是有计划地帮助城市少数民族创建一批集体企业，有的还建立了少数民族生产生活特殊用品生产基地，促进了城市少数民族经济的发展。同时少数民族文化教育卫生事业也得到了很大发展。这一时期我国各民族的关系基本形成了平等、团结、互助的社会主义民族关系。但是由于“左”的影响，特别是反右斗争的扩大化等，城市民族工作受到了干扰，出现了曲折。主要表现是：忽视民族特点、地区特点；一

些行之有效的民族政策被取消;出现了一些不尊重少数民族风俗习惯情况等等。

“文化大革命”的十年动乱,使城市民族工作遭受了极大冲击,城市民族工作陷于瘫痪状态。

十一届三中全会以后,党和国家重新确立了以经济建设为中心的路线、方针和政策,经过拨乱反正,民族工作重新逐步走上了正确的轨道,城市民族工作进入了恢复发展阶段。1979年10月12日,中共中央、国务院批转了国家民委党组《关于做好杂居、散居少数民族工作的报告》,城市民族工作如遇春风,得到全面恢复和发展。1987年1月,中共中央国务院又批转了中央统战部、国家民委《关于民族工作几个重要问题的报告》,明确提出了“做好城市民族工作”的要求,表明对城市民族工作的地位、作用、功能、特点等问题的认识不断深化,从而大大促进了城市民族工作的全面发展。各地制定了一些行之有效的政策措施,积累了一些好的经验。正是在这种形势下,1993年,国务院批准发布了《城市民族工作条例》,改变了我国城市民族工作长期无法可依的状况,全国各地创造性地贯彻落实了《条例》,使城市民族工作进入法制化、规范化的新阶段。另外,中国都市人类学会的成立并积极开展活动,也进一步推动了对市场经济条件下如何做好城市民族工作的研究和探索。这一阶段各地城市民族工作更加深入,呈现出不同的特点,积累了许多经验,城市民族工作在理论与实践两方面都取得了巨大的进展。

建国50年来城市民族工作风雨兼程,特别是改革开放20年来的开拓创新,我国城市民族工作取得了辉煌的成就。主要表现在以下几个方面:

——城市少数民族的平等权益得到了切实保障。城市少数民族参政议政的积极性不断提高,当家作主的主人翁精神空前高涨,参与国家事务管理和社会活动事务的广度和深度不断发展。从全国范围来看,各城市少数民族人大代表、政协委员以及各类干部的比例一般都大大超过了本市少数民族人口的比例。

——城市少数民族经济文化事业获得了巨大的发展。国家通过各种政策措施,帮助、引导、扶持城市少数民族经济文化事业走上了健康发展的道路。城市少数民族群众生活水平大大提高,城市民族文化活动丰富多彩,民族文化设施不断改善,民族建筑得到保护,民族教育蓬勃发展。同时,在建设社会主义现代化国家的伟大事业中,城市少数民族充分发挥了自己的聪明才智,做出了应有的贡献。

——城市少数民族的风俗习惯、宗教信仰和语言文字平等权利得到了普遍尊重和保障。国家不仅在多项法律法规中做出了具体规定,各地还结合本地实际制定了更为全面系统的专项条例及实施办法来保障这些权利。对少数民族的食品供应、节日活动、丧葬、宗教生活、民族语文书籍的出版以及民族语文的电视、广播等给予了资金以及其他社会资源方面的帮助;同时,对个别传播媒体中出现的不尊重或伤害少数民族的现象依法予以严肃处理,坚决杜绝。

——城市民族工作的行政法规体系初步形成。从1952年的《关于保障一切散居的少数民族成分享有民族平等权利的决定》、1979年《关于做好杂居、散居少数民族工作的报告》,到1987年的《关于民族工作几个重要问题的报告》,我国城市民族工作一直朝着法制化的方向不断努力。1993年颁布的《城市民族工作条例》,成为我国城市民族工作第一部系统、全面、规范的行政法规。同时,各地结合实际制定了指向更为明确、执行更为简便的地方法规,城市民族工作逐步走上法治化轨道。

——城市民族工作的理论框架初步形成。50年来特别是改革开放以来,在不断总结和提炼城市民族工作实践经验的基础上,以邓小平理论为指导,运用相关社会科学理论对城市民族工作进行理论分析和研究,初步形成了有关我国城市化、城市功能和民族散居化以及城市民族工作的特点、范畴、地位、作用、意义的理论。这些理论已成为指导城市民族工作的重要依据。

——城市少数民族的人才培养工作取得显著成就。国家为了使更多的少数民族人才快速成长起来,确立了有效的培养、选拔、使用机制。城市少数民族的干部队伍、知识分子队伍、产业工人队伍得到迅速发展,在国内外产生了巨大而深远的影响。

——民族团结进步创建活动深入人心。民族知识、民族政策法规的宣传教育和民族团结进步表彰活动得到了广泛开展,并成为经常化、规范化、制度化的城市精神文明建设的重要内容。模范执行民族政策、争创民族团结进步模范已成为强大的社会舆论和良好的道德风尚。

——不断强化和拓展城市功能,对口支援工作取得巨大成绩。随着城市的发展和功能的强化。城市对民族地区的辐射作用越来越强大。城市民族工作的一个重要内容之一,就是组织对少数民族和民族地区的对口支援。经过我们不懈的努力,目前已初步形成政府主导、社会参与的形式多样、规模不同、渠道不同、内容不同、方法灵活的对口支援网络体系和机制。

二、城市民族工作的基本经验

50年来我国城市民族工作取得了巨大的成就,同时,形成了很多好的方法和思路,创造了许多宝贵的经验。例如,城市民族工作"桥梁、窗口、示范、联谊和辐射"的五个作用,北京市的"四个服务"目标;上海市提出的开创具有"时代特征、中国特色、上海特点"的民族工作,提出树立5个观点,处理好5个关系;天津提出的"把握一个主题,抓住两个着力点,坚持三个方向,搞好四个建设"的思路;武汉市少数民族联系制度的创立;等等,举不胜举。这些经验既是城市民族工作长期实践的结果,凝聚了几代人的心血,又是各地民族工作不断探索、开拓的结晶。这些经验都是民族工作的宝贵财富,是今后做好城市民族工作的重要基础。最基本的经验主要有以下几方面:

——坚持民族平等、民族团结、共同繁荣的方针,是城市民族工作的基石。中国革命和社会主义建设实践都雄辩地证明我们无论在任何时候,遇到任何风波,做任何事情,都不能忘记我国是一个拥有56个民族的基本国情,不能忘记民族平等、民族团结和各民族的共同发展和繁荣是社会主义本质要求,是做好民族工作包括城市民族工作的出发点和归宿。

——各级党委、政府和各级领导的重视是做好城市民族工作的前提。正确的路线确定以后,关键在于干部,如果领导不能正确认识城市民族工作的特殊性和重要性,就不可能把它提上议事日程。城市民族工作实践证明,哪里的领导重视,哪里的工作就有声有色,民族团结进步事业就欣欣向荣;相反,那里的工作就停滞不前,而且不断发生矛盾,出现问题。

——加快促进少数民族社会经济文化事业的全面发展,是城市民族工作的根本任务。发展是硬道理,没有发展就没有人民生活水平的提高,就没有人民的安居乐业,就会产生一系列社会问题。城市民族工作要处理好改革、发展和稳定的关系。如果不注意社会经济文化的协调发展,就容易引发民族问题。民族团结和社会稳定也会受到影响。

——坚持法制建设,是城市民族工作的重要保障。城市民族工作法律法规的制定,是建立、健全民族法律法规体系的要求,是社会主义法制建设的主要内容之一,也是对城市民族工作长期行之有效的经验的总结,又可以使城市民族工作有法可依、使民族工作部门依法行政,从而使城市民族工作规范化、法治化,避免政策执行中的不稳定性和不确定性。

——坚持解放思想,坚持改革开放,是做好城市民族工作的动力源泉。在新的历史条件下,新情况新问题不断出现。如果不解放思想,就会在问题面前束手无策,畏首畏尾。不改革开放,就不能打破旧传统的影响和束缚,就找不到解决问题的办法。

——坚持群众路线,建立民族工作网络,是做好城市民族工作的基本手段。城市民族工作既宏观又具体,我们的工作只有面向基层、面向社区,充分相信群众、依靠群众,才有可能做好。目前,基层民族工作网络组织,诸如民族团结协调小组、少数民族联络组、民族团结促进会、少数民族联谊会以及其他团体,已经成为全社会共同做好民族工作的有力手段。

——加强民族工作部门的自身建设,强化民族工作手段,是做好城市民族工作的关键。实践证明,民族工作搞得好不好,与我们民族工作部门的自身建设和工作手段直接相关。没有一支政治素质好、业务水平高的干部队伍,没有一个运行自如、高速有效的工作机制,没有灵活多样、强有力的工作手段,工作就难以开展。

三、城市民族工作的形势与任务

改革开放以来,随着市场经济的逐步建立和完善,我国少数民族的分布状况发生了很大的变化,历史原有的民族分布格局正在逐步被打破。一是民族地区城市化进程加快,城市数量逐年增多。二是城市少数民族人口数量不断增加。1982年,建制市少数民族人口约574万人,占当时全国少数民族人口的8.53%,到1990年,建制市少数民族人口已达1628万人,占全国少数民族人口的17.8%。三是城市少数民族人口的数量明显增多,民族分布趋于分散。1982年,朝鲜、回、满、蒙古、维吾尔五个民族的城市人口就占了全国城市少数民族人口的70%,仅回族就占31%,到1990年,回、朝鲜、白、黎、蒙古、布依、维吾尔等8个民族的城市人口占全国城市少数民族人口的比例下降到66%,回族则降到20%。四是在各城市特别是中心大城市中,来自民族地区的少数民族流动人口数量和民族成分都越来越多。

从全国范围来看,少数民族城市人口的分布还有这样两个特点:一是许多少数民族的城市人口大部分并不在该民族的聚居区。也就是说,少数民族聚居地区的城市化水平还很低。二是全国约有一半的省、自治区和直辖市的城市少数民族人口中,回族人口占一半以上。

从城市民族工作角度来看,我国城市少数民族有以下特点:

1.城市少数民族人口比例小,总量大,民族成分多,每个城市都有几个以至几十个民族成分。

2.城市是少数民族人才荟萃之地,少数民族干部、知识分子占少数民族人口比例相当大,其中还有不少是各民族的代表人物。他们不仅同本民族聚居区联系密切,而且不少人在国内外都有较大影响。

3.城市少数民族职业构成复杂,各行各业都有;同时也有相对集中的小块聚居区。因为居住分散,人数少,容易被忽视,工作难度大。

4.城市少数民族的民族意识较强。一般都很关心本民族的政治地位和发展进步,对涉及各民族的荣辱、利益等问题都比较敏感。

随着城市少数民族分布与特点的变化,城市民族工作的形式与内容也在不断拓展和创新,为城市的稳定和发展作出了贡献。但是由于历史和思想意识等方面的原因,在当前的城市民族工作中还存在一些问题。

1.忽视城市少数民族的现象依然存在,城市民族工作发展不平衡。

2.在一些宣传报道和文艺作品中,歪曲、丑化少数民族形象,不尊重少数民族风俗习惯和宗教信仰,伤害少数民族感情的事件时有发生。

3.城市少数民族流动人口有时得不到尊重和理解,一些侵害少数民族权益的行为时有所见。

4.少数民族贫困学生、少数民族下岗职工等问题不断增多。

5.城市建设中轻视民族特点,忽视民族特殊需要的问题时有发生,诸如少数民族聚居街道的拆迁,特别是涉及到清真寺的拆迁,一些地方没有处理好,都曾引起波动。

面对不断变化的形势,针对城市民族工作存在的问题,我们的思想认识和工作实践都必须有新的提高,特别是在21世纪即将来临之际,我们更应该做好准备,迎接新的挑战。

城市民族工作的任务是广泛的,至少包括三个方面的内容:一是做好本城市少数民族事务的管理工作,帮助他们发展经济文化教育事业;二是做好城市少数民族流动人口的管理工作,充分保障他们的各项平等权益,帮助他们增强城市适应能力;三是做好与城市功能相应的面向全国少数民族和民族地区的工作。这三方面是一个有机的统一体,是由城市民族工作的特点决定的。随着中国城市化的加速发展,城市民族工作的内容和形式还将有较大的扩展和创新,城市民族工作在整个民族工作中的地位和作用也将会越来越重要。

在当前和今后一段时间里,我们应当主要做好以下几个方面的工作:

1.认真学习、贯彻落实党的十五大和中央民族工作会议精神。江泽民总书记在中央民族工作会议上的讲话,深刻总结了我国民族工作的成就和经验,系统阐述了党的民族理论和民族政策,明确提出了今后一个时期我国民族工作的主要任务,是指导我们做好跨世纪民族工作的纲领性文件,也为我们今后的城市民族工作指明了方向。所以,当前城市民族工作的主要任务之一,就是要认真学习和深刻领会党的十五大和中央民族工作会议的精神,把握新世纪民族工作的大方向,结合各城市民族工作的实际,创造性地开展工作,把城市民族工作推上一个新的台阶。

2.进一步建立健全城市民族工作法律法规体系。要在对《城市民族工作条例》实施情况进行执法监督、舆论监督和充分调查研究的基础上,进一步完善《城市民族工作条例》,并以此推动《散居少数民族权益保障法》尽早出台。同时,我们要求,有立法权但还未出台有关地方法律法规的城市,从现在起,应该结合实际,抓紧时间制定出本市民族工作的地方法规。国家民委考虑,下一阶段还将加强三项立法工作:一是有关城市少数民族流动人口的管理及其权益保障;二是对处理影响民族关系问题工作的规范;三是尊重少数民族风俗习惯的规定。希望各地都要有自己的立法规划,建立城市民族工作法律法规体系,使城市民族工作切实走上法治的轨道。

3. 及时妥善处理各类影响民族关系的事件,确保城市的社会稳定。从以往的经验来看,要重点处理好这样几个"热点"。第一,在城市少数民族流动人口的管理方面,要坚持管理与保障相结合的原则,既要肯定他们的经济活动对活跃城市生活、带动民族地区发展的积极意义,为他们的正当活动提供帮助,又要对他们加强管理,并依法对极少数违法犯罪分子进行打击。对蓄意挑起事端,破坏民族团结,煽动民族仇恨,触犯刑律的,要依法追究刑事责任。对在城市中进行民族分裂活动的,要配合有关部门依法进行严厉打击。第二,对于新闻媒体、电影电视节目中出现的不尊重少数民族风俗习惯,影响民族团结的内容,应及时调查处理,消除影响。第三,对城市旧城改造中出现的涉及少数民族群众切身利益的问题,要特别注意工作方法,注意保护少数民族权益。在涉及宗教房产问题时,一定要依照国家有关规定给予妥善处理和安排。第四、切实处理好清真饮食和清真食品经营中出现的违规事件。

4. 进一步改善和提高城市少数民族的生活质量,多为他们办实事。对城市中以少数民族为主要服务对象的企业,以及主要由少数民族经营的私营企业和个体经营者,应当继续给予政策上的扶持,多为他们创造机会、提供条件。对少数民族下岗职工面临的问题,要热情为他们做好协调工作,以解决其基本的生活保障,同时设法为他们再就业开辟门路;在城市规划建设中,注意改善少数民族群众的居住条件。要注意丰富少数民族群众的文化生活。对他们所喜闻乐见的文化艺术活动给予支持;对少数民族节日活动,要给予必要的支持和指导,使城市各少数民族文化生活更加丰富多彩。

5. 进一步发挥城市功能,为国家的西部发展战略服务。江泽民总书记、朱镕基总理在中央民族工作会议上的讲话,再次明确地阐述了西部大开发战略在我国现代化建设中的重大经济意义和政治意义。这对加速我国少数民族和民族地区的发展,是一个历史性的大机遇。城市对此担负着重要的任务。城市对少数民族和民族地区的对口支援工作,将会更加广泛、深入地开展下去。在这方面,城市民族工作应该做好以下几个方面的工作:第一,牵线搭桥,使城市的对口支援工作更加适用,社会效益和经济效益更好。第二,提供有关的政策咨询。民族工作部门对少数民族情况比较了解,提出的意见可以使对口支援工作更符合当地的实际情况。其三,表彰先进。民族工作部门可以通过民族团结进步表彰活动,对在对口支援工作中作出突出贡献的单位和个人进行表彰与奖励,使城市对口支援工作获得更为广泛的支持。

6. 积极进行调查研究,不断发现和解决新问题,我们国家的民族政策和民族工作在世界上可以说是很成功的,但这并不等于说我们的民族工作可以高枕无忧了。实事求是地说,目前还存在着许多亟待解决的问题。而且随着时间的推移,城市民族工作还将遇到许多新情况、新问题。这就要求我们要有开拓进取的精神,系统、科学地进行调查研究,并从中抓住问题,总结和提出切实可行的对策。尤其要注意抓住一些带有普遍性和前瞻性的问题,把城市民族工作不断推上新台阶。调查研究要深入细致,不能走马观花。

7. 加强民族工作部门的自身建设,进一步提高民族工作干部的政治和业务素质。民族工作部门的自身建设包括几个方面:首先是机构问题。各地城市在机构改革中,考虑民族工作机构和人员编制时,不应仅仅看到本市有多少少数民族,所占比例多大,要从本市在本地区乃至全国的地位和作用出发,看本市民族工作任务的多少和轻重。从民族工作任务来看,中心城市的民族工作部门不应被削弱,工作要保持连续性。其次,要争取资金,掌握一定数量的经费,这是开展工作的一个重要条件。第三,提高干部素质问题,可以采取自学与组织培训相结合的办法,努力提高各级民族工作干部的政治素质和业务素质。第四,要改善民族工作部门的办公条件。第五,要进行基本情况、基本数字和基本政策规定的积累,做到如数家珍,心中有数。

8. 开拓思路,尽可能动员各种社会力量共同做好城市民族工作。民族工作既然是全党全社会的工作,就应该调动政府各职能部门的积极性,同时利用各种社会力量,共同做好民族工作。我们认为应该重视这样一些社会力量:一是爱国宗教团体。长期以来,各爱国宗教团体协助政府在调解民族纠纷,对少数民族和民族地区扶贫济困方面做了许多工作,取得了显著成绩,也积累了一些好经验,今后应该继续发挥各爱国宗教团体的积极作用。二是城市民族社团。各地城市中的民族社团近些年来协助政府部门做了不少工作,如宣传党和国家的民族政策,协调民族关系,调解民族矛盾和纠纷,开展民族文化活动等,效果不错,各地应当很好地总结提高。对民族社团应加强管理,支持他们开展促进民族团结进步活动和进行民族文化活动。三是民族院校和民族研究机构。多年来,民族院校和民族研究机构对民族问题进行了许多研究,为政府提出了很多有价值的意见和建议。但由于他们缺乏实践经验,理论研究往往与实践脱节,研究深入不下去。而另一方面,从事民族事务工作的同志虽然有丰富的实践经验,但从理论上来总结、研究和宣传不够,就事论事的居多。因此,民族工作部门应该同民族院校和民族研究机构加强联系,各自发挥所长,优势互补。这对促进民族理论研究和民族工作的发展,都大有益处。四是少数民族人员较多的企、事业单位。这些单位的少数民族在城市民族工作中往往占有较为重要的地位。做好这部分少数民族的工作,对于加强该市民族团结,维护安定团结的政治局面,振兴企业经济等,都有重要意义。因此,这些单位一般都有兼做民族工作的机构或人员。政府民族工作部门对这些单位的民族工作给予更多关心和具体指导,注意发挥他们的作用,这是做好城市民族工作的重要一环。

9. 做好民族工作战线防颠覆、防渗透的工作。当前,随着我国改革开放的深入发展,民族工作战线同国外的交往、交流日益增多。这对我国对外宣传介绍自己,引进资金和先进技术,借鉴国外先进的管理经验等,大有益处,应继续进行。但是,我们应清醒地看到,西方敌对势力亡我之心不死,他们害怕中国强大,妄图阻止中国发展壮大。他们对中国推行"遏制"、"西化"和"分化"的图谋是不会轻易改变的。对西方敌对势力和民族分裂主义分子的渗透、破坏活动,城市往往是首当其冲的。对此我们务必提高警惕,采取必要的防范措施,进行坚决的斗争。

同志们,我们即将跨入新世纪。我们的工作,是一项艰巨的、正在不断探索的工作。人们将会越来越多地认识到这项工作的复杂性和重要性。我相信,只要我们认准了目标,坚持不懈地努力,我们的工作就会取得更大的成绩,我们的事业就会更加辉煌。

提高认识　统一思想
把同"法轮功"的斗争进行到底

——国家民委党组副书记、副主任牟本理在国家民委揭批"法轮功"再动员大会上的讲话

(1999年12月16日)

同志们:

"4·25"事件发生后,在党中央的正确领导和精心部署下,我们国家民委系统集中开展了同"法轮功"的斗争。几个月来,这场斗争有序展开,稳

步推进,顺利发展,已经取得了决定性的胜利。按照党中央的要求,彻底解决“法轮功”问题,从根本上消除“法轮功”的影响,必须在巩固前一段斗争成果的基础上继续加紧工作,锲而不舍,穷追猛打,不能有丝毫的松懈,夺取同“法轮功”斗争的最后胜利。下面我根据党中央的要求和我委的实际情况,受党组委托,再次对广大党员、群众进行动员,进一步统一思想,提高认识,克服松劲情绪和麻痹思想,把同“法轮功”的斗争进行到底。

一、进一步认清与“法轮功”斗争的实质和重大意义

(一)“法轮功”的本质。

“法轮功”的本质是反科学、反人类、反社会、反政府、反法制。

“法轮功”是邪教,“法轮功”组织是邪教组织。这一点,在我们同“法轮功”斗争一开始,中央就有明确认定。但考虑到斗争的复杂性,“法轮功”的邪教本质还没有被充分揭露,受蒙骗的群众一时还难以了解其真相,出于教育转化和解脱大多数“法轮功”练习者,孤立、打击极少数幕后策划者、组织者及其顽固分子斗争策略的需要,只是由民政部宣布它为“非法组织”。通过三个多月的深入揭批,“法轮功”的邪教性质、罪恶面目和它造成的危害已大白于天下,绝大多数“法轮功”练习者也认清了李洪志的险恶用心和“法轮功”的邪恶本质,与李洪志和“法轮功”组织脱离了关系。在这样的情况下,根据我国的法律和国际上公认的邪教特征,指明“法轮功”为邪教,有利于进一步提高广大党员、干部和群众对“法轮功”邪教本质的认识,有利于进一步巩固对绝大多数原“法轮功”练习者教育转化的成果,有利于促使那些至今还痴迷不悟的人的猛醒,有利于进一步孤立和打击极少数幕后策划者和组织者,有利于争取国际社会对我们取缔“法轮功”邪教组织的理解和支持。总之,有利于我们更好地运用法律武器给“法轮功”邪教组织以致命打击,根除这个社会毒瘤,取得这场斗争的彻底胜利。

从揭露出来的大量事实看,“法轮功”实行教主崇拜、编造邪说、进行精神控制、敛取钱财、秘密结社、危害社会等等,它不是一般的非法组织,而是典型的邪教,必须依法加以惩处。

(二)这场斗争的实质。

我们同“法轮功”的斗争,是在深刻复杂的社会政治背景下进行的一场同邪恶和敌对势力争夺思想阵地、争夺群众的政治斗争,也是一场巩固党的领导和社会主义制度的严肃的政治斗争。这可以从三个方面去理解:

1.这场斗争的社会政治背景深刻复杂。从国内来看,随着改革开放的深入,我国经济持续发展,广大人民群众生活水平有很大提高,是改革开放的受益者。同时,我国正处在经济体制和社会的深刻变革之中,人们的价值观念、生活方式、思维方式、思想信念等必然会受到影响。由于经济关系的改变,利益关系的调整,风险因素的增加等原因,人们的工作和生活也面临着一些新情况。如农村富余劳动力和城市下岗职工增多;我国正在步入老年社会,老有所养、老有所教的问题日益突出。在各种因素的作用下,人们的思想认识和心理需要发生了变化,我们的工作和管理,包括思想政治工作,在一定程度上还不适应社会生活的深刻变化。从国际环境看,社会主义事业的发展处于低潮,以美国为首的某些西方国家的反华势力倚仗其经济、军事实力,在全球推行霸权主义和强权政治,他们勾结“民运”分子、“台独”分子、“藏独”分子和其他敌对势力,加紧对我进行意识形态的渗透,对我推行“西化”、“分化”。正是在这种国内国际的大背景下,李洪志及其“法轮功”组织自以为有机可乘,与我们展开了争夺群众、争夺阵地的斗争。

2.这场斗争的焦点是同敌对势力争夺思想阵地,争夺群众。“法轮功”同我们争夺思想阵地,可以说不择手段。他们不顾政府三令五申,非法大量制售宣扬“法轮大法”的书刊、音像制品和其他宣传品,在各地传播歪理邪说,利用境外传媒和互联网制造舆论,扩大影响。同时,谁不赞成他们那一套,就横加围攻指责,甚至组织大规模的非法聚集示威,向党和政府施压。

“法轮功”同我们争夺群众,可以说千方百计,挖空心思。它以“非党非教”的形式出现,以“真、善、忍”为幌子,以“健身、祛病、修性”为诱饵,企图通过思想上腐蚀、精神上操纵、组织上控制、行为上胁迫练功者等多种方式,与我争夺群众。“法轮功”有一套严密的组织体系,层层设站,处处布点,秘密串联,非法结社,对练功群众进行控制。他们甚至打入我们的一些党政军机关,包括一些要害部门。他们还通过变换手法,隐蔽骨干,组建所谓“第二梯队”,妄图发展成为与党和政府长期抗衡的政治势力。

3.这场斗争的结局,关系到共产党人的根本信仰,关系到全国人民团结奋斗的思想基础,关系到我们党和国家的前途命运。马克思列宁主义、毛泽东思想特别是邓小平理论,是我们的立党立国之本,是共产党人科学的世界观和根本信仰、是团结全国人民为实现现代化事业而奋斗的根本思想基础。李洪志把“法轮功”的歪理邪说说成是凌驾一切真理之上的“根本大法”,就是妄图动摇我们的立党立国之本,动摇我们党的执政地位。少数党员干部甚至个别受党教育多年的老干部,也上当受骗,错误地认为相信马列和信奉“法轮功”并不矛盾,“法轮大法”有利于精神文明建设等等。“法轮功”的歪理邪说不仅毒害了一批文化程度较低的群众,而且也侵蚀了一些知识分子。古今中外的许许多多知识分子为了破解未知领域的奥秘付出了毕生的心血,推动了科学的发展和人类文明的进步。但有的知识分子在他所从事的专业方面是内行,却缺乏社会科学知识,没有树立牢固的科学世界观。也有的知识分子,自我感觉在练“法轮功”的过程中身体状况有了好转,就简单地归功于“法轮功”的灵验。李洪志的歪理邪说利用科学上的一些未解之谜和一些人健身强体的心理,俘获了他们。大量事实说明,如果听任“法轮功”泛滥,必将危及马克思主义在我国意识形态领域的指导地位,削弱我国人民团结奋斗的思想基础,搞乱人们的思想,瓦解人们的意志。

李洪志及其“法轮功”核心成员置国家宪法、法律、法规和人民群众利益于不顾,几年来,在全国各地策划、组织、指挥了300多起围攻事件,其中300人以上的就达78起。特别是今年7月20日,湖北、安徽进入紧急防汛期,武汉水位涨至130年来第三高度。就在沿江军民全力以赴迎战洪水的紧要关头,湖北省政府受到数千名“法轮功”练习者的围攻,安徽省政府也受到七八百名“法轮功”练习者的围攻。“法轮功”组织的这一系列违法活动,严重威胁到我们来之不易的安定团结的社会局面,干扰了经济建设这个中心任务。如果听任“法轮功”为所欲为,听任他们的违法活动愈演愈烈,我们的社会将永无宁日,社会主义改革开放和现代化建设将无法顺利进行。

(三)这场斗争的重大意义。

搞好这场斗争,对于加强党的建设,保持党的先进性和纯洁性,增强党的凝聚力和战斗力;对于巩固社会主义制度,维护安定团结的社会政治局面,保障经济建设顺利发展;对于保护广大人民身心健康,促进社会主义精神文明建设,都具有重要的现实意义和深远的历史意义。

1.这是加强党的建设,保持全党政治上的清醒和坚定的迫切需要。小平同志1985年在党的全国代表大会上的讲话就告诫过全党同志,不要因为忙于经济建设和其他日常事务而忽略了政治,迷失了方向。江泽民同志也多次指出:“大家工作都很忙,经济建设和其他各项任务很繁重,可以说是日理万机,但是再忙,对社会上出现的政治动向千万不能不注意啊!”随着斗争的发展、深入,我们越来越清楚地认识到,中央关于处理和解决“法轮功”的决定是完全正确的。我们同“法轮功”的斗争,决不是小题大作,而是一场事关大是大非的政治斗争。事实证明,李洪志及其“法轮功”邪教实际上已经成为一股与我们党和政府相抗衡的政治势力。他们无视国家法律,无视人民利益,肆意进行非法活动,频繁非法聚众闹事,惟恐天下不乱。正是由于中央洞察秋毫,果断有力,才取得了这场斗争的决定性胜利,从思想上政治上教育了广大干部群众,维护了全国安定团结的政治局面。

2.这是消除社会祸害,捍卫改革开放和现代化建设成果的迫切需要。由于“法轮功”的隐蔽性、欺骗性,1992年以来,它逐渐形成了一定气候,干扰了改革、发展、稳定的大局。“4·25”事件发生后,有些人说,李洪志不聪明,如果他不是自不量力地组织那么多人围攻中南海,“法轮功”就可以平安无事地继续存在下去。有这种认识的人有的可能是糊涂、幼稚,有的可以说丧失了起码的政治立场。“法轮功”问题早爆发,引起我们的重视,迅速果断地处理,就容易根除,可以及早挽救更多受蒙蔽的群众。如果贻误时机,对这样的邪教组织不及时予以取缔,那危害社会就会大得多,工作难度也会大得多。

3.这是保护群众身心健康、维护人民根本利益的迫切需要。绝大多数“法轮功”练习者的初衷是出于健身祛病的愿望。李洪志以邪教手段编造种种谎言，欺骗和蒙蔽了许许多多的练功者，使他们生了病也不敢看病吃药，造成了一幕幕家庭和社会的悲剧。据前段时间的不完全统计，全国各地因练“法轮功”有病不治、甚至自残、自杀、杀害亲人而造成死亡的人有1400多。还有许多人因练功导致精神失常。对利用邪教戕害生命、危害社会，世界上任何一个国家的政府都不能不管。有人认为，取缔“法轮功”会把一大批群众推向政府的对立面，这种认识是毫无根据的，也是错误的。我们这场斗争是立足于教育、转化和解脱绝大多数“法轮功”练习者，孤立和打击极少数坚持非法活动的顽固分子。斗争的实践证明，我们在团结教育绝大多数练功者方面已经取得了预期的重大效果。更重要的是，通过这场斗争，对于广大干部群众特别是党员干部，是一次生动的深刻的教育和警示，有助于提高他们的思想政治素质，增强他们抵御各种错误思想和封建迷信、伪科学侵蚀的能力。

4.这是举一反三、进一步深入解决邪教问题的迫切需要。“法轮功”邪教的产生和发展不是孤立的，社会上还存在着其他类似组织。如果任其蔓延，必将给社会带来极大危害。对此我们绝不能掉以轻心。邪教是人类文明和进步的敌人，是人类社会的瘟疫。目前，邪教问题已经成为困扰世界上许多国家和地区的一个社会问题，国际社会要求打击取缔邪教的呼声也日益高涨。“法轮功”问题给我们敲响了警钟，“法轮功”问题的彻底解决，将给我们提供处理类似组织的宝贵经验，创造解决类似问题的有利条件。

二、“法轮功”问题给我们的警示

“法轮功”问题的出现不是孤立的，其社会基础、政治背景、组织体系、活动方式和思想倾向，很值得我们深思：为什么有那么多人能人不知、鬼不晓地突然聚集在党和国家权力中心的大门口？为什么有那么多知识分子和党员、干部为李洪志的歪理邪说所迷惑，心甘情愿为“法轮功”效力？为什么在我们取缔“法轮功”非法组织并公开宣布其为邪教以后，仍然有极少数人执迷不悟、拒不悔改？为什么在二十世纪末的今天，在科学技术如此发达的今天，在我们这样一个以马克思主义为指导的、共产党执政已有50年历史的社会主义国家里，竟然出现李洪志这类江湖骗子荒诞不经的歪理邪说肆虐成灾，蒙骗群众、危害社会呢？所有这些问题，还不值得我们深思吗？我们应该举一反三，认真总结经验教训，从中引出我们应该得出的警示。我想至少有以下几个方面应该引起大家的高度重视。

（一）必须牢固树立用马克思主义占领思想文化阵地的意识。

对于意识形态、思想文化阵地，马克思主义不去占领，各种非马克思主义包括反马克思主义必然去占领，各级党组织对此要有清醒的认识。我们说讲政治、增强政治敏锐性和政治鉴别力，首先就要有捍卫马克思主义思想文化阵地的政治敏锐性和政治鉴别力。马克思列宁主义、毛泽东思想、邓小平理论是我们党的指导思想，是我们的旗帜，是我们的精神支柱。如果这面旗帜、这个支柱被冲击、被动摇，甚至丢掉了思想文化阵地，我们就会失去根本。党中央一直要求我们，以科学的理论武装人，以正确的舆论引导人，以高尚的精神塑造人，以优秀的作品鼓舞人，就是要用科学的理论、正确的舆论、高尚的精神和优秀的作品占领意识形态、思想文化阵地，巩固马克思主义的指导地位。如果我们不主动去占领意识形态、思想文化阵地，那么各种非马克思主义、反对马克思主义的歪理邪说、错误舆论、消极颓废的低级趣味和精神垃圾就会乘虚而入。意识形态上的是非颠倒，必然导致政治上的混乱，那就太危险了，最终就会像江总书记说的那样，脑袋掉了还不知道怎么掉的。对此我们必须保持高度的警觉。

（二）必须把教育广大党员、干部和群众树立对马克思主义的信仰、对建设有中国特色社会主义事业和共产主义远大理想的信念，增强对共产党的信任、对改革开放和现代化建设的信心，作为当前思想政治工作极其重要而紧迫的任务。

我们正处在一个社会剧烈变革的时期。随着改革开放和社会主义市场经济体制的建立，出现了经济成分和经济利益多样化，社会生活方式多样化，社会组织形式多样化，就业岗位和就业形式多样化。这些多样化给人们的心理、利益必然带来程度不同的冲击，处在这样的变革时期，人们的价值观念、生活方式、思维方式不可避免地要发生深刻而复杂的变化，甚至使一部分人因不适应这种变化而感到迷茫，失去正确的人生坐标，走向思想认识的歧途。在“法轮功”练习者中，有一部分人属于此类状况。面对这些新情况、新问题、新变化，加强和改进党的思想政治工作，教育广大党员、干部和群众树立对马克思主义的信仰、对建设有中国特色社会主义事业和共产主义远大理想的信念，增强对我们党的信任、对改革开放和现代化建设的信心，这是新的历史时期巩固我们党的执政地位、维护社会主义政权的带根本性的重大问题。

(三)必须按照讲学习、讲政治、讲正气的要求，加强党性党风教育，加强基层党组织的战斗力，从严治党。

“法轮功”的问题给我们党敲了警钟：在一部分党员干部中，思想已经混乱到十分危险的地步，那里的思想政治工作、组织工作、宣传工作、群众工作已经处于十分软弱涣散的状态。否则他们怎么会成为唯心论、有神论、非马克思主义甚至反马克思主义东西的俘虏呢？否则他们怎么会不听党组织的话而跟着李洪志跑呢？在中国共产党克敌制胜的法宝中，有一条就是严密的组织纪律性。无论是革命战争年代还是和平建设时期，我们党都需要有铁的纪律，这是我们党树立形象、树立威信、保持步调一致、增强凝聚力和战斗力的重要保证之一。那么多党员干部违背党的纪律，有的至今不听党组织的召唤，死心塌地跟着李洪志这个江湖骗子跑。这再一次提醒我们，实现新时期党的建设这个新的伟大工程，任重而道远。我们决不能丝毫掉以轻心，必须始终保持高度警觉，旗帜鲜明地批评错误思想、严肃处理违规违纪党员，坚决克服治党不严的软弱涣散现象。只有这样才能维护党的纯洁和统一，增强党的凝聚力和战斗力。

(四)必须把加强马克思主义唯物论和无神论教育、普及科学知识、科学精神、科学思想、科学方法，作为精神文明建设的一项长期战略任务切实抓好。

中国有两千多年的封建社会历史，封建迷信思想作为历史的遗迹在我们的社会生活中至今影响还很深，彻底清除它的影响仍是一个长期艰巨的任务。我国还处在社会主义初级阶段，经济技术、教育文化还不发达，如果不加强学习，树立正确的世界观，就容易受到愚昧落后思想的影响。现在还存在一种倾向，就是一些学习人文社会科学的人往往忽视对自然科学的学习，而一些学习自然科学的人又往往忽视对辩证唯物主义和历史唯物主义的学习，这就难以建立起科学的世界观和掌握正确的方法论。遇到像“法轮功”这种迷惑性很大的歪理邪说，他们往往难以识别，有的就陷入其中。而这些人中的少数人一旦迷上“法轮功”，往往比一般群众陷得还要深，更难以自拔。因此，进行唯物主义、无神论宣传和科普教育，不仅要在群众中广泛进行，而且在知识分子和党员干部中也要加强。广大知识分子、党员和干部群众都能够很好地划清唯物论与唯心论、无神论与有神论、科学与迷信、文明与愚昧的界限，就能增强识别和抵制唯心主义、封建迷信及各种伪科学的能力，使“法轮功”之类歪理邪说找不到任何市场。

(五)必须加强法制建设，依法严惩邪教。

“法轮功”邪教组织的产生，同法制建设中还存在某些薄弱环节有直接关系。我们应当维护宪法和法律的权威，积极运用法律武器抵制邪教组织并与之斗争。必须保持高度的政治敏锐性，坚决依法取缔类似“法轮功”那样的非法组织、邪教组织，打击各种邪教活动，防止其形成气候，危害社会。同时，要注意政策，严格掌握法律界限。要团结、教育、解脱大多数，对极少数触犯法律的，要注意区分违法与犯罪、此罪与彼罪、一罪与数罪的界限，对于构成犯罪的，坚决依法追究刑事责任。在依法打击邪教组织的同时，要注意保护正常的宗教活动，依法保护公民的宗教信仰自由。共产党员也不得信仰宗教。

(六)必须高度重视高新技术的运用，掌握因特网上的宣传主动权。

这是巩固和扩展马克思主义思想文化阵地的一个十分重要的新课题。“法轮功”组织所以能够以较快的方式传播谣言、散布迷信、鼓吹歪理邪说、发布指令、进行煽动，组织进行各种违法活动，就是因为它利用了因特网这种先进的、最具有开放性的信息手段。对于被称之为“第四媒体”的因特网，我们不应该再存丝毫的忽视，必须高度重视，充分利用，加强管理。“法轮功”邪教利用因特网从事违法活动给我们上了一堂生动的反面教育课，这个教训太深刻了，我们必须认真吸取。

三、做好下一步工作的要求

牢牢掌握同“法轮功”斗争的主动权，夺取这场斗争的全面胜利，必须坚持党的基本理论、基本路线、基本方针，以经济建设为中心，正确处理改革、发展、稳定三者的关系，坚持“两手抓，两手都要硬”，使揭批“法轮功”的斗争更好地服从和服务于全党全国工作大局。当前，要着力做好以下四个方面的工作。

第一，进一步统一思想，提高认识，坚定夺取同“法轮功”邪教斗争彻底胜利的信心。江泽民总书记在四中全会闭幕会上的讲话对反对“法轮功”斗争的成效作了充分肯定，同时指明了下一步努力的方向。他指出：“要看到这场斗争的复杂性、尖锐性、长期性，从根本上消除‘法轮功’的影响，必须继续加紧工作，进行锲而不舍的努力。对‘法轮功’组织及其骨干分子、幕后人物，以及至今仍进行非法活动的顽固分子，要彻底清查并严肃处理。绝不能养痈遗患。对李洪志宣扬的歪理邪说，要继续深入批判，批得它体无完肤。目前，还有少数‘法轮功’练习者仍在暗中活动，个别地方也有人在搞非法聚会。我们的工作还要深入，决不能让‘法轮功’东山再起。”对江总书记的重要讲话精神，我们必须认真学习，深入领会，坚决贯彻。迄今为止，我们同“法轮功”的斗争已经进行八个月了，随着“法轮功”罪行和劣迹的逐步暴露，广大干部群众对这场斗争的意义认识越来越清楚。

在我委机关和所属单位干部职工中，仍有一些同志对这场斗争的重要性认识不足，存在着这样和那样的模糊认识。我们还要进一步揭露“法轮功”邪教的危害性，进一步提高对这场斗争的意义和斗争的复杂性、尖锐性、反复性、长期性的认识，使全体同志把思想认识完全统一到江泽民总书记讲话和中央的精神上来。不解决好这个问题，就不可能进一步增强斗争的坚定性、主动性和积极性。这说明，我们的党员干部，特别是领导干部不能松懈，不能麻痹，不能急躁，要认真回顾一下几个月来本单位的工作，看一看对江总书记的一系列重要讲话精神和部署是不是认认真真地学了？看一看对本单位“法轮功”练习者的状况是不是做到胸中有数，有没有还没发现的，有没有隐蔽的，有没有思想反复的，有没有深层次的问题？看一看对于斗争的形势和动态是不是随时在分析掌握，是否实现了严格的责任制？

第二，要严格区分两类不同性质的矛盾，继续做好绝大多数受蒙骗的原“法轮功”练习者的思想工作。这项工作要以中央民大为重点。绝大多数“法轮功”练习者已经脱离了“法轮功”组织，不再参与“法轮功”非法活动，但在“法轮功”被公开宣布为邪教以后，心存顾虑，担心人们把自己与“邪教徒”划等号。要消除他们的顾虑，首先要宣讲好党的政策，使他们明白：我们揭批的是李洪志的歪理邪说，我们取缔的是“法轮功”邪教组织，我们打击的是以身试法的极少数犯罪分子，对为了健身强体而参加“法轮功”练功活动上当受骗的群众，党和政府是真心实意爱护的。我们所做的工作，是要提高他们的思想认识，同“法轮功”组织划清界限。要做耐心细致的思想政治工作，让绝大多数受骗上当的“法轮功”练习者了解和理解党的政策。我们要在政治上关心他们，工作上帮助他们，生活上体贴他们，同时要教育周围人和家属不要冷落、歧视他们，巩固已经取得的教育转化成果，这是彻底解决“法轮功”问题的重要标志和基础。即使对极少数中李洪志毒很深，至今仍执迷不悟的人，也允许有一个思想转化的过程。只要他们不再参与“法轮功”组织策划的非法活动，我们都要继续对他们做耐心细致和入情、入理、入耳的思想教育工作。要仔细分析每一个人的具体情况，一人一策，努力解开他们的感情和思想疙瘩。工作中切忌急躁、简单、粗糙，避免激化矛盾。这部分人越早转化、解脱，就越有利于“法轮功”问题的彻底解决。

第三，认真贯彻中央精神，深入扎实进行思想教育，切实加强党的基层组织建设。中央从当前政治斗争的实际出发，科学地总结了新时期思想政治工作的经验，精辟地阐述了加强和改进思想政治工作的重要性，是我们在新形势下做好思想政治工作的纲领性文件。当前，基层思想政治工作薄弱是一个突出问题，必须采取有力措施，尽快加以扭转。“法轮功”问题的产生和发展，说明我们在思想工作、组织工作和群众工作中还有疏漏和不足，我们一定要抓住这个事件，举一反三，找出工作中存在的问题和漏洞，切实加强和改进我们的工作。各单位要认真贯彻落实中央精神，深入调查研究本单位党员、干部和群众的思想状况，认真总结近年来开展思想政治工作的经验和教训,结合实际,逐一提出贯彻落实措施,以指导我们当前的工作。特别是在做好"法轮功"练习者教育转化中,要充分发挥思想政治工作的优势,领导干部带头,基层党组织工作要细,群众积极参与,不断探索思想政治工作的新途径、新方法,切实增强工作的针对性和实效性。

第四,加强领导,落实责任,做好长期斗争的准备。我们与"法轮功"组织的斗争已经取得了决定性胜利,面对新的形势,中央已做出了重要部署。为了保证中央的部署能够全面实施,委属各级党组织要进一步加强对"法轮功"斗争的领导,转变作风,狠抓落实。一是要思想到位。要把党员、干部特别是领导干部的思想切实统一到江泽民同志的重要讲话精神上来,深刻理解我们同"法轮功"组织斗争的性质和特点,增强做好工作的主动性和自觉性,做好长期斗争的准备。二是要人员到位。我们同"法轮功"组织的斗争,特别是要落实中央同"法轮功"组织斗争的政策,做好团结教育转化工作,做到团结教育转化绝大多数,孤立打击极少数,斗争是尖锐的、复杂的,工作是艰巨的,繁重的。为了取得这场斗争的胜利,必须提供强有力的组织保证,把工作任务和责任落实到人。各单位主要负责同志要亲自挂帅,切实履行第一责任人的职责,继续加强"看好自己的门,管好自己的人"的工作责任制。三是要工作到位。对于中央的方针、政策和工作部署,要狠抓落实,从实际出发,创造性地、主动地做好工作,每项工作都要做到抓紧、抓细、抓实,坚决反对和克服一切形式主义、欺上瞒下、报喜不报忧、做表面文章等不良作风。

国家民委副主任文精在1999年民族地区经济形势分析暨"十五"规划工作座谈会上的讲话

(1999年5月7日)

同志们:

这次会议议题主要有两个:一是请大家来共同分析当前民族地区经济运行情况,二是研究民族地区下个世纪第一个五年规划的编制问题。

去年,国家民委组织开展了全国范围内的民族工作调查,其中一个重要内容就是关于少数民族和民族地区经济发展问题。调查覆盖全国近20个省、自治区、直辖市。通过这次调查研究,我们进一步加深了对少数民族和民族地区经济社会发展情况的了解,也进一步深化了对一些问题的认识。下面,我就当前民族地区经济社会发展的几个突出问题谈谈自己的看法,希望引起大家的重视,在研究民族地区"十五"规划时加以考虑。

一、民族地区经济建设成果喜人

新中国成立50年来,在党的民族政策的光辉照耀下,在党中央、国务院正确领导下,经过各族人民的艰苦努力,民族地区各项建设事业取得了举世瞩目的成就,经济社会面貌发生了巨大变化。农牧业的落后状况有了根本改变,一大批现代化工业企业建成投产,国民经济结构得到调整,能源、交通、通信等基础设施得到改善,对外贸易不断扩大,生产生活条件不断改善,大多数群众基本解决了温饱问题,逐步迈向小康。

50年来,民族地区经济发展变化是非常惊人的。特别是改革开放20年来,民族地区经济更是呈现快速增长的势头。据有关部门统计,20年来民族地区国内生产总值年均递增10.9%,比全国平均增幅高出1.1个百分点;人均国内生产总值增长了15倍;产业结构调整步伐加快,日趋合理,一、二、三产业的比重从38:41:21变为28:40:

32。

——工农业生产稳步增长，优势产业逐渐形成。农村牧区改革，极大地解放和发展了生产力，调动了各族农牧民的生产积极性，带来了农村经济和社会发展的历史巨变。民族地区农业总产值年均增长速度在6%以上，1997年达到3100多亿元，比1978年增长了17倍。粮食、棉花、油料以及畜产品产量大幅度增长，不仅基本满足了民族地区群众的生产生活需要，还有力地支援了国家建设。工业发展步伐不断加快，年均递增11.9%，总产值达到6200多亿元，是1978年的20倍；工业企业的数量和生产能力逐步扩大，产品质量明显提高，已成为推动民族地区经济发展的主要动力。食糖、卷烟、煤炭、石油等一些优势资源性产品的产量在全国占有举足轻重的地位。

——固定资产投资不断扩大，基础设施状况明显改善。由于历史的原因，我国少数民族大多居住在边疆地区和边远山区，交通闭塞，信息不畅，严重制约着经济社会的发展。改革开放以来，党和国家采取了有力措施，支持中西部地区的资源开发和基础设施建设，20年来，民族地区累计完成的全社会固定资产投资已超过1万亿元，仅1997年就达到2100多亿元。水、电、路、通信等基础设施落后的局面得到根本改变。20年中，公路线路和铁路运营里程增加43%和29%，旅客和货物周转量增长620%和294%。一批对民族地区经济社会发展具有深远影响的重点建设项目相继开工或建成投产，南昆铁路、二滩电站、北京至乌鲁木齐通信光缆工程、内蒙古地方铁路、西藏62个建设项目、新疆吐哈油田、南疆铁路、宁夏引黄灌溉工程等，大大改善了民族地区基础设施状况。通信事业呈现迅速发展的态势，大部分县市开通了程控电话和无线寻呼，有的民族省区已经实现了村村通电话。行路难、通信难、饮水难、用电难的局面正在改变。

——人民生活水平显著提高，绝大多数群众摆脱了贫困。发展生产，改善各族人民生活，是党的民族政策的一项重要内容。20年来，国家在改善少数民族生产生活条件，提高群众生活水平方面下了很大功夫，收到了明显成效。1997年，民族地区城镇居民可支配收入达到4800多元，比1978年提高了12倍；农民人均纯收入达到1400多元，比1978年增长了11倍。民族地区的扶贫工作取得阶段性成果，近2000万少数民族人口摆脱了贫困。海南的黎族、苗族同胞基本告别了茅草房，大兴安岭的鄂伦春族告别了原始狩猎走上了定居的农耕生活，内蒙古、新疆等地的大部分牧民已经结束了逐水草而居的游牧生活，云南的基诺族同胞仅用几十年时间就从原始社会走进了现代生活，整个民族摆脱了贫困。

——改革步伐不断加快，对外开放成效显著。改革开放是民族地区经济社会发展的必由之路。20年来，在邓小平理论的指导下，民族地区积极探索，大胆实践，走出了一条别具特色的改革开放之路，积累了成功的经验。特别是进入90年代以来，在世界格局发生变化，我国同周边国家关系日益融洽的新形势下，民族地区抓住机遇，积极探索对外开放新途径，拓展新领域，发展以边境贸易为先导的对外经济交流与合作，逐步形成了沿海、沿边、沿江、沿线全方位对外开放的格局，举世闻名的古"丝绸之路"重放异彩。1997年，民族省区的边境小额贸易总额为17亿美元，占全国的90%。"昆交会"、"乌洽会"在国内外影响不断扩大。三资企业发展很快，出现了像内蒙古鄂尔多斯羊绒衫公司、新疆天山毛纺公司等一批优秀的三资企业群体。一些边境县市不仅摆脱了贫困，有的还率先进入了我国小康和百强县行列。随着对外开放的发展，旅游业逐渐成为民族地区经济发展新的增长点。云南近几年旅游创汇每年以40%的速度递增。20年来，民族地区还积极参与沿海发达省市的对外开放，借船出海，积极合作，逐步形成了沿海和内地同时开放，东西互补的新局面。民族地区逐步成为我国同周边国家经贸往来的前沿阵地。

——教育、文化、卫生等社会事业全面进步，民族关系更加融洽。20年来，国家从民族地区的特点和实际出发，统筹规划，合理布局，使各类民族教育协调发展，已形成了从幼儿园到综合大学的教育体系，建立了一支各类人才齐全的师资队伍；在少数民族地区实行了双语教学，在内地大中城市开办了民族班和民族学校。1997年，民族地区普通高校、普通中专和中小学在校生分别比1978年增长5.4倍和1.2倍。民族地区广播电视、医疗卫生事业发展迅速，缺医少药状况基本得到改善。

二、当前民族地区经济发展面临的突出问题

在党和国家关怀、帮助下，经过各族人民的共同努力，民族地区的经济社会突飞猛进，快速发展，取得令人瞩目的成就。但是，由于历史、自然和社会多方面的原因，民族地区总体经济发展水平还不高，经济实力还不强，还存在大量的贫困人口。对这些问题我们必须有一个正确的认识，并且采取切实措施逐步解决。

（一）差距问题

民族地区与全国特别是与沿海发达地区的发展差距继续拉大，进入90年代以后这种差距拉大的速度呈现更快的趋势。大家都清楚，这种差距拉大的趋势如果继续下去，可能会带来一系列经济、社会甚至政治问题。

差距问题是发展中的问题，或者说是民族地区经济不发达的表现。差距表现在民族地区社会经济生活的方方面面，既有综合实力的差距，也有社会发展的差距，也有人民生活水平的差距。90年代与80年代进行比较，在生产领域里，除了人均农业总产值以外，各项主要经济指标与全国平均水平的差距都在迅速拉大。

差距拉大的原因是多方面的，是历史与现实多种因素相互交叉、共同作用的结果。江泽民总书记指出，“各民族没有高低优劣之分，每个民族所以能够作为一个民族长期生息繁衍，都有自己生存发展的能力、优点和特点。发育阶段的差别，经济文化发展程度的差别，是历史形成的。”所以，归结起来，社会历史、自然地理、经济结构以及政策体制都对差距拉大发生着程度不同的影响。

我们要正视差距，不能回避。我国现在还处于社会主义初级阶段，民族地区可以说处于社会主义初级阶段的初级阶段，生产力水平更加低下。我们要千方百计采取措施缓解差距拉大的趋势。小平同志讲过两个大局，一个是使一部分人和地区先富起来，再一个是先富带后富。江总书记、朱总理都讲过，差距问题是个民族团结问题。但是，缩小差距、实现各民族共同繁荣是一个长期的过程。我们在研究编制民族地区“十五”规划时要充分考虑如何缓解并逐步缩小差距的问题。总的来看，我们还是要从这样几个方面多下功夫：首先要高举发展是硬道理的旗帜，解放思想，转变观念，遵循“三个有利于”的标准，加快发展步伐；二要加快向市场经济转化的步伐，在充分发挥市场在资源配置中的基础作用的同时，加强宏观调控力度；三要进一步增强对民族地区的投入力度，完善和落实党和国家对少数民族地区的各项优惠政策措施；四要坚持和发扬自力更生、艰苦奋斗精神，自强不息，自求发展。

（二）贫困问题

贫困问题是少数民族地区发展差距中的一个突出问题。少数民族地区扶贫攻坚任务艰巨，困难多，难度大。从全国来看，还有4200万人没有解决温饱，实现到2000年末基本解决农村贫困人口温饱问题的目标，任务相当艰巨，时间相当紧迫。剩余的贫困人口生产生活条件非常恶劣，解决温饱的难度越来越大，是整个扶贫攻坚战中最难啃的硬骨头。从少数民族地区来看，还有2000万左右的贫困人口没有解决温饱问题，其中大约80%是少数民族。这些贫困人口大都居住在自然环境恶劣、基础设施落后、社会发育程度较低的地区。

少数民族地区扶贫工作面临的困难和问题，一是贫困面大，贫困人口多，贫困程度深，返贫率高。在国定贫困县中少数民族国定贫困县占43.4%。据统计云南贫困人口中，人均纯收入低于300元的约占一半左右；贵州剩下的275万贫困人口中，大多数人均纯收入低于400元。少数民族地区由于基础差、底子薄，抵御自然灾害和市场风险能力极弱，多数已经解决温饱问题的贫困人口还处于不稳定解决温饱状态，返贫率高。在灾害频繁的青藏高原，一场雪灾，就可能使成千上万牧民一夜之间破产，变得一无所有。如1996年的玉树雪灾，损失非常惨重。由于牧业生产周期较长，一次遭灾几年都恢复不过来，这在牧区是常见的现象。二是扶贫难度大。少数民族贫困人口有部分集中在典型的喀斯特地貌的西南石山区和水贵如油的西北干旱区，还有一部分在高寒深山区，这些地区不仅生态环境恶劣，部分地区甚至缺乏人类生存的基本条件，需要采取移民搬迁等办法，才能有效地解决温饱问题。如前几年广西、云南和宁夏的异地搬迁。同时，交通、水利、能源、通讯等基础设施落后，也制约了少数民族贫困人口解决温饱的进程。部分少数民族处于封闭、落后的原始贫困状况，这种贫困带有民族整体性和持续性。有些地区山清水秀，自然条件并不差，但生产和生活方式落后，群众仍很贫困，我把这种现象称之为“原始贫困”。这些原始贫困地区与一般贫困地区的贫困情况有所不同，其贫困现象并非是某些村寨或一部分农户的局部性、暂时性贫困，而是整个地区甚至整个民族都处于封闭、原始、落后状态的全局性、持久性贫困。云南、贵州、四川等省都有分布。如四川凉山一些地方，老百姓家中24小时火不能灭，土豆只会煮着吃，晚上睡觉，人畜同居，妇女没穿过鞋。全国处于“原始贫困”状态的人口大约有四五百万，大体上有十几个民族。建国之初约有40%以上的少数民族处于封建地主制经济以前的社会发展阶段，其中有十几个民族还处在奴隶制乃至原始公社制度的末期。50年过去了，这些少数民族虽有了长足进步，但仍有部分少数民族群众处于一种既不会生产也不会生活的落后状态，要在短时间摆脱贫困，任务十分艰巨。三是部分少数民族地区经济贫困伴生出健康贫困、文化贫困、教育贫困，都严重影响了民族人口素质，制约了扶贫攻坚的进展。

我们要充分认识这些少数民族地区扶贫工作的特殊性、艰巨性及长期性，要从实际出发，制定规划，实事求是。国家“八七”扶贫攻坚计划还有两年，扶贫攻坚任务特别是少数民族贫困地区扶贫攻坚任务仍然艰巨。在扶贫工作中，要高举邓小平理论的伟大旗帜，贯彻落实党的十五大精神和十五届三中全会精神，紧紧围绕扶贫攻坚这个中心，以改变贫困地区生产生活条件和生态环境，解决贫困地区群众温饱问题为重点，按照“发挥优势，突出重点，量力而行，注重实效”的指导方针，加倍努力，不断创新。现阶段扶贫开发的主攻目标是解决贫困人口的温饱问题，主要是解决“食不果腹，衣不蔽体，房不避风雨”的问题。“千头万绪，温饱第一”。在今年的工作安排中，我们要把民族地区扶贫工作作为重要内容，摸清底数，分类指导，针对不同情况提出本世纪末和下世纪初解决民族地区贫困问题的办法、措施和政策建议。

（三）牧区问题

牧区是少数民族最集中的地区。牧区面积占国土的三分之一多。牧区畜牧业是十几个少数民族赖以生存和发展的基本产业。牧业、牧区、牧民问题是关系到我国边疆少数民族地区改革发展和民族进步的重大问题，牧区的发展和稳定对进一步增强民族团结、加快民族进步、巩固边防具有重大的经济和政治意义。

目前，我国一部分牧区生产方式还比较落后，在一定程度上，还保持着游牧生产状态，远离城市、市场，随自然季节更替，四季迁徙，逐水草而居。虽然有些已经处于定居或半定居状态，但到了放牧季节，仍然带着帐篷四处转场。一顶帐篷下生活着全家老小，水、电全无。自然经济仍然是现阶段牧区的基本特征。这与社会主义市场经济条件下发展所需要的大开放、大流通、大市场不相适应。牧区草场退化、沙化、荒漠化严重，载畜量下降，生态环境恶化，相当一部分牧民的生产生活面临严峻挑战，牧区的贫困问题也十分突出。牧区国定贫困县(旗)就有66个，占全国国定少数民族贫困县(旗)的25.7%。

当然，牧区的问题是多方面原因造成的。一是牧区气候恶劣、灾害频繁、边远封闭，生存环境相当严酷。建立在对天然牧场消极适应的基础上的“逐水草而居，逐水草而牧”的游牧生产方式未得到彻底改变。二是牧区建设投入不足，基础设施落后，生产力水平低，经济结构单一，畜牧业产业链短、发育不全。三是边远封闭的特殊环境和自然经济条件下形成的传统落后思想观念，分散经营的畜牧业小生产。四是经济体制转轨过程中对于牧区特殊性研究不够，扶持牧区发展的政策措施不完善。

针对牧区存在的问题，希望大家给以更多关注。民族八省区特别是五个自治区是主要牧业地区，请大家在今后工作中多调查、多研究牧区问题，在规划中多关注牧区。

（四）边境地区发展问题

陆地边境地区是少数民族聚居区，在我国的2.2万公里的陆地边境线中，约有1.9万多公里属少数民族自治地方。在我国漫长的边境线上，30多个少数民族跨境而居。因此，边境地区的发展不仅关系到当地少数民族的发展，还关系到边疆稳定，国家统一。

边境地区是我国与邻国经济贸易的纽带和桥梁，是捍卫国家主权和领土完整的重要屏障，是国家的门户和窗口，也是国家实力和形象的缩影。

边疆各族人民世代卫国戍边，为国家安全和发展作出了重大贡献。

建国以来，党和政府在边境地区民主改革、战区恢复建设、对外开放、边境贸易等方面采取了多项措施。尤其是改革开放以来，边境地区的经济社会有了较大的发展，但与内陆地区和周边国家相比，还有较大的差距。边境地区的发展目前仍然存在着许多困难。面对经济社会发展仍相对落后的边境地区，各族干部群众对小平同志“发展是硬道理”、“落后就要挨打”的理解尤为深刻。

从当前我国周边形势看，现在的和平环境给边境地区带来了少有的发展机遇，国家边境地区利用区位优势发展自己。今年国家民委牵头组织发起以兴边富民、强国睦邻为宗旨的“兴边富民行动”，倡议各部门和全国各省市积极参加，开展全社会参与的多层次、多领域、多渠道的对口支援和协作。希望这项利国利民的行动能够得到大家的积极响应与支持。

（五）民族地区财政困难问题

财政困难是长期困扰民族地区发展的一个严重问题，尤其是县级财政困难问题更加突出，干部群众反应非常强烈，地方各级政府也深为忧虑。当前反映最为突出的两个问题，一是干部职工工资拖欠现象严重。拖欠工资是近年来一些地区财政经济运行中出现的一种现象，比较普遍。中央三令五申，要求确保干部职工特别是教师工资按时发放，但在边远落后、地方经济发展缓慢的民族地区，拖欠现象仍然十分普遍。到去年9月，全国共有几百个县市拖欠工资，这些县市主要集中在少数民族地区和边远贫困地区。我们初步统计了一下，仅新疆、内蒙古、广西、宁夏、青海五省区就有223个县不同程度地存在拖欠职工工资现象。有的地方不能足额发放或拖欠各种应发补贴；有的地区甚至是全额拖欠职工工资，造成一些干部职工生活水平下降，人心不稳，人才大量外流。二是机关行政事业费难以为继，不能保证正常运转，甚至严重影响基层政权的建设和巩固。机关办公经费严重不足，导致一些部门经常出现停水、停电、停电话，不订阅报刊、不发文件，不出差、不开会。有些地方党政几套班子领导把找钱发工资作为第一任务。不仅严重分散精力，地方经济发展受到影响，而且促成各种变相收费，转嫁负担，增加了广大农牧民负担，影响党群干群关系。

造成民族地区财政困难的原因是多方面的。一是经济不发达、总量少，税源基础薄弱、经济结构和分布不合理。二是国家财政转移支付制度还不规范，对民族地区的支持力度小，地区间不平衡现象比较突出。三是财源结构单一，在一些地区“烟”财政“酒”财政以及“木头”财政现象比较突出，国家的一些宏观调控措施如烟草限产和原始森林停止砍伐等对一些地区影响较大，加重了困难程度。

如何解决民族地区地方财政困难问题，需要我们进行深入研究。一方面，国家财政应该加大对民族地区的扶持力度，进一步完善财政转移支付制度，增加对民族地区的特殊专项补贴，缓解民族地区地方财政困难的局面。另一方面，民族地区也要加大改革开放力度，加快经济发展步伐，广开财源，紧缩开支，逐步走出困境，从根本上解决财政困难问题。

同志们，我今天讲了民族地区在新中国成立以来特别是改革开放以来经济社会发展的成就，着重谈了当前几个对民族地区经济发展有很大影响的问题，看法不一定准确，希望大家继续深入研究，总的目的就是要集中大家的智慧，能够找到一些有针对性的办法和措施，来推动民族地区经济有一个大的发展。

加大改革力度，推进素质教育，全面提高教育质量和办学效益

——国家民委副主任图道多吉在委属民族院校实施素质教育 提高教育质量和办学效益现场会上的讲话

（1999年10月23日）

同志们：

为了贯彻落实第三次全国教育工作会议和中央民族工作会议精神，推动委属民族院校实施素质教育，全面提高教学质量和办学效益，今天，我们在中南民族学院召开“民族院校实施素质教育，提高教学质量和办学效益现场会”。

中南民族学院自1980年经国务院批准恢复重建以来，院领导和全体教职工艰苦奋斗，经过十几年的努力，在一片荒芜的土地上，建起一座现代化的学校。学校现有在校生近8000人，有本科专业30个，硕士点10个，形成以本专科为主，多形式、多层次的办学模式。十几年来，累计基本建设投资1.125亿元，其中学校自筹4330万元，已完成近20万平方米的建筑面积和大型教学科研设备的配备。在委属院校中基建投资的使用效益是最高的。学校严格控制编制的使用，使师生比已高于全国的平均水平，达到了1:14。毕业生质量较高，而且适应社会需要，每年毕业生的一次就业率达到70%左右，在委属院校中是最高的。较高的教学质量，较高的办学效益，反映了学校具有较高的管理水平。中南民族学院的经验值得大家研究和借鉴。今天，我们把大家召集到这里，开一个现场会，希望对大家有所启发。中南民族学院的经验将由学校向同志们作很好的介绍。我想借此机会，讲几点意见。

一、深入学习、贯彻落实第三次全国教育工作会议和中央民族工作会议精神，全面推进素质教育

在建国50周年期间召开的中央民族工作会议上，江泽民总书记提出：“从现在起到2010年，我国民族工作的主要任务是：高举邓小平理论伟大旗帜，坚持党在社会主义初级阶段的基本路线，以经济建设为中心，加快少数民族和民族地区的经济发展和社会进步，提高少数民族人民群众的生活水平，加强民族团结，维护祖国统一和社会稳定，巩固和发展平等、团结、互助的社会主义民族关系，逐步实现各民族的共同发展和共同繁荣。”同时他指出：“加快民族地区的发展，必须坚定不移地实施科教兴国战略。要优先发展教育事业，全面推进素质教育。”江总书记的讲话是跨世纪民族工作的纲领，为做好民族工作、促进民族地区的发展和推进素质教育指明了方向。

今年5月，党中央、国务院召开了第三次全国教育工作会议。中共中央、国务院作出了关于深化教育改革，全面推进素质教育的决定，为构建21世纪充满生机活力的具有中国特色的社会主义教育体系勾画了蓝图。全面实施素质教育，是提高民族素质，培养适应21世纪需要的创新人才，实现我国经济社会发展第三步战略目标的一项具有重要意义的战略决策。

素质教育从本质上来说，就是以提高国民素质为目标的教育。实行素质教育本来就应该是教育的本意和宗旨，并不是一个新提出的概念。但是由于许多主客观复杂因素的影响，使得我们的教育在取得巨大成绩的同时，也存在着“为应试而教，为应试而学”的倾向，从而影响了素质教育的全面实施和高素质创新人才的培养。

朱镕基总理在九届人大二次会议的《政府工作报告》中明确提出：“大力推进素质教育，注重创新精神和实践能力培养，使学生在德、智、体、美等

方面全面发展。”这次党中央国务院《关于深化教育改革,全面推进素质教育的决定》又比较全面地阐述了素质教育的思想,并且作出了一系列重大决策,强调素质教育并不是教育的方向和目标有所改变,更不是否定考试,而是对教育提出了更高的要求。

素质教育是以提高人的素质为目标的教育,它是一种教育思想,一种教育理念,而不是一种教育模式。素质教育是教育目的的科学表述,是教育方针的深化和发展,是正确把握教育功能的体现,是教育理念现代化的体现。

现代教育所以要不断改革,根本原因是现代社会生产和社会生活不断地急剧地变革,不断地向教育提出新的更高的要求。教育内部原有的结构和功能不能适应教育外部提出的这些要求,因而需要调整。这样就推动了教育的不断发展,推动了教学的不断改革,改革的根本动因是适应社会发展需要。

21世纪是高科技发展的世纪,也将是世界范围内经济竞争更加激烈的世纪,现代科学技术的发展带来了一系列的社会问题,诸如资源危机,环境污染,生态失衡,道德下降等等,这些问题靠科学技术本身不可能得到解决,需要依赖于加强精神文明建设和人的综合素质、道德水平的提高。

1992年联合国环发会议认为,未来人才都应掌握3本“教育护照”。一本是学术性的,一本是职业性的,“第三本护照”则证明一个人的事业心和开拓能力。如果一个人缺乏这方面的素质,学术的和职业方面的潜力就不能发挥,甚至变得没有意义。

什么是大学的素质教育?有各种不同的理解,我认为:素质教育是要使学生懂得如何做人,如何做事,如何思维,这三个方面是紧密联系在一起的。大学素质教育是针对片面的、过窄的和过分功利的专业教育提出来的。它不是排斥专业教育,而是要求专业的发展应该建立在全面素质的基础上。素质教育要贯穿于各级各类教育之中,民族院校面向少数民族和民族地区办学,更要注重素质教育。民族地区只有推进改革,依靠创新,才能面对市场经济体制,在新的形势下不断提高竞争能力,获得更快的发展。民族院校要为民族地区培养具有创新能力、实践能力和创业精神的少数民族大学生,满足民族地区的人才需要。高校素质教育应突出创新素质的培养,所谓创新素质就是创造发明的能力,是创新意识和创造能力的统一。

在素质教育中,必须十分重视德育。德育和智育不可分割。一个人做人、做事、做学问是很难截然分开的。世界上没有这样的人,说他今天在做人,明天在做事。所有的人都是在做事中做人,按照他为人的准则来做事。从这点而言,德育和智育是不可分割的。过去,我们大学的德育花的力气不小,今后要继续努力。特别是要加强人文教育的基础,使德育工作取得更好的效果。

加强大学生素质教育,是一项系统工程,只对原有的教育教学模式进行修修补补是不行的,必须通过课内课外、校内校外、上下左右融为一体地将素质教育贯穿于大学教育全过程。

我讲这么多,中心意思就是:实施素质教育,必须把德育、智育、体育、美育等有机地统一在教育活动的各个环节中。学校教育不仅要抓好智育,更要重视德育,还要加强体育、美育、劳动技术教育和社会实践,使各方面教育相互渗透,协调发展,促进学生的全面发展和健康成长。

二、加大改革力度,努力提高教学质量和办学效益

目前,高等学校正在进行着以转换机制和提高效益为目标的新一轮内部管理体制改革工作。这是贯彻落实党的十五大精神和适应社会主义市场经济体制要求进行的改革。随着社会主义市场经济体制的建立,市场竞争机制和市场在资源配置中的基础性作用将会渗透到社会各个领域的各个环节。这就要求我们必须加快改革步伐,建立起与我国社会主义市场经济体制相适应的高校内部管理体制和运行机制。同时要按照十五大的要求,把提高教育质量和办学效益放到学校改革和发展的首要位置,当前如何科学合理地配置教育资源,把有限的教育资源用在最有效的地方,即用在最能直接影响学校发展,保障办学质量,提高教学水平上,尤为重要和紧迫。

根据《面向21世纪教育振兴行动计划》的要求和我们民族院校的实际情况,推进新一轮高校内部管理体制改革的指导思想是:以邓小平理论为指导,深入贯彻落实党的十五大精神和《高等教育法》，进一步解放思想，转变观念，加大高校人事分配制度改革的力度，引入竞争机制，建立符合高校特点的人事分配制度和运行机制。改革要有利于落实高校办学的自主权，有利于高校人员结构的整体优化，有利于调动广大教职工的积极性，有利于提高教学、科研水平和办学效益。

改革的基本思路是：以学科建设为龙头，遵循高等教育规律，适应社会主义市场经济的要求，在改革学校内部管理模式的基础上，精简和调整学校内部党政管理机构，改革和调整教学、科研组织方式，精兵简政，促进教育资源的合理配置和有效利用。以转换机制为核心，通过改革人事分配制度和理顺管理体制，强化岗位，打破"铁饭碗"和平均主义的"大锅饭"。破除职务"终身制"和人才"单位所有制"，形成能进能出，能上能下，能高能低的激励竞争机制，努力创设有利于优秀人才尽快成长和发挥才干的制度环境。建设高素质教师队伍和管理队伍，全面提高学校的办学效益和整体水平。力争在较短的时间内，构建符合社会主义市场经济规律和高等教育规律的高校内部管理体制和运行机制。

委属民族院校还不同程度地存在着计划经济体制的影响，表现为：内部管理体制活力不够，在管理观念、管理方法上创新不够，教职工仍然端着"铁饭碗"，学校机构重叠，非教学人员比例过大，用人效益和整体办学效益不高。这些都严重制约着学校教学质量和效益的进一步提高，客观地影响着高校自身的发展。委属院校在新一轮内部管理体制改革中，要加大改革力度，突出改革重点。

教学科研是学校的主要任务，要进一步完善事业化的管理体制；后勤服务要逐步从学校中剥离出来，转为经营性服务，推行事业单位企业化管理，并创造条件逐步实现社会化；校办产业要与学校脱钩，成为独立的经济实体。

大力精简学校党政职能部门，坚决克服校部机关政府化的倾向。

理顺教学科研组织管理体制，要以学科建设为龙头，进行校、院、系管理体制改革。要根据学校的办学特点和实际情况，明确校、院、系（所）的管理职能。

加强编制制度的改革，提高生师比和生员比，建立宏观调控机制和学校的自我约束机制。高校编制改革总的原则是"总量控制，微观放权，规范合理，精简高效"。

用人制度改革是学校内部管理体制的核心和难点，要实行教师聘任制和全员聘用合同制，总的要求是：按需设岗，公开招聘，平等竞争，择优聘任，严格考核，合约管理。通过聘用合同的用人方式，做到"能进能出，能上能下，能高能低"。要广开渠道，积极处理好改革中分流人员和聘余人员的安置工作。当前，首先人员要在学校内部进行合理流动。

要按照"效率优先，兼顾公平"的原则，改革现行的高校分配制度和工资管理制度。

逐步实现高校后勤工作社会化，从改制入手，按照市场法则和教育规律，通过由政府主导，教育主管部门组织实施，吸引社会参与，学校联合的模式建立符合高校特点的新型的学校后勤服务体系，形成"事企分开，两权分离，市场驱动，集约管理"的运行机制。

教师管理模式要转变，由封闭式管理模式向开放式管理模式转变，由单位管理控制职能，向教师资源的开发、保障、利用转变。相对稳定，合理流动，专兼职结合，资源共享的原则，建立相对稳定的骨干教师队伍和出入有序的流动层相结合的管理模式。

改革会涉及广大教职工的切身利益，学校在改革的步骤和具体组织实施方面，要积极而稳妥，不能简单化，要在深入调查和科学论证的基础上，研究制定切实可行的改革方案，正确处理好改革发展和稳定的关系。

三、落实教学改革的核心地位，加强对教学工作的领导

当前，我国经济、政治、文化领域都在加快改革，民族地区变化也很大，教育体制改革和教学改革更加深入，高等学校处在不断变化的环境当中，各校的领导都必须要根据形势的发展，不断明确、调整学校的办学指导思想，恰当地确定学校工作方向和思路，落实教学改革的核心地位。如果一个学校的校长不认真抓教学工作和教学改革，在自己任期内教育质量没有提高，没有明确的教育思想和思路，很难说是个称职的校长。

要以培养创新精神和能力为基点审视和改革教学。培养高素质的创造性人才是学校教育改革的核心。为了培养高素质的创造性人才,首先要加强对学生的人文教育和“两课”教育,使学生确立正确的世界观、人生观和价值观。在大力加强基础训练的同时,适当地拓宽学生的知识面,改善学生的知识结构,增强文科同学的科技素养和理工科同学的人文素养。重视和加强实践环节,包括科学实验和社会实践。注重学生个性的发展,努力做到因材施教。

建设一支高水平的教师队伍并充分发挥他们的作用是建设一所好大学的首要关键。我们的大学必须拥有一批造诣较深、品德优良的教师,才能通过他们的言传身教,带出高素质的具有创新精神的人才。“名师出高徒”在当今信息时代仍然是有效的。要通过特聘教授、骨干教师、访问学者等制度吸引、留住和培养优秀学术带头人和中青年拔尖人才。建立有利于人才成长的激励机制,加速形成较高水平的适应培养创新人才的教师梯队。

今年,我委 6 所院校在原定招生 5900 人的基础上,又增加招生 300 人。请大家一定要深刻领会中央关于扩大高校招生规模的决定,是实现祖国富强和民族振兴的战略决策。人才培养质量事关社会主义现代化建设百年大计,高等学校要对事业、对社会、对学生和家长负责,坚持以人才培养为中心,切实保证并努力提高教学质量。并采取有效措施,保证正常、稳定的教学秩序。

要认真组织好新一轮教学计划的实施工作。1998 年国家新的本科专业目录颁布后,全国普通高校基本同步地进行了教学计划的全面修订工作,形成了一批具有鲜明时代特征的教学计划。今年高校招收的新生,也是第一批使用新一轮教学计划的学生,各院校要按照教育部的有关要求,采取切实有力的措施,确保教师到位、教材到位,高起点、高质量地组织好新一轮教学计划的实施工作。

四、进一步调整民族院校的人才培养结构与办学模式

今年 9 月 1 日,李岚清同志召集教育部、国家计委、财政部、国家民委的领导同志,研究进一步加强少数民族地区人才培养问题。会后,四部委草拟了《关于进一步加强少数民族地区人才培养工作建议的请示》。这个文件,已经国务院同意,并已批转各省、自治区、直辖市,国务院各部委、各直属机构认真贯彻执行。

这个文件,首先分析了国内外形势。认为,当前国际上一些地区民族冲突不断,国际敌对势力利用境内外的民族分裂势力,加紧对我国进行渗透颠覆。进一步加强民族教育工作,加大对少数民族地区人才培养工作的力度,不仅关系到少数民族地区的经济发展和民族素质的提高,而且也关系到我国的安定团结和国家统一,从战略角度看,具有特殊的重要性和紧迫性。其中,关于民族高等教育,这个文件提出,根据形势的变化和少数民族地区对人才的实际需要,建议对现有民族高等学校的人才培养结构与办学模式逐步进行调整,总的思路是:今后民族高等学校,要逐步加大对少数民族地区在职干部的培训比重,逐步加大为少数民族地区培养师资的比重,在招生工作中要适当加大少数民族地区汉族学生的比重。同时,提倡并尽快建立民族高等学校与其他高等学校联合办学的机制,以便进一步办出特色,办出水平,办出效益。

这个文件提出的各项措施,具体而明确,是在当前形势下,发展民族教育的指导性文件,为办好民族学院指明了方向。由国务院办公厅批转经国务院同意的关于民族教育的文件,充分说明党中央国务院对当前民族教育工作的高度重视。请同志们一定要好好学习,深入理解,坚决贯彻执行。今天,我先把有关内容向同志们作一介绍,可以先讨论一下。我委还将与教育部等有关部门进一步研究如何落实。通过这个重要文件的落实,提高民族院校的办学水平和办学质量,更好的担负起自己的使命。

我们即将跨入 21 世纪,有人预言 21 世纪将会成为一个教育世纪。随着世界科学技术的巨大进步和信息社会的到来,教育在社会发展中的基础地位将会进一步得到加强,将会在社会发展中起到越来越重要的作用。为适应 21 世纪少数民族和民族地区经济建设和社会发展的需要,民族院校必须要有更大的发展,必须更加重视素质教育和提高教育质量。我们会遇到更加有利的发展机遇和发展环境,我们应当也能够对民族团结进步事业作出更大的贡献。

团结一致 群策群力 扎扎实实 全力以赴做好第六届全国少数民族传统体育运动会的筹备工作

——国家民委副主任李晋有在第六届全国少数民族传统体育运动会第二次筹备工作会议闭幕式上的讲话

(1999年2月10日)

同志们:

历时4天的第六届全国少数民族传统体育运动会第二次筹备工作会议已经圆满完成了预定的各项议程,今天就要闭幕了。这次会议时间紧,任务重,与会代表以饱满的热情和对工作高度负责的态度,紧紧围绕会议的中心议题,畅所欲言,各抒己见,展开热烈讨论。大家一致认为北京和拉萨两个赛场筹委会提出的方案周到细致,是可行的。特别是大家能够充分理解和体谅承办单位的困难,能够从大局出发,而不是仅仅从本部门、本地区的角度来考虑问题,这为会议的圆满成功奠定了良好的基础。会上,大家对两地的筹备方案在肯定的基础上,也提出许多富有建设性的意见和积极的建议。对这些意见和建议,作为东道主的北京和拉萨,刚才万嗣全同志和姬嘉同志也分别作了解释和说明,我看这些解释和说明是客观的,也是符合实际的,这里我就不再多说了。

总的来看,这是一次民主团结、求真务实、富有成效的会议,达到了预期的目的。这里,我想就大家普遍关心并经过讨论研究,统一了思想的几个问题,向大家作个通报。

第一,关于各代表团向大会缴纳伙食费的标准。北京主赛场为每人每天缴纳25元,拉萨分赛场为每人每天缴纳30元。

第二,关于代表团名额。经过对第一次报名人数的核准,并征求各方意见,各代表团的名额已经确定,会后将以文件下发。

第三,关于观摩团名额。拉萨分赛场各观摩团名额均为20名,分两批进藏,每批10人;北京主赛场各观摩团名额的确定,根据观摩团总人数不超过代表团总人数二分之一的原则,允许各观摩团之间互相调剂名额。观摩团所需经费全部自理。

第四,关于记者名额。各参赛单位赴北京、拉萨两地的记者名额均为4名,所需经费全部自理。

第五,关于会歌。第六届全国少数民族传统体育运动会的会歌确定为《爱我中华》。

关于如何进一步做好第六届全国少数民族传统体育运动会的筹备工作,在开幕式上,发强同志作了一个非常好的,非常全面的讲话,对做好下一步的工作提出了明确要求,希望大家认真学习,深刻领会,在工作中认认真真地贯彻落实。这里,我想结合大家在讨论中提出的一些具体问题,从组织、宣传、教育和深化对少数民族传统体育的认识等四个方面,讲几点意见。

一、精心设计,严密组织

为什么要再三强调组织问题?运动会是一个系统工程,组织工作错综复杂,而第六届全国少数民族传统体育运动会和以往的几届全国少数民族传统体育运动会相比,有许多新特点,这对组织工作提出了更高的要求。第一,第六届全国少数民族传统体育运动会将分别在北京和拉萨两地举办,两个赛场,当然要比一个赛场组织起来更加复杂;第二,今年适逢建国50周年、西藏民主改革

40周年,就民族工作而言,中央民族工作会议、国务院第三次全国民族团结进步表彰大会与第六届全国少数民族传统体育运动会都将于今年9月下旬在北京召开。这是民族工作的大事、喜事,也是国家的大事。预计参加第六届全国少数民族传统体育运动会的运动员还要参加建国50周年的重大庆祝活动。这对组织工作也提出了更高的要求。如何把这些重大活动、重要会议衔接好、协调好,是需要我们认真研究和解决的问题。组织工作的好坏,直接关系到民族运动会的成败。要做好下一步的筹备工作,我们必须进一步统一思想,提高认识,前阶段已经明确的事项,包括这次会上明确了的事项,必须要进一步深化、细化,抓紧落到实处;第三,运动员的选拔集训和组织代表团、观摩团进藏、赴京,也增加了组织工作的难度。北京是祖国的首都,拉萨是世界的屋脊,这两个城市都是具有特殊影响的地方,这种特殊性决定了第六届全国少数民族传统体育运动会组织工作的复杂性。运动员参加建国50周年庆典活动,我们要求各代表团对每个运动员都要做到心中有数,对他们的政治素质、思想状况、精神状态,要摸透摸准。拉萨是高海拔地区,我们要本着好事一定要办好的原则,对参加拉萨分赛场的运动员、工作人员、观摩人员的身体素质、健康状况必须做到心中有数,要有把握,做到高高兴兴进藏,平平安安回家。

做好组织工作,要牢固树立五个观念。一是树立全局观念。运动会本身是一个全局,牵一发而动全身。第六届全国民族运动会的召开时间,又适逢建国50周年的庆祝活动,在这一背景下,第六届全国民族运动会也可以说又是一个局部。因此,要依据建国50周年庆祝活动的安排而动作,绝不能别出心裁,独树一帜。二是树立政治观念。第六届全国民族运动会既是民族体育的盛会,也是各民族大团结的盛会,我们要从“讲政治”的高度,认认真真、扎扎实实地做好各项筹备工作,办好本届民族运动会。三是牢固树立团结观念。民族团结进步是民族工作永恒的主题,第六届全国民族运动会的筹备工作一定要高举民族团结的旗帜,一切工作都要从有利于民族团结的角度出发,去考虑,去做。四是树立总规程观念。无论是主办单位、承办单位,还是参赛单位,都要严格按照总规程办事。五是树立协调观念。正因为组织工作难度大,困难多,我们更应该加强协调、善于协调,要通过有效的协调解决问题,克服困难。

总之,组织工作要做到胸怀全局,精心设计,严密组织,周密协调,万无一失,真正在组织工作中做到纵向到底,横向到边,责任到人,具体到事。

为了筹备和举办好本届全国民族运动会,国家民委、国家体育总局作为主办单位,要当好服务员、联络员和协调员。

二、抓住重点,搞好宣传

第六届全国少数民族传统体育运动会宣传工作总的指导思想是:高举邓小平理论伟大旗帜,以党的十五大精神为指导,宣传党的民族政策和我国民族工作的伟大成就,宣传各民族大团结、大发展的新气象,抓住重点,选准角度,分清层次,形成高潮,维护稳定,服务大局。

拉萨分赛场宣传的重点,主要是通过举办运动会来展现西藏民主改革40年来,特别是改革开放20年来,在贯彻落实党的民族宗教政策,弘扬少数民族优秀传统文化等方面取得的伟大成就,以事实驳斥达赖集团攻击我“破坏西藏传统文化”的谎言,向世人展示社会主义新西藏欣欣向荣的新气象;北京主赛场的宣传重点主要是突出建国50年来各民族大团结、大发展,共同繁荣进步这一主题。从现在起到9月底,宣传工作要做到长流水、不断线,不断形成一个个的小高潮。具体说来就是:在5月份采集火种时出现一个高潮;在8月份拉萨分赛场开幕式时出现一个高潮;在9月9日9时9分9秒,在圜丘交接火炬时出现一个新的高潮;而到9月24日北京主赛场的开幕式时达到最高潮。

做好宣传工作,要注意把握四个原则。

一是要把握重点,突出特色。从运动会宣传的角度突出民族的特色,从民族宣传的角度突出运动会的特色,把二者有机地结合起来。二是要做到前后呼应,各有侧重。两个赛场有先有后,但在宣传上要形成一个整体,要前后有呼应,宣传不脱节,要把北京和拉萨两地合办第六届全国少数民族传统体育运动会的重大意义宣传透。三是搞好配合,形成合力。主办单位和承办单位要与新闻单位密切合作,主动为新闻单位提供线索,提供方便。新闻单位之间也要加强合作,要充分利用各种传媒的优势,形成宣传的合力。四是要加强领导,高度重视。我们设想,在条件成熟的时候,拟商中央宣传部就第六届全国少数民族传统体育运动会宣传工作的总体设想和具体要求联合发文。希望各新闻单位高度重视第六届全国少数民族传统体育运动会的宣传工作,做到早研究、早安排、早确定到人。要把第六届全国少数民族传统体育运动会的宣传与建国50周年的宣传、西藏民主改革40周年的宣传配合好,衔接好。第六届全国少数民族传统体育运动会的宣传要强化建国50周年的宣传这一主题,要把对第六届全国少数民族传统体育运动会的宣传,作为建国50周年的宣传的一个部分。

三、重在参与,加强教育

四年一届的全国少数民族传统体育运动会的筹备举办过程,其本身也是在全社会进行党的民族政策宣传教育,普及民族知识的过程,是增强各民族的自信心,增强中华民族凝聚力的非常好的一种形式。

由于本届民族运动会将分别在北京和拉萨这两个具有特殊地位的城市召开,本届民族运动会更具有重大的意义和深远的影响。办好本届民族运动会,我们应确立"团结第一、友谊第一、安全第一"的思想;在拉萨——世界屋脊上召开民族运动会,是西藏历史上从未有过的盛事,这只有在中国共产党领导下才可能实现,其意义早已超出运动会本身。我们的任何一个运动员取得的成绩,都将是世界"最高"水平的。为了保证运动会的圆满成功,要在运动员中广泛开展爱国主义教育,开展党的民族政策和民族团结的教育,通过对建国50年来我国社会主义革命和建设取得的辉煌成就的宣传,以及我国民族工作伟大成就的宣传教育,激发他们的爱国主义热情。对于进藏的各民族运动员,要进行"汉族离不开少数民族,少数民族离不开汉族,各少数民族之间也相互离不开"的教育,要教育广大运动员、教练员和工作人员尊重藏民族和其他少数民族的宗教信仰、风俗习惯。在北京赛区,要着重进行友情、感情,团结进步、共同繁荣的教育,增强各民族的凝聚力。要在各民族运动员中进行"五讲四美"、做文明公民、热爱首都的教育,通过在首都参加民族运动会,充分展现我国少数民族运动员的良好精神风貌,为建国50周年庆祝活动增光添彩。要在各个代表团,各民族运动员、工作人员中,进行严守纪律的教育,做到体育运动成绩与精神文明建设双丰收。

做好教育工作,要达到三项要求。一是高度重视,加强领导。要充分认识教育工作的重要意义和必要性,要从办好民族运动会的高度,从维护稳定、服务大局的高度,认识做好教育工作的重要性,加强对整个教育工作的组织。二是要联系实际,讲求实效,加强针对性。承办单位要为各代表团进行教育工作提供一些必要的资料。如有关北京市建设文明城市的规定,文物保护的规定,西藏对外宣传的材料,高原医学保健方面的资料等等。各参赛代表团要根据自身的实际情况和特殊需要,确定教育工作的重点。三是要作出计划,贯穿始终。各代表团要作出计划,把教育工作纳入到各代表团的培训工作中去,从现在就开始启动,在培训中逐步实施。

四、提高认识,促进工作

今天在座的同志绝大多数是和少数民族传统体育运动会有着密切关系的同志,许多同志多年从事这一工作,对少数民族传统体育有深厚的感情,也有独到的研究。大家熟悉情况,经验丰富,工作努力,成绩显著,在对少数民族传统体育重要性的认识上应该不存在什么问题。我在这里再次强调要提高认识,主要有两层意思。一是提高领导的认识,领导重视是做好工作的关键。二是提高群众的认识,要在全社会形成一种大家都来关心、重视少数民族传统体育的氛围。

认识问题涉及到许多方面,限于时间关系,今天,我想就少数民族传统体育在民族地区两个文明建设中的地位和作用简要地谈谈个人的看法。

为什么要谈少数民族传统体育在民族地区两个文明建设中的地位和作用?我的想法是,务虚是为了更好地务实,解决认识问题有利于做好实际工作。而讲这个问题的出发点有两个,一是立足现在——怎样办好第六届全国少数民族传统体育运动会;二是面向未来——怎样促进少数民族传统体育更上一层楼。

从地位方面来说,少数民族体育,具体地说就是少数民族传统体育,不仅是国家体育事业的组成部分,而且是民族工作的一项重要内容。少数民族传统体育是少数民族优秀传统文化的重要组成部分,少数民族传统体育在民族地区的两个文明建设中占有重要地位。

(一)少数民族传统体育是民族地区两个文明建设活动中重要的内容。

少数民族传统体育因其源于生产生活,与风俗习惯紧密相连,载以歌,伴以舞,场地简易,器件方便等原因,深受广大少数民族人民群众的喜爱;少数民族传统体育以其民族性、地域性、群众性等特色,成为最能满足少数民族和民族地区群众一般需要的活动之一;少数民族传统体育以其民俗性、传统性等特色成为少数民族最易接受、最易适应的活动方式之一。

(二)少数民族传统体育是民族地区精神文明建设活动中富有旺盛生命力的载体。

少数民族传统体育有深厚的历史、文化底蕴,少数民族的传统体育大都有几百年,甚至上千年的历史,不仅历史悠久,而且延续不断。少数民族传统体育运动具有广阔的前景。浓郁的民族风情、高超的运动技巧、特别的表现形式使民族传统体育不论是在国内,还是在国际都拥有了越来越多的观众。

少数民族传统体育和近现代体育有着显著的区别,近现代体育侧重于竞技,少数民族传统体育则更侧重于文化,当然少数民族传统体育也有竞技性,有些项目水平甚至相当高超;近现代体育突出的是"更快、更高、更强",少数民族传统体育则是重在参与;从某种程度上来说,近现代体育是世界性的,少数民族传统体育是区域性的;近现代体育是全人类的,共性的,少数民族体育则是民族的,个性的。这种区别为少数民族传统体育提供了广阔的发展空间。

少数民族传统体育是体育活动,更是文化活动,也可以促进经济发展。

(三)少数民族传统体育是展现民族地区两个文明建设成就的窗口。

一个地区民族体育开展的如何,从某种程度上反映出这个地区物质文明和精神文明建设的成就状况。拿举办运动会来说,办运动会需要经济支持,要有场馆,要有经费,没有物质基础不行;办好运动会又离不开精神文明的支持,要有好的氛围,清洁的环境,热情的接待,周到的服务。

从作用方面来说,民族地区的两个文明建设离不开团结、进步、共同繁荣,少数民族传统体育运动在促进民族地区团结、进步、共同繁荣方面起着不可替代的重要作用。

(一)开展少数民族传统体育能维护、巩固和发展各民族平等、团结、互助的社会主义民族关系,促进民族地区社会稳定。

今天,我们的国家特别是民族地区之所以能够经济发展、社会稳定、民族团结、人民安居乐业,有一条重要的原因,就是党和政府实行民族平等、团结的政策,建立了平等、团结、互助的社会主义民族关系。维护、巩固和发展各民族平等、团结、互助的社会主义民族关系,是国家安定团结、社会长治久安的需要。通过开展少数民族传统体育,为少数民族提供了互相尊重、支持、交流、合作的机会,少数民族之间加强了了解,增强了联系,促进了沟通,化解了矛盾,维护了团结,促进了民族地区的社会稳定,巩固了社会主义的民族关系。

(二)开展少数民族传统体育丰富了少数民族文化生活。

随着经济的发展,社会的进步,人们的业余时间日益增多。如何善度余暇已经成为一个社会问题。经济越发展,社会越进步,这个问题也将越突出。

在这一方面,少数民族在长期的历史发展过程中积累了丰富的经验,这就是开展丰富多彩的文体活动。积极开展少数民族传统体育活动,引导人们投身健康向上的文明活动,摒弃落后的生活方式,使少数民族群众拥有丰富多彩、健康文明的业余生活,一方面使少数民族群众能得到积极的休息,另一方面,传统体育运动可以陶冶情操,愉悦身心,培养高尚品格。对民族地区来说,少数民族传统体育还能起到净化环境、纯洁社会的作用。

少数民族传统体育是民族传统文化的重要组成部分,开展民族传统体育,对挖掘、整理和保护优秀的传统文化,抵御外来腐朽文化的侵袭,具有积极的意义;开展民族体育的过程,也是弘扬民族传统文化的过程。

(三)开展少数民族传统体育对贯彻、执行《体育法》,实施《全民健身计划纲要》起着巨大的推动作用。

国家组织开展少数民族传统体育，举办全国少数民族传统体育运动会，体现的就是《体育法》规定的“扶持少数民族地区发展体育事业，培养少数民族体育人才”和“国家鼓励、支持民族、民间传统体育项目的发掘、整理和提高”的精神。开展少数民族传统体育是少数民族和民族地区实施全民健身计划纲要的重要内容。

（四）开展少数民族传统体育能振奋民族精神，培养民族自信心，增强民族自豪感。

（五）开展少数民族传统体育能促进爱国主义、集体主义、社会主义教育的发展，增强民族凝聚力、向心力。

少数民族的传统体育大多是团体项目，少数民族群众通过参加体育运动，在活动中加强配合、协作，培养集体主义精神。

少数民族传统体育运动会为各民族群众提供了互相学习的好机会，通过参加运动会，各民族群众既互相学习了先进的训练方法，高超的运动技巧，也学习了民族政策，学习了民族知识。举办全国性的少数民族传统体育运动会，更是确立“汉族离不开少数民族，少数民族离不开汉族，少数民族之间也互相离不开”观念的有效途径，是增强多民族国家国情意识的生动课堂，是加强爱国主义教育的良好方式。

开展少数民族传统体育，是党的民族平等、民族团结政策的体现；参加全国或地方少数民族传统体育运动会，能使少数民族群众充分体会到社会主义制度的优越性。

（六）开展少数民族传统体育能推动民族地区讲文明、树新风活动的开展，促进民族地区经济发展和社会进步。

少数民族传统体育运动项目是挖掘、整理、提高的产物，是符合文明、科学、进步精神的。

开展少数民族传统体育有利于提倡健康文明的生活；开展少数民族传统体育的过程就是讲文明、树新风的过程。

全国和地方民族运动会承办城市申办、承办民族运动会的过程，推动了当地创建文明城市活动的开展。

少数民族传统体育通过增强体质，开发智力，提高素质，提高了生产力，促进了民族地区经济的发展。

实践证明，全国和地方的少数民族传统体育运动会为各举办城市的经济发展作出了贡献。

同志们，从现在起距拉萨分赛场开幕只有189天，距北京主赛场的开幕也不过226天，筹备工作千头万绪，任务十分艰巨，希望大家回去后，向各级主管领导汇报会议情况，认真贯彻落实会议精神，把各项工作抓紧、抓实、抓好。让我们在邓小平理论的指引下，紧密团结在以江泽民同志为核心的党中央周围，团结一致，共同努力，弘扬伟大的抗洪精神，高质量、高标准完成各项筹备工作，确保第六届全国少数民族传统体育运动会圆满成功，不辜负党中央、国务院的重托，不辜负全国各族人民的殷切期望。

春节将至，在此，请允许我代表国家体育总局和国家民委，给大家拜个早年！祝大家新春快乐，阖家幸福，万事如意！

最后，感谢北京市委、市政府对本次会议的关心、重视和支持。

谢谢大家！

国家民委党组成员、党组纪检组组长郝文明在国家民委系统人事党建工作会议上的讲话

（1999年3月2日）

同志们：

这次国家民委系统人事党建工作会议，是经委党组批准召开的。会议的主要任务是，学习贯彻全国和国家民委近期召开的几个会议的精神，总结研讨党的十一届三中全会以来国家民委系统组织人事、党务、纪检监察、老干部工作的基本经验，研究部署今年的工作。

根据厉行节约、精减压缩会议的精神，我们把几个会议合在一起召开。会期只有3天，会议的任务比较重，希望大家共同努力，把会开好。

根据会议的任务，我受党组委托先讲一些意见，和同志们共同研讨。讲二个方面：（一）对我委改革开放20年来人事党建工作的回顾；（二）对1999年人事党建工作的要求。

（一）

党的十一届三中全会已经召开20周年了，全党全国人民以各种方式隆重纪念这一具有深远意义的会议召开，总结20年来成功经验。这次会议是我国历史上的伟大转折，以它为标志，我国进入了社会主义事业发展的新时期。党的十一届三中全会以来，我们党在马克思列宁主义、毛泽东思想和邓小平理论指导下，坚持党的基本路线，领导各族人民开辟了建设有中国特色社会主义的新道路，开创了改革开放和现代化建设新局面，各项事业取得了举世瞩目的伟大成就。整个国家焕发了勃勃生机。民族工作同其他事业一样，同样走过了不同寻常的里程，取得了巨大成就，在思想、理论、政策和路线等各个领域，在少数民族和民族地区的经济、教育、文化、体育、卫生等各个方面都得到了全面发展。

20年来，我委系统的组织人事、党建、纪检监察、老干部工作围绕民族工作的中心任务，发挥了服务、保证和监督作用，为民族团结进步事业的健康发展作出了积极的贡献。我们可以总结这么七个方面：

一是平反冤假错案。民族工作部门是“文革”的重灾区之一，根据党的十一届三中全会作出的平反冤假错案、处理历史遗留问题的重大决策，摘掉了“执行投降主义路线”的帽子和地方民族主义分子的帽子，经过七八年的努力，复查平反了大批冤假错案，把颠倒了的历史又重新颠倒过来。摒弃了在“左”的指导思想下形成的民族问题上的错误理论，使民族工作重上正确轨道，使社会主义的民族关系得以恢复，从而为新时期民族工作的发展扫除了障碍，开辟了道路。

二是用邓小平理论武装党员干部的工作成绩显著。我们党经过指导思想的拨乱反正，重新确立了马克思主义的思想路线，把马克思主义同当代中国实际和时代特征结合起来，创立了邓小平理论，并把这一理论确立为指导思想写进党章。按照中央的部署，我委系统各级党组织紧紧围绕改革、发展、稳定的大局，紧密结合民族工作的实际，采取办党校、办学习班、办研讨班等多种行之有效的方法，组织党员、干部学习邓小平理论。据不完全统计，仅近五年就举办学习班近100期，培训党员干部5000多人次。用正确的理论武装党员干部取得了明显成效，学理论运用理论的氛围日益浓厚。

三是切实加强了领导班子和干部队伍建设。针对干部队伍年龄老化问题，大力培养选拔年轻干部，顺利实现了新老干部的合作与交替，使领导

班子和干部队伍结构发生了历史性的变化，公务员队伍、专业技术人员队伍和经营管理队伍建设都得到加强，在干部队伍“四化”方面迈出坚实步伐。到1998年底，全委系统司局级干部平均年龄比1978年底下降5岁、处级干部下降8岁，大专以上文化程度的司局级干部占92%、处级占98%。整个干部队伍中专业技术干部占干部总数的比例由28%增加到77%；大专以上文化程度的人员由21%上升到82%；45岁以下人员的比例由46%上升到57%；我们还加强了领导班子的思想政治建设，对领导干部队伍严格要求、严格管理、严格监督，干部队伍建设取得明显成效，为全委工作进而为民族工作提供了可靠的人才保障。

四是干部人事制度改革不断深入。中央关于干部人事制度改革的举措在我委系统得到认真贯彻。废除领导职务终身制，建立干部离退休制度，是干部人事制度的一项重大改革。我委系统及时建立并严格执行这一制度，目前全委系统已有离休干部553人，退休干部2055人。为适应这一改革，专门成立了老干部工作机构，为离退休干部服务。老干部工作部门自建立以来，热情为老干部服务，做了大量工作。我们初步建立了干部分类分级管理的新制度，在机关实行国家公务员制度。在干部选拔任用中，公开、平等、竞争、择优的原则已经确立，民主推荐、民主评议、民主测评等行之有效的方法普遍得到应用，干部能上能下的机制开始建立，并实施了干部年度考核和领导班子届中考察制度，使干部管理和选拔任用工作开始走上制度化、规范化的轨道。

五是基层党组织建设取得明显成效，进一步发挥了党员的先锋模范作用。各级党组织紧紧围绕民族工作实际，认真贯彻中央颁发的一系列党内法规，加强和改善了党的基层组织建设；严格执行《关于党内政治生活的若干准则》，恢复、健全民主集中制，使党内生活走向正常化；调整了一部分事业单位的党政领导体制，加强了党的领导，使党组织的凝聚力不断增强，较好地发挥了党的组织优势，推动了全委系统两个文明建设。

六是加强党风廉政建设，深入开展反腐败斗争。我们恢复重建了纪检、监察机构，80年代开展了反对领导干部特殊化、官僚主义的斗争，开展了打击经济犯罪活动的斗争，进行了整党整风等活动。90年代，特别是党的十四大以后，按照中央关于加大反腐败斗争力度的决定，把深入开展反腐败斗争作为党风廉政建设的主要内容来抓，坚持反腐败斗争的指导思想、基本原则、领导体制和工作格局，认真抓好党性党风教育和领导干部廉洁自律、严肃查处案件、坚决纠正行业不正之风等三项工作，取得积极成果，保持了同人民群众的密切联系。

七是认真做好机构改革，不断强化工作职责。国家民委自恢复以来，经历了四次大的机构改革，1978年3月更名为中华人民共和国国家民族事务委员会，简称国家民委，人员编制125人。后陆续增加到163人。1988年第二次机构改革，机关行政编制定为280人，在“三定”中除保持原有职能外，新增两项职能，一项是调查研究少数民族地区体制改革工作中的特殊情况和问题，参与制定有关的特殊政策和措施；另一项是协助中组部、人事部做好少数民族干部培养、教育、使用工作。1994年第三次机构改革，机关行政编制230人。第四次就是去年的机构改革，核定编制150人。经过几次“三定”工作，国家民委的职能逐步得到强化，体现了新时期民族工作的特点。二十年来，委直属事业单位也得到长足发展，中央民族学院更名为大学、中南民院复办；新建民族团结杂志社、民族画报社、中央民族管理干部学院、西北第二民族学院、大连民族学院、中国少数民族古籍整理研究室、中国民族博物馆、民族问题研究中心等。委属企业、公司从无到有，虽然现在要脱钩了，但也是在这二十年中发展起来的，为少数民族和民族地区的经济建设作出了积极贡献。

大力培养选拔少数民族干部是解决中国民族问题的关键。选拔、培养、教育少数民族干部这项工作是1988年“三定”时国家民委新增的一项职能。10年来，国家民委进行了广泛的调查研究，积极提出加强少数民族干部工作的意见、建议；同中央组织部、中央统战部密切配合，积极开展挂职锻炼、干部培训等工作，并于1993年6月召开了全国培养选拔少数民族干部工作座谈会，就努力培养造就一支适应新形势新任务需要的民族干部队伍提出了具体规划，印发了《关于进一步做好培养选拔少数民族干部工作的意见》，逐步形成了“增加数量、改善结构、提高素质”的工作思路和目标,加强对各地民族干部工作的指导和检查、监督,有力地推动了民族干部工作。目前,全国少数民族干部已由1978年的83.4万人发展到260多万人,占全国干部总人数的6.68%;比1978年的4.8%增长了1.88个百分点。

回顾二十年来我委系统人事、党建工作,我们取得了很大的成就,积累和丰富了经验。胡锦涛同志和张全景同志在全国组织部长会议上对我国改革开放二十年来党的建设的基本经验作了精辟的概括,根据这些经验,结合我委系统人事、党建工作,我们也可以总结这么几条经验。

1. 要牢固树立办好中国的事情关键在党、关键在人的思想。江泽民同志在纪念党的十一届三中全会召开20周年大会上的讲话中强调,必须坚持、加强和改善党的领导,这是我们事业胜利前进的根本保证。我们一定要在民族工作实践中深刻领会,进一步提高认识,做到任何时候都要抓住党的建设这个关键不放松,抓住大力培养选拔德才兼备的民族干部不放松。

2. 要始终不渝地坚持以邓小平理论特别是邓小平党建理论为指导,不断提高党建工作水平。邓小平同志始终高度重视党的建设,围绕在新的历史条件下建设一个什么样的党、怎样建设党的问题,提出了一系列新思想、新观点、新论断,形成和创立了邓小平理论。我们在新时期加强党的建设的每一个进步,归根结底都是邓小平理论特别是邓小平党建理论指引的结果。我们必须紧密联系社会主义现代化建设、联系民族团结进步事业、联系党的建设的实践,完整准确地学习和掌握邓小平理论,不断提高党建工作水平。

3. 要牢牢把握新时期党的建设总目标,把党的思想建设、政治建设、理论建设、作风建设和制度建设有机的结合起来,形成和保持突出重点、整体推进的工作格局。我们的人事、党建工作要紧紧围绕十五大提出的新时期党的建设总目标,用改革的精神,从思想上、组织上、作风上全面推进党的建设,始终保持党的工人阶级先锋队性质、马克思主义的指导地位和全心全意为人民服务的宗旨,坚持发扬党的优良传统并体现时代要求。

4. 要在委党组的领导下,坚定不移地贯彻执行以江泽民同志为核心的党中央的决策和一系列指示。经验告诉我们,民委系统人事、党建工作的每一点成绩,都是在党组的正确领导下坚决贯彻中央精神取得的,在今后的工作中必须进一步增强贯彻党组各项部署的自觉性,把中央的大政方针和重要决策落到实处。

5. 人事党建工作要围绕改革、发展、稳定的大局,服从、服务于民族工作和本单位的中心工作。组织人事、党务、纪检监察、老干部工作都很重要,但要摆正位置,离开了大局,离开了中心孤立地开展工作,我们的工作就将没有意义。工作中特别要树立一种服务意识,要转变观念,要将过去简单的管理型转为管理服务型。

6. 要用改革的精神,探索靠改革和制度创新来做好人事党建工作的有效途径。改革开放给党的建设注入了新的活力,也使党的建设出现了许多新情况、新问题。解决这些新问题,必须以改革的精神,在新的实践中进行新的探索和创造,通过创新和改革,在干部工作中形成公开、平等、竞争、择优的用人环境,进一步完善干部能上能下、充满活力、促进优秀人才脱颖而出的用人机制。

7. 把从严治党的方针贯彻到党的建设的各项工作中去,努力提高干部队伍的思想政治素质。对党员、干部要坚持四个"从严"的要求,就是思想教育从严,要坚持用科学的理论武装党员,按党章规定要求党员,使党员真正在思想上入党;党内生活从严,在党内要积极开展健康的思想斗争,营造一种严肃认真、是非分明和积极向上的风气;执行纪律从严,要顾大局,守纪律,自觉与党中央保持一致;管理监督从严,要求领导班子和领导干部要反对和克服好人主义、自由主义等低级趣味和庸俗习气,使广大党员、干部在新的形势下保持勤政廉洁,保持旺盛的革命朝气。

8. 要加强检查督促,狠抓工作落实。千里之行,始于足下。全面加强党的建设的目标、任务、部署,应该说都是明确的,关键是脚踏实地地结合民族工作实际抓好落实。

我们的经验还有很多,大家可以再总结。这些经验是在几届党组的正确领导下,由几代各族干部职工在推进民族团结进步事业进程中取得的,来之不易,意义重大。回顾过去、总结经验,是为了开辟未来。我们要坚持和发展已经取得的经验,自觉地应用这些宝贵经验指导工作,解决工作中出现的新问题,不断开拓前进。

(二)

同志们！今年是百年之交、千年更替的不平凡的一年，是大事多、喜事多、难事也多的一年。根据中央政治局常委工作要点和邓小平民族理论研讨会暨全国民委主任会议的部署，今年民族工作的任务相当繁重，其中有几项工作意义很大，比如：筹备开好第二次中央民族工作会议、召开国务院第三次全国民族团结进步表彰大会和第六届全国少数民族传统体育运动会等。具体要做好九个方面的工作，九个方面的工作项项重要，项项都要付出很大的努力。这九个方面的工作都与我们的组织人事、党建、纪检监察、老干部工作有关系，甚至可以说是关系密切。有些是需要我们直接去完成的，有些是需要通过我们的工作提供保障。根据新形势新任务对我们的要求，我们的工作、我们的队伍还有些不适应的地方，如：部分领导班子年龄老化、年轻干部青黄不接；部分党员干部素质较差；由于我们管理服务不到位，个别干部积极性没有得到充分发挥等等。在新的一年里，一定要通过我们的工作把广大干部、党员干事业的热情进一步振奋起来，把他们的积极性、创造性进一步调动起来、焕发出来。为此，确定今年人事党建工作总的指导思想和要求是：坚持以邓小平理论和党的基本路线为指导，在委党组的领导下，抓住建设团结坚强的领导班子和高素质干部队伍这个关键，抓好以“三讲”为主要内容的党性党风教育，加大干部人事制度改革力度，强化党风廉政建设和反腐败斗争，全面加强党的建设，毫不松懈地抓好党的基层组织建设，更好地为离退休干部服务，充分发挥思想政治优势、组织优势和密切联系各族干部群众的优势，为全年的中心工作提供可靠的组织、人才保障。按照这一要求，我强调以下几项工作：

第一，抓好头等大事，在提高领导班子和干部队伍的思想政治素质上下功夫。中央决定，今年要集中一段时间，在县处级以上领导班子、领导干部中用整风精神深入开展以“讲学习、讲政治、讲正气”为主要内容的党性党风教育。这是党中央为深入贯彻十五大精神，全面推进建设有中国特色社会主义伟大事业的一个重大决策，是在新形势下加强领导班子思想政治建设，提高领导干部素质的一项重要举措，是兴起学习邓小平理论新高潮的实际步骤，是跨入新世纪、迎接新任务、经受新考验的需要，意义十分重大。我们要在委党组领导下，把它作为今年全面加强党的建设的头等大事抓紧抓好。

关于这次“三讲”教育的基本要求、必须遵循的原则和方针，以及开展教育的步骤和方法，中央文件和江泽民同志、胡锦涛同志已作了深刻阐述和要求。根据要求，我委已成立了以李德洙同志为组长、陈虹同志为副组长的“三讲”教育领导小组，并下设了委“三讲”教育办公室，委“三讲”教育办公室已对委系统的“三讲”教育工作作了安排和部署，这里我重点强调四个问题。

一是要提高认识，加强领导。“三讲”教育能不能搞好，关键在领导，领导得不得力，又取决于认识到不到位，因此，首先是提高认识，把思想统一到中央的决策和部署上来的问题。毛泽东同志说过，掌握思想教育，是团结全党进行伟大政治斗争的中心环节。延安时期，经过整风学习，全党达到空前统一和团结，为夺取抗日战争和解放战争的胜利提供了有力保证。真理标准大讨论，邓小平同志倡导全党重新学习，为统一思想，实现党的工作着重点的转移奠定了重要的思想政治基础。这次“三讲”教育抓好了，对于我们党以新的面貌和更强大的战斗力带领人民完成跨世纪的历史任务，必将奠定一个好的思想基础，提供坚强的政治保证。所以，我们要以事关党和国家前途命运的高度，把它提到工作的重要位置，以高度的政治责任心、足够的领导精力、良好的精神状态去抓并抓出成效。

二是要准确把握“三讲”教育的要求，有组织、有步骤地推进“三讲”教育工作。这次“三讲”教育要以邓小平理论和党的十五大精神为指导，紧密联系改革、发展、稳定的实践和干部思想、工作实际，以整风精神来进行，实实在在地解决领导班子、领导干部中存在的突出问题。这里的整风精神，就是认真看书学习的精神，就是理论联系实际的精神，就是认真开展批评与自我批评的精神，就是相信群众、依靠群众的精神。解决突出问题就是要解决党性党风方面存在的“三不讲”的问题，就是要搞好调查研究，采取“个人找、群众提、上级点、互相帮”等有效途径找准问题，通过“思想发动，学习提高；自我剖析，听取意见；交流思想，开展批评；认真整改，巩固成果”等四个环节，抓好学习，拿起批评与自我批评的武器，发扬党内民主，扩大群众参与程度，认真听取干部、群众和下级组织的意见，开展积极健康的思想斗争，同时做到，不抓辫子，不打棍子，不戴帽子，真正在群众的帮助和监督下解决问题，使领导班子和领导干部在思想上有明显提高，在政治上有明显进步，在作风上有明显转变，在纪律上有明显增强。各单位在“三讲”教育过程中，既要防止走过场，又不能重复过去政治运动中“捕风捉影”、“无限上纲”的错误做法，要立足真抓实干，把统一思想与克服形式主义结合起来；立足思想教育，把党性分析、自查自纠与民主评议结合起来；立足提高素质，把批评与自我批评同对干部的深入考察、考核结合起来；立足促进工作，把这次“三讲”活动切实与提高工作绩效结合起来，以激励领导干部创造新的业绩。

三是要促进理论学习的进一步深入。中央17号文件要求，这次“三讲”教育必须立足于学习提高，要把学习理论、武装头脑同整顿思想、改进作风结合起来并贯穿于教育活动全过程。要以“三讲”教育为契机，推动理论学习在质量、方法、效果上不断提高。对中央规定的必读篇目要逐篇认真研读，要制定周密的学习计划，把读书的要求落到实处。积极倡导并努力形成理论联系实际的马克思主义学风，认真抓好调查研究，增强各级领导干部用理论指导实践、解决实际问题的能力。要改进、加强干部培训工作，继续多渠道、多形式地组织广大干部学习理论，学习做好本职工作所必备的各种现代知识。

四是要促进民主集中制建设。要结合认真贯彻执行《中国共产党地方委员会工作条例》，坚持和完善集体领导和个人分工负责相结合的制度，强化集体领导和“一把手”负总责的意识，增强领导班子的团结和活力，促进领导班子成员创造性地开展工作。

第二，把握关键环节，在完善干部培养选拔机制上加大力度。抓紧培养选拔优秀干部，是一项事关全局的战略任务，是历史责任。这几年我们采取了一些措施，一批优秀的年轻干部走上了各级领导岗位，增强了领导班子的生机和活力。但目前部分班子不健全和年龄老化的问题依然存在，到2000年，委系统将有近1/4的司局级干部到达退休年龄，特别是这两年有几个单位的“一把手”到龄，所以，培养选拔年轻干部的工作仍然紧迫，必须进一步提高认识、解放思想，切实做好年轻干部的培养选拔工作。这里我强调三个问题。

一是要对年轻干部大胆培养，严格管理。培养是用人的基础，只着眼于用人，忽视育人，是短视的。在培养使用年轻干部问题上，有认识上的问题，但不是很大，主要问题是选拔培养干部的措施少、办法少。年轻干部的成长是要在实际工作中经受锻炼的，因此，就要有计划地选派有发展潜力的优秀年轻干部到艰苦和困难多的地方，到工作基础比较薄弱、人际关系比较复杂、群体矛盾比较突出的单位和部门去经受磨炼，培养他们战胜困难和不怕挫折的勇气和毅力，培养胜不骄、败不馁的良好心理素质，培养深入基层、密切联系群众、团结协作的工作作风，把年轻干部培养成为能够真正担负重任的接班人。要继续选送优秀年轻干部到党校培训，帮助他们树立正确的世界观、人生观和价值观，全面提高年轻干部的思想政治素质。要加强对年轻干部的动态管理和定期考核，积极为他们创造成才的条件。要经常找他们谈心，发现问题及时提醒、批评、帮助，决不能不闻不问，任其发展，放任自流。在年轻干部中要营造讲理想、讲政治、讲党性、比奉献的良好风气。

二是加强后备干部队伍建设。这几年，后备干部工作是有成绩的，但还没有滚动起来，还不完善。经委党组同意，去年底，人事司印发了《关于报送司局级后备干部建议人选的通知》，要求各单位在干部年度考核的基础上，在今年1月底前重新报送司局级后备干部建议人选名单，但到目前为止，只有几个单位报了，没报的要抓紧报送。后备干部工作是班子建设的一项重要的基础工作，要很好地抓起来，为正常补充人选和调整领导班子做好准备。根据我委系统的实际，至少要建立一支百人左右、门类齐全、专业配套、素质优良的司局级后备干部队伍。对后备干部要加强管理，不要名单一交就把这些人给忘了，要按照缺什么补什么的原则，加强培养。对缺乏领导工作经验的，要及早放到一定层次的关键领导岗位上压担子；对缺乏基层工作经验的，要放下去任职。要提高后备干部的使用率。选拔后备干部，要考虑未来班子的结构,比如:知识、专业、年龄,甚至性格结构。选准配好“一把手”在班子建设中尤其重要,在后备干部培养中,要按照“坚持原则、把握大局、团结同志、加强培养”的目标,突出“一把手”的培养,要给更多的学习、锻炼机会。对后备干部要实行动态管理,作为各部门、各单位领导和组织人事部门,对后备干部的优缺点、特长、适宜做的工作,包括性格特点、培养成长的情况要做到心中有数,发现合适人选要及时补充进来,不合适的要果断地调整出去。同时还要掌握一批因年龄原因而没有列入后备名单又可以启用的干部名单。只要在培养年轻干部上思想重视并采取了措施,有实实在在可供挑选的后备人选名单,调整配备班子时就主动得多,就可避免拿不出接替人选。这样,组织人事部门的参谋助手作用才算较好发挥。

三是要善于发现人才,破除论资排辈、求全责备、迁就照顾等陈旧观念,不拘一格选拔人才。对人才要用发展的眼光看主流、看基本素质。对那些在改革开放和现代化建设中政绩突出、群众信任的优秀干部,要大胆提拔,委以重任。对有缺点的同志,尤其是优点和缺点都突出的“两头尖”干部,要用其所长,要加大教育和引导力度。每个人都愿意改正自己的缺点,作为领导就要敢于启用有棱角的基本素质好的干部。但是,对那些思想品质不好、弄虚作假、伸手要官的人,决不能提拔重用。总之,要处理好德与才的关系、文凭与水平的关系、知识与能力的关系。要善待每一位干部,要发挥不同年龄层次干部的作用,要使每一位干部的特长和积极性都得到发挥。当然,要真正做到很难,但要作为我们工作追求的一种目标和境界。

*第三,深化改革,重点建立竞争上岗机制,增强干部人事工作生机与活力。*深化干部人事制度改革,是加强领导班子建设和干部队伍建设的治本之策。全国组织部长会议强调,深化干部人事制度改革的思路是:全面贯彻干部队伍“四化”方针和德才兼备的原则,坚持党管干部原则,继续在扩大民主、完善考核、推进交流、加强监督上下功夫,逐步创造一个公开、平等、竞争、择优的用人环境,建立一套干部能上能下、能进能出、充满活力的管理机制,完善一套法制完备、纪律严明、群众参与的监督体系,促使优秀人才脱颖而出,防止和克服用人上的不正之风,建立与社会主义市场经济体制和社会主义民主政治建设相适应的有中国特色的干部制度。今年要进一步推行公开选拔、竞争上岗和交流轮岗工作,还要认真研究改进干部考察方法,建立离职经济责任审计制度。

就全国而言,今年干部制度改革的任务和力度是很大的。根据这一精神和形势,结合我委系统的实际,今年争取做好这样几项工作:

一要抓好推行公开选拔、竞争上岗的试点工作。去年,中组部、人事部就党政机关推行竞争上岗工作专门召开了会议,印发了《关于党政机关推行竞争上岗的意见》,中组部还将印发《关于进一步做好公开选拔领导干部工作的通知》。中组部对这项工作抓得比较紧,最近又要求报送推行的情况和思路。干部任用方式的改革比较复杂,震动较大,我们还是要本着积极稳妥的方针,有计划有步骤地进行。今年主要是在机关和事业单位选择部分专业性较强或职级、职务较低的职位先进行竞争上岗、公开选拔的试点,积累经验。

二是做好事业单位人事制度和机构改革准备工作。事业单位机构改革,是行政机构改革的配套要求,也是事业单位自身面向社会、适应市场的客观需要,是迟早要进行的。这里介绍一点与我们有关的改革思路方面的信息。教育事业单位将优化资源配置,实行优势互补,其中高等院校将制定新的教职工编制标准,重新核定各类学校的人员编制,提高教育经费的使用效率,本着精干高效的原则,因事设岗、因教聘师,实行公平竞争、能进能出、能上能下、优胜劣汰的用人制度和按劳付酬的工薪制度。文化单位要调整和改革国家包得过多、管得过死的管理体制和人员臃肿、缺乏竞争的内部运行机制,尽可能推向市场,自求发展。这里一个重要的方面是减员增效,因此,各单位要严格控制人员尤其是工勤人员的盲目增长。去年委系统组织人事工作会议对此提出了要求,从全委系统来看,去年事业单位的干部人数增加 46 人,考虑机关分流的人数,基本保持了零增长,但各单位的情况不一样,有的单位增人还是比较多的。今年的要求还是要控制人员盲目增长,同时要严格干部离退休制度,逐步解决人员臃肿的问题。据了解,委属个别单位在执行干部离退休制度上不够严格,有的干部、职工到龄了,又没有什么特殊理由，较长时间不办理退休手续，这样不好，一定要按制度办。今后，到龄需要留任半年以上的必须按干部管理权限办理审批手续。

三是改进干部考察方法，加强干部考察工作。搞好干部考察是正确评价干部、使用干部、教育干部的基础。江泽民同志要求，干部考察要能像X光机那样快速准确地看清一个人。按照这一要求，我们要认真总结这几年干部任职考察、年度考核、班子届中考察的经验，按照《党政领导干部考核暂行规定》确定的内容、程序和方法，加强干部考察工作。通过考核，全面、客观、公正、准确地评价领导干部的政治业务素质和履行岗位职责的情况，把考核结果作为干部能上能下的重要依据。要提高干部考察人员的政治业务素质，发扬深入、细致、扎实的作风，改进考察方法。既要考察了解干部工作圈的情况，又要考察了解干部生活圈、社交圈的有关情况，提高考察工作的科学性、民主性和有效性。考察干部要坚持群众路线，广泛听取各方面的意见。要确定合理的谈话范围和谈话对象，改进谈话的方式方法，解除谈话人的顾虑，使他们能大胆反映真实情况。对来自各方面的材料，要善于综合分析，去伪存真，去粗取精。还要改进干部考察材料的写法，克服公式化、概念化、千人一面的状况。

四是通过深化干部人事制度改革，加强对干部选拔任用工作的监督，坚决同用人上的不正之风作斗争。江泽民同志在中纪委第三次全会上专门强调了党的纪律问题，其中特别指出了组织人事方面存在的严重问题，如：有的喜欢按照自己的好恶拉拢一些人，排挤另外一些人，搞这样那样危害党的团结和涣散党的组织的"摊摊"、"团团"、"伙伙"；有的竟然在党内搞封建式的结义，订立章程，定期聚会；有的无视党的纪律，把讨论人事工作的情况透露给当事人，通风报信等等。要求我们严肃党的组织工作纪律。最近，中组部还通报了几起骗官案、假干部案的查处情况，几起案件的发生，不仅造成重大经济损失，也造成了恶劣的政治影响，损害了党的威信。我们委系统到目前为止还没有发现在用人上造成恶劣影响的人和事，但一定要引起警觉，从有关案例中吸取教训，要时刻保持高度的政治警惕性和政治辨别力，坚决反对极端个人主义和庸俗的"关系学"，调配任用干部绝不能看"来头"看"背景"，要切实加强对干部选拔任用工作的监督。

加强对干部选拔任用工作的监督，要认真贯彻执行《党政领导干部选拔任用工作暂行条例》。这个条例是党的干部路线、方针、政策在选拔任用干部工作中的具体化，是选准用好干部的保证，是同用人上的不正之风和腐败现象作斗争的锐利武器。今年要继续开展以宣传《条例》为主要内容的学习活动，努力做到党政领导同志熟悉《条例》、组织人事部门干部精通《条例》、广大干部职工了解《条例》，形成严格贯彻执行《条例》的良好环境。

为贯彻执行好《党政领导干部选拔任用工作暂行条例》，委党组制定印发了《国家民委机关人事管理办法》和《国家民委直属单位领导干部选拔任用暂行办法》，这次作为会议文件已发给大家了。这两个办法是根据《党政领导干部选拔任用工作暂行条例》的精神和规定，结合我委系统实际，总结我委系统干部选拔任用工作的经验形成的，各级领导干部和组织人事部门的同志，要学习好、贯彻好。

第四，围绕中心工作，努力增强党员队伍和党的基层组织战斗力。党的基层组织是党的全部工作和战斗力的基础，是行政领导履行职责、完成任务的有力保证。去年12月召开的国家民委直属机关第七次党代会对直属机关党员队伍管理和基层党组织建设工作进行了全面部署，要认真抓好贯彻落实。

各单位党的组织要按照中央的要求，从各自的特点出发，提高工作水平。院校要认真抓好《中国共产党普通高等学校基层组织工作条例》的贯彻实施，充分发挥党委的领导核心作用、党总支的政治核心作用、党支部的战斗堡垒作用和党员的先锋模范作用；机关要认真组织学习贯彻《中国共产党和国家机关基层组织工作条例》和中央国家机关工委制定的实施办法，加强机关党的建设。文化事业单位也要从本单位实际出发，继续落实好党委领导下的行政领导负责制，切实抓好党的基层组织建设。不管是院校、机关，还是文化单位，总的要求是围绕党的基本路线，为党的中心工作、为本单位的中心工作服务。特别要注意用改革的精神研究新情况、解决新问题，改进工作方法、工作作风和活动方式。

要以发挥党员的先锋模范作用为目标,加强对党员的教育、管理和监督,增强解决自身矛盾的能力。要把思想政治教育工作渗透到业务工作的各个环节,提高党员素质,激发广大党员的革命热情,在各自岗位上发挥先锋模范作用。部分单位存在的风气不正的问题,要通过加强教育和管理,通过发挥党员的先锋模范作用认真加以解决。要坚持党的发展工作方针,加强对入党积极分子的培训、考察工作,做到成熟一个发展一个,把好质量关。

第五,坚持标本兼治,在党风廉政建设上务求实效。党风廉政建设和反腐败斗争是关系到党和国家生死存亡的一件大事。各级纪检组织和监察部门要充分认识反腐败斗争的长期性、复杂性、艰巨性和紧迫性,坚持标本兼治,综合治理,加强党风党纪教育,认真抓好中纪委第三次全会精神的贯彻落实,使我们的干部既干净又干事。

要进一步明确反腐倡廉的领导责任,强化领导力度。总结这些年党风廉政建设的经验,很重要的一条就是加强领导。要坚持党委统一领导、党政齐抓共管、纪检监察部门组织协调、单位和部门各负其责、依靠群众支持和参与的领导体制和工作机制。要按照中央印发的《关于实行党风廉政建设责任制的规定》,真正加大领导力度,推动反腐倡廉工作的深入进行。

要抓好领导干部廉洁自律工作。要继续贯彻执行《廉政准则》,发扬艰苦奋斗、勤俭办一切事业的优良作风,认真落实制止奢侈浪费行为的八条规定。要巩固清理通讯工具、控制会议和庆典活动、制止用公款吃喝玩乐等项工作的成果,继续执行领导干部重大事项报告制度、礼品登记制度和收入申报制度。采取有力措施,切实提高领导干部廉洁自律专题民主生活会的质量。

要加大案件查处力度,纠正部门和行业不正之风。查处违纪案件是从严治党、惩治腐败的重要环节,对蔑视法纪、胡作非为的人,对那些有意庇护违纪犯罪活动的人,一经发现就要坚决查处,对顶风作案的更要从严处置。对不构成追究法纪责任的,也应采取适当的组织处理。

这里对党风廉政建设、反腐败斗争和查办案件工作提出了要求,但我还要强调:纪检监察工作的主要任务和总的指导思想一定要明确,在党章中对纪检提出"维护"、"协助"、"检查"六个字的任务,即维护党的章程和其他党内法规,协助党的委员会加强党风建设,检查党的路线、方针、政策和决议的执行情况。纪检监察工作不仅仅只是查办案件。我们对党员干部负有监督、教育、惩处、保护的职能。要预防为主、教育为主,先立法、先教育,有法必依,违法必究,执法必严,既坚决又稳妥地进行。我们的工作是为改革开放、为贯彻党的基本路线服务的,是为它开绿灯、起保证作用的。所以必须坚持标本兼治,综合治理。

第六,增强服务意识,做好新形势下的老干部工作。老干部是党和国家的宝贵财富,是深化改革、促进发展、维护稳定的重要力量,老干部工作是党的干部工作的重要组成部分。党的十五大报告指出:要更好地从政治上关心、生活上照顾老干部。全国老干部局长会议强调,对老干部工作的重要性要反复讲,认识上要提高、提高、再提高,落实好老干部"两项待遇",要一抓再抓,抓紧、抓紧、再抓紧,对老干部工作的领导一刻也不能松懈,要加强、加强、再加强。去年进行的机构改革,在机关公务员大幅度精简的情况下,离退休干部工作机构和人员保持了稳定,既为做好今后的老干部工作创造了良好的条件,也充分体现了党和国家对老干部工作的高度重视。

按照中央精神,在老干部工作中,我们要突出"关心"、"照顾"两个重点。"关心"就是要从政治上关心老干部。要进一步组织老同志深入学习邓小平理论和党的十五大文件,组织参加"三讲"教育活动,要为老同志增加阅读文件的内容,进一步完善阅文制度,提高服务质量,及时向老同志通报国际国内形势和本单位的重要情况,听取他们对工作和改革措施的建议和意见。要加强离退休干部党支部建设,认真落实老同志的政治待遇,党支部的组织设置和活动方式要适应老同志的特点,以便更好地发挥作用。要围绕50周年国庆和"国际老年人年",开展各种有益活动,努力使老同志老有所养,老有所学,老有所乐,老有所为。对老干部的来信,要件件有着落。对他们提出的要求,凡是应该解决又能解决的,就要积极、及时地帮助解决。对一些一时条件不具备,解决不了的问题,也要解释清楚。对提出的不合理的要求,要做工作。"照顾"就是要在生活上照顾老干部。这几年做好老干部工作有一条极为重要的经验就是“关键在领导、领导在认识、认识在感情”。我们在职的每一位同志,特别是老干部工作部门的同志,对老同志一定要有感情,要有服务意识,要讲中华民族尊老敬贤的传统,千方百计地保证老同志生活待遇的落实。要做到思想认识到位、对老同志的感情到位、服务工作到位。做好老干部工作,需要一定的人力、财力、物力,需要创造一定的条件,涉及许多方面,因此,有些问题必须由各级领导亲自出面,统一协调,组织有关部门齐抓共管。

第七,加强自身建设,进一步提高人事党建工作干部素质。改革开放以来,广大人事、党建工作干部坚定不移地贯彻党的基本路线和党建工作的各项方针政策,为我委工作和民族团结进步事业,做了大量艰苦细致、富有成效的工作。可以说,我们这支人事、党建工作队伍的整体素质是好的,风气是正的。但是,面对新的形势、新的任务,不少同志在思想观念、政策水平、工作作风、业务能力等方面还有需要进一步改进、提高的问题。社会上的一些不正之风也会侵蚀到我们的队伍中来。因此,我们必须勤奋工作,甘于奉献,甘为人梯,虚心听取党员、干部、职工的意见,自觉接受监督,不断提高工作效率,提高工作质量,转变思想观念,转变工作作风,转变工作方式,把自身建设抓好。

关于人事党建部门的自身建设问题,中央领导同志和有关业务主管部门已提出了很多要求,在前几次组织人事工作会议和纪检监察工作会议上,陈虹同志、晋有同志也针对我们存在的问题给我们提出了有关要求,我们要继续落实好。这里强调两点:

人事党建工作部门要带头开展“三讲”教育,结合自身思想作风建设的实际,切实解决存在的问题,进一步提高贯彻执行党的路线、方针、政策的自觉性,增强政治敏锐性和鉴别力,坚决同一切不正之风和腐败现象作斗争。

要严格执行制度和纪律。要认真执行《组织人事干部行为若干规范》,加强内部管理。要有高度的政治责任心,工作勤奋刻苦,作风严谨细致,工作中要防止和减少差错,办理文件、统计数据要准确无误,一丝不苟。要注意采用科学管理方法和先进的技术手段,加快信息传递,对有关领导干部思想作风、勤政廉政方面的突出问题,党的建设和组织人事工作中倾向性、苗头性问题,以及重要的社情民意,要及时上报。

在自身建设方面,中组部有个16字部风:“政治坚定,公道正派,廉洁勤奋,求实创新”,便于记忆,便于对照,我们可以加以借鉴并根据我们的实际,确定我们的司风、处风。总之,我们人事党建工作部门必须始终保持思想的先进性、政治的坚定性、作风的务实性、律己的自觉性,以更好地履行职责。

同志们!委党组对我们寄予厚望,要求很高。人事党建工作任务繁重,责任重大。我们要在委党组的领导下,齐心协力,密切配合,扎实工作,开拓进取,为顺利完成我委今年的各项任务提供可靠的组织人才保障。

中共国家民委党组关于深入开展“三讲”教育的实施意见

(1999年1月12日)

中共国家民委党组根据《中共中央关于在县以上党政领导班子、领导干部中深入开展以“讲学习、讲政治、讲正气”为主要内容的党性党风教育的意见》(中发[1998]17号)的精神,结合我委实际,提出如下实施意见。

一、深刻认识深入开展“三讲”教育的必要性和重要性

当前,我国的改革已进入攻坚阶段,经济发展

正处于关键时期，国际间矛盾错综复杂，综合国力的竞争日趋激烈，前进的道路上面对着许多新情况和新问题，任务繁重而又艰巨。在迈向新世纪的征途上，既面临难得的机遇，又面临严峻的挑战，还可能遇到这样那样的风险。新的形势和任务，对县级以上党政领导班子、领导干部的素质特别是思想政治素质和驾驭复杂局面、解决现实问题的能力，都提出了新的更高的要求。而相当一部分领导干部的素质，尤其是思想政治素质，同形势任务的要求相比，还存在这样那样的不适应，党性党风方面也存在这样那样的问题。党中央提出在今明两年集中一段时间，在全国县级以上党政领导班子和领导干部中，用整风精神深入开展以"讲学习、讲政治、讲正气"为主要内容的党性党风教育，这是党中央作出的一项重大战略部署，是全党的一项重要工作，是明年工作的一件大事。开展"三讲"教育是深入贯彻落实党的十五大精神和党中央的部署，全面推进建设有中国特色社会主义伟大事业的一个重大决策，是在新形势下推动深入学习邓小平理论，加强领导班子思想政治建设，提高领导干部素质的一项重要举措；是兴起学习邓小平理论新高潮的实际步骤；是跨入新世纪，迎接新任务，经受新考验的需要。要充分认识党风问题的极端重要性。如果我们党解决不了或解决不好党风问题，就有亡党亡国的危险。各级党组织、每一个党的领导干部对此必须有清醒的认识，务必从事关党和国家前途与事业成败的战略高度来认识这项工作的重大意义，务必从迫切提高党的执政水平和领导水平，增强战斗力，提高拒腐防变和抗御风险能力的要求来认识这项工作的现实意义，务必从我们所面临的新形势和新任务，所面对的机遇和挑战来认识这项工作的紧迫性，认真按照中央的要求，统一思想，提高认识，坚定信心，端正态度，改进工作，以高度的政治责任心，足够的领导精力，良好的精神状态，务实的工作作风，积极主动地抓好"三讲"教育，抓出实效，抓出成绩。

二、正确领会和准确把握"三讲"教育的指导思想和基本要求

通过深入开展"三讲"教育，全面提高各级领导班子的素质，确保党的基本理论、基本路线、基本纲领、基本方针的全面贯彻，确保改革开放和现代化建设的顺利进行，确保跨世纪发展目标的实现和国家的长治久安。通过"三讲"教育，推动各级党政领导班子和领导干部深入学习邓小平理论和党的十五大精神，提高政治素质，加强党性修养，端正思想作风，增强在改造客观世界的同时改造主观世界的自觉性。认真解决党性党风问题，重点解决好领导班子和领导干部中存在的突出问题，真正做到思想上有明显提高，政治上有明显进步，作风上有明显转变，纪律上有明显增强。

各级党委(党组)，特别是主要负责同志，要以邓小平理论和党的十五大精神为指导，按照中央《意见》中提出的基本要求、遵循原则和步骤方法，紧密结合实际，把"三讲"教育抓紧抓好。通过"三讲"教育，推动我委深入学习邓小平理论和党的十五大精神，全面提高各级领导班子的整体水平和领导干部的思想政治素质，增进团结，增强合力，增强大局观念，增强服务意识，进一步贯彻落实中央关于民族工作的重要指示，做好跨世纪的民族工作。

三、紧密结合实际，有针对性地解决领导班子和领导干部党性党风方面存在的突出问题

从总体来看，国家民委机关和直属单位的领导班子和领导干部是好的，是勤勤恳恳为民族工作和民族地区服务的，应当充分肯定。但也必须看到，有一部分领导干部的思想政治素质还不适应或者不完全适应形势任务的要求，现实生活中存在的一些问题也不同程度地在机关和各直属单位中有所反映。这些问题，是不讲学习、不讲政治、不讲正气、放松世界观改造和党性修养的结果，都妨碍党的路线方针政策和当前工作重大决策的贯彻执行，影响党和政府同人民群众的关系，削弱了党组织的凝聚力和战斗力，不利于党的民族政策和中央关于民族工作重要指示的贯彻落实，不利于做好跨世纪的民族工作。

各级领导班子和领导干部，要充分认识理论学习的重要性，带头学习，以身作则，率先垂范。理论水平的高低是执政党成熟与否的重要标志。充分的理论准备是解决问题的前提。提高理论水平和理论修养的重要途径就是不断的学习。要按照中央的要求，认真学习马列主义、毛泽东思想，特别是邓小平理论，把学习理论同学习和贯彻党的十五大精神结合起来，加深对邓小平理论的理解和把握；通过理论学习，提高政治思想素质，提高人生境界，增强拒腐防变能力。要紧密联系民族工作实际和干部思想实际，有针对性地解决党性党风方面存在的问题，有什么问题就解决什么问题，哪个问题突出就重点解决哪个问题，抓住思想教育这个关键，认真开展批评与自我批评，自我剖析，有的放矢，进行积极健康的思想斗争，切忌空谈和一般化。要坚定地相信群众，依靠群众，实行群众路线，做好发动群众的工作，既要教育群众，又要动员群众帮助领导班子和领导干部解决存在的问题。反对敷衍塞责，反对形式主义，反对表面文章，坚决防止走过场。"三讲"教育能否取得成效的关键，是是否实实在在地解决存在的突出问题。

通过"三讲"教育，提高领导班子的凝聚力和战斗力，提高领导干部的思想政治素质，保持政治上的清醒和坚定，在思想上、政治上同以江泽民同志为核心的党中央保持高度一致，增强大局意识，增强团结意识。通过"三讲"教育，努力形成弘扬正气，努力学习，研究问题，扎实工作的好风气、好作风。通过"三讲"教育，把大家的智慧和力量凝聚到做好跨世纪的民族工作上来，凝聚到做好当前的工作上来。通过"三讲"教育进一步高举邓小平理论的伟大旗帜，更加紧密地团结在党中央周围，同心同德，不屈不挠，艰苦奋斗，把建设有中国特色的社会主义全面推向21世纪。

四、切实加强对"三讲"教育的领导，精心组织，周密部署，抓出实效，抓出成绩

这次"三讲"教育，从现在起，到明年上半年结束，采取自上而下的办法，先委机关，后所属单位，先领导班子成员，后一般领导干部，集中时间、人员，分级分批进行。重点是把各级领导班子成员中的问题解决好。

"三讲"教育要围绕全党工作大局，围绕国家民委的中心工作，通盘考虑，妥善安排，相互促进，防止顾此失彼。整个"三讲"教育分三步进行。第一步是准备阶段，在春节前完成。从现在开始就要认真学习，理论联系思想实际，从人生观、世界观、价值观上解剖自己，深入群众做细致的思想工作，融洽感情，调动群众积极参与的自觉性，为帮助领导干部和领导班子切实解决问题奠定基础。第二步是委党组和机关各部门开展"三讲"教育，春节后开始；同时拟选择一直属单位进行试点，以取得经验，指导面上工作的展开。第三步是在委属各单位中全面展开。

搞好"三讲"教育，关键在于领导，一把手要真正负起责任，保证"三讲"教育的高标准、高质量。要把思想统一到中央精神上来，做到认识到位，措施到位，把深入开展"三讲"教育作为事关大局的一项重要任务来抓，把"三讲"教育同对干部的深入考察、考核结合起来，并列入议事日程，一级抓一级，一级带一级。按照中央《意见》和委党组的工作安排，制定具体的落实计划，适时开展教育活动，认真抓好各个阶段、各个环节和各项工作的落实，认真解决实际问题，务求取得实效。对"三讲"教育活动效果明显的要进行表彰，工作不得力的要批评，走过场的要重新进行，并追究领导责任。

国家民委"三讲"教育由委党组领导，具体由李晋有、郝文明同志负责；成立"三讲"教育办公室（办公室设在机关党委），具体负责机关和所属单位的"三讲"教育的指导、协调、督促、检查。各单位也要成立办公室，负责拟制计划，协调本单位"三讲"教育的开展，并及时向委"三讲"教育办公室汇报情况。

为使"三讲"教育收到实效，不走过场，每一步都要进行验收。验收的项目有理论学习，自我剖析，开展批评，认真整改等。验收的标准按照中央的有关要求进行。春节后召开委系统处以上干部动员大会，兴起国家民委"三讲"教育活动高潮。

国家民委直属单位领导干部选拔任用暂行办法

（1999 年 1 月 29 日）

为进一步加强国家民委直属单位领导干部选拔任用管理工作，认真贯彻执行党的干部路线、方针、政策，根据《党政领导干部选拔任用工作暂行条例》中发[1995]4 号，结合我委实际，制定本办法。

一、选拔任用原则和要求

第一条　选拔任用国家民委直属单位领导干部（以下简称委属单位领导干部），必须坚持党管干部的原则；德才兼备、任人唯贤的原则；群众公认、注重实绩的原则；公开、平等、竞争、择优的原则；民主集中制的原则；依法办事的原则。

第二条　选拔任用委属单位领导干部，必须坚持任职条件、任职资格的规定和干部交流、任职回避制度。

第三条　选拔任用委属单位领导干部，必须严格按照规定程序办理。要严格遵守国家民委党组（以下简称委党组）关于职务名称和职数的规定；要在民主推荐、组织考察、充分酝酿的基础上，由委党组集体讨论作出决定。

二、选拔任用条件和资格

第四条　委属单位领导干部应当具备以下基本条件：

（一）具有履行职责所必需的马克思列宁主义、毛泽东思想和邓小平理论水平，努力用马克思主义的立场、观点、方法分析和解决实际问题。

（二）坚决贯彻执行党的基本路线和各项方针、政策，立志改革开放，献身社会主义现代化事业，在民族团结进步事业中努力工作，做出实绩。

（三）坚持实事求是，认真调查研究，能够把党的方针、政策同本单位的实际相结合，讲实话，办实事，求实效，反对形式主义。

（四）有强烈的革命事业心和政治责任感，有实践经验，有胜任领导工作的政策水平、组织能力和专业知识。

（五）正确行使人民赋予的权力，清正廉洁。坚持党的群众路线，自觉地接受党和群众的批评和监督，反对官僚主义，反对滥用职权、谋求私利的不正之风。

（六）坚持和维护党的民主集中制，有民主作风，有全局观念，善于团结同志，包括团结同自己有不同意见的同志一道工作。

第五条　提拔担任委属单位领导干部的，应当具备以下资格：

（一）十年以上的工作经历；

（二）提任副职的应具有在下一级两个以上职位任职的经历；

（三）提任正职的一般要在副职岗位上工作两年以上；

（四）必须具有大专以上文化程度；

（五）经过党校等培训机构三个月以上的培训；

（六）身体健康；

（七）提任党的领导职务的，除以上资格外，还应当符合《中国共产党章程》规定的党龄要求。

第六条　委属单位领导干部应当逐级提拔，特别优秀的可以破格提拔。破格提拔的，应按照有关程序办理。

三、民主推荐

第七条　选拔任用委属单位领导干部，一般应当经过民主推荐提出考察对象。民主推荐由本单位党委（党组）或国家民委人事司（以下简称人事司）主持。

第八条　民主推荐的主要程序是：制定推荐工作方案；公布推荐职务、任职条件、推荐范围和有关要求；采取召开推荐会、填写推荐表、个别谈话等方式进行推荐；向委党组汇报推荐情况。

第九条 民主推荐委属单位领导干部人选，应当有本单位党政领导成员、组织、人事、纪检、监察、审计等部门负责人和其他有关部门负责人参加。

第十条 委属单位党委领导班子换届时，民主推荐按照领导班子职位的设置全额推荐，民主推荐办法及程序按照党章和党委选举工作条例的规定执行。个别提拔任职时，按照拟任的职务推荐。

第十一条 领导干部个人推荐委属单位领导干部人选，必须负责地写出署名推荐材料。

第十二条 委属单位领导干部推荐人选中，符合下列条件的，可以列为任职考察对象：

（一）民主推荐提名得票相对较多的；

（二）连续三个年度考核无空档并为称职以上等次，或连续两个年度考核为优秀等次的；

（三）符合所推荐职务的任职资格和要求的；

（四）符合任职回避、交流制度规定的。

第十三条 各单位党委（党组）在民主推荐的基础上，可以提出任免建议。呈报委党组的任免建议材料包括：任免建议；干部任免审批表；干部考察材料；本人的人事档案材料；党委（党组）会议纪要、讨论记录材料。

第十四条 委属单位领导干部任职考察对象，由人事司根据推荐和资格审查情况和单位党委呈报的任免建议研究提出，报分管组织人事工作的委领导审定。确定考察对象时，要把民主推荐的结果作为重要依据之一，同时要防止简单地以票取人。

四、任职考察

第十五条 对已确定的任职考察对象，由人事司按照干部管理权限，进行严格考察。考察国家民委与地方双重管理的委属单位领导干部人选，由人事司会同地方协管部门进行；从国家民委系统外调任委属单位领导干部人选，由人事司按程序进行考察。

第十六条 考察领导干部人选，必须依据选拔任用条件，全面考察其德、能、勤、绩，注重考察其工作实绩。

第十七条 考察领导干部人选，应当坚持群众路线，充分发扬民主，实行领导和群众相结合，准确地了解考察对象的表现。

第十八条 考察委属单位领导干部人选，应当经过下列程序：

（一）组织考察组，拟订考察方案；

（二）同考察对象所在单位党政主要领导就考察方案沟通情况，征求意见；

（三）采取个别谈话、民主评议、民意测验、同考察对象面谈等方法，广泛了解情况；

（四）综合分析考察情况，同考察对象所在单位党政主要领导交换意见；

（五）人事司领导成员集体听取考察组情况介绍，研究提出意见，向委党组报告。

第十九条 考察委属单位领导干部人选，个别谈话和民意测验的对象和范围是：

（一）考察对象所在单位党政领导班子成员；

（二）考察对象所在单位组织（人事）、纪检、监察、审计部门和其他有关部门的主要负责人。

（三）其他有关人员。

第二十条 要把领导干部人选的任职考察同领导班子考察以及后备干部考察结合起来。在领导班子考察或后备干部考察中已列为考察对象进行考察，同年又被列为任职考察对象的人选，其领导班子考察或后备干部考察的结果可以作为选拔任用的依据。

第二十一条 考察组必须由二名以上党员干部组成，考察组成员必须坚持原则、实事求是、公道正派，对考察结果负责。

第二十二条 考察领导干部人选，必须形成书面考察材料，使用后应连同其他有关材料归入本人档案。考察材料的主要内容包括：

（一）政治、思想表现；

（二）理论、业务水平及主要特点；

（三）工作能力、工作实绩；

（四）勤政廉洁情况；

（五）主要缺点和不足；

（六）民主推荐或民意测验情况；

（七）考察部门盖章或考察组成员签名、考察日期。

五、酝酿范围与要求

第二十三条 委属单位领导干部人选，在人事司考察之前或本单位党委决定呈报之前，应在本单位党政领导成员中酝酿，党外领导成员的人选，还应当在有关民主党派、无党派人士代表人物中酝酿。

第二十四条　委属单位领导干部人选，在委党组决定之前，须征求分管委领导的意见。

第二十五条　与地方双重管理干部的任免，事先征求协管方的意见，进行酝酿。协管方有不同意见时，按有关规定办理。

六、讨论决定和任免

第二十六条　委属单位领导干部人选，经考察后，由人事司根据考察情况，研究提出任免建议，报请委党组审批。

第二十七条　委属单位领导干部任免事项，由委党组集体讨论作出决定，以委党组名义行文任免。

第二十八条　严格干部离退休制度，委属单位领导干部到达法定离退休年龄，应及时办理免职离退休报批手续。确因工作需要留任半年以上的，必须报委党组审批。

七、纪律与监督

第二十九条　选拔任用领导干部，必须严格遵守《党政领导干部选拔任用工作暂行条例》关于"十个不准"的纪律规定，违者必究，并给主要责任者以严肃批评教育或纪律处分。

第三十条　在领导干部选拔任用工作中，要坚持原则，公道正派，任人唯贤，搞"五湖四海"；要严格遵守组织人事纪律和办事制度；要自觉接受组织监督和群众监督；要充分重视并认真负责地受理关于领导干部选拔任用方面的检举、申诉，坚决防止、纠正领导干部选拔任用工作中的不正之风。

第三十一条　国家民委纪检、监察部门，在职权范围内，对选拔任用领导干部工作实行监督检查。

八、其他有关事项

第三十二条　在委属单位领导干部选拔任用工作中，凡本办法未尽事项，按照有关规定执行；国家民委原有关于委属单位领导干部选拔任用管理规定，凡与本办法不一致的，按照本办法执行。

第三十三条　本办法适用于选拔任用委属单位领导干部。

第三十四条　本办法由国家民委人事司负责解释。

第三十五条　本办法自发布之日起施行。

国家民委关于1998年工作总结和1999年工作要点

(1999年2月5日)

1998年是我国经受严峻考验并取得辉煌成就的一年。民族工作在党中央、国务院的领导下，高举民族团结进步的大旗，坚持以经济建设为中心，服从和服务于全党全国工作大局，励精图治，开拓进取，取得了新的成绩。民族地区经济持续发展，社会政治稳定，各民族团结和睦，人民安居乐业。

1998年也是国家民委团结、求实、奋进的一年。在这一年里，我委以邓小平理论为指导，全面贯彻落实党的十五大精神和十五届三中全会精神，把握大局，振奋精神，开拓进取，团结奋斗，圆满完成了全年工作任务。

1. 狠抓学习，提高用理论指导实践的水平。1998年初，委党组提出，把加强理论学习，提高干部的政治理论素质摆在突出位置，作为提高国家民委工作整体水平的基本途径来抓。着重抓了三个方面的学习：一是关于邓小平理论的学习。委党组多次专题学习邓小平理论，特别是邓小平民族理论。在党组中心组学习的基础上，专门举办了委系统司局级干部邓小平理论研讨班，比较系统地学习了邓小平民族理论的若干重要观点，澄清了一些模糊认识，进一步统一了思想。二是关于十五大和十五届三中全会精神的学习。在学好文件的基础上，要求各级干部把做好新时期民族工作的思想统一到十五大和十五届三中全会的精神上来。三是关于江泽民总书记在新疆考察工作时发表的重要讲话的学习。在认真学习领会讲话精神的基础上,深刻认识讲话对做好跨世纪民族工作的重大意义,并用以指导国家民委的工作。

2.顺利完成机构改革。国家机关机构改革是国务院今年的一项重要任务,得民心,顺民意。国家民委党组视其为一场革命,一次机遇,始终坚持对整个过程的领导,要求每个党员干部特别是领导干部要以高度的政治责任感对待这项工作。在机构改革中,按照国务院的要求,结合机关实际,具体制定了坚持“五个原则”、反对“三种现象”、实现“四个结合”的方针,充分考虑每一个机构和每一位干部的具体情况,尽可能做到周密安排。在整个改革过程中,没有出现大的震动和意外。从现在的情况看,这次机构改革是成功的。改革后的国家民委,职能得到了加强;机构设置和人员编制更加精简合理,工作效率明显提高;人员结构得到优化,公务员队伍整体素质有较大提高。

3.广泛开展民族工作大调研。与往年相比,国家民委党组更加重视调查研究工作,把调查研究作为履行职能,搞好服务,培养锻炼干部,密切与基层民族工作部门的联系,增进与少数民族群众感情的首要环节来抓。1998年,共组织了六个调查组,抽调60多人次,由委领导带队,分赴11个省区,深入基层,深入实际,深入群众,开展大规模的调查研究。通过调研,比较全面地了解了民族地区的实际情况,特别是改革开放20年来发生的巨大变化,对影响民族地区经济社会发展的一些重要问题进行了探索,撰写调查报告20篇,为中央民族工作会议的召开作了基础准备。同时,锻炼了干部,增进了同民族地区和少数民族群众的感情,进一步转变了机关工作作风。

4.积极支援抗洪救灾。今年,长江和松花江、嫩江流域发生了历史上罕见的特大洪灾。国家民委及时组织领导了全系统的支援抗洪救灾工作。在人员少、财力有限的情况下,发起了两次捐款捐物活动,共捐款110万元,捐物若干。一位在机构改革中分流的干部,一次捐款2000元,精神感人。在机关办公用房很紧张的情况下,挤出房屋,与中华慈善总会联合设立赈灾物资接收点,为灾区募集了大批救灾物资。及时收集民族地区的灾情,向党中央、国务院做了报告。认真组织学习江泽民总书记在抗洪抢险总结表彰大会上的讲话,广泛开展热爱党,热爱人民军队,热爱社会主义,热爱祖国,热爱各族人民的“五爱”教育,用伟大的抗洪精神,激发全委各族干部进一步做好工作、为民族团结进步事业多做贡献的热情。

5.认真抓好廉政建设。按照中央的要求,国家民委党组重点抓了党员干部特别是领导干部的廉政建设问题,要求党员领导干部发挥表率作用。1998年,国家民委集中力量重点解决困扰多年的职工住房问题。在分房过程中,党组约法三章,委领导不插手、不批条、不说情,群众自觉做到了不争、不抢、不闹。经过上下努力,使分房成为一项搞好廉政建设、树立新风正气的教育活动。干部群众普遍感到,这次分房是国家民委有史以来大家最满意的一次。委领导带头取消原定的出访计划,压缩出国团组,节约经费160万元。精简会议,可以合并的会议实行合并,可开可不开的会议坚决不开。实行会议、财务和重大活动“三个统一”。严格接待标准,严禁铺张浪费。

6.突出做好几项业务工作。1998年,国家民委分别与26个省、自治区、直辖市政府以及全国妇联等联合召开了民族团结表彰大会,大力宣传模范人物的先进事迹,促进了全国民族团结进步事业的蓬勃发展。筹备并参与了宁夏和广西两个自治区成立40周年的庆祝活动,取得圆满成功,广泛宣传了党的民族区域自治政策的伟大成就。加强民族经济工作,会同有关部门继续完善并落实“九五”期间民族贸易和民族用品生产的优惠政策,加大扶贫力度,推广“公司+农户”等扶贫模式。召开了全国少数民族文化工作现场经验交流会,举办全国少数民族题材电视电影艺术“骏马奖”评奖活动。推动民族语文立法、标准化与信息处理工作,保障民族语文的应用和发展。大力发展民族教育,推动民族院校教学改革,推动赫哲族等民族提前实现“普九”目标。加大培养选拔少数民族干部工作力度,与有关部门共同组织少数民族干部到中央国家机关和沿海发达省市挂职锻炼,举办新疆地州市民委主任统战部长培训班。扩大对外交流,配合国家的外交工作,积极开展有关少数民族问题的国际对话。

国家民委1999年工作要点

1999年是我国历史发展进程中具有特殊意义的一年,也是民族工作历史上具有里程碑意义的一年。国家民委根据党中央和国务院的部署,紧紧围绕全党全国工作大局积极开展工作。委党组确定今年工作总的指导思想和主要任务是:高举邓小平理论伟大旗帜,深入贯彻党的十五大和十五届三中全会精神,坚持和完善民族区域自治制度,全面贯彻党的民族政策;大力培养少数民族干部;巩固和发展平等、团结、互助的社会主义新型民族关系;促进民族地区的经济发展、政治稳定和社会进步;筹备并开好中央民族工作会议、国务院第三次全国民族团结进步表彰大会和第六届全国少数民族传统体育运动会,以优异成绩迎接建国50周年。

为了完成今年的各项任务,必须统一思想,坚定信心,抓住机遇,知难而进,团结一致,艰苦奋斗。主要做好以下9个方面的工作:

1. 以邓小平理论和党的十五大精神为指导,认真做好中央民族工作会议的筹备工作,开好中央民族工作会议,抓好会议精神的贯彻落实。这是国家民委今年工作的头等大事,是贯穿全年工作的主线。会议将全面总结建国以来特别是党的十一届三中全会以来我国民族工作的伟大成就和基本经验,确定面向新世纪民族工作的大政方针和主要任务。国家民委党组要求各级干部要从政治高度充分认识召开中央民族工作会议的重要意义,精心组织、统筹安排、全力以赴。通过会议筹备工作,统一思想,提高认识,统一行动。会后,抓好会议精神的贯彻落实。

2. 全面推进民族团结进步事业,筹备并开好国务院第三次全国民族团结进步表彰大会。把开展民族团结进步活动与建国50周年庆祝活动紧密结合起来,进一步激发各族人民热爱社会主义祖国的热情;把开展民族团结进步活动与发扬伟大的抗洪精神结合起来,进一步增强中华民族的凝聚力;把开展民族团结进步活动与深入学习江泽民总书记在新疆考察时发表的重要讲话精神结合起来,使各族人民牢固树立"三个离不开"的思想。总结、宣传、推广民族团结进步的先进经验和模范事迹,把民族团结进步事业不断推向前进。

3. 解放思想,开拓创新,努力促进民族地区的经济发展。重点做好少数民族和民族地区在发展社会主义市场经济进程中有关重大问题的调查研究,为中央决策服务;积极推动以兴边、富民、强国、睦邻为宗旨的"兴边富民工程";协助有关部门加快民族地区实施国家"八七"扶贫攻坚计划,加大扶贫攻坚支持力度,加快民族地区脱贫致富步伐;加强牧区经济研究,筹备召开关于牧区发展的专题会议;积极促进发达地区与民族地区的经济技术协作和对口支援,推进少数民族和民族地区的科技进步和改革开放。

4. 积极促进民族法制建设,依法协调社会主义民族关系。积极参与修改《民族区域自治法》,促使这项工作能够迈出实质性步伐;按照党的十五大关于健全社会主义法制的要求,协助有关部门加强民族立法,使民族工作逐步走上法制化轨道;加大民族法律法规的宣传普及力度,促进全社会知法守法;总结建国50年来民族法制建设的成就和经验,检查民族政策法规的贯彻执行情况;加快《中华人民共和国少数民族语言文字法(草案)》起草步伐;积极参与制定《散居少数民族权益保障法》,开好城市民族工作座谈会。

5. 大力发展民族教育,保护和弘扬民族优秀传统文化,促进少数民族和民族地区的社会主义精神文明建设。深入研究民族教育发展中的一些突出问题,为制定进一步发展民族教育的政策措施提供依据;按照"科教兴国"的战略要求,积极探索办好民族院校的新路子,培养适应社会主义市场经济需要的各类人才,积极支持中央民大通过"211"工程立项;筹备第三次全国民族教育工作会议;认真总结建国50年来民族文化工作的伟大成就和基本经验,研究加快民族优秀传统文化发展的具体措施,进一步繁荣民族文艺创作;办好第六届全国少数民族传统体育运动会,推动少数民族传统体育活动的蓬勃发展;加快《少数民族古籍总目》的编纂工作,完成《少数民族古籍集成》(汉文版)的编辑出版工作。

6. 加大培养选拔少数民族干部工作的力度,不断提高民族干部素质。与有关部门共同召开培养选拔少数民族干部工作座谈会,总结建国以来特别是党的十一届三中全会以来培养选拔少数民族干部工作的经验,提出进一步加大培养选拔少数民族干部工作力度的措施；加大少数民族干部到中央国家机关和经济发达地区挂职锻炼工作的力度，使更多的民族干部得到锻炼和提高；加强委机关和直属事业单位领导班子建设和干部队伍管理，搞好干部人事制度改革试点；加强民委系统干部培训工作，拓宽培训渠道，逐步形成包括党政干部、专业技术干部、企事业管理干部在内的干部培训体系。力争把中央民族管理干部学院办成培训民族干部的基地。

7.进一步做好国际交流、合作与涉外工作。加大对民族政策和民族工作成就的对外宣传力度，拓展民族工作对外交流与合作领域，协助有关部门继续做好国际人权斗争中涉及民族问题的工作。做好涉台工作和澳门回归有关工作。

8.加强机关建设，严格制度管理，提高干部队伍素质和国家民委工作的整体水平。在处以上党政领导班子、领导干部中扎实开展以“讲学习，讲政治，讲正气”为主要内容的党性党风教育，增强党性，端正党风，增强大局意识、团结意识、服务意识；抓好广大党员“学理论，学党章”活动，认真落实党风廉政建设工作责任制，坚决同腐败现象作斗争；开展“三优一满意”活动；积极争取资金，加大对委属单位基础设施和职工住宅建设的投入；做好离退休干部工作，围绕“国际老年人年”的主题，开展尊老敬老活动；进一步改善机关后勤服务工作；充分发挥工会、共青团等组织的作用。

9.迎接建国50周年，精心办好各项活动。按照隆重热烈、规模适度、注重效果、注意节俭的原则，组织好全国少数民族国庆参观团；完成庆祝建国50周年成就展民族部分筹展任务；与有关部门共同举办全国少数民族和民族地区名优产品博览会；编辑和出版有关民族工作50年成就和经验的书籍、资料等。

国家民委关于授予吴登云民族团结进步模范称号的决定

（1999年5月12日）

卫生部：

你部推荐新疆维吾尔自治区乌恰县人民医院院长吴登云为民族团结进步模范的函收悉。经研究，同意授予吴登云同志民族团结进步模范称号。

吴登云同志60年代初自愿要求到条件艰苦的新疆支援建设，在高寒缺氧的帕米尔高原，一干就是36个春秋。为从根本上解决少数民族地区缺医少药的状况，他手把手毫无保留地将医疗技术传授给当地的柯尔克孜族医生；他视少数民族病人为亲人，几十次为少数民族患者献血；当少数民族患者遇到困难时，他主动为他们送医送药、送钱送物，受到当地少数民族群众的敬仰和爱戴，成为民族团结进步的楷模。

吴登云同志虽然是一名汉族干部，但长期扎根边疆，无私奉献，全心全意为少数民族服务，为民族团结进步事业做出了突出贡献。根据吴登云同志的事迹，国家民委决定授予吴登云同志民族团结进步模范称号。希望各族干部群众以吴登云同志为榜样，全心全意为人民服务，努力为民族团结进步事业做贡献。

民政部、国家民委、卫生部关于国务院《殡葬管理条例》中尊重少数民族的丧葬习俗规定的解释

（1999年6月10日）

各省、自治区、直辖市民政厅（局）、民（宗）委（厅、局）、卫生厅（局）：

国务院《殡葬管理条例》颁布实施以来，一些地方在实施过程中遇到如何理解和执行有关“尊重少数民族的丧葬习俗”规定的问题，现就有关问题解释如下：

一、在殡葬管理中要尊重少数民族保持或者改革自己丧葬习俗的自由。

二、在火葬区，对回、维吾尔、哈萨克、柯尔克孜、乌孜别克、塔吉克、塔塔尔、撒拉、东乡和保安等10个少数民族的土葬习俗应予尊重，不要强迫他们实行火葬；自愿实行火葬的，他人不得干涉。

三、对患有鼠疫、霍乱、炭疽死亡的病人遗体，按照《中华人民共和国传染病防治法》的规定，必须立即消毒，就近火化。

对患其他传染病死亡的上述10个少数民族的病人遗体，凡是在其户口所在地死亡的允许土葬，但要按规定对遗体进行严格消毒后，原则上，就地、就近尽快深埋，不得将遗体运往外地。自愿要求火葬的，他人不得干涉。

中共国家民委直属机关纪律检查委员会关于加强国家民委机关工作人员廉洁自律工作有关问题的通知

（1999年7月9日）

委机关各部门：

为了巩固和发展“三讲”教育成果，进一步加强机关党风廉政建设，改进工作作风，树立国家民委机关的良好形象，根据国家民委整改方案，对委机关全体工作人员在廉洁自律方面重申几项规定，现通知如下：

一、在公务活动中，不能接受地方、下属单位和个人赠送的礼品、礼金、有价证券和土特产品。

二、不能向地方、下属单位索取钱物。

三、不能接受地方、下属单位可能影响公正执行公务的宴请和高消费娱乐活动。

四、不准要求地方、下属单位为自己、亲属和子女安排旅游活动。

委机关全体工作人员要严格遵守上述规定，如有违犯，一经查实，将严肃处理。

国家民委办公厅、直属机关党委关于国家民委机关开展“三优一满意”活动的实施意见

(1999年7月12日)

为进一步加强机关建设,改进机关作风,提高工作效率,依法行政,依法管理,建立高素质的公务员队伍,树立国家民委机关的良好形象,经委党组同意,决定在机关开展以创建“优质服务、优良作风、优美环境的文明机关,做人民满意的公务员”为主题的群众性精神文明建设活动(简称“三优一满意”活动)。

一、主要目标

大力倡导优质高效的工作作风,创造文明和谐的工作环境,营造健康向上的文化氛围,使委机关成为顾全大局,主动为党中央、国务院,为少数民族和民族地区,为委属单位和有关部门提供优质服务的机关;成为体现勤政务实、廉洁高效、密切联系群众优良作风的机关;成为具有朴实庄重、整洁卫生、工作秩序井然等良好形象的机关。使每一个公务员都成为政治合格、忠于职守,勤奋务实、业务精通,联系群众、谦虚谨慎,依法行政、克己奉公,全心全意为各族人民服务的勤务员。通过开展“三优一满意”活动,形成内强素质、外塑形象的氛围,促进两个文明建设的协调发展,努力开创民族工作的新局面。具体目标如下:

(一)优质服务。

一是保证上情下达,不折不扣地贯彻执行党中央、国务院的指示,胸怀大局,维护中央的权威,保证政令畅通。二是保证下情上达,及时准确地反映民族地区和委属单位的情况,为党中央、国务院和委党组决策提供科学依据。三是热情为基层服务、为群众服务,做到“三心”、“五不”,即热心、耐心、细心和不推诿、不扯皮、不拖沓、不应付、不刁难。符合政策规定的事,要公正高效地办好;不符合政策规定的事,要做好耐心细致的解释工作;违反国家法律的事,坚决不办。四是规范公文处理,严格控制会议,消除“文山会海”,认真履行岗位职责,提高工作效率。五是加强协作与配合,机关各部门要互相支持,互相配合,互通信息,取长补短,体现“一盘棋”思想。

(二)优良作风。

一是认真学习马列主义、毛泽东思想和邓小平理论,学习党的路线方针政策,学习民族工作所需要的新知识,树立努力钻研业务的风气。二是密切联系群众,勤政为民,不摆官架子,不说大话、空话,反对形式主义,树立求真务实的风气。三是严以律己,公道正派,廉洁奉公,坚决反对以权谋私,不接收礼品、礼金,不参加有碍公务的宴请,树立清正廉洁的风气。四是谦虚谨慎,举止文明,彻底改变“门难进、脸难看、话难听、事难办”的“衙门作风”,树立热情服务的风气。五是一切从实际出发,研究新情况、解决新问题,树立调查研究、积极探索的风气。

(三)优美环境。

一是办公楼物业管理规范,严格规章制度,公共场所洁净美观。二是办公秩序严谨,内部环境整齐,桌面地面干净整洁,文件资料摆放有序,办公设备性能良好。三是外部环境井井有条,机动车辆、自行车停放有序,公共场所整洁卫生。四是工作人员衣着整洁,仪表端庄,举止文明,人际关系团结和谐。五是机关院内绿化美化,三季有花,四季见绿。

(四)人民满意的公务员。

一是忠于祖国,忠于人民。维护国家统一、民族团结和社会稳定,维护国家安全、荣誉和利益,维护政府尊严,不得有损害政府的行为;一切从人

民的利益出发,全心全意为人民服务,争做人民满意的公仆,牢固树立正确的世界观、人生观、价值观。二是廉洁高效,恪尽职守。廉洁自律,克己奉公,秉公办事,不徇私情,自重、自省、自警、自励;忠实履行职责,讲求效率,提高质量。三是遵纪守法,依法行政。遵守宪法、法律、法规和国家的方针、政策,维护国家法制的统一,严守国家秘密,遵守社会公德;依法执行公务,严格按照法定的职责权限和工作程序办事。四是服从命令,顾全大局。严格执行政府的决定、命令和指示,确保政令畅通、令行禁止;树立全局观念,自觉服从和服务于大局。五是实事求是,团结协作。一切从实际出发,注重调查研究,不搞形式主义,讲真话,言行一致;团结协作、勇于负责、不推诿和扯皮。六是联系群众,艰苦奋斗。关心群众疾苦,倾听群众意见,接受群众监督,反对特权思想和官僚主义;厉行节约,反对奢侈浪费,勤俭办事,积极进取,勇于开拓。七是努力学习,提高素质。跟踪社会发展,努力学习政治理论、科学文化知识和本职工作所需要的相关知识;加强自身素质修养,提高行政管理水平和为人民服务水平。八是谦虚谨慎,举止文明。正确对待成绩和荣誉,不骄不躁,主动纠正自身的缺点和错误;执行公务时,举止端庄、仪表整洁、言行礼貌。

二、主要措施

(一)建立工作责任制。

1.创建优质服务的工作由办公厅负责。主要开展抓工作质量、抓工作纪律、抓机关形象的活动。

抓工作质量,主要是规范工作程序、提高公文质量、严格控制会议、健全工作制度、提高工作效率。

抓工作纪律,主要是严格考勤制度、规范办公秩序、严格保密工作。

抓机关形象,主要是改变服务态度,热情为基层、群众和机关服务。

2.创建优良作风的工作由机关党委负责。主要是加强理论学习、进行思想教育、开展思想政治工作、活跃机关文化生活。

加强理论学习,主要是组织学习马列主义、毛泽东思想和邓小平理论;学习党的路线、方针、政策;学习本职工作需要的现代新知识。坚定政治理想和信念,掌握科学的方法论,增强贯彻执行党的基本路线的自觉性。

进行思想教育,主要是开展党的路线方针政策教育、形势教育、爱国主义教育、党性党风党纪教育、职业道德教育。

开展思想政治工作,主要是做好维护社会稳定工作、把握群众的思想动态、加强深化改革中的思想政治工作。

活跃机关文化生活,主要是发挥工、青、妇群众组织的作用,开展丰富多彩的文体活动。

3.创建优美环境的工作由机关服务中心负责。主要是办公楼的物业管理、机关院内的绿化美化、公共场所管理工作。

(二)制定部门行为规范。

各司、室、厅、局要结合本部门的实际,制定开展"三优一满意"活动的奋斗目标、行为规范、操作规程,确定本部门创建活动的具体内容,并提出创建活动的具体方式和措施,抓好落实。

(三)选好突破口。

开展"三优一满意"活动,要分阶段进行,层层推进,逐步发展。目前,以解决"三讲"教育中群众反映出机关建设存在的突出问题为突破口,重点抓好以下工作,逐步推动此项活动向纵深发展。

1.开展热情服务活动。从小事入手,从现在做起,接好每一个电话,接待好每一位同志,说好每一句话,办好每一件事,干好每一天工作,从而形成一种积极向上,朝气蓬勃,服务热情,尽职尽责的良好风气,达到转变机关作风、提高服务质量的目的。(办公厅负责)

2.开展检查工作纪律活动。建立考勤制度,每天检查出勤情况,每月公布检查结果,激励先进,鞭策后进,逐步把遵守工作纪律变为全体干部职工的自觉行动,促进机关作风的根本性转变。(办公厅负责)

3.开展丰富多彩的文体活动,寓教于乐,陶冶情操。每三年举办一次职工运动会,每年春秋两季组织郊游活动,每半年举办一次小型运动会,每月组织一次舞会,动员和组织全体职工每天坚持做广播体操。(机关党委负责)

4.开展调查报告宣讲活动。大力倡导深入基层开展调查研究,及时研究民族地区出现的新情况、新问题,提出对策,写出有深度、有分析、有建议的调查报告。每半年组织一次调研报告宣讲会,汇报调研成果,评选优秀论文,为党组决策提供依据,促进调研成果的深化和转化。(民研中心、办公厅负责)

5. 开展卫生评比活动。主要是每月组织一次机关卫生检查,评选卫生标兵,悬挂流动红旗,以促进人人讲究卫生、共同维护环境整洁良好习惯的形成。(办公厅负责)

(四)评选文明处室、优秀公务员。

每年底结合年终工作总结和公务员考核,对照“三优一满意”标准,在全机关评选文明处室和优秀公务员,颁发荣誉证书。评选结果作为年终考核优秀等级条件。

三、加强领导

“三优一满意”活动是加强机关精神文明建设的一项长期任务,必须加强领导,常抓不懈,抓出实效。

1. 在国家民委精神文明建设领导小组领导下,成立由直属机关党委、办公厅、人事司、监察室、机关服务中心参加的机关“三优一满意”活动协调小组,机关党委书记任组长,成员由以上各单位负责同志组成。协调小组成员明确分工,各负其责,落实到人。

2.“三优一满意”活动协调小组,要定期对开展活动的情况进行检查评议,分析开展活动的形势,改进工作方法,调整活动内容,督促有关处室进行整改,及时总结经验,不断提高活动质量。

3. 各部门党组织要加强对这一活动的领导,一把手要切实负起领导责任,精心安排,精心组织,经常听取服务对象的意见,开展自查自纠,保证“三优一满意”活动深入开展。

国家民委机关“三优一满意”活动协调小组及办公室组成人员

“三优一满意”活动协调小组

组　长:郝文明

成　员:王福临　李瑞志　李建辉　唐建新　王云涛

“三优一满意”活动协调小组办公室

主　任:李瑞志(兼)

副主任:王云涛(兼)

成　员:唐笑武　马继祖　李春林　赵崇明　涂志民

中共国家民委党组关于加强国家民委党组中心组理论学习的规定

(1999年7月26日)

为贯彻落实《中共中央关于在全党深入学习邓小平理论的通知》精神,健全党组中心组理论学习制度,进一步提高领导干部的理论素养,增强科学决策能力,推进领导班子的理论建设和作风建设,带动全委的理论学习,特作如下规定:

一、党组中心组成员组成

党组中心组是新时期党的领导干部理论学习中创造的一种新的组织形式。我委党组中心组由党组成员、民委专职委员组成。根据学习内容和形势的需要可扩大到司局级领导干部。

党组书记担任中心组的组长,作为中心组理论学习的第一责任人,要带头学、亲自抓。不仅主持每次的学习,而且要结合工作实际对中心组成员出题目、下任务、提要求,要检查学习效果。

由办公厅、机关党委、民研中心等单位组成学习秘书班子,负责党组中心组理论学习活动的具体事务和提供必要的学习资料。

二、学习内容

根据中共中央《通知》精神,结合党组实际情况,党组中心组理论学习的主要内容为:马列主义、毛泽东思想特别是邓小平理论;党的路线方针政策,党中央、国务院文件、指示和有关时事政治;民族理论和民族、宗教知识;现代科学管理、经济、科技、法律等知识。

三、学习方法

党组中心组的理论学习,以集中学习为主。针对委党组领导工作忙、任务重、头绪多的实际情况,采取三结合:

(一)自学与集中研讨相结合。每次在自学的基础上,重点研究一、两个问题,集中开展讨论,深化理论学习,解决学习与工作的矛盾。

(二)学习与调研相结合。在集中学习前,结合各自分管的工作实际进行调查研究,深入思考,写出理论联系实际的学习体会。

(三)读书与辅导相结合。不定期地请专家学者作辅导,扩大知识面,提高学习质量。

四、学习制度

加强制度建设是学好理论的重要保证。根据中央要求,要完善三项制度:

(一)集中研讨制度。党组中心组每年用于集中研讨的时间总共不少于15天。每年要组织两次集中学习,每次不少于3天,要扩大到机关司局长和直属单位领导。

(二)情况通报制度。除特殊情况外,集中研讨后都要向下通报学习情况,这有利于增强党组中心组在理论学习上的影响力和推动力。

(三)经验交流制度。党组中心组对委属党委中心组的学习情况,要建立健全检查汇报制度,适时召开规模和范围不等的学习经验交流会。

除此之外,坚持重要文件及时传达,不定期举办形势报告、新知识讲座等。

五、学习要求

(一)进一步提高对党组中心组理论学习地位和作用的认识,要把党组中心组的理论学习作为一项重要工作抓好、抓出成效,更好地推动全委的理论学习。

(二)发扬理论联系实际的学风,提高学习质量。学习马克思主义,一定要以改革开放和现代化建设中的实际问题、以正在做的事情为中心,着眼于马克思主义理论的运用,着眼于对实际问题的理论思考,着眼于新的实践和新的发展。领导干部要在这方面带好头、作表率,把全委的理论学习提高到新水平。

(三)自觉遵守学习制度,保证学习活动正常有序,使中心组理论学习逐步制度化、规范化。党组中心组每个成员都要站在面向世界、实现社会主义现代化建设宏伟目标的高度,增强历史使命感和责任感,自觉学好理论。

中共国家民委党组
关于加强干部队伍建设的措施

(1999年7月26日)

在这次"三讲"教育过程中,大家对我委干部培养、选拔、管理及队伍建设方面提出了一些意见。对此,委党组十分重视。根据大家提出的意见和"三讲"整改要求,经过认真分析、研究,现提出如下整改措施:

一、进一步学习贯彻干部选拔管理的有关规定

《党政领导干部选拔任用工作暂行条例》(中

发[1995]4号)、《国家公务员暂行条例》和中共国家民委党组制订颁发的《国家民委直属单位领导干部选拔任用暂行办法》(民党字[1999]3号)、《国家民委机关人事管理办法》(民党字[1999]4号)是加强我委领导干部选拔任用工作、规范机关人事管理的法规性文件,比较全面具体、严谨规范,体现了党和国家干部人事管理的经验和干部人事制度改革的精神,基本涵盖了干部人事工作的方方面面,具有科学规范的操作性和监督性。党组拟将这四个文件内容列入中心组学习计划和委党组管理干部的学习、培训规划中,每年利用一定时间组织广大干部认真学习、深刻领会。对这些文件内容,要做到领导熟悉,一般群众了解,组织人事部门精通。各级领导要带头坚持制度,组织人事部门严格按制度办事,广大职工要自觉进行监督。对违反上述文件规定的现象给予严肃处理。

二、加强和完善干部培训工作

委干部培训工作领导小组已根据1998年第39期党组会议纪要关于"按照中央有关要求切实抓紧抓好干部培训工作"的精神,召集有关部门对我委干部培训工作进行了专门研究。现正抓紧起草《国家民委干部培训工作若干问题的实施意见》,就干部培训范围、培训基地、培训要求、培训内容、培训机构、培训形式、培训经费等七个方面提出明确意见。今后对我委管理的干部重点进行三个方面的培训:一是加强对马列主义、毛泽东思想和邓小平理论的学习教育;二是加强民族理论和民族政策的学习教育;三是加强现代科学知识的教育和基本技能的培训。要积极举办各种形式的研究班、研讨班、培训班、专题讲座,不断提高干部素质。鼓励干部接受高层次的学历教育并在经费上给予支持。着手建立司处级干部培训档案,机关干部、所属单位党政领导干部和后备干部每年要有一个月左右的培训时间;司局级领导干部五年内要参加一期三个月以上的脱产学习。要逐步建立干部考学制度,将干部使用同学习培训结合起来。凡不积极参加组织选派学习的或政策理论水平较低、文化素质较差,不适应工作要求的,不得提拔使用。

三、深入进行干部人事制度改革

根据党的十五大精神和有关部门的要求,人事司正着手起草《关于深化国家民委干部制度改革若干问题的实施意见》,对加强干部考核、推行竞争上岗和公开选拔工作、试行干部试用期制、诫勉制等,将作出更明确的规定。其基本思路是:扩大民主,引进竞争激励机制。按照《关于进一步做好公开选择领导干部的通知》(中组发[1999]3号)和《关于党政机关推行竞争上岗的意见》(组通字[1998]33号),探索我委公开选择领导干部的路子,把公开选拔同解决选人难的问题结合起来,加大机关竞争上岗的力度;逐步推行试用期制度,对试用期内不能胜任工作、群众意见较大的,要免去职务;完善干部考核制度,对委属单位领导班子和领导干部的考核,在继续做好届中考核、任职考核的同时,由委党组组织力量进行年度考核(此项考核原来由各单位自己组织)。

积极引导和督促事业单位的机构改革。教育事业单位要精简机构,分流富余人员,提高师生比率;文化事业单位要改革国家包得过多、管得太死的管理体制和人员臃肿、缺乏竞争的运行机制。党组积极支持事业单位内部机制改革,在机构设置方面,不搞一刀切,不搞上下对应。同时,所属单位在机构改革的问题上,要消除等、靠、要的思想,勇于探索和实践,学习借鉴其他部门事业单位改革成功的经验,联系本单位的实际,制定出切实可行的改革措施并加以实施。

四、严格执行干部交流政策。

认真执行《党政领导干部交流工作暂行规定》(中办发[1999]16号),切实做好干部交流工作。凡是文件规定范围内的交流对象都要有计划地进行交流。干部交流工作主要在委机关与所属单位、委机关内部司厅、所属单位之间进行。把干部交流工作同加强领导班子建设结合起来,对有些单位主要领导到期没有合适接替人选的,要通过交流的办法加以解决。任何单位和个人必须坚决执行干部交流的有关规定,干部必须服从组织作出的交流安排。

中共国家民委党组关于转变机关工作作风提高办事效率的意见

(1999年7月29日)

为进一步加强国家民委机关建设,树立中央国家机关良好形象,在深入开展"讲学习、讲政治、讲正气"教育的基础上,就切实转变机关工作作风,提高办事效率,提出以下意见。

一、认真学习,提高认识

各级公务员要认真学习《国务院关于克服官僚主义进一步转变工作作风提高办事效率有关问题的通报》(国发[1999]9号,以下简称《通报》)和毛泽东、邓小平、江泽民三代领导核心关于加强作风建设、克服官僚主义的重要论述,深刻领会其精神实质。要以《通报》精神为指导,认真对照检查各自的工作,切实提高思想认识。"三讲"中,讲学习是基础,讲政治是核心,讲正气是根本。要从政治的高度,清醒地看到我委机关存在的官僚主义、推诿扯皮、各行其是等不良作风和它的危害,充分认识到改进机关作风的重要性和迫切性。中央国家机关的风气好坏,是关系到党和政府形象的大问题,如果让不正之风继续发展下去,将会严重影响政府的办事效率,削弱党和人民群众的联系,动摇党和国家的政治和社会基础,妨碍社会主义现代化目标的实现,甚至会威胁到国家政权的稳固和广大人民群众的根本利益。为此,各部门要认真总结经验教训,采取有效措施,坚决克服官僚主义作风,进一步转变职能,转变工作方式和工作作风,提高办事效率。

二、加强调查研究,转变工作作风

民族问题十分复杂、非常敏感,民族工作浩繁而艰巨。在由计划经济向市场经济体制转轨过程中,少数民族和民族地区面临一系列的新情况、新问题,需要我们作深入的调查研究和理性思考,从中找出妥善解决问题的办法。要切实重视调查研究,把调查研究上升到坚持党的实事求是的思想路线高度来对待;作为开展民族工作的基本方法长期坚持;当作转变机关作风的有效途径来抓;当作培养干部、锻炼干部、发现人才的重要手段来抓。要把有无调研成果,作为衡量每个部门、每个公务员政绩的一把尺子和考核干部的重要标准。坚持理论联系实际和求真务实的作风,深入实际、深入基层、深入群众,严禁虚报浮夸、欺上瞒下。健全领导出差书面汇报制度,委领导向党组汇报,部门负责人向分管委领导汇报。严格控制召开会议,切实改变文山会海、繁文缛节和一般性的应酬,克服形式主义和官僚主义,把精力真正集中到研究和解决实际问题上来。

三、增强感情,全心全意为各族人民服务

全心全意为人民谋利益是我们党全部工作的出发点和归宿点,是我们的立党之本、执政之本。政治问题主要是对人民群众的态度问题,同人民群众的关系问题。民族工作是一项政治性、政策性强,涉及亿万群众的工作。这要求我们在工作中必须树立群众观点,坚持群众路线,增强服务意识,全心全意为少数民族和民族地区服务,坚持维护人民群众的利益。共产党来自人民,公务员是人民的公仆,只有全心全意为人民服务,才能得到人民的拥护,也才能体现出个人的最大价值。公务员的一切权力都是人民赋予的,只能用来为人民办事,而不能用来为个人谋取私利。为人民服务,最基本就是要扎扎实实做好本职工作,把全心全意为各族人民服务同对国家高度负责有机地统一起来,并贯穿到实际工作中,落实到具体行动上。要以满腔的热情从事民族工作,对少数民族和民族地区充满深厚的感情,想少数民族之所想,急少数民族之所急,以群众赞成不赞成、高兴不高兴作为自己的行为准则,真心诚意为少数民族和民族地区办实事、办好事。切实做好接待工作,按照《国家民委接待京外领导暂行办法》规定提供优质服务。认真做好少数民族群众信访接待工作。

四、增进团结,形成工作合力

国家民委是做民族团结工作的,要加强各民族的大团结,民委本身要搞好团结。现代社会的重要标志之一就是分工愈来愈精细,合作愈来愈密切。民委机关是个民族大家庭,各民族干部都有,很多工作需要大家相互配合才能完成,因此搞好团结尤为重要。团结就是形象,团结就力量,团结就是水平。做好团结工作,一把手起关键作用,负有主要责任。一把手要特别注意带头做好团结的工作,学会并善于做团结工作。要认真执行党的民主集中制原则,正确处理下级与上级、个人与组织、"班长"与领导班子成员之间的关系,积极开展健康的思想斗争,维护和加强党的团结。要认真倾听群众呼声,正确对待群众意见,最大可能地调动群众的积极性,充分发挥集体的作用,真正使领导班子和全体干部群众心往一处想,劲往一处使,形成一个奋发进取、充满生机、作风扎实的坚强集体,齐心协力推进民族工作。

五、加强思想政治工作,促进机关精神文明建设

要认真组织党员、干部学习马列主义、毛泽东思想特别是邓小平理论,用科学的理论武装头脑,反对形形色色的唯心主义和封建迷信,树立正确的世界观、价值观、人生观。要结合民族工作实际,重点学习邓小平的民族理论,在把握基本原理和精神实质上下功夫,做到学以致用。切实加强各级党组织建设,按照《中国共产党章程》和《中国共产党党和国家机关基层组织工作条例》的要求,严格组织生活,坚持"三会一课"和"一岗双责"制度,充分发挥党支部的战斗堡垒作用、党员的先锋模范作用和领导干部的表率作用。要有针对性地做好新形势下的思想政治工作,经常对党员干部进行形势教育、无神论教育、政策法规教育、爱国主义教育。认真落实委党组《关于在国家民委机关开展"三优一满意"活动的实施意见》,大力倡导优质服务和优良作风,创造文明和谐的工作环境,争作人民满意的公务员。开展丰富多彩的文体活动,活跃机关职工的文体生活,营造健康向上的文化氛围,增强广大干部群众的集体观念和凝聚力,促进机关精神文明建设不断发展。

六、清正廉洁,树立中央国家机关良好形象

廉洁自律,是国家对每个公务员特别是党员领导干部的基本要求。各级领导干部要从政治的高度,从攸关党和国家前途命运的高度,充分认识党内腐败的危害性。按照中纪委、监察部关于《廉洁从政若干准则》和《国家民委党风廉政责任制实施办法》的规定,正确行使人民赋予的权力,严于律己,廉洁奉公,依法办事,不循私情,做到自重、自省、自警、自励。人民群众最喜欢干事的领导,最敬佩廉洁公正的领导。各级干部要时刻牢记自己是共产党员、是国家公务员、是人民的公仆,按照党章要求和公务员管理暂行条例规定,认真履行职责,自觉抵制腐败和同腐败现象作坚决斗争。领导干部要以身作则,起模范带头作用,用自己的言行,影响和带动广大干部群众,扎扎实实做好本职工作,共同努力把国家民委建设成为高效廉洁的国家机关。

七、严肃纪律,提高工作效率,保证政令畅通

对于党中央、国务院的大政方针,要坚决地不折不扣地贯彻执行。对于委党组的决定和委领导交办的重要事项,部门主要负责同志要亲自抓,遇有问题要直接出面协调,不能因部门之间推诿扯皮而延误工作。各部门要严格按有关规定和程序办文、办会、办事,不压文、不误事。要注意加强部门间的协调和配合,提高公文处理效率和质量。在办理公文和处理问题时,如遇涉及其他部门职能的事项,主办部门要主动征求有关部门的意见,认真进行协商,协办部门要积极配合。凡未经有关部门主要负责同志认真研究、充分协商的问题不得上报委领导或党组。本委主办的公文涉及国务院其他部门职能时,要按《通报》有关要求主动与相关部门协商,经协商仍不能达成一致意见的问题,必须明确、具体地列举有关部门不同意见的论据,报国务院裁决。严格按照《通报》中规定的时限处理公文,对党中央、国务院交办的公文,必须在两周内回复,对各部委之间征求意见或会签文件的办理,必须在七个工作日内予以答复,对各地方和委直属单位的来文,一般在15日内作出处理。对于紧急公文坚持急事急办、特事特办的原则进行妥善处理。凡没有正当理由拖延不办、贻误时机,造成损失的,要追究部门主要领导和经办人的责任。严肃机关纪律,严格执行8小时工作制度,切实改变开会拖拉等自由散漫现象。

八、健全规章制度,落实领导责任制

各部门要紧密结合各自实际,制定克服官僚主义、转变工作作风、提高办事效率的切实可行的改进措施和办法,建立健全各项规章制度。严格实行主要领导负责制,切实承担起第一责任人的责任。一把手要以身作则,坚持一级抓一级,一级带一级,各司其职,各负其责,在各自职权范围内,独立负责地做好工作。各级公务员要依法执行公务,严格按照法定的职责权限和工作程序办事。在机关宏观管理上,切实做到公文处理、重大活动安排、财务收支管理三个统一。严禁各自为政、各行其是,努力发挥全委整体功能,提高国家民委科学管理水平和工作效率。

九、进一步健全和完善督促检查制度

办公厅要加强对贯彻落实党中央、国务院大政方针和执行委党组重大决定情况的督促和检查,健全完善有关制度。对重大决策贯彻落实情况的督促检查,要指定专人负责,做到事事有着落,件件有结果。督查工作要坚持实事求是,讲求时效,防止形式主义,不做表面文章。对于违反有关规定的部门和个人要予以通报和处理。办公厅要定期向委党组、委领导报告对中央大政方针、委党组重大决定、委领导重要批示及交办事项的贯彻落实情况。

十、加强信息工作,搞好保卫保密工作

强化现代办公意识,进一步加强信息工作,积极挖掘信息资源,提高信息利用率。严格按照《保密法》等有关法规,切实做好保密工作,自觉履行党员、公务员应尽的职责,做到不泄密、不失密。加强值班工作,完善有关制度。对可能发生的重大事件要有预案,对重要情况要有敏锐性,并及时报告、妥善处理,保证机关办公秩序正常有效的运转。

国家民委机关公文处理实施细则(修订)

(1999年7月29日)

第一章　总　则

第一条　为做好国家民委机关公文处理工作,使之规范化、制度化、科学化,根据《国务院工作规则》(国发[1998]9号)、《国家行政机关公文处理办法》(国办发[1993]81号),结合我委工作实际,特修订本实施细则。

第二条　国家民委机关的公文(包括电报,下同),是国家民委在管理国家民族事务过程中所形成的具有法定效力和规范体式的公务文书,是传达贯彻党和国家关于民族工作的方针、政策,发布行政法规和规章,施行行政措施,请示和答复问题,指导、布置和商洽工作,报告情况,交流经验的重要工具。国家民委工作人员要以高度负责的精神,认真做好公文处理工作,更好地为民族团结进步事业服务,为社会主义现代化建设服务。

第三条　委机关各司、室、厅、局的综合处(文件档案处)或具有综合职能的处是本部门公文处理的管理机构,办公厅主管全委的公文处理工作,并负责指导委属各单位的公文处理工作。

第四条　委机关各司、室、厅、局的综合处(文件档案处)或具有综合职能的处作为文秘部门,具体负责公文处理工作。文秘人员应当忠于职守,廉洁正派,具备有关专业知识。

第五条　公文处理必须做到及时、准确、安全。公文由文秘部门统一收发、分办、传递、用印、立卷、归档和销毁。公文运转要快,办文质量要高,行文要少而精、注重效用。

第六条　公文处理必须严格执行国家保密法律、法规和有关保密规定,确保国家秘密安全。

第二章　公文种类

第七条　国家民委机关的公文种类主要有：

一、命令(令)

依照有关法律规定发布行政法规和规章，宣布施行重大强制性行政措施，奖惩有关人员，撤销下级机关不适当的决定，用“命令(令)”。

二、决定

对重要事项或重大行动作出安排，用“决定”。

三、指示

对下级机关布置工作，阐明工作活动的指导原则，用“指示”。

四、报告

向上级机关汇报工作，反映情况，提出意见或者建议，答复上级机关的询问，用“报告”。“报告”中不得夹带请示事项。

五、请示

向上级机关请求指示、批准，用“请示”。“请示”的公文一般应一文一事，只写一个主送机关。如需同时送其他机关，应当用抄送形式，但不得同时抄送下级机关。除领导直接交办的事项外，“请示”不得直接送领导者个人。

六、批复

答复下级机关请示事项，用“批复”。

七、通知

指转下级机关的公文，转发上级机关和不相隶属相关的公文，发布规章，传达要求下级机关办理和有关单位需要周知或者共同执行的事项，任免和聘用干部，用“通知”。

八、通报

表彰先进，批评错误，传达重要精神或者情况，用“通报”。

九、函

不相隶属机关之间相互商洽工作、询问和答复问题，向有关主管部门请求批准等用“函”。

十、会议纪要

记载和传达会议情况和议定的事项，要求与会有关单位共同遵守、执行的，用“会议纪要”。

第三章　公文格式及行文规则

第八条　公文一般由发文机关、秘密等级、紧急程度、发文字号、签发人、标题、主送机关、正文、附件、印章、成文时间、附注、主题词、抄送机关、印发机关和发文时间等部分组成。

一、发文机关应当写全称或者规范化简称；联合行文，主办机关应当排列在前。

二、紧急文件应当分别标明“特急”、“急件”；紧急电报应当分别标明“特提”、“特急”、“加急”、“平急”。24小时内要办理的事项发“特提”；3天内要办理的紧急事项发“特急”；其他稍缓事项可发“加急”或“平急”电报。

三、发文字号，包括机关代字、年份、序号。联合行文，只标明主办机关发文字号。

四、上报的公文，应当在首页注明签发人姓名。上报“中共中央、国务院”、“国务院并报中共中央”和“国务院”的公文，由委主要领导同志签发。

报送国务院审批的事项，涉及国务院其他部门职能的，一律先由主办部门负责协商；经协商取得一致意见的，由我委与有关部门会签后联合报国务院审批；经协商仍不能取得一致意见的，主办部门应列明各方理据，提出建设性意见报国务院协调或裁决。报国务院审批的公文，除国务院领导同志交办的外，不得直接报送国务院领导同志个人，一律报国务院。

五、公文标题，应当准确简要地概括公文的主要内容，一般应当标明发文机关，并准确标明公文种类。标题中除法规、规章名称加书名号外，一般不用标点符号。

六、公文如有附件，应当在正文后、成文时间之前注明附件顺序和名称。

七、公文除会议纪要外，应当加盖印章。联合上报的非法规性文件，由主办机关加盖印章。联合下发的公文，联合发文机关都应当加盖印章。

八、成文时间，以领导人签发的日期为准；联合行文，以最后签发机关领导人的签发日期为准。电报，以发出日期为准。签发后的公文如因各种原因超过20天尚未发出的，成文时间由发文单位确定。

九、文件应当标注主题词；上报的文件，应当按照上级机关的要求标注主题词。以委、厅名义行文，公文承办部门及文件内容通过主题词来体现。各部门可据此查找文件和答复询问。代表委机关各部门的主题词为：办公厅—综合，政策法规司—政法,经济发展司—经济,文化宣传司—文宣,教育司—教育,国际司—外事,规划财务司—规划,人事司—人事,驻委监察室—监察,离退休干部局—老干部,民族问题研究中心—民研,机关服务中心—服务,港澳台侨办—港澳台。

十、报送公文的份数:主送“中共中央、国务院”的请示送35份(其中,邀请中央领导出席会议、参加公务活动、题词及关于具体业务事项的请示等送5份),报告送50份(其中,对重要文稿的修改意见、督察专报等送5份);主送“国务院并报中共中央”的文件送30份。报送的文件如有附件,一般应与主件份数相同并尽可能装订在一起,如附件较厚、制作复杂,可送10份。向国务院报送“法规类”请示送45份,其他“请示”送15份,“报告”送20份;向国务院办公厅报送“函”送5份。

第九条　公文用纸一般为16开型(长260毫米、宽184毫米);也可以采用国际标准A4型(长297毫米、宽210毫米)。左侧装订。张贴的公文用纸大小,根据实际需要确定。

第十条　受双重领导的机关上报公文,应根据内容写明主送机关和抄送机关,由主送机关负责答复请示的问题。上级机关向受双重领导的下级机关行文,必要时应当抄送其另一上级机关。

第十一条　凡具有政策性的通知、函及会议通知(人事任免通知除外),须以委或办公厅名义行文。各部门制发的函,用于对外联系,商洽一般性事务和工作,不得以函代文。

第四章　公文办理

第十二条　公文办理分为收文和发文。收文办理一般包括传递、签收、登记、分发、拟办、批办、承办、催办、查办、立卷、归档、销毁等程序;发文办理一般包括拟稿、审核、签发、缮印、校对、用印、登记、分发、立卷、归档、销毁等程序。

第十三条　国家民委机关公文(包括电报)的收发、传递、审核、送签、分办、催办、缮印、用印、归档、销毁,由办公厅文件档案处办理。

第十四条　凡机要收文中需办理的公文,办公厅文件档案处送厅领导签批后交有关部门办理。承办单位应当根据公文的紧急程度和时限要求抓紧办理,不得延误、推诿。对不属于本单位职权范围或者不适宜由本单位办理的,特提、特急件应在2小时内退回交办的文件档案处并说明理由,急件退回时间不得超过4小时,一般件不得超过8小时。绝密电报由专人保管办理,不得延误。传阅的密码电报阅后必须立即退回机要室。

第十五条　草拟公文应当做到:

一、符合国家的法律、法规和方针、政策及有关规定。如提出新的政策规定,要切实可行,并加以说明。

二、情况确实,观点明确,条理清楚,文字精炼,书写工整,标点准确,篇幅力求简短。

三、人名、地名、数字、引文准确。引用公文应当先引标题,后引发文字号。日期应写具体的年、月、日。

四、结构层次序数,第一层为“一、”,第二层为“(一)”,第三层为“1、”,第四层为“(1)”。

五、必须使用国家法定计量单位。

六、公文中的数字,除成文时间、部分结构层次序数和词、词组、惯用语、缩略语、具有修辞色彩语句中作为词素的数字必须使用汉字外,应当使用阿拉伯数码。

七、用词要准确、规范。在使用简称时,应先用全称,并注明简称。

第十六条　以国家民委名义发送的公文必须经拟稿单位的负责文秘工作的人员先行核稿,再交单位领导审签,并由办公厅文件档案处复核后,送委领导签发。以办公厅名义发送的公文,先经拟稿单位的文秘人员核稿后,再交单位领导审签并由办公厅文件档案处复核后送办公厅主任签发。审核或复核的重点是:是否需要行文,是否符合国家的法律、法规和方针、政策及有关规定,是否与有关部门、地区协商、会签,公文内容、文字表述、文种使用、公文格式等是否符合有关规定。如果不符合规定,应视情况或退回拟文单位,或加以修改完善。

已签发的文件,有关人员如发现有不妥之处,应及时提出并报告签发人,以求改正。

第十七条　领导人审批公文要认真负责,主批人要签署自己明确的意见、姓名和时间。其他审批人圈阅,应当视为同意。

第十八条　草拟、修改和签批公文,用笔用墨必须符合存档要求。不得在文稿装订线外书写。

第十九条　国家民委文件，重要的由委主任或主持日常工作的副主任签发，其余的由主管副主任签发，有的可由办公厅主任根据授权签发。

第二十条　委属各单位报委的请示、报告等，由发文单位负责人签发。

第二十一条　涉及国家秘密的公文由拟稿人依据《中华人民共和国保守国家秘密法》、《民族工作中国家秘密及其密级具体范围的规定》等分别标明“绝密”、“机密”、“秘密”，“绝密”、“机密”公文应当标明份数序号。

第二十二条　国务院的发文，除绝密或规定不准翻印者外，根据工作需要，经办公厅负责人批准，可以翻印。但要注明翻印机关、份数、时间和印发范围。密码电报不得翻印、复制。

第二十三条　传递秘密公文，必须采取保密措施，确保安全。不得密电明复、明电密电混用。

利用计算机、传真机等传输秘密公文，必须采用加密装置。绝密级公文不得利用计算机、传真机传输。不得利用接入互联网的计算机处理和存储涉密公文、资料。

第二十四条　经委领导和办公厅领导签发的文稿，需要印制的，一、二校由文印室负责，三校由拟稿部门校对并对签发的文稿负责。重要文稿的打字员和校对员由文印室登记，以备检查。

第五章　公文立卷、归档和销毁

第二十五条　公文办完后，应当根据《中华人民共和国档案法》及其实施办法和有关规定，由拟稿单位及时将公文定稿、正本和有关材料整理立卷，电报随同文件一起立卷，以便保管、查找和利用。立好案卷后，应当确定保管期限，并按规定定期移交档案室。个人不得保存应当归档的公文。

第二十六条　联合办理的公文，原件由主办单位立卷，其他单位保存复制件。公文复制件作为正式文件使用时，应当加盖复制机关证明章，视同正式文件妥善保管。

第二十七条　没有存档价值和存查必要的公文，经鉴别和主管领导人批准，可以定期销毁。销毁秘密公文，应当进行登记，由二人监销，保证不丢失、不漏销。

第六章　附　则

第二十八条　本细则由国家民委办公厅负责解释。

第二十九条　本细则自发布之日起施行。此前委机关有关公文处理的规定，凡与本细则不一致的，以本细则为准。

国家民委、河南省人民政府关于授予郑州市管城回族区民族宗教局等单位和马金永等同志民族团结进步模范称号的决定

（1999年8月18日）

为贯彻党的十五大精神，加强社会主义精神文明建设，进一步巩固和发展平等、团结、互助的社会主义民族关系，促进民族经济文化不断发展，国家民委、河南省人民政府决定对河南省在促进民族团结和发展民族经济文化方面做出突出贡献的单位和个人进行表彰，授予郑州市管城回族区民族宗教局等15个单位民族团结进步模范单位称号，授予马金永等15位同志民族团结进步模范称号。

希望荣获民族团结进步模范称号的单位和个

人，戒骄戒躁，再接再厉，不断取得新成绩。希望全省各族人民以民族团结进步模范为榜样，为维护祖国统一，增进民族团结，促进各民族共同繁荣做出更大贡献。

附：国家民委、河南省人民政府联合表彰的民族团结进步模范集体、模范个人名单

一、模范集体（15个）

郑州市管城回族区民族宗教局

郑州荥阳市民族宗教委员会

平顶山市民族宗教委员会

周口市陈州回族办事处

周口地区项城市民族宗教局

焦作市民族宗教局

商丘市财政局

商丘市民族宗教局

驻马店市王守义十三香调味品集团有限公司

开封市教育委员会

南阳市南召县民族宗教局

南阳市镇平县晁陂镇甲林村党支部

许昌长葛市后河镇小辛庄村

漯河市民族宗教局

洛阳市郊区廛河回族乡人民政府

二、模范个人（15名）

马金永　男　回族　洛阳市民族宗教委员会主任

孙淑玲　女　回族　郑州市二七区民族宗教局局长

娄和彬　男　汉族　平顶山市叶县回民中学校长

方春岭　男　回族　周口地区西华县逍遥回中校长

白虎战　男　回族　焦作孟州市桑坡村党支部书记

陈明功　男　回族　商丘市民族宗教局副局长

陈长江　男　汉族　信阳市民族宗教局调研员

马有兰　女　回族　济源市民族宗教办公室主任

李长江　男　回族　新乡市民族宗教局民族科科长

杜文君　男　汉族　鹤壁市淇县兴业大用有限公司总经理

王俊臣　男　汉族　开封市通许县民族宗教局局长

吴天喜　男　回族　南阳市镇平县贾宋食品系列集团公司经理

闻洪甲　男　回族　南阳邓州市穰东皮毛工艺厂厂长兼党支书

铁绍文　男　回族　许昌禹州市民族宗教局局长

巴钦锡　男　回族　漯河市教育委员会副主任

中共中央统战部、国家民委关于深入学习和贯彻落实中央民族工作会议精神的通知

（1999年10月10日）

各省、自治区、直辖市、计划单列市统战部、民（宗）委（厅、局），新疆生产建设兵团统战部、民委：

在举国欢庆新中国50华诞的盛大节日里，党中央、国务院召开了中央民族工作会议。会上，江泽民总书记、朱镕基总理分别作了重要讲话。会议以邓小平理论和党的十五大精神为指导，总结了50年来民族工作的成就和经验，明确提出了今后一个时期民族工作的指导思想和主要任务，部

署了面向新世纪的民族工作。这次会议的主题是,把加快少数民族和民族地区经济社会发展放到更加突出的战略地位,大力推进民族团结进步事业,积极促进全国各民族共同发展、共同繁荣、共同进步。这对于加强民族团结、维护国家统一、保持社会稳定,推进建设有中国特色社会主义的伟大事业,具有十分重大的意义。

这次中央民族工作会议是世纪之交和千年交替的重要历史关头召开的,是一次继往开来的民族团结进步的盛会,意义深远而重大。贯彻落实好这次会议的精神,是跨世纪民族工作开好头、起好步的关键所在。各级统战部和民委要以这次会议为动力,抓住机遇,奋发进取,扎实工作,努力开创民族工作的新局面。为深入学习和贯彻落实好这次会议的精神,做好跨世纪的民族工作,现就有关问题通知如下:

一、认真学习,广泛宣传会议精神

准确把握会议主题,深刻领会精神实质,是贯彻落实好会议精神的关键。江泽民总书记在会议上的重要讲话,总揽全局,内容丰富,充满了时代感和辩证法,丰富和发展了马列主义、毛泽东思想和邓小平民族理论,是指导跨世纪我国民族工作的纲领性文件。各级统战部和民委要尽快制定学习贯彻这次会议精神的方案,为党委和政府组织学习当好参谋。同时,要通过各种形式,大张旗鼓地宣传这次会议的主要精神,宣传党的民族政策,宣传我国民族工作取得的巨大成就,宣传以江泽民同志为核心的第三代领导集体对少数民族和民族地区的重视和关怀,宣传民族团结进步模范集体和个人的事迹和经验。通过学习和宣传,要达到四个“新的提高”:一是对马克思主义民族理论基本观点的理解要有新的提高;二是对社会主义初级阶段我国民族地区的实际和民族工作重要性、长期性、复杂性的认识要有新的提高;三是对加快民族地区经济社会发展的重大意义和中央战略部署的理解要有新的提高;四是对在新的历史时期以崭新的姿态开创民族工作新局面的积极性要有新的提高。

二、深入搞好调研,切实落实会议提出的各项任务

会议明确提出在国家未来的发展战略中,加快民族地区的发展将摆在更加突出的位置,这不仅是一个重大的经济问题,也是一个重大的政治问题;强调要坚持和完善民族区域自治制度,满腔热情地关心少数民族干部队伍的建设,加强对少数民族干部的培养;强调在当前形势下,加强民族团结,维护社会稳定,意义更为重要;强调坚持和加强党对民族工作的领导,不断提高民族工作的水平。贯彻落实会议精神,要做到从实际出发,分类指导,创造性地开展工作。各地要本着求真务实和创新精神,广泛开展调查研究,深入实际,深入群众,摸清实情,研究问题,切实掌握第一手材料,结合各地、各民族的特点,认真总结经验,研究和确定本地区跨世纪民族工作的任务。各地要按照这次会议的要求,提出切合实际的贯彻意见,把会议精神扎扎实实地贯彻落实到实际工作中。

三、动员各方面力量,共同推进民族工作

民族工作是党的工作的重要组成部分,需要全社会的广泛参与和共同努力。江泽民总书记在这次会议上明确指出:“没有民族地区的稳定就没有全国的稳定,没有民族地区的小康就没有全国的小康,没有民族地区的现代化就不能说实现了全国的现代化。”跨世纪的民族工作任务繁重,单靠一两个部门是不行的。各级统战部和民族工作部门要注意调动方方面面的积极性,通过加强与有关部门的合作,动员各方面力量,形成合力,共同把会议精神贯彻落实好,推动民族工作不断向前发展。

四、抓住机遇乘势而上,开创民族工作新局面

这次中央民族工作会议的召开,对于推动我国民族工作是一次难得的历史机遇。同时,对于提高各级统战部和民委的工作水平,也是一次难得的好时机。贯彻落实好中央民族工作会议精神,民族工作部门责无旁贷。各级民族工作部门在今年第四季度和明年上半年要集中精力抓好以下几件事情:一是抓学习,重点是学习江泽民总书记关于民族问题和民族工作的论述,特别是在这次中央民族工作会议上的重要讲话以及朱镕基总理在会议闭幕时的讲话。二是抓规划制定,中心环节是参与国家“十五”计划和长远规划及各地经济社会发展规划的制定工作。三是抓督促检查。主要是检查这次会议精神的贯彻落实情况,结合实际,搞好调研工作。

各地贯彻落实中央民族工作会议的进展情况,请及时报中央统战部和国家民委。

国家民委、甘肃省人民政府关于授予甘南藏族自治州民族宗教事务局等单位和代茂等同志民族团结进步模范称号的决定

（1998年10月14日）

为贯彻党的十五大精神，加强社会主义精神文明建设，进一步巩固和发展平等、团结、互助的社会主义民族关系，促进民族团结进步事业不断发展，国家民委、甘肃省人民政府决定对甘肃省在促进民族团结进步事业和发展民族经济文化方面做出突出贡献的单位和个人进行表彰，授予甘南藏族自治州民族宗教事务局等41个单位民族团结进步模范单位称号，授予代茂等31位同志民族团结进步模范称号。

希望荣获民族团结进步模范称号的单位和个人戒骄戒躁，再接再厉，不断取得新成绩。希望全省各族人民以民族团结进步模范为榜样，为维护祖国统一，增进民族团结，促进各民族共同繁荣做出更大贡献。

附：国家民委、甘肃省人民政府联合表彰的民族团结进步模范集体、模范个人名单

民族团结进步模范集体、模范个人名单

一、模范集体（41个）

甘南藏族自治州民族宗教事务局
甘南藏族自治州师范学校
夏河县拉卜楞寺管理委员会
武警甘肃省总队玛曲县中队
中共临夏州委组织部
积石山东乡族保安族撒拉族自治县大河家乡人民政府
永靖县吧咪山道观管理委员会
中国人民解放军84506部队
兰州市民族事务委员会
兰州市水电局
天水市人民政府
政协张家川回族自治县委员会
白银有色金属公司
酒泉钢铁集团公司
酒钢镜铁山矿
金昌市民族宗教局
中国有色八冶二公司
阿克塞哈萨克族自治县人民政府
肃北蒙古族自治县人民政府
张掖地区行署民族宗教事务处
肃南裕固族自治县人民政府
天祝藏族自治县人大常委会
天祝藏族自治县人民武装部
平凉市寨河回族乡
华亭县人民政府
定西地区行政公署教育处
庆阳地区行政公署民族宗教处
陇南地区行政公署教育委员会
省教育委员会
省计划委员会
省经济贸易委员会
省交通厅
甘肃电视台新闻部
省水利厅
省老少边困地区教育发展基金会
省公安厅帮扶工作队
西北民族学院

兰州化学工业公司
玉门石油管理局
兰州铁路局
兰州军区总医院

二、模范个人(31名)

代　茂　男　藏族　中共碌曲县委书记

宗周加措　男　藏族　卓尼县人大副主任

仁青草　女　藏族　甘南藏族自治州人民医院副院长

孙秉文　男　汉族　临潭县羊永乡太平村党支部书记

颜淑翠　女　汉族　临夏回族自治州教委主任

马晓峰　男　回族　中共东乡族自治县委书记

陕成义　男　保安族　积石山东乡族保安族撒拉族自治县县长

张玉芳　女　回族　兰州市中西医结合医院院长

金　勇　男　汉族　天水市民族宗教事务局局长

马正录　男　回族　中共张家川回族自治县委书记

王惠麟　男　汉族　天水市秦城区政协主席

赵丽珠　女　满族　白银市民族宗教事务局民族科科长

马玉芳　女　东乡族　景泰县芦阳镇一条山村党支部书记

王鸿奎　男　汉族　中共永昌县委统战部部长

祝永年　男　汉族　中共肃北蒙古族自治县委副书记

罗荣甲　男　藏族　阿克塞哈萨克族自治县计划生育局局长

刘治存　男　汉族　玉门市小金湾东乡族乡党委书记

安玉林　男　裕固族　政协肃南裕固族自治县委员会主席

高林俊　男　裕固族　肃南裕固族自治县财政局局长

张兴嘉　男　汉族　临泽县人民政府助理调研员

毛生武　男　藏族　天祝藏族自治县人民政府县长

杨柏泉　男　回族　武威市百威燃气具有限责任公司

马森骏　男　回族　平凉地区行政公署民族宗教事务处处长

闫清录　男　回族　定西县团结乡好地掌村党支部书记

杜养富　男　汉族　烈士(原镇原县中原乡原峰行政村前胡自然村农民)

杜国庆　男　汉族　陇南地区招生考试办公室主任

马绍明　男　回族　武都县葆真小学校长

贺青松　男　裕固族　省民委少数民族语言文字办公室主任

王继明　男　汉族　省财政厅预算处副主任科员

马振林　男　回族　西北师范大学、西北少数民族师资培训中心办公室主任

王国章　男　汉族　武警甘肃省总队临夏州支队后勤处副处长

国家民委关于授予杜振福等六位同志、追授许文明等三位同志民族团结进步模范称号的决定

（1999年10月29日）

公安部、中华见义勇为基金会：

为进一步促进民族团结，维护社会稳定，加强社会主义精神文明建设，国家民委决定授予参加第六次全国人民群众见义勇为与犯罪分子作斗争先进个人表彰大会的杜振福、尹春吉、肖荣庆、洛桑、顿珠、王永明六位少数民族同志“民族团结进步模范”称号。

追授许文明、章才、阿不来提·塔依甫三位少数民族同志“民族团结进步模范”称号。

希望被授予民族团结进步模范称号的同志，戒骄戒躁，再接再厉，为维护社会稳定，增进民族团结，促进社会主义精神文明建设做出更大贡献。

国家民委办公厅关于我国在就业和职业方面现行的主要民族政策、法律和法规的答复

（1999年3月1日）

劳动和社会保障部办公厅：

你部国际合作司来函（劳社外司函[1999]01号）收悉。现将我国在就业和职业方面现行的主要民族政策、法律和法规提供如下，供参考。

一、我国各民族享有平等就业和选择职业的权利

1. 我国各民族政治上一律平等。

坚持民族平等，是中华人民共和国政府在民族问题上的原则立场和根本政策。民族平等是指：各民族不论人口多少，经济社会发展程度高低，风俗习惯异同，都在社会生活的一切方面，依法享有相同的权利，履行相同的义务。我国宪法第四条规定：“中华人民共和国各民族一律平等。国家保障各少数民族的合法的权利和利益……禁止对任何民族的歧视和压迫。”

2. 各民族依法享有平等就业和选择职业的权利。

宪法第二章第33条规定：“中华人民共和国公民在法律面前一律平等。任何公民享有宪法和法律规定的权利，同时必须履行宪法和法律规定的义务。”

宪法第二章第42条规定：“中华人民共和国公民有劳动的权利和义务。国家通过各种途径，创造劳动就业的条件，加强劳动保护，改善劳动条件，并在发展生产的基础上，提高劳动报酬和福利待遇。”

二、我国对少数民族就业采取特殊照顾的政策及有关规定

1. 对少数民族担任国家公务人员的特殊政策。

《中华人民共和国民族区域自治法》第二章第16条规定:“民族自治地方的人民代表大会中,除实行区域自治的民族的代表外,其他居住在本行政区域的民族也应当有适当名额的代表。……民族自治地方的人民代表大会常务委员会中应当有实行民族区域自治的民族的公民担任主任或副主任。”

第17条规定:“自治区主席、自治州州长、自治县县长由实行民族区域自治的民族的公民担任。自治区、自治州、自治县的人民政府的其他组成人员,要尽量配备实行民族区域自治的民族和其他少数民族的人员。”

2. 对少数民族就业的特殊政策。

《中华人民共和国民族区域自治法》第三章第22条规定:“民族自治地方的自治机关根据社会主义建设的需要,采取各种措施从当地民族中大量培养各级干部、各种科学技术、经营管理等专业人才和技术工人,充分发挥他们的作用,并且注意在少数民族妇女中培养各级干部和各种专业技术人才。”

第23条规定:“民族自治地方的企业、事业单位在招收人员的时候,要优先招收少数民族人员;并且可以从农村和牧区少数民族人口中招收。”

国家民委机关固定资产管理办法(试行)

(1999年4月19日)

一、总　则

(一)为了加强我委固定资产的管理,提高固定资产的使用效益,保证机关各项工作任务的完成,根据国管局印发的《中央国家机关固定资产管理办法》,特制定本办法。

(二)固定资产的管理和使用必须贯彻统一领导、分工管理、层层负责、责任到人、物尽其用的原则。办公厅行政保卫处负责管理本委的固定资产。财产管理部门(即:办公厅行政保卫处)、财会部门(即:办公厅财务处)和使用部门对固定资产的管理明确分工,各负其责,使固定资产保持完好,账实相符。

(三)为了发挥固定资产的效能,各单位必须重视对专用设备管理和操作人员的训练,建立健全操作、维修、保养、检验等技术管理制度;对于技术复杂、精密度高的设备,应对操作人员进行技术培训,经考试合格后,方可操作,并保持操作人员的稳定性。

(四)固定资产管理人员应相对稳定,确需调动时,必须办清交接手续。固定资产管理人员要不断提高管理水平,对在保管、使用、维护工作中做出成绩的人员,要给予鼓励;对玩忽职守发生财产被窃、遗失、损坏等事故者,要认真查清责任,按有关规定给予行政处分,并承担一定的经济责任。

(五)固定资产管理工作,要坚持艰苦朴素、勤俭节约的原则,积极开展修旧利废工作,做到少花钱多办事、物尽其用,减少闲置和浪费,充分发挥固定资产的作用。

二、固定资产的范围、分类与计价

(一)按中央国家机关行政会计制度规定,符合下列条件的列为固定资产:

1. 单价在一百元以上,使用年限在两年以上的财产;

2. 单价虽不足一百元,但使用年限在两年以上的大批同类财产:凡是购置的(不论用何种资金购置,只要是本机关行政上使用,产权属于本机关的财产)、自制的、接受捐赠的(包括国家机关接受馈赠和出国人员上交的礼品、驻外机构调回的车辆,经批准留给机关使用的)、调拨来的(包括所属单位提供或其他单位以各种方式调入及移交的财产),符合以上规定的都应统一计价列为固定资产。

(二)按中央国家机关行政会计制度,固定资产分为以下六类:

1. 房屋:包括办公、住宅用公房及其附属建筑物和设备;

2. 家具设备:包括办公桌、文件柜、沙发、地毯等办公设备;

3. 机械电器设备:包括计算机、电传机、复印机、打字机、电视机、录像机、收录机、照相机、电风扇、空调机、电冰箱、洗衣机等电器及通讯(移动电话、寻呼机等)、电子设备和各种机械维修设备、炊事设备、医疗器械等;

4. 交通运输工具:包括汽车、摩托车、电瓶车、三轮车、手推车、自行车等;

5. 图书:包括机关的藏书和重要资料(不长期保存的期刊、画册不列为固定资产);

6. 其他:不属于以上各类而符合固定资产标准的其他财产,如文娱体育器械,古玩、字画等陈列品、工艺美术品等。

(三)固定资产的计价:

1. 新建、购入、调入的固定资产分别按造价、购价和调拨价入账。购进或调入固定资产的运杂费,不计入固定资产价值;

2. 自制的固定资产按实际开支的工料费入账。不单独核算自制固定资产工料费的可按估价入账;

3. 盘盈、赠送、无价调入的固定资产,不能查明原价的,可以按估价入账;

4. 报废、变卖、调出的固定资产,按账面原值注销。

(四)固定资产按原值入账,行政单位的固定资产不计提折旧。有下列情况之一者,应增加或减少固定资产的价值:

1. 因加工改制而增加其数量或提高质量的按所开支的费用增加其价值;

2. 成套设备因部分遭受毁损的,按受损程度减少其价值;

3. 房屋和建筑物拆除、翻建的,按增减面积计算出价格分别增减其价值。

固定资产价值增减,由财产管理部门负责办理,并及时通知财会部门,对固定资产有关账户作相应增减。具体账务处理,按《中央国家机关行政会计制度》的规定执行。

三、固定资产的增减变动

(一)购置固定资产应划清资金渠道,属于基本建设范围的(单台设备和单项工程在5万元以上的)由基本建设投资解决,不属于基本建设的由行政经费或其他资金开支。属于专项控制的商品,必须按规定报上级主管部门批准后才能购置。

(二)增加和调入固定资产,应由财产管理部门统一验收,属于技术设备的还应会同技术部门验收。经验收合格后,由财产管理部门根据发票、控办单或基建项目交付使用验收单等凭证,填制固定资产增加通知单,办理入库、财务报销和使用单位领用等手续。

(三)调出固定资产,应由财产管理部门按规定办理固定资产调拨手续。调出本单位的固定资产,除(七)条规定的以外,一律实行有偿调拨,新的按原购买价格或国家规定的价格调拨,旧的可按质论价。作价少于账面原值部分由调出单位注销。

(四)报废固定资产:一般性的固定资产超过使用期限,确已失去效能或由于自然灾害等原因致损而无法修复的,经单位主管部门批准,作报废处理。专项设备、设施和国家有报废规定的财产设备需要报废,经有关部门进行技术鉴定(如车管、房管部门进行技术鉴定,计算机等技术设备的报废,应组织技术力量或邀请有关部门进行技术鉴定)后提供证明,并经主管领导批准后,交财产管理部门予以报废处理。经批准按报废处理的固定资产,由财产管理部门填制固定资产报废单,交财会部门和其他有关部门凭此销账。

(五)固定资产的变价收入和固定资产报废后收回的残值,纳入机关暂存款中管理,留作重置固定资产的专项资金,不得挪作他用。

(六)经上级单位批准,因隶属关系改变、合并、撤销单位固定资产的划转:

1. 由行政单位改变为企业、事业单位,或隶属关系改变的,其财产可以相随划转,但需编造移交财产清册,报经上级主管部门审核后办理;

2. 合并单位的财产全部移交并入单位,一个单位分别并入几个单位的,其财产由原单位根据人员数及业务情况,研究提出方案,连同财产清册送上级部门审核后办理；

3. 撤销单位的财产，要认真进行盘点，核实账物，清理完毕后，编造财产清册，报上级主管部门审批后，交由财产管理部门处理，不得擅自处理和私分。

四、固定资产的日常管理

（一）固定资产管理按统一领导、分工管理的原则，作如下分工：

财务会计部门负责按固定资产的价值分类核算，对固定资产管理进行监督检查；财产管理部门负责固定资产的验收、登记、保管、调配、报废等管理工作，并负责分类进行数量核算；使用部门负责合理有效使用和日常维护管理工作。各有关部门应密切配合，共同把固定资产管好，用好。

（二）完善固定资产的账卡、领用、清查、盘点等管理制度。使用部门须有专人负责办理本部门固定资产和物品的领用、保管、清点等事宜。

（三）财产管理部门对配给个人使用的财产，要建立领用交还制度，并督促使用人爱护所用的财产。工作人员调动工作时，向财产管理部门办理所使用财产交还手续后，方可办理调动手续。

（四）非行政单位占用本机关行政用固定资产的，要实行有偿使用制度，合理收取折旧和修理等费用。

（五）财产管理部门和财会部门一般每年应对账一次，使账实保持一致。每二年对全机关的固定资产进行一次全面清查盘点。如有盈亏，应查明原因，说明情况，编制固定资产盘盈、盘亏表，报经主管领导批准后，调整固定资产账目。

（六）固定资产管理人员，对所管固定资产的安全完整负有全部责任，库存固定资产未经管理人员的同意，任何人不准领用或调换。机关工作人员应支持管理人员的工作。

（七）每年须按规定编制《固定资产表》，随年度行政经费决算一并报送上级主管部门。

五、附　则

（一）不符合固定资产标准的各种办公用品、用具、生活用品、器具、材料等财产物资，也要分类登记，参照本办法管理。

（二）本办法所指的上级主管部门是：国务院机关事务管理局。

国家民委关于同意福安市畲族经济开发区作为国家民委改革开放联系点的批复

（1999年5月17日）

福建省民族事务委员会：

你委《关于请求将福建省福安市畲族经济开发区列入国家民委改革开放联系点的请示》（闽民族[1999]01号）收悉。经研究，同意福安市畲族经济开发区作为国家民委改革开放联系点。请你们加强对联系点工作的协调和指导，并希望福安市畲族经济开发区充分发挥经济发达地区的辐射功能，加强区域经济协作和对外开放，努力把该区建成为全国少数民族地区改革开放示范区。

国家民委1999年民族地区经济形势分析暨“十五”规划工作座谈会会议纪要

(1999年6月19日)

国家民委于1999年5月8日—9日在河北省石家庄市召开了“1999年民族地区经济形势分析暨‘十五’规划工作座谈会”,国家计委、国家经贸委、统计局、体改办、国研室等有关部委以及内蒙古、广西、贵州、云南、西藏、青海、宁夏、新疆等省(自治区)计委、经贸委、民委、统计局的有关同志共50人参加了会议,国家民委副主任文精到会并讲了话。会议分析了1998年及1999年一季度民族地区经济运行情况,交流了对影响民族地区经济发展的突出矛盾和问题的看法,并就如何编制民族地区国民经济和社会发展“十五”计划展开了深入的讨论,取得了共识。现将会议的主要成果和意见纪要如下:

一、分析了民族八省区1998年及今年一季度经济运行的基本情况

会议指出,民族地区的经济发展仍处在收缩期内的缓慢回升阶段,增长率与预期尚有一定的差距,经济生活中的深层次矛盾仍未得到解决,需求不足仍然是制约经济增长的主要因素。产业结构不适应市场需要的矛盾越来越突出。受多年短缺经济的影响,大量低水平重复建设,造成企业竞争力弱。当前经济生活中最突出的问题不是速度问题,而是结构问题、效益问题。国家要进一步加大对民族地区基础设施的投资力度、资源开发的扶持力度和对少数民族贫困地区和贫困人口的扶持力度。国家统计局叶震同志介绍了当前我国国民经济运行的基本情况,对存在的问题和今年经济运行情况的预测作了分析。国家经贸委谢又乔同志介绍了全国工业生产形势和今年国有企业的改革情况。国务院有关部委的同志还介绍了我国当前外经外贸的形势和前景。

二、对当前影响民族地区经济发展和社会稳定的主要矛盾和问题进行了深入的讨论。一致认为,以下几个问题在当前及编制“十五”计划时必须予以高度重视

(一)差距问题。

由于历史、自然和社会多方面的原因,民族地区总体经济发展与全国特别是与沿海发达地区的发展差距不断拉大,进入90年代以后这种差距拉大的速度呈现加快的趋势。这种趋势如果继续下去,就可能会带来一系列政治、经济和社会问题。大家认为,差距拉大的原因是复杂的,是历史与现实多种因素相互交叉、共同作用的结果。要正视业已存在的差距,千方百计采取政策措施缓解差距。

(二)贫困问题。

到目前为止民族地区还有2000万左右的贫困人口没有解决温饱,其中大约80%是少数民族。少数民族地区扶贫工作面临的困难和问题,一是贫困面大,贫困人口多,贫困程度深,返贫率高。二是扶贫难度大。三是部分少数民族地区经济贫困伴生着医疗卫生、科教文化贫困,严重影响了少数民族人口素质的提高,制约了扶贫工作的进展。

(三)牧区问题。

牧区畜牧业是十几个少数民族世代赖以生存和发展的基本产业。牧业、牧区、牧民问题是关系到我国边疆少数民族地区改革发展和民族进步的重大问题。牧区经济的落后,集中体现在:大部分牧区生产方式原始落后,在相当大的程度上,还是保持着游牧生产方式。牧区基础设施建设严重不足,地方经济极其薄弱,城镇化发展严重滞后,科教文化卫生事业落后。大家认为,在目前形势下,需要深入研究牧区的特殊性,采取特殊的政策措施扶持牧区发展。

(四)边境地区发展问题。

陆地边境地区是少数民族又一个重要的聚居地区,在我国2.2万公里的陆地边境线中,约有1.9万多公里属民族自治地方。边境地区,聚居着30多个少数民族,并且绝大多数民族跨境而居。因此,边境地区的发展不仅关系到当地少数民族的发展,而且直接对外反映我国的民族政策,关系祖国统一,边疆稳定,关系全国发展大局。改革开放以来,边境地区的经济社会有了较大的发展,但与内陆地区和周边一些国家同一地区相比,还有较大的差距,在诸多因素的影响下,边境地区的发展目前仍然存在着许多困难。国家民委今年组织发起的以兴边富民、强国睦邻为宗旨的"兴边富民行动",对于促进边疆民族地区加快发展具有积极意义,应予以大力支持。

(五)民族地区财政困难问题。

财政困难长期困扰着民族地区,尤其是县级财政困难问题十分突出,干部群众反应非常强烈,地方各级政府也为此深深忧虑。当前反映最为突出的两个问题,一是干部职工工资拖欠现象严重。二是机关行政事业费难以为继,甚至不能保证政权机器的正常运转。造成民族地区财政困难的原因是多因素的。从目前情况看,一是经济发展滞后、总量少,税源基础薄弱。二是转移支付制度有待于进一步完善。会议认为,应进一步完善财政转移支付制度,增加对民族地区的特殊补贴和专项补助,以缓解民族地区地方财政困难的局面。

三、交流了各地正在开展"十五"规划研究编制工作的情况。建议要认真研究当前和今后一段时期国际国内的经济环境,针对民族地区的突出问题来研究规划思路

会议强调,民族地区"十五"规划的制定应遵照小平同志两个大局的理论,从全局的高度出发,认识加快民族地区经济发展的重要性。小平同志指出:到本世纪末,实现翻两番的战略目标,全国人民的生活基本达到小康水平时,就要突出地提出和解决地区发展差距问题,逐步实现共同富裕。江总书记在十五大报告中指出:要更加重视和积极帮助少数民族地区发展经济。从多方面努力,逐步缩小地区发展差距。朱镕基总理在九届人大二次会议上所作的《政府工作报告》中指出:坚持对少数民族和民族地区的优惠政策,增加对民族地区的投资,加强对口支援工作,促进民族地区经济社会发展。会议认为,这不仅是民族地区广大干部群众的迫切愿望,也是国家发展的需要。应当全面准确地体现在国家的长远规划和年度计划中。

会议要求,要进一步加强对影响民族地区发展和稳定的突出问题的分析研究,分析研究的成果要贯穿到民族工作中去,服务于调整和巩固社会主义新型民族关系。面对即将进入21世纪的民族地区,经济发展正在发生着深刻的变化,市场机制的作用将进一步加强,国际国内的经济环境的影响更加深入。如何遵循市场经济的规律,有效利用政府对于地区经济发展的宏观调控手段,加快自身经济结构变革,加强基础设施建设,进一步扩大对外开放,密切东西部经济技术合作,加速经济社会发展,是当前民族地区面临的一大课题。要进一步加强民族地区经济形势分析工作,充分发挥由地方和中央有关部委同志组成的民族地区经济形势分析队伍的整体效能。一要加强交流,及时沟通;二要发挥各自特长,密切合作;三要提高对调研和分析成果的利用率,做好转化工作,融会到民族工作中去;四要形成制度,搞好服务,各有关省区民委要继续做好服务联络工作。

国家民委预算单位银行账户管理暂行办法

(1999年7月13日)

第一条　为了加强国家民委预算单位资金的管理,严格控制并规范各部门、各单位银行账户的开立,根据国家有关现行财政、金融法律、法规,制定本办法。

第二条　本办法适用于本委各司、厅、局、室及委属事业单位(包括企业化管理的事业单位)银行账户的管理。通过市场取得的不体现政府职能的经营、服务性资金,其银行账户的管理,不适用本办法。

第三条　本委机关内,除规财司和办公厅财务处可以开立银行账户外,其他各司、局、室一律不得开立银行账户。

委属事业单位由单位财务机构统一开立银行账户。

第四条　本委及所属事业单位应当在国有商业银行或政策性银行开立银行账户。银行账户所产生的利息,按财政资金管理规定使用。

第五条　本委领拨的纳入政府一般预算管理的资金,除基本建设资金等国务院、财政部明文规定需要单独开立专用存款账户的外,一律由规财司在银行开立一个“一般预算支出存款”账户。经济发展司管理的“民族工作经费”(即机动金)亦通过此账户办理领拨款手续。

第六条　本委收取的预算外资金,由规财司在银行开立一个“预算外收入汇缴存款”账户。该账户的资金只能上缴财政部开立的中央财政专户,不用于本委支出。

本委从财政部领拨的预算外资金,由规财司在银行开立一个“预算外支出存款”账户。

第七条　本委办公厅领拨的各项经费,除基本建设等专用存款账户外,一律由办公厅财务处在银行开立一个“行政事业费基本存款”账户。

财政部拨给本委的“外交支出”经费,由规财司拨给办公厅财务处“行政事业费基本存款”账户。

本委离退休干部局,机关服务中心银行账户的管理由办公厅按有关规定另行制定,并抄送规财司备案。

第八条　委属事业单位收取或领拨的一般预算资金、预算外资金,比照本委开立银行账户。

委属事业单位的附属企事业部门,凡无独立法人资格和营业执照的,一律不得单独开立银行账户。

第九条　委属事业单位需开立银行账户应向我委申请,经规财司审核、同意后持批准文件向银行申请开立账户。

第十条　委属事业单位经银行审核同意开立的银行账户,由各单位负责抄送规财司备案。

第十一条　规财司负责对本委及委属事业单位银行账户的开立和管理进行监督检查。

第十二条　本委有关部门及委属事业单位在接受检查时应如实提供本单位、本部门及下属单位银行账户的开立、管理及账户收付情况等,不得隐瞒。

第十三条　本委各部门、直属各事业单位不按规定开立和管理银行账户的,根据事实及情节,给予下列处罚:

(一)撤销银行账户;

(二)暂停拨付经费;

(三)通报批评;

(四)对直接负责的主管人员和其他责任人员,给予行政处分。

第十四条　本委各部门及直属事业单位银行账户的管理,除执行本办法外,还应执行财政部、中国人民银行关于银行账户管理方面的金融制度。

第十五条　本委各部门、直属事业单位在本办法下发前已开立的银行账户，应按照本办法进行清理整顿。

第十六条　本办法由规财司负责解释，并自发布之日起实施。

国家民委预算外资金管理办法

（1999年7月13日）

第一条　为进一步加强本委及委系统预算外资金的管理，严格预算外收支，根据国家预算外资金管理的有关规定，特制定本办法。

第二条　预算外资金，是指依据国家法律法规和具有法律效力的规章而收取、提取、募集和安排，未纳入财政预算管理的各种财政性资金。

事业单位和社会团体通过市场取得的不体现政府职能的经营、服务性收入，不属于预算外资金，必须依法纳税，并纳入单位财务收支计划，实行统一核算。

第三条　预算外资金包括以下未纳入财政预算管理的财政性资金：

（一）根据国家法律、法规和具有法律效力的规章收取、提取的各种行政事业性收费基金（资金、附加收入）和凭借政府职权筹集的资金等。

（二）按照国务院和省、自治区、直辖市人民政府及其财政和计划（物价）部门共同审批的项目和标准，收取和提取的各种行政事业性收费收入。

（三）主管部门按照国家规定从所属企事业单位集中的管理费及其他资金。

（四）其他未纳入财政预算管理的财政性资金。主要包括以政府名义获得的各种捐赠资金，财政拨款有偿使用回收资金中未纳入财政预算管理的部分，财政专户利息等。

第四条　各单位、各部门在收取行政事业性收费和基金时，应按隶属关系使用中央和省级财政部门印刷或监制的票据，严格按要求管理。

第五条　各单位、各部门的预算外收入，必须由本部门和单位的财务部门集中管理，按规定向财政部门缴付，不得坐收坐支，私设“小金库”。

第六条　预算外资金是国家财政性资金，由财政部门建立统一的财政专户，实行收支两条线管理。预算外资金收入上缴同级财政专户，支出由同级财政部门按预算外资金收支计划，从财政专户中拨付。

第七条　财政专户是财政部门在银行设立的预算外资金专用账户，用于对预算外资金收支进行统一核算和集中管理。

第八条　各单位经财政部门批准，可在指定银行设立一个预算外资金收入过渡账户。收入过渡账户只能发生预算外资金收入上缴款项，由单位按照财政部门的有关规定及时将收入过渡账户中的资金足额上缴财政专户。逾期未缴的，由银行从收入过渡账户中直接划入财政专户。

第九条　各单位只能在一家银行设立一个预算外资金支出账户。支出账户只能接纳财政部门从财政专户中拨付的预算外资金支出款项，并按规定用途使用。

第十条　各单位用预算外资金发放工资、奖金、津贴、补贴以及用于职工福利等方面的支出，必须按财政部门规定的项目、标准和范围执行。

第十一条　各单位用预算外资金安排基本建设投资，要先经财政部门审查其资金来源后按国家规定程序报计划部门纳入基本建设投资计划，并按计划部门确定的投资计划和工程进度，由财政部门从财政专户分期拨付资金。

第十二条　用预算外资金购买专项控制商品，要报经财政部门审查同意后，按国家有关规定办理控购审批手续。

第十三条　各单位、各部门要严格按照财政部门的规定使用预算外资金，严禁将预算外资金转作部门和单位“小金库”或公款私存，更不得用预算外资金搞计划外投资、炒股票、炒房地产、进行期货交易以及投资入股等违法乱纪活动。

第十四条　各单位应按照财政部门的规定编制预算外资金收支计划和单位财务收支计划。在预算外资金收支计划中，具有专项用途的预算外资金收支要单独编列，支出计划应以收入计划为基础，防止收支脱节，少收多支或套取资金等作法。

第十五条　各单位应根据本单位预算外资金收入规模和支出需要，按财政部门规定时间编制下年度单位预算外资金收支计划，报送规财司。

第十六条　委机关各司、厅、局、室附属、挂靠的学会、协会等社团组织未纳入管理的资金由办公厅归口管理。

第十七条　为加强预算外资金的监督与检查，各单位、各部门应于每年 7 月 30 日及次年 1 月 30 日前将预算外资金的收取、使用和账户管理等方面工作，向规财司作出书面报告。

第十八条　各单位、各部门预算外资金管理要严格执行国家有关规定，凡有下列行为之一的，均按违反财经纪律或违法行为进行处罚。

(一)隐瞒财政预算收入，将预算资金转为预算外资金；

(二)预算外资金收入不按规定及时、足额上缴财政专户，坐收坐支；

(三)擅自设立收费、基金项目，扩大征收范围，提高征收标准；

(四)不按规定使用中央或省级财政部门统一印刷或监制的收费票据；

(五)瞒报预算外资金收入、转移资金、未经财政部门批准擅自设立预算外资金账户和私设“小金库”、公款私存，搞计划外投资、炒股票、炒房地产、进行期货交易、投资入股以及滥发奖金、津贴和补贴；

(六)基本建设投资、购置专控商品等不符合规定的预算外资金支出；

(七)不按规定时间和要求编报预算外资金收支计划和决算；

(八)不按要求接受财政、审计、监察等部门监督检查；

(九)其他违反国家规定的行为。

第十九条　对出现第十八条行为之一的单位和部门，要按照国家有关规定予以处罚。

(一)属于第一、二款的，要将违反规定的收入全部上缴国家财政。同时，追究有关人员和领导的责任，依据情节轻重，给予行政处分，直至撤销其职务；

(二)属于第三、四、五款的，违纪金额一律追回并上缴财政。同时要追究有关人员和领导的责任，并依据情节轻重给予行政处分，直至撤销其职务；

(三)属于第六、七、八款的，要相应核减以后年度的财政预算拨款或预算外资金支出，同时给有关责任人相应的行政处分；

(四)属于第九款的，要对单位财务人员及领导给予通报批评，责令限期改正。

第二十条　本办法由规划财务司负责解释。

第二十一条　本办法自发布之日起实施。

国家民委、国家经贸委、财政部、国家税务总局、中国人民银行关于下达1999年核准更改的全国民族用品定点生产企业名单和生产的民族用品目录的通知

(2000年1月17日)

有关省、自治区、直辖市民(宗)委(厅、局)、经贸委(经委、计经委)、财政厅(局)、国家税务局、人民银行分行:

根据国家民委、国家经贸委、财政部、国家税务总局、中国人民银行《关于确定"九五"期间全国民族用品定点生产企业的通知》(民委〈经〉字[1998]200号)精神,国家民委每年将会同有关部门对民族用品定点生产企业进行复核。现将1999年核准更改的全国民族用品定点生产企业名单和生产的民族用品目录(附后)通知你们。

这次核准更改的全国民族用品定点生产企业,是以《1997年少数民族特需用品目录(修订)》为依据,对各地上报的企业经严格审核、协商后确定的。更改的企业主要包括:一、因改革、改组、改制等原因,部分企业名称发生了变化,原定生产产品目录不变的,给予了重新确认。二、部分企业因效益较差已破产或不再生产民族特需用品,此次取消了其定点企业的资格,在不突破各省原定定点企业总数的前提下,补充了相应数量的生产民族特需用品的企业。三、部分企业增加生产了《1997年少数民族特需用品目录(修订)》所列产品品种,此次增补了相应的产品目录。

民委(经)字[1998]200号文件的其他内容及未更改的定点企业仍然有效。请各地各有关部门密切配合,严格按照国务院文件精神,认真落实好对民族用品定点生产企业的有关优惠政策,指导、督促各定点生产企业继续切实做好民族用品的生产供应工作。

1999年核准更改的全国民族用品定点生产企业名单和生产的民族用品目录

北京市

取消(1家)

北京市赛娜多姿民族服装有限责任公司

补充(1家)

北京工艺美术服务部	民族服装、民族工艺品等

天津市

更名(2家)

原名:天津市第三食品加工厂青年综合加工厂	
改为:天津市第三食品加工厂	牛羊脂为原料的肥皂
原名:天津市塘沽礼帽厂	
改为:天津市宝智毛纺制品有限公司	礼帽

河北省

更名(5家)

原名:孟村回族自治县渤海针织厂	
改为:河北省沧州渤海制衣有限责任公司	少数民族服装
原名:承德市丝绸厂	
改为:承德市丝绸工业公司	红阳绸、迎春绸
原名:隆化县民族工艺玻璃厂	
改为:承德大有民族工艺玻璃器皿有限责任公司	奶锅、高脚果盘等
原名:大厂回族自治县金属木器厂	
改为:天际家具有限公司	漆器工艺品
原名:定兴县礼帽厂	
改为:定兴县丽华制帽厂	礼帽

山西省

更名(2家)

原名:阳泉纺织厂	
改为:阳泉恒源纺织有限公司	白棉布、民族红蓝布、毛蓝布、傈僳族条花布、少数民族婚被、枕头套等
原名:山西春雨书社	
改为:山西春雨实业有限公司	民族文字印刷品、印刷制品

取消(6家)

晋城市凤凰织品有限公司
五台山十方堂藏族工艺品经销部
大同市金属工艺厂
离石市地毯厂
晋城市明亮服装厂
太原市民族实业开发公司

补充(6家)

临县拔丝制钉厂	铁丝、圆钉、网围栏、活动羊圈
晋城东方玻璃制品有限公司	奶杯、蜡台、高脚果盘等
五台山工艺美术厂	民族特色木碗、银碗、漆器工艺品、民族系列景泰蓝制品
山西绿洲纺织有限责任公司	麻布
山西省临汾纺织有限责任公司	白棉布、交织棉绸
太原搪瓷厂	民族茶盘、民族花碗、民族花盘、抓饭碗、抓饭盘

内蒙古自治区

更名(24家)

原名:开鲁县民族工艺皮鞋厂

改为:开鲁县民族制品有限责任公司	蒙古靴鞋
原名:通辽市舒乐家具制品有限公司	
改为:通辽光明家具有限公司	蒙古包家具
原名:通辽市二轻蒙文印刷厂	
改为:通辽三兴塑料彩印包装厂	蒙古文印刷
原名:扎鲁特旗农牧业机械制造厂	
改为:扎鲁特旗曙光金属制品厂	农牧业机械、配件
原名:察右前旗皮革制鞋厂	
改为:察右前旗腾飞制鞋厂	毛马靴
原名:察右后旗网围栏厂	
改为:察右后旗机械厂	网围栏、活动羊圈
原名:丰镇市五金厂	
改为:丰镇市民族铜制品厂	铜锅、奶茶壶
原名:凉城工艺美术厂	
改为:凉城工艺美术公司	蒙古象棋、蒙古刀、木碗
原名:商都县皮毛厂	
改为:商都县双翼皮毛制品公司	马靴、马毡、马鞍
原名:锡林浩特市民族木器厂	
改为:锡林浩特市华兴民族木工厂	民族家具、奶桶
原名:锡林浩特市民族用品厂	
改为:锡林浩特市鑫源民族用品有限公司	银木碗、马鞍
原名:锡林浩特市民族服装厂	
改为:锡林浩特市明珠民族服装厂	蒙古袍
原名:巴盟皮革制鞋厂	
改为:巴盟皮革厂	蒙古族靴鞋
原名:临河木器厂	
改为:临河民族木器厂	蒙古包柜、坐凳
原名:乌拉特后旗工艺综合厂	
改为:乌拉特后旗宏祥民族用品工艺厂	民族工艺品
原名:满洲里市皮毛厂	
改为:满洲里市扎区皮毛厂	毛毡、毡靴
原名:四子王旗民族服装厂	
改为:四子王旗民族絮片服装公司	民族服装、蒙古袍等
原名:清水河县民族服装厂	
改为:清水河县荣华绒毛制品公司	民族服装
原名:临河服装厂	
改为:临河民族服装厂	民族驼绒防寒服
原名:乌拉特后旗服装厂	
改为:乌拉特后旗草原服装厂	民族服装
原名:科左后旗民族服装厂	
改为:科左后旗通远制革厂	民族服装
原名:扎鲁特旗民族服装厂	

改为:扎鲁特旗民族皮件厂	民族服装
原名:呼和浩特旋工木器厂	
改为:呼和浩特市北方民族木器厂	蒙古包、藏包、马鞍
原名:包头市地毯总厂	
改为:包头市汉宫地毯有限公司	民族手工毯
取消(22家)	
赤峰市天元集团公司民族木器厂	
赤峰轻工机械厂	
赤峰皮革厂	
翁牛特旗地毯厂	
翁牛特旗皮毛厂	
翁牛特旗民族绒帽厂	
赤峰民族玩具厂	
阿拉善左旗水泵厂	
阿盟巴彦浩特服装厂	
乌拉特前旗蒙古包生产厂	
伊金霍洛旗地毯厂	
杭锦后旗地毯厂	
达拉特旗木器厂	
蓝旗木器厂	
陈巴尔虎旗民族木器厂	
满洲里市东方制衣有限公司	
扎兰屯市服装厂	
鄂温克旗皮毛厂	
太仆寺旗民族服装厂	
乌海市海渤湾皮毛制革厂	
乌海市海渤湾轻工工艺鞋厂	
乌兰浩特市民族皮件厂	
补充(22家)	
乌海海渤湾民族雕漆工艺厂	民族工艺品
乌海市海南区蒙利蒙药厂	各种蒙药
乌兰浩特市蒙制药有限公司	各种蒙药
赤峰亚太工贸有限公司	民族工艺品、民族风格建筑装饰品
赤峰宇华民族工艺美术厂	民族艺术装饰品、仿古民族文物、民族建筑装饰品
赤峰铸管厂	蒙古包
林西县民族福利厂	蒙古袍、蒙古帽、鞍垫、毛皮雨被、奶筒套
林东塑料棚膜厂	活动羊圈、畜牧棚膜
赤峰市力王工艺美术有限公司	民族艺术装饰品、仿古民族文物、民族建筑装饰、民族花碗
松山兽药厂	畜牧业中牛、马、驼防治用药
乌审旗皮毛厂	民族服装、蒙马靴

伊盟成吉思汗陵蒙古包厂	蒙古包
扎兰屯市天跃服装厂	民族服装
阿盟宝玉石制品公司	民族工艺品
阿拉善右旗绒毛梳纺厂	蒙古包毡、毡靴
满洲里市扎区五金厂	网围栏
呼市回民区民族工艺品厂	民族工艺品
科左后旗通远皮革厂	蒙马靴　马鞍
磴口县农业机械厂	网围栏
巴盟民族工艺美术贸易开发公司	民族工艺品
达拉特旗地毯厂	民族地毯
锡盟民族家具厂	蒙古包家具
吉林省	
更名(3家)	
原名:龙井市民族工艺美术厂	
改为:延边龙井民族金银珠宝有限责任公司	民族金银首饰、民族工艺镜
原名:龙井市民族革制品厂	
改为:延边延龙鞋业有限责任公司	朝鲜族皮鞋、皮件
原名:延吉市制药二厂	
改为:吉林敖东药业集团延吉股份有限公司	朝鲜族成药
黑龙江省	
更名(1家)	
原名:木兰县地毯厂	
改为:黑龙江省蓝艺地毯集团有限公司	民族手工地毯、挂毯
江苏省	
更名(1家)	
原名:常州市景泰蓝工艺厂	
改为:金坛市月新景泰蓝制品有限公司	民族艺术装饰用品、仿古仿旧民族文物及民族建筑装饰
取消(4家)	
南京同仁实业公司	
苏州新苏丝织厂	
江苏通丝联股份有限公司(南通)	
无锡人造毛皮厂	
补充(4家)	
南京金箔(集团)公司	金箔、铜箔、铝箔、工艺鞋等
苏州培蒙实业有限公司	真丝烂花乔其绒等
南通市凌光鞋业有限公司	马靴、民族雪地靴等
无锡金桥铸造有限公司	青铜少数民族饰品、工艺品
江西省	
更名(1家)	
原名:江西省余干县民族乐器厂	
改为:江西省余干县民族乐器有限公司	少数民族乐器

山东省

更名(3家)

原名:山东省临清市丝绸厂
改为:聊城市彩云丝绸棉纺织有限公司　　迎春绸、克利缎、春花缎、花喜绫、广壮绉
原名:莘县建业陶瓷厂
改为:聊城市建工民族用品有限公司　　穆斯林嘟啊牌、中堂对子等
原名:日照市机械股份有限公司日照机械厂
改为:山东同泰集团股份有限公司日照机械厂　　山区用微型碾米机、粉碎机

河南省

取消(1家)

南召县光园地毯厂

补充(1家)

沁阳市神州皮革厂　　民族服装、马靴、民族礼拜靴

广西壮族自治区

增补目录(2家)

融水苗族自治县益佳公司　　增补目录:木衣夹、木裙夹
贺州市陶瓷厂　　增补目录:罗汉碗系列

更名(4家)

原名:北海市陶器厂
改为:北海市佳味陶器厂　　民族缸、罐、煲等
原名:柳州市纺织印染总厂
改为:柳州市长信工贸有限责任公司　　民族色布、彩条布、包头布
原名:梧州市西华纺织总厂
改为:梧州市西华毛巾厂　　白棉布、少数民族刺绣品
原名:广西民族医药研究所实验药厂
改为:柳州市柳江制药厂　　少数民族成药

取消(4家)

巴马瑶族自治县陶瓷厂
南宁市铝制品厂
南宁市制鞋厂
百色市民族针织厂

补充(4家)

巴马瑶族自治县农业机械修造厂　　木制打谷机、铸铁三角架、微型碾米机、粉碎机
百色市民族毛巾厂　　少数民族头巾
南宁市钢木家具厂　　壮族柜、婚礼花木箱、民族特色梳妆凳、床、民族特色布片沙发
南宁市衬衣厂　　袍褛、绣花枕头、绣花背带

四川省

更名(3家)

原名:成都民族食用油厂
改为:成都市富康民族用品经营部　　灯用酥油、分离器、奶锅、青稞、炒锅
原名:阿坝县五金厂

改为:阿坝县民族特需用品工艺厂	民族农牧工具、五金制品
原名:布拖县民族皮革厂	
改为:新凉山沙发厂	民族靴鞋、马靴、毛毡
贵州省	
更名(2家)	
原名:桐梓茶厂	
改为:桐梓金龙茶叶有限责任公司	边销茶(紧压茶)
原名:道真县民发家具厂	
改为:道真自治县民族经济发展有限责任公司	民族家具、木竹雕工艺品
取消(6家)	
贵阳绣品厂	
贵阳民族乐器厂	
正安县丝织厂	
遵义市丝绸公司	
黔西南州家具厂	
黔西南州综合厂	
补充(6家)	
贵州的确神药业有限公司	少数民族成药
贵州长生制药有限责任公司	少数民族成药
贵州汉方制药有限公司	少数民族成药
贵州三板桥工艺品开发有限公司	民族工艺品
黔西南州民贸公司	民族首饰、民族工艺品等
晴隆县民族工艺厂	民族手工艺品
云南省	
更名(17家)	
原名:个旧制鞋厂	
改为:个旧制鞋总厂	民族布鞋、绣花鞋
原名:宁蒗县民族皮革厂	
改为:宁蒗皮革工业有限公司	民族鞋、靴、皮件、皮服装
原名:保山市五金制品厂	
改为:保山市制钉厂	民族小五金、铁丝、铁皮制品
原名:云南印染厂	
改为:昆明金泽工贸有限公司	傣族筒裙布、印花富春纺、民族红蓝布
原名:昆明捻线厂	
改为:云南无纺布厂	花线
原名:云南楚雄州制药厂	
改为:楚雄雁塔药业有限责任公司	少数民族成药
原名:滕冲县民族织染厂	
改为:腾冲县民族织染厂	少数民族条花布、包头布、毛毡
原名:滕冲县民族服装厂	
改为:腾冲县民族服装厂	民族服装
原名:禄春县民族服装厂	

改为:绿春县民族服装厂	民族服装
原名:昭通市工艺乡品厂	
改为:昭通市工艺绣品厂	民族服装、绣品
原名:华宁县古建筑美陶厂	
改为:华宁县白塔山古建筑美陶厂	民族土陶制品、工艺品
原名:镇源黑古陶厂	
改为:镇源县黑陶艺术厂	黑陶
原名:昆明市金银手饰厂	
改为:昆明市金银首饰厂	少数民族特色金、银、金属饰品
原名:牟定县印刷厂	
改为:武定县印刷厂	民族文字印刷品
原名:牢定县民族工艺饰品厂	
改为:武定县民族工艺饰品厂	少数民族特色工艺饰品、金银饰品
原名:孟腊县综合社	
改为:勐腊县综合社	民族土布、藤制品
原名:翔云前所农具厂	
改为:祥云前所农具厂	农具锄头
西藏自治区	
更名(2家)	
原名:拉萨市城关区家具一厂	
改为:拉萨市城关区民族手工业综合厂	民族家具
原名:西藏自治区雪城建筑安装公司	
改为:西藏自治区雪域建筑安装公司	民族建筑装饰
取消(6家)	
拉萨市城关区鞋业二厂	
日喀则皮革木碗社	
昌都县皮革厂	
那曲嘉黎县民族木器家具厂	
西藏千禾藏药厂	
西藏元通藏药厂	
补充(6家)	
拉萨市城关区古艺建筑美术公司	民族工艺品
拉萨市城关区毛纺一厂	氆氇、藏被
拉萨市城关区综合一厂	民族工艺品
西藏自治区藏药厂	藏药
山南地区藏药厂	藏药
西藏赛康工贸有限公司	灯用酥油
甘肃省	
更名(6家)	
原名:甘南州五金厂	
改为:合作市五金厂	草原网围栏、牧民背水桶
原名:甘南州制香厂	

改为:合作市制香厂	藏香
原名:甘南州民族被服厂	
改为:合作市民族被服厂	活动帐篷、藏衣
原名:甘南州民族木器厂	
改为:合作市民族木制品有限责任公司	活动羊圈、活动帐篷
原名:甘南州地毯厂	
改为:合作市地毯厂	藏式手工地毯、挂毯
原名:甘南州商行塑料厂	
改为:合作市塑料制品有限责任公司	民族奶茶壶、挤奶桶
取消(5家)	
临夏市被服厂	
积石山县民族用品铸造厂	
甘肃飞天地毯厂和政分厂	
东乡县农机厂	
张家川县阿阳民族时装厂	
补充(5家)	
广河县扶贫毛革厂	民族皮革产品、马靴、桃缝鞋等
积石山县大河家社会福利土畜产品加工厂	民族皮革产品、马靴等
临夏市畜产品综合加工厂	民族皮革产品、马鞍等
临夏市兴国皮革制品有限责任公司	少数民族装饰毯、挂毯、礼拜毯、民族皮革服装等
张家川县裘革厂	民族手工地毯、壁(挂)毯、提花带穗毯、礼拜毯(垫)、少数民族冬袜、套袜、皮袜子等

新疆维吾尔自治区

更名(2家)	
原名:和田县地毯厂	
改为:和田县民族地毯厂	民族手工地毯
原名:喀什地区辽新帕米尔民族服装厂	
改为:喀什地区民族针织厂	民族服装等
取消(9家)	
和田民族地毯工艺厂	
阿勒泰地区哈萨克民族工艺刺绣厂	
阿勒泰地区皮革集团公司皮鞋分厂	
阿勒泰市民族家具厂	
阿勒泰市民族特需制品加工厂	
新疆阿勒泰王阿金珠宝工贸有限责任公司	
哈巴河县铁皮厂	
木垒县民族靴鞋厂	
和布克赛尔县针织厂	
补充(9家)	
福海县皮革厂	民族靴鞋等
福海县乌伦古民族工艺品公司	民族工艺品

福海县阔克阿尕什乡民族手工艺厂	民族刺绣等
青河县塔克什肯镇民族用品加工厂	马鞍等马上用具
富蕴县民族工艺刺绣厂	民族绣品、工艺品等
阜康市民族工艺塑料厂	洗手壶等
和田外贸地毯厂	手工、丝织地毯等
阿勒泰制毡有限公司	毡制品等
和布克赛尔县绒毛分梳厂	民族服装、毡制品等

国家民委关于授予藏汉双语信息处理系统等项目科技进步奖的决定

（1999年3月28日）

委机关各部门、直属各单位：

为进一步推进我委科技工作的深入开展，根据国家有关科技成果奖励办法的要求，国家民委科学技术奖励委员会于1998年组织有关专家，对委属单位推荐申报的科技成果进行了认真严格的评审。国家民委决定授予"藏汉双语信息处理系统"等7个项目"1998年度国家民委科技进步奖"，并予以表彰。

1998年度国家民委科技进步奖项目如下：

一等奖（1项）

1.项目名称：藏汉双语信息处理系统

完成单位：西北民族学院

完成人：于洪志　李永忠　才科扎西　马仲海　马　明　马效敏　王维兰　赵　颖　陈新一　董曼蔼　田富鹏　夏吾才让　坚赞才让　王晓军　张小莹　徐淑梅　宋国拓　格日吉

二等奖（3项）

2.项目名称：β－环糊精构筑模拟酶的研究

完成单位：中南民族学院

完成人：丁志刚　任维衡　沈静茹

3.项目名称：晶体中 d^n 离子的EPR理论及其应用

完成单位：西南民族学院

完成人：杜懋陆

4.项目名称：麦洼牦牛瘤胃营养生态生理研究

完成单位：西南民族学院

完成人：田淑琴　郑玉才　邓孝庭　徐崇荣　彭忠利　胡小成

三等奖（3项）

5.项目名称：用于材料表面改性的大容量金属结构等离子装置的研制

完成单位：中央民族大学

完成人：胡建芳　钱露茜　李和利　马　岩　刘裕明

6.项目名称：距离几何嵌入理论和不等式研究及其在生物大分子结构计算中的应用

完成单位：西南民族学院

完成人：周加农　刘　立

7.项目名称：TBP型通用交流变频调速器

完成单位：中南民族学院

完成人：王礼平　王观凤

国家民委关于确认国家民委为中南民族学院学报等9种期刊主管单位的函

（1999年4月22日）

湖北、四川、甘肃省新闻出版局：

根据新闻出版署《关于期刊核检及重新登记的通知》（新出报刊[1999]242号）精神，确认我委为下列期刊的主管单位：

刊　号	刊　名	刊物所在地
CN42—1065/C	中南民族学院学报（哲学社科）	武汉
CN42—1254/N	中南民族学院学报（自然科学）	武汉
CN51—1111/C	西南民族学院学报（哲学社科）	成都
CN51—1348/N	西南民族学院学报（自然科学）	成都
CN62—1023/C	西北民族学院学报（哲学社科）	兰州
CN62—1146/N	西北民族学院学报（自然科学）	兰州
CN62—1032/C	西北民族学院学报（哲学社科·藏文）	兰州
CN62—1033/C	西北民族学院学报（哲学社科·蒙文）	兰州
CN62—1035	西北民族研究（哲学社科）	兰州

国家民委、国家体育总局关于表彰全国民族体育模范集体和模范个人的决定

（1999年9月25日）

为认真贯彻执行国务院颁布的《全民健身计划纲要》，积极发展全国少数民族体育事业，全面提高中华民族的体质与健康水平，进一步加强社会主义精神文明建设，国家民委、国家体育总局决定，对为发展民族体育事业做出突出贡献的单位和个人进行表彰，授予北京市海淀区人民政府等55个单位全国民族体育模范集体称号，授予丁刚等35位同志全国民族体育模范个人称号。希望荣获全国民族体育模范称号的单位和个人，戒骄戒躁，再接再厉，努力促进民族体育事业不断向前发展。

全国民族体育模范集体、模范个人表彰名单

模　范　集　体　（55个）

北京市海淀区人民政府
天津市河西区少数民族体育协会
河北省唐山市民族宗教事务局
内蒙古自治区鄂温克族自治旗
内蒙古自治区伊金霍洛旗人民政府
内蒙古自治区科尔沁左翼后旗
辽宁省凤城市人民政府
辽宁省阜新蒙古族自治县
吉林省伊通满族自治县工商局
黑龙江省双城市农丰满族、锡伯族镇
浙江省衢州市龙游县沐尘畲族乡初级中学
中共福建省三明市委员会
江西省铅山县篁碧畲族乡人民政府
河南省洛阳市少数民族体育协会
湖北省利川市人民政府
湖南省桑植县人民政府
广东省韶关市人民政府
广东省职业技术学院体育部
广东省连山壮族瑶族自治县民族中学
广西壮族自治区河池地区民族事务局
广西壮族自治区南宁地区第二民族师范学校
广西壮族自治区桂林市雁山区草坪回族乡人民政府
海南省通什市人民政府
四川省乐山市民族事务委员会
四川省甘孜藏族自治州体育运动委员会
四川省凉山彝族自治州美姑县
贵州省贵阳市民族事务局
贵州省麻江县人民政府
云南省楚雄彝族自治州民族宗教事务局
云南省文山壮族苗族自治州体育运动委员会
云南省迪庆藏族自治州中甸县体育运动委员会
西藏自治区那曲地区体育运动委员会
西藏自治区江孜县
西藏自治区日喀则市聂日雄乡
陕西省汉中市民族宗教事务局
甘肃省武威地区行署
青海省果洛藏族自治州玛多县文化教育局
青海省海晏县托勒蒙古族乡
宁夏回族自治区贺兰县金贵回民中学
宁夏回族自治区固原县回民中学
新疆维吾尔自治区巴音郭楞蒙古自治州体育运动委员会
新疆生产建设兵团农4师77团
中央民族大学体育教研室
西北民族学院
西北第二民族学院
西南民族学院
中南民族学院
大连民族学院
云南民族学院体育教研部
青海民族学院体育教研室
西藏民族学院
湖北民族学院
北京体育大学
成都体育学院教务处
河海大学

模　范　个　人　（35人）

丁　刚（回）　北京市民族传统体育协会副主席

肖先让（汉）　天津市红桥区副区长

白架祥（满）　河北省青龙满族自治县文化体育管理局副局长

拜玉豹（回）　山西省翼城县北关村村委会副主任

额日登巴雅尔（蒙古）　内蒙古自治区锡林郭勒盟业余体育学校高级教练

孙焕华（汉，女）　吉林省长白朝鲜族自治县副县长

李　胜（汉）　黑龙江省体育运动委员会群体处处长

乐　霆（维吾尔）　上海市回民中学校长

雷火土（畲）　浙江省民族师范学校校长

金小燕（汉，女）　安徽省合肥市民委主任

马光瑾（回）　山东省济南市体育运动委员会副主任

强基民（汉）　山东省济南市回民中学教师

张　武（侗）　济南联合大学体育系球类教研室主任

沈少三（回）　河南省体工大队高级教练

赵锡桂(土家,女) 湖北省恩施土家族苗族自治州民族事务委员会文教科科长

王丽君(汉,女) 湖南省体育运动委员会宣传教育处处长

覃明新(壮) 广西壮族自治区巴马瑶族自治县体育局局长

刘靖南(满) 广西民族学院体育系主任

王柏峰(黎) 海南省通什市文化体育局副局长

许力心(汉) 重庆市黔江开发区教育科学研究所高级讲师

董品意(羌) 中国农业银行四川省阿坝州分行副行长

裘学武(汉) 贵州省体育运动委员会群体处主任科员

罗廷华(苗) 贵州省民委文教处处长

郭　颂(汉) 贵州民族学院体育系副教授

阳明锦(汉) 云南省思茅地区行署民族宗教局文教科科长

青　其(藏) 西藏自治区那曲地区电信局局长

白鸿顺(汉) 西安体育学院教授

杨　坚(藏) 甘肃省甘南藏族自治州体育运动委员会主任

韩兴旺(撒拉) 青海省兴旺集团公司董事长兼总经理

李林才(土) 青海省互助土族自治县民族宗教事务局局长

石进儒(回) 宁夏回族自治区民族化工集团公司党委书记总经理

牛岐山(回) 宁夏回族自治区吴忠市民族宗教局主任科员

库德热提·阿不力米提(维吾尔) 新疆维吾尔自治区民族宗教事务委员会宣传教育处处长

买买提明·阿不都热合曼(维吾尔) 新疆维吾尔自治区克孜勒苏柯尔克孜自治州文化体育局局长

祖龙·克里木(维吾尔) 新疆维吾尔自治区哈密地区体育运动委员会主任

中共海南省委　海南省人民政府关于加快发展我省民族教育若干问题的决定

(1999年9月17日)

民族教育是我省教育事业的重要组成部分,也是民族工作的重要内容。由于我省民族地区经济基础薄弱,加上受历史、社会和地理等多种因素的影响,民族教育滞后于全省教育发展进程,远不能适应当地经济社会发展的需要。为了加快发展我省民族教育,贯彻落实“科教兴琼”的战略方针,促进各民族团结和繁荣,作如下决定:

一、增强紧迫感,切实把民族教育摆在教育工作中优先发展的战略地位

要加快我省民族地区的经济建设,促进我省民族地区的社会进步,从根本上讲,必须依靠科技和教育,必须从培养少数民族人才、提高少数民族劳动者的素质入手。

目前,我省民族教育存在的问题主要是:教育思想和教育观念较落后,少数民族受教育的总体水平偏低;教育发展不平衡,教育经费投入、师资队伍素质不能适应教育自身发展的要求;教育结构不尽完善,办学条件和教育质量比较差。民族地区要在2000年基本普及九年义务教育,困难很大,任务十分艰巨。各级党委、政府要充分认识民族教育的重要性,增强责任感、使命感和紧迫感,切实把民族教育摆在教育工作中优先发展的战略

地位。各民族市县应把发展民族教育纳入当地经济和社会发展的总体规划,采取有效措施,加快民族教育事业的发展。

二、以邓小平理论为指导,全面贯彻党和国家的教育方针

民族地区教育必须以邓小平理论为指导,以提高受教育者素质为宗旨,坚持教育同生产劳动相结合,为当地经济建设和社会发展服务,为人民群众文明富裕服务,培养德、智、体、美全面发展的建设者和接班人。

各民族市县中小学必须进一步加强德育工作,结合民族地区实际和学生的思想特点,对学生进行党的基本路线教育,进行增强民族团结、维护祖国统一和近现代史以及国情、省情教育,增强广大学生热爱党、热爱社会主义、热爱祖国、热爱家乡的思想感情,激发广大学生为改变家乡面貌而努力学习科学文化知识的热情。

各级各类职业技术学校要采取多种形式,结合学校教学实际,对学生进行职业自豪感、职业道德和职业纪律的教育,培养学生的敬业创业精神。

认真执行《宪法》规定的教育与宗教相分离的原则,任何组织和个人不得利用宗教进行妨碍学校教育的活动。

三、以普及九年义务教育为重点,加强民族地区基础教育

进一步深化民族地区教育改革,建立符合民族地区特点的教育结构和教育体制;合理调整学校布局和规模,既要方便少数民族学生就近入学,又要保持学校应有的规模。

继续把普及九年义务教育放在"重中之重"的位置,积极创造条件,打好"普九"攻坚战。已经实现"普九"目标的市县,要努力巩固"普九"成果;尚未实现"普九"目标的市县,要按照我省"普九"规划,突出重点,抓住难点,稳步推进,确保在2000年完成"普九"任务。

各市县要在认真办好现有的小学和初中寄宿制民族班的基础上,积极创办高中寄宿制民族班,省和市县应随着财政收入的提高而逐年适当提高民族班学生的补贴标准。

在确保普及九年义务教育的前提下,积极发展高中阶段教育,逐步提高初中毕业生升学率。根据财力、人力、设备、生源等情况,在省级重点中学和民族自治地方及有民族聚居乡镇的市县重点中学办好民族高中班,为高等院校输送品学兼优的少数民族学生。

采取切实有效措施,办好民族中学。国兴中学招生应保持少数民族学生占60%左右的比例,并加强教育管理,确保教学质量。各市县民族中学要集中力量办好初中,切实办出特色,并在提高教学质量上下功夫。

中小学要大力推进素质教育,面向全体学生,全面培养学生的创新精神和创造能力,提高学生的整体素质。

四、从民族地区的实际出发,大力发展多层次、多形式的职业技术教育

职业技术教育是实现"科教兴琼"战略的重要途径,各级政府和教育工作者,要认真实施《职业教育法》,转变教育观念,大力发展多层次、多形式的职业技术教育。

民族地区要因地制宜发展农村职业技术教育,继续实施农科教结合与"三教"(基础教育、职业教育、成人教育)统筹,大力实施"9+1"工程,为当地经济建设服务;农村职业技术学校可以根据当地特点和资源情况,灵活设置专业、确定学制。

民族地区各市县要集中力量办好一所起骨干示范作用的中等职业技术学校。农村学校要从小学高年级开始引入职业技术教育因素;基础教育薄弱的乡镇可办小学后分流的初等职业技术学校或在初级中学办职教班。教育行政部门要组织力量根据民族地区实际需要编写部分乡土教材。

加强统筹协调,搞好教育、计划、劳动、人事、民族、财政、税务、农业、科技、土地管理等有关部门的分工协作,帮助职业技术学校搞好专业设置和师资配置,安排好实习基地,切实解决好学校基地建设中土地、资金等方面的困难,提高投资效益。

拓宽办学思路,走校企联办、产教结合的路子;重视技能训练,着力提高学生的实际技能和综合素质。政府投资兴办的种植、养殖基地要为职业技术学校学生实习提供条件。

继续为民族地区办好培养农村适用技术人才和科技致富带头人的"小康班",发挥能人带动效应。省内高、中等学校办"小康班"必须优先从少数民族贫困乡镇招收学员。

进一步落实“先培训、后就业”、“先培训、后上岗”的原则,各用人单位在同等条件下应优先录用职业技术学校毕业生和经过职业技术培训的人员就业;同时,鼓励毕业生自谋职业和联合创业,对回乡参加农业生产的,各有关部门应给予大力支持。

五、注重民族地区成人教育的发展,大力开发农村人力资源

民族地区成人教育要进一步贯彻“学用结合、按需施教和注重实效”的原则,探索岗位培训、继续教育和对下岗人员再就业培训的新路子。

乡镇政府要下力气办好乡镇文化技术学校,巩固农村扫盲成果。农业科技部门要根据当地农村的生产经营实际,坚持实际、实用、易学、实效的原则,采取多种规格、多种形式、多种渠道进行实用技术培训,使农村人力资源得到最大限度的开发,让每户至少有一个劳力能掌握一门实用技术,尽快步入依靠科技脱贫致富的道路。

鼓励贫困地区农村青年外出务工、经商,参加各种上岗培训,以增长见识,学到一技之长。

六、发挥高等学校的优势,大力培养民族地区各类人才

海南大学、海南师范学院要继续办好民族预科班。农业院校要为民族地区农村职业技术学校培养专业教师和实习指导人员。

高等学校招生,实行对少数民族聚居区的少数民族考生照顾20分,对散居区的少数民族考生和少数民族聚居区汉族考生照顾10分的政策;师范院校在一定时期内实行按比例定向招收少数民族学生,定向分配的政策;继续实行重点扶持、奖励未经降分考取国家重点院校的少数民族本科生和攻读硕士、博士学位的少数民族研究生的政策,加快培养少数民族高级专门人才。

民族地区高等院校要积极为当地培养各类人才,充分利用广播电视、信息网络等现代教学手段,拓宽教育面和提高教育质量。

七、以政府投入为主,多渠道增加民族教育投入

增加地方财政支出中对民族教育的投入比例,确保“三个增长”;省财政预算内基础教育专项经费支出中,民族地区教育经费所占比例应有所提高;各市县要根据当地财政情况,采取财政性教育补助专款对民族地区倾斜的政策;从国家支援不发达地区发展资金中提取15%和从少数民族地区补助费中提取30%专项用于民族教育;省财政预算内教育建设资金的安排在保证项目效益的前提下,要适当向民族地区倾斜。

各级政府要进一步加强和完善城乡教育费附加的征收和管理工作,按国家和省的有关规定,及时足额征收,并做到专款专用,不得侵占或挪用。

各级政府要按照自愿量力的原则,发动群众集资办学;广泛吸引省内外、海内外各界人士和企业、社会团体赞助捐款,用于支持民族教育事业。支持和鼓励社会团体、企业、事业单位和公民个人在民族地区依法独资创办学校或联合办学。

各乡镇、村委会应为所在乡镇、村中小学划出一定土地、山坡作为学校开展勤工俭学的基地。各市县政府对学校发展校办产业应给予支持。

把“教育扶贫”列入联手扶贫工作规划范围,继续鼓励和组织省内经济较发达的市县及省直机关和大中型企业对少数民族地区实行对口支援。

加强对教育经费使用的管理,开展督查和审计,提高教育经费的使用效益。

八、建立少数民族失学儿童、少年救助机制,保障适龄儿童、少年受教育的权益

省、市县教育、扶贫、共青团和妇联等部门共同负责对失学儿童、少年实施救助,从根本上改变民族地区中小学失学、辍学率高的状况。

继续实施“希望工程”。省“青少年希望基金会”的资金应主要投放在民族地区,扶助贫困少数民族学生上学。

在义务教育阶段,对计划生育执行得好的少数民族特困家庭子女给予适当减免课本费和杂费,经费由财政视情拨给。

对考入省内高等院校的少数民族特困学生,学校应采取多种助学方式,减轻学生经济负担。

九、加强民族地区师资队伍建设,提高教师待遇

认真贯彻实行《中华人民共和国教师法》和《海南省实施〈中华人民共和国教师法〉办法》,加强教师队伍建设,提高教师素质。师范院校要积极进行教学改革,调整专业结构,改革教师培养模式,探索多技能、一专多能师资的培养途径。

有计划、有组织地安排在职教师进修培训,积极引进外地教师,向社会招聘有实际教育教学能力的人才到边远乡村学校任教,聘任农技人员到职业技术学校任教。积极选派应届大学毕业生到基层任教锻炼一至两年。争取在2005年各级各类学校教师学历达标率符合国家规定的标准。

采取有效措施,认真加强对教师的思想政治工作,努力提高教师的政治思想觉悟和道德水平,使教师真正做到热爱教育事业,教书育人,为人师表。

各市县要制定切实有效的政策,提高民族地区教师的社会地位和生活待遇;建立不同等级标准的边远乡镇教师特别津贴;乡镇以下任教10年以上的汉族教师子女享受当地少数民族学生的各种待遇;对到乡镇以下任教的中专以上学历的毕业生,其试用期工资按同等学历毕业生定级工资标准执行;帮助边远乡镇教师解决住房困难。

要为教师提供更多的参与当地政治和文化生活的机会,提高教师的社会地位;要定期对坚持在民族地区工作、为发展民族教育作出贡献的教师给予表彰。

十、引进竞争机制,加大教育管理体制改革力度

各级各类学校,要按规模定编制、定岗位,实行工资总额包干,全员聘任,竞争上岗。实行中学校长持证上岗、全员竞争聘用上岗制度,教育行政部门要制订中小学校长岗位规范和一套切实可行的竞聘办法。

对城镇学校超编人员,要分流到边远缺教师的乡村学校任教。定向为民族地区培养的师范毕业生必须到边远山区任教5年,在任教期间不予办理调动。城镇在职教师定期轮流支边支教或到边远学校挂职锻炼。

十一、加强对民族教育工作的领导,坚持依法治教

各级党委和政府要加强对民族教育工作的领导。主要领导同志要亲自抓教育,亲自研究、布置、检查、总结教育工作,要像抓经济工作那样抓好教育工作,把教育列入党和政府工作的重要议事日程。各民族市县、乡镇要认真实行基础教育分级办学、分级管理的领导体制,要建立市县四套班子领导与学校定点联系制度,及时帮助学校解决实际问题,把重视教育、为教育办实事列为各级领导干部的任期目标责任制和政绩考核的重要内容。鼓励机关干部到少数民族地区基层任职管教育。

在教育行政部门设立民族教育研究机构,配备人员,加强对少数民族教育特殊性的探索和研究。

认真贯彻执行《民族区域自治法》及有关教育的法律法规,加大对各级政府的教育工作进行监督、检查的力度,把政府教育行为放在法律监督范围之内。各级政府和民族、教育行政部门要广泛深入地开展有关法律法规的学习宣传,尽快使民族教育工作走上法制化的轨道,促进我省民族教育事业健康发展。

河北省第九届人民代表大会常务委员会公告

（第32号）

《河北省清真食品管理条例》已由河北省第九届人民代表大会常务委员会第十二次会议于1999年11月29日通过,现予公布,自2000年5月1日起施行。

1999年11月29日

河北省清真食品管理条例

第一条　为尊重少数民族风俗习惯，加强对清真食品的管理，发展少数民族经济，维护民族团结，根据宪法和国家有关法律、法规的规定，结合本省实际，制定本条例。

第二条　本条例所称清真食品，是指按照回族等有清真饮食习惯少数民族的风俗屠宰、加工、制作的肉制品和其他食品。

第三条　凡在本省行政区域内从事生产、加工、制作、储运、销售（以下简称生产经营）清真食品的单位和个人及各单位内设的清真食堂、清真灶、清真专柜、清真车间，均适用本条例。

第四条　县级以上人民政府民族事务行政主管部门负责本条例的实施。

工商、卫生、经济贸易、技术监督等部门依照各自职责，做好清真食品的管理监督工作。

第五条　各级人民政府应当鼓励、支持兴办各种所有制形式的清真食品企业和摊点，并根据国家有关规定，在投资、税收、信贷等方面给予优惠。

第六条　生产经营清真食品的单位应当具备下列条件：

（一）从业人员中有清真饮食习惯的少数民族人员应占一定比例，具体比例由各设区市人民政府视情况确定；

（二）主要管理人员中必须配备有清真饮食习惯的少数民族人员；

（三）原料采购、主要烹饪、仓库保管等关键岗位必须配备有清真饮食习惯的少数民族人员；

（四）清真食品的运输车辆、计量器具、检验工具、储藏容器和加工、出售场地必须专用。

第七条　生产经营清真食品的个人必须是有清真饮食习惯的少数民族公民。

第八条　生产经营清真食品的单位和个人，必须向所在地县级以上人民政府民族事务行政主管部门申请办理清真食品准营证和清真标识牌。县级以上人民政府民族事务行政主管部门，应当在接到申请后十日内给予批复。

未取得清真食品准营证和清真标识牌的，不得生产经营清真食品，工商行政管理部门不得办理生产经营清真食品的营业执照。

第九条　清真食品准营证和清真标识牌由省人民政府民族事务行政主管部门统一制样，由县级以上人民政府民族事务行政主管部门负责监制，由核发部门年检。

禁止出租、转让、倒卖或私自制作清真食品准营证和清真标识牌。

第十条　生产经营清真食品的单位和个人停业或者易业前，应当到原核发部门办理清真食品准营证注销手续，交回清真标识牌。

第十一条　生产经营清真食品的单位和个人，不得生产经营有清真饮食习惯少数民族禁食的食品，不得制售假冒伪劣清真食品。

第十二条　生产经营清真食品的单位和个人，应当在生产经营场所的显著位置悬挂清真标识牌。

第十三条　禁止将有清真饮食习惯少数民族禁食的食品带入生产经营清真食品的场所。

第十四条　清真食品的专用包装物和清真标志应当经县级以上人民政府民族事务行政主管部门统一审核后印制。

生产经营清真食品的单位和个人不得将清真食品专用包装物用于非清真食品，不得私自转让或出售。

第十五条　生产经营清真食品单位的字号、食品名称、专用包装物、广告用语或图像，不得含有有清真饮食习惯少数民族忌讳的内容。

第十六条　有清真饮食习惯少数民族较多地方的城乡集贸市场，应当设有销售清真食品的地段或摊位，并与有清真饮食习惯少数民族禁食食品的摊位隔离设置。有条件的，可专设清真集贸市场。

非专营清真食品网点设置的清真专柜，应当

与清真禁忌食品柜台保持一定距离。

第十七条　违反本条例规定的，由县级以上人民政府民族事务行政主管部门按下列规定给予行政处罚。造成严重影响的，由其所在单位或有关部门给予主要当事人行政处分；构成犯罪的，依法追究刑事责任。

（一）违反本条例第六条规定的，责令限期改正；逾期不改的，吊销清真食品准营证，收回清真标识牌。

（二）违反本条例第七条规定的，责令停业，吊销清真食品准营证，收回清真标识牌，并处以三千元以上五千元以下罚款。

（三）违反本条例第十条、第十二条、第十四条第一款规定的，责令限期改正；逾期不改的，处以五十元以上二百元以下罚款。

（四）违反本条例第九条第二款、第十四条第二款规定的，没收非法所得，情节较轻的，处以一千元以上三千元以下罚款；情节严重的处三千元以上一万元以下罚款。

（五）违反本条例第八条第二款规定，未取得清真食品准营证而生产经营清真食品的，责令限期改正，并处以二千元以上五千元以下罚款。

（六）违反本条例第十一条规定的，责令限期停业整顿，并处以五千元以上一万元以下罚款；逾期不改的，吊销清真食品准营证，收回清真标识牌。

（七）违反本条例第十五条规定的，责令限期改正；逾期不改的，处以五百元以上一千元以下罚款。

（八）生产经营清真食品的单位和个人未按有清真饮食习惯少数民族的风俗屠宰加工清真牛羊肉、禽肉的，责令限期停业整顿，没收非法所得，并处以一千元以上五千元以下罚款；逾期不改的，吊销清真食品准营证，收回清真标识牌。

第十八条　县级以上人民政府民族事务行政主管部门和工商行政管理部门作出责令停业整顿、吊销清真食品准营证、较大数额罚款等行政处罚决定之前，应当告知当事人有要求举行听证的权利；当事人要求听证的，应当依照法定程序组织听证。

第十九条　当事人对行政处罚决定不服的，可依法申请行政复议或者向人民法院起诉。逾期不申请复议、不起诉，又不履行行政处罚决定的，由作出处罚决定的行政部门申请人民法院强制执行。

第二十条　拒绝、阻碍民族事务行政主管部门执法人员依法执行职务的，由公安机关依照《中华人民共和国治安管理处罚条例》的规定处罚；构成犯罪的，依法追究刑事责任。

第二十一条　民族事务行政主管部门和其他有关部门执法人员滥用职权、玩忽职守、徇私舞弊，情节轻微的，由其所在单位或者有关部门给予行政处分；构成犯罪的，依法追究刑事责任。

第二十二条　本条例所称生产经营清真食品的单位和个人，不包括非专营清真食品商业网点。

第二十三条　本条例自 2000 年 5 月 1 日起施行。

黑龙江省关于在全省中小学开展民族团结教育活动的方案

为了深入学习、贯彻江泽民总书记对民族、宗教工作的有关重要指示，根据《中华人民共和国教育法》和《爱国主义教育实施纲要》的有关规定，按照教育部、国家民委的统一部署，从 1999 年秋季开始，在全省中小学通过开设《民族常识》和《民族政策常识》课程，逐步在全省开展民族团结教育活动，现制定如下方案。

一、开展民族团结教育的重要意义

改革开放以来，为了在新形势下大力发展“平等、团结、互助”的社会主义民族关系，维护祖国统一，促进各民族的共同繁荣与进步，党和国家对加强民族政策和民族团结教育作出了一系列规定和要求。1992 年国务院颁发《关于进一步贯彻实施〈中华人民共和国民族区域自治法〉若干问题的通知》中确定“各级人民政府要经常、广泛地进行马克思主义民族观和爱国主义、社会主义教育。各级各类学校要适当开设民族常识和民族政策课程”。1994 年中共中央印发《爱国主义教育实施纲要》中也强调“要进行民族团结教育。中华民族是一个多民族的大家庭，不论在内地还是在边疆，不论是在汉族地区还是在少数民族地区，都要加强马克思主义的民族观、宗教观和党的民族政策、宗教政策的教育。”同时，在《中共中央关于进一步加强和改进学校德育工作的若干意见》中也明确指出了“要把增强民族团结、维护祖国统一，列为学校爱国主义教育的重要内容”。1995 年颁布的《中华人民共和国教育法》已将进行民族团结的教育用法律的形式固定下来。特别是江泽民总书记在党的十五大报告中指出：“实现祖国完全统一，巩固和发展平等、团结、互助的社会主义民族关系，促进各民族共同繁荣，是关系国家前途命运的重大问题。”因此，开展民族团结教育活动，不仅是少数民族教育的一部分内容，也是全民教育的重要组成部分。

当前，随着全省改革开放和社会主义现代化建设事业的深入发展，地区间、民族间的交往与交流不断扩大与加快。特别是我省作为一个多民族边疆省份，有 49 个民族成分，在全省中小学开展民族团结教育活动，是实现各民族共同繁荣的必然要求。就教育系统而言，全省有满、回、蒙古、朝鲜、达斡尔、鄂伦春、赫哲、鄂温克、柯尔克孜和锡伯等 10 个少数民族单独设立了中小学。有 2 所民族师范学校，1 所民族中专，1 所朝鲜族教师进修学院，还在省属普通高校举办了民族预科班和省内中专招收内地西藏班，以及在全省各级各类学校中有大量少数民族学生就读。因此，在中小学加强民族团结教育，使广大中小学生从小树立正确的民族观，养成自觉维护民族团结的意识和良好行为习惯，对于加快改革开放，促进民族团结，保持国家的长治久安，其意义非常重要。尤其是从大力发展社会主义民族关系的客观要求出发，在全省各民族青少年中不断加强党的民族政策和民族团结的教育，对于有效地防止国内外敌对势力“分化”我国的图谋，维护国家的稳定和统一，把建设有中国特色的社会主义伟大事业胜利推向 21 世纪，更具有重大的现实意义和深远的历史意义。

二、开展民族团结教育的工作安排

（一）指导思想

以党的十五大精神为指针，为认真贯彻落实党中央关于在各民族青少年中加强民族团结教育和祖国统一教育的有关重要指示，根据《中华人民共和国教育法》和《爱国主义教育实施纲要》的有关规定，在全省中小学开展民族团结教育活动，是加强学校德育工作，对学生进行爱国主义教育的重要组成部分，也是全面实施素质教育的重要内容。按照教育部和国家民委要求，通过在全省中小学开展以民族常识和民族政策教育为主要内容的民族团结教育活动，使全省民族中小学生从小受到马克思主义民族、宗教观和党的民族、宗教理论、政策的教育，提高增强民族团结、维护祖国统一的自觉性，增进我国各民族平等、团结、互助的社会主义民族观意识的形成，为“二次创业，富民强省”做出贡献。

（二）总体规划

根据上述指导思想，为了在全省中小学扎实有效地开展好此项工作，结合我省实际，按照有计划、分步骤推进的原则，从 1999 年起，分三步在全省中小学校逐步推开民族团结教育的工作。其总体规划如下：

第一步，从 1999 年秋季开始，在哈尔滨、齐齐哈尔、牡丹江、佳木斯、大庆等 5 个市的部分中小学进行试点。要求 5 个市各自确定 1 个市区和 2 个县（市）并选择 8 所学校，其中 4 所小学、4 所初中（含安排 2 所民族学校），开展好民族团结教育试点工作。在抓好试点工作基础上，要求从 2000 年秋季开始，在 5 个市的所有中小学校全面推开此项教育活动。

第二步，从 2000 年秋季开始，绥化、鸡西、伊春、七台河、黑河等 5 市（行署）各自确定 1 个市区 3 个县（市）并选择 8 所学校，其中 4 所小学、4 所初中（含安排 2 所民族学校），开展民族团结教育试点。在此基础上，要求从 2001 年秋季开始，5 个市（地）的所有中小学校全面开展此项工作。

第三步，从2001年秋季开始，鹤岗、双鸭山、大兴安岭和企业系统的中小学校，全面开展民族团结教育活动。

若有同意今年开始进行试点的，可报省教委备案。

（三）课程安排及教师

根据教育部和国家民委办公厅教民厅（1999）1号文件精神，并参照吉林、辽宁等省的作法，结合我省实际，确定我省中小学课程开设的具体意见是：小学安排《民族常识》课，初中安排《民族政策常识》课，每周安排1课时，可利用活动课或时事政治课进行，在一个学期内完成教学任务。小学和初中课程的具体安排意见，按照教育部要求执行。

同时，学校还要利用班团队会和歌舞表演、民族知识演讲、书法绘画、民族团结故事会、讲座以及各民族学生之间的“手拉手”活动等形式，开展丰富多彩的民族团结教育活动，并与中小学的艺术教育和素质教育紧密结合，切实抓出成效。

教学工作由思想品德课或政治课教师兼任。

（四）教材及辅助影视资料

统一使用由教育部和国家民委组织编写和审定的小学《民族常识》试用读本和初中《民族政策常识》试用读本以及教学参考书。为增强此项活动效果，可组织学生观看经教育部和国家民委审定的《中华各民族》电教片。

三、加强民族团结教育的领导工作

根据教育部和国家民委的要求，为了有组织、有领导地在全省中小学开展民族团结教育活动，决定由省教委、省民委共同成立“黑龙江省开展民族团结教育工作领导小组”，组长由省教委副主任孟凡杰、省民委副主任洪英华担任。副组长由省教委基础教育处处长冯力、民族教育处处长牧童、体育卫生与艺术教育处处长娄哗和省民委文教处处长夏杰担任。具体负责指导各地开展好此项工作。要求各市（行署）、县（市、区）及企业有关部门，也要成立相应的领导机构。

各级教研部门应重视和加强对此项工作的研究指导和抓好教师培训工作。

四、开展试点工作的有关要求

1.请哈尔滨、齐齐哈尔、牡丹江、佳木斯、大庆等5个市的教育行政部门会同民族工作部门，按照要求成立领导小组，制定规划，落实工作方案，确定试点市区和县（市）及试点学校，务于1999年6月10日前以文件形式（包括试点市区、县〈市〉及学校名单和开课学生人数、拟接受培训教师人数等）分别上报省教委民族教育处、省民委文教处和教育部民族教育司、国家民委教育司。

同意提前试点的市（地）也应按要求上报。

2.接受试点的学校可在小学五或六年级和初中一年级的全体学生中进行民族常识和民族政策常识课的教育试点。

3.由哈尔滨市等5个试点市的教育行政部门负责向教育部民族教育司订购所需的《民族常识》、《民族政策常识》课本教参及《中华各民族》电教片。

为在全省逐步推进民族团结教育活动，暂未开展试点的全省中小学都应按要求积极征订经由教育部和国家民委审定的《中华各民族》电教片。

4.为使民族团结教育活动健康、顺利地进行，并保证教学活动质量，省教研部门应抓好市（地）有关教研人员的培训工作，市（地）教研部门应抓好县（市、区）有关教研人员和任课教师的培训工作。

5.民族团结教育活动试点工作开展一段时间后，各市教委、民委要积极与“省民族团结教育工作领导小组”沟通，及时总结试点学校经验，为进一步在全省推广此项工作创造条件。

江苏省民委、工商局、公安厅关于贯彻《江苏省少数民族权益保障条例》加强对少数民族流动经商人员管理的意见

（1999年12月24日）

为了促进少数民族地区经济发展和商品流通，维护民族团结和社会稳定，保护流动经商少数民族的合法权益，规范其经营行为，根据《江苏省少数民族权益保障条例》和有关法律、法规，结合本省实际，对加强少数民族流动经商人员管理提出如下意见，请认真贯彻执行。

一、外省少数民族公民在我省依法经商，受国家法律保护。工商、城管、税务、公安、交通、卫生等部门应当保护流动经商少数民族公民的合法权益，并加强服务指导，依法监督管理。

二、各地应将少数民族公民的流动经商活动纳入市场管理，统筹安排，优先为他们提供经营场所，并帮助解决住宿等实际困难。在季节性经营期间，各地应由民族工作部门牵头，召开有关部门协调会，明确职责和任务，落实管理措施。

三、各有关部门应当明确其管理职责。民族工作部门的职责是检查执行民族政策的情况，协调和处理民族关系；工商行政管理部门的职责是加强市场管理，为少数民族流动经商创造良好条件；公安部门的职责是做好少数民族流动经商人员的暂住登记发证和治安管理工作。

四、任何单位和个人不得违反国家法律、法规，向少数民族流动经商人员收取不合理的费用，禁止非法摊派和集资。

五、外地少数民族流动经商人员来我省从事经营活动，享受与本地少数民族经商人员同等待遇。

六、少数民族流动经商人员，应当按照法律、法规的规定，向当地县级以上工商行政管理部门办理登记注册手续，并到税务部门办理税务登记后，方可从事经营活动。

七、少数民族流动经商人员从事经营活动，应当遵守有关法律、法规，遵守社会公德和职业道德，服从当地人民政府及有关部门的管理，依法经营，按章纳税，不得损害国家、社会利益和消费者的合法权益。

中共宁夏回族自治区党委、自治区人民政府关于加快教育改革和发展全面推进素质教育的决定

（1999年12月27日）

新世纪即将来临。面对知识经济的挑战和国家实施西部大开发战略的历史性机遇，加快教育改革和发展，培养大批优秀人才和高素质的劳动者，具有十分重大的意义。改革开放以来，我区教

育事业取得了历史性的成就，为经济社会发展作出了重要贡献。但是，与加快现代化建设和提高全民素质的要求相比，我区教育发展的总体水平还不高，教育观念、教育体制、教育结构、人才培养模式、教育内容和教学方法相对滞后。我们要认真贯彻《中共中央、国务院关于深化教育改革全面推进素质教育的决定》，抓住机遇，锐意进取，努力开创教育工作的新局面，为深入实施“科教兴宁”战略奠定坚实的人才和知识基础。

一、宁夏教育改革和发展的主要目标

（一）面向21世纪，宁夏教育发展的思路是，坚持以邓小平理论为指导，全面贯彻党的十五大精神，进一步解放思想，转变观念，深化教育体制、教育体系和教育运行机制的改革，创新教育内容和方法，全面推进素质教育。经过10年左右的努力，基本构建起适应社会主义市场经济体制、有利于培养创新人才和高素质劳动者的现代教育体系，为我区现代化建设提供有力的智力支撑和人才保证。

主要目标是：

——到2005年，山区8县中，盐池县和隆德县基本普及九年义务教育，其他各县2002年基本普及初等义务教育；银川市和石嘴山市各区基本普及高中阶段教育，川区其他市县（区）积极创造条件，力争实现这一目标。到2010年，山区各县基本普及九年义务教育，川区各市县（区）基本普及高中阶段教育，全民受教育年限达到全国平均水平。

——高等教育有较大发展，各类专门人才培养的数量和质量基本适应经济和社会发展的需要。到2005年，普通高等教育在校生达到1.8万人；2010年分别达到2.2万人，成人和职业高等教育在校生达到3.5万人和2.5万人。

——建立起职前教育与职后培训相贯通、学历教育与非学历教育相结合的终身教育体系，基本满足全体公民不断增长的学习需求。到2010年，城乡新增劳动力和在职人员能够普遍接受各种层次和形式的教育和培训。

——基本形成以德育为核心、以培养创新精神和实践能力为重点的素质教育模式，不断提高受教育者的思想道德和科学文化素质。

——建立起适应社会主义市场经济，符合教育发展规律的教育体制、运行机制和投资体制。教育产业有较大发展，基本形成与经济、科技紧密结合的产业体系，教育为经济建设和社会发展服务的功能大大增强，教育产业在经济发展中所占有的份额明显提高。

（二）加快教育改革和发展，必须坚持以下指导思想：

1.坚持优先发展教育事业。切实落实教育的先导性、全局性、基础性的战略地位，把教育事业作为现代化建设的重点，坚持优先规划，优先保证，使教育事业在整个国民经济中适度超前发展。

2.以提高全民素质为根本宗旨，坚持全面实施素质教育。要面向现代化、面向世界、面向未来，将素质教育贯穿于各级各类教育，贯穿于学校教育、家庭教育和社会教育等各个方面，努力培养有理想、有道德、有文化、有纪律的社会主义事业建设者和接班人。

3.坚持改革创新，实现教育发展的战略性转移。要更新教育观念，把教育作为基础性产业和新的经济增长点，走产业发展的新路子。要改变教育与经济科技发展相脱节的状况，大力推行教育经济科技发展一体化。要把教育发展由注重数量扩张转到全面提高教育质量和办学效益上来，促进规模结构和质量效益相统一。

4.坚持整体推进和重点突破相结合。围绕提高教育的综合实力和总体水平，一手着力抓好“两基”，一手加快高等教育的发展，带动各级各类教育的发展，促进办学体制改革和教育结构调整，实现教育发展的新跨越。

二、实施跨世纪“两基”工程，努力提高全民素质

（三）加快基本普及九年义务教育的步伐。已经“普九”的县（市、区），要按照普及程度高、经费投入高、师资水平高、教育质量高和办学条件标准化、学校布局合理化的目标，巩固提高“普九”成果；南部山区要打好“普九”攻坚战。要实施好“国家贫困地区义务教育工程”，采取有力措施解决学龄儿童尤其是女童入学率和巩固率低的问题，确保“普九”目标如期实现。

（四）调整基础教育布局结构。通过撤并、置换、改造、新建等形式，推动中小学布局合理化，提高规模效益和整体办学水平。根据城市发展实际，统筹规划，新建一批高标准示范性窗口学校；扩大优质学校规模，改造薄弱学校；将处于城市黄金地段、发展空间狭窄的学校逐步外迁，运用地位差价重组教育资产。川区农村要围绕集镇和小康村建设，在保证适龄儿童都能入学的前提下，合并规模小的学校，集中办学。农村完全小学一般应在300人以上。南部山区各县要结合"普九"攻坚和山区实际，适当集中办学，减少学校布点，积极发展寄宿制学校。同时各地要重视特殊教育的发展。

（五）逐步分离企业办的中小学。到2001年，特困企业和破产企业办的中小学，全部移交当地教育部门。移交后办学经费由财政承担。从2000年起，在已开征的城市教育费附加之外，再按营业税、增值税和消费税的2%开征地方教育费，由自治区财政统一掌握，用于各级政府接收企业中小学。鼓励社会力量将企业所办中小学改造为民办学校。

（六）大力开展扫盲工作。要适应农村经济发展需要，广泛开展多种形式的扫盲工作，把学文化与学习科学技术、推广农业科技成果结合起来，把扫除青壮年文盲与普及科学知识、提高农民的思想道德素质结合起来。加强"三教"统筹，农科教结合，推进农村教育综合改革。加强农民文化技术学校建设，充分发挥其在农村两个文明建设中的阵地作用。到2000年，全区基本实现扫除青壮年文盲的目标。

三、加快发展非义务教育，培育新的教育产业

（七）调整教育体系结构。扩大高中阶段教育规模，通过各种形式加快高等教育发展，拓宽人才成长的道路，减缓升学压力。按照谁投资谁受益、谁受益谁投资的原则，制定和完善发展教育产业的政策，运用产业运作方式，鼓励以教养教，超常规发展非义务教育特别是高等教育。积极开拓教育市场，使教育成为我区新的经济增长点，最大限度满足广大群众受教育的需求。

（八）积极发展包括普通教育和职业教育在内的高中阶段教育。扩大现有普通高中规模，创办综合性高中，积极发展民办高中，重点加强优质高中和骨干职业学校，为初中毕业生提供多种形式的学习机会和创造就业的基本条件。在3—5年内，全区实现普通完全中学高、初中脱钩，将非义务教育与义务教育分离开来。

（九）改革中等职业教育的办学体制。按照产教结合、面向市场、自主发展的原则，引入市场机制，通过合并、联合、托管、兼并、改制等多种形式，引导中等职业学校打破部门和行业界限，围绕主导产业，适应社会需求，走规模化、集团化的办学路子。允许中等职业学校面向区外招生。调整中等职业教育的布局结构，用3年左右时间，改变政府包揽中等职业教育的格局，通过择优汰劣，解决中等职业教育布点多、规模小、效益低的问题，优化教育资源配置。

（十）加快发展高等教育。高等教育是一个地区社会经济发展水平和教育发展水平的重要标志。大力发展包括高等职业教育在内的高等教育，是今后教育发展的重点之一。要支持和鼓励高等学校加强东西合作，引进国内外智力，提高水平，扩大规模，面向全区，办出特色，并辐射和服务于西北地区，成为培养高层次创造性人才和知识创新的重要基地。支持高校之间开展多种形式的联合办学，逐步将宁夏大学办成多学科、具有较高声望的综合性大学。成立留学生服务中心，接收外国留学生。增加硕士点，扩大硕士研究生规模，开展博士生教育。鼓励普通高校与企业、社区或成人高校联合，运用市场机制举办二级学院。二级学院可以用企业名称命名。

大力发展高等职业教育，培养一大批具有一定的理论知识和较强实践能力，生产、建设、管理、服务第一线和农村急需的专门人才。要通过改革、改组和改制，将现有独立设置的成人高校调整为职业技术学院（或职业学院），支持本科院校举办或与企业合作举办高等职业教育，选择符合条件的中专学校改办高等职业教育。鼓励社会力量举办高等职业教育，并使之逐步成为兴办高等职业教育的主要力量。高等职业教育实行新的管理模式和运行机制，办学经费以学生缴费为主，毕业生就业实行学校推荐，学生自主择业。

进一步扩大高等学校的办学自主权。高等学校可按有关规定，自主决定专业的设置和调整；在年度招生计划总额内，自主确定各系、各专业的招生人数，并划出一定的比例由高校进行自主招生的试点；在核定的学校编制、内设机构总数和干部职数内，自主决定人事调配，自主设置内部机构，自主决定本校正处级及其以下干部的任免。成人高等教育和高等职业教育招生计划由指令性改为指导性。允许普通高校在招生计划内划出一定比例面向区外招生。

(十一)大力兴办高校产业。高等学校要加强科研工作,积极参与自治区技术创新体系建设,推进产学研结合,为促进经济增长服务。支持高校与企业、科研院所合作,发展科技产业。试办大学科技园区,鼓励科研院所进入高校,鼓励教师和科研人员从事科技成果转化工作。采取政府、企业和民营科技企业共同投资的办法,建设高校中试研究基地,促进高校科研成果商品化、产业化。在高校筛选一批科技成果列入自治区重大产业化项目,自治区科技专项经费中每年用于支持高校科研开发和推广的不少于15%。

按照市场经济规律和教育规律,坚持从我区实际出发,积极推行高校后勤工作社会化。学校可以组建后勤服务实体,实行企业化管理、社会化服务、集约化经营。高校后勤实体可以通过联合,组建面向高校服务的集团公司,逐步剥离学校办社会的职能。支持社会力量参与学校后勤服务,发展教育产业。

(十二)加快办学体制改革。增强公办学校的活力,充分发挥公办学校的主渠道作用。按照"积极鼓励、大力支持、正确引导、加强管理"的方针,引导社会力量多形式、多层次兴办各级各类教育机构。在3—5年内,基本形成以政府办学为主体、社会各界共同参与、公办学校和民办学校共同发展、相互促进的办学体制。

大力发展民办教育。鼓励社会力量依法独立办学,以股份制形式合资办学,与政府部门或公办学校联合办学,引导他们重点举办高中阶段教育、高等职业教育。积极发展以社区为依托的、公办与民办相结合的幼儿教育。属于学历教育的民办学校和幼儿教育,可以按生均培养成本自主确定学费和住宿费标准,报物价部门备案;允许以股份制形式筹措办学经费;允许接纳社会捐助和学生家庭自愿的赞助;在建设用地、减免城市基础设施建设配套费及有关税费方面,与公办学校享受同样的优惠政策。凡用税后利润在我区投资举办民办学校的企业,对与其投资额相对应的企业所得税地方所得部分,由同级财政列收列支予以返还,全额用于办学。

引进民办教育机制,允许高中阶段的公办学校举办民办班,对少数薄弱的公办学校进行国有民办和民办公助等形式的改制。改制后的学校享受民办学校的优惠政策。

各级政府要把民办学校发展纳入教育事业发展规划,加强对民办教育的管理和引导,不分公办民办一视同仁。各级各类民办学校都要依法办学,提高教育质量。

四、坚持优先发展、重点扶持的方针,努力提高民族教育水平

(十三)要大力发展民族教育,使民族教育更好地适应民族地区经济社会发展,适应全面推进素质教育的需要。加强民族基础教育,进一步健全初等、中等和高等教育相互贯通、结构合理的民族教育骨干办学体系,提高民族教育的质量和办学效益。继续坚持大中专院校招收回族学生的比例每年上升一个百分点的政策,使回族在校学生的比例大体接近全区回族人口比例。在继续办好普通高中民族班、少数民族预科部和寄宿制回民中小学的同时,重点建设一所高标准的示范性高级回民中学。

(十四)实行政策倾斜。对回族聚居的贫困山区,继续在教育经费投入、师资培训、改善办学条件等方面给予重点扶持,加快普及义务教育的进程。实施"百所回民中小学标准化建设工程",采取国家贫困地区义务教育工程倾斜一点,自治区补助一点,市、县自筹一点,动员社会捐助一点的办法,在3—5年内,使100所回民中小学在办学条件、师资配备、教育质量和管理水平等方面达到全区先进水平。实施"民族教育扶贫和百名优秀教师支教工程",积极争取国际和国内发达省市的教育援助,组织区内外优秀教师到南部山区开展教育教学指导。建立民族教育发展基金会,动员全社会支持民族教育事业。

(十五)重视抓好回族女童教育。继续实施希望工程、春蕾计划,积极推广女童教育实验研究经验,优化女童教育的整体环境,提高回族女童的入学率和巩固率。加强回族女教师的培养培训。在师范院校招生中,对南部山区贫困乡村回族女生实行优惠照顾政策,资助其完成学业。采取重点培养、进修提高、挂职锻炼等形式,培养选拔一批扎根山区教育的回族女校长。

(十六)加强高校民族预科部建设。进一步扩大招生规模,到2002年在校生达到600人。允许民族预科部(班)结业生参加当年的高校统一招生考试,未能考取区外高校的统一安排在区内高校,以加快回族高级专门人才的培养。

(十七)多形式发展民族职业教育。采取多种办学方式,使多数中小学毕业生都能学到一二项实用技术。组建固原民族职教中心,将其建设成面向宁南山区,培养各类应用型、技能型人才的重要基地。继续支持民族地区与发达地区联办专业,开展应用型劳务人才输出。

五、促进各类教育的相互贯通和衔接,构建开放式终身教育体系

(十八)放宽中等职业学校的入学条件限制,允许初中毕业生免试进入中等职业学校学习,允许普通高中在校生转入职业高中学习。打通中等职业学校毕业生升学通道,允许高等职业学校采取文化考试和技能考核相结合的办法,与中等职业学校对口招生。扩大中等职业学校向高等职业学校推荐保送生的比例。本科院校可以招收职业技术学院或职业学院的毕业生。鼓励高、中等职业学校和企业合作,采取招生和招工相结合的办法,定向培养企业所需各类人才。综合高中毕业生既可获得职业技术教育证书,又可同时获得普通高中毕业证书。

(十九)在普通高校和职业技术学院中,为高中和职业学校毕业生开辟学制相通、学习形式多样、各具特色的本专科教育直至研究生教育的"直通车"。采取宽进严出的方法,逐步放宽报考普通高校的年龄限制,允许分阶段、采取灵活多样的方式完成学业。高等学校要全面推行学分制,逐步实行不同教育机构之间学分的互认。要进一步提高课程的开放性和灵活性,允许社会成员根据需要自由选修课程,满足社会成员对不同形式、规格、层次教育的需求。

(二十)实施"现代远程教育工程"。举办网络大学,引进国内外优秀教育资源,开展网上教学,为全体社会成员提供终身学习的机会。多渠道筹集资金,支持以中国教育科研网宁夏大学主节点为基础的全区教育网络建设,用3年左右时间,实现高校、中等专业学校和重点高中全部入网,2010年前全区县镇以上中小学入网。广泛开展电化教育和计算机辅助教学,引进和开发适合我区的教育教学软件,提高各类学校应用现代教育技术的水平和信息化程度。实施"中小学信息化教育工程",逐步普及计算机操作和信息技术教育课程。加强卫星电视教育,有线电视台都要开通中央和宁夏教育电视台的频道。自治区每年安排100万元用于宁夏教育电视台的建设,组织实施"远程教育扶贫项目"。

(二十一)大力加强函授教育、自学考试等形式的成人教育,完善终身学习体系。成人教育要采取更加灵活的方式,为社会成员提供多种教育和培训,特别是要为广大职工、管理人员、公务员和下岗职工再就业提供培训。高等教育自学考试要进一步适应终身学习的要求,灵活设置专业、课程,满足社会成员的需要。

六、改革人才培养模式,全面推进素质教育

(二十二)构建德育工作新格局。各级各类学校都要高度重视德育工作,以马克思列宁主义、毛泽东思想和邓小平理论为指导,明确德育工作的总体目标,按照学生成长规律,确定不同学龄阶段的德育内容和要求,注意大中小学德育工作相互衔接,形成一定的目标递进层次。要加强辩证唯物主义和历史唯物主义教育,爱国主义、集体主义和社会主义教育,中华民族优秀文化传统和革命传统教育,理想、伦理道德以及文明习惯养成教育,中国近现代史、基本国情、国内外形势和民主法制教育,民族团结和党的民族政策教育,不断提高青少年学生的思想道德素质。高等学校要进一步加强邓小平理论"进教材、进课堂、进学生头脑"的工作。加强学校精神文明建设,开展丰富多彩、健康有益的校园文化活动,大力绿化、美化校园。要切实改变学校体育、美育、劳动技术教育和社会实践薄弱的状况,使诸方面教育相互渗透、协调发展,促进学生的全面发展和健康成长。加强学校治安综合治理,严禁一切封建迷信和有害学生身心健康的活动及物品传入校园。各级政府和有关部门要切实解决学校德育活动基地和劳动社会实践基地的建设问题,支持学校优化育人环境,建立学校、家庭、社会共同参与德育工作的新格局。

(二十三)深化教育教学改革。要树立新的教育观、人才观、质量观,积极开展课程、教材、教学方法的改革,重视培养学生的科学精神、创新能力和实践能力。基础教育要给学生创造宽松的学习环境,促进学生生动、活泼、主动地发展;职业教育和成人教育要使学生在掌握必需的文化知识的同时,具有熟练的职业技能和适应职业变化的能力;高等教育要主动适应市场需求,同经济建设和社会发展相对接,调整优化专业结构,拓宽专业口径,柔性设置专业方向,深化课程和教学改革,促进文理渗透、学科交叉,着力提高大学生的人文素养和科学素质,培养综合素质高、适应能力强、基础知识宽厚、具有创新能力和创业精神的高素质人才。重视和支持教育科学研究,启动素质教育的教育教学改革研究计划。建立、完善自治区优秀教育科研和教学成果评审奖励制度。

(二十四)深化招生考试制度改革。在普及九年义务教育的地区,小学毕业生免试就近升学。小学、初中毕业考试由学校自行组织。高中阶段招生实行一次考试,普通高中、各类职业学校分别录取的办法。改革高中阶段考试和高中会考考试科目、内容及方法,突出对学生能力和综合素质的考查。进行高等职业教育招生考试改革试验,扩大考生的择校机会。

(二十五)加快评价制度改革。要坚决改变以升学率、考试分数为主要标准评价学校工作以及教师、学生的方法,建立符合素质教育要求的评价标准和制度。在中小学开展评选实施素质教育示范校活动,推行"学生素质水平发展报告书"制度,探索社会各界、家长和学生以适当方式参与学校工作评价的办法。

(二十六)减轻中小学生课业负担。建立健全监督检查机制,严格控制学生用书的种类和数量。任何部门、单位、学校和个人,不得硬性组织学生统一购买教材以外的各种图书、报刊、用具、辅导材料及其他物品。严格控制学生的作业量和在校活动时间,严格控制考试科目和考试次数,严禁组织学生参加未经批准的各类竞赛活动和社会活动,严禁节假日组织学生集体补课,坚决把中小学生过重的课业负担减下来。

(二十七)深化大中专学校就业制度改革。引导学生树立新的就业观念,鼓励毕业生自谋职业、自主创业。加快培育毕业生就业市场,逐步废止指令性分配,毕业生分配全部进入人才市场,实行双向选择、自主择业。改革社会用人制度,实行学历证书、职业资格证书并重制度,积极推行劳动预备制度和"先培训、后上岗"的就业准入制度。用人部门要转变传统的人才观念,不拘一格选拔任用人才,形成使用人才重素质、重实际能力的良好风气。

七、实施跨世纪园丁工程,建设高质量的教师队伍

(二十八)以全面提高整体素质为中心,大力加强教师队伍建设。全面推进素质教育,关键在教师。要加强教师的师德建设,坚定教师热爱党、热爱社会主义、忠诚于人民的教育事业的信念,增强实施素质教育的自觉性。教师要不断提高思想政治素质和业务素质,教书育人,为人师表,敬业爱生。要建立和完善教师的继续教育制度,多形式开展教师的全员培训。引导教师加强自身学习与修养,提高教师运用现代教育技术和开展教育科研的能力,适应实施素质教育的需要。

(二十九)加强教师的培养培训。调整师范教育布局,由三级师范向二级师范过渡,重点加强师范专科,扩大师范本科,建立教师职前培养与职后培训相沟通的一体化师范教育体系。从2000年起,除固原民族师范学校外,其他3所中等师范学校停止招生,转为培训在职中小学教师。对教师进修学校、教研和电教机构进行合并,建立教师继续教育和教研基地。提升教师的学历层次,加快培养中小学紧缺学科教师和具有硕士研究生学历的高中教师。到2005年,小学和初中教师中具有专科和本科学历的,川区分别达到50%和60%,山区分别达到30%和40%,自治区示范性高中和重点职业学校教师中具有硕士研究生学历的达到5%。高等学校要围绕学科发展和教学改革,优化教师职务结构。到2005年,教授、副教授占专任教师的比例,本科院校达到30%—40%,高等专科学校达到20%以上。

(三十)加强骨干教师队伍建设。根据加强基础学科、重点发展应用学科、有针对性地发展新兴学科的方针,实施"跨世纪高层次创造性人才工程",加速培养中青年骨干教师和学科带头人。3—5年内,在高校分批选拔100名学科带头人和200名中青年骨干教师,在工作条件和经费等方面给予重点资助,在科研立项、学术访问、住房等方面给予特殊照顾。设立“黄河学者基金”,对取得重大教学和科研成果的教师给予奖励。加强对外教育合作交流,派遣骨干教师到国外大学、国内高校重点学科、重点实验室做访问学者。采取优惠政策,吸引优秀毕业研究生、留学回国人员和高水平教师来我区高校工作,改善教师队伍结构。聘请高水平专家兼职任教,联合进行科研攻关。

加强中小学、职业学校骨干教师队伍建设,3年内选拔培养300名自治区级骨干教师,其中选拔100名自治区级学科带头人,支持他们开展教学改革试验、巡回讲学、研讨培训等活动,发挥带动和辐射作用。骨干教师和学科带头人实行公开选拔、竞争上岗,不搞“终身制”,每三年选评一次。

(三十一)加强校长队伍建设。学校校长在推进素质教育中具有带领和组织的作用。要继续完善和巩固中小学校长岗位培训和持证上岗制度,重点培养一批具有较高教育理论水平和管理水平的“特级校长”。要完善校长负责制,建立健全校长的考核和监督机制,逐步推行校长职级制。

(三十二)建立优化教师队伍的有效机制。以人事制度改革为核心,深化学校内部管理体制改革。学校实行全员聘任制和工资总额包干制,按需设岗,平等竞争,择优聘任。改革内部分配制度,建立竞争激励机制,多劳多得,优教优酬。加强编制管理,精简富余人员。富余人员原则上在教育系统内部进行培训和安排。进一步建立和完善人才流动的社会化服务体系,开展转岗前职业培训,建立和完善社会保障制度,协调和促进教师的合理流动。全面实施教师资格制度,开展面向社会认定教师资格工作,拓宽教师来源渠道。合理配置教师资源,加强薄弱学校和农村学校的师资力量。城镇中小学教师原则上要有二年以上在薄弱学校和农村学校任教经历,才可聘为高级教师职务。要继续改善教师工作条件,继续开展教师安居工程建设,提高教师生活待遇。

八、加强组织领导,开创宁夏教育新局面

(三十三)深化教育改革,全面推进素质教育,是关系我区现代化建设全局的重大战略任务。各级党委政府要切实加强对教育工作的领导,完善定期研究教育工作的制度和领导干部联系学校制度。要进一步改进领导方式,转变职能,简政放权,淡化行政干预,突出依法管理,善于运用市场经济机制,充分发挥各方面的办学积极性。要加强教育督导机构建设,完善教育督导制度,促进素质教育的全面实施。继续深化教育管理体制改革,进一步完善地方负责、分级管理的体制。开展争创教育强县(市)、教育强乡活动。自治区对获得教育强县称号的,一次性奖励20万元。

(三十四)加强教育法制建设。制定贯彻《高教法》、《职教法》、《教师法》实施办法和《义务教育投入条例》、《民族教育条例》等地方教育法规,建立全面推进素质教育的法规体系。加大教育执法力度,各级政府及其各部门要切实做到依法治教、依法行政,认真执行教育法律法规,保证教育方针的全面贯彻。要深入开展教育法律法规的学习、宣传活动,提高全社会的法律意识。

(三十五)加大教育投入。

——各级政府要依法确保教育经费的“三个增长”,根据实际情况,逐步增加本级财政中教育经费支出的比例,努力实现全区财政性教育经费占国民生产总值4%的目标。各级财政每年超收部分应按不低于年初确定的教育经费占财政支出的比例用于教育。

——依法加强城乡教育费附加的征收和管理,做到足额征收并由教育行政部门商同级财政部门统筹安排使用。农村教育费附加川区按农民上年人均纯收入的2%,山区按1.5%征收。要进一步完善乡征、县管、乡用的制度,确保完全用于教育。坚决纠正降低计征标准和挤占、挪用等问题。住宿和燃料油教育附加费由税务部门征收,用于解决各地教育的突出问题。

——增加教育专项经费。在原有教育专项的基础上,每年的民族教育专项经费新增150万元,高等教育专项经费新增300万元,职业教育专项经费新增100万元,师范教育专项经费新增200万元,中小学现代教育设备专项经费新增100万元,扫盲专项经费新增100万元,特殊教育专项经费新增50万元。“十五”期间要继续加大教育重点建设投入,用于宁夏大学等配套建设和示范性高中建设。

——改革教育经费管理体制,财政性教育经费和地方教育统筹基建投资的安排,由财政部门、计划部门与教育部门协商确定。要保证做到专款专用。

(三十六)改革教育收费管理体制。逐步建立符合社会主义市场经济体制以及政府公共财政体制的财政教育拨款政策和成本分担机制。进一步加强和完善义务教育阶段收费管理。非义务教育阶段实行办学成本由政府、办学者、学生家庭共同分担。公办学校按照生均培养成本和群众承受能力,合理确定收费标准,适当增加学费在培养成本中的比例;民办学校按成本收费。允许优质学校收费实行优质优价。对家庭特别困难的学生,各类学校都要采取减免学费,建立奖学金、贷学金,组织勤工俭学,对特困生给予补助等方式,帮助其完成学业。

(三十七)进一步完善多渠道筹措教育经费的机制,各级政府要确保义务教育的资金投入并做到专款专用。拓宽教育经费筹措渠道,积极运用财政、金融和税收政策,鼓励社会、个人和企业投资办学和捐(集)资助学。继续做好外资的引进利用和教育对口支援工作,采取优惠政策,支持勤工俭学和校办企业的发展。认真组织实施教育储蓄、教育保险和助学贷款制度。要进一步加强教育经费的管理,严格禁止乱收费。

(三十八)努力营造教育改革和发展的良好社会氛围。要进一步弘扬尊师重教的良好社会风尚,积极动员和组织社会各方面关心支持教育。自治区设立模范教师、优秀教师、十佳校长和尊师重教奖,表彰奖励在实施素质教育中做出突出贡献的先进教师和教育工作者、尊师重教的先进集体和个人。要通过正确的舆论导向,引导全社会关心支持实施素质教育,齐心协力、奋发图强、负重拼搏、开拓创新,努力把宁夏教育事业全面推向新世纪,为实现我区社会主义现代化建设目标作出更大贡献。

概 况 篇
Survey

收编了各省、自治区、直辖市少数民族和民族地区经济社会发展概况，以及国家和各省、自治区、直辖市民族工作部门撰写的民族工作概况。

1999年民族自治地方国民经济和社会发展综述

1999年,我国民族自治地方的各族人民在各级党委和政府的领导下,紧紧把握"抓住机遇,深化改革,扩大开放,促进发展,保持稳定"的大政方针,认真贯彻中央关于加强和改善宏观调控的一系列重大决策,团结奋斗,开拓进取,国民经济和社会发展取得了新的成就。农牧业生产取得好收成,工业稳定增长,基础设施建设得到加强,城乡市场平稳,人民生活进一步改善。教育、科技、文化、卫生、体育等各项事业也取得了新的成果。

1999年末,民族自治地方总人口16784.01万人,比上年增长10.1‰,占全国总人口的比重为13.33%;其中,少数民族人口7658.15万人,增长10.65‰,占民族自治地方总人口的比重为45.79%。

一、国民经济

1999年,民族自治地方总体经济形势继续保持平稳发展势头,经济实力进一步增强。据统计,民族自治地方完成国内生产总值6886.2亿元,比上年增长7.3%(各项产值指标均按当年价格计算,指数按可比价格计算,下同),高于全国平均增幅0.2个百分点。其中,第一产业完成2007.8亿元,增长2.5%;第二产业完成2528.2亿元,增长9.5%;第三产业完成2350.2亿元,增长9.4%。除第三产业的增幅比上年提高0.4个百分点外,第一、二产业增幅分别比上年下降3.2和1.8个百分点。

从总量结构看,受宏观经济形势和国家实施积极财政政策,以及民族自治地方产业结构调整等共同影响,一二三产业结构进一步有所变化,其构成为29.2∶36.7∶34.1,而全国的构成为17.6∶49.4∶33.0。与1998年相比,第一产业比重下降了2个百分点,高于全国平均水平11.6个百分点;第二产业比重上升了0.6个百分点,低于全国平均水平12.7个百分点;第三产业比重提高1.4个百分点,比全国平均水平反高1.1个百分点。

从增量结构看,民族自治地方第一产业提供了11.6%,第二产业提供了44.4%,第三产业提供了44.0%的增量贡献;国民经济增长的主要推动力来自第二、三产业。与全国水平相比,第一产业增量贡献低4.2个百分点,第二产业高0.4个百分点,第三产业低0.8个百分点。

1999年,民族自治地方工农业总产值8610.4亿元,比上年增长5.4%,其中农业总产值增长4.6%,工业总产值增长5.8%。在工业总产值中,轻工业增长13.4%,重工业下降0.03%。工农业总产值增幅比上年下降2.5个百分点,其中,农业下降2.3个百分点,轻工业上升10.9个百分点。农业和轻、重工业的产值比重构成为36.7∶26.1∶37.2;同1998年相比,农业总产值比重下降1.0个百分点,轻、重工业总产值比重分别上升了0.6和0.4个百分点。从增量贡献结构来看,农业提供了25.6%、轻工业提供了74.5%、重工业提供了-0.1%。

二、农牧业生产

1999年,民族自治地方各级政府针对各地实际,加强了对农牧业生产结构的调整,狠抓各种行之有效的增产措施,增加对农牧业的人力、资金、物力、科技等投入,尽管有些地区遭遇不同程度的干旱等自然灾害,但大多数地区农牧业生产仍获得了较好的收成。农林牧渔业总产值完成3160.0亿元,比上年增长4.6%,其中农、林、牧、渔业分别增长4.0%、2.8%、5.5%和9.1%。农作物总播种面积比上年增加0.6%,其中油料播种面积增加11.4%,粮食播种面积下降1.7%。粮食总产量6873.8万吨,比上年下降4.0%,降幅比全国平均水平高3.2个百分点,占全国粮食总产量的比重比上年下降0.41个百分点。

主要农产品产量如下:

	1999年产量	比1998年±%	占全国比重%
粮食	6873.8万吨	-4.0	13.5

棉花	136.1万吨	-3.5	35.5
油料	332.9万吨	14.6	12.8
粮料	5072.2万吨	-12.5	60.9
烟叶	68.6万吨	-25.2	27.8
麻类	407万吨	6.8	10.0
茶叶	9.4万吨	-1.9	13.9
水果	761.6万吨	17.8	12.2

畜牧业生产势头较好,肉类和奶类等产品继续增加,羊毛生产也扭转上年下降局面。

主要畜产品产量和牲畜年末存栏数如下:

	1999年产量	比1998年±%	占全国比重%
猪肉	583.7万吨	8.7	14.6
牛肉	111.5万吨	5.6	22.1
羊肉	97.7万吨	7.2	38.9
牛羊奶	243.5万吨	5.5	30.2
羊毛	18.2万吨	7.8	57.7
大牲畜	5688.6万头	2.2	37.9
猪	7291.7万头	3.5	16.9
羊	13035.5万只	1.5	46.7

渔业等水产品生产继续保持快速发展的好势头,全年水产品产量达到277.0万吨,比上年增长7.5%。

农业生产条件继续改善。1999年末,民族自治地方拥有农业机械总动力5857.5万千瓦,比上年增长9.4%;农村用电量129.6亿千瓦小时,增长5.3%;化肥施用量(按折纯量计算)528.4万吨,农药使用量93098吨,分别比上年下降4.1%和16.7%;地膜使用量168021吨,下降1.7%。农田水利建设进一步加强,有效灌溉面积达到918.0万公顷,增长2.1%。

三、工业生产

1999年,民族自治地方加大工业企业改革力度,转换企业经营机制,增强企业活力,努力克服各种困难和干扰,工业生产保持较稳定增长。1999年,民族自治地方登记的国有及规模以上非国有工业企业单位1.2万个。全年工业总产值完成5450.5亿元,比上年增长5.8%,其中,轻工业总产值完成2244.0亿元,增长13.4%;重工业总产值完成3206.5亿元,减少0.03%。轻重工业比例为41.2:58.8,重工业产值比重进一步下降,降幅为0.2个百分点。在工业总产值中,国有及规模以上非国有工业总产值为3210.3亿元,其中,按注册登记类型划分总产值比重分别为:港、澳、台和外商投资企业约占6.7%,内资企业占93.3%;在内资企业中,国有企业占55.2%,其中中央所属和地方所属分别占43.3%和56.7%;在内资企业中,集体企业占9.1%,有限责任公司占9.13%,股份有限公司占13.3%,股份合作、联营、私营及其他类型企业占5.2%。

主要工业产品产量如下:

	1999年产量	比1998年±%	占全国比重%
原煤	15360.7万吨	-12.6	14.7
原油	2058.0万吨	0.5	12.9
天然气	34.8亿立方米	30.8	13.8
原盐	271.1万吨	-1.8	9.6
木材	1230.1万立方米	-24.9	23.5
糖	567.2万吨	9.2	65.9
卷烟	462.7万箱	3.7	13.9
纱	41.6万吨	24.6	7.3
布	5.2亿米	-1.9	2.1
机制纸及纸板	153.1万吨	-1.7	7.1
农用化肥(折纯)	314.6万吨	4.9	9.7
水泥	5271.4万吨	7.5	9.2
平板玻璃	784.0万重量箱	43.2	4.5
生铁	696.4万吨	-0.8	5.6
钢	643.3万吨	1.7	5.2
发电量	1428.9亿度	5.3	11.5

在主要工业产品中,天然气、纱、平板玻璃等产品的产量有较大幅度增长,增幅比上年分别提高20.0%、33.1%和67.6%;原煤和木材产量在上一年大幅下降的基础上继续下降;糖类总产量虽然比上年增长了9.2%,但增幅比上年减少了16.3个百分点。随着产业和产品结构调整,民族自治地方企业经济效益有明显改善。1999年,国有及规模以上非国有工业企业工业销售产值3140.0亿元,实现利税总额305.6亿元,比上年增长47.1%;平均每百元工业总产值实现利税9.5元,增长41.8%;全员劳动生产率30577.0元/人年,提高12.4%;亏损企业亏损总额125.4亿元,下降7.8%。

四、固定资产投资

1999年,民族自治地方固定资产投资继续增长,但增幅有所下降。全社会固定资产投资累计完成2230.5亿元,增长7.4%,增幅比上年下降8.6个百分点。其中,基本建设投资完成1210.5亿元,增长6.3%;更新改造投资完成282.3亿元,下降2.7%;房地产开发投资完成119.2亿元,增长28.5%;农村集体和农户个人投资完成

396.6亿元，增长11.5%；基本建设和更新改造投资增幅分别比上年下降17.5个百分点和7.8个百分点；房地产开发、农村集体和农户个人投资增幅分别比上年提高5.3个百分点和5.2个百分点。

国有经济单位固定资产投资增幅下降，但新增固定资产有较大幅度增长。全年固定资产投资累计完成1411.6亿元，比上年增长5.15%，其中基本建设投资1089.1亿元，增长8.2%；增幅分别比上年下降6.9个百分点和1.6个百分点。全年新增固定资产1445.8亿元，增长17.9%。在基本建设投资中，按国民经济行业分组，农林牧渔业占7.0%，采掘、制造业和建筑业占21.1%，交通运输仓储及邮电通信业及商贸和金融、保险业占27.9%；按资金来源(不包括上年末结余资金)分组，国家预算内资金占16.5%，国内贷款占22.2%，利用外资占4.4%，自筹资金占39.2%，其他资金占17.7%；按建设性质分组，新建占33.8%，扩建占26.4%，改建占17.5%，其他建设占22.3%。

五、运输、邮电和通信事业

1999年，民族自治地方铁路营业里程1.75万公里，比上年增加2.3%；公路通车里程40.3万公里，增加7.2%。交通运输部门在改革开放中不断改善运输条件，挖掘潜力，提高运输能力，保证了民族自治地方生产和生活物资的调出和调入。客运量和货运量比上年有较大幅度增长，分别增长了8.5%和8.0%。

1999年，各种运输量完成情况如下：

货物周转量		比上年增长±%
铁路	1420.5亿吨公里	12.3
公路	917.9亿吨公里	4.8
旅客周转量		比上年增长±%
铁路	264.7亿人公里	13.3
公路	862.6亿人公里	14.3

1999年，民族自治地方邮电和通信事业得到较大发展，全年完成邮电业务总量192.6亿元(按1990年不变价格计算)，比上年提高24.1%。邮路及农村投递线路总长度106.1万公里，比上年下降3.4%。城市电话机总部数达710.8万部，比上年增长8.9%；乡村电话机总部数达209.6万部，增长29.8%。

六、国内贸易和对外经济

1999年，民族自治地区实现社会消费品零售总额2378.2亿元，比上年增长2.0%。实现社会商品销售总额3327.1亿元，增长2.2%；其中批发总额1939.8亿元，下降11.9%；零售总额1387.3亿元，增长31.7%。限额以上批发零售贸易业商品购进总额1173.7亿元，下降16.6%。

1999年，民族自治地方进出口总额达到62.2亿美元，其中进口24.5亿美元，出口37.7亿美元，分别比上年增长1.5%、15.6%和下降6.0%。当年实际利用外资额达到14.1亿美元，增长7.63%。全年接待国际旅游人数总计285.1万人，旅游外汇收入62596.6万美元，分别比上年增长50.6%和19.7%。

七、财政收支和金融

1999年，民族自治地方财政收入持续增长，收支差额缺口有所扩大。据统计，地方本级财政收入437.2亿元，地方本级财政支出1003.8亿元，分别比上年增长9.5%和15.6%；收支差额566.6亿元，为当年财政收入的1.3倍，比上年扩大12.1个百分点；财政自给率为43.6%。

在财政收入中，各项税收360.17亿元，比上年增长了8.8%，其中工商税收248.0亿元，农牧业税收52.11亿元，分别增长10.9%和9.4%。在财政支出中，用于基本建设的支出比上年增加29.8%，用于支农的支出减少5.6%，用于文化教育科技卫生事业的支出增加15.1%。

1999年，民族自治地方全部金融机构各项存款年末余额6918.3亿元，各项贷款年末余额6738.4亿元，分别比上年增长了15.8%和8.9%。城乡居民储蓄存款年末余额4351.3亿元，比上年增长10.6%。

八、人民生活

1999年，民族自治地方居民收入有不同程度增加。农村居民人均纯收入1652.5元，比上年增长1.2%。从业人员劳动报酬总额927.5亿元，比上年增长1.99%。在从业人员劳动报酬中，国有经济单位776.4亿元，城镇集体单位65.9亿元，其他各种经济单位85.1亿元，分别比上年增长1.3%、-6.9%和17.7%。

九、民族教育、科技

1999年，民族自治地方各级政府认真贯彻巩固、充实、发展的方针，在稳定发展中调整结构，努力改善办学条件,提高教育质量,民族教育事业进一步协调发展。1999年,民族自治地方有小学87150所,比上年减少1.94%;当年招生293.44万人,减少15.53%;在校学生1927.46万人,减少5.10%;毕业生313.09万人,增加6.42%。全年教职工总数100.84万人,减少0.67%;其中专任教师89.89万人,增加2.42%。

1999年,民族自治地方有普通中学11209所,比上年减少1.37%;当年招生308.12万人,增加7.83%;在校学生809.76万人,增加6.02%;毕业生215.24万人,增加3.83%。全年教职工总数60.61万人,增加2.84%,其中专任教师46.97万人,增加2.90%。

1999年,民族自治地方有中等专业学校554所,比上年减少4.16%;当年招生17.69万人,增加11.35%;在校学生51.31万人,增加7.45%;毕业生13.73万人,增加14.27%。全年教职工总数6.71万人,减少12.73%,其中专任教师3.59万人,增加0.86%。

1999年,民族自治地方有职业中学1271所,比上年减少7.97%;当年招生22.32万人,减少4.29%;在校学生57.77万人,增加2.77%;毕业生15.92万人,增加2.16%。全年教职工总数5.18万人,减少0.18%,其中专任教师3.73万人,比上年增加4.37%。

1999年,民族自治地方有各类普通高等学校95所,增加1所;当年招生9.40万人,增加32.65%;在校本专科学生25.99万人,增加14.79%;在校研究生4306人,增加20.52%;毕业生5.58万人,增加3.42%;全年教职工总数6.83万人,增加1.31%,其中专任教师3.10万人,增加2.78%。

1999年,民族自治地方有县及县以上政府部门属国有独立核算的研究与开发机构及情报文献机构761个,从事科技活动的人员达3.9万人,其中,科学家及工程师2.2万人。科技活动经费使用总额11.63亿元,比上年下降8.6%。

十、文化事业

1999年,民族自治地方有艺术表演团体511个,职工2.07万人;少数民族歌舞团58个,职工3897人。群众文化事业蓬勃发展,现有群众艺术馆79个,文化馆站7768个,职工合计1.7万人;图书馆670个、博物馆144个,职工分别达7202人和2183人;各类电影放映单位5262个。全年共完成民族语翻译片331部、本。

1999年,民族自治地方有广播电台193座,节目套数327套;电视中心台193座,节目套数539套;电视发射台和转播台16191座,卫星电视地面站69689座。

1999年,民族自治地方共出版图书11208种,4.84亿册;出版杂志592种,0.81亿册;出版报纸347种,14.6亿份。

十一、卫生事业

1999年,民族自治地方进一步加强医疗卫生和防疫工作,城乡人民的医疗保健条件有一定改善。有各类卫生机构1.67万个,与上年持平;床位37.91万张,减少3.46%。在医院中,市医院1020个,床位13.64万张,分别比上年减少4.4%、增加7.4%;县医院1661个,床位12.55万张,分别比上年增加2.3%、减少13.4%;卫生院9783个,床位9.61万张,分别减少3.72%、2.21%;门诊部1124个,床位3266个,分别增加107.0%、25.62%;妇幼保健、专科防治、卫生防疫、疗养等其他各类卫生机构3145个,床位1.79万个,分别减少5.33%、8.88%。

1999年,民族自治地方有专业卫生人员60.6万人,比上年减少3.71%,其中,卫生技术人员48.27万人,减少3.20%。在卫生技术人员中,医生23.01万人,减少1.36%,每千人口有卫生机构床位2.27张,卫生技术人员2.89人,医生1.38人,分别减少3.84%、3.60%和1.75%。

少数民族医务人员队伍基本稳定。1999年,专业卫生人员中少数民族占30.6%,卫生技术中少数民族占33.0%,医生中少数民族占32.2%。在医生中,有蒙、藏、维、傣医民族医生5970人。乡村医生和卫生员共约17.0万人,其中少数民族6.9万人,占40.7%。

1999年,民族自治地方的国民经济和社会发展虽然取得了很大的成就,但是仍然存在着许多不可忽视的问题,经济生活中的深层次矛盾依然存在,产业结构、产品结构不尽合理;在资源和劳动力的开发、生产力和社会事业的发展中,基础设施薄弱、资金不足、财政困难、投入不足、效益低下,以及教育、卫生事业尤其是小学阶段等基础教育和卫生院等基层医疗卫生保健等方面的问题比较突出。

■1999年各省、自治区、直辖市民族经济和社会发展概况

北 京 市

【民族经济】1999年是贯彻《北京市少数民族权益保障条例》的第一年,全市五个民族乡、109个民族村认真贯彻落实中央及北京市农村工作会议和市山区工作会议精神,在加大经济结构调整力度,继续推进经济体制和经济增长方式的转变,加强农业基础地位等方面取得了新的成绩。1999年,全市109个民族村经济营业收入21.49亿元,比1998年增加了7.8亿元,增幅56.98%;达到全市农村小康标准(年纯收入3500元)以上的民族村有56个,占民族村总数的51.4%,比1998年增加16个村;全市5个民族乡经济营业收入8.28亿元,比1998年增长131.28%;利润总额0.2亿元,比1998年增长25.67%;财政收入0.28亿元,比1998年增长42.43%。1999年,在发展农村民族经济工作中坚持"富裕农民是郊区工作的主线,要以增加农民收入,富裕奔小康,促进农村经济发展,统揽农村工作的全局"作为工作指导思想,贯彻落实《北京市少数民族权益保障条例》和北京市农业九项扶持政策,充分调动了民族乡村少数民族群众的积极性,民族乡村农民收入有了显著提高。1999年,全市民族村人均劳动所得4283元,比1998年增加613元,增幅16.7%,比全市农村人均收入(4316元)低33元。有4个民族村跃入京郊百富村。全市五个民族乡人均劳动所得3845元,比1998年增加440元,增长12.9%,高于全市农村人均收入增长7.2%的幅度,缩短了与全市农村人均收入的差距。1999年,五个民族乡农民自己投资购置农机具237台,投资金额105.25万元,五小水利工程投资411万元。民族乡共有养殖专业户579户,仅在1999年就新增养殖业户269户,养殖小区2个。通州区于家务回族乡和朝阳区长营回族乡均被市委农工委、市政府农林办授予"全市模范养殖小区"的称号。1999年市政府专门拨付100万元民族经济专项资金,用于扶持民族乡经济发展,这对民族乡加大基础设施建设,繁荣经济起到极大促进作用。有132个企业享受到税收优惠政策,5个民族乡按北京市优惠政策共返还所得税金额514.37万元。

为了贯彻落实《北京市少数民族权益保障条例》,市民委、市商委联合下发了京商(市二)[1999]121号《关于认真贯彻落实〈北京市少数民族权益保障条例〉做好清真饮副食供应工作的通知》,各区县对清真网点进行了年检,保证了重大节日的清真食品供应,邀请了人大代表、政协委员对清真网点进行监督检查。为迎接新中国成立五十周年,由北京市商委、市烹协、市民委等14个单位联合举办了"北京市第三届烹饪服务技术大赛"。全国民族贸易和民族用品生产联席会议办公室调整北京市全国民族用品定点生产企业,将北京市赛娜多姿民族服装有限责任公司调整为北

京工艺美术服务部，以扶持民族工艺品的开拓与发展。北京市组织14家民族企业参加了在民族文化宫举办的全国少数民族和民族地区名优产品博览会，北京展团取得了良好的社会效益和经济效益，获得博览会组委会颁发的最佳组织奖、最佳展览奖和经贸洽谈奖。

在'99北京内蒙古招商引资洽谈会上，双方共签署经济技术合作项目79项，内蒙古自治区共引资金17.6亿元，其中合同52项，引资12.8亿元；协议27项，引资4.8亿元，北京市支援内蒙古贫困地区扶贫开发资金2400万元。各区县根据市政府对口帮扶与经济合作相结合的方针，开展互惠互利合作，积极配合内蒙古自治区招商引资工作。

【社会发展】北京市民族教育事业不断发展。北京现有民族幼儿园31所，收托儿童总数2687名，其中少数民族儿童1605人，占在园儿童总数的59.7%。民族小学43所，在校学生17916名，其中少数民族学生7804名，占在校生总数的43.6%。民族中学10所，在校学生6959名，其中少数民族2612名，占在校生总数的37.5%。在高等教育中，除中央民族大学外，北京大学等16所高等院校根据国家要求采取对全国少数民族地区定向招生或开设民族班等形式，承担了为少数民族地区培养各类专业人才的任务。为了落实《北京市少数民族权益保障条例》，北京市民委与北京市教委民族教育工作领导小组对民族教育重大问题十余次共同研究，并于2月、11月两次召开全市贯彻落实《条例》民族教育工作会，会议强调在贯彻落实《条例》的同时，对《条例》实施前制定的有关民族教育的特殊政策和措施要继续坚持，以保障民族教育持续、稳定、协调、健康发展。落实了市民族教育专项经费100万元，各区、县也加大了扶持力度，朝阳区投资300万元，怀柔县投资260万元，海淀区投资187万元，东城区投资60万元，西城区投资20万元进行教学楼的新建改造和教学设备改造，改善了一些民族学校的办学条件，进一步落实了《关于加强民族中小学的几点意见》。召开了第四届北京市民族教育"烛光杯奖"表彰会，48名先进教师受到表彰。围绕民族工作与中央电视台"天涯共此时"栏目携手，连续拍了四部反映北京少数民族生活的专题片。

全市少数民族干部逐年增长，截至1999年，全市少数民族干部34981人，占少数民族人口的7.28%，占全市干部总数的4.14%。少数民族市人大代表58人，占代表总数的7.08%，市政协委员62人，占委员总数的8.88%。所占比例均高于北京市少数民族人口比例数。

民族体育事业成绩显著。第六届全国少数民族传统体育运动会北京主赛场的各项活动由北京市承办。第六届全国少数民族传统体育运动会北京代表团共有运动员、教练员、工作人员304人，涉及17个民族成分。北京主赛场北京代表团由刘敬民副市长任团长，运动员、教练员、工作人员255人。拉萨分赛场北京代表团由刘海燕副市长任团长，运动员、教练员、工作人员48人。北京代表团竞赛项目夺得6块金牌，表演项目获2个一等奖，金牌总数突破历史最好水平，奖牌总数位居全国第四，表演项目总数居全国首位，还有55名运动员获得体育道德风尚奖，取得了运动成绩与精神文明双丰收。挖掘整理了绫球比赛项目并被列为第六届全国少数民族传统体育运动会北京代表团表演项目。

民族文化卫生事业有了新发展。109个民族村中有17个村设有民族文化馆站，5个民族乡中有2个乡设有民族文化站，13个民族工作重点街道中有6个街道设有民族文化馆站，在此基础上召开了全市民族文化场所建设经验交流会。为进一步发展少数民族群众较多地区的医疗卫生事业，提高医疗水平，增强民族体质，对全市民族乡村街道卫生院进行了调研，并对如何加大对民族村卫生院室的扶持向市政府提出建议。北京市民委、文化局、市文联共同完成了"第六届全国少数民族文学创作'骏马奖'"、"孔雀杯少数民族声乐大赛"和"世纪民族之歌"的推荐选拔工作。民族志、宗教志的编撰工作取得新的进展，民族古籍总目提要编写工作已经启动。

天　津　市

【民族经济】1999年,天津市少数民族经济继续持续稳定发展。全市少数民族乡村已全部进入小康村行列。东丽区么六桥回族乡和蓟县孙各庄满族乡共实现社会总产值7亿元,财政收入达到578万元,人均纯收入分别为4699元和2960元,比上年增长11%和7%。市政府连续三年拨付给孙各庄满族乡的总计150万元的财政专款,已全部到位并产生极大的经济和社会效益,在坡地建设了1000亩的精品葡萄园及相关的环山路、桥涵、给排水管道等设施;发展100户蛋鸡养殖专业户;建设优质晚桃1300亩;开发山区缓坡林木、果树2100亩;大面积地改造了该乡的农业基础设施,这个曾经远远落后的穷山乡基本跟上全市农村致富的步伐。

城市清真食品行业出现了一批投资上千万元的高档次的饭店和企业集团,鸿起顺饭店已发展成辖5家直营店、16家连锁店的清真餐饮集团,1999年实现营业收入6760万元,利税590万元。此外,宴宾楼美食娱乐城、清真南洋饭店、迎宾楼饭店等都名列全市餐饮行业的前茅。在参加全国烹饪技术竞赛的清真烹饪赛中,天津市取得7枚金牌和1枚铜牌,金牌和奖牌总数名列前茅。

【社会发展】1999年,天津市少数民族各项事业取得显著成绩。市委、市政府把开展"颂民族团结,赞共同进步"系列活动,列入改善城乡人民生活20件实事之中,隆重召开天津市少数民族庆祝建国50周年联欢会、民族工作战线老干部迎国庆茶话会和天津市少数民族喜迎澳门回归座谈会,精心组织天津市新中国50周年成就展民族工作部分,为50年大庆营造了民族团结进步的良好氛围。市民委和市教育局联合举行天津市中小学生少数民族歌舞比赛,14个区县的55所中小学参加了这次活动。回、满、朝鲜、藏、汉等民族的500余人通过层层角逐,有15个歌舞、器乐等节目获奖,整个活动弘扬了民族团结进步的主题,有力地促进了民族文化教育的深入开展;为发展偏远民族乡村的教育事业,市民委协调市教育局等有关部门,为孙各庄满族乡捐赠一批计算机和其他学习用品;推荐5名回族企业家入选《中国穆斯林专辑回族企业家卷》,较好地宣传了新时期天津市少数民族的新形象。

随着民族职专宿舍楼的完工,这所具有浓郁民族特色的民族职业中专的全部主体建筑告竣,该校以招收少数民族学生为主,开设涉外商务、物业管理、市场营销等课程,办学突出民族特色,同时开设民族礼仪、民族常识和阿拉伯语、英语等课,使民族教育充分适应市场经济发展的需要。

民族文化体育事业成绩显著。在全国第六届少数民族传统体育运动会上,天津市代表团实现竞赛项目金牌零的突破,共夺得2枚金牌、1枚银牌、2枚铜牌;表演项目获1个一等奖、3个二等奖、3个三等奖,并圆满完成参加首都新中国50周年的各项庆祝活动。在全国少数民族和民族地区名优产品博览会上,有民族用品企业和冶金、机械、电子、保健品等行业的20余家企业参展,充分展示了天津市少数民族经济发展状况和总的经济形势,天津市展团还获组织者颁发的组织奖、展览奖和销售奖。

河　北　省

【民族经济】在各级党委和政府的支持下,在国家民委的具体指导下,1999年河北民族经济工作在各级民族宗教工作部门的努力下,以中央民族工作会议精神和全国民委经济工作会议精神为指导,坚持"抓经济、讲团结、求发展"总体思路,积极推进自治地方的社会进步,为全省经济发展、社会稳定做出了应有的贡献。

努力抓好民族经济工作,促进少数民族和民族地区经济发展。6个自治县1999年完成国内生产总值81.6亿元,比上年增长1.6%。各级民族工作部门积极参与少数民族和民族地区的经济建设和扶贫工作,利用宽城、围城自治县县庆机会,组织省直有关部门办实事210个,到位资金1.58亿元。12月下旬,协助省政府组织省直26个部门到孟村、大厂回族自治县进行了现场办公,共解决问题107个,扶持各项资金1.7亿元。积极协调、落实民族贸易和民族用品生产企业优惠政策,全省民贸民品企业享受利息优惠514.2万元,增值税减免255.8万元。在有关市县的大力支持下,我厅和经贸委共同组织了全省21家少数民族企业125种产品赴京参加全国少数民族和民族地区名优产品博览会,获得最佳组织、最佳展览和洽谈销售三项奖,洽谈成交额达2234万元。展销期间,党和国家领导人李瑞环、吴邦国、司马义·艾买提来到河北展厅,对河北省的少数民族产品给予了高度评价,这对提高少数民族企业知名度,创立民族用品名牌起到了积极的作用。积极争取各方面资金,扶持少数民族地方交通、电力、水利、教育项目84个。

【社会发展】在各级党委和政府的正确领导下,在国家民委的具体指导下,在各级民族宗教工作部门的大力支持下,以中央民族工作会议精神和中央29号文件为指导,河北省始终坚持以民族经济工作为重点,"讲团结、抓经济、求发展",积极稳妥地推进自治地方社会各项事业的全面发展。

民族教育事业有了长足发展。在改善办学条件、提高教育质量、加快培养少数民族人才等方面做了大量的工作。为加快全省少数民族教育事业的发展步伐,全省投入200万元,重点扶持了20多所民族中小学改善办学条件。积极协助有关院校做好少数民族大中专及成人招生工作,落实少数民族招生优惠政策,多渠道、多形式培养少数民族人才。全省212所民族中学、1351所民族小学基本消灭了危房,建立了标准化校舍。加强师资队伍建设,采取多种形式提高民族学校教师的文化水平。民族中小学适龄儿童的入学率、巩固率、合格率、升学率基本达到国家教委要求的标准。积极推进少数民族地方的"普九"工作,不断提高"普九"少数民族人口覆盖率。

加强少数民族体育工作。省民委会同省体委组团参加全国第六届少数民族传统体育运动会,取得了较好成绩。1999年8月和9月,第六届全国少数民族传统体育运动会分别在拉萨分赛场和北京主赛场进行。河北省派出了以副省长何少存、杨迁为团长,省民族宗教事务厅厅长鞠志强、副厅长牛明顺、王步文、省体委主任王国强、副主任翟锡斌为副团长,有51名运动员参加的代表团,赴两个赛场参加比赛,河北运动员参加了7个项目的比赛,取得了一金三银的好成绩。在民运会开幕式上,河北省的民族舞蹈和二贵摔跤表演博得满场掌声,给与会的党和国家领导人及广大观众留下了深刻印象,展示了河北的良好形象。

扶持少数民族地方医疗网点建设,筹集资金支持民族乡卫生院(所)改善医疗条件。民族自治地方的交通邮电事业也有较大发展,程控电话总容量、交换机容量都有了很大提高,广播电视事业也有明显进步,实现了"村村通"工程。

山　西　省

【民族经济】1999年山西省的民族经济工作以民族用品定点生产企业为龙头,带动和促进了其他民族企业的发展,使全省民族经济又迈上了新的台阶。

为进一步落实好国家的优惠政策,促进全省民族用品定点企业的发展壮大,1999年,省民族宗教局派出专人对全省12家定点企业进行了调查了解。通过调查进一步摸清了定点企业的生产运行情况,在此基础上对12家定点企业进行了调整。取消了晋城凤凰织品有限公司等6家企业的定点资格,重新确定了晋城东方玻璃制品有限公司等6家企业为民族用品定点生产企业。与此同时指导企业制订规划,调整产品结构。抓住国家实施西部大开发的战略机遇,推动民族企业在西部大开发中不断发展壮大。

此外还帮助定点企业解决了许多具体问题。如帮助山西宏艺首饰总厂争取了50公斤黄金指标和500万元的技改贴息贷款指标,帮助阳泉恒源纺织有限公司解决了280万元的技改贴息指标,帮助长治回民化学有限公司、长子县大堡头村皮革有限公司解决部分贷款贴息资金,争取了一些项目。

1999年,省伊斯兰教协会帮助山西粟海集团取得了向阿联酋等国出口清真食品的证书。目前,该厂已有24吨清真肉鸡销往阿联酋等国,从而使该企业成为改革开放以来山西省第一家出口清真食品的创汇企业。

为进一步提高全省民族干部参与经济工作的能力,5月6日至12日,省民族宗教局举办了全省民族经济干部培训班,各地、市民宗局分管民族工作的局长、民族科长及民族用品定点生产企业的厂长、经理参加了培训。培训班聘请了省人行、省工行、省农行、省经贸委、省计委、省国税局、省政府办公厅等单位的领导和专家授课,分别讲授了财税、金融知识,企业调整改革的方针政策及有关操作方法。这次培训在山西民族工作中尚属首次,时间短、内容丰富、针对性强。通过培训不仅增长了知识,拓宽了思路,而且学到了方法,密切了联系,大大提高了全省民族经济干部队伍的业务水平和工作能力,从而进一步推动了全省民族经济的发展。

【社会发展】山西省是少数民族散杂居省份,有回、满、蒙古、壮、苗、藏、朝鲜等45个少数民族成分,分布在全省118个县(市、区),约12万人,其中回族约9万人。全省共有50个回族相对聚居的城镇街道和59个回族聚居村,没有民族自治地方和民族乡。

1999年,在山西省委、省政府的高度重视和亲切关怀下,少数民族聚居区与聚居村的人民生活水平不断提高。文化、教育、体育、卫生等各项社会事业继续发展。

在全省各级教育、计划和民族工作部门的积极帮助下,山西省13所民族小学全部实现了"一无"、"两有"、"三配套",即实现了校校无危房,班班有教室,学生人人有课桌凳,图书、仪器、文体器材配套。少数民族儿童入学率达到100%,升学率达到95%。各民族小学认真贯彻党的民族政策,深化教育教学改革,积极探索由应试教育向素质教育转轨的途径,促进了全省民族教育事业长足发展。

按照教育部和国家民委的部署,1999年,山西省在全省中小学开展了民族团结教育活动的试点工作。省教委与省民宗局联合下发文件,对这项工作进行了精心部署,在全省12个县(市、区)进行了试点。通过试点工作,使全省青少年从小树立起正确的民族观,民族平等、团结、互助的意识深深扎根于广大青少年心中。

省民宗局会同省教委对少数民族教育对口支援工作情况进行了调查,并向教育部和国家民委写出了报告。另外,省民宗局还对山西大学附中西藏班以及其他民族小学给予了一定的资金扶持。

为配合第六届全国少数民族传统体育运动会的召开,省民宗局在山西省翼城县北关村设立了民族体育运动项目训练基地。山西省的参赛项目珍珠球、蹴球、打陀螺等项目在此训练基地进行了艰苦的训练,不仅提高了少数民族传统体育项目的水平,也为参加全国第六届少数民族传统体育运动会奠定了基础,同时大大提高了少数民族群众的身体素质,促进了精神文明建设。该村回民群众拜玉豹被评为全国民族体育模范个人。

内蒙古自治区

【民族经济】1999年,内蒙古自治区各族人民在自治区党委、政府的正确领导下,以江泽民总书记年初视察内蒙古自治区重要讲话精神为指导,认真贯彻落实国家的一系列方针政策,努力克服市场需求不足和严重自然灾害等各种困难,加大推进改革开放,进一步调整和优化经济结构,扩大有效需求,千方百计加快发展,使全区国民经济保持较快增长,社会事业取得新的进展。全年国内生产总值1270.9亿元,比上年增长7.7%,其中,第一产业增加值331.2亿元,增长1%;第二产业增加值529.5亿元,增长10%;第三产业增加值410.2亿元,增长10.1%。全年财政总收入143.7亿元,增长9.5%,其中地方财政收入100.8亿元,增长12.3%。城镇居民人均可支配收入4770元,增长9.6%;农牧民人均纯收入2003元,增长3.4%。基本实现了全年经济和社会发展的预期目标。

1. 认真贯彻落实国家的各项政策措施,全方位拉动经济增长。一是以基础设施和生态建设为重点,进一步扩大投资需求。全区固定资产投资总额达到383亿元,增长9.5%。二是努力增加了以城乡居民收入为中心的消费需求。增加机关事业单位职工工资和离退休人员离退休金,通过高校扩招来扩大教育消费,由于城乡居民收入的增加和市场开拓力度的加大,使全社会消费品零售总额增长9.2%。三是扩大了信贷规模,全年金融机构各项存款余额1092.3亿元,发放各类贷款1364.2亿元,为自治区经济发展作出了贡献。四是进一步加大了对外开放力度,全年外贸进出口总额达到16.1亿美元,增长15.8%。

2. 从自治区实际出发,积极调整优化产业结构。一是认真贯彻落实自治区党委《关于加快产业结构调整的决定》,进一步加快了产业结构的调整步伐。扩大经济作物和高效特色农作物的种植面积,大力发展农区畜牧业。农业在大灾之年获得了较好收成,粮食总产量达到142.8亿公斤,牧业年度牲畜总增头数达到2608.7万头(只)。二是在工业内部,通过兼并、破产、收购等有效措施,加大资产优化重组力度,淘汰了一批劣势企业。三是各地区把培育壮大新的经济增长点作为调整优化产业结构的切入点来抓,加速培育和发展绿色产业、高新技术产业等新的增长点。旅游业、信息业、文化体育产业、社区服务业、乡镇企业也得到了较快发展。非公有制经济在安置下岗职工、增加税收、提高城乡人民收入等方面发挥了重要作用。

3. 深化以国有企业为重点的各项改革,加快了建立新体制的步伐。全区有56户国有大中型企业初步建立现代企业制度,自治区7户大型企业集团有6户开始实施新的改制方案。建立和完善了脱困目标责任制,列入全区脱困目标的国有大中型亏损企业已有76户脱困,完成总体目标的94.8%。又有6户企业进入国家520户重点企业行列。全面开展债转股工作,有20户企业已列入国家经贸委向银行推荐计划,涉及转股金额175亿元。

1999年,内蒙古自治区经济发展取得成绩的同时,也存在着一些问题和不足:经济增长的质量和效益不够理想,社会有效需求不足和通货紧缩对经济发展的制约没有得到明显缓解,结构性矛盾仍很突出;基础设施建设比较滞后,生态恶化的趋势还没有从根本上改变;国有企业改革、下岗职工基本生活保障和再就业工作任务还相当艰巨。

【社会发展】1999年,内蒙古自治区各项社会事业稳步发展,取得了新的成绩,主要体现在以下方面:

1. 科技事业加快发展。全年全区共取得科技成果459项,比上年增长23.4%,其中,重大成果148项。全年专利申请量971项,授权专利723项。技术市场日趋活跃,共签订各类技术合同4407项,合同成交金额2.9亿元。

年末全区共有国有独立研究与开发机构154

个,从事科研活动人员 3.4 万人,比上年增长 3.1%。科技经费投入力度加大,全年科技经费支出达 5.9 亿元,增长 8.3%。

2. 教育事业继续得到巩固和发展,少数民族教育得到进一步加强。全年共招收研究生 471 人,比上年增长 18.9%,其中少数民族 121 人。年末在校研究生 1262 人。普通高等学校招收本科生 1.1 万人,增长 31.3%,年末普通高等学校在校学生达 4.9 万人,增长 17.1%,其中少数民族 1.2 万人,蒙古族 1.0 万人。年内高等学校毕业生数 1.1 万人,其中少数民族 0.28 万人。

中等教育继续得到加强。全年普通中等专业学校招收学生 4.1 万人,比上年增长 28.8%,其中少数民族 1.1 万人,增长 72.7%。年末中等专业学校在校学生 10.1 万人,毕业学生 2.1 万人,分别比上年增长 24.6% 和 18.5%。年末普通高中在校生 22.6 万人,其中少数民族 4.6 万人。

九年制义务教育继续稳步发展。年内普通初中在校学生 99.5 万人,其中少数民族 23.1 万人;小学在校生 213.7 万人,其中少数民族 44.7 万人;全区学龄儿童入学率达 99.4%,初中入学率 96.6%。

3. 文化事业稳步发展。年末全区共有艺术事业机构 163 个,从业人员 6579 人;艺术表演团体 117 个;电影事业机构 1041 个,生产电影故事片 2 部,生产蒙语译制片 32 部;全区拥有文化馆 102 个,公共图书馆 108 个,博物馆 25 个。全区有广播电台 49 座,广播人口覆盖率 84.1%;电视台 33 座,电视人口覆盖率 84.1%;自治区和盟市两级出版报纸 17605 万份,其中蒙文版 137 万份;出版图书 3050 万册,其中蒙文版 849 万册。

4. 卫生事业进一步发展。年末全区共有卫生机构 4468 个,卫生防疫防治机构 245 个,妇幼卫生机构 108 个。年末医疗卫生单位拥有病床 6.6 万张。全区拥有卫生技术人员 10.1 万人,在卫生技术人员中,有蒙医 0.3 万人。

5. 体育事业成绩喜人。1999 年,在国内外重大比赛中,运动员共获奖牌 85 枚。在校学生体育达到《国家体育锻炼标准》的占全部在校学生的 87.4%,比上年提高 1.9 个百分点。

6. 环境保护事业加快发展。年末全区环境保护系统职工人数达到 2729 人;拥有各级环境检测站 53 个;确定自然保护区已达 75 个,保护区面积 613.9 万公顷。年内共完成环境污染治理项目 248 个,治理项目总投资 2 亿元。

辽 宁 省

【民族经济】1999 年,全省 8 个民族自治县国民经济继续保持平稳运行,预计国内生产总值实现 136.6 亿元,比上年增长 10%,工业总产值完成 254 亿元,比上年增长 5%,农业总产值完成 53.9 亿元,比上年增长 5.3%,地方财政收入达到 7.1 亿元,比上年增长 15.6%,农民人均纯收入为 2299 元,比上年下降 2.2%。

一、继续认真落实辽政发[1997]18 号文件,积极协调有关部门加大对民族地区经济和各项事业的扶持力度,进一步推动了民族地区的发展。文件中规定的有关财政、农业、林业、水利、交通等方面的照顾政策,得到了较好的落实。仅省财政转移支付一项,共为民族自治地方增加财力 1000 万元,协调省农业厅为民族自治地方"两高一优"农业的发展安排资金 6800 万元;省交通厅对民族自治地方补助交通事业费 460 万元,修路资金安排 4.2 亿多元,仅新宾满族自治县东南公路建设一项就安排了 6000 余万元,有力地改善了民族自治地方交通落后的状况。

二、组织省直十一个部门到民族自治地方就"九五"前三年经济运行情况和编制民族地区"十五"计划问题进行了调查研究,并协调有关部门帮助民族自治地方解决了一些实际困难,从经济、教育、文化等方面进一步向民族自治地方倾斜,受到民族地区干部群众的普遍欢迎。作为调研成果所形成的《关于我省民族自治地方"九五"前三年经济运行情况和今后加快民族自治地方发展的若干建议的报告》经省政府同意下发省直有关部门、相关市人民政府和民族自治地方。通过调查研究和部门之间的协作共为民族自治地方落实基础建设资金8600余万元,仅省教委追加的民族教育经费就有305万元。同时,就民族自治地方"十五"规划问题,专门向省计委提出了建议。

三、确立新宾满族自治县(国家级贫困县)为省民族经济示范县,帮助该县制定并实施了《新宾满族自治县民族经济示范县建设规划》,旨在搞好山区特色经济建设、产业开发、招商引资、基础设施建设,探索在社会主义市场经济体制下民族自治县发展特色经济的新路子。工程实施一年,成效显著。

四、全面推进省少数民族科技示范乡、村建设工作,以点带面、典型示范,加快了全省民族自治地方、民族乡、村的科技进步,提高了少数民族科技素质,促进了农村科学技术的普及。朝阳市民委积极帮助少数民族搞好科技致富和农业产业化项目等经验,在全省起到了良好示范作用。

五、进一步加大了扶贫工作的力度。省民委已连续四年由领导带队分赴全省各地慰问少数民族特困户,收到了良好的社会效果。1999年,民委继续包扶阜新蒙古族自治县和哈达户稍乡,投资40万元帮助该乡发展农业生产,并协调省公路局为哈达户稍乡投资35万元修路。4月中旬,根据国家民委《关于组织开展少数民族和民族地区扶贫调研工作的通知》(民办发[1999]46号),对全省少数民族和民族地区的贫困情况进行了全面、深入、系统的摸底调查。经调查了解,全省农村贫困人口61.82万,其中少数民族贫困人口28.88万,占47%。1999年度由于辽西自然灾害等客观原因,返贫人口明显增多。省民委还根据少数民族的需要,两次组织科技下乡活动,到阜新蒙古族自治县和西丰县放映了实用种植、养殖科技录像,请沈阳农业大学教授进行技术讲座,受到当地少数民族群众的欢迎。

六、全面落实国函[1997]47号文件精神,与省直有关部门制定了全省民族贸易和民族用品生产供应工作的相应政策规定,确定了"九五"期间全省民族用品生产和民族贸易定点企业。与财政部驻辽宁特派员办事处为五个民贸自治县的商业、供销企业落实增值税退税50%的优惠政策。召开了全省轻工系统民族用品生产定点企业工作会议,成立了辽宁省民族用品生产企业协会。

七、精心组织全省民族地区和民贸企业的名、优、新产品,参加了10月在北京举办的全国少数民族和民族地区名优产品博览会,用最少的参展经费,获得了"最佳组织奖"、"最佳展览奖"、"最佳销售奖"和"最佳经贸洽谈奖"四个奖项。

八、完成了全省民族边境地区参加国家民委"兴边富民"活动的组织、认定、论证等前期准备工作,得到国家民委领导的充分肯定。国家民委已定于2000年5月在辽宁召开全国民族地区"兴边富民"工作现场会。

【社会发展】1999年,辽宁省民族地区的社会发展取得新进展。省民族工作部门协调省教委落实了1999年国家及省高校、中专招收少数民族考生的政策和计划,使一批少数民族考生升入各级各类大中专院校。积极推进全省民族学校布局调整,先后投入32万元在西丰县、凤城市、清原满族自治县建立了三所希望小学,争取省教委共同投入22万元解决建昌县蒙古族中小学教育的布局问题,通过调整,学校规模得到扩大,办学条件得到改善。同时,为建立一批高质量的民族窗口学校,选择全省5所民族学校为联系点,从去年开始准备连续投入三年,主要用于学校软硬件建设,提高教学质量和办学效益。由省民委助学250名少数民族特困生的活动取得良好的社会效益,受到少数民族的欢迎。争取国家民委、教育部、省财政厅解决民族教育特殊困难问题投入10万元。

积极扶持民族文化团体的发展,全年共投入16万元扶持了沈阳市朝鲜族艺术团,阜新蒙古族自治县文工团,宽甸、新宾满族自治县艺术团的建设,帮助他们解决一些在改革开放中面临的实际困难,创造条件使这些民族文化团体逐步走上自我发展的道路。

认真筹备和参加了全国第六届少数民族传统体育运动会,取得了优异成绩。从8月到10月初组织了181名少数民族运动员,参加了拉萨和北京两个分赛场共8个竞赛项目46枚金牌的角逐,取得了6枚金牌、2枚银牌、3枚铜牌的良好成绩,是北京赛区金牌总数第二名,总成绩第四名,辽宁代表团获体育道德风尚奖。由于在民运会开闭幕式、天安门国庆活动和各项比赛中，代表团全体成员表现出色，省政府通报嘉奖省民委、省体委，并拨款百万，举行隆重的表彰大会，为获得优异成绩的运动员颁了奖。

深入开展调查研究，采取积极措施促进基层少数民族语文工作的健康发展。积极参与国家民族语文立法工作，对《中华人民共和国少数民族语言文字法》(草案)提出了修改意见。通过举办少数民族语文学术活动、民族学校岗位基本功竞赛活动和国际学术交流活动，为广大民族语文工作者提供学术阵地和学习交流的机会。主动协调有关单位和部门为贫困地区实行“双语”教学的民族学校赠送了2400多册图书、12000元人民币帮助解决困难。加强了八省区蒙古语文工作协作和三省朝鲜语文工作协作，成功地举办了中国朝鲜语文学会第11次学术年会。在民族学校教材、民族语言词汇标准化和信息处理等方面取得了新成绩。

民族研究工作有了新进展，出版了《满族文化史》等重要学术著作，在国内外产生影响。民族古籍普查工作取得阶段性成果。经省政府领导批准，《中国少数民族古籍总目提要·辽宁卷》正式立项，启动资金已经落实。长达100万字的省民族志稿已完成编修，进入终审。

吉 林 省

【民族经济】1999年，吉林省民族自治地方在各级党委和政府的领导下，认真贯彻省委七届二次全会精神，积极实施“科教兴省、开放带动、县域突破”的三大战略，强化措施，狠抓落实，国民经济继续保持了稳定发展的势头。1999年全省民族自治地方国内生产总值达到191.64亿元，比上年增长9.1%，其中，第一产业增加值51.49亿元，比上年增长12.5%，第二产业增加值75.05亿元，比上年增长7.3%，第三产业增加值65亿元，比上年增长9%，人均国内生产总值5761元，比上年增长7.1%，低于全省565元。

农村经济稳步发展，产业结构不断调整优化。1999年，民族自治地方的农村工作围绕农民增收、农业增效、财力增加和农村稳定的发展目标，着力调整农村经济结构，发展效益农业，全省民族自治地方粮食播种面积比上年减少1.6万公顷，其中玉米面积减少1万公顷；粮食总产量达到225.62万吨，比上年下降18%，油料1.97万吨，比上年下降7.3%，烟叶1.51万吨，比上年增长34.5%，糖料2.57万吨，比上年下降43.8%；农林牧渔业总产值81.28亿元，比上年增长8.8%。畜牧业生产稳步发展，专业饲养水平进一步提高，畜禽产品产量有较大幅度的增长，肉类总产量达到22.08万吨，比上年增长11%。

工业经济运行态势良好，经济效益明显回升。1999年，民族自治地方国有及限额以上工业企业完成总产值112.58亿元，比上年增长8.6%，其中国有工业企业总产值62.27亿元，比上年下降13.9%，集体工业企业总产值7.45亿元，比上年下降15.5%，其他经济类型工业企业总产值42.86亿元，比上年增长91.3%。在国有及限额以上工业企业中，亏损企业由上年的237个下降到192个，比上年减少45个，亏损面下降5个百分点，亏损企业亏损总额3.7亿元，比上年减亏1.1亿元；实现利税9.98亿元，比上年增长32%，实现利润0.3亿元，同比扭亏增盈1.6亿元，扭转了连续几年的亏损局面。

固定资产投资力度继续加大。1999年，民族自治地方按照国家扩大内需、加快基础设施建设的政策，认真选择建设项目，争取国家和省支持的项目，多渠道争取资金，并落实配套资金和积极创造条件，加大了固定资产投资力度。1999年全社会固定资产投资完成额达到45.73亿元，比上年增长13.5%，其中，基本建设投资21.83亿元，比上年增长1.8%，更新改造投资10.35亿元，比上年增长0.1%，房地产开发投资3.29亿元，比上年增长175.1%。

国内市场繁荣活跃，对外贸易实现恢复性发

展。1999年,民族自治地方实现社会消费品零售总额86.94亿元,比上年增长4%;全年共完成对外贸易进出口总额2.83亿美元,比上年增长16.6%,其中进口总额1.27亿美元,比上年下降2.3%,出口总额1.56亿美元,比上年增长38.4%;当年新签利用外资协议项目108个,实际利用外资额0.26亿美元,年末实有外商投资企业541个;全年接待国际旅游人数7.9万人,比上年增长52.4%,旅游外汇收入总额0.18亿美元,比上年增长34%。

财政金融形势平稳,人民生活水平继续得到改善。1999年,民族自治地方实现财政收入20.43亿元,比上年增长1%,财政支出23.83亿元,比上年增长25%;金融机构各项存款224.21亿元,各项贷款299.76亿元,均比上年增长4%;城乡居民储蓄存款年末余额达到190.62亿元,比上年增长8%;全部单位从业人员劳动报酬达到31.01亿元,比上年增长1%;农民人均纯收入2227元,比上年增长6%,其中,延边州2037元,前郭县2400元,长白县2815元,伊通县2357元,3个自治县的农民人均纯收入均已超过全省平均水平。

【社会发展】1999年,吉林省民族自治地方文化教育等各项社会事业有了新的发展。

科技事业取得新成果。民族自治地方重视发挥科技进步对经济增长的促进作用,延边州出台并实施了《全州地方与延边大学科技工作的对接方案》。1999年,延边州有10项科研成果获省科技进步奖,有29项科研成果获州科技进步奖。科技队伍进一步壮大,1999年末共有各类科学技术人员12.5万人。

教育事业稳步发展。民族自治地方中小学素质教育工作取得了突出成绩,延边州确立了一批省级实施素质教育实验学校,建立了全省惟一的全国现代化教育技术培训中心延边培训基地。1999年民族自治地方高等院校招收研究生153人、在校研究生425人,当年有150人被授予硕士学位。普通高等学校招收本、专科生2900人,在校学生9149人,毕业生2199人。普通中学270所,在校学生18.76万人,专任教师1.53万人;小学校1225所,在校学生33.75万人,专任教师2.36万人,学龄儿童入学率达到99.9%。

文化事业健康发展。民族自治地方共有各类电影放映单位51个,艺术表演团体12个,公共图书馆12个;广播电台12座,电视台13座,广播人口覆盖率达95.8%,电视人口覆盖率达91.6%。全年共出版报纸3322万份,出版各类杂志104万册,出版图书2294万册。

体育事业蓬勃发展。1999年,民族自治地方体育健儿在第六届全国少数民族传统体育运动会上取得历史最好成绩。延边州体育健儿在国家和省重大比赛中,共夺得金牌19枚,银牌7枚,铜牌5枚。

黑　龙　江　省

【民族经济】1999年是不平凡的一年。一年来,省民委在指导民族地区经济发展中,按照"突出重点,带动一般"的工作思路,突出抓了指导少数民族重灾区生产自救,推进人口较少民族的产业结构调整,协调落实各类专项资金,加大工作力度,有力地促进了民族经济的发展。

重灾区生产得到较大恢复和发展。1998年特大洪水中受灾严重的少数民族和民族地区在各级党委政府的领导下,在《省民委指导少数民族重灾区生产自救工作的意见》的指导下,大力开展基础设施的恢复和重建工作,努力发展生产,群众的生产生活条件得到了较大的改善和提高。1998年受灾严重的肇源县三个蒙古族乡在人均收入只有98元的情况下,今年实现人均收入1981元,基本实现了"一年受灾,一年恢复"。

农业基础设施得到较大加强。自国家增设少数民族发展资金以来,黑龙江省就将其全部投入到了少数民族和民族地区的基础设施建设上来,尤其1998年特大洪水后，基础设施建设投入更加大了力度，仅1999年一年即投入1500余万元。到1999年底，杜尔伯特蒙古族自治县(以下简称杜蒙县)拥有各类农业机械10036台套，全省民族乡镇拥有38462台套，分别比上年增长1.9%和18.7%。

传统产业有所发展，人均收入有升有降。1999年，杜蒙县实现粮食产量22.1万吨，实现农业总收入6.3亿元，大牲畜存栏12.8万头，其中奶牛3.2万头，实现人均收入1595元，分别比上年增长83.4%、23.5%、8.2%、16.0%和52.3%；全省民族乡镇实现粮食产量199.5万吨，实现农业总收入60.1亿元，大牲畜存栏23.2万头，其中奶牛7.0万头，实现人均收入2247元，分别比上年增长11.0%、-5.2%、-13.6%、-6.1%和-2.3%。受粮食市场价格不稳定的影响，全省民族乡镇受到的冲击较大。

质量效益型农业初见成效。继在全省民族地区开展农业产业化指导点取得成效以来，省民委1999年又确定了3处科技示范点：一是高效节能温室，现有23栋、21亩，年均亩收入2万元以上，在满族地区树立了榜样；二是水稻优良品种试验基地，引进日本“富士光”品种，在积温低200度，无霜期短15天的铁力市试种成功，水稻亩产达到1200斤；三是白瓜籽种繁育基地，实现了籽种的更新换代，人均增收140元。

人口较少少数民族产业结构调整得到进一步巩固。自1994年赫哲族和1996年鄂伦春族实施产业结构调整以来，其主导产业已基本形成，“巩固、提高”的目标也基本得以实现。至1999年底，全省3个进行产业结构调整的赫哲族村总收入实现532万元，人均收入2293元，转产率达到83.7%；3个鄂伦春族村有225户参与种植业和养殖业，当年总收入284万元，人均收入1960元，分别比上年增长12.7%和11.6%。

乡镇企业发展萎缩不前。1999年，全省民族乡镇有乡镇企业3995个，实现总产值34.7亿元，分别比上年减少9.2%和1.4%；其中私营企业形势略好，企业个数达到3225个，实现产值18.6亿元，分别比上年增长4.2%和27.4%。

包扶点成效显著。自1997年省民委包扶阿城市料甸满族乡万兴村以来，万兴村发生了较大的变化，尤其1999年实现了突破性进展。1999年万兴村实现粮食产量275万公斤，人均收入达到1500元，当年实现脱贫51户，使全村贫困户由1997年的320户下降到1999年的50户，脱贫率达84%；援建的二座桥涵已于1999年6月16日竣工通车，彻底解决了万兴村进村的路桥问题；自1997年为村上打了一口水井后，1999年又投资8万元新打了一口饮水井，使自来水入户率达到65%；电话从无到有，目前已有93户安装了程控电话。

民族贸易和民族用品定点生产优惠政策落实取得进展。1999年，省民委会同省纺织总会和省二轻总会，多次协调省工商行哈尔滨支行，为黑龙江蓝艺地毯集团和哈尔滨珠宝首饰有限公司争取技术改造贴息贷款750万元，有力地支持了民贸企业的发展。

【社会发展】黑龙江省是一个少数民族杂散居的边疆省份，少数民族和民族地区的经济基础和文化背景各不相同。一年来，省民委在指导少数民族和民族地区文化教育等社会事业中，坚持从实际出发，因民族制宜，采取整体推进、重点突破、分步实施的办法，把重点首先放在人口较少的民族方面，取得了较好的成果。

民族教育有了新发展。经过省、市、县三级民委和教育部门的共同努力，完成了鄂伦春、赫哲、鄂温克、柯尔克孜四个民族的“普九”工作，全省民族地区96%的人口完成了“普九”工作；70个民族乡镇中68%通过“普九”验收。落实资金711万元，进一步改善了杜尔伯特蒙古族自治县、齐齐哈尔梅里斯达斡尔族区中学和鄂温克族中学的办学条件。进一步调整了民族中小学办学网点，优化了教育资源配置，提高了民族教育规模效应和教学质量。加强了省民族中专和民族预科班工作，为民族地区培养和输送了一批合格的少数民族人才。尤其省民委包扶点阿城市料甸满族乡万兴村的教育更是取得了突破性进展。自1997年为万兴村投入资金以来，1999年又为万兴村小学校投入5万元资金修建铁围栏、购置桌椅、改善办学条件，同时发动委直机关职工为学校捐赠图书2000余册，条件的改善使万兴村小学在全乡综合指标评估中由1996年至1999年的全乡16所村小学的倒数第一跃居成为正数第一。

民族体育工作取得了优异成绩。在省有关部门的积极配合和各市地的共同努力下，黑龙江省在全国第六届少数民族传统体育运动会上取得了“五项突破”：一是在入场式表演上，黑龙江省代表团入场式风格独特的表演博得了大会组委会和各代表团的高度赞扬，并多次在中央电视台、省电视台和省报等媒体播放和报道；二是在表演项目上，黑龙江省的“鹿毛球”、“档木轮”均获一等奖；三是在竞赛项目荣获四银一铜，运动员获奖率达96%；四是在宣传报道工作上，黑龙江省代表团惟一创办的《简报》受到组委会赞扬；五是在精神文明上首次荣获了体育道德风尚奖。黑龙江省代表团取得的优异成绩受到了国家民委和省委、省政府领导同志的充分肯定和高度评价。

民族文化艺术、医疗卫生、民族语言文字工作取得了新成绩。指导少数民族和民族地区坚持“双百”方针，大力挖掘、整理少数民族文化遗产，较好地促进了民族文化艺术的发展。省满族作家中流的文学作品在全国第六届少数民族文学骏马奖评选中获一等奖；省锡伯族书法家关柏春首创“石上微书”《西迁之歌》向建国50周年献礼，并被中国民族博物馆收藏，受到了国家民委、文化部和省委统战部的赞誉；有3名少数民族选手在全国少数民族专业歌手孔雀杯大赛中分别获优秀奖和演唱奖。协调和争取省卫生厅共投资249.2万元，用于全省13个民族乡镇购置医疗卫生设备74件，大大改善了少数民族乡镇的医疗卫生条件，提高了防病治病水平。认真贯彻“八协”第十次和“三协”第二次会议精神，成功地召开了省蒙古语文、朝鲜族语文工作座谈会和省蒙古语文学会第八次、朝鲜语文学会第九次学术研讨会，进一步推进了全省民族语文使用规范化的进程。

上 海 市

【民族经济】面向民族地区的对口支援和经济协作，是上海民族工作的重要组成部分，受到了全社会的关注。上海市党政各级领导高度重视对口支援经济协作工作，为树立上海服务全国的新形象尽职尽力；社会各界积极参与，形成全市对口支援经济协作新局面。目前，在全市的对口支援经济协作工作中，各区县目标明确，作风扎实，工作主动，成为主力军；有关委办局发挥优势，突出重点，积极行动，成为生力军；各类企业立足本业，开展合作，回报社会，成为野战军；全市市民踊跃参加，乐善好施，共献爱心，形成良好氛围；上海到民族地区挂职的干部情系边疆，无私奉献，努力工作，有的甚至牺牲了自己的生命。据不完全统计，几年来，上海在云南、西藏、新疆及重庆三峡库区四个地区共无偿援助资金4.8亿元，建希望小学314所，建卫生所126所，建温饱试点村301个，建移民安置试点村4个，选派挂职干部228人，组织劳务输入2590多人，为对口地区培训各类专业人员2万多人次，并开展了青年志愿者扶贫接力活动。实施经济协作项目134项，上海方面投入资金4.83亿元。市民委、市协作办、农工商各行各业、工青妇各群众组织及全市市民结合各自特点，采取各种形式，积极开展了对口支援经济协作工作。三年来，在上海与对口地区的共同努力下，云南思茅、文山、红河三地州已有150万人解决温饱；西藏日喀则地区受援县经济四年多来保持了两位数的增长速度；新疆阿克苏地区近年来经济增长速度保持在15%以上，在全疆16个地州中名列前茅；重庆三峡库区8000多移民得到安置。

上海的对口支援工作以区县为主体，条块结合，采取经济协作、社会帮扶、干部交流等多项措施，全市动员，全力以赴，全社会参与，得到了中央和有关部门的肯定。市农委对民族地区农业帮扶成绩显著，宝钢集团公司在云南省建希望小学投入大量资金，市港务局多年关心培养贵州少数民族劳务工，被国务院评为“全国民族团结进步模范集体”；上海印钞厂离休干部陈正不畏高原严寒几上西藏墨脱县捐资助学，被国务院评为“民族团结进步模范个人”；市协作办等单位因对口支援工作出色，被国家民委、上海市政府评为“民族团结进步模范集体”;市民委有关职能处室被上海市对口支援领导小组评为“对口支援先进集体”。

此外,市民委1999年全年接待民族地区各类代表团29个,达300多人次,促进了上海与民族地区的交流。市民委还会同市委组织部、统战部做好民族地区来沪挂职锻炼干部的工作。

【社会发展】1999年上海市少数民族社会事业有了进一步的发展。

教育方面:民族中、小学的教学设施在政府的关心下得到进一步改善。回民中学学生宿舍大部整修,室内操场翻整一新;杨浦区回民小学迁入新校址,成为全市为数不多的寄宿制小学;南市区回民幼儿园配置电脑,开展了幼儿电脑教学。原在回民中学的西藏初中班搬进了设施齐备的共康中学,宿舍楼整齐实用,大礼堂宽敞明亮,操场上铺设着塑胶跑道,电化教室、语音室一应俱全。大专院校少数民族班的教育质量稳步提高,除原有六所大学的新疆班外,华东师范大学又开设了西藏班。在第三届民族教育奖励金暨第六届少数民族奖学金颁奖大会上,有17位从事民族教育的教师和114位少数民族学生获得了奖励。

体育方面:借组团参加第六届全国少数民族传统体育运动会的有利时机,上海的少数民族全民健身活动得到了推动。回民中学、华东师大、上海体院、普陀区、徐汇区及南市区相继成立了少数民族传统体育运动队;普陀区的少数民族体育运动会历时半年,所有街道(镇)都组队参加,少数民族参加人数为历届之最;回民中学为保证运动队的训练,花巨资翻建了室内毽球场;徐汇区的运动队还与武警特种部队进行了共同训练。由于少数民族体育有了牢固的群众基础,上海市代表团在第六届全国少数民族传统体育运动会中取得了历史性的突破,上海体院壮族学生韦剑获得了武术冠军,结束了上海在民运会上无金牌的历史,在女子武术、女子珍珠球、男子蹴球等项目上也都有奖牌进账;“牧羊鞭”表演项目被选为布达拉宫广场民族大联欢的展示节目;上海少数民族运动员还在体育道德上取得了丰收,全团被拉萨分赛场授予体育道德风尚奖,有七位运动员获得体育道德风尚奖。

江　苏　省

【民族经济】1999年,江苏省民族企业继续保持良好的发展势头。全省60多家民族企业实现产值5亿多元,利税近9000万元。徐州天穆集团、南京民族塑胶厂(集团)和高邮市菱塘回族乡兔毛制品公司、曙光电缆厂、制衣公司等民族企业成为江苏少数民族的龙头企业,其产值、利税占全省少数民族企业的80%以上。

1999年,高邮市菱塘回族乡兔毛制品公司创产值1960万元,利税453万元;高邮市菱塘回族乡曙光电缆厂实现年产值1.55亿元,利税310万元;高邮市菱塘回族乡制衣公司实现产值1800多万元,利税100多万元。江苏天穆集团创产值4200多万元,利税157万元。南京民族塑胶厂创产值510多万元,利润30万元。江苏民族国际旅行社接待海内外游客1899人次、7016人天,实现年营业额765万多元。

高邮市菱塘回族乡是江苏惟一的民族乡。1999年,全乡实现社会总产值6.38亿元,比上年增长5.4%,其中,工业4.48亿元,农业1.23亿元,建筑业0.5亿元,第三产业0.17亿元。财政收入为585.6万元,比上年增长5.1%。全乡实现总销售3.99亿元,比1998年增长5.1%,利润达900万元,形成了以曙光电缆厂、三川公司、兔毛公司、回民制衣公司等骨干企业。曙光电缆厂实现销售1.55亿元,比1998年增长13.1%,占全乡工业销售总额的38.8%。为了增加企业发展后劲,1999年投入技术改造资金2800万元。曙光电缆厂还投资6000万元,新上了35千伏高压交联电缆项目获得成功。1999年,农业经济继续稳步提高。全乡粮食产量为15000吨,桑园种植面积5000亩,产茧6900担,养鸽110万只,养鹅60万只,水产品500万斤。第三产业方兴未艾,从业人员达4000多人。个体私营企业迅速发展，实现销售9000多万元，比1998年增长29.5%。农民人均纯收入达2401元。

【社会发展】江苏是少数民族散杂居省份。截至1999年底，全省共有55个少数民族，近20万人，占全省总人口的0.25%。自1996年《江苏省少数民族权益保障条例》颁布实施以来，少数民族在政治、经济、文化、教育等方面的权益得到了充分保障。在九届全国人大、九届全国政协中有江苏的少数民族代表、委员7名，在九届省人大、八届省政协中有少数民族代表、委员28名。目前，全省开办民族中学3所，民族小学12所，民族幼儿园4所，西藏民族中学2所。在河海大学、省畜牧兽医专科学校等十多所大中专院校还开办了新疆班、西藏班，为民族地区培养了人才。常州、南通两所西藏民族中学有教职员工109人，16个班级，在校学生745人。高邮市菱塘回族乡民族中学有教职员工53人，14个班级，在校学生638人，其中少数民族学生191人；高邮市菱塘回族乡回民小学有教职员工52人，20个班级，在校学生892人，其中少数民族学生268人；高邮市菱塘回族乡回民幼儿园有教职员工19人，班级7个，在校学生301人，其中少数民族学生178人。丰县民族中学有教职员工220人，50个班级，在校学生3500人，其中少数民族学生350人。1999年，各级政府及社会力量共投入资金471.76万元，帮助少数民族脱贫致富。少数民族风俗习惯和宗教信仰普遍受到尊重。全省清真食品厂、店达226多家，基本满足了穆斯林群众清真饮食需要；为满足信教群众过宗教生活的需要，许多市、县(市、区)对清真寺进行了维修和翻建，无锡市清真寺异地重建工程已基本完成。有的市、县(市、区)新建或扩建了回民公墓，殡葬设施得到改善，服务质量有所提高，满足了回族等10个少数民族的土葬需要。

1999年，高邮市菱塘回族乡的各项社会事业得到了长足的发展。完成了商业街二期工程，铺设了育才路及新东住宅区主干道水泥路面，进行了商业街三期工程拆迁、地面平整和规划等前期工作。通过了省新型示范小城镇的验收，并被确立为全省222家重点中心镇之一。25千伏变电所的建成使用，大大改善了全乡的供电条件。天菱大桥主体工程的完工，进一步完善了该乡的交通网络。新建一座移动通讯基站，基本普及了程控电话，提高了通讯能力。完善了乡第二自来水厂，自来水的普及率不断提高，为经济发展和群众生活带来方便。重视新技术、新产品的开发利用，全年共开发科技含量较高的新产品12项，有9项新工艺应用效果明显，曙光电缆厂被国家科技部命名为国家级高新技术企业，有1个新产品被列为国家级火炬计划，还有1个被批准为国家级重点新产品，有4个被批准为省级高技术产品，有2个获国家科研部门金奖，有2个国家级星火计划项目和火炬计划通过竣工验收。筹集资金新建了乡中心幼儿园，完善了乡初级中学的教学设施，并通过了市优秀学校的验收，积极做好乡中心小学迁址的准备工作。巩固了“文化先进乡”的成果，新增有线电视用户500家，有线广播辐射全乡各村组。成功举办了乡第十届农民体育运动会。乡卫生院被评为一等甲级医院。全乡17个村民委员会中，有6个被上级评为模范村民委员会，11个为合格村民自治示范村，该乡被命名为“村民自治模范乡”。1999年，乡政府还投入资金1200多万元，为群众在电力、交通、教育、基础设施、小城镇建设等方面办了22件实事。

浙　江　省

【民族经济】1999年，浙江省少数民族和民族地区的经济继续保持较好的发展势头，各项经济指标顺利完成，工业产值进一步增长，效益农业迈出了可喜的步伐。全省农村少数民族人均收入达1763元，比上一年增长14%。少数民族重点市(地)、市(县)纷纷采取有力措施，推动当地民族经济的发展。景宁畲族自治县继续围绕“开发富县、工业强县、商贸活县、科教兴县,念好‘山水经’,走活‘特色棋’”的发展思路,抓住扩大内需的有利时机,切实加强基础设施建设,分步分批实施致富奔小康战略,促进农业和农村经济的稳步发展。同时,进一步深化企业改革,努力发展多种经济成分,加强财政和市场建设,加快发展商贸、旅游等第三产业,积极实施“科教兴县”战略,促进社会事业全面发展。据统计,全县当年实现国内生产总值7.1亿元,比上年增长10.2%;工农业总产值10.4亿元,比上年增长11.2%;财政总收入9202万元,比上年增长23.3%,其中地方财政收入4636万元,比上年增长25.9%;农民人均收入1753元,比上年增长6.2%,贫困面下降到2.9%以下。18个民族乡镇各项社会经济发展主要指标均超额完成,少数民族人均收入达1748元,比上年增长11%。省财政继续采取有力措施,推动景鄞扶贫经济开发区发展,开发区各项经济发展指标均有较大增长。至1999年底,开发区累计注册企业130多家,实现利润1.5亿元,交纳税金3000多万元。在全国少数民族和民族地区名优产品博览会上,全省共选送了5个市地的17家民族企业的产品参展,从一个侧面展示了浙江省少数民族和民族地区建国五十年来的经济发展成就。

【社会发展】少数民族和民族地区各项社会事业继续平稳发展。水、电、路、广播、电视、电话等基础设施进一步改善。据统计,截至1999年底,全省412个少数民族行政村和18个民族乡镇所辖265个行政村全部通电,基本解决了通路和饮水困难问题,通广播电视、电话率比上年有较大提高。基础教育基本巩固,师资队伍得到加强,教学质量不断提高,教育布局更加合理。景宁畲族自治县共有普通中学和职业中学13所,小学188所;18个民族乡镇共有中学13所,中心小学18所。中、小学办学条件得到了改善,基础设施建设进一步加强。少数民族学龄儿童入学率、巩固率和青壮年非盲率基本达到全省水平。少数民族中、高等教育继续发展,继续在温州医学院设立民族班,招收临床医学专业的少数民族学生30名。当年,全国普通高校在浙江共录取少数民族考生257名,成人高校录取38名。富有民族特色的群众文化活动十分活跃。一年一度的“柳竹新桥”三月三畲族歌会在武义县柳城畲族镇如期举行,景宁畲族自治县、丽水市的畲族群众也举行了多姿多彩的文艺活动,庆祝畲族人民的传统节日。

安　徽　省

【民族经济】1999年是新中国成立50周年和澳门回归的喜庆之年。在这一年里,安徽省少数民族干部群众齐心协力,奋勇拼搏,克服了自然灾害、粮价下调带来的种种困难,保持了经济的稳步发展,农业综合生产能力不断提高。一是基础设施建设逐步完善,小城镇建设初具规模。全省9个民族乡全部修通了柏油路或水泥路,通车里程达190.7公里。6个民族乡建立了标准供电规范化台区,有的乡正在进行同网同价电网改造。民族乡小城镇建设也进一步加快,农贸市场、牲畜交易市场、小商品交易市场及工业开发区初具规模。二是大力发展开发性农业,形成区域化经济格局。宁国市云梯畲族乡利用山区优势,通过大户示范,采取规模经营与庭院经济相结合的模式,着力发展经济果林,种植笋干竹13000亩,早竹11000亩,青梅1610亩(华东第二位),山核桃1100亩,杜仲500亩,成为全市率先消灭荒山、造林绿化达标的乡。1999年全乡开发性农业产值2307万元,仅早笋收入一项超万元的农户就有二十多户,成为畲乡农民脱贫致富的支柱产业。目前,以早笋为龙头的块状经济正日趋形成。凤台县李冲回族乡调整产业结构,发展特色农业,探索了一条“麦套花(生),花套(西)瓜”的立体高效农业种植技术,并形成规模和品牌效应,现该地“王岗西瓜”“魏郢花生”已远近闻名,初步形成具有民族特色的立体高效农业格局,有效增加了农民收入。

1999年,9个民族乡农业总产值达38088万元,比去年增加了7%。粮食总产量达143038吨,是去年的1.5倍。三是以畜牧水产养殖业作为农村经济发展的突破口。少数民族地区利用区域优势和水面资源,实施畜牧业富民和渔业致富工程,着力提高质量和效益,增加农民收入。长丰县孤堆回族乡和肥东县牌坊民族乡被合肥市列为全市养羊示范点。寿县陶店回族乡实现养牛1900头,山羊4.5万只,家禽23万只,巩固了全县养牛、羊示范乡的地位。渔业致富工程进展迅速,1999年实现水产品捕捞量700吨。目前,全省少数民族林、牧、渔业在农业总产值中的比重已达到40%以上。四是个体私营经济发展迅速,产业化、集约化趋势明显。花生、笋干、中药材、皮革加工业及运输业、牛羊屠宰业等传统行业已形成规模,在当地经济发展中具有独特优势,成为民族经济新的增长点。淮南市潘集区古沟回族乡村办、联办、个体私营经济实体1000多家,1999年实现私营经济总产值4.6亿元,利税1480万元。定远县二龙回族乡采取"大户带小家,小家连基地"的形式,全乡有花生加工户900多家,占全乡总户数的1/4,个体加工、分级、贩运大户8家,年运销上海、南京、浙江、广州等省市花生米4000多吨。占我省少数民族人口1/4的阜阳市有加工、运输等专业户1981个,牛羊屠宰户1367户,清真饭店537家,清真糕点厂130家,上规模私营企业21家。个体私营经济的发展有力推动了少数民族经济,极大提高了少数民族群众生活水平。五是充分发挥资源优势,实行区域化布局、专业化生产、企业化管理,走"特色+规模+档次"的路子。苔干、牛肉是涡阳县义门镇经济的支柱产业。为此,义门镇投资近1000万元建设了贡菜一条街、苔干大市场和清真果蔬市场,引资200万元筹建清真牛羊屠宰市场,牛肉销往沪宁,苔干远销日本。一大批十万元、百万元的回民工商户应运而生。临泉县长官镇南民族村大力发展屠宰业,全村建冷库18个,日屠宰牛羊2000头,牛羊肉销往全国各大城市,成为远近闻名的亿元村。颍上县桃花店民族村以屠宰业为龙头,形成饲料厂、骨粉厂、制革厂等一条龙企业,率先步入小康。

【社会发展】民族教育有了新的进步。全省130所民族中、小学有2/3的学校建起了教学楼,部分学校实现电化教学,图书室、实验室、语音室、微机室配套齐全。目前民族乡、村最好的楼是民族学校,当地最好的校舍也是民族学校。少数民族聚居地区已普及初等教育,基本形成比较完整的民族教育体系。在高等院校招生问题上,省民委首次派员进入招生现场,直接帮助民族院校录取新生,使得各民族院校招生计划圆满完成。由于安徽省生源质量高,部分高等院校在安徽省扩大招生名额,1999年是历年来全国民族院校在皖招生最多的一年。

全省9个民族乡建成了卫生院,大部分民族村建立了卫生所,医疗卫生条件有了较大改善,防病、治病的医疗保健网络逐渐形成,地方病、流行病得到了有效控制,群众做到了小病不出村,一般病不出乡。

群众文化生活日渐丰富。部分民族乡、村建立了卫星电视地面接收站、有线电视、文化站(室)。1999年国庆,五河县临北乡组织的狮子队参加全省民间文艺汇演,荣获"最佳表演奖"和"优秀组织奖"。宁国市云梯畲族乡《畲乡行》民族风情片在中央台播出后,反响强烈。潘集区古沟回族乡被省政府列入全市杜鹃花工程试点乡镇。

在全国第六届民运会上,安徽省组成了以张平副省长为团长的75人代表团,参加了摔跤、射弩、蹴球、武术、木球等5个竞赛项目,获得1金、2银、3铜、2个第四名、1个第五名、1个第六名、2个第七名、1个第八名的好成绩,金牌数、奖牌数及团体总分在华东地区均居首位,"石锁功"、"伐竹乐"2个表演项目分获表演节目二、三等奖。武术队、木球队获得"体育道德风尚奖"。

9月底在北京举行的中央民族工作会议暨国务院第三次民族团结进步表彰大会上,阜阳市人民政府等6个模范集体和许怀森等7个模范个人受到了表彰奖励。

福 建 省

【民族经济】1999年,省民委抓住机遇,把民族地区的经济社会发展放在更加突出的位置,认真贯彻落实省委、省政府"举全省之力,动员全社会力量,加快少数民族地区经济社会发展"的重要决策,充分发挥省民族工作协调委员会的作用,突出以改善"五通"为主要内容的基础设施建设、扶贫攻坚奔小康和加强民族教育的重点,协调社会各方,多渠道地增加对民族地区的投入,有力地推动了民族地区经济社会的发展。据统计,全省17个民族乡完成乡镇企业总产值(现行价)51.6亿元,农林牧渔业产值(现行价)13.2亿元,农民人均纯收入2880元。民族地区的基础设施有了进一步改善,民族村通路率由去年的90%上升到95.4%,通自来水率由40%上升到54%,通电话率由89%上升到92%。累计完成少数民族造福工程搬迁1397户、6670人。省委、省政府闽委发[1998]15号文件《关于加快我省少数民族和民族地区经济、社会发展的若干政策措施》下达后,省民族工作协调委员会各成员单位都切实把挂钩扶持全省17个民族乡摆上议事日程,领导重视,深入调研,多方扶持,帮助民族乡发展经济,为民族乡办了许多实事。开展挂钩帮扶活动一年来,省直各挂钩单位扶持全省17个民族乡生产性、基础性设施和新经济增长点项目总数达100多项,累计投入资金818万元,有力地推动了民族乡的经济社会的发展。一些民族工作重点地区如宁德地区也开展地直单位与民族村挂钩扶持活动,支持贫困的民族村加快发展经济,取得了很好的成效。

【社会发展】1999年,福建省民族地区社会事业得到较快的发展。民族教育全面推进,办学条件进一步改善。重点改建和修建了少数民族边远山区民族寄宿制小学和完全小学32所,全省444个民族村少数民族儿童入学率达到96.7%,巩固率达98%,毕业率和升学率均保持在92%以上,全省又有300多名少数民族学生进入各类大、中专院校学习。1999年7月20日,省民委与省教委联合召开了民族教育对口帮扶工作座谈会,充分交流了近年来开展对口帮扶工作的经验,沿海经济发达县、市、区与17个民族乡、省重点中学与民族中学等各对口挂钩扶持协作对子,就如何进一步开展对口帮扶活动进行了认真商讨,达成初步意向。经过半年的运作,目前各县、市、区在帮助挂钩的民族乡改善教学设施、对口支教、帮助失学儿童复学等方面都做了许多有益的工作,有力地促进了民族教育事业的发展。同时,省民委、省宗教局还引导宗教界与民族贫困乡村开展挂钩帮扶,仅泉州市宗教界近年来就捐资170多万元帮助民族村修建学校、改善基础设施、发展公益事业,取得了明显成效。霞浦县还积极穿针引线,引导台胞为民族教育捐资助学。1999年5月10日至13日,在上杭县成功地举办了省第四届少数民族传统体育运动会,有560多名各民族运动员参加了3个竞赛项目和22个表演项目的角逐。先后组团参加了分别在拉萨和北京召开的第六届全国少数民族传统体育运动会,并获得较好名次。表演项目《打枪担》、《赛竹卜》获一等奖,《舞龙头》获二等奖,其他项目均获三等奖,竞赛项目获得1个第4名、2个第5名,成绩较前几届运动会均有明显提高。福建省代表团还获得本届民族运动会体育道德风尚奖。此外,组织编辑出版了《畲族社区研究》论文集,举办了少数民族声乐选拔赛和民族民间歌手选拔赛,在此基础上,推选了一批优秀歌手参加全国"第五届孔雀杯少数民族声乐大赛"和"迎新世纪民族、民间歌手选拔赛"。目前,在全省各级各部门和社会各界已形成为民族乡村排忧解难、多办实事、促进发展的良好风气,有效地弥补了民族地区财政资金投入的不足,加速了民族乡村经济社会事业的发展。

江　西　省

【民族经济】1999年,江西民族经济在结构调整中求发展。3个民族乡农业总产值1270万元,比上年增长3.84%;工业总产值2582万元,比上年下降1.49%;乡办企业总产值4931万元,比上年下降28.40%;粮食总产量2029吨,比上年下降5.89%;财政收入126万元,比上年下降1.33%;农民人均纯收入1388元,比上年增长96元。50个民族行政村农业总产值5543.2万元,工业总产值1058万元,村办企业总产值271.2万元,粮食总产量1.85万吨,农民人均纯收入1251.87元,其中农民人均纯收入比上年下降216元。1999年江西民族经济发展呈现如下趋势,一是随着全国经济特别是农村产业结构的调整,民族乡村经济的增长因素也进入新的组合调整时期;二是随着江西对口支援民族乡村经济发展工作的深入,民族乡村基础设施建设取得突破性进展,民族经济发展条件得到较大改善,为民族经济新的发展奠定了基础。

【社会发展】1999年,江西少数民族和民族地区社会事业健康发展,各民族团结和睦。3个民族乡年末总人口6898人,少数民族人口占36.81%;50个民族行政村总人口57061人,少数民族人口占52%。据对6422户少数民族农户25825人的调查,贫困人口占少数民族人口的比例仍较高,其中少数民族高中文化程度贫困人口占少数民族贫困人口的2.37%,初中文化程度贫困人口占17.96%,小学文化程度贫困人口占53.91%,文盲贫困人口占25.76%;百名少数民族人口拥有电视机15.59台,百名少数民族贫困人口拥有电视机6.7台。民族乡、村学校中,大专以上学历的教师占5.99%,中师、中专或高中学历的教师占70.57%,初中及初中以下文化程度的教师占23.44%,少数民族教师占教师总数的23.44%;少数民族儿童入学率为97.25%,低于总入学率0.63个百分点,较1996年上升1.25个百分点。

山　东　省

【民族经济】山东省是一个少数民族杂散居的省份。全省共有53个少数民族成分,62.3万人,占全省人口的0.7%。其中少数民族人口5万以上的市、地6个(济南、泰安、德州、聊城、菏泽、济宁),万人以上的县(市、区)22个,民族乡镇7个,民族村(居)441个。1999年,在国家民委的指导和省委、省政府的正确领导下,在各有关部门的大力支持下,省民委党组紧紧围绕经济建设这个中心,以邓小平理论和党的十五大精神为指针,抓住机遇,开拓进取,努力帮助少数民族群众加快经济发展和脱贫致富步伐。全省7个民族乡(镇)1999年实现社会总产值12.8亿元,粮食产量11.3万吨,肉产量1.5万吨,乡镇及乡镇以下办企业4287家,比上年增加2061家,企业利润总额3835万元,从业人数22388人,比上年增加2588人,年人均纯收入2311元,比上年增长10.1%。民族乡镇经济发展的主要特点:一是优化产业结构,加大调整力度,注重科技投入,积极发展高效优质农业。曹县侯集回族镇立足群众多年从事瓜菜生产的优势,根据市场需求,狠抓高效农业示范园区建设,促进了全镇种植业结构的大调整,取得了很好的效益。1999年以来,全镇高效农业经济总收入达4600万元,人均增收400元。莘县张鲁回族镇大力引导当地群众发展香菇、双孢菇等优质高效的特色种植业，筹措资金100万元用于扶持菇农，目前发展香菇棚1200多组，双孢菇棚540个，蔬菜大棚400多个。在大力推广养殖小尾寒羊的基础上，又引进发展了4万对"白玉王"肉食鸽养殖场。这种鸽个头大、繁殖快、肉质好，在国际、国内市场很受欢迎，每只肉鸽纯利润可达8元左右。禹城十里望回族乡重点构筑蔬菜、畜牧两大产业链条，按照以土地调整促蔬菜面积落实的工作思路，全乡粮经作物比例调整为1:1。其中盖韭1万亩，大蒜5000亩，高温大棚、食用菌大棚及其他经济作物5000亩。同时，构筑产加销一体化、贸工农一条龙产业化新格局。二是充分发挥本地优势，培植龙头企业，大力发展民营经济。青州云峡河回族乡充分发挥靠近城区、云门山风景区和山东工程机械厂的优势，调整工作思路，多种渠道引资金、引项目、引人才，大力发展外向型经济。1999年以来新上富源工艺品厂、毛巾厂等出口加工型企业两家，成立了工艺品加工合作社，全年可实现出口交货值250万元。济阳县辛集回族乡1998年引进的"绿色天宝""高效强力植物增产剂"被列为山东省"星火计划"项目，已于1999年9月份投产，年生产规模可达500吨，年产值可达2000万元，预计年利税可达400万元以上。淄博临淄区金岭回族镇以齐鲁石化公司为依托，发挥本地优势，引进资金、人才和技术，1999年以来新上8个工业项目，其中有3个较大的化工项目投资在千万元以上。

【社会发展】1999年，山东省少数民族教育、文化、卫生事业有了进一步发展，少数民族科学文化素质有了进一步提高。全省现有民族中小学278所，少数民族在校生3.68万人，教职工2095人，适龄儿童入学率达到100%。1999年度的民族院校(班)的招生工作顺利完成，省民委先后下发了《关于下达1999年民族院校成人高等教育在我省招生计划的通知》、《关于认真做好1999年度少数民族招生工作的通知》，共完成国家民委所属6所民族院校及济南大学民族班招生计划347名，成人高考招生计划21名，益都师范学校民族班招生计划40名。

少数民族文化体育事业蒸蒸日上。1999年5月8日至10日，省民委、省体委联合举办了山东省少数民族传统体育比赛，共有13个市地、9个民族成分的370多名运动员、教练员和54名裁判员参加了5个竞赛项目和5个表演项目的赛事活动。9月18日至10月3日，山东少数民族体育代表团参加了第六届全国民运会北京主赛场的赛事活动暨国庆50周年活动，代表团由陈抗甫副省长任团长，由7个民族成分的98名运动员、教练员、工作人员组成，参加了4个竞赛项目和6个表演项目的比赛。11月9日至12日，省民委与省文化厅、省总工会、省文联共同举办了山东省民族宗教界美术书法展览，共有13个市地的280多幅书画作品参加了展览。通过这些活动，丰富了少数民族的精神文化生活，促进了少数民族的社会主义精神文明建设。

河　南　省

【民族经济】1999年，河南省民族经济工作，围绕国家宏观经济政策，加大资金投入力度，以改善少数民族聚居地方基础设施建设为龙头，以调整农村经济结构为重点，推动少数民族聚居地方经济发展。1999年全省少数民族乡(镇)及乡(镇)以下工业总产值93.8亿元，利税6.3亿元，农民人均纯收入2018元，比上年增加64元。全省526个少数民族聚居村中，被命名为小康村254个，比上年增加11个，私营经济创产值78.7亿元。全省民族经济发展呈现出以下特点：

一、民族区、乡(镇)经济稳步发展。

1999年，全省3个城市回族区完成国内生产总值10.1亿元。20个民族乡(镇)完成国内生产总值31亿元；工业总产值42.7亿元；农业总产值7.43亿元；第三产业产值31.1亿元。全省20个民族乡(镇)中有12个乡(镇)经济发展超过当地平均水平,其中综合经济实力名列前茅的有洛阳瀍河回族乡、睢县城关回族镇、淮阳县城关回族镇、沈丘县槐店回族镇、太康县城关回族镇、叶县马庄回族乡等6个乡镇。如睢县城关回族镇,1999年,国内生产总值2.5亿元,工农业总产值8亿元,其中工业产值7亿元,农业产值1600万元;农民人均纯收入2310元。该镇坚持以市场为导向,以发展集体企业和个体私营经济为重点,按照区域特色制定企业发展规划,因地制宜确立各项主导产业。目前,全镇七个行政村已形成了皮毛制革、交通运输、饮食服务、建筑装潢、农副产品加工五大主导产业同步发展的经济格局。如河南省盛荣裘皮制品有限公司是睢县城关回族镇睢县皮毛厂与外商共同投资兴建的一家中外合资公司,1999年该公司完成工业总产值1.5亿元,销售产值1.45亿元,实现利税140万元,出口创汇360万美元。目前,该公司主要生产"虎威"品牌羊剪绒系列产品,挖花大毯、床毯、沙发坐垫、汽车靠背等,年生产能力达加工绵羊皮10万张。产品出口率达90%,产品主要销往美国、日本、澳大利亚、韩国、德国等十多国家,是河南省规模较大的重点出口羊剪绒制品企业。

二、加大基础设施建设投资力度,促进民族聚居地方脱贫步伐。

为了加快少数民族和民族聚居地方的经济发展,多办实事,多办好事,切实体现党和政府对少数民族和民族聚居地方的关怀和支持。1999年,全省各级民族工作部门把帮助民族乡村加强基础设施建设作为工作重点,做了大量工作。1999年,省民委帮助民族乡村落实教育、交通、水利、卫生、电力、环保等基础设施建设项目66个,总投资1480万元。对特别贫困的3个民族乡实行资金项目倾斜措施,对民权县胡集、伯党两个回族乡以改善交通、水利、通讯条件,加强学校校舍建设为重点,投资190万元,使两个乡的农业生产条件得到了根本改善,4.52万亩土地成为稳产水浇地。由于公路、通信条件改善,两个回族乡的水果、葡萄种植等优势产业得到发挥,提高了农民人均口粮和现金收入,较稳定地改变了少数民族的贫困状况。

三、民族聚居地方经济结构调整加快,经济增长方式发生可喜变化。

1999年全省少数民族企业的产业结构调整速度加快。少数民族的传统产业及第三产业已占主导地位,传统产业中皮毛、皮革加工业及饮食服务业占85%。少数民族企业经过产品结构、产业结构不断调整,第一产业发展较平稳,第二产业发展速度加快,第二产业向第三产业方向转移明显。特别是调整了所有制结构,把大力发展非公有制经济作为一项重要工作来抓。在各级政府的鼓励、引导、支持下,集体、私营企业得到了健康发展,经济实力明显增强,经济规模不断扩大,经营领域不断拓宽,已由初期的小商小贩向生产加工和科技含量高的领域扩展。据统计,1999年全省少数民族集体、私营经济15754家,占全省少数民族企业总数86.5%。同时,农村整体经济结构也发生了可喜的变化,由过去的以土地为核心的种粮食向市场化高效农业发展,种植结构以市场为导向,向高效、高科技含量、高附加值发展,少数民族养殖业从单一的牛羊养殖屠宰向优质、优种、优价养殖发展。主要表现在:

1.调整产业结构促进民族经济快速发展。河南省民族聚居地方始终把工业发展作为经济工作的重点,坚持以提高企业效益为中心,以市场需求为导向,依靠科技进步,提升市场竞争力,积极利用先进技术改造和提高传统产业,加快调整加工业,加大技术改造力度,发展新兴产业和高技术产业,在激烈的市场竞争中,生产保持了稳步增长。1999年,全省20个民族乡(镇)完成工业总产值42.7亿元。民族企业根据市场需求的变化,及时调整产业结构、产品结构,促进产业升级、同时重视人才和技术引进,促进了新产品的开发,产品市场逐步扩大。据不完全的调查估计,全省有80%左右的少数民族聚居地方乡镇企业,在新一轮的市场竞争中,对传统产业、传统工艺、传统产品进行了调整,加大科技含量,东引新技术、新产品、新工艺,西移传统产业和传统工艺产品,达到了产业升级和产品升级,提高市场竞争能力的效果,涌现出一批效益好、产品新、科技含量高、发展速度较快的民族企业。如河南省长城(集团)公司,是一家以皮革生产为主的较大型企业。该公司拥有固定资产5630万元。主要产品有牛皮革及制品、鸵鸟皮革及制品、羊剪绒制品、全革两用皮、皮形皮等十大系列500多个品种,与日本、美国、意大利、澳大利亚、德国和香港、台湾等十几个国家和地区建立了稳定的贸易关系。近几年来，长城集团公司坚持走科技企业的发展道路，引进、吸收国外高新技术，研究攻关国内尚未开发的高档皮革加工技术，并将研究开发的高新技术及时进行转化应用，先后完成了高档鸵鸟皮、中小牛皮、皮形皮等三项科技攻关项目，应用研究开发的鸵鸟皮加工技术开发生产的高档鸵鸟皮革，其利润是普通牛皮的30多倍。研究开发的中心牛皮和皮形皮加工技术，改变了我国传统的皮革、皮毛加工技术的落后工艺，提高了产品的质量和档次。这三项高新技术，均填补了国内空白，达到了国际先进水平，获省轻工科技成果一等奖、二等奖。该公司1999年度总产值2.1亿元，同比增长24%；销售收入1.9亿元，同比增长26.7%；纯利润1157万元，同比增长24.3%；出口总额1200万美元，同比增长7.1%；创汇额1150万美元，同比增长2.68%。

全省以集体、私营为代表的少数民族乡镇企业发展迅速，传统产业逐步向规模化、集团化、市场化发展，形成了一批以传统产业为依托的集体、私营和个体企业，探索出一些新的规模经营发展路子。一是集体带动、集体个体联动的“水南关模式”集体经济和个体经济得到同步发展。二是靠发展个体私营经济，走“公司+企业+农户”路子，成为群众普遍致富的“桑坡模式”。其特点是发动群众从事运输业、饮食业、屠宰业、服装皮革、鞋加工业、皮毛皮革加工业等，村里成立公司，提供服务，使群众靠发展个体私营经济而致富，为民族经济发展开辟了新途径和新希望。1999年，我省少数民族乡(镇)及乡(镇)以下企业8721家，集体企业1180家，私营企业14063家，完成总产值93.8亿元。

2. 农村经济全面发展，产业结构日趋合理。近年来，民族聚居地方进一步加强了农业在国民经济中的基础地位，农业生产逐步向“三高”方向发展，在不放松粮食生产的同时，积极调整种植结构，帮助少数民族群众打破传统的播种方式，向高产、高值、高效作物发展。民族聚居地方农村经济结构进一步优化，涌现出一批以农副产品加工发展农村经济的典型。如：睢县潮洲镇北村，是一个少数民族聚居村，先后办起了日产60吨的股份制面粉厂、预制厂、食品加工厂，养殖、饲料、塑料厂等家庭企业一个个兴办起来。1999年，全村农业总产值8600多万元，集体经济收入300多万元，农民人均纯收入3200元。被河南省委组织部、商丘市委授予“先进党支部”、“文明村”，省计生委命名为“国家十大扶贫状元”等。

3. 城乡市场日益繁荣，人民生活不断改善。“九五”以来，民族聚居地方大力发展第三产业和非国有经济，努力培植新的经济增长点，少数民族群众生活水平不断提高，生活质量明显改善。1999年20个民族乡(镇)第三产业产值达到31.1亿元，城乡居民的收入有不同程度的增长。

【社会发展】1999年，河南省民族团结、文化教育、卫生体育等各项社会事业有了进一步发展。

一、加强民族教育，提高少数民族文化素质。

1999年，全省有民族学校405所，中学教师5171人，小学教师10559人；在校学生19.1万人。省民委针对部分民族学校校舍、教学设备等基础设施较差的问题，全年安排学校建设项目44个，帮助解决资金535万元。省民委协助省教委、省民族中专学校，招收大中专、小中专学生360人，协助中央民族大学等民族院校招收本科、专科、预科生480人。

二、参加了全国第六届少数民族传统体育运动会，取得了优异成绩。

在省委、省政府和有关市、地党委、政府的重视和大力支持下，各级民委、体委精心组织，严格训练。参加运动会的各族运动员克服困难，顽强拼搏，经过拉萨分赛场和北京主赛场的艰苦比赛，共获得2枚金牌，2枚银牌，2枚铜牌，3个表演项目一等奖，5个体育道德风尚奖等多项奖，取得了河南省参加历届民运会最好的成绩，为全省人民争了光，为河南省赢得了荣誉。

三、发展少数民族卫生事业。

1999年，在各级党委政府的重视支持下，3个回族区、20个民族乡(镇)都建立了卫生院，省、市、县(市、区)有卫生院31所，少数民族中级以上职称医院专业人员109人，床位1284个。过去贫困的少数民族乡(镇)的卫生医疗事业有了长足发展。如民权县伯党回族乡卫生院始建于1996年，是当年省民委、省卫生厅为扶持少数民族乡镇的医疗保健事业而建起的一所乡级卫生院。在建院过程中,省民委扶持资金15万元,为伯党卫生院购置了先进的医疗设备,县卫生局又为伯党卫生院配备了医德高尚、医术精湛的医护人员队伍。目前,伯党卫生院有医护人员18名,开设有内科、外科、心脑血管科、化验室、B超室等科室。该院迅速成为民权县科室齐全、设备一流的乡级卫生院,方圆百里慕名求医者络绎不绝。卫生院月收入达万元,成为民权县效益最好的乡级卫生院,为伯党回族乡及周边地区群众的医疗保健做出了突出的贡献。

湖　北　省

【民族经济】1999年,湖北民族地区国民经济持续稳定增长。民族地区"一州两县"(恩施土家族苗族自治州、五峰和长阳土家族自治县)国内生产总值达94.75亿元(1990年不变价),比上年增长7.7%。财政收入11.64亿元,比上年增长9.4%。农民人均纯收入达1616元,比上年增加148元。

农村经济快速发展,经济结构调整迈出了新的步伐。粮食总产量198.99万吨,比上年增长3.8%,油料产量10.99万吨,比上年略有增长。茶叶1.92万吨,比上年增长9.77%;烟叶10.39万吨,比上年增长22.4%。农业产业化经营水平明显提高,林、茶、烟、畜、菜、药六大支柱产业规模进一步壮大,农民80%以上的纯收入来源于产业化经营。乡镇企业在改革改制中焕发出新的生机与活力,长阳、五峰两个自治县实现乡镇企业总产值29.37亿元,比上年增长15.8%。个体私营经济发展步伐加快,在经济中的比重进一步提高。科技兴农工作取得新的成效。

工业经济难中求进,整体效益趋向好转。1999年,民族自治地方"一州两县"国有及年销售收入500万元以上的非国有工业企业,实现工业总产值44.46亿元,比上年增长12.53%。亏损企业亏损额比上年减少4198.6万元。工业结构调整力度加大,矿业秩序好转,煤炭业关井压产取得阶段性成果。绿色产品、医药化工正逐步成为民族地区经济的重要支撑点。

固定资产投资规模进一步增大,能源、基础设施建设取得新成果。1999年,全省民族自治地方完成固定资产投资32.65亿元,比上年增长15.41%。投资结构进一步改善,农林牧渔业、电力及自来水生产供应业、交通运输业、邮电通信业等基础设施和基础产业投资得到加强,恩施自治州11个重点在建项目当年完成投资39623万元,占全州国有基建投资122724万元的32.3%。

财政收入稳定增长,金融体制改革继续深化,保险事业快速发展。1999年,全省民族自治地方完成财政收入11.64万元,比上年增长9.4%。金融机构年末各项存款余额达58.58亿元,比年初增加3.9亿元,增长5.35%。金融机构各项贷款余额达92.33亿元,比年初增长3%。保险事业发展迅速,全年保险系统保费收入21.24亿元,比上年有较大幅度的增长。

【社会发展】1999年,全省民族自治地方科技、教育、文化等社会事业进一步发展。

科技与经济的发展关系日益密切,在民族自治地方,科技管理、科技培训、科技网络建设都取得新成果。科技对经济的贡献率逐年增长,恩施自治州农业技术进步贡献率达49.62%,比上年提高了1.34个百分点。工业技术贡献率达47.6%,比上年提高了26个百分点。恩施自治州农业主要以推广良种良法为重点,不断推动"两高一优"农业发展;工业主要以医药化工及硒产品开发研究为重点,不断增强运用高新技术改造传统工业的能力,实现重点突破,提高产品的科技含量。

教育事业稳步发展。民族自治地方教育部门深化教育改革,大力推行素质教育。"普九"工作全面展开,基础教育工作得到加强。小学学龄儿童入学率在99%以上。全省民族自治地方共有普通高校1所,在校学生4701人,年内招收本、专科学生1724人。普通中专招生2225人,在校学生11597人。各类成人技术培训学校培训学员25.58万人。

文化事业进一步繁荣。长阳南曲《巴山女》获全省第八届“百花书会”一等奖。广播电视事业不断发展,“村村通”工程基本达标,民族地区广播通过率和电视覆盖率比上年均有较大幅度增长。

卫生事业稳步发展,医疗技术、预防保健水平不断提高。医疗卫生事业以农村卫生为重点,以初级卫生保健为龙头,以疾病控制为中心,以科技兴医为动力,卫生防疫和保健工作得到加强。

体育事业取得新成就,群众性体育活动和全民健身活动日益活跃。一年来,民族自治地方上下开展以广播操、长跑、综合性运动会等为主要内容的多种形式的健身活动,参加全民健身活动人数达140万人次。在全国民运会上,实现了湖北省在全国民运会上金牌零的突破,取得了3金、3银、6铜的好成绩。

湖　南　省

【民族经济】1999年,湖南省民族自治地方完成国内生产总值1267021万元,比上年增长4.95%,其中第一产业487259万元,增长2.34%,第二产业393606万元,增长4.84%;第三产业386156万元,增长8.58%。产业结构之比为38∶31∶31,与上年基本持平。工农业总产值410349.5万元,地方财政收入65839万元。

农业生产平稳发展。农业产业结构调整步伐加快,农业产业化程度有所提高。1999年,全省民族自治地方农业总产值733997.6万元,增长0.93%;全年粮食总产量1693270吨,增长2.77%,油料151504吨,增长10.1%;棉花1394吨,增长18%;茶叶959吨,增长7.4%。全年出栏肉猪265.19万头,增长1.02%;羊67.59万只,减少0.6%。水产养殖稳步增长,全年水产品产量24229吨,增长14.16%。当年造林面积9850.12公顷,森林覆盖率63.95%。农产品加工龙头企业影响扩大,市场辐射能力增强。

农村基础设施建设加强,抗御自然灾害的能力有所提高。全省民族自治地方农田有效灌溉面积166610公顷,比上年增长11.43%,农业机械总动力111.65万千瓦,增长17.93%。

由于受到市场经济的强烈冲击,工业发展速度有所下降。1999年,全省民族自治地方完成工业总产值410349.5万元,比上年减少5.44%,与全省11.5%的工业增长速度相比相差了16.94个百分点,其中国有工业303270.8万元,比上年减少3.39%;集体工业59524.6万元,比上年减少16.5%。

固定资产投资继续保持增长,1999年全省民族自治地方完成固定资产投资268599万元,比上年增长37.38%,占全省固定资产投资额的2.81%,所占比重比上年略有增加,其中,国家预算内资金31320万元,增长172.47%;国内贷款29558万元,增长88.56%;利用外资1186万元,减少35.51%。

交通运输邮电设施得到加强。全年新修公路里程1476公里,新修内河航道889公里。全社会货物周转量为86281.4万吨公里,比上年减少2.23%。旅客周转量为162221.09万人公里,增长3.02%。邮电通信能力继续增强,全年完成邮电业务总量29006.57万元,城市电话机总数达147098部,乡村电话机总数达43679部,分别比上年增长32.79%和15.75%。

消费品市场出现了稳中趋升的良好态势。1999年,全省民族自治地方实现社会消费品零售总额509324万元,比上年增长2.52%,农民人均纯收入1336.59元,与上年基本持平。城乡居民储蓄存款年末余额627139万元,比上年增长18.98%,其中城镇储蓄存款余额432076万元,农户储蓄存款余额195063万元。

【社会发展】1999年,湖南省民族自治地方社会各项事业不断发展。

继续大力推进少数民族干部工作,一是继续

抓好《湖南省培养选拔少数民族干部三年工作规划》的落实，加强了对各地执行《规划》的指导、协调、督促、检查。二是加强对少数民族干部的挂职锻炼和培养工作。三是举办了民委主任培训班，对各州、市、自治县和少数民族人口过半的县民委主任共37人进行了培训。

继续发展民族教育事业。1999年，全省民族自治地方普通高校招生1911人，在校学生4809人。有普通中专9所，招生3144人，在校学生10624人。有普通中学285所，在校学生199572人。有农业职业中学35所，在校学生12184人。有小学4222所，在校学生58.79万人，学龄儿童入学率达98%。

文化事业继续发展。1999年，全省民族自治地方共有各类电影放映单位333个，县以上广播电台9个，47套节目，电视台20座，114套节目，电视发射台、差转台69座，卫星电视地面站3223座。

卫生医疗条件逐步改善。卫生工作重点仍在农村，坚持集体办医和合作医疗制度，卫生防疫和妇幼保健工作继续发展。

城乡居民用于住房的支出继续增加，居住条件进一步改善，体育、科技、社会福利和保险事业也都有不同程度的发展。

广　东　省

【民族经济】1999年，广东省民族自治地方的广大干部和各族人民以邓小平理论和中共十五大精神为指导，以脱贫奔小康工作统揽全局，认真贯彻执行中央和广东省委、省政府的各项方针政策，克服困难，开拓进取，国民经济持续稳步增长，主要经济指标都达到或超过预定目标。

1999年，全省民族自治地方完成国内生产总值15.67亿元，比上年增长8.69%。其中第一产业增加值5.64亿元，增长4.14%；第二产业增加值5.93亿元，增长11.92%；第三产业增加值4.10亿元，增长7.06%。一二三次产业结构构成为36.0∶37.8∶26.2，第一产业比重下降，第二产业比重略有上升，第三产业比重上升。人均国内生产总值3451元，比上年增长7.91%。

农业和农村经济不断发展，粮食生产连续第六年获得丰收。1999年，完成农业总产值7.95亿元，比上年增长8.99%；粮食播种面积55.99万亩，总产18.94万吨，比上年增加3800吨；亩产338公斤。生姜、木薯的种植面积分别达2.5万亩和2.3万亩，产量分别为2.3万吨和2.2万吨。森林覆盖率达76%。农业生产条件基本稳定。全年农业机械总动力7.91万千瓦，增长4.08%；化肥施用量(折纯)1.92万吨，增长1.81倍；有效灌溉面积1.54万公顷，增长6.46%；农村用电量3992万千瓦小时，下降0.42%。

工业生产稳定增长。全年完成工业增加值4.09亿元，比上年增长7.09%。其中国有工业及年销售收入500万元以上非国有工业增加值2.44亿元；轻工业增加值1801万元；重工业增加值23918万元。

固定资产投资快速增长。全年全社会固定资产投资完成额8.12亿元，比上年增长24.48%，其中，基本建设投资3.07亿元，下降14.21%；更新改造投资1.74亿元，增长1.33倍。

民族贸易日趋繁荣。建成了较完善的市场网络，42个镇均有设施较好的农贸市场，个体私营经济也得到日益发展。1999年，民族地区有各种商业机构117家，从业人员2666人；另有个体商业4529家，从业人员7770人；社会消费品零售总额达4.94亿元，比上年增长4.74%；城乡集市贸易成交额达3.46亿元；外贸进出口总额3956万美元。

财政金融得到增长，农民生活水平逐步提高。地方财政收入1.01亿元，比上年增长21.4%，财政支出2.84亿元，比上年增长9.93%。农村居民纯收入2355元，比上年增长291元。城乡居民储蓄存款年末余额13.4亿元，比上年增长2.41%，其中城镇储蓄存款余额10.87亿元，农户储蓄存款余额2.53亿元。

【社会发展】1999年，广东省民族自治地方社会各项事业取得长足的发展。

科技事业不断取得进步。“科教兴县”不断深入，在财政困难的情况下，民族自治地方确保1%的科技经费投入，建立健全了镇(乡)农技站、林业技术推广站、畜牧站。民族自治地方从事科技活动人员共7871人，科技活动经费使用总额54万元，比上年增长76.47%。

教育事业进一步发展，“两基”成果得到巩固提高。全省民族自治地方有初中在校生28600多人，初中学龄人口入学率达98%；小学在校生69000多人，小学学龄儿童入学率达99.8%；在校学生辍学率，小学控制在0.3%以下，初中控制在2%以下；毕业率，小学达99.7%，初中达97.7%；完成率，15周岁人口初级中等教育完成率为99.3%，17周岁人口初级中等教育完成率为91.8%，青壮年非文盲率达99.5%。办学条件进一步改善。中、小学校舍基本实现了钢筋混凝土结构楼房化，小学生人均校舍7平方米，初中生人均校舍8.5平方米；各学校基本做到教学、运动、生活“三区分开”，校园环境基本达到“绿化、美化、净化”；各所初中均有仪器室和实验室，理、化、生仪器配备率达90%以上；各校均有体育室、图书室，体育器材配备率为88%。教学质量有所提高，三个自治县共有30名少数民族学生被评为1998—1999年度全省少数民族“三好”学生标兵。

文化工作取得较大成效。积极实施“山区文化建设工程”，相继完成了各自治县民族博物馆及部分乡镇文化中心建设；实施“村村通广播电视”工程，广播电视信号覆盖率明显提高。

卫生事业继续发展，保健水平不断提高。民族地区有卫生机构73个，床位914张。各类卫生技术人员1589人，其中医生673人。初级卫生保健设施进一步完善，拥有农村乡镇卫生院41个，农村卫生站200多个。三个自治县农村初级卫生保健工作全部顺利通过省级评审验收如期达标。

体育事业成绩显著。在第六届全国少数民族传统体育运动会上，广东民族体育健儿经过顽强拼搏，取得竞赛项目4枚金牌、3枚银牌、3枚铜牌和表演项目2个一等奖、4个二等奖的优异成绩，不仅实现了广东省参加全国少数民族传统体育运动会竞赛项目奖牌零的突破，而且总成绩也位居全国各省、市、自治区的前列。

广西壮族自治区

【民族经济】1999年，全自治区完成国内生产总值2001.68亿元，比上年增长8.3%。其中，第一产业增长7.3%，第二产业增长7.5%，第三产业增长10.1%。

农业生产较快增长。粮食总产量再创历史新高。全年粮食总产量达到1722.49万吨，比上年增长1.2%。其中稻谷总产量1427.43万吨，比上年略增；玉米总产量178.79万吨，增长6.3%；大豆35.09万吨，增长8.5%。甘蔗生产保持较大规模。在压缩甘蔗种植面积的条件下，全年甘蔗产量仍然达到3221万吨，下降10.1%。水果生产增幅大。全年水果产量达405.19万吨，增长24.8%，其中蕉类增长11.4%，柑橘橙增长22.1%，名优水果沙田柚增长15.7%，龙眼增长87.7%，荔枝增长1.9倍。畜牧业生产稳步增长。全年肉类总产量达262.9万吨，增长4.8%，其中猪牛羊肉产量213.72万吨，增长4.0%。生猪出栏2546.9万头，增长5.0%，生猪年末存栏2309.5万头，增长10.8%。水产品产量增加。全年水产品产量达230.9万吨，增长6.2%。其中淡水产品产量75.5万吨，增长5.8%，海水产品产量155.4万吨，增长6.4%。

工业生产稳定增长，经济效益明显好转并实现整体扭亏。1999年全部工业实现总产值1667.33亿元，比上年增长6.5%，完成工业增加值593.01亿元，比上年增长6.6%。其中国有工业企业及产品销售收入在500万元以上的非国有工业企业完成工业总产值909.47亿元，增长

7.0%。全区国有及国有控股工业产值517.16亿元,增长9.6%。重工业生产增长速度快于轻工业。重工业完成产值854.32亿元,增长7.8%,比轻工业快2.5个百分点。四大支柱产业生产“两快两慢”,制糖业和有色金属业生产均保持较快的增长速度,分别完成产值99亿元和103.7亿元,增长7.8%和14.0%;水泥和汽车制造业受市场及结构调整影响,生产保持低速增长,仅比上年增长0.6%和3.0%。主要工业产品产量有升有降。钢材增长14.6%,十种有色金属增长19.0%,机制糖产量增长8.6%,化学纤维增长42.7%。布、原煤、木材、化肥和汽车等5种产品产量受市场的影响,产量有所下降,分别比上年下降13.9%、19.6%、3.9%、5.2%和12.4%。工业产销衔接较好。全年工业产品产销率达97.0%。

固定资产投资保持一定增长。1999年,在投融资形势比较严峻的情况下,全区各地想方设法增加投入,使固定资产投资仍保持一定增长。全区全社会固定资产投资完成622.07亿元,比上年增长8.8%。其中,国有经济投资增长9.4%,集体经济投资减少1.6%,城乡个体私人投资增长6.4%。在国有投资中,基本建设投资增长9.4%,更新改造投资增长0.5%,其他投资增长4.0%,房地产投资增长0.1%。

交通运输业持续发展。全区交通运输业以市场为导向,积极推出各种优质服务新项目,增强了企业活力,促进了生产持续发展。全区交通运输、邮电、仓储业实现增加值137.77亿元,比上年增长9.2%。货物周转量完成743.3亿吨公里,增长3.0%,其中铁路414.5亿吨公里,增长0.9%;公路254.1亿吨公里,增长33.4%;水运74.7亿吨公里,下降18.3%。港口货物吞吐量2505万吨,增长12.1%,其中沿海港口货物吞吐量1525万吨,增长17.9%。旅客周转量完成436.9亿人公里,增长15.0%,其中铁路104.7亿人公里,增长14.5%;公路329.8亿人公里,增长12.7%;水运2.4亿人公里,下降7.0%。邮电通讯业持续高速发展。全年完成邮电业务量64.6亿元,比上年增长23.5%;全区新增局用交换机容量21.39万门。计算机互联网络户数达到3.01万户,增长1.86倍。已通电话行政村达13037个,占全部行政村的87.7%。

消费市场比较平稳。1999年,国家采取了增加城镇居民收入、再次降息、开征利息税等一系列启动市场的政策措施后,市场销售保持平稳态势。全区全年完成社会消费品零售总额791.26亿元,比上年增长7.8%。城乡销售增长基本同步。城市增长8.2%;县城增长7.5%;县以下增长7.3%。私营、个体销售增长较快。私营经济销售增长49.0%,个体经济销售增长15.8%,国有和集体销售分别增长3.0%和0.2%。批发零售贸易业、餐饮业比较活跃,分别增长12.2%和9.6%。

财政收入稳步增长,金融运行平稳。1999年,全区完成财政收入201.09亿元,首次突破200亿元大关,比上年增长8.4%,其中地方财政收入133.54亿元,增长11.6%;地方财政支出224.14亿元,比上年增长13.0%。年末全社会金融机构存款金额2010.14亿元,比上年末增长12.2%,其中城乡居民储蓄存款余额1257.26亿元,比上年末增长9.3%;年末金融机构贷款余额1719.19亿元,比上年末增长13.4%。

保险业在激烈的市场竞争中发展壮大。随着住房、医疗、教育等重大改革措施的具体实施,居民保险意识增强,居民购买少儿保险、医疗及养老保险增多。全年保险承保额为5059.42亿元,增长3.6%,保费收入27.25亿元,增长13.0%,其中财险收入11.85亿元,人身险收入15.4亿元,全年赔付额11.97亿元(含满期死伤医疗给付)。

外贸进出口和利用外资下半年出现回升。全年海关进出口总额17.53亿美元,比上年下降27.2%。其中出口12.47亿美元,下降30.9%,比上半年回升了25.8个百分点;进口5.06亿美元,下降16.4%。1999年全区实际利用外资9.19亿美元,比上年下降28.4%,降幅有所缩小。

旅游业有了较快发展。1999年全区把发展旅游作为新的经济增长点,1999年旅游收入15.15亿元,增长26.8%。

【社会发展】广西壮族自治区人口过快增长继续得到有效控制,人口发展处于“低出生率、低死亡率、低增长率”阶段。据抽样调查,1999年全区年末总人口为4713万人,比上年增长0.8%,比国家计划少增24万人。总人口中,城镇人口1080万人,农村人口3633万人。全区出生人口

70万人，比计划少生20万人；人口出生率为14.96‰，人口死亡率为6.93‰，人口自然增长率为8.03‰，人口出生率、自然增长率已连续4年低于全国水平。

就业结构有所变化，就业压力逐渐加大。年末全区职工人数328万人，比上年减少7.5万人，其中国有单位职工259.1万人，减少4.1万人；集体单位职工36万人，减少3.5万人；其他经济类型单位职工32.9万人，增加0.1万人；城镇私营企业和个体从业人员94.5万人，增加12.1万人。职工工资总额200.4亿元，增长3.7%；职工年平均货币工资6100元，增长5.6%。由于调整产业结构，企业关停、并转工作进程加快，年内下岗职工增多，年末国有企业下岗人员达12.78万人，比上年增长了79.0%。年末城镇登记失业人数11.6万人，减少13.4%，年末城镇人口登记失业率为3.3%，比上年略有升高。由于各级政府加快了实施"再就业工程"进度，全年安置就业人员15.86万人，但就业形势仍较为严峻。社会保险体系配套措施逐项出台，目前已有263万人参加了基本养老保险社会统筹（其中离退休人员60万人），比上年增加42万人。

城乡居民收入继续增加，物价指数持续下降。全年城镇居民人均可支配收入5620元，比上年增加208元，增长3.8%；农民人均纯收入达2048元，增加76元，增长3.9%。城镇居民人均消费支出4587元，比上年增长4.7%。全区又有100万人口摆脱了贫困。目前农村尚有部分农民生活处于贫困线之下，扶贫工作仍十分艰巨。

居民住房条件继续改善，福利事业不断发展。全年城镇竣工住宅面积2286.4万平方米，比上年增加118.79万平方米。农村竣工住宅面积3882.9万平方米，比上年增长5.0%。全区拥有福利病床13886张，共收养8920人，发放各种社会救济金额7172.1万元，发放救济271万人次。居民消费价格指数为97.7%，商品零售指数为97.2%，分别下降2.3%和2.8%。

环境保护及治理污染工作力度加大，居民生活环境日益改善。全年实施工业污染环境治理项目596个，完成污染治理项目投资3.67亿元，比上年增加1.95亿元，全区共建立自然保护区62个，其中国家级自然保护区6个，自然保护区面积164.64万公顷。

科研硕果累累，科技与经济的结合有新的突破。全区国有企事业单位共有专业技术人员76.6万人。全年共取得部级以上科研成果323项，获国家科技进步奖5项。高新技术成果、科研成果商品化程度提高，全年共签订各类技术合同1533项，成交金额25343.60万元。

教育事业在改革中不断发展。全年共招收研究生610人，普通高等学校招收本专科生32596人，增加7141人；高中阶段、中等职业技术学校在校学生28.35万人（含技工学校学生），比上年减少1.08万人；年末初中在校生36.07万人，增长2.6%；小学在校生596.46万人，减少5.7%；7—12周岁小学学龄儿童入学率达98.5%。

文化事业健康稳步发展。年末共有艺术表演团体118个，文化馆101个，公共图书馆195个，博物馆37个，电影放映单位1163个，全年共放映电影11.16万场，观众达1225.19万人。全区拥有无线电视台26座，无线广播电台22座，有线广播电视台13座，广播人口覆盖率为83.5%，电视人口覆盖率为88.3%。全年共出版报纸55421万份，各种杂志5053万册，图书27161万册，报、刊和图书数量均比上年增加，群众文化生活水平层次不断提高。

医疗卫生条件不断改善。年末拥有医院（含卫生院）病床数8.32万张，比上年增加0.19万张。卫生技术人员12.53万人，比上年增加0.15万人，其中医生6.08万人，增加0.08万人；护师、护士3.99万人，增加0.10万人。各种医疗设备进一步完善，医疗技术水平进一步提高，城乡居民的医疗保健有了根本保障。

体育事业捷报频传。在参加国际国内重大赛事中，全区体育健儿顽强拼搏，共夺得金牌40枚，银牌42枚，铜牌44枚。全民健康意识增强，各种体育锻炼项目广泛开展，民族整体健康水平大为提高。

海　南　省

【民族经济】1999年,海南省民族自治地方(三亚市、通什市、东方市和6个自治县,不含农垦,下同)在省委、省政府的领导下,深入贯彻落实中央经济工作会议和党的十五届三中、四中全会精神,积极扩大内需,加大经济结构调整力度,推进国有企业改革,推动科技进步,夯实产业基础,正确处理改革、发展、稳定的关系,促进了国民经济的较快增长。据统计,全年完成国内生产总值95.36亿元,按可比价格计算,比上年增长25.7%,比全国增长率高出18.6个百分点,比全省计划增长目标高出17.7个百分点,比上年经济增长速度高出15.5个百分点。从各产业增长速度看,第一、第二和第三产业均得到高速发展,呈现出两位数增长的强劲势头。第一产业增加值为45.05亿元,比上年增长33.0%。第二产业增加值为20.02亿元,比上年增长13.2%,其中工业增加值11.33亿元,增长7.5%;建筑业增加值8.69亿元,增长18.6%。第三产业增加值为30.30亿元,比上年增长30.0%。从各产业贡献率看,农业是支撑国民经济增长的主要力量。第一产业(农业)对国民经济增长的贡献率是52.3%,第二产业贡献率是12.0%,第三产业贡献率是35.7%。从产业结构的变化看,第一产业和第三产业所占比重略有提高,第二产业有所下降。第一产业增加值占国内生产总值的比重由上年的46.2%提高到47.2%;第二产业增加值占国内生产总值的比重由22.6%下降到21.0%,其中工业增加值占国内生产总值的比重为11.9%,比上年下降0.9个百分点;第三产业增加值占国内生产总值的比重由31.2%提高到31.8%。

农业经济保持强劲发展势头。民族自治地方立足丰富的农业资源,围绕农民增收和农村稳定两大目标,切实加强农业的基础地位,大力推进"订单农业"、"科技农业"和"绿色农业",实施名牌战略,加快农业产业化进程,促进了农业和农村经济的高速增长。全年完成农业总产值68.83亿元,比上年增长14.8%;农业增加值45.05亿元,比上年增长33.0%;农业对国民经济增长的贡献率高达52.3%。农业发展的主要特点:一是大部分主要农产品保持较快增长,稻谷、油料产量再创历史新高,分别达到57.66万吨和3.93万吨,比上年增长1.0%和1.8%。二是农业经济结构进一步优化,反季节瓜菜、海淡水养殖、海洋捕捞、热带水果等优势产业快速发展。水果产量达27.67万吨,比上年增长48.1%。全年完成渔业总产值12.20亿元,按可比价格计算,比上年增长13.3%。水产品产量15.51万吨,比上年增长10.9%。三是农业现代化程度进一步提高。年末农业机械总动力52.84万千瓦,比上年增长6.8%;化肥施用量(折纯)4.35万吨,增长5.6%;农村用电量3586.8万千瓦小时,增长18.2%。四是农业生产经营方式继续向区域化、规模化、商品化、基地化、产业化方向发展。香蕉生产已发展成为乐东黎族自治县强县富民的支柱产业,千亩以上的基地有9个,百亩以上的基地有210多个,一跃成为全省最大的香蕉生产基地。白沙黎族自治县充分发挥山区优势,大力发展绿色农业,全县建立了粮食、甘蔗、木薯、水果、橡胶等成片开发的农业生产基地123个,种植面积逾75万亩,形成了具有山区特色的规模经济。

工业生产保持较快发展。全年工业总产值33.93亿元,比上年增长13.1%;工业增加值11.33亿元,比上年增长7.5%。企业改制取得成效。陵水黎族自治县藤竹厂改制后,企业管理得到进一步加强,产品更新换代加快,出口势头强劲,产品远销美国、英国等国家和地区,成为海南最大的藤制品出口企业。

固定资产投资保持适度规模。全社会固定资产投资总额37.00亿元,比上年减少3.04亿元,下降7.6%。按经济类型看,国有单位投资31.37亿元,下降11.8%;集体单位投资0.70亿元,增长20.1%;城乡个人投资4.93亿元,增长

26.8%。按方向看,基本建设投资29.80亿元,下降10.6%;更新改造投资0.33亿元,增长28.7%;房地产开发投资0.26亿元,下降46.5%;城乡集体、个人和其他单位投资6.61亿元,增长11.1%。重点项目建设进展顺利。西线高速公路九所至羊栏段(全幅)竣工通车;三亚菜篮子工程、三亚亚龙湾国际旅游度假区等项目进展顺利。

财政、金融业稳步发展。1999年,地方财政收入6.39亿元,比上年增长3.7%;地方财政支出11.67亿元,比上年增长2.1%。年末,全社会各项存款余额104.42亿元,比年初增长1.7%,其中国家银行存款余额86.37亿元,比年初增长1.3%;全社会各项贷款余额126.66亿元,比年初下降7.8%,其中国家银行贷款余额98.75亿元,比年初增长1.3%。

旅游业保持强劲发展势头。全年接待国内外游客住宿人数212.43万人次,比上年增长12.4%。全年拥有定点旅游饭店(酒店)77家,比上年增加2家;床位总数19627张,比上年增加1739张;客房开房率为46.3%,比上年提高6.4个百分点。旅游业发展的特点:一是大力开展旅游宣传促销,全方位拓宽旅游市场。在以"海南知青回琼旅游"、"万泉河漂流"暨龙舟竞赛、"海南——热带旅游度假胜地"风光摄影比赛、"五指山(尖峰岭)探险游"为主要内容的海南'99中国生态环境游活动中,民族地区各市县开展了多种多样的旅游宣传促销活动,积极拓宽国内旅游市场。在'99香港国际旅游交易会上,向国内外商家和观众详尽介绍海南民族地区独具魅力的热带自然风光和独具特色的民族风情,努力向国际旅游市场拓展。二是完善、配套旅游法规,行业管理进一步法规化、规范化,塑造旅游形象。三亚市为实现"把三亚建成国际化旅游城市"的目标,出台了一系列的旅游行业管理地方性法规,强化旅游市场的监督和管理,推行旅游服务公开承诺制,被国家旅游局批准为"中国优秀旅游城市"。为巩固创建成果,三亚市决定1999年为"塑造国际化旅游城市形象年"。三是加大旅游景点开发,提高旅游产品品味。总投资1000万元人民币具有日本建造风格的海南七仙温泉度假村在保亭黎族苗族自治县落成开业。各旅游景区注重挖掘文化内涵,推出了生态旅游、探险旅游、怀旧旅游等旅游新产品,倍受国内外游客青睐。

对外经济发展平稳。实际利用外资结束连续三年下降的局面,首次呈现恢复性增长态势。全年实际利用外资19721万美元,比上年增长8.0%。热带高效农业继续成为投资新热点,主要集中在农业基础设施、农业产业化项目和高科技农业项目上。例如,香港光彩事业促进会计划投资2000万元在三亚市建设农业观光旅游园区;日本有机农法研究会投资建设综合性万头肉牛养殖场;深圳创世纪转基因技术有限公司在三亚市投资建设3000万转基因技术研究和示范基地,成为我国南方最大的基因产业基地。琼台农业合作进一步加强,台资企业投资涉及水产品养殖、加工,瓜果、花卉、蔬菜种植和栽培,种苗繁育推广及观光农业等,建成了无籽西瓜、洋香瓜、优质芒果、花卉、瘦肉型猪等七大生产基地。

城乡市场繁荣,消费需求平稳,人民生活进一步改善。全年社会消费品零售总额30.51亿元,比上年增长8.4%;城镇消费品零售总额21.36亿元,增长8.5%;农村消费品零售总额9.15亿元,增长8.1%。城镇居民人均可支配收入4436.14元,比上年增长15.3%。年内,共改造茅草房17067户,建筑面积137万平方米,8.3万名少数民族群众搬进砖瓦新居。

【社会发展】1999年,民族自治地方的科技、文化、教育、卫生、体育、环境保护等各项社会事业取得新的发展。

科技事业取得好成绩。坚持以科技促经济发展的方针,建立健全科技推广网络。琼中黎族苗族自治县在县、乡(镇)、村三级成立了科普协会(小组),形成全方位、多层次的农村科技推广网络。全县共设立了9个科技辅导站、56个辅导点,与省内大专院校、科研单位合作创办科技咨询机构,以及养殖、水果种植等各类实用技术培训基地。白沙黎族自治县、通什市相继成立了农民技术学校,聘请省内外专家和技术人员向农民传授水稻、橡胶等农作物栽培和禽畜类饲养知识,培养农村致富带头人和致富能手。昌江黎族自治县引进"粤香占"和"特籼占25号"优质稻种植获得成功,亩产量均在450公斤以上,在全省水稻品种对比试验中均名列第一。乐东黎族自治县"七桂早

25号"优质米试种获得好收成，平均亩产达350公斤，并向全省推广种植。通什市"万亩五指山野菜系列绿色食品开发"、琼中黎族苗族自治县"黎母山地区热带农业资源综合开发示范"被国家科学技术部列入1999年度国家级星火计划项目。"搭科技台，唱经济戏"活动十分活跃。少数民族地区各市县组团参加了全省举办的各类科技招商活动，招商引资发展科技产业，牵线搭桥转化科技成果。

文化事业进一步繁荣。民族自治地方围绕实施形象工程和产品升级，开展创优争先活动取得好成绩。乐东黎族自治县文体局荣获"全国农村电影工作先进单位"称号；在全国第二次公共图书馆评估定级中，通什市图书馆、昌江黎族自治县图书馆被评为二级馆；陵水黎族自治县广播电视局获得"海南省广播电视文明单位"称号；三亚市新华书店获得"中国书刊发行行业双优单位"称号。文艺创作取得新成果。以反映海南黎族民间风情为题材创作的歌曲《毛公山》、《家住五指山》、《黎家欢歌》荣获全国第九届"群星奖"优秀奖；白沙黎族自治县歌舞团创作的《竹鼓庆回归》在海南省文艺调演中获舞蹈编导、音乐、表演3个三等奖；海南省民族歌舞团和省文化艺术学校联合编排表现海南浓郁民族风情的人偶剧《鹿回头》获海南省首届五指山文化艺术节特等奖、海南省文艺调演特等奖；在全国第九届美术作品展览中，三亚市美术家协会创作的版画作品《祭》入围参展。三亚市、通什市、昌江黎族自治县和乐东黎族自治县重视少儿文化艺术，积极实施"蒲公英计划"，相继建立了少儿文化艺术基地，加强少儿文化艺术的培训、创作和交流。千里环岛文化长廊建设进一步巩固。三亚、通什、昌江、白沙、乐东5个市(县)共13个长廊示范点获准为第三批海南千里环岛文化长廊达标单位。村村通广播电视网点建设进展顺利，年内已完成全部计划网点建设。文化下乡活动有声有色。由共青团海南省委主办的首届"海南乡村青年文化节"在通什市开幕，在通什、三亚、陵水等10个市县的乡村开展文化娱乐巡回活动。

教育事业稳步发展。1999年，民族自治地方教育事业在全社会重视、全民支持的氛围中继续向前推进。《关于加快发展我省民族教育若干问题的决定》经省委、省政府审定通过，于9月17日颁布实施。普及九年义务教育工作得到进一步重视，社会捐资办学十分踊跃。海南航空股份有限公司捐资30万元设立"白沙海航陈峰奖学奖教基金"，用于奖励白沙黎族自治县各中小学校的优秀学生和优秀教师，捐资20万元为白沙海航中学兴建科学图书馆。香港新界扶轮社捐资50万元建设乐东黎族自治县振华抱本中学教学大楼；香港新界总商会郑任安夫人资助25万元建设东方市大田光彩小学。海南可口可乐饮料有限公司捐款8万元，资助保亭黎族苗族自治县六弓乡100名特困学生。日本政府无偿援助价值1000万元人民币的现代化教学设备，用于改善海南国兴中学的办学条件。琼中黎族苗族自治县开展为民族教育基金捐款活动，用于扶持民族寄宿生和救助贫困乡村学生入学。

卫生事业进一步发展。农村改水改厕工作取得新成绩，卫生组织建设有新发展。保亭黎族苗族自治县有46个村委会建立了卫生站，解决了当地农民看病难问题。省"汽车流动扶贫医院"共派出8支巡回医疗队1000多名医务人员，在白沙、陵水、保亭、通什、琼中、乐东等少数民族地区开展医疗卫生下乡扶贫活动，设立医疗点122个，实施手术211例，免费为贫困群众诊治4万多人次。大力开展创建卫生城市工作，三亚市在创建活动中荣获"海南省卫生城市"称号。

体育事业蓬勃发展。在海南黎族苗族传统节日"三月三"期间，少数民族地区开展了丰富多彩的群众性体育活动，举办了射弩、打陀螺、荡秋千、拉乌龟等少数民族传统体育项目比赛。竞技体育取得较好成绩。海南省少数民族传统体育代表团在第六届全国少数民族传统体育运动会上，以良好的竞技水平和崭新的精神风貌深受好评。在'99全国田径冠军赛暨田径大奖赛总决赛中，海南省黎族运动员王海兰以5808分的优异成绩夺得女子七项全能冠军，这是海南省田径运动员在全国最高水平赛事中获得的第一枚金牌。体育创建工作取得新进展。通什市被评为全国少数民族体育先进集体，1人被评为全国少数民族体育先进工作者；昌江黎族自治县获得全国全民健身宣传周活动优秀组织奖。

环境保护工作取得新的进展。1999年，民族自治地方认真贯彻落实《海南生态省建设规划纲要》,取得明显成效。三亚市生态示范区通过省级审定验收,各项指标均达到国家规定的一类区标准。三亚市南山文化旅游区获得国家环境认可委员会颁发的ISO14000环境管理体系审核通过认证书,成为海南省惟一的生态环境示范工程。昌江黎族自治县被国家建设部授予"全国城市环境综合整治优秀城市(县)"称号。封山育林和植树造林工作成果显著。通什市以"保护我们的母亲河——南圣河"为主题,实施森林保护和绿化工程,建设了3个连片万亩人造林基地,全市森林覆盖率由建市时的50%提高到现在的75%,成为名副其实的"翡翠山城"。自然保护和环境保护工作取得成效。尖峰岭、吊罗山、黎母山被列为国家级自然保护区,海防林、红树林、珊瑚礁的保护得到进一步加强。

重 庆 市

【民族经济】1999年,重庆市民族地区各族人民在市委、市政府的领导下,全面贯彻党的十五大精神,锐意进取,经济结构调整取得突破性进展,企业改革向纵深发展,在生产和市场遇到严峻挑战的新形势下,经济运行质量不断提高,微观经济效益正逐步改善。据统计,实现国内生产总值70.59亿元,按可比价格计算比上年增长9.1%。其中第一产业增加值26.9亿元,第二产业增加值21.7亿元,第三产业增加值21.9亿元,分别增长3.0%、11.9%、12.7%。

农业生产继续保持稳定发展态势。1999年,农林牧渔业总产值27.3亿元,比上年增长3.0%,其中农业种植业产值15.68亿元,增长0.5%;林业产值1.55亿元,下降2.5%;牧业产值9.93亿元,增长8.2%。乡镇企业大幅度增长,实现总产值24.19亿元,比上年增长28.5%。粮食总产量达到151.96万吨,比上年减产2.6%。油料产量60006吨,增长3.9%,其中油菜籽42498吨,增长3.3%。烤烟45844吨,增长25.5%。生猪存栏201.96万头,肉猪出栏193.07万头,分别比上年增长6.7%和13.1%;山羊存栏59.6万只,增长27.3%;大牲畜存栏55.16万头,增长11.8%;肉类产量达到15.54万吨,增长6.6%,其中猪牛羊肉产量13.2万吨,增长11.7%。

由于农村经济全面增长,农业经济对经济增长的贡献提高,农民收入增加。1999年农民人均纯收入达到1277元,比上年增长3.0%;农业总费用下降143元,比上年下降7.5%;在农民人均纯收入中,劳动者报酬增长1.0%,家庭经营收入增长1.9%;分产业看,人均从种植业增加收入93元,其中人均出售烤烟增加收入31元,人均从二、三产业获得的收入增加13元。

工业经济保持了较好的发展势头,经济效益初步改善。工业企业体制改革全面推进,改革面达99%,工业经济增长仍然是国民经济增长的主要方面。1999年,全区完成工业增加值17.8亿元,按可比价格计算比上年增长11.6%;规模以上工业总产值21.05亿元,比上年同期增长9.5%。其中轻工业实现产值16.4亿元,增长9.0%;重工业实现产值4.65亿元,增长10.8%;国有工业实现产值16.4亿元,增长8.7%;集体工业实现产值2.6亿元,增长13.2%;其他工业实现产值1.93亿元,增长12.1%。

产品销售情况好转。1999年实现工业销售产值20.0亿元,比上年同期增长8.2%;产品销售率达到96.2%,比上年同期的92.8%提高3.4个百分点,其中轻工业为94.7%,重工业为98.5%,分别比上年同期提高3.5个和3.0个百分点;国有工业为96.3%,集体工业为96.6%,分别比上年提高3.8个和1.5个百分点。

工业企业经济效益初步改善。1999年全区114户独立核算工业企业亏损面为36.3%,比上年下降11.5个百分点,亏损企业亏损总额6987万元,增长23.5%;实现企业产品销售收入17.33亿元,增长8.3%;实现利税总额3.07亿元,下降

12.1%。工业经济效益指数为82.5%,比上年下降2.4个百分点;总资产贡献率13.6%,资产负债率76.3%,分别下降3.3个和2.1个百分点;资本保值增值率120.8%,增长36.9个百分点,流动资产周转1.2次,与上年同期持平。

企业产权制度改革取得重大突破。1999年企业改革取得三大突破,一是企业改制取得重大突破,年初规划的78户工业企业,完成改制75户,占96%。到目前为止,工业企业改制已基本结束,累计完成工业企业改制298户,改制面达99%。二是企业破产取得较大突破,除继续采取兼并、出售等改革形式外,对确实回升无望的企业坚决实施破产,全年破产72户。三是已改制企业在规范完善上取得突破。全年对81户已改制企业进行了规范完善,占任务75户的108%。

需求结构发生新的变化,对经济增长的双向拉动逐渐增强。投资需求保持了19.9%的增长速度,社会消费需求增势趋旺。经济建设速度加快,投资总额大幅度增长。全区全社会固定资产投资总额达到17.4亿元,比上年增长19.9%,其中国有单位投资完成13.0亿元,增长14.9%;城乡集体单位投资完成1.64亿元,增长19.7%;私人投资完成2.5亿元,增长55.3%。

交通运输邮电业快速发展,网络结构进一步完善,运输和通讯的服务质量有所提高。1999年完成公路和水上货运量810.2万吨、货运周转量49499万吨公里,完成客运量2836.2万人、客运周转量145969万人公里,分别比上年增长1.3%、11.0%、19.6%、2.8%。全年完成邮电业务总量(不含寻呼)15664万元,比上年增长66.6%;邮路总长度达2199公里。年末城乡电话总数达78588部,比上年增长47.2%;移动电话用户达到13250户,增加4281户;长途电话业务量805.57万次,下降18.2%。

启动消费需求,促进经济增长效果十分明显。1999年社会消费品零售总额达到29.06亿元,比上年增长12.0%;城乡集体贸易成交额4.24亿元,比上年增长14.8%。城乡市场同步发展,全年县城消费品零售额为12.7亿元,比上年增长11.8%;农村实现零售额16.36亿元,增长12.2%。

消费市场结构发生明显变化,非公有制经济零售市场成为消费品市场增长的主要方面。1999年,国有经济单位实现消费品零售额4.94亿元,比上年下降3.9%;集体经济单位实现消费品零售额2.8亿元,下降20.2%;而非公有制经济实现消费品零售额21.32亿元,增长23.3%,占社会消费品零售总额的73.4%,其中私营经济增长39.4%,个体经济增长21.4%,其他经济增长21.9%。

1999年,财政收入完成5.42亿元,比上年下降7.4%,其中上划中央两税收入2.73亿元,下降13.5%;地方财政收入2.70亿元,下降0.3%。财政支出完成10.83亿元,比上年增长13.1%。财政收支差额达5.4亿元,显示出财政处于十分困难的局面。

金融机构存贷余额有较大增长。1999年,金融机构各项存款余额41.32亿元,比年初增加7.88亿元,增长23.6%,比上年增加数多1.84亿元;金融机构各项贷款余额63.21亿元,比年初增加5.93亿元,增长10.4%,比上年增加数多970万元;金融机构现金收入13.79亿元,金融机构现金支出14.36亿元,收支相抵后净投放现金5.74亿元。

保险事业继续发展。1999年为189户企业和56.3万户城乡居民财产提供了保险,为450万人次提供了各类人身保险,全年保费收入9681万元,比上年增长12.8%;赔偿金额达3906万元,下降2.1%。

1999年扶贫开发战略的全面实施,全区近200万人口的温饱问题得以初步解决,人民生活水平稳步提高。全区职工人数达10.89万人,职工工资总额6.39亿元,比上年增长16%;在岗职工人均工资5871元,比上年增加827元,增长16.4%。

农民收入增加,生活水平不断提高,全区五县在1999年底成建制越过温饱线。随着收入的增加,农民生活不断改善,农民人均生活消费支出1109元;农民家庭耐用物品拥有量增加,每百户农民家庭拥有电视机71.2台,比上年增加4.4台,拥有收录机22.4台。

居民储蓄存款大幅度增长。1999年在连续降息和发行国债等多种分流因素的影响下,城乡居民年末储蓄存款余额仍然达到27.75亿元,比上年增长24%,其中,城镇居民储蓄20.39亿元,增长25%,农村居民储蓄7.35亿元,增长21.2%。

【社会发展】1999年,重庆市民族地区教育、卫生、体育、环境保护等各项社会事业取得较大发展。

教育事业稳步发展。1999年,全区中等专业学校在校学生2503人,比上年下降12.4%;职业中学校在校学生3590人,下降0.9%;普通中学校在校学生10.2万人,增长6.7%;小学在校学生29.80万人,增长5.1%;幼儿园在园幼儿4.11万人,增长12.9%;学龄儿童入学率达99.5%,小学毕业升学率为98.6%,初中毕业升学率(升入高中)为23.0%;全区参加自学考试的人员达22170人次,考试科次30463次,通过自学考试,有189人取得大专以上毕业证。农民初等教育继续发展,扫盲工作取得一定成绩。

1999年,全区卫生机构432个,卫生技术人员5510人,比上年下降2.4%,其中医生2775人,护师、护士922人;村设置的医疗点2318个,乡村医生和卫生员3948人;卫生机构年末拥有床位3908张,下降1.7%,其中医院病床1498张。

体育事业蓬勃发展。1999年在参加重庆市少儿年度比赛中,柔道获男子团体第二名,女子获两个团体第三名;单项获1个冠军,12个亚军,4个第五名,四至八名6个;在参加全国比赛中,杨淑君在全国城运会上获得女子柔道63公斤级第一名,马春兰获得全国跆拳道青年锦标赛第一名,杨淑群获全国冠军赛的第二名;在代表重庆市参加的全国少年柔道赛中,高建华获女子44公斤级第二名,姚新林获全国青年柔道赛的第四名,黄超群获女子柔道第五名;1999年向国家队输送了一名队员,向市体工队输送集训队员7人。学校体育工作开展得扎实。全区有784所中小学、师范学校适龄学生27.14万人参加了达标测量,25.74万人达标;参加体育活动人数达108万人次,体育人口达40%。

环境保护事业加快发展。年末设正县级行政局1个,正科级行政局3个,副科级事业局2个,环保战线共有职工114名。生态保护工作取得实质性进展。生态示范区建设试点已达3个,其中国家级1个,市级2个;建立了3个县级自然保护区,启动了5个县城城周绿化工程。

社会福利事业稳定发展。1999年,全区有各类社会福利院和敬老院76个,拥有床位2380张,收养1112人。

1999年末,全区人口达289.48万人,比上年末增加2.12万人,其中非农业人口28.06万人,增长2.4%,农业人口261.42万人,增长0.6%;全年人口出生率14.2‰,自然增长率6.7‰。

四　川　省

【民族经济】通过打基础,抓特色,保重点,四川民族地区经济呈现出快速发展势头。1999年,民族地区国内生产总值200.4亿元,按可比因素测算增长9.65%。

1.农业和农村经济持续发展。1999年,全省民族地区粮食总产量达268.89万吨,增长2.8%。人均粮食占有量达750斤,自给率为93.7%。经济作物发展较快,甘蔗产量90.31万吨,增长0.40%;油菜籽产量1.81万吨,增长2.8%;烟叶产量3.52万吨,增长2.3%;水果产量28.54万吨,增长7.8%,其中苹果产量13.67万吨,增长7.0%;蔬菜面积达74.49万亩,增长16.98%。优质农产品开发初具规模,早市蔬菜、反季节蔬菜、青豌豆、苹果、芒果、石榴、柑橘、花椒、药材等产品已形成产业。畜牧业持续增长,各类牲畜的总增、出栏、商品“三率”分别达到31.2%、28.5%、20.1%,肉类产量达到41万吨,增长33%;畜牧业产值28.5亿元,增长27.1%。牧区的基础设施和草地建设成效显著。随着农牧业生产能力的提高和农村经济的全面发展,农牧民收入大幅度增加,农牧民人均纯收入达1208元,增长6.2%。

2.工业生产在改革中前进。1999年,国有企业改革取得较大进展,大部分国有集体企业建立了现代企业制度,股份制、私营、合资、外资企业发展迅速,工业结构进一步优化,资产质量和管理水平进一步提高。

3.基础设施明显改善。以公路为主的交通建设加快,质量明显改善,通车公路里程达24700公里,其中等级公路17600公里,完成九寨沟旅游环线公路、二郎山隧道工程、成昆铁路凉山段电气化、西昌火车站新客运大楼、108国道西昌段74公里高速公路等。电力发展加快,电网初具规模,建成电站1520座,年发电量66亿千瓦,已建电网12590公里,形成西昌电网、康泸电网、汶理茂电网三大地方电网,覆盖和延伸服务不断扩大。邮电通信建设有了新的突破,已建成开通成都至康定、马尔康、西昌的光缆线路,阿坝州、凉山州建成C3本地电话网,实现了长途传输和市话交换程控化,甘孜州除较边远的8个县外也开通了光缆通讯,移动电话、联网寻呼、数据通信和多媒体通信也纷纷落户民族地区。1999年,电话拥有量达到20多万部。

4.旅游业发展迅猛。1999年接待游客超过100万人次,旅游收入达3.6亿元,均创历史最高记录。民族地区对外开放力度加大。

5.扶贫工作扎实推进。1999年安排资金总量达5.2亿元,其中无偿资金为2.36亿元。扶贫工作的两大工程有新的进展,1999年底,累计已有24万户彝族群众完成了“形象扶贫”工程,甘孜、阿坝两州已有7.1万户牧民完成了人、草、畜“三配套”建设工程。

6.生态建设蓬勃展开。1999年,在顺利实施天然林资源保护工程的基础上,又启动了退耕还林还草工程,安排了民族地区的50个县113万亩。四川民族地区生态环境恶化的势头开始得到遏止,为将来建成秀美山川奠定了基础。

【社会发展】1999年,四川省民族地区各项社会事业协调发展。

一是教育事业加快发展。教育设施进一步改善,各级各类学校建筑面积达到500万平方米,藏书达1000万册。幼儿园达246所,在园幼儿74062人;小学达6581所,教学点887个,在校生65.79万人;普通中学312所,教学点54个,在校生13.33万人。接受职业教育(含中师中专)的学生数占高中阶段学生总数的51%。各级各类成人校点4241个,入校学员105868人次。师资数量增多,素质提高,中小学专任教师达45032人,小学、初中、高中教师学历达标率分别为95.4%、89.9%和53.8%。民族自治地方50个县市中,已有占民族地区总人口92%以上的37个县及60多个乡镇基本普及了小学教育,占民族地区总人口20%的4个县及30多个乡镇基本普及了九年义务教育。适龄儿童入学率达到94.1%,其中少数民族儿童入学率达到87.8%。已有30个县按非盲率95%的标准扫除了青壮年文盲,人口覆盖率达72%。

二是科技推广力度增强。1999年,四川民族地区深化科技推广工作,除继续抓良种良法、科普教育和实用技术培训外,还实施了“科技增粮工程”,增加科技投入,扩大科技推广范围,积极依靠科技促使粮食增产。

三是卫生事业稳步前进。1999年,民族地区有各级医疗卫生机构1695个,病床15313张,卫生人员21315人(其中卫技人员17891人,医生9951人),有99%的乡(镇)建设了卫生院,有50%的村建立了卫生站(室),三级卫生防保网络初具规模,医疗卫生防保服务体系基本形成。实施了第三批卫生扶贫,帮助改善了十个县的医疗卫生条件。

四是文化体育事业充满活力。1999年,民族地区文化事业机构已达293个,其中专业艺术团体6个,影剧院2个,开放性礼堂、俱乐部20个,艺术中心1个,公共图书馆15个,博物馆4个,群众艺术馆3个,文化站198个,从业人员1316人。文艺创作繁荣,文化活动日趋活跃,民族传统文化进一步得到宏扬。民族体育取得了新的成绩,四川省民族体育代表团在全国第六届少数民族传统体育运动会取得总分第三名,比上届上升了一位。

五是广播电视事业惠及千家万户。实施完成“全省乡乡通广播电视工程”,基本上扫除了广播电视盲乡,扩大了农村广播电视的覆盖面。截至1999年底,广播人口覆盖率达到91.4%,电视人口覆盖率达到91.98%。在“千乡电视工程”的基础上,实施了“村村通”广播电视工程,已建成开通广播电视盲村10277个,占目标任务数的88%。

贵　州　省

【民族经济】1999年，贵州省民族地区实现国内生产总值286.82亿元，比上年增长8.1%，在全省经济总量中的份额为31.6%，比上年提高0.2个百分点，其中第一产业增长1.7%，第二产业增长15.0%，第三产业增长9.7%。人均国内生产总值1956元，为全省平均水平的79.4%，比上年提高1.2个百分点。综合起来，贵州民族地区经济发展主要有以下特点：

1. 经济结构得到进一步调整，调整幅度高于全省平均水平。在民族地区1999年的国内生产总值中，第一产业、第二产业、第三产业所占比重分别为42.7%、32.6%、24.7%，与上年相比，第一产业比重下降3.5个百分点，第二产业比重上升2.3个百分点，第三产业比重上升1.2个百分点。与全省产业结构调整变动情况比较，第一产业、第二产业、第三产业的比重调整幅度分别高1.7、1.4、0.5个百分点。

2. 生活及生产条件有了进一步的改善。1999年，贵州省民族地区财政总收入27.37亿元，比上年提高7.2个百分点，其中地方财政收入17.08亿元，比上年增加了9.2个百分点；财政总支出42.08亿元，比上年上升25.12%，其中地方财政支出41.98亿元，比上年上升了26.37%。当年猪肉产量51.9万吨，增长12.6%，牛肉产量8.09万吨，增长93%。通过加大投资力度，全年共完成固定资产投资64.86亿元，增长93%，使贵州省民族地区的生活生产条件进一步好转。1999年，贵州省民族自治地方农村居民纯收入为1283元，比上年增长1.90个百分点。

3. 扶贫力度加大，一批贫困人口和贫困县相继越过温饱线，1994年至1999年，全省共有712.9万贫困人口越过温饱线，贫困人口从1993年的1000万人减少到1999年末的315.2万人，同期贫困人口发生率从34.4%降到10%；48个贫困县中，先后有44个县(其中民族自治县和民族自治州辖县33个)解决了温饱，1998至1999年中全省又有望谟、册亨、紫云、台江、雷山、威宁、纳雍7个县(其中除纳雍外，均为民族自治县或自治州辖县)和71.8万贫困人口解决了温饱，其中民族自治地方近60万人口基本越过了温饱线。

4. 人口增长得到一定控制。1999年，贵州省民族地区人口达1475.07万人，比上年增长1.2%，增幅较全省平均水平低0.2个百分点。其中少数民族人口达833.52万人，比上年增长1.3%，增幅也较全省平均水平低0.1个百分点。1999年，贵州民族地区土地面积占全省的55.5%，人口为全省人口的39.8%，简单平均份额为47.6%，而民族地区国内生产总值仅为全省经济总量的31.6%。结构偏差达16个百分点。

【社会发展】由于扶贫攻坚和基础设施投入的加大，1999年，贵州省民族地区的社会事业蓬勃发展。表现在：

1. 广播卫星电视通讯增长。1999年，全省民族地区卫星电视地面站11659座，比上年增长55.85%；电视发射台、差转台1346座，比上年增长9.70%。当年农村电话机54863部，比上年增长52.75%，通电话的村2062个，占17.3%，提高了6.7个百分点。

2. 水、电、路基础设施投入加大。当年公路运输线路里程为28925.3公里，比上年增加28.98%；当年民用汽车拥有量为43376辆，比上年增加3.83%。当年民族地区有8508个村实现通汽车，占民族地区村民委员会总数的71.2%，比上年提高了3个百分点；实现通电的村10497个，占87.8%，比上年提高2.3个百分点；通自来水的村6709个，占56.1%，提高5.6个百分点；农业机械总动力225.29万千瓦，增长16.3%。

3. 民族贫困地区文化、教育、科技、卫生的落后状况有所改善。我省48个国家级贫困县，民族自治县和自治州辖县就占34个，占70.8%。1998、1999两年，在48个贫困县投入“义务教育工程资金”共5亿元，新建农村学校1179所，改造学校危房110余万平方米,新建乡村两级卫星广播电视接收站4076座,学龄儿童入学率提高到97.4%,成人识字率提高到98.6%,农业适用技术推广正在向边远山区延伸,电视人口覆盖率提高到76.2%,有文化站的乡镇达55.2%,有医疗网点的村达76.0%。

4.1999年,贵州省政府兴办的"十件实事"中,多数是为了改善民族地区的基础设施建设,麻江至凯里高速公路建设年内动工;铜仁大兴机场完成主体工程;年内完成35个乡通电、30个乡通电话、20个乡通公路;年内全部完成实施渴望工程,再解决20万农户人畜饮水困难;年内全部完成再建357座农村卫星电视地面接收站;年内全部实现"贫困地区义务教育工程",新建成农村小学450所。贵州民族地区经济发展中的矛盾和问题也必然使社会发展受到制约,表现在:

1. 科学技术及教育水平还比较落后。1999年,民族地区从事科技活动人员中有科学家及高级工程师119人,比上年减少44人;科技活动经费使用内部支出总额613万元,比上年减少5万元。教育方面,1999年民族地区普通高等学校在校本专科学生数为5263人,仅占全省普通高等学校在校本专科学生数的9.3%,与其人口规模在全省人口中的份额相差20个百分点左右;教职工数仅有985人,为全省专任教师数的16.3%。

2. 人口呈现高增长。尽管在1999年人口增长速度有所减缓,但由于人口增长的惯性较大,增幅仍高达1.2%,与西部地区的四川、云南、重庆、青海、甘肃、宁夏、新疆、陕西人口增幅相比,排位靠前。与全国平均水平相比,高0.35个百分点。

云 南 省

【民族经济】1999年,云南省民族自治地方在省委、省政府的正确领导下,认真贯彻落实党的十五大、十五届三中、四中全会精神和中央关于扩大内需、拉动经济增长的一系列方针政策,抓住云南承办中国'99昆明世界园艺博览会的历史性机遇,继续深化改革,扩大开放,奋力拼搏,保持了经济发展的大好局面。1999年,民族自治地方国民经济运行基本正常,国内生产总值实现634.5亿元,比上年增长7.8%,略高于全省增长速度。其中:第一产业完成224.7亿元,增长3.5%;第二产业完成196.4亿元,增长9.2%;第三产业完成213.5亿元,增长11%。

*农业和农村经济在调整中稳定发展。*民族自治地方深入贯彻中共中央《关于农业和农村工作若干重大问题的决定》,按照省委、省政府关于切实加强农业和农村工作的战略部署,把农业增长、农民增收放在农村经济工作的首位,采取各种有效措施,加大产业结构调整力度,在稳定粮、烟、蔗、茶等传统支柱产业的同时,发挥自然资源优势,大力发展冬季农业和特色农业,开发性农业取得突破性进展,以水利和生态建设为重点的农业基础设施建设得到进一步加强,促进了农业、农村经济的全面发展。1999年,民族自治地方农业战胜了冬春夏连续干旱、洪涝等自然灾害,粮食连续7年获得丰收,主要农产品产量提前一年实现"九五"计划,农林牧渔业总产值实现351.3亿元,比上年增长4.4%。全年粮食总产量达740.2万吨,比上年增长2.4%;油料产量10.96万吨,比上年增长13.4%;甘蔗产量1158.6万吨,比上年下降5.1%;林业总产值33.12亿元,比上年增长0.9%;猪牛羊肉总产量达88.79万吨,比上年增长8.3%。

*工业生产平稳增长。*党的十五届四中全会决定,为民族自治地方国企改革与发展带来了前所未有的历史机遇。国家实施了一系列促进经济增长和搞好企业解困的政策措施,如加大兼并破产力度、增加技改贷款贴息、控制总量、关停"五小"、打击走私、降低存贷款利率、提高出口退税率等,有力地加快了企业改革与脱困的进程。在烟草工业受到很大冲击、食糖价格持续走低的情况下,民族自治地方认真贯彻国家的一系列政策措施,抓住机遇,继续深化国有企业改革,积极转变经营机

制,努力开拓市场,大力推进技术进步,调整产品结构,采取积极措施,减轻企业负担,规范市场竞争秩序,着力解决制糖业出现的问题,促进了工业生产平稳增长。1999年,民族自治地方工业总产值完成428.25亿元,比上年增长11.2%。工业产品产量有不同程度增长。其中:发电量100.03亿千瓦小时,比上年增长9.2%;原煤1107.82万吨,比上年下降13.2%;钢1.78万吨,比上年增长57.5%;糖121.78万吨,比上年增长32.5%;卷烟143.81万箱,比上年增长4.8%。

积极调整所有制结构,大力发展以个体私营经济为主的非公有制经济。1999年,民族自治地方社会消费品零售总额中,个体私营经济所占比重达66.9%,比上年提高2%。

*固定资产投资规模扩大。*1999年,民族自治地方各级党委、政府认真贯彻执行中央关于扩大内需、增加投入、拉动经济增长的各项方针政策,在世博效应的拉动下,全社会固定资产投资完成182.73亿元,比上年增长1.5%,其中国有单位投资117.79亿元,比上年下降0.68%,比重占64.5%。基本建设投资持续增长,农业、交通、住宅等重点行业及基础产业投资继续加强,大朝山电站、玉元公路、元磨公路、大保公路、临沧机场等重点建设项目进展顺利,迪庆机场、大丽公路、广大铁路、昆玉公路、楚大公路、昆明机场二期扩建等项目相继完成,对改善民族自治地方投资环境,扩大对内对外开发,拉动经济增长起到了十分重要的作用。

*财政收支继续增长,金融运行基本正常。*民族自治地方紧紧抓住中央扩大内需和实施积极财政政策的机遇,进一步深化改革,努力培植地方财源,积极调整财政支出结构,坚持依法行政、依法理财、依法治税,强化税收征管,广开增收节支门路,促进了财政收支的稳定增长。1999年,民族自治地方财政一般预算收入实现44.56亿元,比上年增长3.7%;地方财政一般预算支出达117.29亿元,比上年增长4.9%。财政收支的稳步增长保证了民族自治地方各项改革的顺利推进和经济社会各项事业的协调发展。

金融系统进一步发挥货币政策的作用,增加对民族自治地方的信贷支持,积极、有效地促进了民族自治地方的经济发展。年末国家银行各项存款余额达552.17亿元,贷款余额达490.59亿元。

*城乡居民生活继续改善。*1999年,国家采取了提高离退休人员和下岗职工待遇,适当增加机关事业单位职工收入等措施,使民族自治地方城乡居民生活继续改善,收入不同程度增加。全年农民人均纯收入1224元,比上年增长4.4%。城乡居民储蓄存款余额361.18亿元,比上年增长10.1%。

*边境贸易较快发展。*沿边8地州在积极寻求和加快对内对外开放中,认真总结边贸发展的成功经验和教训,使边贸在规范管理有序竞争中重新迎来了全面发展的好势头。沿边8地州800多家边贸企业亏损面下降,盈利增加;边贸全线活跃,呈现快速增长态势。1999年,全省边贸进出口总额达到了2.88亿美元,比上年增长2.2倍,其中出口2.32亿美元,增长2.6倍,所占全省出口比重由上年同期5.6%上升到21.3%,已占到对周边缅甸、老挝、越南三国进出口贸易总额的70.43%。其中:德宏傣族景颇族自治州进出口总额达1.87亿元,突破历史最好水平;孟连傣族拉祜族佤族自治县边贸总额首次突破1亿元大关,实现边贸进出口总额10033万元,比上年增长93.4%。随着边贸的发展,省委、省政府提出的"以面向周边国家市场为重点,以沿边开放为重点"的两个开放带动战略重点已基本形成,为进一步拓展东南亚市场打下了良好基础。

【社会发展】在民族地区经济发展的基础上,云南省民族地区的教育、文化、干部培养、法制建设等都取得新进展。

*民族教育稳步发展。*按照省委省政府《关于进一步做好新形势下民族工作的决定》,重点解决边境民族地区和贫困地区民族教育问题。从2000年起,省民委每年安排1800万元专项资金,对25个边境县(市)的123个沿边乡(镇)1549所学校(点)的12万名在校学生实行"三免费"教育(免书费、杂费、文具费)。同时,继续从资金上扶持全省3000所半寄宿制高小,40所寄宿制民族中小学,31所贫困县一中民族部,云南民族中学和师大附中民族班学生生活补助;加大了对民族中专班、普通高校民族预科班、民族重点高中班、民族高等院校、民族师范和中等专业学校的扶持力度,民族工作专项经费用于教育方面投入达

1500多万元。1999年,全省小学适龄儿童入学率达到99.0%,基本扫除青壮年文盲的县达到95个,占全省总人口的69%,青壮年文盲率控制在10%左右。

民族文化建设取得可喜成绩。认真贯彻落实省政府第24次省长办公会议精神,弘扬民族优秀文化,推出精品,抵制境外文化渗透,推进民族文化大省建设。在北京和拉萨举办的第六届全国少数民族传统体育运动会上,通过认真组织,精心筹备,云南代表团取得了竞赛项目金牌6块、银牌4块、铜牌5块、其他名次25个,表演项目一等奖5项、二等奖5项、三等奖1项的优异成绩。民族文化事业单位业务建设再上新台阶。召开了苗族语言文字工作会议和古籍工作会议,组织学术交流,出版了一批宣传党的各项方针政策,反映新中国成立50年来云南少数民族和民族地区发展变化为题材的图书、画册;积极推进民族文字的规范化和国际标准化进程;文物征集展览取得新进展,仅民族古籍收集整理就达1300册(卷),4000多个条目;加大了云南民族报、《民族工作》杂志社改革力度。推进"文化精品工程"、"千里边疆文化长廊工程"建设,结合世博会的举办,开展云南省民族民间歌舞乐展演活动;承办了全国少数民族文学"骏马奖"活动,云南省一批民族文学作品受到国家奖励;组织了民族民间歌手大奖赛活动等。开展"文化扶贫",为边疆25个县(市)的296个乡镇订阅报纸、图书,一大批科教图书和民族类图书在边疆民族地区两个文明建设中发挥了积极的作用。

西藏自治区

【民族经济】1999年,在西藏自治区党委和政府的领导下,全区认真贯彻落实中央民族工作会议及全国民委主任、中央和西藏自治区经济工作会议精神,正确处理改革、发展和稳定的关系,深化国有企业改革、加大结构调整力度,积极推进两个根本转变。扎实工作,开拓进取,经济建设和各项社会事业取得了新的成绩,在国家宏观调控的形势下,民族地区物价涨幅有所减缓,固定资产投资适度增长,资源开发步伐明显加快,农业获得丰收,人民生活水平继续得到提高。全区呈现出社会安定、民族团结、经济和社会各项事业全面发展的良好局面。1999年,全区国内生产总值完成了104.61亿元,比上年增长9.6%。

农牧区经济稳定发展。全区各级党委政府认真贯彻党的十五届三中全会和中央农村工作会议精神,确保政策、科技、投入的落实,使农牧区经济得到了稳定的发展。粮食产量达到92.21万吨,比上年增长6.5%,连续获得第十二个丰收年。油菜籽产量4.1万吨,肉类产量13.8万吨,分别比上年增长20.9%和1.4%。水利基础设施建设力度加大,全区共恢复水毁设施80%以上,改造中低产田40.743万亩,治理耕地7.753万亩,开发宜农荒地10.573万亩。狠抓了农牧业科技农作物推广工作,良种推广面积243.3万亩,占总播种面积的70.3%,良种覆盖率达到70%。机耕面积达到130.7万亩,机播面积159万亩,较上年分别增长8.9%和6.7%。化肥总量达到4.8万吨,增长7.6%。畜牧业生产稳定发展,全区共实施牧区示范县8个,牲畜温饱工程县6个,项目区新建围栏草场30万亩,新建棚圈122.5万平方米,扶持各类饲养专业户近2万户。新生仔畜成活率为81.3%,同上年基本持平;死亡率2.8%,年末牲畜存栏控制在22万头(只)左右。乡镇企业和多种经营有较快发展。全区乡镇企业数已达到980个,从业人员1.6万人。乡镇企业总产值和多种经营收入达到6.3亿元和8亿元,分别较上年增长26%和24.5%。全年国家对自治区的扶贫投入达2.8亿元,加上区、地(市)、县的配套投入,全区扶贫投入总量达4.1亿元,全区又有三个县初步摘掉了贫困帽子,5万人基本解决了温饱。

工业生产持续发展,经济效益逐渐好转。1999年,西藏自治区充分利用优势资源,坚持以市场为导向,重点发展市场需要或市场潜力大的产品,在产品工艺、产品质量上下功夫,并形成了新的拳头产品和名牌产品,提高了企业的竞争能力。同时积极发展新兴工业,同上年比较,电力、水源、木材、矿石、黄金等主要工艺产品产量成倍增长,产品质量、品种、经济效益不断提高。但全区工业生产仍面临着电力不足、设备陈旧、资金短缺等种种困难;在各级政府的共同支持和努力下,全区工业继续保持了发展的势头,但产业结构单一的状况没有从根本上得到调整,工业基础和财力都很薄弱。1999年,全区工业总产值完成16.6亿元,比上年增长8.7%。国有控股企业上缴税收达到4.64亿元,占全区各项税收的66.8%。84户国有及控股骨干企业实现盈利的61家,亏损23家。1999年,全区国有企业盈亏相抵后实现盈利1.47亿元。

第三产业发展迅速,经济和社会效益日趋明显。1999年,全社会货运总量完成204.69万吨,客运总量完成297.88万人次,分别比上年增长3.1%和10.3%,其中国有交通企业分别完成19万吨、34万人次,比上年分别增长12.7%和10%。全区邮政业务总量累计完成3100万元,比上年增长30%,电信业务总量完成2.1万元,增长62.6%。旅游部门加大了宣传力度,积极促销,保持了旅游业的稳定增长。全区接待国内外游客44.8万人次,增长16%,其中接待海外游客10.8万人次,增长12%。实现营业收入2.7亿元、利润3550万元,分别比上年增长2.2%和40.1%。

基础设施进一步加强。1999年,全社会固定资产投资完成56.6亿元,重点建设项目共50个,年度计划投资21.13亿元,实际完成投资19亿元,为计划的90%。当年竣工项目21个。重点项目进展顺利,一批水利、能源、交通等工程项目相继建成并投入使用,对拉动经济增长、培植发展后劲发挥了重要作用。

对外开放水平进一步提高。对外经济合作与交流不断扩展。全年完成进出口总额1.66亿美元,比上年增长47%。组织各类进出口企业积极参加广交会、昆交会、厦交会和中尼贸易洽谈会,达成合作意向2612万美元。中央各部委和对口省市援藏力度加大,经济技术合作不断加强,对口支援已成为我区经济社会发展的重要推动力量。

地方财税收入增长,金融运行平稳。1999年,全区地方财政收入4.53亿元,比上年增长25.7%;财政支出完成53.25亿元,比上年增长19.7%。各项税收6.95亿元,比上年增长22.6%。各项存款余额131.8亿元,比上年增长19.7%;各项贷款余额为74.6亿元,比上年下降5.4%,供应总量继续得到较好的控制。

市场商品充足,物价稳定,人民生活明显改善。1999年,全区社会消费品零售总额达到37.93亿元,较上年增长8.4%。农牧民人均年纯收入达到1258元,增长8.6%;城镇居民年人均生活费收入5998元,比上年增长10.3%。通过提高城镇居民最低生活保障、国有企业下岗职工基本生活保障和离退休人员养老金补助标准,增加机关事业单位职工收入,使城镇居民生活质量进一步提高。

【社会发展】科技、教育等各项社会事业都有新的发展。全区各级财政对科技的投入达3587万元,教育投入达6.23亿元,分别比上年增长6%和20%。1999年,全区共有小学814所、教学点3314个,小学在校生31万人;中学93所,在校生4.4万人;中等专业学校16所,在校生5579人;高等院校4所,在校学生3447人。为贯彻全国教育工作会议精神,召开了全区第六次教育工作会议。自治区提出的本世纪末达到"两有八〇"(县县有中学,乡乡有小学,适龄儿童入学率80%)的目标已提前实现,适龄儿童入学率达到83.4%,青壮年文盲率下降到42%。中小学生基本都有了课桌、凳,学校危房改造和住校生的床铺基本得到解决,办学条件进一步改善,教育质量进一步提高,职业教育进一步加强。1999年,全区开展重点科研项目123项。科学技术普及和实用技术推广工作的力度明显加大,经济发展中的科技含量明显增加,其中农牧业生产中的科技贡献率达到28%。文化事业蓬勃发展。全区已有电视台、电视录转台和电视差转台363座,卫星电视地面接收站1611座。"广播电视村村通工程"开始实施,广播覆盖率达到69.6%,电视覆盖率达到63.6%。建立各级电影发行放映单位650多个,拥有多功能群众文化艺术馆44座,乡村文化室380多个;现有以藏族为主体的文艺工作者一万余人;专业艺术团10个。卫生事业日益进步。1999年,各级卫生机构1307个,医院床位总数达到6512张,专业卫生人员10974人;乡村医生和卫生人员达4631人。全区现有藏医机构17所,10个县有藏医院,62个县设有藏医科,藏药成品生产量达10万余公斤,品种达350多个,并有10多种名贵藏药获国家医药产品金、银奖,有的获国际传统医学大会奖。西藏人口的平均期望寿命从旧西藏的36岁提高到目前的66岁。

陕　西　省

【民族经济】1999年,在陕西省委、省政府的领导和国家民委的指导下,继续以经济建设为中心,以扶持发展少数民族经济为重点,为少数民族群众办实事、办好事,取得显著成绩。

——城市少数民族经济健康运行,生活水平显著提高。1999年,城镇少数民族居民年人均收入4684.2元,比全省的同比数字高11个百分点,比1980年420元增长10倍。少数民族经济依托传统饮食业,逐渐发展成为包括大型餐饮、医药、保健、机械制造、房地产、运输业、食品加工业等具有鲜明特色的经济群体。据统计,全省共有国有、集体、民营(私营)民族企业516家,少数民族个体工商户8528家,从业人员达20540人,年上缴税(费)2.5亿元。省内9家民族用品定点生产企业,有27个产品获部、省、市优质产品奖,产品远销30多个国家和地区,为振兴陕西经济作出了应有贡献。全省已发展和重组少数民族企业集团4个,其中一个已作为西安市饮食集团的核心企业之一在深交所上市交易。

——组织十四家知名少数民族企业、民族用品定点生产企业参加全国少数民族和民族地区名优产品博览会,夺得大会设立四项奖中的三项奖即最佳组织奖、最佳展览奖和销售奖。参展团共实现商品零售额97万元,签订销售合同12项,合同金额241万元,合作意向9项,协议金额382万元。为提高少数民族名优产品特别是清真食品知名度,加强企业市场竞争意识,为展示少数民族经济发展的良好态势都发挥了积极作用。

——1999年7月,承担了全国清真烹饪大赛的组织、协调和接待工作,陕西省共获得团体金奖1项,团体铜奖1项,优胜奖1项,夺得个人金牌23块,银牌2块,铜牌11块,西安老孙家饭庄、同盛祥饭庄还被授予"陕西省优秀组织奖"荣誉称号。

——在国家民委的支持、协调下,1999年先后为榆林地毯厂和西安国苑艺术陶瓷厂两家定点生产厂家落实技术改造专项贷款指标38万元,贴息3万元。通过这笔资金的注入,对企业提高产品技术含量,适度扩大生产规模,增强市场竞争能力都将发挥积极作用。

——农村少数民族经济取得了新的进展。从各方面增加对农村少数民族聚居地方人力、资金、物资和科技投入,使少数民族聚居地方经济的总体水平处于持平和相对增长水平。1999年,宁陕江口回族镇人均收入1302元,比上年增长22.7%;镇安县茅坪回族镇人均收入910元,比上年增长9.6%;镇安县西口回族镇人均收入1180元,比上年增长21.9%。

——继续引进外援资金,开展对口支援,加大对少数民族聚居村组基础设施建设力度。1999年引进加拿大基金项目7个,金额51万元;对口支援项目2个,金额30万元。项目内容涉及人畜饮水、小城镇建设、农村实用技术培训。这些项目的实施进一步改善了农村少数民族聚居村组的交通、通信、人畜饮水等基础设施状况,为少数民族村民的脱贫致富创造了有利条件。

——从普及少数民族聚居地方的农、林牧技术入手,围绕主导产业,大搞经济项目开发工程取得阶段性成果。省民委聘请西北农林科技大学2名教授深入镇安西口回族镇、茅坪回族镇、宁陕江口回族镇,就当地少数民族聚居地方的畜牧、林果等主导产业开发进行探讨研究,并组织举办短训班三期，培训人员200人次，主要就板栗、核桃栽植等有关技术问题作了专题培训。在推广技术的基础上，通过多方筹集2.1万元，购买优质核桃苗3000株，在茅坪回族镇建成了60亩优质核桃示范区，为附近少数民族聚居村发展经济园林提供了样板，有力地推动了这一地方的经济园林开发工程建设步伐。

——尽职尽责，搞好“两联一包”扶贫工作。通过社会力量，为少数民族聚居地方办实事。1999年，通过有关方面与爱德基金会取得联系，为茅坪回族镇红光村争取资金3万元，解决了该村部分群众的人畜饮水问题。针对山区民族教育中存在的教学设备差状况，协调西安市自力制药厂为红光村、茅坪村捐赠桌椅100套，受到社会各界和广大师生的一致好评。认真做好省级赴镇安扶贫团牵头工作，先后组织召开扶贫工作联席会议三次，做到年初有部署，年中有督促，年终有检查评比，认真把扶贫工作落到实处。

【社会发展】1999年，全省少数民族社会事业取得了较大发展。

——民族教育事业不断推进。在认真抓普九教育、扫除文盲为重点的少数民族教育工作的同时，又重视基础教育的发展，使民族聚居地方的中小学教育质量不断提高。协助省招办等部门，继续抓好高考录取工作，全年录取少数民族考生492人，为历史最好水平。

——民族文化事业成绩喜人。组织参加全国第九届孔雀奖少数民族声乐大赛，选送歌手——西安音乐学院达斡尔族学生金小真在决赛中获二等奖。组织参加全国迎接新世纪民族民间歌手大赛，选送歌手5人，初赛成绩不凡。组织参加全国世纪民族之歌活动，吸引众多的文艺爱好者参加，选送1首具有陕西特色的歌曲参加全国比赛。组织全省首届少数民族题材新闻、文学、戏剧、音乐、影视“团结进步奖”评选工作。截至1999年共征集稿件52件，其中新闻类22件，文学类16件，戏剧类6件，音乐类2件，影视类6件。

——民族体育成绩显著。9月24日至30日，组团参加了第六届全国少数民族传统体育运动会。陕西省以省委副书记、常务副省长贾治邦为团长，省体委主任宋海源、省民宗委主任马尔立、省体委副主任杜喜成、省民宗委副主任苏凤华为副团长的代表团和观摩团共130多人(其中运动员78人)参加了这次世纪之交的民族体育盛会。陕西运动员在本届运动会上参加了武术、摔跤、蹴球三个竞赛项目和武术、绳操两个表演项目。其中马波武术刀、加鞭获金牌，李卫林获取民族式摔跤57公斤级第一名，打破了陕西摔跤项目在民运会历史上金牌为零的纪录。马超、李琦、王亚丽还取得武术八极拳、双刀及剑术铜牌。这次民运会陕西代表团共取得了竞赛项目2金、3铜和2个表演项目一等奖的历史最好成绩，还有11名运动员和赵长军武术学院获得了大会组委会颁发的“公平竞赛精神文明道德风尚奖”。

在京期间，陕西代表团还根据大会组委会的安排，参加了在中华民族园举办的民族大联欢活动，参加了10月1日五十周年庆典群众游行和晚上天安门广场联欢及10月2日的国庆游园活动。

——民族宗教立法进度加快，依法行政得到加强。完成了《陕西省宗教事务管理条例》、《陕西省宗教教职人员管理规定》、《陕西省清真寺行政管理规定》和《陕西省清真寺民主管理办法》等法规、规章的调研、论证和起草工作，并在全省民族宗教业务部门和宗教界征求了意见。《陕西省宗教事务管理条例》已列入2000年省人大地方法规立法计划。《陕西省宗教教职人员管理规定》和《陕西省清真寺行政管理规定》被列为省政府2000年政府规章立法项目。加强对宗教教职人员的管理，12月在陕西省渭南市召开了现场会，推广了试点经验，在全省宗教教职人员中开展了考试考核发证工作。

对朝觐工作的管理得到加强。年初召开了省委统战部、公安厅、省伊协等14家单位参加的朝觐工作座谈会，组织重点地、市伊协及清真寺认真学习国家宗教局和中国伊协关于朝觐活动的两个宣传提纲，规范了朝觐申办程序，通过以上措施，保证了朝觐活动的正常进行。

甘　肃　省

【民族经济】1999年,甘肃省民族自治地方各级政府在省委、省政府的正确领导下,认真贯彻落实党中央、国务院关于加快发展、深化改革、不断扩大对外开放的一系列方针政策和战略部署,积极推行两个根本性转变,团结奋进,真抓实干,全省民族地区经济呈现出稳定发展的大好局面。

——经济保持稳定增长,整体素质进一步提高。全年实现国内生产总值51.3亿元,其中第一产业达17.9亿元,第二产业达20.1亿元,第三产业达18.7亿元。临夏州大力发展非公有制经济,把民营经济作为振兴临夏经济的突破口来抓,为培植财源做出了重要贡献。截至1999年底,全州地税部门管辖的民营企业、个体工商户已达6858户,从业人员38500人,注册资金33372万元,个体私营经济实现国民生产增加值3.34亿元,占全州国民生产总值的17.6%,民营经济的比重达到34.5%。全州个体经济完成工业总产值6.35亿元,比上年增长41%。经济实力较上年提高6%,行业分布也由原来的单一行业,向制造、建筑、运输、商业、餐饮等多领域、多行业发展。

——农牧业经济在大灾之年保持了稳定发展。1999年,是甘肃省民族地区农牧业遭受特大自然灾害的一年,全省各地以抗旱减灾、保粮增收为重点,采取有效措施,将自然灾害造成的损失降低到最低限度,狠抓了以农田水利建设为主的农业基础建设,稳定和完善了土地承包关系,加大了科技兴农力度,扩大农田灌溉面积,适时调整农作物种植结构,确保了农业在大旱之年仍然保持了好的收成。全年完成农业总产值149010万元。农作物总播种面积达247217.07公顷,其中粮食作物合计204245.05公顷。粮食生产获得大丰收,全年粮食产量达到67.4万吨。

畜牧业生产保持良好的发展势头。全省牧区依托资源优势,突出抓了以草原承包、草原围栏、人工种草、改良草场为主的草原综合治理工作,治理草原鼠虫害247万亩,承包到户草场1555.85万亩,围栏草场279.05万亩,初步遏制了草原退化、沙化、鼠害问题的日益加剧,使民族地区生态经济的效益明显提高。甘南州投资2000余万建成玛曲、碌曲、夏河等6个牧区开发示范工程,使全州主要牧区已基本形成良种繁育、疫病防治、草地建设、技术推广四大服务体系,有力地推动了民族地区畜牧业的发展。大牲畜年末存栏154.29万头,羊存栏332.38万只。畜产品产量也有很大增长。全年牛肉产量达2.6万吨,羊肉产量达2.3万吨,奶类产量达7.1万吨,羊毛产量达5539.5吨,牲畜出栏率达到21.4%。

——工业改组改制加快,冲破困境继续发展。民族地区工业企业在狠抓改制后进一步完善各项工作,围绕市场搞技改,实现了减负目标,发展了一批能较大幅度增加地县财政收入的骨干企业,形成了以畜产品、有色金属、电力、旅游、藏药、服务业等多门类、多种经济成分共同发展的民族工业体系,培育了新的经济增长点,使民族工业生产保持了适度增长。全年完成工业总产值151038万元,轻工业产值达24222万元,重工业产值达126826万元。

主要工业产品产量也适度增长。截至年底,原煤达127.5万吨,水泥达25.11万吨,比上年增长44%,发电量达726230万千瓦小时,比上年增长27%。甘南州坚持立足资源、加快发展和提高效益的方针,把民族矿业经济放在经济工作的重要位置,采取切实可行的办法措施,确保了矿业经济良好发展势头。1999年,全州完成矿业工业总产值1.27亿元,比上年增长24.7%,占全州工业总产值的38.6%,实现利税0.83亿元,矿业工业总产值比"八五"末期翻了一番多,提前一年实现了到"九五"末利税超过7000万元的目标。

——民族地区投资力度加大,成效显著。积石山大河家电站、肃北县青山引水工程、东乡南阳渠灌溉工程临潭青石山电站等重点工程进展顺利,对民族地区经济发展起到了明显拉动作用。

全年全社会固定资产投资达到139428万元,比上年增长20%,基建投资自年初累计完成投资79400万元,其中:用于农牧渔业1917万元,用于工业、建筑业2632万元,资金到位率和使用效益有所提高,收到很好的经济和社会效益。

——财政收入增长略高于全省水平。民族地区进一步完善财政管理和激励机制,加强重点财源建设,继续实行"三保一挂"的财政管理体制,层层落实目标责任制,调动各级政府增收节支的积极性,继续加大财源建设力度,支持骨干项目建设。全年地方财政收入达到2.9亿元,比上年增长7%,财政支出达到7.34亿元。金融形势平稳,有力地支持了地方经济的发展。银行贷款达46.69亿元,增长12%,各项存款达38.9亿元,增长11%。

——加速培育和完善市场,流通领域更加繁荣活跃。1999年,民族地区充分利用西北地区多民族集聚和商贸集散地的有利位置,积极引导商品流通向大市场、大流通、深层次、专业化方向发展,扩大覆盖面,着眼于西部和国际市场,发展外向型商贸流通。在现有市场的基础上,加强农村贸易市场建设,开辟新型市场,逐步完善市场功能,提高市场档次,建立多层次、开放型、规范化的市场网络体系。积极发展与经济建设和人民生活密切相关的旅游、房地产、金融、保险、饮食服务等第三产业,使民族地区内外贸易日趋繁荣。全年社会消费品零售总额达146235.3万元。临夏州各族人民特别是穆斯林群众善于经商和临夏作为西部旱码头的传统优势得到巩固和发展,1999年,临夏州集市贸易成交额10.4亿元。广大农牧民的市场意识、开放意识、商品消费观念日益发生变化。

——旅游业发展势头良好。民族地区以其独特的自然风光和丰富多彩的人文地理优势,吸引了众多的国内外游客观光游览。一年来,民族地区旅游业采取了多种有效举措:采取多种渠道、多种形式对民族地区旅游资源和产品进行宣传;缩短各旅游景点之间的出行时间,增加游客在本区内的滞留时间;改善食宿通讯条件;提高旅游景点的环境质量,实现旅游业的可持续发展。1999年,旅游外汇收入有了较大增长,全年接待国内外游客2.56万人次,比上年增长137%。

——交通、邮电通讯状况有较大改进。1999年,扩建改建了一批国道、省道和州县公路,基础设施和城市面貌有了很大变化,投资环境逐步改善。年末公路线路里程达6184公里。邮电通信迅猛发展,民族地区各州县在继电话自动化、程控化后,已建成了一批从地、州到县的输电光缆通讯和电视会议电话网,实现了电话网和无线寻呼各地、全省联网。县城以上城镇全部开通了移动电话,邮电业务总量达9743.16万元,市内电话机总数达59631部,比上年增长8132部;农村电话机部数达14010部,比上年增长4645部。民族地区面貌正在发生深刻变化,为经济的快速发展和扩大对外开放打下了较好的基础。

——扶贫攻坚步伐加快。民族地区是扶贫攻坚的主战场。1999年,民族地区认真贯彻落实国家"八七"扶贫攻坚计划和省"四七"扶贫攻坚计划制定的二十条扶贫优惠政策以及其他扶贫优惠政策,加大对扶贫的投入和工作力度。省级党政机关进一步搞好定点扶贫工作,坚持不脱贫不脱钩,使贫困面持续下降。人民生活条件逐年改善,全年农牧民人均纯收入达1014元,比上年增长2.5元,增长2.5%,甘南州农牧民人均纯收入首次突破千元大关。城乡居民年末储蓄存款总额达388853.9万元,其中:城镇储蓄达287745.8万元,农村储蓄达97309万元。牧民定居点的建设步伐加快,甘南、阿克塞、肃北等牧区人民在当地政府的大力扶持引导下,在日常生活中普遍用上了太阳能等技术,人民的生活条件大大改善,肃南、肃北、阿克塞县已被省验收为全省牧区小康县。

【社会发展】1999年,甘肃省民族地区社会事业呈现出良好发展势头。

——民族教育事业稳步推进。以牧区教育工作会议为契机,从各地实际出发,因地制宜,办好各类寄宿制学校、职业学校,培养各类实用人才,逐步实现普及九年义务教育,解决民族地区文盲率高、文化素质低的问题。1999年底,全省民族自治地方大、中、小学校3340所,在校学生27.72万人。比较好的贯彻落实了有关民族学生的照顾政策,全国各大专院校共在甘肃省录取少数民族学生2521人。学龄儿童入学率达96%,增长0.3个百分点。肃南、肃北、阿克塞、临夏市已实现"普九”,继临夏、永靖、天祝、夏河、迭部、张家川县和合作市实现“普初”后,临潭、卓尼、康乐县又于1999年10月份经省政府验收,实现“普初”目标。

——文化事业繁荣活跃。广播电视普及率稳步提高,各有关方面从资金和政策上重视民族地区“村村通”广播电视建设,截至年底,全省拥有广播电台13家,有自办节目的电视台6家。全省民族自治地方拥有自办报纸2份,自办杂志2种。《甘肃少数民族文学丛书》共10本已编辑出版,民族、藏学研究取得新成绩。《东乡族社会经济发展现状与现代化》被列为国家课题,《邓小平理论与特色》被列为省课题。藏学研究方面完成了《论藏传佛教显宗五部大论》等三部专著及《甘肃藏族简史》、《拉卜楞寺的政教社会》等研究课题。

全面贯彻全省卫生工作会议精神,加快了基层乡镇卫生院建设步伐。加强卫生技术队伍建设,进一步完善配套预防保健工作,强化儿童计划免疫工作,积极探索卫生改革发展的路子。卫生服务体系进一步健全。民族自治地方卫生床位数5430张,卫生技术人员7086人,其中少数民族卫生技术人员有2524人,占总人数的35.6%。农牧村卫生条件得到一定程度的改善,藏医药得到较快发展,已形成了集医、教研、药为一体的发展格局。地方病、传染病发病率明显下降,儿童计划免疫“四苗”覆盖率连续五年达到国家规定的标准,计划生育率得到有效控制。科技事业发展较快。1999年底,民族自治地方科技机构178个,科技人员3822人,各中科技投入373.6万元,“科技兴省”战略正在各地逐步实施。

民族地区体育工作稳步发展。甘肃省组团参加了第六届少数民族传统体育运动会拉萨分赛场和北京主赛场的比赛,共获得金牌1枚、银牌3枚、铜牌4枚,在武术、摔跤、马上项目的竞赛中,获得第四至第八名23个,总分125分。全民健身运动蓬勃开展,促进了各族人民的身体健康。

——环境保护工作取得实质性进展。民族地区各级政府把培育保护森林资源、改善生态环境当作大事来抓,加大退耕还林力度,加快造林绿化步伐,认真实施《森林法》、《草原法》、《水土保持法》、《环境保护法》、《野生动植物保护法》。加大执法力度,严厉打击毁林犯罪活动,依法保护生态环境,逐步实现经济和生态的良性循环。到1999年底,甘南州已封山育林131.2万亩,完成工程造林20.4万亩,临夏州以小流域治理为切入点,以“三田”建设、“坡改梯”、集雨节灌和种草种树为主要举措,迈开了生态环境建设的坚实步伐。已兴修基本农田15万亩,种草3.5万亩,使林草覆盖率由过去的16.2%提高到32.8%,翻了一番,治理水土流失面积达197平方公里。

——民族法制建设步伐加快,1999年,省人大通过了五条有关民族地区的法律并在全省逐步实施生效。

青 海 省

【民族经济】1999年,青海省各族人民在省委、省政府的领导下,进一步解放思想,更新观念,深化改革,紧紧围绕团结、稳定、发展的大局,加大资源开发力度,调整产品结构,扩大内需,加快发展,认真实施西部大开发战略,经济建设和各项社会事业不断取得进步。到1999年底,全省民族自治地方完成国内生产总值77.78亿元,按可比价格计算,比上年增长14.57%。经济结构继续发生变化。在国内生产总值中,第一产业17.50亿元,比上年增长0.1%,比重由去年的25.75%下降到22.5%;第二产业37.97亿元,增长21.08%,比重由46.19%上升到48.82%;第三产业22.32亿元,增长17.1%,比重由28.07%提高到28.7%。

地方各级政府和有关部门,以增加农牧民收入为核心,加强农业的基础设施建设,调整农牧业结构,促进了农牧区经济持续发展。全年农、林、牧、渔业实现总产值24.64亿元,按可比价格计算,比上年增长4%。其中:林业产值0.89亿元,增长85.4%;牧业产值12.11亿元,增长1.09%;

渔业产值0.021亿元,增长14.2%。但由于农牧业生态环境脆弱,遭受三季连续干旱重大灾害,使粮食大面积减产,各部门对灾害积极采取了一些行之有效的措施,相应增加了对民族地区人力、物力、财力及科技的投入,缓解了部分地区的灾情,但农业产值总体呈下降趋势。1999年,民族地区农业产值为11.62亿元,比上年下降8.9%。全年粮食作物播种面积2.39万公顷,比上年减少6591公顷,总产量6.03万吨,减产2.99万吨;油料作物播种面积11.1万公顷,增加1.34万公顷,总产量22.9万吨,增产9.75万吨。积极投入生态环境绿化,全年完成造林面积达2.63万公顷,比上年增加4340多公顷,林业资源的管理、保护工作也进一步得到加强。

畜牧业生产稳中有增。当年大牲畜出栏119.25万头,增长6.6%;猪出栏52.04万头,增长3.6%,羊出栏449.5万头,增长8%。年末大牲畜存栏447.81万头(只);羊存栏1195.83万只,猪存栏61.3万头。肉类总产量达到17.91万吨,其中,猪肉3.49万吨、羊肉6.82万吨、牛肉7.49万吨。农村居民的人均纯收入也由去年的1154.90元增加到今年的1227.52元。贫困人口逐年减少,扶贫效果显著。全省6个自治州、7个自治县、34个民族乡贫困人口由1993年82.4万人减少到1999年的29.9万人,占全省现有贫困人口总数的72.3%(此数不含非国定贫困县和省定贫困乡以外的贫困人口)。大通、同仁、班玛、玉树、平安、湟源6个国定贫困县和7个省定贫困乡基本解决贫困人口温饱。贫困地区基础设施建设进展较快。1994年至1999年新建和改建县乡公路7273公里;架设农电线路3080公里;建设人畜饮水工程693项,解决了71.31万人、146.94头(只)牲畜的饮水困难。

工业企业改革继续深化,转换机制、兼并破产力度加大,民族地区以国有大中型企业脱困为重点,以发展优势支柱产业为着力点,以提高特色产品质量为主攻方向,以实现扭亏增盈为目标,工业经济效益在结构调整中明显回升。工业生产持续增长。1999年,国有及限额以上工业完成产值41.33亿元,比上年增长18.9%。其中:轻工业完成5.76亿元,增长16.8%;重工业完成36.17亿元,增长21.3%,能源、原材料和投资要求量大的重工业发展明显快于轻工业。电力、石油天然气、盐湖化工、有色金属四大支柱产业,在实施资源开发中的先导作用继续增强。民族地区积极调整产品结构,以市场需求量大,销路看好的资源型重工产品增产较多;缺乏竞争力的部分产品减产、限产或停产。与上年相比主要工业产品增产的有:发电量完成67.4亿千瓦小时,增产3.6倍。天然气3.6亿立方米,增产33%;天然原油190万吨,增产8%;原盐48.93万吨,增产24.55%;钾肥41.6万吨,增产29.71%;水泥47.1万吨,增产21.6%;平板玻璃2.73万重量箱,增长5.5倍。原煤、成品钢材、铁合金、电解镁、地毯、牛绒衫、卷烟等产品减产或已停产。整体上工业产品积压状况有所好转。工业经济效益明显回升。

民族自治地方基础设施建设步伐加快。基本建设投资继续向农林牧渔业、能源工业等基础产业倾斜,基础设施建设全面推进。黄南藏族自治州李家峡电站4号机组、大通回族土族自治县桥电六期1号机组及海南藏族自治州的龙羊峡至海西蒙古族藏族自治州乌兰县送变电工程建成投运;黑泉水库工程、湟水河流域灌区改造工程、黄河上游水土保持工程、国家生态环境重点县建设等进展顺利;农村电网改造工程步伐加快;年内又有1州4县通油路,大板山隧道正式通车。

随着经济的发展,农牧民生活水平的不断提高,邮电业也得到了长足发展。到1999年底,全省民族地区邮电业务总量达到1.58亿元(1990年不变价格),比上年增长26.4%。全年新增局用电话交换机容量12.67万门,增长2倍;新增城乡电话用户10.41万户,增长22.76%,其中乡村9803户,增长53.4%。

财政收支保持增长,金融平稳运行。1999年,全省民族自治地方党委、政府狠抓各项措施的落实。坚持“强农重工,科技兴区”的发展战略,使财政收入稳定增长,全年财政总收入达19.47亿元,比上年增长24.3%,其中地方财政收入为5.62亿元,增长20.1%。财政总支出20.45亿元,增长13.9%,其中地方财政支出20.34亿元,增长95%;基建支出0.52亿元,增长40.5%。由于地方财政支出过重,收入虽有较大增幅,财政收支紧张的矛盾仍未得到根本解决。金融部门认真执行金融信贷政策,加大金融监管力度,年末民族地区金融机构各项存款余额77.1亿元,比年初增加9.35亿元。城乡年末储蓄存款余额48.17亿元,增加6.17亿元。各项贷款余额84.17亿元。

【社会发展】1999年,全省民族自治地方经济得到快速发展,科技教育卫生等各项社会事业有了相应的发展。科技创新日新月异,科研实力扩大,经费投入增加,科技和教育事业进一步发展。1999年末,民族地区共有各类科技活动机构120个,比上年增加61个。全年科技经费支出64.5万元,比上年增加2.38%。科技成果丰硕,技术服务加强,许多重大科技成果达到国内先进水平,其中大部分得到了推广和应用,科技在经济增长中所占的份额越来越重。

各级各类教育事业稳步发展,基础教育普及取得新成绩。全省民族地区的1所普通教育高校招生160人,比上年增加20人;13所中等专业学校招生1100人,比上年缩减65人;在校生4257人,比上年缩减576人;276所普通中学招生4.31万人,比上年增加0.34万人;在校生11.62万人,增加0.88万人;12所成人中等专业学校在校生0.39万人;2548所小学招生4.98万人,在校生32.55万人。

电视发射台和差转台240座,比上年增加107座;卫星电视地面站1041站,增加146站;全年报纸出版量52.1万份;杂志出版量为6.5万册,向各族人民提供了丰富的精神生活食粮。1999年末,全省民族地区共有各种卫生医疗机构556个,卫生医疗病床8948张,专业卫生技术人员10493人。农牧区群众的身体健康得到了保障。

宁夏回族自治区

【民族经济】1999年,宁夏回族自治区认真贯彻落实党中央和国务院关于加快社会经济发展的一系列方针政策,加快经济结构调整,稳定和加强农业,突出抓好工业,加快基础设施和重大项目建设,努力培养新的经济增长点,着力提高经济运行质量和效益。保持了全区国民经济和各项社会事业稳步发展的良好态势。

1999年,全区实现国内生产总值242.0亿元,按可比价格计算,比上年增长8.7%,增幅高于全国平均水平1.6个百分点。其中第一产业增加值48.5亿元,增长3.8%。第二产业完成增加值101.5亿元,增长9.7%,其中完成工业增加值80.7亿元,增长7.8%;建筑业增加值20.8亿元,增长10.4%。人均国内生产总值达到4482元,比上年增加212元。

农业经济在大灾之年继续保持稳定发展。全年共完成农林牧渔业总产值77.95亿元,比上年增长4.7%。粮食生产继续保持高产,全年粮食总产量达到293.3万吨。油料总产量10.39万吨,比上年增长1.83万吨;糖料总产量达到11.76万吨,比上年减少19.16万吨。林业生产健康发展。全年完成造林面积4.94万公顷,比上年增长27.3%。畜牧业生产稳步发展。肉、禽、蛋、奶等主要畜产品产量稳定增产,肉类总产量达到17.07万吨,增长9.4%,禽蛋产量增长8.6%,牛奶产量增长12.6%。渔业生产稳定增长。全年水产品产量3.42万吨,比上年增长29.5%。农业生产条件进一步改善。年末,农业机械总动力达377.9万千瓦,比上年增长1965%;农用载重汽车0.55万辆,增长10.0%;农村用电量7796.6万千瓦小时,增长5.6%;全年化肥施用量(折纯)29.3万吨,增长1.7%。农田水利建设得到加强,农业科技成果和优质产品进一步推广。

工业生产保持了较快增长势头。全年共计完成工业总产值252.3亿元,按可比价格计算(下同)比上年增长9.0%,增幅比上年提高2.2个百分点。国有工业及年销售收入500万元以上的非国有工业完成工业总产值195亿元,增长6.7%,其中国有企业产值127.7亿元,增长6.0%;非国有企业产值67.3亿元,增长7.6%。全部工业中的大中型工业企业完成总产值125亿元,增长2.4%,占全部工业总产值的49.5%。

工业效益水平有所提高,全年工业经济效益综合指数为68.9,比上年提高2.6个百分点。全部独立核算的国有工业企业亏损面为55.2%,下降4.7个百分点,亏损总额6.16亿元,同比减亏9.4%。建筑业总产值达到40.2亿元,增长13.6%。

固定资产投资增势强劲。全社会完成固定资产投资130.15亿元,比上年增长19.8%。国有经济投资87.20亿元,增长12.0%。重点建设项目及国债建设项目进展顺利,投资结构继续改善。全区共安排重点建设项目15个,完成投资额27.93亿元,比上年增长39.6%。

交通邮电业继续得到较快发展。多元化运输格局初步形成,综合运输能力进一步提高,全年完成各种货物周转量201.07亿吨公里,增长12.6%。邮电业务迅速扩大。全年完成邮电业务总量91988万元,比上年增长38.2%。公众通信能力继续增强,住宅电话和新的通信工具发展迅速。全区市话程控交换机总容量69.55万门,比上年增加13.64万门,增长24.4%。年末电话机总数达53.32万部,增长23.0%;全区移动电话用户已达10.69万户,无线寻呼用户19.89万户。邮政业务自动化水平有了新的提高。

市场需求保持平稳,物价持续走低。全年实现社会消费品零售总额82.71亿元(不含房地产),比上年增长7.2%,扣除价格因素实际增长9.5%。私营及其他类型的非公有经济因经营灵活,市场应变能力强,增幅达17%以上。

对外贸易持续发展,出口形势好转。全年累计完成进出口总值3.90亿美元,比上年同期增长24.6%,增幅高21个百分点。其中出口增长加快,累计出口额为3.10亿美元,增长13.1%;进口总额为0.71亿美元,增长近1.3倍。全区实际利用外资4041万美元,新签利用外资协议项目46个,协议外商投资额9911万美元。旅游业继续发展。全年累计接待国内外游客达216万人次,旅游业收入总额达6.5亿元,分别比上年增长13.4%和35.4%,其中接待国外及港澳台旅游观光者6027人次,比上年增长18.9%,旅游外汇收入174.21万美元,增长23.0%。

金融改革积极稳妥推进,金融形势相对平稳。1999年末全区金融机构各项存款余额为343.87亿元,比年初增长14.0%,其中企业存款余额98.62亿元,增长15.9%。金融机构各项贷款余额338.37亿元,增长11.8%,其中,短期贷款余额212.25亿元,中长期贷款余额102.15亿元,分别比年初增长7.9%和8.0%。

【社会发展】1999年,宁夏回族自治区的科学研究和科技推广取得新成绩。全区受理专利申请262件,授权专利150件,科技队伍继续扩大,地方国有企事业单位共有各类专业技术人员13.6万人,比上年增加0.24万人。

各类教育事业继续发展。全年招收研究生55人,在校研究生137人。普通高等学校招收本、专科学生4487人,比上年增长26.5%。普及九年义务教育有新进展,各类成人教育成绩显著。年末,全区共有普通中学432所,在校学生29.45万人,小学学龄儿童入学率达94.21%。

文化、卫生事业发展势头看好。全区制作电视剧8部,出版报纸5169万份、各类杂志159万册、图书1851.8万册。全区卫生机构共有病床13734张,专业卫生技术人员21923人,其中,医生8590人,每万人拥有医生16人。

竞技体育取得新成就。1999年,自治区运动员在亚洲女子举重锦标赛中有1人2次打破2项抓举世界纪录。在参加全国举办的各类运动会中,在自行车、古典式摔跤、射箭等项目中,获得7枚金牌和4枚铜牌。在第六届全国民运会上,宁夏实现了金牌零的突破。群众体育运动蓬勃发展。

城乡居民收入增长,生活水平继续改善。全区城镇居民人均可支配收入4473元,比上年增长8.8%,扣除价格因素,实际增长9.8%。农民人均纯收入达1790.7元,比上年增加34.6元,增长1.97%,扣除价格因素,实际增长6.9%。职工工资水平继续提高。全年城镇在岗职工平均工资7550元,增长10.7%,扣除价格因素,实际增长12.2%。在收入增加的基础上,居民消费质量得到提高,住房条件有了一定的改善。

1999年,全区又有14.3万农村贫困人口基本解决了温饱,占1998年剩余27.9万贫困人口(不含返贫)的51.3%,贫困面由1998年的13.2%下降为6.2%。

社会福利事业继续发展。1999年,全区各类社会福利院拥有床位693张,收养598人,全区定期被救济人数2557人。各种社会服务和社会保障网络也有较快发展,目前全区社会保障覆盖面达到38.3%。

环境保护事业持续发展,环境污染治理效果明显。

新疆维吾尔自治区

【民族经济】1999年,在自治区党委、人民政府的领导下,全区上下紧紧抓住西部大开发的历史机遇,认真贯彻落实国家增加投入、扩大内需等一系列刺激经济增长的政策措施,努力克服经济运行中的困难,切实做好各项工作,保持全区经济的稳定增长。

全区实现国内生产总值1169亿元,比上年增长7.1%,其中第一产业增加值268亿元,增长2.7%;第二产业增加值460亿元,增长7.4%;第三产业增加值439亿元,增长10.8%。第一、二、三产业增加值占国内生产总值的比重分别为22.9%、39.4%和37.7%,其中第一产业所占比重下降3.1个百分点,第二产业所占比重上升0.8个百分点,第三产业所占比重上升2.3个百分点。

农业生产稳步增长,农村经济全面发展。各地各部门紧紧围绕"实现农民增收和农村稳定"两大目标,认真落实家庭承包经营和减轻农民负担等党的各项农村基本政策,狠抓结构调整,压缩粮食、棉花、甜菜种植面积,增加适应市场需求的经济作物生产,克服严重的自然灾害和市场风险加剧的困难,取得了农牧业生产的全面丰收。全区农林牧渔业总产值461亿元,增长3.0%。全年主要农产品产量均保持较好水平,粮食总产达838万吨,比上年增长0.6%;棉花产量140万吨,下降3.6%;甜菜总产354.24万吨,下降31.0%;油料产量60.46万吨,增长61.1%;瓜果产量279.91万吨,增长33.4%。畜牧业呈现出良好的发展势头,年末牲畜存栏头数为4436.54万头(只),比上年增长4.9%。全年肉类总产量达81万吨,增长8.0%;绵羊毛产量6.7万吨,增长4.7%;水产品产量5.58万吨,增长4.5%。农业生产条件进一步改善,年末全区农业机械总动力814.21万千瓦,比上年增长5.7%。农村用电量23.44亿千瓦小时,增长4.2%。农田水利建设不断加强,年末有效灌溉面积达4598.1万亩,同比增长2.7%。

工业生产保持增长态势。针对产品销售不畅、积压严重等问题,积极开拓市场,加大促销力度,狠抓产品结构调整,把握石油石化和棉纺市场行情出现好转的有利时机,开足马力满负荷生产,工业增速明显好于上年。全年完成工业增加值318亿元(全口径),比上年增长6.5%,增幅比上年快3.3个百分点。其中,国有及国有控股工业完成增加值250亿元,比上年增长6.2%;集体工业完成增加值24.5亿元,增长3.8%;其他经济类型工业完成增加值72.3亿元,增长8.6%。大中型工业完成增加值200.4亿元,增长6.5%。经济效益逐步回升,亏损状况有所改善。主要表现是:工业经济效益总体水平不断提高,工业经济效益综合指数为74%,比上年上升11.5个百分点;企业亏损状况有所改善,但亏损面仍居高不下,全区统计的1694家企业,亏损企业745家,亏损面44%,比上年上升4.8个百分点。产品销售不断好转,两项资金占用不断下降,全区工业产品销售收入598.47亿元,增长7.6%,两项资金合计198.96亿元,下降4.2个百分点。

固定资产投资增长,重点项目进展顺利。全社会固定资产投资534亿元,比上年增长5.8%。自治区计划安排的25个重点项目完成投资198.3亿元,为年计划的83.3%。计划安排的8个全投项目,除乌鲁木齐石墩子水厂扩建、达板城风力发电厂三期扩建等项目外,南疆铁路库尔勒西—喀什段顺利实现通车,乌鲁木齐第二长途电信枢纽、乌鲁木齐管道天然气工程、新疆粮食储备库、棉花储备库均已建成或基本建成。8个计划单项和部分投产项目除塔里木石油勘探开发和红雁池第二发电厂一期工程外，其余项目均实现计划目标。

交通运输邮电通信业发展较快，基础设施建设得到加强，综合运输和通信能力进一步增强，服务手段和质量不断提高。全年各种交通工具完成货物周转量600.94亿吨公里，增长8.5%；完成旅客周转量270.74亿人公里，增长5.4%。全年完成邮电业务总量34.70亿元，比上年增长38.5%。全年新增电话用户28.5万户，年末电话用户达147.50万户，比上年增长23.9%。移动电话规模不断扩大，无线寻呼增长迅速，计算机互联网有新进展。年末移动电话户数已达32.6万户，比上年增长1.08倍；无线寻呼用户61万户，增长42.5%。

对外贸易保持较快增长，边境小额贸易成为一大亮点。全年完成进出口总额17.65亿美元，比上年增长15.8%，其中。出口总额为10.27亿美元，增长37.4%，进口总额为7.38亿美元，下降5.1%。利用外资规模下降，但外商直接投资有所增长。全区协议利用外资2.16亿美元，比上年下降56.9%；实际利用外资1.40亿美元，下降13.6%，其中外商直接投资0.24亿美元，增长11.6%。旅游事业不断发展，全年接待国际旅游者22.38万人次，比上年增长8.3%；旅游外汇收入8582万美元，增长4.1%。

财政收入保持增长。全年地方财政收入完成74亿元，比上年增长13%；地方财政支出168亿元，比上年增长9%。金融运行基本平稳，年末金融机构各项存款1548.72亿元，比年初增加202.33亿元；年末金融机构各项贷款1386.78亿元，比年初增加28.10亿元。保险事业快速发展，全区财产保险费收入8.57亿元，比上年增长10.6%；人寿保险费收入12.32亿元，比上年增长26.2%。

社会消费水平上升，价格持续走低。1999年，国家出台了一系列刺激消费的相关政策，对拉动经济增长起到一定的积极作用。全区消费品零售总额347.4亿元，比上年增长6.1%，扣除物价因素，实际增长10.3%。市场物价持续走低，1999年商品零售价格比上年下降3.85%，居民消费价格下降2.6%，物价水平连续14个月下降，已创近20年来的新低。物价走低的主要原因是受食品类价格大幅下降的影响，食品类消费价格比上年下降6.8%。

【社会发展】1999年，新疆维吾尔自治区在抓好经济建设的同时，更加注重全社会的协调发展，社会各项事业取得新的成绩。

科技队伍不断壮大，经费投入增加。全区县及县以上国有独立研究开发机构130个，高校办科研机构4个，大中型工业企业办技术开发机构55个；从事科技活动人员3.6万人，其中科学家和工程师2.7万人。全年用于科技活动的经费支出为7.1亿元，比上年增长3.5%，其中研究与发展经费支出1.8亿元，增长2.3%。科技成果不断涌现，技术市场日益活跃。全区已登记的重大科技成果215项，其中获国家奖励的5项；全年签订各类技术合同485项，合同金额4.28亿元，比上年增长39.9%。地质勘探工作取得新成果，全年新打油气井38口，发现有进一步工作价值的矿产地17处。

教育事业继续发展。全区普通高等学校在校研究生901人，比上年增长20.6%，其中少数民族学生84人，占9.3%；普通高等学校在校本、专科学生5.41万人，增长15.7%，其中少数民族学生2.32万人，占42.9%；中等专业学校在校学生9.34万人，比上年增长13.6%；职业中学在校学生4.99万人，下降3.1%；普通高中在校学生18.9万人，增长3.2%。基础教育不断加强，义务教育普及程度有所提高，各类成人教育进一步发展。

文化事业健康发展。年末全区共有广播电台6座，中短波广播发射和转播台38座，电视台18座，1千瓦以上电视发射台和转播台59座。全区广播人口覆盖率87.39%，电视人口覆盖率89.48%。全区有各类电影放映单位135个，全年生产故事片6部，译制少数民族语影片570部，新片发行134部。全年出版各种报纸1.95亿份，各类杂志0.11亿份，图书0.66亿册。

医疗卫生条件继续改善。年末全区共有卫生机构6608个，其中医院和卫生院1351个，卫生防治机构218个，妇幼卫生机构75个。拥有病床7.14万张，各类专业卫生技术人员9.76万人，其中医生4.32万人，在卫生技术人员中，少数民族卫生技术人员 3.32 万人，占总数的 34.1%。

体育事业稳步发展。全区运动健儿在国际比赛中获得 3 个世界冠军，在国内比赛中获得 4 枚金牌、10 枚银牌、7 枚铜牌，在全国第六届民运会上获 6 个第一名、5 个第二名、5 个第三名。群众体育活动蓬勃开展，全民健身计划在各地普遍实施，全区达到《国家体育锻炼标准》的在校学生人数达 145.5 万人。

城乡居民收入增长，生活水平不断提高。全年城市居民人均可支配收入 5428.91 元，比上年增长 3.2%，扣除物价因素实际增长 8.3%；城市居民人均消费性支出为 4319.37 元，比上年增长 12.2%，扣除物价因素实际增长 14.9%。但部分下岗职工生活困难的问题仍较突出。由于粮、棉、肉等主要农畜产品价格大幅下跌，对农牧民收入影响较大。全区农民人均纯收入 1500 元，比上年下降 6.3%。城乡居民居住条件不断改善，人均居住面积分别为 14.61 平方米和 16.90 平方米，分别比上年增加 0.16 平方米和 0.7 平方米，住房质量进一步提高。社会福利和劳动保险事业稳步发展。年末全区有各类社会福利院 66 个，床位 4833 张，收养人数 4382 人。城乡社会保障体系建设有新进展，各种城镇社区服务设施相继建立。环境保护事业取得新进展。年末全区有各级环境监测站 32 个，环境监测人员 678 人。全年完成环境污染限期治理项目 185 个，总投资 0.71 亿元。

新疆生产建设兵团

【民族经济】1999 年末，新疆生产建设兵团有 242.09 万人，其中少数民族人口 27.79 万人，占兵团总人口的 11.48%。兵团辖 10 个农业师，3 个农场管理局，1 个工程建筑师；辖 174 个农牧团场，其中，少数民族人口较集中的团场(少数民族人口占团场总人口 30%以上)33 个，边境团场 58 个(辖边境线 2019 千米)；辖独立核算的工交建商企业 543 家；辖独立文教卫生、科研设计、金融保险等事业单位 1667 家。

1999 年，兵团实现国内生产总值 160.36 亿元，同比增长 7.5%，全兵团人均占有国内生产总值 6643 元。

兵团 33 个少数民族人口较集中的团场，1999 年实现国内生产总值 11.03 亿元，比上年增加 0.07 亿元，增幅为 0.55%。人均占有国内生产总值 3828 元，为兵团平均数的 57.62%。

兵团 58 个边境团场，1999 年实现国内生产总值 18.59 亿元，比上年减少 4428 万元，减幅为 2.33%。人均占有国内生产总值 4379 元，为兵团平均数的 62%。

1999 年，兵团少数民族人口较集中的团场和边境团场，除自然、地理、气候等条件都较恶劣外，还不同程度地遭受多种自然灾害，再加上粮棉等农副产品价格下降，给这些团场的经营造成极大困难。33 个少数民族人口较集中的团场，营业赢利的有 5 个，比上年减少 4 个；营业亏损的有 28 个，比上年增加 4 个。5 个赢利的团场，赢利总额为 589 万元；28 个亏损的团场，亏损总额为 1.52 亿元。盈亏相抵，净亏损 1.46 亿元。

1999 年，兵团 58 个边境团场，营业赢利的有 7 个，比上年减少 15 个；营业亏损的 51 个，比上年增加 15 个。7 个赢利的团场，赢利总额为 562 万元；亏损的 51 个团场，亏损总额为 2.64 亿元。盈亏相抵，净亏损 2.58 亿元。

兵团十分重视少数民族扶贫工作。兵团有国家扶贫的团场 42 个(其中少数民族人口较集中的团场 13 个，边境团场 39 个)，兵团扶贫的团场 20 个(其中少数民族人口较集中的团场 7 个，边境团场 1 个)。1991 年以来，兵团已投入 7 亿多元资金，对贫困团场进行大规模扶贫开发，使贫困团场的基础设施条件有了很大改善，职工收入有了一定增加。

兵团每年划拨 150 万元用于少数民族扶贫，1999 年实施了 18 个扶贫项目，均取得了良好的经济效益和社会效益。1999 年，兵团把国家分配的 100 万元边境建设事业费，用于 7 个团场的 7

个项目,推动了兵团边境团场事业的发展。兵团还实行了机关直属单位与贫困单位挂钩的扶贫办法,给每个单位指定扶贫对象,规定不脱贫不脱钩,取得了很好的效果。

兵团民宗委认真抓了扶贫工作。兵团下达了民宗委挂钩扶贫叶城牧场的任务。民宗委每年从兵团资金中划拨 20 万元扶持该场,1999 年该场已实现了营业赢利。民宗委还自加压力,确定扶持 3 个少数民族人口较集中的民族分场,1999 年这 3 个民族分场经营情况都有程度不同的起色。

兵团认真贯彻了国函〔1997〕47 号文件精神。在自治区民宗委等部门的大力支持下,自治区 5 部门联合下发了兵团落实 47 号文件的《通知》,使兵团在自治区民贸县境内的 75 个团场、18 家流通企业纳入了民贸优惠政策的范围。各团场、企业都积极落实这项优惠政策,提高了他们的经济效益。截至 1999 年底,已落实流动资金贷款贴息 705 万元,增值税返还 114 万元。国家民委和财政部下拨的 300 万元民族贸易网点建设贴息贷款已到位,目前项目建设正在进行之中,进展顺利。

【社会发展】1999 年,兵团少数民族教育、卫生、文化、体育等社会各项事业取得了较大成绩。

兵团各级党政和民族工作部门,对少数民族教育、卫生事业给予了高度重视。兵团现有用维吾尔语、哈萨克语、蒙古语、柯尔克孜语 4 种少数民族语言文字教学的民族小学 100 所,中学 50 多所。少数民族 9 年义务教育的基本权利得到极大的保证。兵团民宗委还对兵团民族师范和兵团日报社维文版给予了支持帮助。目前,兵团各级少数民族医疗卫生网点基本健全,保证了少数民族保健的基本需求。

随着兵团少数民族经济的发展和物质生活水平的提高,兵团少数民族文化、体育事业有了新的突破。目前,兵团广播、电视的覆盖率基本满足了广大少数民族的需求,民族团场基本都有了民族语言的电视节目。各民族团场的少数民族文化、体育活动也非常活跃。特别是农四师在 77 团举办的北疆片集文化、体育、商贸为一体的阿肯弹唱会,活跃了北疆少数民族的文化、体育生活,获得了极大的社会、经济效益。1999 年 9 月,由回族、哈萨克族、黎族等少数民族 10 名运动员组成了赛马、武术 2 个项目的兵团参赛代表队分赴北京、西藏两个赛区,参加了全国第六届少数民族传统体育运动会,取得 1 金 1 银 2 铜的良好成绩,不仅为兵团少数民族争得了荣誉,还有效地扩大了兵团在全国的影响。民运会期间,农四师七十七团场被国家民委、国家体育总局授予"全国民族体育模范集体"称号。

■民族工作概况

1999 年国家民委工作概述

1999 年,是我国民族工作史上具有重要意义的一年。在党中央、国务院的领导下,国家民委认真履行职责,本着服务大局、抓大事、提高工作层次的原则,主要做了以下几方面的工作:

坚持正面引导,正确把握方向,把发生的三场重大的政治斗争转化为激发各族人民的爱国热情、增强中华民族凝聚力、推动民族团结进步事业、维护祖国统一和社会稳定的强大动力,促进了民族工作的全面发展。对以美国为首的西方敌对势力的斗争,维护了我国的尊严,进一步激发了全国各族人民的爱国热情;对"法轮功"邪教组织的斗争,使全国各族人民受到了一次系统的唯物主义和无神论教育,提高了政治敏锐性和政治鉴别力,维护了社会稳定;对李登辉分裂活动的斗争,有力地打击了“台独”势力的嚣张气焰，增强了中华民族的凝聚力。三场重大政治斗争的胜利，加强了民族团结，维护了国家统一和社会稳定，加快了民族地区社会主义现代化建设步伐，推动了民族工作的发展。

抓住新中国成立五十周年和世纪之交的历史机遇，以筹备中央民族工作会议为契机，努力为党中央制定跨世纪民族工作的大政方针服务，提高了民族工作部门的服务水平。中央把开好民族工作会议写进了政治局常委会1999年的工作要点。国家民委党组认为这是促进民族工作发展十分难得的机遇，要紧紧抓住不放。国家民委把筹备中央民族工作会议作为全年工作的头等大事来抓，各级民委给予了密切配合。在筹备中央民族工作会议过程中，主要做了两个方面的工作：一是站在全局的高度，对实现社会主义现代化建设跨世纪宏伟目标过程中民族工作的重要性进行了再认识，增强了做好民族工作的使命感。二是在深入调查研究的基础上，以邓小平理论和党的十五大精神为指导，对世纪之交民族工作面临的若干重大问题进行了认真研究，进一步明确了民族工作的奋斗目标。在此基础上，国家民委向中央提出把加快少数民族和民族地区发展作为这次会议的主题的建议，得到了中央的肯定。在中央民族工作会议上，江泽民总书记明确提出，在国家未来发展战略中，要把加快少数民族和民族地区的发展放在更加突出的位置。这极大地鼓舞了少数民族和民族地区干部群众建设边疆、建设美好家园的信心和决心，鼓舞了民族工作部门广大干部做好新形势下民族工作的信心和决心。

会议召开后，国家民委又狠抓了会议精神的贯彻落实。召开了首都各界贯彻落实中央民族工作会议精神座谈会，制定了国家民委贯彻落实中央民族工作会议精神的具体办法。

紧紧抓住团结进步的主题，以国务院召开第三次全国民族团结进步表彰大会为契机，多渠道、多层次、多角度推进民族团结进步事业，进一步巩固和发展社会主义民族关系。把评选民族团结进步模范的过程，作为大力宣传民族团结进步模范的先进事迹的过程，作为广泛动员全社会关心支持民族团结进步事业、营造有利于民族团结进步事业发展的社会氛围的过程，作为宣传党的民族政策的过程。国庆节期间，民族团结进步模范代表相聚首都北京，接受国务院的表彰，受到中央领导同志的亲切接见，参加国庆观礼活动，在全社会产生了极为广泛的影响，向全世界充分展示了中国多民族大家庭团结和睦的气氛，极大地推动了民族团结进步事业的发展。

在新中国成立五十周年和西藏民主改革四十周年之际，第六届全国少数民族传统体育运动会分别在北京和拉萨举办，充分展示了中国各民族在中国共产党的领导下建设有中国特色社会主义的勃勃生机，展示了少数民族文化欣欣向荣的繁荣景象，极大地促进了民族地区两个文明建设。

为庆祝新中国成立五十周年，与国家经贸委一起举办少数民族和民族地区名优产品博览会，900多家企业参展，展出1200多种名优产品，充分展示了少数民族和民族地区经济建设的伟大成就，宣传了民族工作的成就，宣传了党的民族政策。

紧紧抓住建国五十周年的有利时机，加大民族工作宣传力度，以不同方式，全面系统地宣传新中国成立五十年民族工作的伟大成就，展现中国少数民族发展半个世纪的辉煌，收到了良好效果。与此同时，注意认真处理各种民族矛盾和纠纷，把问题解决在基层、解决在当地、解决在萌芽状态，维护了社会稳定。

抓住重点，选准角度，努力促进少数民族和民族地区经济、文化、教育等各项事业的发展。启动了“兴边富民行动”，在社会上引起了良好反响。协助有关部门加大了对少数民族和民族地区扶贫攻坚工作的力度，一批少数民族贫困人口实现脱贫。全面落实民族教育方面的各项特殊政策，推动了民族教育事业的发展，几个人口较少的少数民族的“普九”教育取得突破。民族文化、教育事业与经济发展相结合，相互促进。对外交流取得新进展。

以“三讲”教育为契机，加强干部队伍建设，推动了各项工作的落实。在“三讲”教育中，紧密联系机关工作和民族工作的实际，深入学习邓小平民族理论，学习党的民族政策，制定整改措施，把推动机关建设和民族工作发展作为衡量“三讲”教育成效的重要标准。“三讲”教育使国家民委的广大干部受到了一次系统的马克思主义世界观、人生观、价值观的教育,受到了一次深刻的党性党风的教育,提高了政治思想素质和工作热情,推动了各项工作的顺利进行。

北　京　市

【民族工作】1999年,北京市民族工作紧紧围绕新中国成立50周年大庆、澳门回归和第六届全国少数民族传统体育运动会等大事,全面贯彻执行党的民族政策,坚持一手抓团结稳定,一手抓繁荣发展。

50周年国庆期间,组织来自全国各地参加民族运动会的4000多名运动员、教练员参加了国庆游行和晚会、游园活动,接待了全国少数民族国庆观礼团。12月,组织民族宗教界人士参加了迎澳门回归的庆典活动。

北京市委办公厅转发了市委统战部、市民委《关于在全市党员干部中进行马克思主义民族观、宗教观和党的民族宗教政策宣传教育的意见》,市民委会同市委统战部举办了民族、宗教政策报告会。市政府召开了贯彻落实《北京市少数民族权益保障条例》电视电话会议。各区县以召开大会、举办学习报告会、召开座谈会、举办广播电视宣传月(日)活动、发放宣传材料等多种形式、方法贯彻电视、电话会议精神,市、区共印发4万多份宣传材料。另外,还举办了"燕京杯"民族知识竞赛活动,收到全国20多个省、市、自治区7.5万份参赛答卷,收到了较好的宣传效果。

通过广泛开展民族团结进步创建活动,北京市有12个集体和10名个人在国务院第三次民族团结进步表彰大会上受到表彰。一年来,有27个民族举办了民族传统节日活动。

天　津　市

【民族工作】在1999年的民族工作中,天津市继续高举邓小平理论的伟大旗帜,紧紧围绕民族团结进步表彰活动这条主线,坚持全面贯彻民族政策和不断完善协调机制的重点,使少数民族经济有了进一步发展,精神文明建设得到积极推进,依法管理民族事务的水平有所提高。

以高度的政治责任感和良好的精神状态,圆满认真地完成"三讲"教育活动,并以此为契机,加强民委机关各级干部的理论学习,系统地学习了邓小平理论、党的十五大和中央民族工作会议的精神,同时还适时地开展民族宗教工作业务交流活动,提高了认识,统一了思想,使干部的理论水平和业务素质都有较大提高。

精心筹备参加了中央民族工作会议、全国民族团结进步表彰大会、第六届全国少数民族传统体育运动会、全国少数民族和民族地区名优产品博览会和全国城市民族工作会议等各项民族工作的大事,并圆满完成各项任务,天津市委副书记、市政协副主席房凤友,市委常委、副市长夏宝龙,市政协副主席、市委统战部部长张永根,市民委主任李仁智等参加了中央民族工作会议,并做了题为《立足沿海开放城市,面向全国民族地区,创造性地做好新时期的民族工作》的书面发言。

年初召开了天津市第九次民委委员会议,传达了全国民委主任会议精神,交流了委员单位的各项工作,全面推进了天津市的民族工作。

为落实民族政策,保障少数民族特需用品的供应,维护少数民族的合法权益,市民委会同有关委局制定出《关于认真做好超市清真食品销售的通知》(津商委[1999]70号)和《关于贯彻国家民委等五部委通知的意见》(津民委联[1999]5号)。帮助部分民族企业牵线搭桥,搞活经营,为清真食品企业的管理人员和职工进行民族政策、风俗习惯教育,积极服务于少数民族经济的发展。

做好9名来自民族地区的少数民族干部在津挂职锻炼工作。

河　北　省

【民族工作】以国务院召开第三次民族团结进步表彰大会为契机,在全省范围内广泛开展了民族团结进步评选活动。全省共有15人、16个单位受到国务院表彰,其中8名同志进京受到党和国家领导人的亲切接见。这一活动的开展,使全省各族人民受到了深刻的教育和鼓舞,"三个离不开"的思想更加深入人心,形成了民族团结进步的良好社会环境,进一步巩固和发展了新时期平等、团结、互助的社会主义民族关系,有力地推动了民族团结进步事业的发展。

进一步加强了民族法制建设。协助省法制局、省人大民侨委经过多次实地调查,认真讨论修改,《河北省清真食品管理条例》于11月29日在河北省人民代表大会第九届第十二次常务委员会上审议通过。这一条例的出台,对贯彻党的民族政策,依法保障少数民族的风俗习惯,促进少数民族经济的发展,将起到重要的作用。结合"三五"普法,对全省贯彻执行《民族区域自治法》、《河北省散居少数民族权益保障条例》、《城市民族工作条例》情况进行了深入地调查分析,发现问题,提出意见,督促有关地方、部门抓紧落实,进一步促进了民族工作的法制化进程。

进一步加强少数民族干部工作。会同省委组织部、省委统战部出台了《关于进一步做好培养选拔少数民族干部工作的意见》。这对于各级党委、政府提高对培养选拔少数民族干部工作重要性的认识,增强紧迫感和责任感,加强领导,促进少数民族干部的培养、选拔、交流起到积极的作用。

加强学习,更新观念,提高认识新情况、解决新问题的能力。全省民族宗教工作系统干部职工,认真学习邓小平理论,学习领会中央民族工作会议精神,进一步解放思想,更新观念,加强调查研究,探索解决问题的新思路新方法。切实转变工作作风,精文减会,大兴调研。贯彻中央民族工作会议精神,从实际情况出发,确立民族经济、文化教育等七个专题,组织4个调研组,赴全省重点市县进行调查研究,针对存在问题,积极探讨解决的思路和方法。

以整风精神在机关开展了厅、处级干部"三讲"教育活动,加强了机关自身建设。坚持"三讲"教育与业务工作"两手抓、两不误、两促进",达到了省委的要求,领导班子和领导干部的思想和作风建设得到进一步加强。

山　西　省

【民族工作】1999年是新中国成立50周年和澳门回归年,也是民族工作部门喜事多、大事多的一年。山西省的民族工作在省委、省政府的领导下,在国家民委的指导下,认真贯彻落实中央民族工作会议精神,紧紧围绕民委系统1999年的五件大事,结合山西省民族工作的具体情况,做了大量卓有成效的工作,有力地推动了全省民族教育、体育、文化、经济等各项社会事业的发展,取得了令人瞩目的成绩。

认真贯彻中央民族工作会议暨国务院第三次

民族团结进步表彰会议精神。1999年9月29日至10月3日中央民族工作会议在北京召开。山西省委副书记刘泽民、副省长薛军、省委统战部副部长邓永武、省民族宗教事务局局长周新玉出席了会议。山西省共有太原市人民政府等5个集体及李纯泰等8名个人受到了国务院第三次民族团结进步表彰大会的表彰,霍润德、李纯泰、赵志忠、马守成四名民族团结模范集体、模范个人代表出席了表彰会,并与党和国家领导人一起参加了国庆五十周年观礼等庆典活动。中央民族工作会议暨国务院第三次民族团结进步表彰会结束后,山西省委、省政府迅速行动,认真抓会议精神的贯彻落实工作。10月15日,山西省委书记田成平亲自主持召开省委常委会,专题听取汇报,研究贯彻意见。10月23日召开了全省各地市分管专员、市长、统战部长、民族宗教局长参加的全省民族工作会议。会议传达了中央民族工作会议精神,研究部署了山西省民族工作的任务,要求各地认真学习、努力落实好中央民族工作会议精神,为开创新世纪民族工作的新局面而奋斗。

在第六届全国少数民族传统体育运动会上,山西省首次实现了金牌零的突破。经过刻苦训练和精心准备,山西省组成了以翼城县北关村为主的80多人的代表团,参加了本届民运会珍珠球、蹴球、毽球、打陀螺、武术五个项目的比赛以及"黄河鼓韵"一个项目的表演。经过激烈的角逐,刘长青夺得女子传统拳术B组金牌,马俊艳(翼城县北关村)夺得女子单人蹴球金牌,首次实现了金牌零的突破,结束了山西省在民运会上无金牌的历史。同时"黄河鼓韵"的表演也受到热烈的欢迎,先后在分赛场和主赛场都获得表演项目一等奖,使山西从历届民运会的弱省一跃成为令人刮目相看的强省。除上述两块金牌外,所有参赛项目都夺得了名次。男女混合双蹴获得铜牌和第四名;男子双毽获得第四名,男子珍珠球获得第四名,男子毽球获得第五名,并荣获体育道德风尚奖,女子武术对练获第五名,男子传统拳术B组获第五名,女子武术器械获第六名,男子团体打陀螺获第七名,女子传统拳术B组获第八名。这些成绩的取得不仅极大的振奋了山西人民,而且有力地推动了全省少数民族体育运动项目的开展。

在全国少数民族和民族地区名优产品博览会上荣获嘉奖,取得了经济和社会效益双丰收的好成绩。经过充分准备和周密安排,山西省22家企业参加了本次博览会。参展的5大系列150余种产品一直热销北京。部分产品连续脱销,产品价位不断上升。这些产品有浮山丝利源有限公司生产的绣花鞋,文水肉制品厂生产的"贤美"牌牛肉,山西万家寨食品有限公司生产的清真全羊系列肉食品。热销现象出乎厂家意料。除产品销售外,阳泉恒源纺织有限公司一次性签订销售合同600万元,万家寨食品有限公司签订销售合同300万元。中共中央政治局常委、全国政协主席李瑞环,中共中央政治局委员、国务院副总理吴邦国,全国人大副委员长布赫、王光英、国务委员司马义·艾买提,全国政协副主席阿沛·阿旺晋美等党和国家领导人先后出席了博览会,并在山西展团签字和合影留念,对山西展品给予充分肯定。各国驻华大使对山西产品表示了极大兴趣。这次博览会上,山西省展团获得国家民委、国家经贸委授予的"最佳组织奖"、"最佳展览奖"和"经贸洽谈奖"的殊荣。

内蒙古自治区

【民族工作】1999年是内蒙古自治区民族工作大事多、喜事多的一年。自治区民委在自治区党委、政府的正确领导下,在国家民委的指导下,高举邓小平理论伟大旗帜,全面贯彻落实党的各项方针政策,以经济建设为中心,坚持了"五个服务"的切入点,围绕"三项全局性工作"统筹全局,为促进自治区民族团结、政治稳定、经济发展、社会进步作出了积极贡献。

1.1999年初,自治区民委就围绕中央将召开民族工作会议,如何开展工作进行了部署。在工作要点中作为“三件大事”之首进行了安排，积极参与了自治区党委和国家民委组织的调研活动，对我区民族乡和边境旗市的经济社会发展状况，少数民族扶贫和牧区工作进行了调查研究，完成了调研报告。中央民族工作会议后，自治区民委在全委机关进行了传达贯彻，同时向自治区党委、政府提出了贯彻实施意见，自治区召开干部大会，认真进行了传达，并将贯彻实施意见印发各地区、各部门，要求结合实际认真贯彻执行。并为召开全区民族工作会议积极做好筹备工作。

2. 圆满完成组织参加国务院第三次全国民族团结进步表彰大会工作。自治区民委根据中央民族工作会议暨国务院第三次全国民族团结进步表彰大会分配给我区的名额，以高度的政治责任感作好模范代表的评选工作。在国务院第三次全国民族团结进步表彰大会上，内蒙古共有61个(名)模范集体和模范个人受到表彰，其中21名代表光荣赴京出席了大会，并作为全国少数民族国庆观礼团参加了国庆50周年庆典观礼。

3. 成功的举办了全区第四届少数民族运动会，在第六届全国少数民族传统体育运动会上取得优异成绩。全区第四届少数民族运动会于1999年6月26日至29日在通辽市科左后旗甘旗卡镇隆重举行。这届全区少数民族运动会是内蒙古历届民运会比赛项目最多、观众数量最多的一次民族体育盛会，办得非常成功。在自治区民委与自治区体委共同组织下，参加了全国第六届少数民族传统体育运动会，内蒙古代表团参加了5个大项的比赛和5个项目的表演。在全团同志们的共同努力下，夺得了金牌13枚、银牌9枚、铜牌12枚的优异成绩，为内蒙古赢得了荣誉，受到了自治区政府“突出贡献奖”的表彰。此外，内蒙古代表团还较好地参加了庆祝中华人民共和国成立50周年游行和民族大联欢活动。

我们在出色完成上述三个中心任务的同时，又做了多方面的工作。一是围绕庆祝新中国成立50周年、澳门回归，结合民族团结进步表彰月活动，开展形式多样、内容丰富的活动，深入学习和宣传党的民族理论政策。二是坚持以经济建设为中心，进一步抓好少数民族扶贫工作，积极贯彻落实民贸和民族用品生产有关政策，并就此项工作进行了调研，向国家民委提出了建议。管好用好少数民族发展资金，共安排各类项目125个，下达资金2500万元。积极开展科技培训，全年共培训少数民族农、牧、猎民7万人(次)。还组织参加了在北京举办的全国少数民族和民族地区名优产品博览会，囊括了本次博览会的全部四项大奖。三是认真贯彻落实党的民族语文政策，抓好蒙古语文的学习使用科研工作。坚持协作原则，使八省区蒙古语文协作工作不断迈上新台阶。

1999年，自治区民委进一步加强机关自身建设，在处以上领导班子和领导干部中深入开展“三讲”教育，进一步坚定政治信念，提高了坚持党的基本路线和全心全意为人民服务的自觉性；全体干部职工团结奋斗，为深入贯彻中央民族工作会议精神，使民族工作再上一个新的台阶而不懈努力。

辽　宁　省

【民族工作】研究制定了全省民族立法工作五年规划(1999—2003)，其中《辽宁省民族教育工作条例》、《辽宁省少数民族语文工作条例》等已经纳入辽宁省社会主义市场经济体制立法框架。

几经修改和论证，《辽宁省散居少数民族权益保障规定》在全省民族工作部门的共同努力和省法制办等省直各有关单位的大力支持下，已于1999年12月28日经省政府常务会议讨论通过，即将颁布实施。

与工商、公安等部门密切配合，对少数民族流动人口进城经商，城市老城区改造居民动、回迁，以及由于不尊重少数民族风俗习惯等原因引发的涉及到民族关系方面的问题和事件及时妥善予以处理，维护了民族团结和社会稳定，在这方面，省、市民委都做了大量工作。

在全省合乡并镇工作中，认真贯彻国务院民族乡行政工作条例，保障少数民族合法权益，与省民政厅及有关部门反复协商并达成共识，在涉及民族乡镇的撤并去留的问题上必须征得省民委同意。民族工作部门的意见得到了充分的尊重。

协助清原、本溪、桓仁、宽甸四个满族自治县成功地举行了自治县成立10周年县庆活动，并以此为契机宣传党的民族区域自治制度，协调国家民委、省直有关单位组成国家民委和省政府代表团参加县庆活动，并为四个自治县的县庆和经济与社会发展提供了必要的支持和帮助。

根据国务院关于做好推荐全国第三次民族团结进步表彰大会表彰的模范集体和模范个人工作的要求，与省人事厅和各市政府酝酿协商，考核推荐了全省24个模范集体和24位模范个人，经国务院批准在去年召开的中央民族工作会议暨全国第三次民族团结进步表彰大会上受到了表彰，其中有15位代表赴京领奖。

另外，省民委还就如何加强城市民族工作进行了专门的调研，沈阳市关于做好城市民族工作的经验在全国城市民族工作会议上做了大会交流。在广泛调研的基础上，就民族区域自治法的修改问题向上级有关部门提出了比较系统的意见和建议。在加强民族法制建设，坚持依法行政，建立行政执法责任制方面也做了一些有益的探索。

吉　林　省

【民族工作】1999年，在省委、省政府的领导下，在国家民委的指导下，全省民族工作紧紧围绕筹备中央民族工作会议暨国务院第三次民族团结进步表彰大会、全国第六届少数民族传统体育运动会和全省第三次民族团结进步表彰大会以及开展“三讲”教育等几件大事，主动服务于改革、发展、稳定的大局，大力推进民族团结进步事业，较好地完成了全年的工作任务。

——认真贯彻落实了中央民族工作会议精神。1999年，省民委紧紧围绕筹备和贯彻落实中央民族工作会议精神这条主线，着重抓紧了三个环节：一是深入调研，超前做好贯彻落实的准备。省民委和各地民委都分别开展了民族工作调查。省民委着重对1994年以来全省少数民族经济、文化、教育事业、培养选拔少数民族干部和散居地区民族工作等5个方面的情况进行了认真的调查，形成了1个综合报告和5个专题报告及各方面的统计资料。为向国家民委推荐受国务院表彰的全国民族团结进步模范集体和个人作了充分的准备。在国务院召开的全国第三次民族团结进步表彰大会上，全省共有42个模范集体和个人受到表彰。省委副书记苏荣代表省委、省政府介绍了培养、选拔少数民族干部工作的经验。二是召开全省民族团结进步表彰大会，迅速传达贯彻会议精神。1999年11月1日召开了吉林省第三次民族团结进步表彰大会，共表彰107个集体和153名个人，其中有3名个人享受省级劳模待遇。三是加大宣传力度，努力营造了深入贯彻中央民族工作会议精神的良好氛围。省民委会同省委宣传部召开了表彰大会新闻发布会。在表彰大会期间，报纸、电台、电视台等新闻媒体做了全方位的报道。《吉林日报》在头版头条报道了全省会议的综合消息，并配发了社论和照片，全文刊发了省委书记王云坤的讲话，套红刊发了省政府表彰决定和表彰名单。

——围绕省委的部署，积极促进了少数民族地区的经济发展。为了推动民族地区实施县域突破战略，加快经济发展，省民委邀请省政府经研中心和有关专家，先后到伊通满族自治县、和龙市开展了咨询服务活动，并在敦化市召开了全省民族地区县域经济工作座谈会。省民委组织有关市州民委、自治县民委和部分贫困民族乡镇的领导到河北省易县和宽城满族自治县进行了扶贫工作考察；在深圳举办了民委系统干部和民族乡镇长市场经济培训班；组织有关专家、教授到民族乡镇开展了农业科技知识培训。一年来，各地民委围绕促进少数民族和民族地区经济的发展,办了大量的好事、实事。长春市民委主动协调组织市技术监督局、吉港集团等10多个单位,到民族乡村开展对接活动,收到了很好的成效。省民委和省经贸委共同组织参加了由国家民委、国家经贸委举办的全国少数民族和民族地区名优产品博览会,组织参展产品40多个,开展了展览、销售、洽谈活动,并获组织奖、展览奖和销售奖。

——进一步加强了民族法制建设。省民委会同省工商局制定并下发了《关于进一步贯彻吉林省清真食品生产经营管理若干规定的意见》。白城、辽源等市民委还会同有关部门对清真生产经营情况进行了检查,维护了少数民族的权益。结合对散居地区民族工作的调查,全省对《城市民族工作条例》、《民族乡行政工作条例》贯彻实施情况进行了检查,并召开了全省民族工作座谈会。

——采取有效措施,大力推动了民族文化、体育、教育等项事业的不断发展。省民委会同省体委共同搞好参加全国第六届少数民族传统体育运动会参赛运动员选拔和重点项目的训练工作。吉林省体育健儿在拉萨和北京两个赛场的比赛中,共夺得了5枚金牌、5枚银牌、2枚铜牌和表演项目一等奖、二等奖、三等奖等体育道德风尚奖,金牌总数列北京赛区第4名,总成绩列全国第8名,取得了有史以来的最好成绩。继续组织实施了"民族助学计划",共筹集资金20万元,资助了101名少数民族贫困大学生。会同省文化厅、广电厅推荐选拔参加了全国第九届孔雀奖民族声乐大赛,获一、三等奖各一名。组织开展了民族文化下乡活动。

——加大了培养少数民族干部工作的力度。1999年,省民委会同省委组织部、吉林大学,成功地举办了少数民族干部研究生课程进修班。为拓宽干部的视野,提高驾驭市场经济的能力,组织部分少数民族干部和民族地区党政领导及省民委的各处处长,先后到上海、浙江等地学习考察。按照省委的要求和部署,省民委顺利完成了委领导班子和领导干部以及处级干部的"三讲"教育。

黑 龙 江 省

【民族工作】1999年,黑龙江省民委紧紧围绕国家民委和黑龙江省委、省政府指定的各项工作任务,在中央民族工作会议精神指引下,顺利完成了各项工作任务。民族立法工作取得了新成绩。按照全省立法规划,省民委会同省人大民侨外委、省法制局在认真调查研究、充分征求意见的基础上,起草了《黑龙江省清真食品生产经营管理条例(草案)》。经过协调有关部门多次修改,这个草案在省政府常务办公会议讨论完善,可在2000年6月份提交省人大常委会审议。经过积极参与协调,省人大审议批准颁布实施了《杜尔伯特蒙古族自治县旅游管理条例》,使杜尔伯特蒙古族自治县旅游事业的发展步入了法制管理的轨道。

加大执法力度,有效促进了民族法律、法规的落实。省民委配合省人大以贯彻落实《黑龙江省民族教育条例》为重点,深入开展了行政法检查,解决了一些热点、难点问题。在省有关部门的支持配合下,在杜尔伯特蒙古族自治县、泰来县进行了《黑龙江省民族教育条例》的贯彻实施试点工作,并制定了实施细则,使《黑龙江省民族教育条例》进一步完善和具体化。

大力开展民族团结进步表彰活动,进一步增强了民族团结和凝聚力。全省各地以中央民族工作会议暨国务院第三次全国民族团结进步表彰大会的召开为契机,广泛深入开展了民族团结进步表彰活动,涌现出一大批民族团结进步先进集体和模范人物。国庆50周年期间,黑龙江省代表团出席了中央民族工作会议暨国务院第三次全国民族团结进步表彰大会,并参加了国庆50周年庆典活动;共有13个先进集体、19名先进个人受到国务院表彰,充分展示了黑龙江省民族团结进步事业的崭新风貌。

上 海 市

【民族工作】1999年，上海民族团结进步事业取得新的发展。贯彻中央民族工作会议精神是全年工作的一根主线，市民委召开5场“如何做好新世纪上海民族工作”专题座谈会，为落实会议精神做好思想上的准备。中央民族工作会议召开后，市民委党组向市委常委会作汇报，提出了贯彻落实中央民族工作会议精神的意见和建议。市委、市政府隆重召开了上海市民族工作会议。会后，市民委下发了《关于进一步贯彻落实中央民族工作会议精神的通知》。根据中央部署，上海评选出了12个全国民族团结进步模范集体和7名模范个人，受到国务院表彰。在第六届全国少数民族传统体育运动会上，上海代表团获男子武术鹰爪拳金牌，实现金牌零的突破。参加了全国少数民族和民族地区名优产品博览会，上海展团荣获最佳展示、最佳组织、最佳洽谈3个奖项。各级民族工作部门认真执行民族法规，依法开展民族工作。社区民族工作形成良性工作机制，召开了社区民族工作经验交流会。发展清真供应的指导思想进一步明确，新开设清真饮食店3家，又有5家清真饮食店挂上“清真单位”铜牌。编辑出版了《民族之星》一书，宣传50位民族界杰出人物的先进事迹。市民族联和市伊协换届工作圆满完成。少数民族代表人士工作进一步得到加强。市伊协健全完善规章制度，把年轻教职人员的文化、业务培训放上了议事日程。

江 苏 省

【民族工作】1999年，江苏民族工作从散杂居特点出发，以贯彻中央民族工作会议为主线，进一步落实《江苏省少数民族权益保障条例》，立足稳定，着眼发展，取得了一些成绩：

1. 认真贯彻中央民族工作会议和国务院民族团结进步表彰大会精神。会前，配合国家民委开展了专题调查，组织了全国民族团结进步模范的评选。9月下旬，江苏省委副书记曹克明、副省长张连珍、省政协副主席、统战部长林玉英、省民委主任周加才等同志出席了中央民族工作会议，吴仁宝、马鑫男和南京市、丰县、爱德基金会的代表进京参加了国务院召开的第三次全国民族团结进步表彰大会，全省有7个模范集体、8个模范个人受到国务院表彰。会后，省民委及时向省委常委会汇报，并做好传达贯彻工作。常委会决定：加强民族政策和工作实绩的宣传，尽快出台少数民族权益保障条例的配套文件，着手建立省民委委员制，省民委参与对口支援工作，增加民族工作经费100万元。

2. 组团参加国家民委组织的多项重大活动，展现江苏少数民族风采。全省7个民族的35名运动员参加了全国第六届少数民族传统体育运动会的5个项目的比赛，获得3个团体体育道德风尚奖和2银、1铜的较好成绩。参加第四届全国烹饪技术比赛(清真赛)，获3金、2银和2块铜牌的好成绩。参加全国少数民族和民族地区名优产品博览会，囊括最佳组织、最佳展览、最佳销售和经贸洽谈4项大奖。

3. 坚持爱国主义教育，经受重大政治斗争的考验。抓住新中国成立50周年和澳门回归两件大事，组织民族学校(班)开展爱国主义教育活动，坚定了师生走建设有中国特色社会主义道路的信念。积极组织少数民族参与声讨以美国为首的北约轰炸我驻南使馆罪行、揭批“法轮功”和反对李登辉的“两国论”这三场严肃的政治斗争,经受住重大政治斗争的考验。据了解,全省民族系统干部中没有一人参与修炼“法轮功”。

4.积极推进民族经济与社会事业发展。省财政拨款100万元,帮助10个市32个县的少数民族脱贫致富奔小康。各地多渠道筹措资金400多万元,为民族村组脱贫办实事。爱德基金会捐助51万元,帮助5个少数民族聚居的行政村脱贫。省政府根据省民委建议,调整了省民族贸易和民族用品生产领导小组成员,省民委与省工商银行、省农业银行联合发文重申国家的优惠政策,召开全省民族贸易和民族用品定点生产企业负责人会议,向28家民族用品定点生产企业和2家改革试点企业颁发了标志牌。全年为定点企业落实贷款贴息资金92万元。争取黄金指标120千克,使企业得益75万元。拨款12万元帮助菱塘回族乡回民小学和丰县民族中学改善办学条件。拿出资金28万元扶持各地清真网点建设。协助6所民族院校在江苏招生166人,部分少数民族考生享受了高考加分照顾。省民委还先后接待了西藏、广西、湖南、新疆、青海等省(区)共10多个少数民族参观团。

5.强化法制宣传教育,加快有关配套措施的出台。通过召开座谈会、印发宣传材料、举办培训班,进一步加大了对《江苏省少数民族权益保障条例》的宣传力度。抓紧制定了《江苏省少数民族权益保障条例》的配套措施,起草了发展民族经济、扶持少数民族聚居村发展、加强少数民族流动经商人员管理和清真食品生产经营管理、开展民族团结进步模范表彰活动等方面的实施意见,当年已有1个配套文件出台,4个进入会签阶段。

6.妥善处理突发事件,维护社会稳定。针对1999年重大活动多、敏感期长的特点,省民委早在3月份就与省委统战部共同召开专题会议,作出部署。及时稳妥地处理了河海大学穆斯林学生因清真不清而拒绝到校清真食堂用餐、新疆维吾尔族商贩来宁经商旅社拒绝安排住宿、婚嫁来阜宁县的贵州籍侗族妇女李水英被打处理不公等民族方面的突发事件,确保了我省民族领域的稳定。

7.加强干部队伍建设,打好工作基础。由于省委、省政府领导重视,较好地解决了全省各市、县(市)、民族宗教部门的机构编制问题。由省编委发文,将市、县民族宗教局列入政府序列,民族宗教工作任务重的县(市)人员配备不少于5人,一般的不少于3人,任务重的乡(镇)设副乡级专职统战委员,一般的设兼职统战委员。省民委(宗教局)举办了第16期全省民族宗教干部培训班,培训市、县民族宗教干部近40人。

此外,还会同省委组织部、统战部,做好5省(区)10位民族地区干部来江苏挂职锻炼工作。

浙　江　省

【民族工作】1999年,在省委、省政府领导下,浙江省的民族工作以党的十五大、十五届三中全会和省第十次党代会精神为指导,全面贯彻党和国家的民族政策和法律、法规,推动少数民族和民族地区脱贫致富奔小康的步伐,建立健全基层工作网络,突出重点,多办实事,为浙江省的民族团结和改革、发展、稳定作出了贡献。

一、认真贯彻省第十次党代会精神,努力促进民族地区奔小康

为认真贯彻落实省第十次党代会精神,到2020年使全省民族地区和其他地区同步基本实现农业和农村现代化,省民宗委从民族地区的实际出发,努力抓落实、重提高、促发展:

1.深入调查研究,加强分类指导。为进一步了解情况,巩固脱贫成果,省民宗委对民族地区的经济社会发展进行了全面的统计调查,建立了内容翔实的基本情况登记册。同时,针对各民族乡镇不同的经济发展状况,按照《浙江省农业和农村现代化纲要》提出的发展方向和目标,进行分类指导。对当年要实现小康乡目标的遂昌县三仁畲族乡,要求他们认真总结,并根据《纲要》的要求,结合本乡实际,制定好操作性较强的中长期发展规

划，为遂昌县和全省民族乡镇作榜样。对一些基础较差、经济发展相对滞缓的乡镇，要求他们制定相应的发展规划，细化措施，抓好落实。景宁畲族自治县是浙江省民族工作的重点，省委、省政府领导几次亲临指导，现场办公，要求省级有关职能厅局帮助其解决经济和社会发展中的实际困难。省民宗委也多次到该县调查研究，召开座谈会，听取民族政策执行状况，把意见建议向省委、省政府汇报，引起了省领导的重视。

2. 加强教育培训，搞好规划制定。为扎扎实实地推进以"加快经济发展，增加农民收入，提高生活质量"为主要内容的现代化建设，切实抓好民族乡镇短、中、长期发展规划的制定，保证民族乡镇奔小康和现代化目标的如期实现，省民宗委年内举办了两次全省民族乡镇规划制定培训班，邀请有关部门的领导和专家作报告，组织民族乡镇领导到绍兴县高埠镇考察学习，使其提高认识，明确要求。同时，省民宗委要求各乡镇将奋斗目标作定性、定量的细化分解，把制定规划、确定思路和落实相关措施紧密联系起来。至年底，18 个民族乡镇基本完成了规划制定工作。

3. 积极引导民族乡村调整结构，发展效益农业。

一是引导群众转变观念，走向市场。省民宗委指导各级民族工作部门积极引导少数民族群众树立市场观念，并主动做好服务工作。如衢州市民族宗教局积极开展"架金桥、富百家、牵银线、扶百户"活动，帮助一百个具有一定的经济基础和致富技能、有市场经济意识的少数民族农户架起致富的信息桥、科技桥、市场桥，引导其带头走上致富路；扶持一百个经济条件差、致富能力弱的少数民族贫困户、特困户早日脱贫致富。除经常上门走访外，他们还通过为"双百户"赠送《农家报》、设立专线服务电话等方式帮助少数民族群众排忧解难。

二是引导群众依靠科技进步，增强致富本领。省民宗委指导各级民族工作部门积极配合科技部门在少数民族群众中推广实用科技，印发科普资料，办培训班，抓科技示范户、典型户，增强少数民族群众的科技意识和致富本领。11 月，省民宗委组织民族乡镇干部参观农科院，听取了农业新品种、新产品、新技术的介绍，参观了科技示范园区。重点县(市)的民族部门还经常邀请科技、林业部门的科技人员下村传授技术，开展咨询活动，深受群众欢迎。

三是引导群众发挥资源优势，发展特色经济。景宁畲族自治县有 200 多个自然村地处海拔 800 多米的高山上，他们利用高山垂直气候优势发展高山蔬菜、茶叶、药材、西瓜等作物，人均年收入达千余元。该县实行"以业主规模开发为主、农户小型开发为辅，政府行政推动、龙头企业牵动、农户茶农连动"的方式，开发惠明茶基地 2000 余亩，年创产值 1000 余万元，惠及千家万户。

4. 协同有关部门帮助民族乡村加快基础设施建设。省民宗委进一步加大了对民族地区基础设施建设的扶持力度，投入资金占民族补助费的 75% 以上。年初，省民宗委先后登门走访省交通、水利、教育、广电等有关部门，把全省民族乡镇、村的基本情况和存在的困难向他们作了反映，得到了他们的重视和支持。在省广电厅的支持下，省民宗委基本摸清了民族村电视接收的情况，并安排一定的资金和广电部门的经费相配套，解决了一些民族村看电视难的问题。省水利厅十分重视民族地区的小流域治理，云和县安溪畲族乡安溪小流域、景宁畲族自治县鹤溪小流域均被列入省小流域治理试点工程，在资金上给予重点扶持。在有关部门的支持下，到 1999 年底，景宁畲族自治县有 75% 的行政村通简易公路，80% 的行政村通程控电话，广播电话综合覆盖率达到 92% 以上。多数民族村进行改厕、改栏、改水、改房，少数民族群众的生产生活条件得到较大改善。

二、紧紧围绕民族团结进步的主题，圆满完成五件大事

1. 认真做好参加中央民族工作会议有关材料的准备和会议精神的贯彻落实工作。省民宗委在总结近年来民族工作成绩的同时，针对当前存在的问题和困难，提出了相应的建议和对策。省委、省政府十分重视，省委召开常委会议，听取了省民宗委关于中央民族工作会议精神及贯彻意见的汇报。省委要求结合浙江实际，把会议精神贯彻落实好，要求提高认识，突出重点，完善政策，通力协作，抓紧制定《关于加快少数民族和民族地区经济社会发展的意见》，省民宗委及时完成代拟稿，并广泛征求有关部门和市地的意见。

2. 认真做好全国民族团结进步模范集体和模范个人的推荐工作。经市(地)、县(市)和有关部门推荐,共有7个模范集体、6名模范个人受到了国务院的表彰。

3. 认真做好第六届全国少数民族传统体育运动会浙江省代表团的集训筹备和参赛工作。由于对本省的特长项目选得准,抓得早,训练严格,使浙江团获得了表演项目1个一等奖、2个二等奖、蹴球比赛第6名以及比赛道德风尚奖的好成绩。

4. 认真组团参加全国少数民族和民族地区名优产品博览会。在省财政厅、省计经委和有关市(地)、县(市)的支持下,浙江省展团组织了17家企业参展,产品涉及农副产品、机械、化工、家电、医药、服装等8大类。通过实物和图片的展示,反映了新中国成立五十年来浙江省民族地区的巨大变化。浙江展团共获得最佳组织、最佳展览和最佳销售3个奖。

5. 围绕建国五十周年大庆,认真做好《浙江少数民族志》等编写出版工作。根据国家民委的要求,省民宗委如期完成了《民族工作50年》和《民族教育50年》有关文字材料的撰写工作,完成了浙江省《光辉五十年》光盘有关文字、图片资料的征集工作。同时,经过几年的努力,先后出版了《浙江省民族乡(镇)概况》、《浙江少数民族志》。

安 徽 省

【民族工作】安徽省民族工作在省委、省政府的正确领导下,深入贯彻落实党的十五大和中央民族工作会议精神,积极做好全国民族工作的五件大事,使得全省民族工作层次有所提高,社会稳定,民族团结。一年来,主要抓了以下工作:

——首次开展了“民族团结宣传月”活动,广泛宣传马克思主义民族观和党的民族政策。2月1日,张平副省长就“民族团结宣传月”发表电视讲话;各市、地负责人也积极参加宣传月活动;各市、地、县均在街头闹市区设立咨询站、宣传站,发放宣传材料,制作板报、图片展,举办专题文艺演出,向干部群众宣传马克思主义民族观和党的民族政策、民族知识。

——认真抓好民族乡任期目标任务的落实。3月初,在合肥召开了全省民委主任会议,传达了全国民委主任会议精神,张平副省长到会议发表重要讲话,对做好全年工作提出了要求。3月底,在定远县召开全省民族乡工作会议,总结交流了1998年民族乡工作及实施民族乡任期目标任务情况和经验,研究部署1999年民族乡工作。在实施1999年民族乡任期目标任务过程中,抓重点,攻难点,进行督促、检查,加强协调,帮助民族乡解决实际问题。年底前,民族乡6项项目任务顺利完成。

——加快少数民族脱贫致富的步伐。为进一步推动少数民族和民族地区扶贫攻坚工作,根据国家民委要求,省民委在全省开展了历时2个月的少数民族扶贫情况书面摸底调查。这次调查初步摸清了全省十年来少数民族扶贫工作情况、贫困人口底数、分布状况及贫困原因,为下一步扶贫工作理清了思路。6月份,在颍上县召开了全省民族乡、村奔小康经验交流会,回顾总结了近年来少数民族地区脱贫致富的情况和经验,分析了当前民族乡、村脱贫致富奔小康面临的形势,研究部署了任务。

——10月22日至11月4日,省民委与省经贸委联合组团参加了在京举办的全国少数民族和民族地区名优产品博览会。共组织了13家企业20多种产品参展。参展期间,众多参观者在安徽馆内流连忘返,赞不绝口。中共中央政治局常委、全国政协主席李瑞环,中共中央政治局委员、国务院副总理吴邦国,国务委员司马义·艾马提等党和国家领导人参观了安徽展馆,对安徽省民族工作取得的成就表示肯定和由衷的高兴。这次博览会,安徽省展团获得了组织奖、展览奖、销售奖三块奖牌。

——加强了民族法制和民族行政执法工作。在与省法制工作部门多次取得联系和支持后，省民委于5月份举行了全省民族宗教系统行政执法资格认证统一考试工作，全省首批305位民族工作干部参加了考试，并获得了行政执法资格。今后各级民族工作干部将持证执法，有力地推动了民族行政执法工作。

福　建　省

【民族工作】1999年是省民委、宗教局各项工作开拓进取、成效显著的一年。在党的十五大和十五届三中、四中全会精神的指引下，根据中央和省委的重大部署，认真开展"三讲"教育，深入揭批"法轮功"邪教组织的反动本质及其危害性，全面推动各方面工作的开展，扎实完成民族、宗教工作的各项任务。民族地区经济社会事业的发展得到了各级党委、政府和全社会的理解、支持和帮助，取得了明显成效。

认真开展"三讲"教育，促进队伍自身建设。一年来，省民委认真贯彻省委批转省直党工委《关于在省直机关开展创建"党建工作先进单位"活动的意见》的通知，继续深入开展争创机关党建工作先进单位的活动，不失时机地抓住"三讲"教育这一契机，在机关处以上党员干部中以整风精神深入开展以"讲学习、讲政治、讲正气"为主要内容的党性党风教育，努力提高机关干部职工的思想政治素质和业务水平，促进机关两个文明建设再上新台阶。在省委"三讲"办和省委巡视组的指导下，领导班子和领导干部的"三讲"教育立足单位实际，坚持高标准、严要求、保质量、促工作，基本达到省委规定的要求，取得明显的成效，得到了省委巡视组的充分肯定。机关全体党员干部，尤其是处以上领导干部普遍接受了一次深刻的马克思主义理论的自我教育，经受了一次严格的党性锻炼，初步达到了思想上明显提高，政治上明显进步，作风上明显转变，纪律上明显增强，工作上明显推进的要求。10月上旬，机关内设机构处级干部"三讲"教育全面展开，在认真总结领导班子和领导干部"三讲"教育经验的基础上，省民委严格按中央和省委的要求，做到思想不松、标准不降、措施不弱、力度不减、不走过场，第一责任人以身作则，严格把关，"三讲"教育工作有序进行，在保证质量的前提下，稳步前进。

认真贯彻中央民族工作会议精神，广泛开展民族团结进步活动。党中央、国务院在新中国成立50周年大庆期间在北京隆重召开了中央民族工作会议暨国务院第三次民族团结进步表彰大会。福建省委、省政府十分重视这次会议精神的贯彻落实，10月9日上午，省委召开常委会听取了中央民族工作会议精神的汇报，决定召开全省民委主任会议，对中央会议精神进行传达贯彻；在庆澳门回归期间，召开全省民族工作会议暨民族团结进步表彰大会；将加快和改善民族地区的基础设施建设问题列为全省扶贫攻坚工作的重要事项；开展一次民族政策大检查活动。10月20日至21日，省民委在福州召开全省民委主任会议，传达了中央民族工作会议精神和省委常委会的贯彻意见。12月20日至23日，省委、省政府在福州召开了全省第五次民族团结进步表彰大会，对近年来全省民族团结进步活动中涌现出来的模范集体和先进个人进行表彰，对跨世纪的民族工作进行部署，还组织少数民族先进代表和民族工作者代表参加庆祝澳门回归庆典活动，参观福建省改革开放建设成就。

加强民族立法工作，保障少数民族的合法权益。为依法保障少数民族的合法权益，维护和发展平等、团结、互助的社会主义民族关系，促进各民族共同繁荣，省九届人大常委会第14次会议于10月23日通过了《福建省少数民族权益保障条例》，决定自2000年1月1日开始施行。《福建省少数民族权益保障条例》是福建省第一部有关民族事务的地方性法规，包括总则、保障少数民族政治平等权利、发展少数民族经济、发展少数民族社会事业、奖励与处罚、附则等6章，共33条。《条例》的正式颁布实施，将使福建省少数民族合法权益的保障有法可依，使福建省民族工作逐步走上法制化轨道，也将促进各级各部门和社会各界进一步关注民族工作和民族地区的发展问题，为推进民族地区的加速发展和民族问题的妥善解决提供了法规保障。

江　西　省

【民族工作】1999年民族工作大事喜事多，江西民族工作紧紧围绕贯彻中央民族工作会议精神和党中央关于解决国际国内问题的一系列方针政策，从政治上着眼，从经济上入手，扎实开展各项工作，促进了民族的团结进步。一是对少数民族的贫困问题和城市民族工作的基本情况进行专题调研，为江西省委、省政府作出全省跨世纪民族工作的决策提供了依据。二是积极配合做好党中央、国务院及国家民委组织举行的一系列重大活动的相关工作。在国务院第三次全国民族团结进步表彰大会上，江西省7个集体和4名个人荣获民族团结进步模范称号；第六届民运会上江西代表队有1个集体获全国少数民族传统体育运动模范称号，获2项团体、6名个人体育道德风尚奖。全国少数民族和民族地区名优产品博览会上，江西展团获最佳组织奖、最佳展览奖和销售奖。三是抓好民族宣传工作，与有关新闻单位合作，开辟了民族宣传阵地，先后有15篇文章被《江西日报》、《民族团结》等刊物登载，以江西少数民族典型和代表人物为题材的节目在中央电视台、江西电视台等有关栏目多次播出。江西民宗局专门编发了9期对口支援民族乡村工作简报，并与省法宣办一起开展了民族宗教法律法规宣传教育活动，扩大了民族工作的宣传面，深化了各级干部群众对民族政策的理解。四是优化对口支援服务工作，使民族工作形成合力。1999年是江西开展对口支援民族乡村经济发展工作的关键一年，省民宗局积极联系省直有关部门，加大了对口支援工作力度，省计委、省财政厅、省农业厅等部门多次到扶持点上召开现场会，研究新的支援项目，进一步改善了民族乡村的基础设施条件，促进了受援民族乡村的两个文明建设。五是认真协调民族关系，加强民族团结教育，及时做好了各方面的工作，为社会稳定和民族关系的融洽作出了努力。

山　东　省

【民族工作】1999年，山东省民族工作按照中央关于全党、全国必须“统一思想，坚定信心，抓住机遇，知难而进，团结一致，艰苦奋斗”的总要求，圆满完成了年初的工作计划，为维护全省的社会稳定和两个文明建设作出了积极的贡献。

——加强了全省少数民族贫困乡村的基础设施建设。1999年，国家民委、财政部向我省拨发少数民族经济发展资金700万元，省财政又拨发少数民族发展资金200万元和地区补助费20万元。这些资金中，有610万元投入到我省民族乡村的水、电、路、学校、医院等项目上，扶持了全省7个民族乡镇和60多个民族村。在历年的基础上，今年共解决了30多个民族乡村的饮水、道路问题。

——组织参加了全国少数民族和民族地区名优产品博览会。我省展区的“鲁羊扶贫工程”图片、陶瓷产品、阿胶系列产品，特别是“鲁羊”标本，引起了党和国家领导人、中外嘉宾的极大兴趣。

山东展团荣获博览会组委会设立的最佳展览奖、最佳销售奖、经贸洽谈奖及组织奖全部4个奖项，并有5人被评为先进个人。

——继续推进“鲁羊扶贫工作”，加快少数民族群众脱贫致富步伐。进一步加大投入，在去年投入165万元的基础上，今年又投入210万元，各市地配套资金达100万元。编印了《鲁羊饲养管理技术》一书，逐步完善“鲁羊扶贫工作”的操作规程，制定了十条规定，扩大了鲁羊调拨基地的范围，向少数民族聚居地区发展，使“鲁羊扶贫工程”取得了更加明显的成果。为响应国家民委“富民兴边”的号召，积极投入西部大开发，我们为西部省区来山东选购鲁羊种羊提供全方位的优质服务，并为边疆民族地区无偿捐赠了部分小尾寒羊种羊，努力将“鲁羊扶贫工程”推向全国。

——努力做好全国民族用品定点生产企业优惠政策的落实工作。1999年共为山东省3家民品定点企业争取到贴息贷款1072万元，企业受惠70万元；为10家民品定点企业争取低息贷款1.857亿元，企业受惠415.78万元。

——积极推进民族团结进步事业，维护社会稳定。1999年8月17日，山东省第四次民族团结进步表彰大会在济南隆重举行，省委书记吴官正做了重要讲话，国家民委副主任江家福专程到会祝贺，以省政府名义表彰了61个先进集体、79个先进个人。配合有关部门，妥善处理了滨州地区无棣县五营村与德州市庆云县焦口村回汉群众械斗事件、兖州市假冒清真食品(方便面)事件、定陶县城关镇回族群众与县药厂的土地纠纷事件，并接待少数民族群众上访30余起，维护了民族团结，促进了社会稳定。

河　南　省

【民族工作】1999年，河南省民族工作，以党的十五大、十五届四中全会和省委六届九次全会精神为指针，认真贯彻中央民族工作会议精神，结合河南民族工作的实际，坚持抓大事，办实事，促进了少数民族聚居地方经济、文化、教育等各项事业的发展，工作局面有了新的突破。

一、加强了党的民族政策的学习和宣传

1999年，党中央、国务院召开了中央民族工作会议，对民族工作作出了新的重大部署，提出了新的要求。省民委把学习贯彻中央民族工作会议精神作为对广大干部进行民族政策再学习、再教育的有利时机，提出了贯彻意见，及时向省委常委会议汇报。省委、省政府召开了较大规模的全省民族工作会议。各市地、县也相继召开市地、县委常委会议和较大规模的民族工作会议，层层组织学习会议精神，研究加强民族工作的措施，解决民族工作中存在的问题，使全省各级干部对党的民族政策普遍进行了再学习、再认识、再提高，对民族工作的领导进一步得到加强，工作力度进一步加大。在认真学习贯彻中央民族工作会议精神的同时，各级继续利用学校课堂，对在校培训的干部进行马克思主义民族观和党的民族政策的教育培训，使各级干部逐步掌握马克思主义民族观，不断提高党的民族理论政策水平。至年底，全省多数市、地党校已开设了民族政策课。

二、帮助少数民族加快经济和各项社会事业的发展

1999年，全省各级民族工作部门把帮助民族乡村加强基础设施建设、加强企业技术改造作为工作重点，做了大量工作。全年，省级帮助民族乡村落实教育、交通、水利、卫生、电力、环保等基础设施建设项目66个，总投资1480万元，安排民族企业专项贷款1500万元。市地、县民族工作部门也帮助民族乡村落实了一些基础设施建设项目和资金。

省民委积极贯彻省委常委关于改善经济社会发展落后的13个民族区、乡(镇)的基础设施建设的决定，认真做好项目的申报和论证工作。先后对全省少数民族聚居地方急需建设的基础设施项目进行了调查汇总，与计划、财政、教育、交通、邮

电、水利等部门组成联合调研组,对这些项目进行了考察评估,共确定了78个建设项目,总投资4900多万元,其中省级扶持3331万元。省政府已将这些项目纳入了全省2000年建设计划。同时各级党委、政府按照省委、省政府的要求,加大了对民族乡村的扶持力度,集中解决了一些推动少数民族聚居乡、村基础设施建设方面存在的突出问题。

积极参加国家民委组织的大型活动。一是参加了"全国少数民族和民族地区名优产品博览会",获得了"最佳展览奖"、"最佳组织奖"、"最佳销售奖"、"经贸洽谈奖"全部四项大奖。党和国家领导人李瑞环、吴邦国、司马义·艾马提等参观了河南展区并给予好评。二是参加了全国第四届清真烹饪技术比赛,取得了4枚金牌、2枚银牌和1枚铜牌的好成绩。

为了进一步加强清真食品管理,根据《河南省清真食品管理办法》,1999年5月经省政府批准,河南省财政列出专项经费,由省民委统一制作河南省清真食品信誉标牌和清真食品生产经营许可证,向全省各类清真食品生产经营者免费发放,此举受到清真食品经营者和少数民族群众的热烈欢迎,清真食品生产经营纳入了依法管理的轨道,其特点:一是保证清真食品牌、证大量供应。将各种非法牌、证逐出市场。1999年全年累计发牌21425块。二是严把牌、证发放关。在发放每一块清真牌、证时,都做到严格审查,依法办事,把好市场准入关,保证经营主体合格。三是合理划分省、市(地)、县(市、区)三级民族工作部门的职责,各司其职,各负其责,工作中有部署、有总结、有检查。四是省民委在深入基层检查、调研的基础上,将有关市(地)、县(市、区)的工作经验加以推广总结,推动市地之间的横向交流。五是省、市(地)、县(市、区)三级联动,利用广播、电视、报纸、传单等多种形式,大力宣传清真食品管理方面的政策法规,使各族群众加深了解、提高认识、自觉守法。

三、进一步加强基层基础工作,推动民族团结稳定大局

1999年继续在少数民族聚居地区开展建立一个组织(民族团结进步促进会),实行两项制度(基层领导班子民族工作责任制、定期排查不安定因素制度),开展三项活动(民族团结进步表彰活动、民族团结进步宣传月活动、民族乡村之间的友好帮带活动)的工作。5月份在商丘市召开了全省民族团结基层基础工作经验交流会,总结成绩,交流经验,推动各地提高基层基础工作的质量和水平,维护民族团结和社会稳定。

坚持定期排查解决不安定因素制度,及时妥善处理民族领域出现的不安定因素。1999年,各市地共排查化解民族方面不安定因素23起。全省民族领域不安定因素的发生率,与1998年同比下降68.6%,有效地维护了民族领域的稳定。

大张旗鼓地开展了民族团结进步表彰活动。9月份以省政府名义召开了全省第三次民族团结进步表彰大会,对全省涌现出的200个民族团结进步模范集体、模范个人进行了隆重表彰,省政府还与国家民委联合对我省30个民族团结进步模范集体、模范个人进行了表彰,23个民族团结进步模范集体、模范个人受到国务院表彰,其中,2个模范集体、6个模范个人代表赴京参加了国务院第三次民族团结进步表彰大会,受到了党和国家领导人的接见,并参加了国庆观礼活动。在开展民族团结进步表彰活动的同时,加大了民族工作宣传力度,出版了反映建国五十年来河南省民族团结进步事业伟大成就的画册《前进中的河南少数民族》;在《河南日报》上组织发表了系列文章,反映少数民族和民族聚居地方的深刻变化,歌颂党和民族团结政策。这些都有力地推动了基层民族团结进步活动的开展。

湖　北　省

【民族工作】1999年,湖北民族工作坚持以邓小平理论和党的基本路线为指导,认真贯彻落实

中央民族工作会议精神，紧紧围绕中央和省委、省政府的重要部署，紧紧围绕民族工作的大事、喜事，突出重点，全年工作取得较好成绩。

1. 贯彻落实中央民族工作会议精神。中央民族工作会议召开不久，省委、省政府分管民族工作的领导即召集有关部门及"一州两县"的党政领导就如何贯彻中央民族工作会议精神进行专题研究，要求迅速传达中央民族工作会议精神，并决定由省民委起草向省委常委汇报传达贯彻中央民族工作会议精神的意见，恩施自治州及长阳、五峰两个自治县向省政府报告贯彻中央民族工作会议精神的意见和建议。此后不久，省民委就贯彻中央民族工作会议精神组成专门小组先后赴恩施自治州和湖南省进行了调研考察，并写出了专题调研报告；恩施自治州政府，长阳自治县、五峰自治县政府也写出了贯彻落实中央民族工作会议精神的专题报告。在此基础上，省民委形成了向省委常委汇报的《关于我省贯彻中央民族工作会议精神的汇报提纲》，向省政府呈报了《关于我省贯彻中央民族工作会议精神需要协调解决的几个重要问题的请示》。11 月，副省长苏晓云同志召集省直有关单位的负责同志就贯彻中央民族工作会议精神的几个重要问题进行了协调。12 月，省长蒋祝平主持省长办公会议，听取省民委关于贯彻中央民族工作会议精神的汇报，会议决定：(1)"十五"期间，对民族地区"一州两县"继续实行财政优惠体制；(2)加强民族地区的基础设施建设，主要是川汉铁路恩施段、水布垭水利枢纽工程、沪蓉高速公路恩施段、巴东长江大桥、川气东送工程等项目建设；(3)适当增加各项民族专项经费，其中民族事业费由每年 100 万元增加到 230 万元，散居少数民族发展资金由每年 50 万元增加到 100 万元，省与中央少数民族发展资金、扶贫资金按 15% 予以配套，并新设"少数民族文化补助专款"每年 100 万元；(4)研究制定《湖北省民族自治地方经济社会发展"十五"规划》。由省计委牵头、省民委等单位参加，共同拟定《规划》，明确民族地区发展的主要目标和任务、发展重点、步骤以及相应的政策措施，真正把扶持重点和资源开发的重点放在民族地区。

2. 继续抓好"4 个文件 1 个条例"的贯彻落实工作。省民委根据省委、省政府授予的"督促权、检查权、反映情况权及表扬批评权"，认真协调做好鄂发[1995]26 号文件、鄂发[1996]11 号文件、鄂政发[1996]82 号文件和《湖北省散居少数民族工作条例》的贯彻落实工作，加大少数民族和民族地区的政策扶持和扶贫攻坚的力量，狠抓资金、项目和人员落实。1999 年，湖北省对民族地区的"四定"和"616"对口帮扶工作继续实施，财政优惠政策和帮扶项目、资金得到落实。同时，省民委加强了对各项民族专项资金的管理，一方面科学选择、确定项目，一方面严格资金使用情况的检查和监督，保证了民族专项资金的经济效益和社会效益。

3. 围绕中央、国家民委和省委、省政府的统一部署，抓好四件大事。一是迎接中央民族工作会议的召开，对新中国成立 50 年特别是十一届三中全会以来湖北的民族工作进行了全面的回顾和总结，并在中央民族工作会议上进行了大会交流；另一方面根据民族工作出现的新情况、新问题，就民族政策法规的调整、完善问题进行了大量的调研工作，召开了一次全省民族政策法规工作座谈会。二是评选出民族团结进步模范单位 17 个和模范个人 17 名，受到国务院表彰。三是组成代表团参加了第六届全国少数民族传统体育运动会，并获得 3 金、3 银、6 铜的优异成绩。四是参加全国少数民族和民族地区名优产品博览会，共有 48 个企业、148 种产品参展，洽谈签约项目 3 个，成效金额 1.2 亿元人民币，荣获组织、展览、销售和洽谈 4 个奖项。此外，民族文化的各项工程也开始启动，民族风情长廊建设已经进行，湖北民族歌舞团挂牌成立，民族歌舞节目、土家文化研究系列丛书等都已硕果累累。

湖　南　省

【民族工作】1999年，湖南省民族工作主要开展了以下几方面。

1.积极做好迎接中央民族工作会议召开和会议精神贯彻落实工作。郑培民副书记代表省委、省政府在中央民族工作会议上作典型发言，全面客观地总结了我省1992年以来民族工作所取得的巨大成就和基本经验，受到了较高的评价。10月23日，省委常委会议专题研究有关工作，确定2000年4月份召开省委民族工作会议，进一步贯彻中央民族工作会议精神，研究部署新世纪湖南民族工作，决定出台省委、省政府《关于进一步加强民族工作若干问题的决定》、《关于加快少数民族和民族地区社会经济发展若干优惠政策的通知》，以此推进湖南民族工作。省民委和省有关部门认真抓好省委常委会议决策事项的落实，各项工作正有条不紊地进行。

2.民族经济工作。一是召开全省民委系统扶贫工作经验交流会，总结"八七扶贫攻坚计划"实施以来民委系统参与扶贫工作的成效，研究部署跨世纪民族扶贫工作任务。二是抓民族资金的落实到位。共安排民族资金项目351个，资金3900万元。其中，发展资金项目243个，资金800万元；少数民族发展资金项目91个，资金1700万元；温饱财政资金项目13个，资金400万元；少数民族专项贷款项目4个，资金1000万元(后因国家政策调整，没有全部落实)。在资金使用管理上，坚持"管理从严、用好用活"的原则，效果比较好。三是继续支持各级民委办好扶贫联系点。全年共安排民族资金619万元，支持各级民委在23个省定特困村进行扶贫工作。通过3年的扶贫，所联系的23个贫困村的面貌发生了很大变化。基本实现了村村通电、通水、通路，有4000多贫困群众解决了温饱，顺利通过验收。四是圆满完成"全国少数民族和民族地区名优产品博览会"湖南展团的参展任务。经组委会评定，湖南展团荣获最佳组织、最佳展览、最佳销售和最佳经贸洽谈四个奖项，为湖南争得了荣誉。五是完成了民族统计工作，并对1997—1999年全省民族统计工作情况进行总结。

3.民族政法工作。一是圆满完成国务院第三次全国民族团结进步表彰会有关筹备工作。我省共有24个集体和19个个人受到国务院的表彰，14位代表出席了北京表彰会。同时，各地开展不同形式的民族团结进步活动。二是开展城市民族工作调查研究，推介城市民族工作典型经验，推进城市民族工作。三是下发了"关于第五次人口普查期间暂停民族成分更改的通知"，严格规范民族成分管理工作。四是做好团结稳定工作。通过走访周边少数民族和民族地区，召开民族联谊会、协作会、协调会、经贸洽谈会等形式，宣传民族团结进步宗旨，协商处理边界纠纷，促进各民族经贸文化交流，及时疏导、处理民族矛盾和纠纷，避免了可能出现的闹事事件，保持了我省少数民族和民族地区及周边地区的团结和稳定。

4.民族教育语文工作。一是编撰出版《湖南民族教育五十年》，全面总结湖南民族教育50年发展的历程和民族教育事业取得的巨大成就。二是进一步规范"两种考生"资格审核工作。据统计，全省去年共审核考生37500人，其中查出不符合更改手续的违纪考生只有23人，未出现来信上访告状等现象。做好招生协调服务工作，向有关大专院校推荐少数民族学生，代表中央民族大学圆满完成了在湘的成人招生录取工作。三是根据国家教育部、国家民委关于在全国中小学开展民族团结教育活动的要求，确定了28所试点学校，举办了试点学校教师培训班。各试点学校均已按时开设了民族团结教育课，反映都比较好。四是协助湘西州承办了"全国少数民族语言文字法(草案)座谈会"。

5.民族文化体育工作。一是组织参加全国第六届少数民族传统体育运动会，共获得二块金牌(男、女龙舟500米竞速)，四块银牌(男、女龙舟

800米竞速、混合组500米竞速，蹴球），一块铜牌（木球），总分80.5分，三个表演项目全部获得一等奖，成绩超过历届民运会。同时，组织观摩团参加第六届民运会的观摩活动。二是组织开展了一些丰富多彩的民族文化宣传活动。组织推荐少数民族文学作品参加第六届全国少数民族文学创作“骏马奖”评奖活动，4部作品获“骏马奖”；选送少数民族歌手参加第九届“孔雀奖”少数民族声乐大赛，获2个三等奖；组织少数民族歌手参加全国民族民间歌手选拔赛；完成了“世纪民族之歌”和《中华世纪坛少数民族象征图案》征集活动的有关任务，选送5首歌曲和土家族象征图案——摆手堂及其文字介绍上报组委会。

6.民族干部工作。一是继续抓好《湖南省培养选拔少数民族干部三年工作规划》的落实，加强了对各地执行《规划》的指导、协调、督促、检查，并将落实《规划》情况作为民族干部工作单项奖年终考评的重要依据，促进《规划》各条款的落实。二是加强对少数民族干部的挂职锻炼和培养工作。根据全国少数民族挂职干部座谈会精神和中央三部委的部署，从有关州市县推荐选送12名少数民族干部赴中央国家机关及外省经济发达地区挂职，对外派挂职干部进行考察，联合召开座谈会，总结挂职工作。认真抓好省民族干校第二期经济管理本科班的工作，着手筹备第三期的招生工作。三是举办了民委主任培训班，对各州市、自治县和少数民族人口过半的县民委主任共37人进行了培训。

广　东　省

【民族工作】1999年，广东省民族工作在省委、省政府的领导下，认真贯彻党的民族政策，以传达贯彻中央民族工作会议精神，进一步推动民族自治地方加快发展步伐为重点，努力促进民族团结和民族自治地方经济社会的发展，为广东区域经济的协调发展和社会稳定做出了新的贡献。

1.传达贯彻中央民族工作会议精神，开展民族团结进步表彰活动。为做好贯彻中央民族工作会议精神的准备工作，省民委在中央民族工作会议召开前，就对全省民族工作在社会主义市场经济条件下出现的新情况、新问题进行了调查研究。中央民族工作会议召开后，省民委及时将会议的主要精神和贯彻意见向省委、省政府作了汇报。根据省委领导的指示，召开有省直20多个部门参加的协调会，就加大对全省民族自治地方经济和社会发展的扶持力度问题进行了协调。根据省委李长春书记关于贯彻中央民族工作会议精神“关键要加快民族自治地方脱贫奔小康的步伐，要作为政治任务狠抓落实”的批示精神，配合省委办公厅于11月29日在广州召开了全省民族工作会议，传达中央民族工作会议精神，研究讨论进一步加强全省民族工作、加快民族地区发展问题。12月份，省委、省政府发出了《关于进一步加强全省民族工作的意见》（粤发〔1999〕20号），制定了加强全省民族工作和加大对民族地区扶持力度的措施，省民委还按照国务院召开的第三次民族团结进步表彰大会的要求，认真做好民族团结进步活动的宣传、发动工作，经过推荐评比，全省9个单位和6位个人被国务院授予全国民族团结进步模范集体和模范个人称号。

2.积极协调有关方面加大对民族地区的扶持，切实推动全省民族自治地方经济社会的发展。一是继续抓住扶持少数民族自治地方经济发展议案的办理，对省直有关单位落实有关措施的情况进行了检查，组织召开了省直有关厅局协调会议，并督促相关部门进一步落实和加大对民族自治地方的扶持。二是进一步抓好国函〔1999〕47号文的贯彻落实，争取减免了民族贸易和民族用品生产企业的企业所得税，增加了民族贸易和民族用品定点生产企业的贷款和贴息。三是组团参加在北京举办的全国少数民族和民族地区名优产品博览会，获得了最佳组织奖、最佳展示奖和经贸洽谈奖，签订了一批合同和意向书。四是组团参加在西藏拉萨和首都北京举行的第六届全国少数民族传统体育运动会，取得竞赛项目4枚金牌、3枚银牌、3枚铜牌和表演项目2个一等奖、4个二等奖的优异成绩。五是举办第五期全省民族自治地方乡镇领导干部培训班，进一步提高了民族自治地方基层干部的思想和业务素质。

3.继续促进《广东省散居少数民族权益保障条例》的贯彻，努力做好城市与散居少数民族的工作。省民委再次对《广东省散居少数民族权益保障条例》的贯彻情况进行了检查，并将贯彻情况专题向省人大、省政府作了汇报。针对存在的一些问题，省民委和省教育厅等部门一起提出了具体的工作意见，促进了条例的进一步落实。同时，还认真做好对城市和散居少数民族工作的指导，积极反映城市和散居少数民族的情况，协调指导妥善处理各种伤害少数民族感情的事件和因土地山林问题引发的纠纷。

广西壮族自治区

【民族工作】1999年，广西壮族自治区民族工作部门认真贯彻执行党的各项民族政策，以加快广西民族经济发展为重点，紧紧围绕稳定、发展、团结、进步的主题，积极推进全区民族团结进步事业，取得了新的成绩。

1.积极配合中央民族工作会议暨国务院第三次全国民族团结进步表彰大会的召开。做好广西受表彰的模范集体和模范个人的评选、报批、赴京等组织工作，广西共有41个模范集体和39位模范个人荣获国务院表彰。与有关新闻单位合作，选择了一些典型事迹进行报道，广泛宣传模范集体和模范个人的先进事迹。对未上京出席表彰大会的模范集体代表和模范个人，组成国庆民族参观团，参加自治区国庆活动并到沿海地区参观考察。

2.及时召开全区民委主任会议，传达学习中央民族工作会议和江总书记、朱总理的重要讲话精神，研究和部署全区贯彻落实中央民族会议精神。自治区党委召开常委会议，传达学习中央民族工作会议精神并听取全区民族工作汇报，决定在适当时候由自治区党委、自治区人民政府召开自治区民族工作会议，并形成一个加强全区民族工作的政策性文件，用以指导全区新时期的民族工作。

3.积极开展全区民族工作调查研究。在各级民委的大力配合下，区民委先后完成城市民族工作调查、边境民族地区发展情况调查、部分瑶族地区"无田无地"情况调查、民族地区经济优惠政策落实情况调查、壮族聚居县落实民族自治政策情况调查、全区各地贯彻落实民族贸易和民族用品生产优惠政策情况调查以及少数民族干部培养使用情况调查等一系列调查研究，各级民委也开展了各种专题的调查研究，形成调研报告，向各级党委、政府反映民族地区存在的困难和问题，提出意见和建议，为各级领导决策提供参考。

4.采取有力措施，多渠道筹措资金，支持少数民族扶贫工作。在具体审核安排各项资金时，首先向扶贫工作倾斜，全年共筹措和补进各种资金5964万元，支持帮助民族地区发展经济和各项事业，重点扶持基础设施建设和民族教育，对改善少数民族地区群众的生产、生活条件、帮助脱贫致富、促进当地经济社会稳定发展起到了积极的作用。

5.加强民族法制宣传，贯彻落实民族政策。参与民族区域自治条例的修改制定工作，对全区各地贯彻落实《民族区域自治法》和《城市民族工作条例》、《民族乡工作条例》情况进行了全面检查；利用举办各种培训班的时机，宣传民族法律法规和民族政策；认真指导自治县、民族乡搞好县庆、乡庆活动；及时、妥善调处影响民族关系和社会稳定的事件。

6.大力发展民族文化、教育、体育、卫生事业，促进民族地区精神文明建设；加强对全区8所民族中专、干校教学管理工作，优化专业结构，逐步提高少数民族学生的比例；重视和扶持开办中学寄宿制民族班和少数民族女童班，改善办学条件，提高少数民族儿童入学率；举办广西首届民族文化艺术品博览会；协助北京中华民族博物馆继续完成壮族、瑶族、毛南族三个民族分馆的建设；会同文化厅、广电总局具体承担了全国第九届“孔雀奖”少数民族声乐大赛的筹备工作，保证大赛于1999年11月5日至13日在自治区顺利举行，广西选手在此次大赛中获得一等奖1名，二等奖3名，三等奖3名；协助举办南宁国际民歌艺术节，以歌会友，繁荣经贸；组织广西少数民族体育代表团参加第六届全国少数民族传统体育运动会，竞赛项目获得冠军2个，亚军6个，季军5个，表演项目获得一等奖5个，二等奖4个，三等奖2个，广西代表团还荣获体育道德风尚奖，并有三个项目的运动队以及36个运动员分别荣获集体和个人体育道德风尚奖。

7.积极配合有关部门加强对少数民族干部培养、选拔和推荐工作。会同自治区妇联举办全区少数民族女领导干部培训班，对70名女领导干部进行了培训；配合有关部门选送两批共56名县处级少数民族干部到中央国家机关、外省经济发达地区和区直单位挂职锻炼，还召开了挂职锻炼干部经验交流会；举办第六期全区民委主任(民宗局长)培训班。

海　南　省

【民族工作】1999年，海南省的民族工作在省委、省政府的正确领导下，在国家民委的大力指导下，高举邓小平理论的伟大旗帜，认真贯彻落实党的十五大和十五届四中全会精神，紧紧围绕经济建设这个中心，坚持稳定、发展、团结、进步的主题，加强民族团结，维护社会稳定，少数民族和民族地区的经济社会各项事业获得了长足的发展。

1.大力加强思想政治教育。1999年，按照省委、省政府的部署，海南省各级民族工作部门开展了形式多样、内容丰富的思想政治教育活动，如：开展“讲学习、讲政治、讲正气”为主要内容的党性党风教育、声讨以美国为首的北约悍然袭击我驻南联盟使馆的野蛮暴行；反对李登辉炮制的所谓“两国论”；揭批“法轮功”邪教组织的歪理邪说等等。通过这些活动，极大地激发了全省民族干部队伍的爱国主义、集体主义和社会主义热情，在政治上、思想上、行动上更加自觉地与党中央保持高度一致，政治敏锐性和政治鉴别力有了进一步提高，民族工作的责任感和紧迫感得到了进一步增强，为做好海南省新时期民族工作奠定了坚实的思想基础。

2.深入开展促进民族团结进步工作。以中央民族工作会议和国务院第三次全国民族团结进步表彰大会为契机，在全省范围内深入开展促进民族团结进步工作，广泛宣传马克思主义的民族理论以及党和国家的民族政策，教育全省各族人民牢固树立“汉族离不开少数民族，少数民族也离不开汉族，少数民族之间也相互离不开”的思想，涌现出一批民族团结进步模范集体和模范个人。10月3日，在北京召开的国务院第三次全国民族团结进步表彰大会上，海南省12个模范集体和11个模范个人受到了国务院的表彰。12月22日，海南省民族工作会议暨海南省第三次民族团结进步表彰大会在海口市召开，25个模范集体和23个模范个人受到了海南省人民政府的表彰。

3.管好用好少数民族专项资金，为民族地区经济社会发展服务。省民宗厅在安排“少数民族发展资金”、“新增财政扶贫资金”和“少数民族补助款”时，坚持“突出重点，讲求实效”的原则，认真组织项目的考察、评估和论证，共安排了基础设施、饮水工程、农田水利、教育、卫生、文化、培训等83个建设项目，为海南少数民族地区经济社会发展起到了积极作用。

4.成功组织“全国少数民族和民族地区名优产品博览会”的参展工作。省民宗厅和省工业厅全力以赴，通力协作，认真做好参展的筹备工作，共组织了海南少数民族和民族地区的86种名优产品参展，扩大了产品的知名度，并取得了优异成绩，获得了国家民委和国家经贸委联合颁发的“优秀组织奖”、“最佳展览奖”和“经贸洽谈奖”。

5.切实做好民族地区民房改造工作。海南省加强对民族地区民房改造工作的领导，进一步建立健全了领导机构，民族地区各市县成立了由分管民族工作的副市(县)长任组长，民宗局、财政局等有关部门参加的民房改造工作领导小组，实行市县第一把手领导负责制，强化检查、监督和考核机制，做到一级抓一级，层层抓落实。省财政继续拨款1500万元作为民族地区民房改造补贴资金，农垦系统少数民族民房改造工作首次被纳入全省民房改造工作总体规划中统一运作。3月，全省民族地区民房改造工作现场会在乐东黎族自治县召开，通过现场参观和典型经验介绍，有力地推动了全省民房改造工作的开展。省民宗厅多次派出检查组，加强对民房改造补贴资金管理使用的检查监督，确保了资金的合理有效使用。1999年，全省共完成民房改造17067户，建筑面积达137万平方米，少数民族受益人口达8.3万人，超额完成了全年民房改造任务。

6.大力推进民族体育、教育、文化工作。(1)民族体育方面。8月至9月，海南省组建少数民族传统体育代表团参加第六届全国少数民族传统体育运动会，以崭新的精神风貌和良好的竞技水平获得好评，取得了打陀螺项目男子团体第八名、女子团体第六名、女子个人第六名，《跳竹竿》和《赶狗归窝》两项表演获得了表演项目综合类一等奖和竞技类二等奖，代表团被授予“体育道德风尚奖”。(2)民族教育方面。5月，按照省有关规定对攻读硕士博士研究生的少数民族学生给予补助；12月，对1999年度未经加分照顾考取国家重点普通高等院校的少数民族考生给予一次性奖金奖励。9月17日，中共海南省委、海南省人民政府《关于加快发展我省民族教育若干问题的决定》颁布实施，这是海南建省以来第一个有关民族教育的重要性文件。(3)民族文化方面。8月，由海口电视台拍摄制作、反映海南民族地区民房改造工作辉煌成就的专题电视纪录片《划时代的飞跃》，在海南电视台播出后，引起社会的较大反响；7月，中央电视台、河北电视台和天津电视台在三亚、通什、琼中等少数民族地区，实地拍摄了反映海南黎族同胞生活、风情风貌的纪录片；12月，国家文化部对外文化联络局在三亚、通什、白沙、保亭、陵水等少数民族地区，对海南少数民族民间传统体育运动的起源和发展进行了写实采访和实地拍摄，向国内外真实生动地展现了海南少数民族团结奋进的精神风貌；5月，省民宗厅组织撰写了《蓬勃发展的大特区民族教育事业》、《民族工作》、《民族区域自治》等专题文章，热情讴歌中华人民共和国成立50年来海南少数民族和民族地区在中国共产党领导下取得的辉煌成就，被国家民委和海南省有关大型资料丛书收录。

7.重视少数民族干部的培养使用。海南省积极拓宽用人渠道，大力培养选拔使用少数民族干部。年末，全省少数民族干部人数达19625人，占全省干部总数的10.3%，其中，少数民族妇女干部999人，占14.8%。海南省委组织部推荐5名少数民族干部到中央国家机关挂职锻炼，为少数民族培养优秀的中青年干部。4月，省民宗厅在厅及厅下属事业单位对11个处级领导岗位实行干部竞争上岗，迈开了海南省民族工作部门人事制度改革的第一步。6月，省民宗厅在省委党校举办了全省民族宗教干部培训班，全省各市县分管民族宗教工作的负责同志共40多人参加了培训，集中学习马克思主义的民族、宗教理论以及党和国家的民族宗教政策，提高了民族宗教干部的政策理论水平和工作能力。乐东黎族自治县在乡镇换届选举中大胆选拔任用优秀中青年干部，有266名优秀中青年干部进入了乡镇党委、人大、政府、纪委的领导岗位；具有大专以上文化程度的增加31人，达124人；妇女干部增加9名，占36名；从科技副乡镇长提拔到乡镇长岗位的有5名。

8.加强民族法制建设，依法维护少数民族的合法权益。一是加强民族法制的宣传教育。民族地区昌江、陵水、白沙、琼中4个县相继开通了“148”法律服务专线电话，为群众提供法律咨询服务，解答群众提出的有关法律问题。按照海南省委组织部、宣传部、省司法厅、省普法办《关于落实1999年度干部学习法律知识有关工作的通知》要求，省民宗厅组织全体干部参加了全省1999年度法律知识考试。二是加快民族立法。5月，海南省第二届人民代表大会常务委员会第七次会议批准了《昌江黎族自治县自治条例》、《乐东黎族自治县自治条例》和《琼中黎族苗族自治县自治条例》，并已相继颁布施行。至此,海南省6个自治县都出台了自治条例,标志着海南省民族法规体系日臻完善,民族法制建设进入到一个新的阶段。三是依法维护少数民族的合法权益。3月,省民宗厅对万宁、陵水等市县个别单位和个人通过采取不正当手段擅自更改民族成分的行为进行调查处理。10月,省民宗厅针对海南通什野风天然食品开发有限公司用带有侮辱性的"黎母"为其产品申请注册商标一事,向国家商标局依法提出不予批准的意见,避免了民族矛盾和民族纠纷的发生。

重庆市

【民族工作】1999年,重庆市的民族工作在市委、市政府的正确领导和国家民委的有力指导及市级有关部门的支持配合下,克服人少、事多、任务重、经费缺等困难,认真贯彻落实党的民族政策,推动了少数民族和民族地区经济和社会事业的发展,维护了民族团结。

1.积极参与帮助少数民族和民族地区加快发展经济。使用各种民族专项资金及贷款,安排了少数民族和民族地区改水、修建民桥民路、学校医院建设等项目,支持了少数民族和民族地区经济建设和社会进步。全年到位民族贸易和民族用品生产有偿贷款和乡镇企业贷款较上年增长29.4%,共支持了4个民贸民品企业的生产和经营;理顺了支援不发达地区发展资金的管理体制,增强了民族工作手段;市政府出台了《关于认真贯彻落实国家民族贸易和民族用品生产政策的通知》,明确了在利息、税收、贴息贷款等方面的优惠政策,为发展民族经济作出了一定努力。

2.组织赴川、鄂、湘三省学习考察民族工作。经市委主要领导批示同意,具体承办、组织了由市政协一位副主席带队、市级有关部门组成的"重庆市民族工作学习考察团",于4月中下旬赴川、鄂、湘三省进行了学习考察活动,并于7月27日向市委常委会汇报了考察情况及全市民族工作情况。市委强调要把民族工作摆到非常重要的位置,切实抓好,并决定适时召开全市民族工作会议,出台关于进一步加强民族工作的决定,分工一位市委副书记管民族宗教工作。

3.组织参加国家民委等部委主办的全国性活动。一是组织了53家企业的108个名优产品和102个项目参加了首届全国少数民族和民族地区名优产品博览会,荣获博览会所设的全部4个奖项(最佳组织奖、最佳展览奖、销售奖和洽谈奖),中央政治局常委、全国政协主席李瑞环,中央政治局委员、国务院副总理吴邦国,国务委员司马义·艾买提等党和国家领导人亲临重庆市展厅视察并详细询问有关情况,给予了充分肯定,国家民委领导也题词赞扬"重庆人的光荣"。二是首次组团参加了第六届全国少数民族传统体育运动会,共参加5个竞赛项目和5个表演项目。运动员们克服困难,严格训练,沉着应战,顽强拼搏,获得了较好成绩,其中,竞赛项目夺得一枚金牌、一个第四名、二个第五名、一个第六名、一个第七名、三个道德风尚奖,表演项目夺得一项金奖、一项银奖、三项铜奖。三是组织参加第六届全国少数民族传统体育运动会的重庆市代表团成员、运动员参加了首都50周年国庆庆典游行联欢晚会,组织115名少数民族代表参加了重庆市新中国成立50周年暨"祖国颂"百万群众大合唱活动,受到首都国庆庆祝活动组委会及市领导、广大观众的一致好评。

4.支持少数民族和民族地区加强民族文化建设。与《民族画报》社于1999年5月联合出版了"重庆专辑",较全面地反映了重庆市民族(宗教)方面的情况,宣传了民族工作;在黔江开发区举办了全国民族民间歌手选拔赛重庆预选赛,为发掘和繁荣民族民间文化作出了应有贡献;筹集部分资金,积极参与了革命传统电视连续剧《赵世炎》的拍摄工作;支持土家族作家冉庄参加全国第六届少数民族文学骏马奖评选,其作品《冉庄诗选》荣获骏马奖;资助出版了《重庆市少数民族作家作品选》。

5.认真做好对口帮扶工作。在开展少数民族扶贫情况调研,基本摸清情况的基础上,重点对口帮扶彭水自治县郁山镇,帮助理清思路、制定规划,落实资金50万元帮助该镇建设一座桥、一段公路和一所小学;发动职工捐款4680元、委捐款5320元,共计1万元,用于救助该镇失学女童;1999年7、8月间,酉阳、黔江、秀山等自治县遭受历史罕见的洪涝灾害的袭击,损失十分惨重,市民宗委及时赶赴灾区了解情况,慰问灾民,并无偿支持65万元,帮助灾区尽快开展灾后生产自救、重建家园。

6.起草《重庆市散居少数民族权益保障条例》。市政府将《重庆市散居少数民族权益保障条例》纳入了1999年立法计划,市民宗委成立了条例起草小组,在广泛开展城市和散居区民族工作调查研究、赴河北、北京、广东、云南、海南、深圳等地考察学习,广泛征求各方面意见的基础上,起草、修改、完善了《条例(送审稿)》,并报市政府审议。

7.筹备重庆市民族工作会议。中央民族工作会议结束后,市民宗委于12月10日向市委常委会汇报了中央民族工作会议精神和我市贯彻会议精神的建议意见。市委常委会决定在2000年一季度召开重庆市民族工作会议暨首次全市民族团结进步表彰大会,并要求在会前出台市委、市政府《关于进一步加强民族工作的决定》,会议承办由市民宗委负责。市民宗委在调查研究基础上,草拟《决定》(讨论稿),并多次在市级有关部门、民族地区和散居区征求意见,协调政策,多次修改、完善,并报市政府审查,最后经市委审定后下发。

8.配合有关部门、有关区县妥善处理涉及民族关系中的突发事件。维护了民族团结,维护了社会稳定。

9.加强民族干部工作。配合市委组织部、统战部完成了少数民族干部挂职锻炼的推荐和考察工作;与黔江开发区民宗委共同组织了民族干部到沿海发达地区和民族省份考察学习,开阔了眼界,更新了观念。

四　川　省

【民族工作】1999年,四川民族工作高举邓小平理论伟大旗帜,坚持党的基本路线,围绕发展与稳定两大主题,打基础,抓特色,保重点,促稳定,加快少数民族和民族地区经济发展和社会进步,努力促进各民族的大团结和共同繁荣。

1.抓稳定,推进民族团结。

旗帜鲜明地与达赖集团在四川的分裂活动作斗争。1999年3月,在成都召开了四川省第三次藏区工作会议,传达全国藏传佛教工作会议精神,部署贯彻意见,深入开展寺庙爱国主义教育,教育、整顿寺庙,切实加强对宗教工作的领导和依法加强对寺庙的管理。

加强民族地区基层政权建设。这是四川省1998年确定的重大举措。1999年,共拿出4000万元,解决了200个乡的住房和办公条件。四川省委、省政府又确定1999—2001年,每年拿出一定的资金解决民族地区贫困县县委、人大、政府和政协住房困难问题。这两大举措,切实解决了民族地区的实际困难,深受民族地区广大各族干部欢迎。除了在物质生活上关心,省委、省政府还专门安排春节慰问,送去党的温暖,振奋和鼓舞民族地区广大干部群众的精神和斗志。

巩固和发展民族团结。省委、省政府为参加中央民族工作会议暨全国民族团结进步表彰大会作了充分准备,并以此作为检查和推动全省民族工作的重大契机,广泛动员,大力宣传,评选先进集体20个,先进个人20名,起到了树立典型、宏扬民族团结的效果,使“三个离不开”的思想更加广泛深入人心,进一步加强和推动了民族团结进步事业的发展。全省民族地区继续保持稳定,没有发生影响整体稳定的事件发生。局部出现的一些问题,及时积极稳妥地得到了处理。

2.抓机遇,加快发展。

1999年中央实施西部大开发战略,给四川民族地区带来了千载难逢的政策机遇。民族地区各级党委政府立即作出反应,组织开展了广泛的讨论,提出了抓住西部开发的机遇乘势而上的思路和举措。首先是加快基础设施建设;其次是加紧实施"天然林保护工程"和"退耕还林还草工程";第三是进行经济结构调整,加快资源开发步伐,发展特色经济;第四是着眼建立社会主义市场经济体制,深化改革,扩大开放;第五是依靠科技进步实现追赶型、跨越式发展。

3.积极落实国家民委布置的工作任务。

积极做好和完成中央民族工作会议的有关宣传及相关调查等工作;圆满完成了组团参加第六届全国少数民族传统体育运动会的任务;完成了全国民族地区名优产品博览会参展工作。

贵 州 省

【民族工作】1999年,根据中共贵州省委、贵州省人民政府和国家民委关于民族工作的总体部署安排,贵州省民委的工作,高举邓小平理论的伟大旗帜,坚持贯彻党的十五届四中全会和中央民族工作会议精神,坚持党的基本路线为指导,坚持以经济建设为中心,以改革、发展、稳定和平等、团结进步为重点,培养少数民族干部为关键,促进各民族共同繁荣和民族地区两个文明建设为目标,主要做了以下工作:(1)成功地举办迎国庆系列庆祝活动。9月8日邀请省委、省人大、省政府、省政协、省军区的领导、省级少数民族老领导,省直各部门的负责同志及三个自治州领导,十一个自治县代表和省民委机关干部100多人参加召开"贵州省民族工作五十年座谈会"。从9月16日开始,先后多次在贵阳举办《庆祝中华人民共和国成立50周年和贵州解放50周年歌舞晚会》。编写出版了系统反映新中国成立以来全省民族工作情况的《贵州民族工作五十年》文献。(2)圆满完成国务院第三次全国民族团结进步表彰大会贵州60名模范集体和个人的评选工作,获奖代表赴京出席了表彰大会。(3)围绕经济建设为中心,开展扶贫攻坚,加强基础设施建设。坚持抓点带面,作出示范,实施"百村综合扶贫开发工程"。省民委要求,各地、州民族工作部门,举全省民委系统之力,选择100个贫困村,集中时间、集中精力、集中物力、集中财力,进行教育扶贫、交通扶贫、电力扶贫、通讯扶贫、科技扶贫以及改善农田基本建设。(4)利用新增不发达地区发展资金和扶贫资金2400万元,扶持80个县市区的水、电、路、教育、文化科技等基础设施项目243项。利用省级民族经费200万元,安排民族地区基础设施建设48处。安排资金300万元,帮助1000户少数民族群众建房。(5)组团参加第六届全国少数民族传统体育运动会。贵州省参加第六届全国民运会代表团,由苗、布依、侗、土家、彝、仡佬、水、瑶、仫佬10个民族的160多名运动员组成。副省长龙超云、马文骏分别任团长。经过奋力拼搏,取得了竞赛项目1块金牌,1块银牌,4块铜牌,表演项目获4个一等奖,4个二等奖,2个三等奖的好成绩。(6)与中央民族大学联合在京举办了有省9个地、州、市民族事务局长,党组书记或副局长,纪检组长,11个自治县民族事务局负责同志共计24人参加的"贵州少数民族干部培训班"。(7)切实抓了贵州民族文化宫开工前的准备工作。(8)贵州省民委于9月7日在贵阳召开了有省直及有关单位负责同志,三个自治州、11个自治县的政府领导、民族(民宗)局长、计划局长共70多人参加的"贵州省民族自治地方制定'十五'计划座谈会"。会后省民委向省政府写出了专题报告,对制定"十五"计划提出了可供决策的意见和建议。(9)为了提高少数民族科学文化素质,省民委从省级民族经费中安排了500多万元支持民族地区3校一部和330所中小学改善办学条件,并安排专项资金继续资助贵州民族学院、贵州师大、贵州农学院开办少数民族预科班。安排20万元支持发展边远乡镇医疗卫生事业,拨款100万元民族经费开展历史名城和民族村寨建设。(10)组织了"全省少数民族小歌手选拔赛"和举办了民族古籍培训班。

云 南 省

【民族工作】1999年是民族工作具有特殊意义的一年，党中央、国务院和省委、省政府先后召开了民族工作会议，为新世纪的民族工作指明了方向，规划了蓝图，确定了对少数民族和民族地区的扶持政策措施。实施西部大开发，进一步推进"兴边富民行动"，为少数民族和民族地区的大发展迎来了新机遇，全省民族工作出现了新局面。

1.*以实施民族团结目标管理责任制为重点，全面促进民族团结，维护社会稳定。*围绕庆祝新中国50周年大庆，澳门回归和'99昆明世博会等大事喜事要事，把加强民族团结，维护社会稳定放在工作的第一位。在广泛深入地开展马克思主义民族观和党的民族政策的宣传教育的同时，认真组织评选我省受国务院、国家民委、省政府表彰的民族团结进步先进集体和个人，全省先后共有379个模范集体和个人受到表彰，在全省形成了"做民族工作光荣"，"讲民族团结高尚"的良好氛围。按照"党政动手，各尽其责，依靠群众，化解矛盾，维护稳定，做到小事不出村，不出厂矿，大事不出乡(镇)，矛盾不上交"的原则，省民委与16个地州市民委签订了"民族团结目标管理责任书"，把加强民族团结，维护社会稳定的任务落到实处。对民族工作"热点"、"难点"较多的地区，坚持"团结、教育、疏导、化解"的方针，正确区分和妥善处理两类不同性质的矛盾，把矛盾纠纷及时处理在基层，解决在萌芽状态。针对涉及国外敌对势力的渗透活动和民族地区的突发事件开展了专项工作。全年共协调处理涉及民族关系各类突发事件30余起，通过卓有成效的工作，积极引导各族群众互相学习，互相尊重，亲如一家，形成了巨大的向心力和凝聚力，实现了各民族的大团结。

2.*民主法制建设取得新进展。*结合云南民族工作实际和民族地区的要求、愿望，向全国人大、国务院有关部门提出修改自治法的意见和建议。全面加强以《民族区域自治法》为核心的民族法律法规的宣传贯彻，充分运用自治法赋予的权利，为民族自治地方办实事。经过认真修改和反复论证，《云南省城市民族工作条例》经省政府同意，报省人大讨论，于5月27日省人大常务会议第九次会议审议通过并颁布实施，云南民族立法工作又迈出了新的步伐。

3.*加强人才资源调研，培养民族干部。*认真贯彻落实省委、省政府关于培养民族干部，加强民族地区人才队伍建设步伐的政策措施，协同组织、人事部门开展了少数民族人才资源开发调研，调研成果得到了国家人事部门的表彰；以省院、省校合作为形式，举办了人才资源开发培训班；组织贡山独龙江乡村干部参观考察学习；选派了15名县处级少数民族干部到中央国家机关和沿海地区挂职，组织了25名县处级少数民族干部到省级机关挂职锻炼，举办了两批少数民族干部经济管理培训班等。通过上派下挂、跟班见习、参观考察等措施，提高干部素质，促进人才队伍建设，为建设边疆、稳定边疆提供了有力的保证。

4.*团结和动员各族各界人士，共同做好民族工作。*省委省政府高度重视民族上层工作，省民委提出的加强民族上层工作的意见和措施，经省委书记办公会议研究同意，以云办复[1999]2号文件下发，理顺了民族上层人士政治、生活管理工作，切实帮助解决了工作和生活中的实际困难。组织了民族上层人士代表和民族宗教人士代表到省内外学习、参观，全面加强了民族上层工作。4月29日，江泽民总书记在昆明亲切接见了全省民族上层爱国人士代表和少数民族代表，并作了重要讲话。亲切的关怀，巨大的鼓舞，激发了民族上层爱国人士和各族各界人士维护民族团结、共同建设边疆的热情。

西藏自治区

【民族工作】1999年,西藏自治区民宗委在自治区党委、人民政府的领导和国家民委的指导下,紧紧围绕新中国成立50周年、西藏民主改革40周年、澳门回归这三件大事及自治区关于巩固寺庙爱国主义教育工作的部署,坚定不移地贯彻落实党和国家有关民族工作的一系列指示精神,结合全区民族工作的实际,狠抓落实,认真组织实施,使西藏的民族工作充满活力,全面推进,取得了新成绩。

1.积极做好民运会拉萨分赛场的各项工作。

自5月份以来,区民宗委从山南、拉萨、日喀则等地民宗部门先后抽调47名干部参加民运会的各项筹备、接待工作。与区体委成功地举办了第六届全国少数民族传统体育运动会拉萨分赛场的各项赛事。我区运动员取得了金牌总数、奖牌总数和总分三个第一名。区民宗委荣获民运会先进集体一等奖。

2.认真评选国务院第三次全国民族团结进步表彰大会模范代表,推动民族团结进步事业不断向前发展。

根据国务院第三次民族团结进步表彰大会筹备办公室的要求,自治区人民政府向全区七地(市)和区直单位下发了《关于评选国务院第三次全国民族团结进步表彰大会民族团结进步模范有关问题的请示的通知》,并经人民政府审批,全区共评选出民族团结进步模范42个,其中模范个人21名,模范集体21个。在此基础上,推选14名代表进京参加国务院第三次全国民族团结进步表彰大会。为切实推动我区民族团结进步事业不断向前发展,全区七个地、市还相继召开了民族团结进步表彰大会,共表彰先进个人386名、先进集体134个。通过广泛开展表彰活动,在广大群众中特别是对青少年进行了深入的马克思主义民族观和党的民族政策的宣传教育,进一步树立了“三个离不开”的思想,有力地推动了我区的民族团结进步事业,不断巩固和发展平等、团结、互助的社会主义民族关系。

3.积极扶持区内少数民族生产生活,推动民族地区经济社会发展。

在认真总结年度资金分配和使用经验的基础上,经反复论证审核,并与财政厅充分协商后,分配下达了1999年度少数民族发展资金,主要用于公路、人畜饮水、桥梁、农田水利等基础设施建设等12个项目。

积极扶持区内民族贸易和民族用品生产企业发展。根据国务院和国家民委有关文件精神,各级民宗部门多次深入到民族用品生产企业调查了解情况,区民宗委、区经贸委联席会议的组成单位召开了4次会议,就有关问题进行了研究。会同区经贸委积极组织筹备参加全国少数民族和民族地区名优产品博览会,共组织全区轻纺、民族手工业、藏药、食品等22家企业124个品种参展。实现销售收入12万元,签订意向性销售协议金额达1650余万元。通过这次参展,宣传和展示了我区经济和各项事业所取得的巨大成就。

根据合理使用、突出重点、兼顾全面的工作思路,会同自治区财政厅向全区七地、市的17个县下达了1999年度少数民族地区补助费100万元,重点解决边境县及区内少数民族地区群众亟待解决的困难。昌都地区日通藏药研制中心,在国家扶持、帮助下,已由过去的小厂发展到现在拥有固定资产300万元的大厂;日喀则地区亚东县帕里新村安装自来水管道,解决群众饮水困难。通过采取集中投资的办法,使有限资金发挥了较大的效益,促进了区内边境少数民族地区经济的发展。

4.加强调查研究,认真开展“兴边富民行动”和牧区调研工作

民宗委、各地(市)、县民宗部门积极配合国家民委“兴边富民行动”,进藏调研组赴日喀则、山南、林芝地区边境县调研,了解了我区边境地区经济社会发展的状况,掌握了大量的第一手资料。

积极开展牧区调研工作。阿里、那曲地区民

宗局配合有关部门对牧区进行了认真调研，提供了翔实的调研材料，为进一步搞好“兴边富民行动”的各项工作打下了良好基础。

5.加强基层民族工作队伍建设，举办民宗委系统及民族乡干部培训班

经自治区人民政府批准，圆满举办了“民宗委系统及民族乡干部培训班”。通过学习、交流、考察，使大家统一了思想，进一步提高了认识，明确了目标，增强了做好基层民族工作的信心，对基层民族工作部门干部整体素质的提高起到了一定的促进作用。

陕西省

【民族工作】1999年，在省委、省政府的正确领导下，在国家民委的关心指导下，省民委党组团结带领全省民族工作部门，高举邓小平理论伟大旗帜，认真贯彻党的十五大精神，以国家民委工作安排和省委工作要点为基本依据，全面贯彻落实党的民族政策，讲政治，抓大事，广泛深入开展民族团结进步活动，大力发展少数民族经济文化事业，加强民族法制建设，推进民族工作健康发展。

——讲政治、顾大局、抓大事。去年党中央领导全党和全国人民开展了三场重大的、严肃的政治斗争，一是对以美国为首的北约野蛮轰炸我驻南联盟大使馆暴行的斗争；二是对“法轮功”邪教组织的斗争；三是对李登辉分裂祖国活动的斗争。在这三场斗争中，省民族工作部门的全体同志立场坚定，旗帜鲜明，行动迅速，以不同的形式投入斗争之中。以美国为首的北约野蛮轰炸我驻南联盟使馆的消息传来后，我委立即召开机关干部大会和民族界人士会议予以强烈谴责和声讨，并分别以陕西省少数民族群众和宗教界的名义发出了抗议信。通过这场斗争，使大家进一步认清了美国假人权、真霸权的本质，增强了防止“和平演变”的警惕性。通过批判李登辉的分裂言行，激发了全体同志的爱国热情。在同“法轮功”邪教组织的斗争中，省民委先后四次召开民族界人士座谈会和机关干部学习会，并通过新闻媒体广泛宣传，扩大影响，从政治上揭批“法轮功”的反动本质，从科学的角度揭穿它的谎言，从宗教的特征揭露它的邪教面目，特别是在委机关干部中，认真总结了在同“法轮功”斗争中的深刻教训，从而使大家普遍受到了一次深刻的唯物主义和无神论教育，提高了政治敏锐性和政治鉴别力。

按照省委的统一部署，在委领导班子、厅局级干部和处级干部中进行了“三讲”教育。民委党组对“三讲”教育高度重视，精心组织，周密安排，坚持“三讲”与工作两不误、两促进。领导班子和处以上党员干部把理论学习贯穿始终，发扬理论联系实际、密切联系群众、批评与自我批评的优良作风，严格进行自我剖析，开展积极的党内思想斗争。通过“三讲”教育，民委领导班子和处以上干部找准了党性党风方面存在的突出问题，明确了整改方向，增进了团结，进一步坚定了社会主义、共产主义的理想信念，提高了坚持党的基本路线和全心全意为人民服务的自觉性。

——深入贯彻中央民族工作会议精神，认真向省委常委会作了汇报。于1999年12月在西安召开了陕西省委民族工作会议，省委书记李建国，省委副书记、省长程安东分别作了重要讲话，并向受到国务院表彰的民族团结进步模范集体和个人颁了奖。

省民委及时举办了130余名民族宗教界上层人士参加的陕西省民族宗教界深入贯彻中央民族工作会议精神大型学习会，请省委领导和中央党校、国家民委、国家宗教局的专家学者作形势报告，讲党的基本理论和方针政策，使中央民族工作会议精神直接与民族宗教界群众见面，加深了对党的民族宗教政策的理解，产生了广泛而积极的社会效果。

——广泛开展民族团结进步表彰活动，进一步推动民族团结进步事业的深入发展。

紧紧抓住国务院召开第三次全国民族团结进

步表彰大会的有利时机,把评选、推荐受国务院表彰的模范集体、模范个人的过程,作为广泛宣传党的民族政策深入开展民族团结进步教育的过程。全省民族团结进步活动形式多样,内容丰富,成为精神文明创建活动的一个重要组成部分。一些民族工作重点地、市、县、区召开了民族团结进步表彰大会,继续开展民族团结村、组、居委会活动,在此基础上全省自下而上认真推荐,反复筛选,组织考核,共评选出受国务院表彰的民族团结进步模范集体 7 个、模范个人 6 名。在 50 周年国庆前夕,部分模范代表赴京参加了国务院第三次全国民族团结进步表彰大会,受到了中央领导的接见,并参加了国庆观礼和游园活动。

抓住今年民族工作大事多、喜事多的好时机,广泛宣传了西安石油工厂工人石志光等民族团结进步模范事迹。继续组织开展了全省首届新闻、文学、戏剧、音乐、影视"团结进步奖"评选工作。共组织征集新闻、文学、戏剧作品 5 件,音乐类 2 件,影视类 6 件,评审和颁奖晚会的筹备工作正在进行。重视加强了对民族工作的宣传报导,全年在各级各类报刊杂志共发表宣传文章、稿件 180 余篇,其中新华社、人民日报、中央电视台、光明日报、中国青年报对全省民族工作情况都给予了专题报道。陕西省、西安市电视台发专题新闻也远远超过往年。省民委主办的季刊《陕西民族宗教》也对全省民族团结进步活动开展情况作了及时而大量的宣传。这些活动,有效地增强了全省各民族的团结和了解,多层次、多角度地推进了民族团结进步事业的深入发展。

——少数民族经济发展取得新的成就。

城市民族经济工作得到加强。通过多方努力,为企业技术改造争取落实贷款,提高企业产品技术含量,适度扩大生产规模,增强市场竞争能力发挥了积极作用。组织全省民族及民族用品生产定点厂家,参加全国少数民族和民族地区名优产品博览会,取得圆满成功。同时还承担了全国清真烹饪大赛的组织、协调和接待工作,完成了对部分城市的少数民族社区情况的抽样调查。

农村少数民族经济工作取得长足进步,全年四个民族乡人均纯收入 1108 元,比上年增长 18%。围绕农村少数民族聚居地方主导产业,从推广普及新技术入手,大搞经济园林开发工程,取得了阶段性的成果。认真做好省级部门赴镇安县扶贫工作,动员社会力量为少数民族群众办实事。

——少数民族文化、教育、体育等社会事业取得新的进步。

民族教育事业不断发展。认真抓好普九教育、以扫除文盲为重点的少数民族教育工作,推进了基础教育的发展,使民族聚居地方中小学教学质量不断提高。民族文化事业日益繁荣,文艺创作形势喜人。为了组织参加全国世纪民族之歌活动,开展了征集民族歌曲工作,吸引了众多的文艺爱好者,掀起了搜集、创作具有陕西特色的民族歌曲的热潮。积极参加全国迎接新世纪民族民间歌手大赛并选送歌手 6 人,初赛成绩喜人。全省选送的两名歌手参加了全国第九届孔雀奖少数民族声乐大赛,一名达斡尔族歌手在决赛中获得二等奖。参加第六届全国少数民族传统体育运动会取得良好成绩,充分展示了运动员团结一致、努力进取的道德风尚和精湛的技术水平,也从侧面反映了陕西省少数民族的良好精神风貌。

——加大了民族立法进度。1999 年在广泛征求意见的基础上,对《陕西省民族工作条例》作了进一步调研,进行了论证和修改,形成草案,向省人大、省政府法制局申报,已被列入省人大 2000 年行政立法调研项目。同时抓了依法行政工作,进一步完善和规范了全省个人更改民族成分工作。自实施《关于中国公民确定民族成分的规定》办法出台以来,省民委严格执行政策,认真审核,采取县(区)地市、省三级审查报批制度,保证了这项工作的顺利进行,去年共办理更改民族成分 160 件。继续推行《陕西省清真食品生产经营管理办法》的实施工作,实行清真食品生产经营标志牌工作取得新的进展。截至年底,全省已挂发清真牌 1244 块,有效地保护了少数民族的合法权益。

——维护社会稳定,积极稳妥处理突发事件。

维护社会稳定是民族工作的一项重要任务。围绕这个重点,加强了稳定工作,加强信息收集、报送工作,及时落实省领导的批示,并注意向民族界上层人士宣传维护稳定的重要意义,提出做好维护稳定工作的希望和要求,发挥他们的积极作用,配合政府开展工作。去年共妥善处理涉及民族问题的突发事件或不安定因素有 4 件。

——民委机关建设得到加强。去年年初开展了以“三讲”为中心内容的学习活动和思想道德教育，开展了以“创建文明机关、文明大院”、“做合格公务员、让人民满意”和创建“文明处室”为主的精神文明创造活动。坚持中心组学习制度，落实党风廉政建设责任制，坚持党的民主生活会制度，基层党组织在协助完成主体任务中发挥了积极作用。结合庆祝新中国成立五十周年和迎接澳门回归等重大活动，在机关开展了爱国主义和社会主义教育。同时，重视了对机关干部业务素质的提高，举办了电脑使用培训班和机关公文写作培训班，提高了工作效率和质量。

甘 肃 省

【民族工作】1999年，甘肃省民族团结进步事业有了新发展。一年来着重抓了三件事。一是在全省范围内广泛开展了民族团结进步表彰和民族团结进步模范事迹宣传活动。经过一年多的精心筹备，国家民委和省政府在兰州联合召开民族团结进步表彰大会，表彰甘肃省各条战线涌现出的民族团结进步模范集体41个、模范个人31名，组织评选了出席国务院第三次全国民族团结进步表彰大会的模范集体和模范个人，并组织13名模范集体和个人代表赴京参加国务院第三次全国民族团结进步表彰大会。二是围绕全省第三次民族团结进步宣传周活动，组织开展了一系列扎实有效的工作，使全省民族团结进步宣传周活动搞得有声有色。宣传周期间，积极深入地开展了马克思主义民族观和民族团结、民族政策的宣传教育。召开了全省第三次民族团结进步宣传周电视动员大会，省委分管领导发表了动员讲话。组织安排了“中国与中东双边关系报告会”；开展了送卫生下乡活动；举办了民族团结进步宣传周专场民族歌舞晚会。加大新闻宣传力度，形成了良好的社会舆论氛围。全省各地州市也按照省上统一部署，结合实际，开展形式多样、富有实效的宣传周活动。由于领导重视，安排细致，内容丰富，宣传周活动在全社会引起了较大反响，有力地推动了全省民族团结进步事业。三是做好天祝、肃北、东乡三个自治县50周年县庆协调工作。积极与有关部门衔接县庆项目，提出了三个自治县50周年县庆有关问题意见，通过省政府协调会，协调落实项目20个，资金1800万元。四是组织并开展了全省民族、宗教政策的大检查。对有关高等院校民族政策和法律、法规贯彻执行情况进行了调研。组织实施了委(局)行政执法责任制。五是妥善处理了民族关系方面出现的矛盾。参与了甘新、甘青民族地区边界纠纷的调处，巩固和加强了各民族间的团结，维护了社会稳定。

加大参与民族经济工作的力度，促进民族地区经济发展。一是重视加强民族地区经济社会发展的有关政策措施的调查研究，提出促进民族地区发展的政策意见。根据省政府主要领导和分管领导的指示精神，在调查研究的基础上，集中对“七五”以来全省扶持少数民族和民族地区发展的优惠政策进行了逐步清理。组织省直有关部门人员赴四川等省学习借鉴兄弟省扶持发展民族地区优惠政策方面好的做法和经验，结合我省实际，提出了关于加快民族地区经济社会发展的政策措施意见。省政府以甘政发〔1999〕93号《关于加快民族地区经济社会发展的通知》下发各地州市及省直有关部门执行。这是近些年来甘肃扶持民族地区经济社会发展力度最大的政策文件。二是积极参与民族地区“十五”计划的前期调研工作。与省计委联合先后到临夏、甘南等地进行调查研究，提出编制民族地区“十五”计划的意见。组织完成了牧区县、国列贫困县和边境民族县的调研工作。三是加强项目资金管理。积极协调落实1998年民贸民族用品项目资金，审定1999年度项目计划，安排了1999年度少数民族补助费和少数民族生产生活补助费。共安排资金1215万元，落实贴息贷款1017万元。四是组织参加了在京举办的全国少数民族和民族地区名优产品博览会，获得了“最佳组织奖”、“最佳展览奖”和“经贸洽谈奖”。

五是会同省经贸委、省扶贫办开展全省对口帮扶民族地区先进单位评选表彰活动，提出搞好对口帮扶工作的意见和建议。积极做好委(局)扶贫点工作，帮扶工作队深入新扶贫点，调查了解情况，研究扶贫对策，组织落实帮扶项目。

民族地区社会各项事业有了新的进步。以抓好民族地区“普初”教育为重点，对年内计划实现“普初”的民族地区六个县(即甘南州的卓尼、临潭、舟曲县；临夏州的广河、康乐、和政县)按照提前介入，搞好调研，加强领导，重点帮助的工作思想，在以往调研的基础上，再次深入甘南、临夏两州进行调研，掌握民族地区教育方面存在的困难和问题，同时对民族地区卫生、文化、广播电视现状进行了调研，提出了建设性的意见和建议。参加了全省普通高校招生工作，录取少数民族新生2521名。开展了以“祖国好”为主题的庆祝新中国成立50周年和迎澳门回归活动，参加了省委、省政府举办的庆祝建国50周年“祝福祖国”专场文艺演出。为宣传民族地区改革开放20周年取得的巨大成就，组织新闻单位记者赴民族地区采访报道。编辑出版了《甘肃少数民族文学丛书》、《甘肃民族工作五十年》。完成《甘肃民族宗教》四期编刊任务，办刊质量不断提高。民族文艺团体坚持送文艺下乡活动，圆满完成了各种演出任务。协调组织省级医疗卫生方面的专家教授到民族地区巡回医疗，为800多名农牧民群众诊治疾病。重视民族地区“村村通”广播电视建设事业，对民族地区县乡给予了资金支持。进一步落实甘政办(1998)1号《关于进一步做好少数民族语言文字工作意见》的通知精神，组织召开了全省《民族语言文字条例》工作会议。负责承办了第三次全国五省区藏语文翻译学术会。加强了对民族语文使用情况的调研。配合省教委完成了与内蒙古普通高校招生中的对等招生计划任务。少数民族古籍整理工作迈出了新步伐，制定了甘肃省《中国少数民族古籍总目提要》编写纲要实施意见，成立了甘肃省少数民族古籍总目编委会。协调完成了国家民委古籍室下达的有关研究课题任务。完成了《敦煌汉文吐蕃史料辑校》一书的出版工作。

——少数民族干部培养取得新成绩。与省委组织部、统战部联合举办了为期3个月的县处级少数民族干部培训班和全省第二期民族乡科技扶贫培训班，并组织学员赴山东、北京等省市考察学习。

青　海　省

【民族工作】1999年，青海省民委根据年初制定的工作指导思想和基本思路，在省委、省政府领导下，在国家民委的指导下，高举邓小平理论伟大旗帜，全面贯彻党的民族宗教政策，紧紧围绕“团结、进步、稳定、发展”的主题和全省民族工作的大局，结合实际，深入调查研究，坚持民族平等原则，维护祖国统一和社会稳定，在促进少数民族和民族地区改革开放及经济、文化、教育、科技等各项事业的发展，促进各民族共同繁荣进步等方面取得了新的成绩。

1.广泛深入地开展民族工作调查研究。经省委、省政府主管领导同意，青海省民委从5月中下旬起利用50多天的时间，从委局机关及青海民院民研所、省委党校、省社科院等有关部门抽调47名干部、专家和学者，组成8个工作组深入六州一地一市，对全省民族工作进行了一次比较广泛深入的调查研究。通过实地调查，比较全面地掌握了民族地区改革开放20年来取得的成就、经验和当前存在的主要困难和问题，并就今后民族地区经济社会发展，进一步加强民族工作等问题提出了建设性意见和建议。形成了《关于我省少数民族和民族地区经济社会发展调研报告》、《关于我省牧区经济社会发展情况调研报告》和《关于我省少数民族和民族地区扶贫工作调研报告》3个综合报告和8个分报告、37个专题报告。这次调研涉及面广、内容全面，工作扎实、收效显著，为做好下世纪青海省民族工作奠定了良好的基础。

2.积极筹备参加第六届全国少数民族传统体

育运动会并取得优异成绩。青海省代表团在拉萨分赛场和北京主赛场的比赛中,参加了赛马、押加、摔跤、武术、木球5个项目的竞赛和轮子秋、皮筏子两个项目的表演,共获得3块银牌、3块铜牌和其他15个比赛名次;轮子秋获表演一等奖,皮筏子获表演项目二等奖;马队、刘丽萍等6人分别荣获集体、个人体育道德风尚奖。

3.精心组织,积极筹备,参加了国家民委和国家经贸委联合举办的全国少数民族和民族地区名优产品博览会。青海省展团共有9家企业的8大类84种商品参加了展览,展示了少数民族和民族地区新中国成立50年来,特别是改革开放以来取得的辉煌成就,促进了与发达地区的经济技术合作,学习和交流了兄弟省区的先进经验,进一步扩大了青海省民族地区名优产品知名度,并获得了最佳组织奖、最佳展览奖和最佳销售奖。

4.争取各类资金,强化项目管理。与省财政厅等部门密切配合,共申报落实少数民族发展资金14个基础设施建设项目;组织上报民贸民品项目4个,落实项目资金400万元,落实项目贴息41万元;组织上报少数民族地区乡镇企业贴息贷款44个项目4502万元;积极争取加拿大资金项目,共申请援助金额61万元。继续实施"112"扶贫工程,认真做好了委局定点扶贫工作。

5.加强民族语文、民族古籍工作。认真贯彻青发(1997)5号文件精神,广泛开展藏语文新词术语的研究,加强蒙古语文的协作,积极推广"双语"教学,民族语文的学习使用有了新的进展。成立了青海省少数民族语文工作委员会,并召开了省少语第一次会议,制定了今后五年的发展规划。民族古籍工作按照"九五"规划,基本完成了1999年度工作计划,制定了《〈中国少数民族古籍总目提要·青海卷〉实施方案》,并报请省政府批准成立了青海省少数民族古籍编目工作领导小组,同时,举办了有50多名来自全省各地学员参加的编写培训班,为做好这项工作奠定了组织基础,培训了一批工作骨干。

6.组织少数民族参观团赴内地参观学习。10月中旬,组织了一批由长期坚持在基层工作,为当地经济建设及社会各项事业发展做出过突出贡献的各民族专业技术人员组成的参观团(共15人)赴山东、江苏、浙江、上海等地参观,达到了开阔眼界、增长见识、学习经验、解放思想的目的。

宁夏回族自治区

【民族工作】1999年,宁夏回族自治区各级民委认真贯彻执行党的民族政策和《民族区域自治法》,坚持民族工作服从服务于全区工作大局的政治方向,维护社会稳定,努力加快民族地区经济发展和社会各项事业的全面进步。

1.加大持贫攻坚力度,加快民族地区经济发展和社会进步。以发展民族地区经济为工作重点,积极争取资金,集中解决少数民族贫困县、乡、镇和少数民族群众生产生活的特殊困难,改善生产生活条件,努力提高少数民族的生活水平和生活质量。

利用国家民委下达的少数民族发展资金和少数民族贫困县新增财政扶贫资金共2200万元,集中安排解决西吉、海原、泾源三县当年基本脱贫的问题,同时重点投入到一些市、县(区)少数民族聚居乡、村涉及群众生产、生活方面的公共基础设施建设,为扶贫攻坚打下良好的基础。落实民贸民品优惠政策,为企业发展注入活力。积极争取国家民贸、民族用品定点企业贴息贷款1778万元,分别投入5家民贸企业和网点建设,加大了企业技术改造,扩大了生产规模,提高了市场占有率。

自治区政府组团参加了由国家民委、国家经贸委在北京主办的全国少数民族和民族地区名优产品博览会。由于组织得力、工作到位,使宁夏展厅设计制作具有浓郁的民族特色和鲜明的地方特色,展销的高科技产品、地方名优产品,突出反映了自治区改革开放20年来经济和社会发展的丰硕成果,获得了最佳组织奖、最佳展览奖和最佳销售奖。

自治区民委牵头组织回族厂长(经理)参加了'99中国宁夏对外经济贸易洽谈会。"枸杞王"保健品、仿古地毯等产品吸引了众多客商并销售一空。与苏丹国和阿联酋分别签订共建造纸厂的意向性合作协议。叙利亚、印度、伊拉克、科威特等国和阿联酋的沙迦、迪拜地区客商都提出了每年为其提供淡奶粉的供货要求。通过此次"贸洽会",宣传了宁夏,为企业开拓国际市场,也为拓宽民族经济发展渠道进行了一次成功的尝试。

2.全面贯彻落实中央民族工作会议精神,努力推进我区新时期民族工作。

中央民族工作会议结束不久,自治区党委、统战部、自治区民委联合召开了全区统战部长、民宗局长会议,传达了中央民族工作会议概况、江泽民总书记和朱镕基总理讲话的主要精神以及部分省、市、自治区在民族工作中的主要经验。会议提出了11条具体的贯彻意见。自治区党委办公厅、人民政府办公厅及时地向各地、市、县(区)党委、行署和人民政府,自治区党委各部委,自治区各厅局,各人民团体,各大专院校下发了《关于认真学习贯彻中央民族工作会议精神的通知》(宁党办〔1999〕59号),《通知》提出了六项调研的主要内容和重点,并要求各级党委、政府和自治区有关部门提出加强民族工作、促进少数民族和少数民族聚居地区发展的具体措施和办法。全区民族工作会议的筹备工作全面展开。自治区成立了民族工作会议筹备工作领导小组,自治区党委副书记任启兴担任组长,领导小组下设办公室,自治区民委主任吴国才担任办公室主任。经自治区党委、政府同意,自治区党委统战部、政研室、政府研究室、民委联合下发了《全区民族工作会议筹备工作实施方案》。由自治区民委牵头抽调统战、组织、政研、人事、财政、教育、农建等部门的人员组成全区民族工作会议调研组,专程赴外省区和自治区部分地区进行深入调查研究,结合全区新形势下民族工作面临的新情况、新问题,起草了自治区党委、人民政府《关于进一步加强新时期民族工作若干问题的决定》。

3.认真贯彻执行《民族区域自治法》和《城市民族工作条例》,加强清真食品管理,不断推动民族团结进步事业的发展。《宁夏回族自治区清真食品管理暂行规定》发布实施以来,自治区清真食品生产、经营管理工作取得了一定成效。但由于受经济利益的驱动,一些地方假冒清真饭店、清真食品不清真等问题依然存在。为此,自治区民委和自治区工商局向自治区人民政府提出《关于进一步加强清真食品管理工作的意见》,政府办公厅以政办发〔1999〕141号文件转发执行。各地、市、县(区)行署和人民政府,自治区有关部门根据《意见》要求,结合"民族团结月"活动,积极广泛开展党的民族宗教政策的宣传教育工作,并对当地清真饮食行业和清真食品行业开展全面自查。10月份,自治区人大以及区民委、区工商局等部门组成检查团,对全区清真食品管理工作进行了重点检查,对加强清真食品管理工作提出了具体意见,形成《关于承办自治区八届人大二次会议代表议案情况的报告》,上报自治区人大和自治区人民政府,促使清真食品生产、经营和管理逐步走上法制化轨道。认真组织进行了国务院第三次全国民族团结进步表彰大会模范集体、模范个人的评选、呈报工作。表彰大会后,举办了民族团结进步"双模"事迹专题报告会,有力地推动了民族团结进步事业的进一步发展。

4.圆满完成了宁夏参加全国第六届民运会的各项任务,申办第七届全国民运会取得成功。本届民运会,宁夏共组织了240人的代表团和80人的观摩团参加了比赛和有关活动。运动健儿克服各种困难,奋力拼搏,取得了较好的成绩。射弩项目获得立姿、全能2块金牌和跪姿1块铜牌,武术项目获得1块金牌,实现了宁夏历届民运会史上金牌零的突破,龙舟项目获得男子500米和男女混合500米2块铜牌,为宁夏乃至西北地区填补了没有龙舟队的空白。表演项目《塞上穆林扇》、《西夏王刀》获一等奖、《踏脚》、《羊响板》获二等奖。

自治区民委积极配合有关部门接待了国家民委李晋有副主任带领的国家民委、国家体育总局考察组,就宁夏申办全国第七届民运会的条件进行了实地考察。在第六届全国民运会闭幕式上,国家民委李晋有副主任宣布,经国务院批准,第七届全国少数民族传统体育运动会将于2003年在宁夏回族自治区举行。

5.民族教育文化工作取得突破性进展。全区

16个市、县(区)全部实现了“两基”目标，覆盖人口达292.8万人。山区“两基”攻坚全面展开。目前，全区小学适龄儿童入学率达到96.8%，初中入学率达到71.5%。民族教育又有新举措，区民委与区教委联合进行了民族教育情况调查，提出的部分意见和建议，在自治区党委、人民政府《关于加快教育改革和发展全面推进素质教育的决定》中予以采纳。组织有关人员，编写出版《宁夏民族教育50年研究》一书。与教委共同努力，完成了普通高校录取工作中少数民族学生录取比例年递增1%的任务，普通高校录取少数民族学生比例达到26.8%。与文化厅联合举办了第二届农民电影节。提前五年完成了国家广电总局和文化部提出的“2131”目标，即在“21世纪初，一村一月放映一场电影”的目标。

6.协助有关部门采取有力措施，加大培养选拔少数民族干部工作的力度。配合自治区党委组织部、统战部选送了13名厅、处级干部到北京、上海、山东、吉林和国家有关部委挂职锻炼，并进行跟踪考察，加大培养力度，拓宽培养少数民族干部的渠道。

新疆维吾尔自治区

【**民族工作**】1999年，新疆维吾尔自治区各级民族工作部门，在自治区党委和自治区人民政府的正确领导下，在国家民委的具体指导下，为巩固和发展自治区的民族团结、政治稳定、经济发展和社会进步做出了积极的贡献。

1.认真学习贯彻中央民族工作会议精神，不断推进自治区民族团结进步事业发展。

按照国家民委的部署，积极做好中央民族工作会议准备工作，在自治区有关领导的亲自主持下，协同有关部门起草了新疆在中央民族工作会议上的交流材料，圆满完成了参加中央民族工作会议新疆代表团的组织工作。中央民族工作会议之后，即向自治区党委提出了关于会议精神的传达提纲及初步的贯彻意见。自治区党的五届六次全委(扩大)会议向全疆各地传达了中央民族工作会议暨国务院第三次民族团结进步表彰大会精神，各地都初步提出了贯彻中央民族工作会议精神的具体措施。根据自治区党委的决定，积极开展了自治区民族工作会议和自治区第四次民族团结进步表彰大会的筹备工作。

全疆各地深入开展了自治区第十七个民族团结教育月活动，协同自治区党委宣传部、统战部、新疆日报社和民模单位、个人代表进行了座谈，起草了《关于开展自治区第十七个民族团结教育月活动的安排意见》。大力宣传了民族团结进步模范集体和模范个人的先进事迹，经自治区党委批准授予吴登云、张万杰同志为自治区民族团结进步模范个人称号，大力宣传了吴登云、张万杰的先进事迹，推广了一些地区民族团结进步的典型经验。各地州市民宗委同心协力，圆满完成了新疆出席第三次全国民族团结进步表彰大会民模集体和个人的评选工作，选定26名民模代表赴京参加表彰大会，协同新闻单位广泛宣传了全国表彰大会的情况及民族团结进步模范的先进事迹。在自治区党委、人民政府的重视和国家民委的支持下，组织了第二批民模代表参观团赴内地参观学习。

2.努力为自治区社会稳定和经济发展创造良好的社会环境。

按照自治区部署，各级民宗委把集中整治作为重大政治任务，民宗系统共抽调60名干部参加各地的集中整治工作，为这项工作取得阶段性成果做出了贡献。及时妥善处理了一些民族方面的热点和难点问题，进一步增强了当地少数民族之间的团结。积极参加自治区工作组，开展了对甘、新两省区边界纠纷和勘界问题的调查研究和协调工作，根据国务院返青哈萨克族群众安置工作领导小组的安排，参加了对居住青海的新疆籍哈萨克族群众搬迁问题的调研。通过做这些大量细致艰苦的工作，为自治区的社会稳定和经济发展创造了良好的社会环境。

3.加大参与力度,努力促进少数民族经济的发展。

进一步加强了专项资金的管理使用,与财政部门共同研究分配了2400万元少数民族发展资金,落实了少数民族扶贫专项贷款490万元。各地州民委也都加强参与经济工作力度,为配合自治区少数民族发展资金等专项资金和项目的实施,积极争取地方财政直接和间接地解决配套资金500多万元。协助国家民委做好"牧区、扶贫、兴边富民"三大调研任务,完成了哈密、博州、伊犁州三地州12个牧业县、边境县经济和社会发展情况的调研。及时掌握了自治区经济发展运行情况,如期完成了年度统计工作。狠抓了新民贸政策贯彻落实和政策服务工作,圆满完成了国家民委和国家经贸委举办的全国少数民族和民族地区名优产品博览会的组织参展工作,并取得好成绩,受到党和国家领导人及国家民委、国家经贸委领导的好评。

4.大力促进少数民族社会事业的发展。

积极参加第六届全国少数民族传统体育运动会,认真做好拉萨和北京赛区的筹备参赛工作,比赛中取得好成绩。在本届民运会上,新疆代表团共获得6枚金牌、5枚银牌、5枚铜牌的优异成绩,奖牌总数达36枚,为新疆各族人民争得了荣誉。加大了对民族教育工作的参与力度,会同有关部门,做好少数民族教育补助费专款的分配和使用工作,对部分地县少数民族教育补助专款使用情况进行了调查,改善了民族教育办学条件。认真推广了"双语"教育。

参与并完成了普通高校和成人高校招生工作。做好宋庆龄基金会为新疆自治区30所民族小学捐赠图书的组织工作。会同有关部门完成了"骏马奖"少数民族作家作品评选和新疆参加第九届全国"孔雀奖"少数民族声乐大赛的推荐工作,组织了少数民族民间歌手的选拔活动。配合有关单位积极开展少数民族计划生育和妇幼工作,并参与修改了《新疆妇女发展纲要》。

认真做好对外宣传工作,全年共接待兄弟省区民族宗教工作参观考察团16批200余人,配合外办做了六批外事接待工作,向国内外来宾介绍新疆改革开放和民族宗教工作取得的成就。重视和加强了对委属事业单位的领导,调整和充实了自治区少数民族古籍领导小组,审议通过了1999—2005年新疆少数民族古籍目录提纲编写计划,开办了各地州古籍目录登录员培训班,同时对全区少数民族古籍工作做了摸底调查。基本完成了《新疆通志·民族志》的编写工作计划,加强了民族宗教政策的研究。

5."三讲"教育成效显著,自身建设得到加强。

分四个阶段认真开展了以"讲学习、讲政治、讲正气"为主要内容的党风党性教育。委机关处以上党员领导干部的精神面貌和思想作风发生了可喜的变化,广大党员干部的理想信念更加坚定。

狠抓了全疆民宗委系统干部的理论学习培训,与自治区党委组织部、统战部联合在自治区党校举办了地州市民宗委主任培训班,在伊犁州、喀什党校举办南北疆片县(市)民宗局长培训班。在国家民委的关怀下,为全区县级民宗部门配备了工作用车。各级民族宗教工作部门都开展了精神文明建设活动,机关作风明显改善,机关面貌有了较大改观。

新疆生产建设兵团

【民族工作】1999年,新疆生产建设兵团的民族工作在各级党委的领导下,在国家民委指导和支持下,以民族团结进步为主题,紧紧围绕经济建设这个中心,积极促进少数民族政治、经济、文化等各项事业的发展,为新疆和兵团的经济发展和社会稳定做出了贡献。

1.继续开展马克思主义民族理论政策的宣传教育。

1999年兵团各级党政和民族工作部门把邓小平民族理论和江泽民同志视察新疆和兵团的重

要讲话,作为马克思主义民族理论政策教育的中心内容,结合普法活动,进行反复学习、宣传,极大提高了各级领导干部和广大职工群众民族团结的意识。

2.*广泛深入地开展第十七个民族团结教育月活动*。在民族团结教育月活动期间,兵团和各师(局)党委坚持"抓五月,促全年"的工作方针,把民族团结教育月活动同开展"三讲"教育,同开展反对霸权主义、同反对民族分裂、同为少数民族办好事、办实事、同抓生产管理结合起来,通过各种渠道,利用各种宣传媒体开展形式丰富的宣传教育活动,使宣传教育活动实现形式与效果的统一。

3.*大张旗鼓地开展民族团结进步创模活动*。兵团各师(局)、团(场)积极开展创模活动,宣传了民族团结进步的模范事迹,创造了人人都讲民族团结,大家都为民族团结进步争做贡献的良好社会风尚。在国务院召开的第三次全国民族团结进步模范表彰大会上,兵团有6名集体和7名个人分别荣获"民族团结进步模范集体"和"民族团结进步模范个人"称号。

4.*加大少数民族扶贫力度,支持兵团民族经济的快速发展*。在国家出台"九五"期间民族贸易和民族用品生产的优惠政策后,兵团与地方有关部门协调,出台和完善了兵团75个团场和18家民族贸易企业及28家民族用品生产企业的多项优惠政策。据不完全统计,实现直接效益668.6万元,争取到贴息贷款指标300万元。各师(局)和民族团场都加大对少数民族的扶贫力度,制定多项优惠政策帮助少数民族发展经济。1999年,兵团评选表彰了10名少数民族十佳致富能手和10名致富能手提名奖,并组织了民族致富能手演讲团分赴南北疆演讲。

5.*做好"三项资金"(即:内部少数民族扶贫资金、支持地方建设资金、边境团场建设事业费)项目落实工作*。1999年,兵团划拨"三项资金"及时,兵团民宗委做到年初有考察、年终有检查,使三项资金都能按预定项目逐项落到实处,充分发挥了较好的经济和社会效益。

6.*加强少数民族干部培训*。各师(团)、团场利用冬季农闲季节,开展"科技之冬"活动,加大对少数民族干部的培训。1999年,兵团南北疆两个少数民族干部培训中心分别在南疆农三师党校和北疆农四师党校挂牌成立,截止到1999年底,两个中心共开办各类培训班11期,培训各类干部394人次。

7.*稳定工作得到切实加强*。兵团各级党政和民族工作部门始终把稳定工作放在突出位置,采取积极措施,保证了兵团内部的稳定,从而进一步为新疆的稳定做出了贡献。特别是在重点单位连续开展的集中整治工作取得了明显成效,各级民族工作部门在集中整治工作中发挥了突出的作用。

8.*兵地团结有了新的进展*。兵团单位与地方相邻单位普遍开展了两个文明共建活动,基本上都签署了共建公约。节日期间,兵团各师(局)、团场都由领导带队,到相邻单位进行慰问,开展联谊活动,并主动向地方党政汇报工作。在地方扶贫攻坚的关键阶段,各师(局)、团场抽调大批人力、财力投入到地方扶贫攻坚战场,帮助地方少数民族人民群众早日脱贫致富。特别是在地方单位遭受自然灾害的情况下,更是不惜一切代价,帮助地方单位和各族人民渡过难关。

9.*兵团各级民族工作部门自身建设得到加强*。一是积极投身于1999年的各项重大政治活动,认真学习了《三讲教育读本》,踊跃参加了声讨美国为首的北约轰炸我驻南使馆、揭批李洪志"法轮大法"和李登辉的"两国论"等活动。二是大兴调查研究之风,开展规模较大的有效调研活动,兵团民宗委领导带队深入12个师(局)的30多个民族团场进行民族团结情况、民族经济发展等多方面的调研,写出了综合性调研报告,为兵团在这方面的决策提供了依据。同时,各师(局)也配合即将实施的"兴边富民行动",开展调研活动。三是普遍加强了信息的收集和报送工作,年初兵团民宗委印发了1999年兵团民族宗教工作信息要点的通知,随后又制定了信息工作奖励办法。各级民族工作部门按照兵团民宗委要求,及时上报各方面信息,为各级领导准确了解和掌握兵团民族方面情况、及时处置各类问题作出了贡献。

纪 事 篇

Events

该篇分“民族团结进步表彰活动”、“民族自治地方成立庆祝活动”、“民族工作会议”、“民族政法”、“民族经济”、“民族教育”、“民族科技”、“民族干部”、“民族文化”、“民族语言文字”、“民族古籍”、“民族体育”、“民族卫生”、“对外交流”、“民族工作部门自身建设”、“各类活动”等16个栏目，收编了国家和各省、自治区、直辖市民族工作部门撰写的有关少数民族各项事业条目。

民族团结进步表彰活动

【国家民委授予见义勇为先进个人民族团结进步模范称号】1999年10月29日国家民委召开座谈会，授予参加第六次全国人民群众见义勇为与犯罪分子作斗争先进个人表彰大会的9位少数民族代表民族团结进步模范称号，其中授予杜振福、尹春吉、肖荣庆、洛桑、顿珠、王永明6位同志"民族团结进步模范"称号；追授许文明、章才、阿不来提·塔依甫3位同志"民族团结进步模范"称号。政法司司长杨侯第主持座谈会，国家民委副主任江家福同志到会讲话，并向获得荣誉称号的同志颁发了荣誉证书。

【吉林省召开第三次民族团结进步表彰大会】中央民族工作会议暨国务院第三次全国民族团结进步表彰大会之后，吉林省第三次民族团结进步表彰大会于1999年11月1日在长春南湖宾馆隆重举行。省委、省人大、省政府、省政协、省纪检委、省军区等领导、各市州分管民族工作的党政领导、延边州和辖自治县的地级市党政主要领导和分管领导、各市州委统战部部长、民委主任、省直有关部门领导共180余人参加了会议。省委书记王云坤在会上做了重要讲话，国家民委副主任李晋有专程到会祝贺并讲话，省长洪虎主持会议并做了总结讲话。全哲洙副省长宣读了省政府表彰决定，省财政厅、延吉市荣复军人建筑安装责任公司经理金在万分别代表受表彰的模范集体和个人发言。

这次受省政府表彰的共有260个模范(先进)集体和个人，在103个受表彰的集体中，有模范集体10个；在157名个人中，模范个人3名，享受省劳模待遇，晋升一级工资；其他分别记了一、二、三等功和受到嘉奖。省领导在会上向受表彰的模范集体和个人颁发了奖牌和证书。省长洪虎在总结讲话中对贯彻会议精神进行了部署。

【福建省召开第五次民族团结进步表彰大会】1999年12月20日至23日，福建省委、省政府在福州召开了全省第五次民族团结进步表彰大会，对近年来全省民族团结进步活动中涌现出来的64个模范集体和55个先进个人进行表彰。为扩大影响，省民委加大了宣传力度，积极组织新闻媒体对民族团结进步模范广为宣传，同时，组织模范集体、先进个人代表到福州、厦门及福厦高速公路等地参观改革开放成就，推动了全省民族团结进步活动的深入开展。

【山东省召开第四次民族团结进步表彰大会】1999年，山东省的民族团结进步事业在省委、省政府的领导和国家民委的正确指导下取得了新的成绩，各民族之间团结和睦，社会主义新型民族关系不断巩固和发展，涌现出一批为民族团结进步事业做出突出贡献的先进集体和先进个人。为表彰先进，1999年8月17日，山东省第四次民族团结进步表彰大会在济南隆重举行，省委、省人大、省政府、省政协、省纪委、省军区、省武警总队的主要领导同志参加会议并在主席台就座。大会由山东省省长李春亭主持，中共中央政治局委员、中共山东省委书记吴官正做了重要讲话，国家民委副主任江家福专程到会祝贺并讲话。省直各部门的领导和各市地的分管市长、专员、受表彰的先进个人和先进集体的代表出席了会议。会上，济南市民委、青州北城满族村等单位作了典型发言，省政府对61个民族团结进步先进集体和民族团结进步先进个人进行了表彰。这次表彰会既是对山东省民族团结进步事业的总结，也是对致力于民族团结进步事业工作者的鞭策与鼓舞。会议号召全省各族人民要继续紧密团结在以江泽民总书记为核心的党中央周围，以邓小平理论为指针，认真贯彻落实党的各项民族政策，坚定信心，振奋精神，同心同德，艰苦奋斗，加强民族团结，维护社会稳定，加快山东少数民族经济和各项社会事业的发展，促进各民族的共同繁荣进步。

【河南省召开民族团结进步表彰大会】河南省民族团结进步表彰大会1999年9月9日在郑州召开。这次会议的主要任务是：总结1994年全省第二次民族团结进步表彰大会以来全省民族工作取得的成绩和经验，表彰为民族团结进步事业做出突出贡献的模范集体和模范个人，进一步动员全省各族人民为改革、发展、稳定作出新的贡献。省党政领导马忠臣、李克强、李成玉、俞家骅、李志斌、郭国三、贾连朝等出席会议。国家民委副主任江家福专程到会祝贺。各市地主管民族工作的副市长、民委主任、省民委委员和模范集体、模范个人300多人参加了会议。会上,15个模范集体、模范个人受到了国家民委和省政府的联合表彰,73个模范集体、97个模范个人受到了省政府的表彰。国家民委副主任江家福、省政府副省长李志斌发表了讲话。

【河南省民委受到隆重表彰】改革开放以来,特别是1994年全省第二次民族团结进步表彰大会以来,河南省民族事务委员会认真贯彻党的民族政策,加强民族团结,维护社会稳定,大力发展少数民族和民族地区经济和各项社会事业,为全省的改革、发展、稳定做出了积极贡献。1999年9月,省民委分别被国务院、省政府授予"全国民族团结进步模范集体"的光荣称号,受到了隆重表彰。

【广西认真做好评选全国民族团结进步模范集体和模范个人工作】认真做好国务院第三次全国民族团结进步表彰大会分配给广西的模范集体和模范个人名额的评选、审核、报批以及组织部分代表赴京与会的工作,是广西各级民委1999年民族政法工作重点要抓的一件大事。为做好这项工作,自治区民委根据国务院分配给广西的名额,结合广西的实际,及时制定出名额分配方案、评选工作方案和宣传工作方案。在各方案经自治区人民政府批准后,认真指导各地市及各部门开展推荐、评选工作,对各地市以及区直有关部门上报的材料进行认真的审查,发现问题及时纠正;将审查意见汇总报自治区党委和自治区人民政府研究、审定;最后,及时将材料报送全国民族团结进步表彰大会筹备办公室审批。为了广泛地宣传民族团结进步的先进典型,广西区民委与广西日报社联合,选择了部分民族团结进步模范集体和模范个人的典型事迹进行宣传报道。同时,还为广西电视台、广西电台以及中央新闻单位等提供先进事迹宣传材料。为配合中央民族工作会议和国务院第三次全国民族团结进步表彰大会,营造一个良好的社会氛围,自治区民委除了认真做好赴京与会代表的组织工作外,还组织未赴京出席表彰大会的模范集体的代表和模范个人,组成'99广西国庆民族参观团,到自治区首府南宁市参加国庆50周年庆典活动,并到沿海城市参观考察。

【国家民委、甘肃省政府召开民族团结进步表彰大会】国家民委、甘肃省人民政府在兰州市甘肃省政府礼堂召开民族团结表彰大会,对近年来在推进民族团结进步事业中作出突出贡献的41个模范集体、31名模范个人进行了表彰奖励。表彰大会由副省长崔正华主持并宣布国家民委、省政府表彰决定,国家民委副主任江家福、省长宋照肃分别讲话,要求各级党委和政府高度重视民族工作,努力推动民族团结进步事业。省委副书记陆浩、省人大常委会胡慧娥、省政协副主席、省委统战部部长杜颖、省政协副主席杨镇刚以及省直有关部门,解放军、武警部队指战员,大专院校学生,各族代表1000多人参加了大会。

【甘肃省民委、张掖行署联合召开民族团结进步模范集体、模范个人表彰会】甘肃省民委、张掖地区行署联合召开民族团结进步模范集体、模范个人表彰会,会上为13个模范集体和10名模范个人颁发了证书和奖牌,省民委副主任马少青、张掖地区行署专员赵家瑞作了重要讲话。

【新疆维吾尔自治区民族团结进步模范创建活动办公室成立】为了进一步贯彻执行《新疆维吾尔自治区创建民族团结进步模范单位、争当民族团结进步模范个人活动管理办法》,认真开展好自治区民族团结进步模范单位和个人评选活动的组织、协调、管理、奖惩等工作,把民族团结进步事业推向一个新的高度,使此项活动纳入制度化、规范化轨道,经自治区民宗委党组研究决定,成立自治区民族团结进步创建活动办公室。

■民族自治地方成立庆祝活动

【河北省宽城满族自治县成立10周年】1999年6月26日,宽城满族自治县隆重地举行了成立10周年庆祝活动。全国人大民委和国家民委发了贺电。国家民委专职委员、政法司司长杨侯第专程到宽城表示祝贺。河北省副省长何少存为团长、省有关部门组成的河北省代表团参加了庆祝活动。

在县城中心广场举行的有各族群众参加的宽城满族自治县成立10周年庆祝大会上，杨侯第代表全国人大民委和国家民委致词，何少存讲话并向宽城满族自治县赠送了贺幛。大会结束后举行了隆重热烈地庆祝游行活动。

【河北省围场满族蒙古族自治县成立10周年】1999年6月28日，围场满族蒙古族自治县在县城隆重地举行了成立10周年庆祝活动。全国人大民委和国家民委发了贺电。全国人大民委和国家民委的代表、国家民委专职委员、政法司司长杨侯第专程到围场表示祝贺。河北省副省长何少存为团长、省有关部门组成的河北省代表团参加了庆祝活动。

自治县成立10年来，在党的民族政策的光辉照耀下，在改革开放春风的吹拂下，全县各族人民用勤劳的双手，使这块土地发生了翻天覆地的变化。围场满族蒙古族自治县本着"隆重、热烈、务实、节俭、鼓劲"的原则举行自治县成立10周年庆祝活动，并以县庆为契机，重点建设了一批基础建设项目，注重为群众办实事、办好事。

【辽宁省清原满族自治县成立10周年】1999年8月30日，辽宁省清原满族自治县隆重集会，各族人民身着节日盛装，载歌载舞，热烈庆祝自治县成立10周年。全国人大民委和国家民委发了贺电。国家民委教育司副司长倖兰代表全国人大民委和国家民委到会祝贺。辽宁省派出了以主管民族工作的副省长赵新良为团长、省民委主任张贤焕为副团长的省代表团，自治县所在市也派出了代表团参加庆祝活动。

清原满族自治县成立10周年来，在党的民族政策光辉照耀下，全县各族人民团结一心、奋发图强、艰苦创业，经济及各项社会事业发生了翻天覆地的变化。清原县1998年全县国内生产总产值实现16.8亿元，10年增长了5倍；地方财政收入6508万元，增长了3.7倍；城乡居民储蓄存款余额11.8亿元，增长12.1倍；工业总产值实现31亿元，增长13.8倍；农民人均收入2508元，增长5倍。科教文化事业也取得了显著的成果。清原满族自治县在庆祝活动期间还举办了文化作品展。

【辽宁省桓仁满族自治县成立10周年】1999年9月1日，辽宁省桓仁满族自治县隆重召开庆祝大会，热烈庆祝自治县成立10周年。全国人大民委和国家民委发了贺电。国家民委教育司副司长倖兰代表全国人大民委和国家民委到会祝贺。以副省长赵新良同志为团长，省民委主任张贤焕为副团长，省直各有关部门领导为成员的省党政代表团参加了庆祝活动。

10年来，桓仁满族自治县委、县政府带领全县各族人民，坚持以经济建设为中心，锐意改革，拼搏进取，社会各项事业取得了突飞猛进的发展。桓仁县是一个国家级的贫困县，县委、县政府带领各族群众艰苦奋斗，于1997年实现了总体脱贫目标。桓仁县委、县政府领导班子得到辽宁省委、省政府的表彰。

【辽宁省本溪满族自治县成立10周年】1999年9月3日，本溪满族自治县隆重举行了自治县成立10周年庆祝活动。全国人大民委和国家民委发了贺电。庆祝活动隆重热烈，国家有关部门祝贺团、省党政代表团参加了庆祝活动，来自外省的代表和在本溪县工作过的老同志也出席了庆祝大会。

10年来，在党的民族政策光辉照耀下，本溪满族自治县委、县政府带领全县各族人民，坚持以经济建设为中心，锐意改革，拼搏进取，社会各项事业取得了突飞猛进的发展。本溪满族自治县的经济实力在辽宁省属于强者之一，他们提出了到2005年在投资总量上将再造一个本溪的奋斗目标。

【辽宁省宽甸满族自治县成立10周年】1999年9月5日，宽甸满族自治县召开庆祝大会，热烈庆祝自治县成立10周年。全国人大民委和国家民委发了贺电，全国人大民委和国家民委的代表、国家民委教育司副司长倖兰等专程到会表示祝贺。辽宁省副省长赵新良率省党政代表团前往参加庆祝活动。在县庆期间，宽甸县利用宾客盈门之际召开产品介绍和经济贸易洽谈会。

宽甸满族自治县成立10周年来，在党的民族政策光辉照耀下，全县各族人民团结一心，奋发图强，艰苦创业，经济及各项社会事业都发生了翻天覆地的变化。宽甸县素有九山半水半分田之称，在80年代是个贫困县。自治县成立以来，各项事业得到了长足的发展，由80年代的财政收入不足千万元发展到1998年的16017万元，在辽宁省民族自治县中率先成为亿元县。

【广东省东源县漳溪畲族乡成立】1999年7月7日,经省民政厅批准,东源县漳溪畲族乡成立。漳溪畲族乡辖10个村民委员会,总面积144.21平方公里,总人口17639人,其中畲族人口5488人,占全乡总人口的31%。

【云南省墨江哈尼族自治县成立20周年】1999年11月28日,在墨江县举行了由国家民委、云南省、思茅地区和有关市、县组成的代表团,全县各族各界代表参加的庆祝墨江哈尼族自治县成立20周年庆祝大会。全国人大民委和国家民委发了贺电。

墨江县位于云南省思茅地区东部,土地面积5312平方公里,99.9%为山地,人口35.3万,包括25个少数民族,其中哈尼族人口占59%,是全国惟一的哈尼族自治县。新中国成立以来,特别是改革开放以来,墨江发生了巨大变化,国民经济持续快速发展,从1978年到1998年,全县国内生产总值增长10倍;农业总产值增长8倍;工业总产值增长15倍;社会消费品零售总额增长7.9倍;地方财政收入从352万元增加到2728万元,增长8.4倍;初步形成了矿业、林产业、食品加工业、建材业、第三产业为主的产业格局。基础设施建设不断加强,城乡面貌明显改观,农村经济全面发展,社会事业取得显著成效,民族团结进一步加强。

【云南省寻甸回族彝族自治县成立20周年】1999年12月20日,国家民委教育司司长吴仕民代表全国人大民委和国家民委到寻甸回族彝族自治县参加寻甸回族彝族自治县成立20周年庆祝大会,参加大会的还有云南省、昆明市和有关市、县的代表团,有来自全国有关省市的特邀嘉宾和寻甸党、政、军、民等共3000余人。全国人大民委和国家民委发了贺电。

新中国成立以来,特别是改革开放以来,寻甸发生了巨大变化,国民经济持续快速发展,尤其是农业生产突飞猛进,1998年完成农作物种植面积79.5万亩,粮食总产量16500万公斤。初步形成了矿业、林业、食品加工业、建材业、第三产业为主的产业格局。基础设施建设不断加强,城乡面貌明显改观,农村经济全面发展,社会事业取得显著成效,民族团结进一步加强。在县庆期间,寻甸县还举行了热烈欢快的大型文艺演出,各族人民载歌载舞,通过热情的歌唱、欢快的舞姿表达了对党、对祖国、对新生活的热爱和美好未来的憧憬。

【甘肃省肃南裕固族自治县成立45周年】甘肃省肃南裕固族自治县在县府所在地红湾寺举行自治县成立45周年庆祝大会,张掖地委书记洪毅和省民委副主任柴生祥先后讲话祝贺,县委书记王军主持大会,县长安永红报告45年来自治县社会经济发展取得的巨大成就。

【甘肃省阿克塞哈萨克族自治县成立45周年】甘肃省阿克塞哈萨克族自治县成立45周年庆祝会暨新县城落成典礼在红柳湾镇隆重举行,国家、省及新疆维吾尔自治区有关方面负责人出席了庆典。

民族工作会议

【国家民委邓小平民族理论研讨会暨全国民委主任会议在北京召开】经国务院批准的国家民委邓小平民族理论研讨会暨全国民委主任会议于1999年1月19日至22日在北京召开。

这次会议的主要任务是深入学习和研究邓小平民族理论,总结1998年的民族工作,部署下一步工作,为筹备中央民族工作会议作准备。参加会议的有各省、自治区、直辖市、计划单列市、新疆生产建设兵团民委主任,全国有关科研机构及大专院校的专家学者,国家民委机关各部门、直属各单位负责人。全国人大民委、全国政协民族和宗教委员会及中央国家机关有关部门负责同志应邀参加了会议。

国务委员司马义·艾买提到会并发表重要讲话。国家民委主任李德洙在会议结束时讲话,常务副主任陈虹同志作了工作报告。部分专家、学者及有关省、区民委主任在会上发言,介绍了他们的工作经验和学习研究邓小平民族理论的心得体会。

会议分析了民族工作面临的形势和任务，提出了下一步工作要求：一是工作要有全局性。要认清大局、把握大局、服务大局。二是工作要有敏感性。民族工作是一项政治性、政策性和群众性很强的工作，从事民族工作的同志眼光要敏锐，要培养明察秋毫的本领。三是工作要有预见性。开展工作不能只考虑当前，要着眼于今后，要研究跨世纪的民族工作如何做。这需要认真总结过去的历史经验，站在历史的高度、时代的高度，做有预见性、前瞻性的研究。要用跨世纪的眼光来对待当前的工作。四是工作要有责任心。要本着对党、对国家、对人民负责的精神来开展工作。五是工作要讲理论。做工作不能就事论事，要把工作的经验上升到理论高度，要得出具有规律性的认识。六是工作要讲协调。民族工作是一项综合性很强的工作，许多事情都要通过协调有关方面才能办，加强协调就是为了调动各方面的积极性。

会议要求，各级民族工作部门要统一思想，坚定信心，抓住机遇，知难而进，团结一致，艰苦奋斗，努力工作，以优异的成绩向全国人民汇报，向党中央汇报，迎接建国五十周年到来。

【国家民委召开全国城市民族工作座谈会】国家民委为了贯彻落实十五大和中央民族工作会议精神，于1999年12月6日—9日在武汉市召开了全国城市民族工作座谈会，这是新中国成立50年来第一次召开的全国城市民族工作会议。来自全国31个省、自治区、直辖市及计划单列市、省会、(首府)的民族工作者、专家学者、企业家、社会工作者共150多名代表参加了会议。国家民委主任李德洙同志出席了会议，副主任江家福同志作了工作报告。

会议回顾了我国城市民族工作的历程和取得的巨大成就，系统地总结了50年来特别是近20年来城市民族工作的经验，全面阐述了城市民族工作的地位、作用和意义，深刻地分析了当前城市中存在的民族问题，提出了跨世纪城市民族工作的任务，确立了一种城市民族工作的模式。

城市化与民族散居化是人类社会发展主线的两个方面，随着我国经济和社会的发展，人口流动加快，民族散居化在城市化中表现得更加深刻，更加充分，城市化在散居化的作用下表现得更加丰富多彩，更加充满活力。城市化过程本身就是城市多民族化、文化多元化的过程。城市的多民族和多元文化是城市的资源和财富，是城市发展的动力和源泉。但是，随着城市多民族和多元文化的发展，不同文化间的矛盾、磨擦与碰撞会日益增加，疏通、协调民族关系的任务会更加繁重。加速西部大开发的战略，要求城市民族工作更充分地发挥其“窗口”、“示范”、“辐射”、“联谊”、“桥梁”作用。

城市民族工作的重要性是历史发展决定的，随着城市化和多民族化的发展，城市民族工作越来越重要。

会议认为在当前的城市民族工作中存在一些损害民族关系、影响社会稳定的问题，由于城市中心地位和辐射作用，将会波及到更大的范围，应当引起足够的重视。

会议还提出了一个“四七二”工作模式，即四个体系：理论体系、政策体系、管理体系、法规体系；七项制度：民委委员制度、少数民族联系制度、法律援助制度、对口支援制度、信息反馈制度、表彰制度、接待制度；两个基地：少数民族活动基地、少数民族人才培训基地。

【北京市召开民族宗教工作会议】1999年1月22日，北京市民委、宗教局召开1999年工作会议。会议传达了邓小平民族理论研讨会暨全国民委主任会议精神，并就贯彻落实会议精神、做好今年工作进行了安排部署。市民委主任、宗教局局长李保群同志作了工作报告。各区县民族宗教干部、市民委所属单位负责人及民委机关处以上干部共80人出席会议。

【河北省召开民族宗教局长会议】1999年3月10日至12日，河北省民族宗教局长会议在石家庄召开。会议的主要任务是传达全国民委主任会议和宗教局长会议精神，总结1998年工作，部署1999年民族宗教工作。国家宗教事务局局长叶小文、省委副书记赵世居出席会议并讲话。省民族宗教事务厅厅长鞠志强作了题为《加强学习，勇于开拓，做好跨世纪民族宗教工作》的报告。会议还分别就做好新时期天主教、基督教、佛教、道教、伊斯兰教工作进行了专题讨论。国家民委民族问题研究中心副主任王铁志作了学习邓小平民族理论的辅导报告。

【山西省召开民族工作会议】山西省民族工作会议于1999年10月23日—24日在太原召开。参加会议的人员有全省11个地、市分管民族工作的书记、市长、专员以及统战部长、民宗局长，部分县(市、区)分管民族工作的副书记、副县(市、区)长以及统战部长、民宗局长，省直70余名部、委、厅、局负责同志共160余人。省委副书记刘泽民、副省长薛军出席会议并作了重要讲话。

会议传达了中央民族工作会议精神，研究部署了全省跨世纪民族工作的任务，总结和分析了全省近年来民族工作的情况和形势，就如何贯彻落实好中央民族工作会议精神提出了明确要求。省委副书记刘泽民在讲话中指出：当前和今后一个时期，全省民族工作的指导思想是以马列主义、毛泽东思想和邓小平理论为指导，把加快少数民族的经济发展和社会进步放到突出的战略地位，提高少数民族群众的文化生活水平，推动民族团结进步事业，为加强民族团结，维护社会稳定，把全省社会主义现代化各项事业全面推向21世纪做出应有的贡献。副省长薛军在讲话中就如何贯彻中央民族工作会议精神，结合山西的实际情况，提出了四项具体要求：一是要认真学习、广泛宣传中央民族工作会议精神，宣传党的民族政策和民族工作的成就；二是要加快发展少数民族经济的步伐；三是要进一步推进民族团结进步事业的发展；四是要切实加强对民族工作的领导。

这次会议为山西省跨世纪的民族工作奠定了基础，指明了方向。山西省的民族工作将以此为契机和动力，开创出新的局面。

【内蒙古自治区召开全区民委主任、宗教局长会议】1999年2月25日至27日，内蒙古自治区民委主任、宗教局长会议在呼和浩特市召开。自治区民委主任、副主任，区民委各处室、直属单位负责人，各盟市民族局局长、民委主任、分管蒙古语文和宗教工作的副局长、副主任及满洲里、二连浩特市、鄂伦春自治旗、鄂温克族自治旗、莫力达瓦达斡尔族自治旗的民族局局长参加了这次会议。自治区政府副主席宝音德力格尔、政协副主席乃登，自治区人大民委、政协民委、教委、扶贫办、财政厅、公安厅、乡镇企业局等有关部门负责同志出席了会议。

【辽宁省召开民委主任(宗教局长)工作会议】1月29日，辽宁省召开全省民委主任(宗教局长)工作会议。会上传达了邓小平理论研讨会暨全国民委主任会议精神，总结了1998年全省民族、宗教工作情况，提出了贯彻全国民委主任会议和国家宗教局长会议精神的基本意见。这次会议统一了思想、认清了形势、明确了任务。会上副省长赵新良做了《用邓小平理论指导民族宗教工作努力维护稳定、促进发展》的讲话；省民委副主任包玉梅作了《高举邓小平理论伟大旗帜，努力做好世纪之交的民族工作》的报告。

【吉林省召开民族宗教工作会议】1999年1月27日—28日，全省民族宗教工作会议在长春召开。参加这次会议的有各市、州主管民族宗教工作的市、州长和民委主任、宗教局长，省民委委员及省直有关部门的领导。省政府副省长全哲洙在会上围绕民族宗教工作与解放思想讲了五个方面的问题。一是关于执行民族政策与思想解放问题；二是坚持民族传统与思想解放问题；三是关于发挥优势与思想解放问题；四是关于宗教工作与思想解放问题；五是维护稳定和思想解放问题。省民委主任金华做了题为《解放思想，务求实效，进一步提高民族宗教工作水平》的工作报告，对1998年的工作进行了总结，对1999年的工作进行了全面部署。省民委副主任奎速做了会议总结，对贯彻落实会议精神提出了具体要求。

【吉林省民委召开城市民族工作座谈会】1999年5月27日，省民委在吉林市召开了“全省城市民族工作座谈会”。参加会议的有8个市辖区和延吉市政府的领导和9个市(州)民委及民族科的负责同志。会议总结了全省近年来开展城市民族工作所取得的成绩，交流了各城市开展民族工作的经验，分析了当前全省城市民族工作存在的问题，研究确定了今后一个时期城市民族工作的任务。

会议认为，全省城市民族工作，在各级党委、政府的领导和重视下，站在讲政治、讲大局的高度，坚持以邓小平理论为指导，紧紧围绕经济建设这个中心，高举民族团结进步的旗帜，认真贯彻党的民族政策，立足实际，动员社会各方面力量来支持和关心民族工作，使全省城市民族工作取得了可喜成绩，为民族团结进步，为全省经济发展和社会稳定做出了积极贡献，民族政策、法规的宣传教育收到明显成效，城市民族工作开始步入法制化轨道。

为了进一步做好城市民族工作，会议提出，各级民族工作部门要充分认识城市民族工作的形势和任务，高度重视民族工作，认真贯彻执行民族政策法规，加强监督检查；坚持开展民族政策的宣传教育，争创民族团结进步模范市，发挥城市的辐射作用，促进民族乡村加快经济发展；要围绕稳定、发展的大局，多办实事、好事，经常开展联谊活动，调动社会各界的力量共同做好城市民族工作。

【吉林省民委召开边境县市民委主任会议】为配合国家民委开展的“兴边富民行动”，组织好全省边境县(市)加入到国家民委倡议提出的“兴边富民行动”中来，吉林省民委于1999年7月12日在延边朝鲜族自治州的珲春市召开了边境县(市)民委主任会议。全省10个边境县(市)的民委主任参加了会议。会议传达了国家民委关于开展“兴边富民行动”的有关精神，研究制定了吉林省“兴边富民行动”方案，部署了全省下一步开展“兴边富民行动”的具体工作任务。

会议认为：吉林省是一个边境省份，全省有10个边境县(市)、51个边境乡镇，边境线长1447.2公里，边境县(市)人口115.2万人。改革开放以来，边境县(市)在各级党委和政府的领导下，经济和各项社会事业取得了很大发展，但由于种种原因，边境地区的经济发展水平与其他地区相比，仍有很大差距。边境地区还存在着文化、教育、卫生条件落后，交通不便、信息闭塞，基础设施相当薄弱等方面的困难和问题需要解决和改善。国家民委开展的“兴边富民行动”，对于加快吉林省边境民族地区的发展具有重要意义。会议提出：边境县(市)一定要抓住这一有利时机，积极行动起来，加强对“兴边富民行动”的领导，搞好规划，制定具体措施，确定重点发展的项目，为“兴边富民行动”创造有利的条件。

【黑龙江省民委召开会议传达中央民族工作会议精神】1999年11月9日至10日，黑龙江省民委、宗教局在哈尔滨召开了全省地、市民委主任、宗教局长会议。全省十三个地市民委主任(宗教局长)，省民委、宗教局机关处以上干部，省民族干部学院和省民族研究所主要领导近40人参加了会议。

会议传达了江泽民总书记、朱镕基总理在中央民族工作会议上的重要讲话，传达了全国天主教工作会议精神，通报了全省天主教工作情况。

委局党组副书记、省民委副主任洪英华介绍了中央民族工作会议的盛况、特点及其重要意义，强调了会议的新思想、新观点，还对1999年前十个月黑龙江省民族宗教工作进行了基本估计，并对贯彻落实好中央民族工作会议精神提出了具体要求。他要求全省各级民委、宗教工作部门要以中央民族工作会议精神为指导、为动力，抓好当前工作，规划好2000年及长远工作，为开创黑龙江跨世纪民族宗教工作新局面做好应有的准备。会议结合委局机关正在进行的“三讲”教育，征求了市地民委对省委局“三讲”教育的意见。

【黑龙江省召开民委主任、宗教局长会议】1999年2月26日至27日，全省民委主任、宗教局长会议在哈尔滨市召开。省政府副省长马淑洁、省政府副秘书长赵志强、省委统战部副部长王争、省人大民侨外委副主任李祯镐、省政协民宗委副主任张金凯等领导出席会议。全省十三个地市民委主任(局长)、分管宗教工作的副主任(副局长)、办公室主任、委局直属单位、机关各处(室)负责同志共60人参加了会议。会议期间，马淑洁副省长就如何做好跨世纪民族宗教工作，代表省政府作了题为“认真落实省委全会精神，开创全省民族宗教工作的新局面”的重要讲话。会议传达了全国民委主任会议精神和国家宗教局1999年工作要点，听取了省民委主任、宗教局长舒景祥所作的题为“总结吸取工作经验，落实省委全会精神，富有成效地做好全省民族工作和宗教工作”的工作报告。王争副部长做了重要讲话。会议表彰了1998年市地民委创优活动中的标兵、优秀、合格单位。哈尔滨、齐齐哈尔、牡丹江、七台河、绥化等六个市地民委宗教局在会议上介绍了典型经验。省民委副主任洪英华就会议收获和贯彻落实问题作了题为“围绕总目标，唱好主旋律，全力抓落实，努力为全省民族、宗教工作创出新业绩”的总结讲话。

【上海市召开民族工作会议】上海市民族工作会议于1999年11月24日在上海展览中心隆重举行。中央政治局委员、市委书记黄菊同志在会上作了重要讲话。会议由市委副书记、市长徐匡迪主持。会议的主题是贯彻落实中央民族工作会议精神,代国务院向上海市全国民族团结进步模范集体、模范个人授奖,部署世纪之交的上海民族工作。市人大常委会主任陈铁迪,市委副书记、市政协主席王力平,市委副书记、常务副市长陈良宇,市委副书记孟建柱、龚学平,市人大常委会副主任沙麟,副市长冯国勤,市政协副主席王生洪等出席会议。市委书记黄菊在讲话中充分肯定上海民族工作取得的成绩后,提出要全面贯彻中央民族工作会议精神,结合上海实际,不断推进民族工作。一是要从讲政治的高度,充分认识新的历史条件下做好民族工作的重大意义。二是要把握上海民族工作的特点,进一步做好面向新世纪的民族工作。要将上海民族工作纳入党的全局,纳入经济、社会的总体规划,纳入法制化轨道;讲究实际,深入开展内容丰富的民族团结进步活动;继续努力,进一步推进对口支援与经济技术协作;依托社区,做好外来流动人口中的少数民族人员的管理工作。三是要切实加强领导,不断提高上海民族工作的水平。

会上,市领导为上海市荣获国务院第三次全国民族团结进步模范的黄浦区等12个集体和火恩杰等7位个人颁奖;黄浦区、市政府协作办、市港务局和地震局局长火恩杰作了交流发言。出席这次会议的有市民族工作联席会议成员、各部委办、区县局、控股(集团)公司、大专院校和科研单位分管统战、民族工作的党政负责同志、市工青妇有关负责同志、市人大少数民族代表、市政协少数民族委员等共500多人。

会前,黄菊、徐匡迪等市领导会见了上海市荣获国务院第三次全国民族团结进步模范称号的集体代表和个人,并与大家合影。

【浙江省召开民族宗教工作电视电话会议】 1999年3月10日,全省民族宗教工作电视电话会议在杭州市召开,省委常委、常务副省长吕祖善到会讲话,省民宗委主任宋云祥作工作报告,省政府副秘书长周玉根到会,省民宗委副主任李绍瑛主持会议。各市(地)、县(市)党政分管领导、省级23个有关部门领导,全省各级民宗局机关干部和有关部门领导近千人参加了会议。

4月1日至2日,浙江省还在杭州市召开全省市地民宗局长会议座谈会,研究在全省开展依法管理民族宗教事务竞赛活动的有关事宜。省民宗委主任宋云祥、副主任严紫娟、李绍瑛和机关各处室负责人参加了会议。

【安徽省召开民委主任会议】 3月9日,安徽省民委在合肥召开全省民委主任会议。这次会议的主要任务是:传达贯彻国家民委召开的全国邓小平理论研讨会暨全国民委主任会议精神,联系安徽实际,深化对做好民族工作重要性的认识,转变作风,狠抓落实,把全省民族工作不断推向前进。省直有关单位负责人、各市、地民委主任参加了会议。

省政府常务副省长张平出席会议并发表重要讲话。他说,1998年全省民族工作取得了显著成绩,坚定地维护了民族稳定,党的民族政策进一步落实,民族经济发展加快。同时,他就做好今年的民族工作提出了几点意见。他要求各级领导干部和民族工作部门同志迅速行动起来,在全省兴起马克思主义民族观再学习、再教育活动,学习江总书记亲自推荐的经典作家的五本书,并自觉加以运用,指导实际工作。以完成民族乡任期目标为动力,努力向回良玉书记提出的民族乡第二步发展目标迈进。要大力发展民族乡村乡镇企业,发展少数民族个体、私营经济,引导民族乡妥善解决农村剩余劳力转移问题。要继续开展好民族团结进步活动,从讲政治的高度,努力维护民族团结,巩固平等、团结、互助的社会主义民族关系。通过示范作用,推动我省民族团结进步事业的发展。要加强民族工作队伍的自身建设,认真加强学习,以整风的精神,认真开展"讲学习、讲政治、讲正气"的三讲活动,不断提高自身理论素养和业务水平,为全省民族工作再立新功。

【福建省召开民委主任会议】 福建省民委主任会议于1999年10月20日至21日在福州召开。全省9个地市的民委主任、不设民委的县委统战部或民政局分管民族工作的领导,各民族乡主要负责同志和省直有关部门的领导等共110多人参加会议。省民委主任林文斌传达中央民族工作会议精神和省委常委会的贯彻中央民族工作会议意见。省委赵学敏副书记,省政协副主席、统战部部长金能筹出席会议并先后讲了话。会议要求,一要充分认识新形势下做好民族工作的重要性;二要加快少数民族和民族地区经济社会的全面发展;三要广泛深入地开展民族团结进步活动;四要调动全社会力量共同推进全省民族工作。各级党委、政府要切实加强对民族工作的领导,充分发挥民族工作协调机构作用,动员全社会力量搞好民族工作,切实加强民族工作部门的自身建设,创造性地开展好民族工作。

【江西省召开民族工作会议】1999年11月12日,江西省委、省政府在南昌市召开全省民族工作会议,部署新世纪的民族工作,省委书记舒惠国强调:民族宗教问题是事关全局、事关未来、事关改革发展稳定的大问题,任何情况下都不能麻痹松懈、掉以轻心;民族宗教工作必须服务于大局,致力于加强不同民族、不同信仰群众间的团结,维护社会稳定,促进经济发展;要切实加强党和政府对民族宗教工作的领导,形成强大合力,提高工作水平,各级党和政府要采取得力措施,认真落实加快民族乡村发展的各项政策,不能把1.5万少数民族贫困人口带入21世纪。会上,省委副书记步正发传达了中央民族工作会议精神。之前,11日的省委常委会议听取了关于中央民族工作会议精神及贯彻意见的汇报。

【河南省召开民族工作会议】河南省民族工作会议1999年11月19日至20日在郑州召开。会议的主要任务是:传达贯彻中央民族工作会议精神,总结1992年以来全省民族工作取得的成绩,研究民族工作面临的新形势、新问题,全面部署跨世纪的民族工作。马忠臣、李克强、范钦臣、李成玉、俞家骅、李志斌、郭国三等省党政领导出席会议。各市地主管民族工作的副书记、副市长(副专员)、统战部长、民宗委(局)主任(局长),省民委委员和省直有关部门的负责同志,民族区、乡(镇)党委书记或区、乡(镇)长共160多人参加了会议。李成玉代表省委、省政府总结了1992年以来全省民族工作取得的成绩,对从现在起到2010年民族工作任务进行了全面部署;省委书记马忠臣对进一步做好民族工作提出了明确要求;省长李克强就加快少数民族和民族聚居地区的发展作了重要讲话;副省长李志斌就贯彻落实会议精神提出了要求;省政协副主席、统战部长郭国三传达了中央民族工作会议精神。8个单位的代表介绍了做好民族工作的经验。这次会议规格高、规模大,是河南省民族工作史上一个新的里程碑,必将对全省跨世纪的民族工作产生深远的影响。

【河南省召开民族宗教工作会议】河南省民族宗族工作会议于1999年2月25日至26日在郑州召开。会议的主要任务是:传达贯彻全国民委主任会议精神和国家宗教局1999年工作要点;总结1998年民族宗教工作,研究部署1999年民族宗教工作;对1998年民族宗教工作先进单位进行表彰。省人大副主任俞家骅,省政府副省长李志斌,省政协副主席、统战部部长郭国三等出席了会议。会议确定了1999年需要抓好8项重点工作:(一)进一步抓好党的民族、宗教政策和国家有关法律、法规的宣传和教育;(二)继续抓好民族团结基层基础工作;(三)继续抓好民族经济和社会事业的发展;(四)加强对民族、宗教事务的依法管理;(五)认真做好农村宗教工作;(六)积极引导宗教与社会主义社会相适应;(七)抓好热点、难点问题的处理;(八)努力加强民族宗教干部队伍的建设。李志斌代表省政府作了重要讲话。他要求,要深入学习邓小平理论,坚持用邓小平理论指导工作;解放思想,开拓创新,积极探索做好新形势下民族、宗教工作的新方法、新途径;坚持以经济建设为中心,加快少数民族经济和各项社会事业的发展;依法加强对民族、宗教事务的管理,确保民族、宗教领域的稳定。他还就加强对民族、宗教工作的领导问题提出了要求。

【湖南省召开全省民委工作会议】1999年2月26日至27日,全省民委工作会议在长沙召开。这次会议主要是传达全国民委主任会议精神,总结1998年全省民委工作情况,部署1999年工作任务,表彰1998年度民族工作单项奖获奖单位和全省民族调研成果获奖单位和个人。省人大常委会副主任郭俊秀、省政府副省长唐之享、省政协副主席石玉珍到会并作重要讲话。省民委主任石昌禄作了题为《把握大局、开拓创新,努力做好世纪之交的民族工作》的工作报告,民族工作单项奖一等奖获奖单位介绍了经验,省民委副主任龙尚明作会议总结。各地州市、自治县、州辖县市和少数民族人口较多的县的民委主任,各地州市民委办公室主任,省委统战部、省人大民侨外委、省政协民宗委负责同志,省民委委员、委员联络员、省民委领导和各处室负责同志出席了会议。

【广东省召开民族工作会议】1999年11月29

日,广东省民族工作会议在广州召开,省直有关部门负责同志、各地级以上市分管民族工作的副书记或副市长、统战部长、民宗局局长,连南、连山、乳源3个自治县的县委书记、县长以及民族乡所在县的分管民族工作的副书记或副县长160多人参加。省委副书记、省长卢瑞华,省委副书记黄丽满在会上作了重要讲话。省委常委、副省长卢钟鹤,省人大副主任侣志广,省政协副主席、省委统战部部长彭禹贤等省领导出席了会议。会议为广东省获得全国民族团结进步模范集体和模范个人称号的代表颁了奖,传达了中央民族工作会议精神,研究部署了全省跨世纪的民族工作,讨论了《中共广东省委、广东省人民政府关于进一步加强全省民族工作的意见》,制定了加强省民族工作和加大对民族地区扶持力度的措施。

【广东省召开民族宗教局长会议】1999年2月4日至5日,广东省民族宗教局长会议在汕头市召开。各地级以上市民族宗教局长(统战部长)和省直有关部门负责人共40多人参加了会议。国家宗教事务局局长叶小文、省政府副省长李兰芳出席会议并作重要讲话。会议传达了国家民委、国家宗教局召开的有关会议精神,总结了1998年全省民族宗教工作情况,研究部署了1999年工作任务。会议由省民委林道英副主任主持,刘文炎主任作工作报告,黄德才副主任作会议总结。

【海南省召开民族工作会议暨第三次民族团结进步表彰大会】1999年12月22日至23日,海南省民族工作会议暨海南省第三次民族团结进步表彰大会在海口市召开。会议的主要任务是:在邓小平理论和党的基本路线指引下,认真贯彻中央民族工作会议精神,回顾总结建省办经济特区以来海南民族工作的成就和经验,研究新形势,部署新任务,团结全省各族人民,同心同德,齐心协力,开创海南跨世纪民族工作新局面。省委书记、省人大常委会主任杜青林,省委副书记、省长汪啸风分别在会上作了重要讲话。省委常委、副省长朱明国代表省委、省政府传达了中央民族工作会议精神,特别是江泽民总书记在中央民族工作会议暨国务院第三次全国民族团结进步表彰大会上的重要讲话和朱镕基总理在闭幕会上的重要讲话精神。杜青林书记在讲话中,简要回顾了新中国成立后特别是实行改革开放和建省办经济特区以来海南省民族工作走过的光辉历程和取得的伟大成就,总结分析了海南省民族工作的主要经验和面临的新形势,提出了海南跨世纪民族工作的主要任务。他指出:总结海南省民族工作的经验,归结到一点,就是要坚定不移地贯彻执行党的民族政策和制度,任何时候都不能有丝毫动摇和改变。只要我们全面正确地贯彻执行党的民族政策,各级党委、政府高度重视民族工作,全社会都来关心和支持民族工作,民族地区的社会经济就会有大的发展,民族团结事业就能取得大的进步。海南省跨世纪民族工作的主要任务是:(1)切实加快少数民族和民族地区的经济与社会发展;(2)进一步加强少数民族干部队伍的建设;(3)进一步巩固和加强民族团结;(4)加强和改善党对民族工作的领导。汪啸风省长在讲话中,着重就如何加快海南少数民族和民族地区发展作了安排和部署,提出了今后几年要着力抓好的几项工作:(1)以交通为重点,搞好民族地区基础设施建设;(2)加快民族地区产业结构调整,发展具有热带和海岛特色的经济;(3)根据"生态省"建设目标,抓好天然林的保护工作;(4)调动各方面积极性,集中力量进行民房改造和扶贫攻坚;(5)实施科教兴琼战略,加快教育和科技事业的发展,培养少数民族各类人才。(6)搞好农村基层组织建设,培养发展农村经济带头人和领路人。

会上,三亚市人民政府等25个民族团结进步模范集体和陈志荣等23个民族团结进步模范个人受到了海南省人民政府的表彰。

【海南省召开民族宗教局长会议】海南省民族宗教局长会议于1999年1月28日在海口市召开。会议的主要内容是传达贯彻国家民委在北京召开的"邓小平理论研讨会暨全国民委主任会议"精神,总结1998年民族宗教工作,研究部署1999年民族宗教工作。省民宗厅厅长王亚保、副厅长龙文分别在会上作了工作讲话和传达报告。王亚保同志在讲话中对1998年海南省民族宗教工作和1999年的民族宗教工作进行了总结部署。他指出:1998年,海南省民族宗教工作在省委、省政府的领导下,高举邓小平理论伟大旗帜,认真贯彻党的十五大和十五届三中全会精神,紧紧围绕稳定、发展、团结、进步的主题,切实加强对宗教事务的依法管理，坚持以经济建设为中心，积极为少数民族和民族地区办实事、办好事，推动了少数民族各项事业的长足发展，取得了较好的成绩。1999年，全省民族宗教工作要继续全面贯彻党的民族宗教政策，坚持和完善民族区域自治制度，依法加强对宗教事务的管理，进一步加强民族团结，维护社会稳定，大力促进少数民族和民族地区经济社会的发展，促进各民族的共同繁荣进步，使民族宗教工作更好地为特区经济建设服务。龙文同志在会上传达了国家民委邓小平理论研讨会暨全国民委主任会议精神，以及国务委员司马义·艾买提、国家民委主任李德洙、国家民委副主任陈虹所作的重要讲话精神。

在这次会议上，还就1999年全省民族地区民房改造工作进行了部署，安排下达了1999年度民族地区民房改造任务分配方案。

【重庆市召开民族宗教部门负责人会议】2000年1月18日至19日，重庆市召开了全市民族宗教部门负责人会议，万州、黔江开发区民宗委，各区县(自治县、市)民宗委负责人参加了会议，市级有关部门负责人应邀参加会议。会议的主题是：传达贯彻全国民委主任会议和全国宗教局长会议精神，总结1999年民族宗教工作，部署2000年工作任务，并对民族专项资金项目管理进行前期培训等。市政府程贻举副市长到会并就如何贯彻中央民族工作会议和全国民委主任、宗教局长会议精神作了重要讲话。市民宗委主任石胜福作了工作报告，副主任严峻传达了全国宗教局长会议精神并作会议总结。与会同志围绕实施西部大开发战略，加快少数民族和民族地区发展，依法加强对宗教事务的管理，确保宗教方面的稳定等展开了热烈的讨论，形成了共识。

【四川省召开第三次藏区工作会议】1999年3月24日，四川省委、省政府在成都召开四川省委第三次藏区工作会议。甘孜、阿坝、凉山三个州的州委书记、州长、统战部长和民委主任，甘孜、阿坝两州所属各县和木里藏族自治县的县委书记和统战部长，省级有关部门的主要负责人参加了会议。四川省委书记谢世杰、副书记杨崇汇作了重要讲话。会议主要传达1998年12月中央召开的全国藏传佛教工作座谈会精神，认真学习江泽民同志关于同达赖集团斗争的重要指示，提高认识，统一思想，认清形势，总结交流藏区工作和寺庙教育整顿工作的经验，分析存在的问题，研究部署进一步加强藏区工作的措施，促进藏区经济发展、民族团结、政治稳定。会议指出，要高度重视四川藏区工作，始终坚持一手抓发展，一手抓稳定，正确处理改革、发展、稳定的关系，妥善处理民族、宗教问题，坚决抵制达赖集团的分裂渗透活动，千方百计把藏区工作搞好，确保藏区持续、稳定、健康发展。会议强调，要加强藏传佛教工作，深入开展爱国主义教育，搞好寺庙清理整顿，依法加强对宗教事务的管理，牢牢把握对宗教事务的领导权和管理权，教育寺庙和僧人自觉服从党和政府的领导和管理；要抓住中央加大对中西部地区扶持力度，以及扩大内需、增大基础设施建设投入的政策机遇，切实加强基础设施建设，拉动经济增长；以实施天然林资源保护工程为契机，加大产业结构调整力度，发展特色经济，培植新的经济增长点；加强藏区基层政权建设和干部队伍建设，把改革、发展、稳定的任务落实到基层。会议号召各级干部勤奋拼搏，扎实工作，求实创新，开拓前进，努力把四川藏区的经济发展和社会进步推上一个新的台阶。

【甘肃省召开第十一届民委第一次会议】甘肃省人民政府召开第十一届省民委委员会第一次会议，省民委全体委员参加。省政府副秘书长张新忠宣布第十一届省民委委员会组成人员，省民委主任李膺通报了1998年委员单位为民族地区办实事情况，通报了1999年省民委工作重点，提出进一步加强与民委委员和委员单位联系的意见，副省长洛桑灵智多杰就如何做好今年民委委员工作作了重要讲话。

【甘肃省召开民族宗教局长会议】全省民族宗教局(处)长会议在兰州召开，省民委委员、各地州市民族宗教局(处)长、省直有关部门领导、省民委(宗教局)所属各单位负责人共100多人参加会议。会议传达了国家民委召开邓小平民族理论研讨会和国家民委主任会议精神及国家宗教局工作重点。省委副书记陆浩和副省长洛桑灵智多杰作了重要讲话，对全省1999年的民族宗教工作提出了明确的指导思想和具体要求。省政协副主席、省委统战部部长杜颖对做好全省民族宗教工作讲了重要意见，省民委主任、省宗教局局长李膺作了工作报告，全面回顾了1998年民族宗教工作，提出了1999年民族宗教工作各项任务。会上通报了1998年实现目标管理责任制情况，对评为优秀等次的地、州、市进行了奖励，同时与地、州、市民族宗教处(局)签订了1999年工作目标责任书。

【青海省认真传达贯彻中央民族工作会议精神】青海省高度重视传达、学习、贯彻中央民族工作会议精神。1999年10月8日和10月10日，省民委分别召开党组会议和处级以上干部大会，党组书记、主任李庆传达了中央民族工作会议精神，重点传达了中共中央总书记江泽民和国务院总理朱镕基的重要讲话。10月11日又召开全体干部职工大会，传达中央民族工作会议精神，总结今年前9个月工作，部署今后2个多月的工作。

10月14日，省委常委会议听取了关于中央民族工作会议精神的汇报。省委认为，这次中央民族工作会议是自1992年中央民族工作会议之后党中央召开的又一次十分重要的会议，意义重大，影响深远。为此，省委决定向全省发出《关于认真学习贯彻中央民族工作会议精神的通知》，立即在全省掀起一个学习贯彻中央民族工作会议精神的高潮，把这次会议精神迅速、全面地传达到全省各族干部和群众之中，做到家喻户晓，人人皆知。要求各级党政部门加强领导，精心组织实施，加强督促检查，尤其是各级党政领导要率先垂范，带头学好，深刻领会，认真贯彻。鉴于甘肃省民族工作的重点在牧区，省委初步决定，在深入调查研究的基础上，于2000年适时召开全省牧区工作会议，以中央民族工作会议精神指导全省牧区工作，研究牧区的经济发展和社会发展问题。

【宁夏回族自治区召开全区统战部长、民宗局长会议】1999年10月，中央民族工作会议结束不久，自治区党委统战部、自治区民委即在银川召开了全区统战部长、民宗局长会议，自治区民委主任吴国才传达了中央民族工作会议概况、江泽民总书记和朱总理讲话的主要精神以及部分省、市、自治区在民族工作中的主要经验；自治区政协副主席、统战部长周文吉讲了话；会议提出了11条贯彻中央民族工作会议精神的意见。11月3日，自治区党委办公厅、人民政府办公厅向各地、市、县(区)党委、行署和人民政府，自治区党委各部委，自治区各厅局，各人民团体，各大专院校下发了《关于认真学习贯彻中央民族工作会议精神的通知》(宁党办[1999]59号)，《通知》提出了六项调研的主要内容和重点，并要求各级党委、政府和自治区有关部门提出加强民族工作、促进少数民族和少数民族聚居地区发展的具体措施和办法。

【新疆维吾尔自治区召开民宗委主任会议】1999年2月9日—11日，全区民宗委主任会议在乌鲁木齐市召开，来自全疆各地民宗系统及自治区有关单位的代表共计80多人参加了会议。会议传达了邓小平民族理论研讨会暨全国民委主任会议精神，总结了1998年工作，安排部署了1999年工作任务，还表彰奖励了信息工作先进单位、先进个人。自治区民宗委主任阿不都拉·哈木都拉作了会议工作报告，自治区民宗委党组书记刘彦清作了会议总结。各地州市代表就如何做好新时期民族宗教工作进行了讨论。会议期间，自治区人民政府副主席阿不都卡得尔·乃斯尔丁到会做了重要讲话，提出四点要求：一是高举邓小平理论伟大旗帜，认真贯彻党的十五大精神和江泽民总书视察新疆时的重要讲话精神；二是全面正确地贯彻党的民族宗教政策，为自治区经济发展和社会稳定服务；三是适应形势与任务的需要，建设一支高素质的干部队伍；四是加强基层工作，重视调查研究，振奋精神，开拓进取。

【新疆生产建设兵团召开民宗委主任会议】1999年3月8日至10日，新疆生产建设兵团民宗委主任会议在乌鲁木齐召开，来自南北疆14个师(局)及直属单位的46名代表参加了会议。兵团党委常委、副政委买买提明·阿不都热依木到会并作了重要讲话。会议传达了国务委员司马义·艾买提在全国民委主任会议上的讲话和邓小平民族理论研讨会暨全国民委主任会议精神，传达了《中共中央办公厅、国务院办公厅关于转发〈朝觐工作会议纪要〉的通知》，听取了兵团民宗委主任肉孜·依不拉音作的《振奋精神、知难而进，努力开拓兵团民族宗教工作的新局面》的工作报告，会上还讨论修改了《新疆生产建设兵团关于〈关于加强朝觐事务管理的若干办法〉的贯彻意见》。

兵团党委常委、副政委买买提明·阿不都热依木在讲话中充分肯定了1998年兵团民族宗教工作的成绩并对进一步加强兵团的民族宗教工作提出了三个方面的要求：一是以江泽民总书记视察新疆和兵团时的重要讲话及在宗教问题上的“三句话”为指导，切实加强兵团的民族工作。二是以江泽民总书记视察新疆和兵团时的重要讲话及在宗教问题上的“三句话”为指导，切实依法加强对兵团宗教事务的管理。三是牢记党中央赋予兵团屯垦戍边的伟大历史使命，做维护祖国统一是维护边防巩固、维护民族团结、维护新疆稳定的模范。

兵团民宗委主任肉孜·依不拉音在工作报告中回顾总结了1998年的工作，安排布置了1999年的工作任务。一是深入学习党的十五届三中全会和江总书记视察新疆和兵团的重要讲话精神，统一思想，统一认识，指导工作；二是深入进行马克思主义民族宗教理论和党的民族宗教政策的教育，加强民族团结、兵地团结；三是进一步加强民族工作，促进少数民族文化、教育、卫生、体育事业的发展；四是加强少数民族经济发展进程，加大少数民族扶贫力度；五是继续贯彻江总书记关于宗教问题“三句话”精神，做好宗教工作；六是加强信息工作，拓展工作领域；七是改进工作作风，加强有效调研；八是加强民宗委自身建设，努力提高工作水平。

民族政法

【国务院新闻办公室发布《中国的少数民族政策及其实践》(白皮书)】1999年9月26日，国务院新闻办公室向国内外发布了《中国的少数民族政策及其实践》的人权白皮书。这是新中国成立以来，中国政府首次发布的系统阐述中国少数民族政策及其实践，并取得巨大成就的文献。白皮书的内容包括统一的多民族国家、坚持民族平等团结、实行民族区域自治制度、促进各民族共同发展、保护和发展少数民族文化等五个部分。白皮书用对外宣传的方式，总结了建国五十年来我国民族政策的理论和实践，在理论上，重点突出了我国是一个统一的多民族国家的历史进程，以及同这一历史进程相适应的我国现行民族区域自治制度的理论和实践。同时用大量的事实和数据向人们展示了新中国成立五十年来我国少数民族和民族地区经济及社会发展所取得的成就。白皮书的发布，对于向国内外宣传我国的民族政策，宣传我国少数民族的人权保护，批驳一些西方国家对我国少数民族人权状况的肆意攻击具有重要而积极的意义。

【北京市人大审议贯彻《北京市少数民族权益保障条例》情况】1999年12月8日，第十一届市人大常委会十五次会议审议了市民委主任李保群代表市政府所做的《关于宣传贯彻〈北京市少数民族权益保障条例〉的情况报告》。报告说，一年来全市贯彻落实《条例》初见成效，在依法保障少数民族平等权利，发展民族经济、文化、卫生、体育等各项事业发展，尊重少数民族风俗习惯和宗教信仰等方面取得了不同程度的进展，维护和发展了平等、团结、互助的社会主义民族关系。市人大常委对市政府贯彻《条例》情况给予了充分肯定，并就今后一个时期的工作提出了具体的意见和建议。

【北京市召开电视电话会议贯彻落实少数民族权益保障条例】1999年7月27日，北京市人大、北京市政府召开贯彻落实《北京市少数民族权益保障条例》电视电话会议。市政府法制办主任王嘉彦主持，市民委主任李保群做报告，总结了《条例》实施半年来，市、区、县工作开展情况，提出进一步贯彻落实《条例》的具体意见。市人大副主任张燕丽、副市长刘敬民到会讲话。

【河北省清真食品管理条例颁布实施】11月29日，河北省第九届人民代表大会常务委员会第十二次会议通过了《河北省清真食品管理条例》，该条例自2000年5月1日起施行。12月28日至29日，省民族宗教事务厅在石家庄市召开《河北省清真食品管理条例》座谈会。参加会议的有各市民族宗教局主管局长和民族科长，大厂、孟村回族自治县民族宗教局、华北石油管理局统战科的负责同志。会议就贯彻实施《河北省清真食品管理条例》应注意的问题进行了座谈。省民族宗教事务厅副厅长陈同文就条例的基本精神、主要内容及实施工作讲了具体意见。

【辽宁省政协委员调查《民族乡行政工作条例》落实情况】为了解全省《民族乡行政工作条例》颁布实施情况,辽宁省民委陪同省政协部分委员,于1999年4月7日至5月17日,先后到7个市、14个县(区),对15个民族乡镇的经济和社会发展情况进行了调查,实地考察了民族乡镇的工业、农业、医院、学校,并召开座谈会,听取各级民委及有关部门对民族乡镇的发展建设提出的意见和建议。调查结果表明:一是政策上存在"一刀切"的现象,使民族乡镇没有得到应有的照顾和扶持;二是思想观念较陈旧,一些民族乡干部缺乏竞争意识和自强精神;三是自然环境和生产条件差的状况没有得到根本转变;四是科技力量薄弱,人才匮乏,人口素质较低。

根据调查情况,省政协民宗委向省政府提交了《关于加快我省民族乡(镇)经济和社会发展的意见和建议》。

【吉林省加快民族立法步伐】1998年11月28日,吉林省九届人大常委会第六次会议通过了《吉林省少数民族教育条例》,2000年1月1日起正式施行。这个条例对全省少数民族学校布局、降分录取少数民族考生、稳定民族学校的师资队伍和设立民族教育专业经费等方面做出了规定,填补了吉林省少数民族教育立法的空白。

吉林省民族自治地方在都已制定《自治条例》的基础上,近几年还结合当地的经济、社会发展实际,制定了22件《单行条例》,仅1999年就制定了5件,已提请省人大批准和待批准的《单行条例》和《补充规定》有8件。不仅数量明显增多,立法选题涉及面也比较宽。同时,更注重了促进经济的发展,在22件《单行条例》中,有70%多是有关经济方面的。

延边朝鲜族自治州制定了《自治条例》和《单行条例》共18件,这些《条例》的出台,对于推动和促进延边的政治稳定、经济发展、社会进步和边疆长治久安起到了重要作用。1999年,前郭尔罗斯蒙古族自治县针对行政区划变动带来的利益分割,制定了《执行中华人民共和国〈国有土地出让转让暂行办法〉的补充规定》,规定原属前郭尔罗斯蒙古族自治县的一些企业单位在建立松原市时,虽已划到市区,土地出让金和转让金等收费权仍归前郭尔罗斯蒙古族自治县。这一变通规定,每年可给自治县带来300万元的利益。

【吉林省发文加强对清真食品生产经营的管理】为落实尊重少数民族风俗习惯的政策,维护少数民族的切身利益,1994年5月22日,吉林省人民政府令第15号发布了《吉林省清真食品生产经营管理若干规定》(以下简称《规定》)。《规定》发布以来,保证和促进了清真生产经营的发展,取得了较好的效果。1999年,针对贯彻《规定》中存在的问题,吉林省民委和省工商局又联合下发了《关于进一步贯彻〈吉林省清真食品生产管理若干规定〉的意见》(以下简称《意见》),进一步强调了要高度重视清真食品生产经营管理工作,做好党的民族政策和《规定》的宣传;依法加强检查;搞好清真食品的供应;进一步明确了审批手续,使《规定》更具有操作性。各地按照《意见》的要求,相继开展了对清真食品生产经营情况的检查,严格了审批手续,规范了管理,取得了明显成效。

【江苏省举办第二期民族宗教法制宣传教育骨干培训班】为推动全省民族宗教法制宣传教育工作,江苏省民委(宗教局)于1999年5月中旬在南京举办了全省民族宗教系统第二期法制宣传教育骨干培训班,全省各市民族宗教部门、民族企业、民族乡、少数民族较集中的街道以及宗教团体共40人参加了培训。培训期间,大家认真学习了邓小平民主与法制建设理论、依法治国理论、社会主义市场经济与民族宗教方面的法律法规,交流了法制宣传教育工作的经验。省民委副主任、省宗教局副局长王波在培训班结束时讲了话。他要求普法宣传教育骨干带头学习法律知识,带头依法办事,积极为普法工作做出新成绩,创造新经验。

【浙江省民宗委召开民族乡镇规划制定工作交流会】1999年11月11日,全省民族乡镇规划制定工作交流会在杭州召开,18个民族乡镇领导及所在县、市、地民族宗教局长参加了会议,省民宗委副主任李绍瑛主持会议。

【《福建省少数民族权益保障条例》颁布实施】为依法保障少数民族的合法权益,维护和发展平等、团结、互助的社会主义民族关系,促进各民族共同繁荣,福建省人大常委会第14次会议于1999年10月22日通过了《福建省少数民族权益保障条例》,决定自2000年1月1日起施行。《福建省少数民族权益保障条例》是福建省第一部有关民族事务的地方性法规,包括总则、保障少数民族政治平等权利、发展少数民族经济、发展少数民族社会事业、奖励与处罚、附则等6章,共33条。《条例》的正式颁布实施,将使福建省少数民族合法权益的保障有法可依,使福建省民族工作逐步走上法制化轨道,也将促进各级各部门和社会各界进一步关注民族工作地区的发展问题,为推进民族地区的加速发展和民族问题的妥善解决提供了法规保障。

【福建省召开宣传贯彻《福建省少数民族权益保障条例》座谈会】1999年12月29日,省人大、省政府联合召开宣传贯彻《福建省少数民族权益保障条例》座谈会。省人大民委、省政协民宗委、省民族工作协调委员会成员单位和有关省直单位同志以及新闻记者共60余人参加了座谈会。省人大副主任童万亨、副省长汪毅夫及省民委主任林文斌分别在会上讲了话。童万亨副主任强调指出,《福建省少数民族权益保障条例》(以下简称《条例》)的颁布实施,对于保障少数民族的各项权益,帮助解决少数民族地区经济和社会发展中存在的困难和问题,具有重要意义。各级、各部门都要充分认识做好少数民族工作的重要意义,增强贯彻执行《条例》的自觉性。要努力做好《条例》的宣传贯彻工作,让广大干部群众知法、懂法;各有关部门要认真依照《条例》履行职责,切实依法办事。各级人大常委会要加强执法监督,保障《条例》贯彻实施。

【湖北省加强民族政法工作】1999年湖北省在加强民族政法工作方面取得进展。截止到1998年底,湖北省相继出台6个政策性文件、《湖北省散居少数民族工作条例》、18个单行条例以及25个省直部门关于贯彻民族法规的实施细则。为了进一步贯彻党的民族政策,总结和交流全省贯彻落实民族政策法规,加强民族法制建设的成绩和经验,探讨和推动新时期的湖北民族政策法制工作,1999年7月20日至23日,湖北省民委召开民族政法工作经验交流会暨湖北省民族学会第四届会员代表大会。恩施州民委、宜昌市民族宗教局、十堰市民族宗教局、长阳土家族自治县民委、洪湖市民族宗教局等5个单位在会上交流了加强民族政法工作的经验,民族学会会员交流了民族政策法规研究方面的学术论文。为了推动民族政策法规的进一步贯彻落实,省民委还派出调查组,分别到民族地区"一州两县"、散居城市、民族乡,就省委、省政府加快民族地区发展、对口支援、散居条例等方面的问题进行调研,向省委、省政府写出了专题报告,受到省委、省政府领导的高度重视。在省民委的推动下,有关文件得到较好的贯彻落实,对口支援工程顺利实施,许多城市先后制定贯彻《湖北省少数民族工作条例》的实施办法,《武汉市少数民族权益保障条例》业已出台,一些散居县市特别是10个民族乡所在的县市也先后出台帮助民族乡发展经济文化的具体措施。

【广西壮族自治区民委认真做好民族乡工作】1999年1月,经广西壮族自治区人民政府批准,广西柳城县新设立古砦仫佬族乡。为了贯彻执行《民族乡行政工作条例》,促进民族乡经济发展,自治区民委、柳州市民委、柳城县民委派员深入该乡作调查研究,协助和指导该乡做好民族建政工作。11月,在有2万多人参加的正式挂牌庆祝大会上,柳州市分管领导,柳城县四家班子领导,市、县各有关部门以及区、市、县三级民委的代表亲临祝贺,还组织县文工团到会作文艺演出,广西电视台、柳州市电视台等新闻媒体对此也做了宣传报道。

1999年,广西有六个瑶族乡成立适逢五、十周年。为了扩大民族乡的知名度,让全社会都来关心和支持民族乡工作,自治区、地区、县三级民委抓住这个契机,认真组织他们举行庆祝活动或座谈会。同时,请所在县的四家班子领导率县直各有关部门的领导到会表示祝贺,并就民族乡存在的问题,研究和帮助他们解决一些急需解决的困难。

【海南省三个自治县自治条例颁布实施】1999年5月20日,海南省第二届人民代表大会常务委员会第七次会议批准了《昌江黎族自治县自治条例》、《乐东黎族自治县自治条例》和《琼中黎族苗族自治县自治条例》。其中,《昌江黎族自治县自治条例》于1999年6月28日由昌江黎族自治县人民代表大会常务委员会公布施行;《乐东黎族自治县自治条例》于1999年7月1日由乐东黎族自治县人民代表大会常务委员会公布施行;《琼中黎族苗族自治县自治条例》于1999年7月23日由琼中黎族苗族自治县人民代表大会常务委员会公布施行。

【海南省民族地区开设法律服务专线电话】1999年6月8日和9日,海南省白沙黎族自治县、琼中黎族苗族自治县开通"148"法律服务专线电话(电话号码分别为0890—7724148和0899—6227148),专门为群众提供法律咨询服务,解答群众提出的有关法律问题。至此,海南省民族地区已有昌江、陵水、白沙、琼中4个县开通了法律服务专线电话。

【甘肃省人大批准民族自治地方3个有关决定】甘肃省九届人大常委会第十一次会议审议批准《甘南藏族自治州实施〈甘肃省计划生育条例〉变通规定》、《阿克塞哈萨克族自治县第十四届人民代表大会第二次会议关于修改〈甘肃省阿克塞哈萨克族自治县草原管理条例〉的决定》、《肃南裕固族自治县第十四届人民代表大会第二次会议关于修改〈甘肃省肃南裕固族自治县草原管理条例〉的决定》。

民族经济

【全国少数民族和民族地区名优产品博览会综述】经过近一年的精心筹备,1999年10月22日至11月4日,由国家民委和国家经贸委联合主办,国家民委经济发展司、国家经贸委综合司和民族文化宫承办的全国少数民族和民族地区名优产品博览会在北京民族文化宫隆重举行并获得圆满成功。

这次博览会荟萃了全国少数民族和民族地区的名、优、特、精、新和高科技产品,以文字、图片、实物和模型等展示形式,充分运用多媒体、声、光、电等现代展览手段,展示了新中国成立50年来,特别是近20年来少数民族和民族地区改革开放和经济建设成果;集中反映了少数民族和民族地区在党中央三代领导集体的亲切关怀和全国人民的支持帮助下,自力更生、艰苦奋斗,实现了从结绳记事、刀耕火种到电脑农业,从手工作坊到现代化大工业的划时代的历史性飞跃,从松明火把到大电站输送电的万家灯火,从山间马帮到水、陆、空运并举的翻天覆地的巨大变化,以及50年来中华各民族与祖国同呼吸共命运,为祖国的繁荣昌盛所做出的巨大贡献。

博览会以"两高、两新、三广和三位一体"为特点:

"两高":一是博览会的规格高。这次博览会,是经国务院批准,由国家民委和国家经贸委联合主办的,是新中国成立50周年系列庆祝活动的组成部分。二是展品定位高。以名优精新产品为入选条件,既有全国驰名商标,又有地方著名品牌;既有传统名牌,又有近年来开发的新工艺、新技术、新产品,普遍代表着各地的最高水平。参展的1200多种产品中,拿过国际奖项的118种,占总数的9%;评为全国驰名品牌的171种,占总数的14%;获省部级以上名优称号的746种,约占总数的60%;获省级以下(不含省级)名优称号的197种,约占总数的16%;属高科技产品的120余种,约占总数的10%。

"两新":一是展览场地新。民族文化宫刚刚大修完毕,面貌一新。二是设计布置新。展览的设计制作,充分应用了现代化的展示手段。展区的布局、色彩、造型、格调,人们的穿着、言语、举止、礼仪,既烘托着浓郁的民族特色、地方特色,又散发着强烈的时代气息、新潮氛围。

"三广":一是参展地区广,除台湾、香港、澳门以外的全国三十一个省、自治区、直辖市都派团参加了本次博览会。二是覆盖行业领域广,参展展品涵盖了农、林、牧、渔、冶金、机械、化工、轻工、电子、纺织、医药、通信、航空航天、科技、教育、文化、旅游等诸多行业和领域。三是展品代表面广,展品的选择范围不仅限于少数民族自治地方,而且包括少数民族开发区、试验区、少数民族用品定点生产企业或试点企业、法人代表为少数民族的企业生产的产品和少数民族研制、开发、设计的产品等。

"三位一体":本次博览会以名优产品的展览

为主,辅以产品销售和经贸项目洽谈,集展览、销售和经贸洽谈为一体,内容丰富,信息量大。

博览会强有力地宣传了党的民族政策,多角度地反映了党和政府对少数民族和民族地区的关怀与照顾。进一步宣传了中央民族工作会议精神,使人们把关注的目光再次投向少数民族和民族地区。“名优精新”的大会主题产生了强烈的辐射效应,使得“面对21世纪的机遇和挑战,树立精品意识、质量观念,实施名牌战略,继续谱写新的历史,创造新的辉煌”成为与会人员和广大少数民族干部群众的共识。更重要的是,博览会展示了少数民族和民族地区的新形象,展现了民族地区实施大开发、实现大发展的坚定信心。

博览会期间,党和国家领导人李瑞环、吴邦国先后莅临参观,给予了很高的评价。王光英、布赫、铁木尔·达瓦买提、阿沛·阿旺晋美、万国权、赵南起等领导同志出席了开幕式并为博览会剪了彩。博览会开幕后,司马义·艾买提、陈锦华等领导同志还光临大会,参观指导。此外,有关部委和省区市的一些领导也参观了博览会。

据不完全统计,在14天的时间里,有30多万人次参观了博览会,还有几十个国家的驻华使节、国外著名通讯社驻华记者和跨国公司驻京代表也兴致勃勃地参观了博览会。

博览会在销售和洽谈方面也都取得了较大成绩,销售额超过3000万元,还签订了近1亿元的购销定货合同和6亿多元的投资协议。

【1999年民族地区经济运行情况综述】1999年,民族地区深入贯彻执行中央关于增加投资、启动消费、扩大内需的一系列方针政策,采取了促进经济增长的有力措施,克服诸多因素带来的各种不利影响,加快改革与发展步伐,经过民族地区各族干部群众的艰苦努力,国民经济总体上保持了平稳增长的态势。全年民族地区(五个自治区及云、贵、青三个多民族省)实现国内生产总值7787亿元,按可比价格计算,比上年增长7.8%,为全面完成“九五”计划,迎接新世纪打下良好的基础。

一、经济运行的基本情况

1.农业经济稳步发展,扶贫攻坚取得新的进展。随着农业基础设施条件的改善,农业综合生产能力进一步提高。在结构调整和遭受严重灾害的情况下,全年粮食总产量达到6810万吨,比上年减少3.3%,油料总产量338万吨,比上年增长15%左右,棉花总产量136万吨左右,比上年减少3.3%。农村二、三产业在结构调整中继续稳步发展。扶贫攻坚成效显著,据不完全统计,1999年民族地区又有500万左右的贫困人口基本解决温饱问题。广西壮族自治区提前一年完成“八七扶贫攻坚计划”目标,全区农村贫困发生率降至4%。

2.工业生产稳定增长,产销率保持平稳。1999年民族地区国有及年销售收入500万元以上非国有工业完成工业总产值4116亿元,比上年增长6.8%,增幅比上年提高1个百分点。工业产品产销率从一季度的87.4%逐步上升到全年的97.0%,与上年相比上升0.5个百分点。

3.固定资产投资增速趋缓。1999年民族地区国有及其他经济类型固定资产投资(不含城乡集体和个体投资)累计完成2048亿元,仅比上年同期增长4.9%,增幅比上半年回落14.6个百分点,比上年回落15.8%。

4.市场销售稳中趋活,物价降幅开始缩小。1999年民族地区累计实现社会消费品零售总额2624亿元,比上年增长8.4%,增幅提高0.6个百分点。居民消费价格比上年下降1.3%,商品零售价格下降2.5%。

5.对外贸易平稳。全年进出口贸易总额达81亿美元,比上年减少3.4%。其中出口51亿美元,比上年减少8.0%,进口30亿美元,比上年增加3.0%。内蒙古、西藏、宁夏、新疆等省区出口保持了增长趋势。内蒙古出口比上年增长10.6%,西藏增长87.6%,宁夏增长11.7%。

6.地方财政收入稳定增长。全年累计完成地方财政收入708亿元,同比增长10.4%,但增幅比上半年有所回落。

二、经济运行特点

1.农作物种植结构进一步调整,特色农业进程加快。今年民族地区依据市场变化,粮食作物种植面积减少,经济作物增幅较大。在调整种植结构的同时,农作物的品质结构得到进一步优化。内蒙古、广西、云南、宁夏、新疆等地特色农业发展逐渐显露出对农村经济的带动和辐射作用。内蒙古大力发展农区畜牧业,组织实施“北繁南育”,积极推进农牧业产业化进程。但是随着棉花、甘蔗、烤烟、甜菜的价格下跌,农牧民增收形势严峻,扶贫工作也未完成预定计划。

2.深化改革和结构调整的措施进一步向纵深迈进,企业经济活力增强,经济效益改善,扭亏工作取得初步成效。1999年民族地区加大了对纺织、煤炭、制糖等行业的调整,压缩工艺落后的纺纱生产规模,关闭非法和不合理生产小煤窑,压缩甜菜甘蔗的生产能力,为全国的经济结构调整以及国有大中型企业经济效益的提高作出了贡献。内蒙古加大产业结构调整力度,已有40多亿元的资产转向优势企业,形成较为规范的大企业集团84个。列入全区脱困目标的国有大中型亏损企业已有76户脱困,完成总目标的94.8%。宁夏1999年1至11月规模以上工业企业实现利税比上年同期增长16.0%,资产负债率下降2.3%。新疆石油石化行业利润大幅度上升,纺织、有色、医药行业大幅度减亏,1999年20户重点脱困企业同比减亏40%,已有12户初步摆脱困境。

3.旅游业快速发展,成为新的经济增长点。广西每年由自治区财政安排3000万元专项资金支持旅游业发展,1999年全区旅游外汇收入1.88亿美元,比1998年增长30%,创历史最高水平。云南成功地举办了世界园艺博览会,推动云南旅游业迈上了一个新的台阶,旅游创汇达到3.33亿美元,增长46%,云南全省旅游接待能力已从位居全国第十九位上升到第五位。西藏旅游创汇3600万美元,比上年增长9%。

4.投资增长逐月大幅下降,为2000年经济发展埋下隐忧。对民族地区而言,投资既是推动经济发展的主要动力,又是新增就业和搞活企业的条件。从西部开发战略角度考虑,投资又是大开发的基础。但1999年累计投资增幅一季度比上年同期增长19.8%,上半年增长19.5%,1至9月增长10.7%,全年增长4.9%,更新改造投资不增反降,全年累计下滑13.1%。投资增长速度逐月大幅回落,在民族地区是少有的。

【1999年民族地区扶贫攻坚综述】《国家八七扶贫攻坚计划》实施以来,民族地区各级党委、政府,认真贯彻落实中央扶贫开发工作会议精神,带领各族干部群众,自力更生、艰苦奋斗,坚定不移、扎扎实实,为确保实现2000年基本解决农村贫困人口温饱问题的战略目标进行了长期艰苦努力,取得前所未有的巨大成绩。据不完全统计,到1999年底,少数民族地区已有200多个国定或省定贫困县通过解决温饱验收,实现“八七”扶贫攻坚任务。

一、扶贫攻坚取得的显著成绩

1.大量贫困人口越温,贫困状况大范围缓解。实施“八七”扶贫攻坚计划以来,少数民族和民族地区大量贫困人口解决了温饱,部分地区整体基本解决温饱,贫困状况大范围缓解。据不完全统计,从1994年到1999年,少数民族地区累计基本解决3000多万贫困人口的温饱问题(注:据各省区民委、扶贫办上报数据汇总)。广西累计解决了631万农村贫困人口的温饱问题,贫困发生率从21.4%下降到4%,提前一年实现了“八七”扶贫攻坚目标;西藏贫困人口由1994年的48万人减少到1999年的9.7万人;宁夏1999年“西海固”8县实现了基本解决温饱的目标。

2.贫困群众基本生产生活条件得到明显改善,生活水平有了较大幅度提高。通过“坡改梯”、“三配套”、“渴望”工程、“三小”工程、“村村通工程”等农(牧)业和农村(牧区)基础设施建设,农田水利、草原建设、人畜饮水、农村电力、乡村道路状况有了明显改善,为解决温饱和巩固解决温饱成果奠定了基础。广西贫困地区基础设施建设取得重大突破,1998年至1999年建成2607条村级道路18193公里,解决了2706个行政村近300万人行路难的问题。四川凉山州通过“形象扶贫”使21.56万贫困户改变了昔日破旧危房、人畜共居、无床无灶无厕所的状况。宁夏山区8县人均有粮提高到335公斤,农民人均纯收入提高到1107元。少数民族贫困地区人民物质生活日渐改善,贫困人口吃饭问题已得到基本解决。

3.贫困地区综合经济实力有了较大增强,农业产业结构得到调整和优化,各项社会事业繁荣发展。“八七”期间是少数民族贫困地区经济发展较快的时期,各地经济总量普遍有了较大幅度的增长,自我发展能力逐步增强。1999年,四川民族地区实现国内生产总值205亿元,比上年增长6.8%,高于全省平均水平。西藏18个贫困县的粮食总产量达26.3万吨、油料总产量达1.25万吨,比上年增长12.7%、24.3%。宁夏南部山区从实际出发,种养加相结合,培育了豆类、油料、经果林、药材、养牛、养羊以及建材等规模不等、体制不同的商品生产基地。贫困地区人口自然增长率下降,卫生和办学条件明显改善,缺医少药状况得到缓解。

4.各族干部群众的思想观念和精神面貌发生了深刻变化。扶贫攻坚不仅推动了经济的发展,而且改变了广大干部群众的思想观念和精神面貌。大部分地区"等、靠、要"的思想逐步消除,安贫乐道、小富即安、封闭保守、自给自足的小农意识逐步被商品观念、市场观念、科技观念代替,自力更生、艰苦奋斗的精神进一步增强。

二、扶贫攻坚采取的主要措施及成效

1994年开始实施《国家八七扶贫攻坚计划》以来,民族地区根据本省(区)扶贫工作的实际情况,制定了本省(区)扶贫攻坚计划或关于中央各项扶贫方针、政策的贯彻落实意见,出台了一系列优惠政策,对民族地区给予特殊扶持,从而保证了《国家八七扶贫攻坚计划》在少数民族地区的顺利实施。

1.加强领导,认真贯彻落实中央扶贫开发工作会议精神。"八七"计划实施以来,中央两次召开扶贫开发工作会议,民族地区各级党委、政府高度重视,始终坚决贯彻落实会议精神。内蒙古、宁夏根据全国和全区扶贫形势的变化,不断出台新的扶贫政策和措施,及时调整部署,确保攻坚目标的实现。去年,西藏再度广泛动员党政军警民,采取各种形式,层层认真贯彻落实中央精神,掀起了攻坚决战的新热潮。

2.狠抓基础设施建设,致力于改善贫困人口生产生活条件。广西从1997年开始以大会战形式,动员组织几百万干部群众,实施人畜饮水工程、村级道路建设、改造茅草房三大会战和有电行政村村村通广播电视等工程。去冬今春贵州全省共投入劳动工日6206万个,完成"坡改梯"110.6万亩,新增和改善农田灌溉面积21.19万亩。四川民族地区的"形象扶贫"、"五个一"建设、高原牧区"人草畜"三配套,使贫困农牧民的生产生活条件有了较大改善。云南通过"三保"田地、水利、办电、通路和绿色五大工程建设,实实在在地改善了贫困地区的生产生活条件和生态环境。

3.采取多种措施,确保扶贫到村入户。各地在扶贫攻坚中因地制宜,采取多种形式到村入户。广西1996年对全区贫困状况进行摸底调查,逐户建档立卡,为扶贫到户奠定了基础。1997年以来,各区有近20多万干部"人盯人"帮扶23万贫困农户100多万人。宁夏自1997年起一改过去的包县、包乡扶贫为包村扶贫,包扶贫困村597个,覆盖贫困人口76万人。贵州、云南、新疆的小额信贷扶贫也在贫困县全面推广。

4.以解决群众温饱问题为中心,努力增加农牧民收入。各地以解决温饱为目标、以种养业为重点,立足本地资源优势发展商品生产,增强贫困户自我积累、自我发展的能力。新疆各地把调整和优化农业产业结构同增加农民收入结合起来,引导和组织贫困群众异地务工。宁夏实施的温饱工程,由保吃饭到增加收入,1999年南部山区8县种植地膜玉米45万亩,单产可达400公斤以上,同时积极拓宽农民增收渠道,输出劳务人员60万人次,收入总额达6亿元,劳务人员人均收入1123元。

5.走就地开发与异地开发相结合的路子。宁夏提出"以川济山、山川共济"的方针,在引黄、扬黄灌区建立移民吊庄基地23处,开发配套耕地52万亩,搬迁群众35.1万人,搬迁定居3年以上的农户已稳定解决了温饱。广西在搞好就地开发的同时,针对自然条件特别恶劣、资源严重匮乏的贫困石山区特困户实行异地安置。1993年至1999年,共投入资金10亿多元,建立了800个异地安置点,从22个石山贫困县移民25.15万人,绝大多数搬迁户做到当年搬迁、当年开发、当年就解决了温饱。

6.以科教为先导,努力提高贫困人口科学文化素质。几年来,民族地区在扶贫攻坚中注重科教扶贫,开发人力资本。各地采取办班培训、现场观摩、科普宣传等形式,向农民传授新技术,提高劳动者科学文化水平。新疆、内蒙古、青海去年培训基层干部和农牧民297.79万人次,通过培训使农牧民普遍掌握了一两门农牧业实用技术。云南组织科技人员深入山区推广先进的实用技术,发展职业教育,扫除青壮年文盲。

7.广泛动员,社会各界积极参与,继续开展东西扶贫协作。在少数民族贫困地区广泛动员全社会力量开展东西扶贫协作、对口帮扶等,充分调动各方面积极因素参与扶贫攻坚,形成扶贫攻坚的强大合力。内蒙古、贵州、西藏、新疆广泛动员社会各界参与扶贫济困，1999年共投入社会扶贫资金2.53亿元，修建上百所希望小学，资助几千名贫困学生，引进一批扶贫项目。沪滇对口帮扶开展温饱村建设和扶贫安居工程，建设531个温饱村，解决3500户特困户住房困难。闽宁协作自1996年以来共援助项目资金5700万元，有力地促进了宁夏贫困山区的发展。

三、扶贫攻坚存在的主要问题和困难

1.解决温饱和巩固温饱成果"双重"任务重。据初步统计，到1999年末，西部11省(区、市)少数民族地区仍有1209.3万贫困人口没有解决温饱问题。剩余贫困人口解决温饱难度大，据统计，在民族地区剩余贫困人口中，人均纯收入低于625元的贫困人口大约占2/3。这些人大多分布在生态环境恶劣、人均资源匮乏、社会发育程度低的地区。此外，解决温饱不稳定，平常年景返贫率多在15%以上，灾年有些地方高达30%以上。

2.基础设施等突出问题仍没有得到根本改变。由于特殊的自然环境，加上投入有限、欠账多等，稳产高产基本农田(草场)少，水利、交通、能源设施落后，部分地区仍未摆脱靠天吃饭、靠天养畜的被动局面。据不完全统计，到1999年末，民族自治地方尚有不通电的村11348个，不通公路的村19744个，广播电视未覆盖的村16435个，没有卫生所的村12972个，未解决饮水困难人口1541.9万人，未解决饮水困难牲畜1444.9万头(只)。因此，加强基础建设，改善群众生产生活条件，奠定稳定解决温饱和发展的基础，任务十分艰巨。

3.基础教育落后，劳动者素质低下，直接影响越温进程。农村基础教育薄弱，劳动者素质低，是少数民族贫困地区的一个突出问题。据不完全统计，少数民族贫困人口中，劳动力文盲半文盲比例均在30%以上。消除旧文盲，杜绝产生新文盲，防止新一代贫困人口的产生，提高劳动者素质，是当前一项紧迫的任务。

4.非贫困县、边境和散杂居少数民族地区的贫困问题日益突出。据扶贫摸底调查，四川甘南州非贫困县625元以下的贫困人口占贫困人口总数的35.86%，比1996年的9.33%上升了26.53个百分点。边境和散杂居少数民族地区的贫困现象也较突出，如四川宜宾市13个民族乡中8个是特困乡，20%的少数民族农户生活相当贫困。云南的边境少数民族地区由于地处偏远，一些国境线上的少数民族村寨基本是"三不通"(不通公路、不通电、不通电话)，贫困问题依然存在。

5.生态环境建设中出现部分群众减收、返贫等新问题。实行天然林保护和退耕还林还草，是解决生态环境恶化的根本性措施，受到民族地区各族干部群众的衷心拥护。但由于切断了生态保护区内部分农牧民传统收入渠道，新的生产门路尚未形成，群众因减收而产生了许多新的贫困户。四川阿坝州自实施两项工程后，贫困县农牧民人均减收150元，许多刚刚越过温饱线的贫困户返贫。

由于自然、历史等原因，少数民族地区贫困问题具有不同于一般贫困地区的特殊性。主要表现在：

第一，自然条件恶劣，人口、资源、环境的矛盾尤为突出。与其他贫困地区相比，少数民族贫困地区自然条件更为恶劣。长期以来受人口增长、气候干旱和鼠虫害的影响，特别是不合理的耕作、超载过牧和毁林毁草开垦种地等不合理开发，使少数民族贫困地区本来脆弱的生态遭到破坏，水土流失日益严重，土层日趋瘠薄，土地"石化"和草地"三化"加剧。如广西大石山区石漠化面积已达4.7万平方公里，占全区石山面积的52.8%。日益恶化的生态环境和日趋减少的人均资源，给少数民族贫困地区经济社会发展带来极大影响。

第二，社会发育滞后的制约性仍较强。50年代以前，一些民族的社会发育处于原始社会残余形态阶段、奴隶制社会阶段和封建农奴制阶段。这些民族中除个别民族及个别民族的部分人口在党和政府集约性强力投入的推动下，生活方式发生彻底改变外，其他民族多数还保留或遗留着较多传统的生活方式。科学文化素质低，信息闭塞，与现代社会的效率观念、生活方式形成巨大反差。在这些地区扶贫仅有一般性措施是不够的。

第三，牧区扶贫难度很大。牧区是少数民族贫困人口相对集中的区域。牧区生存条件严酷，各种灾害频繁，加之长期不合理利用和人为破坏，草原退化、沙化、碱化日趋严重，不仅危及牧区畜牧业生产，还带来严重的生态问题。牧区基础设施落后，经济结构单一，牧民惟一的收入来源畜牧业基本上仍未摆脱逐水草而居的游牧、半游牧的生产方式，致使贫困牧民抗灾能力脆弱，返贫率极高。如青海南部牧区灾后返贫率大多在40%以上，重灾地区甚至高达70%以上。另外牧区衣食住行方面的最低费用支出高于农区，因此实际解决温饱的标准也高于农区。

第四，地方病严重，部分地区群众仍处于贫病交加的境地。四川阿坝州大骨节病、地氟病、碘缺乏病、布病、鼠疫等地方病多而活跃。尤其是大骨节病分布广，全州患病人数近5万人，大多数患者部分或完全丧失了劳动能力，严重的地方病致使部分群众长期处于贫病交加的状态。

当前，扶贫攻坚战已经进入最后关键阶段。国家西部大开发战略的实施，为少数民族地区带来前所未有的发展机遇，同时也给少数民族和民族地区的扶贫工作提出了新的、更高的要求。今年以来，少数民族地区在西部大开发中，加快了贫困地区基础设施建设步伐。民族地区各级党委、政府坚决响应党中央的号召，团结各族干部、群众，万众一心，奋力拼搏，争取实现到本世纪末基本解决农村贫困人口温饱问题的目标。

【国家民委1999年定点扶贫工作】1999年，国家民委深入贯彻中央扶贫开发工作会议和中央国家机关定点扶贫工作会议精神，认真抓好定点扶贫工作，取得了一定成效。

1.领导重视，深入考察。春节前夕，国家民委党组决定，组织两个扶贫考察慰问组，由司领导带队，分别到内蒙古巴林右旗和广西德保县进行慰问考察。看望了扶贫点上的少数民族贫困户，送了慰问金，深入工矿企业、田间地头实地考察，同当地领导举行座谈，共商脱贫致富大计。

2.狠抓培训，扶贫先扶志。为巴林右旗举办了一期“领导干部培训班”，重点是领导艺术和市场经济知识培训。巴林右旗科以上干部共200人参加了培训，反响热烈。

3.加大资金投入。为定点扶贫县安排各类资金近300万元，用于修建乡村公路和加强基础教育等。

4.继续实行干部挂职锻炼和定点扶贫相结合办法。选派四名处级干部到扶贫点蹲点、挂职锻炼。一年来，下派干部与当地干部群众心连心、同呼吸、共命运，为地方的脱贫致富奔走呼吁、牵线搭桥，办实事、办好事，受到地方干部群众的好评。

5.组织有各民主党派中央、全国工商联参加的赴广西百色地区智力支边和联合扶贫，召开“第三次百色联合扶贫工作会议”。全国政协副主席王文元和民主党派中央、全国工商联有关负责人出席了会议并讲话，国家民委副主任文精作主题讲话。会议商定了有关对德保县的扶持项目等事宜。

6.经过多年的努力，广西德保县通过了自治区的脱贫验收，德保县四大班子专程赴国家民委汇报并表示感谢，并赠送了一面锦旗。文精副主任主持听取了德保县的扶贫工作汇报。

7.国家民委委属各部门和各单位从自身实际出发，各尽所能为扶贫点办实事。如教育司为巴林右旗培训师资力量，外事司为和田市引进外资，办公厅组织扶贫点参加全国少数民族参观团，广交朋友、增长见识，民族画报社赠送书刊等。

2000年是实施国家“八七”扶贫攻坚计划的最后一年，根据中央扶贫开发工作会议精神，把定点扶贫作为一件大事来抓，进一步明确任务、充实力量，争取多种形式，为贫困地区办实事、办好事。

【国家民委、国务院扶贫办集中力量扶持云南基诺山、布朗山，探索扶贫工作“因族举措”的新路子】我国一些人口较少、发展相对滞后的少数民族的贫困具有综合性、全方位的特征。这些民族的扶贫工作在政策上不能搞一刀切，措施上不能简单照套内地的扶贫模式，而应该根据各个民族的不同特点，“因族举措”，对症下药。为深入贯彻中央扶贫工作会议精神和中央民族工作会议精神，国家民委和国务院扶贫办11月赴云南西双版纳州基诺山和布朗山调研，提出总投资7000万元，两年内基本解决基诺族和布朗族脱贫问题的方案，在扶贫攻坚中探索“因族举措”的新路子。

基诺族和布朗族属于人口较少的少数民族，解放前都处于原始社会末期。基诺族现有人口18000余人，主要集中在云南西双版纳州景洪市基诺山基诺族乡。布朗族82300余人，主要聚居在云南西双版纳州勐海县布朗山布朗族乡。两个民族乡均是全国惟一的基诺族(布朗族)民族乡，集“边、山、少、穷”为一体。

解放以来，基诺族和布朗族从原始社会末期

一步跨入社会主义社会,政治上平等,经济上翻身,特别是改革开放以来,两个民族乡经济社会发展取得很大成就,但落后的面貌尚未根本解决。如经济结构单一、经济基础脆弱、农业基础设施差、生产力水平低、经济发展后劲不足、财政自给水平低、劳动者素质低、贫困面大、返贫率高等问题,严重制约着两个乡的经济社会发展。

虽然两个乡不算最穷,但是在基诺族和布朗族集中居住的地方,相对集中力量,对这两个人口较少少数民族进行综合扶持,有望在较短时间内取得明显成效,不仅具有经济上的意义,还具有重要的政治意义,可为下世纪扶贫工作探索新的思路和办法。为此,国务院扶贫办决定安排3000万元(其中2000万元财政扶贫资金,1000万元扶贫贷款),云南省配套3000万元,西双版纳州配套1000万元,共计7000万元,争取用两年的时间,使"两山"的基诺族和布朗族生活有较大改善,"两山"面貌有明显变化。7000万元资金不平均分配,以布朗山为重点。具体由云南省扶贫办和民委承办,督促地方尽快拿出规划和计划,落实有关扶贫资金和项目。国家民委和云南省民委承担有关教育和培训任务。基诺山近期开发重点是:改造中低产田地,小水利工程建设,生态建设和节水农业建设,改善生产条件;调整农业产业结构,建设市场,搞活流通,因地制宜地发展特色经济和野生蔬菜等;加速村级公路改造和集镇建设,改善配套设施,开发民族工艺品。布朗山近期开发重点是:依托山区优势走林、果、粮、畜相结合的路子;加快基础设施建设,特别是勐海至布朗乡的县乡公路建设;开发冬季蔬菜和双季早稻;退耕还林,保护生态,建立"野生动物保护带";实行教育集中办学、学生免费入学或定额补助等。

集中力量对基诺山和布朗山进行综合扶持,探索少数民族地区扶贫攻坚的新思路、新办法,得到了贫困地区干部群众的支持和欢迎。

【国家民委召开第三次百色智力支边联合扶贫工作会议】1999年5月25日至29日,国家民委在广西百色召开"第三次百色智力支边联合扶贫工作会",总结和交流了这几年来百色智力支边联合扶贫工作取得的成绩和经验,研究了今后的智力支边工作,并就隆(昌)—百(色)铁路预可研问题进行了座谈。

全国政协副主席王文元以及国家民委副主任文精参加了会议,并在会上发表讲话。王文元在讲话中指出,各民主党派和工商联积极参与扶贫攻坚,是义不容辞的责任,必须进一步提高对扶贫工作的认识。民主党派和工商联在扶贫工作中要注意扬长避短,发挥自身优势。文精在会上作了主题报告,分析了当前民族地区扶贫工作面临的形势,充分肯定了广西扶贫工作取得的成绩和经验,总结了第二次百色智力支边联合扶贫工作会议以来,智力支边联合扶贫工作取得的成绩,对下一步智力支边工作提出了要求。百色地委书记刘咸岳介绍了百色地区扶贫工作和智力支边工作情况。

【中央智力支边协调小组赴贵州、广西考察】为进一步加大对民族地区扶贫攻坚的支持力度,总结交流智力支边扶贫工作取得的成绩和经验,把智力支边扶贫工作提高到一个新水平,中央统战部、国家民委、各民主党派中央、全国工商联智力支边协调小组于5月15日—29日,组织各民主党派中央、全国工商联领导、专家和国务院有关部门的同志,赴贵州毕节地区、黔西南州和广西百色地区进行综合考察。

全国政协副主席、民盟中央名誉主席钱伟长,全国人大副委员长、民进中央主席许嘉璐,全国人大副委员长、农工中央主席蒋正华,全国政协副主席、民革中央常务副主席周铁农,全国政协副主席、全国工商联主席经叔平,全国人大副委员长、民盟中央主席丁石孙,全国政协副主席、九三学社常务副主席王文元等领导人以及中央统战部副部长、中央智力支边协调小组组长胡德平,国家民委副主任、中央智力支边协调小组副组长文精,科技部副部长韩德乾等同志分别参加了三地州的活动。中央智力支边协调小组成员,中央统战部、国家民委、科技部、铁道部、农业部、国务院扶贫办等部门和各民主党派中央、全国工商联的同志共83人分别参加了综合考察活动。

考察期间,考察团实地考察了贵州、广西扶贫工作情况,总结交流了智力支边工作取得的成绩和经验,研究了今后智力支边工作,形成了向党中央、国务院的有关扶贫和智力支边工作的建议,参加了毕节"开发扶贫、生态建设"试验区成立十周年总结暨研讨会,召开了黔西南"星火计划、科技扶贫”试验区工作研讨会、“第三次百色智力支边联合扶贫工作会”和隆(昌)—百(色)铁路预可研讨会,落实了有关智力支边扶贫项目。

参加考察活动的同志普遍反映,通过对三地州的实地综合考察,进一步加深了对全国扶贫工作和三地州智力支边工作的认识,增强了信心,明确了任务。地方的同志反映,中央智力支边协调小组在扶贫攻坚关键时期,组织各民主党派中央、全国工商联负责同志和国务院有关部门的同志联合对三地州进行考察,本身就具有重大政治意义,充分体现了党和国家对少数民族贫困地区的关怀和社会主义参政党对扶贫攻坚的立场和作用,极大地鼓舞了各族干部群众,对进一步加强少数民族地区扶贫工作和智力支边工作具有十分重要的意义。

【福安市畲族经济开发区被批准为国家民委改革开放联系点】1999年5月17日,经国家民委党组研究决定,同意福建省福安市畲族经济开发区作为国家民委改革开放联系点。

根据国务院关于“研究内陆、边疆和民族自治地方加快改革开放的有关具体政策,通过在这类地区建立不同类型、各具特色的改革开放试点单位,探索积极推进内陆和少数民族地区改革的路子和方法”的精神,国家民委共推出9个民族地区改革开放试点和3个扶贫开发联系点,加强对全国民族工作的分类指导,近些年来,已取得阶段性的成果。

福安畲族经济开发区是福建省惟一的省级少数民族经济开发区,是全国畲族最大的聚居地之一,地处海峡两岸闽东的穆水之畔,有着独特的对台对外联系、合作的优势。

在福建省委、省政府以及省民委的领导下,福安畲族经济开发区将努力建设成为全国少数民族地区改革开放与经济社会发展的示范区。

【北京市要求做好清真饮副食供应】1999年6月30日,北京市民委、市商委联合发出“关于认真贯彻落实《北京市少数民族权益保障条例》,做好清真饮、副食供应工作的通知”,要求各区县民委、民宗办(科)、市属商业局、社、集团(总公司)、区县商委及有关商业单位提高认识,加强领导,重视清真饮食、副食和食品的供应工作。进一步实现清真饮食、副食、食品网点的合理布局。

【北京市对口支援民族地区取得新进展】1999年,北京市与河北省张家口市、三峡库区巴东县、西藏拉萨市及内蒙古贫困地区的对口支援工作,本着对口帮扶与经济合作相结合的方针再结硕果。与张家口市举行了’99京、张支援暨经济技术合作座谈会,签订协议30个,协议金额2.4亿元;全市支援内蒙古自治区贫困地区扶贫开发资金2400万元;7月14日,北京市岳福洪副市长代表市政府向三峡库区巴东县赠送党校综合楼援建资金120万元,投资建厂近亿元;与西藏自治区拉萨市反复论证,确定了本年度的重点援助项目,各有关部门提供援藏资金、物资约2000万元。

【财政部专员到辽宁省民族贸易县现场办公】1999年5月10日,财政部驻辽宁专员办和辽宁省民委组成联合调查组,赴新宾、桓仁、岫岩、阜新、喀左五个民族贸易县,就关于落实国家税务总局和财政部(财税字[1997]124号)文件精神,进行深入调研,并现场办公。虞志坚专员要求各民贸县的财税部门,要克服困难,按文件规定不折不扣地执行,以体现党对少数民族和民族地区的关怀。

初步概算,1998年全省5个民贸县的民贸企业和供销社企业的退税额为300万元左右。

【辽宁省召开民委经济工作会议】1999年2月25日至26日,辽宁省民委经济工作会议在丹东市召开。会上首先传达了全国民委经济处处长会议精神,省民委副主任杨丰陌作了题为《面向新世纪,迎接新挑战》的讲话,总结了两年来全省民族经济工作的成绩与经验,部署了1999年民委经济工作任务。各市民宗委在会上交流了各自的工作情况,并就如何进一步做好民族经济工作进行了认真的讨论。

省民委主任张贤焕作了会议总结讲话,他强调了民委抓经济工作应考虑的几个方面,即学好理论,参与决策,政策扶持,参加实践,抓好扶贫,强化手段等,要进一步提高民委经济工作干部的能力和工作水平。

【吉林省民委召开民族地区县域经济工作座谈会】1999年6月15日,吉林省民委在延边朝鲜族自治州的敦化市召开了“全省民族地区县域经济工作座谈会”。参加这次会议的有各市州民委主任,延边朝鲜族自治州8个县(市)、前郭尔罗斯蒙古族自治县、长白朝鲜族自治县、伊通满族自治县政府的主要领导和民委主任,民族乡(镇)党委书记或乡(镇)长。

这次会议的中心议题是:深入贯彻省委七届二次全会精神,总结交流民族地区县域经济发展的经验和做法,进一步研究民族地区实施县域突破的思路和对策,推动民族地区经济的快速发展。省民委主任金华在会上做了题为《实施县域突破战略,大力促进民族地区经济发展》的重要讲话,着重就民族地区实施县域突破的有关问题讲了三点意见:一是深刻领会实施县域突破战略的重要意义,增强加快经济发展的紧迫感;二是选准突破口,切实把县域突破的任务落到实处;三是转变职能,增强服务意识,积极促进县域经济发展。敦化市、前郭县、乌拉街满族镇分别在会上做了典型经验介绍。

会议组织参观了敦化市福敦木业集团、敖东市场、垃圾处理场、亚森木业公司、敖东药业集团等企业。大家通过实地参观考察,亲身感受到了敦化市在强化工业主导地位,加快工业化进程,推动县域经济发展方面的良好环境和氛围,学到了经验和做法,受到了很大的启发。

【吉林省民委组织扶贫工作考察团赴河北考察】为组织开展好全省少数民族和民族地区的扶贫工作,探索新的扶贫模式,学习兄弟省市开展扶贫工作的经验和做法,吉林省民委于1999年1月中旬组织了有关市州民委、自治县民委、部分贫困民族乡(镇)的领导参加的扶贫工作考察团。考察团一行16人到河北省易县、宽城满族自治县进行了扶贫工作考察,学习了易县引进孟加拉GB扶贫模式开展小额贷款的成功经验,并深入到农户家中,实地考察了小额贷款的发放、使用情况。这次考察,使大家开阔了视野,学到了很多新的知识和经验,从感情上更贴近了贫困群众,同时也感到肩负的责任重大。

通过学习易县、宽城县扶贫工作的经验和作法,考察团主要有5个方面的体会:一是对贫困户动真感情、真扶贫是开展好扶贫工作的前提;二是制定科学的规划和采取切实可行的措施是开展好扶贫工作的条件;三是有一支认真负责、甘于奉献的工作队伍是开展好扶贫工作的保证;四是解放思想、开拓进取是开展好扶贫工作的关键;五是提高贫困户科技文化素质是开展好扶贫工作的基础。

【黑龙江省民委包扶阿城扶贫点成绩显著】为使全省农村在20世纪末整体脱贫,1997年1月省委、省政府给省直各厅局下达任务:至少包扶一个贫困村,阿城市料甸满族乡万兴满族村成为黑龙江省民委包扶点。

万兴村有520户2200人,1997年时人均收入只有500元,生产生活条件十分艰苦:全村只有两口露天水井,每天天不亮就排起了大队,最后仍有人打回去的是浑水汤子;全村没有一部电话;学校基础设施十分欠缺;进村的道路坎坷不平,尤其下雨天更是寸步难行……

自省民委包扶万兴村三年来,共向该村投入资金130万元,做了大量卓有成效的工作,取得了十分显著的成果,在三个方面实现了突破性进展。

一是群众的生活水平有了明显提高,生活条件得到了较大改善。1999年,万兴村实现粮食产量550万斤,人均收入达到1550元,全村贫困户由1997年的320户下降到1999年的50户,脱贫率达84%;援建的二座桥涵已于1999年6月16日竣工通车,彻底解决了万兴村进村的路桥问题;新打了两口饮水井,使自来水入户率达到65%;电话从无到有,目前已有93户安装上了程控电话。

二是学校教育质量有了显著提高。自1997年投入资金以来,1999年又为万兴村小学校投入5万元修建铁围栏、购置桌椅、改善办学条件,同时发动委直机关职工为学校捐赠图书2000余册,条件的改善使万兴村小学在全乡综合指标评估中由1996—1997年的全乡16所小学的倒数第一跃居成为正数第一。

三是村民素质有了显著提高。省民委多次聘请农技推广站和农技服务站科技人员进村讲课,下田指导,使村民科学种田意识、农田管理知识大幅度提高,村民文明程度也达到了前所未有的境界。自年中完成了村务、财务公开制度以来,过去上访频繁的现象再也没有出现过,刑事和治安案件亦比上年同期有了大幅度下降。

由于包扶成绩显著,省民委被评为省直单位包扶联系县先进集体和哈尔滨市城乡一体化先进集体,省民委副主任关立卓、经济处副处长缪文辉被评为先进个人。

【江苏省召开民贸用品定点企业负责人会议】1999年4月9日，江苏省民族贸易和民族用品定点生产企业负责人会议暨铜牌发放仪式在无锡市举行。省民委主任周加才传达了省政府办公厅《关于调整江苏省民族贸易和民族用品生产领导小组成员的通知》，宣读了国家五部委确定的江苏省28家民族用品定点生产企业和改革试点企业的名单，并举行了铜牌发放仪式。南京市介绍了该市落实民族用品生产优惠政策的情况，南京金线金箔总厂、江苏省民族工艺品发展有限公司分别代表定点企业和改革试点企业发了言。省民委副主任王波着重就落实贷款优惠利率政策问题讲了话，他介绍了省民委、工商银行江苏省分行、农业银行江苏省分行《关于进一步落实民族贸易和民族用品生产贷款实行优惠利率政策的通知》出台的情况，并强调要将优惠政策落到实处，必须做到三个“明确”、三个“坚持”，即：明确享受优惠政策的根本目的在于为少数民族服务，坚持“谁服务，谁受益”的原则；明确落实优惠政策的操作程序，坚持“定点企业申请，民族部门推荐，银行自主发放”的原则；明确企业、银行、行业主管和民族部门各自的职责，坚持“互相支持，互不干涉”的原则。只要真正做到这几点，定点企业的优惠政策就一定能够得到落实，民族贸易和民族用品生产就一定能够呈现兴旺的景象。

【江苏省交通部门为民族乡投资建大桥】江苏省高邮市菱塘回族乡地处江苏中西部，地理位置偏僻，东、北两面被高邮湖包围，西面与安徽省天长县隔天菱河相望，交通不便长期制约着该乡的经济与社会发展。为此，江苏省民委和关心该乡发展的社会各界人士提出了“修建天菱公路大桥”的建议。省交通厅十分重视，决定为建设天菱大桥投资500万元，并责成厅设计院承担大桥的设计任务，费用优惠收取。厅领导还让公路局切实关心大桥的建设，及时提供必要的技术支持和帮助。2月28日，大桥正式开工，9月底竣工。2000年国庆前将建成配套公路，届时大桥将发挥其应有的作用。

【南京市交通部门为少数民族村修路】该市有少数民族8万多人，其中2万多人在农村，主要集中在9个民族村(组)。在4个尚未达小康的村(组)中，有3个因自然条件较差、交通不便，制约了经济发展。南京市民族工作部门根据省政府《关于实施县乡村公路“通达工程”的意见》，积极争取交通部门支持，安排90万元专项资金，为3个民族村修建了村级公路。

【福建省挂钩帮扶民族乡结出硕果】福建省委、省政府《关于加快我省少数民族和民族地区经济、社会发展的若干政策措施》文件下达后，省民族工作协调委员会成员单位都切实把挂钩扶持全省各民族乡的工作摆上议事日程，领导重视，深入调研，多方扶持，帮助民族乡发展经济，为民族乡办了许多实事。开展挂钩帮扶活动一年来，省直各挂钩单位扶持全省17个民族乡生产性、基础性设施和新经济增长点项目总数达100多项，累计投入资金818万元，有力地推动了民族乡的经济社会的发展。

【福建省开展民族村经济状况和“五通”情况调研】1999年7月19日—29日，省委办公厅、省政府办公厅组织有关部门开展农村经济状况和“五通”(通路、通水、通电、通电话、通广播电视)情况调研。福建省少数民族乡村经过十几年来的扶贫攻坚，面貌发生了巨大的变化，生活水平得到了很大的提高。但由于历史、自然条件等原因，少数民族乡村的农民人均收入仍然低于全省的平均水平。少数民族乡村基础设施相对薄弱，目前全省还有相当数量的村“五不通”。通过这次调研，省委、省政府决定把少数民族乡村的扶贫工作作为重点，并在2000年底前全部解决民族村的“五通”问题。

【河南省加强民族聚居地方基础设施建设】1999年，河南省各级各部门认真贯彻省委常委会议关于加快民族区、乡(镇)基础设施建设的决定，对全省少数民族聚居地区急需建设的基础设施项目进行了调查汇总，计划、财政、教育、交通、邮电、水利等部门组成联合调研组，对这些项目进行了考察评估，共确定了78个建设项目，省级扶持3331万元。省政府已将这些项目纳入了全省2000年建设计划。省民委加大了对民族聚居地区基础设施建设的投入，全年安排民族乡村教育、交通、水利、卫生、电力、环保等基础设施建设项目66个，总投资1480万元，安排民族企业专项贷款1500万元。各级党委、政府也按照省委、省政府的要求，加大了对民族乡村的扶持力度，解决了一大批问题，有力地推动了民族聚居地区的发展。

【湖北省民宗委积极促进民族经济发展】1999年，湖北省民族宗教事务委员会共争取各项民族专款2920万元。为了把这些有限的资金用在刀刃上，真正发挥出最佳的经济效益和社会效益，他们对各地申报的项目进行了严格的筛选，做到科学选项，避免盲目投资，减少资金浪费。同时还与省财政厅一道对民族地区各项专项资金的到位情况、使用情况及其社会经济效益情况进行了联合调查，写出了专题调研报告。对资金的使用情况加强了检查与监督。为了加强对民贸和民族用品生产定点企业的管理，省民宗委召开了全省民族贸易和民族用品生产联席会议，副省长苏晓云到会并讲话。民宗委对全省77家民族定点企业下发了牌子，并对其进行建档建卡管理，基本上做到心中有数。经过多方努力，为三家民族定点企业争取贴息贷款300万元，向国家财政争取贴息补助10万元，较大地促进了民族定点企业的发展。

【湖南省召开全省民委系统扶贫工作经验交流会】1999年9月7日至8日，全省民委系统扶贫工作经验交流会在长沙召开，会议总结近年来全省民委系统参与扶贫攻坚情况，交流工作经验，部署下段工作任务。参加会议的有各州、市，17个民族县(市、区)和7个少数民族人口过半的县民委主任，5州市民委经济科长，永顺、保靖、花垣、桑植4个国扶民族县分管民族工作的政府领导，省直有关部门领导，省民委委员和委员联络员。省委副书记郑培民、副省长唐之享亲临会议并作重要讲话，省政协副主席、省委统战部长石玉珍出席会议。

会议确定，今明两年和今后一个时期全省民委系统扶贫工作的重点：(1)抓紧开展民族优惠政策的衔接；(2)抓好民族地区“十五计划和十年规划”的制定；(3)加强民族专项资金管理；(4)办好扶贫联系点。湘西州、郴州市、张家界市、永州市、邵阳市、吉首市和麻阳、新晃、江华自治县民委交流了扶贫工作经验。

【海南省召开民族地区民房改造工作现场会】1999年3月29日至30日，海南省在三亚市、乐东黎族族自治县召开全省民族地区民房改造工作现场会。省委常委、副省长朱明国，省人大常委会副主任王学萍，省政协副主席李明天，全国政协常委王家贤出席了会议，各自治县、三亚市、通什市、东方市分管民房改造工作的副市(县)长，各市、县、自治县民族宗教部门负责人，省农垦总局负责人，以及乐东黎族自治县有关乡镇书记共60人参加了会议。朱明国副省长在会上作了重要讲话，充分肯定了海南民族地区民房改造工作取得的成绩。海南民族地区民房改造工作自1992年大规模开展以来，各级党政机关、驻琼部队及社会各界为帮助少数民族改造茅草房建造砖瓦房做了大量的工作，少数民族农民八成以上住进了砖瓦房或平顶房，民房改造工作取得了决定性的胜利。省民宗厅厅长王亚保在讲话中全面总结了1998年民族地区民房改造的工作情况，并对1999年的民房改造工作作了部署。他指出，1999年民族地区民房改造要着重抓好六项工作：(1)统一思想，提高认识，加强对民房改造工作的组织领导；(2)切实加强对民房改造工作的服务和指导；(3)引导群众发展生产，积累资金；(4)继续加强对民房改造补贴资金的管理；(5)突出抓好重点，加强典型示范；(6)深入宣传发动，形成声势，掀起高潮。会上，三亚、乐东等5个市县的代表先后介绍了工作经验。会议期间，还组织与会代表参观了三亚市、乐东黎族自治县的一些民房改造先进典型村庄。

【海南省召开民族地区扶贫开发工作座谈会】1999年6月22日，海南省民族地区七市县扶贫开发工作座谈会在通什市召开。省委书记、省人大常委会主任杜青林在会上作了重要讲话，充分肯定了海南省近年来坚持开发式扶贫方式，开展联手扶贫所取得的显著成绩，并要求各级党政领导班子和领导干部认真学习领会江泽民总书记在中央扶贫开发工作会议上的重要讲话精神，进一步明确扶贫开发工作的指导思想、任务和目标，真正把扶贫开发作为关系民族地区经济发展、社会繁荣、民族团结的重大政治任务来抓，切实承担起消灭贫困的责任。在座谈会上，通什、白沙、昌江、保亭、乐东、琼中、陵水等7个少数民族市县主要负责人分别汇报了扶贫攻坚工作情况，总结交流了经验。

【海南省白沙黎族自治县综合型扶贫开发模式】地处山区的海南省白沙黎族自治县从实际出发，在“山”和“农”字上大做文章，通过政府机关、社会团体、工矿企业的大力帮扶，多管齐下，帮思想、帮门路、帮资金、帮技术，走出了一条综合型扶贫开发的新路子。其做法是：(1)采取“请进来，走出去”的办法，开办农民夜校，组织农民外出参观学习，积极引导农民更新观念，克服依赖思想，增强脱贫致富的信心；(2)改变过去由政府统包起来的单一扶贫模式，动员全社会力量共同参与，把扶贫工作变成全社会的自觉行动，形成庞大的扶贫网络；(3)大力开展科技、文化、教育、卫生、交通、水电、治安等下乡活动，实行全方位扶贫；(4)按照“山内建基地，山外办工厂，田里求温饱，坡上奔小康”的经济发展思路，鼓励农民发挥山区自然资源优势，因地制宜，大力发展热带高效农业，政府在资金、技术、种苗给予大力扶持。自从开展综合型扶贫开发以来，白沙黎族自治县已成片开发出粮食、甘蔗、木薯、水果、橡胶等农业生产基地，许多昔日的“三靠村”如今已变成了“两个文明”建设示范村。至1999年底，全县已有97%的自然村通了公路，90%的村庄饮上了清洁的卫生水，90.3%的农户告别了祖祖辈辈居住的船形茅草屋。

【贵州省实施“百村综合扶贫开发工程”】贵州省民委在坚持抓好扶贫联系点的同时，年初就明确提出举全省民委系统之力，抓好“百村综合扶贫开发工程”。要求从省民委到州(地、市)、县(市、区、特区)三级民族工作部门要形成合力，选择100个贫困村打好扶贫攻坚总体战。实施百村综合扶贫开发工程，其中省民委抓5个，9个州(地、市)和86个县(市、区、特区)民宗(民委)局各抓一个。省民委要求全省民族工作部门要集中时间、集中精力、集中物力、集中财力，制定扶贫措施和规划，要求帮扶村的工作一定要与抓好原扶贫联系点相结合，要与发展民族教育、促进科技进步、抓好计划生育、提高人口素质相结合，要与基层组织建设相结合，要与社会主义精神文明建设相结合。同时，从教育、交通、电力、通讯、人畜饮水、农田基本建设、农村适用技术等各方面进行综合扶贫。据统计，在帮扶的100个村中共帮扶了24474户、107914人，其中贫困户8096户、贫困人口34498人，全省民委系统共投入资金686.24万元，购化肥367.07吨，购良种60.08吨，培训乡土技术人才17480人次，建成和维修基础设施145处，帮扶结果，这100个村脱贫农户3597户、脱贫11734人，人均占有粮食比1998年增收170公斤以上，农民人均纯收入比1998年增加了150元。

【甘肃省政府发出《关于加快民族地区经济社会发展的通知》】甘肃省人民政府发出《关于加快民族地区经济社会发展的通知》，通知确定了民族地区经济社会发展的重点和目标，规定了加快全省民族地区经济社会发展的11条优惠政策。

【新疆维吾尔自治区民宗委召开新民贸政策执行情况汇总会】1999年4月26日至28日，自治区民宗委召开了“自治区民宗委系统98年度新民贸政策执行情况汇总会”。全疆十五个地州(市)民宗委的代表参加了会议。

这次会议的主要内容是：汇总全区1998年新民贸政策执行情况；交流各地在执行政策过程中积累的经验；就新民贸政策问题进行短期培训；总结1998年“少数民族发展资金”的落实情况。自治区民宗委主任阿不都拉·哈木都拉在会议开始时作了重要讲话，他在讲话中介绍了自治区民宗委及自治区有关部门多年来为贯彻新民贸政策所做的工作，并对开好这次会议提出了具体的要求。会议期间，各地州同志依次汇报了一年来新民贸政策的执行情况、1998年度“少数民族发展资金”的落实情况。会议还邀请了财政部驻新疆专员办、自治区国税局、人民银行乌鲁木齐中心支行等部门的同志对参加会议的同志进行了政策培训。这次会议既是一次新民贸政策执行情况的汇总会，也是部门之间的协调会，同时也是对各地州民宗委开展民族经济工作情况的检验。通过会议，与会代表进一步统了一思想，明确了认识，坚定了各地执行优惠政策的信心。自治区民宗委副主任巴特尔作了会议总结。

【南疆铁路全线开通运营】横贯新疆南部大地的南疆铁路于1999年12月6日全线通车，全国人大常委会委员长李鹏为南疆铁路通车剪彩。

南疆铁路东起吐鲁番，西至南疆重镇喀什，全长1446.371公里。其中，吐鲁番至库尔勒段已于1984年建成并交付运营，全长476.49公里。这次开通的为库尔勒至喀什段工程，全长969.881公里，总投资63亿元人民币，是国家“九五”重点建设项目，于1996年9月6日开工，1999年5月铺轨到喀什市，历时3年零3个月。党和国家非常关心南疆铁路建设，江泽民总书记于1998年亲临现场视察并题词:"修好南疆铁路,造福各族人民";1996年,时任国务院总理的李鹏曾为南疆铁路开工奠基。

修建南建铁路对加快塔里木资源开发,加快农牧业发展,带动南疆地区经济,从根本上帮助广大农牧民脱贫致富,加快新疆对外开放,沟通南疆与内地的联系,增强民族团结,扩大物资交流,巩固国防,均具有重要的意义。

为庆祝铁路的全线开通,铁道部在古城喀什市举行了隆重的通车庆祝大会。党和国家领导人李鹏、铁木尔·达瓦买提、司马义·艾买提,新疆维吾尔自治区党政领导王乐泉、阿不来提·阿不都热西提、阿木冬·尼牙孜、贾那布尔、铁道部部长傅志寰参加了庆祝大会。庆祝大会上李鹏委员长作了重要讲话。

【新疆维吾尔自治区巴音郭楞蒙古族自治州民委举办"少数民族服装服饰、旅游纪念品展览会"】为充分展示巴州各族妇女的聪明才智,促进巴州旅游事业的发展,巴州民委与巴州妇联于1999年5月30日—6月1日在库尔勒市共同举办了为期3天的"少数民族服装服饰、旅游纪念品展览会"。

本次展览会共展出巴州蒙古族、维吾尔族、回族等各少数民族颇具代表性的传统服装、传统与现代相结合的以绣花、十字花为装饰的新娘装、儿童装等精美服装100余套,展出各具特色的少数民族装饰品251件,包括蒙古族的马背系列装饰品及手工制作的皮酒壶、茶叶袋、碗袋、牦牛撣、绣花荷包、绣花枕套、门帘等。展览得到了巴州党政领导的高度重视。展览结束后,评出了获奖展品,并为获奖者颁了奖。

【新疆生产建设兵团表彰十佳少数民族致富能手】1999年12月30日,兵团民宗委发文,通报表彰了兵团少数民族十佳致富能手,他们是:木沙江·克里木(石河子市驼铃贸易公司经理)、玉素甫·吐地(农三师52团退休干部)、买买江(农四师62团职工)、木沙·吐尔逊(农一师1团私营企业主)、吐地·肉孜(农三师伽师总场职工)、莫合买·玉素甫(哈管局柳树泉农场职工)、阿不都(农五师89团畜牧公司职工)、艾尔肯·卡德尔(农四师64团职工)、牛尔拜克(工一师石南农场职工)、巴扎尔汗(农九师165团职工)。

改革开放20多年来,兵团27万多少数民族职工群众,解放思想,更新观念,努力学习和推广应用先进的科学技术知识,在种植、养殖、加工、流通等领域,涌现出一批致富能手。为了鼓励表彰少数民族职工群众在"双文明"建设中的优秀典型,借以推动广大少数民族职工群众加快脱贫致富的进程,兵团民宗委开展了评选"少数民族十佳致富能手"活动。1999年6月29日,兵团民宗委在下发的《关于评选表彰少数民族致富能手的通知》中,规定了兵团少数民族致富能手必须具备的5个条件:(1)兵团范围内从事生产、经营的少数民族职工、农牧民、个体工商或私有企业主;(2)坚持四项基本原则,维护民族团结,维护社会稳定,自觉遵守党和国家的政策、法律、法规,合法经营,无涉嫌刑事、经济犯罪和违反治安管理条例;(3)在当地少数民族中领先勤劳致富,生产或经营达到一定规模,具有较强经济实力;(4)热心社会公益事业,对社会政治、经济、文化、教育事业积极做贡献,深得社会各界广泛赞誉;(5)在勤劳致富活动中起带头作用,为扶持、带动周围少数民族发展经济、文化、教育事业起到较明显推动作用。根据以上条件,兵团各师(局)安排各团(场)推荐本团(场)的致富能手到师(局)民宗委,再由各师(局)民宗委评选推荐本师(局)的致富能手到兵团民宗委,最后,兵团民宗委从各师(局)上报的20名候选人中,评选出了十名少数民族致富能手。2000年1月25日,在兵团民宗委主任会议上,兵团党委常委、副政委买买提明·阿不都热依木给兵团少数民族十佳致富能手代表木沙江·克里木颁发了奖牌和荣誉证书。

■民族教育

【何鲁丽副委员长心系北京民族教育】1999年9月13日,全国人大副委员长何鲁丽第十三次来到怀柔县喇叭沟门满族乡中小学看望师生。北京市委副书记李志坚、市民委主任李保群、市教委专职委员李洪飞等领导陪同前往。

喇叭沟门满族乡地处京城最北端，这所深藏在大山脚下的学校在各级领导的关怀和支持下，逐步走上了由分散办学到集中规模办学的道路，中心小学现有340名学生，200多名是住宿生，在54名教师的共同努力下，连续多年被评为“首都精神文明单位”，连续两年被怀柔县教育局评为“四优校”，赢得了“山区教育之花”的美誉。

何鲁丽副委员长在参观了本市远程教育喇叭沟门中学站、听取了学校发展情况的汇报后，深感山区民族教育大踏步向前迈进的喜人变化。她说，回顾学校的发展历程，证明了党的方针、路线、政策的正确，党的民族教育政策的伟大。她强调，国运兴衰系于教育，教育兴衰系于教师，教师的责任重大，希望教师们忠诚于党的教育事业，全面贯彻素质教育的方针，为21世纪中华民族的伟大复兴培养更多的人才。

【内地高校支援新疆第四次协作会议在乌鲁木齐市召开】1999年9月18日至21日，由教育部、国家民委和新疆维吾尔自治区人民政府联合召开的内地高校支援新疆第四次协作会议在乌鲁木齐市举行。来自国务院17个部委、内地69所高校、河南省教委及新疆各有关部门的194人参加了会议。教育部副部长张天保、国家民委副主任图道多吉、新疆维吾尔自治区政府副主席王怀玉出席了会议并讲话。国家民委教育司吴仕民司长出席会议并主持了开幕式。

为贯彻党中央、国务院关于加强智力援疆、促进新疆发展的有关精神，原国家教委、国家民委、新疆维吾尔自治区人民政府分别于1989年、1992年、1995年先后联合召开了三次内地高校支援新疆协作会议。10年来，国务院24个部委所属的80多所高校共招收新疆少数民族大学本、专科学生7000余人，定向培养研究生640名，培养教师和少数民族教育行政管理干部860多人，培训少数民族经济和企业管理干部1400多名，派出高校少数民族访问学者30名，为支援新疆教育事业、加快新疆人才培养、促进新疆经济发展作出了很大贡献。

这次会议确定了2001—2005年支援新疆协作规划，有关部委高校每年培养1000名左右新疆少数民族本、专科学生，五年累计5000人左右。大会上，新疆维吾尔自治区人民政府分别与有关部委及高校就具体培养计划签订了协议。

【国家民委召开委属院校实施素质教育、提高教学质量和办学效益现场会】为办好委属院校，提高委属院校在市场经济条件下的生存能力、竞争能力、发展能力，国家民委教育司于1999年10月21日至23日在湖北中南民族学院召开了“委属院校实施素质教育，提高教育质量和办学效益现场会”。会议由国家民委教育司吴仕民司长主持。

会议学习了江泽民总书记、朱镕基总理在中央民族工作会议上的讲话。国家民委副主任图道多吉做了《加大改革力度，推进素质教育，全面提高教育质量和办学效益》的讲话。在充分肯定中南民族学院近年来所取得的成绩的同时，对委属院校今后的工作提出了以下四个方面的要求：

1.深入学习、贯彻落实第三次全国教育工作会议和中央民族工作会议精神，全面推进素质教育。民族院校不仅要抓好智育，更要重视德育，还要加强体育、美育、劳动技术教育和社会实践，促进学生的全面发展和健康成长。

2.加大改革力度，努力提高教学质量和办学效益。各院校在改革的步骤和具体组织实施方面，要积极而稳妥，要在深入和科学论证的基础上，研究制定切实可行的改革方案，正确处理好改革发展和稳定的关系。

3.落实教学工作的核心地位，加强对教学工作的指导。院校长一定要认真抓好教学工作和教学改革，要有明确的教育思想和办学思路，以培养高素质的创新人才为院校教育改革的核心。

4.进一步调整民族院校的人才培养结构与办学模式。今后民族院校要按照国务院办公厅(99)85号文件精神的要求，逐步加大对少数民族地区在职干部的培训比重，逐步加大为少数民族地区培养师资的比重，在招生工作中要适当加大少数民族地区汉族学生的比重。同时，提倡并尽快建立民族高等学校与其他高等学校联合办学的机制。

教育部民族教育司司长夏铸，国家民委人事司副司长李建辉、规划财务司副司长单玉华以及委属院校的部分党委书记、院长，主管教学工作副院长、教务处长参加了会议。湖北省高校工委书记、省教委主任余风盛出席了开幕式并讲话。

【全国民族院校领导联席会议在大连举行】首届全国民族院校领导联系会议于1999年7月在大连民族学院举行。来自全国12所民族院校的领导参加了会议。会议主要内容是认真学习、贯彻、领会全国教育工作会议精神,围绕"深化教育改革,全面推进素质教育,大力实施科教兴国战略"这一主题,结合民族院校的实际,认真研究如何在新的形势下把民族高等教育办得更好。这次会议加强了民族院校之间的了解,交流了办学经验,对新形势下民族高等教育改革发展中的重大问题进行了专题研究讨论。

【中央民族大学"211工程"批准立项】国家计委批复,同意中央民族大学作为"211工程"项目院校,在"九五"期间进行建设(计社字〔1999〕2044号)。通过"211工程"项目的建设,力争在本世纪末,使中央民族大学在教育质量、学科建设、科学研究、管理水平和办学效益等方面得到明显提高,部分重点学科接近或达到国际先进水平,成为国内高等教育领域培养少数民族干部和高层次人才、研究我国民族问题和民族地区发展、促进民族团结、维护祖国统一的基地之一。

【全国中小学民族团结教育活动逐步展开】1999年4月17日至18日,国家民委教育司、教育部民族教育司在天津召开会议,具体安排中小学民族团结教育活动的有关工作。

关于在全国中小学开展民族团结教育活动工作,两部委已联合发过文件,并于1994年开始试点。这次会议的主要议题是,学习贯彻党和国家在学校教育中加强民族团结和维护祖国统一教育的有关精神;交流试点地区开展民族团结教育活动的经验;现场考察天津市中小学开展民族团结教育活动的情况;对全年和2000年开始在中小学开展民族团结教育试点活动的工作进行具体安排,并要求在认真总结经验的基础上,按照点上深化、面上扩大的要求,积极扩大开展民族团结教育活动的地区,力争2000年在全国绝大部分地区的中小学开展此项活动。

这次会议进一步指明了在中小学进行民族团结教育活动的重要性、必要性,要求各地提高认识,按照两部委的要求,结合自己的实际,扎扎实实地把这项工作做好。此次会议将有力地推动全国中小学民族团结教育活动的开展。

各省、自治区、直辖市教委以及计划单列市教委、民委民教处、文教处和有关处室负责人共80余人参加了会议。

【台湾顶新集团向民族学校捐赠图书】国家民委教育司与宋庆龄基金会联系,争取到了台湾顶新集团对民族教育的支持,即于1999年11月首批为新疆、云南、湖北三个省区的各30所民族小学捐赠了价值45万元的图书,今后还将陆续为其他省区的民族小学捐赠价值500万元的图书。

【全国民族中学教育协会培训中心在上海成立】为了加强民族地区中学校长和骨干教师的培训工作,提高他们的管理水平和教学能力,国家民委教育司与全国民族中学教育协会经过协商,决定依托上海回民中学成立全国民族中学教育协会培训中心,以利用上海的地缘优势和人才资源优势,进行少数民族师资队伍的培训,推动民族教育的发展。培训中心于1999年10月12日正式在上海回民中学成立,国家民委扶贫点内蒙古巴林右旗和广西德保县等各地的数十名中学校长赴培训中心进行了为期20余天的学习培训。其间,学员们听取了专题报告和讲座近20个,参观访问了上海一些具有良好办学经验的中学,并进行了交流,学习结束时还撰写了论文和学习心得体会。通过学习培训,大家感到收获很大,既开阔了视野、拓宽了思路,又更新了观念、增强了工作的责任感。

这次培训班聘请全国中学校长培训专家委员会主任、华东师范大学教育科学院院长、博士生导师陈玉琨教授担任教学顾问并任教,任课教师多为华东师范大学的专家学者和附中的优秀教师,其中有5位教授(4位为博士生导师)、5位副教授和一位中学特级教师。

【北京市提出在中小学开展民族团结教育活动实施意见】北京市教委、市民委结合北京市实际提出贯彻国家教育部、国家民委《关于在全国中小学开展民族团结教育活动的通知》的实施意见,进一步明确了在中小学开展民族团结教育的目的、意见和要求,本着点上深化、面上扩大的原则,将西城区、朝阳区、怀柔县列为扩大试点地区,还专门召开会议对试点区县工作进行了布置。

【吉林省民委实施“民族助学计划”】针对教育体制转轨过程中出现的部分少数民族特困家庭学生读大学难的问题，吉林省民委组织各市县民委，从1998年起对高考录取的少数民族学生家庭经济状况进行了深入细致地调查，并据此实施了“民族助学计划”，即利用3年时间，每年筹集10万元，给50名少数民族特困家庭新考取的大学生一次性资助2000元，以确保他们能够如期入学，发奋读书，更好地完成学业，将来为国家建设和民族振兴做出积极的贡献。两年来，省民委筹集和发动少数民族企业家捐助，总共筹集资金30万元，已资助了150名少数民族特困家庭新考取的大学生。受到资助的少数民族大学生及其家庭欢欣鼓舞，热泪盈眶，纷纷给省民委寄来感谢信，从心底里感谢民族工作部门的关爱和党的民族政策的温暖。据吉林省民委跟踪调查的情况表明，受到资助的150名少数民族大学生，在校学习劲头十分高昂，他们决心刻苦钻研科学文化知识，努力把自己培养成为适应跨世纪发展需要的人才，将来为祖国的繁荣富强、民族团结进步多做贡献。

【黑龙江省少数民族“普九”取得成果】黑龙江省少数民族“普九”工作取得丰硕成果。从1996年开始，省民委对人口在万人以下的鄂伦春、赫哲、鄂温克、柯尔克孜等民族的“普九”工作实施重点扶持工程。1996年初，启动鄂伦春族“普九”教育。1996年下半年，国家民委确定赫哲族作为全国22个人口在十万以下少数民族“普九”工作的第一个试点。1997年启动鄂温克、柯尔克孜族“普九”教育。在“普九”工程中，省民委采取因民族制宜、整体推进、重点突破的办法，加大资金投入，调整教师队伍，出台一批优惠政策。四年来，国家、省、市、县各级政府对鄂伦春等四个民族“普九”总投入达800万元，选配优秀校长、教师85人次，新建维修校舍8000平方米，购置图书20000册，购置微机130台。目前，鄂伦春、赫哲、鄂温克、柯尔克孜等民族的办学条件达到当地一流水平，教学质量有了明显提高，有的学科跃为当地首位，乡里培养出了自己的大学生。

【黑龙江省出台《关于在全省中小学开展民族团结教育活动的方案》】为认真贯彻落实党中央关于在各民族青少年中加强民族团结教育和祖国统一教育的有关重要指示，按照教育部和国家民委的要求，省教委、省民委研究制定了《关于在全省中小学开展民族团结教育活动的方案》，即从1999年秋季起分三步在全省中小学逐步开展民族团结教育工作。2000年在哈尔滨、齐齐哈尔、牡丹江、佳木斯、大庆等5个市部分中小学进行试点，到2001年全面展开。此项活动主要是在小学五年级开设《民族常识》，初中一年级开设《民族政策常识》，各安排8学时，一学期内完成。在全省中小学加强民族团结教育，使广大中小学生从小树立正确的民族观，养成自觉维护民族团结的意识和良好习惯，对于加快改革开放，增进民族团结，保持国家的长治久安，把建设有中国特色的社会主义伟大事业推向21世纪，具有重大的现实意义和深远的历史意义。

【黑龙江省召开民族团结进步教育工作会议】1999年6月18日，黑龙江省民委会同省教委召开民族团结进步教育工作会议。会议决定将在哈尔滨、齐齐哈尔、牡丹江、佳木斯、大庆等5个城市进行试点，在中小学增设民族团结教育课程。全省部分市地民委、教委科长参加了会议。

【上海市颁发民族教育奖学金】上海市第六届民族教育奖学金、第三届民族教育教师奖励金颁奖大会于1999年10月29日下午在中科院上海学术活动中心举行。来自12个民族的114名少数民族优秀大、中、小学生和从事民族教育的17名优秀教师获此荣誉。市民委主任杨奇庆等领导向获奖师生表示祝贺，并寄语少数民族学子刻苦学习，早日成才；勉励民族教育战线的园丁为培养少数民族人才再做新贡献，同时希望社会各界进一步关心、支持、推动上海民族教育事业的新发展。据了解，民族教育奖学金和教师奖励基金设立以来，奖励额逐年增加，与去年相比，今年增加了19.1%。1994年至今，市发展少数民族事业基金会已颁发奖学金和教师奖励金近20万，奖励509人次。

【江苏省常州西藏民族中学名列全国西藏班统考第一】1999年7月份，在西藏自治区教育部门首次组织的由内地20所西藏校(班)回藏毕业生参加的中专、高中招生统一考试中，江苏省常州西藏民族中学获得总平均分第一名，名列各校(班)的榜首。该校考生还包揽了统考的前三名，其中来自西藏山南地区的考生巴桑次仁以668分的高分夺得第一名。该校此次升学率达100%，进入高中分数线的学生超过70%。优异的成绩，使得西藏自治区教育部门及北京、上海、广东等地兄弟学校赞叹不已，这也体现了江苏省对民族地区教育事业的大力支持，是常州西藏民族中学广大教职员工多年来认真贯彻党的民族政策、实行全面的素质教育、辛勤劳动的结果。

【福建省召开民族教育对口帮扶工作座谈会】1999年7月20日，经省政府同意，省民委、省教委联合召开全省民族教育对口帮扶工作座谈会。副省长汪毅夫、省政府副秘书长张志清、省民委主任林文斌、省教委副主任王豫生等领导出席会议。全省17个对口支援民族乡的县、市、区领导和教育部门的领导，民族乡所在县、市的政府、民族、教育部门的领导和民族乡乡长共110人参加会议。副省长汪毅夫在会上作重要讲话。他强调，搞好民族教育对口支援工作，帮助民族地区发展教育摆脱贫困，是加速民族地区经济社会繁荣发展的关键所在，也是发达地区义不容辞的历史责任，是个事关大局、事关稳定、事关民族团结的大事。必须带着感情去做民族教育工作，倾心、倾力、倾囊、倾斜支持、实实在在为少数民族办实事。与会代表充分交流了近年来开展对口帮扶工作的经验，沿海经济发达县、市、区与17个民族乡和省重点中学与民族中学等各对口挂钩扶持协作对子也就如何进一步开展对口帮扶活动进行了认真商讨，达成初步意见。

【福建省在部分达标中学设立民族班】为了落实省委、省政府《关于加快我省少数民族和民族地区经济、社会发展的若干政策措施》，福建省教委决定自1999年起在部分达标中学设立民族班。凡是少数民族人口达万人以上的县(市)、且该县(市)目前未设立民族中学的，均应自1999年开始选择一至二所达标中学设置民族班。民族班包括普通初中班和高中班，设置工作可以在两年内分步到位。同时要求有关县市应采取相应的优惠政策和扶持措施，做到少数民族学生进得来、留得住、学得好。

【广西壮族自治区京族实现“普九”目标】广西壮族自治区独有的少数民族——京族，主要居住在东兴市江平镇的万尾、山心、巫头三岛上。在国家民委“22少少”工程(即解决22个人口较少的少数民族普及九年义务教育工程)项目的大力扶持下，东兴市各族人民团结奋斗，在万尾岛上建了一所京族中学，每年招收学生200多人，使京族学生升入初中就读的比例明显提高。1999年在自治区组织的“双基”达标(即基本扫除文盲，基本普及九年义务教育)评估验收活动中，包括京族地区在内的整个东兴市均已顺利通过验收，标志着京族同胞已基本实现普及九年义务教育的目标，这是京族基础教育发展史上的一个光辉里程碑。

【广西壮族自治区山区中学校长到上海培训】由国家民委、教育部共同领导的全国民族中学教育协会，决定在我国经济、教育改革最先进的上海市设立全国民族中学教育协会培训中心，地址在上海市回民中学校园内。1999年秋，国家民委决定选送首批人员到沪进行免费的业务培训。其人员主要是来自国家民委定点扶贫的广西德保县和内蒙古巴林右旗的中学校长。来自德保县16个乡镇的中学校长，与来自内蒙古、云南、新疆等省区的56名校长、教师一道，共同参加培训中心的首期校长培训班的学习。在为期一个月的学习过程中，培训中心主要聘请华东师范大学著名的教授、学者讲授有关素质教育、学校管理及国外教育的最新成果和有关技能，全体学员以撰写发展教育为主要内容的集团论文作为教学成果。培训中心在进行课堂教学的同时，还组织学员参观考察了华东师范大学、上海新高中学、闸北八中等著名学校，参观游览了杭州、苏州风景区、上海浦东开发区等地，大家目睹这些地方改革开放所取得的巨大成就，开拓了视野，对祖国的未来充满了信心。广西的十几位学员在学习过程中，还与上海回民中学以及全国各地的学员举行篮球比赛和文艺联欢活动，增进了广西与各省区的友谊与了解。各族学员心情舒畅，学业有成，大家一致希望国家民委、教育部以及全国民族中学教育协会以后要多举办这样的培训活动，为提高民族地区的教育水平多做实事。

【海南省颁布实施《关于加快发展我省民族教育若干问题的决定》】1999年8月16日，海南省人民政府第38次常务会议审议并原则通过了《关于加快发展我省民族教育若干问题的决定》(以下简称《决定》)，1999年9月17日，中共海南省委、海南省人民政府以琼发[1999]19号文件颁发实施。这是海南建省以来第一个有关民族教育的重要性文件。《决定》共分11部分41条款，从提高民族教育的地位，贯彻党和国家教育方针，加强民族地区基本教育、职业技术教育、成人教育和高等教育，加大民族教育投入，建立救助机制，重视民族师资队伍建设，加快教育管理体制改革，加强对民族教育工作的领导等方面，对加快发展海南民族教育作出了具体的部署和要求。《决定》的出台，对改变海南省民族教育发展滞后的局面，使之与全省教育、民族经济协调发展将起到积极的作用。

【青海省民族学院庆祝建院五十周年】1999年10月12日，来自省内外的400多名来宾和青海省民族学院3000多名各族师生欢聚一堂，共同庆祝青海民院建院五十周年。省委副书记桑杰加，副省长白玛，省人大、省政协、国家民委教育司的有关领导以及青海省荣誉公民、日本国小岛企业会长小岛镣次郎等到会祝贺，白玛副省长代表省委、省人大、省政府、省政协发展了重要讲话。他在讲话中充分肯定了青海民院为民族地区的经济建设、民族团结和社会全面进步做出的重要历史贡献，并勉励全院师生从加快民族地区发展和实施科教兴省的战略高度，认清肩负的历史责任，继续深化教育教学改革，努力建设现代化大学。

青海省民院建校五十年来，始终坚持面向民族地区、面向少数民族的办学宗旨，为青海省培养出了2万多名少数民族干部和专业技术人才，为青海的基层政权建设和现代化建设事业做出了重要的贡献。

民族科技

【《藏汉双语信息处理系统》获国家科技进步二等奖】由国家民委推荐的1998年国家民委科技进步一等奖项目、西北民族学院于洪志教授主持研究开发的《藏汉双语信息处理系统》获得1999年国家科技进步二等奖。该项目完成了世界上第一个“藏文视窗平台”、“藏文字处理”、“藏文INTERNET”，三大课题20个项目，在国内外首次实现藏文信息处理学群，大面积填补现代化藏文研究的空白，为藏文化的各个领域提供了现代化科学手段，达到国际领先水平。江泽民总书记于1999年6月在兰州观看该项目时握着于教授的手说“好，有骨气，你们为中国人民争了光。”该项目是国家民委推荐项目所获得的第二个国家科技进步奖，表明国家民委所属单位的科技水平和创新能力又上了一个新的台阶。

【吉林省民委组织专家到民族乡镇开展农业科技知识培训】为提高农村少数民族群众科学文化素质，普及农业科技知识，解决农民在农牧业生产中经常遇到的实际问题，加快民族乡(镇)的经济发展，吉林省民委协调省科协于1999年2月下旬至3月初组织有关专家到民族乡镇开展了农业科技知识培训。此期间，聘请了吉林农业大学、白城市农科院、辽宁省清源县科协等单位的有关专家、教授先后到镇赉县莫莫格、哈吐气两个蒙古族乡、辉南县楼街朝鲜族乡举办了农业科技培训班，分别讲授了种植业、养殖业、“四位一体”蔬菜大棚等农业科技知识，培训人员达600多人次。聘请的专家、教授还深入到养牛、养羊农户，进行现场指导，解答农民提出的疑难问题，受到了当地农牧民的欢迎。

民族干部

【少数民族和民族地区干部挂职锻炼工作】1999年是开展少数民族和民族地区干部挂职锻炼工作第十个年头。为了继续做好这项工作，4月13日和5月11日，中央组织部、中央统战部、国家民委(以下简称中央三部委)分别在重庆和北京联合召开了派出干部省区市协调会和接收单位协调会,要求认真做好挂职干部的选派、接收和管理工作。全年安排挂职锻炼干部总数为231人。其中,到中央、国家机关(52个单位)挂职的108人,到北京、天津、上海三个直辖市和山东、广东、江苏、浙江四省以及15个副省级城市挂职的81人,到京、津、沪和沿海地区企业、科研单位挂职的42人。这231名干部中,有地(厅)级干部51名,县处级干部180名;有妇女干部60名,非中共党员16名,共青团干部12名。挂职期间,分别召开了两次在京挂职干部座谈会。国庆期间,还组织部分挂职干部参加了首都庆祝新中国成立五十周年的观礼、联欢活动,使大家深受鼓舞和教育。挂职结束时,中央三部委举办了挂职干部培训班,组织挂职锻炼干部认真学习了十五届四中全会和中央民族工作会议精神,听取了有关部门领导和专家学者的辅导报告,总结交流了挂职锻炼的收获和体会。王兆国、李铁林、郝文明同志到会作了重要讲话,对大家的学习、工作给予了充分的肯定,对深入学习贯彻落实中央民族工作会议精神,进一步做好民族干部工作提出了重要的意见,对大家也提出了希望和要求。

从1990年至1999年,这项工作已连续开展了10年。从中央三部委跟踪调查的情况看,实践证明这种培训方式是成功的。10年参加过挂职锻炼的少数民族和民族地区干部共有1135名,其中少数民族干部998名,地厅级干部289名,县处级干部846名;女干部220名,非中共党员干部85名,共青团干部33名。到目前为止,被提拔到上一级领导岗位的达350多人,占30%以上。内蒙古、甘肃、青海、湖南、四川、湖北、海南等7省区376名参加过挂职锻炼的干部中,有117人被提拔重用,占31%,其中78人担任了地、县两级党政一把手或正职,占21%,此外,还有22人当选为九届全国人大代表和九届全国政协委员,2位同志晋升为省部级领导职务。10年来,这项工作规模逐步扩大,方法不断改进,取得了可喜的成绩,为促进民族地区的改革、发展和稳定发挥了积极的作用。

【国家民委举办扶贫点领导干部培训班和赴美考察团】为了贯彻落实江总书记关于《努力建设高素质干部队伍》的讲话要求和中央扶贫工作会议精神,拓宽思路,加强智力扶贫的力度,国家民委人事司与经济发展司合作,在国家民委扶贫点内蒙古自治区巴林右旗联合举办了领导干部培训班。巴林右旗副科以上干部约300人出席了开班典礼和金融、经贸方面的讲座。50名正科级以上干部参加了为期3天的领导干部艺术培训班。通过学习和讨论,学员们普遍反映:开阔了思路,增长了见识,更新了观念,受益匪浅。表示要学以致用,把所学知识运用到实际工作中去。同时,国家民委人事司与外事司继续组办了"中国少数民族工作者代表团"赴美国学习考察。

【国家民委组织召开联谊座谈会广泛联系少数民族干部】为了加强同少数民族干部的联谊和沟通,国家民委组织了多次联谊座谈会。1999年4月,与中央党校来自内蒙古4个市、4个盟、3个自治旗及自治区有关部门59名学员、6个民族成分的司处级少数民族干部举行了座谈,国家民委常务副主任陈虹和中央统战部副部长朱维群到会讲话,学员们受到了极大的鼓舞。5月与中央民族大学来自贵州9个地、州、市,11个自治县和三校一部含9个民族成分的26名民委系统的处、科级少数民族干部举行座谈,国家民委专职委员王福临到会讲话。7月与中央党校第29期新疆自治区12个地州市和区直有关单位含6个民族成分的63名司处级干部学员进行座谈,国家民委党组成员塔瓦库勒到会讲话。7月与中央党校第3期中青班、理论宣传班来自4个自治区、6个省市和有关部委18个单位含13个民族成分的18名地(厅、州)、县级干部进行座谈,国家民委副主任陈虹同志出席并讲话。7月与中央党校第22期西藏班来自7个地、市和中央、区直的藏族、汉族共39名处级干部学员进行座谈联欢,国家民委专职委员王福临到会讲话。通过广泛联谊和座谈,听取了学员们学习、工作的情况,交换了对民族工作的意见和建议,进一步加强了与民族地区少数民族干部的联系和沟通,并将这些同志纳入我们了解少数民族领导干部的视野范围。

【北京市召开座谈会欢迎少数民族干部在京挂职锻炼】1999年5月17日,北京市委、北京市政府召开座谈会,欢迎中央组织部、中央统战部、国家民委选派到北京挂职锻炼的新疆、西藏、青海、宁夏、云南、黑龙江、辽宁等省市自治区的回族、满族、维吾尔族、藏族等5个民族的14位少数民族干部。截止1999年,北京市完成两部一委选派的少数民族挂职锻炼干部共10批102人。

【河北省举办民族宗教局长培训班】1999年11月2日至5日,河北省民宗厅在石家庄市举办了全省民族宗教局长培训班,各市民宗局、重点县(市、区)民宗局局长参加了培训。重点学习研究了民族宗教工作形势、任务、经验和世界民族宗教问题。副省长何少存发表书面讲话。

【吉林省举办首期少数民族干部研究生课程进修班】吉林省委组织部、吉林省民族事务委员会于1998年8月至1999年4月,联合举办了全省首期少数民族干部研究生课程进修班。这是深入贯彻落实《吉林省(1993—2000)培养选拔少数民族干部工作规划》,进一步改善少数民族干部队伍的知识结构,提高少数民族干部队伍素质,以适应全省跨世纪发展目标需要的一项重要举措。国家民委常务副主任陈虹到吉林省考察时指出:"开办少数民族研究生班不仅是吉林省的首创,在全国来讲也是首创。"

这期进修班共选拔了51名政治素质好、业务能力强的民族干部参加学习。研究生班设在省民族干校,由吉林大学东北亚研究院承担教学任务,共开设了包括世界经济、国际金融、贸易、政治、外语等17门课程。培训以政治理论、经济理论并重,使民族干部的马克思主义理论水平和社会主义市场经济知识水平都得到提高;以课業授课与社会调查(到省内民族乡镇、经济开发区和深圳、香港实地考察)并重,使理论与实际有效结合。进修班把党的民族宗教理论、政策作为整个教学内容的重要组成部分,聘请了北京大学、中央党校、国家民委和省内专家学者讲授民族宗教理论政策。通过集中学习和实地考察,少数民族干部增长了知识和才干,开阔了视野,进一步增强了改革开放的意识和加快少数民族和民族地区发展的责任感和紧迫感。研究生课程进修班为全省培养高层次少数民族干部做了一次新的有益尝试。

【吉林省民委举办民族乡(镇)长市场经济培训班】为提高民委系统干部和民族乡(镇)干部的市场经济意识,开阔视野,学习先进经验,吉林省民委于1999年7月23日至29日在深圳市举办了民委系统干部和民族乡(镇)干部市场经济培训班。参加这次培训的有各市州民委主管经济工作的副主任、自治县民委主任和民族乡(镇)党委书记或乡(镇)长,省民委经济处及有关处室的同志共43人。深圳市委党校校长助理鄂震博士讲授了《邓小平理论在深圳的实践》、深圳南方管理培训中心教授李醉吾讲授了《知识经济与科教兴国》、深圳证券时报研究员讲授了《中国证券市场与股票》等专题讲座。培训期间还组织参观了深圳市龙岗区布吉镇南岭村的乡镇企业,考察了深圳、珠海经济特区证券、股票交易市场和商业贸易市场等。通过学习考察,学员们亲身感受到深圳、珠海经济特区翻天覆地的变化,使大家进一步加深了对邓小平理论的理解,充分认识到了改革开放政策的英明,增强了责任心和紧迫感。学员们纷纷表示回到各自的工作岗位后,把学到的知识和经验运用于促进当地经济的发展,不断做出新的贡献。

【黑龙江省举办第二期少数民族处级干部培训班】省委组织部、统战部、省民委于1999年9月1日至10月15日在省委党校举办了第二期全省少数民族处级干部17人的培训班。这次培训,主要通过集中办班和组织参观、考察活动,对他们进行了培训教育。一是突出了党性教育和邓小平理论专题教育,使学员进一步坚定了党性,树立了全心全意为人民服务的信念,增强了党性修养,使他们对"初级阶段"和"社会主义本质"等一些重大理论问题有了更加深入的理解,澄清了一些理论和实践上的模糊认识,明确了邓小平理论的伟大旗帜就是方向,把握了"解放思想、实事求是"的这一理论精髓,掌握了检验正确与错误的实践标准是"三个有利于",为坚定不移地贯彻执行党的基本路线和十五大的战略方针扫清了思想障碍,这是实现全省"二次创业、富民强省"的政治保证。二是进行了领导科学和民族宗教及统战理论、知识教育,使他们进一步掌握民主、科学决策和创造性、系统性工作的领导方法,从理论与实践的结合上开拓了视野,从经验与教训的总结中改进了方法,增长了才干,使他们了解和掌握了党的民族宗教、统战政策知识。三是形成了全省少数民族干部"非线性"的社会关系,使他们成为全省做好民族统战工作的桥梁和纽带,成为全省少数民族干部队伍中的骨干。他们将在各自岗位上更好地发挥作用,促进民族地区的发展和进步。

【浙江省重视民族宗教干部培训工作】1999年6月8日,全省民族宗教干部培训班在省社会主义学院举办,各地民族宗教工作干部36人参加了培训,并赴无锡、上海市考察。

6月26日,全省民族乡、镇规划培训班在绍兴举办,18个民族乡镇的党委书记、乡镇长、乡镇秘书67人参加了培训。省农办、建设厅、浙江大学的有关领导和专家到培训班讲课。

【福建省召开少数民族和民族地区挂职干部座谈会】1999年5月13日,省委组织部、统战部、省民委联合在福州召开了福建省第五批赴京挂职的少数民族和民族地区干部座谈会。省委组织部、统战部和省民委及省直对口单位的负责人共20人参加会议。省委组织部和省委统战部的领导分别对挂职干部提出了要求和希望,勉励挂职干部要珍惜这次挂职机会,向组织交上一份满意答卷。

【福建省少数民族人口万人以上县配备少数民族领导干部】1999年,福建省县级领导班子换届选举中,有31名少数民族干部当选为25个县(市、区)的新一届县级领导班子成员。其中进入县级党政领导班子的有25人,当选为县委书记1人,当选为县(市)长2人。至此,福建省少数民族万人以上县的县级领导班子基本配备了少数民族领导干部。

【福建省从地市选调少数民族干部到省直机关挂职】1999年,福建省继续实施《福建省1995—2000年培养选拔少数民族干部工作规划》,由省委组织部牵头,从厦门、漳州、宁德等地市选调了德才素质较高、有培养前途和发展潜力的8名少数民族正科级干部,分别到省直机关的党委、人大、政府等部门担任处长助理等职务,为期一年。

【广西壮族自治区民委加强少数民族干部培养教育】1999年,自治区民委与自治区党委组织部开展对全区少数民族干部的情况调查,摸清了少数民族干部的使用情况。同年11月,自治区民委对12个民族自治县和63个民族乡的少数民族干部进行专题调研,了解掌握少数民族干部数量质量情况。广西选派了56名县处级少数民族干部到中央国家机关、外省经济发达地区和自治区直属机关挂职锻炼。10月,自治区委组织部、统战部、区民委共同组织对挂职干部进行跟踪调查,并召开了挂职干部经验交流会。自治区民委举办了地市县民委主任培训班,培训50人,组织他们到云南等地考察学习;自治区民委与自治区妇联共同举办第三期全区少数民族妇女领导干部培训班,共70人,并组织学员外出考察学习。南宁地区举办了全地区民族工作干部培训班,共有150人参加了培训,南宁市、钦州市、防城港市、桂林市等举办了民族干部培训班。

【海南省举办民族宗教干部培训班】为提高民族宗教干部的理论水平和实际工作能力,海南省于1999年6月15日至17日在省委党校举办了全省民族宗教干部培训班。各市县分管民族宗教工作的副市(县)长,民族宗教部门负责人,琼山、文昌、安定、澄迈、临高5市县统战部分管民族宗教工作的领导,省农垦有关负责人,以及省民宗厅各处室及属下单位负责人共50多人参加了培训班学习。中央党校民族宗教理论室主任龚学增教授和国家宗教局研究中心副主任段启明,分别向学员们讲授了马克思主义民族理论与宗教理论,以及党和国家的民族政策与宗教政策。省委常委、副省长朱明国出席了培训班的学习总结会,并作了重要讲话。他向学员们着重介绍了科索沃危机的情况,并从国际国内形势角度强调做好民族宗教工作、加强民族团结的重要性和必要性,同时勉励大家今后要多学习、多研究、多思考,不断提高政策理论水平,把民族宗教工作做得更好。省民宗厅厅长王亚保在会上作了题为《充实理论素养,提高政策水平,切实做好我省民族宗教工作》的总结讲话。他在讲话中希望大家加强民族宗教理论和政策学习,把学习与本地区的民族宗教工作紧密结合起来,与当前开展的"三讲"教育活动紧密结合起来,不断充实自己的理论素养,提高自己的政策水平,切实做好民族宗教工作。

【新疆维吾尔自治区举办地县民宗委主任培训班】为提高民宗系统各级领导干部的政策理论水平,更好地做好新时期的民族宗教工作,自治区民宗委于1999年3月18日至5月7日,在自治区党校举办了地县民宗委主任培训班,来自全疆部分地县民宗委的34名少数民族领导干部参加了培训。

这次培训班学习的主要内容是:邓小平建设有中国特色社会主义理论,江泽民总书记视察新疆时的重要讲话及党的民族、宗教理论和政策。通过近50天的学习,大家获得了以下收获:一是加深了对邓小平理论科学体系、历史地位和战略指导意义的认识,对理论的精髓、主题、基础、核心等主要内容有了更准确的把握;二是深刻认识到新疆具有特殊重要的战略地位,在下世纪将成为我国经济增长的重要支点,增强了工作的使命感和责任感;三是深刻认识到高举民族团结的旗帜,维护祖国统一,反对民族分裂的重大意义,坚信党的民族宗教政策的正确性;四是党性得到了增强;五是提高了学习理论的积极性和自觉性,找出了自身存在的差距,坚定了今后要通过加强理论学习来增强政治、业务素质的信心。

【新疆维吾尔自治区举办南北疆片民宗委主任培训班】由新疆维吾尔自治区党委组织部、自治区民宗委组织的自治区南北疆片民宗委主任培训班,在完成了各项预定培训任务后,于1999年10月8日、10月16日分别在伊犁州党校、喀什党校圆满结束。

在为期近40天的培训期间,来自全疆各地的63名民宗委系统干部集中学习了邓小平理论、马克思主义民族宗教理论、新疆经济与发展、世纪之交新疆民族宗教问题、依法管理宗教活动等内容。学习中大家认真听讲,悉心钻研,结合新疆实际、联系自身业务,边学习边讨论,从思想上认清了肩负的历史重任。学员们通过学习,提高了理论水平和政治素质,提高了运用马克思主义、邓小平理论分析问题、解决问题的能力,增强了贯彻执行党的各项方针政策的自觉性和坚定性。开学之初,自治区民宗委副主任许世杰受民宗委党组委托,分别到两个培训班看望大家并在开学典礼上讲话,他勉励学员们要珍惜这次难得的机会,安下心来,认真学好理论,提高领导水平。

民族文化

【国家民委民族宣传工作效果良好】做好中央民族工作会议、国务院第三次全国民族团结进步表彰大会、第六届全国少数民族传统体育运动会及全国少数民族和民族地区名优产品博览会新闻宣传工作是1999年国家民委宣传工作的重点。国家民委与中宣部联合发出了《关于做好中央民族工作会议和国务院第三次全国民族团结进步表彰大会宣传报道工作的通知》和《关于做好第六届全国少数民族传统体育运动会宣传报道工作的通知》,提出宣传报道的指导思想和总体要求。为达到宣传效果,在报纸、杂志宣传方面:协助新华社开辟"少数民族与新中国"栏目;与人民日报合作开辟"民族团结 共同进步"专栏;与人民日报海外版合办"民族团结进步"专栏;与解放军报合办"团结进步谱新篇"专栏;与经济日报合办"民族团结进步"专版;协助光明日报开辟民族专版;与中国新闻社合办"民族团结进步"专栏;与中国改革报合办"少数民族在改革开放中前进"专栏;与经济消息报合办"民族团结进步"专栏;与人民政协报合办"民族团结进步"专版;与经济参考报合办"中央民族工作会议、国务院第三次全国民族团结进步表彰大会"专刊;协助《瞭望》周刊以民族专题的形式组织稿件发表。在广播宣传方面:与中央人民广播电台合办"民族团结进步"专题节目;协助中国国际广播电台开辟"中国少数民族"专题节目;协助配合海峡之声广播电台组织民族重点选题采访报道。在电视宣传方面:中央电视台新闻联播节目对中央民族工作会议暨国务院第三次全国民族团结进步表彰大会的开幕式和闭幕式作了长达10分钟的头条报道,晚间新闻、整点新闻和零点新闻均作重播;9月30日,《焦点访谈》栏目制作播出了一期以民族团结进步为主题的节目;9月30日,中央电视台海外中心《中国报道》制作播出了一期民族专题报道节目;10月1日,中央电视台与国家民委联合制作播出时长1小时的专题片《历史性的飞跃》;两会前后,中央电视台7频道拍摄播出了一组有关民族的专题新闻节目;12月15日,中央电视台专题部制作播出了反映1999

年少数民族国庆观礼团的专题节目;12月20日，中央电视台新影制作中心制作播出了一期回顾50年来少数民族国庆观礼团的特别节目。据统计,中央各新闻媒体共发稿686篇,图片84幅。1999年新闻宣传工作收到了良好的效果。

【民族大团结邮票审定发行】为庆祝中华人民共和国成立五十周年,国家邮政局发行纪念邮票《中华人民共和国成立五十周年1949—1999民族大团结》(一套,共56枚,一版票)。该套邮票因涉及56个民族的形象和服饰,政策性强,为确保邮票内容的科学性、准确性,国家民委文宣司从1997年开始就配合国家邮政局邮票印制局负责对55幅少数民族图稿进行评选、审查工作,通过多次召开研讨会征求有关专家、学者的意见,并经有关省、区民委审查通过,《中华人民共和国成立五十周年1949—1999民族大团结》纪念邮票于1999年10月1日正式在全国发行,引起很大反响。

【第四届中国民族图书奖评选揭晓】中国民族图书奖由国家民委和国家新闻出版署联合主办,由中国出版工作者协会民族出版工作委员会承办,每两年评选一次。第四届中国民族图书奖终评活动于1999年5月21日至26日在北京举行。34家出版社(其中有29家民族出版社)的20个文种116种1997年至1998年两年内出版的图书参加了本届图书奖评选,经过20位专家、学者的认真细致、科学严谨、公正平等的评选,来自28家出版社的51种图书获奖,其中一等奖9种、二等奖16种、三等奖26种。本届获奖图书选题精良,编校、印装质量高,装帧美观。全国人大副委员长布赫、全国政协副主席阿沛·阿旺晋美、国务委员司马义·艾买提、国家民委主任李德洙、新闻出版署署长于友先担任本届评审委员会顾问,国家民委副主任李晋有、新闻出版署副署长杨牧之、原民族出版社副社长李鸿范担任本届评委会主任委员。

【国家民委主办全国青少年"知我民族、爱我中华"知识竞赛】由国家民委主办、中国少年报社协办的"全国少年'知我民族,爱我中华'知识竞赛"于1999年7月14日开始刊登竞赛试题至9月底竞赛揭晓,共收到全国31个省、市、自治区少年朋友的答题42815份,经过认真评审,并经过公证抽奖产生一等奖10名、二等奖50名、三等奖300名、组织奖26名,一、二、三等奖和组织奖均以国家民委名义颁发证书和奖状。

此项活动得到了全国广大师生的热烈响应,很多教师和家长都给编辑部写信,认为学生们参加这样的活动受到了一次爱国主义教育和民族团结教育,希望以后多组织这类活动。

【全国第九届孔雀奖少数民族声乐大赛在广西举行】由文化部、国家民委、国家广电总局、广西壮族自治区人民政府主办的"全国第九届孔雀奖少数民族声乐大赛"于1999年在广西南宁举行。全国共有20个省、自治区、直辖市和解放军总政治部、中央各部委所属文艺团体、艺术院校等11个部门(单位)推荐的27个民族的146位选手参赛,参赛选手年龄最小的19岁,最大的40岁。大赛经过预赛、复赛、决赛评选出一等奖3名,二等奖12名,三等奖21名,优秀演唱奖9名,演唱奖26名。颁奖大会在广西南宁剧场隆重举行,全国人大副委员长程思远、文化部副部长艾青春、国家民委副主任李晋有、国家广电总局副局长赵实、广西壮族自治区副主席吴恒出席了颁奖大会并为获奖选手颁奖。本次大赛参赛选手水平普遍较高,演唱歌曲具有浓郁的民族风格和地域特色,参赛作品难度较大,新人新秀较多,大赛为各民族歌手提供了一个非常好的交流和学习的机会,推出了一批优秀的少数民族歌手,展示了我国少数民族声乐事业取得的成就。少数民族声乐大赛对促进我国少数民族声乐艺术的繁荣发展,加强社会主义精神文明建设起到了积极的推动作用。

附:全国第九届孔雀奖少数民族声乐大赛获奖名单

一等奖(3名):

内蒙古自治区	朝鲁(蒙古族)
广西壮族自治区	莫晓文(壮族)
吉林省	金勇(朝鲜族)

二等奖(12名):

广西壮族自治区	韦丽萍(壮族)
上海音乐学院	赵勇(回族)
新疆维吾尔自治区	欧坦别克(哈萨克族)
中央民族乐团	方春月(朝鲜族)
成都军区战旗歌舞团	白云(土家族)
广西壮族自治区	李卫红(壮族)

广东省 丁义(满族)
云南省 董凤琴(白族)
广西壮族自治区 樊青青(壮族)
新疆维吾尔自治区 努尔阿米娜(维吾尔族)
陕西省 金小英(达斡尔族)
云南省 欧阳丽梅(彝族)

三等奖(21 名):

中央民族歌舞团 雷桂榕(畲族)
武警文工团 拉姆措(藏族)
湖南省 付辽源(土家族)
湖北省 陈春茸(土家族)
广西壮族自治区 严当当(壮族)
煤矿文工团 满艳(回族)
武警文工团 霍然(满族)
中国音乐学院 聂影(回族)
湖南省 李群霞(土家族)
中国音乐学院 毛宁(回族)
广西壮族自治区 唐彩媚(壮族)
青海省 张花春(土族)
辽宁省 王燕(满族)
新疆维吾尔自治区 叶尔哈力·努尔扎达(哈萨克族)
济南军区前卫歌舞团 刘文欣(满族)
广西壮族自治区 蒙玲玲(壮族)
中央民族歌舞团 苏都阿洛(彝族)
宁夏回族自治区 王晓春(满族)
吉林省 金贤子(朝鲜族)
湖北省 田昌萍(土家族)
广东省 萨仁呼(蒙古族)

优秀演唱奖(9 名):

中央民族大学 王雪辉(满族)
中央民族大学 巴达玛·其其格(鄂温克族)
内蒙古自治区 达木丁苏荣(蒙古族)
中央民族大学 汤春华(苗族)
西藏自治区 普布卓玛(藏族)
云南省 段世敏(傣族)
黑龙江省 舒国金(锡伯族)
广西壮族自治区 犟克杨(壮族)
内蒙古自治区 白娟(鄂伦春族)

演唱奖(26 名):

西藏自治区 仓决卓玛(藏族)
内蒙古自治区 团梅(蒙古族)
新疆维吾尔自治区 刘咏梅(回族)
宁夏回族自治区 马爱学(回族)
天津市 马丽(回族)
广东省 雷慧兰(壮族)
云南省 李建英(白族)
新疆维吾尔自治区 莱丽(塔吉克族)
黑龙江省 安艳华(达斡尔族)
广西壮族自治区 张颖(满族)
青海省 黄培琴(裕固族)
四川省 吉木歇尔(彝族)
宁夏回族自治区 严青霞(羌族)
黑龙江省 李晓燕(回族)
中国音乐学院 肖静(土家族)
辽宁省 宁彤(满族)
解放军海政歌舞团 曾晓燕(布依族)
云南省 李端凤(傈僳族)
内蒙古自治区 呼格吉勒图(蒙古族)
内蒙古自治区 阿日斯楞(蒙古族)
云南省 卓玛拉初(藏族)
中央民族大学 易秒樱(瑶族)
新疆维吾尔自治区 毛丽努尔·依米提(维吾尔族)
湖北省 陈宇京(土家族)
贵州省 刘兰平(侗族)
内蒙古自治区 红梅(蒙古族)

【第六届全国少数民族文学骏马奖评奖】1999年中国作家协会、国家民委共同主办了“第六届全国少数民族文学骏马奖”评奖。此次评奖共有来自全国 32 个民族的 255 名作家的 277 部作品参加评选,有来自 18 个省、区、市的 27 个民族的 61 位作者、57 部作品获奖。颁奖大会在昆明举行,全国人大副委员长铁木尔·达瓦买提、中国作家协会党组书记翟泰丰、国家民委副主任李晋有出席大会并颁奖。

目前,我国一支多民族、多文种、多门类的少数民族作家队伍已经形成;55 个少数民族都有了自己的作家,都有了自己的作品在全国获奖;不少民族已形成了本民族的作家群,有了造诣很高的作家,结束了过去大多数少数民族没有作家和书面文学的历史。少数民族作者用发自肺腑的诚挚情感,歌颂各民族平等、团结、进步的亲密关系,用最美好动人的语言赞美伟大的祖国,用昂扬激奋的笔触书写改革开放的巨大成就,他们的作品浸透着强烈的爱国主义激情。少数民族文学的发展为全国各族人民奉献了一批又一批优秀作品。

全国少数民族文学评奖活动对繁荣少数民族文学创作、培养少数民族文学创作人才、加强民族团结发挥了积极的作用。

附:第六届全国少数民族文学骏马奖获奖篇目

获奖类别	作品名称	作者	民族	单位
特别奖	《少数民族文学经典文库》(五卷)			
长篇小说奖	尘埃落定	阿来	藏族	四川
长篇小说奖	苍山如海	向本贵	苗族	湖南
长篇小说奖	伤寒	吴恩泽	苗族	贵州
长篇小说奖	补天裂	霍达(女)	回族	北京
长篇小说奖	闹市里的新百姓	阿不都热合曼·卡哈尔	维吾尔族	新疆
长篇小说奖	无根记	许莲顺(女)	朝鲜族	延边
长篇小说奖	金色的上都草原	夏·占布拉扎布	蒙古族	内蒙古
小说集奖	你让我顺水漂流	乌热尔图	鄂温克族	内蒙古
小说集奖	木轮悠悠	阿凤(女)	达斡尔族	甘肃
小说集奖	嫂子	阿蕾(女)	彝族	四川
小说集奖	爱的折磨	贺晓彤(女)	苗族	湖南
小说集奖	红泪	罗汉	阿昌族	云南
小说集奖	父亲之死	傅查新昌	锡伯族	新疆
小说集奖	季节深处	马宇桢	回族	宁夏
小说集奖	大漠歌	阿云嘎	蒙古族	内蒙古
小说集奖	不要涉过那条河	禹光勋	朝鲜族	延边
小说集奖	虫涝	艾合台木·吾买尔	维吾尔族	新疆
小说集奖	月亮遁去的夜晚	亚森江·沙地克	维吾尔族	新疆
小说集奖	额拉湖中的游鱼	吐尔逊·艾力	哈萨克族	新疆
小说集奖	忽来河	赛音巴雅尔	蒙古族	内蒙古
小说集奖	山魂	时长日黑	彝族	四川
小说集奖	冰山之心	阿提克木·则米尔	塔吉克族	新疆
诗集	面向阳光	禄琴(女)	彝族	贵州
诗集	家园的颂辞与挽歌	马丁	撒拉族	青海
诗集	情感地带	蔡金华	普米族	云南
诗集	寻找自己	高深	回族	辽宁
诗集	唱给故乡	石太瑞	苗族	湖南
诗集	回望	杨泽文	傈僳族	云南
诗集	冉庄诗选	冉庄	土家族	重庆
诗集	回归	袁冬苇	白族	云南
诗集	另一种禅悟	罗莲(女)	布依族	贵州
诗集	阿尔泰新诗选	阿尔泰	蒙古族	内蒙古
诗集	红印	别尔地别克	哈萨克族	新疆
诗集	绿色钟声	朴桦	朝鲜族	延边
诗集	故土赞	穆罕麦提江·热什丁	维吾尔族	新疆
诗集	雪山情	角巴东主·恰嘎·多杰才让	藏族	青海
散文集	汗颜斋文札	郭风	回族	福建
散文集	手抄本的流亡	冉云飞	土家族	四川
散文集	青色风铃	包晓泉	仫佬族	广西
散文集	没有日记的罗敷河	叶广岑(女)	满族	陕西
散文集	可爱的第三国	和国才	纳西族	云南
散文集	守望村庄	莫独	哈尼族	云南
散文集	在北方丢失的童话	杜拉尔·梅	鄂温克族	内蒙古
散文集	覃思集	伊德尔夫	蒙古族	内蒙古
散文集	珍藏的符号	蓝怀昌	瑶族	广西
散文集	爱的微笑	中流	满族	黑龙江
报告文学集奖	大地震	沙蠡	纳西族	云南
报告文学集奖	时代骄子	金英锦(女)	朝鲜族	延边

获奖类别	作品名称	作者	民族	单位
儿童文学集奖	纸公主和纸王子	王叶伦	回族	中直
儿童文学集奖	祁连游牧仔	察森敖拉	蒙古族	青海
儿童文学集奖	蚂蚁王国游历记	力格登	蒙古族	内蒙古
儿童文学集奖	嫩芽醒了	崔文燮	朝鲜族	延边
理论集奖	老舍评传	关纪新	满族	中直
理论集奖	民族文学学论纲	龙长吟	汉族	湖南
理论集奖	转型的解读	黄伟林	壮族	广西
理论集奖	论当代维吾尔文学	阿扎提·苏里坦	维吾尔族	新疆
翻译奖	蒙译汉	那顺德力格尔	蒙古族	内蒙古
翻译奖	维译汉	苏永成	回族	新疆
翻译奖	柯译汉	阿地力·朱玛吐尔地	柯尔克孜族	新疆
翻译奖	哈译汉	韩阿利	撒拉族	新疆
翻译奖	维译汉	艾克拜尔·吾拉木	维吾尔族	中直

【国家民委举办大型民族歌舞《团结颂》文艺晚会】为庆祝中华人民共和国成立50周年，祝贺中央民族工作会议、国务院第三次全国民族团结进步表彰大会和第六届全国少数民族传统体育运动会的隆重召开，国家民委于1999年国庆期间在北京举办了大型民族歌舞《团结颂》文艺晚会。晚会由中央民族歌舞团、中央民族大学舞蹈系、新疆维吾尔自治区柯尔克孜族自治州歌舞团、内蒙古自治区广播电视艺术团、西藏自治区山南地区艺术团、广西壮族自治区右江民族歌舞团、宁夏回族自治区歌舞团、贵州省民族歌舞团、吉林延边朝鲜族自治州歌舞团、中国音乐学院、上海音乐学院、成都军区政治部战旗歌舞团等文艺团体的400多位少数民族艺术家以强大的阵容组成。著名艺术家关牧村、蒋大为、杨丽萍、宋祖英、拉苏荣、曲比阿乌、肉孜阿木提、杨曙光、赵勇、杨学进、郭瓦·加毛吉、卓玛、姜铁红等参加了演出，中央电视台著名节目主持人张征、周涛担任晚会主持，晚会还特邀了台湾少数民族艺术家同台演出。晚会以“歌颂伟大的中国共产党、歌颂伟大的祖国、歌颂中华民族的大团结”为主题，以“反映翻身解放、改革开放、团结奋进新世纪”为主线，以“难忘新生、时代风采、团结奋进”三个部分为结构，着力展示50年来少数民族和民族地区在党的三代领导核心的领导下团结奋进的精神风貌。晚会以浓郁的民族风格和地方特色以及较高的艺术水平，博得了各族各界观众的一致好评。《团结颂》共演出7场，场场爆满，观众达8400多人，党和国家领导人观看了演出并与演员合影留念。

【国家民委协助《中华英才》做好《同贺新千年特别制作》宣传栏目】1999年11月，国家民委积极配合《中华英才》半月刊收集推荐了56个少数民族代表参加了《56个民族代表联诀行动贺新春》宣传栏目活动。推荐的少数民族代表其中有省长、州长、县长、中国科学院院士、工程院院士、全国人大代表、全国劳动模范、全国十佳优秀教师和著名艺术家等，他们从不同的民族和不同的工作岗位上发出了共同的心声：于百年沧桑崛起，与世纪中国同行。衷心祝愿56个民族同呼吸、共命运、心连心。

【首都作家采访团采访巴林右旗】按照国家民委定点扶贫工作会议关于各部门要为定点扶贫县旗办实事的要求，国家民委政策法规司组织“首都作家赴巴林右旗采访团”7人，于1999年8月上旬赴内蒙古自治区巴林右旗进行了为期一周的采访，参观和考察了巴林右旗的扶贫开发、草原沙化治理、草库伦建设、巴林石开发、那达慕大会等，还考察了当地的历史文化、民俗风情和群众生活，在此基础上，在《人民日报》、《光明日报》、《民族团结》、《经济参考报》、《中国经济导报》、《中国电视报》等报刊发表了一批反映该旗两个文明建设的散文、纪实文学作品。《人民日报》等报刊报道了这次采访宣传活动。

【北京民族文化宫大修加固工程竣工验收】北京民族文化宫大修、加固工程自1998年3月开工，已于1999年9月陆续交付验收，保证了中华人民共和国五十周年大庆各项庆典活动的使用。

大修工程比新建工程复杂。由于专家、施工单位、工程监理及民族文化宫的大力配合，并采用了一些新的科学技术，弥补了建筑物的部分先天不足，保证了大修工程质量。设备选型95%采用了国内或合资产品，并增加了消防自动报警、安防监控系统、综合布线系统，更换了全部水、电、暖气、煤气管线，更新和增加了空调设备。民族宫大剧院音响等设备安装调试后，经请中科院声学所检测，音响达到国家一级标准，灯光、电影等系统都达到了较高水平。民族图书馆和展览馆文物库增加了气体灭火及保安监控系统，使珍藏图书和文物有了安全保障。民族文化宫整体外观增加了外立面泛光照明系统，在国庆五十周年北京市对高层建筑评比中被评为一等奖，整个大修、加固工程经北京市质量监督站检测被评为优良工程。

【北京召开民族文化场所经验交流会】1999年5月7日，市民委召开民族文化场所建设经验交流会。西城区少年宫、牛街街道文化站、东四街道文化站负责同志交流了各自的经验，市民委主任李保群同志出席会议并讲话。

【满族爱新觉罗氏家族创作国画赠北京市政府】1999年6月12日，满族爱新觉罗氏家族部分书画家为庆祝国庆50周年，共同创作“万紫千红总是春”国画赠给北京市政府。市长刘淇、常务副市长孟学农、副市长刘敬民会见了部分爱新觉罗氏家族成员。

【北京市文化下乡到民族村】1999年2月2日，北京市委统战部、北京市政府山区办、北京市民委组织三下乡慰问团到昌平县涧头民族村演出。中国老年书画研究会国家民委分会的老领导为民族村送去百余幅书画、春联，受到村民的欢迎。

【辽宁省朝阳市筹拍电视剧《尹湛纳希》】由辽宁省朝阳市委、市政府主持，国家、省、市民委和广电部、中国夏衍电影学会等部门有关人员参加的电视连续剧《尹湛纳希》筹拍计划座谈会在朝阳市举行。与会人员听取了电视剧进展情况，一致认为，这是一部弘扬民族文化、宣传民族团结进步为主题，具有很高政治意义和社会意义的电视剧，剧本创作历经十年，几经论证、修改，已基本具备拍摄的要求。

与会同志还先后考察了喀左蒙古族自治县、北票市的蒙古族历史文化方面的文物和尹湛纳希故居遗址、家庙、纪念馆等。

【辽宁省抚顺市举办满族风情节】为充分展示抚顺改革开放风貌和浓郁的满族风情，按照“旅游搭台、经贸唱戏、活跃生活、发展产业”的原则，1999年9月16日至22日，抚顺市举办“'99抚顺满族风情节活动周”，主要内容有：满族风情广场表演、游览满族一条街、满族文化及国际清前史研讨会、名优特产品展销会、国际经贸招商洽谈会等。

'99抚顺满族风情节活动周的开展，进一步宣传了民族工作，强化了民族工作意识。各族各界人士更多地了解了抚顺的满族风土人情，展示了抚顺的民族与历史特色及独特的自然风光、现代城市的精神风貌，为做好民族工作创造了良好的氛围。

【吉林省民委协调组织少数民族送文化下乡活动】为了贯彻落实党中央关于“文化、科技、卫生”三下乡的指示精神，弘扬少数民族传统文化，推动散居地区民族乡镇社会主义精神文明建设，促进民族团结进步活动的深入开展，经省民委协调，由省委统战部、省民委、省政协社会法制委、民革吉林省委联合主办，吉林省万洋出国服务公司和长春市朝鲜族群众艺术馆共同承办的少数民族送文化下乡活动自1999年6月4日开始，于6月10日结束。在此期间，长春市朝鲜族群众艺术馆编排了以民族团结进步为主题的高质量的文艺节目，分别赴梅河口市、磐石市和长春市双阳区等4个朝鲜族乡镇，为当地广大朝鲜族和各族群众做了慰问演出，受到了当地干部群众的热烈欢迎和一致好评，在社会上引起了强烈反响。此次送文化下乡活动，不仅丰富了农村的文化生活，满足了散居地区少数民族和各民族群众对高品位文化的需要，提高了他们对少数民族文化艺术形式的欣赏水平，促进了当地的社会主义精神文明建设，而且开创了文艺团体与企业的联合与协作的有效形式，在传播少数民族传统文化的同时，也传递了有利于少数民族群众加快致富步伐的经济信息，真正体现了党政机关、文艺团体和先进企业为农村两个文明建设服务的宗旨。

【关柏春石上微书锡伯族《西迁之歌》捐赠中国民族博物馆】黑龙江省齐齐哈尔市锡伯族青年书法家关柏春潜心钻研八年，独创“西迁之歌”石上微书作品成功，在建国50周年前夕向祖国母亲献上一份厚礼。1999年9月24日上午在人民大会堂展出，在京各界知名人士、新闻媒体记者参观报导了展览。当天下午，在中国民族博物馆举办了“关柏春石上微书锡伯族《西迁之歌》”作品捐赠仪式，国家民委副主任文精、黑龙江省人民政府副省长马淑洁、黑龙江省民族事务委员会副主任洪英华到会祝贺，中国民族博物馆沈昌荣副馆长主持捐赠仪式，中国民族博物馆谢启晃馆长和黑龙江省民委洪英华副主任讲话。

锡伯族“西迁”是指历史上1764年5000余名锡伯族官兵眷属奉命从东北行程万里西迁到新疆伊犁地区屯垦戍边。关柏春沿着历史上的西迁之路，历进八载，收积了两千余块石头。他从中精选56块石头，象征着全国56个民族大团结并且按石头的纹理、形状与内容巧妙的结合，创作了石上微书“西迁之歌”作品一套。内容主要选自三部锡伯族传统文学史诗《西迁之歌》、《来自辉凡卡伦的信》、《喀什噶尔之歌》，反映了锡伯族热爱祖国、保卫边疆、维护祖国统一的爱国主义壮举。

【浙江省柳城畲族镇举办畲族歌会】1999年4月17日至18日，一年一度的“柳竹新桥三月三畲族歌会”在武义县柳城畲族镇举行，省政协主席刘枫题词祝贺，省民宗委主任宋云祥、副主任李绍瑛参加了歌会。

【福建省民族志编撰工作取得进展】福建省民族志初稿正抓紧编撰，其中“古代民族”、“汉族”、“回族”、“高山族”、“民族研究”、“民族事务”共六部分的初稿已先期完成，“畲族”、“满族”两部分的初稿正在抓紧编撰。

【《中国民族文化大观·畲族篇》出版发行】由福建省民族事务委员会组织编写的《中国民族文化大观·畲族篇》，在广泛征求了浙江、江西、广东等民委、科研单位的意见后，由民族出版社出版。

【福建省举办民族宗教界“爱我中华、喜迎澳门回归”书画联展】1999年12月10日至12日，省民委、宗教局在福州举办福建省民族宗教界“爱我中华·喜迎澳门回归”书画联展。民族宗教界人士、宗教团体工作人员、宗教院校和民族中学师生、从事民族宗教工作的干部、部分著名书画家及港澳台宗教界人士的170余幅作品参加了联展。省政府副省长汪毅夫、省政协副主席金能筹、陈增光和省民委主任、宗教局长林文斌出席开幕式并为书画联展剪彩。本次联展的参展作品，从不同侧面展示了50年来在省委、省政府的领导下，全省各民族共同团结进步和广大宗教界人士在各条战线上积极为社会主义两个文明建设和祖国统一大业做贡献的精神风貌，宣传了党的民族政策和宗教信仰自由政策，弘扬了中华民族优秀传统文化，反映了少数民族别具一格的风情习俗。

【广西首届民族文化艺术品博览会在桂林举行】1999年11月23日至30日，广西壮族自治区文化厅、民委、桂林市人民政府、文化部图文司、国家民委文宣司在桂林市成功地共同举办了广西首届民族文化艺术品博览会。来自广西区内外的企业、客商共360家参加了博览会的展示展销，成交额达1300多万元，达成各种合同协议200多份，合同协议金额1.2亿元。国家民委陈虹副主任、广西壮族自治区人民政府袁凤兰、吴恒副主席，以及主办单位、承办单位的领导出席了11月23日上午在桂林市国贸中心举行的开幕式。

博览会在内容和形式上均突出了民族特色。广西各地，尤其是民族地区均组团参加了博览会，展出了各种具有民族特色的服饰、工艺品、字画等。广西各文艺团体的展示和宣传，让广大参观者对50年来文化艺术工作的成就有了切身体会，《歌王》、《咕哩美》、《白莲》等戏剧成就展受到广大参观者的关注。富有民族和地方特色的一些工艺品，如桂林根雕、柳州奇石、南宁红陶、北海珍珠首饰，桂中的竹编等在博览会上大放异彩。来自景德镇的陶瓷、云南丽江的纳西族服饰、南京的金箔礼品等引起了参观者的极大兴趣。据统计，在博览会的300多个展位中，突出和富有民族特色的产品占了90%以上。贯穿博览会始终的金秀瑶族服饰展演和绝技表演，成为博览会最具吸引力的热点之一。整个博览会从悬挂在正门大厅的靖西千禧绣球，到根艺展厅、字画展厅、旅游工艺品展厅，处处洋溢着民族文化的光彩。

广西的主办单位和承办单位认为，举办博览会就是要高举邓小平理论的伟大旗帜，深入贯彻党的基本路线，贯彻党的民族政策和文艺方针，认真实施自治区党委、自治区人民政府提出的“三大战略、六大突破”战略，进一步促进广西乃至全国民族文化艺术事业发展，开发民族文化艺术资源，盘活民族文化艺术资产，培育民族文化艺术品消费市场，推动文化产业的发展。举办本次博览会是引入市场机制，开发民族文化资源的一次有益的尝试。

【广西民族摄影艺术展在南宁举行】1999年11月9日至17日，由广西壮族自治区民族事务委员会和广西民族摄影学会主办的广西民族摄影艺术展在自治区首府南宁市举行。

原广西壮族自治区主席、广西民族摄影学会名誉会长韦纯束，国家民委文宣司司长方鹤春、副司长陈乐齐，文化部图文司副司长陆耀儒，自治区文联主席蓝怀昌、副主席韦一凡、蓝直荣，自治区民委副主任冯成善、粟永华，自治区妇联副主席刘小凤以及自治区统战部、财政厅、教育厅、民政厅、新闻出版局、广播电视局、体育局、共青团广西区委、总工会、社科联、广西艺术学院和自治区、南宁市有关新闻单位、摄影组织的负责人、摄影家、摄影爱好者等参加了 11 月 9 日上午在自治区博物馆举行的开幕式。开幕式由自治区民委副主任黄苹主持，冯成善作了讲话。韦纯束、方鹤春、陈乐齐、陆耀儒、蓝怀昌、粟永华等为摄影展开幕剪彩。1 万多人次参观了此次思想和艺术水准较高的广西民族摄影艺术展。

广西民族摄影艺术展以庆祝中华人民共和国建国 50 周年和澳门回归为主题，展现广西各族人民 50 年来在中国共产党领导下走过的光辉历程，反映各族人民的时代风貌、民族地区的秀丽风光和浓郁的民族风情，突出民族性和艺术性。摄影展自 1998 年 1 月向全区征稿以来，得到了各地、市、县民委（民族局）、摄影家协会的大力支持，共收到摄影作品 1600 多幅，经评选，100 位作者的 168 幅作品入选。陈继光的《平等·团结》、吴健雄的《行板如歌》获一等奖，《好年景》（陈乎平）、《绣》（林艺）、《争雄》（赖柳生）、《瑶家织女》（江茂康）等 4 幅作品获二等奖，三等奖 7 名，优秀奖 18 名。

【广西完成《毛南族民歌》编审工作】全书 80 万字，是一部反映毛南族社会风情、生产劳动、婚姻爱情的传统民歌，记载了许多毛南族世代传承的风俗习惯、道德规范、生产技术等内容，是研究毛南族历史与文化的珍贵遗产。该书的编审工作历经几年时间，五易其稿，现已送交广西民族出版社，不久即将面世。

【《甘肃少数民族文学丛书》首发式在兰州举行】省政协副主席喇敏智等省领导出席，省市有关院校、科研单位的专家、教授、学者等 50 多人参加了首发式。民委副主任马少青、省文联主席程士荣及作者代表在会上发言。

【国家民委向新疆转赠宋庆龄基金会捐资图书】1999 年 11 月，国家民委向新疆和布克赛尔蒙古自治县第三小学、察布查尔锡伯族自治县第一小学等 30 所小学转赠了由宋庆龄基金会捐资的价值 15 万元的图书。

这批赠送的图书大都为近几年新出版的小学课外读物、教学参考书、工具书等，印制精良，通俗易懂，图文并茂。由自治区民宗委、自治区教委陆续把这批图书发给南北疆的 30 所县（市）、乡镇小学，其中少数民族学校占一半以上，大大缓解了这些学校图书不足的困难，深受师生的欢迎。

【全国民族民间歌手选拔赛新疆区预赛在乌鲁木齐市举行】根据国家民委等三部委关于在庆祝建国 50 周年和澳门回归祖国之际，举办“迎接新世纪民族民间歌手选拔赛”活动的通知精神，自治区民宗委会同自治区党委统战部、自治区文化厅于 1999 年 7 月 25 日—27 日在乌鲁木齐市举办了新疆民族民间歌手选拔赛预赛活动。

此次活动得到了自治区人民政府的高度重视，阿不都卡德尔·乃斯尔丁副主席亲自指示并要求承办单位一定要认真做好新疆民族民间歌手的评选推荐工作。自治区民宗委、自治区党委统战部、自治区文化厅联合成立了组委会，并组织了由区内专家、艺术家等人员组成的评选委员会。通过全疆各地州市逐级推荐，共有来自自治区 14 个地州市代表 10 个民族的 26 名选手参加预赛。歌手们用歌声赞颂伟大祖国，歌颂各族人民的大团结，歌颂党的民族政策，充分体现了新疆各族人民在党的领导下团结拼搏、奋发进取的精神风貌。在歌手选拔赛中，娜木琴等 15 位选手分别荣获一、二、三等奖，她（他）们的录音、录像资料已送往北京参加复赛。

自治区文化厅副厅长王成文主持预赛活动，自治区民宗委副主任贺仲德、自治区党委统战部副部长阿皮孜参加活动并作了重要讲话。

【新疆编排的大型民族歌舞《我们新疆好地方》在首都演出受到欢迎】为庆祝建国 50 周年，由新疆歌舞团、新疆军区文工团等单位联合编排的大型歌舞《我们新疆好地方》在首都演出并受到热烈欢迎和高度赞誉。

大型民族歌舞《我们新疆好地方》荟萃了新疆自治区各民族艺术家近年来创造的优秀作品。新疆歌舞团、新疆军区文工团、乌鲁木齐市艺术剧院的著名舞蹈家、歌唱家等一批优秀演员以精湛的演技展示了新疆各民族多姿多彩的歌舞形象,充分体现了迈向新世纪的新疆各族人民团结一致的精神风貌。

在京演出期间,党和国家领导人江泽民、朱镕基、胡锦涛、尉建行、李岚清等观看了演出。演出结束时,江泽民等党和国家领导走上舞台,与演员握手,祝贺演出成功并合影留念。江泽民总书记连声称赞演出"亚克西"。首都广大观众均对这场歌舞给予很高评介,称赞演出很成功,很精彩。

【新疆巴音郭楞蒙古族自治州民委组织联合摄制介绍巴州的电视艺术片】为迎接西部大开发,更好地宣传巴州,由巴州人民政府策划,州民委牵头负责,州广播电视局、文化局、旅游局承担前期制作,国家民族出版社承担后期制作的第一张宣传巴州的MTV激光视盘《美丽的巴音郭楞》制作完成,开始发行。

从1999年开始,在巴州库尔勒市、博斯腾湖风景区、巴音布鲁克大草原等地进行了前期拍摄。艺术片以17首歌颂巴州、歌颂家乡的歌曲为主,以巴州颇具代表性的旅游景点、塔里木石油开发、各项事业欣欣向荣的发展景象为背景,突出地表现了巴音郭楞儿女强烈的自豪感及开拓进取、奋勇争先的信心和决心。与光盘同期制作、出版的还有录音带《美丽的巴音郭楞》。

民族语言文字

【国家民委召开全国少数民族语文法制建设座谈会】1999年7月,国家民委在湖南省湘西土家族苗族自治州吉首市召开了全国少数民族语文法制建设座谈会,全国人大、国务院法制部门有关领导、国家语委有关部门领导和各省区民语委、民语办负责人及民族语言文字方面的部分专家、学者出席会议,国家民委副主任李晋有到会并讲话。与会人员就少数民族语言文字法制建设问题充分发表了意见。

【国家民委编辑制作少数民族文字信息处理系统演示光盘】国家民委文宣司语文室编辑、制作了少数民族文字信息处理系统演示光盘,已完成的光盘收入了内蒙古大学、新疆大学、西北民族学院、辽宁博物馆、华光集团、全国信息标准化技术委员会等7个单位的蒙古、藏、维吾尔、哈萨克、柯尔克孜、朝鲜、锡伯、满、彝等9个民族文种的20个系统,为滚动式简介。另外,33个系统的交互式简介光盘正在编辑加工。这对宣传和交流民族语文信息处理成果具有积极作用,为建立多媒体民族语文信息系统数据库和网上信息交流基地作了有益的尝试。

【全国语言文字使用情况调查工作正式启动】1999年8月,由教育部、国家语委牵头,国家民委、中国社科院、文化部、民政部、农业部、公安部、财政部、国家广电总局、国家统计局等11个部、委(局)联合举办的全国语言文字使用情况调查工作正式启动,有关民族省区语委(办)派员参加了培训班。此次调查内容包括汉语文和少数民族语文的使用情况。调查结果对于了解少数民族语言文字作用情况和少数民族群众文化素质,推动民族地区两个文明建设将具有重要意义。

【第八届全国民族语文翻译学术讨论会在乌鲁木齐举行】1999年10月15日,第八届全国民族语言翻译学术讨论会在乌鲁木齐市举办。新疆维吾尔自治区人大常委会副主任苏来衣曼、自治区副主席买买提明·扎克尔到会祝贺。

全国民族语文翻译学术讨论会每两年举行一次。来自全国各地的80多位民族语文翻译方面的专家在为期4天的会议上宣读论文,进行了学术交流。

自治区人民政府副主席买买提明·扎克尔在会议开幕时讲话说,我国是一个多民族国家,做好民族语文翻译工作,对于促进民族地区的经济、社会发展,维护社会稳定具有重要作用。他希望广大民族语文翻译工作者认清肩负的责任,努力扎实工作,进一步发展翻译事业,更好地为促进民族地区经济、社会繁荣服务。

【中国蒙古语文学会第八届年会在包头市召

开】1999年5月25日至28日，中国蒙古语文学会第八届年会在包头市召开。来自北京、新疆、辽宁、甘肃和内蒙古各盟市的70多名专家、学者和蒙古语文工作者参加了会议并宣读了论文。自治区民委(语委)主任韦弦、副主任吉木彦、包头市副市长哈达出席会议并讲了话。

【中国朝鲜语文学会第十一次学术年会在沈阳召开】1999年8月2日至4日，来自北京、河南、山东和东北三省的朝鲜语文学者、专家和工作者70多人参加了学术年会。会上交流了朝鲜语文教育、语法、翻译、规范化、标准化、使用和发展方面的论文50多篇，评选出优秀论文一等奖10篇、二等奖10篇。大会还为在中国朝鲜语文学会工作中做出突出贡献的12名退休的学者和专家颁布了荣誉牌，对他们在朝鲜语文工作中做出的贡献给予了充分的肯定。

辽宁省民委主任张贤焕、副主任包玉梅出席了会议，并分别讲了话。

【第三次三省区语文翻译学术会在兰州召开】甘肃、青海、新疆等三省区第三次语文翻译学术会议在甘肃兰州召开，甘肃省副省长洛桑灵智多杰出席会议并讲话，省民委副主任马少青主持会并报告了甘肃藏语文工作打算。

【黑龙江省召开蒙古语文学术研讨会】黑龙江省蒙古语文学会第八次学术研讨会于1999年5月20日至21日在杜尔伯特蒙古族自治县召开。参加会议的有来自全省各条战线的蒙古语文专家、学者，共68人。省民委副主任通拉嘎代表省民委到会。会议共收到论文30篇，评选出优秀论文9篇，其中，一等3篇，二等6篇。会上传达贯彻了国务院(1991)32号文件，传达了八省区蒙古语文工作协作小组第十次会议精神和省社会科学联合会的有关文件，总结了学会工作，交流了学术论文。会议围绕全省蒙古语文面临的新情况、新热点等问题，探索了在新形势下如何在全省学习推广、使用蒙古语文的途径和办法，落实了今后全省蒙古语文的课题。

【黑龙江省召开蒙古语文工作座谈会】为了进一步贯彻落实国务院(1991)32号文件，传达八省区蒙古语文工作协作小组第十次会议精神，总结交流全省蒙古语文工作，促进全省蒙古语文工作的不断发展，黑龙江省民委于1999年5月20日至21日在杜尔伯特蒙古族自治县召开全省蒙古语文工作座谈会。

这次会议的主要内容是：重新学习和传达贯彻国务院(1991)32号文件，传达八省区蒙古语文工作协作小组第十次会议精神和省少数民族语言文字工作领导小组会议精神，贯彻落实全省当前和今后一个时期民族语文工作的基本方针和工作任务，总结交流近几年来全省蒙古语文工作的经验和教训，研究如何在新形势下发展繁荣蒙古语文。

大会经过认真讨论、交流经验，对全省近几年来的蒙古语文工作给予充分肯定，对全省蒙古语文工作面临的新情况、新特点等问题，从多角度、多方面提出了有益的建设性意见和建议，对全省惟一的蒙古文刊物《黑龙江蒙古语文》给予了高度评价。省民委副主任通拉嘎代表省少数民族语言文字工作领导小组、省民族事务委员会出席会议并讲话。来自全省各条战线的蒙古语文工作者、专家、学者的代表共68人参加了会议。

【青海省少数民族语言文字工作委员会挂牌工作】经省人民政府批准，青海省少数民族语言文字工作委员会(简称省语委)于1999年3月31日在青海省民委正式挂牌工作，并召开第一次委员会议。会议总结部署了全省民族语言工作，制定了今后四年民族语言工作规划，讨论通过了省语委工作简则。省语委主任、副省长穆东升到会并做了重要讲话。他强调：民族语文工作作为民族工作的重要组成部分，在全省民族地区的民主法制建设、经济建设、科学技术的普及和文化建设等方面有着特殊的作用。因此，民族语文工作不是抓不抓的问题，而是非抓不可的问题。各级政府及其有关部门、各族干部特别是本民族干部，要充分认识民族语文工作的长期性和重要性，统一思想，提高认识，加大工作力度，切实推进全省民族语文事业的健康发展。

【青海省藏语术语标准化审定委员会召开联席会议】1999年4月22日，青海省藏语术语标准化审定委员会召开各专业名词术语小组组长联席会议，通报了委员会成立以来的工作情况，听取了各专业小组工作进展情况以及年度计划安排。与会人员踊跃发言，就如何进一步开展名词术语标准化工作、推广本委员会审定通过的名词术语、加强各小组之间的联系、重视对翻译和术语标准理论的学习和研究、多渠道与兄弟省区相关部门沟通交流等问题提出了很好的意见。委员会下设的11个专业小组基本确定了小组组成人员,制定了本年度工作计划,开始进行了本组业务范围内藏语名词术语的搜集、整理、统计、翻译、初审等工作。委员会编发的《藏语名词术语公报》正式公布了第一批已审定通过的名词术语,标志着全省名词术语统一规范工作迈出了可喜的一步。

【新疆维吾尔自治区语委会召开城市民族语言文字工作经验交流会】由自治区语委会组织召开的全疆城市民族语言文字工作经验交流会于1999年6月14日在新疆哈密市召开。来自全疆16个地州市及自治区部分单位的代表参加了座谈会。

自治区人民政府副主席阿不都卡德尔·乃斯尔丁到会并作了重要指示。他指出,语言文字工作是党和政府工作的重要组成部分。语言文字在贯彻落实党的民族政策,各民族相互学习、交流思想、感情,相互理解,发展社会各项事业方面起着极其重要的作用。因此,各级党委和政府要加强语言文字管理应用、研究规范化等方面的工作,确保语言文字在政府活动中的规范应用。要广泛宣传和推广语言文字工作搞得好的单位的经验,把新疆语言文字工作提高到一个新的水平。要抓好城市应用规范语言文字工作,一定要做好将要在新疆各市进行的全面检查文字应用工作,坚决纠正滥用文字现象,彻底清洁城市的语言文字环境。

自治区人大常委会副主任胡吉汗·哈克莫夫出席了会议。

民族古籍

【各地积极落实《中国少数民族古籍总目》编纂工作】《中国少数民族古籍总目》是一项跨世纪的民族文化重点项目,国家民委以民办(文宣)字[1997]114号文件下发了《关于印发〈中国少数民族古籍总目〉编写纲要的通知》,对全国少数民族古籍工作进行了全面部署。文件下发后,各地纷纷按照文件精神贯彻落实这项工作。其中,云南、青海、四川、甘肃、贵州、广西、广东、内蒙古、河北、辽宁、北京、新疆等省区市纷纷出台《中国少数民族古籍总目》分卷(按民族)实施方案及编写计划书,就编纂总目的重要意义、完成项目的可行性、项目实施步骤及经费来源等方面进行立项,并在如何加强领导、强化措施、保证落实等方面进行了大量有效的工作。北京、西藏还强化了古籍工作领导机构,两地重新调整确定古籍领导小组成员名单,从根本上保证了这项工作的顺利实施。甘肃、青海、辽宁、贵州、四川、云南、新疆等省区在全省区范围内举办民族古籍编目培训班,贯彻1998年5月全国少数民族古籍整理研究室在广西举办的培训班学习内容,就总目编写进行了系统讲解,保证了编写的规范性。各省区在贯彻落实总目编写工作中,立足本地,广泛协作,在有关省区参加的藏文古籍协作会、回族古籍协作会、彝文古籍协作会等会议上,就藏族、回族、彝族等民族的古籍总目编写达成共识,分工合作,互通有无。

【五省区一方藏文古籍协作联络员会议在成都举行】五省区一方藏文古籍协作联络员会议于1999年12月14日至16日在四川成都举行,来自西藏、四川、青海、甘肃、云南、北京等省市自治区民委古籍办、中国藏学研究中心、中央民族大学、西南民族学院等有关古籍工作部门的负责人及专家学者共19人参加了会议。四川省民委副主任德尔基彭措主持会议并讲话。会议主要就《中国少数民族古籍总目·藏族卷》的编写进行了商讨,代表们交流了各省区藏文古籍编目工作的进展情况,对《藏族卷》普查登目卡及附表、词条的有关事项作了具体规定。

【四省区彝族古籍第七次协作会议在成都召开】滇、川、黔、桂四省区彝族古籍第七次协作会议暨编目工作会议于1999年4月14日至16日在四川省成都召开。来自云南、四川、贵州、广西及北京的有关代表、专家学者92人参加了会议。云南省政协民宗委主任马立三、四川省民委副主任杨宁超、德尔基彭措和贵州省民委陈乐基同志共同主持了会议。四川省委书记、省人大主任谢世杰到会看望代表并向大会表示祝贺。会议总结回顾了四省区彝文古籍第六次协作会议以来的工作,交流了经验,部署了今后的协作任务。会议认为编目工作是今后一个时期内彝文古籍协作工作的主要任务,并对编纂《中国少数民族古籍总目·彝族卷》的有关具体问题作了全面讲解。

【《新中国民族古籍工作》出版发行】全国少数民族古籍整理研究室编辑的《新中国民族古籍工作》于1999年12月由民族出版社出版发行。全书共计40万字,由三部分组成。第一部分是党和政府、国家民委关于民族古籍工作的方针政策,其中"中共中央关于整理我国古籍的指示"[中发(1981)37号]列为篇首,展示了中央对古籍整理工作的战略性决策;第二部分是全国各、市、自治区民族古籍整理工作的成就及出版重点书目简介;第三部分是1981年以来我国民族古籍工作的大事活动纪要。此书展示了我国少数民族古籍工作所走过的历程和取得的重大成就,是对新中国少数民族古籍工作的一个全面性总结,也是民族古籍工作者不可多得的工具书。

【《彝文经籍文化辞典》荣获国家图书大奖】由国际著名语言学家、民族语文学科的创建者、中央民族大学终身教授马学良先生编著、北京市属出版社出版的《彝文经籍文化辞典》1999年荣获国家图书奖。辞典以彝文古籍文献中的词汇为主,适当收入了现代彝语语汇和方言等方面的常用词语,对一般词条的释义,多以彝文例释和汉语为主,力求简明。对原始宗教则以弄清名物为原则,不厌其详加以诠释,以至引用与其有关的宗教、历史、地理、文化、社会结构、文物礼制、风俗习惯等,此辞典不仅是一部具有查证功能的工具书,也是一本彝族社会全貌的百科全书。该书是全国人大副委员长何鲁丽任北京市民族古籍整理规划出版小组组长期间,非常关心并予以重大资助的项目,该书的获奖是北京市民族古籍整理出版工作的重大成就,并为北京民族古籍整理出版工作开辟了一条新路。

【广西实施编写《中国少数民族古籍总目提要》(广西部分)】广西是一个多民族居住的民族地区,世居的少数民族有壮、瑶、苗、侗、仫佬、毛南、京、回、彝、水、仡佬等11个民族,各个少数民族均有自己的民族文化古籍,这是广西各民族祖先留下来的极其宝贵的精神财富和物质财富。把这批遗产搜集整理出版,对增进各民族间的相互了解,加强民族团结,促进民族地区的精神文明建设,具有极其重要的意义。根据国家民委对全国少数民族古籍总目编纂工作的部署,广西少数民族古籍整理出版规划办公室于1997年9月制定了《关于编写〈中国少数民族古籍总目提要〉(广西部分)工作计划》。该工作计划已经自治区民委批准实施。1999年,该项工作进入全面普查、搜集资料并着手编写内容提要阶段。自治区民委为此拨出5万元专项经费,以保证该项工作的顺利进行。为了抓好这项工作,广西古籍办派员下到各地,组织专家学者及民族古籍爱护者对各个民族的古籍流失于民间的情况作调查,并布置搜集整理和按要求着手编写提要内容。

【布努瑶创世古歌《密洛陀》完成终审】布努瑶是瑶族的一个支系,《密洛陀》是布努瑶的创世古歌。布努瑶无文字,该歌以口碑形式世代传承。搜集和整理《密洛陀》工作是"七五"计划全国重点项目。该书从原始音采录、方块记音、国际标注音、翻译、整理到审稿、校对历时14年。全书300万字,计划分上、中、下三册,现已完成终审并送交广西人民出版社安排出版。

【甘肃、西藏等五省区向国家民委汇报《中国少数民族古籍总目·藏族卷》编纂工作】甘肃、青海、四川、西藏、云南等五省区藏族古籍工作协作领导小组向国家民委汇报解决《中国少数民族古籍总目·藏族卷》编纂工作专项经费问题。西藏自治区副主席加保率领五省区古籍办主任进行汇报,国家民委少数民族古籍整理研究室副主任李晋有、国家民委文宣司司长方鹤春、国家民委少数民族古籍整理研究室副主任李冬生、李晓东听取了汇报,李晋有讲了解决编纂藏族卷项目专项经费的意见。

【新疆古籍办举办新疆少数民族古籍编目登录员培训班】新疆维吾尔自治区古籍办于1999年10月9日至11日在乌鲁木齐举办了新疆少数民族古籍编目登录员培训班。参加培训班的有自治区古籍办和各地州古籍办的专业人员、自治区和各大藏书单位的业务人员共计28名。学员中有维吾尔、哈萨克、回、柯尔克孜、乌孜别克、锡伯、塔塔尔等8个民族成分，其中既有长期从事少数民族古籍整理研究的高级编辑、研究人员，也有来自基层的民族宗教工作者。培训期间传达了自治区少数民族古籍领导小组会议精神，并安排部署了全区少数民族古籍的编目工作。在培训期间，大家系统学习了全国少数民族古籍目录提要的编写原则、收录范围、编写方法、撰稿要求等，明确了这次编目工作的指导思想、编写目的和重要意义，一致表示一定要保质保量地按期完成各自承担的编目任务。培训结束时，自治区古籍办还同各地州古籍办和藏书单位签订了责任协议书。

自治区少数民族古籍领导小组成员、自治区民宗委副主任许世杰出席了培训班的开学典礼和结业典礼，并作了重要讲话。

民族体育

【第六届全国少数民族传统体育运动会及全国民族体育模范集体、模范个人表彰活动综述】经国务院批准，由国家民委、国家体育总局主办，北京市人民政府、西藏自治区人民政府承办的第六届全国少数民族传统体育运动会于1999年在北京市主赛场(9月24日至30日)和拉萨市分赛场(8月18日至23日)举行。

党和国家领导人分别为运动会题词：

中共中央总书记、国家主席、中央军委主席江泽民的题词是：“发展民族体育，增强民族体质。”

中共中央政治局常委、中国人民代表大会常务委员会委员长李鹏的题词是：“发展民族体育，促进全民健身。”

中共中央政治局常委、全国人民政治协商会议全国委员会主席李瑞环的题词是：“开好民族运动会，促进民族大团结。”

全国人民代表大会常务委员会副委员长帕巴拉·格列朗杰的题词是：“发展民族体育事业，加强民族大团结。”

全国人民代表大会常务委员会副委员长布赫的题词是：“民族体育繁荣发展，各族人民团结进步。”

全国人民代表大会常务委员会副委员长铁木尔·达瓦买提的题词是：“发展少数民族体育运动事业，增强全民体质。”

中国人民政治协商会议全国委员会副主席阿沛·阿旺晋美的题词是：“发展民族体育事业，促进全民健康水平。”

第六届全国少数民族传统体育运动会的宗旨是：发展民族体育，增强各族人民体质，加强民族团结，振奋民族精神，为社会主义物质文明和精神文明建设服务。

中共中央政治局常委、国务院副总理李岚清担任运动会组委会名誉主席，中共中央政治局委员、中共北京市委书记贾庆林和国务委员司马义·艾买提担任组委会名誉副主席，中共中央统战部副部长、国家民委主任李德洙和国家体育总局局长伍绍祖担任组委会顾问，北京市市长刘淇担任组委会主席。

第六届全国少数民族传统体育运动会的火种是由西藏自治区登山队于1999年5月27日从世界最高峰珠穆朗玛峰上采集的。8月18日，采自珠峰的火种首先点燃了拉萨分赛场的“中华民族圣火”。9月7日，西藏自治区政府副主席次仁卓嘎专程将火种护送到北京。9月9日，火炬终交仪式在北京天坛寰丘举行，李岚清、贾庆林、司马义·艾买提等党和国家领导人出席了火炬终交仪式。西藏登山运动员的代表用采自珠穆朗玛峰的火种点燃了56个民族火炬手的火炬。9时9分9秒，象征民族团结的9把火炬共同点燃了中华民族宝鼎，李岚清副总理从宝鼎火焰中点燃了本届运动会的“中华民族圣火”，并将圣火火炬交给北京市市长、组委会主席刘淇。国务委员司马义·艾买提在火炬终交仪式上讲了话。

9月24日晚，时值中秋月圆之夜，第六届全国少数民族传统体育运动会在北京工人体育场隆重开幕。党和国家领导人朱镕基、李瑞环、李岚清、丁关根、贾庆林、帕巴拉·格列朗杰、布赫、铁木尔·达瓦买提、司马义·艾买提、王忠禹、王兆国、阿沛·阿旺晋美、赵南起、白立忱等出席了开幕式。

朱镕基总理宣布第六届少数民族传统体育运动会开幕。中共中央统战部副部长、国家民委主任李德洙致开幕词，北京市市长刘淇致欢迎词。国家体育总局局长伍绍祖代表主办单位向承办单位的代表、北京市市委副书记李志坚赠送了纪念杯。开幕式后，7000多人表演了大型文艺节目《锦绣中华》。

第六届民族运动会的规模和设项均超过历届。55个少数民族都有运动员或工作人员参加。参赛的运动员全部为少数民族，而且大多数来自基层。竞赛老项目在规则、器材等方面都有不同程度的改进，使比赛更科学、更规范、更安全；新设项目蹴球、押加，使参赛人员范围更扩大。表演项目强化了体育性，并划分为竞技、技巧、综合三大类，增强了可比性。本届竞赛获奖牌、获金牌的省区比上届有所增加，说明了总体水平有明显提高。

北京主赛场所设竞赛项目有抢花炮、珍珠球、毽球、蹴球、木球、秋千、武术、龙舟、民族式摔跤(5种民族姿势)、马上项目等10项，金牌总数为71枚；表演项目113个，评出了一、二、三等奖。全国各省、自治区、直辖市和新疆生产建设兵团、解放军共34个代表团以及29个观摩团参加运动会，运动员、裁判员、工作人员、受表彰的民族体育模范的代表以及记者等总计6002人。台湾少数民族体育代表团是在李登辉制造“两国论”、破坏两岸关系之际，台湾发生特大地震后第二天重组队伍前来参加运动会的。

9月25日下午，国家民委、国家体育总局联合召开了全国民族体育模范表彰大会，对在发展少数民族体育事业中做出突出贡献的55个模范集体和35位模范个人进行了表彰。

9月28日，在北京中华民族园举行了丰富多彩的民族大联欢。参加运动会的运动员、教练员、裁判员、工作人员以及民族体育模范代表、各地观摩团成员等欢聚一堂，畅叙友情，整个民族园沉浸在一片高歌劲舞的欢乐之中。

9月30日下午，第六届民族运动会在庄严的人民大会堂举行了闭幕式。李岚清、贾庆林、司马义·艾买提等党和国家领导人出席了闭幕式。李岚清副总理宣布第六届全国少数民族传统体育运动会闭幕。国家民委副主任李晋有致闭幕词，北京市市长刘淇代表北京市政府分别向主办单位国家民委和国家体育总局赠送纪念杯。北京市副市长刘敬民将会旗交给主办单位代表、国家体育总局副局长张发强，随后，张发强同志将会旗交给第七届民族运动会承办单位宁夏回族自治区政府副主席、代表团团长刘仲。闭幕式前，李岚清、贾庆林、司马义·艾买提等党和国家领导人亲切接见了参加全国民族体育模范表彰大会的全体代表和各代表团团长，并同他们合影留念。

运动会期间，在民族文化宫举办了“全国少数民族传统体育摄影展”。全国政协副主席赵南起、白立忱出席了9月23日的摄影展开幕式。参展的120幅作品是从全国各地征集的民族体育摄影作品中评选出来的，其中还有台湾和海外华人的作品。

拉萨分赛场先期于1999年8月18日上午在拉萨市人民体育场举行了隆重、热烈的开幕式。全国人大副委员长帕巴拉·格列朗杰宣布第六届民族传统体育运动会拉萨分赛场开幕。国家民委副主任李晋有致开幕词，西藏自治区政府主席、第六届民族运动会拉萨分赛场组委会名誉主席列确致欢迎词。国家民委、国家体育总局向西藏自治区人民政府赠送了纪念杯。开幕式后，来自西藏各地区的7300名藏族农牧民表演了具有浓郁藏族特色的大型歌舞《吉祥颂》。

拉萨分赛场是西藏有史以来参与人数最多、时间最长、规模最大、规格最高的一次体育盛会。分赛场的竞赛项目有射弩、打陀螺、押加、马上项目等4项，金牌总数为25枚；表演项目40个，评出了一、二、三等奖。来自全国各省、自治区、直辖市和新疆生产建设兵团、解放军的33个代表团及40个观摩团的运动员、裁判员、工作人员、观摩人员等共计2386人参加了高原古城的运动会。

8月21日晚，拉萨分赛场举行了“56个民族欢聚在布达拉宫广场”的民族大联欢，各民族兄弟姐妹怀着无比激动的心情放声高歌，翩翩起舞，欢庆西藏民主改革40年的伟大成就，共祝民族团结，祖国昌盛。

经过6天紧张激烈的角逐，各民族运动员克服了高山缺氧的困难，发扬艰苦奋斗、顽强拼搏精神，互相学习，增进友谊，赛出了风格，赛出了水平。8月23日晚，第六届民族运动会拉萨分赛场闭幕式在西藏体育馆举行。与会领导向获奖运动员及获体育道德风尚奖的集体和个人颁了奖，西藏自治区人民政府分别向国家民委、国家体育总局赠送了纪念挂毯。国家体育总局副局长于再清致闭幕词，国家民委副主任李晋有宣布第六届全国少数民族传统体育运动会拉萨分赛场闭幕。

第六届全国少数民族传统体育运动会北京主赛场闭幕之际，适逢首都中华人民共和国成立50周年庆典开始之时。10月1日，1000名各民族运动员精神饱满地参加了天安门前的庆典游行，接受党和国家领导人的检阅；晚上有3000名运动员（包括台湾少数民族运动员）、民族体育模范、裁判员等参加了天安门广场的联欢晚会。参加盛大的国庆活动给各民族运动员留下了终生难忘的记忆，也为本届运动会增添了一道绚丽的光彩。

第六届全国少数民族传统体育运动会各竞赛项目前八名成绩统计表（北京赛区）

项目	姓名 / 名次	一	二	三	四	五	六	七	八
抢花炮		云南	解放军	广西	贵州	广东	湖南	北京	河南
珍珠球	男	广西	河北	吉林	山西	辽宁	北京	山东	宁夏
	女	北京	广西	四川	河北	辽宁	上海		
毽球	男	辽宁	黑龙江	湖北	江苏	山西	河南	广东	北京
	女	辽宁	广东	湖北	河南	重庆	江苏	北京	天津
蹴球	男单	周建华 （北京）	王永夏 （天津）	黄旭东 （河南）	李振 （江苏）	石磊 （北京）	雷严飞 （浙江）	龙筑 （贵州）	罗旦 （西藏）
	女单	马俊艳 （山西）	邵书燕 （河南）	许桂萍 （安徽）	李惠香 （安徽）	杨红 （重庆）	赵燕 （陕西）	张丽丽 （北京）	王莉娅 （湖北）
	男双	骆涛 张凤咏 （湖北）	马宁 杨海峰 （山东）	毛向东 黄大伟 （河北）	杨克强 丁伟 （山西）	周建华 石磊 （北京）	陆凯 江南 （上海）	黄佳友 刘志强 （重庆）	罗旦 平措旺青 （西藏）
	女双	屈君宜 杨红 （重庆）	杨璟 张丽丽 （北京）	王莉娅 徐北竹 （湖北）	向红艳 盘格凤 （湖南）	许妞 刘敏 （江苏）	米超 胡丽妮 （山东）	格桑曲珍 次仁曲吉 （西藏）	张清香 高龄 （天津）
	混双	石磊 杨璟 （北京）	彭军懋 向红艳 （湖南）	杨克强 丁晶 （山西）	丁伟 马俊艳 （山西）	徐北竹 张凤咏 （湖北）	翟晨 高龄 （天津）	平措旺青 次仁曲吉 （西藏）	骆涛 王莉娅 （湖北）
木球		天津	河北	湖南	北京	宁夏	黑龙江	青海	安徽
秋千	双触	崔相玉 金春花 （吉林）13分	姜仙子 池银花 （吉林）11分	古丽先 古丽汉娜木 （新疆）10分	吾尔妮沙 古丽孜拉 （新疆）9分	李慧 杨克勤 （湖南）8分	承光实 金明芹 （辽宁）7分	朱明月 黄文华 （辽宁）6分	和晓梅 朱春花 （北京）5分
	单触	崔相玉 （吉林）13分	姜仙子 （吉林）11分	古丽孜拉 （新疆）10分	朱明月 （辽宁）9分	池银花 （辽宁）8分	金春花 （吉林）7分	吾尔妮沙 （新疆）6分	古丽先 （新疆）5分
	双高	姜仙子 池银花 （吉林）13分	崔相玉 金春花 （吉林）11分	承光实 金明芹 （辽宁）10分	金先桃 李芳 （湖南）9分	朱明月 黄文华 （辽宁）8分	古丽先 古丽汉娜木 （新疆）7分	吾尔妮沙 古丽孜拉 （新疆）6分	李慧 杨克勤 （湖南）5分
	单高	朱明月 （辽宁）13分	崔相玉 （吉林）11分	古丽孜拉 （新疆）10分	姜仙子 （吉林）9分	池银花 （吉林）8分	金春花 （吉林）7分	古丽花 （新疆）6分	古丽汉娜木 （新疆）5分
	团体	吉林122分	新疆78分	辽宁60分					

项目		名次 姓名	一	二	三	四	五	六	七	八
武术	男子拳术	A	阿不都·卡力 （北京） 席饼嗣（安徽） 9.53		周　竞 （四川） 9.43	易　鹏 （湖北） 9.33	沙学周 （山东） 9.25	顾　晶 （云南） 马振磊 （河北） 9.10		黑志宏 （北京） 9.08
		B	韦　剑 （上海） 郭志国 （吉林） 9.50		马　波 （陕西） 9.36	沙德伟 （江苏） 9.30	席　科 （山西） 9.28	任金勇 （河北） 9.26	马　庆 （福建） 9.21	马有乐 （宁夏） 9.15
		C	覃　干 （广西） 9.50	关　博 （辽宁） 9.38	屠劲力 （云南） 9.13	范　戈 （内蒙古） 9.05	孙永林 （江苏） 8.95	谭军伟 （湖南） 田雨林 （辽宁） 8.90		王焕利 （黑龙江） 8.88
	女子拳术	A	刘晓蕾 （北京） 9.48	赵阳阳 （河南） 9.46	舒　丽 （湖北） 薛　琼 （云南） 9.45		郭建生 （福建） 9.28	崔莉莉 （河北） 9.26	王俊红 （河北） 9.25	王亚莉 （陕西） 9.21
		B	刘长青 （山西） 9.46	左　娟 （北京） 9.45	金　医 （北京） 9.35	刘　颖 （山东） 9.33	陶麒同 （上海） 9.28	娄媛媛 （甘肃） 9.20	孙洋洋 （吉林） 9.18	耿　娜 （山西） 9.16
		C	刘　奇 （甘肃） 9.28	左　婧 （黑龙江） 9.02	章昱娉 （新疆兵团） 9.15					
	男子器械	A	任金勇 （河北） 9.50	王　力 （湖北） 高　耸 （辽宁） 9.43		黑志宏 （北京） 9.33	张石磊 （吉林） 9.23	刘忠华 （吉林） 9.23	范　强 （陕西） 9.23	石　昆 （湖北） 9.20
		B	马　波 （陕西） 9.50	盛　国 （安徽） 9.40	李　琦 （陕西） 9.30	朱吉平 （云南） 9.28	刘懿翀 （广西） 9.25	马　超 （陕西） 9.21	韦　剑 （上海） 9.21	张石磊 （吉林） 马林虎 （青海） 9.20
		C	兰　天 （宁夏） 9.50	石　昆 （湖北） 9.36	温　兵 （甘肃） 9.35	驻占宇 （山东） 9.33	许　卫 （安徽） 9.28	易　鹏 （湖北） 9.26	敦志国 （吉林） 9.26	施乐星 （福建） 9.25
武术	女子器械	A	祝秀丽 （湖北） 9.51并列	赵阳阳 （河南） 9.51并列	王亚莉 （陕西） 9.38	陶麒同 （上海） 9.36	刘　颖 （山东） 9.31	耿　娜 （河北） 9.28	崔莉莉 （河北） 9.23	刘振媛 （甘肃） 9.23
		B	左　娟 （北京） 9.55	高　婕 （广西） 9.36	孙洋洋 （吉林） 9.35	周　倩 （宁夏） 9.23	刘振媛 （甘肃） 9.21	方　云 （广西） 9.15	何　莉 （河南） 9.00	
		C	薛　琼 （云南） 9.55	金　医 （北京） 9.41	侯晓梅 （四川） 9.36	郭建生 （福建） 9.35	李　亚 （上海） 9.28	丹慧芬 （河南） 9.13	郭　丽 （黑龙江） 9.10	陈俊华 （宁夏） 9.10
	对练	男	高　耸 刘　明 李　程 （辽宁） 9.50	陈雄伟 陈昌昆 （新疆兵团）	覃　干 武　斌 刘懿翀 （广西）	任金勇 马振磊 （河北）	范　强 李　琦 （陕西）	屠劲力 朱吉平 刘江伟 （云南）	周　竞 马　强 （四川）	腾树云 陈小龙 （湖南）
		女	何　莉 赵阳阳 （河南） 9.50	方　云 高　婕 （广西）	陈娟丽 申　黎 章昱娉 （新疆兵团）	李　威 孙洋洋 （吉林）	刘长青 耿　娜 （山西）	左　婧 郭　丽 （黑龙江）	陶麒同 李　亚 （上海）	

项目		姓名 \ 名次	一	二	三	四	五	六	七	八
龙舟		男500米	湖南2′01″89	广东2′02″18	宁夏2′02″86	北京2′03″26	广西2′03″30	云南2′04″32	贵州2′05″21	福建2′06″74
		女500米	湖南2′15″05	广东2′15″32	云南2′17″64	宁夏2′18″40	贵州2′21″04	广西2′22″12	北京2′35″46	台湾2′56″07
		男800米	广东3′15″04	湖南3′15″40	贵州3′17″90	广西3′20″51	福建3′24″12	云南3′27″01	宁夏3′27″66	北京3′27″86
		女800米	广东3′41″65	广西3′47″05	云南3′48″96	湖南3′49″53	贵州3′50″61	宁夏3′52″61	北京4′05″92	台湾4′52″56
		混500米	广东2′02″84	湖南2′03″97	宁夏2′05″15	贵州2′06″64	广西2′07″05	北京2′07″26	辽宁2′15″56	云南2′18″25
		混800米	广东3′19″72	湖南3′22″28	贵州3′25″00	宁夏3′26″01	广西3′27″70	云南3′31″08	北京3′34″18	辽宁3′52″66
民族式摔跤	搏克	个人	乌恩奇（解放军）	布仁布和（解放军）	闫永峰（黑龙江）	吕 强（河南）	特木尔巴图（内蒙古）	曹晓东（黑龙江）	苏伊拉图（内蒙古）	朝鲁门（解放军）
		团体	内蒙古	解放军	天 津	河南	甘 肃	山 东	广 东	青 海
	且里西	52公斤级	曲比黑石（四川）	阿不力米提（新疆）	游 华（湖北）	周锈福（广西）	何绍林（云南）	白小军（广西）		
		57公斤级	吾守尔（新疆）	周贤德（广西）	邵万祥（云南）	日吉湖甲（四川）	黎 美（湖北）			
		62公斤级	孙庆国（天津）	朝鲁门（解放军）	克依木（新疆）	黄文学（云南）	邓海龙（江西）			
		74公斤级	乌力吉（解放军）	斯日古楞（青海）	布 和（甘肃）	巴桑罗布（西藏）	任广全（辽宁）	时洪亮（天津）	韦国斌（广西）	杨存法（云南）
		90公斤级	乌云巴图（内蒙古）	初 辉（黑龙江）	马 槟（天津）	关 涛（江苏）	高月亮（天津）	赖小秋（广东）		
	格	52公斤级	吉曲勒墣（四川）	阿日木机（青海）	李征宇（广西）	艾 尼（新疆）	阿日伍格（西藏）	谢存德（云南）	陈 斌（湖北）	舍东平（宁夏）
		57公斤级	吉古木机（四川）	姜 红（云南）	莫如金（广西）	徐立军（吉林）	马 野（宁夏）	杜建民（湖北）	陈鹏飞（宁夏）	窦建明（吉林）
		62公斤级	布仁布和（解放军）	曲比亚亚（四川）	阿木约布（西藏）	木基约布（西藏）	米玉彪（吉林）	陈学金（云南）	周希友（吉林）	盘 清（广东）
		74公斤级	马海尔机（四川）	赛音吉雅（解放军）	金 柱（甘肃）	阿不都拉（新疆）	雷德常（广西）	次 牛（西藏）	余广峰（宁夏）	道格套（广东）
		90公斤级	苏亚拉图（解放军）	刘伟志（吉林）	白伍龙（广东）	照日格图（天津）	米苏乙古拉（内蒙古）	艾则孜（新疆）	孟凡臣（吉林）	

项目		名次	一	二	三	四	五	六	七	八
民族式摔跤	北嘎	52公斤级	麦卡热（新疆）	郑木果（西藏）	程　伟（四川）	覃　和（广西）	蔡常亮（广东）			
		62公斤级	张志权（四川）	高永强（甘肃）	赵焕山（广东）	陈兴飞（河南）				
		74公斤级	吐尔逊（新疆）	尼马次仁（西藏）	宝力道（解放军）	高永军（甘肃）	于建洲（黑龙江）	达冷塔（青海）		
		90公斤级	特木勒（内蒙古）	代瑞峰（黑龙江）	周　波（江苏）	丹增次仁（西藏）				
	绊跤	52公斤级	呼格吉巴特（内蒙古）	潘德忠（安徽）	改　峥（北京）	李庆开（辽宁）	宝晋图（甘肃）	薛存雷（辽宁）	尚建亭（陕西）	党超群（山东）
		57公斤级	李卫林（陕西）	闯　将（甘肃）	徐友田（安徽）	布和朝鲁（内蒙古）	李　鑫（北京）	孙图和（辽宁）	谢　军（安徽）	
		62公斤级	宋安宣（辽宁）	安长青（河北）	特木尔巴图（内蒙古）	刘道军（安徽）	刘玉海（河南）	李泽南（北京）	杨士成（辽宁）	彭福林（陕西）
		74公斤级	王　慢（辽宁）	金长庆（江苏）	段明献（安徽）	马　刚（江苏）	许学文（北京）	谷　鹏（北京）	刘晓光（黑龙江）	黄　旭（辽宁）
		90公斤级	苏伊拉图（内蒙古）	李长龙（江苏）	吕　强（河南）	戈恒松（江苏）	王海军（河北）	王志刚（河北）	张金根（安徽）	马万鑫（北京）
马上项目	速度赛马	900米	平　措 1′03″41（西藏）	李　帅 1′03″93（内蒙古）	包为民 1′04″27（内蒙古）	扎　那 1′04″82（内蒙古）	白显国 1′05″24（北京）	清　明 1′05″34（内蒙古）	洛桑多吉 1′05″38（西藏）	敖特根 1′06″02（内蒙古）
		2000米	包为民 2′32″13（内蒙古）	洛松多吉 2′34″64（西藏）	清　明 2′36″36（内蒙古）	那日苏 2′38″63（内蒙古）	海　龙 2′38″97（内蒙古）	敖特根 2′40″27（内蒙古）	扎　那 2′42″06（内蒙古）	增格扎布 2′42″12（内蒙古）
		3200米	普布仁仁 4′10″33（西藏）	那日苏 4′14″28（内蒙古）	清　明 4′16″69（内蒙古）	别日克波勒 4′17″72（新疆）	增格扎布 4′17″93（内蒙古）	王立平 4′21″37（内蒙古）	敖特根 4′21″51（内蒙古）	海　龙 4′24″08（内蒙古）
		5000米	别日克波勒 7′02″36（新疆）	敖特根 7′04″16（内蒙古）	普布次仁 7′05″18（西藏）	王立平 7′08″21（内蒙古）	斯钦毕力格 7′08″27（内蒙古）	增格扎布 7′13″26（内蒙古）	小　红 7′13″43（内蒙古）	蒙克巴依尔 7′16″65（新疆）
		9800米	敖特根 14′11″72（内蒙古）	增格扎布 14′16″57（内蒙古）	别日克波勒 14′21″83（新疆）	清　明 14′22″87（内蒙古）	扎　那 14′27″13（内蒙古）	别克道列提 14′34″35（新疆）	蒙克巴依尔 14′44″15（新疆）	哈布兰 14′56″27（新疆）
	走马	900米	希仁巴图 1′30″18（内蒙古）	张永军 1′30″42（甘肃）	白玉泉 1′30″59（内蒙古）	才　朗 1′31″64（青海）	包双喜 1′34″18（内蒙古）	海　宝 1′35″09（内蒙古）	旦　巴 1′37″75（青海）	才　洛 1′40″00（青海）
		2000米	赛力克波力 3′35″82（新疆）	来　喜 3′37″02（内蒙古）	希仁巴图 3′38″97（内蒙古）	海　龙 3′38″97（内蒙古）	包双喜 3′40″24（内蒙古）	白玉泉 3′40″45（内蒙古）	乌力吉白乙拉 3′45″01（内蒙古）	才　朗 3′46″90（青海）
		5000米	希仁巴图 9′05″84（内蒙古）	白玉泉 9′08″47（内蒙古）	海　龙 9′18″54（内蒙古）	赛力克波力 9′33″44（新疆）	来　喜 9′35″35（内蒙古）	胡努斯图 9′35″78（内蒙古）	额尔很白乙拉 9′49″72（内蒙古）	海　宝 9′55″59（内蒙古）
	马上三项	射击	洛桑多吉8分（西藏）	次仁云旦8分（西藏）	土登格桑6分（西藏）	拉巴顿珠6分（西藏）	扎西塔杰6分（西藏）	洛桑尼玛6分（西藏）	其　东4分（西藏）	洛桑元旦4分（西藏）
		射箭	扎西塔杰9分（西藏）	洛桑元旦8分（西藏）	拉巴顿珠8分（西藏）	额尔郭达来8分（内蒙古）	次仁云旦8分（西藏）	其　东7分（西藏）	土登格桑7分（西藏）	青　松7分（内蒙古）
		拾哈达	哈巴特尔40分（内蒙古）	土登格桑39分（西藏）	扎西塔杰39分（西藏）	旦木高39分（甘肃）	高　白37分（甘肃）	额尔敦达来36分（内蒙古）	次仁云旦36分（西藏）	尕　雄36分（甘肃）

第六届全国少数民族传统体育运动会
表演项目获奖名单
（北京赛区）

一、竞技类

一等奖(9 个)

浙　江　稳　凳　　广　西　竹　球
云　南　磨担秋　　湖　南　积打哈
重　庆　竹铃球　　湖　南　高脚马
广　西　僚　球　　四　川　诺苏马马灯
黑龙江　挡木轮

二等奖(11 个)

贵　州　抢鸭子　　广　东　弹弓抢宝
广　西　喇叭球　　内蒙古　抢　枢
贵　州　抵　杠　　新　疆　马上角力
浙　江　抄　杠　　海　南　赶狗归窝
辽　宁　狩　猎　　内蒙古　赛骆驼
广　西　三人板鞋接力

三等奖(15 个)

北　京　绫　球　　云　南　吹　枪
北　京　夹　包　　北　京　滚铁环
山　东　拉滑车　　北　京　跃　鞠
重　庆　天地球　　北　京　得　楞
北　京　旗　球　　北　京　斗　凿
内蒙古　女子博克　湖　北　丰收苗鼓
四　川　雄踞一方　辽　宁　雪地走
广　西　运石锁

二、技巧类

一等奖(12 个)

新　疆　达瓦孜　　陕　西　花样跳绳
内蒙古　马上技巧　云　南　雀唯雅米
广　西　狮子巧夺梅花桩　云　南　娶亲乐
北　京　中　幡　　河　南　石　锁
贵　州　爬花竿　　广　东　旋
陕　西　中国功夫　青　海　轮子秋

二等奖(9 个)

天　津　飞　叉　　青　海　牛皮筏子
天　津　石墩刀铲　天　津　杠　箱
云　南　蹦蹦跳　　上　海　青秋扑刀
云　南　跳三桩　　重　庆　高脚马球
广　西　狮子勇攀十八罗汉桩

三等奖(6 个)

天　津　花　毽　　天　津　中　幡
北　京　花　毽　　西　藏　推铁环
上　海　重刀劈四门　上　海　月牙铲

三、综合类

一等奖(13 个)

贵　州　独竹舟　　广　西　芒　蒿
山　西　黄河鼓韵　福　建　打枪担
海　南　跳竹竿　　贵　州　肉莲花
解放军　景颇刀舞　宁　夏　西夏王刀
北　京　踩　跳　　吉　林　跳　板
河　南　集体武术　山　东　回族鼓子秧歌
天　津　民族团结健身操

二等奖(12 个)

云　南　弄　笼　　云　南　傣雅银铃操
北　京　赛威呼　　宁　夏　羊响板
广　东　杠　　　　云　南　甩银袍
四　川　欢乐的牧民　湖　北　板凳龙
福　建　舞龙头　　台　湾　美好的日子
宁　夏　踏　脚　　广　西　斗牛

三等奖(24 个)

福　建　山地欢歌　吉　林　象帽操
福　建　竿　球　　山　东　抖皮条
重　庆　苗岭软棒　贵　州　斗　牛
四　川　弓刀舞　　山　东　掷沙袋
贵　州　跳竹舞　　江　苏　民族风筝
四　川　舞麻龙　　山　东　拧　缸
福　建　海之花　　甘　肃　夺腰刀
安　徽　伐竹乐　　江　西　马自灯
北　京　鹰和鸡　　山　东　推花砖
福　建　猎　捕　　重　庆　舞手韵律操
贵　州　月牙翼齿铛　甘　肃　东乡族拔棍
四　川　盛开的索玛　台　湾　山海兰调

四、获表演纪念证书(1 个)

西藏响箭

第六届全国少数民族传统体育运动会各竞赛项目前八名成绩统计表（拉萨赛区）

项目			一	二	三	四	五	六	七	八
马上项目	速度竞赛	1000米	青 明 1′3″77 （内蒙古）	吴承江 1′25″54 （贵州）	斯钦巴特尔 1′25″77 （内蒙古）	尼玛才让 1′27″23 （青海）	旺 堆 1′27″92 （云南）	小 红 1′28″17 （内蒙古）	吴来喜 1′28″27 （吉林）	普布次旦 1′28″80 （西藏）
		2000米	木日额 3′02″29 （内蒙古）	斯钦毕力格 3′06″71 （内蒙古）	拉巴次仁 3′07″51 （西藏）	小 红 3′10″43 （内蒙古）	阿马尔太 3′11″49 （新疆）	杨树挺 3′11″50 （吉林）	帕米尔西日甫 3′11″61 （新疆）	斯钦巴特尔 3′12″14 （内蒙古）
		3000米	吴承江 4′46″73 （贵州）	热介拜克 4′50″73 （新疆）	那日苏 4′53″50 （内蒙古）	海 龙 4′53″99 （内蒙古）	增格扎布 4′55″21 （内蒙古）	伊力扎提 4′57″69 （新疆建设兵团）	哈斯巴根那 4′58″92 （甘肃）	多来提先拜 5′03″18 （新疆）
	走马	1000米	扎西热旦 2′04″84 （西藏）	才 保 2′05″52 （青海）	胡努斯图 2′09″53 （内蒙古）	丹 珠 2′14″23 （甘肃）	叶尔嘎里木 2′23″30 （新疆建设兵团）	格桑朗杰 2′25″84 （西藏）	欠美才福旦 2′29″06 （青海）	巴桑强巴 2′31″49 （西藏）
		2000米	叶尔嘎里木 4′15″94 （新疆建设兵团）	小 鲁 4′24″87 （云南）	久美才福旦 4′29″47 （青海）	丹 珠 4′30″20 （甘肃）	才 保 4′33″45 （青海）	闹日才让 4′34″63 （甘肃）	赛力克 4′40″09 （新疆建设兵团）	马嘉央 4′48″17
		3000米	格桑朗杰 7′04″82 （西藏）	阿不克艾里 7′06″87 （新疆）	马扎西 7′09″65 （青海）	热介拜克 7′11″89 （新疆）	斯钦毕力克 7′12″66 （内蒙古）	胡努斯图 7′17″73 （内蒙古）	闹日才让 7′20″89 （甘肃）	才 保 7′26″92 （青海）
	马上三项	射击	其 东8分 （西藏）	日木滚8分 （四川）	扎西塔杰8分 （西藏）	额尔敦达来6分 （内蒙古）	其美共波6分 （四川）	开 注6分 （云南）	吹批汪吉6分 （云南）	次仁云旦6分 （西藏）
		射箭	日木滚11分 （四川）	拉巴顿珠9分 （西藏）	次仁云旦9分 （西藏）	拉茸批楚8分 （云南）	扎西多吉8分 （西藏）	其美共波8分 （四川）	吹批汪吉7分 （云南）	何 壮7分 （内蒙古）
		拾哈达	扎西塔杰37分 （西藏）	洛桑尼玛35分 （西藏）	拉 玛34分 （甘肃）	土登格桑32分 （西藏）	吉它加32分 （甘肃）	钟声楞31分 （云南）	扎西多吉30分 （西藏）	孕藏扎西28分 （甘肃）
射弩项目	立姿	男子	陆学华 （云南）	马正发 （四川）	陈 飞 （宁夏）	朱继华 （广西）	高兴亮 （云南）	郁四益 （云南）	马阿支 （西藏）	木帕尔龙 （四川）
		女子	次旺曲珍 （西藏）	罗红英 （西藏	张 洪 （四川）	张成英 （贵州）	马海石子 （四川）	兰国琴 （解放军）	华德美 （西藏）	覃秀梅 （广西）
	跪姿	男子	陈 飞 （宁夏）	马阿支 （西藏）	付 民 （辽宁）	马 富 （西藏）	马登杰 （甘肃）	陈治洪 （重庆）	木帕尔龙 （四川）	郁四益 （云南）
		女子	张 洪 （四川）	关 欣 （云南）	覃秀梅 （广西）	传光菊 （重庆）	次旺曲珍 （西藏）	盘云桧 （云南）	魏 辉 （辽宁）	罗红英 （西藏）
	全能	男子	陈 飞 （宁夏）	马阿支 （西藏）	马 富 （西藏）	马正发 （四川）	陆学华 （云南）	郁四益 （云南）	木帕尔龙 （四川）	马登杰 （甘肃）
		女子	次旺曲珍 （西藏）	罗红英 （西藏）	张 洪 （四川）	覃秀梅 （广西）	关 欣 （云南）	霍 明 （内蒙古）	华德美 （西藏）	阿布莫此歪 （四川）
陀螺项目	团体	男子	云 南	广 西	解放军	西 藏	湖 北	河 北	山 西	海 南
		女子	云 南	北 京	湖 北	西 藏	天 津	海 南	广 西	山 东
	个人	男子	木天光 （云南）	石国华 （云南）	潘英鹏 （广东）	包全贵 （北京）	金学昌 （云南）	普布多吉 （西藏）	李志铭 （天津）	谢金明 （贵州）
		女子	冉秀莲 （湖北）	张 宏 （北京）	李 燕 （北京）	李志新 （河北）	李金芹 （云南）	陈凤贞 （海南）	姚海娥 （河北）	邓广凤 （广西）

项目	名次 姓名	一	二	三	四	五	六	七	八
押加项目	55公斤级	郑木果（西藏）	杨春生（湖北）	周志议（四川）	呼日查（内蒙古）	栗明朝（北京）	赵明辉（广东）	九　美（甘肃）	
	60公斤级	段树发（西藏）	海稳学（解放军）	苏雅拉图（内蒙古）	潘小龙（四川）	杨兴龙（湖北）	裴　强（北京）	格桑次仁（北京）	宴雪贵（解放军）
	70公斤级	次　牛（西藏）	额尔敦（内蒙古）	巴　图（青海）	孙海涛（青海）	赵卫军（广东）	刘　强（北京）	余志宏（四川）	廖　云（湖北）
	80公斤级	蒲姆泰（四川）	张　和（四川）	尼玛次旺（西藏）	桑　多（甘肃）	布拉格（青海）	王清贵（解放军）	特古斯（甘肃）	福金庭（西藏）
	80公斤以上级	班马青孜（四川）	丹增次仁（西藏）	巴图苏和（内蒙古）	巴图孟和（内蒙古）	谢　涛（宁夏）	包青龙（甘肃）	李　雄（贵州）	

表演项目获奖名单
（拉萨赛区）

一等奖（15个）

项目名称	单位	民族	编导
攀　藤	解放军	景颇族	刘丽
现代马术技巧	西藏自治区	藏族	扎西泽培
卓姐东	云南省	苗族	吴晓青
集体刀术	陕西省	回族	马振邦
海斯戈	云南省	白族	寸亚玲
鹿毛球	黑龙江省	赫哲族	王举
塞上穆林扇	宁夏回族自治区	回族	张国宾
打伞球	广东省	瑶族	何卫民
羌家推拉扭	四川省	羌族	杨若谨
赛竹卜	福建省	畲族	缪丽容
少年与花鼓	山西省	回族	丁逸
鞭术	河南省	回族	徐林山
扁担术	贵州省	布依族	唐秀江
投绣球	广西壮族自治区	壮族	韦体吉
挤油尖	湖南省	苗族	粟冰

二等奖（15个）

项目名称	单位	民族	编导
耙棒乐	贵州省	布依	唐秀江
象帽	吉林省	朝鲜族	权任宪
朵加与俄多	四川省	藏族	阿布
石锁功	安徽省	回族	王学民
八排刀韵	广东省	瑶族	梁志敏
裕固族顶杠子	甘肃省	裕固族	马德明
刀沙沙	贵州省	水族	唐秀江
狩山	湖北省	土家、苗	赵锡桂
响箭	西藏自治区	藏族	阿旺次仁
斗脚	广东省	壮族	覃安
腹顶棍	浙江省	畲族	赵理强
牧羊鞭	上海市	回族	唐荣期
吉韧	西藏自治区	藏族	德庆
布鲁掷远	内蒙古自治区	蒙古族	巴鲁
五子棋	北京市	哈、藏	马世卫

三等奖（9个）

项目名称	单位	民族	编导
抱石头	西藏自治区	藏族	田大庆
三雄夺魁	四川省	彝族	毛奖灵
三人板鞋竞速	广西壮族自治区	壮族	韦体吉
抛陀螺	福建省	高山族	柯跃宗
民族接力	天津市	回、朝	周丽娅
瑶族花棍舞	江西省	瑶族	宋东升
赛牦牛	西藏自治区	藏族	土登
赛威呼	辽宁省	满族	高万年
青州民族风筝	山东省	回族	司马南

荣获“体育道德风尚奖”代表团

广西壮族自治区代表团
山东省代表团
上海市代表团
天津市代表团
辽宁省代表团
江西省代表团
江苏省代表团
安徽省代表团
河南省代表团
浙江省代表团

荣获“体育道德风尚奖”裁判员

评判员:王新景
押加裁判:旦巴达杰　曹可润　加罗　格列
射弩裁判:吴大泉　周学峰　阿里　仁增
马上项目:措姆　旦增　田大庆　扎西　达瓦顿珠　李卫东　薛有金
陀　螺:李伟　唐泽生　旺堆　旺扎

荣获“体育道德风尚奖”运动员

1.广西壮族自治区:覃秀梅　白峰
2.内蒙自治区:斯琴必力格　额尔敦达赖　呼努斯图　额尔敦
3.宁夏回族自治区:谢涛　陈梅林　马金宏
4.新疆维吾尔自治区:热介拜克
5.云南省:木天光　陆学华　钟声扬　吴晓青
6.青海省:巴图　宋全德
7.贵州省:罗文　谢红花　张成英　童斌
8.广东省:潘英鹏　赵卫军　梁志敏　唐兴世
9.山东省:金怡
10.山西省:芦海霞　杨志杰
11.上海市:陶光文　查锐
12.天津市:李志铭　房克斌
13.四川省:张洪　班洛尔　班马青孜　李学红
14.辽宁省:付民　魏辉、田宏
15.甘肃省:苏莲香　桑多　马嘉央
16.江西省:杨红梅　关袁鸿
17.江苏省:热瓦迪
18.吉林省:杨树庭　车红莲
19.安徽省:孙建国
20.河北省:李志新
21.河南省:孙鹏利
22.陕西省:
23.重庆市:传光菊
24.浙江省:雷苏娟
25.海南省:陈风贞
26.湖北省:冉秀莲　杨春生
27.黑龙江省:尤立松　乔志鹏
28.湖南省:杨柳　张桃英
29.福建省:钟祝进　丁纬　柯耀棕
30.新疆建设兵团:赛力克
31.解放军:兰国琴　张宏　海稳学
32.北京市:郑文杰　斐强　张宏
33.西藏自治区:尼玛次仁　巴桑卓玛　郑木果,次牛　扎西塔杰　格桑朗杰　扎西泽配　普布多吉

【北京市挖掘整理绫球比赛项目】绫球是从北京回、满、蒙古等民族儿童中流行的体育游戏砍包、拽包发展而来的。起源于冬季儿童用雪球打雪仗的游戏,因夏天无雪,孩子们用家中做衣服剩下的布头缝成内装谷物的布包代替了“雪球”,经北京市民族传统体育协会组织北京西苑中学等单位通过对规则的重新加工、整理,绫球比赛被列为第六届全国民族运动会北京代表团表演项目。

【内蒙古自治区召开第四届少数民族传统体育运动会】1999年6月26日至29日内蒙古自治区第四届少数民族传统体育运动会在哲里木盟科左后旗甘旗卡镇隆重举行。本届民运会总规模达到1200人,全区12个盟市代表团的606名运动员参加了搏克、速度赛马、走马、射箭、蒙古象棋、布鲁、武术、秋千、押加、射弩等9个大项的比赛,呼伦贝尔盟代表团表演了鄂温克族传统体育项目——抢枢。哲里木盟、赤峰市、包头市代表团分别荣获团体总分前三名;包头市、呼伦贝尔盟、哲里木盟代表团荣获体育道德风尚奖。

【福建省举行第四届少数民族传统体育运动会】由福建省民委、福建省体委主办,上杭县政府承办的福建省第四届少数民族传统体育运动会于

1999年5月10日至13日在上杭县举行。大会组委会主任、副省长汪毅夫出席了开幕式。省委陈明义书记、贺国强省长,国家民委、国家体育总局、省人大常委会、省政协等向大会发来了贺电或贺信。本届民运会设射弩、毽球、武术3个竞赛项目,共有22个表演项目。来自全省九个地、市的畲、回、高山、满、蒙古、藏、汉等民族的运动员、教练员共560多人参加了本届民运会,3个竞赛项目共决出金牌14枚,有60多名运动员获得了竞赛项目的多个奖项。表演项目决出特等奖2个、一等奖5个、二等奖6个、三等奖9个。宁德地区代表团的《打枪担》、泉州市代表团的《山地欢歌》获表演项目的特等奖;漳州市代表团的《竿球》、宁德地区代表团的《舞龙头》、龙岩市代表团的《舞狮》、福州市代表团的《猎捕舞》和三明市代表团的《桑巴舞》获得表演项目一等奖。泉州、漳州、三明市代表团和12个运动队、35名运动员获得本届民运会体育道德风尚奖,龙岩市人民政府和上杭县人民政府获得本届民运会组织奖。本届民运会是福建省历届民运会中规模最大、人数最多、竞赛和表演项目水平最高的一次少数民族传统体育盛会,是一次全省各民族人民大团结、大交流、大进步的体育盛会。

【福建省召开全国民运会获奖运动员、教练员颁奖大会】1999年12月10日,第六届全国少数民族传统体育运动会福建省代表团获奖运动员、教练员颁奖大会在福州举行。汪毅夫副省长和省民委、省体委领导为运动员、教练员颁奖。福建省代表团在拉萨分赛场和北京主赛场的4个竞赛项目和8个表演项目中,全团共有143人(次)获得大会颁发的各种奖项。为了表彰参赛运动员、教练员在本届民族运动会上顽强拼搏、为福建争光的良好精神风貌,省政府拨出专款42万元奖励获奖的运动员、教练员。

【山东省举办第五届少数民族传统体育运动会】1999年5月8日至10日,山东省民委、省体委联合举办了山东省第五届少数民族传统体育运动会,共有13个市地、9个民族的480多名运动员、教练员参加。经过3天5个竞赛项目(珍珠球、蹴球、武术、绊跤、打陀螺)248场的紧张比赛,顺利完成了各项赛事,取得了圆满成功。运动会期间对山东省少数民族体育协会4年来的工作进行了总结,产生了新一届山东省少数民族体育协会,经过各地各部门的评选推荐、省人事厅批准,省民委、省体委联合表彰了30名全省民族传统体育模范集体和个人。这次运动会突出了"平等、团结、进步、繁荣"的主题,坚持了发展民族体育、为社会主义两个文明建设服务的宗旨,是迎接第六届全国少数民族传统体育运动会胜利召开的重要举措,是贯彻、实施《体育法》和《全民健身计划纲要》的具体体现。通过比赛,展示了山东省少数民族传统体育特色和当代运动技术水平,对于广泛开展少数民族传统体育活动,增强少数民族群众体质,促进民族团结进步事业产生了很好的影响。

【广西壮族自治区通报表彰第六届全国民运会广西代表团成绩突出人员和单位】1999年12月17日下午,中共广西壮族自治区委员会办公厅、广西壮族自治区人民政府办公厅在自治区政府会议厅举行隆重的表彰大会,表彰广西参加首都建国50周年庆祝活动的自治区各有关单位和第六届全国少数民族传统体育运动会广西代表团成绩突出人员和有功单位。自治区党委副书记杨基常出席会议并讲话,自治区副主席孙瑜主持会议。受表彰单位代表和个人共200余人参加会议。

孙瑜在会上宣读了《自治区党委办公厅自治区人民政府办公厅关于表彰第六届全国少数民族传统体育运动会广西代表团成绩突出人员和有功单位的通报》等文件。第六届全国少数民族传统体育运动会广西代表团滕奎基等147名成绩突出的运动员、教练员、工作人员和广西民族学院等3个有功单位受到通报表彰。

【新疆维吾尔自治区召开第六届全国民运会新疆代表团总结表彰大会】第六届全国少数民族传统体育运动会新疆代表团总结表彰大会于1999年12月29日在乌鲁木齐召开。自治区人大副主任胡吉汉·哈克莫夫,自治区人民政府副主席买买提明·扎克尔,自治区人民政府副秘书长阿日甫及自治区民宗委、自治区体委有关领导出席会议,获奖运动员代表、领队、教练员,民族体育模范集体、模范个人代表参加了会议。自治区人民政府副主席买买提明·扎克尔作了重要讲话。新疆代表团副团长、自治区民宗委副主任贺忠德作了"第六届全国民运会新疆代表团工作总结",对全区参加第六届民运会的筹备、参赛情况及体会进行了全面总结。会议表彰了在本届民运会上取得优异成绩的各族运动员。

【新疆生产建设兵团77团场举办少数民族运动会】新疆生产建设兵团77团场举办第12届“少数民族运动会”，比赛项目22个。他们还联合76团场和昭苏军马场每两年轮流举办“昭苏西北草原少数民族运动会”。

为了保证体育活动更好开展，团场成立了体育协会，建立民族体育活动网络，同时不定期培训体育协会的管理人员、裁判。协会的会员已由1990年的160人，发展到现在的2800人。团场专门划定300公顷平坦开阔的草场，作为民族体育活动专用赛场，并先后在牧区单位修建4个篮球场和添置4套乒乓球和台球桌等基本体育设施，基本满足广大民族体育爱好者的需求。有的少数民族职工还个人出资办运动会，其规模和盛况仅次于团场举办的民运会。

■民族卫生

【福建省政协组织医学专家到民族乡义诊】1999年4月8日，省政协民族宗教委员会组织部分医卫界委员、省妇幼保健院医学专家赴罗源县霍口畲族乡，开展义诊活动。共义诊病人170人，并免费提供药品，受到畲族群众的欢迎。

【海南省“汽车流动扶贫医院”在民族地区开展医疗扶贫】举办“汽车流动扶贫医院”活动，是海南省委、省政府1999年承诺为民办实事、办好事之一。这项活动自1999年4月16日开始，至11月26日结束。在这次活动中，由省卫生厅组建的“汽车流动扶贫医院”共派出了8支医疗队1000多名医务人员，先后在白沙、陵水、保亭、通什、琼中、乐东等民族地区及其他市县部分贫困地区进行乡村巡回医疗，免费为贫困群众诊治疾病，开展送医送药送温暖活动。共设立了巡回医疗点122个，实施手术211例，赠送扶贫医疗优惠卡385张，赠送药品价值107万元，为基层培训医务人员1555人次，免费诊治病人4万多人次。

■对外交流

【国家民委主任李德洙出访塔吉克斯坦】1999年11月16日，国家民委主任李德洙作为江泽民主席的特使，参加了塔吉克斯坦总统拉赫莫诺夫就职仪式。

【国家民委主任李德洙出访爱沙尼亚】应爱沙尼亚共和国人口和民族事务部部长凯特琳·萨克思女士的邀请，以国家民委主任李德洙为团长的国家民委代表团一行6人，于1999年10月13日至16日对爱沙尼亚进行了工作访问。代表团在出访期间，受到了热情友好的接待，与爱沙尼亚人口和民族事务部进行了工作会谈，相互介绍各国的民族情况和民族政策，在不同场合宣传了中国民族情况及民族政策，适时地阐述了中国政府在西藏和台湾问题上的立场。代表团在萨克思部长的陪同下，访问了爱东北部边境地区伊达—维鲁马省，参观了塔尔大学纳尔瓦分院，与该校师生进行了亲切交流。

爱沙尼亚议会副议长西里·奥维尔、外交部部长伊尔维斯、总统民族事务圆桌会议主席兼总统顾问哈吉·赛恩等分别会见了代表团。

【国家民委副主任陈虹访问德国】应德国辛蒂罗姆人中央委员会的邀请，国家民委副主任陈虹于1999年11月3日—10日率团赴德国进行了访问。代表团在德国期间，与德国辛蒂罗姆人中央委员会进行了工作会谈，中德双方就有关方面的合作与交流广泛交换了意见。代表团还与巴伐利亚州斯图加特市副市长克劳斯·郎博士等进行了亲切友好的会谈。

【国家民委副主任江家福访问英国】应国际人类学与民族学联合会(IUAES)主席爱默瑞塔斯·埃里克·桑德兰教授的邀请,以国家民委副主任江家福为团长的国家民委代表团一行5人,于1999年10月19日赴英国进行了访问。

在英期间,代表团与英中文化协会副主席佩恩教授、执行主席李凯蒂女士进行了会谈,宣传了我国的民族政策和民族工作所取得的巨大成就,与国际人类学与民族学联合会主席爱默瑞塔斯·埃里克·桑德兰教授磋商了2000年在北京召开国际人类学与民族学联合会中期会议的具体事宜。

【国家民委副主任文精访问加拿大】应加拿大蒙特利尔市长皮艾尔·布尔柯的邀请,国家民委副主任文精一行5人,于1999年7月2日—7月9日对加拿大进行了友好访问。

在加期间,代表团与加拿大蒙特利尔市市长布尔柯进行工作座谈,还与加拿大印第安及北方事务部、加拿大第一民族大会主要负责人进行了工作会谈。

【国家民委副主任图道多吉访问澳大利亚】应澳大利亚多元文化基金会的邀请,以国家民委副主任图道多吉为团长的中国少数民族代表团,于1999年10月8日至16日对澳大利亚进行了工作访问。

【国家民委副主任李晋有访问墨西哥】应墨西哥合众国印第安人协会主席梅尔帕·普丽雅女士的邀请,以国家民委副主任李晋有为团长的国家民委代表团一行5人,于1999年12月6日至11日对墨西哥进行了工作访问。

代表团在墨期间受到了墨西哥印第安人协会的热情友好接待。在首都墨西哥城期间,代表团与该协会举行了工作会谈。印第安协会主席梅尔帕·普丽雅女士说,中国是一个12亿人口的大国,民族众多,中国的民族政策很好,民族问题处理得成功,令人钦佩。代表团还考察了协会所属的"民族之家"(印第安残疾人收容救助中心)、印第安文化研究信息中心。在坎佩切州和梅里达州,与印第安人协会协调中心印第安人扶贫项目负责人,就印第安人"团结发展基金"措施、管理、使用及印第安人的扶贫情况进行了座谈。

【中国少数民族(羌族)艺术团参加意大利国际民间艺术节】应意大利卡斯特维拉里民族文化组委会的邀请,中国少数民族(羌族)艺术团一行27人,于1999年8月2日至30日赴意大利参加了国际民间艺术节。

艺术团在意演出期间,先后与西班牙、希腊、韩国等60个国家的17个代表团共同演出,受到意大利人民和政府的热烈欢迎和高度评价,认为富有浓郁特色的中国艺术团的节目最能体现此次艺术节的风格,使意大利人民了解了中国宝贵的民族民间艺术,在看演出时更能深入体会民族艺术的内涵。中国少数民族艺术团在意大利各地演出30余场,观众达5万余人。在庞德兰、道尔福市受到了两地市长的单独的热情接待,并赠送了礼物。

【埃及宗教基金部代表团访华】应国家民委的邀请,埃及宗教基金部部长穆哈麦德·扎克祖克博士一行6人于1999年9月4日至10日来华进行了友好访问。

代表团在京期间,受到国务委员司马义·艾买提的接见,并与国家民委主任李德洙、国家宗教局局长叶小文就民族宗教工作进行了工作会谈,相互交流了民族宗教情况、政策和工作经验。

代表团除在北京访问外,在国家民委副主任文精和党组成员、国际司司长塔瓦库勒等陪同下,访问了新疆维吾尔自治区,自治区主席阿不来提·阿不都热西提会见并宴请了代表团一行。

【参加亚太国家人权机构论坛第四届年会】1999年9月6日至8日,国家民委办公厅副主任普永生等2人代表中国政府,以观察员的身份参加了在菲律宾举行的亚太国家人权机构论坛第四届年会。此次大会的主题是"国家人权机构和经济社会权利"、"亚太地区国家建立人权机构情况"等8个主题。

在大会上,围绕主题思想,广泛地与与会代表和各国观察员交流了对人权和建立人权机构的看法,宣传了我在人权方面取得的成就和进展,指出,各国有着不同实际情况,有权选择适合自己国情的人权工作机构、方式,建立一套保护不同人群各方面的权利机构。根据《巴黎原则》,阐述了我国政府对人权和建立人权机构的立场,表示中国政府重视亚太国家人权机构论坛,中国愿意与其他国家在人权领域方面的工作进行交流与合作。

【国际访问学者访美考察少数民族经济发展

问题】1999年11月13日至12月13日，国家民委经济发展司副司长胡毅力赴美国参加了美国国务院主办的国际访问者计划，对美国少数民族经济发展问题进行了专题考察。

此次访问，全部经费由美国政府全额提供，考察内容由我方提出，结合参观和家庭考察，共访问了华盛顿、纽约、爱何华、亚特兰大、奥尔伯克基、拉斯维加斯、洛杉矶等七个城市。走访了联邦政府商务部、农业部、司法部、民权委员会、平等就业委员会等累计40多个部门和组织，与80多人就少数民族经济发展及相关内容进行了座谈。

【参加中欧妇女人权对话】1999年9月7日至8日，中欧第二次人权对话研讨会在芬兰召开。来自英国、德国、法国等15个欧盟国家的50名政府外交官、专家学者出席了会议。中国派出了来自外交部、公安部、国家民委等13个单位的20名成员组成的中国妇女代表团，国家民委教育司副司长蒋桂芳等2人出席了大会。

研讨会的主题为“人权展望——妇女专题”。蒋桂芳等在大会上以“中国少数民族妇女享有的人权”、“中国少数民族政策与国际人权”为题，作了专题发言，受到了来自欧盟国家的与会代表的特别关注，并展开了讨论。开展国际妇女人权对话是我国人权斗争整个框架下的一部分，具有重要意义，它体现了我国在人权斗争领域中的成果，显示了我国与欧盟进行人权对话的诚意，表明了我国政府对人权斗争所采取的“开展对话，不搞对抗”的原则。

【中国民族教育工作者代表团赴欧洲国家进行教育交流】1999年11月7日至22日，由国家民委派遣的中国民族教育工作者代表团一行14人，赴德国等欧洲国家进行了工作访问。代表团先后与柏林的洪堡大学、巴登－符滕堡州鲁德维特堡市税务专门大学、海德堡大学师范学院及巴伐利亚州的文化教育管理部门进行了交流座谈。

代表团向德国有关教育机构介绍了中国教育特别是民族教育的情况，并就我国民族学院与对方有关大学的交流与合作达成了共识。

【国家民委派团到马来西亚落实中国穆斯林文化展】为庆祝中国与马来西亚建交25周年，加强中马两国文化、特别是穆斯林文化方面的交流，宣传我国各民族灿烂的历史文化和新中国成立以来我国民族宗教工作方面的政策，加强对外文化宣传工作，1999年7月20日至26日，以国家民委国际司司长塔瓦库勒为团长的国家民委实地考察与谈判小组一行5人赴马来西亚访问。此次访问也是落实在年初国家民委副主任文精与马来西亚总理特使就在马举办《中国穆斯林文化展》达成的意向性协议。

由于国家民委领导的重视，准备工作充分，经过考察小组的艰苦努力，国家民委与马来西亚艺术博物馆之间就在马举办《中国穆斯林文化展》签署了备忘录和谈判纪要。考察小组还拜会了马来西亚教育部、马中友好协会、国家历史博物馆等。

【日本著名学者访问辽宁省民委古籍办】日本明治大学名誉教授、东方学会会长、明清史专家神田信夫、日本东北学院大学历史系教授细谷良夫等一行6人，于1999年8月23日到辽宁省民委少数民族古籍整理出版规划办公室(简称古籍办)访问，双方就日中民族文化项目协作与交流等问题进行了商谈，达成了共识。

古籍办负责同志向日本客人介绍了辽宁省少数民族古籍整理出版规划办公室的职能和科研成果、辽宁承担的国家民委“九五”计划重点项目《八旗制度研究论文集》的进展情况，中日双方还就满文、蒙古文等民族古籍收集、整理出版等有关项目如何加强协作与交流交换了意见。

【'99中国宁夏对外经济贸易洽谈会在沙特举办】为宣传宁夏，开拓国际市场，拓宽民族地区经济发展渠道，宁夏民委牵头组织区内部分回族厂长(经理)参加了在沙特阿拉伯举办的'99中国宁夏对外经济贸易洽谈会。由宁夏伊斯兰文化中心组织的具有民族特色的“枸杞王”保健品、仿古地毯等产品吸引了众多客商并销售一空。洽谈会期间，与苏丹国和阿联酋分别签订共建造纸厂的意向性合作协议。叙利亚、印度、伊拉克、科威特等国和阿联酋的沙迦、迪拜地区的客商都提出了每年为其提供淡奶粉的供货要求。

民族工作部门自身建设

【国家民委认真开展"三讲"教育】"三讲"教育是1999年党建工作的中心任务和重中之重。按照中央部署，国家民委的"三讲"教育从4月1日至9月21日，历时6个多月，分三个层次，完成了国家民委党组、机关和在京直属单位的"三讲"教育工作。参加"三讲"教育活动的处级以上党员领导干部共373名，其中部级7名、司局级62名、处级304名。通过抓好思想发动、学习提高，自我剖析、听取意见，交流思想、开展批评，认真整改、巩固成果四个阶段的工作，达到了预期的目的，取得了明显效果。各级领导班子和领导干部普遍受到了一次深刻的马克思主义理论教育，经受了一次严格的党性锻炼。

【国家民委直属机关工会换届选举】国家民委直属机关工会第二届会员代表大会于1999年2月10日召开。大会选举产生国家民委直属机关第二届工会委员会和经费审查委员会。第二届工会委员会由马继祖、王小秋、王云涛、王玉荣、兰步锦、宁波、任春谷、全哲云、杨燕军、李瑞志、吴玉喜、吴美龙、张志起、张德安、邵国贤、郑继昌、胡毅力等17位同志组成；第二届经审委员会由王云涛、全哲云、邵国贤、郑继昌、胡学竟等5位同志组成；李瑞志同志当选为工会主席；马继祖、王云涛、胡毅力同志当选为工会副主席；王云涛同志当选为经审委主任。

【国家民委向新疆县级民族宗教部门赠送工作用车】在国家民委的关怀下，1999年为新疆29个县级民宗工作部门配备了工作用车，此次配车彻底解决了新疆县级民宗工作部门的用车问题。

为做好国家民委第三次为新疆县级民宗工作部门的赠车工作，大力宣传国家民委赠车的意义，自治区民宗委在乌鲁木齐市举行了"国家民委赠车仪式"。国家民委经济发展司副司长杨帆专程从北京赶来，代表国家民委出席了赠车仪式。自治区主管民族宗教工作的副主席阿不都卡德尔·乃斯尔丁出席仪式。

赠车仪式上自治区副主席阿不都卡德尔·乃斯尔丁、国家民委经济发展司副司长杨帆、自治区民宗委党组书记刘彦清为赠车仪式剪彩并颁发赠车证书。阿副主席、杨帆副司长讲了话。

【黑龙江省民委宗教局"三讲"教育见成效】1999年10月14日至12月18日，按省委的部署，黑龙江省民委宗教局领导班子和内设机构副处级以上干部开展了"三讲"教育。委局"三讲"教育共分四个阶段，第一阶段"思想发动、学习提高"20天；第二阶段"自我剖析、听取意见"30天；第三阶段"交流思想、开展批评"10天；第四阶段"认真整改、巩固成果"10天。在省委巡视组指导下，委局党组织积极投身到组织和开展委局"三讲"教育之中，认真执行中央和省委关于"三讲"教育的指导思想、目标要求、基本原则和方法步骤，做到了合理安排，精心组织，严格标准，履行程序。通过"三讲"教育，委局干部提高了理论水平，坚定了理想信念，增强了改造主观世界的自觉性；查摆了党性党风方面存在的突出问题，明确了思想政治建设的方向；发扬了党的优良传统，增强了班子的凝聚力和战斗力；理清了开拓创新的思路，制定了整改措施。基本实现了"思想上有明显提高、政治上有明显进步、作风上有明显转变、纪律上有明显增强"的目标要求。

【黑龙江省召开地市民委办公室主任座谈会】1999年2月27日，为适应新形势下民族工作的要求，贯彻全国民委办公室工作研讨会议精神，把全省民委系统办公室工作提高到一个新水平，黑龙江省民委、宗教局召开了全省市地民委办公室主任座谈会，省民委、宗教局和十三个市地民委办公室主任、省民委办公室工作人员等近20人参加会议。省民委副主任洪英华出席了会议并作了题为"适应新形势，迈向新世纪，把民委办公室工作提高到一个新水平"的讲话。各市地民委办公室主任在研讨中从各个侧面积极探讨新形势下如何做好民委办公室工作的思路和方法。洪英华副主任在讲话中阐述了新形势下民委办公室工作的新特点和重要性，提出了1999年民委办公室工作总的指导思想、任务和要求，要做好"四个服务"，加速实现"四个转变"，重点抓好"四项任务"。并要求民委办公室工作要突出政务，加强管理，强化调研，搞好服务，努力提高工作质量和水平。

【黑龙江省召开民族统计分析会议】1999年7月7日至8日，黑龙江省民委在密山市召开了全省民族统计分析会议。会议总结了1998年全省民族统计工作,传达了国家民委有关指示精神,部署了今后的民族统计工作。省民委副主任关立卓到会做重要讲话。全省十三个市地民委、杜尔伯特蒙古族自治县民委统计员参加了会议。会上,收到统计分析文章14篇。这些文章从五个方面探索论述了民族经济发展的有关问题。一是从宏观上研究,提出了方向性建议;二是从一个侧面研究,提出指导性建议;三是从一个民族研究,提出针对性建议;四是从一个民族乡研究,提出具体性建议;五是从出现的新情况、新问题研究,提出了解决的办法。与会代表充分交流了经验,畅谈了思想,提出了许多有建设性的意见和建议。会后参观了密山市和平朝鲜族乡测土施肥站、科技培训中心、中心校及综合开发区,与会代表表示要在各自的工作岗位上为民族工作做出更大的贡献。

【上海市少数民族联合会换届】1999年6月17日下午,上海市少数民族联合会召开第四届委员会第一次全体会议。会议通过了市民族联第三届委员会工作报告、修改后的《上海市少数民族联合会章程》,选举产生了由华东师大教授金相成(回族)任会长的新一届领导班子。冯根妹(回族)任常务副会长兼秘书长,陶凤珍(回族)、卢承锐(蒙古族)、高文海(高山族)任副会长。石厚珍(回族)当选名誉会长。市委统战部副部长孙金富、市民委主任杨奇庆到会祝贺并讲话。成立于1987年的上海市民族联现有团体会员50个,委员52人,各级联络组610个,来自34个民族的联络员2164人。

【上海市伊斯兰教协会换届】上海市伊斯兰教第六次代表会议于1999年6月29日上午在明珠大饭店闭幕。市委统战部副部长孙金富、市人大侨民宗委主任委员哈宝信、市民委主任杨奇庆、市政协宗教委主任华耀增等领导到会祝贺。为期一天半的会议审议、通过了五届伊协的工作报告,修改、通过了《上海市伊斯兰教协会章程》,选举产生了有29人组成的市伊协第六届委员会,通过了本次会议决议。稍后举行的六届一次会议,选举产生了由白润生任会长、金宏伟任副会长兼秘书长、哈士俊任副会长的新一届伊协领导班子。马人斌、金幼云当选为本届伊协名誉会长。

【江苏省明确市、县民族宗教机构体制】1999年10月18日,省编委下发文件,进一步明确了市、县(市)民族宗教机构有关问题。一是省辖市民族宗教局列政府序列,业务指导统一归口市委统战部。二是县(市)民族宗教局列入政府序列,参照纪委、监察局的做法,和县(市)委统战部实行两块牌子、一套班子。民族宗教任务繁重的县(市),人员配备不少于5人;一般的县(市)不少于3人。重点县(市)名单由省辖市具体确定。三是民族宗教工作任务繁重的乡(镇),设副乡级专职统战委员,一般的乡(镇)可设兼职统战委员。重点乡(镇)名单由县(市)具体确定。

【安徽省召开民族宗教宣传信息工作会议】1999年10月21日,安徽省民族宗教宣传信息工作会议在合肥召开。这次会议主要任务是:总结1999年宣传信息工作的基本情况,部署2000年的宣传信息工作,同时表彰先进单位。省民委主任李继学作了重要讲话。他指出,做好宣传信息工作,首先要解决好认识问题。信息是信号,能及时反映工作应不应该做、应该怎样做;信息是手段,要积极主动地向领导报送信息,以争取领导重视;信息是媒体,起到交流各地情况的作用。他强调,现在全省各地宣传信息工作发展不平衡,原因关键在于人。各市、地民委要克服机构人员少的困难,加大2000年宣传信息工作力度,围绕民族宗教中心工作,认真做好民族宗教宣传工作,在强调报送数量的同时,通过各种形式和办法,着力提高信息质量,努力使民族宗教宣传信息工作出精品、出声势、出成效。

【河南省民委、省宗教局开展“三讲”教育活动】按照中央和省委的部署,河南省民委、省宗教局在处级以上领导班子、领导干部中认真开展了以讲学习、讲政治、讲正气为主要内容的党性党风教育。省民委领导班子、领导干部查摆了学习自觉性不高、理论与实践结合不紧密,贯彻民主集中制有时集中不够、存在自由主义现象,工作作风不扎实,执行党风廉政建设规定不严格,机关党的建设和思想政治工作薄弱,老干部工作薄弱等6个方面的问题,制定了整改措施,认真整改。厅级领导干部剖析材料满意率和基本满意率为100%,处级班子、处级干部剖析材料的测评结果也都达到了规定标准。通过“三讲”教育,领导班子及领导干部的党性观念明显增强,团结明显增强,工作作风明显转变,党风和廉政建设的各项规定得到严格执行,有力促进了机关建设和民族宗教工作。

【河南省召开民族团结基层基础工作经验交流会】河南省民族团结基层基础工作经验交流会于1999年5月10日—12日在商丘召开。全省各市地民宗委(局)主任(局长)参加了会议,13个先进单位和个人代表在会上发言。省民委副主任虎学良、省委统战部助理巡视员唐家松及商丘市政府领导参加会议并讲话。会议总结了近几年来全省加强民族团结基层基础工作取得的成绩,交流了经验,部署了下一步工作。会议要求,继续坚持在少数民族聚居地区建立一个组织(民族团结进步促进会),实行两项制度(基层领导班子民族工作责任制、定期排查不安定因素制度),开展三项活动(民族团结进步表彰活动、民族团结进步宣传月活动、民族乡村户之间的友好帮带活动)的做法,总结经验,查找不足,提高质量和水平,更好地维护民族团结和社会稳定。

【河南省民委宗教局被命名为省级文明单位】1999年是河南省民委、省宗教局被省委、省政府命名为"省级文明单位"的第五年,需要重新申报评选。在党组的高度重视下,全体干部职工变压力为动力,以开展"热爱河南,增辉中原"和"作人民满意的公务员"活动为重点,加强了机关精神文明建设,以创建促工作,以工作促创建,开展了一系列丰富多彩的活动,加强了软硬件建设,使精神文明建设工作取得了新的成绩。经过努力,省民委、省宗教局再次被省委、省政府命名为"省级文明单位"。

【湖南省开展民族工作年终评奖活动】为了充分调动民族工作部门和广大民族工作者的积极性和创造性,促进全省民委工作全面发展,省民委在全省各州市民委和有关县市区民委中开展了民族工作年终评奖活动。对州市民委设4个综合奖和九个单项奖。综合奖即民族工作先进单位奖。单项奖分为:落实民族政策先进单位奖,民族经济工作先进单位奖,民族政法工作先进单位奖,城市民族工作先进单位奖,民族文宣卫体工作先进单位奖,民族教育语文工作先进单位奖,民族干部工作先进单位奖,民委机关自身建设先进单位奖,民族信息调研工作先进单位奖。对17个民族自治县和7个少数民族人口超过半数的县级民委设6个民族工作先进单位奖。年终由各单位向省民委提交申请报告和总结材料,省民委根据平时实地考察和上报材料情况,进行初评、复评,最后由党组审定。对获奖单位,在全省民委系统通报表扬并给予一定的物质奖励。

【广东省召开民族宗教信息工作会议】1999年5月13日,广东省民委(宗教局)在珠海市召开了首次全省民族宗教信息工作会议。各地级以上市民族宗教工作部门、省民族(宗教)研究所及省民委宗教局机关各处室负责信息工作的同志共30余人参加了会议。会议传达了近几年来中央、国家民族、宗教工作部门及省委、省政府关于信息工作的文件和会议的主要精神,总结了1998年全省民族宗教信息工作,部署了1999年的工作任务,并对广州市民委宗教局、汕头市民宗局等8个1998年度全省民族宗教信息工作先进单位和20条优秀信息予以了表彰和奖励。由于各级领导重视和信息工作人员的勤奋努力,1999年,省民委宗教局办公室连续三年被省政府办公厅评为全省政务信息工作二等奖单位;广东省民族宗教部门分别被国家民委、国家宗教局评为1998—1999年度信息工作先进单位。

【广西壮族自治区民委搞好"三讲"教育】按照中共中央和自治区党委的统一部署和要求,自治区民委党组从1999年4月6日开始至11月11日止,认真地在委领导班子和委机关全体处级以上干部中,开展以讲学习、讲政治、讲正气为主要内容的党性党风教育,开展了五个专题的学习讨论,进行了"思想动员、学习提高,自我剖析、查摆问题,交流思想、开展批评与自我批评,认真整改、巩固成果"四个阶段,通过三讲教育,进一步提高了领导干部学习理论的自觉性,提高了政治素质和党性修养,思想上、政治上、作风上、纪律上有了明显进步。

【青海省广泛开展民族工作调查研究】青海省民委从1999年5月中下旬起利用50多天时间,从委局机关及青海民族学院民族研究所、省委党校、省社科院等有关部门抽调47名干部、专家和学者,组成8个工作组深入全省六州一地一市,就全省民族工作进行了一次比较广泛深入的调查研究。通过实地调查,比较全面地掌握了全省民族地区在改革开放20年来取得的成就、经验和当前存在的主要困难、问题,并就今后民族地区经济社会发展、进一步加强民族工作等问题提出了建设性意见和建议。形成了《关于我省少数民族和民族地区经济社会发展调研报告》、《关于我省牧区经济社会发展情况调研报告》和《关于我省少数民族和民族地区扶贫工作调研报告》3个综合报告和8个分报告、37个专题报告。这次调研涉及面广,内容全面,工作扎实,收效显著,为做好新时期全省民族工作奠定了良好基础。

■各类活动

【司马义·艾买提视察河南民族宗教工作】1999年4月4日—9日,国务委员司马义·艾买提在副省长李志斌和省直有关部门负责同志的陪同下,对河南省民族、宗教等工作进行了视察。他先后视察了洛阳春都清真食品集团等少数民族企业,洛阳白马寺、登封少林寺、中岳庙、开封大相国寺等宗教活动场所,郑州民族小区、开封朱仙镇等少数民族聚居区,对省的民族、宗教工作作出了重要指示。关于民族工作,他指出,团结、进步是民族工作的主题,民族工作要突出抓发展,加快少数民族的经济发展。同时,要妥善处理好民族方面的有关矛盾,维护民族团结。关于宗教工作,他指出,江泽民总书记讲,要全面正确地贯彻执行党的宗教政策,依法加强对宗教事务的管理,积极引导宗教与社会主义社会相适应。这三句话很重要,要认真学习贯彻。宗教界要重视爱国主义教育,爱国爱教,为社会主义事业多做好事。要加强政策、法规的学习,依法开展宗教活动。

【首都各民族人士迎春茶话会在人民大会堂举办】1999年2月11日,中央统战部、全国人大民委、国家民委、全国政协民委、北京市政府在人民大会堂举办“首都各民族人士迎春茶话会”。茶话会由中央统战部部长王兆国主持,全国人大副委员长铁木尔·达瓦买提讲话,首都各族各界人士近1000人参加。王光英、程思远、阿沛·阿旺晋美、赵南起、叶小文、李志坚、刘敬民等中央及北京市领导出席。会上,中央民族歌舞团为各民族同胞表演了文艺节目。

【国家民委直属机关喜迎新中国成立50周年和澳门回归】1999年时逢新中国成立50周年,又喜迎澳门回归祖国,这是我国各族人民政治生活中的两件大事。根据中央部署和国家民委党组的要求,直属机关党委、团委、工会先后举办了庆祝新中国成立50周年演唱会,组织20多名干部参加了国庆游行,开展了澳门知识1999人答卷活动,举行澳门知识竞赛,组织广大干部职工观看了《澳门岁月》录像片。同时,与离退休干部共同举办了书法美术摄影作品展览,配合办公厅组织召开了首都各界少数民族代表迎澳门回归座谈会。这些丰富多彩的庆祝活动,使直属机关各族干部职工普遍受到了一次深刻的爱国主义教育。

【全国少数民族国庆观礼团参加新中国50周年庆典活动】出席国务院第三次全国民族团结进步表彰大会,受到国务院表彰的民族团结进步模范集体和模范个人代表400多名,1999年9月28日组成全国少数民族国庆观礼团。观礼团成员来自全国各省、自治区、直辖市,中共中央和国务院各部门,各民主党派和工商联,各人民团体,中国人民解放军和中国人民武装警察部队,新疆生产建设兵团等地区和部门,包括56个民族。国家民委副主任江家福担任全国少数民族国庆观礼团团长。

全国少数民族国庆观礼团全体成员参加了中央民族工作会议暨国务院第三次全国民族团结进步表彰大会,聆听了江泽民总书记的报告,接受党和国家领导人的接见,受到国务院表彰,倍受鼓舞。全体成员在天安门观礼台参加了首都庆祝中华人民共和国成立五十周年大会,观看了盛大阅兵式和群众游行。人民军队的威武雄壮,群众游行的恢宏气势,祖国的繁荣强盛,各民族的团结和睦,深深感染和鼓舞了所有成员。全体成员参加了国庆联欢晚会和游园活动,还参观了北京锦绣大地农业股份有限公司和韩村河,听取了北京市经济建设和社会发展情况介绍,在京进行了为期一周的参观、学习和交流。

【北京市举行招待会欢迎全国少数民族国庆观礼团】1999年10月2日，北京市委、北京市政府举行招待会，欢迎由423名国务院表彰的民族团结进步模范集体和模范个人代表组成的全国少数民族国庆观礼团。招待会由刘敬民副市长主持，市委副书记李志坚致欢迎词。观礼团团长江家福代表全体团员对北京市的盛情款待和精心安排表示感谢。市政府副秘书长沈宝昌介绍了北京50年来的经济建设和社会发展情况。观礼团还参观了锦绣大地高科技园区、韩村河村新貌。

【北京市举办“燕京杯”民族知识竞赛】1999年5月至7月，由北京市委统战部、北京市民族事务委员会、北京市青年联合会、《北京日报》社、《北京青年报》社联合举办了“燕京杯”民族知识竞赛。竞赛活动以普及民族知识为目的，宣传《北京市少数民族权益保障条例》为重点，共收到来自本市及全国二十多个省市区的答卷75606份。抽奖仪式于7月2日在北京民族文化交流中心举行，市政协副主席、市委统战部部长沈仁道等出席了抽奖仪式。

【北京民族第一街——牛街危改区居民开始回迁】1999年9月17日上午，北京市市委书记贾庆林、北京市市长刘淇及市委、市政府、市人大、市政协领导李志坚、张百发、杜德印、张燕丽、汪光焘、沈仁道和中国工商银行行长刘廷焕等出席牛街危改区回族居民回迁仪式，将新房钥匙亲手发到首批回迁居民手中。牛街危改区共拆居民7500户，总投资28.8亿元，计划到2004年全部完成。

【河北省省长钮茂生到省民宗厅调研】1999年10月13日上午，河北省省长钮茂生到省民宗厅机关调研指导工作，听取了鞠志强厅长关于河北省民族宗教工作情况及中央民族工作会议主要精神和贯彻意见的汇报，对结合实际贯彻中央民族工作会议精神、进一步加强民族宗教工作作了重要指示。

按照钮茂生省长指示，省民宗厅厅长鞠志强向省政府常务会、省委常委会作了民族工作专题汇报。根据省委、省政府领导指示精神，增加民族宗教事业费125万元，设立少数民族扶贫资金270万元；省政府组织有关部门赴自治县和民族重点县现场办公两次，解决实际问题125个，涉及各种资金2.3亿元。

【辽宁省开展民族自治地方“九五”调查】1999年4月15日至29日，辽宁省民委牵头会同省直11个部门组成联合调查组，赴全省8个民族自治县和凤城、北宁市，就民族自治地方“九五”前三年经济运行情况和当前面临的主要问题以及编制“十五”计划进行了调查研究。联合调查组根据掌握的基本情况进行了认真的讨论分析，提出了今后加快民族自治地方发展的若干建议，其中包括：①按照分税制把属于民族自治地方固定收入部分全部留给自治地方自主安排；②在基础设施建设方面的重大项目给予相应补助；③农业生产的综合开发能否安排专项资金，以保证民族自治地方农业的可持续发展；④建议省政府增加“省民族教育专项资金”数额，对民族自治地方教育文化设施建设予以支持；⑤加强省直有关部门、科研院所和大专院校在科技普及、推广等方面对民族自治地方的帮扶和协作；⑥建议省政府编制“十五”计划时，对民族自治地方的建设项目予以特殊照顾和倾斜等9个方面的问题，并起草了《关于我省民族自治地方“九五”前三年经济运行情况和今后加快民族自治地方发展的若干建议的报告》，经省政府同意下发有关部门。通过调查研究和部门之间的协作共为民族自治地方落实基础建设资金8600余万元，仅省教委追加的民族教育经费就有305万元。

【黑龙江省民委新春慰问受灾少数民族地区】1999年1月25日，黑龙江省民委在杜尔伯特蒙古族自治县召开了全省部分受灾市县区少数民族代表迎春座谈会。哈尔滨、齐齐哈尔、佳木斯、大庆等市和肇源、杜尔伯特、泰来、讷河、梅里斯等县区的民委主任及省民委有关处室人员以及自治县部分少数民族代表参加会议。省民委副主任洪英华、通拉嘎、立关卓等出席会议。

各市县与会代表畅谈抗洪救灾重建家园的成果，并且对今年恢复生产、重建家园做出了规划。省民委副主任洪英华代表省民委向与会代表和全省少数民族以及对民族乡村抗灾自救、恢复生产、重建家园给予大力支持的社会各界朋友致以亲切慰问和新春祝福。会后，省民委领导分别率慰问组深入到杜尔伯特蒙古族自治县、齐齐哈尔市梅里斯达斡尔族区和讷河市的民族乡村及部分少数民族受灾户进行了走访慰问。

【南京市加大援藏工作力度】从1995年开始，该市参与了对口支援西藏自治区拉萨市墨竹贡卡县的工作。市领导对援藏工作一直十分重视，并成立了由市领导任组长，组织部、计委、财政局、协作办等部门负责人组成的援藏工作领导小组。该市先后援助建成了“墨竹贡卡南京希望小学”、“县城自来水系统改扩建工程”、“县医院门诊大楼”、“县职教中心”等20多个项目。通过财政拨款、部门筹款、社会捐款等形式，无偿援助资金达900多万元，捐赠物资折价52万元。为了进一步加大援藏工作力度，该市明确了今后援藏工作的5项工作重点：一是搞好援藏工作的宣传教育。使更多的人了解西藏，特别是了解对口支援的墨竹贡卡县的实际困难，并号召大家行动起来，积极投身到援藏工作当中，从而推动对口支援工作的进一步开展。二是加大资金援助的力度。从2000年开始，市财政要相应增加对口支援资金，确保对口支援的专项资金不低于250万元。三是进一步深化援藏工作。逐步建立起有条件的区、县与墨竹贡卡县乡镇的对口支援关系，卫生、教育、农林、多种经营、团委等部门，在可能的条件下要加强与墨竹贡卡县相关部门挂钩，帮助他们培训、培养专业技术人员和干部。四是加强援助项目的管理。对正在实施的项目，要精心施工确保质量；对已列入计划的项目，要结合当地实际科学论证；对资金要合理安排，做到及时调拨，从而使每个援藏项目都能落到实处。五是继续关心援藏干部的工作和生活。帮助他们解决实际困难和问题，使所有的援藏干部都能体会到组织的关心，安心在西藏工作，为实现全国各族人民的团结进步和共同繁荣作出应有的贡献。

【浙江省委副书记刘锡荣到民族自治县调研】1999年8月7日，浙江省委副书记刘锡荣率省级10个部门到景宁畲族自治县就民族工作进行调查研究，并帮助该县解决当前遇到的困难，省民宗委主任宋云祥参加了调研活动。

9月26日，省委副书记刘锡荣召集11个省直有关部门和浙江大学的领导，研究、落实对景宁畲族自治县的帮扶措施。

【安徽省委常委研究民族工作】1999年9月29日，安徽省委副书记方兆祥，省委常委、常务副省长张平出席了中央民族工作会议，并于11月22日向省委常委作了汇报。省委常委经过热烈讨论，作出了重要决定。第一，同意以省委省政府名义召开全省民族工作会议暨民族团结进步表彰大会。第二，省财政将少数民族发展资金、民族事业补助费在原有基础上翻一番。各市地县特别是重点地方也要尽力从财政上给予支持。第三，同意以省委、省政府名义下发《关于加强我省民族工作的若干规定》，由省民委认真做好文件稿的起草工作。第四，由省委组织部牵头，省委统战部、省民委参加，进一步加大督促检查力度，保证中央和省委关于少数民族干部培养有关问题得到认真落实。第五，关于办公用房、班子配备问题，拟在政府机构改革过程中一并考虑并予以解决。

【河南省委常委研究民族工作】1999年10月27日，中共河南省委常委会召开会议，传达学习中央民族工作会议精神，研究贯彻意见。省委书记马忠臣主持会议并就贯彻落实中央民族工作精神、做好河南跨世纪民族工作发表了重要意见。马忠臣同志强调：(1)中央民族工作会议精神十分重要。不仅具有现实意义，而且具有深远的历史意义。对江泽民总书记、朱镕基总理的讲话要认真学习，切实贯彻落实，以做好工作。(2)民族工作要突出一项任务，抓好四个重点。一项任务，即江泽民总书记在中央民族工作会议上提出的从现在起到2010年民族工作的主要任务。四个重点，一是要抓发展，加快少数民族和民族地区发展，促进少数民族和民族地区经济社会全面发展；二是要抓依法办事和落实民族政策；三是要抓团结和稳定，维护少数民族的平等权益，维护大局稳定；四是要大力培养、使用少数民族干部。

省委常委会经研究决定：原则同意省民委党组提请省委研究解决的几个问题，并强调了以下意见：召开全省民族工作会议，传达中央民族工作会议精神，研究部署跨世纪的民族工作；对目前尚未脱贫的和部分基础设施较差的民族区、乡(镇)，由民族区、乡(镇)提出建设项目，由省政府协调有关部门，提出扶持意见，纳入明年计划；加强县级民族宗教工作机构建设，特别是加强少数民族、信教群众较多的县(市、区)民族宗教工作机构建设，具体事宜请省编委研究解决，对13个尚未配备少数民族干部的县(市、区),由省委组织部下发通知,要求抓紧配备,当地无合适人选的,可在全省范围内调配;增加省级民族宗教工作事业费;以省委、省政府名义下发文件,对贯彻落实中央民族工作会议精神,进一步做好河南省的民族工作提出要求。

【湖北省民委援藏、援疆工作成绩显著】“兴边富民”行动,是实践邓小平同志“先富帮后富”的伟大理论构想,是加强民族团结,促进各民族共同繁荣的战略举措,在围绕这一指导思想的前提下,湖北省民委援藏、援疆办公室在1999年的工作中做了以下几项工作:

一是制定文件,出台政策。为贯彻落实国家民委关于“兴边富民”行动计划,1999年,省民委争取省政府的支持,召开了援藏、援疆“兴边富民”工作专题会议,形成省政府[1999]11号纪要,有力地促进了援藏、援疆工作向纵深发展,从而为“兴边富民”行动提供了政策依据。

二是注重办实事。1999年为西藏山南地区提供项目资金2500万元,有力地促进了当地的经济发展,为维护民族团结、巩固边防作出了积极的贡献。

三是副省长王少阶率团赴藏考察了边境地区。实施现场办公,为改善边境地区办学条件、人才培养落实资金100万元。

四是采取请出来的办法,为西藏山南地区培训大专学历人才39名,培训各类专业技术人才44名,安排培训资金85万元。为山南地区培养了一批跨世纪人才。

【湖南省民族工作考察团到新疆考察】以湖南省政府副秘书长张春发为团长,省民委副主任龙尚明为副团长的湖南省民族工作考察团,于1999年6月5日至13日在新疆进行了民族工作考察。考察的主要内容是:做好跨世纪民族工作的思路与主要措施,妥善处理民族矛盾和民族纠纷,正确解决民族问题,维护民族团结和社会稳定的作法与经验,以及为加快少数民族和民族地区社会发展所采取的主要政策措施。

新疆自治区人民政府对湖南省民族工作考察团来疆考察十分重视,指示要做好接待工作,安排好考察。考察团赴吐鲁番、伊犁等地,行程数千里,与地州党政部门进行工作交流,并深入基层、深入群众进行了考察。考察团在疆的考察工作取得了满意的成果。

【重庆市委常委会议听取民族工作汇报】1999年7月27日和12月10日,重庆市委书记贺国强两次主持市委常委会议,听取了市民宗委党组关于“重庆市民族工作学习考察团”赴川、鄂、湘三省学习考察情况、中央民族工作会议精神及贯彻意见的汇报。会议强调,民族工作是一件大事,重庆直辖市设立后,民族地区和民族人口比重扩大,要把民族工作摆到非常重要的位置,切实抓好。决定在2000年2月召开全市民族工作会议暨全市首次民族团结进步表彰大会,责成市民宗委在调查研究基础上,代市委、市政府起草《关于进一步加强民族工作的决定》,报市委、市政府审定后在全市民族工作会议上印发。同时明确一位市委副书记分管民族宗教工作,进一步加强市委对民族宗教工作的领导。贺国强同志强调,贯彻落实中央民族工作会议精神,重点要抓好四项工作:一是把加快少数民族和民族地区经济发展放在民族工作的首位;二是强调加强民族团结,在全社会牢固树立“三个离不开”的思想,巩固和发展社会主义民族关系;三是认真贯彻落实党的民族政策,继续争取国家加大对重庆市民族地区的支持力度;四是认真抓好少数民族干部的培养选拔工作,加强民族工作干部队伍的建设。

【重庆市民族工作学习考察团赴川、鄂、湘三省考察】为认真做好第二次中央民族工作会议会前调研和会后贯彻落实的准备工作,经请示市委主要领导批示同意,由市政协副主席张国忠任团长、市委副秘书长叶欣和市人大民宗侨台外委主任王志芳任副团长、市民宗委主任石胜福任秘书长、市级有关部门组成的“重庆市民族工作学习考察团”,于1999年4月18日至25日赴川、鄂、湘三省进行了学习考察。

考察团与三省有关领导和民族工作部门就如何领导、发展少数民族和民族地区经济、促进社会全面进步,制定发展民族经济、文化、社会事业的各项优惠政策措施;加强民族地方立法工作;民族工作的领导和管理体制以及民族工作部门自身建设等方面内容进行了认真座谈、交流和探讨,不仅沟通了情况,联络了感情,而且交流了民族工作经验。通过学习、考察、借鉴三省民族工作经验,形成了给市委的考察报告。并于7月下旬向市委常委会议作了汇报。

【重庆市民族界愤怒声讨北约罪行】1999年5月，以美国为首的北约悍然袭击我驻南使馆，造成我人员伤亡和馆舍毁坏的血腥罪行发生后，重庆市民族界代表人士纷纷集会，愤怒声讨北约罪行，表示强烈愤慨、严厉谴责和最强烈抗议。他们纷纷表示，坚决拥护我国政府的严正立场；坚决拥护胡锦涛同志代表党中央、中国政府发表的重要电视讲话以及我国政府采取的一系列措施；要紧密地团结在以江泽民同志为核心的党中央周围，在思想上、政治上、行动上与党中央保持高度一致，并坚信党中央能够应付复杂的国际局势；要充分认清北约对我的险恶用心，把满腔爱国之情化为拳拳报国之志，坚守岗位，搞好本职工作。大家代表全市175万少数民族同胞共同表示，一定要在市委、市政府的领导下，进一步全面贯彻执行党的民族政策，坚持和完善民族区域自治制度，大力发展少数民族和民族地区经济和社会事业，巩固发展“平等、团结、互助”的社会主义新型民族关系，加强民族团结，维护社会稳定和祖国统一。

【四川省委、省政府组织民族地区春节慰问活动】1999年1月，四川省委、省政府组织了一年一度的民族地区春节慰问活动。由省委、省政府领导率领，省级有关部门负责同志参加，组成四个慰问团分赴甘孜藏族自治州、阿坝藏族羌族自治州、凉山彝族自治州和乐山市峨边、马边彝族自治县慰问。慰问团深入到三州两县机关、农村、工矿、部队，召开慰问大会，印发慰问信，赠送慰问品，看望农户和工人家庭，广泛传达中央民族工作会议精神，了解实情，帮助解决实际困难。四个团赠送慰问金265万元。通过慰问活动，加强了党和政府与少数民族和民族地区的联系，激发了各族人民为民族地区两个文明建设作出更大贡献的信心和决心，同时使省级部门进一步了解了民族和民族地区实情，体验少数民族生活困难和民族地区工作艰辛，增强了为少数民族和民族地区服务的自觉性和主动性。

【四川省评选民族团结进步模范集体和个人】1999年9月，第三次全国民族团结进步表彰大会在京召开。根据通知精神，四川省委、省政府组织了全省范围内的评选工作，共评选出模范集体20个，模范个人20名，其中出席表彰大会的代表(集体和个人)13名。这些模范集体和个人，分布在四川省各条战线上，模范贯彻执行党的民族政策，坚持改革开放，致力各民族的共同繁荣，坚持为民族地区和少数民族服务，积极发展少数民族和民族地区的经济建设和科技、教育、文化、体育、卫生等各项社会事业，促进各民族的全面进步，具有广泛的代表性、方向性和典型性。

【青海省组织少数民族参观团赴内地参观学习】1999年10月中旬，青海省民委组织了一批由长期坚持在基层工作，为当地经济建设及社会各项事业发展做出过突出贡献的部分少数民族专业技术人员组成的参观团共15人赴山东、江苏、浙江、上海等地参观学习。通过实地的参观学习，达到了开阔眼界、增长见识、学习经验、解放思想的目的。

【新疆维吾尔自治区民宗委举办“1999年肉孜节茶话会”】1999年1月18日，新疆维吾尔自治区党委统战部、自治区民宗委在乌鲁木齐市昆仑宾馆举办“1999年肉孜节茶话会”。自治区党政领导周声涛、司马义·铁力瓦尔地、阿不都卡德尔·乃斯尔丁、毛德华、别克木哈买提，新疆军区、新疆生产建设兵团有关领导及自治区各厅(局)负责人、各族各界代表、宗教人士代表共150人参加了茶话会。

茶话会由自治区党委统战部副部长、自治区民宗委党组书记刘彦清同志主持，自治区副主席阿不都卡德尔·乃斯尔丁代表自治区党委、自治区人民政府向各行各业、各族各界的穆斯林朋友们致以节日祝贺，向节日期间仍辛勤工作在各个岗位上的全区各族干部、工人、农民、知识分子和驻疆人民解放军、武警官兵、公安干警、生产建设兵团职工们表示亲切慰问。知识界和宗教界的代表在会上发了言。新疆歌舞团的演员们表演了精彩的歌舞节目。

【新疆维吾尔自治区民宗委召开民族团结教育月活动座谈会】为认真开展好自治区第十七个民族团结教育月活动，自治区民宗委于1999年3月9日召集民模单位、个人代表和有关单位举行座谈会。自治区民宗委党组书记刘彦清、副主任何沙木丁参加了座谈会。

座谈会上，各位代表踊跃发言，积极献计献

策。大家一致认为，今年的民族团结教育活动一定要结合建国50周年和澳门回归两件大事来开展。突出一个主题，结合江总书记考察新疆时的重要讲话精神，对广大各族干部群众进行“五观”教育，尤其是对青少年进行爱国主义、社会主义、新疆历史和区情教育。自治区民宗委党组书记刘彦清提出了几点要求：一是继续广泛深入地进行民族团结的教育和再教育；二是加大宣传力度；三是在宣传教育表彰活动过程中要开展一些行之有效、形式多样的群众性共建互帮活动。

【新疆维吾尔自治区组织民族团结进步模范代表赴内地参观考察】1999年4月20日至5月12日，自治区民宗委组织了以自治区人大常委会副主任胡吉汉·哈克莫夫为团长的自治区第二批民族团结进步模范个人代表参观学习团。参观学习团成员来自15个地州市及生产建设兵团，由维吾尔、汉、哈萨克、柯尔克孜、蒙古、回、锡伯、达斡尔、塔吉克、乌孜别克、俄罗斯11个民族的27名代表组成，都是曾受到国务院、国家民委和自治区表彰的民族团结模范个人，其中农牧民6人、医生2人、基层干部19人。

代表团先后赴陕西、湖南、广东、河南、深圳、珠海等省市参观学习，所到之处，受到了热情接待。通过参观，代表们开阔了视野，政治觉悟和思想认识有了提高，维护祖国统一、增进民族团结的信念更加坚定了，增强了加快新疆发展的紧迫感和责任感，加强了新疆与内地的交流和团结。大家表示，在今后的工作中加倍努力，开拓进取，为彻底改变新疆的落后面貌而奋斗。

【新疆生产建设兵团开展第17个民族团结教育月活动】在1999年第17个民族团结教育月活动中，兵团和各师(局)党委坚持“抓5月，促全年”的工作方针，把民族团结教育月活动同开展“三讲”教育、开展反对霸权主义、反对民族分裂、为少数民族办好事、办实事、抓生产管理结合起来，为兵团经济发展、社会稳定奠定坚实的基础。

1.加强理论学习，提高维护民族团结的自觉性。在民族团结教育月期间，各单位利用开大会、座谈会、演讲比赛等形式，组织广大干部职工认真学习新时期党和国家的民族理论、民族政策，愤怒声讨以美国为首的北约袭击我驻南使馆的野蛮暴行，激发各族干部群众的爱国热情。兵团民宗委两次召开全委会议，讨论分析了民族宗教工作面临的挑战和机遇，要求坚定地站在维护民族团结和社会稳定的前沿。农四师党委以《民族团结教育读本》和《中国特色社会主义民族宗教问题学习纲要》两本书为教材，在广大干部职工中广泛深入进行马克思主义民族观、宗教观教育。

2.加大宣传力度，充分发挥宣传舆论阵地的作用。各师(局)充分利用各种宣传媒体，深入进行党的民族宗教政策教育，大力宣传民族团结先进集体和个人事例，让身边的典型事迹来带动广大群众。据不完全统计，农一师在教育月活动中共上民族团结教育课120次，听课人数达10455人；各团场活动中基层党支部还抽出时间为内地支边劳务工和季节工补民族团结教育课594人次。农三师共举办广播电视专题节目985期。农九师抓住曹杉礼这个誉满全垦区的民族团结先进个人典型事迹进行重点宣传，用他的事迹感召群众，带动群众。

3.继续开展兵地共建文明活动，增进兵地的团结和友谊。农一师继续发挥自己在生产技术管理水平和机械化程度等方面的优势，与地方共建文明点108个，联谊点184个，为地方少数民族群众办好事4800余件，组织了17个医疗服务队深入县、乡、队，为地方少数民族看病5400人次，收住病人810人次，免费送药2000余元，风灾后帮助地方农牧民重播1万余亩地，提供地膜2300公斤，化肥1000吨。农三师积极开展师中学与喀什市民族中学结对子活动，邀请民族中学领导参加师中学举办的座谈会，还组织各类文艺、体育联谊活动。春播大忙季节，大力帮助近乡的民族群众耕地2730亩，同时拿出10万元支援地方民族经济。

4.积极开展扶贫帮困活动，为少数民族办好事、办实事。农七师党委召开了全师少数民族扶贫经验交流会，对1998年12个基层单位少数民族扶贫工作作了详细汇报交流，会上对1999年民族扶贫工作提出了领导联系扶贫重点户制度，党员帮一户、科技骨干帮一户、先富人员帮一户和先进模范帮一户的五项制度。农八师一三三团场组织科学种田致富演讲团，多次深入民族连队现身说法，帮助少数民族群众更新观念，树立自强不息的信心和勇气，并在技术服务、生产资料供应、农产品收购等方面给予优先照顾。

F 人物篇

Personages

收集了各省、自治区、直辖市政府民族工作部门现任主要领导人的简介。

■现任各省、自治区、直辖市民族工作部门主要领导人

【李保群】汉族,1948年10月生,河北省蠡县人,中国共产党党员,北京市委党校在读研究生。现任中国共产党北京市委委员、北京市民族事务委员会党组书记、主任,北京市宗教局局长。

1968年至1971年在山西省吉县插队。从1971年4月起,历任山西省吉县文城公社团委书记,吉县革委会政工组干事,临汾地区行政干校教员,北京市民政工业公司办公室副主任,公司党委书记,北京市毛发再生精厂党委书记兼副厂长。1989年10月至1996年12月在北京市民政局先后任办公室主任、党组成员,副局长、党组副书记。1996年12月任北京市民族事务委员会、北京市宗教局党组书记、主任、局长。参与和领导制定《北京市少数民族权益保障条例》及《关于落实宗教房产政策的意见》,为北京市保障少数民族政治、经济、文化、教育等方面平等权利和合法权益及宗教房地产落实工作提供了法律依据。

【李仁智】回族,中共党员,1948年7月出生于天津市,1967年毕业于天津财经学校会统专业。毕业后在天津市红桥区营门西百货基层店担任售货员。1973年开始先后担任红桥区百货公司干部、办公室副主任、党委副书记、中共红桥区委财贸部副部长、红桥区政府财贸办公室副主任、红桥区粮食局局长、党委副书记等职务。1987年3月任红桥区人民政府副区长、中共红桥区委常委。1996年12月调任天津市民族事务委员会主任、党组书记至今。

【鞠志强】满族,现年56岁,中共党员,1963年毕业于河北北京师范学院。曾任衡水地委直属机关党委办公室主任、阜城县委副书记、衡水地委副秘书长、共青团河北省委副书记、河北省民族宗教事务厅厅长。

鞠志强同志1988年从事民族宗教工作以来,认真钻研业务理论知识,星期日他最爱去的地方是书店。工作上不断追求新目标、谋划新思路、新举措,用他自己的话说即是"不能总是停留在一个水平上"。他干工作讲求实效,做民族工作"三部曲":调查研究制定政策——宣传贯彻检查落实——总结调研,针对新问题制定新办法,一环扣一环。他探索总结出来的河北省民族宗教工作总思路——民族工作"抓经济、讲团结、求发展",宗教工作"抓管理、保稳定、促适应",几年来已在全省形成共识。少数民族地方称他为"娘家好领导","少数民族贴心人"。

【周新玉】汉族,山西省左权县人。1965年加入中国共产党。1968年毕业于山西大学教育系。1969年到五台县工作。1969年至1992年,历任五台县县委通讯组组长,五台县茹村乡党委书记,五台县县委常委、宣传部长、副书记,1985年10月任五台县县长,1988年任五台县县委书记。1992年8月任山西省人民政府民族宗教事务局党组书记、局长。山西省第七届、第八届政协委员,山西省政协民宗委副主任。

自1992年从事民族宗教工作以来,团结带领党组一班人,认真贯彻执行党的民族宗教政策,坚持以经济建设为中心,大胆开拓民族工作新局面。通过深入实际调查研究,提出了民族工作"讲政策、抓经济、比发展、促团结"的工作思路。通过政策倾斜、资金扶持、内引外联、寻求帮助等方式,大力发展民族经济。经过几年努力,全省民族企业不断发展壮大,民族用品生产企业由一家发展到12家,清真饮食业由分散型的个体经营发展到股份制集团公司。民族经济的发展促进了全省民族团结进步事业和少数民族文化教育、体育卫生等各项社会事业的发展。

【韦弦】蒙古族,1942年3月21日出生,内蒙古自治区乌兰察布盟集宁人,大学本科学历,1967年8月参加工作,1981年1月加入中国共产党。

现任内蒙古自治区民族事务委员会党组书记、主任,兼任内蒙古自治区党委统战部副部长。

工作后,曾在锡盟教育处任教研员、内蒙古自治区教育厅任干事,1982年9月至次年7月在中央党校宣教干部进修班学习。1983年7月走上领导岗位,担任内蒙古自治区教育厅党组成员、副厅长,1990年4月起任内蒙古自治区蒙古语文工作委员会党组书记、主任,1994年自治区政府机构改革后,任内蒙古自治区民委(与自治区宗教事务局一个机构两块牌子,同时挂蒙古语文工作委员会及八省区蒙古语文协作小组办公室的牌子)党组书记、主任,同时兼任内蒙古自治区党委统战部副部长,八省区协作小组副组长、办公室主任。他还是中共内蒙古自治区第六届委员会委员、自治区第八届政协常委。

【张贤焕】朝鲜族,中共党员,大学学历,1943年6月生,辽宁法库县人。1965年沈阳农学院园林系毕业后,被省委组织部选送到"青年干部培训班"。1966年3月加入中国共产党,曾任铁岭地区民委办公室副主任、主任、地区民委副主任,地委统战部副部长。1984年11月任省民委副主任,1992年9月任省民委主任、党组书记(宗教局局长)。

张贤焕是中共辽宁省第八届委员会候补委员,辽宁省政协第七、八届委员、常委。

张贤焕同志任省民委主任以来,提出了"以经济建设为中心,以民族团结进步为主题,以维护社会稳定为己任,举纲带目,正面出击,全面策应"的工作思路,把省民委的职能作用定位于"组织、指导、协调、调研、管理"。他领导省民委充分发挥职能作用,协调有关部门在少数民族地区开展了"致富示范工程"。1994年至1996年,全省有13个民族乡(镇)、50个少数民族村、500个少数民族农户参加了这项工程,1997年至1999年又建立了13个民族科技示范乡、13个民族科技示范村。这两项工程得到省政府的充分肯定和少数民族的普遍赞扬。近几年,省民委为民族地区建立了6所希望小学,每年为250名少数民族贫困学生提供了助学金,推动了全省民族学校布局调整工作;制定了《关于加快我省民族自治地方经济与社会发展有关政策问题的通知》、《辽宁省散居少数民族权益保障规定》,加强了民族法制建设;大力推进民族体育文化事业的发展,每四年召开一次"全省少数民族传统体育运动会"、"少数民族文艺调演"和"少数民族摄影、书法、绘画比赛";建立了少数民族干部信息库,一大批少数民族干部活跃在各条战线。

张贤焕注重调查研究,他撰写的调研文章《边疆民族地区稳定和发展问题对策》获1998年国家民委民族政策研究优秀成果一等奖;《朝鲜半岛对我省朝鲜族的影响和我们的对策》获辽宁省统战理论研究成果一等奖。

【金华】女,朝鲜族,中共党员,经济学硕士。现任吉林省民族事务委员会主任、吉林省人民政府宗教局局长、党组书记。1953年9月出生于吉林省东丰县,曾任乡党委书记,乡、县、市妇联主任,县委、区委副书记,地级市委常委、组织部长等职。中共吉林省第七届省委委员,吉林省第七、八届政协委员。曾被授予全国优秀妇联干部、"三八"红旗手、民族团结进步模范个人称号。

她积极探索社会主义市场经济条件下民族工作的新思路,不断总结民族团结进步的经验和做法,注重民族法制建设。善于运用各种形式,协调和调动方方面面的力量特别是民委委员单位和各民主党派的力量,共同为少数民族和民族地区办实事,办好事,大力促进少数民族和民族地区各项事业的发展,取得了显著成效。重视和积极参与培养选拔少数民族干部工作,注意加强机关自身建设,并严于律己,勤奋工作,不断提高自身素质,以适应改革开放和社会主义现代化建设的需要。

【洪英华】生于1954年12月,黑龙江望奎人。1973年7月加入中国共产党,1972年6月参加工作,黑龙江广播学院中文专业研究生毕业。1972—1978年任望奎县红星公社通讯员、中心校支部书记,县教育科科员、计划生育委员会干部。1978—1982年在黑龙江广播学院中文系学习。1982—1986年任绥化地区团地委学少部副部长、团地委办公室主任。1986年2月至1991年任绥化地区团地委副书记、书记。1991年6月至1997年11月任绥化市委副书记、市长、市委书记。1997年11月至1998年5月任绥化地委委员、绥化市委书记。1998年5月至1998年11月在国家民政部民间组织管理局挂职任副局长。1998年11月至1999年9月任省民委副主任、党组副书记(主持工作)。2000年3月任省民委党组书记、省民委主任兼省宗教局局长。

【杨奇庆】1947年10月8日出生于上海市卢湾区,1962年10月加入中国共产主义共青团,1966年5月加入中国共产党,企业管理大专毕业,具有高级政工师资格和经济师资格。1968年8月至1979年3月在黑龙江生产建设兵团55团工作,曾任场党委委员、副场长。1984年4月至1990年5月曾先后担任上海市黄浦区集体事业管理局党委副书记,上海市黄浦区人民政府任区长助理,区计划经济委员会主任,人事局局长,区委组织部部长,副书记。现任上海市民族和宗教事务委员会主任,兼任上海市体育总会副主席、上海海外联谊会理事、上海市行政管理学会理事。

【周加才】汉族,江苏省射阳县人。1940年11月出生,1961年7月加入中国共产党。1966年从在南京大学化学系毕业后留校任教,先后担任南京大学化学系团总支书记、党总支委员、系办公室主任、校党委组织部副部长,1986年3月至1988年10月,任南京大学党委常委、组织部长。1982年和1988年,先后评上讲师和副研究员职称。1988年10月至今,任江苏省省委统战部副部长、省民委主任、省宗教局局长、委(局)党组书记。历任江苏省第九次党代会代表、九届省委候补委员,七届、八届省政协委员、常委,省政协学习委员会副主任、主任。

【宋云祥】汉族,浙江省海盐县人,1949年8月生。1969年杭州化工学校化工机械专业毕业后,在浙江东阳化工机械厂工作。1980年就读于浙江化工学院工业经济管理专业。1983年7月起先后担任东阳县二轻局党组书记、东阳县代县长、县长。1985年6月,任中共金华市委常委、副市长。1989年10月,任中共金华市委常委兼中共兰溪市委书记。1993年10月任中共金华市委副书记。1995年当选为金华市政协主席。1997年12月任中共浙江省委统战部副部长。1998年2月担任浙江省民族宗教事务委员会主任、党组书记。他认真贯彻落实党的民族政策和中央民族工作会议精神,主持起草了《浙江省委、省政府关于加快少数民族和民族地区经济社会发展的意见》。遵照江总书记关于沿海发达地区要率先实现农业现代化和省委、省政府关于民族工作要面向全省、提前实现农业和农村现代化的要求,组织全省18个民族乡镇完成了"民族乡镇脱贫致富奔小康五年规划"的制定工作。组织全省各级民族工作部门,积极配合广播电视系统完成了全省少数民族乡、镇、村的"村村通电视"工程。

【白泰平】回族,现任安徽省民委主任。1951年6月生于山东枣庄,由安徽大学化学系毕业后,在淮南肥皂厂先后从事技术员、生产技术科长、副厂长、厂长等工作。1982年初调淮南日化厂任厂长。1983年10月任淮南市总工会主席,并被选为淮南市人大常委会委员、安徽省第五届政协委员。1988年8月任凤台县县长、县委书记,1991年抗洪救灾中两次受到江总书记接见。1993年元月任淮南市政府副市长,分管财贸工作。1995年被省政府授予"支持财税工作好干部"称号。1998年元月任淮南市委副书记,先后分管党群、农村、政法、宣传等工作。

【林文斌】汉族,福建省福州市人。农历1945年12月生,1973年7月加入中国共产党。现任福建省民族与宗教事务厅党组书记、厅长。1962年福建省地质专科学校毕业后,历任福州市公安局民警、福州市公安局办公室副主任、福州市公安局鼓楼分局负责人、中共福州市委政法委办公室副主任、福州市司法局副局长、党组成员;中共福州市鼓楼区委书记、区人大常委会主任;中共福州市委秘书长、中共福州市委常委兼秘书长;1997年12月任中共福建省民族事务委员会、福建省宗教事务局党组书记、主任、局长。在贯彻落实党的民族政策中,善于把党的路线、方针、政策与福建的民族工作实际结合起来,积极呼吁、协商社会各界共同来关心、重视并做好民族工作,为促进福建各民族的团结和共同进步发挥了积极的作用。

【罗峻雄】汉族,1954年出生于南昌,1999年4月起担任江西省民族宗教事务局局长、党组书记。1983年江西大学毕业分配到中共江西省委统战部工作,历任省委统战部办公室副主任、瑞金市委副书记、省政府民族宗教事务处处长(省委统战部民族宗教处处长)、省民族宗教事务局副局长、党组成员。在从事民族宗教工作9年里,江西的民族宗教工作一步一个台阶。

【于洪文】回族,祖籍山东省陵县,1948年11月出生,大专学历,1968年6月于北京市钟表厂参加工作,1969年2月入伍,历任济南军区防化团战士、副班长、班长、排长、政治处干事、副指导员;1970年4月加入中国共产党;1978年9月转业到山东省民政厅,任政治处干部、副科长;1984年9月入山东省电视大学干部专修科离职学习;1986年8月起任山东省民政厅优抚处副科长、科长,人事处副处长、处长、党组成员;1993年3月起任山东省民政厅纪检组长、监察专员;1994年1月挂职山东省德州地区行署专员;1996年12月起任山东省民政厅副厅长;1997年12月起调山东省民族事务委员会任山东省民族事务委员会党组书记、民委主任、宗教局长;1998年3月被选为政协第八届山东省委员会委员、常委;1998年11月被选为中共山东省第七次党代会代表、省委候补委员。

【陈振江】1945年5月生,回族,河南南阳市人,大学毕业,1965年10月加入中国共产党,1967年7月参加工作,曾任驻马店地区知青办安置科办事员、副科长,驻马店检察分院办公室副主任、副检察长、检察长,中共驻马店地委委员、政法委书记、地委副秘书长、纪检委书记、地委副书记,1998年2月任河南省民族事务委员会主任、河南省人民政府宗教事务局局长、党组书记。

【张洪伦】土家族,1943年10月生于湖北省恩施土家族苗族自治州利川市,1968年11月毕业于湖北医科大学医学系,中共党员,高级政工师。1968年12月至1982年10月在利川市卫生局工作,历任医生、院长、副局长并兼任计划生育办公室副主任;1982年1月至1984年1月任利川县副县长;1984年1月至1990年4月任中共利川市委副书记、市长;1990年4月至1993年6月任中共恩施土家族苗族自治州州委副书记、州长;1997年8月至今任湖北省民族宗教事务委员会主任、党组书记。1987年3月至1993年3月为第七届全国人大代表。

【石昌禄】苗族,1943年8月出生于湖南省花垣县,1964年7月吉首民师毕业后参加工作,1969年11月加入中国共产党,1983年9月至1986年7月在中央党校培训班学习,获研究生学历。

参加工作后,曾任吉首民师附小教员,吉首县革委会教改办公室干事、宣传组副组长、党委办公室副主任、县委办公室秘书、湘西州委办公室秘书;1980年8月任花垣县委常委、办公室主任,后任县委副书记、县长、县委书记;1990年6月调任湘西州委常委、州政法委书记(1992年4月至10月在国家科委挂职任政策法规司司长助理),后任州委副书记、书记、吉首军分区党委第一书记;1995年4月调省民委任主任兼党委书记。期间,从1986年起,先后当选为花垣县第七届、湘西自治州第七届、湖南省第七届人民代表大会及中共湘西州第五次、中共湖南省第七次代表大会代表;历任中国人民政治协商会议第八届、第九届全国委员会委员。

【刘文炎】汉族,1941年6月生,广东省东源县人,大学学历,1966年5月加入中国共产党。1995年1月任广东省民委主任、省宗教局局长、省民委宗教局党组书记,中共广东省委统战部副部长。1999年,他带领委局干部职工认真贯彻中央民族工作会议精神,提出进一步加强全省民族工作的意见,制定了加强民族工作和加大对民族地区扶持力度的措施;重视做好广东省组团参加全国少数民族和民族地区名优产品博览会的工作,获得最佳组织奖、最佳展示奖和经贸洽谈奖;积极争取省对民族地区的各项扶持力度,有力地促进了民族地区经济的发展。他还把备战和参加第六届全国少数民族传统体育运动会的工作作为民族工作的一项重点来抓,积极组队进行训练,参加拉萨分赛场和北京主赛场的竞赛,取得了竞赛项目4枚金牌、3枚银牌、3枚铜牌和表演项目2个一等奖、4个二等奖的优异成绩,实现了广东省参加全国少数民族传统体育运动会竞赛项目奖牌零的突破。

【黄海坤】壮族,1942年4月出生,广西大化瑶族自治县人。中共党员,广西壮族自治区民族事务委员会党组书记、主任,兼自治区少数民族语言文字工作委员会主任。1967年9月在广西师范大学中文系毕业,参加工作。1978年1月至1988年12月,在自治区党委宣传部工作时,先后任新闻处、宣传处副科级、正科级干事,调研室副主任,办公室副主任。1986年1月至1988年7月,任自治区党委办公厅第四秘书处副处长,第一秘书处处长。1988年8月至1993年6月,任自治区党委副秘书长。1993年6月至1995年12月,任自治区纪律检查委员会副书记、自治区监察厅厅长。1996年至今任自治区民族事务委员会主任。1990年12月至1995年12月任自治区党委候补委员，1995年12月至今自治区党委委员。现在是自治区人大代表。

【王亚保】黎族，1945年9月出生，海南省乐东黎族自治县人，中共党员，工程师。1969年毕业于广东工学院机械系，1985年毕业于中央党校，研究生学历。现任中共海南省委委员、海南省民族宗教事务厅厅长、党组书记，海南省政协常委。曾任中共乐东县委常委兼抱由公社党委书记、革委会主任，中共乐东县委常委兼副县长，原中共海南黎族苗族自治州委常委、副书记，三亚市政府负责人，海南省计划厅副厅长兼海南省经济信息中心主任等。1994年被国务院第三产业普查协调小组评为国家级综合部分第三产业普查先进工作者；1999年被海南省人民政府授予全省民族团结进步模范个人称号。撰写有：《海南省执行国务院制定的〈产业政策〉实施办法》和《海南特区手册》等。先后在《海南日报》、《新东方》、中央党校校刊等报刊发表论文多篇，其中，《对发展海南省民族地区市场经济的思考》被收入中国社会科学文库系列《十四大以来中国改革发展的理论与实践》(中共中央党校出版社)，《正确处理新的民族关系，促进民族地区经济发展》被收入《中国改革者风采录》一书(石油出版社)。

【石胜福】苗族，中共党员，重庆市民族宗教事务委员会主任、党组书记。1945年4月出生于重庆酉阳，大专学历，当过医生、秘书，历任酉阳县政府办公室主任，黔江自治县委副书记，酉阳自治县县长、县委书记，黔江地区行署秘书长、副专员。1997年5月，调任重庆市民族宗教事务委员会主任、党组书记。在调市民宗委工作后，他解放思想，不断进取，求真务实，重庆民族工作在短短两、三年内就有了较大起色，1999年，重庆市委常委会议先后两次听取全市民族工作情况汇报，召开了全市民族工作会议暨首次民族团结进步表彰大会，出台了《中共重庆市委、重庆市人民政府关于进一步加强民族工作的决定》，市民宗委也被国务院授予"全国民族团结进步模范集体"称号。

【朱洪明】汉族，1940年12月出生，四川省成都市新津县人，1964年毕业于成都科技大学(现为四川大学)水利水电专业，中共党员，现任中共四川省委民族工作委员会副书记、四川省民族事务委员会主任。参加工作后，历任西昌地区水利电力局技术员、西昌地委办公室秘书、西昌县河西区委副书记兼公社党委书记、西昌地委办公室秘书科副科长、中国援利比里亚农业专家组工程师，中共凉山彝族自治州州委办公室副科长。1983年8月走上领导工作岗位，先后任中共凉山州委常委兼西昌市委书记、中共凉山州委副书记兼政法委书记。1995年12月担任现职。他还是中共四川省第五次、七次代表大会代表，四川省第六届人民代表大会代表。1994年被评为"全国民族团结进步模范个人"，1995年荣获"全国民族法制宣传先进个人"荣誉称号。

【苏太恒】布依族，中共党员，1949年生，1971年5月加入中国共产党，1971年6月在贵州省册亨县巧马区巴金乡参加工作，同年11月进入中央民族大学政治系学习，1974年8月毕业后，到共青团贵州省委工作。历任共青团贵州省委组织部副部长，中共册亨县委组织部副部长，中共望谟县委副书记，望谟县人民政府县长，中共册亨县委副书记，册亨县人民政府县长，中共册亨县委书记，贵州省民族事务委员会党组成员、副主任。1993年10起，任贵州省民族事务委员会党组书记、主任。他认真贯彻执行党的民族政策，努力促进民族团结进步事业发展。在担任贵州省民委副主任期间，作为"中国民族艺术团"团长于1992年率团参加在法国和波兰举办的国际民间艺术节，艺术团荣获比赛的最高奖——"金山杖奖"，同时还获得了7个单项奖。在担任贵州省民委党组书记、主任之后，他经常挤出时间深入民族地区进行调查研究，集思广益，着重在民族干部培养、民族经济发展、民族文化教育三个方面探索新的工作路子，省民委获得了国务院第二、三次全国民族团结进步模范集体称号，获得了省委"包乡帮村"基层组织工作优秀奖、省委省政府授予的"八五"扶贫开发先进单位奖，还连年获得了省直单位目标管理一等奖。他撰写的《辩证分析与准确把握贫困地区矛盾运动的特殊性》一文，获得了贵州省哲学社会科学三等奖。目前，他正率领全省民族工作战线的广大职工，积极努力地探索如何抓住西部大开发的历史性机遇，进一步开创全省民族工作的新局面。

【格桑顿珠】(曾用名李宏耀),藏族,1949 年 11 月生,大专文化,系云南省迪庆藏族自治州中甸县人,1965 年 2 月参加工作,1973 年 5 月加入中国共产党。

1965 年 2 月—1976 年 12 月在中甸县格咱公社那格拉粮店、格咱粮管所工作。曾任保管员、出纳、会计、副所长(主持工作);1977 年 1 月在中央民院汉语系读书;1980 年 2 月—1982 年 11 月在迪庆州政府办公室工作,任秘书;1982 年 12 月—1983 年 8 月任迪庆州粮食局副局长;1983 年 9 月—1984 年 12 月任中央迪庆州委常委、政府秘书长;1985 年 1 月—1986 年 10 月任中共迪庆州委副书记兼州委办主任;1986 年 11 月—1988 年 4 月任中共迪庆州委副书记兼中甸县委书记,其间有半年在中央党校培训;1988 年 5 月—1989 年 12 月任中共迪庆州委副书记;1990 年 1 月—1991 年 6 月任云南省民委副主任兼办公室主任;1991 年 7 月—1994 年 5 月任中共迪庆州委副书记、自治州州长;1994 年 5 月—1998 年 2 月任中共迪庆州委书记;1998 年 2 月起至今任云南省民族事务委员会主任。1999 年被省委、省政府授予民族团结进步模范个人称号。

【向巴嘎登】藏族,1942 年 10 月出生,西藏左贡人,1960 年 12 月入党,1956 年 6 月参加工作,大专文化,现任西藏自治区政协第七届委员会副主席,自治区民族宗教事务委员会党组书记。

1956 年 6 月至 1959 年 3 月,在西南民族学院学习。从 1959 年 3 月起,历任西藏左贡县土改工作组组长,农牧科副科长,田妥区委副书记、县委书记,洛隆县革委会副主任、党的核心小组副组长、洛隆县委第一书记,八宿县委书记,昌都地委书记,自治区工业电力厅党组书记、副厅长。1995 年 12 月至 1998 年 5 月任西藏自治区民族宗教事务委员会主任、党组书记。1998 年 5 月以后,任西藏自治区政协副主席、西藏自治区民族宗教事务委员会党组书记。

【马尔立】回族,生于 1947 年 7 月 15 日,河南郑州人,1970 年参加工作,1975 年加入中国共产党,教授,硕士研究生导师,陕西省劳动模范,现任中共陕西省委委员、统战部副部长,省民族宗教事务委员会主任、党组书记。1970 年 7 月于西安公路学院公路与城市道路工程专业毕业,曾在宝鸡公路总段凤翔段任技术员,凤翔县工交局任助理工程师,原西安公路学院任教,1985 年 5 月至 1986 年 12 月作为访问学者赴美国弗吉尼亚州大学土木工程系进修岩土工程专业并开展科研活动,回国后历任原西安公路学院公路系党总支副书记、书记,学院党委常委、院长助理、副院长、院党委副书记兼副院长、党委书记兼副校长。1998 年 1 月至今任陕西省第八届政协常委、省政协民族宗教事务委员会副主任,1998 年 2 月起担任现职。

陕西是一个少数民族散杂居省,也是全国宗教工作的一个重点省,他以马克思主义民族观、宗教观和邓小平理论为指导,理顺了全省民族宗教工作的基本思路,加强了民族宗教法制建设,完成了《陕西省民族工作条例》、《陕西省宗教事务管理条例》、《陕西省宗教教职人员管理暂行规定》等五个地方性法规、政府规章的起草工作,制定下发了省民宗委行政执法责任制四项配套制度,使民族宗教工作逐步走上了法制化轨道。他团结干部职工以经济建设为中心,以团结进步为主题,促进全省民族团结和社会事业的全面发展。省民宗委连续三年被评为"先进工作团牵头单位"和"扶贫先进单位"。

他还长时间担负着公路工程、桥梁工程和岩石工程专业的教学和科研生产任务,曾出版过《桥梁墩台设计与施工》专著一部,发表学术文章及研究论文多篇。

【李膺】回族,生于 1946 年 12 月,甘肃省秦安县人,1979 年 10 月加入中国共产党,现任甘肃省民族事务委员会主任、党组书记、甘肃省宗教事务局局长,中共甘肃省第八、第九次代表大会代表、九届省委委员,政协甘肃省第七、八届委员会常委。

1969 年 9 月西北师范大学毕业后,曾任清水县体委副主任兼体校副校长,清水县第一中学校长,清水县人民政府区长、县委副书记,张家川回族自治县县委书记,兰州市城关区人民政府区长、区委副书记,兰州市人民政府秘书长、党组成员,副市长、党组成员。1993 年 5 月任甘肃省民族事务委员会主任、党组书记。1995 年 5 月兼任甘肃省宗教局局长。

结合工作实践，出版和发表过的专著和论文有《当代甘肃民族社会问题》、《当代宗教工作中需要解决的几个基本关系问题》《积极调整经济结构，加快民族地区工业发展》、《论流通对生产的反作用》、《浅谈民族地区建立社会主义市场经济体制》、《研究建立社会主义市场经济体制中的民族关系，努力做好新时期的民族工作》。主持了《关于甘肃藏区经济社会发展的情况调查和决策建议》的课题；参与主持了《甘肃宗教问题》的课题；论文和课题多次获国家有关部委奖励。

【李庆】藏族，1943年7月出生于青海省大通回族土族自治县朔北藏族乡的农民家庭，大学文化，中国共产党党员。现任青海省民族事务委员会主任、省宗教事务局局长、省民委宗教局党组书记。青海省第七届、八届、九届人民代表大会代表，青海省第八届政协委员。

1968年从青海省师范大学藏文系毕业后，到海拔4000米以上的果洛藏族自治州工作。1968年在久治县索乎嘛乡任文书，1970年任久治县中学校长，1978年任久治县文卫科科长，1981年任果洛州文教局副局长，1983年先后任玛多县县委副书记、书记，1985年任果洛州委副书记。1989年调省人民政府任副秘书长，1993年到青海省民委(省宗教局)工作。

几十年来他先后参加了《青海民族志》、《青海宗教志》、《果洛州志》等志书的编审工作，先后在《中国民族研究》、《青海民族经济与社会发展》、《青海民族研究》、《青海日报》、《青海藏文报》等报刊上发表文章数十余篇。

【吴国才】回族，1943年10月生，宁夏同心县人，中共党员，大学文化，高级政工师。现任宁夏回族自治区民族事务委员会党组书记、主任，宁夏回族自治区宗教事务局局长。

1967年毕业于宁夏大学农学系，曾任宁夏同心县公社干部、县公安局秘书、自治区政府农机办干事、政府办公厅秘书等职。1983年任自治区民政厅处长、厅党组成员、副厅长，兼任自治区残联党组书记、理事长等职。1990年在中央党校学习。1993年，自治区纪委、监察厅任区纪委副书记、监察厅厅长。1998年6月起调自治区民族事务委员会(自治区宗教事务局)主持工作。

参与和领导编辑出版的著作有《宁夏行政区划历史沿革》、《宁夏民政工作大事记》、《反腐败政策法规选编》、《贪污产生的根源与预防对策》等。

【刘彦清】汉族，新疆博乐市人，1940年8月出生，1959年8月参加工作，1962年8月入党，现任新疆维吾尔自治区党委统战部副部长、自治区民族宗教事务委员会党组书记。他从1965年起先后担任过温泉县团委副书记、县革委会办事组副组长，温泉县猛进公社革委会副主任，温泉县中学校长、党支部书记，温泉县十月公社党委书记、主任，温泉县委副书记、革委会副主任，博州党委组织部部长、州党委副书记，伊犁州党委副书记、州政法委书记、州党校校长等，他长期从事基层党政群工作，具有丰富的管理工作经验，能熟练运用维吾尔、哈萨克、蒙古族三种少数民族语言。

【阿不都拉·哈木都拉】维吾尔族，新疆托克逊县人，1945年12月出生，1965年7月参加工作，中共党员。1965年7月毕业于新疆大学政教系。他自1973年5月起在自治区团委先后担任团委副书记、党组成员，自治区青联主席，全国青联常委，自治区团委党总支书记等职务；1993年任自治区青年思想研究协会会长，翻译过《论辅导工作方法》、《三热爱教育参考资料》、《中国共产主义青年团章程讲座》等三本书籍，发表过《道德战说》、《共青团干部工作人员注意事项》、《青联委员如何发挥作用》等文章。先后当选过自治区第五届、六届政协常委、全国第八届政协委员。1986年任自治区总工会副主席、党组成员；新疆经济干部管理学院党委书记。现任新疆维吾尔自治区民族宗教事务委员会主任、党组副书记。

【肉孜·依不拉音】维吾尔族，51岁，中共党员。1963年11月参加工作，大学文化程度，高级政工师职称。历任农八师133团文教、连长，石河子医学院副科长、科长，院团委副书记、系党总支书记、兵团机关管理处副处长、党支部书记、兵团办公厅副主任，1993年9月任新疆生产建设兵团民族宗教事务委员会主任、兼任中国民族理论学会常务理事、中国民族政策研究会副会长。他认真贯彻执行党的民族宗教政策，立场坚定、旗帜鲜明地反对民族分裂主义和非法宗教活动，带领部门全体同志做了大量具有开拓性的工作，为兵团的民族团结进步事业和社会稳定辛勤耕耘，默默奉献。1995年，任中国民族工作考察团团长，带领近十个省区的民委主任赴加拿大考察,宣传我国的改革开放和民族政策。1999 年,任中国朝觐总团副团长,完成了朝觐组织管理工作,受到国家有关部门的好评。1998、1999 年度,他领导的部门被兵团机关评为先进基层党组织和文明部局。在 1997、1998 年度厅局级公务员考核中,他均获优秀。1999 年,他被评为全国民族团结进步模范个人,受到国务院的表彰。

理论研究篇

Theoretical Studies

收编了国家和各省、自治区、直辖市政府民族工作部门提供的理论研究动态和论文篇目。

理论研究动态

【《世界民族动态》刊物创办】由国家民委民族问题研究中心主办的不定期内部刊物，于1999年3月份创办，主要供国家民委领导和委内相关部门参阅。该刊主要介绍世界各国和有关地区有关民族问题的突发事件、政界名人和学术界有代表性的观点、国外媒体对我国民族问题的相关报道和评论。强调报道的客观性、准确性和资料性，每一期根据资料来源，篇幅长短不同。1999年共发行34期。

【《民族工作研究》1999年取得新进展】由国家民委民族问题研究中心主办、中国民族政策研究会协办的内部刊物《民族工作研究》双月刊，每期56页，约8.8万字。

1999年，《民族工作研究》围绕国家民委的工作重点，及时传递民族工作的最近信息，发表委领导有关重要讲话和有关研究人员的学术论文，总结和介绍各地民族工作的经验和最新调查研究成果。根据1999年我国民族工作大事多、喜事不断的特点，在中央民族工作会议召开之际，该刊编辑发行有关部门贯彻落实中央民族工作会议精神的增刊，得到各地有关部门和读者的广泛欢迎。注意反映民族工作部门广大干部群众的爱国热情，介绍民族工作研究的重要动向和信息，继续介绍我国周边国家的民族情况与民族政策，介绍当代不同的民族学派及其学术观点。另外，自1999年第一期起，该刊进行版面改革，在封底刊登民族地区摄影作品。

【国家民委民族问题研究中心与香港科技大学人文社会科学学院签署学术交流合作协议】1999年10月15日，国家民委民族问题研究中心与香港科技大学人文社会科学学院在北京签署了学术交流合作协议。协议约定，将就共同感兴趣的问题进行广泛的合作，包括互派人员作学术性访问，及时交流有关资料及研究成果，科大人文社会科学学院有选择地接纳研究中心遴选的研究人员攻读硕士或博士学位等。国家民委党组副书记、常务副主任陈虹出席签字仪式。研究中心副总干事毛公宁受总干事郝文明委托，同香港科技大学人文社会科学学院院长丁邦兴分别在合作协议书上签字。

【国家民委民族问题研究中心等单位联合召开西部大开发专题研讨会】为深入学习贯彻中央民族工作会议精神，进一步探讨实施西部大开发战略有关理论和政策问题，充分发挥民族研究部门的作用，国家民委民族问题研究中心与中国民族理论学会、中国社会科学院民族研究所于2000年1月18至19日在京联合召开专题研讨会。大家普遍认为，西部大开发战略是对邓小平同志关于“两个大局”思想的实践和发展，符合社会主义制度的本质要求，得民心顺民意、利国利民。它的实施将直接关系到扩大内需、拉动经济增长，关系到民族团结、社会稳定和边疆巩固，关系到东西部协调发展和各民族共同富裕、共同繁荣目标的最终实现，也必将会对确立我国在下个世纪世界格局中的重要地位产生深远的影响。与会同志强调，西部大开发战略的实施必须立足于社会主义市场经济体制和西部地区地处边疆、民族成分众多、贫困落后等特殊的“区情”，不能完全照搬开发东部地区的模式，要有新的思路。要坚持统筹规划、协调发展、稳步推进的原则。大家认为，民族工作部门应该找准在实施西部大开发战略中的位置，充分发挥职能部门的特色优势，要与有关部门密切配合，通过调查研究，提出具有操作性的政策和措施，为决策部门提供参考和建议，推动西部大开发迈出实质性的步伐。

【1998年度国家民委民族问题研究中心委托课题评审验收】根据《国家民委民族问题研究中心1998年度委托课题通知》的有关规定，民族问题研究中心及时组织有关专家对1998年度委托的部分课题进行了评审验收。其中中国科学院国情分析研究小组的《民族与发展》、经济体制改革研究所邹兰等人的《产业迁移：东西部合作方式和政策研究》和石昌禄的《新时期民族政策的贯彻落实与完善》等22项课题获得通过。从总体来看，这

批课题注重理论与现实的结合，有新意，有对策，具有一定的参考借鉴价值。

【1999年国家民委民族问题研究中心委托课题】为了充分调动社会科研力量，不断推动民族研究工作的发展，为国家民委党组和有关部门决策提供参考，民族问题研究中心继1998年面向部分有关部委、科学院所和基层民族工作部门委托课题之后，1999年又通过反复论证，有选择地向社会委托了十余项课题。这些课题主要包括新时期如何进一步加强中华民族凝聚力的研究；西部大开发的法律保障研究；民族法制建设的现状与民族区域自治制度的完善发展研究；民族关系发展状况及其调控机制研究；社会主义市场经济条件下民族政策的坚持与完善研究；我国民族区域自治问题与世界各国解决民族问题方法的比较研究；城市民族工作管理机制研究等。

【《中国民族工作五十年》出版发行】为庆祝中华人民共和国成立50周年，由国家民委编辑出版的《中国民族工作五十年》一书，系统和客观地回顾50年来在中国共产党领导和党的民族政策指引下，我国民族工作和民族地区政治、经济、文化及社会各方面所发生的巨大变化，展示50年来特别是党的十一届三中全会以来，民族工作和民族地区各方面建设成就及各民族在新时期的精神风貌，展望21世纪民族地区的美好未来。本书由全国人大常委会副委员长布赫题写书名，国务委员司马义·艾买提作序。

全书分上下两篇。上篇为中央篇，从全国角度反映民族工作各方面的成就；下篇为地方篇，由155个民族自治地方的纪念文章组成，反映民族地区的建设成就和自治地方实行民族区域自治以来的巨大变化。书末还附有统计资料，以数字和图表形式反映了民族地区50年来的建设成就。本书对了解新中国成立以来我国的民族工作和少数民族地区的发展变化具有史料价值，对指导民族工作也有一定的参考价值。

【《跨世纪民族问题研究与探讨》论文集出版】该论文集为国家民委民族问题研究中心推出的《民族问题论丛》第一辑，主要由该中心工作人员的部分成果和部分委托课题构成，共计三十万字，由毛公宁、王铁志主编，中央民族大学出版社出版。论文集内容比较广泛，包括民族工作、民族研究、民族经济、民族法制、民族文教、世界民族问题等六个专题。从一个侧面反映了国家民委民族问题研究中心1999年的科研成果。

【大型图书《中国民族》完成编审工作】为了全面客观地反映中国各民族的历史和现实发展，以及中国共产党解决民族问题的理论与实践，国家民委民族问题研究中心组织编写了大型图书——《中国民族》。这部书图文并茂，有三个明显特点：一是从历史发展的方面突出了我国是一个统一的多民族国家的思想；二是从社会变迁的角度概括了各民族悠久灿烂的传统文化；三是重点反映了新中国成立以来特别是改革开放以来我国各民族发生的翻天覆地的变化。全国人大常委会副委员长布赫题写书名，全国人大常委会副委员长铁木尔·达瓦买提，全国政协副主席阿沛·阿旺晋美、赵南起，国务委员司马义·艾买提等分别题词，国家民委主任李德洙作序。该书为中央民族大学出版社重点出版项目，编校、审定等有关工作现已基本完成，预计将在2000年8月前出版发行。

【《民族政策研究成果选编》印行】《民族政策研究成果选编》(第二辑)由国家民委政策法规司编选印行。全国各省、自治区、直辖市和计划单列市民委、新疆生产建设兵团民委，以及国家民委各部门、直属各单位，从本地区、本部门1998年度完成、发表的大量有关民族政策、民族理论研究论文和内部调研报告中，选送了120多篇，政策法规司从中选出40多篇近40万字，编辑成书，内部印行。这对于推动全国民委系统的民族政策研究工作，促进研究成果的交流和转化，具有积极的意义。

【《北方民族渔猎经济文化研究》出版发行】为保护拯救少数民族经济文化遗产，研究探讨"白山黑水"中北方民族发展生存的历史足迹及其走向现代民族的步伐，东北三省民族研究所的专家学者首次合作，倾心撰写完成了1991年中华社会基金资助课题《北方民族渔猎经济文化研究》一书。全书26万字，由吉林省人民出版社出版发行。

黑龙江省民族研究所陈伯霖副研究员、谷文双副研究员参加著述了该书的主要篇目赫哲族篇、鄂伦春族篇、鄂温克族篇和达斡尔族篇。

该书以充分翔实的资料、严格缜密的逻辑、真实有效的数据，从历史的角度和现实的角度全面论述了北方民族赫哲族、鄂伦春族、鄂温克族、达斡尔族和满族的经济文化的形成、发展和走势，提出了这样一个结论：北方民族只有从实际出发，审时度势，进行产业结构调整，不断完善经济结构，不断提高民族素质，才能成为现代民族中的一员。

【《中国赫哲族》出版发行】由原黑龙江省民委主任舒景祥主编的《中国赫哲族》一书于1999年10月由黑龙江人民出版社出版发行。

该书以赫哲人的视角来观察、分析、描述、评价赫哲族社会发展中的诸方面事务，同时吸取前人研究成果，并对前人研究中的疏漏之处予以补正。

全书共分9篇。历史篇：从古代记述到中华人民共和国成立前夕。尤其对民国时期、伪满洲国时期赫哲族的状况作了比较详细的介绍。经济篇：记述了传统的狩猎业、捕鱼业、采集业以及产业结构调整后的经济发展状况，下限论述到1998年底。当代建制篇：对赫哲族当代聚居的三乡（街津口、八岔、四排）一村（敖其）的整体情况作了较为详尽的阐述。地理篇：主要介绍了古今赫哲族居住的地理区域与丰饶的物产资源。文教篇：论述了赫哲族的教育、文学、艺术、卫生、体育、科技等。风俗篇：记载了古今赫哲族人的衣、食、住、行、婚、丧、礼仪等古朴民风。人物篇：历史人物下限至新中国成立前，当代人物从新中国成立至今。语言篇：介绍了赫哲族语言的基本状况，还介绍了赫哲族语词汇800条。宗教篇：重点介绍了萨满的种类、职能、神偶、活动及占卜等。

【《黑龙江省志·民族志》出版发行】黑龙江省历史上第一部民族志——《黑龙江省志·民族志》由黑龙江人民出版社发行。该书分11篇53章，附图片64幅及全省少数民族分布图。编辑人员历时15载，撰写了这部具有较强的资料性和可读性的专志，其结构严谨，内容翔实，语言流畅，是一部了解黑龙江省少数民族历史与现状的珍贵资料。

【广东省民族研究学会召开第七次年会暨学术研讨会】1999年12月11日至12日，广东省民族研究学会在广州召开了第七次年会暨学术研讨会，省民委林道英、莫新银副主任出席会议。会议通过了第六届理事会工作总结，修改了学会章程，推举了学会第七届理事会，省民族研究所所长马建钊研究员（回族）为理事长，广东职业技术师范学院副院长赵家旺副教授（瑶族）、中山大学人类学系周大鸣教授（汉族，博士生导师）、省民族研究所李筱文副研究员（瑶族）为副理事长，省民族研究所陈延超助理研究员（壮族）为秘书长。会议对学会评选出的1993年至1997年度优秀学术成果进行了颁奖，并围绕“市场经济条件下民族地区经济社会文化发展”主题进行了探讨。林道英副主任在会上就新世纪民族研究工作的指导思想、方向、要求、任务、重点、难点、规划、研究方法以及如何建立一支高素质的研究队伍提出了意见。

【壮学首届国际学术研讨会在广西举行】1999年4月15日至18日在广西武鸣县举行。由广西壮学学会、广西社会科学院、武鸣县人民政府联合主办。来自泰国、老挝、越南、日本、美国、英国、澳大利亚、捷克8个国家的26位学者和来自北京、湖北、甘肃、广东、云南、贵州、广西等地的120多名学者出席会议，广西壮族自治区主席李兆焯出席会议开幕式发表讲话并在开幕前会见了国外专家学者。会议收到论文提要118篇，论文84篇。会议讨论的主题是“壮族文化与社会经济发展”，讨论的主要内容有：(1)壮学的含义和产生的社会历史背景；(2)壮族地区经济社会发展和反贫困问题；(3)壮族传统文化与现代化问题；(4)壮族传统文化和语言文学；(5)壮族与壮侗语族群及其文化；(6)壮族与汉族及其他民族的关系等。4月18日，与会的中外代表参加了在伊岭岩风景区举行的壮族“三月三”歌节活动。广西日报、广西电视台等10多家新闻单位对会议进行了报道。

【广西各民族与21世纪学术研讨会在南宁举行】广西民族研究学会第四届、广西壮学学会第二届代表大会暨广西各民族与21世纪学术研讨会于1999年12月28日至29日在南宁举行。来自自治区直属单位和部分地、市、县的专家、学者和实际工作者140多人参加了会议，会议收到论文提要80多篇，论文40多篇。会议选举产生了广西民族研究学会第四届、广西壮学学会第二届理事会，并以“广西各民族与21世纪”为主题进行了学术交流，主要内容有：(1)对20世纪50年代以来广西民族研究的历程进行回顾，并对21世纪广西民族研究作出展望；(2)对21世纪广西民族地区经济社会发展、民族传统文化与现代化等问题进行了探讨;(3)对20世纪50年代以来广西民族团结的基本经验进行总结,并对21世纪广西民族关系的走向进行预测。此外还就广西民族教育的现状与发展、壮文推广、壮族及壮侗语民族历史的若干问题等展开讨论。

【《广西民族理论研讨会论文集》印行】该文集是1998年12月7日召开的广西壮族自治区成立40周年民族理论研讨会论文选集,收入论文34篇,由广西壮族自治区民族事务委员会1999年编印。这些论文以邓小平理论为指导,总结了广西壮族自治区成立40年来,特别是改革开放20年来,自治区在研究马克思主义民族理论,贯彻落实党的民族政策,巩固和发展平等、团结、互助的社会主义新型民族关系,发展少数民族地区经济文化等方面的成功经验,并对21世纪广西的民族工作进行探讨和展望。论文的主要内容包括:邓小平民族理论及其对民族工作的指导意义;广西民族区域自治40年的理论与实践总结;民族区域自治法在广西的贯彻实施;广西民族地区对外开放与经济发展问题;广西少数民族地区文化教育发展与社会主义精神文明建设;广西民族干部培养使用问题;城市民族工作研究;铁路民族工作研究等。

【《文化人类学视野中的壮族传统文化》出版】李富强著,广西人民出版社1999年出版。该书是我国第一部用文化人类学的方法系统研究壮族传统文化的著作。作者以文化人类学的视角和方法,描述了作为中华民族文化重要组成部分的灿烂文化——壮族传统文化的产生、发展和演变情况,论述了壮族独特的生存环境和社会轨迹是造就壮族传统文化的基本原因。该书获1996—1999年广西社会科学研究优秀成果二等奖。

【《广西各民族宗法制度研究》出版】钱宗范、梁颖等著,国家教委人文社会科学研究"八五"规划重点项目成果,广西师范大学出版社1999年出版。该书以马克思主义为指导,以广西汉族和其他少数民族为研究对象,在深入实地调查和搜集大量典籍史料的基础上,探索广西各民族宗法的基本特征和发展规律,建构了我国民族地区宗法研究的新体系,开辟了宗法文化研究的新领域。该书还探讨了宗法的改造及当代社会的批判继承问题,对宗法制度进行剖析,扬弃其不利于社会发展的糟粕,利用其有利于经济建设和社会稳定的传统,为建设有中国特色社会主义服务,富有开拓性和现实性。该书获1996—1999年广西社会科学研究优秀成果二等奖。

【《黑衣壮的人类学考察》出版】何毛堂、李玉田、李金伟著,广西民族出版社1999年出版。该书以广西那坡县果桃村为个案,用文化人类学的方法描述了壮族的一个支系——黑衣壮族群所处的生态环境、人口分布及迁徙、经济生活、文化特征及其与周边民族的文化认同和文化互动,探讨了他们在现代化进程中的若干问题。该书拓宽了壮学研究的视野,使人们能多层面、全方位地认识壮民族的文化及其在中华民族文化中的地位,具有一定的学术文化价值。

【《认同与互动:防城港的族群关系》出版】李远龙著,广西民族出版社1999年出版。广西防城港市位于中越边境,是我国少数几个沿海沿边的对外开放城市之一,历史上是中国通往印支半岛的重要通道,各民族支系异常复杂,而且分布在由高山延伸到沿海的共同生态区内。该书以民族学、文化人类学的理论和方法为主,与历史学、考古学、语言学、文献学、社会统计学等相结合,运用了大量的实地调查材料,阐述了防城港市各族群的构成与分布、族群接触与地位变迁,各族群的自我认同、族群间的文化认同及中华民族认同、国家认同、政治认同、地域认同等,对人们整体认识防城港市乃至广西各民族的构成及其文化,搞好民族地区的物质文明建设和社会主义精神文明建设具有重要意义。

【《族群岛:浪平高山汉探秘》出版】吴和培、罗志发、黄家信著,广西民族出版社1999年出版。广西凌云、田林县浪平地区原来是壮族、瑶族居住地区,明清之际,从四川、湖北、湖南、贵州等地的汉族因避难、逃荒来到这里定居后,壮、瑶民族退到浪平地区边缘,这样,浪平汉族处于壮族、瑶族包围之中,成为少数民族汪洋大海中的一个族群岛。该书用民族学和文化人类学的方法,描述了来自四面八方的浪平高山汉族共同的生态环境、共同的经济和社会生活、共同的族群起源意识、共同的宗教信仰、共同的风俗习惯和语言、族群内部的自我认同及与周边少数民族族群的文化互动关系,对全面认识广西民族状况及其发展,正确处理各民族之间的关系,促进民族团结具有重要意义。

【《边境上的族群——中越边民群体的人类学考察》出版】张友隽主编,广西民族出版社1999年出版。该书是广西壮族自治区教委课题《中越两国边民的民族构成和传统纽带关系》的阶段成果,是作者带领广西民族学院民族专业学生在中越边境进行民族学田野调查的成果汇编。生活在中越边境地区的人们共同体,以中越两国的民族划分有10多个,但在许多民族内部,还存在着一些语言、习俗、信仰等方面有一定的差异的亚群体,如壮族内部有布偏、布傣、布侬、布央、布衣等,汉族有客家人、广府人等,瑶族有大板瑶、细板瑶、花头瑶等,甚至某些群体内部,还可以分生出亚支系,如壮族的侬人中,有侬雷、侬板卡之分。越南的民族划分虽与中国不同,但以亚群体而言,则两国边民中不少亚群体在称谓、语言、文化上有许多共同性。该书以翔实的田野调查材料,对上述民族群体及亚群体的生态环境、人口、族源、经济文化生活、族群关系及国家关系对族群结构和族群关系带来的影响等进行了研究。该书对全面认识广西的民族关系及中越民族关系都有重要的价值。

【甘肃省藏学研究成绩显著】1999年,甘肃省藏学研究取得显著成绩,完成《藏学文学史》一书的部分内容(5万字),《中国藏族部落》一书甘肃部分(4万字),《藏族大辞典》甘肃部分辞条(9万字),《藏文写作概论》五书(20万字,藏文),《藏传佛教德尔隆寺与历辈赛仓活佛》一书(16万字,藏文,汉文),《甘肃藏族部落的社会与历史研究》一书(60万字),《拉卜楞寺简史》一书(11万字),《安多地区藏族文化艺术》一书(约16万字),《夏河县志》中的《夏河县文化艺术》(10万字),《碌、玛、夏三县牧区妇女现状调查》,《藏族崇拜龙神之原因简析》,《拉卜楞寺六大学院修习体制源考》,《锡金与不丹之间》(汉文,译著,5万字),《藏传佛教宇宙学说论》(藏文,25万字),《拉卜楞政教社会》(汉文,20万字),《甘肃藏区古代服饰研究》(藏文,15万字),《论拉卜楞寺的创建及其六大学院的形成》(36万字),《甘青地区少数民族宗教信仰现状及其发展趋势研究》(4万字),《拉卜楞寺藏书目录》。

理论研究成果

【1999年世界民族问题综述】国家民委民族问题研究中心1999年年度课题。

综观1999年世界民族问题,自冷战以来世界民族问题的基本发展趋势还在持续,和平与进步仍是当今世界的主流,但一些地方的局势仍不时动荡不稳,世界仍有许多令人担忧的因素。特别是在这些事件所表现出来的大国的干预和霸权主义的膨胀,令世界各国爱好和平的人们深感不安。

1.世界各地的民族问题总体上继续趋于缓和,特别是那些冷战以来一直“降温”的老热点继续缓和。内塔尼亚胡当政时期停滞不前的中东和平进程,随着巴拉克在大选中的获胜得以重新启动;北爱尔兰问题出现重大转机,北爱尔兰成立了第一个权力共享政府,实行地方自治;非洲一些国家的部族冲突也有所缓和,苏丹内战双方宣布停火重开谈判。塞拉利昂内战各方签署了结束冲突、实现和平的停火协议。刚果(金)冲突各方先后在停火协议上签字,维和部队开始进驻。

2.以政治手段和平解决民族冲突日益成为人们的共识:只有通过政治手段用和平方式才能最终解决这些问题。即使在需要国际社会干预时,也应通过联合国介入。北爱问题曾长期困扰着英国和爱尔兰两国政府,经美国斡旋,在英、爱政府及北爱对立各派的共同努力下,终于打破僵局,在和平的道路上又向前迈进了一大步;东帝汶独立迈出决定性的一步,1999年8月30日东帝汶举行全民公决,有78.5%选择了独立,但鉴于当地的实际条件,安南建议先建立一个过渡的行政机构管理东帝汶,并在2—3年内将其引向独立。东帝汶问题没有酿成更大的暴力冲突和内乱,有赖于联合国的调解和有关各方通过政治手段和平解决问题的诚意。科索沃战争是大国以制止所谓“人道主义灾难”为由入侵主权国家的恶劣例子,但事实表明强权和军事手段不能最终解决民族冲突问题，国际干预仍离不开联合国的调解。

3.强权政治有所抬头，局部冲突难以根除。科索沃战争无疑是1999年世界关注的热点问题。入侵科索沃与北约的战略新概念密切相关，其理论基础是所谓的“新干涉主义”。这种新战略把维护其价值观当作采取军事行动的依据，把防止民族冲突的威胁当作对主权国家动武的借口，更以公开支持科索沃阿尔巴尼亚人搞分裂活动为实例，这不仅加剧了民族冲突地区的紧张局势，而且使一些隐藏着的民族分裂活动公开化。车臣危机是1999年的另一热点问题。俄维护国家统一，镇压恐怖活动的正义之举虽赢得国民的广泛支持，但该问题有深刻的历史根源和复杂的国际背景。美要求俄“保持克制”，并谴责它对格罗兹尼的轰炸；欧盟呼吁俄与车臣进行“对话”；一些阿拉伯国家暗中资助分裂势力，穆斯林激进分子还派遣武装人员到车臣参加“圣战”。国外伊斯兰极端势力的支持和北约对民族分裂活动的纵容，是车臣匪徒有恃无恐、日益猖狂的重要原因。

4.东南亚成为新的民族问题热点地区。该地区民族国家历史较短，其中有些国家在西方殖民主义者到来之前还没有实现民族统一，不少国家是在第二次世界大战之后才逐步形成的现代国家。自60年代以来，该地区经济发展迅速，人民生活水平有较快的提高，在一定程度上为国家的统一和民族团结提供了有利条件。但自1997年金融危机爆发以后，随着一些国家原有政治格局的被打破，这些国家出现了政局不稳，民族不和，进而影响国家统一的严重局面，使该地区成为世界关注的新的焦点。其中最突出的就是印度尼西亚。自苏哈托下台以来，印尼的政局长期不稳定。特别是在东帝汶进行全民公决以后，各地的民族分裂主义浪潮一浪高过一浪。印尼民族问题的激化，民族分裂主义日益严重，主要的原因大体有以下几个方面。第一，国家独立时间较短，缺乏历史基础；第二，长期实施高压统治，为今天民族矛盾的大爆发埋下隐患；第三，特殊的地理条件不利于国家的统一。值得注意的是，在对待印度尼西亚的民族分裂主义的问题上，以美国为首的西方各国，态度比较谨慎，不愿意过多的卷入进去。

5.中亚地区的民族和宗教问题日益引起人们的关注。这一地区是当今世界上民族成分最复杂的地区之一。民族因素与宗教因素交织在一起，深刻地影响着中亚各国的政治和经济生活。冷战结束后，新独立的中亚各国为了弥补新政权政治资源的匮乏，借助脱离苏联后迅速增长的民族主义情绪，不遗余力地强调主体民族在本国社会中的作用，并以法律形式规定了主体民族在该国的优越地位。但这与多民族的社会现实不可避免地产生了矛盾与冲突。由于其战略地位重要，中亚已成为大国角逐的重要地区。美、俄两国都不断加强对中亚各国的军事渗透，一些阿拉伯国家也竭力把伊斯兰势力扩张到这一地区。应当看到，中亚地区的民族冲突和宗教势力，仍将影响到我国的西部地区，对此，我们应予以充分注意。

6.未雨绸缪，各国积极维护和睦、安定的政治局面。南非自曼德拉推行民族和解政策之后，国内政局平稳、经济持续发展。1999年6月2日非国大再次执掌南非政权，姆贝基当选为新总统。他特别强调将继续奉行民族和解政策，加强解决“黑白经济地位”悬殊问题的力度。在保障白人既得利益的同时，注重提高黑人的实际生活水平，以改变他们的经济地位。在阿尔及利亚，布特弗利卡总统4月大选获胜后，把实现民族和解、重建国内和平作为中心工作并制定出一整套方案，其中包括对在押的伊斯兰极端分子实施大赦，取消1992年开始的紧急状态，释放处于软禁之中的伊斯兰拯救阵线领导人迈达尼等。7月4日，阿正式宣布对在押的5000名伊斯兰极端分子实行大赦。这标志着民族和解放政策已开始实施并获得初步成果。

【城市民族工作的理论突破】城市民族工作是我国民族工作的重要组成部分，随着我国改革开放的深化和社会经济的发展，城市民族工作的地位越来越显得重要。城市民族工作既要做好本市少数民族工作，又要做好延伸的民族工作，城市民族工作有着“窗口”、“联谊”、“辐射”、“示范”、“桥梁”五大作用。经过数十年的探索，城市民族工作初步形成了一个理论框架。打破了过去仅仅从“城市民族工作是整个民族工作和整个城市工作的重要组成部分”来研究的做法，而将城市化理论和民族散居化理论引入城市民族工作的理论研究。

城市化是社会经济发展的必然产物，是社会

形态向更高层次发展的形式，是各个国家和民族现代化的必由之路。中国城市化进程发展很快，虽然中国东西部城市化水平仍然有很大的差距，但随着我国发展战略重点的西移，西部大开发的实施，西部城市化的速度和规模将有更大的发展。

民族散居化是民族发展过程中的一个重要规律，是各民族不断打破封闭，由相互闭塞到逐步交流，由彼此隔离到逐步密切联系的过程。这是历史发展的必然结果，也是历史进步的重要标志。

城市化与民族散居化是人类社会发展主线的两个方面，这两个方面相互作用、相互促进。民族散居化在城市化中表现得更加深刻、更加充分，城市化进程在民族散居化的作用下表现得更加丰富多彩、更加充满活力。城市化过程本身就是城市多民族化、文化多元化的过程。城市的多民族和多元化是城市的资源和财富，是城市发展的重要动力和源泉。在城市化进程中，如何保持各民族团结和谐并加速其经济文化的协调发展则是历史赋予我国城市民族工作的主要任务。

由此可见，城市民族工作的重要性是历史发展决定的，并且随着城市化和多民族化的发展，城市民族工作在民族工作中的地位越来越重要，同时城市民族工作在城市建设和边疆民族地区的发展中作用也越来越大。

【城市民族工作的模式】城市民族工作是一项任务重、涉及面广、综合性强的工作。因此，理论上要有突破，制度上要灵活多样，要将城市民族工作的任务具体化。1999年12月召开的“全国城市民族工作座谈会”，在全面、系统总结城市民族工作经验的基础上，提出了城市民族工作的“四七二”工作模式。即：

四个体系：

1.理论体系。就是从城市化和民族散居化的理论出发，对城市化过程中的民族发展、演变现象及民族问题作出科学的说明，进而揭示出城市民族工作的范畴、地位、作用和意义。

2.政策体系。就是将党和国家的民族方针政策与城市的具体实际相结合，制定出一套有效保障城市少数民族权益的民族政策。

3.管理体系。就是依据城市民族工作的功能、特点，创造出一个系列化、网络化的城市民族事务工作的具体管理方法。

4.法律法规体系。就是将城市民族工作纳入法治的轨道。

七个制度：

1.民委委员制度。民族工作是全党全社会的工作，没有政府其他部门的参与和支持，仅仅靠民委一家是很难完成的。实践证明，民委委员制度是推动全党全社会力量做好民族工作的重要制度。

2.少数民族联系制度。这是城市民族工作面向基层、面向社区、面向群众的一个显著特点。

3.法律援助制度。一方面为了保障少数民族合法权益，给予主动的、必要的法律援助，帮助他们学会使用法律的武器，维护自己的合法权益；另一方面，要向他们进行法制宣传，教育他们依法进行社会、经济、文化活动。

4.对口支援制度。城市是人才、技术、资金集中之地，民族地区要加速发展，要求城市在人才、资金、技术等各方面的支援与帮助，这是城市民族工作职能的扩展，也是邓小平同志“先富帮后富，走共同富裕道路”的战略思想的具体体现。支援帮助是相互的，也是互补的。

5.信息制度。掌握信息，是做好工作的基础，信息一定要灵，做到耳灵目明，建立快速通报的机制。

6.表彰制度。对不断涌现出来的为民族团结进步事业作出卓越贡献的模范集体和个人进行表彰，是在全社会提倡民族平等团结、互助友爱精神，不断推进发展民族团结进步事业的有效手段。

7.接待制度。接待是一个窗口，是一个门面，是一个形象。要让少数民族感觉是到家了。有了问题，坐得下来，谈得下去，听得进去，问题就好解决了。

两个基地：

1.少数民族活动基地。这是为了满足城市少数民族社会经济文化活动需要，也是城市物质生活与精神生活多姿多彩的要求。

2.少数民族人才培训基地。要对少数民族进行职业培训。这是促进少数民族进步，提高民族素质的重要途径。要让少数民族进得来，呆得住，有进步，有贡献。

“四七二”工作模式是对各地城市民族工作经验总结的提升，是对城市民族工作的量化和具体化，也是一个衡量城市民族工作的指标体系。

【黑龙江省民族地区实施“三项战略”述略】该文由黑龙江省民委张志龙、刘烈军和黑龙江省民族干部学院王玫撰写，发表于《黑龙江民族丛刊》1999年第1期。根据省委、省政府提出的“搞好二次创业，实现富民强省”战略目标，黑龙江省民委在全省民族地区实施了“三项战略”，即产业化战略、立乡项目工程战略和扶贫攻坚战略。

“产业化战略”就是对少数民族的传统产业实行综合性开发，提高传统产业的市场化程度，因地制宜，使民族乡、村形成一乡一业、一村一品的产业格局，增加少数民族农牧民收入，提高生产生活水平。“立乡项目工程战略”就是利用各种民族专项资金及其他各种渠道资金扶持民族乡发展乡镇企业，使民族乡能有立乡的支柱企业。“扶贫攻坚战略”即按照国家“八七扶贫攻坚”的部署加大对少数民族和民族地区的扶持力度，使少数民族贫困人口逐渐减少，并达到脱贫致富的目的。

通过两年多“三项战略”的实施，黑龙江省民族地区经济综合实力得到了较大提高。农业产业化基础进一步牢固，基地建设形成了规模，龙头企业得到壮大，带动了民族地区的全面发展，基本形成了龙头带基地，基地带农户，农户脱贫致富的格局。

推进、落实“三项战略”的主要做法是：一是领导重视，纳入日程，狠抓“三项战略”的落实工作。二是深入实际搞调研，制定具体实施方案。三是确定指导点，以点带面，推进发展。四是联系实际，分类指导。五是民族乡镇，互结友好。

【1998年黑龙江省民族经济述略】这篇由黑龙江省民族事务委员会民族经济处刘烈军撰写的论文，发表在《黑龙江民族丛刊》1999年第三期。文章全面系统地论述了黑龙江省民委自1996年在全省民族地区实施“三项战略”即农业产业化战略、立乡项目工程战略和扶贫攻坚战略以来于1998年所取得的成果，记叙了1998年特大洪水中广大少数民族干部群众抗灾抢险、生产自救的全过程。文章认为：黑龙江省民委实施的“三项战略”在民族地区经济发展中发挥了重要的作用。不但壮大了民族乡镇的立乡企业，带动了区域经济的全面发展，加强了产业基地的建设规模，而且使民族地区的产业结构格局更加合理，在特大洪水造成严重损失的情况下，少数民族农牧民的人均收入仍达到2300元。

【加强法制建设是管理外来经商少数民族的必由之路】由江苏省民委王波、马冬青、刘克元撰写的这篇调查报告，从江苏的实际出发，研究了少数民族到江苏经商的状况、特点、影响，提出了依法管理、加强法制建设的办法。该文被国家民委城市民族工作座谈会确定为大会交流材料，中央人民广播电台专门制作了访谈节目。

【加强少数民族流动经商管理的思考】江苏省民委张全录撰写的这篇调查报告，被国家民委民族问题研究中心出版的《民族工作研究》1999年第6期刊用。调查报告指出，少数民族流动经商情况的出现，给城市民族工作带来了新的内容，成为各级民族工作部门面临的一个新课题。各地必须全面正确地对待外来少数民族流动经商问题，有关部门应尽快制定加强少数民族流动经商人员管理政策法规，各级民族工作部门要主动参与管理，及时处理少数民族流动经商中出现的纠纷。

【发展民族教育，培养民族人才】由江苏省民委王波、刘克元撰写的这篇文章，总结了江苏省自新中国成立50年来，尤其是党的十一届三中全会以来，江苏努力发展民族教育事业，为全省及边疆民族地区培训少数民族人才方面所做的工作和取得的丰硕成果，揭示了在社会主义初级阶段，作为少数民族散杂居地区办好民族教育事业的经验体会。该文被国家民委编写的《中国民族教育》收录，由长城出版社出版发行。

【环北部湾沿岸经济文化变迁研究】系列论文，廖国一著，《广西民族研究》1998第2、3、4期、1999年第1期发表。80年代以来，随着北海市被列为全国14个沿海开放城市之一，防城港市和钦州市的对外开放，中央关于把广西建设成为我国大西南出海通道的决策以及海南建省、广东西南部地区的发展，中国环北部湾沿岸地区的经济社会发展日益引起人们关注。该系列论文是作者多次深入调查研究，对环北部湾沿岸的古代文化起源和发展、古代环北部湾沿岸地区与国际、国内的远距离贸易及其意义作了考证和论述，对近代环北部湾沿岸的对外开放、知识经济时代与环北部湾沿岸的可持续发展及环境保护等问题进行了探讨和分析，初步完成了对该地区从先秦到近代、现代经济文化变迁的纵向研究。并提出了环北部湾沿岸在汉代实现了历史上的第一次对外开放，在《烟台条约》签订后实现了第二次对外开放，在 20 世纪 80 年代实现了第三次对外开放的观点。该系列论文不仅开拓了广西民族史研究的新领域，而且对人们全面地认识北部湾沿岸的历史文化并对这一地区经济文化建设的发展都具有重要意义。该系列论文获 1996—1999 年广西社会科学研究优秀成果三等奖。

统计资料篇

Statistical Data

包括：行政区划和自然资源，综合，人口、从业人员，农业，工业，运输、邮电，建筑业，固定资产投资，国内贸易，对外贸易、旅游，财政、金融，人民生活，教育、科技，文化、出版，卫生、体育等15类统计资料。该部分按全国民族自治地方全面资料进行统计（不作重复计算），各项指标的发展指数扣除了区域变动和价格变动因素，年度之间可比。各部分末附有《主要统计指标解释》，对主要统计指标的含义、统计范围和统计方法作了简要说明。

1 行政区划和自然资源

Division of Administrative Areas And Natvral Resources

1—1 民族自治地方行政区划

(1999年末)

单位:个

省级		地级		县级		市			市辖区
合计	行政单位	合计	行政单位	合计	行政单位	合计	地级	县级	
5	5自治区	57	20地区 30自治州 7盟	565	396县 49旗 117自治县 3自治旗	90	20	70	65
河北				6	6自治县				
内蒙古		7	7盟	69	17县、49旗、 3自治旗	20	5	15	17
辽宁				8	8自治县				
吉林		1	1自治州	5	2县、3自治县	6		6	
黑龙江				1	1自治县				
浙江				1	1自治县				
湖北		1	1自治州	8	6县、2自治县	2		2	
湖南		1	1自治州	14	7县、7自治县	1		1	
广东				3	3自治县				
广西		5	5地区	71	59县、12自治县	19	9	10	29
海南				6	6自治县				
重庆				5	5自治县				
四川		3	3自治州	49	46县、3自治县	1		1	
贵州		3	3自治州	42	31县、11自治县	4		4	
云南		8	8自治州	71	42县、29自治县	7		7	
西藏		6	6地区	71	71县	2	1	1	1
甘肃		2	2自治州	19	12县、7自治县	2		2	
青海		6	6自治州	33	26县、7自治县	2		2	
宁夏		1	1地区	15	15县	5	3	2	7
新疆		13	8地区、5自治州	68	62县、6自治县	19	2	17	11

Administrative Division of Minority National Autonomous Areas(End of 1999)

Provincial Level		Prefectural Level		County Level		City			District Under City
Total	Administrative Unit	Total	Administrative Unit	Total	Administrative Unit	Total	Prefectural Level	County Level	
5	5 autonomous regions	57	20 prefectures 30 autonomous prefectures 7 mengs	565	396counties 49 qis 117autonomous counties 3 autonomous qis	90	20	70	65
Hebei				6	6 autonomous counties				
Inner Mongolia		7	7 mengs	69	17 counties 49 qis 3 autonomous qis	20	5	15	17
Liaoning				8	8 autonomous counties				
Jilin		1	1 autonomous prefecture	5	2 counties 3 autonomous counties	6		6	
Heilongjiang				1	1 autonomous county				
Zhejiang				1	1 autonomous county				
Hubei		1	1 autonomous prefecture	8	6 counties 2 autonomous counties	2		2	
Hunan		1	1 autonomous prefecture	14	7 counties 7 autonomous counties	1		1	
Guangdong				3	3 autonomous counties				
Guangxi		5	5 prefectures	71	59 counties 12 autonomous counties	19	9	10	29
Hainan				6	6 autonomous counties				
Chongqing				5	5 autonomous counties				
Sichuan		3	3 autonomous prefectures	49	46 counties 3 autonomous counties	1		1	
Guizhou		3	3 autonomous prefectures	42	31 counties 11 autonomous counties	4		4	
Yunnan		8	8 autonomous prefectures	71	42 counties 29 autonomous	7		7	
Tibet		6	6 prefectures	71	71 counties	2	1	1	1
Gansu		2	2 autonomous prefectures	19	12 counties 7 autonomous counties	2		2	
Qinghai		6	6 autonomous prefectures	33	26 counties 7 autonomous counties	2		2	
Ningxia		1	1 prefectures	15	15 counties	5	3	2	7
Xinjiang		13	8 prefectures 5 autonomous prefectures	68	62 counties 6 autonomous counties	19	2	17	11

1—2 民族自治地方县(旗)、市分布(一)

(1999年末)

地 区	县(旗)、市数	县(旗)、市名称
合 计	20地级市、635县级单位(70县级市、396县、49旗、117自治县、3自治旗)	
河 北	6自治县	秦皇岛市:青龙满族自治县 廊坊市:大厂回族自治县 承德市:宽城满族自治县、丰宁满族自治县、围场满族蒙古族自治县 沧州市:孟村回族自治县
内蒙古	15县级市 17县 49旗 3自治旗	*呼和浩特市:土默特左旗、托克托、和林格尔、清水河、武川 *包头市:土默特右旗、固阳、达尔罕茂明安联合旗 *乌海市 *赤峰市:阿鲁科尔沁旗、巴林左旗、巴林右旗、林西、克林克腾旗、翁牛特旗、喀喇沁旗、宁城、敖汉旗 *通辽市:霍林郭勒市、科尔沁左翼中旗、科尔沁左翼后旗、开鲁、库伦旗、奈曼旗、扎鲁特旗 呼伦贝尔盟:海拉尔市、满洲里市、扎兰屯市、牙克石市、根河市、额尔古纳市、阿荣旗、莫力达瓦达斡尔族自治旗、鄂伦春自治旗、鄂温克族自治旗、新巴尔虎右旗、新巴尔虎左旗、陈巴尔虎旗 兴安盟:乌兰浩特市、阿尔山市、科尔沁右翼前旗、科尔沁右翼中旗、扎赉特旗、突泉 锡林郭勒盟:二连浩特市、锡林浩特市、阿巴嘎旗、苏尼特右旗、苏尼特左旗、东乌珠穆沁旗、西乌珠穆沁旗、太仆寺旗、镶黄旗、正镶白旗、正蓝旗、多伦 乌兰察布盟:集宁市、丰镇市、卓资、化德、商都、兴和、凉城、察哈尔右翼前旗、察哈尔右翼中旗、察哈尔右翼后旗、四子王旗 伊克昭盟:东胜市、达拉特旗、准格尔旗、鄂托克前旗、鄂托克旗、杭锦旗、乌审旗、伊金霍洛旗 巴彦淖尔盟:临河市、五原、磴口、乌拉特前旗、乌拉特中旗、乌拉特后旗、杭锦后旗 阿拉善盟:阿拉善左旗、阿拉善右旗、额济纳旗
辽 宁	8自治县	鞍山市:岫岩满族自治县 抚顺市:新宾满族自治县、清原满族自治县 本溪市:本溪满族自治县、桓仁满族自治县 丹东市:宽甸满族自治县 阜新市:阜新蒙古族自治县 朝阳市:喀喇沁左翼蒙古族自治县
吉 林	6县级市 2县 3自治县	四平市:伊通满族自治县 白山市:长白朝鲜族自治县 松原市:前郭尔罗斯蒙古族自治县 延边朝鲜族自治州:延吉市、图们市、敦化市、珲春市、龙井市、和龙市、汪清、安图
黑龙江	1自治县	大庆市:杜尔伯特蒙古族自治县
浙 江	1自治县	丽水地区:景宁畲族自治县
湖 北	2县级市 6县 2自治县	宜昌市:长阳土家族自治县、五峰土家族自治县 恩施土家族苗族自治州:恩施市、利川市、建始、巴东、宣恩、咸丰、来凤、鹤峰

注:表中有*号为地级市,共20个。地级市辖的区(相当县级)65个,本表未作统计。

国务院1999年1月13日批准撤销内蒙古自治区哲里木盟和县级通辽市,设立地级通辽市。

1—2 民族自治地方县(旗)、市分布(二)

(1999 年末)

地区	县(旗)、市数	县(旗)、市名称
湖南	1 县级市 7 县 7 自治县	邵阳市:城步苗族自治县 永州市:江华瑶族自治县 怀化市:麻阳苗族自治县、新晃侗族自治县、芷江侗族自治县、靖州苗族侗族自治县、通道侗族自治县 湘西土家族苗族自治州:吉首市、泸溪、凤凰、花垣、保靖、古丈、永顺、龙山
广东	3 自治县	韶关市:乳源瑶族自治县 清远市:连山壮族瑶族自治县、连南瑶族自治县
广西	10 县级市 59 县 12 自治县	*南宁市:邕宁、武鸣 *柳州市:柳江、柳城 *桂林市:阳朔、临桂、灵川、全州、兴安、永福、灌阳、龙胜各族自治县、资源、平乐、荔浦、恭城瑶族自治县 *梧州市:岑溪市、苍梧、藤县、蒙山 *北海市:合浦 *防城港市:东兴市、上思 *钦州市:灵山、浦北 *贵港市:桂平市、平南 *玉林市:北流市、容县、陆川、博白、兴业 南宁地区:凭祥市、横县、宾阳、上林、隆安、马山、扶绥、崇左、大新、天等、宁明、龙州 柳州地区:合山市、鹿寨、象州、武宣、来宾、融安、三江侗族自治县、融水苗族自治县、金秀瑶族自治县、忻城 贺州地区:贺州市、昭平、钟山、富川瑶族自治县 百色地区:百色市、田阳、田东、平果、德保、靖西、那坡、凌云、乐业、田林、隆林各族自治县、西林 河池地区:河池市、宜州市、罗城仫佬族自治县、环江毛南族自治县、南丹、天峨、凤山、东兰、巴马瑶族自治县、都安瑶族自治县、大化瑶族自治县
海南	6 自治县	白沙黎族自治县、昌江黎族自治县、乐东黎族自治县、陵水黎族自治县、保亭黎族苗族自治县、琼中黎族苗族自治县
重庆	5 自治县	黔江开发区:石柱土家族自治县、秀山土家族苗族自治县、黔江土家族苗族自治县、酉阳土家族苗族自治县、彭水苗族土家族自治县
四川	1 县级市 46 县 3 自治县	乐山市:峨边彝族自治县、马边彝族自治县 阿坝藏族羌族自治州:汶川、理县、茂县、松潘、九寨沟、金川、小金、黑水、马尔康、壤塘、阿坝、若尔盖、红原 甘孜藏族自治州:康宁、泸定、丹巴、九龙、雅江、道孚、炉霍、甘孜、新龙、德格、白玉、石渠、色达、理塘、巴塘、乡城、稻城、得荣 凉山彝族自治州:西昌市、木里藏族自治县、盐源、德昌、会理、会东、宁南、普格、布拖、金阳、昭觉、喜德、冕宁、越西、甘洛、美姑、雷波

1—2 民族自治地方县(旗)、市分布(三)

(1999年末)

地 区	县(旗)、市数	县(旗)、市名称
贵 州	4县级市 31县 11自治县	遵义市:道真仡佬族苗族自治县、务川仡佬族苗族自治县 铜仁地区:玉屏侗族自治县、印江土家族苗族自治县、沿河土家族自治县、松桃苗族自治县 毕节地区:威宁彝族回族苗族自治县 安顺地区:关岭布依族苗族自治县、镇宁布依族苗族自治县、紫云苗族布依族自治县 黔西南布依族苗族自治州:兴义市、兴仁、普安、晴隆、贞丰、望谟、册亨、安龙 黔东南苗族侗族自治州:凯里市、黄平、施秉、三穗、镇远、岑巩、天柱、锦屏、剑河、台江、黎平、榕江、从江、雷山、麻江、丹寨 黔南布依族苗族自治州:都匀市、福泉市、荔波、贵定、瓮安、独山、平塘、罗甸、长顺、龙里、惠水、三都水族自治县
云 南	7县级市 42县 29自治县	昆明市:石林彝族自治县、禄劝彝族苗族自治县、寻甸回族彝族自治县 玉溪市:峨山彝族自治县、新平彝族傣族自治县、元江哈尼族彝族傣族自治县 思茅地区:普洱哈尼族彝族自治县、墨江哈尼族自治县、景东彝族自治县、景谷傣族彝族自治县、镇沅彝族哈尼族拉祜族自治县、江城哈尼族彝族自治县、孟连傣族拉祜族佤族自治县、澜沧拉祜族自治县、西盟佤族自治县 丽江地区:丽江纳西族自治县、宁蒗彝族自治县 临沧地区:双江拉祜族佤族布朗族傣族自治县、耿马傣族佤族自治县、沧源佤族自治县 楚雄彝族自治州:楚雄市、双柏、牟定、南华、姚安、大姚、永仁、元谋、武定、禄丰 红河哈尼族彝族自治州:个旧市、开远市、蒙自、屏边苗族自治县、建水、石屏、弥勒、泸西、元阳、红河、金平苗族瑶族傣族自治县、绿春、河口瑶族自治县 文山壮族苗族自治州:文山、砚山、西畴、麻栗坡、马关、丘北、广南、富宁 西双版纳傣族自治州:景洪市、勐海、勐腊 大理白族自治州:大理市、漾濞彝族自治县、祥云、宾川、弥渡、南涧彝族自治县、巍山彝族回族自治县、永平、云龙、洱源、剑川、鹤庆 德宏傣族景颇族自治州:瑞丽市、潞西市、梁河、盈江、陇川 怒江傈僳族自治州:泸水、福贡、贡山独龙族怒族自治县、兰坪白族普米族自治县 迪庆藏族自治州:中甸、德钦、维西傈僳族自治县
西 藏	1县级市 71县	*拉萨市:林周、当雄、尼木、曲水、堆龙德庆、达孜、墨竹工卡 昌都地区:昌都、江达、贡觉、类乌齐、丁青、察雅、八宿、左贡、芒康、洛隆、边坝 山南地区:乃东、扎囊、贡嘎、桑日、琼结、曲松、措美、洛扎、加查、隆子、错那、浪卡子 日喀则地区:日喀则市、南木林、江孜、定日、萨迦、拉孜、昂仁、谢通门、白朗、仁布、康马、定结、仲巴、亚东、吉隆、聂拉木、萨嘎、岗巴 那曲地区:那曲、嘉黎、比如、聂荣、安多、申扎、索县、班戈、巴青、尼玛 阿里地区:普兰、札达、噶尔、日土、革吉、改则、措勤 林芝地区:林芝、工布江达、米林、墨脱、波密、察隅、朗县

注:国务院1999年1月2日批准撤销云南省畹町市;1999年9月21日批准撤销西藏自治区隆格尔、盐井、碧土、妥坝、生达五县。

1—2 民族自治地方县(旗)、市分布(四)

(1999 年末)

地区	县(旗)、市数	县(旗)、市名称
甘肃	2 县级市 12 县 7 自治县	天水市:张家川回族自治县 酒泉地区:肃北蒙古族自治县、阿克塞哈萨克族自治县 张掖地区:肃南裕固族自治县 武威地区:天祝藏族自治县 临夏回族自治州:临夏市、临夏、康乐、永靖、广河、和政、东乡族自治县、积石山保安族东乡族撒拉族自治县 甘南藏族自治州:合作市、临潭、卓尼、舟曲、迭部、玛曲、碌曲、夏河
青海	2 县级市 26 县 7 自治县	西宁市:大通回族土族自治县 海东地区:民和回族土族自治县、互助土族自治县、化隆回族自治县、循化撒拉族自治县 海北藏族自治州:门源回族自治县、祁连、海晏、刚察 黄南藏族自治州:同仁、尖扎、泽库、河南蒙古族自治县 海南藏族自治州:共和、同德、贵德、兴海、贵南 果洛藏族自治州:玛沁、班玛、甘德、达日、久治、玛多 玉树藏族自治州:玉树、杂多、称多、治多、囊谦、曲麻莱 海西蒙古族藏族自治州:格尔木市、德令哈市、乌兰、都兰、天峻
宁夏	2 县级市 15 县	*银川市:永宁、贺兰 *石嘴山市:平罗、陶乐、惠农 *吴忠市:青铜峡市、灵武市、中卫、中宁、盐池、同心 固原地区:固原、海原、西吉、隆德、泾源、彭阳
新疆	17 县级市 62 县 6 自治县	*乌鲁木齐市:乌鲁木齐 *克拉玛依市 石河子市 吐鲁番地区:吐鲁番市、鄯善、托克逊 哈密地区:哈密市、巴里坤哈萨克自治县、伊吾 阿克苏地区:阿克苏市、温宿、库车、沙雅、新和、拜城、乌什、阿瓦提、柯坪 喀什地区:喀什市、疏附、疏勒、英吉沙、泽普、莎车、叶城、麦盖提、岳普湖、伽师、巴楚、塔什库尔干塔吉克自治县 和田地区:和田市、和田、墨玉、皮山、洛浦、策勒、于田、民丰 昌吉回族自治州:昌吉市、阜康市、米泉市、呼图壁、玛纳斯、奇台、吉木萨尔、木垒哈萨克自治县 博尔塔拉蒙古自治州:博乐市、精河、温泉 巴音郭楞蒙古自治州:库尔勒市、轮台、尉犁、若羌、且末、焉耆回族自治县、和静、和硕、博湖 克孜勒苏柯尔克孜自治州:阿图什市、阿克陶、阿合奇、乌恰 伊犁哈萨克自治州:奎屯市 伊犁地区:伊宁市、伊宁、察布查尔锡伯自治县、霍城、巩留、新源、昭苏、特克斯、尼勒克 塔城地区:塔城市、乌苏市、额敏、沙湾、托里、裕民、和布克赛尔蒙古自治县 阿勒泰地区:阿勒泰市、布尔津、富蕴、福海、哈巴河、青河、吉木乃

注:石河子市为新疆维吾尔自治区直辖县级市。

Distribution of Counties(Qis)and Cities in Minority National Autonomous Areas (1)
(End of 1999)

Region	Number of Counties (Qis) and Cities	Name of Counties(Qis) and Cities
Total	20 prefecture-level cities 635 units at county level (70 county-level cities, 396 counties, 49 qis, 117 autonomous counties, 3 autonomous qis)	
Hebei	6 autonomous counties	Qinhuangdao city:Qinglong Manchu autonomous county Langfang city:Dachang Hui autonomous county Chengde city:Kuancheng Manchu autonomous county,Fengning Manchu autonomous county,Weichang Manchu and Mongolian autonomous county Cangzhou city:Mengcun Hui autonomous county
Inner Mongolia	15 county-level cities, 17 counties, 49 qis, 3 autonomous qis,	* Hohhot city:Tumd Zuo qi, Togtoh,Horinger,Qing Shuihe,Wuchuan * Baotou city:Tumd You qi,Guyang,Darhan Mumingan Lianhe qi * Wuhai city * Chifeng city:Ar Horqin qi,Bairin Zuo qi,Bairin You qi,Linxi,Hexigten qi,Ongniud qi,Harqin qi,Ningcheng,Aohan qi * Tongliao City:Huolin Gol city、Horqin Zuoyi zhong qi,Horqin zuoyi Hou qi,Kailu,Hure qi,Naiman qi,Jarud qi Hulun Buir Meng:Hailar city,Manzhouli city,Zalantun city,Yakeshi city,Genhe city,Ergun city, Arun qi, Morin Dawa Daur autonomous qi, Orogen autonomous qi,Ewenki autonomous qi,Xin Barag You qi,Xin Barag Zuo qi,Chen Barag qi Xingan Meng:Uanhot city,Arsan city,Horqin Youyi Qian qi,Horqin Youyi Zhong qi,Jalaid qi,Tuquan Xinlin Gol Meng:Erenhot city,Xilinhot city,Abag qi,Sonid You qi,sonid zuo qi,Dong Ujimqin qi, Xi Ujimqin qi, Taibus qi, Xianghuang qi, Zhengxiangbai qi,Zhenglan qi,Duolun Ulanqab Meng: Jining city, Fengzheng city, Zhuozi, Huade, Shangdu, Xinghe, Liangcheng, Qahar Youyi Qian qi, Qahar Youyi Zhong qi, Qahar Youyi Hou qi,siziwang qi Ih Ju Meng:Dongsheng city,Dalad qi,Jungar qi,Otog Qian qi,Otog qi,Hangjin qi,Uxin qi,Ejin Horo qi Bayan Nur Meng:Linhe city,Wuyuan,Dengkou,Urad Qian qi,Urad Zhong qi,Urad Hou qi,Hangjin Hou qi Alxa Meng:Alxa Zuo qi,Alxa You qi,Ejin qi
Liaoning	8 autonomous counties	Anshan city:Xiuyan Manchu autonomous county Fushun city:Xinbin Manchu autonomous county,Qingyuan Manchu autonomous county Benxi city:Benxi Manchu autonomous county,Huanren Manchu autonomous county Dandong city:Kuandian Manchu autonomous county Fuxin city:Fuxin Mongolian autonomous county Chaoyang city:Harqin Zuoyi Mongolian autonomous county

a. Qi. the name of the administrative district of Inner Mongolia,equal to county.
b. Meng. the name of the administrative district of Inner Mongolia,equal to prefecture.

Distribution of Counties(Qis)and Cities in Minority National Autonomous Areas (2)
(End of 1999)

Region	Number of Counties (Qis) and Cities	Name of Counties(Qis) and Cities
Jilin	6 county - level cities, 2 counties, 3 autonomous counties	Siping city:Yitong Manchu autonomous county Baishan city:Changbai Korean autonomous county Songyuan city:Qian Gorlos Mongolian autonomous county Yanbian Korean autonomous prefecture:Yanji city,Tumen city,Dunhua city,Hunchun city,Longjing city,Helong city,Wangqin,Antu
Hei - longjiang	1 autonomous county	Daqing city:Dorbod Mongolian autonomous county
Zhejiang	1 autonomous county	Lishui prefecture:Jingning She autonomous county
Hubei	2 county - level cities, 6 counties, 2 autonomous counties	Yichang city:Changyang Tujia autonomous county,Wufeng Tujia autonomous county Enshi Tujia and Miao autonomous prefecture:Enshi city,Lichuan city,Jianshi,Badong, Xuanen,Xianfeng,Laifeng,Hefeng
Hunan	1 county - level city, 7 counties, 7 autonomous counties	Shaoyang city:Chengbu Miao autonomous county Yongzhou city:Jianghua Yao autonomous county Huaihua city: Mayang Miao autonomous county, Xinhuang Dong autonomous county, Zhijiang Dong autonomous county, Jingzhou Miao and Dong autonomous county, Tongdao Dong autonomous county Xiangxi Tujia and Miao autonomous prefecture:Jishou city,Luxi,Fenghuang,Huayuan, Baojing,Guzhang,Yongshun,Longshan
Guang - dong	3 autonomous counties	Shaoguan city:Ruyuan Yao autonomous county Qingyuan city:Lianshan Zhuang and Yao autonomous county,Liannan Yao autonomous county
Guangxi	10 county - level cities, 59 counties, 12 autonomous counties,	* Nanning city:Yongning,Wuming * Liuzhou city:Liujiang,Liucheng * Guilin city: Yangshuo, Lingui, Lingchuan, Quanzhou, Xingan, Yongfu, Guanyang, Longsheng Gezu autonomous county, Ziyuan, Pingle, Lipu, Gongcheng Yao autonomous county * Wuzhou city:Cenxi city,Cangwu,Tengxian,Mengshan * Beihai city:Hepu * Fanchenggang city:Dongxiang City,Shangsi * Qinzhou city:Lingshan,Pubei * Guigang city:Guiping city,Pingnan * Yulin city:Beiliu city,Rongxian,Luchuan,Bulbai,xingye Nanning prefecture: Pingxiang city, Hengxian, Binyang, Shanglin, Longan, Mashan, Fusui,Chongzuo,Daxin,Tiandeng,Ningming,Longzhou Liuzhou prefecture: Heshan city, Luzhai, Xiangzhou, Wuxuan, Laibin, Rongan, Sanjing Dong autonomous county, Rongshui Miao autonomous county, Jinxiu Yao autonomous county,Xincheng Hezhou prefecture:Hezhou city,Zhaoping,Zhongshan,Fuchuan Yao autonomous county Baise prefecture: Baise city, Tianyang, Tiandong, Pingguo, Debao, Jingxi, Napuo, Lingyun,Leye,Tianlin,Longlin Gezu autonomous county,Xilin Hechi prefecture: Hechi city, Yizhou city, Luocheng Molao autonomous county, Huanjiang Maonan autonomous county,Nandan,Tian'e,Fengshan, Donglan, Bama Yao autonomous county, Du'an Yao autonomous county,Dahua Yao autonomous county

Distribution of Counties(Qis)and Cities in Minority National Autonomous Areas (3)
(End of 1999)

Region	Number of Counties (Qis) and Cities	Name of Counties(Qis) and Cities
Hainan	6 autonomous counties	Baisha Li autonomous county, Changjiang Li autonomous county, Ledong Li autonomous county, Lingshui Li autonomous county, Baoting Li and Miao autonomous county, Qiongzhong Li and Miao autonomous county
Chongqing	5 autonomous counties	Qianjiang Prefecture: Shizhu Tujia autonomous county, Xiushan Tujia and Miao autonomous county, Qianjiang Tujia and Miao autonomous county, Yonyang Tujia and Miao autonomous county, Pengshui Miao and Tujia autonomous county
Sichuan	1 county－level city, 46 counties, 3 autonomous counties	Leshan city: E'bian Yi autonomous county, Mabian Yi autonomous county Aba Tibetan and Qiang autonomous prefecture: Wenchuan, Lixian, Maoxian, Songpan, jiuzhaigou, Jinchuan, Xiaojin, Heishui, Burkam, Zamtang, Aba, Zoige, Hongyuan Garze Tibetan autonomous prefecture: Kangding, Luding, Danba, Jiulong, Yajiang, Daowu, Luhuo, Garze, Xinlong, Dege, Baiyu, Shiqu, Seda, Litang, Batang, Xiangcheng, Daocheng, Derong Liangshan Yi autonomous Prefecture: Xichang city, Muli Tibetan autonomous county, Yanyuan, Dechang, Huili, Huidong, Ningnan, Puge, Butuo, Jingyang, Zhaojue, Xide, Mianning, Yuexi, Ganluo, Meigu, Leibo
Guizhou	4 county－level cities, 31 counties, 11 autonomous counties	Zunyi City: Daozhen Gelo and Miao autonomous county, Wuchuan Gelo and Miao autonomous county Tongren Prefecture: Yuping Dong autonomous county, Yinjiang Tujia and Miao autonomous county, Yanhe Tujia autonomous county, Songtao Miao autonomous county Bijie Prefecture: Weining YiHui and Miao autonomous county Anshun Prefecture: Guanling Bouyei and Miao autonomous county, Zhenning Bouyei and Miao autonomous county, Ziyun Miao and Bouyei autonomous county Qianxinan Bouyei and Miao autonomous prefecture: Xingyi city, Xingren, Puan, Qinglong, Zhenfeng, Wangmo, Ceheng, Anlong Qiandongnan Miao and Dong autonomous prefecture: Kaili city, Huangping, Shibing, Sanhui, Zhenyuan, Cengong, Tianzhu, Jinping, Jianhe, Taijiang, Liping, Rongjiang, Congjiang, Leishan, Majiang, Danzhai Qiannan Bouyei and Miao autonomous prefecture: Duyun city, Fuquan city, Libo, Guiding, Wengan, Dushan, Pingtang, Luodian, Chang shun, Longli, Huishui, Sandu Shui autonomous county

Distribution of Counties(Qis)and Cities in Minority National Autonomous Areas (**4**)
(End of 1999)

Region	Number of Counties (Qis) and Cities	Name of Counties(Qis) and Cities
Yunnan	7 county-level cities, 42 counties, 29 autonomous counties	Kunming city: Shiling Yi autonomous county, Luquan Yi and Miao autonomous county, Xundian Hui and Yi autonomous county Yuxi city: Eshan Yi autonomous county, Xinping Yi and Dai autonomous county, Yuanjiang Hani Yi and Dai autonomous county Simao prefecture: Puer Hani and Yi autonomous county, Mojiang Hani autonomous county, Jingdong Yi autonomous county, Jiggu Dai and Yi autonomous county, Zhenyuan Yi Hani and Lahu autonomous county, jiangcheng Hani and Yi autonomous county, Menglian Dai Lahu and Va autonomous county, Lancang Lahu autonomous county, Ximeng Va autonomous county Lijiang prefecture: Lijiang Naxi autonomous county, Ninglang Yi autonomous county Lincang prefecture: Shuangjiang Lahu Va Blang and Dai autonomous county, Gengma Dai and Va autonomous county, Cangyuan Va autonomous county Chuxiong Yi autonomous prefecture: Chuxiong city, shuangbai, Mouding, Nanhua, Yaoan, Dayao, Yongren, Yuanmo, Wuding, Lufeng Honghe Hani and Yi autonomous prefecture: Gejiu city, Kaiyuan city, Mengzi, Pingbian Miao autonomous county, Jianshui, Shiping, Mile, Luxi, Yuanyang, Honghe, Jinping Miao Yao and Dai autonomous county, Luchun, Hekou Yao autonomous county Wenshan Zhuang and Miao autonomous prefecture: Wenshan, Yanshan, Xichou, Malipo, Maguan, Qiubei, Guangnan, Funing Xishuangbanna Dai autonomous prefecture: Jinghong city, Menghai, Mengla Dali Bai autonomous prefecture: Dali city, Yangbi yi autonomous county, Xiangyun, Binchuan, Midu, Nanjian Yi autonomous county, Weishan Yi and Hui autonomous county, Yongping, Yunlong, Eryuan, Jianchuan, Heqing Dehong Dai and Jingpo autonomous Prefecture: Ruili city, Luxi city, Lianghe, Yingjiang, Longchuan Nujiang Lisu autonomous prefecture: Lushui, Fugong, Gongshan Dulong and Nu autonomous county, Lanping Bai and Pumi autonomous county Diqing Tibetan autonomous prefecture: Zhongdian, Deqing, Weixi Lisu autonomous county

Distribution of Counties(Qis)and Cities in Minority National Autonomous Areas (5)
(End of 1999)

Region	Number of Counties (Qis) and Cities	Name of Counties(Qis) and Cities
Tibet	1 county-level city, 71 counties,	* Lhasa city:Lhunzhub,Damxung,Nyemo,Quxu,Doilungdeqen,Dagze Maizhokunggar Qamdo prefecture:Qamdo,Jomda,Gonjo,Riwoqi,Dengqen,Zhag'yab,Baxoi,Zongang, Markam,Lhorong,Banbar Shannan prefecture: Nedong, Zhanang, Gonggar, Sangri, Qonggyai, Qusum, Comai, Lhozhag,Gyaca,Lhunze,Cona,Nagarze Xigaze prefecture: Xigaze city, Namling, Gyangze, Tingri, Sa'gya, Lhaze, Ngamring, Xaitongmoin, Bainang, Rinbung, Kangmar, Dinggye, Zhongba, Yadong,Gyirong,Nyalam,Saga,Gamba Nagqu prefecture: Nagqu, Lhari, Biru, Nyainrong, Amdo, Xainza, Sog Xian, Baingoin, Baqen,Nyima Ali prefecture:Burang,Zanda,Gar,Rutog Ge'gyai,Gerze,Coqen Nyingchi prefecture: Nyingchi, Gongbo'gyamda, Mainling, Medog, Bomi, Zayu, Nang Xian
Gansu	2 county-level city, 12 counties, 7 autonomous counties	Tianshui city:Zhangjiachuan Hui autonomous county Jiuquan prefecture: Subei Mongolian autonomous county, Aksay Kazak autonomous county Zhangye prefecture:Sunan Yugur autonomous county Wuwei prefecture:Tianzhu Tibetan autonomous county Linxia Hui autonomous Prefecture: Linxia city, Linxia, Kangle, Yongjiang, Guanghe, Hezheng, Dongxiang autonomous county, Jishishan Baoan Dongxiang and Salar autonomous county Gannan Tibetan autonomous prefecture: Hezuo city, Lintan, Jone, Zhouqu, Diebu, Maqu,Luqu,Xiahe
Qinghai	2 county-level cities 26 counties, 7 autonomous counties	Xining city:Datong Hui and Tu autonomous county Haidong prefecture: Minhe Hui and Tu autonomous county, Huzhu Tu autonomous county,Hualong Hui autonomous county,Xunhua Salar autonomous county Haibei Tibetan autonomous prefecture: Menyuan Hui autonomous county, Qilian, Haiyan,Gangcha Huangnan Tibetan autonomous prefecture: Tongren, Jainca, Zekog, Henan Mongolian autonomous county Hainan Tibetan autonomous prefecture:Gonghe,Tongde,Guide,Xinghai,Guinan Guoluo Tibetan autonomous prefecture:Maqeen,Baima,Gade,Darlag,Jigzhi,Madoi Yushu Tibetan autonomous prefecture: Yushu, Zadoi, Chindu Zhidoi, Nangqen, Qumarleb Haixi Mongolian autonomous prefecture:Golmud city,Delhi city,Ulan,Dulan,Tianjun

Distribution of Counties(Qis)and Cities in Minority National Autonomous Areas (6)
(End of 1999)

Region	Number of Counties (Qis) and Cities	Name of Counties(Qis) and Cities
Ningxia	2 county-level cities, 15 counties,	* Yinchuan city: Yongning, Helan * Shizuishan city: Pingluo, Taole, Huinong * Wuzhong city: Qingtongxia city, Lingwu city, Zhongwei, Zhongning, Yanchi, Tongxin Guyuan Prefecture: Guyuan, Haiyuan, Xiji, Longde, Jingyuan, pengyang
Xinjiang	17 county-level cities, 62 counties, 6 autonomous counties,	* Urumqi city: Urumqi * Karamay city Shihezi city Turpan prefecture: Turpan city, Shanshan, Toksun Hami Prefecture: Hami city, Barkol Kazak autonomous county, Yiwu Aksu prefecture: Aksu city, Wensu, Kuqa, Xayar, Xinhe, Baicheng, Wushi, Awat, Kalpin Kashi prefecture: Kashi city, Shule, Shufu, Yengisar, Zepu, Shache, Yecheng, Markit, Yopurga, Jiashi, Bachu, Taxkorgan Tajik autonomous county Hotan prefecture: Hotan city, Hotan, Moyu, Pishan, Lop, Qira, Yutian, Minfeng Changji Hui autonomous prefecture: Changji city, Fukang city, Miquan city, Hutubi, Manas, Qitai, Jimsar, Mori Kazak autonomous county Bortala Mongolian autonomous prefecture: Bole city, Jinghe, Wenquan Bayyingolin Mongolian autonomous prefecture: Korla city, Luntai, Yuli, Ruoqiang, Qiemo, Yanqi Hui autonomous county, Hejing, Hoxud, Bohu Kizilsu Kirgiz autonomous prefecture: Artux city, Akto, Akqi, Wuqia Ili Kazak autonomous prefecture: Kuytun city Ili prefecture: Yining city, Yining, Qapqal Xibe autonomous County, Huocheng, Gongliu, Xinyuan, Zhaosu, Tekes, Nilka Tacheng prefecture: Tacheng city, Usa city, Emin, Shawan, Toli, Yumin, Hobksar Mongolian autonomous county Altay prefecture: Altay city, Burqin Fuyun, Fuhai, Habahe, Qinghe, Ieminay

1—3 民族自治地方分地区面积(1999年)

Areas by Region of Minority National Autonomous Areas(1999)

单位:平方公里 (sq. km)

地区 Region	总面积 Total Land Area	#民族自治地方面积 Area of Minority National Autonomous Area	民族自治地方面积占总面积% Percentage to Total Area	民族自治地方人口密度(人/平方公里) Density of Populaiton of Minority National autonomous Areas
全国总计	**9 600 000**	**6 119 600**	**63.75**	
合　计 Total	**8 348 720**	**6 119 600**	**73.30**	**27.43**
河　北 Hebei	187 700	24 005	12.79	79.07
内蒙古 Inner Mongolia	1 183 000	1 183 000	100.00	19.69
辽　宁 Liaoning	145 900	34 200	23.44	97.51
吉　林 Jjlin	187 400	54 849	29.27	60.64
黑龙江 Heilongjiang	454 600	6 054	1.33	40.27
浙　江 Zhejiang	101 800	1 950	1.92	90.00
湖　北 Hubei	185 900	29 444	15.84	150.51
湖　南 Hunan	211 800	30 946	14.61	152.06
广　东 Guangdong	177 900	4 622	2.60	98.83
广　西 Guangxi	236 000	236 000	100.00	199.70
海　南 Hainan	33 920	11 462	33.79	134.88
重　庆 chongqing	82 400	16 936	20.55	170.93
四　川 Sichuan	485 000	300 948	62.05	19.76
贵　州 Guizhou	176 000	97 844	55.59	150.76
云　南 Yunnan	394 000	276 674	70.22	74.12
西　藏 Tibet	1 228 400	1 228 400	100.00	2.02
甘　肃 Gansu	454 000	171 459	37.77	17.79
青　海 Qinghai	721 200	709 053	98.32	4.27
宁　夏 Ningxia	51 800	51 800	100.00	104.88
新　疆 Xinjiang	1 650 000	1 650 000	100.00	10.76

注:总面积为全省区面积数(The total land areas is the areas of the Prouince of region)。

1—4 民族自治地方自然状况及资源

Natural Resources in Minority National Autonomous Areas

项 目				1999年	占全国%
总面积	(万平方公里)	Total Area	(10 000 sq. km)	611.96	63.75
牧区、半农半牧区草原面积	(万公顷)	Area of Grasslands in Pastoral and Semipastoral Areas	(10 000 hectares)	30 000	75
森林面积	(万公顷)	Area of Forest	(10 000 hectares)	5 648	42.2
森林蓄积量	(亿立方米)	Stock Volume of the Forest	(100 million cu. m)	52.49	51.8
草原面积	(万公顷)	Grassland	(10 000 hectare)	30 027	75
#可利用草原面积	(万公顷)	Utilizable	(10 000 hectare)	21 700	68
草山草坡面积	(万公顷)		(10 000 hectare)	3 560	32.5
淡水面积	(万公顷)	Freshwater Area	(10 000hectare)	407	24.5
水力资源蕴藏量	(万千瓦)	Hydropower Resources	(10 000 kw)	44 568	65.9

注:除总面积和耕地面积外,其它资源为1994年清查数,有待进一步勘测。

a) Figures were obtained from surveys in previous years, and is subject to further verification.

1—5 民族自治地方主要山脉基本情况

Main Mountain Ranges in minority National Autonomous Areas

名 称 Mountain Range		山峰高程(米) Height of Mountain Peak (m)	雪线高程(米) Height of Snow line (m)	冰川面积(平方公里) Glacier Area (sq. km)
阿尔泰山	Altay Mountains	4 374	3 000—3 200	287
天山	Tianshan Mountains	7 443	3 600—4 400	9 548
祁连山	Qilian Mountains	5 826	4 300—5 240	2 063
帕米尔	Pamirs	7 579		2 258
昆仑山	Kunlun Mountains	6 973		11 639
喀喇昆仑山	KaraKorum Mountains	8 611	5 100—5 400	3 265
唐古拉山	Tanggula Mountains	6 137		2 082
羌塘高原	Qiangtang Plateau	6 596		3 566
念青塘古拉山	Nyainqentanglha Mountains	7 111	4 500—5 700	7 536
横断山	Hengduan Mountains	7 556	4 600—5 500	1 456
喜玛拉雅山	The Himalayas	8 848	4 300—6 200	11 055
冈底斯山	Gangdise Mountains	7 095	5 800—6 000	2 188

注:资料来源于《中国统计年鉴》。

Note: Material source:《China Statistical Yearbook》.

1—6 流经民族自治地方主要河流及流域面积

The Major rivers in Minority National Autonomous areas and the total Drainge area

流域名称	River	流域面积(平方公里) Drainge Area (sq.km)
外流河	**Out – flowing Rivers**	
黑龙江及绥芬河	Heilongjiang River and Suifenhe River	875 342
辽河、鸭绿江及沿海诸河	Liaohe, Yalujiang and Related Coastal Rivers	345 207
黄河	Huanghe River (yellow River)	752 443
长江	Changjiang River (Yangtze River)	1 808 500
元江及澜沧江	Yuanjiang River and Lancang River	240 652
怒江及滇西诸河	Nujiang River and West Yunnan Rivers	157 156
雅鲁藏布江及藏南诸河	Yarlung Zangvo River and Southern Tibet Rivers	396 258
藏西诸河	Western Tibet Rivers	57 340
额尔齐斯河	Ertix River	50 000
内陆河	**Inland Rivers**	
内蒙内陆河	Rivers in Inner Mongolia	300 067
河西内陆河	Rivers in Huanghe Upper Reach Area	488 301
准噶尔内陆河	Rivers in Zhunger Basin	316 530
中亚西亚内陆河	Rivers in Central Asia	93 130
塔里木内陆河	Rivers in Tarim Basin	1 074 810
青海内陆河	Rivers in Qinghai Province	316 285
羌唐内陆河	Rivers in Qiangtang	721 182
松花江、黄河、藏南闭流区	Blind Drainage Areas of Songhua River, Huan River and Southern Tibet.	90 353

注:资料来源于《中国统计年鉴》。

Note: Material source:《China Statistical Yearbook》.

1—7 民族自治地方主要城市气候情况(1999年)

Climate in Major Cities of Minority National Autonomous Areas (1999)

城市 City		年平均气温(摄氏度) Annual Average Temperature (℃)	年平均相对湿度(%) Annual Average Relative Humidity (%)	年降水量(毫米) Annual Total Precipitation (millimeters)	年日照时数(小时) Annual Total Sunshine Hours (hours)
呼和浩特	Hohhot	8.4	47	256.1	2 792
南宁	Nanning	21.7	78	1 211.4	1 602
拉萨	Lhasa	9.0	41	506.1	2 823
银川	Yinchuan	9.5	52	169.2	2 754
乌鲁木齐	Urumqi	8.0	58	336.3	2 325

注:资料来源于《中国统计年鉴》。

Note: Material source:《China Statistical Yearbook》.

主要统计指标解释

森林面积 指生长着乔木和竹林,郁闭度在0.3以上(不包括0.3)的林地面积,即有林地面积。它是反映森林资源总面积的重要指标。森林面积包括天然林面积和人工林面积,不包括灌木林地和疏林地面积。

森林蓄积量 指森林面积上生长着的林木树干材积总量,是反映一个国家和地区森林资源总规模和水平的重要指标。

草地面积 指牧区和农区用于放牧牲畜或割草,植被盖度在5%以上的草原、草坡、草山等面积。包括天然的和人工种植或改良的草地面积。

综合
General Survey

2

2—1 全国国民经济与社会发展总量与速度指标(一)

指 标	Item	1985年
年底总人口(万人)	Population at the year－end (10 000 persons)	105 851
市镇人口	Urban	25 094
乡村人口	Rural	80 757
从业人员数(万人)	Employment (10 000 persons)	49 873
＃职工人数	Staff and Workers	12 358
国内生产总值(亿元)	Gross Domestic Product (100 million yuan)	8 964
第一产业	Primary Industry	2 542
第二产业	Secondary Industry	3 867
工业	Industry	3 449
建筑业	Construction	418
第三产业	Tertiary Industry	2 556
＃交通运输仓储邮电通信业	Transportation, post and Telecommunications	407
批发和零售贸易餐饮业	Wholesale, Retain & Catering Trade	878
支出法国内生产总值(亿元)	Gross Domestic Expenditures (100 million yuan)	8 792
最终消费	Total Consumption	5 773
资本形成总额	Total Investment	3 386
全社会固定资产投资总额(亿元)	Total Investment in Fixed Assets (100 million yuan)	2 543
基本建设	Capital Construction	1 074
更新改造	Innovation	449
房地产开发	Real Estate Development	
其他投资	Others	1 020
国家财政收入(亿元)	Government Revenue (100 million yuan)	2 005
国家财政支出(亿元)	Government Expenditures (100 million yuan)	2 004
主要农产品产量	Output of Major Farm Products	
粮食(万吨)	Grian (10 000 tons)	37 911
棉花(万吨)	Cotton (10 000 tons)	415
油料(万吨)	Oil－bearing Crops (10 000 tons)	1 578
猪牛羊肉(万吨)	Meat (10 000 tons)	
主要工业产品产量	Output of Major Industrial Products	
布(亿米)	Cloth (100 million m)	147
机制纸及纸板(万吨)	Machine－Made Paper and Paperboards (10 000 tons)	911
原煤(亿吨)	Coal (100 million tons)	8.7
原油(万吨)	Crude－Oil (10 000 tons)	12 490
发电量(亿千瓦小时)	Electricity (100 million kwh)	4 107
钢(万吨)	Steel (10 000 tons)	4 679
水泥(万吨)	Cement (10 000 tons)	14 595
建筑企业房屋施工面积(万平方米)	Floor Space of Buildings Under Construction (10 000 sq·m)	35 492
建筑企业房屋竣工面积	Floor Space of Buildings Completed	17 073
货运量(亿吨)	Freight Traffic (100 million tons)	74.6
货物周转量(亿吨公里)	Freight Ton－Kilometers (100 Million ton－km)	18 365

Number and Percentage Change of National Economic and Soical Development in China (1)

1990 年	1995 年	1998 年	1999 年	1999 年为下列各年%				平均每年增长%		
				1985 年	1990 年	1995 年	1998 年	1986—1990 年	1991—1995 年	1991—1999 年
114 333	121 121	124 810	125 909	118.9	110.1	104.0	100.9	1.6	1.2	1.1
30 191	35 174	37 942	38 892	155.0	128.8	110.6	102.5	3.8	3.1	2.9
84 142	85 947	86 868	87 017	107.8	103.4	101.2	100.2	0.8	0.4	0.4
63 909	67 947	69 957	70 586	141.5	110.4	103.9	100.9	5.1	1.2	1.1
14 059	14 908	12 337	11 773	95.3	83.7	79.0	95.4	2.6	1.2	-2.0
18 548	58 478	78 345	82 054	354.4	242.7	137.7	107.1	7.9	12.0	10.4
5 017	11 993	14 552	14 212	174.1	141.8	115.7	102.8	4.2	4.2	4.0
7 717	28 538	38 619	40 807	499.6	325.1	145.9	108.1	9.0	17.4	14.0
6 858	24 718	33 388	35 357	519.1	334.0	148.0	108.5	9.2	17.7	14.3
859	3 820	5 231	5 450	346.8	253.8	127.0	104.6	6.4	14.9	10.9
5 814	17 947	25 174	27 036	344.8	220.3	137.1	107.5	9.4	10.0	9.2
1 148	3 055	4 121	4 460	404.2	252.8	149.3	109.3	9.8	11.1	10.9
1 420	4 932	6 579	6 842	237.3	189.6	132.0	107.2	4.6	7.5	7.4
18 320	58 510	79 853	83 889							
11 365	33 635	46 406	50 055							
6 444	23 877	30 396	31 417							
4 517	20 019	28 406	29 876	1 174.7	661.4	149.2	105.2	16.5	36.9	28.0
1 704	7 404	11 916	12 619	1 174.5	740.6	170.4	105.9	10.7	36.1	28.8
830	3 299	4 517	4 419	983.9	532.3	133.9	97.8	19.7	34.1	25.4
253	3 149	3 614	4 010		1 583.5	127.3	111.0	—	73.0	45.4
1 730	6 167	8 359	8 828	865.8	510.4	143.2	105.6	16.4	30.5	24.1
2 937	6 242	9 876	11 377	567.5	387.4	182.3	115.2	7.9	16.3	16.2
3 084	6 824	10 798	13 136	655.4	426.0	192.5	121.6	9.0	17.2	17.5
44 624	46 662	51 230	50 839	134.1	113.9	109.0	99.2	3.3	0.9	1.5
451	477	450	383	92.4	85.0	80.4	85.1	1.7	1.1	-1.8
1 613	2 250	2 314	2 601	164.8	161.2	115.6	112.4	0.4	6.9	5.5
		4 598	4 762				103.6			
189	260	241	250	170.4	132.4	96.1	103.7	5.2	6.6	3.2
1 372	2 812	2 126	2 159	237.0	157.4	76.8	101.6	8.5	15.4	5.2
10.8	13.6	12.5	10.5	120.7	97.2	77.2	84.0	4.4	4.7	-0.3
13 831	15 005	16 100	16 000	128.1	115.7	106.6	99.4	2.1	1.6	1.6
6 212	10 070	11 670	12 393	301.8	199.5	123.1	106.2	8.6	10.1	8.0
6 635	9 536	11 559	12 426	265.6	187.3	130.3	107.5	7.2	7.5	7.2
20 971	47 561	53 600	57 300	392.6	273.2	120.5	106.9	7.5	17.8	11.8
37 923	89 863	137 594	141 471	398.6	373.0	157.4	102.8	1.3	18.8	15.8
19 553	35 666	65 683	67 184	393.5	343.6	188.4	102.3	2.7	12.8	14.7
97.1	123.5	126.4	129.0	172.9	132.9	104.5	102.1	5.4	4.9	3.2
26 207	35 730	37 841	40 273	219.3	153.7	112.7	106.4	7.4	6.4	4.9

2—1 全国国民经济与社会发展总量与速度指标(二)

指　　标 Item		1985年
客运量(亿人)	Passenger Traffic (100 Million persons)	62.0
旅客周转量(亿人公里)	Passenger－Kilometers (100 Million pasenger－km)	4 437
沿海主要港口货物吞吐量(万吨)	Volume of Freight Handled at Major coastal Ports (10 000 tons)	31 154
邮电业务总量(亿元)	Total Business Revenue (100 million yuan)	30
本地电话年末用户(万户)	Local Telephone Subscribers of at Year－end (10 000 household)	312
移动电话用户(万户)	Number of Mobile Telephones subscribers at (10 000 household)	
社会消费品零售总额(亿元)	Total Retail Sales of Consumer Goods (100 million yuan)	4 305
市	City	1 875
县	County	737
县以下	Under County Lever	1 693
进出口总额(亿美元)	Total Exports and Imports (USD 100 million)	696
进口额	Imports	423
出口额	Exports	274
签订利用外资协议额(亿美元)	Total Amount of Foreign Capital to Be Utilized in the Signed Agreements & Contracts (USD 100 million)	98.7
实际利用外资额(亿美元)	Total Amount of Foreign Capital Actually Used (USD 100 million)	46.5
金融机构各项存款年底余额(亿元)	Deposits of National Banking System (100 million yuan)	
金融机构各项贷款年底余额(亿元)	Loans of National Banking System (100 million yuan)	
学校数(所)	Schools (unit)	938 173
专任教师数(万人)	Full－time Teachers (10 000 persons)	868.8
在校学生数(万人)	Students Enrollment (10 000 persons)	18 633
国有单位专业技术人员数(万人)	Number of Scientific and Technical Personnel in State－Ownd Enterprises and institutions (10 000 persons)	781.7
科技研究与发展经费支出(亿元)	Reseach and Development Expenses (100 million yuan)	
技术市场成交额(亿元)	Transaction Value in Technical Maket (100 million yuan)	
图书出版数(册(张))	Number of Books Published (copy)	66.7
杂志出版数(亿册)	Number of Magazines Issued (100 million copies)	25.6
报纸出版数(亿份)	Number of Newspapers Issue (100 million copies)	246.8
职工工资总额(亿元)	Total Wages (100 million yuan)	1 383
职工平均工资(元)	Aaverage Wage of Staff and Workers (yuan)	1 148
医院、卫生院数(个)	Number of Hospitals (unit)	59 614
医生数(万人)	Number of Doctors (10 000 persons)	141.3
医院、卫生院床位数(万张)	Number of Hospital Beds (10 000 units)	222.9
城市煤气和天然气供气量(亿立方米)	Volume of Coal Gas and Natural Gas Supply in Urban Areas (100 million cu.m)	41.2
城市公共交通客运总量(亿人次)	The Total Volume of City Public Passenger Transportation (100 million person－times)	255.4
城市公共绿地面积(万公顷)	Public Green Areas in cities (10 000 hectares)	3.3

注:1.由于计算误差的影响,支出法国内生产总值不等于按生产法计算的国内生产总值。
2.本表价值量指标中,邮电业务总量按1990年不变价格计算,其余按当年价格计算。
3.社会消费品零售总额1990年及以前为社会商品零售总额,农业生产资料零售额包括在县以下零售额中。

Number and Percentage Change of National Economic and Social Development in China (2)

1990年	1995年	1998年	1999年	1999年为下列各年%				平均每年增长%		
				1985年	1990年	1995年	1998年	1986—1990年	1991—1995年	1991—1999年
77.3	117.3	137.7	139.3	224.7	180.2	118.8	101.2	4.5	8.7	6.8
5 628	9 002	10 559	11 214	252.7	199.3	124.6	106.2	4.9	9.8	8.0
48 321	80 166	92 237	105 162	337.6	217.6	131.2	114.0	9.2	10.7	9.0
82	989	2 431	3 311	11 036.7	4 037.8	334.8	136.2	22.3	64.5	50.8
685	4 071	8 742	10 881	3 487.1	1 588.4	267.3	124.5	17.0	42.8	36.0
1.8	362.9	2 386.3	4 324.0		236 284	1 191.4	181.2		188.1	137.0
8 300	20 620	29 153	31 135	723.2	375.1	151.0	106.8	14.0	20.0	15.8
3 889	12 377	17 825	19 092	1 018.5	491.0	154.3	107.1	15.7	26.1	19.3
1 337	2 920	3 682	3 893	528.0	291.0	133.3	105.7	12.7	16.9	12.6
3 074	5 324	7 645	8 151	481.3	265.1	153.1	106.6	12.7	11.6	11.4
1 154	2 809	3 241	3 607	518.2	312.4	128.4	111.3	10.6	19.5	13.5
534	1 321	1 402	1 657	392.2	310.6	125.5	118.2	4.8	19.9	13.4
621	1 488	1 838	1 949	712.7	313.9	131.0	106.0	17.8	19.1	13.6
120.9	1 032.1	632.0	520.1	527.0	430.2	50.4	82.3	4.1	53.6	17.6
102.9	481.3	585.6	526.6	1 132.5	511.8	109.4	89.9	17.2	36.1	19.9
	53 882	95 698	108 779			201.9	113.7			
	50 544	86 524	93 734			185.5	108.3			
867 924	764 955	702 719	674 173	71.9	77.7	88.1	95.9	-1.5	-2.5	-2.8
946.9	994.8	1 053.8	1 073.7	123.6	113.4	107.9	101.9	1.7	1.0	1.4
17 553	19 677	21 635	21 782	116.9	124.1	110.7	100.7	-1.2	2.3	2.4
1 080.9	1 913.4	2 091.4	2 143.1	274.2	198.3	112.0	102.5	6.7	12.1	7.9
125	349	551	593		472.9	169.9	107.6		22.7	18.8
75	268	436	488		649.8	181.9	111.9		29.0	23.1
56.4	63.2	72.4	73.2	109.7	129.8	115.8	101.1	-3.3	2.3	2.9
17.9	23.4	25.4	27.9	109.0	155.9	119.2	109.8	-6.9	5.5	5.1
211.3	263.3	300.4	318.4	129.0	150.7	120.9	106.0	-3.1	4.5	4.7
2 951	8 100	9 297	9 876	202.7	157.3	110.7	107.6	5.2	7.2	5.2
2 140	5 500	7 479	8 346	206.4	183.3	137.8	113.1	2.4	5.8	7.0
62 454	67 807	67 081	66 935	112.3	107.2	98.7	99.8	0.9	1.7	0.8
176.3	191.8	200.0	204.5	144.7	116.0	106.6	102.3	4.5	1.7	1.7
262.4	283.6	291.4	292.9	131.4	111.6	103.3	100.5	3.3	1.6	1.2
149.0	194.0	236.4	212.1	514.8	142.3	109.3	89.7	29.3	5.4	4.0
276.8	299.0	298.7	326.0	127.6	117.8	109.0	109.1	1.6	1.6	1.8
5.7	9.4	12.0	13.1	397.0	229.8	139.4	109.2	11.6	10.5	9.7

注:本表国内生产总值、邮电业务总量、职工工资总额和平均工资指数按可比价格计算,其他按当年价格计算。

2—2 民族自治地方国民经济与社会发展主要指标

指标	Item	1985 年	1990 年	1995 年	1998 年	1999 年
一、人口(亿人)	**Population(10 000 persons)**					
年底总人口	Population at the Year-end	1.35	1.53	1.60	1.66	1.68
少数民族人口	Minority Population	0.59	0.68	0.72	0.76	0.77
二、国民经济	**I. Economic of Minority National Autonomous Areas**					
国内生产总值(亿元)	**Gross National Product(100 million yuan)**			**4901.14**	**6589.84**	**6886.17**
第一产业	Primary Industry			1 628.55	2 055.62	2 007.83
第二产业	Secondary Industry			1 746.52	2 381.01	2 528.18
第三产业	Tertiary Industry			1 526.07	2 153.21	2 350.16
工农业总产值(亿元)	**Gross Output Value Agriculture and Industry (100 million yuan)**	**1 208.3**	**2 272.9**	**6 785**	**8 522.7**	**8 610.4**
农业总产值	Gross Output Value of Agriculture	436.6	977.8	2 536.6	3 210.1	3 160.0
工业总产值	Gross Output Value of Industry	771.7	1 295.1	4 248.4	5 312.6	5 450.4
国有经济固定资产投资(亿元)	**Total Investment in Fixed Assets of State－owned Units (100 million yuan)**	**161.9**	**259.4**	**982.6**	**1 342.5**	**1 411.6**
财政(亿元)	**Public Finance (100 million yuan)**					
地方财政收入	Local Governments Revenue	63.5	166.7	248.1	399.3	437.2
地方财政支出	Local Governments Expenditures	157.0	304.4	595.1	868.5	1 003.8
农业	**Agriculture**					
耕地面积(万公顷)	Cultivated Areas (10 000 ha)	1 747	1 763	1 508	2 068.5	2 128.2
灌溉面积(万公顷)	Irrigated Areas (10 000 ha)	686	764	838	899.3	918.0
粮食产量(万吨)	Grain Output (10 000 tons)	4 006	5 373	5 801	7 150	6 873.8
棉花产量(万吨)	Cotton Output (10 000 tons)	19	47	94.6	141.1	136.1
油料产量(万吨)	Oil－bearing Crops Output (10 000 tons)	193	208	264	290.6	332.9
大牲畜年底头数(万头)	Large Domestic Animals (10 000 heads)	4 749	5 286	5 618	5 565	5 688.6
羊年底只数(万只)	Goats and Sheep (10 000 heads)	9 757	11 362	11 906	12 844	13 035.5
猪年底头数(万头)	Hogs (10 000 heads)	4 533	5 668	7 240	7 047	7 291.7
工业	**Industry**					
钢产量(万吨)	Steel Output (10 000 tons)	232.5	368.3	699.6	632.8	643.3
生铁产量(万吨)	Pig Iron Output (10 000 tons)	258.1	417.0	554.7	701.7	696.4
原煤产量(万吨)	Coal Output (10 000 tons)	8 597	12 077	16 639	17 570	15 361
原油产量(万吨)	Crude Oil Output (10 000 tons)	805	1 265	1 610	2 047	2 058
发电量(亿千瓦小时)	Power Generation (100 000 000 kwh)	389	738.8	1 186.5	1 356.8	1 428.9
木材产量(万立方米)	Timber Output (10 000 cu. m)	1 826	1 761	3 257	1 637	1 230
布产量(亿米)	Cloth Output (100 000 000 m)	5.4	7.4	6.9	5.3	5.2
运输邮电	**Transportation, Post and telecommunication Services**					
铁路营业里程(万公里)	Railways in Operation (10 000 km)	1.25	1.31	1.7	1.71	1.75
公路通车里程(万公里)	Highways (10 000 km)	25.41	29.37	33.21	37.64	40.26
邮路及农村投递线路总长度(万公里)	Postal Routes (10 000 km)	90	88	106.8	102.6	106.1

注:本表价值指标均按当年价格计算。

Main Indicators of National Economy of
Minority National Autonomous Areas

指标	Item	1985年	1990年	1995年	1998年	1999年
国内商业	**Domestic Trade**					
社会消费品零售总额(亿元)	Total Value of Retail Sales (100 000 000yuan)	370.50	681.80	1 692.30	2 332.1	2 378.2
国内纯购进总额(亿元)	Total Value of Final Domestic Purchases (100 000 000yuan)	237.7	618.6	2 542	1 406.9	1 173.7
三、社会事业						
教育	**Education**					
各类在校学生(万人)	Number of Students Enrollment of Minority National Autonomous Areas (10 000 persons)	2 420.6	2 476.1	2 629.2	2 920.6	2 872.3
高等学校	Institutions of Higer Education	10.4	13.6	18.6	22.1	26.0
中等学校	Secondary Schools	573.3	609.6	721.1	867.8	918.8
小学校	Primary Schools	1 836.9	1 852.9	1 889.5	2 030.7	1 927.5
各类专任教师(万人)	Number of Full-time Teacher of Minority National Autonomous Areas(10 000persons)	95.7	129.1	138.4	143.6	147.3
高等学校	Institutions of Higer Education	2.2	2.8	3.7	3.0	3.1
中等学校	Secondary schools	33.5	41.5	48.9	52.8	54.3
小学校	Primary schools	60.0	84.8	85.8	87.8	89.9
出版	**Publications of Minority National Autonomous Areas**					
图书 (万册)	Books (10 000)	35 906.9	30 166.3	42 275.0	48 507.5	48 394.5
杂志 (万册)	Magazines (10 000)	7 818.8	7 866.4	7 881	7 509.9	8 069.5
报纸 (万份)	Newspapers (10 000)	76 847.2	79 119.6	94 984.8	108 276.7	145 695.9
卫生	**Health Care**					
卫生机构 (万个)	Number of Health Institutions (10 000)	3.04	3.20	2.90	1.67	1.67
各类卫生机构床位(万张)	Number of Hospitals and Sanatorium Beds (10 000)	31.21	35.94	38.71	39.27	37.91
卫生技术人员(万人)	Medical Personnel (10 000persons)	42.37	48.87	52.74	49.87	48.27

Note: Figures in Value terms in this table are at current prices.

2—3 民族自治地方国民经济与社会发展主要指标发展速度

指标	Item	1999年为各年% 1999 as Percentage of 1985	1990	1995	1998	平均增长% Average Annual Increase Rate(%) 1986－1990	1991－1995	1991－1999
一、人口	**Population**							
年底总人口	Population at the Year－end	124.44	109.80	105.00	101.20	2.53	0.90	1.04
少数民族人口	Minority Population	130.51	111.59	106.94	101.32	3.18	0.85	1.23
二、国民经济	**Economic of Minority National Auto－nomous Areas**							
国内生产总值	**Gross National Product**			**156.37**	**107.33**			
第一产业	Primary Industry			137.30	102.48			
第二产业	Secondary Industry			173.31	109.49			
第三产业	Tertiary Industry			157.21	109.40			
工农业总产值	**Gross Output Value of Agriculture and Industry**	**403.18**	**250.30**	**135.50**	**105.42**	**10.00**	**13.06**	**10.73**
农业总产值	Gross Output Value of Agriculture	242.73	179.42	128.81	104.62	6.23	6.85	6.71
工业总产值	Gross Output Value of Industry	552.78	305.03	138.77	105.79	12.63	17.06	13.19
国有经济固定资产投资	**Total Investment in Fixed Assets of State－owned Units**	**871.90**	**544.18**	**143.66**	**105.15**	**9.89**	**30.52**	**20.71**
财政	**Public Finance**							
地方财政收入	Local Governments Revenue	689.01	262.19	176.19	109.48	21.32	8.27	11.30
地方财政支出	Local Governments Expenditures	639.43	329.79	168.67	115.57	14.16	14.35	14.18
农业	**Agriculture**							
耕地面积	Cultivated Areas	121.82	120.71	141.13	102.89	0.18	－3.08	2.11
灌溉面积	Irrigated Areas	133.82	120.16	109.55	102.08	2.18	1.87	2.06
粮食产量	Grain Output	171.59	127.93	118.49	96.14	6.05	1.54	2.77
棉花产量	Cotton output	716.32	289.57	143.87	96.46	19.86	15.02	12.54
油料产量	Oil－bearing Crops Output	172.49	160.05	126.10	114.56	1.51	4.88	5.36
大牲畜年底头数	Large Domestic Animals	119.79	107.62	101.26	102.22	2.17	1.23	0.82
羊年底只数	Goats and Sheep	133.60	114.73	109.49	101.49	3.09	0.94	1.54
猪年底头数	Hogs	160.86	128.65	100.71	103.47	4.57	5.02	2.84
工业	**Industry**							
钢产量	Steel Output	276.69	174.67	91.95	101.66	9.64	13.69	6.39
生铁产量	Pig Iron Output	269.82	167.00	125.55	99.24	10.07	5.87	5.86
原煤产量	Coal Output	178.67	127.18	92.31	87.42	7.03	6.62	2.71
原油产量	Crude Oil Output	255.65	162.69	127.83	100.54	9.46	4.94	5.56
发电量	Power Generation	367.33	193.41	120.43	105.31	13.69	9.94	7.60
木材产量	Timber Output	67.36	69.85	37.76	75.14	－0.72	13.09	－3.91
布产量	Cloth Output	96.30	70.27	75.36	98.11	6.50	－1.39	－3.84
运输邮电	**Transportation, Post and telecommunication Services**							
铁路营业里程	Railways in Operation	140.00	133.59	102.94	102.34	0.94	5.35	3.27
公路通车里程	Highways	158.44	137.08	121.23	106.96	2.94	2.49	3.57
邮路及农村投递线路总长度	Postal Routes	117.89	120.57	99.34	103.41	－0.45	3.95	2.10

注:国内生产总值和工农业总产值发展速度按可比价格计算。

Indices of Main Indicators of National Economy of
Minority National Autonomous Areas

指标	Item	1999年为各年% 1999 as Percentage of				平均增长% Average Annual Increase Rate(%)		
		1985	1990	1995	1998	1986－1990	1991－1995	1991－1999
国内商业	**Domestic Trade**							
社会消费品零售总额	Total Value of Retail Sales	641.9	348.8	140.5	102.0	12.97	19.94	14.89
国内纯购进总额	Total Value of Final Domestic Purchases				83.4			
三、社会事业								
教育	**Education**							
各类在校学生	Number of Students Enrollment of Minority National Autonomous Areas	118.7	116.0	109.2	98.3	0.45	1.21	1.66
高等学校	Institutions of Higer Education	250.0	191.2	139.8	117.6	5.51	6.46	7.47
中等学校	Secondary Schools	160.3	150.7	127.4	105.9	1.24	3.42	4.66
小学校	Primary Schools	104.9	104.0	102.0	94.9	0.17	0.39	0.44
各类在校专任教师	Number of Full－time Teacher of Minority National Autonomous Areas	153.9	114.1	106.4	102.6	6.17	1.40	1.48
高等学校	Institutions of Higer Education	140.9	110.7	83.8	103.3	4.94	5.73	1.14
中等学校	Secondary Schools	162.1	130.8	111.0	102.8	4.38	3.34	3.03
小学校	Primary Schools	149.8	106.0	104.8	102.4	7.16	0.23	0.65
出版	**Publications of Minority National Autonomous Areas**							
图书	Books	134.8	160.4	114.5	99.8	－3.42	6.98	5.39
杂志	Magazines	103.2	102.6	102.4	107.5	0.12	0.04	0.28
报纸	Newspapers	189.6	184.1	153.4	134.6	0.58	3.72	7.02
卫生	**Health Care**							
各类卫生机构	Number of Health Institutions	54.9	52.2	57.6	100.0	1.03	－1.95	－6.97
各类卫生机构床位	Number of Hospitals and Sanatorium Beds	121.5	105.5	97.9	96.5	2.86	1.50	0.59
卫生技术人员	Medical Personnel	113.9	98.8	91.5	96.8	2.90	1.54	－0.14

Indices of GDP and Gross Output Value of Agriculture and Industry at comparable prices.

2—4 民族自治地方国民经济和社会发展主要指标占全国的比重

The Proportion of Main Indicators of National Economy of Minority National Autonomous Areas in the National Economy as a Whole

指标	Item	1985 年	1990 年	1995 年	1998 年	1999 年
年底总人口	Population at the Year－end	12.8	13.4	13.2	13.3	13.3
国内生产总值	Gross National Product			8.4	8.3	8.4
第一产业	Primary Industry			13.6	14.1	13.9
第二产业	Secondary Industry			6.1	6.2	6.3
第三产业	Tertiary Industry			8.5	8.6	8.7
工农业总产值	Gross Output Value of Agriculture and Industry	9.1	7.2	6.0	5.9	5.7
农业总产值	Gross Output Value of Agriculture	12.1	12.8	12.5	13.1	12.9
工业总产值	Gross Output Value of Industry	7.9	5.4	4.6	4.5	4.3
耕地面积	Cultivated Area	18.0	18.4	15.9		
粮食总产量	Grain Output	10.6	12.0	12.4	14.0	13.5
棉花产量	Cotton Output	4.6	10.4	19.8	31.3	35.5
油料总产量	Oil－Bearing Corps Output	12.2	12.9	11.7	12.6	12.8
大牲畜年底头数	Large Domestic Animals	41.7	40.6	35.4	37.6	37.9
羊年底只数	Goats and sheep	62.6	54.1	43.0	47.7	46.7
猪年末头数	Hogs	13.7	15.6	16.4	16.7	16.9
钢产量	Steel Output	5.0	5.6	7.3	5.5	5.2
原煤产量	Coal Output	9.9	11.2	12.2	14.1	14.6
原油产量	Crude Oil Output	6.4	9.1	10.7	12.7	12.9
发电量	Power Generation	9.5	11.9	11.8	11.6	11.5
木材产量	Timber Output	28.9	31.6	48.1	27.4	23.1
布(混合数)	Cloth Output	3.7	3.9	2.7	2.2	2.1
铁路通车里程	Railway in Operation	24.0	24.5	31.1	29.7	30.2
公路线路里程	Highways	27.0	28.6	28.7	29.4	29.8
社会消费品零售总额	Total Value of Retail Sales	9.7	9.4	8.2	8.0	7.6
国有单位固定资产投资	State－Owned Units Capital Constrction Investment	9.6	8.7	9.0	8.7	8.9
财政收入	Finance Revenue	5.1	8.6	8.3	8.0	7.8
财政支出	Finance Expenditure	13.0	14.6	12.3	11.3	11.1
各级学校数	Schools by level and Type	14.2	15.1	12.8	14.6	11.6
各级学校专任教师	Full－time Teachers by level and Type	11.0	14.0	13.4	13.6	13.7
各级学校在校学生	Students Enrollment by Level and Type	13.0	14.3	13.4	13.5	13.2
医院卫生院数	Hospitals	16.9	17.0	18.1	19.2	18.7
医院卫生院床位数	Hospital Beds	13.0	12.7	12.6	12.7	12.2
卫生技术人员	Medical Personnel	12.4	12.5	12.4	11.3	10.8

注:1.财政收支占全国的比重是占全国地方财政收支的比重。
2.工农业总产值按当年价格计算。
a. The proportion of finance revenue and expenditure is ralated to the total of the local.
b. GDP and The gross output value of agriculture and industry are at current price

2—5 民族自治地方国内生产总值

Gross Domestic Products of Minority National Autonomous Areas

年份 Year	国内生产总值 (亿元) Gross Domestic Products (100 million)	第一产业 Primary Industry	第二产业 Secondary Industry	第三产业 Tertiary Industry	构成(%) 国内生产总值 Gross Domestic Product	第一产业 Primary Industry	第二产业 Secondary Industry	第三产业 Tertiary Industry
1992	2 182.62	822.51	750.34	609.77	100	37.7	34.4	27.9
1993	2 762.41	938.13	1 072.35	751.93	100	34.0	38.8	27.2
1994	3 976.93	1 294.45	1 450.44	1 232.04	100	32.5	36.5	31.0
1995	4 901.14	1 628.55	1 746.52	1 526.07	100	33.2	35.6	31.2
1996	5 658.35	1 876.61	2 208.18	1 753.56	100	33.2	35.8	31.0
1997	6 333.26	2 047.92	2 320.20	1 965.14	100	32.3	36.6	31.1
1998	6 589.84	2 055.62	2 381.01	2 153.21	100	31.2	36.1	32.7
1999	6 886.17	2 007.83	2 528.18	2 350.16	100	29.2	36.7	34.1

2—6 民族自治地方国内生产总值指数

Indices of Gross Domestic Products of Minority National Autonomous Areas

(上年=100) (preceding year=100)

年份 Year	国内生产总值 Gross Domestic Products	第一产业 Primary Industry	第二产业 Secondary Industry	第三产业 Tertiary Industry
1993	111.70	104.70	121.80	113.80
1994	134.30	121.30	128.60	160.50
1995	109.40	106.30	112.40	109.30
1996	110.60	110.10	112.30	109.10
1997	110.68	108.35	112.70	110.56
1998	108.79	105.65	111.27	109.00
1999	107.33	102.48	109.49	109.40

2—7 民族自治地方分地区国内生产总值及构成(1999年)

Gross Domestic Products and Composition by Region of Minority National Autonomous Areas(1999)

单位:亿元 (100 million yuan)

地 区 Region	国内生产总值(万元) Gross Domestic Products				构成(以国内生产总值为100) Composition		
		第一产业 Primary Industry	第二产业 Secondary Industry	第三产业 Tertiary Industry	第一产业 Primary Industry	第二产业 Secondary Industry	第三产业 Tertiary Industry
合 计 Total	**6 886.17**	**2 007.83**	**2 528.18**	**2 350.16**	**29.16**	**36.71**	**34.13**
河 北 Hebei	81.66	22.07	31.03	28.56	27.03	38.00	34.97
内蒙古 Inner Mongolia	1 268.20	342.91	515.46	409.83	27.04	40.65	32.32
辽 宁 Liaoning	153.95	39.47	66.64	47.84	25.64	43.29	31.08
吉 林 Jilin	191.64	51.49	75.05	65.10	26.87	39.16	33.97
黑龙江 Heilongjiang	10.22	4.96	2.08	3.18	48.53	20.35	31.12
浙 江 Zhejiang	7.10	2.54	2.41	2.15	35.77	33.94	30.28
湖 北 Hubei	141.84	58.34	46.42	37.08	41.13	32.73	26.14
湖 南 Hunan	126.70	48.73	39.36	38.61	38.46	31.07	30.47
广 东 Guangdong	15.67	5.64	5.93	4.10	35.99	37.84	26.16
广 西 Guangxi	1 953.27	554.48	695.83	702 .96	28.39	35.62	35.99
海 南 Hainan	47.55	26.70	8.30	12.55	56.15	17.46	26.39
重 庆 Chongqing	67.47	25.97	21.58	19.92	38.49	31.98	29.52
四 川 Sichuan	200.39	74.72	60.19	65.48	37.29	30.04	32.68
贵 州 Guizhou	286.82	122.62	93.14	71.06	42.75	32.47	24.78
云 南 Yunnan	640.71	226.58	199.63	214.50	35.36	31.16	33.48
西 藏 Tibet	105.61	34.19	24.00	47.42	32.37	22.73	44.90
甘 肃 Gansu	52.48	17.92	20.09	14.47	34.15	38.28	27.57
青 海 Qinghai	124.85	31.98	57.65	35.22	25.61	46.18	28.21
宁 夏 Ningxia	241.49	48.01	102.68	90.80	19.88	42.52	37.60
新 疆 Xinjiang	1 168.55	268.51	460.71	439.33	22.98	39.42	37.60

2—8 民族自治地方分地区国内生产总值指数(1999年)

Indices of Gross Domestic Products by Region of Minority National Autonomous Areas(1999)

(以1998年为100)

地 区 Region	国内生产总值 Gross Domestic Products	第一产业 Primary Industry	第二产业 Secondary Industry	第三产业 Tertiary Industry
合 计 Total	**107.33**	**102.48**	**109.49**	**109.40**
河 北 Hebei	104.82	90.58	111.52	109.12
内蒙古 Inner Mongolia	107.76	101.01	110.33	109.96
辽 宁 Liaoning	107.68	84.46	119.36	113.54
吉 林 Jilin	109.06	112.50	107.29	108.95
黑龙江 Heilongjiang	124.57	139.85	124.75	106.97
浙 江 Zhejiang	110.44	98.86	133.63	101.54
湖 北 Hubei	105.82	98.47	116.56	103.50
湖 南 Hunan	95.40	87.50	111.02	90.81
广 东 Guangdong	101.48	91.95	111.92	100.46
广 西 Guangxi	107.71	107.03	106.77	109.53
海 南 Hianan	118.24	119.97	108.02	122.27
重 庆 Chongqing	94.78	98.08	89.67	98.03
四 川 Sichuan	104.22	102.78	101.28	110.02
贵 州 Guizhou	108.11	101.74	115.06	109.74
云 南 Yunnan	109.00	104.48	111.49	111.37
西 藏 Tibet	109.60	105.30	116.00	110.30
甘 肃 Gansu	83.37	62.19	118.41	73.81
青 海 Qinghai	118.77	89.83	135.83	123.58
宁 夏 Ningxia	108.70	104.30	109.70	110.10
新 疆 Xinjiang	107.07	102.73	107.30	110.87

2—9 民族自治地方工农业总产值

Gross Output Value of Industry and Agriculture of Minority National Autonomous Areas

单位:亿元 (100 million yuan)

年 份 year	工农业总产值 Gross Output Value of Industry and Agriculture	农林牧渔业总产值 Gross Output Value of Agriculture	工业总产值 Gross Output Value of Industry
		按1952年不变价格计算	
1949	36.6	31.2	5.4
1952	57.9	46.5	11.4
1957	92.0	62.5	29.5
		按1957年不变价格计算	
1962	87.8	48.0	39.8
1965	157.2	88.4	68.8
		按1970年不变价格计算	
1975	306.5	152.2	154.3
1978	367.7	155.6	212.1
1980	399.8	159.6	240.2
1981	416.7	171.5	245.2
		按1980年不变价格计算	
1982	564.9	268.9	296.0
1983	621.3	289.8	331.5
1984	681.9	317.1	364.6
1985	800.96	351.24	449.72
1986	872.37	363.53	508.84
1987	970.18	384.26	585.92
1988	1 092.46	406.53	685.93
1989	1 204.18	431.25	772.93
1990	1 290.17	475.18	814.99
		按1990年不变价格计算	
1990	2 438.24	1 062.34	1 375.90
1991	2 673.89	1 124.93	1 548.96
1992	3 045.49	1 209.99	1 835.50
1993	3 516.95	1 271.25	2 245.70
1994	4 237.56	1 361.04	2 876.52
1995	4 504.00	1 479.70	3 024.30
1996	5 141.22	1 612.80	3 528.43
1997	5 390.87	1 704.06	3 686.81
1998	5 789.26	1 821.87	3 967.39
1999	6 102.95	1 906.03	4 196.92

注:1.本表工业和农林牧渔业总产值均按新口径统计。

2.本表未扣除区域变动因素,年度之间不可比。

Note:1. The gross output value of industry and agriculture is calculated according to the new coverage.

2. The factor of regional Changes is not deducted, so the data among years are not comparable.

2—10 民族自治地方分地区工农业总产值(1999 年)

Gross Output Value of Industry and Agriculture by Region of Minority National Areas(1999)

单位:亿元

(100 million yuan)

地 区 Region	工农业总产值 Gross Output Value of Industry and Agriculture	农业 Agriculture	工业 Industry	轻工业 Light Industry	重工业 Heavy Industry
合 计 Total	**8 610.40**	**3 159.95**	**5 450.45**	**2 243.97**	**3 206.48**
河 北 Hebei	133.62	40.67	92.95	27.70	65.25
内蒙古 Inner Mongolia	1 635.29	532.32	1 102.97	422.17	680.80
辽 宁 Liaoning	349.11	75.73	273.38	105.79	167.59
吉 林 Jilin	250.47	81.28	169.19	83.09	86.10
黑龙江 Heilongjiang	13.83	10.16	3.67	2.57	1.10
浙 江 Zhejiang	12.82	3.99	8.83	4.77	4.06
湖 北 Hubei	193.08	86.89	106.19	64.71	41.48
湖 南 Hunan	201.80	73.40	128.40	69.93	58.47
广 东 Guangdong	18.91	7.82	11.09	1.39	9.70
广 西 Guangxi	2 512.11	844.78	1 667.33	813.01	854.32
海 南 Hainan	56.37	43.24	13.13	4.24	8.89
重 庆 Chongqing	79.67	44.24	35.43	22.39	13.04
四 川 Sichuan	213.15	109.87	103.28	29.59	73.69
贵 州 Guizhou	387.67	195.38	192.29	80.10	112.19
云 南 Yunnan	758.65	353.15	405.50	202.69	202.81
西 藏 Tibet	63.18	48.20	14.98	5.57	9.41
甘 肃 Gansu	61.84	27.12	34.72	11.65	23.07
青 海 Qinghai	133.00	42.61	90.39	13.50	76.89
宁 夏 Ningxia	330.34	77.95	252.39	60.60	191.79
新 疆 Xinjiang	12 05.49	461.15	744.34	218.51	525.83

注:本表按当年价格计算(at current price)。

2—11 民族自治地方分地区工农业总产值构成(1999年)

The composition of Gross Output Value of Industry and Agriculture by Region of Minority National Autonomous Areas(1999)

(以工农业总产值为100)

地区 Region	农林牧渔业 Agriculture	工业 Industry	轻工业 Light Industry	重工业 Heavy Industry
合计 Total	**36.70**	**63.30**	**41.17**	**58.83**
河北 Hebei	30.44	69.56	29.80	70.20
内蒙古 Inner Mongolia	32.55	67.45	38.28	61.72
辽宁 Liaoning	21.69	78.31	38.69	61.31
吉林 Jilin	32.45	67.55	49.11	50.89
黑龙江 Heilongjiang	73.45	26.55	70.17	29.83
浙江 Zhejiang	31.15	68.85	53.96	46.04
湖北 Hubei	45.00	55.00	60.93	39.07
湖南 Hunan	36.37	63.63	54.46	45.54
广东 Guangdong	41.35	58.65	12.59	87.41
广西 Guangxi	33.63	66.37	48.76	51.24
海南 Hainan	76.71	23.29	32.31	67.69
重庆 Chongqing	55.53	44.47	63.18	36.82
四川 Sichuan	51.55	48.45	28.65	71.35
贵州 Guizhou	50.40	49.60	41.66	58.34
云南 Yunnan	46.55	53.45	49.99	50.01
西藏 Tibet	76.29	23.71	37.18	62.82
甘肃 Gansu	43.85	56.15	33.55	66.45
青海 Qinghai	32.04	67.96	14.93	85.07
宁夏 Ningxia	23.06	76.40	24.01	75.99
新疆 Xinjiang	38.25	61.75	29.36	70.64

注:1.本表按当年价格计算(at current price).

2—12 民族自治地方分地区工农业总产值指数(1999年)

Indices of Gross Output Value of Industry and Agriculture by Region of Minority National Autonomous Areas(1999)

(以1998年为100)

地 区 Region	工农业总产值 Gross Output Value of Industry and Agriculture	农业 Agriculture	工业 Industry		
				轻工业 Light Industry	重工业 Heavy Industry
合 计 Total	**105.42**	**104.62**	**105.79**	**113.42**	**99.97**
河 北 Hebei	122.10	109.09	128.21	76.42	182.34
内蒙古 Inner Mongolia	100.53	101.32	100.25	109.02	94.18
辽 宁 Liaoning	123.76	98.82	130.41	164.85	115.05
吉 林 Jilin	110.45	108.84	111.00	112.03	109.73
黑龙江 Heilongjiang	136.43	141.78	123.03	124.75	116.47
浙 江 Zhejiang	130.80	104.09	143.96	122.38	187.35
湖 北 Hubei	111.03	100.73	118.36	119.62	115.37
湖 南 Hunan	93.89	90.91	95.30	126.75	75.41
广 东 Guangdong	109.21	103.75	112.67	75.47	119.71
广 西 Guangxi	104.48	107.90	103.23	112.45	94.78
海 南 Hainan	109.05	108.51	110.28	101.88	119.38
重 庆 Chongqing	110.64	103.51	117.08	115.37	121.54
四 川 Sichuan	104.42	104.69	104.17	101.13	105.48
贵 州 Guizhou	105.43	102.93	107.33	101.57	112.46
云 南 Yunnan	104.97	104.19	105.50	112.87	98.63
西 藏 Tibet	107.69	107.40	108.78	105.28	110.87
甘 肃 Gansu	101.96	100.42	102.93	93.95	110.26
青 海 Qinghai	109.46	104.01	112.64	101.38	116.38
宁 夏 Ningxia	108.82	106.23	109.49	118.27	106.47
新 疆 Xinjiang	105.76	104.75	106.42	117.92	100.47

注:本表按可比价格计算(at constant price)。

2—13 民族自治地方年末总人口及工农业总产值指数

Indices of Total Population and Gross Output Value of Industry and Agriculture at the End of Year of Minority National Autonomous Areas

(以1952年为100) (take 1952 as 100)

年份 Year	年末总人口 Total Population (year－end)	#少数民族人口 Minority Population	工农业总产值 Gross Output Value of Industry and Agriculture	农业总产值 Gross Output Value of Agriculture	工业总产值 Gross Output Value of Industry
1952	100	100	100	100	100
1957	114.72	109.41	140.61	132.90	186.33
1962	125.06	112.96	143.63	123.18	264.93
1965	137.22	119.53	197.41	165.05	389.36
1970	160.23	222.21	249.40	183.58	639.84
1975	183.84	253.42	344.33	222.98	1 064.12
1978	187.38	285.63	413.50	347.53	1 456.31
1979	197.46	291.81	412.64	245.61	1 403.43
1980	200.64	362.98	442.34	245.46	1 610.22
1981	203.98	374.44	460.99	261.04	1 647.04
1982	207.43	397.88	514.95	292.27	1 835.82
1983	210.10	409.68	556.02	309.46	2 018.54
1984	213.22	432.75	609.09	335.40	2 232.51
1985	217.86	452.99	690.27	358.52	2 658.13
1986	221.19	465.88	742.58	365.12	2 981.29
1987	225.94	492.40	823.71	383.90	3 432.57
1988	230.49	507.27	927.25	404.63	4 027.28
1989	234.38	526.61	1 004.41	419.18	4 475.81
1990	238.94	546.18	1 081.41	465.84	4 732.80
1991	240.30	554.57	1 178.73	493.48	5 267.60
1992	242.90	560.84	1 342.57	530.98	6 242.10
1993	245.17	565.08	1 549.33	558.06	7 634.09
1994	248.26	573.56	1 866.78	597.48	9 778.51
1995	249.34	569.25	1 984.39	649.46	10 277.21
1996	252.23	569.96	2 265.18	707.90	11 991.45
1997	254.99	574.35	2 375.17	747.96	12 529.71
1998	258.22	584.09	2 550.70	799.67	13 483.27
1999	261.32	591.80	2 688.95	836.61	14 263.95

注:产值按可比价格计算(at constant price)。

2—14 民族自治地方耕地面积、有效灌溉面积及主要农产品产量指数

Indices of Cultivated Area, Available Irrigated Area and Output of Major Farm Crops and Husbandry of Minority National Autonomous Areas

(以1952年为100) (take 1952 as 100)

年 份 Year	耕地面积 Cultivated Area	有效灌溉面积 Irrigated Area	粮食产量 Grain Crops	棉花产量 Cotton Crops	油料产量 Oil－Bearing Crops	甘蔗产量 Sugarcane Crops
1952	100	100	100	100	100	100
1957	112.09	139.46	114.30	203.54	115.80	128.99
1962	118.33	156.61	107.06	135.35	52.82	78.10
1965	118.21	197.83	136.48	428.28	104.35	223.64
1970	115.80	229.82	159.55	376.77	110.99	281.56
1975	115.45	466.20	195.63	269.70	130.80	345.65
1978	115.86	475.41	200.08	304.55	146.73	484.79
1979	116.17	473.62	204.04	287.37	169.07	495.95
1980	115.64	473.73	199.41	424.24	197.08	512.23
1981	114.98	468.75	200.51	595.96	265.31	662.95
1982	114.34	464.72	221.34	771.72	320.13	893.89
1983	113.55	470.11	232.86	849.49	330.54	919.09
1984	112.47	461.26	231.60	1 054.04	363.12	1 032.34
1985	112.28	465.95	222.37	980.81	461.86	1 341.10
1986	111.94	475.54	220.67	1 131.31	470.96	1 520.93
1987	110.76	483.07	236.09	1 444.44	420.77	1 541 40
1988	111.90	486.50	233.81	1 428.28	428.65	1 756.41
1989	112.40	493.39	246.51	1 502.53	402.14	1 769.86
1990	113.46	513.59	285.69	2 392.42	499.95	1 943.24
1991	111.84	502.14	291.54	3 294.95	524.41	2 494.26
1992	113.33	553.04	296.61	3 428.79	536.19	2 892.31
1993	113.97	550.15	272.56	3 479.29	515.90	2 799.78
1994	115.88	563.49	269.13	4 499.40	533.79	2 840.71
1995	96.76	561.24	283.39	4 773.86	580.34	2 452.84
1996	115.82	562.84	332.16	4 793.54	555.16	3 480.88
1997	141.82	689.18	330.56	5 846.21	560.83	3 961.54
1998	141.73	702.94	355.93	7 117.89	638.60	
1999	145.83	717.56	342.19	6 865.92	731.58	

2—15 民族自治地方主要农产品产量及牲畜饲养量指数

Indices of Output of Major Farm Crops and Husbandry of Minority National Autonomous Areas

(以 1952 年为 100) (take 1952 as 100)

年份 Year	甜菜产量 Beetroots Crops	烟叶产量 Tobacco Crops	#烤烟产量 Fluecured Tobacco Crops	大牲畜年末头数 Large Domestic Animals (Year-end)	羊年末只数 Sheep and Goats (year-end)	生猪年末头数 Hogs (year-end)
1952	100	100	100	100	100	100
1957	15 306.25	132.90	213.37	116.91	136.33	145.48
1962	7 625.00	104.28	166.28	105.95	168.91	122.92
1965	24 637.50	169.14	258.14	135.81	221.01	190.00
1970	36 212.50	221.56	240.12	142.13	219.03	242.42
1975	36 575.00	295.72	373.26	155.60	237.98	273.68
1978	41 150.00	353.72	536.63	154.27	246.23	312.22
1979	54 806.25	296.28	506.40	156.68	255.43	311.80
1980	84 537.50	261.71	419.19	157.94	257.48	295.60
1981	80 106.25	365.99	642.44	163.38	266.50	296.65
1982	122 343.75	510.97	997.09	170.71	261.83	317.64
1983	129 200.00	413.38	938.37	172.92	248.86	325.11
1984	147 618.75	542.75	1 328.49	177.88	248.39	333.33
1985	215 206.25	767.10	1 943.60	186.13	249.62	360.44
1986	169 275.00	559.85	1 330.81	192.73	254.55	381.68
1987	191 312.50	630.67	1 471.51	195.10	259.80	385.70
1988	248 156.25	936.06	2 276.74	198.15	272.34	394.51
1989	208 437.50	942.94	2 242.44	200.79	285.32	414.46
1990	332 400.00	881.60	2 097.67	203.29	287.30	434.74
1991	409 575.00	1 183.83	3 020.93	203.86	285.20	424.74
1992	407 600.00	1 581.97	4 036.91	207.06	276.18	513.38
1993	357 031.25	1 682.16	4 481.40	208.52	276.31	491.78
1994	676 112.50	1 129.93	2 869.77	218.46	284.23	513.62
1995	395 535.00	1 203.16	3 217.44	223.92	301.00	552.66
1996	452 487.08	1 654.44	4 361.04	225.08	308.63	544.97
1997	514 922.20	2 890.20		233.70	320.82	573.89
1998		1 565.54		230.71	324.72	537.94
1999		1 249.41		235.83	329.56	556.61

2—16 民族自治地方工业主要产品产量指数(一)

Indices of Output of Major Industrial Products of Minority National Autonomous Areas(1)

(以1952年为100) (take 1952 as 100)

年 份 Year	原 油 Crude Oil	钢 Steel	生 铁 Pig Iron	原 煤 Coal
1952	100	100	100	100
1957	183	2 086	193	313
1962	1 685	14 100	1 831	916
1965	1 868	55 557	2 647	1 028
1970	2 948	131 057	3 888	1 646
1975	8 462	94 786	4 206	2 484
1978	11 088	183 629	7 802	3 339
1979	11 979	220 657	8 403	3 258
1980	11 930	237 957	8 292	3 116
1981	11 834	237 843	8 823	3 131
1982	11 996	240 029	8 540	3 366
1983	12 907	247 914	9 107	3 785
1984	13 585	282 429	9 977	4 132
1985	14 883	331 400	12 044	4 775
1986	16 537	354 386	13 832	4 936
1987	17 263	403 943	16 177	5 170
1988	18 641	416 571	15 348	6 130
1989	21 739	456 757	16 956	6 327
1990	24 288	525 429	19 486	6 649
1991	26 907	591 629	17 610	6 718
1992	26 975	621 729	21 071	7 178
1993	31 429	699 445	24 081	7 779
1994	28 152	705 276	25 079	8 170
1995	30 911	1 000 081	25 392	9 150
1996	34 824	1 032 346	30 381	9 462
1997	38 469	948 831	38 513	10 470
1998	39 316	904 572	32 125	9 662
1999	39 528	919 588	31 881	8 447

2—16 民族自治地方工业主要产品产量指数(二)

Indices of Output of Major Industrial Products of Minority National Autonomous Areas (2)

(以1952年为100) (take 1952 as 100)

年 份 Year	发电量 Electricity Hydropower	木 材 Timber	布 Cloth	卷 烟 Cigarettes
1952	100	100	100	100
1957	490	267	222	139
1962	2 389	265	208	87
1965	3 614	439	461	327
1970	7 769	398	706	869
1975	14 614	519	650	1 361
1978	20 782	598	935	2 041
1979	23 115	650	997	2 518
1980	24 510	650	1 141	3 609
1981	26 270	616	1 181	4 299
1982	28 704	648	1 350	5 048
1983	31 397	680	1 377	5 827
1984	35 017	712	1 253	6 729
1985	49 911	750	1 375	8 211
1986	57 995	785	1 599	10 078
1987	64 844	790	1 701	12 642
1988	69 206	789	1 801	14 494
1989	84 492	722	1 949	16 166
1990	92 498	723	1 853	17 463
1991	89 122	741	1 789	17 237
1992	105 979	765	1 736	17 346
1993	124 047	823	1 685	18 741
1994	138 524	837	1 776	19 203
1995	148 359	1 335	1 756	13 814
1996	153 670	1 415	1 563	10 606
1997	153 857	776	1 755	17 929
1998	169 656	671	1 332	17 438
1999	178 665	504	1 307	18 078

2—17 民族自治地方运输、邮电情况指数

Indices of Transportation, Post and Telecommunication Services of Minority National Autonomous Areas

(以 1952 年为 100) (take 1952 as 100)

年 份 Year	铁路营业里程 Railway in Operation	公路通车里程 Length of Highways	邮电局(所)数 Number of Post Offices	邮路总长度 Length of Postal Routes
1952	100	100	100	100
1957	134.71	235.39	129.43	278.93
1962	177.37	438.97	151.52	300.10
1965	198.66	477.86	149.97	329.89
1970	200.91	576.72	170.21	429.07
1975	230.76	671.44	192.50	602.73
1978	252.71	776.96	197.87	624.44
1979	264.13	747.49	194.86	602.57
1980	290.13	804.43	193.66	593.47
1981	291.01	816.46	193.53	556.31
1982	293.39	838.91	196.25	566.40
1983	301.47	872.34	197.05	568.16
1984	310.86	869.74	199.85	560.57
1985	317.85	905.70	208.12	571.08
1986	312.35	885.54	207.73	564.71
1987	330.28	963.49	211.07	578.79
1988	329.09	1 005.66	212.53	570.42
1989	340.51	1 016.58	216.82	603.35
1990	343.27	1 002.88	218.13	574.70
1991	337.80	992.56	246.25	517.60
1992	355.58	979.75	218.52	535.00
1993	369.45	1 006.30	216.29	543.60
1994	425.50	1 078.40	226.36	528.87
1995	433.58	1 149.72	233.09	637.82
1996	448.88	1 257.73	233.24	644.87
1997	431.03	1 263.27	252.60	599.40
1998	436.13	1 303.98	325.23	612.42
1999	446.34	1 394.74	348.34	633.30

2—18 民族自治地方国有经济固定资产投资指数

Indices of Investment in Fixed Assets of State-owned Units of Minority National Autonomous Areas

(以1979年为100) (take 1979 as 100)

年 份 Year	固定资产投资 Investment in Fixed Asset	基建投资 Capital Construction	更新改造 Technical Updates and Transformation	其他投资 Others
1979	100	100	100	100
1980	119.79	106.05	2 377.28	100.00
1981	97.99	71.59	4 655.12	126.52
1982	149.85	101.68	8 178.18	316.46
1983	172.40	116.71	8 512.41	645.68
1984	211.18	150.22	8 305.22	1 014.28
1985	299.98	215.51	11 706.50	1 348.68
1986	322.63	209.28	16 585.30	1 526.08
1987	373.36	217.83	21 396.44	2 478.24
1988	466.08	262.45	29 230.36	2 875.65
1989	443.39	263.28	24 390.32	2 987.49
1990	473.48	301.49	24 335.48	2 557.61
1991	665.88	430.86	29 715.32	4 552.71
1992	1 037.42	718.88	29 928.61	6 426.39
1993	1 546.22	1 051.90	61 005.35	5 616.02
1994	1 942.05	1 355.90	72 413.35	6 117.60
1995	1 806.26	1 616.07	84 379.07	6 728.61
1996	1 983.01	1 318.58	87 880.86	6 558.45
1997	2 202.90	1 450.46	93 764.27	8 810.55
1998	2 467.83	1 801.22	81 812.48	7 497.62
1999	2 594.92	1 949.31	78 426.34	7 206.56

2—19 民族自治地方国内贸易及财政收支指数

Indices of Social Commerce and Governments Revenue and Expenditure of Minority National Autonomous Areas

(以1952年为100) (take 1952 as 100)

年 份 Year	社会消费品零售总额 Total retail sales of Consumer Goods	国内纯购进总额 Final Domestic Purchases	财政收入 Revenue	财政支出 Expenditure
1952	100	100	100	100
1957	218.44	343.83	204.60	208.93
1962		470.31	240.72	339.92
1965	343.86	655.19	353.75	525.69
1970		810.21	394.96	772.54
1975	600.63	1 300.56	448.91	1 223.48
1978	731.51	1 641.07	736.17	1 946.30
1979		1 807.39	590.40	1 996.88
1980	1 003.27	2 063.84	538.40	1 820.27
1981	1 150.75	2 309.47	528.41	1 725.59
1982	1 271.66	2 588.06	641.97	1 957.27
1983	1 446.91	2 878.87	738.78	2 251.47
1984	1 697.77	3 119.60	791.26	2 859.53
1985	2 166.63	3 576.91	1 114.46	3 417.91
1986	2 429.81	4 164.39	1 364.07	4 261.04
1987	2 787.48	5 277.71	1 639.62	4 487.20
1988	3 551.72	7 030.44	2 003.50	5 179.43
1989	3 881.90	7 829.15	2 441.20	5 822.23
1990	3 987.87	9 112.93	2 765.45	6 470.75
1991	4 462.31	10 235.04	3 371.95	7 368.26
1992	5 207.70	10 936.21	3 484.01	7 803.84
1993	7 048.25	15 524.92	4 920.75	9 223.69
1994	7 933.25	29 797.85	4 174.76	9 772.50
1995	9 897.65	37 336.71	4 293.32	12 041.67
1996	10 921.81	37 239.11	5 590.08	14 215.53
1997	12 070.02	36 294.90	5 869.88	15 713.61
1998	13 639.65		6 809.13	16 953.11
1999	13 912.44		7 454.64	19 592.71

2—20 民族自治地方各级学校在校学生指数

Indices of Students Enrollment by Level of Schools of Minority National Autonomous Areas

(以1952年为100) (take 1952 as 100)

年 份 Year	高等学校 Institutions of Higher Education	中等学校 Secondary Schools	#中等专业学校 Specialized Secondary Schools	#普通中学 Regular Secondary Schools	小 学 Primary Schools
1952	100	100	100	100	100
1957	270.69	363.10	170.16	407.47	130.88
1965	687.45	795.66	249.49	797.26	238.44
1970	688.90	3 097.48	257.20	3 765.37	331.09
1978	1 276.69	5 081.02	406.91	6 174.09	361.83
1979	1 387.77	4 720.02	633.30	5 662.10	361.20
1980	1 590.43	4 451.25	6 57.54	5 297.79	359.45
1981	1 748.83	3 802.69	548.23	4 524.89	345.58
1982	1 617.44	3 556.64	485.72	4 223.34	347.59
1983	1 774.04	3 519.97	501.12	4 164.10	348.17
1984	1 985.42	3 730.54	613.70	4 367.18	353.85
1985	2 507.51	3 887.95	716.88	4 519.29	362.95
1986	2 749.80	4 264.25	753.70	4 964.31	369.87
1987	2 812.64	4 379.92	796.44	5 086.06	353.28
1988	2 981.20	4 402.70	894.20	5 075.36	351.57
1989	3 153.47	4 323.63	963.32	4 943.82	354.30
1990	3 057.40	4 310.60	1 040.18	5 078.18	352.43
1991	3 014.35	4 589.60	955.92	5 027.82	355.09
1992	3 160.33	4 331.24	990.27	5 115.92	361.94
1993	3 594.32	4 183.16	1 118.56	4 901.38	348.82
1994	4 029.98	4 438.33	1 252.90	5 184.90	378.02
1995	3 820.42	4 140.96	1 366.13	5 391.89	359.86
1996	3 832.60	4 405.82	1 681.16	5 697.17	383.72
1997	4 281.64	4 704.12	1 514.94	6 158.72	392.68
1998	4 629.30	4 983.22	1 666.85	6 517.39	386.76
1999	5 444.06	5 277.23	1 790.89	6 909.72	367.04

2—21 民族自治地方各级学校专任教师指数

Indices of Full－time teachers by Level of Schools of Minority National Autonomous Areas

（以1952年为100） (take 1952 as 100)

年份 Year	高等学校 Institutions of Higher Education	中等学校 Secondary Schools	#中等专业学校 Specialized Secondary Schools	#普通中学 Regular Secondary Schools	小学 Primary Schools
1952	100	100	100	100	100
1957	460.47	220.16	227.57	218.98	123.44
1965	1 165.30	566.65	402.67	535.35	296.19
1970	1 479.43	2 041.81	468.45	2 297.00	409.61
1978	2 165.12	3 513.64	822.29	3 961.46	484.72
1979	2 603.94	3 455.45	1 026.60	3 849.29	680.46
1980	2 914.31	3 475.87	1 278.10	3 810.76	699.67
1981	2 834.88	3 251.85	1 277.97	3 550.43	707.81
1982	3 252.34	3 146.77	1 341.66	3 412.88	722.11
1983	3 643.29	3 102.22	1 359.52	3 352.30	717.40
1984	3 910.20	2 989.64	1 416.30	3 207.80	706.19
1985	4 234.35	3 186.29	1 548.37	3 411.56	725.29
1986	4 582.29	3 583.76	1 669.36	3 624.28	734.91
1987	4 999.46	3 536.28	1 828.03	3 786.09	738.58
1988	5 137.03	3 756.70	2 050.20	3 971.17	756.55
1989	5 178.89	3 813.19	2 063.10	4 037.90	756.06
1990	5 305.55	3 908.18	2 203.72	4 188.53	763.83
1991	4 835.60	3 949.29	2 109.32	4 152.29	753.46
1992	4 898.21	3 987.87	2 081.68	4 198.99	818.26
1993	4 874.49	3 993.24	2 066.36	4 242.70	821.11
1994	5 074.54	4 028.20	2 141.13	4 341.06	844.95
1995	5 348.57	4 608.26	2 651.49	4 427.17	882.13
1996	4 240.17	4 656.69	2 260.23	4 525.51	861.57
1997	3 142.08	4 928.12	2 327.70	4 766.05	909.57
1998	2 310.90	4 974.59	2 317.86	4 872.85	901.56
1999	3 316.86	5 113.88	2 337.39	5 013.75	923.20

2—22 民族自治地方卫生事业指数

Indices of Public Health Care of Minority National Autonomous Areas

(以1952年为100) (take 1952 as 100)

年 份 Year	卫生事业机构数 Health Care Institutions	#医院和卫生院个数 Hospitals	床 位 数 Beds	#医院和卫生院病床数 Hospital Beds	专业卫生技术人员 Medical Technical Personnel
1952	100	100	100	100	100
1957	484.00	174.03	274.58	294.41	373.88
1962	623.54	406.98	666.82	649.18	508.36
1965	708.68	496.25	836.51	775.41	624.94
1970	615.18	963.57	1 120.90	1 131.19	697.77
1975	727.50	1 286.18	1 562.57	1 718.57	889.41
1978	838.18	1 424.55	1 833.37	2 011.90	1 095.07
1979	874.21	1 449.74	2 335.26	2 125.43	1 189.36
1980	909.03	1 459.30	1 984.69	2 216.82	1 273.56
1981	965.15	1 501.55	2 012.82	2 258.01	1 374.11
1982	956.34	1 510.59	2 049.54	2 303.29	1 432.34
1983	962.17	1 520.67	2 088.71	2 424.54	1 486.67
1984	978.71	1 548.06	2 141.21	2 487.56	1 530.14
1985	990.62	1 347.43	2 186.18	2 547.11	1 587.67
1986	1 002.28	1 323.51	2 228.70	2 599.44	1 623.80
1987	1 019.99	1 325.84	2 302.80	2 697.73	1 671.13
1988	1 033.14	1 419.12	2 358.39	2 771.94	1 726.66
1989	990.59	1 345.99	2 385.24	2 740.74	1 751.83
1990	1 014.20	1 366.80	2 447.67	2 895.36	1 778.92
1991	1 018.44	1 379.84	2 487.33	2 951.49	1 819.04
1992	984.63	1 319.12	2 554.98	3 026.45	1 757.71
1993	970.91	1 342.24	2 857.84	3 313.10	1 870.57
1994	969.20	1 612.65	2 826.05	3 317.87	1 898.96
1995	917.52	1 593.614	2 635.03	3 112.13	2 252.88
1996	497.65	1 576.34	2 519.54	3 046.17	1 986.24
1997	510.48	1 609.93	2 578.99	3 112.44	2 075.73
1998	529.88	1 661.35	2 672.69	3 229.16	2 176.04
1999	529.88	1 610.32	2 579.15	3 120.40	2 106.41

2—23 全国民族乡基本情况(1999 年)

Ethnic Minority Township in china(1999)

地 区 Region	民族乡(个) Ethnic Township	#实际汇总数 Real collected Number	年末总人口(万人) Total Population (year-end)	#少数民族人口 Minority Population	农业总产值(亿元) Gross Output Value of Agricul-ture	工业总产值(亿元) Gross Output Value of Industry	粮食总产量(万吨) Output of Grain Crops	财政收入(万元) Revenues	农民人均纯收入(元) Net Income of Peasants Surveyed
全 国 National	**1 252**	**1 248**	**1738.64**	**901.89**	**521.12**	**543.93**	**751.81**	**3 109 77**	**1 466**
北 京 Beijing	5	5	4.28	1.60	1.12	3.50	2.39	3157	3 942
天 津 Tianjin	2	2	1.77	0.46	0.33	6.74	0.71	578	3 830
河 北 Hebei	55	55	89.66	33.19	21.56	55.57	38.32	8 520	2 459
内蒙古 Inner Mongolia	19	19	14.54	4.89	5.28	3.15	19.98	4 376	1 309
辽 宁 Liaoning	120	120	220.55	104.25	72.13	216.17	123.50	119 635	1 980
吉 林 Jilin	34	32	43.19	17.82	13.26	8.79	61.20	6 596	2 400
黑龙江 Heilongjiang	70	70	101.64	43.00	45.06	39.08	19.95	11 447	2 247
江 苏 Jiangsu	1	1	2.22	0.66	1.23	4.48	0.75	586	2 401
浙 江 Zhejiang	18	18	16.60	3.61	3.91	7.35	7.41	2 165	2 080
安 徽 Anhui	9	9	15.97	5.33	3.81	4.92	14.30	1 402	1 995
福 建 Fujian	17	17	35.73	11.57	132.40	51.29	16.07	5 746	2 880
江 西 Jiangxi	3	3	0.69	0.25	0.13	0.26	0.21	126	1 388
山 东 Shandong	7	7	15.09	2.97	6.16	4.84	11.25	1 743	2 311
河 南 Henan	20	20	51.57	13.82	7.44	4.27	13.71	7 298	2 159
湖 北 Hubei	10	8	13.58	7.67	4.40	6.76	6.61	1 619	1 580
湖 南 Hunan	101	101	85.12	66.88	23.08	26.16	45.06	11 588	1 113
广 东 Guangdong	7	7	7.50	3.15	1.61	0.53	3.12	553	2 232
广 西 Guangxi	63	63	95.62	72.39	19.55	12.42	31.11	6 366	1 828
海 南 Hainan	12	12	11.60	8.43	5.38	1.80	5.57	2 384	1 298
重 庆 Chongqing	1	1	0.41	0.16	0.01		0.21	68	1 268
四 川 Sichuan	109	109	63.04	29.11	10.47	11.48	30.12	5 361	661
贵 州 Guizhou	253	253	448.49	228.16	56.83	46.35	159.53	44 170	1 105
云 南 Yunnan	190	190	312.28	183.58	45.17	17.61	103.53	58 340	836
西 藏 Tibet	8	8	0.40	0.34			0.02		835
陕 西 Shaanxi	3	3	2.65	0.98	26.00	0.09	0.48	1 126	1 108
甘 肃 Gansu	39	39	29.77	19.37	3.56	6.24	10.32	1 906	
青 海 Qinghai	34	34	28.39	17.54	2.64	1.00	7.94	1 355	947
新 疆 Xinjiang	42	42	26.29	20.71	8.60	3.08	18.44	2 766	1 641

2—24 全国民族自治区、自治州、自治县(旗)基本情况(1999)(一)

地　区	Region	年末总人口(万人) Total Population at year-End	#少数民族 Minority Population	少数民族占总人口% Minority Population As% of Total Population
内蒙古自治区	**Inner Mongolia Autonomous Region**	2 361.90	487.26	20.63
广西壮族自治区	**Guangxi Zhuang Autonomous Region**	4 713.00	1 789.05	37.96
西藏自治区	**Tibet Autonomous Region**	256.00	240.72	94.03
宁夏回族自治区	**Ningxia Hui Autonomous Region**	543.29	186.57	34.34
新疆维吾尔自治区	**Xinjiang Uygur Autonomous Region**	1 775.00	1 087.72	61.28
吉　林	**Jilin**			
延边朝鲜族自治州	Yanbian Korean Autonomous Prefecture	218.60	91.10	41.67
湖　北	**Hubei**			
恩施土家族苗族自治州	Enshi Tujia and Miao Autonomous Prefectrue	381.56	174.79	45.81
湖　南	**Hunan**			
湘西土家族苗族自治州	Xiangxi Tujia and Miao Autonomous Prefecture	304.25	209.15	68.74
四　川	**Sichuan**			
阿坝藏族羌族自治州	Aba Tibetan and Qiang Autonomous Prefecture	81.60	59.80	73.28
凉山彝族自治州	Liangshan Yi Autonomous Prefecture	393.90	182.10	46.23
甘孜藏族自治州	Ganzi Tibetan Autonomous Prefecture	87.60	71.40	81.51
贵　州	**Guizhou**			
黔东南苗族侗族自治州	Qiandongnan Miao and Dong Autonomous Prefecture	401.72	304.70	75.85
黔南布依族苗族自治州	Qiannan Bouyei and Miao Autonomous Prefecture	360.13	196.74	54.63
黔西南布依族苗族自治州	Qianxinan Bouyei and Miao Autonomous Prefecture	283.69	114.11	40.22
云　南	**Yunnan**			
西双版纳傣族自治州	Xishuangbanna Dai Autonomous Prefecture	85.29	63.18	74.08
文山壮族苗族自治州	Wenshan Zhuang and Miao Autonomous Prefecture	319.60	179.80	56.26
红河哈尼族彝族自治州	Honghe Hani and Yi Autonomous Prefecture	390.81	215.74	55.20
德宏傣族景颇族自治州	Dehong Dai and Jingpo Autonomous Prefecture	100.82	52.25	51.83
怒江傈僳族自治州	Nujiang Lisu Autonomous Prefecture	46.10	42.50	92.19
迪庆藏族自治州	Diqing Tibetan Autonomous Prefecture	33.20	28.20	84.94
大理白族自治州	Dali Bai Autonomous Prefecture	326.09	160.50	49.22
楚雄彝族自治州	Chuxiong Yi Autonomous Prefecture	249.00	77.41	31.09
甘　肃	**Gansu**			
临夏回族自治州	Linxia Hui Autonomous Prefecture	185.38	106.49	57.44
甘南藏族自治州	Gannan Tibetan Autonomous Prefecture	66.16	34.49	52.13
青　海	**Qinghai**			
海北藏族自治州	Haibei Tibetan Autonomous Prefecture	25.67	15.69	61.12

Main Data Autonomous Region, Autonomous Prefecture and Autonomous County (Qi) in China (1999)(1)

国内生产总值（万元）Gross Domestic Products	人均国内生产总值（元）Per Capita GDP	工农业总产值（万元）Gross Output Value of Agriculture and Industry	人均工农业总产值（元）Gross Output Value of Industry and Agricultur Per Capita	粮食总产量（吨）Grain Output	人均粮食产量（公斤）Per Capita Grain Output	农民人均纯收入（元）Peasant's Net Income Per Capita	财政收入（万元）Renenue
12 682 000	5 369	16 352 915	6 923	14 284 700	604	2 003	865 714
19 532 700	4 144	25 121 050	5 330	15 750 000	334	2 048	1 335 647
1 056 100	4 125	631 800	2 467	922 138	360	1 309	45 371
2 414 900	4 444	3 303 403	6 080	2 932 805	539	1 754	188 393
11 685 534	6 583	12 054 952	6 791	7 993 000	450	1 473	713 110
1 204 814	5 512	1 666 622	7 624	793 222	363	2 037	79 830
1 111 339	2 913	1 475 658	3 867	1 706 894	447	1 560	60 259
616 739	2 027	832 207	2 735	848 058	279	1 225	31 797
334 749	4 102	302 977	3 713	242 589	297	1 227	18 177
1 344 087	3 412	1 577 390	4 005	1 677 399	426	1 243	75 665
235 932	2 693	155 741	1 778	206 310	236	721	9 876
685 626	1 707	691 240	1 721	1 285 951	320	1 265	46 136
940 825	2 612	1 517 406	4 213	1 060 287	294	1 401	53 174
557 766	1 966	703 257	2 479	942 771	332	1 328	37 056
441 560	5 177	341 348	4 002	343 731	403	1 721	29 968
624 911	1 955	529 379	1 656	995 599	312	899	34 939
1 333 342	3 412	1 968 923	5 038	1 233 931	316	1 306	102 119
347 077	3 443	381 665	3 786	379 828	377	1 106	20 947
102 989	2 234	109 730	2 380	157 788	342	851	8 389
81 420	2 452	54 644	1 646	128 843	388	693	4 959
1 247 395	3 825	1 550 270	4 754	1 314 710	403	1 751	89 448
993 199	3 989	1 269 843	5 100	1 024 779	412	1 521	74 571
290 517	1 567	370 063	1 996	418 938	226	994	10 434
126 967	1 919	124 821	1 886	124 490	188	1 116	10 361
100 127	3 901	97 448	3 796	44 630	174	1 443	6 035

2—24 全国民族自治区、自治州、自治县(旗)基本情况(1999)(二)

地区	Region	年末总人口(万人) Total Population at year-End	#少数民族 Minority Population	少数民族占总人口% Minority Population As% of Total Population
黄南藏族自治州	Huangnan Tibetan Autonomous Prefecture	20.00	18.41	92.05
海南藏族自治州	Hainan Tibetan Autonomous Prefecture	38.55	25.46	66.04
果洛藏族自治州	Guolou Tibetan Autonomous Prefecture	13.00	11.82	90.92
玉树藏族自治州	Yushu Tibetan Autonomous Prefecture	25.54	24.54	96.08
海西蒙古族藏族自治州	Haixi Mongolian and Tibetan Autonomous Prefecture	32.65	8.29	25.39
新　疆	**Xinjiang**			
昌吉回族自治州	Changji Hui Autonomous Prefecture	148.18	37.51	25.31
巴音郭楞蒙古自治州	Bayingolin Mongolian Autonomous Prefecture	101.23	44.70	44.16
克孜勒苏柯尔克孜自治州	Kizlsu Kirgiz Autonomous Prefecture	43.23	40.94	94.70
博尔塔拉蒙古自治州	Bortala Mongolian Autonomous Prefecture	40.30	13.50	33.50
伊犁哈萨克自治州	Ili Kazak Autonomous Prefecture	385.84	213.48	55.33
河　北	**Hebei**			
大厂回族自治县	Dachang Hui Autonomous County	11.16	2.44	21.86
孟村回族自治县	Mengcun Hui Autonomous County	17.68	4.33	24.49
青龙满族自治县	Qinglong Manchu Autonomous County	50.03	33.74	67.44
丰宁满族自治县	Fengning Manchu Autonomous County	37.47	24.07	64.24
围场满族蒙古族自治县	Weichang Manchu and Mongolian Autonomous County	51.13	29.92	58.52
宽城满族自治县	Kuancheng Manchu Autonomous County	23.20	14.70	63.36
内蒙古	**Inner Mongolia**			
鄂伦春自治旗	Oroqen Autonomous Qi	32.00	3.23	10.09
鄂温克族自治旗	Ewenki Autonomous Qi	14.60	5.60	38.36
莫力达瓦达斡尔族自治旗	Morindawa Daur Autonomous Qi	28.81	5.59	19.40
辽　宁	**Liaoning**			
喀喇沁左翼蒙古族自治县	Harqin Zuoyi Mongolian Autonomous County	42.06	7.85	18.66
岫岩满族自治县	Xiuyan Manchu Autonomous County	49.08	43.63	88.90
阜新蒙古族自治县	Fuxin Mongolian Autonomous County	73.35	15.39	20.98
新宾满族自治县	Xinbin Manchu Autonomous County	30.89	22.74	73.62
清原满族自治县	Qingyuan Manchu Autonomous County	34.61	21.33	61.63
本溪满族自治县	Benxi Manchu Autonomous County	29.97	17.61	58.76
桓仁满族自治县	Huanren Manchu Autonomous County	30.49	15.70	51.49
宽甸满族自治县	Kuandian Manchu Autonomous County	45.06	23.84	52.91
吉　林	**Jilin**			
长白朝鲜族自治县	Changbai Korean Autonomous County	8.74	1.53	17.51

Main Data Autonomous Region, Autonomous Prefecture and Autonomous County (Qi) in China (1999)(2)

国内生产总值（万元）Gross Domestic Products	人均国内生产总值（元）Per Capita GDP	工农业总产值（万元）Gross Output Value of Agriculture and Industry	人均工农业总产值（元）Gross Output Value of Industry and Agricultur Per Capita	粮食总产量（吨）Grain Output	人均粮食产量（公斤）Per Capita Grain Output	农民人均纯收入（元）Peasant's Net Income Per Capita	财政收入（万元）Renenue
121 659	6 083	203 378	10 169	32 333	162	1 108	4 948
134 311	3 484	163 511	4 242	115 221	299	1 323	6 644
44 157	3 397	27 683	2 129	2 843	22	1 347	2 884
59 573	2 333	52 981	2 074	21 152	83	994	4 014
408 725	12 518	518 007	15 865	79 294	243	1 815	17 481
1 104 970	7 457	1 222 878	8 253	1 006 931	679	2 960	47 799
1 090 013	10 768	901 010	8 901	333 200	329	2 175	61 177
75 900	1 756	47 043	1 088	172 700	399	942	3 850
199 104	4 941	251 700	6 246	235 171	584	2 463	11 132
1 823 901	4 727	1 106 200	2 867	1 892 100	490		80 325
164 390	14 730	447 710	40 117	70 498	632	4 078	5 400
86 836	4 912	204 603	11 573	57 527	325	2 066	2 411
142 999	2 858	192 025	3 838	89 127	178	1 751	5 770
152 359	4 066	180 388	4 814	101 242	270	1 338	4 327
200 852	3 928	229 153	4 482	179 005	350	1 954	5 640
69 142	2 980	82 335	3 549	61 000	263	1 228	2 906
84 147	2 629	55 064	1 720	163 426	510	1 771	8 197
100 108	6 856	132 838	9 098	63 328	433	3 090	9 511
105 107	3 648	138 169	4 795	467 945	1 624	1 572	8 264
75 141	1 774	116 856	2 759	92 000	217	1 119	4 714
316 458	6 448	890 842	18 151	166 365	339	2 555	8 200
139 820	1 906	304 982	4 158	690 073	941		9 639
188 770	6 111	458 076	14 829	135 470	439	2 299	5 189
185 300	5 354	457 394	13 216	143 977	416	2 670	5 219
211 585	7 060	334 835	11 172	90 580	302	2 750	10 003
160 614	5 268	251 036	8 233	114 493	376	2 560	8 570
261 766	5 809	677 133	15 027	133 709	297	2 755	11 088
74 891	8 568	67 450	7 717	32 181	368	2 815	3 602

2—24 全国民族自治区、自治州、自治县(旗)基本情况(1999)(三)

地　区 Region		年末总人口(万人) Total Population at Year-End	#少数民族 Minority Population	少数民族占总人口% Minority Population As% of Total Population
前郭尔罗斯蒙古族自治县	Qian Gorlos Mongolian Autonomous County	57.90	6.00	10.36
伊通满族自治县	Yitong Manchu Autonomous County	47.38	18.48	39.00
黑龙江	**Heilongjiang**			
杜尔伯特蒙古族自治县	Dorbod Mongolian Autonomous County	24.72	5.19	21.00
浙　江	**Zhejiang**			
景宁畲族自治县	Jingning She Autonomous County	17.58	1.81	10.29
湖　北	**Hubei**			
长阳土家族自治县	Changyang Tujia Autonomous County	41.81	20.82	49.80
五峰土家族自治县	Wufen Tujia Autonomous County	20.84	14.01	67.24
湖　南	**Hunan**			
城步苗族自治县	Chengbu Miao Autonomous County	29.45	16.90	57.39
通道侗族自治县	Tongdao Dong Autonomous County	25.26	21.00	83.14
江华瑶族自治县	Jianghua Yao Autonomous County	51.73	30.13	58.24
新晃侗族自治县	Xinhuang Dong Autonomous County	29.45	24.64	83.67
芷江侗族自治县	Zhijiang Dong Autonomous County	40.89	23.68	57.91
靖州苗族侗族自治县	Jingzhou Miao and Dong Autonomous County	29.74	18.89	63.52
麻阳苗族自治县	Mayang Miao Autonomous County	41.36	31.39	75.89
广　东	**Guangdong**			
连南瑶族自治县	Liannan Yao Autonomous County	15.07	8.22	54.55
连山壮族瑶族自治县	Lianshan Zhuang and Yao Autonomous County	11.22	6.25	55.70
乳源瑶族自治县	Ruyuan Yao Autonomous County	19.46	2.29	11.77
广　西	**Guangxi**			
都安瑶族自治县	Duan Yao Autonomous County	62.50	60.70	97.12
融水苗族自治县	Rongshui Miao Autonomous County	45.96	32.94	71.67
三江侗族自治县	Sanjiang Dong Autonomous County	33.84	28.05	82.89
龙胜各族自治县	Longsheng Gezu Autonomous County	16.68	12.88	77.22
金秀瑶族自治县	Jinxiu Yao Autonomous County	14.64	11.48	78.42
隆林各族自治县	Longlin Gezu Autonomous County	34.73	27.61	79.50
巴马瑶族自治县	Bama Yao Autonomous County	23.64	20.41	86.34
罗城仫佬族自治县	Luocheng Mulao Autonomous County	35.48	25.84	72.83
富川瑶族自治县	Fuchuan Yao Autonomous County	28.60	14.20	49.65
大化瑶族自治县	Dahua Yao Autonomous County	41.19	38.07	92.43
环江毛南族自治县	Huanjiang Maonan Autonomous County	34.25	31.44	91.80

Main Data Autonomous Region, Autonomous Prefecture and Autonomous County (Qi) in China (1999)(3)

国内生产总值(万元) Gross Domestic Products	人均国内生产总值(元) Per Capita GDP	工农业总产值(万元) Gross Output Value of Agriculture and Industry	人均工农业总产值(元) Gross Output Value of Industry and Agricultur Per Capita	粮食总产量(吨) Grain Output	人均粮食产量(公斤) Per Capita Grain Output	农民人均纯收入(元) Peasant's Net Income Per Capita	财政收入(万元) Renenue
443 845	7 665	452 521	7 815	1 180 685	2 039	2 400	12 675
192 840	4 070	318 029	6 712	750 128	1 583	2 357	6 325
102 219	4 135	138 295	5 594	221 055	894	1 575	4 205
70 998	4 039	128 171	7 291	57 700	328	1 753	4 636
217 590	5 204	326 310	7 805	181 582	434	1 762	9 303
89 470	4 293	128 813	6 181	101 254	486	1 526	4 080
58 333	1 981	121 301	4 119	97 805	332	1 050	4 080
49 298	1 956	104 475	4 146	80 718	320	1 235	4 007
131 559	2 543	186 176	3 599	160 878	311	1 298	4 972
90 560	3 075	170 838	5 801	96 693	328	1 328	3 7700
112 923	2 762	215 834	5 278	166 287	407	1 934	5 973
117 618	5 955	230 733	7 758	117 544	395	2 068	6 754
89 991	2 176	156 504	3 784	125 287	303	1 340	4 486
39 160	2 599	51 491	3 417	48 909	325	2 018	1 599
38 346	3 418	41 164	3 669	61 790	551	2 110	1 060
79 237	4 072	96 428	4 955	78 728	405	2 966	7 399
90 222	1 443	101 061	1 616	130 817	209	1 646	4 438
81 163	1 765	92 001	2 001	131 034	285	1 546	4 910
58 171	1 719	61 585	1 819	75 651	223	1 549	2 937
64 488	3 866	80 697	4 837	60 568	363	2 114	3 420
38 692	2 642	43 900	2 998	61 365	419	1 750	1 935
58 883	1 695	71 875	2 069	89 046	256	1 689	9 558
55 318	2 340	64 110	2 711	66 815	282	1 764	2 495
93 336	2 630	149 424	4 211	144 173	406	2 027	4 896
112 808	3 944	138 632	4 847	126 674	442	2 226	5 107
144 320	3 503	146 539	3 557	62 840	152	1 678	5 849
120 372	3 514	237 567	6 936	138 989	405	1 883	7 726

2—24 全国民族自治区、自治州、自治县(旗)基本情况(1999)(四)

地区	Region	年末总人口(万人) Total Population at Year-End	#少数民族 Minority Population	少数民族占总人口% Minority Population As% of Total Population
恭城瑶族自治县	Gongcheng Yao Autonomous County	27.68	15.44	55.78
海　南	**Hainan**			
白沙黎族自治县	Baisha Li Autonomous County	17.55	11.04	62.91
昌江黎族自治县	Changjiang Li Autonomous County	22.44	7.49	33.38
乐东黎族自治县	Ledong Li Autonomous County	46.77	18.43	39.41
陵水黎族自治县	Lingshui Li Autonomous County	31.81	17.62	55.39
保亭黎族苗族自治县	Baoting Li and Miao Autonomous County	15.96	10.13	63.47
琼中黎族苗族自治县	Qiongzhong Li and Miao Autonomous County	19.64	10.94	55.70
重　庆	**Chongqing**			
石柱土家族自治县	Shizhu Tujia Autonomous County	49.80	30.30	60.84
秀山土家族苗族自治县	Xiushan Tujia and Miao Autonomous County	58.30	30.60	52.49
酉阳土家族苗族自治县	Youyan Tujia and Miao Autonomous County	71.70	50.20	70.01
黔江土家族苗族自治县	Qianjiang Tujia and Miao Autonomous County	48.50	24.42	50.35
彭水苗族土家族自治县	Pengshui Miao and Tujia Autonomous County	61.18	27.66	45.21
四　川	**Sichuan**			
木里藏族自治县	Muli tibetan Autonomous County	12.20	9.40	77.05
马边彝族自治县	Mabian Yi Autonomous County	17.10	6.30	36.84
峨边彝族自治县	Ebian Yi Autonomous County	14.52	4.27	29.41
贵　州	**Guizhou**			
松桃苗族自治县	Songtao Miao Autonomous County	59.40	25.50	42.93
镇宁布依族苗族自治县	Zhengning Bouyei and Miao Autonomous County	33.10	18.60	56.19
紫云苗族布依族自治县	Ziyun Miao and Bouyei Autonomous County	32.90	19.10	58.05
威宁彝族回族苗族自治县	Weining Yi, Hui and Miao Autonomous County	99.38	24.95	25.11
关岭布依族苗族自治县	Guanling Bouyei and Miao Autonomous County	31.00	18.40	59.35
三都水族自治县	Sandu Shui Autonomous County	30.00	28.90	96.33
玉屏侗族自治县	Yuping Dong Autonomous County	13.20	8.60	65.15
道真仡佬族苗族自治县	Daozhen Gelao and Miao Autonomous County	31.52	20.10	63.77
务川仡佬族苗族自治县	Wuchuan Gelao and Miao Autonomous County	39.03	31.62	81.01
印江土家族苗族自治县	Yinjiang Tujia and Miao Autonomous County	38.30	25.00	65.27
沿河土家族自治县	Yanhe Tujia Autonomous County	51.70	26.10	50.48
云　南	**Yunnan**			
峨山彝族自治县	Eshan Yi Autonomous County	14.60	9.30	63.70
石林彝族自治县	Shilin Yi Autonomous County	22.00	7.45	33.86

Main Data Autonomous Region, Autonomous Prefecture and Autonomous County (Qi) in China (1999)(4)

国内生产总值(万元) Gross Domestic Products	人均国内生产总值(元) Per Capita GDP	工农业总产值(万元) Gross Output Value of Agriculture and Industry	人均工农业总产值(元) Gross Output Value of Industry and Agricultur Per Capita	粮食总产量(吨) Grain Output	人均粮食产量(公斤) Per Capita Grain Output	农民人均纯收入(元) Peasant's Net Income Per Capita	财政收入(万元) Renenue
123 328	4 455	155 756	5 627	132 771	479	2 926	4 824
37 414	2 132	54 470	3 104	70 127	400	1 672	3 478
116 510	5 192	135 813	6 052	75 566	337	1 845	8 663
155 173	3 318	179 438	3 837	181 603	388	2 281	6 861
99 563	3 130	119 949	3 771	112 401	353	1 970	4 332
32 754	2 052	31 845	1 995	32 555	204	1 298	2 891
34 075	1 735	42 172	2 147	58 005	295	1 432	4 006
141 527	2 841	179 080	3 596	272 924	548	1 198	4 459
131 315	2 252	145 693	2 499	318 365	546	1 213	4 425
113 208	1 578	161 313	2 249	363 074	506	1 254	4 515
163 830	3 377	173 514	3 577	276 530	570	1 365	6 569
124 835	2 040	137 026	2 239	288 726	471	1 340	5 732
22 985	1 884	18 126	1 485	42 292	346	895	2 606
32 168	1 881	31 515	1 842	74 107	433	1 423	1 361
56 922	3 920	63 811	4 394	50 042	344	1 844	2 939
78 269	1 317	106 318	1 789	245 840	413	1 163	3 144
59 759	1 805	118 272	3 573	112 821	340	1 250	3 531
43 071	1 309	53 712	1 632	112 710	342	1 160	2 642
190 507	1 916	228 373	2 297	316 300	318	1 103	6 782
47 590	1 535	62 636	2 020	99 300	320	1 198	2 901
38 891	1 296	43 658	1 455	76 235	254	1 050	1 466
41 460	3 140	47 068	3 565	50 130	379	1 623	2 217
54 588	1 731	86 604	2 747	143 303	454	1 188	3 931
52 794	1 352	94 232	2 414	165 055	422	1 232	3 438
55 383	1 446	79 944	2 087	139 508	364	1 229	2 801
60 552	1 171	87 686	1 696	170 091	329	1 140	3 008
70 146	4 804	66 083	4 526	54 035	370	1 882	5 470
91 469	4 157	147 035	6 683	112 974	513	1 686	7 641

2—24 全国民族自治区、自治州、自治县(旗)基本情况(1999)(五)

地区	Region	年末总人口(万人) Total Population at Year－End	#少数民族 Minority Population	少数民族占总人口% Minority Population As% of Total Population
沧源佤族自治县	Cangyuan Va Autonomous County	15.70	14.60	92.99
耿马傣族佤族自治县	Gengma dai and Va Autonomous County	24.53	12.56	51.20
丽江纳西族自治县	Lijiang Naxi Autonomous County	34.37	28.60	83.21
宁蒗彝族自治县	Ninglang Yi Autonomous County	22.60	17.90	79.20
江城哈尼族彝族自治县	Jiangcheng Hani and Yi Autonomous County	9.30	7.60	81.72
澜沧拉祜族自治县	Lancang Lahu Autonomous County	46.00	35.50	77.17
孟连傣族拉祜族佤族自治县	Menglian Dai, Lahu and Va Autonomous County	10.80	9.40	87.04
西盟佤族自治县	Ximeng Va Autonomous County	8.16	7.70	94.36
河口瑶族自治县	Hekou Yao Autonomous County	7.75	4.90	63.23
屏边苗族自治县	Pingbian Miao Autonomous County	14.30	8.80	61.54
贡山独龙族怒族自治县	Gongshan Dulong and Nu Autonomous County	3.40	3.20	94.12
巍山彝族回族自治县	Weishan Yi and Hui Autonomous County	29.39	12.62	42.94
南涧彝族自治县	Nanjian Yi Autonomous County	21.10	10.30	48.82
寻甸回族彝族自治县	Xundian Hui and Yi Autonomous County	48.60	10.50	21.60
元江哈尼族彝族傣族自治县	Yuanjiang Hani, Yi and Dai Autonomous County	19.00	15.02	79.05
新平彝族傣族自治县	Xinping Yi and Dai Autonomous County	26.00	18.09	69.58
墨江哈尼族自治县	Mojiang Hani Autonomous County	35.10	25.63	73.02
双江拉祜族佤族布朗族傣族自治县	Shuangjiang Lahu, Va, Blang and Dai Autonomous County	16.12	7.16	44.42
兰坪白族普米族自治县	Lanping Bai and Pumi Autonomous County	18.60	17.40	93.55
维西傈僳族自治县	Weixi Lisu Autonomous County			
景东彝族自治县	Jingdong Yi Autonomous County	34.80	16.10	46.26
景谷傣族彝族自治县	Jinggu Dai and Yi Autonomous County	28.50	13.20	46.32
普洱哈尼族彝族自治县	Puer Hani and Yi Autonomous County	18.40	9.10	49.46
漾濞彝族自治县	Yangbi Yi Autonomous County	9.78	6.20	63.39
禄劝彝族苗族自治县	Luquan Yi and Miao Autonomous County	45.00	14.00	31.11
金平苗族瑶族傣族自治县	Jinping Miao, Yao and Dai Autonomous County	31.03	26.53	85.50
镇沅彝族哈尼族拉祜族自治县	Zhenyuan Yi,Hani and Lahu Autonomous County	20.10	10.40	51.74
甘 肃	**Gansu**			
张家川回族自治县	Zhangjiachuan Hui Autonomous County	30.00	21.21	70.70
天祝藏族自治县	Tianzhu Tibetan Autonomous County	21.60	7.38	34.17
肃南裕固族自治县	Sunan Yugur Autonomous County	3.89	2.11	54.24
肃北蒙古族自治县	Subei Mongolian Autonomous County	1.11	0.43	38.74

Main Data Autonomous Region, Autonomous Prefecture and Autonomous County (Qi) in China (1999)(5)

国内生产总值(万元) Gross Domestic Products	人均国内生产总值(元) Per Capita GDP	工农业总产值(万元) Gross Output Value of Agriculture and Industry	人均工农业总产值(元) Gross Output Value of Industry and Agricultur Per Capita	粮食总产量(吨) Grain Output	人均粮食产量(公斤) Per Capita Grain Output	农民人均纯收入(元) Peasant's Net Income Per Capita	财政收入(万元) Renenue
33 992	2 165	41 276	2 629	55 403	352	509	2 122
79 460	3 239	103 349	4 213	84 250	343	886	5 876
128 620	3 742	74 239	2 160	136 746	397	1 047	9 396
31 820	1 407	24 059	1 064	70 413	311	424	1 338
21 500	2 311	28 970	3 115	32 510	349	692	1 001
53 107	1 154	76 472	1 662	142 921	310	533	3 057
20 285	1 878	26 406	2 445	45 770	423	760	1 986
9 225	1 130	10 218	1 252	30 563	374	474	583
35 689	4 605	19 253	2 484	16 550	213	1 143	2 849
27 050	1 891	30 218	2 113	55 716	389	687	1 068
10 549	3 102	9 861	2 900	10 651	313		540
73 279	2 493	88 479	3 010	115 199	391	1 383	3 505
49 725	2 356	67 594	3 203	79 900	378	1 245	4 226
84 829	1 745	100 250	2 062	171 517	352	1 102	6 545
70 769	3 724	95 986	5 051	62 980	331	1 585	5 560
126 246	4 855	106 784	4 107	96 370	370	1 361	6 836
44 676	1 272	44 051	1 255	108 920	310	809	3 366
27 409	1 700	37 221	2 309	59 238	367	725	1 963
42 174	2 267	58 744	3 158	66 029	354	917	4 744
77 587	2 229	81 989	2 356	135 328	388	869	5 239
79 734	2 797	86 655	3 040	111 098	389	1 253	8 156
57 546	3 127	56 324	3 061	71 401	388	1 196	5 130
19 536	1 997	27 553	2 817	41 624	425	1 533	2 036
91 558	2 034	132 837	2 951	167 483	372	1 205	5 095
32 795	1 056	45 002	1 450	99 953	322	555	2 218
35 218	1 752	40 566	2 018	72 880	362	1 048	3 432
24 714	824	29 322	978	63 093	210	826	1 234
40 685	1 884	51 370	2 378	50 100	232	1 091	2 380
20 520	5 275	20 653	5 309	12 870	331	3 503	
11 391	10 355	3 680	3 346	3 884	350	3 964	1 859

2—24 全国民族自治区、自治州、自治县(旗)基本情况(1999)(六)

地区	Region	年末总人口(万人) Total Population at Year-End	#少数民族 Minority Population	少数民族占总人口% Minority Population As% of Total Population
阿克塞哈萨克族自治县	Aksay Kazak Autonomous County	0.77	0.36	46.75
东乡族自治县	Dongxiang Autonomous County	25.90	22.40	86.49
积石山保安族东乡族撒拉族自治县	Jishishan Baoan, Dongxiang and Salar Autonomous County	21.60	11.50	53.24
青 海	**Qinghai**			
互助土族自治县	Huzhu Tu Autonomous County	37.21	8.89	23.89
化隆回族自治县	Hualong Hui Autonomous County	22.70	17.70	77.97
循化撒拉族自治县	Xunhua Salar Autonomous County	11.27	10.42	92.46
河南蒙古族自治县	Henan Mongolian Autonomous County	2.87	2.73	95.12
门源回族自治县	Menyuan Hui Autonomous County	14.56	8.16	56.04
大通回族土族自治县	Datong Hui and Tu Autonomous County	42.50	18.66	43.91
民和回族土族自治县	Minhe Hui and Tu Autonomous County	36.84	19.80	53.75
新 疆	**Xinjiang**			
巴里坤哈萨克自治县	Barkol Kazak Autonomous County	10.10	3.30	32.67
塔什库尔干塔吉克自治县	Taxkorgan Tajik Autonomous County	3.13	2.89	92.33
木垒哈萨克自治县	Mori Kazak Autonomous County	8.70	2.70	31.03
焉耆回族自治县	Yanqi Hui Autonomous County	11.78	6.41	54.41
察布查尔锡伯自治县	Qapaqal Xibe Autonomous County	15.78	10.54	66.79
和布克赛尔蒙古自治县	Hoboksar Mongolian Autonomous County	5.10	3.23	63.33

Main Data Autonomous Region, Autonomous Prefecture and Autonomous County (Qi) in China (1999)(6)

国内生产总值(万元) Gross Domestic Products	人均国内生产总值(元) Per Capita GDP	工农业总产值(万元) Gross Output Value of Agriculture and Industry	人均工农业总产值(元) Gross Output Value of Industry and Agricultur Per Capita	粮食总产量(吨) Grain Output	人均粮食产量(公斤) Per Capita Grain Output	农民人均纯收入(元) Peasant's Net Income Per Capita	财政收入(万元) Renenue
9 984	12 966	18 416	23 917	633	82	3 853	953
16 983	656	17 188	664	46 496	180	776	496
16 973	786	13 519	626	38 620	179	853	472
98 569	2 649	113 033	3 038	179 213	482	1 086	4 441
30 753	1 355	35 388	1 559	47 463	209	741	1 503
18 952	1 682	27 548	2 444	32 453	288	1 314	1 112
13 523	4 712	15 236	5 309			1 396	454
36 509	2 507	35 219	2 419	34 834	239	1 305	1 739
160 496	3 776	58 192	1 369	110 185	259	1 535	5 366
71 126	1 931	32 820	891	124 818	339	1 262	1 780
32 940	3 261	35 201	3 485	55 054	545	1 445	719
4 600	1 469	200	63	4 900	156	477	118
35 030	4 026	42 525	4 887	109 833	1 262	1 880	
68 653	5 827	63 040	5 351	43 595	370	2 569	3 227
44 000	2 788	37 194	2 357	113 000	716	1 518	1 096
25 800	5 058	22 524	4 416	14 400	282	1 570	3 186

主要统计指标解释

国内生产总值 是按市场价格计算的国内生产总值的简称。它是一个国家(地区)所有常驻单位在一定时期内生产活动的最终成果。国内生产总值有三种表现形态:即价值形态、收入形态和产品形态。从价值形态看,它是所有常驻单位在一定时期内产生的全部货物和服务价值超过同期投入的全部非固定资产货物和服务价值的差额,即所有常驻单位的增加值之和;从收入形态看,它是所有常驻单位在一定时期内所创造并分配给常驻单位和非常驻单位的初次分配收入之和;从产品形态看,它是最终使用的货物和服务减去进口货物和服务。在实际核算中,国内生产总值的三种表现形态表现为三种计算方法,即生产法、收入法和支出法。三种方法分别从不同的方面反映国内生产总值及其构成。

当年价格 指报告期的实际价格,如工厂的出厂价格,农产品的收购价格,商业的零售价格等。使用当年价格计算的数字,是为了使国民经济各项指标互相衔接,便于考察当年社会经济效益,便于对生产和流通、生产和分配、生产和消费进行经济核算和综合平衡。

按当年价格计算的价值指标,在不同年份之间进行对比时,因为包含有各年间价格变动的因素,不能确切地反映实物量的增减变动。必须消除价格变动因素后,才能真正反映经济发展动态。因此,在计算增长速度时都使用按可比价格计算的数字。

不变价格 指用同类产品的年平均价格作为固定价格,来计算各年产品价值。按不变价格计算的产品价值消除了价格变动因素,不同时期对比可以反映生产的发展速度。新中国成立后,随着工农业产品价格水平的变化,国家统计局先后五次制定了全国统一的工业产品不变价格和农业产品不变价格,从1949年到1957年使用1952年工(农)业产品不变价格,从1957年到1971年使用1957年不变价格,从1971年到1981年使用1970年不变价格,从1981年到1990年使用1980年不变价格,从1990年开始使用1990年不变价格。

平均每年增长速度 在我国计算平均增长速度有两种方法:一种是习惯上经常使用的"水平法",又称几何平均法,是以间隔期最后一年的水平同基期水平对比来计算平均每年增长(或下降)速度。另一种是"累计法",又称代数平均法或方程法,是以间隔期内各年水平的总和同基期水平对比来计算平均每年增长(或下降)速度。

在一般正常情况下,两种方法计算的平均每年增长速度比较接近,但在经济发展不平衡,出现大起大落时,两种方法计算的结果差别较大。

本《年鉴》内所列的平均每年增长速度,除固定资产投资是用"累计法"计算以外,其余均用"水平法"计算。从某年到某年平均增长速度的年份,均不包括基期年在内。如建国43年的平均增长速度是以1949年为基期计算的,则写为1950—1992年平均增长速度,余此类推。

国有经济单位 指生产资料归国家所有的各种企业、事业单位,以及各级国家机关、人民团体等单位。

集体经济单位 指生产资料归公民集体所有的各种企业、事业单位。包括农村各种经济组织经营的农、林、牧、副、渔业,乡、村经营的企业、事业单位;城市、县、镇以及街道举办的集体经济性质的企业、事业单位。

三次产业 根据社会生产活动历史发展的顺序对产业结构的划分,产品直接取自自然界的部门称为第一产业,对初级产品进行再加工的部门称为第二产业,为生产和消费提供各种服务的部门称为第三产业。它是世界上通用的产业结构分

类,但各国的划分不一致,我国的三次产业划分是:

第一产业:农业(包括种植业、林业、牧业、副业和渔业)。

第二产业:工业(包括采掘工业、制造业、自来水、电力、蒸气、热水、煤气)和建筑业。

第三产业:除第一、第二产业以外的其他各业。由于第三产业包括的行业多、范围广,根据我国的实际情况,第三产业可分为两大部分,一是流通部门,二是服务部门。具体又可分为四个层次。

第一层次:流通部门,包括交通运输业、邮电通讯业、商业、饮食业、物资供销和仓储业。

第二层次:为生产和生活服务的部门,包括金融、保险业,地质普查业,房地产、公用事业,居民服务业,咨询服务业和综合技术服务业,农、林、牧、渔、水利服务业和水利业,公路、内河(湖)航道养护业等。

第三层次:为提高科学文化水平和居民素质服务的部门,包括教育、文化、广播电视、科学研究、卫生、体育和社会福利事业等。

第四层次:为社会公共需要服务的部门,包括国家机关、政党机关、社会团体,以及军队和警察等。

3 人口、从业人员

Population And Employment Staff

3—1 历次人口普查全国分民族人口数(一)

Population of China's Ethnics (1)

单位:人 (person)

民族 Ethnic		历次普查人口数 Census 1953年	1964年	1982年	1990年
全国总计	**Total**	**577 856 141**	**691 220 104**	**1 003 913 927**	**1 130 510 638**
汉　族	Han	542 824 056	651 296 368	936 674 944	1 039 187 548
少数民族合计	**Total Minority Population**	**34 013 782**	**39 883 909**	**66 434 341**	**90 567 245**
少数民族占全国比重(%)	As% of Total Population	5.89	5.77	6.62	8.01
蒙古族	Mongolian	1 451 035	1 965 766	3 411 367	4 802 407
回　族	Hui	3 530 498	4 473 147	7 228 398	8 612 001
藏　族	Tibetan	2 753 081	2 501 174	3 847 875	4593 072
维吾尔族	Uygur	3 610 462	3 996 311	5 963 491	7 207 024
苗　族	Miao	2 490 874	2 782 088	5 021 175	7 383 622
彝　族	Yi	3 227 750	3 380 960	5 453 564	6 578 524
壮　族	Zhuang	6 864 585	8 386 140	13 383 086	15 555 820
布依族	Bouyei	1 237 714	1 348 055	2 119 345	2 548 294
朝鲜族	Korean	1 111 275	1 339 569	1 765 204	1 923 361
满　族	Manchu	2 399 228	2 695 675	4 304 981	9 846 776
侗　族	Dong	712 802	836 123	1 426 400	2 508 624
瑶　族	Yao	665 933	857 265	1 411 967	2 137 033
白　族	Bai	567 119	706 623	1 132 224	1 598 052
土家族	Tujia		524 755	2 836 814	5 725 049
哈尼族	Hani	481 220	628 727	1 058 806	1 254 800
哈萨克族	Kazak	509 375	491 637	907 546	1 110 758
傣　族	Dai	478 966	535 389	839 496	1 025 402
黎　族	Li	360 950	438 813	887 107	1 112 498
傈僳族	Lisu	317 465	270 628	481 884	574 589
佤　族	Va	286 158	200 272	298 611	351 980
畲　族	She		234 167	371 965	634 700
高山族	Gaoshan	329	366	1 650	2 877
拉祜族	Lahu	139 060	191 241	304 256	411 545
水　族	Shui	133 566	156 099	286 908	347 116
东乡族	Dongxiang	155 761	147 443	279 523	373 669
纳西族	Naxi	143 453	156 796	251 592	277 750
景颇族	Jingpo	101 852	57 762	92 976	119 276

注:1. 各年度人口数均为中国大陆人口普查数,不包括现役军人。

2. 少数民族人口合计数中不包括其他未识别的民族人口和外国人加入中国籍人口数。

3. 1982年人口数未包括西藏间接调查的28 601人,据有关资料计算,如包括间接调查人口数,1982年门巴族约为6 248人,珞巴族约为2 065人。

Note:1. Population census date, exclude the number of military personel.

2. The total of minority population exclude the people from unidentified ethnic groups and the number of foreigners who have jioned China's nationality.

3. The population figure of 1982 exclude the number of 28 601 persons which is calculated through indirect survey by tibet. According to indirect survey, in 1982, the population of monba is about 624, that of lhoba is about 2065.

3—1 历次人口普查全国民族人口数(二)

Population of Chin's Ethnics (2)

单位:人 (person)

民族 Ethnic		历次普查人口数 Census			
		1953年	1964年	1982年	1990年
柯尔克孜族	Kirgiz	70 944	70 151	113 386	143 537
土 族	Tu	53 277	77 349	159 632	192 568
达斡尔族	Daur		63 394	94 126	121 463
仫佬族	Mulao		52 819	90 357	160 648
羌 族	Qiang	35 660	49 105	102 815	198 303
布朗族	Blang		39 411	58 473	82 398
撒拉族	Salar	30 658	34 664	69 135	87 546
毛南族	Maonan		22 382	38 159	72 370
仡佬族	Gelao		26 852	54 164	438 192
锡伯族	Xibe	19 022	33 438	83 683	172 932
阿昌族	Achang		12 032	20 433	27 718
普米族	Pumi		14 298	24 238	29 721
塔吉克族	Tajik	14 462	16 236	26 600	33 223
怒 族	Nu		15 047	22 896	27 190
乌孜别克族	Uzbek	13 626	7 717	12 213	14 763
俄罗斯族	Russian	22 656	1 326	2 917	13 500
鄂温克族	Ewenki	4 957	9 681	19 398	26 379
德昂族	De'ang		7 261	12 297	15 461
保安族	Baoan	4 957	5 125	9 017	11 683
裕固族	Yugur	3 861	5 717	10 568	12 293
京 族	Jing		4 293	13 108	18 749
塔塔尔族	Tatar	6 929	2 294	4 122	5 064
独龙族	Dulong		3 090	4 633	5 825
鄂伦春族	Oroqen	2 262	2 709	4 103	7 004
赫哲族	Hezhe		718	1 489	4 254
门巴族	Monba		3 809	1 140	7 498
珞巴族	Lhoba			1 066	2 322
基诺族	Jino			11 962	18 022
其他未识别民族	Unknown Ethnics	1 017 299	32 411	799 705	752 347
外国人加入中国籍	Foreigner with Chinese citizen - ship	1 004	7 416	4 937	3 498

3—2 历次人口普查少数民族人口的分布情况(一)

Geographic Distribution of Ethnic
Population in Overall National Census(1)

单位:人 (person)

地 区 Region	1953年 绝对数 Total Minority Population	1953年 占该地区总人口的比重(%) As% of Total Population	1953年 占全国少数民族人口的比重(%) AS% of Total Minority Population in Country	1964年 绝对数 Total Minority Population	1964年 占该地区总人口的比重(%) As% of Total Population	1964年 占全国少数民族人口的比重(%) AS% of Total Minority Population in Country
全 国 Total	**34 013 782**	**5.89**	**100**	**39 883 909**	**5.77**	**100**
北 京 Beijing	168 404	6.08	0.50	283 524	3.75	0.71
天 津 Tianjin	79 857	2.96	0.23	115 613	2.70	0.29
河 北 Hebei	715 752	1.75	2.10	621 926	1.50	1.56
山 西 Shanxi	20 316	0.14	0.06	40 100	0.22	0.10
内蒙古 Inner Mongolia	959 336	15.73	2.82	1 604 756	13.00	4.02
辽 宁 Liaoning	1 482 619	8.07	4.36	1 858 900	6.90	4.66
吉 林 Jilin	1 193 237	10.67	3.51	1 342 170	8.57	3.37
黑龙江 Heilongjiang	944 328	7.98	2.78	1 087 045	5.40	2.73
上 海 Shanghai	31 461	0.51	0.90	43 591	0.40	0.11
江 苏 Jiangsu	66 362	0.16	0.20	83 002	9.19	0.21
浙 江 Zhejiang	30 854	0.14	0.09	106 411	0.38	0.27
安 徽 Anhui	133 801	0.45	0.39	155 256	0.50	0.39
福 建 Fujian	19 979	0.15	0.06	147 017	0.88	0.37
江 西 Jiangxi	2 001	0.01	0.01	9 300	0.04	0.02
山 东 Shandong	252 506	0.52	0.74	294 643	0.53	0.74
河 南 Henan	405 715	0.93	1.19	517 195	1.03	1.30
湖 北 Hubei	35 434	0.13	0.10	183 035	0.54	0.46
湖 南 Hunan	586 737	1.78	1.72	1 275 719	3.43	3.20
广 东 Guangdong	430 279	1.25	1.27	747 181	1.75	1.87
广 西 Guangxi	7 337 944	37.51	21.57	8 553 300	41.03	21.45
海 南 Hainan						
四 川 Sichuan	2 022 315	3.11	5.95	1 728 955	2.54	4.33
贵 州 Guizhou	3 562 493	23.69	10.47	4 009 683	23.39	10.05
云 南 Yunnan	5 411 883	31.59	15.91	6 384 114	31.13	16.01
西 藏 Tibet	1 273 969	100.00	3.75	1 213 796	97.01	3.04
陕 西 Shaanxi	56 272	0.36	0.17	93 978	0.45	0.24
甘 肃 Gansu	1 486 775	11.71	4.37	955 396	7.56	2.40
青 海 Qinghai	854 136	50.95	20.51	829 318	38.65	2.18
宁 夏 Ningxia				650 366	30.86	1.63
新 疆 Xinjiang	4 449 017	93.01	13.08	4 948 619	68.07	12.41

3—2 历次人口普查少数民族人口的分布情况(二)

Geographic Distribution of Ethnic
Population in Overall National Census(2)

单位:人 (person)

地 区 Region	1982 年			1990 年		
	绝对数 Total Minority Population	占该地区总人口的比重(%) As% of Total Population	占全国少数民族人口的比重(%) AS% of Tatal Minority Population in Country	绝对数 Total Minority Population	占该地区总人口的比重(%) As% of Total Population	占全国少数民族人口的比重(%) AS% of Total Minority Population in Country
全国总计 Total	**66 434 341**	**6.62**	**100**	**90 567 245**	**8.01**	**100**
北 京 Beijing	322 320	3.49	0.49	413 937	3.83	0.46
天 津 Tianjin	164 241	2.12	0.25	202 642	2.31	0.22
河 北 Hebei	853 275	1.61	1.28	2 408 876	3.94	2.66
山 西 Shanxi	63 760	0.25	0.10	82 061	0.29	0.09
内蒙古 Inner Mongolia	2 996 477	15.55	4.51	4 166 260	19.42	4.60
辽 宁 Liaoning	2 909 615	8.15	4.38	6 165 508	15.62	6.81
吉 林 Jilin	1 829 555	8.11	2.75	2 525 212	10.24	2.79
黑龙江 Heilongjiang	1 613 043	4.94	2.43	1 997 934	5.67	2.21
上 海 Shanghai	49 748	0.42	0.07	62 171	0.47	0.07
江 苏 Jiangsu	110 559	0.18	0.17	153 060	0.23	0.17
浙 江 Zhejiang	161 546	0.42	0.24	212 582	0.51	0.23
安 徽 Anhui	261 760	0.53	0.39	324 227	0.58	0.36
福 建 Fujian	250 449	0.97	0.38	465 995	1.55	0.51
江 西 Jiangxi	22 052	0.07	0.03	101 144	0.27	0.11
山 东 Shandong	407 849	0.55	0.61	505 694	0.60	0.56
河 南 Henan	799 338	1.07	1.20	1 008 972	1.18	1.11
湖 北 Hubei	1 778 494	3.72	2.68	2 140 488	3.97	2.36
湖 南 Hunan	2 201 087	4.08	3.31	4 823 649	7.95	5.33
广 东 Guangdong	1 057 527	1.78	1.59	354 625	0.56	0.39
广 西 Guangxi	13 933 250	38.26	20.97	16 577 113	39.24	18.30
海 南 Hainan				1 114 803	17.00	1.23
四 川 Sichuan	3 660 402	3.67	5.51	4 889 295	4.56	5.40
贵 州 Guizhou	6 675 360	23.38	10.05	10 504 828	32.43	11.60
云 南 Yunnan	10 277 069	31.57	15.47	12 351 834	33.41	13.64
西 藏 Tibet	1 769 935	94.97	2.66	2 112 168	96.18	2.33
陕 西 Shaanxi	133 098	0.46	2.20	156 403	0.48	0.17
甘 肃 Gansu	1 555 186	7.95	2.34	1 857 467	8.30	2.05
青 海 Qinghai	1 535 774	39.42	2.31	1 878 028	42.14	2.07
宁 夏 Ningxia	1 244 238	31.94	1.87	1 549 067	33.27	1.71
新 疆 Xinjiang	7 797 344	59.61	11.74	9 961 202	62.42	10.45

3—3 全国少数民族分布的主要地区(一)

Major Geographic Distribution of China's Ethnics (1)

民 族	Ethnic	分布的主要地区	Major Region by Geographic Distribution
蒙古族	Mongolian	内蒙古、辽宁、吉林、河北、黑龙江、新疆	Inner Mongolia, Liaoning, Jilin, Hebei, Heilongjiang and Xinjiang
回 族	Hui	宁夏、甘肃、河南、新疆、青海、云南、河北、山东、安徽、辽宁、北京、内蒙古、天津、黑龙江、陕西、贵州、吉林、江苏、四川	Ningxia, Gansu, Henan, Xinjiang, Qinghai, Yunnan, Hebei, Shandong, Anhui, Liaoning, Beijing, Inner Mongolia, Tianjin, Heilongjiang, Shaanxi, Guizhou, Jilin, Jiangsu and Sichuan
藏 族	Tibetan	西藏、四川、青海、甘肃、云南	Tibet, Sichuan, Qinghai, Gansu and Yunnan
维吾尔族	Uygur	新疆	Xinjiang
苗 族	Miao	贵州、湖南、云南、广西、重庆、湖北、四川	Guizhou, Hunan, Yunnan, Guangxi Chongqing, Hubei and Sichuan
彝 族	Yi	云南、四川、贵州	Yunnan, Sichuan and Guizhou
壮 族	Zhuang	广西、云南、广东	Guangxi, Yunnan and Guangdong
布依族	Bouyei	贵州	Guizhou
朝鲜族	Korean	吉林、黑龙江、辽宁	Jilin, Heilongjiang and Liaoning
满 族	Manchu	辽宁、河北、黑龙江、吉林、内蒙古、北京	Liaoning, Hebei, Heilongjiang, Jilin Inner Mongolia and Beijing
侗 族	Dong	贵州、湖南、广西	Guizhou, Hunan and Guangxi
瑶 族	Yao	广西、湖南、云南、广东	Guangxi, Hunan, Yunnan and Guangdong
白 族	Bai	云南、贵州、湖南	Yunnan, Guizhou and Hunan
土家族	Tujia	湖南、湖北、重庆、贵州	Hunan, Hubei, Chongqing and Guizhou
哈尼族	Hani	云南	Yunnan
哈萨克族	Kazak	新疆	Xinjiang
傣 族	Dai	云南	Yunnan
黎 族	Li	海南	Hainan
傈僳族	Lisu	云南、四川	Yunnan and Sichuan
佤 族	Va	云南	Yunnan
畲 族	She	福建、浙江、江西、广东	Fujian, Zhejiang, Jiangxi and Guangdong
高山族	Gaoshan	台湾、福建	Taiwan and Fujian
拉祜族	Lahu	云南	Yunnan
水 族	Shui	贵州、广西	Guizhou and Guangxi

3—3 全国少数民族分布的主要地区(二)
Major Geographic Distribution of China's Ethnics (2)

民族 Ethnic		分布的主要地区 Major Region by Geographic Distribution	
东乡族	Dongxiang	甘肃、新疆	Gansu and Xinjiang
纳西族	Naxi	云南	Yunnan
景颇族	Jingpo	云南	Yunnan
柯尔克孜族	Kirgiz	新疆	Xinjiang
土　族	Tu	青海、甘肃	Qinghai and Gansu
达斡尔族	Daur	内蒙古、黑龙江	Inner Mongolia and Heilongjiang
仫佬族	Mulao	广西	Guangxi
羌　族	Qiang	四川	Sichuan
布朗族	Blang	云南	Yunnan
撒拉族	Salar	青海	Qinghai
毛南族	Maonan	广西	Guangxi
仡佬族	Gelao	贵州	Guizhou
锡伯族	Xibe	辽宁、新疆	Liaoning and Xinjiang
阿昌族	Achang	云南	Yunnan
普米族	Pumi	云南	Yunnan
塔吉克族	Tajik	新疆	Xinjiang
怒　族	Nu	云南	Yunnan
乌孜别克族	Uzbek	新疆	Xinjiang
俄罗斯族	Russian	新疆、黑龙江	Xinjiang and Heilongjiang
鄂温克族	Ewenki	内蒙古	Inner Mongolia
德昂族	De'ang	云南	Yunnan
保安族	Baoan	甘肃	Gansu
裕固族	Yugur	甘肃	Gansu
京　族	Jing	广西	Guangxi
塔塔尔族	Tatar	新疆	Xinjiang
独龙族	Dulong	云南	Yunnan
鄂伦春族	Oroqen	黑龙江、内蒙古	Heilongjiang and Inner Mongolia
赫哲族	Hezhe	黑龙江	Heilongjiang
门巴族	Monba	西藏	Tibet
珞巴族	Lhoba	西藏	Tibet
基诺族	Jinuo	云南	Yunnan

3—4 全国分地区年末总人口(1999年)

Total Population at the End of Year by Region(1999)

单位:人 (person)

地区 Region		总人口 Population 合计 Total	男 Male	女 Female	总户数(户) Househoklds	平均每户人数 Average Persons Per Household	占全国总人口比重(%) The Propo-rtion of Population As a Whole
全国	**National**	**1 224 915 376**	**631 001 974**	**593 913 402**	**337 659 447**	**3.63**	**100.00**
北京	Beijing	11 061 983	5 602 151	5 459 832	3 903 101	2.83	0.90
天津	Tianjin	9 161 665	4 636 447	4 525 218	2 914 757	3.14	0.75
河北	Hebei	66 021 579	33 658 949	32 362 630	18 184 261	3.63	5.39
山西	Shanxi	31 450 808	16 350 062	15 100 746	8 736 952	3.60	2.57
内蒙古	Inner Mongolia	23 295 364	12 078 030	11 217 334	6 411 518	3.63	1.90
辽宁	Liaoning	41 032 344	20 884 061	20 148 283	12 902 521	3.18	3.35
吉林	Jilin	26 161 000	13 316 535	12 844 465	7 525 591	3.48	2.14
黑龙江	Heilongjiang	36 608 425	18 634 779	17 973 646	10 489 584	3.49	2.99
上海	Shanghai	13 131 204	6 611 892	6 519 312	4 701 108	2.79	1.07
江苏	Jiangsu	70 090 860	35 777 124	34 313 736	22 217 002	3.15	5.72
浙江	Zhejiang	44 674 607	23 026 419	21 648 188	14 102 525	3.17	3.65
安徽	Anhui	62 055 155	32 193 018	29 862 137	16 326 257	3.80	5.07
福建	Fujian	32 835 978	16 943 971	15 892 007	8 388 371	3.91	2.68
江西	Jiangxi	41 170 252	21 371 283	19 798 969	10 318 396	3.99	3.36
山东	Shandong	89 216 648	45 372 193	43 844 455	26 092 312	3.42	7.28
河南	Henan	94 463 428	48 557 889	45 905 539	24 017 224	3.93	7.71
湖北	Hubei	59 424 899	30 617 831	28 807 068	15 883 783	3.74	4.85
湖南	Hunan	65 206 272	33 834 172	31 372 100	18 146 405	3.59	5.32
广东	Guangdong	72 988 849	37 697 014	35 291 835	18 296 610	3.99	5.96
广西	Guangxi	46 576 479	24 345 315	22 231 164	11 098 081	4.20	3.80
海南	Hainan	7 432 124	3 900 683	3 531 441	1 813 902	4.10	0.61
重庆	Chongqing	30 723 399	16 024 184	14 699 215	9 227 316	3.33	2.51
四川	Sichuan	83 585 559	43 376 872	40 208 687	24 159 664	3.46	6.82
贵州	Guizhou	35 820 459	18 551 622	17 268 837	8 822 836	4.06	2.92
云南	Yunnan	40 183 888	20 757 409	19 426 479	10 121 286	3.97	3.28
西藏	Tibet	2 477 195	1 231 571	1 245 624	472 250	5.25	0.20
陕西	Shaanxi	35 191 529	18 400 055	16 791 474	9 281 703	3.79	2.87
甘肃	Gansu	25 074 457	12 993 017	12 081 440	6 004 434	4.18	2.05
青海	Qinghai	4 732 420	2 422 670	2 309 750	1 114 145	4.25	0.39
宁夏	Ningxia	5 432 891	2 784 706	2 648 185	1 354 786	4.01	0.44
新疆	Xinjiang	17 633 656	9 050 050	8 583 606	4 630 766	3.81	1.44

注:本表为公安部年报数。

Note:Annual report clata from the ministry of public seearity

3—5 民族自治地方年末总人口及构成

The Composition and Overall Population

at the End of Year of Minority National Autonomous Areas

单位:万人 (10 000 person)

年 份 Year	民族自治地方总人口 Total Population			比重(以自治地方总人口为 100) Proportion(Total Population in Minority National Autonomous Areas=100)		民族自治地方少数民族人口 Total Population of Minority Natio-nalities	少数民族人口占民族自治地方总人口的% Population of Minority Nationality As Percentage of Total Population in Minority National Autonomous Areas
		农业人口 Agri-culture	非农业人口 Non-agriculture	农业人口 Agriculture	非农业人口 Non-agriculture		
1952	5 600.95	4 967.73	633.22	88.59	11.31		
1957	6 464.90	5 663.04	801.86	87.60	12.40		
1965	7 739.20	6 618.05	1 121.15	85.51	14.49		
1975	10 441.43	8 873.60	1 567.83	84.98	15.02		
1978	11 077.22	9 376.34	1 700.88	84.65	15.35	4 342.36	39.2
1979	11 333.94	9 534.45	1 799.49	84.12	15.88		
1980	11 586.35	9 717.60	1 868.75	83.87	16.13	4 714.31	40.7
1981	11 767.29	9 864.52	1 902.77	83.83	16.17		
1982	12 127.26	10 161.43	1 965.83	83.79	16.21	5 007.50	41.3
1983	12 659.05	10 601.55	2 057.50	83.75	16.25	5 339.10	42.2
1984	12 899.98	10 769.19	2 130.79	83.48	16.52	5 491.20	42.6
1985	13 547.71	11 263.66	2 284.05	83.14	16.86	5 852.87	43.2
1986	13 927.03	1 1567.63	2 359.40	83.06	16.94	6 072.23	43.6
1987	14 246.65	11 794.22	2 254.43	82.79	17.21	6 252.58	43.9
1988	14 579.84	12 037.74	2 542.10	82.56	17.44	6 442.79	44.2
1989	15 060.57	12 382.47	2 678.10	82.22	17.78	6 688.63	44.4
1990	15 295.71	12 580.41	2 715.30	82.24	17.76	6 879.58	45.0
1991	15 462.71	12 660.58	2 802.13	81.88	18.12	7 044.32	45.6
1992	15 630.06	12 768.95	2 861.11	81.69	18.31	7 125.20	45.6
1993	15 776.06	12 808.13	2 967.93	81.49	18.51	7 179.08	45.5
1994	15 974.68	12 890.12	3 084.56	80.69	19.31	7 286.83	45.6
1995	16 044.41	12 878.06	3 166.35	80.27	19.73	7 232.13	45.1
1996	16 230.41	12 941.79	3 288.72	79.74	20.26	7 393.99	45.6
1997	16 407.92	13 054.47	3 353.45	79.56	20.44	7 451.12	45.4
1998	16 615.95	13 155.42	3 460.53	79.17	20.83	7 577.45	45.6
1999	16 784.01	13 253.11	3 530.90	78.96	21.04	7 658.15	45.8

注:本表未扣除区域变动因素,年度之间不可比。下同。

Note:The factor of regional changes is not deducted,so data among years are not comparable. The next is the same.

3—6 民族自治地方分地区年末总人口及构成(1999年)

Population and composition at the End of
Year by Region of Minority National Autonomous Areas(1999)

单位:万人 (10 000 persons)

地 区 Region		民族自治地方总人口 Total Population	#少数民族人口 Minority Population	少数民族占总人口的% As% of National Total	按市县分 By Urban and County		按农业非农业分 By Agriculture and Non-agriculture	
					市总人口 City	县总人口 County	农业人口 Agriculture	非农业人口 Non-agriculture
合 计	Total	16 784.01	7 658.15	45.79	3 939.65	12 844.36	13 253.11	3 530.90
河 北	Hebei	190.67	109.20	57.27		190.67	170.27	20.40
内蒙古	Inner Mongolia	2 361.90	487.26	20.63	967.80	1 394.10	1 553.70	808.20
辽 宁	Liaoning	335.51	168.09	50.10		335.51	260.35	75.16
吉 林	Jilin	332.62	117.12	35.21	172.20	160.42	172.27	160.35
黑龙江	Heilongjiang	24.72	5.19	21.00		24.72	18.29	6.43
浙 江	Zhejiang	17.58	1.81	10.29		17.58	15.78	1.80
湖 北	Hubei	444.21	209.62	47.19	159.88	284.33	392.58	51.63
湖 南	Hunan	552.13	375.78	68.06	26.86	525.27	481.69	70.44
广 东	Guangdong	45.75	16.76	36.63		45.75	36.82	8.93
广 西	Guangxi	4 713.00	1 789.05	37.96	913.00	3 800.00	3 840.00	873.00
海 南	Hainan	154.17	75.65	49.07		154.17	125.36	28.81
重 庆	Chongqing	289.48	163.18	56.37		289.48	261.35	28.13
四 川	Sichuan	594.72	323.88	54.46	54.70	540.02	515.01	79.71
贵 州	Guizhou	1 477.92	835.32	56.52	184.12	1 293.80	1 341.04	136.88
云 南	Yunnan	2 060.49	1 114.72	54.10	240.54	1 819.95	1 791.73	268.76
西 藏	Tibet	256.00	240.72	94.03	23.80	232.20	221.30	34.70
甘 肃	Gansu	308.91	170.83	55.30	30.96	277.95	272.62	36.29
青 海	Qinghai	305.93	179.68	58.73	14.70	291.23	245.35	60.58
宁 夏	Ningxia	543.29	186.57	34.34	222.39	320.90	387.89	155.40
新 疆	Xinjiang	1 775.00	1 087.72	61.28	928.70	846.30	1 149.70	625.30

3—7 民族自治地方年末从业人员

Social Labor at the End of Year of Minority National Autonomous Areas

单位:万人 (10 000 persons)

年份 Year	合计 Total	国有单位 State－owned	集体单位 Collective－owned	其他单位 Other	乡村从业人员 Rural Labor Force
1965	3 285.28	444.14	50.96		2 790.18
1978	4 359.68	814.60	118.86		3 426.22
1980	4 745.67	889.85	165.47		3 690.35
1981	4 816.16	923.84	174.58	14.36	3 703.38
1982	5 203.18	956.02	185.69	20.23	4 041.24
1983	5 511.64	1 001.88	192.83	35.24	4 281.69
1984	5 717.66	987.11	233.50	54.70	4 442.35
1985	5 965.34	1 022.31	243.55	77.33	4 622.15
1986	6 186.55	1 098.13	256.46	86.07	4 745.89
1987	6 489.21	1 138.36	258.43	93.47	4 998.95
1988	6 831.57	1 173.16	263.63	113.82	5 280.96
1989	7 072.31	1 228.86	269.59	102.53	5 471.33
1990	7 406.44	1 381.23	270.88	101.75	5 652.58
1991	7 404.83	1 310.59	276.74	116.83	5 700.67
1992	7 575.93	1 345.34	278.05	128.04	5 824.50
1993	7 761.69	1 339.20	262.22	148.88	6 011.39
1994	7 916.74	1 381.23	242.55	175.95	6 117.01
1995	7 869.62	1 365.19	231.04	79.01	6 194.38
1996	7 771.04	1 361.10	217.34	42.27	6 150.33
1997	8 047.18	1 392.67	247.71	49.10	6 357.70
1998	7 760.43	1 179.82	151.55	105.42	6 323.64
1999	7 983.22	1 106.25	125.99	117.82	6 633.16

3—8 民族自治地方年末从业人员构成

The Composition of Social Labor at the End of Year of Minority National Autonomous Areas

单位:%

年 份 Year	合 计 Total	国有单位 State-owned	集体单位 Collective-owned	其他单位 Other	乡村从业人员 Rural Labor Force
1965	100	13.52	1.55		84.93
1978	100	18.68	2.73		78.59
1980	100	18.75	3.49		77.76
1981	100	19.18	3.63	3.30	76.89
1982	100	18.37	3.57	0.39	77.67
1983	100	18.18	3.50	0.64	77.68
1984	100	17.26	4.08	0.96	77.70
1985	100	17.14	4.08	1.30	77.48
1986	100	17.75	4.15	1.39	76.71
1987	100	17.54	3.98	1.44	77.04
1988	100	17.17	3.86	1.67	77.30
1989	100	17.38	3.81	1.45	77.36
1990	100	18.65	3.66	1.37	76.32
1991	100	17.70	3.74	1.57	76.99
1992	100	17.76	3.67	1.69	76.88
1993	100	17.25	3.38	1.92	77.45
1994	100	17.45	3.06	2.22	77.27
1995	100	17.35	2.94	1.00	78.71
1996	100	17.52	2.80	0.54	79.14
1997	100	17.31	3.08	0.61	79.00
1998	100	15.20	1.95	1.36	81.49
1999	100	13.86	1.58	1.48	83.09

3—9 民族自治地方分地区年末从业人员(1999)

Employment at the End of Year by Region
of Minority National Autonomous Areas(1999)
(按城乡分)

单位:万人　　(10 000 persons)

地区 Region	城镇从业人员 Staff and Workers	国有经济 State-owned Units	集体经济 Collective Units	其他经济 Other Units	乡村劳动者 Rural Labor Force
合计 Total	**1 350.06**	**1 106.25**	**125.99**	**117.82**	**6 633.16**
河北 Hebei	9.75	7.90	0.94	0.92	80.80
内蒙古 Inner Mongolia	283.01	213.25	30.45	39.32	621.00
辽宁 Liaoning	19.14	15.56	3.10	0.48	207.40
吉林 Jilin	46.61	36.24	4.73	5.64	72.41
黑龙江 Heilongjiang	1.80	1.43	0.11	0.27	8.50
浙江 Zhejiang	0.84	0.74	0.09	0.01	7.08
湖北 Hubei	20.38	17.37	1.75	1.26	182.40
湖南 Hunan	24.54	20.72	2.78	1.03	224.68
广东 Guangdong	4.05	2.78	0.41	0.87	18.33
广西 Guangxi	306.55	244.19	31.07	31.30	2 080.00
海南 Hainan	8.83	8.12	0.60	0.12	47.20
重庆 Chongqing	12.74	9.53	2.64	0.57	171.82
四川 Sichuan	36.61	31.37	2.35	2.89	290.87
贵州 Guizhou	54.25	46.84	5.78	1.64	760.20
云南 Yunnan	124.55	105.65	10.96	7.94	1 015.83
西藏 Tibet	17.42	15.88	1.07	0.47	100.91
甘肃 Gansu	14.88	13.19	1.04	0.65	104.67
青海 Qinghai	22.95	20.62	1.74	0.60	104.16
宁夏 Ningxia	65.48	52.26	5.41	7.82	192.10
新疆 Xinjiang	275.67	242.64	19.00	14.03	342.80

主要统计指标解释

人口数　指一定时点、一定地区范围内的有生命的个人的总和。

年度统计的年末人口数是指每年12月31日24时的人口数。年度统计的全国人口总数内未包括台湾省和港澳同胞以及海外华侨人数。

市　是指经国家批准成立"市"建制的城市。

从业人员　指从事一定社会劳动并取得劳动报酬或经营收入的全部劳动力。包括：

(1)全部职工。

(2)城镇私营企业从业人员。

(3)城镇个体劳动者。

(4)农村社会劳动者。

(5)其他社会劳动者。

这一指标反映了一定时期内全部劳动力资源的实际利用情况，是研究我国基本国情国力的重要指标。

各单位的从业人员是指在各级国家机关、政党机关、社会团体及企业、事业单位中工作，并取得劳动报酬的全部人员。包括职工、再就业的离退休人员、民办教师以及在各单位中工作的外方人员和港、澳、台方人员。

各单位的从业人员反映了各单位实际参加生产或工作的全部劳动力。

4

农业
Agriculture

4—1 民族自治地方农村基层组织情况

Basic Rural Units of Minority National Autonomous Areas

年 份 Year	乡镇数（个） Township and Town Governments (unit)	乡村户数（万户） Households (10 000)	乡村人口（万人） Population (10 000)	乡村劳动力（万人） Social Labor Force by Gender (10 000)	#农林牧渔业劳动力 Farming, Forestry, Animal Husbandry Fishery
1983	10 129	2 024.28	10 269	4 281.69	4 141.33
1984	17 742	2 083.79	10 444	4 442.35	4 219.30
1985	18 429	2 189.20	10 968	4 622.15	4 411.43
1986	19 165	2 303.86	11 198	4 745.89	4 537.43
1987	18 776	2 361.84	11 794	4 998.95	4 679.94
1988	11 594	2 451.26	12 034	5 280.96	4 789.85
1989	11 792	2 575.50	12 998	5 471.33	4 868.75
1990	11 295	2 591.42	12 358	5 652.58	5 103.59
1991	11 149	2 700.09	12 446	5 700.67	5 194.16
1992	11 031	2 741.34	12 511	5 842.50	5 270.34
1993	10 501	2 750.84	12 602	6 011.39	5 273.05
1994	10 645	2 865.33	12 652	6 117.01	5 268.10
1995	10 491	2 869.52	12 677	6 194.38	5 138.11
1996	9 660	2 803.80	12 495	6 150.33	5 192.59
1997	9 943		12 782	6 357.70	5 330.50
1998	9 972		12 544	6 323.64	5 301.92
1999	9 630		12 856	6 633.16	5 119.31

4—2 民族自治地方分地区农村基层组织情况(1999年)(一)

Basic Rural Units by Region of Minority Autonomous Areas(1999)(1)

地　区 Region	乡镇个数(个) Township and Town Governments (unit)	乡村人口(万人) Population (10 000)	乡村劳动力(万人) Social Labor Force by Gender (10 000)	#农林牧渔业劳动力 Farming, Forestry, Animal Husbandry and Fishery	#工业劳动力 Industry
合　计 Total	**9 630**	**12 856.10**	**6 633.16**	**5 119.31**	**242.61**
河　北 Hebei	117	167.20	80.80	56.96	6.44
内蒙古 Inner Mongolia	1496	1378.34	621.00	255.58	16.35
辽　宁 Liaoning	163	248.80	207.40	149.86	7.04
吉　林 Jilin	141	154.48	72.41	63.84	3.16
黑龙江 Heilongjiang	11	16.40	8.50	6.80	0.27
浙　江 Zhejiang	24	15.84	7.08		
湖　北 Hubei	131	384.43	182.40	127.93	15.43
湖　南 Hunan	360	419.62	224.68	189.06	7.64
广　东 Guangdong	41	38.32	18.33	13.33	1.39
广　西 Guangxi	1 360	3 982.50	2 080.00	1 603.40	61.33
海　南 Hainan	86	103.80	47.20	40.20	0.95
重　庆 Chongqing	303	263.65	171.82	141.76	15.68
四　川 Sichuan	1 201	506.50	290.87	276.12	7.83
贵　州 Guizhou	749	1 298.37	760.20	639.53	27.10
云　南 Yunnan	945	1 883.41	1 015.83	875.40	45.15
西　藏 Tibet	720	214.85	100.91	91.80	1.30
甘　肃 Gansu	317	272.14	104.67	59.86	4.66
青　海 Qinghai	358	220.65	104.16	68.12	6.70
宁　夏 Ningxia	299	381.00	192.10	152.80	6.70
新　疆 Xinjiang	808	905.80	342.80	306.95	7.49

4—2 民族自治地方分地区农村基层组织情况(1999年)(二)

Basic Rural Units by Region of Minority Autonomous Areas(1999)(2)

单位:个 (unit)

地 区 Region	村民委员会 Village Committee	#通公路的村数 Accessed of Automobile	#通电的村数 Accessed of Electricity	#通电话的村数 Accessed of Telehone	#通自来水的村数 Accessed of Tap water
合 计 Total	**97 958**	**80 699**	**72 160**	**45 620**	**42 640**
河 北 Hebei	1 451	1 427	1 451	1 151	784
内蒙古 Inner Mongolia	13 925	10 845	12 914	6 117	3 570
辽 宁 Liaoning	2195	2 133	2 195	2 139	679
吉 林 Jilin	1 968	1 878	1 968	1 915	1 263
黑龙江 Heilongjiang	125	89	125	52	35
浙 江 Zhejiang	283	182	283	210	220
湖 北 Hubei	3 752	3 418	3 725	1 127	1 376
湖 南 Hunan	4 796	3 410	4 697	1 625	1 905
广 东 Guangdong	261	254	259	247	148
广 西 Guangxi	14 837	14 028	11 054	11 054	7 771
海 南 Hainan	603	598	501	126	208
重 庆 Chongqing	3 013	2 095	2 785	1 090	776
四 川 Sichuan	7 483	4 779	5 675	1 074	3 271
贵 州 Guizhou	11 953	8 508	10 497	2 062	6 709
云 南 Yunnan	7 539	7 134	7 220	7 122	5 564
西 藏 Tibet	6 406	4 718		266	364
甘 肃 Gansu	2 409	2 224	2 347	506	823
青 海 Qinghai	2 996	2 634	1 857	307	987
宁 夏 Ningxia	2 607	1 300	2 607	2 580	636
新 疆 Xinjiang	9 356	9 045		4 850	5 551

4—3 民族自治地方农、林、牧、渔业总产值

Gross Output Value of Farming, Forestry, Animal Husbandry and Fishery of Minority National Autonomous Areas

单位:亿元 (100 million yuan)

年份 Year	农、林、牧、渔业总产值 Total	农业 Farming	林业 Forestry	牧业 Animal Husbandry	副业 Sideline	渔业 Fishery
1980	159.61	105.25	7.68	35.39	10.57	0.72
1981	171.49	110.66	9.22	39.43	11.35	0.83
1982	268.92	167.03	18.24	59.22	22.51	1.92
1983	289.76	178.17	20.41	63.03	25.95	2.20
1984	317.05	190.87	25.05	68.35	30.40	2.38
1985	351.24	206.41	28.61	79.46	33.90	2.86
1986	363.53	209.93	27.31	85.38	37.63	3.28
1987	384.26	222.83	27.14	89.96	40.61	3.72
1988	406.40	234.36	27.88	95.04	44.96	4.16
1989	431.25	245.62	29.87	103.35	47.70	4.70
1990	475.18	283.19	31.61	108.13	45.35	6.90
1991	1 124.94	629.84	92.01	299.73	80.92	22.43
1992	1 209.99	677.76	98.43	324.80	83.06	25.94
1993	1 271.12	783.09	102.86	353.94		31.23
1994	1 361.04	821.30	109.21	388.61		41.91
1995	1 479.71	871.11	112.04	443.68		52.87
1996	1 612.80	942.31	114.72	493.17		62.59
1997	1 704.06	989.78	113.82	528.50		71.96
1998	1 821.87	1 093.04	119.65	527.05		82.13
1999	1 906.03	1 137.12	123.09	556.21		89.61

注:1. 本表农、林、牧、渔业总产值1980年、1981年按1970年不变价格计算;1982—1990年按1980年不变价格计算;1991—1999年按1990年不变价格计算。

2. 1993年开始,农、林、牧、渔业总产值改用新的分组,将农、林、牧、副、渔五业合并为农、林、牧、渔四业。下同。

3. 本表未扣除区域变动因素,年度之间不可比。下同。

Note: 1. The gross output value of farming, forestry, animal husbandry and fishery is calculated at 1970 comparable prices in 1980 and 1981, while at 1980 comparable prices from 1982 to 1990 and at 1990 comparable prices from 1991 to 1999.

2. The farming, forestry, animal husbandry, sideline and fishery industry are regrouped into farming, forestry, animal husbandry and fishery industry since 1993. The next is the same.

3. The faceor of regional changes is not deducted, so data among years are not comparable. The next is the same.

4—4 民族自治地方农、林、牧、渔业总产值比重

The Proportion of Output Value of Farming, Forestry, Animal Husbandry and Fishery of Minority National Autonomous Areas

单位:%　　(%)

年份 Year	农、林、牧、渔业总产值 Total	农业 Farming	林业 Forestry	牧业 Animal Husbandry	副业 Sideline	渔业 Fishery
1980	100	65.94	4.82	22.17	6.62	0.45
1981	100	64.53	5.38	22.99	6.62	0.48
1982	100	62.11	6.78	22.02	8.37	0.72
1983	100	61.49	7.04	21.75	8.96	0.76
1984	100	60.20	7.90	21.56	9.59	0.75
1985	100	58.77	8.15	22.62	9.65	0.81
1986	100	57.75	7.51	23.49	10.35	0.90
1987	100	57.99	7.06	23.41	10.57	0.97
1988	100	57.67	6.87	23.38	11.06	1.02
1989	100	56.96	6.92	23.97	11.06	1.09
1990	100	59.60	6.65	22.75	9.55	1.45
1991	100	55.99	8.19	26.64	7.19	1.99
1992	100	56.02	8.13	26.84	6.86	2.15
1993	100	61.61	8.09	27.84		2.46
1994	100	60.03	8.03	28.55		3.08
1995	100	58.87	7.58	29.98		3.57
1996	100	58.43	7.11	30.58		3.88
1997	100	60.22	4.37	31.95		3.46
1998	100	62.01	4.54	29.64		3.81
1999	100	60.08	4.99	30.85		4.08

注:本表按当年价格计算(at current price)。

4—5 民族自治地方分地区农、林、牧、渔业总产值(1999年)

Gross Output Value of Farming, Forestry, Animal Husbandry and Fishery by Region of Minority National Autonomous Areas(1999)

单位:亿元 (100 million yuan)

地区 Region	农、林、牧、渔业总产值 Total	农业 Farming	林业 Forestry	牧业 Animal Husbandry	渔业 Fishery
合　计 Total	**3 159.95**	**1 898.60**	**157.68**	**974.90**	**128.77**
河　北 Hebei	40.67	19.87	2.92	17.48	0.40
内蒙古 Inner Mongolia	532.32	318.72	21.01	187.14	5.45
辽　宁 Liaoning	75.73	40.76	7.84	22.53	4.60
吉　林 Jilin	81.28	48.94	3.01	27.99	1.34
黑龙江 Heilongjiang	10.16	5.31	0.20	3.36	1.29
浙　江 Zhejiang	3.99	1.76	1.85	0.35	0.03
湖　北 Hubei	86.89	53.92	3.83	28.48	0.66
湖　南 Hunan	73.40	42.78	6.95	21.71	1.96
广　东 Guangdong	7.82	5.05	1.13	1.40	0.24
广　西 Guangxi	844.78	454.85	37.48	261.87	90.58
海　南 Hainan	43.24	25.96	4.98	5.57	6.73
重　庆 Chongqing	44.24	27.82	2.09	14.04	0.29
四　川 Sichuan	109.87	57.64	8.79	42.36	1.08
贵　州 Guizhou	195.38	123.61	9.51	59.79	2.47
云　南 Yunnan	353.15	216.38	33.10	97.10	6.57
西　藏 Tibet	48.20	26.10	0.90	21.20	
甘　肃 Gansu	27.12	17.11	0.85	9.08	0.08
青　海 Qinghai	42.61	19.78	1.13	21.65	0.05
宁　夏 Ningxia	77.95	51.30	2.55	22.57	1.53
新　疆 Xinjiang	461.15	340.94	7.56	109.23	3.42

4—6 民族自治地方分地区农、林、牧、渔业总产值构成(1999)

The Composition of Gross Output Value of Farming, Forestry, Animal Husbandry and Fishery by Region of Minority National Autonomous Areas(1999)

(以农、林、牧、渔业总产值为100)

地区 Region	农业 Farming	林业 Forestry	牧业 Animal Husbandry	渔业 Fishery
合　计 Total	**60.08**	**4.99**	**30.85**	**4.08**
河　北 Hebei	48.87	7.17	42.99	0.97
内蒙古 Inner Mongolia	59.87	3.95	35.16	1.02
辽　宁 Liaoning	53.82	10.35	29.75	6.08
吉　林 Jilin	60.22	3.71	34.43	1.64
黑龙江 Heilongjiang	52.32	1.94	33.12	12.61
浙　江 Zhejiang	44.03	46.38	8.94	0.66
湖　北 Hubei	62.06	4.40	32.78	0.75
湖　南 Hunan	58.29	9.47	29.58	2.67
广　东 Guangdong	64.62	14.46	17.89	3.03
广　西 Guangxi	53.84	4.44	31.00	10.72
海　南 Hainan	60.03	11.51	12.88	15.57
重　庆 Chongqing	62.88	4.73	31.73	0.67
四　川 Sichuan	52.46	8.00	38.55	0.98
贵　州 Guizhou	63.27	4.87	30.60	1.26
云　南 Yunnan	61.27	9.37	27.50	1.86
西　藏 Tibet	54.15	1.87	43.98	
甘　肃 Gansu	63.12	3.16	33.47	0.25
青　海 Qinghai	46.41	2.66	50.80	0.12
宁　夏 Ningxia	65.81	3.27	28.95	1.97
新　疆 Xinjiang	73.93	1.64	23.69	0.74

注:本表按当年价格计算(at current price)。

4—7 民族自治地方分地区农、林、牧、渔业增加值(1999 年)

Value Increased in Farming, Forestry, Animal Husbandry and Fishery of Minority National Autonomous Areas(1999)

单位:亿元 (100 million yuan)

地 区 Region	总产值 Cross Output Value	中间消耗 Mid-consume	增加值 Added-Value
合 计 Total	**3 159.95**	**1 150.59**	**2 009.36**
河 北 Hebei	40.67	18.59	22.08
内蒙古 Inner Mongolia	532.32	189.40	342.92
辽 宁 Liaoning	75.73	36.17	39.56
吉 林 Jilin	81.28	29.22	52.06
黑龙江 Heilongjiang	10.16	5.36	4.80
浙 江 Zhejiang	3.99	1.46	2.53
湖 北 Hubei	86.89	26.88	60.01
湖 南 Hunan	73.40	25.23	48.17
广 东 Guangdong	7.82	2.31	5.51
广 西 Guangxi	844.78	290.30	554.48
海 南 Hainan	43.24	16.58	26.66
重 庆 Chongqing	44.24	19.24	25.00
四 川 Sichuan	109.87	34.44	75.43
贵 州 Guizhou	195.38	70.91	124.47
云 南 Yunnan	353.15	127.74	225.41
西 藏 Tibet	48.20	11.58	36.62
甘 肃 Gansu	27.12	9.61	17.51
青 海 Qinghai	42.61	12.99	29.62
宁 夏 Ningxia	77.95	29.94	48.00
新 疆 Xinjiang	461.15	192.64	268.51

注:本表按当年价格计算(at current price)。

4—8 民族自治地方耕地面积、总播种面积和农作物播种面积

Cultivated Areas, Total Sown Areas and Grain Crops

Sown Areas of Minority National Autonomous Areas

单位:万公顷 (10 000 hectares)

年 份 Year	耕地面积 Cultivated Area	总播种面积 Total Sown Area	#粮食播种面积 Grain Crops Sown Area	粮食播种面积占总播种面积的% Grain Crops Sown Area As % of Total Sown Area
1952	1 347.97	1 548.56	1 344.16	86.80
1957	1 536.43	1 846.69	1 568.33	84.93
1962	1 629.33	1 770.48	1 531.27	86.49
1965	1 672.33	1 897.81	1 637.43	86.28
1975	1 635.47	1 962.02	1 659.29	84.57
1978	1 639.60	2 018.10	1 674.34	82.97
1980	1 657.56	1 939.90	1 583.71	81.64
1981	1 650.33	1 898.34	1 544.39	81.35
1982	1 651.91	1 933.57	1 561.88	80.78
1983	1 685.61	1 972.06	1 609.35	81.61
1984	1 661.42	1 965.80	1 576.22	80.18
1985	1 747.06	2 022.08	1 542.37	76.28
1986	1 697.07	2 061.43	1 579.60	76.63
1987	1 698.51	2 084.79	1 622.16	77.81
1988	1 725.04	2 139.69	1 619.59	75.69
1989	1 751.54	2 231.22	1 685.37	75.54
1990	1 763.39	2 274.08	1 717.69	75.53
1991	1 743.00	2 266.62	1 666.78	73.54
1992	1 766.25	2 352.48	1 697.90	72.17
1993	1 776.09	2 424.17	1 341.07	55.32
1994	1 805.89	2 410.23	1 281.97	53.19
1995	1 508.00	2 439.00	1 726.78	70.80
1996	1 804.98	2 469.04	1 742.38	70.57
1997	2 069.84	2 620.54	1 832.01	69.91
1998	2 068.50	2 667.96	1 862.78	69.82
1999	2 128.23	2 684.13	1 831.14	68.22

4—9 民族自治地方分地区耕地面积和农作物播种面积(1999 年)

Cultivated Areas and Grain Crops Sown Areas by Region of Minority National Autonomous Areas(1999)

单位:千公顷 (1 000 hectares)

地区 Region	年末实有耕地面积 Cultivated Area	粮食作物播种面积 Grin Crops	#大豆 Soybeans	油料播种面积 Oil-Bearing Crops	棉花播种面积 Cotton Crops
合计 Total	**21282.28**	**18311.43**	**1515.22**	**2213.34**	**1006.96**
河北 Hebei	230.68	216.44	9.07	12.31	0.67
内蒙古 Inner Mongolia	7524.41	4950.99	736.81	679.56	0.61
辽宁 Liaoning	435.60	355.05	43.82	16.25	1.50
吉林 Jilin	516.05	456.56	87.58	11.65	
黑龙江 Heilongjiang	90.96	66.31	6.77	0.53	
浙江 Zhejiang	6.95	12.41	1.16	0.32	0.03
湖北 Hubei	340.93	529.35	26.89	79.89	0.10
湖南 Hunan	259.11	405.21	26.06	110.17	2.30
广东 Guangdong	24.78	38.26	1.79	4.85	
广西 Guangxi	2658.30	3725.50	275.90	344.50	1.80
海南 Hainan	82.77	135.96	2.58	10.16	
重庆 Chongqing	528.83	405.55	45.33	45.68	0.14
四川 Sichuan	560.96	621.82	16.61	13.16	0.01
贵州 Guizhou	799.62	1247.98	51.78	221.03	2.30
云南 Yunnan	1682.90	2161.28	71.60	90.66	1.50
西藏 Tibet	231.16	200.76	17.12		
甘肃 Gansu	250.19	167.75	0.11	14.51	0.09
青海 Qinghai	467.39	239.26	10.33	111.00	
宁夏 Ningxia	1280.00	836.00	40.53	119.93	
新疆 Xinjiang	3310.70	1539.00	43.40	327.19	995.93

4—10 民族自治地方主要农产品产量

Output of Major Farm Crops of
Minority National Autonomous Areas

单位:万吨 (10 000 tons)

年份 Year	粮食 Grain Crops	棉花 Cotton Crops	油料 Oil-Bearing Crops	烟叶 Tobacco Crops	#烤烟 Flue-cured Tobacco	甜菜 Beetroots	甘蔗 Sugarcane
1949	1 155.50	1.02					
1952	1 581.50	3.14	21.47	1.90	1.90	0.16	109.36
1957	1 882.50	5.98	28.79	3.68	3.68	24.48	132.38
1962	1 717.50	3.02	13.03			12.41	49.72
1965	2 217.00	8.87	27.49	5.47	5.47	39.43	232.56
1975	3 069.50	5.39	32.01	10.62	10.62	56.83	360.87
1978	3 123.50	5.97	36.15	12.29	12.29	65.68	512.78
1980	3 300.10	8.33	36.68	8.53	8.53	133.14	561.06
1981	3 371.00	11.73	106.79	17.33	13.51	127.21	727.94
1982	3 744.15	15.21	129.40	27.58	21.51	196.50	1 012.21
1983	4 026.64	16.83	140.51	17.72	13.61	207.68	1 019.47
1984	4 114.67	20.92	153.95	26.22	20.79	235.36	1 103.44
1985	4 006.33	19.36	192.82	46.40	33.72	243.59	1 537.09
1986	4 065.04	22.40	198.79	31.32	23.15	270.50	1 683.76
1987	4 338.74	28.58	175.58	35.14	26.66	306.06	1 702.23
1988	4 361.40	28.26	174.16	51.67	41.43	397.04	1 938.43
1989	4 662.37	29.80	169.33	53.65	42.29	335.89	1 803.46
1990	5 372.98	47.37	208.13	48.76	39.30	532.30	2 141.68
1991	5 516.37	65.24	230.06	63.69	51.96	655.32	2 749.17
1992	5 612.34	67.89	235.23	85.11		652.16	3 187.90
1993	5 157.09	68.93	226.29	90.50	77.08	571.25	3 085.91
1994	5 092.17	89.14	242.91	60.79	49.36	1 080.18	3 131.03
1995	5 800.83	94.60	264.09	65.32	55.34	631.93	2 703.76
1996	6 799.13	94.99	252.63	89.82	75.01	722.92	3 837.75
1997	6 640.68	115.85	255.21	158.62		822.67	4 367.69
1998	7 150.42	141.05	290.60	85.92			
1999	6 873.84	136.14	332.87	68.57			

4—11 民族自治地方分地区主要农产品产量(1999年)(一)

Output of Major Farm Crops by Region of
Minority National Autonomous Areas(1999)(1)

单位:万吨 (10 000 tons)

地 区 Region	粮食总产量 Grain	#稻谷 Rice	#小麦 Wheat	#玉米 Corn	#大豆 Soybeans
合 计 Total	**6 873.84**	**2 464.38**	**1 078.99**	**2 208.99**	**192.55**
河 北 Hebei	55.84	3.30	13.25	16.71	0.73
内蒙古 Inner Mongolia	1 428.47	68.84	273.10	771.37	82.53
辽 宁 Liaoning	156.67	13.03	4.80	109.91	8.00
吉 林 Jilin	275.62	68.29	3.50	171.40	17.85
黑龙江 Heilongjiang	22.10	2.56	0.27	13.71	0.91
浙 江 Zhejiang	5.77	4.28	0.02	0.06	0.16
湖 北 Hubei	198.97	45.67	10.47	68.89	3.21
湖 南 Hunan	169.33	114.50	4.45	16.36	2.73
广 东 Guangdong	18.94	16.11	0.01	1.30	0.22
广 西 Guangxi	1 575.00	1 284.70	2.62	171.60	35.09
海 南 Hainan	53.03	39.50		3.30	0.50
重 庆 Chongqing	151.96	51.55	16.56	35.76	2.81
四 川 Sichuan	225.05	49.57	31.56	67.94	4.85
贵 州 Guizhou	484.41	243.73	34.12	129.31	6.30
云 南 Yunnan	740.20	349.21	82.68	212.77	8.37
西 藏 Tibet	92.21	0.56	31.21	1.44	0.09
甘 肃 Gansu	67.40	0.33	18.69	19.20	0.11
青 海 Qinghai	60.29		41.67	4.34	2.69
宁 夏 Ningxia	293.28	65.75	78.21	107.62	4.20
新 疆 Xinjiang	799.30	42.90	430.90	286.00	11.20

4—11 民族自治地方分地区主要农产品产量(1999年)(二)

Output of Major Farm Crops by Region of
Minority National Autonomous Areas(1999)(2)

单位:万吨 (10 000 tons)

地区 Region	油料 Oil-Bearing Crops	棉花 Cotton Crops	麻类 Himp Crops	糖类 Sugar Crops
合计 Total	**332.87**	**136.14**	**4.70**	**5 072.20**
河北 Hebei	0.90	0.03	0.01	
内蒙古 Inner Mongolia	100.89	0.18	0.03	136.78
辽宁 Liaoning	2.55	0.12	0.01	0.12
吉林 Jilin	1.97			2.57
黑龙江 Heilongjiang	0.08			
浙江 Zhejiang	0.03			0.01
湖北 Hubei	11.00	0.01	0.01	0.34
湖南 Hunan	15.15	0.14	0.09	1.76
广东 Guangdong	0.77			0.05
广西 Guangxi	54.73	0.08	1.58	3 220.64
海南 Hainan	2.41			68.82
重庆 Chongqing	6.00	0.02	0.17	0.03
四川 Sichuan	1.56		0.03	62.21
贵州 Guizhou	23.52	0.09	0.25	53.85
云南 Yunnan	13.66	0.06	0.14	1 158.61
西藏 Tibet	0.41			
甘肃 Gansu	3.49	0.01	0.02	0.41
青海 Qinghai	22.90			
宁夏 Ningxia	10.39		0.02	11.76
新疆 Xinjiang	60.46	135.40	2.34	354.24

4—11 民族自治地方分地区主要农产品产量(1999年)(三)

Output of Major Farm Crops by Region of Minority National Autonomous Areas(1999)(3)

单位:万吨 (10 000 tons)

地 区 Region	烟叶 Tobacco Crops	茶叶 Tea	水果 Fruit
合 计 Total	**68.57**	**9.43**	**761.58**
河 北 Hebei			11.37
内蒙古 Inner Mongolia	1.61		20.81
辽 宁 Liaoning	0.97		6.12
吉 林 Jilin	1.51		8.73
黑龙江 Heilongjiang			0.07
浙 江 Zhejiang		0.03	0.86
湖 北 Hubei	10.34	1.92	9.61
湖 南 Hunan	2.44	0.10	19.79
广 东 Guangdong	0.10	0.02	1.54
广 西 Guangxi	3.27	1.82	405.19
海 南 Hainan	0.02		15.88
重 庆 Chongqing	4.94	0.13	3.11
四 川 Sichuan	4.50	0.18	24.97
贵 州 Guizhou	12.12	0.70	19.13
云 南 Yunnan	26.12	4.52	51.06
西 藏 Tibet		0.01	0.72
甘 肃 Gansu	0.01		4.02
青 海 Qinghai			1.95
宁 夏 Ningxia	0.08		20.23
新 疆 Xinjiang	0.54		136.42

4—12 民族自治地方牲畜年末头(只)数及比重

The Number and the Proportion of Livestocks at the End of Year of Minority National Autonomous Areas

单位:万头(只) (10 000 heads)

年 份 Year	牲畜总头数 Total	大牲畜 Large Domestic Animals	猪 Hogs	羊 Sheep and Goats	比重 Proportion % 大牲畜 Large Domestic Animals	猪 Hogs	羊 Sheep and Goats
1949	4 108.00	1 646.00	796.00	1 666.00	40.07	19.38	40.55
1952	7 606.50	2 439.20	1 136.90	4 030.00	32.07	14.95	52.98
1957	9 914.20	2 926.30	1 589.00	5 398.90	29.52	16.03	54.45
1962	10 424.60	2 560.60	1 255.30	6 605.70	24.57	12.05	63.38
1965	14 119.70	3 372.90	2 151.40	8 595.40	23.89	15.24	60.87
1975	16 226.95	3 848.53	3 031.85	9 346.57	23.72	18.68	57.60
1978	16 656.50	3 807.20	3 256.70	9 579.60	22.87	19.58	57.55
1980	17 168.30	3 928.32	3 286.26	9 983.72	22.88	18.97	58.15
1981	17 713.95	4 057.86	3 314.11	10 341.98	22.91	18.71	58.38
1982	18 026.93	4 244.84	3 635.67	10 146.42	23.55	20.17	56.28
1983	17 983.04	4 339.77	3 970.58	9 672.69	24.13	22.08	53.79
1984	18 198.34	4 462.62	4 047.20	9 688.52	24.52	22.24	53.24
1985	19 038.77	4 748.79	4 532.86	9 757.12	24.94	23.81	51.25
1986	19 808.61	4 950.94	4 869.33	9 988.34	24.99	23.58	50.43
1987	20 260.96	5 046.00	4 968.82	10 246.14	24.91	24.52	50.57
1988	20 938.16	5 130.19	5 085.00	10 722.97	24.50	24.29	51.21
1989	21 948.68	5 229.87	5 434.73	11 284.08	23.83	24.76	51.41
1990	22 312.78	5 285.92	5 668.05	11 361.81	23.69	25.39	50.92
1991	22 151.91	5 308.61	5 564.71	11 278.59	23.96	25.12	50.91
1992	23 039.85	5 391.81	6 726.06	10 921.98	23.40	29.19	47.41
1993	22 799.51	5 429.58	6 443.30	10 926.63	23.81	28.26	47.93
1994	23 449.37	5 480.15	6 729.43	11 239.79	23.37	28.70	47.93
1995	24 763.73	5 618.25	7 239.62	11 905.86	22.69	29.23	48.08
1996	24 891.68	5 545.03	7 138.86	12 207.79	22.28	28.68	49.04
1997	25 844.50	5 636.80	7 517.70	12 690.00	21.81	29.09	49.10
1998	25 455.63	5 564.79	7 046.73	12 844.11	21.86	27.68	50.46
1999	26 015.82	5 688.57	7 291.72	13 035.53	21.87	28.03	50.10

4—13 民族自治地方大牲畜、猪、羊年末头(只)数占全国的比重

The Proportion of the Number of Large Animals, Hogs Sheep and Goats of Minority National Autonomous Areas in that of the Nation as a Whole

单位:% (%)

年 份 Year	牲畜总头数 Total	大牲畜 Large Domestic Animals	猪 Hogs	羊 Sheep and Goats
1949	25.66	27.42	13.78	39.34
1952	33.36	31.90	12.66	65.24
1957	30.20	34.91	10.89	54.77
1962	34.19	36.48	12.56	49.06
1965	36.20	40.05	12.89	61.82
1975	30.75	39.63	10.78	57.21
1978	28.71	60.55	10.82	56.37
1980	29.20	41.24	10.66	53.30
1981	30.58	41.56	11.28	55.09
1982	30.89	41.17	13.19	61.16
1983	31.61	41.93	13.30	57.94
1984	31.73	41.17	13.19	61.16
1985	31.67	41.72	13.67	62.48
1986	31.83	41.64	14.45	60.23
1987	32.16	41.39	15.16	56.82
1988	31.34	31.04	14.87	53.35
1989	31.69	40.84	15.40	53.32
1990	31.76	40.59	15.63	54.10
1991	31.30	40.23	15.05	54.69
1992	31.72	39.98	17.51	52.68
1993	30.39	38.82	16.40	50.30
1994	29.12	36.70	16.20	46.70
1995	30.81	38.20	17.40	49.50
1996	28.67	43.50	15.60	40.10
1997	27.87	33.85	16.44	41.83
1998	30.32	37.59	16.68	47.74
1999	30.26	37.90	16.90	46.70

4—14 民族自治地方分地区牲畜出栏数和年底存栏数(1999 年)

The Amounts of Slaughtering Livestocks and Feeding Livestocks at the End of Year by Region of Minority National Autonomous Areas(1999)

单位:万头(只)　(10 000 heads)

地 区 Region	牲畜当年出栏数 Slaughtered Number			牲畜年末存栏数 Livestock Number		
	大牲畜 Large Animals	猪 Hogs	羊 Sheep and Goats	大牲畜 Large Animals	猪 Hogs	羊 Sheep and Goats
合　计 Total	**1 139**	**6 945**	**6 280**	**5 689**	**7 292**	**13 036**
河　北 Hebei	45	118	111	61	96	119
内蒙古 Inner Mongolia	174	869	1 948	667	778	3 703
辽　宁 Liaoning	32	102	102	85	155	83
吉　林 Jilin	51	99	46	87	84	59
黑龙江 Heilongjiang	2	6	3	13	7	11
浙　江 Zhejiang		3		1	6	1
湖　北 Hubei	5	347	36	39	346	50
湖　南 Hunan	44	265	68	90	266	90
广　东 Guangdong	2	14		5	11	
广　西 Guangxi	100	2 547		809	2 310	241
海　南 Hainan	7	36	8	38	52	15
重　庆 Chongqing	11	193	35	55	202	60
四　川 Sichuan	71	344	206	654	445	729
贵　州 Guizhou	55	563	105	445	798	174
云　南 Yunnan	96	960	257	641	1 301	516
西　藏 Tibet	77	13	439	579	22	1 689
甘　肃 Gansu	33	38	130	267	44	332
青　海 Qinghai	110	52	450	448	61	1 196
宁　夏 Ningxia		128	146	89	122	377
新　疆 Xinjiang	224	247	2 192	616	188	3 592

4—15 民族自治地方主要畜产品产量

Output of Major Livestocks Products of Minority National Autonomous Areas

单位:万吨 (10 000 tons)

年份 Year	猪肉 Pork	牛肉 Beef	羊肉 Mutton	牛羊奶 Milk	羊毛 Sheep and Goats Wool
1980	131.04	14.30	19.66	43.78	10.70
1981	124.29	19.34	20.56	54.41	11.66
1982	136.55	15.30	23.14	61.08	12.18
1983	135.20	18.58	29.08	65.02	12.59
1984	151.09	20.46	28.54	76.37	12.64
1985	179.85	27.41	31.13	86.76	15.76
1986	191.05	29.60	35.35	111.18	13.00
1987	212.84	30.18	36.32	123.15	13.86
1988	217.22	33.94	35.37	119.51	14.57
1989	235.76	39.12	43.31	126.07	15.62
1990	245.99	40.59	31.33	135.06	17.96
1991	301.63	45.97	51.21	129.32	15.82
1992	304.09	51.50	53.44	150.90	15.45
1993	336.61	56.56	37.20	159.31	15.15
1994	390.88	66.29	57.06	173.76	15.44
1995	454.16	78.77	65.07	185.79	19.34
1996	501.72	87.60	74.09	201.04	16.86
1997	506.74	101.14	84.34	216.85	17.89
1998	536.96	105.56	91.16	230.70	18.05
1999	583.74	111.47	97.72	243.49	18.19

4—16 民族自治地方分地区畜产品和水产品产量(1999年)(一)

Output of Livestocks Products and Aquatic products
by Region of Minority National Autonomous Areas(1999)(1)

单位:吨 (ton)

地区 Region	猪肉 Pork	牛肉 Beef	羊肉 Mutton	禽肉 Poultry
合 计 Total	**5 837 402**	**1 114 693**	**977 209**	**863 542**
河 北 Hebei	103 608	71 167	15 108	4 679
内蒙古 Inner Mongolia	805 154	178 238	297 912	71 428
辽 宁 Liaoning	155 068	54 631	7 446	23 097
吉 林 Jilin	119 469	52 723	5 405	43 241
黑龙江 Heilongjiang	4 777	2 261	380	497
浙 江 Zhejiang	3 506	98	52	504
湖 北 Hubei	295 324	4 997	3 930	7 900
湖 南 Hunan	288 524	17 671	10 146	25 800
广 东 Guangdong	10 602	309	30	1 609
广 西 Guangxi	2 024 900	89 400	22 900	489 413
海 南 Hainan	24 713	3 978	971	5 207
重 庆 Chongqing	134 205	11 458	4 167	6 907
四 川 Sichuan	263 447	75 549	39 567	21 158
贵 州 Guizhou	519 033	47 233	22 120	31 827
云 南 Yunnan	775 648	85 036	38 268	58 801
西 藏 Tibet	7 283	82 948	56 689	
甘 肃 Gansu	28 415	26 237	22 909	2 124
青 海 Qinghai	34 872	74 900	68 243	1 066
宁 夏 Ningxia	87 854	29 799	25 251	
新 疆 Xinjiang	151 000	206 060	335 715	68 284

4—16 民族自治地方分地区畜产品和水产品产量(1999 年)(二)

Output of Livestocks Products and Aquatic products
by Region of Minority National Autonomous Areas(1999)(2)

单位:吨 (ton)

地区 Region	牛、羊奶产量 Milk	羊毛 Wool	禽蛋 Poultry Eggs	水产品 Aquatic Product
合 计 Total	**2 434 869**	**181 896**	**893 959**	**2 769 499**
河 北 Hebei	27 801	1 808	29 979	5 653
内蒙古 Inner Mongolia	711 999	69 413	234 937	68 550
辽 宁 Liaoning	3 284	1 314	54 884	25 381
吉 林 Jilin	4 581	2 791	42 340	9 654
黑龙江 Heilongjiang	61 488	363	3 658	25 000
浙 江 Zhejiang			307	302
湖 北 Hubei	64	9	19 422	7 266
湖 南 Hunan	4 565	1	17 984	24 229
广 东 Guangdong	33		566	3 484
广 西 Guangxi	13 372		139 646	2 309 300
海 南 Hainan			2 470	95 975
重 庆 Chongqing	92	1	15 928	3 280
四 川 Sichuan	175 080	4 289	18 001	10 369
贵 州 Guizhou	1 014	312	27 273	23 910
云 南 Yunnan	85 512	845	33 073	63 417
西 藏 Tibet	208 769	9 390	2 589	1 800
甘 肃 Gansu	71 253	5 381	6 845	974
青 海 Qinghai	156 784	13 489	6 430	894
宁 夏 Ningxia	204 747	4 914	70 840	34 221
新 疆 Xinjiang	704 432	67 577	166 788	55 840

4—17 民族自治地方人均农业总产值和主要农产品产量

Per Capita of Gross Output Value of Agriculture and Output of Major Farm Products of Minority National Autonomous Areas

年份 Year	农林牧渔业总产值（元） Output Value of Agriculture (yuan)	粮食（公斤） Grain Crops (kg)	棉花（公斤） Cotton Crops (kg)	油料（公斤） Oil-beaning Crops (kg)	大牲畜（头） Large Domestic Animals (head)	猪（头） Pigs (head)	羊（只） Sheep and Goats (head)
1980	139.27	287.96	0.73		0.34	0.28	0.87
1981	146.86	288.69	1.01	9.15	0.35	0.28	0.89
1982	225.09	313.39	1.28	10.83	0.36	0.30	0.85
1983	233.81	324.91	1.36	11.34	0.35	0.32	0.78
1984	248.10	321.97	1.64	12.05	0.35	0.32	0.76
1985	265.61	302.96	1.47	14.58	0.36	0.34	0.74
1986	264.63	295.91	1.63	14.47	0.36	0.35	0.73
1987	272.78	308.00	2.03	12.46	0.36	0.35	0.73
1988	282.05	302.60	1.96	12.08	0.36	0.35	0.74
1989	290.99	314.60	2.01	11.43	0.35	0.37	0.76
1990	303.10	342.70	3.00	13.30	0.34	0.36	0.72
1991	727.52	356.75	4.22	14.88	0.34	0.36	0.73
1992	774.10	359.10	4.30	15.00	0.34	0.40	0.70
1993	819.20	330.90	4.40	14.60	0.35	0.40	0.70
1994	848.05	317.25	5.55	15.14	0.34	0.42	0.73
1995	924.15	374.97	5.91	16.14	0.35	0.45	0.74
1996	1 010.97	426.20	5.95	15.84	0.46	0.45	0.77
1997	1 074.37	406.93	7.10	15.64	0.44	0.46	0.78
1998	1 097.51	430.75	8.50	17.51	0.34	0.42	0.77
1999	1 135.62	409.55	8.11	19.83	0.34	0.44	0.78

注：人均农林牧渔业总产值1980年、1981年按1970年不变价格计算，1982—1990年按1980年不变价格计算，1991—1999年按1990年不变价格计算，并用新口径统计。下同。

Note: Per capital gross output value of agricuiture is calculated at 1970 comparable prices in 1980 and 1981, while at 1980 comparable prices from 1982 to 1990, at 1990 comparable prices from 1991 to 1999 with new coverage to calculate. The hert is the same.

4—18 民族自治地方农业机械总动力和大中小型拖拉机拥有量

Total Power of Agricultural Machinery and Farm Machinery of Minority National Autonomous Areas

年份 Year	农业机械总动力（万千瓦） Total Power of Agricultural Machinery (10 000kw)	大中型农用拖拉机 Large and Medium Agricultural Tractors		小型拖拉机 Small Tractors	
		万台 (10 000unit)	万千瓦 (10 000kw)	万台 (10 000unit)	万千瓦 (10 000kw)
1980		12.08	410.0	20.75	183.2
1981		12.28	428.2	21.33	188.2
1982		12.45	452.5	23.25	207.1
1983	1 869.9	13.07	454.1	27.85	245.8
1984	1 964.5	13.25	480.5	33.83	301.3
1985	2 144.4	14.37	492.7	40.27	360.3
1986	2 468.7	15.25	501.0	51.46	478.0
1987	2 643.8	15.27	473.0	58.15	568.8
1988	2 908.4	16.41	562.2	75.53	668.6
1989	3 329.5	16.10	564.3	84.86	783.8
1990	3 817.1	15.89	646.0	90.74	1 019.6
1991	3 569.0	15.21	570.0	99.74	975.0
1992	3 675.7	15.01	551.7	105.37	983.9
1993	4 104.7	13.97	540.2	95.22	1 049.1
1994	4 137.4	12.89	529.1	107.78	1 210.3
1995	4 563.3	13.00	463.3	125.80	974.1
1996	5 053.4	13.80	503.6	131.85	1 394.4
1997	5 166.3				
1998	5 353.7				
1999	5 857.5				

4—19 民族自治地方机耕地面积、灌溉面积、农村用电量和化肥施用量

Areas Ploughed by Tractors, Irrigated Area, Electricity Consumed in Rural Areas and Consumption of Chemical Fertilizers of Minority National Autonomous Areas

年份 Year	机耕地面积 （万公顷） Machinery Cultivated Land (10 000 hectares)	灌溉面积 （万公顷） Irrigated Area (10 000 hectares)	农村用电量 （万千瓦小时） Electricity Consumed in Rural Area (10 000 kw·h)	化肥施用量 （折纯、万吨） Cousumption of Chemical Fertilizers (10 000 tons)
1980	538.73	684.39	237 400	99.90
1981	439.34	677.29	260 443	98.30
1982	411.99	672.67	278 432	116.37
1983	393.42	689.30	292 538	138.72
1984	424.71	673.01	328 503	140.87
1985	377.02	685.53	335 832	154.74
1986	399.10	705.20	422 109	179.52
1987	456.23	717.61	463 331	197.23
1988	529.07	723.44	485 995	209.46
1989	577.02	736.79	568 346	245.69
1990	700.36	764.37	702 621	266.86
1991	732.08	749.85	691 599	307.51
1992	798.16	825.83	927 593	323.79
1993		821.52	991 140	363.87
1994		841.44	947 083	396.92
1995		837.80	1 109 215	458.42
1996		898.62	1 146 385	508.59
1997		879.69	1 238 268	501.17
1998		899.28	1 230 817	551.10
1999		918.00	1 295 503	528.40

4—20 民族自治地方分地区农业现代化情况(1999年)

Mechanization of Agricultrue by
Region of Minority National Autonomous Areas(1999)

地　区 Region	农业机械总动力(万千瓦) Total Power of Agriculture Machinery (10 000kw)	农业化肥施用量(折纯,吨) Consumption of Chemical Fertilizers (10 000 tons)	农药使用量(吨) Consumption of Pesticide (ton)	地膜使用量(吨) Consumption (ton)
合　计 Total	**5 857**	**5 283 967**	**93 098**	**168 021**
河　北 Hebei	78	41 363	1 187	482
内蒙古 Inner Mongolia	1 241	760 142	9 363	30 070
辽　宁 Liaoning	131	98 729	1 811	1 365
吉　林 Jilin	126	193 015	1 395	2 417
黑龙江 Heilongjiang	14	9 034	189	155
浙　江 Zhejiang	4	3 200	90	227
湖　北 Hubei	59	182 845	1 657	1 573
湖　南 Hunan	112	88 207	3 711	1 093
广　东 Guangdong	8	10 509	312	211
广　西 Guangxi	1 375	1 537 500	42 970	10 488
海　南 Hainan	31	26 237	879	11
重　庆 Chongqing	80	94 237	1 115	1 223
四　川 Sichuan	135	111 195	2 012	6 282
贵　州 Guizhou	225	273 129	5 715	4 488
云　南 Yunnan	710	634 287	4 300	16 555
西　藏 Tibet	100	26 798	660	81
甘　肃 Gansu	77	51 967	121	5 542
青　海 Qinghai	156	65 244	1 236	93
宁　夏 Ningxia	378	293 000	1 552	3 338
新　疆 Xinjiang	814	783 330	12 825	82 328

4—21 民族自治地方分地区灌溉面积、农村用电量和当年造林面积(1999年)

Irrigated Area, Electricity Consumed in Rural Areas and Afforestation Areas by Region of Minority National Autonomous Areas(1999)

地 区 Region	农村用电量(万千瓦小时) Electricity Consumed in Rural Area (10 000kw. h)	有效灌溉面积(千公顷) Irrigated Area (1 000hectares)	当年造林面积(千公顷) Afforestation Area (1 000hectares)
合 计 Total	**1 295 503**	**9 180**	**2 717**
河 北 Hebei	23 574	71	47
内蒙古 Inner Mongolia	194 351	2 249	534
辽 宁 Liaoning	83 682	39	46
吉 林 Jilin	77 565	132	57
黑龙江 Heilongjiang	2 199	18	6
浙 江 Zhejiang	2 111	5	1
湖 北 Hubei	14 002	51	38
湖 南 Hunan	19 892	167	10
广 东 Guangdong	3 992	15	3
广 西 Guangxi	286 000	1 478	64
海 南 Hainan	2 071	42	13
重 庆 Chongqing	19 864	41	32
四 川 Sichuan	41 828	152	132
贵 州 Guizhou	48 786	292	124
云 南 Yunnan	120 372	694	204
西 藏 Tibet	3 155	151	124
甘 肃 Gansu	26 476	68	16
青 海 Qinghai	13 555	106	26
宁 夏 Ningxia	77 597	344	485
新 疆 Xinjiang	234 431	3 065	756

主要统计指标解释

农、林、牧、渔业总产值　是以货币表现的农、林、牧、渔业全部产品的总量,它反映一定时期内农业生产的总规模和总成果。农、林、牧、渔业的统计范围是:

(1)农业　包括农作物种植业和其他农业。

农作物种植业　包括谷物、豆类、薯类、棉、油料、糖料、麻类、烟叶、蔬菜、药材、瓜类和其他农作物的种植,以及茶园、桑园、果园的生产经营。

其他农业　包括采集野生植物的果实、纤维、树胶、树脂、油料以及柴草、野生药材、菌类等及农民家庭兼营的商品性工业。

(2)林业　包括林木的栽培(不包括茶园、桑园和果园的栽培、管理和收获等活动)、林产品的采集和村及村以下合作经济组织与农户的竹木采伐。

(3)牧业　包括除渔业养殖以外的一切动物饲养和放牧以及野生动物的捕猎和饲养。

(4)渔业　包括水生动物和海藻类植物的养殖和捕捞。

从所有制看,包括国有经济的各种专业农(农、林、牧、渔)场以及国家各级机关团体学校、科研机构、部队经营的农业;集体所有制的乡镇村各级办农场;农村各种经济组织经营的农、林、牧、渔业以及工矿企业家属集体经营的农业;农民家庭自营的农、林、牧、渔业及兼营商品性工业等。

农、林、牧、渔业总产值的计算方法通常是按农、林、牧、渔业产品及其副产品的产量分别乘以各自单位产品价格求得,少数生产周期较长,当年没有产品或产品产量不易统计的,则采用间接方法匡算其产值,然后将四业产品产值相加即为农、林、牧、渔业总产值。

1957年以前的农业总产值中包括了厩肥和农民自给性手工业(如农民自制衣服、鞋、袜,自己从事粮食初步加工等)。1958年及以后的农业总产值,林业中增加了村及村以下竹木采伐产值;牧业中取消了厩肥产值;副业中取消了农民自给性手工业产值,增加了村及村以下办的工业产值;渔业中增加了海洋捕捞水产品产值。1980年及以后的农业总产值,在副业中增加了农民家庭兼营工业商品部分的产值。从1984年起,村及村以下办工业产值划归工业。从1993年起,取消副业,将野生动物的捕猎划入牧业,野生植物采集和农民家庭兼营商品性工业划归农业,并将农业总产值改称农、林、牧、渔业总产值。

粮食产量　指全社会的产量。包括国有经济经营的、集体统一经营的和农民家庭经营的粮食产量,还包括工矿企业家属办的农场和其他生产单位的产量。粮食除包括稻谷、小麦、玉米、高粱、谷子及其他杂粮外,还包括薯类和大豆。其产量计算方法,豆类按去豆荚后的干豆计算;薯类(包括甘薯和马铃薯,不包括芋头和木薯)1963年以前按每4公斤鲜薯折1公斤粮食计算,从1964年开始及以后改为按5公斤鲜薯折1公斤粮食计算。城市郊区作为蔬菜的薯类(如:马铃薯等)按鲜品计算,并且不作为粮食统计。其他粮食一律按脱粒后的原粮计算。

油料产量　指全部油料作物的生产量。包括花生、油菜籽、芝麻、向日葵籽、胡麻籽(亚麻籽)和其他油料。不包括大豆,也不包括木本油料和野生油料。花生以带壳干花生计算。

水产品产量　指人工养殖的水产品和天然生长的水产品的捕捞量。包括海水的鱼类、虾蟹类、贝类和藻类以及内陆水域的鱼类、虾蟹类和贝类,不包括淡水生植物。

猪、牛、羊肉产量　指当年出栏已屠宰后除去头蹄下水后带骨肉(即胴体重)的重量。

耕地面积　指年初可以用来种植农作物、经常进行耕锄的田地,除包括熟地、当年新开荒地、连续撂荒未满三年的耕地和当年的休闲地(轮歇地)外,还包括以种植农作物为主并附带种植桑树、茶树、果树和其他林木的土地,以及沿海、沿湖地区已围垦利用的"海涂"、"湖田"等面积。但不包括属于专业性的桑园、茶园、果园、果木苗圃、林地、芦苇地、天然或人工草地面积。

畜禽出栏数 指报告期内各种类型生产单位和住户饲养的、已屠宰或出售的全部畜禽数量。包括交售给国家、集市上出售以及自食的部分,但出售或食用的仔畜不包括在内。

畜禽存栏数 指报告期初、期末各种类型生产单位和住户饲养的全部畜禽存栏数量。

农林牧渔业中间消耗 指各种经济类型的农业生产单位和农户在农业生产经营过程中投入(或消耗)的各种物质产品和劳务价值的总和。包括中间物资消耗和中间劳务消耗两个部分。计入中间消耗必须具备以下两个条件:一是与总产出相对应的生产过程中消耗的物质产品和劳务活动;二是本期投入并一次性消耗的不属于固定资产的非耐用品。

农作物播种面积 指实际播种或移植有农作物的面积。凡是实际种植有农作物的面积,不论种植在耕地上还是种植在非耕地上,均包括在农作物播种面积,同时还包括因遭灾而重新改种和初种的农作物面积,种一公顷算一公顷。

有效灌溉面积 指具有一定的水源,地块比较平整,灌溉工程或设备已经配套,在一般年景下当年能够进行正常灌溉的耕地面积。

农用化肥施用量 指本年内实际用于农业生产的化肥数量。包括氮肥、磷肥、钾肥和复合肥。化肥施用量要求按折纯量计算数量。折纯法化肥施用量是把氮肥、磷肥和钾肥分别按含氮、含五氧化二磷、含氧化钾的百分之一百成分折算后的数量。复合肥按其所含主要成分折算。

农业机械总动力 指主要用于农、林、牧、渔业的各种动力机械的动力总和。包括耕作机械、排灌机械、收获机械、农产品加工机械、运输机械、植物保护机械、牧业机械、林业机械、渔业机械和其他农业机械〔内燃机按引擎马力折成瓦(特)计算,电动机按功率折成瓦(特)计算〕。不包括专门用于乡、镇、村、组办工业、基本建设、非农业运输、科学试验和教学等非农业生产方面用的动力机械与作业机械。

5 工业
Industry

5—1 民族自治地方年末工业企业单位数和工业总产值

The Amount of Industrial Enterprises and Gross Output
Value of Industry of Minority National Autonomus Areas

单位:亿元 (100 million yuan)

年 份 Year	工业企业单位数(个) Number of Enterprises	工业总产值 Gross Output Value of Industry	轻工业 Light	重工业 Heavy
1980	37 881	240.14	122.32	117.82
1981	35 526	245.24	130.03	115.20
1982	37 184	296.01	149.53	146.49
1983	36 838	331.51	164.97	166.54
1984	39 769	364.63	180.09	184.54
1985	43 762	449.72	215.49	234.23
1986	46 588	508.84	249.39	259.45
1987	46 435	585.92	289.62	296.30
1988	53 495	685.93	341.15	344.80
1989	57 443	772.93	387.12	394.21
1990	53 451	814.99	405.73	409.26
1991	48 784	1 548.96	738.56	810.40
1992	48 938	1 835.50	876.65	958.85
1993	50 340	2 245.70	988.65	1 257.05
1994	53 191	2 876.52	1 340.14	1 536.39
1995	59 217	3 024.36	1 370.64	1 653.72
1996	58 419	3 528.43	1 619.45	1 908.97
1997	55 413	3 686.82	1 699.22	1 987.60
1998	917 410	3 967.39	1 715.90	2 251.49
1999	974 754	4 196.92	1 946.16	2 250.76

注:工业总产值1980年、1981年按1970年不变价格计算;1982—1990年按1980年不变价格计算;1991—1999年按1990年不变价格计算。

Note: The industrial output value is calculated at 1970 comparable prices in 1980 and 1981, while at 1980 comparable prices from 1982 to 1990 and at 1990 comparable prices from 1991 to 1999.

5—2 民族自治地方工业总产值(一)

Gross Output Value of Industry of Minority National Autonomus Areas(1)

单位:亿元 (100 million yuan)

年 份 Year	工业总产值 Total	国有经济 State－Owned	集体经济 Collective－Owned	私营经济 Private	联营经济 Joint Management	城乡个体经济 Individual Owned	其他经济 Others
1980	240.14						
1981	245.24				11.27		
1982	296.01	238.75	56.52		12.06		0.74
1983	331.51	267.06	62.92		14.18		1.53
1984	364.63	283.58	75.96	12.11	15.02	2.59	2.50
1985	449.72	343.02	96.31	17.30	21.15	5.62	4.77
1986	508.84	378.07	125.70	23.02	33.51	3.72	1.35
1987	585.92	428.89	126.24	26.28	20.47	27.99	2.80
1988	685.93	487.73	154.15	31.21	25.74	35.73	8.32
1989	772.93	531.13	186.43	40.66	33.20	44.42	10.93
1990	814.99	558.24	193.00	42.95	33.96	53.62	10.13
1991	1 548.96	1 108.70	326.39	82.58	37.27	94.24	19.63
1992	1 835.50	1 266.64	401.67	111.72	51.37	141.15	26.04
1993	2 245.70	1 381.41	517.54	151.09	80.62	262.97	83.78
1994	2 876.52	1 422.95	766.83	166.80	14.02	410.25	22.43
1995	3 024.36	1 558.91	709.81	255.92	15.34	449.12	35.26
1996	3 528.43	1 323.68	1 375.34	271.34	15.57	713.51	171.01
1997	3 686.82	1 430.52	897.91	33.46	13.27	987.39	314.27

注:1.工业总产值1980年、1981年按1970年不变价格计算;1982—1990年按1980年不变价格计算,1991—1997年按1990年不变价格计算。

2.1994—1997年工业总产值按新口径统计。

Note:1.The industrial output value is calculated at 1970 comparable prices in 1980 and 1981, while at 1980 comparable prices from 1982 to 1990 and at 1990 comparable prices from 1991 to1997.

2.The industrial output values of 1994-1997 are calculated according new coverage.

5—2 民族自治地方工业总产值(二)

Gross Output Value of Industry of Minority National Autonomus Areas(2)

单位:亿元 (100 million yuan)

年 份 Year	工业总产值 Total	全部国有及规模以上非国工业企业 Gross output Value of All State－owned and Non－state－owned above Designated Size Industrial Enterprises	规模以下非国有工业企业及个体企业 Gross Output Value of Non－state－owned Enterp－rises and Individuals Below Delow Designated size	轻工业 Light Industry	重工业 Heavy Industry
1998	5 312.62	3 088.22	2 224.40	2 177.41	3 135.21
1999	5 450.45	3 210.27	2 240.18	2 243.97	3 206.48

注:1.本表按当年价格计算。

2.全部国有及规模以上非国有工业企业系指全部国有及年销售收入500万元以上非国有工业企业(下同)。

3.规模以下非国有工业企业系指年销售收入500万元以下非国有工业企业(下同)。

Note:a)at current price.

b)All state－owned and non－state－owned above designated size refer to all state－owned industrial enterprises plus the non－state－owned industrial enterprises with an annual sales income of over 5 million yuan.

c)Non－state－owned Below designated size refer to the Non－state－owned industrial enterprises with an annual sales income of under 5 million yuan.

5—3 民族自治地方工业总产值构成(一)

The Composition of Gross Industrial Output Value of Minority National Autonomous Areas(1)

单位:% (%)

年 份 Year	工业总产值 Total	国有经济 State－ouned	集体经济 Collective－ouned	#乡办工业 Township	#村办工业 Village	城乡个体工业 Individual－owned	其他经济类型工业 Others
1980	100						
1981	100				4.60		
1982	100	80.66	19.09		4.07		0.25
1983	100	80.56	19.09		4.07		0.25
1984	100	77.77	20.83	3.32	4.12	0.71	0.69
1985	100	76.27	21.41	3.85	4.70	1.26	1.06
1986	100	74.30	24.70	4.52	6.58	0.73	0.27
1987	100	73.20	21.54	4.49	3.49	4.78	0.48
1988	100	71.11	22.47	4.55	3.75	5.21	1.21
1989	100	68.72	24.12	5.26	4.30	5.75	1.41
1990	100	68.50	23.68	5.27	4.17	6.58	1.24
1991	100	71.58	21.07	5.33	2.41	6.08	1.27
1992	100	69.01	21.88	6.09	2.80	7.69	1.42
1993	100	69.51	23.05	6.73	3.59	11.71	3.73
1994	100	55.28	24.43	7.40	3.88	14.33	5.96
1995	100	54.20	23.47	10.20	3.77	14.85	7.48
1996	100	46.13	14.47	7.42	5.77	21.86	4.25
1997	100	38.80	24.35	7.73	7.05	27.05	9.79

注:1990年以前的村办工业中包括城乡合作经营工业,比重偏大。

Note:Before 1990,the village－owned industry inclued urban and rural cooperative enterprises,so the proportron is bigser.

5—3 民族自治地方工业总产值构成(二)

The Composition of Gross Industrial Output Value of Minority National Autonomous Areas(2)

单位:% (%)

年 份 Year	工业总产值 Total	全部国有及规模以上非国工业企业 Gross output Value of All State－owned and Non－state－owned above Designated Size Industrial Enterprises	规模以下非国有工业企业及个体企业 Gross Output Value of Non－state－owned Enterprises and Individuals Below Delow Designated size	轻工业 Light Industry	重工业 Heavy Industry
1998	100	58.13	41.87	40.99	59.01
1999	100	58.90	41.10	41.17	58.83

5—4 民族自治地方分地区工业企业单位数和工业总产值(1999年)

Number of Industrial Enterprises and Gross Industrial Output Value
by Region of Minority National Autonomous Areas(1999)

地 区 Region		工业企业单位数(个) Number of Enterprises (Unit)	工业总产值(亿元) Gross Industrial Output Value (100 million yuan)	轻工业 Light	重工业 Heavy	#农村工业 Rural Industry
合 计	Total	974 754	5 450.45	2 243.97	3 206.48	1 848.37
河 北	Hebei	11 293	92.95	27.70	65.25	41.24
内蒙古	Inner Mongolia	161 260	1 102.97	422.17	680.80	324.53
辽 宁	Liaoning	43 488	273.38	105.79	167.59	195.24
吉 林	Jilin	21 065	169.19	83.09	86.10	48.11
黑龙江	Heilongjiang	3 052	3.67	2.57	1.10	2.34
浙 江	Zhejiang	2 682	8.83	4.77	4.06	5.75
湖 北	Hubei	27 443	106.19	64.71	41.48	52.01
湖 南	Hunan	47 379	128.40	69.93	58.47	82.92
广 东	Guangdong	3 973	11.09	1.39	9.70	2.23
广 西	Guangxi	224 372	1 667.33	813.01	854.32	700.46
海 南	Hainan	2 285	13.13	4.24	8.89	1.12
重 庆	Chongqing	8 538	35.43	22.39	13.04	13.28
四 川	Sichuan	22 338	103.28	29.59	73.69	46.63
贵 州	Guizhou	99 146	192.29	80.10	112.19	77.08
云 南	Yunnan	193 472	405.50	202.69	202.81	153.65
西 藏	Tibet	329	14.98	5.57	9.41	
甘 肃	Gansu	9 628	34.72	11.65	23.07	14.29
青 海	Qinghai	7 167	90.39	13.50	76.89	5.95
宁 夏	Ningxia	30 035	252.39	60.60	191.79	6.96
新 疆	Xinjiang	55 809	744.34	218.51	525.83	74.58

注:本表按当年价格计算(at current price)。

5—5 民族自治地方主要工业产品产量(一)
Output of Major Industrial Products
of Minority National Autonomous Areas(1)

年 份 Year	纱(吨) Yarn (ton)	布(万米) Cloth (10 000 m)	机制纸及纸板(万吨) Machine-made Paper and Paperboard (10 000 tons)	糖(万吨) Sugar (10 000tons)	卷烟(万箱) Cigarettes (10 000box)	原煤(万吨) Coal (10 000 tons)	原油(万吨) Crude Oil (10 000 tons)
1952	483	3 500	1.31		2.58	178	5
1957	4 785	8 100	3.97		3.57	545	10
1962	11 521	8 000	5.86			1 631	101
1965	29 278	18 200	7.86	22.20	7.70	2 029	97
1975	45 542	25 700	20.97	32.72	36.28	4 561	441
1978	66 554	37 300	30.9	43.57	51.43	6 081	578
1980	79 400	44 300	32.07	65.62	89.39	5 418	624
1981	91 907	45 789	31.65	78.99	107.05	5 430	617
1982	103 619	52 136	34.56	82.30	131.60	5 799	625
1983	105 025	52 995	45.30	101.16	150.99	6 521	672
1984	98 992	474 141	44.51	107.32	174.47	6 993	705
1985	121 984	54 183	59.21	126.91	209.89	8 597	805
1986	146 097	67 766	64.33	174.52	257.20	8 875	862
1987	170 916	67 210	72.68	187.81	323.60	9 261	899
1988	173 602	69 419	79.68	180.75	371.08	10 995	973
1989	187 615	77 916	93.16	198.65	413.84	13 924	1 133
1990	220 499	73 705	94.10	222.62	443.10	12 077	1 265
1991	262 900	71 433	109.52	249.06	441.27	12 227	1 402
1992	272 100	69 287	131.85	372.82	444.05	13 064	1 405
1993	220 850	66 505	151.27	373.94	479.78	14 157	1 637
1994	316 616	70 072	153.00	280.20	491.60	14 860	1 466
1995	371 319	69 306	191.21	239.54	353.63	16 639	1 610
1996	328 504	61 689	172.84	312.42	271.45	17 205	1 813
1997	365 347	69 246	168.99	414.03	458.85	19 038	2 003
1998	334 036	52 548	155.82	519.48	446.28	17 570	2 047
1999	416 571	52 191	153.07	567.20	462.66	15 361	2 058

5—5 民族自治地方主要工业产品产量(二)

Output of Major Industrial Products of Minority National Autonomous Areas(2)

年 份 Year	发电量 (亿千瓦小时) Electricity Hydropower (100 million kw·h)	生铁 (万吨) Pig Iron (10 000 tons)	钢 (万吨) Steel (10 000 tons)	水 泥 (万吨) Cement (10 000tons)	木 材 (万立方米) Timber (10 000 cu·m)	化肥 (折纯) (万吨) Fertilizers (pure) (10000tons)
1952	0.81	0.90			233	
1957	0.43	4.50			645	
1962	23.40	41.70	10.30	11.92	220	1.03
1965	33.40	55.80	39.40	91.01	858	36.43
1975	125.65	89.90	66.20	334.98	1 034	48.67
1978	173.99	168.20	128.50	554.00	1 212	
1980	193.36	177.52	166.60	576.09	1 619	57.10
1981	202.24	190.02	166.15	587.12	1 493	61.95
1982	221.25	182.76	167.59	699.87	1 545	67.11
1983	239.30	195.66	173.38	843.38	1 565	74.55
1984	260.90	214.98	197.82	940.78	1 665	80.18
1985	389.01	258.12	232.45	1 222.08	1 826	85.72
1986	400.81	295.08	248.06	1 343.15	2 049	100.03
1987	518.97	346.23	291.09	1 538.03	1 903	131.85
1988	553.34	328.60	291.36	1 667.50	1 931	128.64
1989	675.57	362.88	320.04	1 714.40	1 763	153.93
1990	738.80	417.03	368.25	1 957.83	1 761	197.05
1991	712.72	376.86	414.14	2 372.10	1 808	203.59
1992	847.62	450.92	435.21	2 828.96	1 863	213.31
1993	992.09	515.34	489.40	3 210.18	2 008	205.37
1994	1 107.87	536.70	493.48	3 952.47	2 042	205.25
1995	1 186.46	554.68	699.57	4 295.92	3 257	218.75
1996	1 228.93	663.67	722.14	4 181.51	3 453	189.47
1997	1 230.44	841.30	663.72	4 454.00	1 895	227.50
1998	1 356.79	701.73	632.76	4 905.98	1 637	299.79
1999	1 428.87	696.44	643.34	5 271.35	1 230	314.57

5—6 民族自治地方分地区主要工业产品产量(1999年)(一)

Output of Major Industrial Products by
Region of Minority National Autonomous Areas(1999)(1)

地 区 Region	纱 (吨) Yarn (ton)	布 (万米) Cloth (10 000m)	机制纸及纸板 (吨) Machine Made Paper and Paperboard (ton)	原盐 (吨) Crude Salt (ton)	糖 (吨) Sugar (ton)	卷烟 (箱) Cigarettes (box)
合 计 Total	**416 571.2**	**52 191.4**	**1 530 729.2**	**2 710 805.1**	**5 672 035.0**	**4 626 628**
河 北 Hebei						
内蒙古 Inner Mongolia	18 312.0	6 190.7	142 665.0	1 320 700.0	119 452.0	240 000
辽 宁 Liaoning		1 053.6	12 999.0		345.0	
吉 林 Jilin	10 932.0	2 375.7	136 644.0			260 000
黑龙江 Heilongjiang			2 349.0			
浙 江 Zhejiang						
湖 北 Hubei	1 831.0		2 387.0	25 187.0		394 867
湖 南 Hunan	1 899.2	959.5	39 214.3		16.0	109 756
广 东 Guangdong			2 058.0			
广 西 Guangxi	84 519.0	8 314.8	718 007.9	153 010.0	3 742 974.0	827 472
海 南 Hainan			187.0	89 806.0	52 591.0	
重 庆 Chongqing			3 412.0			500 664
四 川 Sichuan		3.3	7 690.0	17 076.0	48 475.0	159 800
贵 州 Guizhou	4 834.0	1 886.8	35 812.0		9 820.0	275 959
云 南 Yunnan	4 774.0	2 801.0	80 339.0	228 625.1	1 209 996.0	1 438 110
西 藏 Tibet						
甘 肃 Gansu			262.0		20.0	
青 海 Qinghai			3 803.0	545 351.0		
宁 夏 Ningxia	570.0	106.0	180 700.0	750.0	20 646.0	310 000
新 疆 Xinjiang	288 900.0	28 500.0	162 200.0	330 300.0	467 700.0	110 000

5—6 民族自治地方分地区主要工业产品产量(1999年)(二)

Output of Major Industrial Products by
Region of Minority National Autonomous Areas(1999)(2)

地 区 Region	原煤 (万吨) Coal (10 000tons)	原油 (万吨) Crude Oil (10 000tons)	天然气 (万立方米) Natural Gas (10 000cu.m)	发电量 (亿千瓦小时) Electricity Hydropower (100 million kw.h)	生铁 (万吨) Pig Iron (10 000tons)
合 计 Total	**15 360.70**	**2 057.98**	**347 718**	**1 428.87**	**696.44**
河 北 Hebei	16.21			0.03	2.06
内蒙古 Inner Mongolia	7 070.93			380.61	424.86
辽 宁 Liaoning	247.98			2.29	0.19
吉 林 Jilin	256.39			58.24	
黑龙江 Heilongjiang					
浙 江 Zhejiang				2.10	
湖 北 Hubei	186.51			15.84	
湖 南 Hunan	18.48			12.47	
广 东 Guangdong	2.29			11.55	
广 西 Guangxi	816.06			253.42	132.01
海 南 Hainan				1.30	2.37
重 庆 Chongqing	135.03			3.95	
四 川 Sichuan	132.05			71.37	3.37
贵 州 Guizhou	771.05			93.88	6.78
云 南 Yunnan	1 095.54			96.10	19.41
西 藏 Tibet				6.33	
甘 肃 Gansu	127.52			72.62	
青 海 Qinghai	175.44	190.03	35 977	67.40	
宁 夏 Ningxia	1 531.06	128.29	1 176	112.28	6.96
新 疆 Xinjiang	2 778.15	1 739.65	310 565	167.07	98.43

5—6 民族自治地方分地区主要工业产品产量(1999年)(三)

Output of Major Industrial Products by
Region of Minority National Autonomous Areas(1999)(3)

地 区 Region	钢 (万吨) Steel (10 000tons)	水泥 (万吨) Cement (10 000tons)	平板玻璃 (箱) Plate Class (box)	木材 (万立方米) Timber (10 000cu.m)	农用化肥 (折纯) (吨) Chemical Fertillizers (pure)
合 计 Total	**643.34**	**5 271.35**	**7 840 404**	**1 230.10**	**3 145 738.0**
河 北 Hebei		33.80		13.88	
内蒙古 Inner Mongolia	416.30	549.70	3 909 300	408.85	437 200.0
辽 宁 Liaoning		64.21		45.75	287.0
吉 林 Jilin	0.67	77.46		182.42	87 763.0
黑龙江 Heilongjiang		1.05			
浙 江 Zhejiang					
湖 北 Hubei		93.53		0.73	54 672.0
湖 南 Hunan		77.32		16.65	25 755.0
广 东 Guangdong		26.23		11.04	
广 西 Guangxi	118.85	2 062.55	1 852 738	318.61	461 385.0
海 南 Hainan	0.20	83.90		0.41	
重 庆 Chongqing	0.20	61.33			15 394.0
四 川 Sichuan	1.40	154.72		56.83	34 209.0
贵 州 Guizhou		188.36	410 700	29.48	162 847.2
云 南 Yunnan	1.74	635.06	99 600	98.02	441 926.8
西 藏 Tibet		39.04		19.50	
甘 肃 Gansu		25.11			105 769.0
青 海 Qinghai		47.70	27 272	0.01	42 330.0
宁 夏 Ningxia	8.32	248.28	629 794	1.34	538 700.0
新 疆 Xinjiang	95.67	802.00	911 000	26.58	737 500.0

5—7 民族自治地方分地区全部国有及规模以上非国有工业企业单位数(1999年)

Number of All Stated－owned and Non－State－owned Above Designated size Industrial Enterprises by Region of Minority National Autonomous Areas(1999)

单位:个 (unit)

地 区 Region	总 计 Total	按轻重工业 By Industry		按注册登记类型分 Grouped by Registration Status		
		轻工业 Light	重工业 Heavy	内资企业 Domestic Funded	港、澳、台商投资企业 Funded by Enterpre－neurs from HK. Macao and Taiwan	外商投资企业 Foreign Funded
合 计 Total	**11 757**	**5 206**	**6 551**	**11 286**	**212**	**259**
河 北 Hebei	156	53	103	148	4	4
内蒙古 Inner Mongolia	1 392	606	786	1 313	41	38
辽 宁 Liaoning	347	112	235	331	7	9
吉 林 Jilin	471	243	228	413	13	45
黑龙江 Heilongjiang	7	2	5	7		
浙 江 Zhejiang	31	16	15	31		
湖 北 Hubei	196	95	101	192	1	3
湖 南 Hunan	384	159	225	379	5	
广 东 Guangdong	76	21	55	69	2	5
广 西 Guangxi	3 142	1 419	1 723	2 959	83	100
海 南 Hainan	78	32	46	76	2	
重 庆 Chongqing	148	94	54	148		
四 川 Sichuan	412	118	294	409	2	1
贵 州 Guizhou	876	353	523	865	5	6
云 南 Yunnan	933	423	510	913	11	9
西 藏 Tibet	329	147	182	324		5
甘 肃 Gansu	291	121	170	289	2	
青 海 Qinghai	367	143	224	363	4	
宁 夏 Ningxia	496	207	289	472	12	12
新 疆 Xinjiang	1 625	842	783	1 585	18	22

5—8 民族自治地方分地区全部国有及规模以上非国有工业企业工业总产值(1999年)

Gross Industrial Output Value of All State－owned and Non－State－owned Industrial Above Designated Size Enterprises by Region of Minority National Autonomous Areas(1999)

单位:亿元 (100 million yuan)

地 区 Region	总 计 Total	按轻重工业 By Industry		按注册登记类型分 Grouped by Registration Status		
		轻工业 Light	重工业 Heavy	内资企业 Domestic Funded	港、澳、台商投资企业 Funded by Enterpre－neurs from HK. Macao and Taiwan	外商投资企业 Foreign Funded
合 计 Total	3 210.27	1 091.12	2 119.15	2 995.68	74.58	140.01
河 北 Hebei	24.13	7.04	17.09	22.23	0.34	1.56
内蒙古 Inner Mongolia	640.68	177.39	463.29	598.18	25.64	18.86
辽 宁 Liaoning	44.91	11.56	33.35	41.50	0.76	2.65
吉 林 Jilin	112.58	51.76	60.82	98.20	2.33	12.05
黑龙江 Heilongjiang	0.34	0.24	0.10	0.34		
浙 江 Zhejiang	3.00	1.37	1.63	3.00		
湖 北 Hubei	51.82	32.48	19.34	51.26	0.42	0.14
湖 南 Hunan	41.03	20.09	20.94	40.54	0.49	
广 东 Guangdong	6.36	0.63	5.73	3.12	1.32	1.92
广 西 Guangxi	911.00	386.24	524.76	811.62	23.82	75.56
海 南 Hainan	10.91	3.07	7.84	10.73	0.18	
重 庆 Chongqing	20.45	14.63	5.82	20.45		
四 川 Sichuan	58.08	17.11	40.97	57.05	0.96	0.07
贵 州 Guizhou	95.22	36.39	58.83	90.39	0.34	4.49
云 南 Yunnan	241.93	128.61	113.32	233.54	4.35	4.04
西 藏 Tibet	14.98	5.57	9.41	14.92		0.06
甘 肃 Gansu	21.53	2.82	18.71	21.52	0.01	
青 海 Qinghai	81.82	7.20	74.62	81.01	0.55	0.26
宁 夏 Ningxia	197.66	31.69	165.97	182.53	3.08	12.05
新 疆 Xinjiang	631.84	155.23	476.61	615.55	9.99	6.30

注:本表按当年价格计算(at current price)。

5—9 民族自治地方分地区全部国有及规模以上非国有内资工业企业单位数(1999年)(一)

Number of Domestic－Funded All State－owned and Domestic－Funded Non－State－owned Above Designated Size Industrial Enterprises by Region of Minority National Autonomous Areas(1999)(1)

单位:个 (unit)

地 区 Region	国有企业 State－owned Units			集体企业 Collective－owned Units	股份合作企业 Share Hoilding Units	联营企业 Joint－owned Units
	合计 Total	中央 Central	地方 Local			
合 计 Total	7 505	411	7 094	1 708	288	90
河 北 Hebei	80	2	78	32	4	
内蒙古 Inner Mongolia	740	42	698	142	37	10
辽 宁 Liaoning	150	1	149	105	16	4
吉 林 Jilin	267	11	256	56	5	4
黑龙江 Heilongjiang	4		4	1		
浙 江 Zhejiang	7		7	4	3	
湖 北 Hubei	128		128	15	7	1
湖 南 Hunan	292	6	286	46	7	
广 东 Guangdong	65		65	2	2	
广 西 Guangxi	1 952	70	1 882	600	75	18
海 南 Hainan	68		68	1	2	
重 庆 Chongqing	120		120	14	1	
四 川 Sichuan	274	4	270	36	9	4
贵 州 Guizhou	681	13	668	94	14	16
云 南 Yunnan	588	20	568	113	34	12
西 藏 Tibet	188		188	94	6	3
甘 肃 Gansu	127	4	123	96	11	
青 海 Qinghai	313	11	302	17	13	1
宁 夏 Ningxia	291	22	269	59	10	4
新 疆 Xinjiang	1 170	205	965	181	32	13

5—9 民族自治地方分地区全部国有及规模以上非国有内资工业企业单位数(1999年)(二)

Number of Domestic – Funded All State – owned and Domestic – Funded Non – State – owned Above Designated Size Industrial Enterprises by Region of Minority National Autonomous Areas(1999)(2)

单位:个 (unit)

地 区 Region	有限责任公司 Limited Liability Corporations	股份有限公司 Share – holding Corporations	私营企业 Private Units	其他企业 Others
合 计 Total	**807**	**335**	**550**	**3**
河 北 Hebei	16	4	12	
内蒙古 Inner Mongolia	187	83	114	
辽 宁 Liaoning	7	7	42	
吉 林 Jilin	30	18	33	
黑龙江 Heilongjiang	1	1		
浙 江 Zhejiang		3	14	
湖 北 Hubei	8	16	17	
湖 南 Hunan	9	8	17	
广 东 Guangdong				
广 西 Guangxi	103	78	133	
海 南 Hainan	3	1		1
重 庆 Chongqing		8	3	2
四 川 Sichuan	64	13	9	
贵 州 Guizhou	25	6	29	
云 南 Yunnan	96	37	33	
西 藏 Tibet	3	7	23	
甘 肃 Gansu	41	7	7	
青 海 Qinghai	4	11	4	
宁 夏 Ningxia	57	14	37	
新 疆 Xinjiang	153	13	23	

5—10 民族自治地方分地区全部国有及规模以上非国有内资工业企业总产值(1999年)(一)

Gross Industrial Output Value of Domestic - Funded All State - owned and
Domestic - Funded Non - State - owned Above Designated
Size Industrial Enterprises by Region of Minority National Autonomous Areas(1999)(1)

单位:亿元 (100 million yuan)

地区 Region	国有企业 State - owned Units			集体企业 Collective - owned Units	股份合作企业 Share Holding Units	联营企业 Joint - owned Units
	合计 Total	中央 Central	地方 Local			
合计 Total	**1 773.32**	**767.71**	**1 005.61**	**292.99**	**45.92**	**19.23**
河北 Hebei	14.92	0.95	13.97	4.08	0.44	
内蒙古 Inner Mongolia	252.75	75.29	177.46	27.43	6.03	3.79
辽宁 Liaoning	8.65	0.01	8.64	17.97	3.25	0.30
吉林 Jilin	62.27	20.63	41.64	7.45	0.41	0.35
黑龙江 Heilongjiang	0.11		0.11	0.06		
浙江 Zhejiang	0.36		0.36	0.30	0.23	
湖北 Hubei	35.52		35.52	1.24	0.65	0.07
湖南 Hunan	30.32	4.03	26.29	5.95	0.37	
广东 Guangdong	2.84		2.84	0.16	0.06	
广西 Guangxi	436.88	86.71	350.17	139.14	17.65	5.73
海南 Hainan	9.05		9.05	0.07	0.08	
重庆 Chongqing	16.59	4.65	11.94	1.56	0.06	
四川 Sichuan	26.60	7.93	18.67	4.15	1.85	0.64
贵州 Guizhou	63.61	25.27	38.34	12.14	1.32	3.54
云南 Yunnan	158.58	69.60	88.98	21.18	5.22	1.91
西藏 Tibet	8.08		8.08	3.94	0.33	0.20
甘肃 Gansu	18.18	9.49	8.69	2.89	0.35	
青海 Qinghai	54.93	40.57	14.36	2.72	0.52	0.05
宁夏 Ningxia	108.96	62.07	46.89	9.31	1.71	0.90
新疆 Xinjiang	464.12	360.51	103.61	31.25	5.39	1.75

注:本表按当年价格计算。(at current price)

5—10 民族自治地方分地区全部国有及规模以上非国有内资企业工业总产值(1999年)(二)

Gross Industrial Output Value of Domestic - Funded All State - owned and Domestic - Funded Non - State - owned Above Dlesignated Size Industrial Enterprises by Region of Minority National Autonomous Areas(1999)(2)

单位:亿元 (100 million yuan)

地 区 Region	有限责任公司 Limited Liability Corporations	股份有限公司 Share - holding Corporations	私营企业 Private Units	其他企业 Others
合 计 Total	**425.63**	**336.18**	**101.69**	**0.72**
河 北 Hebei	0.71	0.79	1.29	
内蒙古 Inner Mongolia	143.03	137.83	25.32	
辽 宁 Liaoning	1.99	0.99	8.35	
吉 林 Jilin	4.32	20.23	3.17	
黑龙江 Heilongjiang	0.11	0.06		
浙 江 Zhejiang		0.34	1.77	
湖 北 Hubei	1.66	10.64	1.48	
湖 南 Hunan	0.76	1.92	1.22	
广 东 Guangdong		0.06		
广 西 Guangxi	98.16	84.17	29.89	
海 南 Hainan	0.57	0.36		0.60
重 庆 Chongqing		1.47	0.65	0.12
四 川 Sichuan	18.17	4.38	1.26	
贵 州 Guizhou	6.21	0.75	2.82	
云 南 Yunnan	27.48	13.43	5.74	
西 藏 Tibet	0.06	2.03	0.28	
甘 肃 Gansu		0.08	0.02	
青 海 Qinghai	6.01	16.67	0.11	
宁 夏 Ningxia	38.48	10.82	12.35	
新 疆 Xinjiang	77.91	29.16	5.97	

5—11 民族自治地方分地区全部国有及规模以上非国有工业企业主要财务指标(1999年)(一)

Main Indicators of All State-owned and Non-State-owned Above Designated Size Industrial Enterprises by Region of Minority National Autonomous Areas(1999)(1)

单位:亿元 (100 million yuan)

地 区 Region	企业个数 Number of Enterprises (unit)	#亏损企业 loss-making	工业总产值 Gross Output Value of Industry 当年价格 (at current price)	1990年不变价格 (at 1990 constant price)	工业增加值(生产法) Value Added of Industry (product approach)	工业销售产值 Sales Value of Industry (at current price)
合 计 Total	**11 757**	**4 465**	**3 210.27**	**2 401.68**	**1 179.82**	**3 139.93**
河 北 Hebei	156	37	24.13	17.67	5.80	21.11
内蒙古 Inner Mongolia	1 392	338	640.68	472.60	235.75	630.59
辽 宁 Liaoning	347	90	44.91	41.43	12.58	81.41
吉 林 Jilin	471	192	112.58	95.14	39.48	98.44
黑龙江 Heilongjiang	7	1	0.34	0.23	0.24	0.28
浙 江 Zhejiang	31	8	3.00	2.65	0.97	2.79
湖 北 Hubei	196	68	51.82	36.51	25.36	50.91
湖 南 Hunan	384	176	41.03	30.80	17.60	39.93
广 东 Guangdong	76	36	6.36	4.36	2.43	6.12
广 西 Guangxi	3 142	1 444	911.00	802.83	281.81	884.48
海 南 Hainan	78	44	10.91	7.88	2.98	10.06
重 庆 Chongqing	148	40	20.45	19.81	8.44	18.36
四 川 Sichuan	412	132	58.08	41.08	28.67	57.53
贵 州 Guizhou	876	263	95.22	75.08	37.64	87.63
云 南 Yunnan	933	414	241.93	179.36	100.53	238.10
西 藏 Tibet	329	85	14.98	7.43	8.42	13.52
甘 肃 Gansu	291	61	21.53	15.10	12.93	20.77
青 海 Qinghai	367	131	81.82	41.33	39.87	72.12
宁 夏 Ningxia	496	212	197.66	139.18	61.60	188.74
新 疆 Xinjing	1 625	693	631.84	370.94	256.72	617.04

5—11 民族自治地方分地区全部国有及规模以上非国有工业企业主要财务指标(1999年)(二)

Main Indicators of All State－owned and Non－State－owned Above Designated Size Industrial Enterprises by Region of Minority National Autonomous Areas(1999)(2)

单位:亿元 (100 million yuan)

地区 Region		资产合计 Total Assets	#流动资产 Circulating Funds	#固定资产 Fixed Assets	#无形及递延资产 Intangible and Deferred Assets
合计	**Total**	**7 467.99**	**2 617.49**	**4 425.17**	**190.93**
河北	Hebei	26.84	7.60	10.10	1.19
内蒙古	Inner Mongolia	1 782.15	572.52	1 081.07	47.62
辽宁	Liaoning	63.20	26.60	33.43	2.20
吉林	Jilin	240.62	94.90	120.44	10.47
黑龙江	Heilongjiang	0.83	0.45	0.33	0.03
浙江	Zhejiang	4.25	1.72	2.10	0.26
湖北	Hubei	139.14	44.44	86.05	1.81
湖南	Hunan	117.28	55.37	49.26	5.61
广东	Guangdong	18.79	4.18	11.27	0.78
广西	Gangxi	1 732.66	642.73	953.68	55.69
海南	Hainan	40.59	15.01	24.40	1.53
重庆	Chongqing	28.32	12.11	11.60	0.32
四川	Sichuan	157.04	59.37	85.49	4.39
贵州	Guizhou	180.67	70.77	102.85	3.31
云南	Yunnan	500.33	168.06	294.78	15.63
西藏	Tibet	67.58	21.38	39.38	2.61
甘肃	Gansu	30.82	14.25	15.04	0.25
青海	Qinghai	199.85	49.65	141.88	2.87
宁夏	Ningxia	498.22	194.66	366.09	7.26
新疆	Xinjing	1 638.81	561.72	995.93	27.10

5—11 民族自治地方分地区全部国有及规模以上非国有工业企业主要财务指标(1999年)(三)

Main Indicators of All State－owned and Non－State－owned Above Designated Size Industrial Enterprises by Region of Minority National Autonomous Areas(1999)(3)

单位:亿元 (100 million yuan)

地区 Region	负债合计 Total Liabilities	流动负债 Liquid Liabilities	长期负债 Long－term Liabilities	所有者权益合计 Creditors Equity	#实收资本 Paid－up Capital	产品销售收入 Sales Revenue
合计 Total	4 890.53	3 005.25	1 840.26	2 577.46	1 792.16	3 025.19
河北 Hebei	20.05	11.20	4.13	6.79	4.45	11.71
内蒙古 Inner Mongolia	1 099.93	612.27	480.51	682.22	467.29	637.20
辽宁 liaoning	45.72	31.62	13.60	17.48	13.31	39.40
吉林 Jilin	172.60	119.46	53.09	68.02	60.17	86.06
黑龙江 Heilongjiang	0.57	0.23	0.34	0.26	0.14	0.40
浙江 Zhejiang	2.53	1.29	1.24	1.72	0.82	2.81
湖北 Hubei	60.92	36.09	22.43	78.22	23.33	47.32
湖南 Hunan	80.14	57.81	21.13	37.14	19.39	38.65
广东 Guangdong	8.76	5.63	2.82	10.03	8.51	6.88
广西 Guangxi	1 198.86	832.26	351.73	533.80	390.37	871.47
海南 Hainan	33.03	19.48	13.55	7.56	11.39	10.28
重庆 Chongqing	21.67	15.96	4.91	6.65	7.37	17.06
四川 Sichuan	103.74	59.54	44.10	53.30	41.97	55.86
贵州 Guizhou	136.44	82.01	53.40	44.23	36.49	72.26
云南 Yunnan	357.07	216.88	130.18	143.26	111.02	239.88
西藏 Tibet	23.34	17.35	5.29	44.24	31.52	14.37
甘肃 Gansu	20.45	14.48	5.96	10.37	8.62	6.96
青海 Qinghai	120.73	80.63	39.60	79.12	43.89	58.93
宁夏 Ningxia	336.49	199.17	137.02	161.73	120.68	195.17
新疆 Xinjing	1 047.49	591.89	455.23	591.32	391.43	612.52

5—11 民族自治地方分地区全部国有及规模以上非国有工业企业主要财务指标(1999年)(四)

Main Indicators of All State-owned and Non-State-owned Above Designated Size Industrial Enterprises by Minority National Autonomous Areas(1999)(4)

单位:亿元 (100 million yuan)

地 区 Region	其他业务利润 Other Profits	营业利润 Business Profits	利润总额 Total Profits	亏损企业亏损总额 Total loss of Loss-making Enterprises	利税总额 Total Pre-tax Profits
合 计 Total	**23.73**	**-12.52**	**10.04**	**125.43**	**305.59**
河 北 Hebei	0.14	0.41	0.86	0.24	2.03
内蒙古 Inner Mongolia	9.59	-8.32	-0.69	28.94	50.46
辽 宁 Liaoning	0.11	0.65	0.72	1.06	3.03
吉 林 Jilin	0.29	-1.84	0.31	3.70	9.98
黑龙江 Heilongjiang		0.01	0.01	0.17	0.03
浙 江 Zhejiang		0.18	0.15	0.05	0.35
湖 北 Hubei	0.23	1.03	0.85	0.80	6.92
湖 南 Hunan	0.51	0.53	1.53	1.65	7.05
广 东 Guangdong	0.14	0.37	0.32	0.31	0.88
广 西 Guangxi	4.52	2.04	3.81	29.68	74.91
海 南 Hainan	0.05	-1.68	-2.02	2.27	-0.97
重 庆 Chongqing		-0.08	-0.42	0.35	2.99
四 川 Sichuan	0.53	1.75	2.27	2.08	10.22
贵 州 Guizhou	0.31	-1.22	-0.28	2.89	8.58
云 南 Yunnan	1.51	-5.29	-1.84	12.42	42.84
西 藏 Tibet	0.25	1.55	2.35	0.64	4.07
甘 肃 Gansu	-0.01	-0.10	-0.02	0.84	0.63
青 海 Qinghai	0.13	2.78	2.23	1.84	8.21
宁 夏 Ningxia	1.09	-3.46	-0.65	6.76	12.57
新 疆 Xinjiang	4.34	-1.83	0.55	28.74	60.81

5—12 民族自治地方分地区国有及规模以上非国有工业企业全员劳动生产率(1999年)

All Labor Productivity of All State－owned and Non－State－owned Above Designated Size by Industrial Enterprises Region of Minority National Autonomous Areas(1999)

地 区 Region	职工年平均人数(人) Annual Average Staff of Workers (person)	工业增加值(亿元)Value Added of Industry (100 million yuan)	全员劳动生产率(元/人年) Overall Labor Productivity (yuan/person * year)
合 计 Total	**3 858 497**	**1 179.82**	**30 577**
河 北 Hebei	24 549	5.80	23 626
内蒙古 Inner Mongolia	907 666	235.75	25 973
辽 宁 Liaoning	65 052	12.58	19 338
吉 林 Jilin	212 188	39.48	18606
黑龙江 Heilongjiang	1 309	0.24	18 335
浙 江 Zhejiang	3 362	0.97	28 852
湖 北 Hubei	47 004	25.36	53 953
湖 南 Hunan	64 134	17.60	27 443
广 东 Guangdong	11 373	2.43	21 366
广 西 Guangxi	974 245	281.81	28 926
海 南 Hainan	24 013	2.98	12 410
重 庆 Chongqing	24 511	8.44	34 434
四 川 Sichuan	93 577	28.67	30 638
贵 州 Guizhou	119 973	37.64	31 374
云 南 Yunnan	281 748	100.53	35 681
西 藏 Tibet	28 130	8.42	29 932
甘 肃 Gansu	41 080	12.93	31 475
青 海 Qinghai	69 782	39.87	57 135
宁 夏 Ningxia	251 452	61.60	24 498
新 疆 Xinjiang	613 349	256.72	41 855

5—13 民族自治地方分地区规模以下非国有工业企业及全部个体经营单位情况(1999年)(一)

Non-State-owned Enterprises and Individuals Below Designated Size
by Region of Minority National Autonomous Areas(1999)(1)

地 区 Region	企业数 (个) Number of Enterprises	轻工业 Light Industry	重工业 Heavy Industry	总产值 (亿元) Gross Output Value (100 million yuan)	轻工业 Light Industry	重工业 Heavy Industry
合 计 Total	962 997	644 473	318 524	2 240.18	1 152.85	1 087.33
河 北 Hebei	11 137	4 176	6 961	68.82	20.66	48.16
内蒙古 Inner Mongolia	159 868	104 945	54 923	462.29	244.78	2 17.51
辽 宁 Liaoning	43 141	22 321	20 820	228.47	94.23	134.24
吉 林 Jilin	20 594	12 750	7 844	56.61	31.33	25.28
黑龙江 Heilongjiang	3 045	2 390	655	3.33	2.33	1.00
浙 江 Zhejiang	2 651	2 527	124	5.83	3.40	2.43
湖 北 Hubei	27 247	16 833	10 414	54.37	32.23	22.14
湖 南 Hunan	46 995	26 840	20 155	87.37	49.84	37.53
广 东 Guangdong	3 897	1 805	2 092	4.73	0.76	3.97
广 西 Guangxi	221 230	153 050	68 180	756.33	426.77	329.56
海 南 Hainan	2 207	1 829	378	2.22	1.17	1.05
重 庆 Chongqing	8 390	5 448	2 942	14.98	7.76	7.22
四 川 Sichuan	21 926	13 533	8 393	45.20	12.48	32.72
贵 州 Guizhou	98 270	64 709	33 561	97.07	43.71	53.36
云 南 Yunnan	192 539	135 092	57 447	163.57	74.08	89.49
西 藏 Tibet						
甘 肃 Gansu	9 337	7 867	1 470	13.19	8.83	4.36
青 海 Qinghai	6 800	5 546	1 254	8.57	6.30	2.27
宁 夏 Ningxia	29 539	21 122	8 417	54.73	28.91	25.82
新 疆 Xinjiang	54 184	41 690	12 494	112.50	63.28	49.22

5—13 民族自治地方分地区规模以下非国有工业企业及全部个体经营单位情况(1999年)(二)

Non-State-owned Enterprises and Individuals Below Designated Size
by Region of Minority National Autonomous Areas(1999)(2)

地 区 Region	上交税金 (亿元) Tax Delivery (100 million yuan)	自有资本 (亿元) Private Capitals (100 million yuan)	年内全部从业人员 (人) Total Employed People
合 计 Total	**64.12**	**484.60**	**5 154 777**
河 北 Hebei	1.10	7.24	63 036
内蒙古 Inner Mongolia	13.08	109.98	1 012 251
辽 宁 Liaoning	4.79	20.16	213 131
吉 林 Jilin	1.74	16.27	129 459
黑龙江 Heilongjiang	0.01	0.77	9 761
浙 江 Zhejiang	0.18	1.06	8 940
湖 北 Hubei	1.41	7.04	116 840
湖 南 Hunan	1.62	13.77	155 504
广 东 Guangdong	0.30	2.49	16 339
广 西 Guangxi	23.08	148.78	1 660 784
海 南 Hainan	0.19	1.16	8 178
重 庆 Chongqing	0.57	2.78	38 911
四 川 Sichuan	2.42	10.25	121 493
贵 州 Guizhou	2.70	26.05	396 897
云 南 Yunnan	4.62	60.25	648 891
西 藏 Tibet			
甘 肃 Gansu	0.30	3.69	56 390
青 海 Qinghai	0.39	3.20	31 068
宁 夏 Ningxia	0.25	2.10	185 936
新 疆 Xinjiang	5.37	47.56	280 968

5—14 民族自治地方分地区规模以下非国有工业企业及全部个体经营单位中农村工业情况(1999年)

Rural Industry of Non－State－owned Enterprises and Individuals Below Designated Size by Region of Minority National Autonomous Areas(1999)

地 区 Region	企业数 (个) Number of Enterprises	总产值 (亿元) Gross Industrial Output Value (100 million yuan)	上交税金 (亿元) Tax Delivery (100 million yuan)	自有资本 (亿元) Private Capitals (100 million yuan)	年内从业人员 (人) Total Employed people
合 计 Total	**713 268**	**1 631.00**	**40.06**	**306.06**	**4 264 445**
河 北 Hebei	7 554	37.34	0.73	6.69	57 151
内蒙古 Inner Mongolia	113 750	297.86	6.77	55.93	626 497
辽 宁 Liaoning	42 602	173.02	4.54	18.12	618 488
吉 林 Jilin	15 560	41.69	0.89	7.75	82 269
黑龙江 Heilongjiang	1 511	2.28	0.01	0.28	4 350
浙 江 Zhejiang	2 605	5.16	0.16	0.74	6 996
湖 北 Hubei	26 300	49.21	1.31	6.40	109 195
湖 南 Hunan	41 108	80.58	1.45	12.23	140 292
广 东 Guangdong	2 853	2.23	0.17	1.58	11 696
广 西 Guangxi	161 295	594.39	13.75	104.12	1 200 527
海 南 Hainan	1 650	1.05	0.07	0.63	3 435
重 庆 Chongqing	4 698	11.88	0.26	2.00	29 422
四 川 Sichuan	18 169	40.08	1.65	7.53	98 474
贵 州 Guizhou	81 640	70.11	2.03	19.80	625 832
云 南 Yunnan	147 295	139.63	3.16	40.28	431 846
西 藏 Tibet					
甘 肃 Gansu	7 586	12.21	0.28	3.45	49 537
青 海 Qinghai	3 809	5.34	0.20	1.29	16 717
宁 夏 Ningxia					
新 疆 Xinjiang	33 283	66.94	2.63	17.24	151 721

主要统计指标解释

工业 指从事自然资源的开采，对采掘品和农产品进行加工和再加工的物质生产部门。具体包括：(1)对自然资源的开采，如采矿、晒盐、森林采伐等(但不包括禽兽捕猎和水产捕捞)。(2)对农副产品的加工、再加工，如粮油加工、食品加工、轧花、缫丝、纺织、制革等。(3)对采掘品的加工、再加工，如炼铁、炼钢、化工生产、石油加工、机器制造、木材加工等，以及电力、自来水、煤气的生产和供应等。(4)对工业品的修理、翻新，如机器设备的修理、交通运输工具(包括小卧车)的修理等。

1984 年以前农村的村及村以下办工业归属农业，1984 年以后划归工业。

工业统计调查单位 工业统计调查单位分为两类：独立核算法人工业企业和工业活动单位。

(1)独立核算法人工业企业：指从事工业生产经营活动的单位。独立核算法人工业企业应同时具备以下条件：①依法成立，有自己的名称、组织机构和场所，能够承担民事责任；②独立拥有和使用资产，承担负债，有权与其他单位签订合同；③独立核算盈亏，并能够编制资产负债表。

(2)工业活动单位：指在一个场所从事一种或主要从事一种工业生产活动的经济单位。它包括独立核算工业企业按主营业务活动(即工业生产活动)划分的主营业务活动单位和非工业企业所属的工业生产活动单位(即原非独立核算工业生产单位)。工业活动单位，一般应同时具备以下三个条件：①具有一个场所，从事一种或主要从事一种工业活动；②单独组织工业生产、经营或业务活动；③单独核算收入和支出。

国有经济工业(即过去的全民所有制工业或国营工业) 指生产资料归国家所有的一种经济类型。包括中央和地方各级国家机关、部队、科研机构、学校、人民团体和国有经济企事业单位等举办的国有经济工业。1957 年以前的公私合营和私营工业，后均改造为国营工业，1992 年改为国有工业，这部分工业的资料不单独分列时，均包括在国有工业内。

集体经济工业 指生产资料归公民集体所有的一种经济类型，是社会主义公有制经济的组成部分。包括城乡所有使用集体投资举办的企业，以及部分个人通过集资自愿放弃所有权并依法经工商行政管理机关认定为集体所有制的企业。

其他经济类型工业 指除国有经济工业、集体经济、城乡个体经济以外的其他经济类型工业企业(单位)。包括私营经济、联营经济、股份制经济(股份有限公司、有限责任公司)；外商投资经济(中外合资经营、中外合作经营、外资企业)；港、澳、台投资经济(与大陆合资经营，与大陆合作经营，港、澳、台独资企业)及其他经济类型的工业。

轻工业 指主要提供生活消费品和制作手工工具的工业。按其所使用的原料不同，可分为两大类：(1)以农产品为原料的轻工业，是指直接或间接以农产品为基本原料的轻工业。主要包括食品制造、饮料制造、烟草加工、纺织、缝纫、皮革和毛皮制作、造纸以及印刷等工业。(2)以非农业产品为原料的轻工业，是指以工业品为原料的轻工业。主要包括文教体育用品、化学药品制造、合成纤维制造、日用化学制品、日用玻璃制品、日用金属制品、手工工具制造、医疗器械制造、文化和办公用机械制造等工业。

重工业 指为国民经济各部门提供物质技术基础的主要生产资料的工业。按其生产性质和产品用途，可以分为下列三类：(1)采掘(伐)工业，是指对自然资源的开采，包括石油开采、煤炭开采、金属矿开采、非金属矿开采和木材采伐等工业。(2)原材料工业，指向国民经济各部门提供基本材料、动力和燃料的工业。包括金属冶炼及加工、炼焦及焦炭化学、化工原料、水泥、人造板以及电力、石油和煤炭加工等工业。(3)加工工业，是指对工业原材料进行再加工制造的工业。包括装备国民经济各部门的机械设备制造工业、金属结构、水泥制品等工业，以及为农业提供生产资料如化肥、农药等工业。

根据上述划分原则,修理业中以重工业产品为修理作业对象的划为重工业,反之划为轻工业。

工业总产值 是以货币表现的工业企业在一定时期内生产的已出售或可供出售工业产品总量,它反映一定时期内工业生产的总规模和总水平。它包括:在本企业内不再进行加工,经检验、包装入库(规定不需包装的产品除外)的成品价值,对外加工费收入,自制半成品、在产品期末期初差额价值。工业总产值采用“工厂法”计算,即以工业企业作为一个整体,按企业工业生产活动的最终成果来计算,企业内部不允许重复计算,不能把企业内部各个车间(分厂)生产的成果相加。但在企业之间、行业之间、地区之间存在着重复计算。

轻重工业总产值的划分也是按“工厂法”计算的,即一个工业企业在正常情况下生产的主要产品的性质属于轻工业,则该企业的全部总产值作为轻工业总产值;一个工业企业生产的主要产品的性质属于重工业,则该企业的全部总产值作为重工业总产值。

工业增加值 指工业行业在报告期内以货币表现的工业生产活动的最终成果。

固定资产原值 指企业在建造、购置、安装、改建、扩建、技术改造某项固定资产时所支出的全部货币总额。它一般包括买价、包装费、运杂费和安装费等。

固定资产净值 指固定资产原值减去历年已提折旧额后的净额。

产品销售收入 指企业销售产品的销售收入和提供劳务等主要经营业务取得的收入总额。

利润总额 指企业实现的利润。

全员劳动生产率 指根据产品的价值量指标计算的平均每一个从业人员在单位时间内的产品生产量。是考核企业经济活动的重要指标,是企业生产技术水平、经营管理水平、职工技术熟练程度和劳动积极性的综合表现。目前我国的全员劳动生产率是将工业企业的工业增加值除以同一时期全部从业人员的平均人数来计算的。计算公式为:

$$\text{全员劳动生产率}(\%)=\frac{\text{工业增加值}}{\text{全部职工平均人数}}\times 100\%$$

为了使各年度的全员劳动生产率数字可以比较,1990年以前各年的全员劳动生产率均按指数换算成1990年不变价格。

实收资本 指企业实际收到的投资人投入的资本。按投资主体可分为国家资本、集体资本、法人资本、个人资本、港澳台资本和外商资本。

总资产 指企业拥有或控制的全部资产。包括流动资产、长期投资、固定资产、无形及递延资产、其他长期资产、递延税项等,即为企业资产负债表的资产总计项。

(1)流动资产:指企业可以在一年内或者超过一年的一个生产周期内变现或耗用的资产合计,包括现金及各种存款、短期投资、应收及预付款项、存货等。

(2)固定资产:指企业固定资产净值、固定资产清理、在建工程、待处理固定资产损失所占用的资金合计。

(3)无形资产:指企业长期使用而没有实物形态的资产,包括专利权、非专利技术、商标权、著作权、土地使用权、商誉等。

总负债 指企业承担并需要偿还的全部债务。包括流动负债和长期负债、递延税项等,即为企业资产负债表的负债合计项。

(1)流动负债:指企业在一年内或者超过一年的一个营业周期内需要偿还的债务合计,包括短期借款、应付及预收款项、应付工资、应交税金和应交利润等。

(2)长期负债:指企业在一年以上或者超过一年的一个生产周期以上需要偿还的债务合计,包括长期借款、应付债务、长期应付款项等。

所有者权益 指企业投资人对企业净资产的所有权。企业净资产等于企业全部资产减去全部负债后的余额,其中包括投资者对企业的最初投入,以及资本公积金、盈余公积金和未分配利润,对股份制企业即为股东权益。

6

运输、邮电

Transportation, Post And Telecommunications Services

6—1 民族自治地方运输、邮电情况

Transportation, Post and Telecommunications Services of Minority National Autonomous Areas

年份 Year	铁路营业里程（万公里）Railways in Operation (10 000km)	公路通车里程（万公里）Length of Highways (10 000km)	全年铁路货运量（万吨）Railway Freight Traffic (10 000tons)	全年公路货运量（万吨）Highway Freight Traffic (10 000tons)	邮电局、所（个）Post Offices (unit)	邮路及农村投递线路（万公里）Length of Postal Routes and Rural Delivery Routes (10 000 km)
1949	0.35	1.14				
1952	0.38	2.59		355	3 499	13.13
1957	0.55	6.27		1 425	4 452	39.72
1962	0.72	12.57			5 174	45.73
1965		12.55		4 165	5 272	36.37
1975		17.71		10 695		
1978	0.90	20.80		13 448	7 222	94.75
1980	0.20	21.16		10 266	7 136	88.68
1981	1.22	21.21		12 059	7 121	84.61
1982	1.23	21.65	9 999	14 960	7 226	86.19
1983	1.21	23.00	11 014	11 885	7 482	88.11
1984	1.21	23.54	12 066	12 864	7 578	87.04
1985	1.25	25.41	13 101	22 013	8 075	90.40
1986	1.26	25.09	13 212	31 628	8 809	88.37
1987	1.27	27.57	12 283	38 566	8 219	87.27
1988	1.27	27.68	14 045	53 937	8 276	86.61
1989	1.29	30.05	15 599	61 385	8 443	95.10
1990	1.31	29.37	18 078	58 371	8 436	88.02
1991	1.33	28.67	17 066	76 352	9 589	90.51
1992	1.35	28.30	17 651	68 366	8 509	84.25
1993	1.45	30.84	27 038	122 362	8 422	85.61
1994	1.67	31.19	23 117	128 162	8 814	83.29
1995	1.70	33.21	20 385	111 060	9 076	106.82
1996	1.76	36.33			9 082	108.00
1997	1.69	36.49	22 250	113 947	9 836	100.38
1998	1.71	37.64	18 909	110 164	12 664	102.56
1999	1.75	40.26	19 294	120 064	13 564	106.07

注：本表未扣除区域变动因素，年度之间不可比。

Note: The factor of regional changes is not deducted, so the data among years are not comparable.

6—2 民族自治地方分地区运输条件(1999 年)

Transportation Conditions by Region
of Minority National Autonomous Areas(1999)

单位:公里 (kilometre)

地 区 Region	民用汽车 (辆) Civil motor Vehicles	公路线路里程 Length of Highway	内河航道里程 Length of Navigabler Inland Waterways	国有铁路营业里程 Length of Central Railways	合资铁路营业里程 Length of Local Railway
合 计 Total	**1 578 211**	**402 572**	**16 426**	**13 677**	**3 842**
河 北 Hebei	15 461	4 765	50	59	
内蒙古 Inner Mongolia	332 401	63 824	1 083	5 012	1 128
辽 宁 Liaoning	21 222	8 282	276	322	
吉 林 Jilin	49 495	5 368		453	57
黑龙江 Heilongjiang	1 250	360		50	
浙 江 Zhe jiang		414			
湖 北 Hubei	16 822	10 270	1 259		
湖 南 Hunan	16 523	13 334	2 225	890	
广 东 Guangdong	2 572	1 831	28		
广 西 Guangxi	281 264	51 378	5 582	2 013	728
海 南 Hainan	5 165	922			
重 庆 Chongqing	4 850	6 832	149		
四 川 Sichuan	79 645	21 687	2 419	387	
贵 州 Guizhou	43 376	28 925	2 234	392	
云 南 Yunnan	206 377	92 055	434	973	
西 藏 Tibet	38 670	22 475			
甘 肃 Gansu	18 732	7 266	290		
青 海 Qinghai	14 747	19 086		567	
宁 夏 Ningxia	77 917	10 015	397	712	126
新 疆 Xinjiang	351 722	33 484		1 849	1803

6—3 民族自治地方分地区公路、铁路旅客、货物运输量(1999 年)

Railway Volume,Road Passenger,Traffic and Freight
Traffic by Region of Minortity National Autonomous Areas(1999)

地 区 Region		客运量合计(万人) Total Passenger Traffic (10 000 Persons)	公路 Highway	铁路 Railway	货运量合计(万吨) Total Freight Traffic (10 000 tons)	公路 Highway	铁路 Railway
合 计	**Total**	**138 949.3**	**131 335.6**	**7 613.7**	**139 357.3**	**120 063.7**	**19 293.6**
河 北	Hebei	455.9	455.9		687.8	687.8	
内蒙古	Inner Mongolia	21 534.6	18 576.0	2 958.6	41 823.0	32 903.0	8 920.0
辽 宁	Liaoning	2 357.0	2 242.0	115.0	2 669.0	2 564.0	105.0
吉 林	Jilin	5 810.0	5 132.0	678.0	5 321.0	4 700.0	621.0
黑龙江	Heilongjiang	1 651.0	1 578.0	73.0	3 328.2	3 311.0	17.2
浙 江	Zhejiang	115.0	115.0		76.0	76.0	
湖 北	Hubei	1 720.0	1 720.0		693.0	693.0	
湖 南	Hunan	7 482.2	7 093.0	389.2	2 256.3	1 884.9	371.4
广 东	Guangdong	426.6	426.6		296.5	296.5	
广 西	Guangxi	39 551.9	37 412.0	2 139.9	27 478.0	23 720.0	3 758.0
海 南	Hainan	2 212.0	2 212.0		1 341.0	1 341.0	
重 庆	Chongqing	1 424.2	1 424.2		830.9	830.9	
四 川	Sichuan	3 142.8	3 137.4	5.4	1 593.6	1 570.6	23.0
贵 州	Guizhou	10 744.8	10 744.8		3 527.4	3 527.4	
云 南	Yunnan	16 843.1	16 843.1		14 523.9	14 523.9	
西 藏	Tibet	78.0	78.0		109.0	109.0	
甘 肃	Gansu	1 001.6	1 001.6		1 199.1	1 199.1	
青 海	Qinghai	996.0	918.0	78.0	811.6	751.6	60.0
宁 夏	Ningxia	5 073.0	4 860.0	213.0	5 954.0	4 166.0	1 788.0
新 疆	Xinjiang	16 329.6	15 366.0	963.6	24 838.0	21 208.0	3 630.0

6—4 民族自治地方分地区公路、铁路旅客、货物周转量(1999 年)

Railway Volume, Road Passenger, Traffic and Turnover Volume of Freight Traffic by Region of Minortity National Autonomous Areas(1999)

地区 Region	旅客周转量(亿人公里) Turnover Volume of Passenger Traffic	公路 Highway	铁路 Railway	货物周转量(亿吨公里) Turnover Value of Freight Traffic	公路 Highway	铁路 Railway
合 计 Total	**1127.33**	**862.62**	**264.71**	**2338.39**	**917.90**	**1420.49**
河 北 Hebei	1.92	1.92		6.45	6.45	
内蒙古 Inner Mongolia	186.88	108.18	78.70	870.65	197.75	672.90
辽 宁 Liaoning	8.43	7.40	1.03	7.76	6.44	1.32
吉 林 Jilin	22.61	17.26	5.35	28.89	19.79	9.10
黑龙江 Heilongjiang	8.64	8.64		2.54	2.53	0.01
浙 江 Zhejiang	0.62	0.62		0.92	0.92	
湖 北 Hubei	12.57	12.57		7.95	7.95	
湖 南 Hunan	16.22	15.57	0.65	8.63	8.19	0.44
广 东 Guangdong	2.59	2.59		2.44	2.44	
广 西 Guangxi	426.12	332.32	93.80	565.71	202.11	363.60
海 南 Hainan	11.63	11.63		7.76	7.76	
重 庆 Chongqing	13.11	13.11		4.31	4.31	
四 川 Sichuan	14.35	14.34	0.01	9.58	9.46	0.12
贵 州 Guizhou	36.61	36.61		34.34	34.34	
云 南 Yunnan	101.31	101.31		106.14	106.14	
西 藏 Tibet	4.10	4.10		13.80	13.80	
甘 肃 Gansu	5.58	5.58		8.31	8.31	
青 海 Qinghai	4.94	4.37	0.57	6.22	5.32	0.90
宁 夏 Ningxia	47.70	28.60	19.10	186.29	52.19	134.10
新 疆 Xinjiang	201.40	135.90	65.50	459.70	221.70	238.00

6—5 民族自治地方分地区邮电业情况(1999年)

Post and Telecommunications Services by Region
of Minority National Autonomous Areas(1999)

地 区 Region	邮电所总计(处) Post Offices	农村局、所	邮路总长度(公路) Lenght of Postal Routes (Kilometer)	农村投递线路(公里) Length of Rural Delivery (Kilometer)	城市电话机总部数(部) Urdban Telephones	乡村电话机总部数(部) Rural Telephones	邮电业务总量(万元) Revenue form Posts Telecommunication (10 000 yuam)
合 计 Total	**13 564**	**8 108**	**46.15**	**59.92**	**710.82**	**209.63**	**192.55**
河 北 Hebei	57	49	0.48	0.77	4.85	3.67	0.56
内蒙古 Inner Mongolia	4 096	1 429	6.93	10.73	202.70	28.80	36.18
辽 宁 Liaoning	293	253	0.78	1.08	11.79	15.64	2.19
吉 林 Jilin	226	146	0.43	1.04	30.79	15.58	10.03
黑龙江 Heilongjiang	17	15	0.03	0.03	0.68	0.39	0.15
浙 江 Zhejiang	44		0.03	0.14	0.90	0.48	0.25
湖 北 Hubei	185	171	0.67	2.78	9.26	5.17	2.26
湖 南 Hunan	717	611	0.23	2.79	14.71	4.37	2.90
广 东 Guangdong	44	38	0.16	0.25	1.83	1.27	0.39
广 西 Guangxi	1 671	1 317	6.94	10.98	191.92	46.60	65.44
海 南 Hainan	117	98	0.61	0.47	2.77	1.89	0.90
重 庆 Chongqing	193	171	0.62	0.47	4.63	3.57	1.10
四 川 Sichuan	547	350	2.36	1.77	15.09	3.79	2.90
贵 州 Guizhou	606	501	0.96	3.58	25.70	5.49	5.39
云 南 Yunnan	1 208	1 025	6.57	8.73	69.17	29.69	15.46
西 藏 Tibet	138	23	1.67	5.83	7.90	0.05	
甘 肃 Gansu	179	148	0.65	1.27	5.96	1.40	0.97
青 海 Qinghai	152	66	0.70	0.63	9.43	0.98	1.58
宁 夏 Ningxia	415	230	2.07	1.01			9.20
新 疆 Xinjiang	2 659	1 467	13.26	5.57	100.74	40.80	34.70

注:邮电业务总量按可比价格计算(Revenue from Posts Telecommunication are at Constant Price)。

主要统计指标解释

铁路营业里程 又称营业长度，指办理客货运输业务的铁路正线总长度。凡是全线或部分建成双线及以上的线路，以第一线的实际长度计算；复线、站线、段管线、岔线和特别用途线以及不计算运费的联络线都不计算营业里程。铁路营业里程是反映铁路运输业基础设施发展水平的重要指标，也是计算客货周转量、运输密度和机车车辆运用效率等指标的基础资料。

公路线路里程 指在一定时期内实际达到《公路工程技术标准JTJ01—88》规定的等级公路，并经公路主管部门正式验收交付使用的公路里程数。其计算单位为：km。它包括大中城市的郊区公路以及通过小城镇街道部分的公路里程，包括桥梁、渡口的长度，但不包括大中城市的街道，厂矿、林区生产用道和农业生产用道的里程。两条或多条公路共同经由同一路段，只计算一次，不得重复计算里程长度。公路里程是反映公路建设发展规模的重要指标，也是计算运输网密度等指标的基础资料。

内河航道里程 也称"内河通航里程"，是反映内河水运网规模、水平和发展情况的主要指标，是指在一定时期内，能通航运输船舶及排筏的天然河流、湖泊、水库、运河及通航渠道的长度。包括全年季节性通航累计三个月以上的航道，但不包括仅供零散流放竹、木排的河道。

货(客)运量 指在一定时期内，各种运输工具实际运送的货物(旅客)数量。它是反映运输业为国民经济和人民生活服务的数量指标，制定和检查运输生产计划、研究运输发展规模和速度的重要指标。货运按吨计算，客运按人计算。货物不论运输距离长短、物类类别，均按实际重量统计。旅客不论行程远近或票价多少，均按一人一次客运量统计；半价票、小孩票也按一人统计。

货物(旅客)周转量 指在一定时期内，由各种运输工具运送的货物(旅客)数量与其相应运输距离的乘积。

邮电业务总量 指以货币表现的邮电业生产和服务的总量。邮电业务量按专业分类包括函件、包件、汇票、报刊发行、邮政快件、特快专递、邮政储蓄、集邮、公众电报、用户电报、传真、长途电话、出租电路、市话无线寻呼、移动电话、分组交换数据通信、出租代维等。核算方法为各类产品乘以相应的平均单价(不变价)之和，再加上出租电路和设备、代用户维护电话交换机和线路等的服务收入。它综合反映了一定时期邮电工作的总成果，是研究邮电业务量构成和发展趋势的重要指标。

建筑业
Construction

7

7—1 民族自治地方分地区建筑业基本情况(1999年)

Constuction by Region of Minority National Autonomous Areas(1999)

地　区 Region	单位个数(个) Number of Enterprises	建筑业总产值(万元) Gross Output Value (10 000yuan)	房屋建筑施工面积(万平方米) Floor Space of Buildings Under Construction (10 000sq.m)	房屋建筑竣工面积(万平方米) Floor Space of Buildings Completed (10 000sq.m)	年末从业人数(万人) Number of Persons Engaged (persons)
合　计 Total	**5 092**	**6 396 663.8**	**12 105.42**	**8 573.04**	**133.80**
河　北 Hebei	121	113 206.0	60.36	38.20	0.70
内蒙古 Inner Mongolia	893	1 168 732.0	1 561.70	933.20	26.74
辽　宁 Liaoning	96	86 995.0	79.15	62.32	1.05
吉　林 Jilin	132	166 882.0	177.63	131.00	2.49
黑龙江 Heilongjiang	9	6 752.2	6.80	6.80	0.12
浙　江 Zhe jiang	9	4 529.0	6.19	2.59	0.12
湖　北 Hubei	91	37 543.8	158.55	100.86	2.55
湖　南 Hunan	69	69 192.7	170.83	99.46	1.44
广　东 Guangdong	12	6 104.0	14.23	9.66	0.25
广　西 Guangxi	1 021	1 491 385.0	2 428.80	1 212.50	35.10
海　南 Hainan	26	46 659.0	32.40	25.10	0.30
重　庆 Chongqing	35	23 991.0	2 986.53	23.88	1.12
四　川 Sichuan	109	90 855.2	455.97	383.04	2.03
贵　州 Guizhou	170	85 898.0	301.48	163.77	5.65
云　南 Yunnan	869	713 664.1	942.56	622.88	19.95
西　藏 Tibet	134	134 958.0	69.60	60.00	2.06
甘　肃 Gansu	38	68 607.9	136.21	100.01	3.39
青　海 Qinghai	72	28 396.1	104.99	39.11	1.01
宁　夏 Ningxia	478	482 827.0	568.34	3 516.66	8.39
新　疆 Xinjiang	708	1 569 485.8	1 843.10	1 042.00	19.34

主要统计指标解释

建筑业统计单位 指从事房屋、构筑物建造和设备安装活动的法人企业。建筑业法人企业应同时具备的条件是：①依法成立，有自己的名称、组织机构和场所，能够承担民事责任；②独立拥有和使用资产，承担负债，有权与其他单位签订合同；③独立核算盈亏，能够编制资产负债表。

建筑业总产值(自行完成施工产值) 是以货币表现的建筑安装企业在一定时期内生产的建筑业产品的总和。建筑业总产值包括：

(1)建筑工程产值：指列入建筑工程预算内的各种工程价值。

(2)设备安装工程产值：指设备安装工程价值，不包括被安装设备本身价值。

(3)房屋、构筑物修理产值：指房屋、构筑物修理所完成的价值，但不包括被修理房屋、构筑物本身的价值和生产设备的修理价值。

(4)非标准设备制造产值：指加工制造没有定型的、非标准的生产设备的加工费和原材料价值，以及附属加工厂为本企业承建工程制作的非标准设备的价值。

房屋建筑施工面积 指在报告期内施工的全部房屋建筑面积，包括本期新开工的房屋面积、上期施工跨入本期继续施工的房屋面积、上期停缓建在本期恢复施工的房屋面积、本期竣工的房屋面积及本期施工后又停缓建的房屋面积。

房屋建筑竣工面积 指在报告期内房屋建筑按照设计要求全部完工，达到了住人和使用条件，经验收鉴定合格，正式移交使用单位的房屋建筑面积。

8

固定资产投资

Investment in Fixed Assets

8—1 民族自治地方全社会固定资产投资和新增固定资产完成情况

Total Investment in Fixed Assets and Newly－increased Fixed Assets of minority National Autonomous Areas

单位:亿元 (100 million yuan)

年份 Year	全社会固定资产投资 Total Investment in Fixed Assets	新增固定资产 Increased Fixed Assets
1980		40.03
1981		29.25
1982		45.56
1983		63.21
1984		75.72
1985		118.88
1986		131.72
1987		241.92
1988		176.40
1989		193.15
1990		226.34
1991		251.00
1992	675.39	354.29
1993	978.51	543.07
1994	1 271.46	603.75
1995	1 444.03	924.65
1996	1 611.37	950.21
1997	1 791.29	1 000.95
1998	2 077.93	1 226.82
1999	2 230.47	1 445.81

8—2 民族自治地方分地区全社会固定资产投资(1999 年)

Total Investment in Fixed Assets by Region of Minority National Autonomous Areas(1999)

单位:亿元 (100 million yuan)

地区 Region		合计 Total	基本建设投资 Capital construc-tion	更新改造投资 Innova-tion	其他固定资产投资 Others	房地产开发投资 Real Estate Develop-ment	农村集体投资 Rural Collect-ivity	城镇和工矿私人建房 Investment in Real Estate and in Dividual Buildings of Tounship	农户当年固定资产投资 Fix Asset Investment by the Rural Households
合　计	**Total**	**2 230.47**	**1 210.54**	**282.30**	**87.29**	**119.25**	**138.61**	**134.47**	**258.01**
河　北	Hebei	30.44	8.81	3.27	1.07		11.41	1.32	4.56
内蒙古	Inner Mongolia	379.45	203.53	55.90	16.66	29.02	19.28	12.05	43.01
辽　宁	Liaoning	21.60	6.92	1.71	1.48	1.04	4.33	0.52	5.60
吉　林	Jinlin	45.72	21.83	10.35	4.32	3.29	2.17	1.86	1.90
黑龙江	Heilongjiang	1.16	1.16						
浙　江	Zhejiang	2.52	1.68	0.25	0.10	0.06	0.16	0.15	0.12
湖　北	Hubei	32.63	18.02	3.27	1.53	0.38	2.11	1.51	5.81
湖　南	Hunan	26.86	13.90	6.09	1.13	1.26	1.58	1.70	1.20
广　东	Guangdong	8.10	3.06	1.74	1.41	0.02	0.49	0.20	1.18
广　西	Guangxi	578.76	259.65	70.10	1.31	32.97	50.40	60.42	103.91
海　南	Hainan	12.61	9.03	0.10	0.82		0.14	0.65	1.87
重　庆	Chongqing	17.80	11.81	1.55	1.06	0.13	1.36	0.45	1.44
四　川	Sichuan	58.35	42.14	1.46	1.11	0.98	2.85	2.77	7.04
贵　州	Guizhou	64.86	25.21	15.00	2.27	2.21	2.80	6.18	11.19
云　南	Yunnan	179.20	96.00	18.96	13.99	10.08	12.18	8.58	19.41
西　藏	Tibet	53.56	46.04	3.44	0.76	0.79	1.18	1.35	
甘　肃	Gansu	14.53	8.36	2.00	0.37		0.57	2.85	0.38
青　海	Qinghai	47.57	31.55	7.58	5.29	0.55	0.67	1.32	0.61
宁　夏	Ningxia	128.11	69.10	18.44	2.64	13.02	9.86	1.08	13.97
新　疆	Xinjiang	526.64	332.74	61.09	29.97	23.45	15.07	29.51	34.81

8—3 民族自治地方分地区基本建设投资(1999 年)

Capital Construction Investment by Region of Minority National Autonomous Areas(1999)

(按国民经济行业分类)(by Industry)

单位:亿元 (100 million yuan)

地区 Region		合计 Total	农林牧渔业 Farming Forestry Animal Husbandry an Fishery	采掘、制造业 Mining and Manufal turing	建筑业 Constr ction	交通运输仓储及邮电通信业 Transport－ion, Storage, Postal and Telecommuni－cations Service	批发和零售贸易、餐饮业 Wholesale and Retail Trade, Catering senices	金融、保险业 Banking and Insurance	其他 Others
合 计	**Total**	**1 210.54**	**84.64**	**205.74**	**37.36**	**290.68**	**28.70**	**18.61**	**544.81**
河 北	Hebei	8.81	1.76	2.14	0.14	1.63	0.65	0.18	2.31
内蒙古	Inner Mongolia	203.53	17.49	24.30	1.97	65.72	3.63	3.38	87.04
辽 宁	Liaoning	6.92	0.67	0.59	0.38	0.66	0.29	0.09	4.24
吉 林	Jinlin	21.83	0.61	2.16	1.31	6.65	0.65	0.46	9.99
黑龙江	Heilongjiang	1.16						0.06	1.10
浙 江	Zhejiang	1.68	0.01		0.33	0.04		0.03	1.27
湖 北	Hubei	18.02	0.88	0.59	0.47	2.69	0.36	0.36	12.67
湖 南	Hunan	13.90	0.30	1.13	0.23	3.18	1.67	0.23	7.16
广 东	Guangdong	3.06	0.10	0.17	0.50	0.68	0.25	0.07	1.29
广 西	Guangxi	259.65	4.56	24.01	2.54	84.46	5.34	4.74	134.00
海 南	Hainan	9.03	0.88	0.12	1.67	3.23	0.34	0.02	2.77
重 庆	Chongqing	11.81	0.52	0.06	0.18	4.62	0.40	0.18	5.85
四 川	Sichuan	42.14	4.29	4.66	0.41	8.17	0.45	0.34	23.82
贵 州	Guizhou	25.21	0.71	4.57	0.72	5.20	0.94	0.22	12.85
云 南	Yunnan	96.00	6.16	5.80	1.30	20.14	3.52	2.28	56.80
西 藏	Tibet	46.04	1.72	0.35	19.77	3.02	1.16	0.36	19.66
甘 肃	Gansu	8.36	0.20	1.61	0.26	0.61	0.28	0.18	5.22
青 海	Qinghai	31.55	2.69	13.82	0.43	3.49	0.76	0.20	10.16
宁 夏	Ningxia	69.10	2.28	15.57	0.36	21.98	1.74	0.43	26.74
新 疆	Xinjiang	332.74	38.81	104.09	4.39	54.51	6.27	4.80	119.87

8—4 民族自治地方分地区基本建设投资(1999年)

Capital Construction Investment by Region of Minority National Autonomous Areas(1999)

(按建设性质分类)(by type of construction)

单位:亿元 (100 million yuan)

地区 Region	合计 Total	新建 New construction	扩建 Expansion	改建 Reconstr-uction	其他 Others
合 计 Total	**1 210.54**	**409.77**	**319.86**	**211.24**	**269.67**
河 北 Hebei	8.81	5.34	1.59	1.21	0.67
内蒙古 Inner Mongolia	203.53	53.66	91.06	37.89	20.92
辽 宁 Liaoning	6.92	5.66	0.99	0.18	0.09
吉 林 Jinlin	21.83	7.79	7.52	2.88	3.64
黑龙江 Heilongjiang	1.16	1.16			
浙 江 Zhejiang	1.68	0.20	0.01	0.07	1.40
湖 北 Hubei	18.02	7.53	4.54	2.70	3.25
湖 南 Hunan	13.90	4.72	3.22	4.11	1.85
广 东 Guangdong	3.06	2.00	0.59	0.42	0.05
广 西 Guangxi	259.65	14.22	51.88	33.98	159.57
海 南 Hainan	9.03	7.51	0.87	0.31	0.34
重 庆 Chongqing	11.81	5.17	2.53	4.09	0.02
四 川 Sichuan	42.14	26.92	5.88	4.64	4.70
贵 州 Guizhou	25.21	14.30	5.03	1.80	4.08
云 南 Yunnan	96.00	49.91	23.25	6.89	15.95
西 藏 Tibet	46.04	25.25	2.89	16.27	1.63
甘 肃 Gansu	8.36	3.06	1.15	2.72	1.43
青 海 Qinghai	31.55	12.02	14.12	4.13	1.28
宁 夏 Ningxia	69.10	36.69	15.66	11.37	5.38
新 疆 Xinjiang	332.74	126.66	87.08	75.58	43.42

8—5 民族自治地方分地区基本建设投资(1999 年)

Capital Construction Investment by Region of Minority National Autonomous Areas(1999)

(按资金来源分类)(by Source of funds)

单位:亿元 (100 million yuan)

地区 Region		合计 Total	国家预算内资金 State Appropriation	国内贷款 Domestic Loans	债券 Bonds	利用外资 Foreign Investment	自筹资金 Fund Raising	其他资金 Others
合 计	**Total**	**1 186.99**	**195.88**	**263.74**	**9.63**	**52.66**	**464.79**	**200.29**
河 北	Hebei	8.97	1.07	0.90	0.11	0.47	4.95	1.47
内蒙古	Inner Mongolia	200.91	38.96	49.01	2.69	13.24	64.09	32.92
辽 宁	Liaoning	6.69	0.60	0.59			2.97	2.53
吉 林	Jinlin	22.18	4.32	3.40	1.16	0.09	7.59	5.62
黑龙江	Heilongjiang	1.30			0.45		0.47	0.38
浙 江	Zhejiang	0.27					0.24	0.03
湖 北	Hubei	17.23	2.42	3.33	0.04	0.15	8.03	3.26
湖 南	Hunan	14.14	3.13	2.96		0.12	4.17	3.76
广 东	Guangdong	5.14		0.74		0.79	2.76	0.85
广 西	Guangxi	259.47	30.50	49.29	1.30	25.91	104.32	48.15
海 南	Hainan	8.94	2.75	0.19	0.04	0.22	5.27	0.47
重 庆	Chongqing	10.56	1.53	3.24	0.21		3.54	2.04
四 川	Sichuan	42.05	4.09	12.64	1.48	0.74	16.41	6.69
贵 州	Guizhou	31.37	7.72	6.04	0.10	0.19	11.56	5.76
云 南	Yunnan	86.23	11.05	12.32	0.28	0.81	43.06	18.71
西 藏	Tibet	49.34	24.85	1.86		0.02	17.04	5.57
甘 肃	Gansu	9.15	2.64	1.12	0.06	0.76	2.68	1.89
青 海	Qinghai	29.33	3.90	10.92	0.50	0.46	9.10	4.45
宁 夏	Ningxia	65.29	13.25	19.48	0.03	2.04	23.02	7.47
新 疆	Xinjiang	318.43	43.10	85.71	1.18	6.65	133.52	48.27

注:本年资金来源合计不包括上年末结余资金。

Note: the total of source of fund excludes the surplus fund of the end of last year.

8—6 民族自治地方国有经济固定资产投资

Total Investment in Fixed Assets of State - owned Units of Minority National Autonomous Areas

单位:亿元 (100 million yuan)

年 份 Year	国有固定资产投资 Fixed assets	#基本建设投资 Capital Construction	#更新改造投资 Technical Updates and Transformation
1980		56.81	
1981	61.62	37.89	23.73
1982	74.20	48.62	25.59
1983	93.24	62.65	30.59
1984	115.00	80.87	23.87
1985	161.94	114.70	33.25
1986	171.84	111.68	47.07
1987	200.17	115.36	60.48
1988	246.86	138.05	83.64
1989	230.99	133.52	70.51
1990	259.45	164.27	70.31
1991	340.84	212.02	85.80
1992	531.01	353.75	115.29
1993	791.44	517.74	176.14
1994	994.16	666.77	209.02
1995	982.60	648.72	248.34
1996	1 078.76	736.73	258.65
1997	1 198.37	810.41	275.96
1998	1 342.49	1 006.39	240.79
1999	1 411.56	1 089.13	230.82

注:本表未扣除区域变动因素,年度之间不可比。

Note: The factor of regional changes is not deducted, so data among years are not comparable.

8—7 民族自治地方国有经济基本建设投资

Capital Construction Investment of State - owned Units of Minority National Autonomous Areas

单位:亿元 (100 million yuan)

年 份 Year	基本投资 Capital Construction	年份 Year	基建投资 Capital Construction
1950—1952	5.6	1981—1985	344.71
1953—1957	40.78	1986—1990	662.88
1958—1962	119.93	1991—1995	2 399
1963—1965	45.06	1996	736.73
1966—1970	90.05	1997	810.41
1971—1975	152.12	1998	1 006.39
1976—1980	237.58	1999	1 089.13
		1950—1999 累计	7 740.37

8—8 民族自治地方分地区国有经济固定资产投资(1999年)

Investment in Fixed Assets of State－owned Units by Region of Minority National Autonomous Areas(1999)

单位:亿元 (100 million yuan)

地区 Region	合计 Total	基本建设 Capital Construction	更新改造 Technical Updates and Transformation	其他 Others	房地产开发 Real Estate Management
合计 Total	1 411.56	1 089.13	230.82	42.55	49.06
河北 Hebei	10.77	7.75	3.02		
内蒙古 Inner Mongolia	224.66	177.89	34.90	2.33	9.54
辽宁 Liaoning	6.98	5.16	1.59	0.07	0.16
吉林 Jinlin	31.53	21.40	5.71	3.27	1.15
黑龙江 Heilongjiang					
浙江 Zhejiang	0.55	0.29	0.19	0.05	0.02
湖北 Hubei	18.82	15.40	3.18	0.17	0.07
湖南 Hunan	19.86	12.89	5.82	0.27	0.88
广东 Guangdong	3.40	2.00	1.31	0.09	
广西 Guangxi	289.85	220.05	60.84	0.50	8.46
海南 Hainan	9.48	8.64	0.10	0.74	
重庆 Chongqing	13.34	11.61	1.53	0.11	0.09
四川 Sichuan	37.11	35.12	0.79	0.26	0.94
贵州 Guizhou	35.85	25.05	9.97	0.30	0.53
云南 Yunnan	111.37	86.50	14.26	5.74	4.87
西藏 Tibet	49.99	45.64	3.44	0.31	0.60
甘肃 Gansu	9.07	5.98	3.03	0.06	
青海 Qinghai	39.57	28.48	5.93	4.66	0.50
宁夏 Ningxia	81.09	61.48	14.12	0.90	4.59
新疆 Xinjiang	418.27	317.80	61.09	22.72	16.66

8—9 民族自治地方分地区新增固定资产(1999 年)

Newly – Increased Fixed Assets by Region of Minority National Autonomous Areas(1999)

单位:亿元 (100 million yuan)

地区 Region		合计 Total	基本建设 Capital Construction	更新改造 Technical Updates and Transformation	其他 Others	房地产开发 Real Estate Management
合　计	**Total**	**1 445.81**	**1 048.63**	**215.76**	**95.94**	**85.48**
河　北	Hebei	12.38	8.75	3.20	0.43	
内蒙古	Inner Mongolia	351.20	265.27	43.61	15.74	26.58
辽　宁	Liaoning	11.04	8.01	1.25	1.37	0.41
吉　林	Jinlin	25.38	14.66	5.16	3.00	2.56
黑龙江	Heilongjiang	1.16	1.16			
浙　江	Zhejiang	0.69	0.35	0.19	0.11	0.04
湖　北	Hubei	19.07	16.24	2.34	0.42	0.07
湖　南	Hunan	13.83	8.61	4.00	0.53	0.69
广　东	Guangdong	11.39	8.88	1.11	1.38	0.02
广　西	Guangxi	258.05	169.35	55.04	15.13	18.53
海　南	Hainan	10.39	9.55	0.05	0.79	
重　庆	Chongqing	10.16	8.23	1.60	0.29	0.04
四　川	Sichuan	26.31	23.41	1.27	0.97	0.66
贵　州	Guizhou	60.40	43.33	13.91	1.94	1.22
云　南	Yunnan	137.39	88.57	27.91	13.87	7.04
西　藏	Tibet	41.74	37.05	3.59	0.56	0.54
甘　肃	Gansu	8.02	6.43	1.49	0.10	
青　海	Qinghai	37.75	26.13	6.09	5.53	
宁　夏	Ningxia	62.74	35.31	13.98	2.29	11.16
新　疆	Xinjiang	346.72	269.34	29.97	31.49	15.92

主要统计指标解释

全社会固定资产投资 固定资产投资是社会固定资产再生产的主要手段。通过建造和购置固定资产的活动,国民经济不断采用先进技术装备,建立新兴部门,进一步调整经济结构和生产力的地区分布,增强经济实力,为改善人民物质文化生活创造物质条件。这对我国的社会主义现代化建设具有重要意义。

固定资产投资额是以货币表现的建造和购置固定资产活动的工作量,它是反映固定资产投资规模、速度、比例关系和使用方向的综合性指标。全社会固定资产投资包括国有经济单位投资、城乡集体经济单位投资、各种经济类型的单位投资和城乡居民个人投资。按照我国现行计划管理体制,国有经济单位固定资产投资总额分为基本建设、更新改造、商品房屋建设投资和其他固定资产投资四个部分;城乡集体经济单位投资包括城镇集体所有制单位投资和农村集体所有制单位投资;各种经济类型的单位投资包括联营经济、股份制经济、中外合资经营、中外合作经营、外资、港澳台与大陆合资经营、港澳台与大陆合作经营、港澳台独资及其经济类型的单位投资。城镇居民个人投资包括城市、县城、镇、工矿区所辖范围内的个人建房和农村个人建房及购买生产性固定资产的投资。

基本建设投资 基本建设是国有企业、事业单位以扩大生产能力或工程效益为主要目的的新建、扩建工程及有关工作。包括工厂、矿山、铁路、桥梁、港口、农田水利、商店、住宅、学校、医院等工程的建造和机器设备、车辆、船舶、飞机等的购置。

基本建设投资额是以货币表现的基本建设完成的工作量,是反映一定时期内基本建设规模和建设进度的综合性指标。它是根据工程的实际进度按预算价格(预算价格是编制施工图预算时所用的价格)计算的工作量,没有形成工程实体的建筑材料和没有开始安装的设备都不计算投资完成额。

更新改造投资 更新改造是指国有企业、事业单位对原有设施进行固定资产更新和技术改造,以及相应配套的工程和有关工作(不包括大修理和维护工程)。更新改造投资是以货币表现的更新改造完成的工作量。根据我国现行统计制度,基本建设和更新改造的划分是:(1)列入基本建设计划的项目作为基本建设投资,列入更新改造计划的项目作为更新改造投资。(2)更新改造计划与基本建设计划结合安排的项目及未列入计划的项目,根据工程性质作为基本建设投资或更新改造投资。属于对企业、事业单位原有设施进行技术改造或更新的项目和增建主要生产车间、分厂等,其新增生产能力或效益尚未达到大中型标准的项目,以及由于城市环境保护和安全生产的需要而进行的迁建工程,作为更新改造投资。

其他固定资产投资 是指按照固定资产规定不纳入基本建设和更新改造计划管理,其总投资在五万元以上的固定资产投资。具体包括:国有经济单位用油田维护费和石油开发基金进行的油田维护和开发工程;煤炭、铁矿、森林工业等采掘采伐业用维检费进行的开拓延伸工程;交通部门用公路养路费对原有公路、桥梁进行改建的工程;商业部门用简易建筑费建造的仓库工程。

新增固定资产 指通过投资活动所形成的新的固定资产价值。包括已经建成投入生产或交付使用的工程价值和达到固定资产标准的设备、工具、器具的价值及有关应摊入的费用。它是以价值形式表示的固定资产投资成果的综合性指标,可以综合反映不同时期、不同部门、不同地区的固定资产投资成果。

9

国内贸易

Domestic Trade

9—1 民族自治地方社会消费品零售总额、国内纯购进总额

Total Retail Sales of Consumer Goods and Total Value of Domestic Rurchases of Minority National Autonomous Areas

单位:亿元 (100 million yuan)

年 份 Year	社会消费品零售总额 Total Retail Sales of Comsumer Goods	国内纯购进总额 Total Domestic Purchases	#农副产品购进 Farm and Sideline Products Purchases
1949			
1952	17.10	4.80	4.46
1957	37.35	24.00	14.37
1962			14.97
1965	58.79	42.90	24.51
1975	102.70	82.20	36.74
1978	125.07	103.30	41.97
1980	176.67	131.23	58.09
1981	196.75	145.87	63.73
1982	217.43	163.57	75.05
1983	247.39	185.50	85.55
1984	290.28	199.69	87.16
1985	370.45	237.74	94.31
1986	415.45	277.65	105.92
1987	476.60	360.12	133.50
1988	607.27	497.83	185.76
1989	663.72	554.74	197.82
1990	681.84	618.58	227.01
1991	762.96	696.60	260.52
1992	890.41	744.32	258.28
1993	1 205.10	1 056.60	153.29
1994	1 356.42	2 027.85	280.86
1995	1 692.29	2 541.73	394.75
1996	1 867.40	2 535.08	385.49
1997	2 063.72	2 470.81	296.82
1998	2 332.10	1 406.92	
1999	2 378.23	1 173.70	

注:1998 年以后国内纯购进总额为限额以上社会商品购进总额。

Note: The total net domestic parchase abore the limitation after 1998, is the total amount of purchasing of the commodities.

9—2 民族自治地方分地区消费品零售总额(1999年)

Total Retail Sales of Consumer Goods

By Region of Minority National Autonomous Areas(1999)

单位:亿元 (100 million yuan)

地 区 Region	社会消费品零售总额 Total Retail Sale	批发零售贸易业 Wholesale and Retail Sale Trade	限额以上 Above Designated Size	限额以下 Below Designated Size	餐饮业 Catering Trade	其 他 Others
合 计 Total	**2 378.23**	**1 530.23**	**257.99**	**1 023.00**	**245.80**	**602.20**
河 北 Hebei	26.42	17.85	5.16	12.69	2.38	6.19
内蒙古 Inner Mongolia	437.38	279.29	50.61	228.68	40.63	117.46
辽 宁 Liaoning	52.87	37.01	0.44	36.58	4.76	11.10
吉 林 Jilin	86.94	60.64	10.00	50.64	7.20	19.10
黑龙江 Heilongjiang	2.61	2.09	0.44	1.66	0.28	0.24
浙 江 Zhejiang	2.93	2.17	0.02	2.14	0.16	0.60
湖 北 Hubei	39.06	24.65	1.47	23.18	3.92	10.49
湖 南 Hunan	50.93	31.32	2.82	28.50	6.18	13.43
广 东 Guangdong	4.84	3.41		3.41	0.75	0.68
广 西 Guangxi	791.27	526.95	93.63	433.32	88.52	175.80
海 南 Hainan	12.18	8.39	0.38	8.00	1.21	2.58
重 庆 Chongqing	29.06	19.47	2.65	16.81	1.96	7.63
四 川 Sichuan	55.47	33.27	5.22	28.04	6.22	15.98
贵 州 Guizhou	74.15	42.51	15.53	26.98	6.23	25.41
云 南 Yunnan	197.19	119.13	44.98	74.15	22.57	55.49
西 藏 Tibet	37.93	26.66			5.35	5.92
甘 肃 Gansu	17.90	10.76	4.74	6.03	2.22	4.92
青 海 Qinghai	29.00	14.24	0.93	13.31	3.12	11.64
宁 夏 Ningzia	82.70	47.85	18.97	28.88	9.39	25.46
新 疆 Xinjiang	347.40	222.57			32.75	92.08

注:批发零售贸易业中的限额以上和限额以下均缺西藏、新疆的分项资料。

9—3 民族自治地方分地区限额以上批发零售贸易业社会商品购进、销售、库存总额(1999年)

Total Retail and Inventory in Wholesale and Retail Sales Trades Above Designated Size by Region of National Autonomous Areas(1999)

单位:亿元 (100 million yuan)

地区 Region	商品购进总额 Total Goods Purchase	#进口 Import	销售总额 Total Sales	批发合计 Total Wholesale	#进口 Export	零售合计 Total Retail Sales	年末库存总额 Inventory (year-end)
合 计 Total	**1 173.70**	**34.85**	**1 390.13**	**1 107.98**	**94.26**	**282.15**	**321.75**
河 北 Hebei	12.91	0.86	10.09	6.01	0.54	4.08	8.34
内蒙古 Inner Mongolia	159.96	11.51	176.60	129.13	10.99	47.47	30.12
辽 宁 Liaoning	2.86	1.14	5.65	5.04	0.93	0.61	0.43
吉 林 Jilin	19.04	0.28	20.66	12.54	0.08	8.12	13.24
黑龙江 Heilongjiang							
浙 江 Zhejiang	0.49		0.61	0.58		0.03	0.03
湖 北 Hubei	11.99		15.14	13.66		1.48	5.56
湖 南 Hunan	15.12		17.40	15.66		1.74	1.54
广 东 Guangdong	0.56		0.62	0.62			
广 西 Guangxi	319.06	8.18	363.10	268.94	35.08	94.16	40.37
海 南 Hainan	3.18		3.45	3.43		0.02	0.14
重 庆 Chongqing	10.76		13.07	11.67		1.40	7.08
四 川 Sichuan	23.49		25.87	19.36		6.51	1.76
贵 州 Guizhou	27.15		31.89	30.76		1.13	5.97
云 南 Yunnan	135.83	0.03	177.48	153.73	25.16	23.75	31.57
西 藏 Tibet	7.31		7.94	3.18		4.76	2.11
甘 肃 Gansu	2.21		2.23	1.33		0.90	0.33
青 海 Qinghai	2.68		3.36	2.59		0.77	0.92
宁 夏 Ningxia	41.15	1.97	51.77	34.93	3.00	16.84	14.43
新 疆 Xinjiang	377.95	10.88	463.20	394.82	18.48	68.38	157.81

9—4 民族自治地方分地区社会商品销售、批发、零售总额(1999年)

Toatl Value of Sales, Wholesales and Retail Sales
by Region of Minority National Autonomous Areas(1999)

单位:亿元 (100 million yuan)

地 区 Region	销售总额 Total Sales	批发合计 Total Wholesale	零售合计 Total Retail Sales
合 计 Total	**3 327.14**	**1 939.81**	**1 387.33**
河 北 Hebei	32.75	12.97	19.78
内蒙古 Inner Mongolia	523.92	251.27	272.65
辽 宁 Liaoning	58.43	21.69	36.74
吉 林 Jinlin	95.64	46.41	49.23
黑龙江 Heilongjiang	1.62	0.84	0.78
浙 江 Zhejiang	4.70	2.53	2.17
湖 北 Hubei	49.61	38.72	10.89
湖 南 Hunan	72.00	37.47	34.53
广 东 Guangdong	3.08	1.72	1.36
广 西 Guangxi	1 089.70	562.48	527.22
海 南 Hainan	18.41	8.78	9.63
重 庆 Chongqing	28.57	23.04	5.53
四 川 Sichuan	63.92	31.87	32.05
贵 州 Guizhou	60.13	40.04	20.09
云 南 Yunnan	300.61	218.11	82.50
西 藏 Tibet	15.23	7.08	8.15
甘 肃 Gansu	13.09	4.78	8.31
青 海 Qinghai	45.33	27.38	17.95
宁 夏 Ningxia	110.23	64.51	45.72
新 疆 Xinjiang	740.17	538.12	202.05

9—5 民族自治地方分地区餐饮业销售情况(1999年)

Sales of Catering Trade by Region of Minority National Autonomous Areas(1999)

地 区 Region	营业总收入 (亿元) Total business Income (100 million yuan)	#零售额总计 Relail Sales
合 计 Total	**238.70**	**211.94**
河 北 Hebei	2.06	1.11
内蒙古 Inner Mongolia	43.06	40.62
辽 宁 Liaoning	3.71	3.82
吉 林 Jinlin	7.83	
黑龙江 Heilongjiang	0.26	
浙 江 Zhejiang	0.16	0.16
湖 北 Hubei	1.11	1.11
湖 南 Hunan	6.62	5.91
广 东 Guangdong	0.19	0.04
广 西 Guangxi	88.10	82.70
海 南 Hainan	1.20	0.82
重 庆 Chongqing	0.06	0.59
四 川 Sichuan	6.34	6.23
贵 州 Guizhou		
云 南 Yunnan	15.85	14.98
西 藏 Tibet	8.26	5.78
甘 肃 Gansu	1.69	1.68
青 海 Qinghai	1.42	0.94
宁 夏 Ningxia	12.40	9.39
新 疆 Xinjiang	38.38	36.06

9—6 国家专项安排用于民族贸易和民族用品生产的主要原材料和贷款

Main Raw Material and Loans Used in National
Trade and Production of Ethnic Uses Arranged by the State

年份 Year	专项原材料 Special Raw Materials		专项贷款(万元) Special Loans	
	黄金(两) Gold	白银(万两) Silver	中央 Central	地方 Local
1991	8 000	23.23		
1992	8 100	23.23		
1993	14 600	23.23	4 000	5 488
1994	24 000	23.23	4 000	5 964
1995	25 600	25.36	4 000	15 900
1996	24 000	25.36		
1997	25 600	25.36	7 050	7 511
1998	27 520	25.36	8 230	8 730
1999	28 000		14 329	228 573

注:1992 年设立民族贸易网点建设和民族用品生产企业技改专项贴息贷款。

Note: In 1992 special loans at subsidized interest has been set for the construction of national trade and technological innovation of production for ethnic use.

主要统计指标解释

社会消费品零售总额 指国民经济各行业直接售给城乡居民和社会集团的消费品总额。它是反映各行业通过多种商品流通渠道向居民和社会集团供应的生活消费品总量，是研究人民生活、居民消费品购买力、货币流通等问题的重要指标。社会消费品零售总额包括：(1)售给城乡居民作为生活用的商品和修建房屋用的建筑材料。(2)售给社会集团的各种办公用品和公用消费品。(3)售给机关、团体、学校、部队、企业、事业单位的职工食堂和旅店(招待所)附设专门供本店旅客食用，不对外营业的食堂的各种食品、燃料；企业、单位和国营农场直接售给本单位职工和职工食堂的自己生产的产品。(4)售给部队干部、战士生活用的粮食、副食品、衣着品、日用品、燃料。(5)售给来华的外国人、华侨、港澳台同胞的消费品。(6)居民自费购买的中、西药品、中药材及医疗用品。(7)报社、出版社直接售给居民和社会集团的报纸、图书、杂志，集邮公司出售的新、旧纪念邮票、特种邮票、首日封、集邮册、集邮工具等。(8)旧货寄售商店自购、自销部分的商品。(9)煤气公司、液化石油气站售给居民和社会集团的煤气灶具和罐装液化石油气。(10)农民售给非农业居民和社会集团的商品。不包括售给国民经济各部门企业、事业单位(包括国有经济的农场)生产经营用的各种原材料、燃料、设备、工具等和售给批发零售贸易业、餐饮业作为转卖用的商品，旧货寄售商店受托寄售卖出的商品，服务业的营业收入，邮局出售邮票的收入，自来水、电力、煤气生产(供应)单位的产品供应收入，也不包括农民之间的商品销售。

批发零售贸易业商品购、销、存总额 指各种登记注册类型的批发、零售贸易业(不包括个体)企业(单位)以本企业(单位)为总体的商品购进、销售、库存总额。

商品购进总额 指从本企业(单位)以外的单位和个人购进(包括从境外直接进口)作为转卖或加工后转卖的商品总额。这个指标反映批发零售贸易业从国内、国外市场上购进商品的总量。商品购进总额包括：(1)从工农业生产者购进的商品。(2)从出版社、报社的出版发行部门购进的图书、杂志和报纸。(3)从各种登记注册类型的批发零售贸易企业(单位)购进的商品。(4)从其他单位购进的商品，如从机关、团体、企业等单位购进的剩余物资，从餐饮业、服务业购进的商品，从海关、市场管理部门购进的缉私和没收的商品，从居民手中收购的废旧商品等。(5)从国(境)外直接进口的商品。不包括企业(单位)为自身经营用和未通过买卖行为而收入的商品以及销售退回、商品升溢等。

商品销售总额 指对本企业(单位)以外的单位和个人出售(包括对境外直接出口)的商品。这个指标反映批发零售贸易业在国内市场上销售商品以及出口商品的总量。商品销售总额包括：(1)售给城乡居民和社会集团消费用的商品。(2)售给工业、农业、建筑业、运输邮电业、批发零售贸易业、餐饮业、服务业等作为生产、经营使用的商品。(3)售给批发零售贸易业作为转卖或加工后转卖的商品。(4)对国(境)外直接出口的商品。不包括出售本企业(单位)自用的废旧包装用品；未通过买卖行为付出的商品；经本单位介绍，由买卖双方直接结算，本单位只收取手续费的业务；购货退出的商品以及商品损耗和损失等。

批发零售贸易业库存 指报告期末各种登记注册类型的批发零售贸易企业(单位)已取得所有权的商品。它反映批发零售贸易企业(单位)的商品库存情况和对市场商品供应的保证程度。期末库存包括：(1)存放在批发零售贸易业经营单位(如门市部、批发站、经营处)仓库、货场、货柜和货架中的商品。(2)挑选、整理、包装中的商品。(3)已记入购进而尚未运到本单位的商品，即发货单或银行承兑凭证已到而货未到的部分。(4)寄放他处的商品，如因购货方拒绝承付而暂时存放在购货方的商品和已办完加工成品收回手续而未提回的商品。(5)委托其他单位代销(未作销售或调出)尚未售出的商品。(6)代其他单位购进尚未交付的商品。

不包括所有权不属于本单位的商品、拨付除批发零售贸易业以外的其他行业所属独立核算加工厂等加工生产尚未收回成品的商品、代国家物资储备部门保管的商品等。库存总额采用的计算价格是:农副产品采购单位按购进价计算;批发单位按进货价计算;零售单位按核算价格计算,即按什么价格核算就按什么价格计算。

对外贸易、旅游
Foreign Trade And International Tourism

10

10—1 民族自治地方分地区对外贸易、旅游情况(1999年)

Foreign Trade and International Tourism

by Region of Minority National Autonomous Areas(1999)

单位:万美元 (10 000 USD)

地区 Region		进出口总额 Total Value of Exports and Imports	进口总额 Imports	出口总额 Exports	当年新签利用外资协议(合同)项目(个) Amount of Utilization Foreing Capital Through New Signed Contracts or Agreements	本年实际利用外资额 Foreign Capital Actually Used	年末实有外商投资企业(个) Foreign Investment Enterprises (year-end) (unit)	接待国际旅游人数总计(人) Number of Foreign Tourists (person)	旅游外汇收入总额 Foreign Exchange Income of Tourism
合　计	**Total**	**621 897.2**	**244 950.2**	**376 947.0**	**775**	**141 117.7**	**6 029**	**2 850 816**	**62 596.6**
河　北	Hebei	1 145.9	46.0	1 099.9	9	692.6	34	321 500	
内蒙古	Inner Mongolia	129 415.0	75 955.0	53 460.0	68	9 450.0	919	363 500	12 027.0
辽　宁	Liaoning	6 314.8		6 314.8	25	645.3	80	1 276	10.0
吉　林	Jilin	28 263.0	12 713.0	15 550.0	108	2 624.0	541	79 120	1 846.6
黑龙江	Heilongjiang								
浙　江	Zhejiang	287.0		287.0					
湖　北	Hubei	1 187.5	145.0	1 042.5	9	415.7	20	28 400	379.0
湖　南	Hunan	5 253.0	12.0	5 241.0	11	1 862.6	42	10 414	358.4
广　东	Guangdong	4 138.7	77.0	4 061.7	11	2 335.0	83		
广　西	Guangxi	175 340.0	50 619.0	124 721.0	237	91 890.0	3 018	770 700	20 200.0
海　南	Hainan	210.6		210.6	2	145.0	62		
重　庆	Chongqing								
四　川	Sichuan	1 073.0		1 073.0	3	370.2	7	228 925	1 092.0
贵　州	Guizhou	3 367.3	1 124.0	2 243.3	160	1 822.5	178	170 464	610.0
云　南	Yunnan	40 915.6	15 406.2	25 509.4	30	4 931.8	136	479 286	12 361.9
西　藏	Tibet	16 645.0	8 018.0	8 627.0			70	100 800	3 630.0
甘　肃	Gansu	6.8		6.8				25 600	
青　海	Qinghai							40 975	57.5
宁　夏	Ningxia	31 799.0	7 034.0	24 765.0	46	9 911.0	392	6 027	1 442.2
新　疆	Xinjiang	176 535.0	73 801.0	102 734.0	56	14 022.0	447	223 829	8 582.0

注:进出口总额按经营单位所在地统计。

Note:The total volume of imports and exports are grouped by the location of business units.

主要统计指标解释

进出口总额 海关进出口总额指实际进出我国国境的货物总金额。包括对外贸易进出口货物,来料加工装配进出口货物,国家间、联合国及国际组织无偿援助物资和赠送品,华侨、港澳台同胞和外籍华人捐赠品,租赁期满归承租人所有的租赁货物,进料加工进出口货物,边境地方贸易及边境地区小额贸易进出口货物(边民互市贸易除外),中外合资经营企业、中外合作经营企业、外商独资经营企业进出口货物和公用物品,到、离岸价格在规定限额以上的进出口货样和广告品(无商业价值、无使用价值和免费提供出口的除外),从保税仓库提取在中国境内销售的进口货物,以及其他进出口货物。进出口总额用以观察一个国家在对外贸易方面的总规模。我国规定出口货物按离岸价格统计,进口货物按到岸价格统计。

利用外资 指我国各级政府、部门、企业和其他经济组织通过对外借款、吸收外商直接投资以及用其他方式筹措的境外现汇、设备、技术等。

旅游人数 包括入境国际旅游者人数、出境居民人数和国内旅游者人数。

(1)入境国际旅游者人数:指来中国参观、访问、探亲、访友、休养、考察、参加会议和从事经济、科技、文化、教育、宗教等活动的外国人、华侨、港澳和台湾同胞的人数。不包括外国在我国的常驻机构,如使领馆、通讯社、企业办事处的工作人员;来我国常住的外国专家、留学生以及在岸逗留不过夜人员。

(2)出境居民人数:指大陆居民因公务活动或私人事务短期出境的人数。公务活动出境居民人数包括在国际交通工具上的中国服务员工,因私出境居民人数不包括在国际交通工具上的中国服务员工。

(3)国内旅游者人数:指我国大陆居民和在我国常住1年以上的外国人、华侨、港澳台同胞离开常住地在境内其他地方的旅游设施内至少停留一夜,最长不超过6个月的人数。

国际旅游(外汇)收入 指入境旅游的外国人、华侨、港澳和台湾同胞在中国大陆旅游过程中发生的一切旅游支出,对于国家来说就是国际旅游(外汇)收入。

11 财政、金融
Finance And Banking

11—1 民族自治地方财政收支情况

Financial Revenue and Expenditures of Minority National Autonomous Areas

单位:亿元 (100 million yuan)

年 份 Year	收 入 Revenue			支 出 Expenditure			收支差额 Balance
	合 计 Total	五个自治区 Five Autonomous Regions	自治州、县 Autonomous Prefectures Counties	合 计 Total	五个自治区 Five Autonomous Regions	自治州、县 Autonomous Prefectures Counties	
1952	4.96	3.81	1.15	4.39	3.34	1.05	0.57
1957	11.48	8.91	2.57	12.43	9.58	2.85	-0.95
1960	29.19	21.92	7.27	42.87	35.12	7.75	-13.68
1961	16.58	12.54	4.04	21.36	16.54	4.82	-4.78
1962	13.23	9.93	3.30	14.15	11.10	3.05	-0.92
1963	15.71	11.57	4.14	16.69	12.60	4.09	-0.98
1964	17.62	13.22	4.40	20.55	16.09	4.46	-2.93
1965	19.67	15.09	4.58	23.06	18.48	4.58	-3.39
1966	21.18	16.65	4.53	26.07	21.00	5.07	-4.89
1968	10.68	8.74	1.94	17.02	13.12	3.90	-6.34
1972	22.05	15.94	6.11	43.12	31.55	11.57	-21.07
1973	22.72	15.13	7.59	47.83	34.91	12.92	-25.11
1974	22.87	15.31	7.56	49.66	36.90	12.76	-26.79
1975	23.49	15.80	7.69	50.63	38.01	12.62	-27.14
1976	24.41	16.24	8.17	55.70	41.24	14.46	-31.29
1977	28.46	19.26	9.20	59.97	43.35	16.62	-31.51
1978	40.79	30.18	10.61	83.35	62.02	21.33	-42.56
1979	34.00	25.88	8.12	87.97	69.93	18.04	-53.97
1980	31.07	22.44	8.63	81.20	62.45	18.75	-50.13
1981	29.67	19.77	9.90	76.13	56.17	19.96	-46.46
1982	36.31	23.86	12.45	86.81	63.42	23.39	-50.50
1983	41.48	27.81	13.67	100.62	73.11	27.51	-59.14
1984	45.33	30.65	14.68	131.58	96.28	35.30	-86.25
1985	63.45	42.32	21.13	156.98	112.67	44.31	-93.53
1986	80.66	55.04	25.62	198.62	142.22	56.40	-117.96
1987	97.51	65.62	31.89	210.43	147.92	62.51	-112.92
1988	119.39	78.74	40.65	241.10	167.49	73.61	-121.71
1989	147.65	96.49	51.16	273.26	182.62	90.64	-125.61
1990	166.74	109.28	57.46	304.37	202.37	102.00	-137.63
1991	204.35	136.28	68.07	342.70	227.70	115.00	-138.35
1992	210.00	135.17	74.83	367.52	239.11	128.41	-157.52
1993	302.69	199.59	103.10	462.31	301.48	160.83	-159.62
1994	201.49	139.97	61.52	516.96	338.52	178.44	-315.47
1995	248.13	172.56	75.57	595.12	397.04	198.08	-346.99
1996	313.01	211.19	101.82	720.15	464.65	255.5	-407.14
1997	355.66	246.98	108.68	774.97	512.39	262.58	-419.31
1998	399.31	284.16	115.15	868.54	605.10	263.44	-469.23
1999	437.18	314.86	122.32	1 003.77	693.84	309.93	-566.59

注:表列五个自治区,系指内蒙古自治区、广西壮族自治区、西藏自治区、宁夏回族自治区和新疆维吾尔自治区。自治州、县系指除上述五个自治区以外各省所属的民族自治州、自治县。

Note:Five Autonomous regions refer to Inner Mongolia Autonomous Region, Guang xi Zhuang Autonomous Region, Tibet Autonomous Region, Ningxia Autonomous Region and XinJiang Autonomous Region. Autonomous prefectures and counties refer to autonomous prefectures and counties beside those of five Autonomous regions.

11—2 民族自治地方分地区财政收入情况(1999 年)

Financial Revenue by Region of Minority National Autonomous Areas(1999)

单位:万元　　(10 000 yuan)

地 区 Region		财政总收入 Total Revenue	#地方财政收入 Local Revenue	各项税收 Government Taxes Revenue	#农牧业税 Agriculture	#工商税 Industrial and Commercial Tax
合 计	**Total**	**7 441 722.8**	**4 371 755.7**	**3 601 684.3**	**521 270.7**	**2 480 039.7**
河 北	Hebei	36 764.0	26 454.0	24 932.0	2 184.0	16 332.0
内蒙古	Inner Mongolia	1 437 000.0	865 714.0	716 021.0	113 082.0	462 084.0
辽 宁	Liaoning	114 751.0	62 622.0	56 270.0	6 373.0	37 663.0
吉 林	Jilin	204 323.0	102 432.0	151 795.0	6 650.0	73 187.0
黑龙江	Heilongjiang	14 061.0	4 205.0	2 985.0	805.0	2 024.0
浙 江	Zhejiang	9 202.0	4 636.0	8 956.0	565.0	7 952.0
湖 北	Hubei	116 411.0	73 642.0	112 673.0	23 813.0	37 667.0
湖 南	Hunan	113 939.0	65 839.0	56 639.0	10 985.0	33 475.0
广 东	Guangdong	28 936.0	10 058.0	5 846.0	630.0	2 617.0
广 西	Guangxi	2 010 963.0	1 335 647.0	950 824.0	154 751.0	681 464.0
海 南	Hainan	68 809.0	30 231.0	25 498.0	11 443.0	11 909.0
重 庆	Chongqing	51 943.0	25 700.0	40 668.0	7 736.0	27 733.0
四 川	Sichuan	252 840.0	108 018.0	90 732.0	7 541.0	44 472.0
贵 州	Guizhou	273 711.0	170 761.8	175 827.0	36 847.0	124 049.0
云 南	Yunnan	969 484.0	455 132.0	301 387.0	57 257.4	187 818.3
西 藏	Tibet	67 320.0	45 731.0	43 073.0	17.0	43 056.0
甘 肃	Gansu	36 311.1	27 221.5	21 255.0	4 496.0	13 866.5
青 海	Qinghai	204 277.7	56 208.4	44 895.3	7 461.3	31 645.9
宁 夏	Ningxia	686 273.0	188 393.0	152 674.0	12 956.0	126 165.0
新 疆	Xinjiang	744 404.0	713 110.0	618 734.0	55 480.0	514 860.0

11—3 民族自治地方分地区财政支出情况(1999年)

Financial Expenditures by Region of Minority National Autonomous Areas (1999)

单位:万元 (10 000 yuan)

地区 Region		财政总支出 Total Expenditures	#地方财政支出 Local Expenditures	#基建支出 Capital Construction	#支农 suport Agricultural	#文教科卫事业费 Operating Expenses for Culture
合计	Total	10 569 811.5	10 037 667.5	807 858.7	370 995.2	2 616 108.1
河北	Hebei	53 576.0	47 291.0	482.7	1 488.0	14 832.0
内蒙古	Inner Mongolia	2 128 369.0	1 997 964.0	181 797.0	60 257.0	431 302.0
辽宁	Liaoning	136 563.0	145 922.0	817.0	13 307.0	40 332.0
吉林	Jilin	238 330.0	237 938.0	900.0	5 072.0	60 663.0
黑龙江	Heilongjiang	13 699.0	7 117.0		114.0	3 347.0
浙江	Zhejiang	14 085.0	14 085.0	193.0	425.0	3 568.0
湖北	Hubei	153 438.0	149 292.0		5 635.0	46 119.0
湖南	Hunan	180 690.0	176 962.0	1 214.0	6 479.0	48 543.0
广东	Guangdong	28 936.0	28 362.0	173.0	1 901.0	10 137.0
广西	Guangxi	2 249 775.0	2 249 775.0	190 734.0	75 743.0	587 238.0
海南	Hainan	65 883.0	65 657.0	2 429.0	4 013.0	16 396.0
重庆	Chongqing	95 924.0	62 074.0	9 568.0	2 938.0	20 268.0
四川	Sichuan	380 352.0	371 948.0	23 191.0	8 530.0	98 486.0
贵州	Guizhou	420 828.0	419 841.0	5 752.0	16 472.0	137 231.0
云南	Yunnan	1 149 492.0	1 099 298.0	29 670.0	97 623.0	365 421.0
西藏	Tibet	560 146.0	532 544.0	116 338.0	14 218.0	114 030.0
甘肃	Gansu	117 842.5	70 051.5	10 323.0	2 071.1	29 649.1
青海	Qinghai	204 463.0	203 412.0	5 241.0	5 804.1	50 640.0
宁夏	Ningxia	686 273.0	495 346.0	60 595.0	18 140.0	109 454.0
新疆	Xinjiang	1 691 147.0	1 662 778.0	168 441.0	30 765.0	428 452.0

11—4 民族自治地方金融机构信贷及城乡居民储蓄存款

Credit Funds and Deposits of Rural and Urban Residents of Minority National Autonomous Areas

(年末余额) 单位:万元 (year-end) (10 000 yuan)

年 份 Year	各项存款 Deposits	各项贷款 Loans	城乡居民储蓄存款 Saving Deposits of Urban and Rural Residents	城镇储蓄 Urban	农户储蓄 Rural
1980			383 325	241 884	141 441
1981			488 666	316 823	171 843
1982			628 837	405 095	223 542
1983			824 629	603 007	221 622
1984			1 057 310	784 016	273 293
1985			1 510 339	1 109 248	401 151
1986			2 094 782	1 557 426	537 356
1987			2 822 182	2 178 099	644 083
1988			3 505 988	2 712 953	793 035
1989	8 241 929	10 412 814	4 528 025	3 642 891	855 134
1990	10 489 990	14 497 060	6 234 347	5 061 099	1 173 148
1991	12 264 842	15 256 218	7 910 856	6 443 396	1 467 460
1992	16 716 350	20 124 904	10 077 235	8 195 671	1 881 564
1993	20 488 075	24 516 855	13 162 683	10 781 789	2 380 894
1994	26 540 124	29 619 485	17 988 422	14 751 826	3 236 596
1995	38 657 087	40 357 215	23 909 337	19 960 318	3 949 019
1996	44 831 948	47 285 929	29 061 990	24 397 935	4 664 055
1997	53 256 203	57 707 070	34 734 602	18 176 564	3 006 463
1998	59 757 819.8	61 889 562.2	39 326 506.4	20 987 149.4	4 122 749
1999	69 182 569.8	67 384 108.3	43 513 459.5	25 047 815.9	5 490 243

注:1997 年以前的信贷数为国家银行信贷数,1998 年以后为全部金融机构数。

Note:The credit and loan before the year of 1997, are of the national bakning system. Those of after 1998 are of the financial credit.

11—5 民族自治地方分地区金融机构信贷及城乡居民储蓄存款(1999 年)

Financial Credit Funds and Deposits of Rural and City Residents by Region of Minority National Autonomous Areas (1999)

单位:万元 (10 000 yuan)

地 区 Region	各项存款 Deposits	各项贷款 Loans	城乡居民储蓄存款 Saving Deposits of Ubran and Rural Resdents	城镇储蓄 Urban	农户储蓄 Rural
合 计 Total	**69 182 569.8**	**67 384 108.3**	**43 513 459.5**	**25 047 815.9**	**5 490 243.0**
河 北 Hebei	584 273.0	449 663.0	491 673.0	268 432.0	223 241.0
内蒙古 Inner Mongolia	10 923 695.0	13 641 685.0	7 976 283.0	6 925 581.0	1 050 702.0
辽 宁 Liaoning	1 342 179.0	1 183 609.0	1 212 716.0	784 676.0	428 040.0
吉 林 Jilin	2 242 129.0	2 997 572.0	1 906 165.0	1 548 804.0	357 361.0
黑龙江 Heilongjiang	59 419.0	87 604.0	44 359.0	21 874.0	22 485.0
浙 江 Zhejiang	61 744.0	37 736.0	34 632.0		
湖 北 Hubei	585 790.0	923 277.0	361 994.0	250 585.0	111 409.0
湖 南 Hunan	843 262.0	1 066 836.0	627 139.0	432 076.0	195 063.0
广 东 Guangdong	203 994.0	132 135.0	133 954.0	108 664.0	25 290.0
广 西 Guangxi	20 100 000.0	17 191 900.0	12 572 600.0		
海 南 Hainan	420 601.0	503 673.0	335 487.0	292 329.0	43 158.0
重 庆 Chongqing	413 229.0	632 138.0	227 432.0	190 275.0	87 157.0
四 川 Sichuan	1 588 516.0	1 135 121.0	940 966.0	713 276.0	227 690.0
贵 州 Guizhou	1 937 804.0	2 240 797.0	1 222 193.0	952 913.0	269 280.0
云 南 Yunnan	6 381 842.0	5 271 460.0	3 784 525.0	2 682 153.0	1 102 372.0
西 藏 Tibet	1 318 360.8	745 852.3	368 168.6		
甘 肃 Gansu	478 814.0	457 881.0	378 660.9	282 610.9	96 050.0
青 海 Qinghai	771 029.0	1 433 693.0	481 708.0	399 876.0	81 832.0
宁 夏 Ningxia	3 438 671.0	3 383 688.0	2 116 022.0	1 870 891.0	245 131.0
新 疆 Xinjiang	15 487 218.0	13 867 788.0	8 246 782.0	7 322 800.0	923 982.0

注:城镇、农户储蓄存款缺部分省区的分项资料。

主要统计指标解释

中央财政和地方财政 财政是国家为了实现其职能,凭借政治权力,对一部分社会产品进行分配和再分配的经济活动。中央财政和地方财政,是指财政体制上划分中央政府和地方政府以及地方各级政府之间财政管理权限的一项根本制度。它是经济管理体制的重要组成部分,它在财政管理体制上居于主导地位。它具体规定了各级政府筹集资金、支配使用资金的权力、范围和责任,使各级政府在财政管理上有责有权。这对于正确处理中央和地方之间,以及地方各级之间的分配关系,充分发挥各级政府的积极性,更好地完成国家财政收支任务,促进社会主义建设的发展有着极其重要的意义。中央财政收入和地方财政收入,是指中央和地方各级负责组织征收的收入,不是按财政体制计算的收入分成数,其收入中还包括了国外借款。

存款 企业、机关、团体或居民根据可以收回的原则,把货币资金存入银行或其他信用机构保管并取得一定利息的一种信用活动形式。根据存款对象的不同可划分为企业存款、财政存款、机关团体存款、基本建设存款、城镇储蓄存款、农村存款等项目。它是银行信贷资金的主要来源。

贷款 银行或其他信用机构根据必须归还的原则,按一定利率,为企业、个人等提供资金的一种信用活动形式。我国银行贷款,分流动资金贷款、固定资产贷款、城乡个体工商户贷款以及农户贷款等科目。

城乡居民储蓄存款余额 城乡居民储蓄存款,包括城镇居民储蓄存款和农民个人储蓄存款两部分。不包括居民的手存现金和工矿企业、部队、机关团体等集团存款。储蓄存款余额,是指城乡居民存入银行及农村信用社储蓄的时点数(存入数扣除取出数的余额),如月末、季末或年末数额。

人民生活
People's Livelihood

12

12—1 民族自治地方从业人员年平均工资

Average Annual Wage of Employment of Minority National Autonomous Areas

单位:元 (yuan)

年 份 Year	合 计 Total	国有单位 State - owned	集体单位 Collective - owned	其他单位 Others
1981	816	848	650	
1982	845	827	686	
1983	884	917	711	
1984	1 026	1 077	810	
1985	1 142	1 202	899	
1986	1 320	1 392	1 011	
1987	1 465	1 535	1 156	
1988	1 739	1 815	1 396	
1989	1 850	1 931	1 420	
1990	2 040	2 150	1 525	2 033
1991	2 214	2 318	1 718	2 284
1992	2 527	3 006	1 949	2 538
1993	3 074	3 210	2 363	3 652
1994	3 970	4 092	3 185	4 205
1995	4 559	4 857	3 492	4 801
1996	5 268	5 436	4 033	5 513
1997	5 593	5 799	4 102	6 077
1998	6 243	6 414	4 580	6 739
1999	6 822	6 979	5 093	7 234

注:1. 本表未扣除区域变动因素,年度之间不可比。下同。
2.1998 年以后为人均劳动报酬。

Note:1. The factor of regional changes is not deducted, so data among years are not comparable. The next is the same.
2. 1998 figures are per capital remuneration payment.

12—2 民族自治地方分地区从业人员年平均人数和劳动报酬(1999年)(一)

Number of Annual Average Personnel and Income of Employment
by Region of Minority National Autonomous Areas(1999)(1)

地区 Region	合计 Total			国有单位 State - Owned		
	从业人员年平均人数(万人) Employment	劳动报酬(万元) Total Wages	人均劳动报酬(元) Wages of Employment Per Capita	从业人员年平均人数(万人) Employment	劳动报酬(万元) Total Wages	人均劳动报酬(元) Wages of Employment Per Capita
合　计 Total	**1 359.58**	**9 275 289.75**	**6 822.20**	**1 112.41**	**7 763 779.81**	**6 979.22**
河　北 Hebei	9.49	54 511.30	5 743.90	7.77	47 132.30	6 063.90
内蒙古 Inner Mongolia	286.59	1 800 768.60	6 283.43	214.93	1 397 578.90	6 502.57
辽　宁 Liaoning	19.68	91 905.40	4 669.23	14.74	77 987.90	5 289.36
吉　林 Jilin	46.23	310 135.10	6 708.54	36.25	249 620.30	6 886.27
黑龙江 Heilongjiang	1.82	8 150.40	4 487.61	1.42	6 858.10	4 820.14
浙　江 Zhejiang	0.84	6 884.20	8 217.00	0.73	6 211.70	8 465.11
湖　北 Hubei	20.51	119 273.20	5 814.63	17.38	104 122.10	5 989.33
湖　南 Hunan	24.69	164 409.60	6 659.90	20.84	142 950.40	6 858.67
广　东 Guangdong	3.89	27 013.60	6 935.81	2.76	20 468.60	7 406.77
广　西 Guangxi	306.58	2 039 055.80	6 651.04	244.49	1 627 613.80	6 657.28
海　南 Hainan	8.88	53 637.40	6 039.09	8.17	50 631.90	6 195.85
重　庆 Chongqing	11.52	64 823.30	5 624.92	9.50	57 416.50	6 043.84
四　川 Sichuan	36.95	269 005.60	7 279.83	31.65	235 213.20	7 432.12
贵　州 Guizhou	53.80	212 596.50	3 951.31	46.48	188 866.40	4 063.22
云　南 Yunnan	124.92	924 755.90	7 402.76	105.86	803 069.40	7 586.21
西　藏 Tibet	17.65	208 530.00	11 815.13	16.12	197 724.00	12 264.92
甘　肃 Gansu	14.80	98 546.80	6 658.61	13.15	91 005.60	6 922.10
青　海 Qinghai	21.85	176 437.45	8 073.94	19.66	169 887.71	8 641.20
宁　夏 Ningxia	65.48	489 717.00	7 478.37	52.26	399 564.00	7 646.21
新　疆 Xinjiang	283.39	2 155 132.60	7 604.89	248.24	1 889 857.00	7 612.99

12—2 民族自治地方分地区从业人员年平均人数和劳动报酬(1999 年)(二)

Number of Annual Average Personnel and Income of Employment by Region of Minority National Autonomous Areas(1999)(2)

地 区 Region	集体单位 Collective - Owned			其他单位 Other - Owmed		
	从业人员年平均人数(万人) Employment	劳动报酬(万元) Total Wages	人均劳动报酬(元) Wages of Employment Per Capita	从业人员年平均人数(万人) Employment	劳动报酬(万元) Total Employment	人均劳动报酬(元) Wages of Employment Per Capita
合 计 Total	**129.48**	**659 400.29**	**5 092.68**	**117.68**	**851 313.96**	**7 234.04**
河 北 Hebei	1.04	4 870.40	4 702.97	0.68	2 508.60	3 677.76
内蒙古 Inner Mongolia	31.77	143 089.20	4 504.36	39.90	260 100.50	6 519.45
辽 宁 Liaoning	4.45	11 741.40	2 637.15	0.49	2 176.10	4 472.05
吉 林 Jilin	4.58	21 931.80	4 786.72	5.40	38 583.00	7 146.19
黑龙江 Heilongjiang	0.11	553.60	5 107.01	0.29	738.70	2 591.93
浙 江 Zhejiang	0.09	573.20	6 347.73	0.01	99.30	7 248.18
湖 北 Hubei	1.86	8 504.60	4 568.19	1.27	6 646.50	5 248.76
湖 南 Hunan	2.81	14 984.00	5 341.89	1.04	6 475.20	6 230.95
广 东 Guangdong	0.40	2 014.70	5 049.37	0.73	4 530.30	6 186.40
广 西 Guangxi	31.12	157 824.40	5 070.99	30.97	253 617.60	8 189.75
海 南 Hainan	0.59	2 162.40	3 640.40	0.12	843.10	7 280.66
重 庆 Chongqing	1.81	6 367.40	3 517.90	0.21	1 039.40	4 850.21
四 川 Sichuan	2.45	13 827.00	5 643.44	2.85	19 965.40	6 995.83
贵 州 Guizhou	5.69	18 294.90	3 214.71	1.63	5 435.20	3 332.23
云 南 Yunnan	10.95	65 814.20	6 010.92	8.11	55 872.30	6 887.44
西 藏 Tibet	1.07	6 125.00	5 739.86	0.46	4 581.00	9 932.78
甘 肃 Gansu	1.01	4 924.60	4 868.13	0.64	2 616.60	4 080.79
青 海 Qinghai	1.55	3 971.39	2 555.10	0.64	2 578.36	4 040.04
宁 夏 Ningxia	5.41	31 812.00	5 882.51	7.82	57 645.00	7 371.39
新 疆 Xinjiang	20.72	140 014.10	6 757.11	14.43	125 261.80	8 683.36

12—3 民族自治地方农村经济收益分配

Distribution of Rural Area's Economic Benefits of Minority National Autonomous Areas

单位:万元 (10 000 yuan)

年 份 Year	总收入 Total Revenue	总费用 Total Cost	纯收入 Net Income	农村居民人均纯收入(元) Average Per capita Net Income of Rural Household
1980	1 150 891	340 849	810 042	76
1981	1 185 423	306 249	879 174	85
1982	1 469 052	325 352	1 143 700	121
1983	2 365 174	523 817	1 841 357	196
1984	2 934 551	664 198	2 270 353	213
1985	4 374 432	1 197 661	3 176 771	272
1986	4 659 810	1 475 707	3 184 103	282
1987	5 612 773	1 843 054	3 769 719	316
1988	7 269 734	2 614 861	4 654 873	357
1989	8 384 964	3 310 070	5 074 894	390
1990	9 808 134	3 557 847	6 250 287	402
1991	11 103 900	4 257 723	6 846 177	508
1992	14 516 956	6 839 613	7 677 343	568
1993	17 647 399	9 213 249	8 434 150	629
1994	26 941 170	15 745 332	12 395 140	820
1995	39 168 900	24 476 400	14 634 500	945
1996	58 982 800	30 164 200	16 527 500	1 300
1997			19 025 038	1 489
1998			20 493 461	1 633
1999			21 238 277	1 653

12—4 民族自治地方分地区农村居民生活水平情况(1999 年)

Basic Indicators of Rural Households

by Region of Minority National Autonomous Areas(1999)

单位:元 (yuan)

地区 Region	农村居民人均纯收入 Average Per Capita Annual Net Income	农村居民人均生活费总支出 Average Per Annual Total Expenditure	#食品支出 Food	#衣着支出 Clothing
合 计 Total	**1 652.51**	**1 255.94**	**733.87**	**71.21**
河 北 Hebei	1 817.21	1 197.56	578.48	93.22
内蒙古 Inner Mongolia	2 003.00	1 534.00	775.00	108.00
辽 宁 Liaoning	1 702.34	1 618.28	1 017.10	303.55
吉 林 Jilin	2 226.85	1 077.99	502.42	97.47
黑龙江 Heilongjiang	1 575.00	1 170.00	361.00	106.00
浙 江 Zhejiang	1 753.00			
湖 北 Hubei	1 577.29	1 323.33	786.18	68.56
湖 南 Hunan	1 336.59	1 187.46	785.00	50.47
广 东 Guangdong	2 469.35	1 424.04	827.48	103.44
广 西 Guangxi	2 048.33	1 457.43	849.38	52.46
海 南 Hainan	1 750.00	1 411.00	714.00	61.00
重 庆 Chongqing	1 272.52	1 097.74	535.04	53.07
四 川 Sichuan	1 184.53	951.93	676.88	66.65
贵 州 Guizhou	1 287.96	1 000.36	638.46	44.68
云 南 Yunnan	1 227.69	1 028.19	665.02	46.23
西 藏 Tibet	1 309.44	767.14	531.13	99.27
甘 肃 Gansu	1 040.33	746.64	465.34	59.04
青 海 Qinghai	1 228.16	958.06	587.36	70.39
宁 夏 Ningxia	1 754.15	1 269.68	671.01	98.87
新 疆 Xinjiang	1 473.17	1 282.00	686.37	119.81

12—5 民族自治地方农民人均收入水平 3 000 元以上县(旗、市)分布(1999 年)

County and city Distribution for Per Peasant Household Income

Over RMB 3 000 of Minority National Autonomous Areas(1999)

单位:元、万人 (yuan,10 000 persons)

县 名		Name of County	平均每人 Per Person	人口 Population
河 北	大厂回族自治县	Hebei Dachang Hui Autonomous County	4 078	11.16
内蒙古	阿巴嘎旗	Inner Mongolia	3 071	2.0
	苏尼特右旗	sonid You qi	3 074	1.6
	包头市昆都仑区	kundulun District,Baotou	3 086	0.9
	阿尔山市	Arsan city	3 101	0.03
	包头市青山区	Qingshan District,Baotou	3 286	0.5
	包头市东河区	Donghe District,Baotou	3 300	2.1
	呼和浩特市郊区	Suburb of Hohhot	3 454	12.5
	锡林浩特市	Xilinhot city	3 463	0.8
	西乌珠穆沁旗	Xiwujimqin Qi	3 676	3.3
	呼和浩特市回民区	Hui Autonomous District,Hohhot	3 902	2.7
	呼和浩特市玉泉区	Yuquan District,Hohhot	4 011	4.1
	海拉尔市	Halu city	4 210	1.4
	鄂温克自治旗	Ewenki Autonomous Qi	3 090	14.6
广 西	北流市	Guangxi Beiliu city	3 015	99.6
	梧州市郊区	Suburb of Wuzhov	3 024	7.5
	荔浦县	Lipu County	3 082	31.5
	桂林市叠彩区	Diechai District,Guilin	3 124	2.0
	桂林市七星区	Qixing District,Guilin	3 251	3.0
	桂林市秀峰区	Xiufeng District,Guilin	3 585	1.0
	兴安县	Xing'an County	3 647	32.0
甘 肃	肃南裕固族自治县	Gansu Sunan Yugur Autonomous County	3 503	3.89
	阿克塞哈萨克族自治县	Aksay Kazak Autonomous County	3 853	0.77
	肃北蒙古族自治县	Subei Morgolia Autonomous County	3 964	1.1
宁 夏	银川市郊区	NingXia Suburb of Yinchuan	3 029	10.1
	石嘴山市大武口区	Dawukou District,shizuishan	3 329	0.4
新 疆	克拉玛依市	Xinjiang Kelamayi City	3 075	0.2
	阜康市	Fukang City	3 109	5.6
	乌鲁木齐市	Urmqu City	3 151	12.3
	石河子市	Shihezi City	3 283	1.7
	米泉市	Miquan City	3 355	9.5
	昌吉市	Changji City	3 580	9.0
	沙湾县	Shawan County	3 638	13.3
	乌苏县	Wusu County	3 102	11.4
	呼图壁县	Hutubi County	3 699	6.7
	玛纳斯县	Manas County	4 158	8.4

注:本表情况由农业部和地方资料汇总。

Note:Data in this table are provided by ministry of Agrical ture and local data.

12—6 民族自治地方农民人均收入水平625元以下县(旗、市)分布(1999年)

County and City Distribution for Per Peasant Household Income
Over RMB 625 of Minority National Autonomous Areas(1999)

单位:元、万人 (yuan,10 000persons)

县名 Name of County			平均每人 Per Person	人口 Population
湖　南	凤凰县	Fenghuang County	511	32.1
	古丈县	Guzhang County	614	11.2
	保靖县	Baojing County	620	23.9
	泸溪县	Luxi County	623	23.3
四　川	炉霍县	Luhuo County	440	3.3
	新龙县	Xinlong County	456	3.7
	石渠县	Shiqu County	484	5.8
	理塘县	Litang County	491	4.2
	丹巴县	Danba County	493	4.7
	布拖县	Butuo County	503	12.6
	色达县	Seda County	540	3.1
	雅江县	Yajiang County	540	3.4
	金阳县	Jinyang County	581	12.6
	乡城县	Xiangcheng County	593	2.2
云　南	西盟佤族自治县	Ximeng Va Autonomous County	474	8.2
	宁蒗彝族自治县	NingLang Yi Autonomous County	424	22.6
	绿春县	Luchun County	452	18.4
	沧源佤族自治县	Cangyuan Va Autonomous County	509	15.7
	澜沧拉祜族自治县	Lancang Lahu Autonomous County	533	46.0
	维西傈僳自治县	Weixe Lisu Autonomous County	539	13.1
	麻栗坡县	Malipo County	551	24.5
	金平苗族瑶族傣族自治县	Jinping Miao, Yao and Dai Autonomous County	555	29.1
	元阳县	Yuanyang County	578	31.0
	德钦县	Deqin County	600	5.2
	红河县	Honghe County	622	24.3
新　疆	塔什库尔干塔吉克自治县	Taxkorgan Taijik Autonomous County	477	3.1
	墨玉县	Moyu County	597	36.0

主要统计指标解释

从业人员劳动报酬　指各单位在一定时期内直接支付给本单位从业人员的劳动报酬总额。

工资总额的计算原则应以直接支付给职工的全部劳动报酬为根据。各单位支付给职工的劳动报酬以及其他根据有关规定支付的工资，不论是计入成本的还是不计入成本的，不论是按国家规定列入计征奖金税项目的还是未列入计征奖金税项目的，不论是以货币形式支付的还是以实物形式支付的，均包括在工资总额内。

从业人员平均工资　指企业、事业、机关单位的职工在一定时期内平均每人所得的货币工资额。它表明一定时期职工工资收入的高低程度，是反映职工工资水平的主要指标。计算公式为：

从业人员平均工资＝报告期实际支付的从业人员工资总额÷报告期从业人员平均人数

农村居民家庭纯收入　指农村常住居民家庭总收入中，扣除从事生产和非生产经营费用支出、缴纳税款和上交承包集体任务金额以后剩余的，可直接用于进行生产性、非生产性建设投资、生活消费和积蓄的那一部分收入。它是反映农民家庭实际收入水平的综合性的主要指标。农民家庭纯收入既包括从事生产性和非生产性的经营收入，又包括取自在外人口寄回带回和国家财政救济、各种补贴等非经营性收入；既包括货币收入，又包括自产自用的实物收入。但不包括向银行、信用社和向亲友借款等属于借贷性的收入。

13 教育、科技

Education And Science

13—1 民族自治地方各类学校数

Schools by Types of
Minority National Autonomous Areas

单位:所 (number)

年份 Year	高等学校 Institutions of Higher Education	中等学校 Secondary Schools	#中等专业学校 Specialized Secondary Schools	#普通中学 Regular Secondary Schools	小学 Primary Schools
1952	11	531			59 597
1957	14	1 115			57 480
1965	37	4 777			140 056
1975	35	8 353			121 110
1978	56	14 277			142 865
1979	63	12 249	545	11 704	139 256
1980	63	11 765	588	11 177	131 123
1981	67	11 072	563	10 509	117 581
1982	68	11 056	586	10 470	114 164
1983	76	11 493	516	10 977	119 418
1984	74	11 406	567	10 839	117 643
1985	86	11 644	560	11 084	121 712
1986	93	11 677	547	11 130	121 874
1987	100	11 849	541	11 308	119 879
1988	101	12 038	583	11 455	119 614
1989	106	14 441	815	11 626	120 118
1990	105	12 273	648	11 625	117 717
1991	104	12 882	571	11 563	103 139
1992	102	12 148	560	11 588	99 916
1993	101	12 051	570	11 481	97 858
1994	104	12 677	559	11 880	99 160
1995	105	13 550	584	11 606	97 650
1996	96	13 460	570	11 484	90 982
1997	92	13 466	579	11 486	90 704
1998	94	13 323	578	11 364	88 869
1999	95	13 034	554	11 209	87 150

注:本表未扣除区域变动因素,年度之间不可比,下同。中等学校包括职业中学,下同。

Note: This table excludes the changed factor of region. There is no comparison betwcen the years. The same below. The secondary school includes vocational school. The same below.

13—2 民族自治地方各类学校专任教师数

Full-time Teachers by
Types of Minority National Autonomous Areas

单位:万人 (10 000persons)

年份 Year	高等学校 Institutions of Higher Education	中等学校 Secondary Schools	#中等专业学校 Specialized Secondary Schools	#普通中学 Regular Secondary Schools	小学 Primary Schools
1952	0.06	1.02			
1957	0.26	2.22			
1965	0.62	5.30			
1975	0.79	27.47			
1978	1.49	37.70			
1979	1.68	34.78	1.63	33.15	61.25
1980	1.51	35.10	1.94	33.16	73.01
1981	1.51	31.87	1.93	29.94	72.29
1982	1.67	32.05	2.02	30.03	74.23
1983	1.90	32.41	2.09	30.32	77.12
1984	2.03	31.08	2.17	28.91	75.85
1985	2.18	33.53	2.39	31.14	60.03
1986	2.39	35.66	2.58	33.09	80.58
1987	2.55	37.39	2.78	34.61	80.71
1988	2.67	39.86	3.20	36.66	83.21
1989	3.40	47.57	10.36	37.21	84.01
1990	2.77	41.55	3.30	38.25	84.78
1991	2.70	43.09	3.24	38.90	83.96
1992	2.71	42.53	3.19	39.34	83.39
1993	2.69	42.92	3.17	39.75	83.68
1994	2.80	43.96	3.28	40.67	86.11
1995	3.69	48.90	4.07	41.47	85.83
1996	2.92	49.41	3.47	42.40	83.83
1997	2.95	52.29	3.57	44.65	88.55
1998	3.01	52.79	3.56	45.65	87.77
1999	3.10	54.29	3.59	46.97	89.89

13—3 民族自治地方各类学校在校学生数

Students Enrollment by Types of School of Minority National Autonomous Areas

单位:万人 (10 000persons)

年份 Year	高等学校 Institutions of Higher Education	中等学校 Secondary Schools	#中等专业学校 Specialized Secondary Schools	#普通中学 Regular Secondary Schools	小学 Primary Schools
1952	0.45	20.94			467.31
1957	1.20	49.39			599.45
1965	3.05	95.41			1124.44
1975	3.11	362.46			1 416.10
1978	5.65	682.00			1 705.24
1979	6.20	628.39	7.50	610.19	1 685.50
1980	7.08	601.14	18.56	582.57	1 701.73
1981	7.79	509.15	15.38	493.76	1 629.57
1982	7.18	469.15	13.75	455.41	1 645.07
1983	7.76	486.41	14.52	471.89	1 711.15
1984	8.73	508.38	17.62	490.76	1 752.13
1985	10.44	573.29	20.65	516.64	1 836.90
1986	11.61	595.60	21.83	573.77	1 875.90
1987	12.38	608.72	22.83	585.89	1 840.70
1988	13.23	610.86	25.64	585.22	1 833.20
1989	13.98	707.17	27.33	579.84	1 997.00
1990	13.55	609.64	25.25	584.40	1 852.90
1991	13.16	665.44	27.39	589.30	1 877.44
1992	14.17	627.99	28.37	599.62	1 913.65
1993	16.11	606.52	32.04	574.48	1 844.30
1994	18.06	643.52	35.89	607.62	1 998.69
1995	18.60	721.09	39.14	631.88	1 889.49
1996	18.66	767.21	48.16	667.66	2 014.76
1997	20.47	819.15	43.40	721.75	2 061.79
1998	22.13	867.75	47.75	763.78	2 030.69
1999	26.00	918.84	51.31	809.76	1 927.46

13—4 民族自治地方各类学校毕业生数

Graduates by Types of School of Minority National Autonomous Areas

单位:万人 (10 000persons)

年份 Year	高等学校 Institutions of Higher Education	中等学校 Secondary Schools	#中等专业学校 Specialized Secondary Schools	#普通中学 Regular Secondary Schools	小学 Primary Schools
1952	0.03	2.93			22.56
1957	0.14	7.44			69.43
1965	0.82	15.70			60.82
1975	0.76	103.71			158.30
1978	1.06	182.31			254.10
1979	1.05	219.68	3.49	216.19	224.69
1980	0.74	183.56	6.66	176.90	222.16
1981	1.21	132.36	8.17	124.19	217.55
1982	2.57	142.33	6.90	135.44	203.81
1983	2.04	143.89	5.33	129.56	214.51
1984	1.77	127.88	4.97	122.92	215.58
1985	2.04	143.00	5.40	137.60	228.02
1986	2.37	152.17	6.56	145.61	243.31
1987	3.54	162.64	7.26	155.38	251.29
1988	3.64	175.96	7.65	168.31	244.39
1989	3.63	185.75	41.33	144.42	283.60
1990	4.04	182.76	9.06	173.70	218.97
1991	3.98	177.71	8.98	161.98	237.50
1992	3.81	173.80	8.39	165.41	306.08
1993	3.65	178.64	8.80	169.84	261.09
1994	4.07	170.43	8.71	161.73	258.53
1995	5.29	193.86	9.94	171.16	257.68
1996	5.32	201.74	11.12	176.89	262.93
1997	4.99	213.64	11.26	187.72	278.73
1998	5.39	234.91	12.01	207.31	294.22
1999	5.58	244.89	13.73	215.24	313.09

13—5 民族自治地方分地区高等学校基本情况(1999年)

Institutions of Higher Education by

Region of Minority National Autonomous Areas(1999)

单位:人 (person)

地区 Region		学校数(所) Schools	在校研究生数 Postgraduates Enrollment	在校学生数 Students Enrollment	招生数 New Students Enrollment	毕业生数 Graduates	教职工数 Staff and Workers	#专任教师数 Full-time Teachers
合　计	**Total**	**95**	**4 306**	**259 970**	**93 974**	**55 756**	**68 253**	**30 975**
河　北	Hebei							
内蒙古	Inner Mongolia	19	1 262	50 994	18 253	10 911	16 854	7 671
辽　宁	Liaoning	1		151	131	31	10	10
吉　林	Jilin	1	397	9 546	2 900	2 199	3 144	1 369
黑龙江	Heilongjiang							
浙　江	Zhejiang							
湖　北	Hubei	1	18	4 719	1 724	1 066	1 066	529
湖　南	Hunan	1		4 809	1 911	713	796	362
广　东	Guangdong							
广　西	Guangxi	29	1 591	91 877	32 596	19 262	19 090	8 651
海　南	Hainan							
重　庆	Chongqing							
四　川	Sichuan	5		9 688	4 386	2 296	1 450	678
贵　州	Guizhou	4		5 263	2 631	1 234	985	526
云　南	Yunnan	6		8 750	3 260	2 088	1 606	847
西　藏	Tibet	4		4 021	1 657	1 066	1 736	765
甘　肃	Gansu	1		1 279	443	364	287	159
青　海	Qinghai	1		656	160	189	161	104
宁　夏	Ningxia	5	137	13 258	4 487	2 680	3 962	1 788
新　疆	Xinjiang	17	901	54 959	19 435	11 657	17 106	7 516

13—6 民族自治地方分地区各类中等学校基本情况(1999年)

Middle Schools by

Region of Minority National Autonomous Areas(1999)

单位:人 (person)

地区 Region	学校数(所) Schools	在校学生数 Students Enrollment	招生数 New Students Enrollment	毕业生数 Graduates	教职工数 Staff and Workers	#专任教师数 Full-time Teachers
合 计 Total	**13 034**	**9 188 375**	**3 481 340**	**2 448 872**	**724 901**	**542 930**
河 北 Hebei	207	161 816	55 070	30 261	10 411	9 051
内蒙古 Inner Mongolia	2 258	1 549 246	570 488	410 921	139 903	101 416
辽 宁 Liaoning	281	156 940	60 883	44 086	15 506	10 076
吉 林 Jilin	312	213 183	72 049	58 583	22 333	17 286
黑龙江 Heilongjiang	28	15 927	5 330	4 705	1 277	1 073
浙 江 Zhejiang	13	8 537	3 095	2 890	654	551
湖 北 Hubei	273	224 646	89 493	59 321	15 575	12 852
湖 南 Hunan	329	222 380	84 892	58 574	17 205	14 184
广 东 Guangdong	49	29 278	10 244	9 022	2 122	1 760
广 西 Guangxi	3 409	2 957 622	1 137 444	793 967	188 295	137 986
海 南 Hainan	103	60 266	22 666	13 956	13 673	3 600
重 庆 Chongqing	128	107 182	43 022	30 391	7 350	6 330
四 川 Sichuan	356	157 427	53 196	42 828	18 194	13 898
贵 州 Guizhou	901	606 131	241 912	162 255	40 704	33 482
云 南 Yunnan	1 360	922 293	357 127	234 645	65 790	52 743
西 藏 Tibet	115	50 619	20 398	13 989	6 195	4 831
甘 肃 Gansu	165	87 516	35 201	20 444	8 209	6 710
青 海 Qinghai	301	124 333	45 678	36 196	13 053	9 890
宁 夏 Ningxia	492	327 356	118 837	95 408	27 816	22 189
新 疆 Xinjiang	1 954	1 205 677	454 315	326 430	110 636	83 022

13—7 民族自治地方分地区中等专业学校基本情况(1999年)

Specialized Secondary Schools by
Region of Minority National Autonomous Areas(1999)

单位:人 (person)

地区 Region	学校数(所) Schools	在校学生数 Students Enrollment	招生数 New Students Enrollment	毕业生数 Graduates	教职工数 Staff and Workers	#专任教师数 Full-time Teachers
合 计 Total	**554**	**513 052**	**176 907**	**137 274**	**67 099**	**35 859**
河 北 Hebei	6	7 394	2 448	2 973	906	636
内蒙古 Inner Mongolia	105	101 396	41 182	21 113	14 835	7 672
辽 宁 Liaoning	5	2 039	697	824	327	242
吉 林 Jilin	13	9 270	2 066	2 468	1 159	701
黑龙江 Heilongjiang						
浙 江 Zhejiang						
湖 北 Hubei	5	11 597	2 225	4 638	1 136	715
湖 南 Hunan	9	10 624	3 144	2 977	1 034	545
广 东 Guangdong						
广 西 Guangxi	126	161 281	48 471	37 553	17 522	8 941
海 南 Hainan	1	15			47	19
重 庆 Chongqing	6	1 600	575	561	206	182
四 川 Sichuan	23	19 573	6 864	5 503	2 306	1 239
贵 州 Guizhou	32	31 526	12 791	10 647	3 370	1 950
云 南 Yunnan	46	33 132	10 409	13 246	4 278	2 360
西 藏 Tibet	15	5 672	1 664	1 427	1 264	740
甘 肃 Gansu	11	3 880	1 297	1 201	835	501
青 海 Qinghai	13	4 257	1 100	2 566	901	624
宁 夏 Ningxia	25	16 370	6 003	4 459	3 043	1 563
新 疆 Xinjiang	113	93 426	35 971	25 118	13 930	7 229

13—8 民族自治地方分地区普通中学基本情况(1999 年)

Regular Secondary Schools by
Region of Minority National Autonomous Areas(1999)

单位:人 (person)

地区 Region	学校数(所) Schools	在校学生数 Students Enrollment	招生数 New Students Enrollment	毕业生数 Graduates	教职工数 Staff and Workers	#专任教师数 Full-time Teachers
合 计 Total	**11 209**	**8 097 578**	**3 081 232**	**2 152 372**	**606 051**	**469 743**
河 北 Hebei	194	148 867	50 638	25 430	8 969	8 007
内蒙古 Inner Mongolia	1 710	1 221 959	443 048	337 013	104 656	78 208
辽 宁 Liaoning	252	150 527	59 038	41 778	14 678	9 531
吉 林 Jilin	270	187 600	65 211	51 389	19 170	15 264
黑龙江 Heilongjiang	22	14 777	4 750	3 660	1 165	982
浙 江 Zhejiang	12	8 329	3 010	2 795	610	516
湖 北 Hubei	253	206 172	84 239	52 060	13 693	11 701
湖 南 Hunan	285	199 572	76 686	51 597	14 600	12 450
广 东 Guangdong	46	28 625	10 023	8 859	2 038	1 683
广 西 Guangxi	3 012	2 670 224	1 045 611	716 863	160 076	121 738
海 南 Hainan	95	59 190	22 123	13 668	13 371	3 420
重 庆 Chongqing	110	101 992	40 839	28 407	6 741	5 813
四 川 Sichuan	312	133 324	44 391	35 726	15 297	12 228
贵 州 Guizhou	745	541 515	214 880	141 070	34 671	29 477
云 南 Yunnan	1 223	825 544	316 747	209 202	57 794	47 846
西 藏 Tibet	97	44 207	18 167	12 092	4 861	4 045
甘 肃 Gansu	138	82 046	33 244	18 783	7 059	5 982
青 海 Qinghai	276	116 208	43 066	32 567	11 768	8 997
宁 夏 Ningxia	432	294 520	106 005	86 927	23 510	19 660
新 疆 Xinjiang	1 725	1 062 380	399 516	282 486	91 324	72 195

13—9 民族自治地方分地区职业中学基本情况(1999年)

Vocational Middle Schools by
Region of Minority National Autonomous Areas(1999)

单位:人 (person)

地区 Region		学校数(所) Schools	在校学生数 Students Enrollment	招生数 New Students Enrollment	毕业生数 Graduates	教职工数 Staff and Workers	#专任教师数 Full-time Teachers
合　计	**Total**	**1 271**	**577 745**	**223 201**	**159 226**	**51 751**	**37 328**
河　北	Hebei	7	5 555	1 984	1 858	536	408
内蒙古	Inner Mongolia	443	225 891	86 258	52 795	20 412	15 536
辽　宁	Liaoning	24	4 374	1 148	1 484	501	303
吉　林	Jilin	29	16 313	4 772	4 726	2 004	1 321
黑龙江	Heilongjiang	6	1 150	580	1 045	112	91
浙　江	Zhejiang	1	208	85	95	44	35
湖　北	Hubei	15	6 877	3 029	2 623	746	436
湖　南	Hunan	35	12 184	5 062	4 000	1 571	1 189
广　东	Guangdong	3	653	221	163	84	77
广　西	Guangxi	271	126 117	43 362	39 551	10 697	7 307
海　南	Hainan	7	1 061	543	288	255	161
重　庆	Chongqing	12	3 590	1 608	1 423	403	335
四　川	Sichuan	21	4 530	1 941	1 599	591	431
贵　州	Guizhou	124	33 090	14 241	10 538	2 663	2 055
云　南	Yunnan	91	63 617	29 971	12 197	3 718	2 537
西　藏	Tibet	3	740	567	470	70	46
甘　肃	Gansu	16	1 590	660	460	315	227
青　海	Qinghai	12	3 868	1 512	1 063	384	269
宁　夏	Ningxia	35	16 466	6 829	4 022	1 263	966
新　疆	Xinjiang	116	49 871	18 828	18 826	5 382	3 598

13—10 民族自治地方分地区小学基本情况(1999 年)

Elementary Schools by
Region of Minority National Autonomous Areas(1999)

单位:万人 (10 000 persons)

地区 Region		学校数 (所) Schools	在校学生数 Students Enrollment	招生数 New Students Enrollment	毕业生数 Graduates	教职工数 Staff and Workers	#专任教师数 Full-time Teachers
合 计	**Total**	**87 150**	**1 927.46**	**293.44**	**313.09**	**100.84**	**89.89**
河 北	Hebei	1 396	20.40	3.10	5.40	1.00	0.90
内蒙古	Inner Mongolia	10 849	213.68	34.99	43.57	15.45	13.59
辽 宁	Liaoning	1 964	33.31	4.71	5.89	2.31	1.85
吉 林	Jilin	1 225	33.75	4.33	5.83	2.72	2.35
黑龙江	Heilongjiang	139	2.54	0.33	0.50	0.19	0.17
浙 江	Zhejiang	188	0.94	0.13	0.27	0.11	0.09
湖 北	Hubei	2 457	46.68	6.12	8.30	2.34	2.18
湖 南	Hunan	4 222	58.79	7.82	8.25	2.67	2.33
广 东	Guangdong	274	5.61	0.86	0.98	0.34	0.29
广 西	Guangxi	16 155	569.46	80.64	101.84	23.09	19.90
海 南	Hainan	691	16.80	2.40	2.40	0.90	0.80
重 庆	Chongqing	1 898	29.80	5.07	4.91	1.40	1.32
四 川	Sichuan	6 628	65.72	10.91	6.78	3.71	3.20
贵 州	Guizhou	8 318	168.91	33.08	28.22	7.90	7.43
云 南	Yunnan	14 650	243.97	34.73	34.42	11.60	10.77
西 藏	Tibet	820	31.40	5.89	3.07	1.44	1.37
甘 肃	Gansu	2 472	36.59	7.77	3.54	1.57	1.53
青 海	Qinghai	2 548	32.55	4.99	3.20	3.95	3.77
宁 夏	Ningxia	3 460	65.82	11.66	9.94	3.60	3.41
新 疆	Xinjiang	6 796	250.74	33.91	35.78	14.55	12.64

13—11 民族自治地方分地区成人教育基本情况(1999 年)

Adult Education by
Region of Minority National Autonomous Areas(1999)

单位:万人 (10 000persons)

地区 Region	学校数(所) Schools	在校学生数 Students Enrollment	招生数 New Students Enrollment	毕业生数 Graduates	教职工数 Staff and Workers	#专任教师数 Full-time Teachers
合　计 Total	21 700	374.21	302.79	370.50	7.46	3.39
河　北 Hebei	128	10.45	10.39	10.13	0.12	0.01
内蒙古 Inner Mongolia	14 508	150.72	137.20	158.06	2.88	1.40
辽　宁 Liaoning	9	0.12	0.06	0.04	0.01	
吉　林 Jilin	383	1.10	0.91	0.92	0.14	0.07
黑龙江 Heilongjiang	1	0.09				
浙　江 Zhejiang						
湖　北 Hubei	167	1.04	0.60	0.71	0.06	
湖　南 Hunan	45	1.86	1.63	1.60	0.20	0.10
广　东 Guangdong		0.38				
广　西 Guangxi	161	8.81	6.48	5.94	1.20	0.64
海　南 Hainan						
重　庆 Chongqing						
四　川 Sichuan	2 862	30.71	28.31	34.90	0.20	0.10
贵　州 Guizhou	28	0.83	0.28	0.39	0.05	0.02
云　南 Yunnan	106	5.04	3.34	9.22	0.10	0.10
西　藏 Tibet	4	0.07	0.03	0.02	0.17	0.08
甘　肃 Gansu	244	24.40	3.67	2.74	0.56	0.02
青　海 Qinghai	9	0.74	0.72	0.52	0.01	0.02
宁　夏 Ningxia	5	0.64	0.24	0.16	0.07	0.04
新　疆 Xinjiang	3 040	137.21	108.93	145.15	1.69	0.79

13—12 全国分地区少数民族教职工数(1999 年)(一)

Ethnic School Staff by Region (1999)(1)

单位:人 (person)

地区 Region		高等学校 Institutions of Higher Education	中等专业学校 Specialized Secondary Schools	普通中学 Regular Secondary Schools	职业中学 Vocational Schools
全国	**National**	**53 955**	**32 628**	**338 871**	**23 666**
北京	Beijing	5 007	491	3 178	505
天津	Tianjin	927	216	921	161
河北	Hebei	1 386	814	14 449	1 469
山西	Shanxi	203	88	82	12
内蒙古	Inner Mongolia	3 937	3 611	25 903	3 614
辽宁	Liaoning	4 805	1 816	32 566	2 435
吉林	Jilin	4 678	1 332	10 366	1 031
黑龙江	Heilongjiang	1 816	806	7 993	379
上海	Shanghai	635	76	643	57
江苏	Jiangsu	845	198	1 152	105
浙江	Zhejiang	186	100	732	74
安徽	Anhui	356	188	813	106
福建	Fujian	290	92	999	49
江西	Jiangxi	138	49	79	1
山东	Shandong	728	298	1 284	54
河南	Henan	807	527	3 199	278
湖北	Hubei	1 784	593	10 922	689
湖南	Hunan	1 562	1 097	23 916	2 043
广东	Guangdong	642	271	1 711	164
广西	Guangxi	4 653	3 993	59 931	2 931
海南	Hainan	143	120	3 063	88
重庆	Chongqing	418	499	4 981	387
四川	Sichuan	1 539	887	5 278	205
贵州	Guizhou	2 088	2 800	31 384	2 323
云南	Yunnan	2 554	2 834	28 002	1 975
西藏	Tibet	796	582	2 589	19
陕西	Shaanxi	551	166	348	39
甘肃	Gansu	2 898	491	3 539	174
青海	Qinghai	645	811	4 838	178
宁夏	Ningxia	630	367	4 314	176
新疆	Xinjiang	6 308	6 415	49 696	1 945

13—12 全国分地区少数民族教职工数(1999 年)(二)

Ethnic School Staff by Region (1999)(2)

单位:人 (person)

地区 Region	工读学校 Schools for Juvenile Delinqents	特殊教育学校 Schools of Special Education	小学 Primary Schools	幼儿园 Kinder-gartens
全 国 National	**133**	**2 172**	**617 863**	**41 910**
北 京 Beijing	15	76	2 935	780
天 津 Tianjin		24	1 080	149
河 北 Hebei		134	13 722	1 709
山 西 Shanxi		1	147	24
内蒙古 Inner Mongolia		105	40 989	3 331
辽 宁 Liaoning	16	133	47 415	4 466
吉 林 Jilin	2	124	12 972	1 833
黑龙江 Heilongjiang		20	10 610	764
上 海 Shanghai		10	263	91
江 苏 Jiangsu	2	2	441	260
浙 江 Zhejiang		2	1701	73
安 徽 Anhui		6	1 188	106
福 建 Fujian		9	2 107	272
江 西 Jiangxi	5		173	6
山 东 Shandong		12	1 601	220
河 南 Henan	1	26	3 723	827
湖 北 Hubei		78	17 281	886
湖 南 Hunan		105	40 190	3 345
广 东 Guangdong	2	8	2 149	285
广 西 Guangxi		857	96 724	6 068
海 南 Hainan		5	9 087	362
重 庆 Chongqing		34	10 564	776
四 川 Sichuan	63		19 740	854
贵 州 Guizhou	27	131	72 081	3 439
云 南 Yunnan		96	74 755	4 951
西 藏 Tibet			10 580	223
陕 西 Shaanxi		4	449	72
甘 肃 Gansu		76	8 242	852
青 海 Qinghai		15	11 118	375
宁 夏 Ningxia		19	9 549	649
新 疆 Xinjiang		60	94 287	3 862

13—13 全国少数民族专任教师数

Number of Full-time Ethnic Teachers of China

单位:万人 (10 000persons)

年份 Year	高等学校 Institutions of Higher Education	中等技术学校 Technical Schools	中等师范学校 Teacher´s Training Schools	普通中学 Regular Secondary Schools	职业中学 Vocational Schools	小学 Primary Schools
1951				0.27		
1952	0.06			0.45		5.98
1957	0.19			1.17		9.82
1963	0.10	0.12	0.05	1.32	0.06	7.24
1965	0.33	0.11	0.04	1.46	0.28	13.32
1975	0.27			6.85		27.17
1978	0.59	0.27	0.20	11.23		31.02
1979	0.72	0.29	0.22	10.82		31.30
1980	0.78	0.35	0.26	11.23	0.07	32.94
1981	0.84	0.38	0.24	10.52	0.09	33.06
1982	0.92	0.44	0.27	10.42	0.13	34.32
1983	1.08	0.49	0.27	10.72	0.23	34.49
1984	1.08	0.52	0.28	11.24	0.36	37.80
1985	1.28	0.60	0.32	12.56	0.56	39.78
1986	1.42	0.78	0.36	13.92	0.68	42.13
1987	1.54	0.81	0.42	15.05	0.84	43.68
1988	1.69	0.85	0.44	15.84	1.63	42.12
1989	1.75	0.92	0.47	17.39	1.03	46.25
1990	1.78	0.97	0.51	18.30	1.09	45.87
1991	1.89	1.01	0.53	19.21	1.19	46.41
1992	1.94	1.05	0.51	20.00	1.29	47.63
1993	1.94	1.04	0.52	20.21	1.39	47.72
1994	2.11	1.10	0.52	20.76	1.40	47.88
1995	2.20	1.16	0.58	22.25	1.50	50.19
1996	2.20	1.22	0.60	23.34	1.82	51.55
1997	2.28	1.27	0.62	24.69	1.66	52.79
1998	2.32	1.26	0.62	26.03	1.64	53.69
1999	2.33	1.25	0.61	27.14	1.68	54.51

13—14 全国少数民族专任教师占全国专任教师总数的比重

The Proportion of Full-time Ethnic Teachers in the Full-time Teachers of the Whole Nation

单位：%　　(%)

年份 Year	高等学校 Institutions of Higher Education	中等技术学校 Technical Schools	中等师范学校 Teacher´s Training Schools	普通中学 Regular Secondary Schools	职业中学 Vocational Schools	小学 Primary Schools
1951				2.6		
1952				2.9		
1957	2.8			3.9		4.3
1963	2.2	2.5	4.1	3.1	3.9	2.8
1965	2.4	2.5	3.5	3.2	1.4	3.5
1975	1.7	4.2		3.3		5.2
1978	2.9	3.9	6.6	3.5		5.9
1979	3.0	3.7	6.4	3.5		5.8
1980	3.2	3.9	6.9	3.7	3.2	6.0
1981	3.4	3.9	6.4	3.7	3.0	5.9
1982	3.2	4.0	6.7	3.9	3.3	6.2
1983	3.6	4.2	6.9	4.1	3.1	6.4
1984	3.4	4.3	6.6	4.4	3.5	7.0
1985	3.7	4.7	6.9	4.7	3.9	7.4
1986	3.8	5.4	7.3	5.0	4.2	7.8
1987	4.0	5.2	7.8	5.2	4.5	8.0
1988	4.3	5.1	7.7	5.4	8.0	7.7
1989	4.4	5.4	8.2	5.8	4.8	8.3
1990	4.4	5.5	8.7	6.0	4.9	8.2
1991	4.8	5.7	9.3	6.2	5.1	8.4
1992	5.0	5.9	8.9	6.4	5.2	8.6
1993	5.0	5.7	9.0	6.4	5.3	8.6
1994	5.3	5.9	8.7	5.3	5.1	8.5
1995	5.5	5.9	9.4	6.7	5.1	8.9
1996	5.5	6.0	9.5	6.7	5.9	9.0
1997	5.6	6.0	9.8	6.9	5.2	9.1
1998	5.7	6.1	5.7	7.0	4.9	9.2
1999	5.5	6.2	9.9	7.1	5.0	9.3

13—15 全国分地区少数民族专任教师数(1999 年)(一)

Full-time Ethnic Teachers by Region(1999)(1)

单位:人 (person)

地区 Region	高等学校 Institutions of Higher Education	中等专业学校 Specialized Secondary Schools	普通中学 Regular Secondary Schools	职业中学 Vocational Schools
全　国 National	**23 263**	**18 642**	**271 408**	**16 833**
北　京 Beijing	1 312	262	2 232	264
天　津 Tianjin	512	105	686	113
河　北 Hebei	658	481	12 596	1 048
山　西 Shanxi	83	45	72	9
内蒙古 Inner Mongolia	2 065	2 062	19 712	2 755
辽　宁 Liaoning	2 246	1 009	26 048	1 742
吉　林 Jilin	2 157	729	8 414	734
黑龙江 Heilongjiang	872	427	6 437	288
上　海 Shanghai	365	44	463	39
江　苏 Jiangsu	330	97	876	87
浙　江 Zhejiang	121	58	614	61
安　徽 Anhui	119	85	655	74
福　建 Fujian	101	62	829	41
江　西 Jiangxi	47	19	52	1
山　东 Shandong	321	149	1 067	35
河　南 Henan	396	293	2 270	193
湖　北 Hubei	838	413	9 035	479
湖　南 Hunan	802	614	20 178	1 591
广　东 Guangdong	350	195	1 384	142
广　西 Guangxi	2 029	2 186	44 278	1 724
海　南 Hainan	48	66	2 430	63
重　庆 Chongqing	216	211	3 919	270
四　川 Sichuan	462	452	4 192	160
贵　州 Guizhou	1 211	1 702	26 165	1 755
云　南 Yunnan	1 208	1 659	22 134	1 356
西　藏 Tibet	353	322	2 121	14
陕　西 Shaanxi	211	76	272	26
甘　肃 Gansu	406	280	3 009	128
青　海 Qinghai	343	485	4 155	139
宁　夏 Ningxia	311	190	3 818	139
新　疆 Xinjiang	2 770	3 864	41 295	1 363

13—15 全国分地区少数民族专任教师数(1999年)(二)

Full-time Ethnic Teachers by Region(1999)(2)

单位:人 (person)

地区 Region		工读学校 Schools for Juvenile Delinqents	特殊教育学校 Schools of Special Education	小学 Primary Schools	幼儿园 Kinder-gartens
全　国	**National**	**117**	**1 588**	**545 092**	**32 296**
北　京	Beijing	9	52	2 455	406
天　津	Tianjin		17	905	88
河　北	Hebei		102	12 669	1 487
山　西	Shanxi		1	128	15
内蒙古	Inner Mongolia		79	35 182	2 454
辽　宁	Liaoning	13	113	40 216	3 443
吉　林	Jilin	1	93	11 260	1 536
黑龙江	Heilongjiang		13	9 435	685
上　海	Shanghai		5	195	61
江　苏	Jiangsu	2	2	390	206
浙　江	Zhejiang		1	1 599	56
安　徽	Anhui		6	1 126	97
福　建	Fujian		9	1 958	233
江　西	Jiangxi	5		162	6
山　东	Shandong		10	1 479	183
河　南	Henan	1	23	3 364	512
湖　北	Hubei		60	15 581	621
湖　南	Hunan		90	36 959	3 025
广　东	Guangdong	1	7	1 888	173
广　西	Guangxi		567	78 942	4 942
海　南	Hainan		3	8 104	218
重　庆	Chongqing		24	9 657	723
四　川	Sichuan	62		17 692	749
贵　州	Guizhou	23	118	65 821	2 883
云　南	Yunnan		72	68 130	3 901
西　藏	Tibet			10 071	131
陕　西	Shaanxi		2	398	49
甘　肃	Gansu		63	7 733	632
青　海	Qinghai		12	10 447	320
宁　夏	Ningxia		13	9 227	491
新　疆	Xinjiang		31	81 919	1 970

13—16 全国少数民族在校学生数

Number of Ethnic Students Enrollment of China

单位:万人 (10 000persons)

年份 Year	高等学校 Institutions of Higher Education	中等技术学校 Technical Schools	中等师范学校 Teacher´s Training Schools	普通中学 Regular Secondary Schools	职业中学 Vocational Schools	小学 Primary Schools
1950	0.13					
1951		0.07	0.45	4.03		94.3
1952	0.29	0.26	1.62	7.32		147.4
1957	1.61	1.77	1.97	27.69		319.4
1962	2.87	1.31	0.94	29.47		
1963					1.21	299.2
1965	2.19	1.09	0.81	37.18	1.35	521.9
1975	3.06			155.69		770.8
1978	3.60	2.84	3.03	246.75		768.6
1979	3.74	3.22	3.97	205.87		737.8
1980	4.29	3.93	4.47	199.30	1.46	752.2
1981	5.12	3.91	3.90	177.06	1.36	735.6
1982	5.39	4.10	3.46	177.96	1.77	823.9
1983	5.96	4.48	3.74	182.97	3.62	821.9
1984	6.93	5.24	4.21	202.07	6.17	910.1
1985	9.41	6.65	4.98	224.47	8.74	954.8
1986	9.95	7.57	5.62	254.06	10.32	1 033.7
1987	11.87	8.50	6.22	280.07	12.43	1 051.3
1988	12.54	8.83	6.18	281.64	26.39	983.6
1989	13.16	9.95	6.28	283.54	13.65	1 052.1
1990	13.79	11.41	6.77	294.62	15.06	1 069.5
1991	14.18	11.93	6.70	308.59	16.51	980.6
1992	15.29	12.71	7.09	320.88	18.37	1 122.3
1993	16.32	14.30	7.67	313.69	18.62	1 140.2
1994	17.79	15.69	7.52	324.23	18.98	1 149.2
1995	18.76	18.43	8.84	346.65	23.78	1 200.2
1996	19.68	21.05	9.02	370.19	24.57	1 251.1
1997	21.68	23.71	9.13	403.93	22.93	1 248.2
1998	22.63	25.25	9.72	449.16	22.86	1 240.2
1999	24.77	27.96	9.71	463.29	24.15	1 214.2

13—17 全国少数民族在校学生占全国在校学生总数的比重

The Proportion of Ethnic Students

Enrollment in Students Enrollment of the Whole Nation

单位:%　　(%)

年份 Year	高等学校 Institutions of Higher Education	中等技术学校 Technical Schools	中等师范学校 Teacher´s Training Schools	普通中学 Regular Secondary Schools	职业中学 Vocational Schools	小学 Primary Schools
1951	1.4	0.4	2.1	2.6		2.2
1952	1.5	0.9	4.7	2.9		2.9
1957	3.7	3.7	6.7	4.4		5.0
1962	3.5	3.7	5.2	3.9	3.9	4.1
1965	3.2	2.8	5.2	4.0	2.3	4.5
1975	6.1	7.6		3.5	5.0	5.1
1978	4.2	5.4	8.4	3.8		5.3
1979	3.7	4.5	8.2	3.5		5.0
1980	3.8	5.2	9.3	3.6	3.2	5.1
1981	4.0	6.2	8.9	3.6	2.8	5.1
1982	4.7	6.5	8.4	3.9	2.5	5.9
1983	4.9	6.5	8.2	4.2	3.0	6.0
1984	5.0	6.5	8.2	4.4	3.5	6.7
1985	5.3	6.6	8.9	4.8	3.8	7.1
1986	5.3	6.6	9.2	5.2	4.0	7.8
1987	6.1	7.0	9.5	5.7	4.7	8.2
1988	6.1	6.5	9.0	5.9	9.4	7.8
1989	6.3	6.7	9.2	6.3	4.8	11.2
1990	6.6	7.3	10.0	6.4	5.1	8.7
1991	6.9	7.4	10.1	6.6	5.2	8.1
1992	7.0	7.3	10.7	6.7	5.4	9.2
1993	6.4	6.8	10.6	6.6	5.1	9.2
1994	6.4	6.5	9.6	5.5	4.7	9.0
1995	6.5	6.4	10.4	6.5	5.3	9.1
1996	6.5	6.3	10.3	6.5	5.2	9.2
1997	6.8	6.3	10.0	6.7	4.5	8.9
1998	6.6	6.2	10.6	7.1	4.2	8.9
1999	6.0	6.6	10.7	6.8	4.5	9.0

13—18 全国分地区少数民族在校学生数(1999年)(一)

Ethnic Students Enrollment by Region (1999)(1)

单位:人 (person)

地区 Region	高等学校 Institutions of Higher Education	中等专业学校 Specialized Secondary Schools	普通中学 Regular Secondary Schools	职业中学 Vocational Schools
全 国 National	**247 749**	**376 701**	**4 632 914**	**241 477**
北 京 Beijing	14 924	4 079	33 830	6 195
天 津 Tianjin	2 980	1 713	12 501	1 641
河 北 Hebei	6 551	9 391	220 862	13 948
山 西 Shanxi	514	219	975	60
内蒙古 Inner Mongolia	11 811	23 560	276 711	30 373
辽 宁 Liaoning	25 983	21 676	285 061	14 039
吉 林 Jilin	12 901	8 858	94 812	5 834
黑龙江 Heilongjiang	5 794	4 262	85 020	2 599
上 海 Shanghai	2 976	447	7 154	123
江 苏 Jiangsu	3 022	728	5 628	347
浙 江 Zhejiang	791	772	10 710	260
安 徽 Anhui	852	603	13 398	1 397
福 建 Fujian	1 189	702	24 613	512
江 西 Jiangxi	59	400	1 224	59
山 东 Shandong	1 473	1 157	21 460	1 950
河 南 Henan	2 222	4 176	48 416	3 102
湖 北 Hubei	9 368	11 130	154 411	4 937
湖 南 Hunan	17 926	28 512	303 396	15 738
广 东 Guangdong	1 659	436	15 658	406
广 西 Guangxi	30 496	68 217	926 093	19 022
海 南 Hainan	1 339	3 390	56 759	1 006
重 庆 Chongqing	4 050	3 069	70 877	2 675
四 川 Sichuan	8 079	16 068	64 147	1 975
贵 州 Guizhou	21 054	50 331	477 725	25 822
云 南 Yunnan	15 498	43 826	516 776	50 670
西 藏 Tibet	2 246	4 148	27 177	270
陕 西 Shaanxi	3 971	582	6 430	528
甘 肃 Gansu	5 506	4 277	45 952	1 528
青 海 Qinghai	3 716	6 279	64 291	2 300
宁 夏 Ningxia	5 036	4 036	69 222	3 510
新 疆 Xinjiang	23 224	49 657	691 625	28 551

13—18 全国分地区少数民族在校学生数(1999年)(二)

Ethnic Students Enrollment by Region (1999)(2)

单位:人 (person)

地区 Region	工读学校 Schools for Juvenile Delinqents	特殊教育学校 Schools of Special Education	小学 Primary Schools	幼儿园 Kinder-gartens
全 国 National	**1 062**	**11 709**	**12 141 833**	**818 470**
北 京 Beijing	35	219	29 021	4 540
天 津 Tianjin		46	14 403	704
河 北 Hebei		461	285 344	27 641
山 西 Shanxi		6	1 770	339
内蒙古 Inner Mongolia		136	447 176	20 467
辽 宁 Liaoning	38	473	551 763	79 120
吉 林 Jilin		226	147 555	18 806
黑龙江 Heilongjiang		20	102 701	5 750
上 海 Shanghai			2 674	101
江 苏 Jiangsu		14	3 880	1 074
浙 江 Zhejiang		2	19 689	1 199
安 徽 Anhui		42	25 106	2 542
福 建 Fujian		171	50 441	7 818
江 西 Jiangxi	111		3 109	456
山 东 Shandong		49	38 140	3 791
河 南 Henan		100	107 655	14 872
湖 北 Hubei		283	336 066	25 276
湖 南 Hunan		1 283	792 981	67 148
广 东 Guangdong		3	31 734	1 263
广 西 Guangxi		3 568	2 086 355	177 667
海 南 Hainan		15	173 698	5 959
重 庆 Chongqing		535	213 474	29 563
四 川 Sichuan	650	4	406 394	16 463
贵 州 Guizhou	228	1 336	1 854 794	94 951
云 南 Yunnan		724	1 722 803	112 613
西 藏 Tibet			237 924	2 633
陕 西 Shaanxi		2	10 607	1 693
甘 肃 Gansu		694	221 023	10 087
青 海 Qinghai		879	234 170	18 724
宁 夏 Ningxia		131	246 336	20 753
新 疆 Xinjiang		287	1 743 047	44 457

13—19 全国民族学院(大学)教职工数(一)

School Staff of Colleges and Institutes of Ethnic(1)

单位:人 (person)

年份 Year	合计 Total	中央民族大学 The Central University for Nationality	大连民院 Dalian Ethnic College	中南民院 Centre South Ethnic College	湖北民院 Hubei Ethnic College	广东民院 Guangdong Ethnic College	广西民院 Guangxi Ethnic College	西南民院 Southwest Ethnic College
1978	4 888	1 173				145	759	630
1979	5 616	1 380				179	808	738
1980	6 241	1 674				240	845	803
1981	7 652	1 849		674		279	917	829
1982	7 997	1 911		718		338	918	950
1983	8 255	1 933		803		364	914	992
1984	8 466	1 945		877		394	295	1 046
1985	9 431	2 125		1 000		411	970	1 127
1986	9 902	2 200		1 085		436	1 007	1 168
1987	10 403	2 386		1 145		429	1 055	1 204
1988	10 377	2 248		1 218		423	1 054	948
1989	10 641	2 034		1 231	477	434	1 045	1 206
1990	10 593	1 938		1 265	512	421	1 049	1 192
1991	10 612	2 034		1 264	518	410	1 033	1 170
1992	10 570	1 877		1 264	550	399	1 018	1 161
1993	10 584	1 837		1 254	540	419	1 049	1 164
1994	10 629	1 791		1 210	558	439	1 047	1 157
1995	10 752	1 821		1 215	591	463	1 050	1 143
1996	10 452	1 551		1 220	601	467	1 048	1 108
1997	10 668	1 544		1 128	611	491	1 052	1 252
1998	11 342	1 776	205	1 129	1 079	510	1 028	1 192
1999	10 621	1 763	289	1 126	1 066		1 003	993

13—19 全国民族学院(大学)教职工数(二)

School Staff of Colleges and Institutes of Ethnic(2)

单位:人 (person)

年份 Year	贵州民院 Guizhou Ethnic College	云南民院 Yunnan Ethnic College	西藏民院 Tibet Ethnic College	西北民院 Northwest Ethnic College	青海民院 Qinghai Ethnic College	西北第二民院 The 2nd Northwest Ethnic College
1978	139	416	568	586	472	
1979	186	484	633	634	574	
1980	224	509	630	655	661	
1981	335	624	641	828	676	
1982	378	725	650	844	565	
1983	415	776	609	873	576	
1984	402	783	609	903	582	
1985	906	554	562	941	654	181
1986	654	915	559	1 011	639	228
1987	722	953	597	1 011	654	247
1988	780	948	873	971	655	268
1989	792	956	581	958	659	268
1990	792	960	561	970	646	281
1991	753	944	567	981	648	290
1992	843	953	574	998	614	319
1993	882	928	575	996	616	324
1994	888	980	577	1 010	594	378
1995	920	984	591	1 000	589	385
1996	956	918	601	1 006	570	406
1997	934	977	596	995	582	402
1998	923	975	577	984	546	418
1999	880	911	561	979	554	496

13—20 全国民族学院(大学)专任教师数(一)

Full-time Teachers of Colleges and Institutes of Ethnic(1)

单位:人 (person)

年份 Year	合计 Total	中央民族大学 The Central Universty for Nationality	大连民院 Dalian Ethnic College	中南民院 Centre South Ethnic College	湖北民院 Hubei Ethnic College	广东民院 Guangdong Ethnic College	广西民院 Guangxi Ethnic College	西南民院 Southwest Ethnic College
1978	2 121	563				68	307	318
1979	2 430	673				84	315	324
1980	2 891	818		185		96	327	347
1981	3 253	732		306		113	410	356
1982	3 334	775		302		129	381	426
1983	3 479	781		344		153	400	461
1984	3 516	809		363		160	410	432
1985	3 874	804		419		167	435	488
1986	4 092	834		439		181	449	464
1987	4 208	855		432		182	445	468
1988	4 557	821		525		182	446	495
1989	4 484	800		462	197	189	447	490
1990	4 393	763		472	228	180	441	444
1991	4 241	720		471	225	177	424	442
1992	4 332	687		503	243	174	426	440
1993	4 466	678		522	233	192	453	518
1994	4 486	701		512	282	202	470	439
1995	4 629	740		526	296	202	500	448
1996	4 702	797		530	326	211	431	473
1997	4 755	760		516	325	225	491	452
1998	4 897	730	73	509	529	247	440	412
1999	4 780	722	129	512	532		462	408

13—20 全国民族学院(大学)专任教师数(二)

Full-time Teachers of Colleges and Institutes of Ethnic(2)

单位:人 (person)

年份 Year	贵州民院 Guizhou Ethnic College	云南民院 Yunnan Ethnic College	西藏民院 Tibet Ethnic College	西北民院 Northwest Ethnic College	青海民院 Qinghai Ethnic College	西北第二民院 The 2nd Northwest Ethnic College
1978	34	163	193	246	229	
1979	56	182	223	272	301	
1980	68	209	203	314	314	
1981	119	272	226	389	330	
1982	156	321	209	376	259	
1983	157	340	185	400	258	
1984	163	336	185	401	257	
1985	388	219	235	424	211	84
1986	283	403	235	438	270	96
1987	302	436	224	474	287	103
1988	386	442	389	436	298	137
1989	359	445	244	431	292	128
1990	375	422	234	429	274	131
1991	306	406	229	439	271	131
1992	385	389	232	444	241	168
1993	418	376	238	443	226	169
1994	420	377	232	449	209	193
1995	430	396	233	437	222	199
1996	429	416	243	427	217	202
1997	436	424	243	438	221	193
1998	469	420	233	442	194	199
1999	449	428	241	449	200	248

13—21 全国民族学院(大学)在校学生数(一)

Students Enrollment in Colleges and Institutes of Ethnic(1)

单位:人 (person)

年份 Year	合计 Total	中央民族大学 The Central University for Nationality	大连民院 Dalian Ethnic College	中南民院 Centre South Ethnic College	湖北民院 Hubei Ethnic College	广东民院 Guangdong Ethnic College	广西民院 Guangxi Ethnic College	西南民院 Southwest Ethnic College
1978	6 902	1 337				402	1 306	933
1979	7 384	1 474				532	1 316	1 198
1980	8 477	1 778				123	1 586	1 439
1981	10 059	2 126		161		547	1 584	1 436
1982	9 556	1 977		514		395	1 366	1 513
1983	11 337	2 135		1 078		518	1 493	1 674
1984	14 045	2 487		1 591		737	1 933	1 924
1985	18 369	3 255		2 060		1 041	2 562	2 315
1986	21 497	3 211		3 826		1 266	2 479	2 386
1987	20 267	3 171		2 760		1 144	2 285	2 471
1988	22 144	3 374		3 004		1 569	2 302	2 680
1989	22 932	2 983		3 039	1 639	1 850	2 204	2 572
1990	22 095	2 723		3 064	1 792	1 204	2 188	2 480
1991	21 400	2 416		2 952	1 834	1 052	2 022	2 649
1992	22 836	2 366		2 997	2 099	1 298	2 492	2 740
1993	26 638	2 726		3 532	2 143	1 594	2 942	3 197
1994	30 782	2 871		4 393	2 178	2 215	3 464	3 708
1995	32 625	3 512		4 750	2 211	2 464	3 602	3 585
1996	33 516	3 948		5 536	2 348	2 530	3 634	3 664
1997	35 081	3 995		5 695	2 586	2 551	4 040	3 901
1998	39 332	3 850	650	5 848	4 093	2 620	4 620	4 353
1999	42 751	3 799	1 533	6 478	4 701		5 423	4 445

13—21 全国民族学院(大学)在校学生数(二)

Students Enrollment in Colleges and Institutes of Ethnic(2)

单位:人 (person)

年份 Year	贵州民院 Guizhou Ethnic College	云南民院 Yunnan Ethnic College	西藏民院 Tibet Ethnic College	西北民院 Northwest Ethnic College	青海民院 Qinghai Ethnic College	西北第二民院 The 2nd Northwest Ethnic College
1978	178	793	496	514	943	
1979	176	854	201	790	843	
1980	260	895	314	734	1 108	
1981	241	1 167	438	1 006	1 353	
1982	391	858	418	1 005	1 119	
1983	638	1 068	409	1 118	1 206	
1984	910	1 432	409	1 302	1 320	
1985	1 338	1 979	559	1 631	1 363	266
1986	1 603	2 344	838	1 909	1 241	394
1987	1 728	2 366	837	1 949	1 185	371
1988	1 764	2 665	1 098	2 067	1 218	403
1989	1 728	2 489	697	2 046	1 141	544
1990	1 654	2 526	663	2 009	1 149	643
1991	1 477	2 557	586	2 006	1 100	689
1992	1 450	2 562	618	2 299	1 124	891
1993	1 726	2 653	951	2 731	1 248	1 195
1994	2 173	2 618	1 184	2 879	1 376	1 723
1995	2 663	2 528	1 539	2 613	1 450	1 708
1996	2 181	2 624	1 283	2 640	1 508	1 620
1997	2 349	2 835	1 244	2 807	1 520	1 558
1998	2 655	3 103	1 317	2 873	1 566	1 784
1999	3 489	3 764	1 588	3 573	1 690	2 268

13—22 全国民族学院(大学)教职工基本情况(1999年)

School Staff in Main Colleges and Institutes of Ethnic(1999)

单位:人 (person)

单位 Unit	合计 Total	校本部职工 Number of Staff and Workers	#专任教师 Full-time Teachers	教授 Profes-sors	副教授 Associate Professors	讲师 Lectrues	助教 Assist-ants	教员 Instruc-tors	#教辅人员 Auxiliary Teaching staff	#行政人员 Adminis-trative Personnel	#科研机构人员 Science and Research Personnel
合　计	**10 621**	**9 485**	**4 780**	**292**	**1 333**	**2 045**	**833**	**277**	**1 092**	**2 060**	**222**
中央民族大学	1 763	1 485	722	72	234	342	52	22	92	320	33
大连民族学院	289	289	129	7	48	48	21	5	43	95	
中南民族学院	1 126	981	512	51	156	207	75	23	180	89	24
湖北民族学院	1 066	862	532	19	132	198	102	81	146	115	16
广西民族学院	1 003	951	462	30	145	158	86	43	112	230	
西南民族学院	993	935	408	27	142	188	44	7	124	234	40
贵州民族学院	880	825	449	23	112	209	93	12	64	236	9
云南民族学院	911	817	428	25	149	175	69	10	104	167	49
西藏民族学院	561	529	241	5	48	123	59	6	47	128	
西北民族学院	979	867	449	19	95	212	89	34	56	224	20
青海民族学院	554	482	200	8	36	77	62	17	51	143	29
西北第二民族学院	496	462	248	6	36	108	81	17	73	79	2

13—23 全国民族学院(大学)学生基本情况(1999年)

Students Enrollment in main Colleges and Institutes of Ethnic(1999)

单位:人 (person)

单位 Unit	本、专科生 Regular College Cours e and Specialized Subject		
	在校学生 Student Enrollment	招生数 New Student Enrollment	毕业生数 Graduades
合　计	**42 751**	**14 891**	**8 597**
中央民族大学	3 799	969	999
大连民族学院	1 533	890	
中南民族学院	6 478	1 782	1 122
湖北民族学院	4 701	1 724	1 066
广西民族学院	5 423	1 866	1 038
西南民族学院	4 445	1 211	1 074
贵州民族学院	3 489	1 486	618
云南民族学院	3 764	1 352	685
西藏民族学院	1 588	708	408
西北民族学院	3 573	1 405	702
青海民族学院	1 690	611	482
西北第二民族学院	2 268	887	403

13—24 民族自治地方县及县以上政府部门属国有独立核算的研究与开发机构及情报文献机构、人员和经费(1999年)

State-owned Institutions for Research and Development, Information Agencies, Personnel and Funds and Expenditures of institutions above County level by Region of Minority National Autonomous Areas(1999)

地区 Region	机构数(个) Number Institutions	从事科技活动人员(人) Number of Staff and Workers	#科学家及工程师 Scientists and Engineers	科技活动经费使用总额(万元) Expenditures (10 000yuan)
合　计 Total	**761**	**39 660**	**21 855**	**116 268.9**
河　北 Hebei	23	2 210	1 327	130.0
内蒙古 Inner Mongolia	140	7 876	4 219	24 943.0
辽　宁 Liaoning	30	1 654	978	145.1
吉　林 Jilin	22	437	236	136.0
黑龙江 Heilongjiang				
浙　江 Zhejiang	2	35	21	60.0
湖　北 Hubei	14	466	246	420.0
湖　南 Hunan	11	410	210	842.0
广　东 Guangdong	1	40	21	54.0
广　西 Guangxi	158	7 150	3 926	36 211.0
海　南 Hainan	7	396	115	62.0
重　庆 Chongqing	8	823	439	60.0
四　川 Sichuan	24	1 060	498	1 517.2
贵　州 Guizhou	21	496	255	613.8
云　南 Yunnan	56	4 135	2 275	9 235.7
西　藏 Tibet	13	509	203	3 139.0
甘　肃 Gansu	35	3 785	2 090	373.6
青　海 Qinghai	12	350	195	64.5
宁　夏 Ningxia	59	1 793	1 028	9 251.0
新　疆 Xinjiang	125	6 035	3 573	29 001.0

注:此表1999年统计范围进行了调整,与以前各年不可比。

主要统计指标解释

高等学校 指按照国家规定的设置标准和审批程序批准举办,通过国家统一招生考试,招收高中毕业生为主要培养对象,实施高等教育的全日制大学、独立设置的学院和高等专科学校、短期职业大学。

独立研究与开发机构 指有明确的任务和研究方向,有一定学术水平的业务骨干和一定数量的研究人员,具有研究、开发、开展学术工作的基本条件,主要进行科学研究与技术开发活动,并且在行政上有独立的组织形式,财务上独立核算盈亏,有权与其他单位签订合同,在银行有单独户头的单位。包括国务院各部门、中国科学院、中国社会科学院和各省、自治区、直辖市以及地(市)以上[含地(市)]各部门所属的国有独立的科学研究与技术开发机构。

科学家和工程师 指具有大学本科及以上学历和不具备上述学历,但有高、中级职称的人员。

科技活动经费使用总额 指报告期内调查单位用于科技活动的全部实际支出,包括内部支出和外部支出。

文化、出版
Culture And Publications

14

14—1 民族自治地方艺术事业机构

Number of Arts Organizations of Minority National Autonomous Areas

单位:个 (unit)

年份 Year	合计 Total	艺术表演团体 Art Performance Troupes	#少数民族歌舞团 Ethnical Performance Groups	剧场、影剧院 Theaters and Music Halls	其他 Others
1979	645	589	24	56	
1980	672	603	37	69	
1981	682	603	34	79	
1982	690	600	43	90	
1983	703	608	39	95	
1984	709	614	43	95	
1985	726	630	46	96	
1986	887	616	56	180	91
1987	889	607	64	184	98
1988	923	592	67	182	149
1989	843	565	52	177	101
1990	846	557	54	184	105
1991	843	545	59	182	113
1992	828	540	59	175	111
1993	820	530	60	179	109
1994	821	535	62	176	108
1995	827	535	63	179	113
1996	834	516	61	183	135
1997	856	526	59	188	142
1998	825	534	58	194	97
1999	831	511	58	180	140

注:本表未扣除区域变动因素,年度之间不可比。下同。

Note:The factor of regional changes is not deducted,so data among years are not comparable. The next is the Same.

14—2 民族自治地方分地区艺术事业机构(1999年)

Number of Arts Organizations by Region of Minority National Autonomous Areas(1999)

单位:个、座 (unit)

地区 Region	合计 Total	艺术表演团体 Performance of Art Troupes	#少数民族歌舞团 Ethnic Performance Groups	艺术表演场所 Art Centers	#剧场影剧院 Theaters and Music Halls	其他 Others
合计 Total	831	511	58	180	180	140
河北 Hebei	5	4		1	1	
内蒙古 Inner Mongolia	177	115	7	31	31	31
辽宁 Liaoning	13	7	2	5	5	1
吉林 Jilin	36	12	3	11	11	13
黑龙江 Heilongjiang	1	1	1			
浙江 Zhejiang						
湖北 Hubei	16	11	3	4	4	1
湖南 Hunan	22	8	3	9	9	5
广东 Guangdong	3	3	2			
广西 Guangxi	186	119	6	30	30	37
海南 Hainan	15	6		8	8	1
重庆 Chongqing	3	3				
四川 Sichuan	12	6	1	2	2	4
贵州 Guizhou	18	5		1	1	12
云南 Yunnan	102	77	16	15	15	10
西藏 Tibet	46	25	2	19	19	2
甘肃 Gansu	2			2	2	
青海 Qinghai	7	6	4			1
宁夏 Ningxia	42	15		18	18	9
新疆 Xinjiang	125	88	8	24	24	13

14—3 民族自治地方艺术事业机构职工

Personnel of Arts Organizations of Minority National Autonomous Areas

单位:人 (person)

年份 Year	合计 Total	艺术表演团体 Art Performance Troupes	#少数民族歌舞团 Ethnical Performance Groups	剧场、影剧院 Theaters and Music Halls	其他 Others
1979	28 466	27 883	2 322	583	
1980	29 516	28 661	3 861	855	
1981	30 291	29 319	3 504	972	
1982	29 665	28 590	4 528	1 075	
1983	29 013	27 909	4 053	1 104	
1984	28 967	27 821	4 411	1 146	
1985	27 961	26 831	4 168	1 130	
1986	32 299	28 429	4 855	2 702	1 168
1987	32 370	28 216	5 214	2 798	1 356
1988	31 047	26 518	5 098	2 848	1 681
1989	29 237	24 930	3 770	2 931	1 379
1990	29 419	25 105	3 790	2 996	1 308
1991	29 528	24 650	4 753	3 151	1 663
1992	28 836	24 097	4 728	3 099	1 599
1993	28 196	23 323	4 762	3 174	1 653
1994	27 491	22 881	4 908	2 972	1 601
1995	27 160	22 470	4 786	3 044	1 646
1996	26 307	21 240	4 401	3 261	1 806
1997	27 197	21 729	3 801	3 472	1 996
1998	26 410	21 573	3 711	3 594	1 243
1999	25 758	20 705	3 897	3 277	1 776

14—4 民族自治地方分地区艺术事业机构职工

Personnel of Number of Arts Organizations by Region of Minority National Autonomous Areas(1999)

单位:人 (person)

地区 Region	合计 Total	艺术表演团体 Performance of Art Troupes	#少数民族歌舞团 Ethnic Performance Groups	艺术表演场所 Art Centers	#剧场影剧院 Theaters and Music Halls	其他 Others
合 计 Total	**25 758**	**20 705**	**3 897**	**3 277**	**3 277**	**1 776**
河 北 Hebei	112	103		9	9	
内蒙古 Inner Mongolia	6 708	5 456	915	725	725	527
辽 宁 Liaoning	356	245	108	107	107	4
吉 林 Jilin	1 147	839	327	238	238	70
黑龙江 Heilongjiang	48	48	48			
浙 江 Zhejiang						
湖 北 Hubei	466	337	139	124	124	5
湖 南 Hunan	338	237	129	78	78	23
广 东 Guangdong	75	75	47			
广 西 Guangxi	5 260	4 289	270	460	460	511
海 南 Hainan	783	143		635	635	5
重 庆 Chongqing	15	15				
四 川 Sichuan	309	260	119	23	23	26
贵 州 Guizhou	420	293		20	20	107
云 南 Yunnan	2 219	2 093	658	85	85	41
西 藏 Tibet	1 149	884	138	213	213	52
甘 肃 Gansu	6			6	6	
青 海 Qinghai	370	357	240			13
宁 夏 Ningxia	1 505	995		263	263	247
新 疆 Xinjiang	4 472	4 036	759	291	291	145

14—5 民族自治地方群众文化事业、图书馆事业机构

Number of Public Cultural and

Library of Minority National Autonomous Areas

单位:个 (unit)

年 份 Year	群众文化事业机构 Total	群众艺术馆 Mass Art Centers	文化馆 Cultural Center	文化站 Cultural Stations	图 书 馆 Library
1979	2 568		544	2 024	
1980	3 158		568	2 590	
1981	3 436		582	2 854	331
1982	3 974		562	3 412	332
1983	5 008		566	4 442	407
1984	7 169		856	6 313	469
1985	7 699		579	7 120	494
1986	8 164	73	614	7 476	533
1987	8 030	77	620	7 333	547
1988	7 980	77	623	7 280	549
1989	7 866	80	670	7 114	551
1990	7 994	79	637	7 278	556
1991	8 295	79	626	7 590	561
1992	7 531	78	635	6 818	573
1993	8 231	79	629	7 523	573
1994	8 222	81	630	7 511	577
1995	8 323	79	639	7 605	584
1996	7 624	79	653	6 892	573
1997	7 867.	80	658	7 129	596
1998	8 079	82	679	7 318	661
1999	7 847	79	645	7 123	670

14—6 民族自治地方分地区文化事业、图书馆事业机构(1999年)

Main cultural Organizations by Region of Minority National Autonomous Areas(1999)

单位:个、座 (unit)

地区 Region	群众文化事业 Mass Culture Institutions				图书馆事业 Libraries
	合计 Total	群众艺术馆 Mass arts Center	文化馆 Cultural Center	文化站 Cultural Stations	
合　计 Total	7 847	79	645	7 123	670
河　北 Hebei	123		6	117	6
内蒙古 Inner Mongolia	1 696	13	103	1 580	107
辽　宁 Liaoning	249		10	239	10
吉　林 Jilin	160	1	19	140	12
黑龙江 Heilongjiang	2		1	1	1
浙　江 Zhe jiang	32		1	31	
湖　北 Hubei	186	1	11	174	11
湖　南 Hunan	420	1	17	402	18
广　东 Guangdong	45		3	42	3
广　西 Guangxi	1 540	15	98	1 427	194
海　南 Hainan	133	1	8	124	9
重　庆 Chongqing	129	1	5	123	5
四　川 Sichuan	244	3	50	191	15
贵　州 Guizhou	333	1	46	286	48
云　南 Yunnan	894	9	67	818	87
西　藏 Tibet	89	7	47	35	1
甘　肃 Gansu	54		5	49	11
青　海 Qinghai	182	6	34	142	32
宁　夏 Ningxia	310	4	22	284	21
新　疆 Xinjiang	1 026	16	92	918	79

14—7 民族自治地方群众文化事业、图书馆事业机构职工

Personnel of Public Cultural and

Library of Minority National Autonomous Areas

单位:人 (person)

年 份 Year	群众文化事业 Mass Culture Institutions				图书馆事业 Libraries
	合 计 Total	群众艺术馆 Mass Art Centers	文化馆 Cultural Center	文化站 Cultural Stations	
1979	7 101		4 896	2 205	
1980	8 436		5 441	2 995	
1981	9 408		6 147	3 261	2 853
1982	10 655		6 282	4 373	3 031
1983	11 928		6 527	5 401	3 722
1984	14 682		7 153	7 529	4 278
1985	15 198		6 657	8 541	4 698
1986	18 717	1 702	7 495	9 517	5 411
1987	19 162	1 837	7 392	9 933	5 775
1988	19 058	1 858	7 451	9 749	6 124
1989	19 180	1 973	7 814	9 393	6 241
1990	19 934	1 949	8 221	9 764	6 507
1991	20 313	2 001	8 264	10 048	6 794
1992	19 651	1 995	8 182	9 474	7 024
1993	20 425	1 971	8 176	10 278	7 088
1994	20 076	1 970	8 106	10 000	7 052
1995	22 305	1 991	8 159	12 155	7 165
1996	16 459	1 855	7 614	6 990	7 002
1997	17 556	1 897	7 746	7 913	7 311
1998	17 873	1 957	7 771	8 145	7 363
1999	16 969	1 881	7 157	7 931	7 202

14—8 民族自治地方分地区文化事业机构职工(1999年)

Personnel of cultural Organizations by Region of Minority National Autonomous Areas(1999)

单位:人 (person)

地区 Region	群众文化事业 Mass Culture Institutions				图书馆事业 Libraries
	合计 Total	群众艺术馆 Mass arts Center	文化馆 Cultural Center	文化站 Cultural Stations	
合计 Total	16 969	1 881	7 157	7 931	7 202
河北 Hebei	162		52	110	49
内蒙古 Inner Mongolia	4 114	451	1 415	2 248	1 825
辽宁 Liaoning	419		218	201	164
吉林 Jilin	504	44	369	91	297
黑龙江 Heilongjiang	15		14	1	11
浙江 Zhejiang	74		21	53	
湖北 Hubei	295	12	90	193	112
湖南 Hunan	672	20	268	384	184
广东 Guangdong	59		18	41	16
广西 Guangxi	2 965	337	1 208	1 420	1 478
海南 Hainan	210	16	73	121	90
重庆 Chongqing	107	6	64	37	44
四川 Sichuan	618	73	399	146	139
贵州 Guizhou	660	6	355	299	330
云南 Yunnan	1 994	148	740	1 106	735
西藏 Tibet	234	184	50		43
甘肃 Gansu	46		34	12	92
青海 Qinghai	377	79	211	87	194
宁夏 Ningxia	899	134	461	304	520
新疆 Xinjiang	2 545	371	1 097	1 077	879

14—9 民族自治地方分地区文物事业机构、职工(1999年)

Number of Cultural Undertaking and Personnel

by Region of Minority National Autonomous Areas(1999)

单位:个、人 (uint, person)

地区 Region	文物事业机构 Cnltnral Organization		文物保护管理机构 Cultural Relics		博物馆 Museums	
	机构数 Institutions	职工人数 Personnel	机构数 Institutions	职工人数 Personnel	机构数 Institutions	职工人数 Personnel
合计 Total	602	9 598	435	2 312	144	2 183
河北 Hebei	8	28	6	13	2	15
内蒙古 Inner Mongolia	98	1 362	67	628	22	629
辽宁 Liaoning	15	115	13	74	2	41
吉林 Jilin	14	120	12	57	2	63
黑龙江 Heilongjiang	2	8	1		1	8
浙江 Zhejiang	1	2	1	2		
湖北 Hubei	15	73	7	28	8	45
湖南 Hunan	25	196	17	86	8	110
广东 Guangdong	3	6			3	6
广西 Guangxi	108	2 509	65	292	38	560
海南 Hainan	6	27	1	3	5	24
重庆 Chongqing	6	31	6	31		
四川 Sichuan	17	141	13	63	4	78
贵州 Guizhou	47	199	45	159	1	3
云南 Yunnan	66	981	52	188	14	177
西藏 Tibet	15	173	12	127	2	46
甘肃 Gansu						
青海 Qinghai	25	97	20	65	5	32
宁夏 Ningxia	29	334	22	159	4	126
新疆 Xinjiang	102	3 196	75	337	23	220

14—10 民族自治地方主要文化事业机构(1999 年)

Mail Cultural Organizations of Minority National Autonomous Areas(1999)

单位:个 (uint)

类别	Category	合计 Total	文化部门 Cultural Departments 小计 Subtotal	国有经济 State-owned	集体经济 Collective Owned	其他经济 Other Owned	其他部门 Other Depar-tments
总 计	**Total**	**9 950**	**7 596**	**6 801**	**793**	**2**	**2 354**
艺术事业	Art Institution	831	827	810	16	1	4
1. 艺术表演团体	Art Performance Troupes	511	511	498	13		
#少数民族歌舞团	Ethnic Performance Groups	58	58	58			
2. 艺术表演场所	Art Centers	180	178	175	3		2
#剧场、影剧院	Theaters and Music Halls	180	178	175	3		2
3. 其他	Others	140	138	137		1	2
图书馆事业	Libraries	670	670	572	98		
群众文化事业	Mass Cultural Units	7 847	5 501	4 822	678	1	2 346
1. 群众艺术馆	Mass Cultural Centers	79	79	79			
2. 文化馆	Cultural Centers	645	645	645			
3. 文化站	Cultural Stations	7 123	4 777	4 098	678	1	2 246
文物事业	Cultural	602	598	597	1		4
文物保护管理	Cultural Relics	435	431	430	1		4
博物馆	Museums	144	144	144			

14—11 民族自治地方主要文化事业机构职工(1999 年)

Personnel of Main Cultural Organizations
of Minority National Autonomous Areas(1999)

单位:人 (person)

类别	Category	合计 Total	文化部门 Cultural Departments				其他部门 Other Depar-tments
			小计 Subtotal	国有经济 State-owned	集体经济 Collective Owned	其他经济 Other Owned	
总　计	**Total**	**59 527**	**56 925**	**55 891**	**1 027**	**7**	**2 602**
艺术事业	Art Institution	25 758	25 694	25 306	383	5	64
1. 艺术表演团体	Art Performance Troupes	20 705	20 705	20 341	364		
#少数民族歌舞团	Ethnic Performance Groups	3 897	3 897	3 897			
2. 艺术表演场所	Art Centers	3 277	3 222	3 203	19		55
#剧场、影剧院	Theaters and Music Halls	3 277	3 222	3 203	19		55
3. 其他	Others	1 776	1 767	1 762		5	9
图书馆事业	Libraries	7 202	7 202	7 130	72		
群众文化事业	Mass Cultural Units	16 969	14 454	13 884	568	2	2 515
1. 群众艺术馆	Mass Cultural Centers	1 881	1 881	1 881			
2. 文化馆	Cultural Centers	7 157	7 157	7 157			
3. 文化站	Cultural Stations	7 931	5 416	4 846	568	2	2 515
文物事业	Cultural	9 598	9 575	9 571	4		23
文物保护管理	Cultural Relics	2 312	2 289	2 285	4		23
博物馆	Museums	2 183	2 183	2 183			

14—12 民族自治地方广播、电视事业机构

Broadcasting and Television Stations of
Minority National Autonomous Areas

单位:个 (unit)

年 份 Year	广播电台 Broadcasting Stations	电视中心台 Television Center Stations	电视发射台和转播台 Television Transmission Stations and Relay Stations	市、县广播站 Broadcasting Station of City and County	广播喇叭(万只) Loudspeakers
1952	5			55	0.17
1957	6			316	5.03
1965	14			726	75.06
1975	42			2 233	907.29
1978	50			2 873	1 102.91
1979	25			2 591	1 015.81
1980	25			1 317	903.67
1981	34			3 266	692.31
1982	34			3 270	573.96
1983	33			2 209	510.55
1984	42	16		2 359	446.36
1985	54	44		4 185	489.06
1986	64	69	187	4 085	489.66
1987	75	69	410	6 574	465.95
1988	133	88	3 386	14 755	495.50
1989	107	94	4 626	935	424.40
1990	111	96	4 021	952	507.84
1991	133	96	5 435	1 260	565.94
1992	189	106	6 720		
1993	152	126	7 744		
1994	209	142	9 568		
1995	247	206	5 365		
1996	205	215	13 398		
1997	202	189	6 899		
1998	261	225	16 072		
1999	193	193	16 191		

14—13 民族自治地方分地区广播、电视事业情况(1999年)

Broadcasting and Television stations
by Region of Minority Autonomous Areas(1999)

地区 Region	广播电台 (座) Broadcasting Stations	节目套数 (套) Programs (set)	电视台 (座) Television Stations	节目套数 (套) Programs (set)	电视发射台、转播台 (座) Broadcast Transmitting Stations and Relay Stations	卫星电视地面站 (座) Satellite Television Satellite
合计 Total	**193**	**327**	**193**	**539**	**16 191**	**69 698**
河北 Hebei	6	9	7	43	63	340
内蒙古 Inner Mongolia	49	65	34	36	1 234	9 888
辽宁 Liaoning	8	7	10	64	175	498
吉林 Jilin	10	12	10	13	131	677
黑龙江 Heilongjiang	1	1	1	3	7	1
浙江 Zhejiang	1	1	1	1	103	255
湖北 Hubei	9	2	5	11	310	12 808
湖南 Hunan	8	47	20	83	69	3 223
广东 Guangdong	3	3	2	2	19	149
广西 Guangxi	26	32	22	23	27	
海南 Hainan	6	12	3	35	7	198
重庆 Chongqing	4	5	5	5	12	10
四川 Sichuan	1	9	3	35	1 624	8 151
贵州 Guizhou	2	2	7	14	1 322	10 579
云南 Yunnan	18	33	25	63	9 144	18 695
西藏 Tibet	2	3	2	3	470	2 119
甘肃 Gansu	20	20	6	6	617	752
青海 Qinghai	3	4	6	29	240	733
宁夏 Ningxia	10	12	6	7	23	622
新疆 Xinjiang	6	48	18	63	585	

14—14 民族自治地方分地区电影事业情况(1999年)

Basic Statistics on Movie Production

by Region of Minority National Autonomous Areas(1999)

地区 Region	全年生产民族语故事片(部、本) Over Year Feature films With Ethnic Languages	全年完成民族语翻译片(部、本) Over Year Translated Films in Ethnic Languages	各类电影放映单位(个) Films Projection Units
合计 Total		**331**	**5 262**
河北 Hebei			132
内蒙古 Inner Mongolia		45	173
辽宁 Liaoning			309
吉林 Jilin			28
黑龙江 Heilongjiang			22
浙江 Zhejiang			
湖北 Hubei			527
湖南 Hunan			333
广东 Guangdong			22
广西 Guangxi		180	1 163
海南 Hainan			70
重庆 Chongqing			11
四川 Sichuan		39	283
贵州 Guizhou			152
云南 Yunnan		13	1 084
西藏 Tibet		25	531
甘肃 Gansu		29	45
青海 Qinghai			123
宁夏 Ningxia			254
新疆 Xinjiang			

14—15 民族自治地方出版物情况

Basic Statistics on Publications
of Minority National Autonomous Areas

单位：种数：种　印数：万册(份)　　unit: number of publications: kind　printed copies: 10 000 copies

年份 Year	图书 Published Books		杂志 Magazines		报纸 Newspapers	
	种数 Number of Publications	印数 Printed Copies	种数 Number of Publications	印数 Printed Copies	种数 Number of Publications	印数 Printed Copies
1978	1 336	14 279.4	78	1 306.4	44	28 271.3
1979	2 018	13 332.5	76	1 226.8	62	47 739.6
1980	2 081	16 162.5	114	2 250.5	68	45 109.9
1981	2 343	23 964.6	160	3 770.7	67	52 678.2
1982	3 242	28 089.6	163	8 385.6	68	54 594.5
1983	2 613	17 477.9	165	2 480.7	79	49 894.6
1984	2 859	28 065.2	231	8 606.7	117	63 627.4
1985	3 365	35 906.9	321	7 818.8	175	76 847.2
1986	3 435	29 287.8	332	7 171.9	176	150 281.9
1987	4 507	29 167.4	358	7 273.6	214	92 964.4
1988	5 107	30 754.8	445	8 620.4	236	93 274.4
1989	5 696	30 127.0	447	6 502.9	239	76 404.0
1990	5 784	30 166.3	544	17 866.4	227	79 119.6
1991	6 662	39 810.3	507	6 561.9	245	87 342.0
1992	6 707	41 277.0	487	6 705.0	334	89 412.0
1993	5 907	42 263.3	502	9 833.3	248	71 607.1
1994	8 052	60 986.3	631	8 541.2	350	10 167.8
1995	7 647	42 275.0	633	7 881.0	340	94 984.8
1996	7 979	44 497.3	560	7 482.1	298	102 861.1
1997	8 417	45 876.7	559	7 824.4	322	116 203.9
1998	10 154	48 507.5	542	7 509.9	293	108 276.7
1999	11 208	48 394.4	592	8 069.4	347	145 695.9

14—16 民族自治地方分地区图书、杂志、报纸出版情况(1999年)

Published Books, Magazines and Newspapers by
Region of Minority National Autonomous Areas (1999)

单位:种数:种　印数:万册(份)　　unit: number of publications: kind　printed copies: 10 000 copies

地区 Region	图书 Published Books		杂志 Magazines		报纸 Newspapers	
	种数 Number of Publications	印数 Printed Copies	种数 Number of Publications	印数 Printed Copies	种数 Number of Publications	印数 Printed Copies
合计 Total	11 208	48 394.4	592	8 069.4	347	145 695.9
河北 Hebei						
内蒙古 Inner Mongolia	1 578	8 000.0	139	1 563.0	50	17 605.0
辽宁 Liaoning					7	762.7
吉林 Jilin	1 630	2 294.0	19	104.0	13	3 343.0
黑龙江 Heilongjiang						
浙江 Zhejiang					1	30.0
湖北 Hubei	73	131.0	16	21.2	11	33.0
湖南 Hunan	1 368	0.6			3	59.5
广东 Guangdong					3	0.6
广西 Guangxi	2 791	27 160.9	183	5 053.1	66	55 421.0
海南 Hainan			1			
重庆 Chongqing					5	10.7
四川 Sichuan			7	2.4	7	1 329.3
贵州 Guizhou			3	7.4	11	1 989.7
云南 Yunnan	66	1 095.2	11	7.8	35	1 641.0
西藏 Tibet	343	435.9	23	8.0	14	36 756.0
甘肃 Gansu			1	0.6	2	2.4
青海 Qinghai	100		5	6.5	8	52.1
宁夏 Ningxia	456	1 851.8	29	159.4	13	5 169.0
新疆 Xinjiang	2 803	7 425.0	155	1 136.0	98	21 490.9

14—17 全国少数民族文字出版物情况

Publications with Ethnic Languages of China

单位：种数：种；印数：万册(份)　　unit: number of publications: kind; printed copies: 10 000 copies

年份 Year	图书 Published Books		杂志 Magazines		报纸 Newspapers	
	种数 Number of Publications	印数 Printed Copies	种数 Number of Publications	印数 Printed Copies	种数 Number of Publications	印数 Printed Copies
1952	621	661	15	169	20	2 933
1957	1 763	1 462	35	244	32	2 434
1962	942	910	27	170	32	2 252
1965	1 694	2 480	36	268	36	3 955
1970	312	1 331	5	93	5	3 262
1975	1 226	3 365	18	237	10	6 461
1978	1 386	3 179	35	313	11	7 072
1980	1 921	3 427	42	575	18	7 384
1981	1 904	2 652	63	590	18	6 631
1982	2 270	3 330	75	631	18	7 063
1983	2 327	3 358	74	616	19	7 927
1984	2 524	3 514	76	748	42	15 175
1985	2 759	3 629	109	1 035	57	11 402
1986	2 972	3 635	126	1 085	56	12 561
1987	3 157	4 184	128	1 148	70	13 306
1988	3 294	3 816	541	1 350	76	13 411
1989	3 260	3 853	153	1 280	75	9 031
1990	3 251	3 867	131	1 027	79	14 837
1991	3 575	4 922	142	1 006	81	11 983
1992	3 065	4 326	167	1 354	83	11 981
1993	3 500	5 090	173	1 291	87	11 513
1994	3 248	4 552	178	1 247	92	12 526
1995	3 342	4 791	185	1 197	92	16 833
1996	3 209	5 060	183	1 011	89	14 917
1997	3 429	4 999	184	970	88	10 527
1998	4 108	5 376	184	1 099	83	9 651
1999	4 591	6 021	185	1 009	81	10 486

14—18 全国少数民族文字出版的图书(一)

Published Books with Ethnic Languages of China (1)

种数:种
单位:印数:万册(份)
印张:万印张

number of publications: kind
unit: printed copies: 10 000 copies
printed sheets: 10 000 sheets

年份 Year	总计 Total				书籍 Works			
	种数 Number of Publications		印数 Printed Copies	印张 Printed Sheets	种数 Number of Publications		印数 Printed Copies	印张 Printed Sheets
	合计 Total	#新出 Late Published			合计 Total	#新出 Late Published		
1952	621	534	661	1 714	391	341	281	739
1957	1 763	1 504	1 462	6 320	1 204	1 120	685	3 122
1962	942	627	910	4 111	361	341	202	1 230
1965	1 694	1 290	2 480	9 276	644	560	1 002	4 650
1970	312	247	1 331	4 874	159	134	797	3 556
1975	1 226	1 072	3 365	12 428	762	720	1 868	8 514
1978	1 386	1 120	3 179	12 346	750	689	874	4 914
1979	1 544	12 907	27 077	14 166	8 037	791	716	5 571
1980	1 921	1 456	3 427	16 854	1 047	976	905	6 449
1981	1 904	1 471	2 652	16 249	1 038	973	776	6 991
1982	2 270	1 713	3 330	18 882	1 232	1 132	1 033	7 919
1983	2 237	1 683	3 358	19 783	1 267	1 182	1 113	8 974
1984	2 524	1 931	3 514	21 177	1 483	1 379	1 142	9 854
1985	2 759	2 075	3 629	20 253	1 602	1 478	1 111	8 168
1986	2 972	2 108	3 635	21 030	1 679	1 567	1 021	8 158
1987	3 157	2 022	4 184	22 878	1 752	1 532	1 215	9 134
1988	3 294	1 975	3 816	21 647	1 842	1 580	1 046	7 958
1989	3 260	1 783	3 853	22 059	1 709	1 385	1 124	8 088
1990	3 251	1 869	3 867	21 673	1 734	1 422	1 049	7 853
1991	3 575	1 913	4 922	25 103	1 700	1 369	1 201	8 220
1992	3 065	1 556	4 326	2 549	1 536	1 207	1 096	8 104
1993	3 500	1 995	5 090	26 069	1 704	1 353	1 398	9 087
1994	3 428	1 827	4 552	25 869	2 277	1 535	2 136	12 926
1995	3 342	1 473	4 791	24 943	1 547	1 085	1 411	8 521
1996	3 209	1 431	5 060	26 523	1 607	1 080	1 648	8 635
1997	3 429	1 361	4 999	27 022	1 959	1 143	1 784	9 027
1998	4 108	1 548	5 376	30 291	2 412	1 341	2 164	1 142
1999	4 591	1 828	6 021	34 542	2 367	1 473	1 896	1 156

14—18 全国少数民族文字出版的图书(二)

Published Books with Ethnic Languages of China (2)

种数:种 number of publications: kind

单位:印数:万册(份) unit: printed copies: 10 000 copies

印张:万印张 printed sheets: 10 000 sheets

年 份 Year	课 本 Textbooks				图 片 Photographs			
	种 数 Number of Publications		印 数 Printed Copies	印 张 Printed Sheets	种 数 Number of Publications		印 数 Printed Copies	印 张 Printed Sheets
	合 计 Total	#新出 Late Published books			合 计 Total	#新出 Late Published		
1952	230	193	380	975	41	41	29	18
1957	509	341	759	3 180	50	43	18	18
1962	550	256	640	2 820	31	30	68	61
1965	787	561	1 150	4 404	263	169	328	222
1970	75	35	316	1 144	78	78	218	174
1975	358	246	939	3 481	106	106	558	433
1978	537	340	1 629	6 829	99	91	676	603
1980	808	414	1 958	9 713	66	66	564	692
1981	803	436	1 692	8 998	63	62	184	260
1982	974	517	2 170	10 820	64	64	27	143
1983	975	420	2 020	10 499	85	81	225	310
1984	946	464	2 198	11 145	95	88	174	121
1985	1 084	525	2 326	11 885	73	72	192	201
1986	1 263	515	2 561	12 686	30	26	53	179
1987	1 330	416	2 847	13 566	75	74	124	154
1988	1 400	345	2 669	13 197	52	50	101	299
1989	1 509	356	2 624	13 644	42	42	105	154
1990	1 482	413	2 754	13 582	35	34	64	226
1991	1 828	497	3 671	16 616	47	47	50	233
1992	1 488	309	3 154	14 261	41	40	76	163
1993	1 780	628	3 623	16 837	16	14	71	97
1994	1 137	283	2 361	12 843	14	9	55	99
1995	1 780	373	3 346	16 283	15	15	34	20
1996	1 592	343	3 403	17 860	10	8	9	10
1997	1 464	213	3 204	17 908	6	5	11	24
1998	1 677	193	3 199	18 805	19	14	13	67
1999	2 204	337	4 100	22 871	20	18	25	108

14—19 全国分地区少数民族文字出版的图书(1999年)(一)

Published Books with Ethnic Languages by Region (1999) (1)

种数:种
单位:印数:万册(份)
印张:万印张

number of publications: kind
unit: printed copies: 10 000 copies
printed sheets: 10 000 sheets

地 区 Region	总计 Total 种数 Number of Publications	#新出 Late Published Books	印数 Printed Copies	印张 Printed Sheets	书籍 Total Amount of works 种数 Number of Publications	#新出 Late Published	印数 Printed Copies	印张 Printed Sheets
全国总计 Total	**4 591**	**1 828**	**6 021**	**34 541.6**	**2 367**	**1 473**	**1 896**	**11 562.3**
中 央 Central	**224**	**177**	**109**	**901.1**	**193**	**172**	**51**	**810.7**
民族出版社 The Nationality Publishing House	156	135	44	563.1	156	135	44	563.1
中国地图出版社 China Aflas Maooing Publishing House	30	4	58	89.4				
世界图书出版公司 World Book Publishing Company								
中国藏学出版社 China Tibetological Publishing House	22	22	3	235.5	22	22	3	235.5
新星出版社 New Star Publishing House	6	6	3	8.7	6	6	3	8.7
五洲传播出版社 The Continentals Publishing House	9	9	1	3.4	9	9	1	3.4
中央民族大学出版社 The Central University for Nationality Publishing House	1	1		1.0				
地 方 Local	**4 367**	**1 651**	**5 912**	**33 640.5**	**2 174**	**1 301**	**1 845**	**10 751.6**
山 西 Shanxi								
内蒙古 Inner Mongolia	784	323	850	5 636.1	364	251	272	1 800.1
辽 宁 Liaoning	23	22	3	37.7	23	22	3	37.7
吉 林 Jilin	998	399	1 039	5 968.7	622	300	620	3 189.7
黑龙江 Heilongjiang	39	38	11	139.8	39	38	11	139.8
湖 北 Hubei								
湖 南 Hunan								
上 海 Shanghia								
广 东 Guangdong	7	4	6	29.0	6	4	4	27.0
广 西 Guangxi	1	1		0.7	1	1		0.7
海 南 Hainan								
重 庆 Chongqing								
四 川 Sichuan	273	34	128	477.9	20	17	24	137.9
贵 州 Guizhou	1	1		0.4	1	1		0.4
云 南 Yunnan	23	23	6	30.3	22	22	5	28.5
西 藏 Tibet	235	41	389	1 718.8	25	25	10	102.3
甘 肃 Gansu	28	27	9	143.1	28	27	9	143.1
青 海 Qinghai	233	46	108	566.2	65	40	17	180.8
宁 夏 Ningxia								
新 疆 Xinjiang	1 722	692	3 363	18 891.8	958	553	870	4 963.6

14—19 全国分地区少数民族文字出版的图书(1999年)(二)

Published Books with Ethnic Languages by Region (1999) (2)

种数:种 number of publications: kind
单位:印数:万册(份) unit: printed copies: 10 000 copies
印张:万印张 printed sheets: 10 000 sheets

地区 Region	课本 Total Amount of Texbooks Published				图片 Amount of Photographs			
	种数 Number of Publications	#新出 Late Published Books	印数 Printed Copies	印张 Printed Sheets	种数 Number of Publications	#新出 Late Published	印数 Printed Copies	印张 Printed Sheets
全国总计 Total	**2 204**	**337**	**4 100**	**22 871.0**	**20**	**18**	**25**	**108.3**
中央 Central	**31**	**5**	**58**	**90.4**				
民族出版社 The Nationality Publishing House								
中国地图出版社 China Aflas Maooing Publishing House	30	4	58	89.4				
世界图书出版公司 World Book Publishing Company								
中国藏学出版社 China Tibetological Publishing House								
新星出版社 New Star Publishing House								
五洲传播出版社 The Continentals Publishing House								
中央民族大学出版社 The Central University for Nationality Publishing House	1	1		1.0				
地方 Local	**2 173**	**332**	**4 042**	**22 780.6**	**20**	**18**	**25**	**108.3**
山西 Shanxi								
内蒙古 Inner Mongolia	420	72	578	3 836.0				
辽宁 Liaoning								
吉林 Jilin	375	99	418	2 778.1	1		1	0.9
黑龙江 Heilongjiang								
湖北 Hubei								
湖南 Hunan								
上海 Shanghia								
广东 Guangdong					1		2	2.0
广西 Guangxi								
海南 Hainan								
重庆 Chongqing								
四川 Sichuan	253	17	104	340.0				
贵州 Guizhou								
云南 Yunnan					1	1	1	1.8
西藏 Tibet	209	15	378	1 615.5	1	1	1	1.0
甘肃 Gansu								
青海 Qinghai	165	3	85	382.2	3	3	6	3.2
宁夏 Ningxia								
新疆 Xinjiang	751	126	2 479	13 828.8	13	13	14	99.4

14—20 全国少数民族文字出版的杂志、报纸

Published Magazines and Newspapers with Ethnic Languages

种数:种 number of publications: kind
单位:印数:万册(份) unit: printed copies: 10 000 copies
印张:万印张 printed sheets: 10 000 sheets

年份 Year	杂志 Magazines Published			报纸 Newspaper Published		
	种数 Number of Publications	印数 Printed Copies	印张 Printed Sheets	种数 Number of Publications	印数 Printed Copies	印张 Printed Sheets
1950				14	259	205
1952	15	169	311	20	2 933	2 043
1957	35	244	757	32	2 434	2 432
1962	27	170	617	32	2 252	2 002
1965	36	268	846	36	3 955	4 159
1970	5	93	659	5	3 262	3 880
1975	18	237	1 346	10	6 461	6 211
1978	35	313	2 022	11	7 072	7 416
1979	41	392	2 084	12	6 078	6 291
1980	42	575	2 441	18	7 384	6 231
1981	63	590	2 462	18	6 631	5 541
1982	75	631	2 432	18	7 063	6 598
1983	74	616	2 495	19	7 927	8 377
1984	76	748	3 123	42	15 175	13 657
1985	109	1 035	4 745	57	11 402	9 331
1986	126	1 085	4 991	56	12 561	11 070
1987	128	1 148	4 742	70	13 306	11 571
1988	154	1 350	5 823	76	13 411	11 829
1989	153	1 280	5 188	75	9 031	7 998
1990	131	1 027	4 221	79	14 837	13 957
1991	142	1 006	4 151	81	11 983	10 819
1992	167	1 354	5 124	83	11 981	10 410
1993	173	1 291	5 011	87	11 513	8 831
1994	178	1 247	4 577	92	12 526	12 102
1995	185	1 197	4 544	92	16 833	14 078
1996	183	1 011	3 983	89	14 917	10 728
1997	184	970	3 723	88	10 527	9 596
1998	184	1 099	4 207	83	9 651	9 227
1999	185	1 009	3 919	81	10 486	11 996

14—21 全国分地区少数民族文字出版的杂志(1999 年)(一)

Magazines with Ethnic Languages by Region(1999)(1)

种数:种 number of publications:kind
单位:印数:万册(份) unit:printed copies:10 000 copies
印张:万印张 printed sheets:10 000 sheets

地区 Region	合计 Total				综合类 General			
	种数 Number of Publication	平均期印数 Printed Copies for Average	总印数 Total Printed Copies	总印张 Total Printed Sheets	种数 Number of Publication	平均期印数 Printed Copies for Average	总印数 Total Printed Copies	总印张 Total Printed Sheets
全国总计 Total	**185**	**111.3**	**1 009.2**	**3 919.0**	**26**	**38**	**395.1**	**1 463.4**
中 央 Central	**16**	**12.5**	**83.3**	**331.4**	**7**	**11**	**65.6**	**271.7**
地 方 Local	**169**	**98.8**	**925.9**	**3 587.6**	**19**	**27.0**	**329.5**	**1 191.7**
内蒙古 Inner Mongolia	44	14.4	137.1	503.2	3	1.9	22.8	87.6
辽 宁 Liaoning								
吉 林 Jilin	14	9.7	100.7	506.4	3	2.8	31	128.0
黑龙江 Heilongjiang	3	2.9	17.1	74.0				
湖 北 Hubei								
湖 南 Hunan								
广 东 Guangdong								
广 西 Guangxi	1	0.1	0.7	1.3				
海 南 Hainan								
重 庆 Chongqing								
四 川 Sichuan	4	1.2	5.2	17.6				
贵 州 Guizhou								
云 南 Yunnan	3	0.5	1.6	6.4				
西 藏 Tibet	11	3.6	15.7	67.9	2	0.6	2.4	11.1
甘 肃 Gansu	3	0.5	1.6	8.3				
青 海 Qinghai	6	1.7	7.7	43.2				
宁 夏 Ningxia								
新 疆 Xinjiang	80	64.2	638.5	2 359.3	11	21.7	273.3	965.0

14—21 全国分地区少数民族文字出版的杂志(1999 年)(二)

Magazines with Ethnic Languages by Region(1999)(2)

种数:种 number of publications:kind
单位:印数:万册(份) unit:printed copies:10 000 copies
印张:万印张 printed sheets:10 000 sheets

地区 Region	哲学、社会科学类 Philosophy and Social Science				自然科学、技术类 Natural Science and Technology			
	种数 Number of Publication	平均期印数 Printed Copies for Average	总印数 Total Printed Copies	总印张 Total Printed Sheets	种数 Number of Publication	平均期印数 Printed Copies for Average	总印数 Total Printed Copies	总印张 Total Printed Sheets
全国总计 Total	**47**	**18.9**	**133.1**	**456.9**	**28**	**7.2**	**46.5**	**159.3**
中　央 Central	**3**	**1.1**	**12.8**	**38.2**				
地　方 Local	**44**	**17.8**	**120.3**	**418.7**	**28**	**7.2**	**46.5**	**159.3**
内蒙古 Inner Mongolia	13	4.1	37.8	136.2	7	1.5	12	40.8
辽　宁 Liaoning								
吉　林 Jilin	2	1	9.9	39.6	1	0.2	1.2	3.6
黑龙江 Heilongjiang								
湖　北 Hubei								
湖　南 Hunan								
广　东 Guangdong								
广　西 Guangxi								
海　南 Hainan								
重　庆 Chongqing								
四　川 Sichuan	2	0.8	3.2	9.6				
贵　州 Guizhou								
云　南 Yunnan								
西　藏 Tibet	4	1.8	8.3	24.2				
甘　肃 Gansu	2	0.2	0.4	2.0				
青　海 Qinghai	2	0.3	1.5	5.6				
宁　夏 Ningxia								
新　疆 Xinjiang	19	9.6	59.2	201.5	20	5.5	33.3	114.9

14—21 全国分地区少数民族文字出版的杂志(1999年)(三)

Magazines with Ethnic Languages by Region(1999)(3)

种数:种 number of publications:kind

单位:印数:万册(份) unit:printed copies:10 000 copies

印张:万印张 printed sheets:10 000 sheets

地区 Region	文化、教育类 Culture and Education				文学、艺术类 Literature and Arts			
	种数 Nember of Publication	平均期印数 Printed Copies for Average	总印数 Total Printed Copies	总印张 Total Printed Sheets	种数 Nember of Publication	平均期印数 Printed Copies for Average	总印数 Total Printed Copies	总印张 Total Printed Sheets
全国总计 Total	**15**	**12.3**	**128.2**	**448.9**	**57**	**28.9**	**241.7**	**1 207.3**
中 央 Central								
地 方 Local	**15**	**12.3**	**128.2**	**448.9**	**57**	**28.9**	**241.7**	**1 207.3**
内蒙古 Inner Mongolia	5	1	8.5	32.4	14	3.2	23.8	142.0
辽 宁 Liaoning								
吉 林 Jilin	1	1.5	17.8	88.9	6	2.4	19.8	162.3
黑龙江 Heilongjiang					3	2.9	17.1	74.0
湖 北 Hubei								
湖 南 Hunan								
广 东 Guangdong								
广 西 Guangxi					1	0.1	0.7	1.3
海 南 Hainan								
重 庆 Chongqing								
四 川 Sichuan	1	0.3	1.8	7.2	1	0.1	0.2	0.8
贵 州 Guizhou								
云 南 Yunnan					3	0.5	1.6	6.4
西 藏 Tibet	2	0.6	2.2	13.1	3	0.6	2.8	19.5
甘 肃 Gansu					1	0.3	1.2	6.3
青 海 Qinghai	1	0.4	2.1	10.5	3	1	4.1	27.1
宁 夏 Ningxia								
新 疆 Xinjiang	5	8.5	95.8	296.8	22	17.8	170.4	767.6

14—21 全国分地区少数民族文字出版的杂志(1999年)(四)

Magazines with Ethnic Languages by Region(1999)(4)

种数:种 number of publications: kind
单位:印数:万册(份) unit: printed copies: 10 000 copies
印张:万印张 printed sheets: 10 000 sheets

地区 Region	少儿读物类 Books Published for Children				画刊类 Pictorials			
	种数 Number of Publication	平均期印数 Printed Copies for Average	总印数 Total Printed Copies	总印张 Total Printed Sheets	种数 Number of Publication	平均期印数 Printed Copies for Average	总印数 Total Printed Copies	总印张 Total Printed Sheets
全国总计 Total	**4**	**5.3**	**58**	**153.0**	**8**	**0.7**	**6.6**	**30.2**
中 央 Central					**6**	**0.4**	**4.9**	**21.5**
地 方 Local	**4**	**5.3**	**58**	**153.0**	**2**	**0.3**	**1.7**	**8.7**
内蒙古 Inner Mongolia	2	2.7	32.2	64.2				
辽 宁 Liaoning				84.0				
吉 林 Jilin	1	1.8	21					
黑龙江 Heilongjiang								
湖 北 Hubei								
湖 南 Hunan								
广 东 Guangdong								
广 西 Guangxi								
海 南 Hainan								
重 庆 Chongqing								
四 川 Sichuan								
贵 州 Guizhou								
云 南 Yunnan								
西 藏 Tibet								
甘 肃 Gansu								
青 海 Qinghai								
宁 夏 Ningxia								
新 疆 Xinjiang	1	0.8	4.8	4.8	2	0.3	1.7	8.7

14—22 全国分地区少数民族文字出版的报纸(1999年)

Newspapers with Ethnic Languages by Region(1999)

种数:种 number of publications: kind
单位:印数:万册(份) unit: printed copies: 10 000 copies
印张:万印张 printed sheets: 10 000 sheets

地区 Region	合计 Total				#省、自治区、直辖市级 Province, Autonomous Regions and Cities directly under Central Government			
	种数 Number of Publication	平均期印数 Printed Copies for Average	总印数 Total Printed Copies	总印张 Total Printed Sheets	种数 Number of Publication	平均期印数 Printed Copies for Average	总印数 Total Printed Copies	总印张 Total Printed Sheets
全国总计 Total	81	85.76	10 486	11 996.1	24	27.73	5 050	5 291.1
中 央 Central								
地 方 Local	81	85.76	10 486	11 996.1	24	27.73	5 050	5 291.1
内蒙古 Inner Mongolia	3	0.91	257	237.0	2	0.71	255	236.0
辽 宁 Liaoning	3	2.11	316	274.0	1	1.5	234	234.0
吉 林 Jilin	9	30.29	2 334	3 928.0	1	4	208	104.0
黑龙江 Heilongjiang	1	1.8	531	531.0	1	1.8	531	531.0
湖 北 Hubei								
湖 南 Hunan								
广 东 Guangdong								
广 西 Guangxi	1	0.3	16	7.8	1	0.3	16	7.8
海 南 Hainan								
重 庆 Chongqing								
四 川 Sichuan	3	0.84	147	73.8				
贵 州 Guizhou								
云 南 Yunnan	5	0.54	47	24.4				
西 藏 Tibet	6	3.24	722	722.0	3	2.24	625	625.0
甘 肃 Gansu	1	0.14	22	10.9				
青 海 Qinghai	5	1.14	64	43.4	4	0.89	51	36.9
宁 夏 Ningxia								
新 疆 Xinjiang	44	44.45	6 030	6 143.8	11	16.29	3 130	3 516.4

主要统计指标解释

文化事业机构　指从事专业文化工作和为专业文化工作服务的独立建制的单独核算的单位。不包括这些单位另外举办独立核算的其他机构和各部门的业余文化组织。

艺术表演团体　指从事戏曲、音乐、舞蹈、杂技等专业技术表演，有独立账户，实行单独核算的团体。不包括半工半艺、半农半艺的业余剧团。

电影放映单位　指具有放映机器设备、固定或不固定的放映场所与专职或兼职的放映技术人员，经有关部门登记批准，经常为一定的观众对象放映电影的机构。包括经批准对外开放进行营业，并与电影发行放映管理机构分账的专用放映单位和军委系统租片单位。

15 卫生、体育
Public Health And Sports

15—1 民族自治地方卫生机构、床位、人员

Health Care Institutions, Beds and
Personnel of Minority National Autonomous Areas

年 份 Yesar	机 构（个） Health Care Institutions	#医院、卫生院 Hospitals	床 位（张） Beds	#医院、卫生院 Hospital Beds	卫生技术人员（人） Medical Technical Personnel	#医 生 Doctors
1949	361	230	3 310		3 531	
1952	1 176	378	5 711		17 877	
1957	13 819	603	26 470	20 773	65 649	26 825
1962	19 763	3 203	94 769	71 356	129 818	59 086
1965	25 306	6 275	120 781	89 497	156 889	72 832
1975	21 575	9 749	219 055	190 980	232 218	97 957
1978	23 934	10 191	253 520	22 927	279 387	120 711
1980	26 073	10 433	271 463	241 679	324 300	140 752
1981	27 604	10 735	276 119	246 922	353 395	154 439
1982	28 237	10 803	281 555	251 805	468 850	159 927
1983	28 800	11 349	290 067	267 382	387 690	169 141
1984	29 794	11 659	302 321	279 259	406 880	176 305
1985	30 432	10 061	312 137	288 732	423 733	182 503
1986	31 168	10 012	318 144	294 676	435 882	186 717
1987	31 838	10 129	332 116	307 350	451 429	192 597
1988	31 931	10 520	338 892	313 677	463 900	215 187
1989	31 081	10 342	347 555	321 659	478 304	224 851
1990	31 973	10 574	359 382	331 955	488 661	230 088
1991	32 142	10 680	365 439	338 425	500 254	232 819
1992	31 075	10 210	375 377	347 194	512 996	236 402
1993	30 642	10 389	419 873	380 079	545 934	253 329
1994	30 588	12 482	415 203	380 626	554 220	259 481
1995	28 957	12 331	387 139	357 024	527 438	250 733
1996	15 706	12 201	370 171	349 457	455 220	209 508
1997	16 111	12 461	378 905	357 059	475 731	220 647
1998	16 724	12 859	392 671	370 449	498 720	233 290
1999	16 733	12 464	379 121	357 972	482 722	230 138

注：1. 本表未扣除区域变动因素，年度之间不可比，下同。

2. 1996 年以后机构数不含诊所数。下同。

Note: 1. The factor of regional changes is not deducted so data among years are not comparable. The next is the same.

2. The number of institution after 1996 is excluding the clinics. The same below.

15—2 民族自治地方卫生机构

Health Care Institutions of Minority National Autonomous Areas

单位:个　　(unit)

年份 Year	合计 Total	医院 Hospitals	卫生院 Township Hospitals	疗养院、所 Sanatoriums	门诊部 Clinics	专科防治所、站 Specialized Stations	卫生防疫站 Sanitation and Disease Control Stations	妇幼保健所、站 Maternity and Childcare Center	其他 Others
1957	13 819	603		17	5 541		146	641	6 871
1962	19 763	3 203		69	15 279		387	363	462
1965	25 306	6 275		43	17 626		485	427	450
1975	21 575	9 749		25	10 292		633	412	464
1978	23 934	10 191		30	11 866		649	478	720
1979	25 027	10 254		30	12 676	124	635	478	830
1980	26 073	10 433		34	13 457	140	672	497	840
1981	27 604	10 735		36	14 661	146	694	505	827
1982	28 237	10 803		41	15 175	164	720	511	823
1983	28 800	11 349		44	15 130	173	727	522	855
1984	29 794	11 659		43	15 713	187	763	545	884
1985	30 432	10 061		47	17 761	221	817	559	966
1986	31 168	10 012		47	18 342	249	847	591	1 080
1987	31 838	10 129		49	18 817	277	873	600	1 093
1988	31 931	10 520		48	18 488	283	862	603	1 127
1989	31 081	10 342		46	17 744	291	892	606	1 160
1990	31 973	10 574		48	18 312	300	910	625	1 204
1991	32 142	10 680		48	18 307	313	915	634	1 245
1992	31 075	10 210		49	11 568	315	930	640	1 363
1993	30 642	10 389		64	16 772	309	1 004	649	1 423
1994	30 588	12 482		65	14 651	350	994	643	1 403
1995	28 957	12 331		45	13 282	331	995	630	1 343
1996	15 706	2 548	9 653	44	377	311	881	593	1 299
1997	16 111	2 606	9 855	44	435	320	893	609	1 349
1998	16 724	2 691	10 168	41	543	340	920	624	1 397
1999	16 733	2 681	9 783	38	1 124	329	887	529	1 362

注:1995年以前卫生院数字含在医院数中。

Note:Before 1995 the number of township hospitals include in the number of hospitals.

15—3 民族自治地方卫生机构床位

Number of Beds in Health Care

Institutions of Minority National Autonomous Areas

单位:张 (unit)

年份 Year	合计 Total	医院 Hospital	卫生院 Township Hospitals	疗养院、所 Sanatoriums	门诊部、所 Clinics	专科防治所、站 Specialized Stations	卫生防疫站 Sanitation and Disease Control Stations	妇幼保健所、站 Maternity and Childcare Center	其他 Others
1957	26 470	20 773		1 277					4 420
1962	94 769	71 356		4 954					18 459
1965	120 781	89 497		3 732					27 552
1975	219 055	190 980		3 178					24 897
1978	253 520	220 927		3 482					29 111
1979	263 202	230 877		3 736	25 127	1 035	60	426	1 941
1980	271 463	241 679		4 318	21 471	1 248	60	661	2 026
1981	276 119	246 922		4 844	19 735	1 299	60	882	2 377
1982	281 555	251 805		5 436	19 811	1 174	60	1 063	2 206
1983	290 067	267 382		5 651	12 034	1 234	60	1 376	2 321
1984	302 321	279 259		5 851	12 120	1 113	60	1 530	2 388
1985	312 137	288 732		6 213	11 972	770	75	1 536	2 839
1986	318 144	294 676		6 367	11 191	944	75	1 824	3 067
1987	332 116	307 350		6 681	11 589	1 090	84	1 994	3 328
1988	338 892	313 677		6 294	11 756	967	118	2 130	3 950
1989	347 555	321 659		5 981	11 757	1 384	116	2 261	4 391
1990	359 382	331 955		6 262	12 051	1 717	117	2 509	4 771
1991	365 439	338 425		6 157	11 548	1 772	216	2 533	4 788
1992	375 377	347 194		6 508					
1993	419 813	380 079		12 088	12 709	1 761	146	3 464	5 913
1994	415 203	380 626		11 464	12 087	1 087	68	3 478	5 593
1995	387 139	357 024		6 511	12 017	1 621	241	4 076	5 649
1996	370 171	257 701	91 756	6 588	2 720	1 308	238	4 578	5 282
1997	378 905	260 708	96 351	6 667	2 957	1 571	286	5 276	5 089
1998	382 761	272 202	98 247	6 637	2 600	1 550	293	5 697	5 448
1999	379 121	261 888	96 084	6 256	3 266	1 465	317	4 696	5 149

注:1995 年以前卫生院数字含在医院数中。

Note:Before 1995 the number of township hospitals include in the number of hospitals.

15—4 民族自治地方分地区卫生机构、床位(1999年)(一)

Health Care Institutions and Beds
by Region of Minority National Autonomous Areas(1999)(1)

单位:个、张 (unit)

地区 Region	合计 Total		医院 Hospital					
	机构 Health Care Institutions	床位 Beds	机构 Health Care Institutions	床位 Beds	市 City		县 County	
					机构 Health Care Institutions	床位 Beds	机构 Health Care Institutions	床位 Beds
合 计 Total	**16 733**	**379 121**	**2 681**	**261 888**	**1 020**	**136 410**	**1 661**	**125 478**
河 北 Hebei	230	3 627	14	1 861	0	0	14	1 861
内蒙古 Inner Mongolia	2 170	52 526	391	36 676	173	22 649	218	14 027
辽 宁 Liaoning	302	10 616	44	6 266	5	770	39	5 496
吉 林 Jilin	327	11 450	75	8 617	50	6 394	25	2 223
黑龙江 Heilongjiang	20	321	3	265	0	0	3	265
浙 江 Zhejiang	42	345	1	183	0	0	1	183
湖 北 Hubei	946	7 593	25	3 525	7	1 508	18	2 017
湖 南 Hunan	558	10 211	45	5 852	6	1 260	39	4 592
广 东 Guangdong	64	1 043	9	606	0	0	9	606
广 西 Guangxi	2 363	85 426	551	64 039	250	38 727	301	25 312
海 南 Hainan	267	6 486	76	5 116	22	2 209	54	2 907
重 庆 Chongqing	432	3 908	11	1 498	0	0	11	1 498
四 川 Sichuan	1 695	15 313	128	9 426	13	1 821	115	7 605
贵 州 Guizhou	1 361	21 405	131	11 713	39	4 755	92	6 958
云 南 Yunnan	1 634	45 298	296	28 468	80	9 825	216	18 643
西 藏 Tibet	951	6 440	107	4 462	9	1 450	98	3 012
甘 肃 Gansu	463	5 116	49	3 310	5	746	44	2 564
青 海 Qinghai	536	8 021	102	6 192	10	766	92	5 426
宁 夏 Ningxia	470	13 274	95	11 145	61	7 614	34	3 531
新 疆 Xinjiang	1 902	70 702	528	52 668	290	35 916	238	16 752

15—4 民族自治地方分地区卫生机构、床位(1999年)(二)

Health Care Institutions and Beds

by Region of Minority National Autonomous Aeras(1999)(2)

单位:个、张 (unit)

地区 Region		卫生院 合计 Total 机构 Health Care Institutions	卫生院 合计 Total 床位 Beds	#乡卫生院 机构 Health Care Institutions	#乡卫生院 床位 Beds	门诊部 Clinics 机构 Health Care Institutions	门诊部 Clinics 床位 Beds
合　计	Total	**9 786**	**96 084**	**8 104**	**61 105**	**1 124**	**3 266**
河　北	Hebei	193	1 604	155	664	1	30
内蒙古	Inner Mongolia	1 218	12 906	978	8 398	116	90
辽　宁	Liaoning	195	3 243	153	2 079	10	37
吉　林	Jilin	144	1929	114	1 099	11	15
黑龙江	Heilongjiang	13	36	11	36	0	0
浙　江	Zhejiang	38	162	33	66	0	0
湖　北	Hubei	150	3 070	113	2 031	725	794
湖　南	Hunan	385	4 034	307	2 178	0	0
广　东	Guangdong	39	373	34	217	1	12
广　西	Guangxi	1 313	19 179	1 133	12 415	33	107
海　南	Hainan	122	1 258	97	713	1	0
重　庆	Chongqing	347	1 901	301	972	2	2
四　川	Sichuan	1 314	4 761	1 075	1 670	33	264
贵　州	Guizhou	948	8 398	709	4 707	10	35
云　南	Yunnan	904	13 528	719	8 517	7	58
西　藏	Tibet	717	1 793	680	1 679	0	0
甘　肃	Gansu	321	1 503	250	763	7	22
青　海	Qinghai	338	1 597	258	849	0	0
宁　夏	Ningxia	275	1 529	236	511	7	94
新　疆	Xinjiang	809	13 280	748	11 541	160	1 706

15—4 民族自治地区分地区卫生机构、床位(1999年)(三)

Health Care Institutions and Beds

by Region of Minority National Autonomous Areas(1999)(3)

单位:个、张 (unit)

地区 Region	疗养院、所 Sanatoriums		专科防治所、站 Specialized Stations		卫生防疫站 Sanitation and Disease Control Stations		妇幼保健所、站 Maternity and Childcare Centers		其他卫生机构 Others	
	机构 Health Care Institu-ions	床位 Beds	机构 Health Care Institu-ions	床位 Beds	机构 Health Care Institu-ions	床位 Beds	机构 Health Care Institu-ions	床位 Beds	机构 Health Care Institu-ions	床位 Beds
合 计 Total	38	6 256	329	1 465	887	317	529	4 696	1 362	5 149
河 北 Hebei	1	70	2	0	6	0	5	62	8	0
内蒙古 Inner Morgolia	10	1 823	55	135	117	9	84	642	179	245
辽 宁 Liaoning	3	900	16	55	9	60	7	55	18	0
吉 林 Jilin	3	210	11	38	20	0	15	111	48	530
黑龙江 Heilongjiang	0	0	1	0	1	0	1	20	1	0
浙 江 Zhejiang	0	0	0	0	1	0	1	0	1	0
湖 北 Hubei	0	0	2	15	11	8	9	181	24	0
湖 南 Hunan	0	0	16	80	16	0	16	245	80	0
广 东 Guangdong	0	0	3	0	3	0	2	17	7	35
广 西 Guangxi	8	1 245	66	85	112	0	16	93	264	678
海 南 Hainan	0	0	18	0	12	0	10	92	28	20
重 庆 Chongqing	0	0	6	40	6	0	6	113	54	354
四 川 Sichuan	0	0	20	76	54	0	53	403	93	383
贵 州 Guizhou	0	0	29	0	49	0	42	451	152	808
云 南 Yunnan	2	317	51	90	441	127	84	1 327	200	1 032
西 藏 Tibet	1	120	1	0	82	0	32	65	11	0
甘 肃 Gansu	0	0	5	0	21	0	20	125	40	156
青 海 Qinghai	0	0	2	0	44	13	31	219	19	0
宁 夏 Ningxia	2	150	9	80	27	0	25	276	30	0
新 疆 Xinjiang	8	1 421	16	420	206	100	70	199	105	908

15—5 民族自治地方分地区卫生部门卫生机构、床位(1999年)(一)

Health Care Institutions and Beds of Health Care
Departments by Region of Minority National Autonomous Areas(1999)(1)

单位:个、张 (unit)

地区 Region	合计 Total		医院 Hospital					
	机构 Health Care Institutions	床位 Beds	机构 Health Care Institutions	床位 Beds	市 City		县 Couty	
					机构 Health Care Institutions	床位 Beds	机构 Health Care Institutions	床位 Beds
合　计 Total	**11 135**	**261 384**	**1 433**	**183 967**	**375**	**85 621**	**1 058**	**98 346**
河　北 Hebei	69	2 796	12	1 791			12	1 791
内蒙古 Inner Morgolia	1 096	31 451	190	24 228	67	14 049	123	10 179
辽　宁 Liaoning	185	7 951	35	5 770	4	740	31	5 030
吉　林 Jilin	218	7 277	32	5 520	19	3 916	13	1 604
黑龙江 Heilongjiang	20	321	3	265			3	265
浙　江 Zhejiang	9	279	1	183			1	183
湖　北 Hubei	217	6 472	21	3 198	4	1 201	17	1 997
湖　南 Hunan	299	7 902	35	5 277	3	970	32	4 307
广　东 Guangdong	60	956	7	566			7	566
广　西 Guangxi	2 079	71 801	327	52 229	124	31 088	203	21 141
海　南 Hainan	193	3 455	16	2 105	8	1 154	8	951
重　庆 Chongqing	83	2 528	10	1 438			10	1 438
四　川 Sichuan	1 277	11 339	73	6 710	6	1 311	67	5 399
贵　州 Guizhou	1 260	17 758	91	8 894	14	2 558	77	6 366
云　南 Yunnan	1 392	35 757	151	20 438	26	5 863	125	14 575
西　藏 Tibet	949	6 315	106	4 457	9	1 450	97	3 007
甘　肃 Gansu	390	4 486	40	2 886	4	700	36	2 186
青　海 Qinghai	479	6 273	71	4 663	3	381	68	4 282
宁　夏 Ningxia	412	10 248	42	8 269	20	5 117	22	3 152
新　疆 Xinjiang	448	26 019	170	25 080	64	15 123	106	9 957

15—5 民族自治地区分地区卫生部门卫生机构、床位(1999年)(二)

Health Care Institutions and Beds of Health Care Departments by Region of Minority National Autonomous Areas(1999)(2)

单位:个、张 (unit)

地区 Region	卫生院合计 Total		#乡卫生院		门诊部 Clinics	
	机构 Health Care Institutions	床位 Beds	机构 Health Care Institutions	床位 Beds	机构 Health Care Institutions	床位 Beds
合　计 Total	7 025	69 255	5 440	36 652	55	337
河　北 Hebei	37	913			1	30
内蒙古 Inner Morgolia	510	5 877	284	1 646	5	
辽　宁 Liaoning	101	2 011	61	957	1	
吉　林 Jilin	107	1 578	78	764		
黑龙江 Heilongjiang	13	36	11	36		
浙　江 Zhejiang	5	96				
湖　北 Hubei	150	3 070	113	2 031		
湖　南 Hunan	137	2 300	63	461		
广　东 Guangdong	39	373	34	217		
广　西 Guangxi	1 304	19 005	1 125	12 271	11	74
海　南 Hainan	122	1 258	97	713	1	
重　庆 Chongqing	47	937	2	20		
四　川 Sichuan	1 021	3 934	790	971	15	116
贵　州 Guizhou	948	8 398	709	4 707	1	0
云　南 Yunnan	895	13 369	711	8 378	4	3
西　藏 Tibet	717	1 793	680	1 679		
甘　肃 Gansu	283	1 400	212	660	2	20
青　海 Qinghai	314	1 378	234	630		
宁　夏 Ningxia	275	1 529	236	511	6	94
新　疆 Xinjiang					8	

15—5 民族自治地方分地区卫生部门卫生机构、床位(1999 年)(三)

Health Care Institutions and Beds of Health Care Departments by Region of Minority National Autonomous Areas(1999)(3)

单位:个、张 (unit)

地区 Region	疗养院、所 Sanatoriums		专科防治所、站 Specialized Stations		卫生防疫站 Sanitation and Disease Control Stations		妇幼保健所、站 Maternity and Childcare Centers		其他卫生机构 Others	
	机构 Health Care Institu-ions	床位 Beds	机构 Health Care Institu-ions	床位 Beds	机构 Health Care Institu-ions	床位 Beds	机构 Health Care Institu-ions	床位 Beds	机构 Health Care Institu-ions	床位 Beds
合 计 Total	**4**	**585**	**318**	**1 465**	**736**	**217**	**517**	**4 666**	**1 047**	**892**
河 北 Hebei			2		6	3	5	62	6	
内蒙古 Inner Morgolia	3	335	47	135	89	9	80	642	172	225
辽 宁 Liaoning			16	55	9	60	7	55	16	
吉 林 Jilin			11	38	12		9	111	47	30
黑龙江 Heilongjiang			1		1		1	20	1	
浙 江 Zhejiang					1		1		1	
湖 北 Hubei			2	15	11	8	9	181	24	
湖 南 Hunan			16	80	16		16	245	79	
广 东 Guangdong			3		3		2	17	6	
广 西 Guangxi			64	85	104		16	93	253	315
海 南 Hainan			18		9		9	92	18	
重 庆 Chongqing			6	40	6		6	113	8	
四 川 Sichuan			20	76	53		53	403	42	100
贵 州 Guizhou			28		49		42	451	101	15
云 南 Yunnan			51	441	88	127	84	1 327	119	52
西 藏 Tibet			1		82		32	65	11	
甘 肃 Gansu			5		21		20	125	19	55
青 海 Qinghai			2		42	13	31	219	19	
宁 夏 Ningxia			9	80	25		25	276	30	
新 疆 Xinjiang	1	250	16	420	109		69	169	75	100

15—6 民族自治地方专业卫生人员

Full－time Persons in Public
Health Care of Minority National Autonomous Areas

单位:人 (Person)

年份 Year	专业卫生人员 Health Care Personnel	#卫生技术人员 Medical Technical Personnel	#中医 Traditional Chinese Medicine	#西医师 Western Medicine Senior	#西医士 Western Medicine Junior	#中、西医结合高级医师 Senior Doctors who Integrate Traditional Chinese Therapeutics with Western
1957	77 221	65 649	15 014	2 997	8 814	
1962	152 872	129 818	25 980	10 360	22 764	
1965	184 446	156 889	26 448	17 860	28 524	
1975	288 559	232 218	16 126	35 498	46 333	
1978	349 249	279 387	20 575	42 574	57 562	
1979	379 396	302 034	22 663	45 174	61 018	
1980	407 629	324 300	24 770	52 258	63 724	
1981	443 076	353 395	28 562	58 808	66 940	129
1982	461 245	368 850	30 106	60 692	68 954	175
1983	482 042	387 690	32 706	65 544	70 723	168
1984	505 994	406 880	37 010	65 707	73 377	211
1985	526 965	432 733	39 634	64 999	77 710	160
1986	544 777	435 882	39 909	66 237	80 391	180
1987	562 349	451 429	41 722	69 372	81 304	199
1988	573 682	463 900	43 647	114 098	57 023	419
1989	592 461	478 304	44 250	123 978	65 180	443
1990	606 085	488 661	44 266	127 894	57 470	458
1991	621 172	500 254	42 922	129 825	59 664	408
1992	638 230	512 996	42 764	130 294	62 864	480
1993	693 651	548 899	44 089	143 005	61 875	755
1994	696 548	554 240	43 862	152 530	62 169	920
1995	657 512	527 438	41 406	146 031	62 171	1 125
1996	579 693	455 220				
1997	601 826	475 731				
1998	629 331	498 720				
1999	606 016	482 722				

15—7 民族自治地方分地区专业卫生人员(1999年)(一)

Full－time Health Care Personal by Region
of Minority National Autonomous Areas(1999)(1)

单位:人 (Person)

地区 Region	卫生人员合计 Health Care Personnel	#卫生技术人员 Medical Technical Personnel	#医生 Doctors
合　计 Total	**606 016**	**482 722**	**230 138**
河　北 Hebei	5 329	4 499	2 361
内蒙古 Inner Mongolia	93 870	75 151	38 169
辽　宁 Liaoning	14 459	11 109	5 159
吉　林 Jilin	21 130	16 644	7 179
黑龙江 Heilongjiang	666	498	248
浙　江 Zhejiang	654	535	281
湖　北 Hubei	14 119	12 168	5 189
湖　南 Hunan	14 490	12 081	5 579
广　东 Guangdong	1 748	1 437	652
广　西 Guangxi	139 128	107 461	48 027
海　南 Hainan	11 897	9 275	3 894
重　庆 Chongqing	6 333	5 510	2 775
四　川 Sichuan	21 315	17 891	9 951
贵　州 Guizhou	34 189	29 087	16 347
云　南 Yunnan	59 907	47 886	24 171
西　藏 Tibet	10 259	8 194	4 696
甘　肃 Gansu	8 582	7 277	4 053
青　海 Qinghai	10 839	9 119	4 392
宁　夏 Ningxia	24 443	18 741	8 448
新　疆 Xinjiang	112 659	88 159	38 567

15—7 民族自治地方分地区专业卫生人员(1999年)(二)

Full－time Health Care Personal by Region
of Minority National Autonomous Areas(1999)(2)

单位:人 (Person)

地区 Region	市属卫生人员 Health Care Personnel at City Level	#卫生技术人员 Medical Technical Personnel	#医生 Doctors	县属专业卫生人员 Health Care Personnel at County Level	#卫生技术人员 Medical Technical Personnel	#医生 Doctors
合　计 Total	**270 290**	**205 341**	**90 283**	**335 726**	**277 381**	**139 855**
河　北 Hebei	96	86	48	5 233	4 413	2 313
内蒙古 Inner Morgolia	47 944	36 408	17 135	45 926	38 743	21 034
辽　宁 Liaoning	2 098	1 720	812	12 361	9 389	4 347
吉　林 Jilin	12 932	10 091	4 215	8 198	6 553	2 964
黑龙江 Heilongjiang	19	16	9	647	482	239
浙　江 Zhejiang	46	33	23	608	502	258
湖　北 Hubei	5 312	4 597	2 005	8 807	7 571	3 184
湖　南 Hunan	2 288	1 720	710	12 202	10 361	4 869
广　东 Guangdong	31	27	12	1 717	1 410	640
广　西 Guangxi	72 885	54 363	22 874	66 243	53 098	25 153
海　南 Hainan	5 167	3 871	1 556	6 730	5 404	2 338
重　庆 Chongqing				6 333	5 510	2 775
四　川 Sichuan	3 801	2 899	1 334	17 514	14 992	8 617
贵　州 Guizhou	9 716	7 590	3 574	24 473	21 497	12 773
云　南 Yunnan	16 974	13 065	5 856	42 933	34 821	18 315
西　藏 Tibet	3 406	2 350	1 223	6 853	5 844	3 473
甘　肃 Gansu	1 705	1 385	640	6 877	5 892	3 413
青　海 Qinghai	1 458	1 140	460	9 381	7 979	3 932
宁　夏 Ningxia	15 152	11 125	4 503	9 291	7 616	3 945
新　疆 Xinjiang	69 260	52 855	23 294	43 399	35 304	15 273

15—8 民族自治地方分地区卫生部门专业卫生人员(1999年)(一)

Full - time Health Care Personnel in Health Care

Departments by Region of Minority National Autonomous Areas(1999)(1)

单位:人 (Person)

地区 Region		专业卫生人员 Health Care Personnel	#卫生技术人员 Medical Technical Personnel	#医生 Doctors
合 计	Total	441 252	351 117	168 585
河 北	Hebei	3 975	3 233	1 549
内蒙古	Inner Mongolia	60 255	48 325	24 503
辽 宁	Liaoning	11 269	8 686	4 022
吉 林	Jilin	14 833	11 747	5 109
黑龙江	Heilongjiang	666	498	248
浙 江	Zhejiang	472	355	148
湖 北	Hubei	11 637	9 791	3 872
湖 南	Hunan	11 977	9 794	4 238
广 东	Guangdong	1 682	1 382	619
广 西	Guangxi	121 765	94 862	42 337
海 南	Hainan	7 032	5 297	2 107
重 庆	Chongqing	4 007	3 352	1 730
四 川	Sichuan	16 711	13 925	7 787
贵 州	Guizhou	30 295	26 035	14 832
云 南	Yunnan	50 438	40 522	20 865
西 藏	Tibet	10 198	8 167	4 686
甘 肃	Gansu	7 653	6 455	3 608
青 海	Qinghai	8 779	7 391	3 715
宁 夏	Ningxia	20 537	15 693	7 264
新 疆	Xinjiang	47 071	35 607	15 346

15—8 民族自治地方分地区卫生部门专业卫生人员(1999年)(二)

Full－time Health Care Personnel in Health Care

Departments by Region of Minority National Autonomous Areas(1999)(2)

单位:人 (Person)

地区 Region	市属卫生人员 Health Care Personnel at City Level	#卫生技术人员 Medical Technical Personnel	#医生 Doctors	县属专业卫生人员 Health Care Personnel at County Level	#卫生技术人员 Medical Technical Personnel	#医生 Doctors
合　计 Total	**179 674**	**136 326**	**59 612**	**261 578**	**214 791**	**108 973**
河　北 Hebei	33	31	23	3 942	3 202	1 526
内蒙古 Inner Mongolia	30 402	23 386	11 153	29 853	24 939	13 350
辽　宁 Liaoning	1 724	1 394	653	9 545	7 292	3 369
吉　林 Jilin	8 685	6 761	2 832	6 148	4 986	2 277
黑龙江 Heilongjiang	19	16	9	647	482	239
浙　江 Zhejiang	39	26	17	433	329	131
湖　北 Hubei	3 991	3 367	1 339	7 646	6 424	2 533
湖　南 Hunan	2 062	1 556	658	9 915	8 238	3 580
广　东 Guangdong	31	27	12	1 651	1 355	607
广　西 Guangxi	60 142	45 472	18 753	61 623	49 390	23 584
海　南 Hainan	3 497	2 561	1 001	3 535	2 736	1 106
重　庆 Chongqing				4 007	3 352	1 730
四　川 Sichuan	2 815	2 097	959	13 896	11 828	6 828
贵　州 Guizhou	7 130	5 587	2 766	23 165	20 448	12 066
云　南 Yunnan	12 029	9 348	4 263	38 409	31 174	16 602
西　藏 Tibet	3 355	2 331	1 216	6 843	5 836	3 470
甘　肃 Gansu	1 582	1 291	580	6 071	5 164	3 028
青　海 Qinghai	884	683	273	7 895	6 708	3 442
宁　夏 Ningxia	11 722	8 480	3 484	8 815	7 213	3 780
新　疆 Xinjiang	29 532	21 912	9 621	17 539	13 695	5 725

15—9 民族自治地方少数民族专业卫生人员

Full－time Ethnic Persons in Public Health Care of Minority National Autonomous Areas

单位:人 (Person)

年份 Year	专业卫生人员 Health Care Personnel	#卫生技术人员 Medical Technical Personnel	#中医 Traditional Chinese Medicine	#西医师 Western Medicine Senior	#西医士 Western Medicine Junior	#中、西医结合高级医师 Senior Doctors who Integrate Traditional Chinese Therapeutics with Western
1980	71 694	56 823	5 815	8 656	13 782	
1981	96 115	74 843	7 318	11 197	18 556	9
1982	100 672	80 521	8 083	12 038	18 943	19
1983	108 287	87 216	8 803	13 509	20 104	30
1984	117 473	95 310	10 928	13 818	22 252	36
1985	135 745	105 656	11 884	14 926	22 792	23
1986	139 196	112 058	12 051	15 516	25 284	35
1987	147 783	118 748	12 464	15 360	24 550	32
1988	154 894	123 586	13 736	31 191	18 347	115
1989	163 731	189 603	14 758	34 717	18 569	114
1990	170 738	141 448	14 957	36 825	20 570	129
1991	178 890	145 406	11 689	37 943	21 402	109
1992	187 543	149 635	14 235	38 438	22 800	156
1993	172 504	143 744	13 136	39 007	19 931	101
1994	180 811	151 953	14 220	41 238	20 391	118
1995	180 049	152 523	13 379	41 363	20 999	141
1996	174 537	144 575				
1997	183 469	155 803				
1998	185 412	158 121				
1999	185 458	159 199				

15—10 民族自治地方分地区少数民族专业卫生人员(1999年)

Full－time Health Care Ethnic Personnel

by Region of Minority National Autonomous Areas(1999)

单位:人 (Person)

地区 Region	专业卫生人员 Health Care Personnel	#卫生技术人员 Medical Technical Personnel	#医生 Doctors
合 计 Total	**185 458**	**159 199**	**74 021**
河 北 Hebei	2 407	2 170	986
内蒙古 Inner Mongolia	20 295	17 418	6 644
辽 宁 Liaoning	4 611	3 738	1 555
吉 林 Jilin	8 625	7 264	2 991
黑龙江 Heilongjiang	117	78	29
浙 江 Zhejiang			
湖 北 Hubei	6 257	5 594	2 461
湖 南 Hunan	7 701	6 443	3 009
广 东 Guangdong	425	364	169
广 西 Guangxi	35 760	30 253	14 303
海 南 Hainan	2 224	1 834	731
重 庆 Chongqing	4 245	3 700	1 940
四 川 Sichuan	6 023	5 526	3 581
贵 州 Guizhou	11 887	10 525	5 499
云 南 Yunnan	16 948	14 980	7 432
西 藏 Tibet	8 300	6 969	3 775
甘 肃 Gansu	2 717	2 556	1 653
青 海 Qinghai	3 855	3 663	2 022
宁 夏 Ningxia	3 075	2 968	1 581
新 疆 Xinjiang	39 986	33 156	13 660

15—11 民族自治地方农村村级卫生组织

Rural Health Care Unions of Minority National Autonomous Areas

单位:个 (unit)

年份 Year	村总数 Total Villages	有卫生机构的村数 Villages with Health Care Station	占村总数的比重(%) AS% to Total	无医疗点的村数 Villages without Health Care Stations	占村总数的比重(%) AS% to Total
1978	67 937	56 655	83.4	11 282	16.6
1979	68 783	44 324	64.4	24 459	35.6
1980	68 916	39 325	55.6	30 591	44.4
1981	75 257	53 434	71.0	21 823	29.0
1982	75 523	54 240	71.8	21 283	28.2
1983	79 105	64 006	80.9	15 099	19.1
1984	80 406	60 790	75.6	19 616	24.4
1985	86 764	65 426	75.4	21 338	24.6
1986	92 575	67 353	72.8	25 222	27.2
1987	92 822	69 005	74.3	23 817	25.7
1988	96 096	65 248	67.9	30 848	32.1
1989	97 459	65 665	67.4	31 794	32.6
1990	91 092	68 843	75.6	22 249	24.4
1991	96 525	70 045	72.6	26 480	27.4
1992	76 188	59 356	77.9	16 832	22.1
1993	93 939	74 260	79.1	19 679	20.9
1994	97 287	76 244	78.4	21 043	21.6
1995	96 685	74 375	76.9	29 310	23.1
1996	97 140	76 059	78.3	21 081	21.7
1997	100 012	79 368	79.4	20 644	20.6
1998	101 644	83 571	82.2	18 073	17.8
1999	98 496	82 023	83.3	16 473	16.7

15—12 民族自治地方分地区农村村级卫生组织(1999 年)

Rural Health Care Unions by Region of Minority National Autonomous Areas(1999)

单位:个 (unit)

地区 Region	村总数 Total Villages	有医疗点的村数 Villages with Health Care Station	无医疗点的村数 Villages without Health Care Stations	#医药费实行减免的村数 Villages of Medical Care fees hane been exampted	村设置的医疗点数 Medical stations established by Villages
合　计 Total	**98 496**	**82 023**	**16 473**	**23 566**	**91 840**
河　北 Hebei	1 675	1 623	52	202	1 883
内蒙古 Inner Morgolia	11 301	10 612	689	444	10 986
辽　宁 Liaoning	2 580	2 444	136	324	2 730
吉　林 Jilin	1 928	1 700	228	125	1 759
黑龙江 Heilongjiang	133	132	1	0	129
浙　江 Zhejiang	323	246	77	7	213
湖　北 Hubei	3 703	2 892	811	683	2 687
湖　南 Hunan	5 028	4 222	806	613	4 210
广　东 Guangdong	336	271	65	72	332
广　西 Guangxi	14 719	14 427	292	11 460	22 994
海　南 Hainan	942	762	180	180	1 032
重　庆 Chongqing	2 918	2 299	619	140	2 318
四　川 Sichuan	7 164	3 525	3 639	500	4 078
贵　州 Guizhou	15 226	11 719	3 507	476	11 986
云　南 Yunnan	7 569	7 462	107	877	8 147
西　藏 Tibet	6 331	3 265	3 066	3 303	1 508
甘　肃 Gansu	2 579	1 843	736	52	2 026
青　海 Qinghai	3 002	2 862	140	178	2 974
宁　夏 Ningxia	2 498	2 289	209	168	2 355
新　疆 Xinjiang	8 541	7 428	1 113	3 762	7 493

15—13 民族自治地方乡村医生、卫生员、农村接生员

Rural Doctors, Health Care Workers and Rural Midwives of Minority National Autonomous Areas

单位：人 (Person)

年 份 Year	乡村医生和卫生员 Rural Doctors and Medical Technical Personnel	乡村医生 Rural Doctors	卫生员 Medics	#少数民族乡村医生和卫生员 Minority Rural Doctors and Medical Technical Personnel	农村接生员 Ruaral Midwife
1982	116 965	47 933	69 032	49 743	86 158
1983	116 754	55 580	61 174	49 228	88 703
1984	118 730	58 109	60 621	52 630	96 148
1985	131 381	62 255	69 129	55 914	101 291
1986	135 634	68 480	68 154	57 423	106 411
1987	139 901	72 374	67 527	56 634	107 692
1988	135 751	73 106	62 645	55 188	106 464
1989	136 780	75 228	61 552	56 304	141 857
1990	135 424	75 935	59 489	54 594	107 261
1991	139 332	79 709	59 623	58 052	104 869
1992	146 472	83 518	62 954	44 695	97 374
1993	163 129	100 993	62 136	63 582	98 064
1994	154 147	96 347	57 800	63 573	94 585
1995	158 014	102 376	55 639	64 290	91 630
1996	159 529	101 416	58 113	66 865	84 919
1997	165 976	108 712	57 264	71 229	86 735
1998	172 286	115 367	56 919	68 872	81 786
1999	169 759	116 520	53 239	69 098	80 421

15—14 民族自治地方分地区乡村医生、卫生员和农村接生员(1999年)

Rural Doctors, Health Care and Rural
Midwives by Region of Minority National Autonomous Areas(1999)

单位:人 (Person)

地区 Region		乡村医生、卫生员总计 Total	乡村医生 Rural Doctors	卫生员 Medics	#少数民族乡村医生、卫生员 Minority Rural Doctors and Medical Technical Personnel	农村接生员 Rural Midwife
合　计	**Total**	**169 759**	**116 520**	**53 239**	**69 098**	**80 421**
河　北	Hebei	3 770	3 152	618	1 046	982
内蒙古	Inner Mongolia	20 225	15 969	4 256	4 553	4 827
辽　宁	Liaoning	4 495	3 881	614	981	1 475
吉　林	Jilin	3 041	2 192	849	698	809
黑龙江	Heilongjiang	270	252	18	74	33
浙　江	Zhejiang	196	165	31	8	275
湖　北	Hubei	5 528	3 643	1 885	2 433	2 248
湖　南	Hunan	6 106	4 181	1 925	3 286	5 165
广　东	Guangdong	395	284	111	61	358
广　西	Guangxi	46 846	33 796	13 050	13 237	23 417
海　南	Hainan	1 817	881	936	1 132	2 229
重　庆	Chongqing	3 948	2 070	1 878	2 369	1 078
四　川	Sichuan	4 891	3 741	1 150	2 443	2 355
贵　州	Guizhou	19 891	10 591	9 300	9 612	10 689
云　南	Yunnan	20 473	12 981	7 492	9 497	11 728
西　藏	Tibet	4 533	3 052	1 481	4 358	737
甘　肃	Gansu	3 114	1 972	1 142	1 136	1 673
青　海	Qinghai	4 239	3 754	485	2 299	2 187
宁　夏	Ningxia	4 572	3 031	1 541	1 443	4 235
新　疆	Xinjiang	11 409	6 932	4 477	8 432	3 921

15—15 民族自治地方分地区中医中的民族医生(1999 年)

Ethnic Doctors Engaged in Traditional

Chinese Medicine by Region of Minority National Autonomous Areas(1999)

单位:人 (Person)

地区 Region	蒙医 Mognolian	藏医 Tibetan	维医 Uygur	傣医 Dai
合　计 Total	**2 827**	**2 109**	**853**	**181**
河　北 Hebei	50			
内蒙古 Inner Mongolia	2 304	3	30	2
辽　宁 Liaoning	191			
吉　林 Jilin	28			
黑龙江 Heilongjiang	20			
浙　江 Zhejiang				
湖　北 Hubei	3			
湖　南 Hunan	12			
广　东 Guangdong				
广　西 Guangxi				
海　南 Hainan				
重　庆 Chongqing	2			
四　川 Sichuan		323		
贵　州 Guizhou				
云　南 Yunnan	22	111		179
西　藏 Tibet		899		
甘　肃 Gansu	17	427		
青　海 Qinghai	42	345		
宁　夏 Ningxia	15	1	1	
新　疆 Xinjiang	121		822	

15—16 全国分地区少数民族在队运动员、教练员(1999年)

Ethnic Active Athletes Coaches by Region(1999)

单位:人 (Person)

地区 Region	少数民族运动员 Ethnic Active Athletes	少数民族教练员 Ethnic Active Coaches
全　国 National	**1 026**	**242**
中央合计	**2**	**2**
地方合计	**1 024**	**240**
北　京 Beijing	50	7
天　津 Tianjin	5	8
河　北 Hebei	33	3
山　西 Shanxi	1	1
内蒙古 Inner Mongolia	238	31
辽　宁 Liaoning	71	7
吉　林 Jilin	58	24
黑龙江 Heilongjiang	12	13
上　海 Shanghai	15	
江　苏 Jiangsu	2	1
浙　江 Zhejiang	2	
安　徽 Anhui	2	3
福　建 Fujian		
江　西 Jiangxi	2	1
山　东 Shandong	4	3
河　南 Henan	25	8
湖　北 Hubei	2	3
湖　南 Hunan	8	4
广　东 Guangdong	19	5
广　西 Guangxi	102	13
海　南 Hainan	3	
重　庆 Chongqing	3	1
四　川 Sichuan	9	3
贵　州 Guizhou	20	6
云　南 Yunnan	70	19
西　藏 Tibet	112	14
陕　西 Shaanxi	9	4
甘　肃 Gansu	21	12
青　海 Qinghai	35	7
宁　夏 Ningxia	16	9
新　疆 Xinjiang	75	30

主要统计指标解释

医院 指名称为医院,设有固定床位能收容病人住院并能为病人提供医疗、护理服务的医疗机构。包括县及县以上医院、农村乡卫生院、其他医院三部分。按所属性质分为卫生部门、工业及其他部门、集体经济单位三类。其中县及县以上医院按业务性质分为综合医院和专科医院。

卫生技术人员 指卫生事业机构支付工资的全部固定职工和合同制职工中现任职务为卫生技术工作的专业人员,包括中医师、西医师、中西医结合高级医师、护师、中药师、西药师、检验师、其他技师、中医士、西医士、护士、助产士、中药剂士、西药剂士、检验士、其他技士、其他中医、护理员、中药剂员、西药剂员、检验员,其他初级卫生技术人员。

医生 指经卫生部门审查合格,从事医疗工作的专业人员。分为中医医生和西医医生。包括卫生技术人员中的中医师、西医师、中西医结合高级医师、中医士、西医士和其他中医。

附 录

Appendixes

收集了 1999 年民族工作大事记、全国民族工作机构情况、全国民族院校简介及有关民族方面的资料等。

1999年民族工作大事记

1月

1月11日　中央宣传部、科技部、中国科学院等在北京联合举行西北5省区科普工程启动仪式。

1月19—21日　邓小平民族理论研讨会暨全国民委工作会议在北京召开。国务委员司马义·艾买提在会上作了《在建设有中国特色社会主义事业中把民族工作不断推向前进》的重要讲话。国家民委主任李德洙在会上强调,要结合跨世纪民族工作,深入学习邓小平理论,全面、准确地把握邓小平民族理论的体系、内容和精髓,统一认识,扎扎实实地做好全年的民族工作。

1月22日　21世纪中国旅游资源暨石林开发与保护战略研讨会在北京举行,全国人大常委会副委员长布赫、全国政协副主席赵南起等出席了会议。

1月28日　中央统战部、全国人大民委、国家民委、国家宗教局在北京人民大会堂举行纪念第十世班禅额尔德尼·确吉坚赞逝世十周年座谈会。王兆国、阿沛·阿旺晋美、赵朴初等党和国家领导同志在会上讲话,全国人大副委员长铁木尔·达瓦买提、国家民委主任李德洙和有关部门的负责人,以及藏族知名人士等100多人出席了会议。

1月29日　中国少数民族文化访问团赴台湾进行文化交流。

2月

2月1日　中共中央总书记江泽民在内蒙古考察工作时强调,把人民群众的利益实现好、维护好、发展好,为改革和建设增强群众基础和力量源泉。国家民委主任李德洙及中央国家机关有关部门负责人随同考察。

2月3日　已故满族著名文学家老舍先生百年诞辰纪念会在北京举行。国务院副总理李岚清出席会议并发表了讲话。

2月4日　国家民委邀请各新闻单位负责人及从事民族宣传工作的编辑、记者座谈,交流宣传工作经验,共同探讨庆祝建国50周年期间的民族宣传工作。国家民委主任李德洙及副主任陈虹、李晋有等出席了座谈会。

2月5日　民族团结杂志社在北京召开纪念民族团结杂志朝文版创刊十周年座谈会,国家民委副主任李晋有参加会议,首都新闻单位及各界代表60多人汇集一堂,畅谈十年来取得的成绩。全国政协副主席赵南起、国家民委主任李德洙、延边朝鲜族自治州州长南相福和各省市民委、兄弟单位发来贺信、贺电、贺词等。

2月5日　一部反映200多年来国内外学者对藏民族英雄史诗《格萨尔》研究成果的大型学术资料专著《格萨尔学集成》在青海正式出版发行。

2月11日　中央统战部、全国人大民委、国家民委、全国政协民族和宗教委员会、北京市人民政府联合举办首都各民族人士迎春茶话会。全国政协副主席、中央统战部部长王兆国主持会议,全国人大副委员长铁木尔·达瓦买提代表主办单位向与会者及全国各族同胞致以节日问候。王光英、程思远、布赫、司马义·艾买提、阿沛·阿旺晋美、赵南起、白立忱等国家领导人出席茶话会,首都各民族人士1000余人参加了茶话会。

2月22日　国家民委授予新闻出版署图书司和上海、浙江、江苏、湖南、河北等省市出版局,以及人民教育出版社、外研社等全国133个单位"民族团结进步模范单位"称号。

2月25日　中共中央总书记江泽民为国家"九五"重点工程南疆铁路西段工程题词:"修好南疆铁路,造福各族人民"。

2月25日　国家民委主任李德洙会见以色列驻华大使南月明,双方就两国民族情况及今后开展交流与合作进行了亲切友好的交谈。

2月25日　国家民委民族文艺创作工作座谈会在昆明召开,国家民委副主任李晋有出席会议。

2月28日　国家民委将云南民族村定为“民族文化基地”，挂牌仪式在昆明举行。

3月

3月2日　国家民委在京召开民委系统人事党建工作会议，总结研讨改革开放以来国家民委系统组织人事、党务、纪检监察、老干部工作的基本经验，研究部署今后的工作。国家民委副主任陈虹、党组成员郝文明等出席会议。

3月4日　中共中央总书记江泽民、全国政协主席李瑞环看望出席全国政协九届二次会议的民族、宗教界委员并在座谈时强调，要坚定不移地贯彻落实党的民族宗教政策，加强各方面的工作，进一步做好民族宗教工作。国家民委主任李德洙陪同前往。

3月5日　中央中央总书记江泽民参加九届全国人大二次会议广西代表团讨论时强调，要进一步巩固发展平等、团结、互助的社会主义民族关系，推动各民族的共同繁荣。

3月5日　中央政治局常委、国家副主席胡锦涛在参加九届全国人大二次会议西藏代表团审议政府工作报告时指出，要毫不动摇地以经济建设为中心，把西藏的各项工作做得更好。

3月6日　国务院副总理李岚清参加九届全国人大二次会议西藏代表团审议政府工作报告时指出，要认真落实援藏工作部署，推进“科教兴藏”工作。

3月8日　国务院总理朱镕基参加九届全国人大二次会议新疆、青海代表团讨论时指出，要抓住机遇，发挥优势，加快两省区发展。

3月8日　为纪念西藏废除封建农奴制实行民主改革40周年，“雪域明珠——中国西藏文化展”在北京展览馆开幕。此次展览获得了圆满成功，海内外12万人次参观了展览。

3月12日　由新疆维吾尔自治区党委、人民政府主办的大型民族歌舞晚会《新疆是个好地方》在北京展览馆剧场举行，得到了各界广泛的好评。

4月

4月1日　国家民委召开“三讲”教育动员大会，党组书记、主任李德洙作了题为《深入开展“三讲”教育，增强党性，振奋精神，把民族团结进步事业全面推向新世纪》的动员报告。

4月6日　’99中国东西部合作与投资贸易洽谈会在西安开幕，有23个省、市、自治区和新疆生产建设兵团参加。

4月8日　大型纪念册《中华一家亲》在北京人民大会堂举行首发式。

4月9日　国务院扶贫开发领导小组在贵州召开全国东西扶贫协作经验交流会。1996年中央确定经济较发达的东部9省市和4个计划单列市对口帮扶经济欠发达的西部10个省区。据不完全统计，3年来，东部13个省市政府和社会各界累计捐款和赠物折款10亿多元，双方签订项目协议2600个，实际投资40亿元，从贫困地区定点输出劳动力25万人次，劳务收入8亿元。

4月9日　四川民族出版社出版的《藏传历算学大全》首发仪式在拉萨举行。该书一套共5卷，被列为国家“八五”图书，并荣获优秀图书一等奖。

4月14日　国务院新闻办公室发表《1998年中国人权事业的进展》，《人民日报》等首都各大报纸刊登。

4月16日　国家民委、教育部在天津联合召开全国中小学开展民族常识教育工作会议。

4月18日　中共中央总书记江泽民在吴邦国、曾庆红等领导同志陪同下再访彝寨。这是继1991年4月17日总书记到凉山彝族自治州大箐乡白庙村访贫问苦后，再次走入这个村寨。

4月20日　国家民委、团中央、全国青联决定，授予中央民族大学团委等40个单位为全国各族青年团结进步模范集体，刘彤等160名同志为第二次全国各族青年团结进步模范个人。

4月21日　新疆维吾尔自治区第二批民族团结进步模范个人代表参观团赴内地学习考察。

4月27日　国家民委、新疆维吾尔自治区人民政府授予吴登云、张万杰“民族团结进步模范”称号。

4月27日　北京师范大学隆重集会，庆祝回族著名历史学家白寿彝教授从事学术活动70周年以及由他主持编写的多卷本《中国通史》全部出版。江泽民、李鹏、李瑞环、李岚清等领导致信祝贺。国家民委等有部门的领导参加了大会。

4月29日　大型图文集《西藏62项援藏工程》出版座谈会在北京人民大会堂西藏厅举行，国家民委主任李德洙主持会议。江泽民、李鹏、李瑞环等领导分别为图文集题词。

4月30日　举世瞩目的第22届世界园艺博览会开幕式在昆明拓东体育场隆重举行，中共中央总书记江泽民、国务院副总理李岚清等党和国家领导人以及来自世界各地的贵宾出席了开幕式。博览会期间举办了'99昆明世界园艺展、国际艺术节等大型活动。这是云南建设民族文化大省的重大举措。

5月

5月4日　国家民委举办纪念"五四"运动80周年座谈会，委系统在京的各民族代表200余人参加了会议。

5月4日　庆祝中国少数民族双语教学研究会成立二十周年暨第八届学术研讨会在京召开，来自全国19个民族的160多位代表参加了会议。与会代表结合国内外双语教学与研究，尤其是各民族地区的实际，进行了广泛的讨论，在许多问题上取得了共识。

5月5日　国家民委、团中央、全国青联在北京召开第二次全国各族青年团结进步模范集体和个人代表座谈会，国务委员司马义·艾买提出席了会议，并对当选的集体和个人表示祝贺。

5月7日　民族地区经济形势分析座谈会在石家庄召开。国务院有关部委，五个自治区和云、贵、青三省的民委、计委、经贸委、统计局的同志出席会议。国家民委副主任文精到会并讲话。

5月9日　首都各界少数民族代表100余人集会，强烈谴责以美国为首的北约对我国驻南斯拉夫大使馆进行导弹袭击的野蛮行径，纷纷表示要坚定不移地维护民族团结和祖国统一。国家民委主任李德洙主持会议，并发表了讲话。

5月10日　甘肃省人民政府在兰州召开民族团结进步表彰大会，省第三次民族团结宣传周活动同时拉开了帷幕。

5月12日　中央民族大学的少数民族学生在校园内集会，抗议北约暴行，决心发奋学习，为振兴中华而奉献一切。

5月14日　国务委员司马义·艾买提在人民大会堂会见了肯尼亚内政、民族遗产、文化和社会服务部长塔伊布一行。

5月19日　新疆维吾尔自治区人民政府主办的《中华民族的瑰宝新疆丝路文物大展》在北京中国革命历史博物馆中央大厅开幕，300余件精美的西域古代文物在此展出。

5月21日　全国第四届民族图书评奖会在北京举行，国家民委副主任李晋有出席并讲话。

5月28日　第二届全国民族医药产品科研成果推广研讨会在北京召开，来自全国30多家民族医药企业、科研院所和医疗机构的代表，带来了他们的科研成果和100多种民族医药产品。会议就"民族医药的可持续发展战略"进行了积极的探讨。中国民族医药学会组织专家评选推荐出1999—2000年度优秀民族医药产品。

5月28日　新疆第三届各族青年团结进步表彰大会在乌鲁木齐举行。

6月

6月3日　大西南六省区市七方在昆明召开第15次经济协作会议。会议确定了"基础先行，产业联动，携手迈入21世纪"的发展主题。大西南实施区域经济协作15年来，各方互惠合作实施项目9595项，相互引进资金174亿元。

6月5日　中共中央总书记江泽民提写碑名的"长江源"环保纪念碑在长江源头的青海省沱沱河岸边正式揭碑。

6月11日　应国家民委的邀请，越南民族与山区事务委员会副主任闭长城一行来华进行友好访问。

6月15日　第六届全国少数民族传统体育运动会组委会正式成立。李岚清副总理任组委会名誉主席，北京市委书记贾庆林、国务委员司马义·艾买提任组委会名誉副主席，国家民委主任李德洙、国家体育总局局长伍绍祖任组委会顾问，北京市市长刘淇任组委会主席。

6月15日　中国外交部发言人发表评论，对一些西方媒体和西藏流亡组织攻击世界银行贷款中国青海省扶贫项目存在"同化藏民"和"项目涉及劳改农场"等问题进行了严正批驳。

6月17日　中共中央总书记江泽民在西安就进一步加快中西部地区发展发表重要讲话。讲话指出西部地区少数民族比较集中，又地处边疆，加快西部地区的发展，对于保持西部地区的政治和社会稳定，促进民族团结和保障边疆安全具有重要意义。从此拉开了西部大开发战略的序幕。

6月18日　宁夏扶贫扬黄灌溉工程引进第二批科威特政府3300万美元贷款协议在银川正式签署。至此，该工程引用科威特政府贷款已达6600万美元。

6月19日　台湾高山族学生访问团一行64人来到北京中华民族园，与园内的少数民族兄弟姐妹联欢。

6月25日　展示西藏独特魅力的大型乐舞《珠穆朗玛》在北京上演，中央政治局常委、国家副主席胡锦涛等党和国家领导人观看了演出。

7月

7月2日，中央统战部、全国人大民委、国家民委、全国政协民族和宗教委员会在人民大会堂举行首都各界人士纪念西藏民主改革40周年座谈会。党和国家领导人布赫、铁木尔·达瓦买提、司马义·艾买提、王兆国、阿沛·阿旺晋美等出席会议。会议由国家民委主任李德洙主持，王兆国发表了讲话。

7月2日　应蒙特利尔市长皮艾尔·布尔柯的邀请，国家民委副主任文精率团对加拿大进行友好访问。

7月5日　中央统战部、国家民委、国家宗教局和中央人民广播电台联合举办的庆祝建国50周年党的民族宗教政策和知识有奖征答7月5日起在中央人民广播电台《民族大家庭》节目播出。

7月6日　国家民委主任李德洙在北京宣布，国务院决定，今年9月下旬在北京隆重召开国务院第三次全国民族团结进步表彰大会，将表彰民族团结进步模范集体和模范个人1200个，其中到京出席大会的模范集体、个人代表400人。

7月8日　中国外交部发言人强调，中国政府要求美国政府恪守西藏是中国的一部分的承诺，明确反对美国国会将每年7月10日定为“世界西藏日”的决议案。

7月16日　首都少数民族代表100余人举行座谈会，强烈谴责李登辉分裂祖国的言行。与会人士指出，祖国统一是民族之福，祖国分裂是民族之祸；少数民族将坚定不移为祖国统一，振兴中华而做出应有贡献。国家民委主任李德洙作总结发言，陈虹、文精、郝文明等委领导出席会议。

7月17日　《人民日报》发表了中国人权研究会的文章《西藏人权保障的历史性进展》。

7月23日　中央统战部、国家民委召开首都各界少数民族代表座谈会，坚决拥护中共中央关于处理“法轮功”问题的重要决策，揭露批判李洪志及其所宣扬的“法轮大法”。国家民委主任李德洙在会上作了重要讲话。

7月27日　中国与加拿大、挪威共同举办的第二届人权研讨会在青岛落幕。有13个国家派代表作为观察员参加了会议。与会代表就少数民族权利、劳动者权利、言论自由和国际人权公约等项议题交换了意见，达成了一些共识。

8月

8月9日　’99全国藏医药学术研究会在西宁举行。四川、北京、西藏、甘肃、青海等省市区的70多位医药专家参加会议。

8月10日　第四届海峡两岸民族社会学研讨会在昆明举行。台湾的24位学者与30多位大陆学者共聚一堂，对两岸各民族的政治、经济、婚姻、人口及社会学的功能展开交流。

8月15日　第二届国际满学研讨会在北京举行。这次会议正逢清太祖努尔哈赤创制满文400周年。会议期间，举办了新中国成立50周年满学著作展览、满族书画展、满族乐舞演出等活动。

8月15日　全国少数民族暨西北五省区人口研讨会在兰州召开。

8月15日　全国台湾同学会、中华海外联谊会举办的21世纪两岸共同发展学术研讨会在内蒙古呼和浩特市召开。

8月17日　山东省第四次民族团结进步表彰大会在济南举行。中共中央政治局委员、山东省委书记吴官正出席会议并讲了话。国家民委副主任江家福到会祝贺并讲话。

8月18日　经国务院批准，由国家民委、国家体育总局主办，西藏自治区人民政府承办的第六届全国少数民族传统体育运动会拉萨分赛场隆重开幕。

8月18日　具有浓郁民族特色的首届鄂尔多斯文化节在内蒙古东胜市开幕。

9月

9月1日　新疆电视台实现维吾尔语频道、哈萨克语频道对中央电视台《新闻联播》节目当日译制播出。

9月2日　第八届乌鲁木齐对外经贸洽谈会隆重开幕。洽谈会共签订对外经济贸易成交合同12.12亿美元,国内贸易及经济技术合作项目合同135.02亿元。

9月4日　应国家民委邀请,埃及宗教基金部部长穆哈麦德·扎克祖克博士率代表团抵京,来华进行友好访问并赴新疆参观。

9月9日　第六届全国少数民族传统体育运动会火炬终交仪式在北京天坛寰丘举行,李岚清、贾庆林、司马义·艾买提等党和国家领导人出席仪式。9时9分9秒,李岚清副总理用采自珠穆朗玛峰的火种点燃了"中华民族圣火",国务委员司马义·艾买提讲了话。

9月15日　国家民委举行庆祝新中国建立50周年歌咏比赛,民委系统在京单位的400多人参加了活动。

9月24日　第六届全国少数民族传统体育运动会在北京工人体育场隆重开幕。党和国家领导人朱镕基、李瑞环、李岚清、丁关根、贾庆林、帕巴拉·格列朗杰、布赫、铁木尔·达瓦买提、司马义·艾买提、王忠禹、王兆国、阿沛·阿旺晋美、赵南起、白立忱等出席开幕式。朱镕基总理宣布第六届全国少数民族传统体育运动会开幕,国家民委主任李德洙致开幕词,北京市市长刘淇致欢迎词,国家体育总局局长伍绍祖向北京市赠送纪念杯。7000多名学生和武警官兵表演了大型文艺节目《锦绣中华》,来自全国的34个体育代表团参加了开幕式。

9月25日　国家民委和国家体育总局召开四年一次的表彰大会,授予北京市海淀区人民政府等55个单位全国民族体育模范集体称号、丁刚等35人全国民族体育模范个人称号。

9月27日　国家民委主办的一部以歌颂党、歌颂社会主义、歌颂新中国、歌颂民族团结进步为主题的大型民族歌舞《团结颂》在京首演。布赫、司马义·艾买提、赵南起等国家领导人同全国少数民族模范代表一起观看演出。国家民委领导李德洙、陈虹、江家福、文精、图道多吉、李晋有等陪同观看。

9月28日　国务院新闻办发布《中国的少数民族政策及其实践》,全文共两万字。

9月29日　中央民族工作会议暨国务院第三次全国民族团结进步表彰大会在人民大会堂隆重举行。中共中央总书记、国家主席、中央军委主席江泽民在大会上发表了重要讲话。他指出,加强民族团结、维护祖国统一和社会稳定,是全国各族人民的共同愿望和根本利益所在,要努力发扬各族人民同呼吸、共命运、心连心的光荣传统,齐心协力地把建设有中国特色的社会主义事业不断推向前进。李鹏、朱镕基、李瑞环、胡锦涛、尉健行、李岚清等60多位党和国家领导人出席大会。大会由朱镕基总理主持,国务委员、国务院秘书长王忠禹在会上宣读了国务院关于授予包头钢铁(集团)有限公司等626个集体为全国民族团结进步模范集体、吴登云等628位同志为全国民族团结进步模范个人的决定。国家民委领导李德洙、陈虹、江家福、文精、图道多吉、李晋有、郝文明及出席中央民族工作会议、国务院第三次全国民族团结进步表彰大会的代表,中央和国家机关各部门主要负责同志,以及首都各界代表近4000人参加会议。会前,党和国家领导人亲切接见与会代表并合影留念。

9月30日　《民族大团结》纪念邮票首发式在北京举行。中共中央政治局委员、全国人大常委会副委员长田纪云出席首发式并为纪念邮票揭幕。国家民委副主任李晋有在会上致辞。

9月30日　55个少数民族代表应邀出席庆祝中华人民共和国成立50周年国庆招待会,并受到中央政治局常委的亲切接见。

9月30日　中央民族工作会议进行大会交流。国务委员司马义·艾买提主持会议,铁木尔·达瓦买提、王兆国、赵南起等党和国家领导出席会议。8个省、自治区、计划单列市的负责同志分别介绍各地的民族工作经验。国家民委领导李德洙、陈虹、江家福、文精、图道多吉、李晋有、郝文明及全体会议代表参加。

10月

10月1日　中央民族工作会议代表、全国少数民族国庆观礼团全体成员和55个少数民族代表登上天安门观礼台，参加首都各界庆祝中华人民共和国成立50周年大会和焰火晚会。

10月2日　中央民族工作会议代表、全国少数民族国庆观礼团全体成员与中央领导同志一起参加首都各界庆祝中华人民共和国成立50周年游园活动。

10月3日　历时5天的中央民族工作会议在北京闭幕。朱镕基总理在闭幕会上发表重要讲话，强调指出要做好民族工作，加快民族地区经济发展。李瑞环、丁关根、曾庆红、铁木尔·达瓦买提、司马义·艾买提、王兆国、赵南起等党和国家领导人及中央和国家机关有关部门的负责同志出席闭幕会。

10月3日　为热烈祝贺中央民族工作会议闭幕，《人民日报》发表社论"把民族团结进步事业胜利推向新世纪"。

10月4日　国家民委召开少数民族代表座谈会，畅谈参加新中国成立50周年大庆活动的感受。

10月8日　新疆党政军领导和上千名各族各界群众集会，庆祝新疆生产建设兵团成立45周年。

10月8日　应澳大利亚多元文化基金会的邀请，国家民委副主任图道多吉率中国少数民族代表团赴澳进行工作访问。

10月9日　新建成的具有浓郁藏式建筑风格的西藏博物馆在国庆期间为古城拉萨添彩。江泽民总书记为博物馆题写了馆名。

10月11日　国家计委在青海西宁召开"十五"规划西部开发研讨会，提出要不失时机地实施西部大开发战略。

10月12日　青海民族学院喜庆50华诞。50年来，青海民族学院为西北地区经济文化建设和社会发展培养了大批人才。该院现有6个研究生专业、8个本科专业和11个专科专业，在校学生2200多名。

10月12日　西北民族学院和伦敦大学考试委员会合作设立的中国大陆第一家"伦敦大学英语水平考试中心"在兰州成立。

10月13日　应爱沙尼亚共和国人口与民族事务部部长凯特琳·萨克思女士的邀请，国家民委主任李德洙率团对爱进行工作访问。爱沙尼亚议会副议长西里·奥维尔、外交部部长伊尔维斯、总统民族事务圆桌会议主席兼总统顾问哈吉·赛恩等分别会见代表团。

10月15日　国家民委民族问题研究中心与香港科技大学人文社会科学学院在京签署学术交流合作协议。

10月16日　中国社会科学院、广西壮族自治区人民政府和中国西部研究与发展促进会联合举办的'99中国西部发展论坛在南宁举行。

10月16日　全国第六届少数民族文学"骏马奖"颁奖活动暨繁荣少数民族文学创作座谈会在昆明举行。

10月17日　全国烹饪大赛清真分赛场在西安开幕。

10月18日　国家民委所属院校专业设置评审会暨民族院校实施素质教育提高教学质量和办学效益现场会在武汉中南民院召开。

10月19日　应国际人类学与民族学联合会主席爱默瑞塔斯·埃里克·桑德兰教授的邀请，国家民委副主任江家福率团赴英国访问。期间磋商了2000年在北京召开国际人类学与民族学联合会中期会议的具体事项。

10月19日　全国人大常委会原副委员长、著名的民族学、人类学和社会学家费孝通教授喜度90华诞，全国政协主席李瑞环代表中共中央和江泽民总书记赠送花篮。

10月19日　全国第六届少数民族文学"骏马奖"在昆明颁奖。共有来自18个省、自治区、直辖市，包括27个少数民族的61位少数民族作家的57部作品获奖。

10月19日　'99澜沧江—湄公河区域经济合作西双版纳边境贸易交易会在云南景洪市开幕。

10月21日　国务院总理朱镕基在甘肃、青海、宁夏考察工作时强调，加快西部地区发展是邓小平同志关于我国现代化建设战略思想的重要组成部分，要站在现代化建设全局和长远发展的战略高度，统一思想认识，不失时机地实施西部大开发战略。

10月21日　中央军委授予青海玉树军分区独立骑兵连“高原民族团结模范连”荣誉称号命名大会在西宁隆重举行。

10月22日　国家民委、国家经贸委主办的全国少数民族和民族地区名优产品博览会在北京民族文化宫隆重开幕,全国人大副委员长王光英、布赫、铁木尔·达瓦买提,全国政协副主席阿沛·阿旺晋美、万国权、赵南起出席开幕式,并为博览会剪彩。国家民委领导李德洙、陈虹、文精、李晋有、郝文明及中央国家机关有关部门负责同志出席了开幕式。博览会期间,党和国家领导人李瑞环、吴邦国、司马义·艾买提、陈锦华等分别参观了展览,充分肯定了50年来少数民族和民族地区的发展成就。

10月24日　国家民委、教育部在湖北恩施州联合召开全国民族地区“双基”工作研讨会,探讨民族地区在2000年前基本普及九年义务教育和基本扫除青壮年文盲问题。

10月26日　中央统战部、国家民委联合召开首都各界贯彻中央民族工作会议精神座谈会,党和国家领导人司马义·艾买提、王兆国、阿沛·阿旺晋美、赵南起等出席座谈会。会议由国家民委主任李德洙主持,王兆国作了讲话,中央组织部副部长李铁林等9位同志在会上发言。中央国家机关有关部门负责人及首都各界少数民族代表200多人参加了会议。

11月

11月1日　国家民委召开少数民族见义勇为先进个人表彰会,授予9位中华见义勇为与犯罪分子作斗争的少数民族先进个人“民族团结进步模范”称号。国家民委副主任江家福出席并讲话。

11月1日　吉林省召开第三次民族团结进步表彰大会,260个模范(先进)集体与个人受到省人民政府表彰。国家民委副主任李晋有出席并讲话。

11月3日　应德国辛蒂罗姆人中央委员会的邀请,国家民委副主任陈虹率团对德进行访问。

11月4日　全国少数民族自治区首府城市市长联席会第13届会议在南宁召开。会议就加快城市基础设施建设等议题进行了交流和探讨。

11月8日　庆祝民族文化宫建宫40周年茶话会在北京举行。整修一新的民族文化宫是建国十周年北京的十大建筑之一。40年来,它为弘扬我国的民族文化做出了突出贡献,在56个民族人民的心目中已成为民族团结进步的象征。铁木尔·达瓦买提、司马义·艾买提、阿沛·阿旺晋美等领导同志出席了茶话会,国家民委领导李德洙、文精、李晋有及首都各界人士300多人到会祝贺。

11月10日　中央组织部、统战部和国家民委联合举办1999年少数民族和民族地区挂职锻炼干部培训班开班,国家民委领导李德洙、郝文明出席开班仪式。郝文明同志代表三个部委讲话。开展少数民族和民族地区干部挂职锻炼工作10年来,共有1135名少数民族和民族地区干部参加。

11月12日　’99南宁国际民歌艺术节隆重开幕。期间举办了全国少数民族民歌大赛、少数民族工艺品博览会、少数民族服饰展等一系列活动。举行了以“民族服饰的现代化与世界化”为主题的中国(南宁)民族服装服饰研讨会,包括国内一流服装设计专家、著名民族民俗专家学者在内的服装设计界、文化界和企业界人士150多人参加了会议。

11月16日　中国政府特使、国家民委主任李德洙代表江泽民主席参加塔吉克斯坦总统拉赫莫诺夫的就职仪式。

11月16日　全国少数民族自治地方人大干部培训班在北京举办。全国人大常委会副委员长铁木尔·达瓦买提在培训班讲话指出,我国民族方面的法制建设取得了很大的成就,民族工作的主要方面已经做到有法可依。

11月16日　国家计委批复同意中央民族大学作为“211工程”项目院校,在“九五”期间进行建设。

11月18日　新疆意识形态领域反分裂斗争研讨会在乌鲁木齐举行。会议研讨了新疆意识形态领域反分裂斗争的形势,针对敌对势力分裂破坏活动及其策略变化的特点,提出了加强意识形态领域工作的对策和措施。

11月18日　福建省人大常委会颁发《福建省少数民族权益保障条例》。该条例共5章33

条,自2000年1月1日起施行。

11月22日　国家民委政府网站正式开通,国家民委主任李德洙出席网站开通仪式。国家民委网站的网址是:www.seac.gov.cn。

11月24日　上海市召开民族工作会议。中共中央政治局委员、上海市委书记黄菊在会上讲话指出,要充分认识在新的历史条件下做好民族工作的重要意义,把握上海民族工作的特点,进一步做好新世纪的民族工作。

12月

12月6日　南疆铁路全线开通运营。全国人大委员长李鹏专程前往出席庆祝大会,并为首趟列车开行剪彩。国家民委副主任牟本理及中央国家机关有关部委负责人陪同出席。南疆铁路东起吐鲁番,西至南疆重镇喀什,全长1446.37公里。

12月6日　全国城市民族工作会议在武汉召开。会议总结了50年来特别是改革开放20年来城市民族工作的经验,提出了今后城市民族工作模式。国家民委主任李德洙、副主任江家福出席会议并讲话。

12月6日　应墨西哥合众国印第安人协会主席梅尔帕·普丽雅女士的邀请,国家民委副主任李晋有率团赴墨进行工作访问。

12月11日　全面总结我国少数民族历史文化研究成果的大型工具书《中国少数民族文化大词典》5卷全部出齐。全书共收入2万多词条,约500万字。国家民委领导李德洙、牟本理出席出版发行座谈会。

12月15日　《一代宗师十世班禅大师——刘隆摄影展》在北京民族文化宫开幕。国家民委领导李德洙、郝文明出席开幕仪式。

12月17日　首都各界少数民族代表举行座谈会,热烈庆祝澳门回归祖国。国家民委李德洙出席并作重要讲话,国家民委领导江家福、牟本理、郝文明出席了座谈会。

12月17日　内蒙古、广西、宁夏、西藏、新疆五个自治区的各族群众举行丰富多彩的活动,载歌载舞喜迎澳门回归。

12月18日　国务院副总理李岚清主持召开部门所属学校管理体制调整工作会议。会上重申,国家民委所属民族院校管理体制暂时不变。国家民委副主任江家福参加了会议。

12月20日　国家民委领导李德洙、江家福、牟本理、图道多吉、李晋有、郝文明与首都55个少数民族代表出席国务院在人民大会堂举行的"庆祝中华人民共和国恢复对澳门行使主权"招待会。国家民委领导于当晚参加了首都各界群众庆祝澳门回归大会,并观看"中华日月明"大型文艺演出。

12月22日　云南省召开民族工作会议暨第四次民族团结进步表彰会,国家民委副主任江家福出席并讲话。

12月23日　海南省召开民族工作会议暨第三次民族团结进步表彰会。

民族工作机构名录

（资料截止时间:1999年12月31日）

国家民族事务委员会

地　　址:北京市西城区太平桥大街252号
邮政编码:100800
主任、党组书记:李德洙(朝鲜)
副主任、党组副书记:江家福(壮)　牟本理
副主任:党组成员:图道多吉(藏)　李晋有
党组纪检组组长、党组成员:郝文明(满)
党组成员:塔瓦库勒(维吾尔)
国家民委委员(专职):王福临　杨侯第(藏)

■办公厅

主　任:王福临
副主任:赵学毅　王云涛　普永生(彝)
传真号码:(010)66017375
总值班室电话:66017375

■政策法规司

司　长:杨侯第(藏)
副司长:黄凤祥(壮)　刘万庆
传真号码:(010)66017452
综合处电话:66017452

■经济发展司

司　长:赵显人
副司长:杨　帆(女,蒙古)　曲木林古(彝)
　　　胡毅力(女)
传真号码:(010)66032133
综合处电话:66032133

■文化宣传司

司　长:方鹤春(朝鲜)
副司长:陈家才(回)　陈乐齐(侗)
传真号码:(010)66086388
宣传处电话:66072757

■教育司

司　长:吴仕民
副司长:俸　兰(女,瑶)
传真号码:(010)66084063
基础教育处电话:66084064

■国际司

司　长:塔瓦库勒(维吾尔)
副司长:李兴亚
传真号码:(010)66024923
综合处电话:66024925

■规划财务司

副司长:赵建新　单玉华(女)
传真号码:(010)66024921
财务管理处电话:66017449

■人事司

司　长:郭玺来
副司长:李建辉
直属机关党委专职副书记兼
纪委书记:李瑞志(回)
直属机关工会主席:蒋桂芳(女)
传真号码:(010)66056181
任免调配处电话:66056181

■监察部驻国家民委监察专员办公室

副司级监察专员:唐建新(苗)
办公室电话:66017366

■离退休干部局

副局长:宗立人

办公室电话:66017456

■国家民委机关服务中心(局)
主任(局长):黄忠彩(侗)(到地方挂职)
负责人:王云涛(兼)
副主任:朱振军
传真号码:(010)66070865
办公室电话:66070865

■国家民委民族问题研究中心:
总干事:文　精(蒙古)
副总干事:毛公宁(壮)　王铁志(蒙古)
传真号码:(010)66020062
电　　话:66020062

国家民委直属单位机构

■中央民族大学
地　　址:北京市海淀区白石桥路27号
邮政编码:100081
传真号码:(010)68421846
电　　话:68932442
党委书记:王　彦
校　　长:荣仕星(壮)
党委副书记:郑玉顺(女,朝鲜)
副校长:郑玉顺　朱玛洪(维吾尔)　王美逢
　　陈　理(土家)　严玉明　张　儒

■西北民族学院
地　　址:甘肃省兰州市城关区北新村1号
邮政编码:730030
传真号码:(0931)8487162
电　　话:8488364
党委书记:宋耀禄
院　　长:马麒麟(回)
党委副书记、纪委书记:高　瑞(藏)
副院长:李克正　马景泉(回)　李　岗
　　艾比布拉(维吾尔)

■西南民族学院
地　　址:四川省成都市洗面桥横街21号
邮政编码:610041
传真号码:(028)5589294
电　　话:5553811(总机)
党委书记副院长:罗布江村(藏)
党委副书记院长:陈玉屏
党委副书记:陈达云(彝)　赵心愚
副院长:曾启富　张春雨

■中南民族学院
地　　址:湖北省武汉市武昌区民院路5号
邮政编码:430074
传真号码:(027)87801223
电　　话:87801122(总机)
党委书记:黄子亮(回)
院　　长:彭英明(土家)
党委副书记:徐柏才
副院长:李步海

■西北第二民族学院
地　　址:宁夏回族自治区银川市新市区文昌北路
邮政编码:750021
传真号码:(0951)2075030
党委书记:杨大庆
党委副书记院长:谢玉杰
副书记:栗学武

■大连民族学院
地　　址:辽宁省大连市开发区辽河西路18号
邮政编码:116001
电　　话:(0411)7612616
党委书记、副院长:鄂义太
院　　长:金　涛(朝鲜)
党委副书记:黎树斌(满)
副院长:蔡明德　范圣第

■民族文化宫
地　　址:北京市西城区复兴门内大街49号
邮政编码:100031
传真号码:(010)66039310
电　　话:66024433(总机)
党委书记、主任:齐宝和
副主任:胡建生　郭正英(裕固)　董文良(黎)
　　牟京文

■中央民族歌舞团
地　　址:北京市海淀区白石桥路25号
邮政编码:100081
电　　话:(010)68410304
党委书记、副团长:岳桂洪(女)
团　　长:李毓珊(回)
副 团 长:贝宇杰

■中国民族语文翻译中心
地　　址:北京市海淀区倒座庙1号
邮政编码:100080
传真号码:(010)62553624
电　　话:62555131—237
党委书记、副主任:丹珠昂奔(藏)
党委副书记:肖华成
副主任:吐鲁甫·巴拉提(维吾尔)　祁继先(藏)
　　宝斯尔(蒙古)

■民族出版社
地　　址:北京市东城区和平里北街14号
邮政编码:100013
传真号码:(010)64211126
电　　话:64234411(总机)
党组书记、总编辑:戴　贤(藏)
副总编辑:阿里木江·沙比提(维吾尔)、高建中
副社长:朴文哲(朝鲜)
纪委书记:德　吉(藏)

■民族画报社
地　　址:北京市东城区和平里北街14号
邮政编码:100013
传真号码:(010)64666798
电　　话:64234411(总机)
党总支书记、副社长:扎　西(藏)
副社长:张永发
副总编辑:刘鸿孝　车文龙(纳西)

■民族团结杂志社
地　　址:北京市东城区和平里北街14号
邮政编码:100013
传真号码:(010)64255496
电　　话:64234411(总机)
党委书记、社长、总编辑:铁木尔(蒙古)
党委副书记:伊德里斯(维吾尔)、石维斌(苗)
副总编辑:伊德里斯(维吾尔)
副社长:张德安　石维斌(苗)

■中国民族博物馆
地　　址:北京市西城区北长街20号
邮政编码:100031
电　　话:66068100　66068200
馆　　长:谢启晃(壮)
副馆长:沈昌荣　贾守成

■全国少数民族古籍整理研究室
地　　址:北京市西城区太平桥大街252号
邮政编码:100800
电　　话:66032288—8302
副主任:李冬生(藏)、李晓东(满)

■民族印刷厂
地　　址:北京市海淀区魏公村路5号
邮政编码:100081
传真号码:(010)68422964
电　　话:68424889
党委书记:迟伟达
厂　　长:姚连成

各省、自治区、直辖市民委工作机构

■北京市民族事务委员会
地　　址:北京市东城区王府井大街甘雨胡同57号
邮政编码:100006
传真号码:(010)65121639
办公室电话:65121639
主　　任:李保群
副 主 任:赵书(满)　季文渊　哈金起(回)
　　马大军(回)　金毓嶂(满)

■天津市民族事务委员会
地　　址:天津市和平区成都道77号

邮政编码:300050
传真号码:(022)23314121
办公室电话:23311865
主　　任:李仁智(回)
副 主 任:张静波(回)　马　竞(回)

■河北省民族宗教事务厅
地　　址:石家庄市裕华西路377号
邮政编码:050051
传真号码:(0311)7024891
办公室电话:7024891
厅　　长:鞠志强(满)
副 厅 长:扈本训　王步文(回)　陈同文　牛明顺

■山西省人民政府民族宗教事务局
地　　址:太原市府东街101号
邮政编码:030072
传真号码:(0351)3046793
办公室电话:3046910
局　　长:周新玉
副 局 长:赵树枝　刘志敏

■内蒙古自治区民族事务委员会
地　　址:内蒙古自治区呼和浩特市新华大街1号院6号楼
邮政编码:010055
传真号码:(0471)6964083
办公室电话:6964083
主　　任:韦　弦(蒙古)
副 主 任:李联盟　张德斌(回)　秦　蒙

■辽宁省民族事务委员会(省宗教事务局)
地　　址:沈阳市于洪区崇山东路6号
邮政编码:110032
传真号码:(024)86899702
办公室电话:86899701
主　　任:张贤焕(朝鲜)
副 主 任:佟钟时(锡伯)　包玉梅(女,蒙古)　杨丰陌(满)

■吉林省民族事务委员会
地　　址:长春市新发路11号
邮政编码:130054
传真号码:(0431)8904610
办公室电话:8916460
主　　任:金　华(女,朝鲜)
副 主 任:奎　速(女,满)　戚发祥

■黑龙江省民族事务委员会
地　　址:哈尔滨市南岗区复华三道街50号
邮政编码:150001
传真号码:(0451)6223919
办公室电话:6235266
主　　任:洪英华(满)
副 主 任:通拉嘎(蒙古)　关立卓(满)

■上海市民族事务委员会
地　　址:上海市江宁路777号
邮政编码:200040
传真号码:(021)52891668
办公室电话:52891800
主　　任:杨奇庆(回)
副 主 任:方宗伟(回)

■江苏省民族事务委员会(江苏省宗教事务局)
地　　址:南京市北京西路30号宁海大厦14楼
邮政编码:210024
传真号码:(025)3306527,3324041
办公室电话:3324014
主　任(局长):周加才
副主任(副局长):袁普泉　王　波　沙　仪

■浙江省民族宗教事务委员会
地　　址:杭州市省府路行政中心2号楼
邮政编码:310025
传真号码:(0571)7053874
办公室电话:7055253
主　　任:宋云祥
副 主 任:严紫娟(女)　李绍瑛(畲)

■安徽省民族事务委员会
地　　址:合肥市长江中路221号
邮政编码:230001

传真号码:(0551)2642614
办公室电话:2601742,2656605
主　　任:白泰平(回)
副 主 任:马美红(女,回)　许世文(回)

■福建省民族事务委员会
地　　址:福州市鼓楼区东大路大营街1号
邮政编码:350001
传真号码:(0591)7548249
办公室电话:7548249
主　　任:林文斌
副 主 任:钟明森(畲)　余险峰　雷斌(女,畲)

■江西省民族宗教事务局
地　　址:南昌市四纬路22号(省军区礼堂内南燕大厦2楼)
邮政编码:330006
传真号码:(0791)6813395
办公室电话:6813395
局　　长:罗峻雄
副 局 长:张国培

■山东省民族事务委员会
地　　址:济南市省府前街1号
邮政编码:250011
传真号码:(0531)6061845
办公室电话:6061845
主　　任:于洪文(回)
副 主 任:王高廷(回)　王树理(回)　马存益(回)

■河南省民族事务委员会
地　　址:郑州市政五街省政府综合楼14楼
邮政编码:450003
传真号码:(0371)5900270
办公室电话:5909442
主　　任:陈振江(回)
副 主 任:郑洪芳(回)　陈宗坤　虎学良(回)

■湖北省民族宗教事务委员会
地　　址:武汉市武昌区水果湖洪山路16号
邮政编码:430071
传真号码:(027)87304197
办公室电话:87825277
主　　任:张洪伦(土家)
副 主 任:潘桂香(女)　牟廉玖(土家)

■湖南省民族事务委员会
地　　址:长沙市蔡锷北路541号
邮政编码:410008
传真号码:(0731)4313191
办公室电话:4313525
主　　任:石昌禄(苗)
副 主 任:龙尚明　马昌忠(回)　彭秀琍(土家)

■广东省民族事务委员会(省宗教事务局)
地　　址:广州市东风中路305号省政府大院
邮政编码:510031
传真号码:(020)83331771
办公室电话:83133853
主任(局长):刘文炎
副主任(副局长):林道英(黎)　莫新银(壮)　黄德才

■广西壮族自治区民族事务委员会
地　　址:南宁市星湖路北三里2—2号
邮政编码:530022
传真号码:(0771)5867063
办公室电话:5853837
主　　任:黄海坤(壮)
副 主 任:冯成善(瑶)　黄苹(壮)　粟永华(侗)

■海南省民族宗教事务厅
地　　址:海口市海府大道59号
邮政编码:570204
传真号码:(0898)5335174
办公室电话:5342356
厅　　长:王亚保(黎)
副 厅 长:龙　文　林玉强(黎)　邓运雄(苗)

■重庆市民族宗教事务委员会
地　　址:重庆市渝中区中兴路5号
邮政编码:400010
传真号码:(023)63837202

办公室电话:63837202
主　　任:石胜福(苗)
副 主 任:严　峻

■四川省民族事务委员会
地　　址:成都市文殊院街18号
邮政编码:610017
传真号码:(028)6749005
办公室电话:6748876
主　　任:朱洪明
副 主 任:杨宁超(彝)　袁本朴(土家)
　　　　德尔基彭错(藏)　蔡世勤(羌)

■贵州省民族事务委员会
地　　址:贵阳市云岩区八角岩省政府大院五号楼
邮政编码:550004
传真号码:(0851)6892367
办公室电话:6826551
主　　任:苏太恒(布依)
副 主 任:李明金(苗)　黄　平(彝)

■云南省民族事务委员会
地　　址:昆明市大观路94号
邮政编码:650032
传真号码:(0871)5311487
办公室电话:5321689
主　　任:格桑顿珠(藏)
副 主 任:马化清(回)　高　广　赵　和(佤)
　　　　段金录(白)　马泽(藏)　木桢(纳西)

■西藏自治区民族宗教事务委员会
地　　址:拉萨市色拉路15号—付3号
邮政编码:850000
传真号码:(0891)6336213
办公室电话:63362213
书　　记:向巴嘎登(藏)
主　　任:塔尔青(藏)
副 主 任:次登格桑(藏)　王春林
　　　　拉姆(藏)

■陕西省民族宗教事务委员会
地　　址:西安市新城大院省政府前大楼八楼
邮政编码:710004
传真号码:(029)7293433
办公室电话:7294002
主　　任:马尔立(回)
副 主 任:张宁岗　苏凤华(回)

■甘肃省民族事务委员会(省宗教事务局)
地　　址:兰州市城关区农民巷69号
邮政编码:730000
传真号码:(0931)8419037
办公室电话:8416329
主　任(局长):李　膺(回)
副主任(副局长):马成华(回)　马少青(保安族)
　　　　赵克甲(藏)　潘年发　柴生祥

■青海省民族事务委员会
地　　址:西宁市城中区西大街2号
邮政编码:810000
传真号码:(0971)8247967
办公室电话:8247711
主　　任:李　庆(藏)
副 主 任:吴天春　多麻加布(蒙古)
　　　　李巷秀(藏)　马生录(回)

■宁夏回族自治区民族事务委员会
地　　址:银川市北环西路27号海宝大厦
邮政编码:750001
传真号码:(0951)5012847
办公室电话:5043418
主　　任:吴国才(回)
副 主 任:蔡　明　张忠效(回)

■新疆维吾尔自治区民族宗教事务委员会
地　　址:乌鲁木齐市友好南路22号
邮政编码:830000
传真号码:(0991)4515365
办公室电话:4515365
党组书记:刘彦清
主　　任:阿不都拉·哈木都拉(维吾尔)
副 主 任:热西提·尼亚孜(维吾尔)　许世杰
　　　　巴特尔(蒙古)　贺忠德(锡伯)

何沙木丁(哈萨克)

■新疆生产建设兵团民族宗教事务委员会

地　　址:乌鲁木齐市光明路15号
邮政编码:830002
传真号码:(0991)2890512
办公室电话:2890512
主　　任:肉孜·依不拉音(维吾尔)
党组书记:赵明文(满)
副 主 任:裴玉荆

全国民族院校简介

■中央民族大学

中央民族大学是直属国家民委领导的综合性重点大学。创建于1950年5月2日,始称中央民族学院,1993年11月30日更名为中央民族大学。经过40多年的发展,它已经成为一所以人文社会科学为主,文、理兼备的综合性大学。

学校现设有民族学研究院、管理干部学院、中国少数民族语言文学学院及研究生部、经济系、法律系、历史系、哲学系、中文系、民族学系、蒙朝语言文化一系、蒙朝语言文化二系、维哈柯语言文化系、语言学系、民族文学系、藏学系、外语系、物理系、生物化学系、计算机科学与工程系、应用数学与软件系、美术系、音乐系、舞蹈系和干部培训中心、预科部、民族教育研究所、夜大函授部、马克思列宁教育科研部、民族理论教育科研部和对外汉语教学中心等3个学院、28个教学单位,共有54个本科专业,1个博士后流动站,5个博士学位授予点,15个硕士学位授予点,2个国家文科基础学科人才培养和科学研究基地,1个国家级重点学科,4个部委级重点学科。全校拥有教职员工1800多人,其中在职教授79人,副教授295人;学生6000多人,其中博士、硕士研究生350多人,留学生200多人。

为适应社会主义现代化建设的需要,学校还设有民族学人类学研究所、语言文化研究所、少数民族经济研究所、少数民族文学艺术研究所、少数民族科学与技术研究所、藏学研究所、民族理论与与民族政策研究所、民族教育研究所、朝鲜学研究所、民族史研究所、民族法学研究所、民族服饰研究所、满学研究所、中国岩画研究中心、社会发展研究所、宗教研究所、少数民族古籍研究所、民族图书信息研究所、韩国文化研究所、数学教育研究所、应用数学研究所、应用物理研究所、民族地区环境资源保护研究所、光电研究所、中瑞计算机应用技术研究所、民族文化交流中心、壮侗学研究所、计算语言学研究所、多元文化研究所、民族人口研究所、台湾研究所、穆斯林文化研究所、中国少数民族妇女研究中心、哈尼学研究所、证券期货研究所、图像艺术研究所、学位与研究生教育研究所、多元文化与外语教学研究所、中国传统养生文化研究所、成人教育研究所、民族戏剧研究中心、语言文学研究所、民俗文化交流中心、彝学研究所、元代文学研究所、苗学研究所、维吾尔学研究所等,分别从事民族理论、民族政策、少数民族社会历史、经济、语言文字、文学艺术、风俗习惯、宗教以及数学、物理、生物、化学、计算机等基础学科和应用学科的研究。

学校还设有民族博物馆、电教中心、现代化电脑语言分析室、计算机中心、出版社、印刷厂等。国家教育部民族学科文献信息中心也设在该校。

学校图书馆藏书110多万册,其中有民族文字图书12万多册,外文图书5万册。

校园占地面积500多亩,建筑面积23.2万平方米。

历任校(院)长有:乌兰夫(蒙古)、刘格平(回)、刘春、宗群、姜云、任世琦(蒙古)、哈经雄(回)。

校址:北京市海淀区白石桥路27号

邮政编码:100081

■中南民族学院

中南民族学院是直属于国家民委领导的综合性民族高等院校。创建于1951年1月。

现设有法律学系、中文系、民族学系、外语系、财经系、计算机科学系、电子工程系、化学系、经济管理学系、旅游管理系、教育管理学系、生物医学工程系、美术系、干训部、大学预科部和计算机中心、电化教学中心等教学单位,以及民族学博物馆和民族学、民族高等教育、等离子体物理、民族经济、历史文化、公共关系学等11个研究所。学院固定资产超1亿元。

学院现有教职工1200余人,其中正副教授、研究员261人,讲师450人。在学生7200余人,包括30余个民族成分。建校以来,已培养出44个民族的各类专业技术人才和党政干部3.7万人。学院常年聘有兼职教授和外籍教师,还与国外有关院校建立了校际交流协作关系,并有计划地选派教师出国进修和讲学,国外许多著名专家、学者亦常来该院讲学及进行学术交流活动。

近年来,在国内外学术刊物上发表论文4000多篇,出版专著300余部,完成并鉴定科技项目100多个,共有500多项科研成果获国际国内奖励。

图书馆藏书80万余册。

校园占地833.38亩,建筑面积20多万平方米。

历任院长:孟夫棠、白瑞西、贾清波、哈经雄(回)、彭英明(土家)。

校址:湖北省武汉市武昌民族路5号。

邮政编码:430074

■西北民族学院

西北民族学院是新中国创建的第一所民族学院,前身是西北人民革命大学兰州分校第三部(又称"革大三部")。学院于1950年8月创建,50多年来,已为西北民族地区输送了近2万名少数民族管理干部和专业人才,为西北民族地区的经济建设和社会发展作出了积极的贡献。

西北民族学院在长期的办学实践中形成了自己的优势和特色。进入80年代以后,学院得到进一步发展。由建校初期主要培养少数民族政治干部的职能,发展成为具有文、理、农、医、财经、艺术等多学科,研究生、本科生、大专生、中专生、预科生和成人教育等多层次的拥有硕士和学士学位授予权的综合性民族高等学校。目前学院设有:汉语言文学系、藏语言文学系、蒙古语言文学系、管理科学系、经济系、民族贸易系、历史系、外语系、医学系、物理系、化学系、音乐舞蹈系、美术系、体育系和干训部、预科部等18个系部共56个专业(其中19个本科专业)。少数民族语言文学和中国民间文学两个专业拥有硕士学位授予权。

学院现有教职工1009人,其中专任教师和科研人员483人,正副教授142人。全校各类在校学生4400人,回、藏、维吾尔、蒙古等30个民族的学生在这里一起生活、学习,各族师生可以自由地使用本民族语言文字、穿戴民族服装和欢庆民族节日,各民族的风俗习惯受到充分尊重。

近年来,西北民族学院立足西北民族地区社会、经济发展的实际,主动适应改革开放的需要,深化教育改革,大胆探索,教学和科研工作取得了很大的成绩。新增加了一批应用性较强,社会需求量较大的本、专科专业,进一步拓宽了专业范围,学院的办学活力和办学效益明显提高。学院的科学研究得到长足进展。据不完全统计,仅1987年以来,公开发表学术论文1167篇,撰写专著100部,荣获各类奖122项,其中有些科研成果填补了一些研究领域的空白,受到国内学术界的关注。

学院拥有14个专门的科研所、室,学院编辑出版的《西北民族学院学报》和《西北民族研究》在国内外公开发行。

随着学院各方面工作的发展,对外学术交流日益扩大,美国、英国、日本、德国、俄罗斯等几十个国家的专家、学者来学院进行讲学和访问,学院也相继派出专家学者前往国外进行考察和学术交流。

图书馆藏书56万余册。

校园占地350亩,建筑面积14万平方米。

学院历任院长:汪锋、蒙定军、苏克勤、张宣、赵启明、何乃光、马麒麟(回族)。

校址:兰州市西北新村1号

邮政编码:730030

■西南民族学院

西南民族学院是一所包括文、史、理、工、农、法、经济等十大学科门类的多科性少数民族高等学府,主要为少数民族和民族地区培养高级专门人才。学院创建于1951年,是中华人民共和国成立后最早建立的民族院校之一,属国家民族事务委员会主管。学院坐落在天府之国的成都市,与闻名中外的武侯祠毗邻。现设有汉语言文学、艺术、藏语言文学、彝语言文学、外国语言文学、法学、管理学、历史学、经济学、计算机科学工程、数学、物理、电气信息工程、化学、动物科学技术等系和成人教育学院、大学预科部等教学单位,面向全国招生。学院现设本科专业24个,专科专业23个,11个学科有硕士学位授予权。现有在校学生8300余人,另有15个国家的外国学生在校学习。全院教职员工1200余人,其中正、副教授230余名。

40多年来,已培养出包括藏、彝、羌、白、苗、壮、回、满、黎、蒙古、哈尼、维吾尔等44个民族的各类专业技术人才和党政干部37000余人,这些毕业生遍布全国各民族地区和民族工作部门,大多数已成为各条战线的骨干,不少人成为专家、教授,成为我国著名的少数民族杰出人才;一大批毕业生担任了省、地(市、州)、县的党政领导职务;有的毕业生已成为少数民族的第一代硕士、博士和博士后;有的在国外治学于世界著名大学,成为国内外知名学者。

学院具有较强的科学研究能力,科研机构有民族研究所、少数民族经济研究所、少数民族语言文学研究所、畜牧兽医研究所、民族法学研究所、资本市场研究所、金融证券研究所、材料物理研究所、计算机应用研究所等20多家研究所。近年来,全院在国内外学术刊物发表论文4000多篇,出版专著300余部,完成并鉴定科技项目100多个,共有500多项科研成果获国际、国内奖励。出版的学术刊物主要有向国内外发行的《西南民族学院学报》(包括哲学社会科学版和自然科学版两种)和内刊《彝学研究》和《藏学研究》等。有10多个全国、省级学术组织。

学院设有电教中心、实验中心、计算中心、民族博物馆和一批产、学、研结合的产业。民族博物馆收藏少数民族珍贵文物达1万余件,早在50年代就闻名遐迩。学院是四川省对外开放的重点单位,迄今已有70多个国家和地区的专家、学者、政府官员来校进行学术交流活动或参观访问。学院与美国西雅图华盛顿大学等国外高校建立了校际关系,与美国、日本、瑞士等国的一些科研机构建立了学术交流关系或开展了合作科研活动,聘请了一批国外著名专家、教授来院讲学或任教,并派出近百名教师、科技人员去国外考察、讲学、进修或攻读学位。

图书馆藏书80万余册,期刊2300余种,民族文字书刊2万多种,外文书籍10万余册。

校园占地507亩,建筑面积18万平方米。

历任院长:王维丹、张天伟、张汉城、孟铸群、苏克明(彝)。

校址:四川省成都市洗面桥

邮政编码:610041

■西北第二民族学院

西北第二民族学院是一所集文、法、工、经济管理多学科为一体的综合性普通民族高等院校,1989年筹建,1994年正式成立。学院现有在职教师418人,其中专任教师209人,在校生2680人。学院主要培养少数民族专业技术人才,现有中国语言文学系、法律系、历史系、外语系、经济管理系、电子与信息工程系和民族预科部等多个教学单位,有汉语言文学、文秘档案、法学、经济法、历史学、历史与文化旅游、经贸俄语、商贸英语、保险、国民经济管理、理财学、应用电子技术、计算机应用等24个本、专科专业。建有10个专业实验室。

学院面向陕西、甘肃、青海、新疆、宁夏、内蒙古、山东、湖南、河南、河北等省区招生。主要招收少数民族考生,也招收少量的汉族考生。学院重视学生德、智、体全面发展,为鼓励学生品学兼优、富于创造,分别设立了优秀学生奖学金和单项奖,还有社会奖学金和助学金。招生"并轨"之后,为了支持困难学生安心学习,学院初步建立了一批勤工助学基地、岗位,并推行了"贷学金制度"。

图书馆藏书19万册。

校园占地891亩,建筑面积5.9万平方米。

历任院长:曹仁、李增林、谢玉杰。

校址:宁夏银川新市区文昌路

邮政编码:750021

■大连民族学院

大连民族学院是国家民族事务委员会所属的普通高等学校,1984年4月7日,国家教育部批准筹建东北民族学院。1986年选址大连经济技术开发区。1993年,经国家有关部门批准,学院开始以中央民族大学的名义招生。1997年7月21日,国家教委教计〔1997〕72号文件,决定成立大连民族学院,为本科层次的普通高等院校。目前,学院在校本专科学生有1919名(含22个少数民族),其中普招学生1569人,成人教育学生350

人；还设有少数民族预科班，每年招收部分少数民族预科学生。该院同韩国韩瑞大学、加拿大凯璞澜诺学院等国外大学建立了友好合作关系，已经开展了互派教师、互派留学生及教学科研等多方面的合作项目，学院现有教职工271人，其中专任教师126人，中高级以上职称教师占69%。

学院下设14个职能部门；现有基础课教育部、社会科学部、机电信息工程系、化学工程系、经济管理系、外国语系、留学生部、图书馆等8个部系馆，设有计算机科学与技术、电子信息工程、设计制造及其自动化、生物化工、国际贸易、国际金融、会计学、英语、日语、工业设计、旅游管理、环境工程等专业。学院还成立了中国开发区与特区研究所、中国经济发展战略与政策研究中心、高等教育研究室、民族问题研究中心、日本研究所等科研机构，国家民委生物化学工程重点实验室和大连市生物化学工程技术中心也设在该院，现已建成物理和化学实验室26个。近年来，学院有6项科研成果获部委级奖励，有17项科研成果获省级奖励，每年也有多项科研成果获市级奖励。

大连民族学院教学、科研、生活设施齐全，师资力量雄厚。学院从全国各地和归国留学人员中引进高水平师资，初步形成了一支结构合理、专兼结合、素质较高的教师队伍。主要教学科研仪器均为进口或国内先进设备，为从事高质量的教学和科研提供了保证。

图书馆藏书16万册。

校园占地73公顷45.09亩，建筑面积10万平方米。

历任院长：金涛（朝鲜）。

校址：大连经济技术开发区

邮政编码：116600

■广西民族学院

广西民族学院是广西壮族自治区一所培养各级党政干部和各类专业技术人才的以本科教育为主的综合性高等学校。创建于1952年3月。

学院设有14个系部，1个成人教育学院，4个教学中心，13个研究所，15个实验室。学院现有在职教职工1036人，其中专任教师439人，在党政部门工作的兼职教师51人，教辅人员98人；有正高职称的56人，副高职称的276人，中级职称的230人。学院拥有一批享受政府特殊津贴及在国内外有影响的教授、专家、学者和作家。有壮、汉、瑶、苗、侗、仫佬、毛南、回、彝、京、水、黎、布依、满、白、土家等16个民族的全日制在校生4950人，成人高等教育学生4400人，外国留学生30多人。

学院设有全日普通高等教育本、专科专业29个。本科学制4年，专科学制3年。所有本科专业均有学士学位授予权。学生在校期间实行助学金、奖学金与贷学金相结合的制度。

学院拥有一支具有较高水平的老、中、青相结合的科研队伍。近年来，承担了一批国家自然科学基金和社会科学基金资助的研究项目及区内重点科研项目，多次组织国际及全国性重要学术会议并发表有影响的论文，不少学者出访美、英、日、加、意、澳、泰、越、老等10多个国家，与国外专家进行合作研究，成果累累。近3年来，共完成科研项目137项，发表学术论文1237篇，出版专著、教材137部，其中有31项科研、教学成果获自治区、国家部委的奖励。学院与美国宾州约克学院和北依阿华大学、泰国朱拉隆功大学和碧武里师范大学、越南河内外语师范大学、英国伦敦东北学院等国外大学签订了友好合作协议，建立了学术交流关系，并招收外国留学生、进修生。

建院40多年来，已毕业学生46000多人，他们为我国政治、经济、文化教育事业的发展作出了积极的贡献。

图书馆藏书64万册，期刊940多种。

校园占地1130亩，建筑面积12.7万平方米。

校址：广西南宁市西分塘路74号

邮政编码：530006

■贵州民族学院

贵州民族学院是一所以文科为主、文理结合的普通高等院校。创立于1951年，1959年并入贵州大学，1974年恢复重建，1977年恢复招生。现设有汉语言文学、民族语言文学（苗、布、侗、彝4个语种）、历史学、民族学（省级重点学科）、法学、涉外经济法学、经济信息管理、社会学、英语、数学、物理等11个本科专业；广告学、计算机应用与管理、民族贸易、行政管理学、艺术（音乐、美术）、体育、民族文化与旅游、化学等专科专业。还设有预科部、干训部和成人教育中心。此外,学院还设有民族研究所、彝文古籍研究所、民族法学研究所、民族文化与旅游研究所等研究机构。

学院拥有一支年富力强、学科门类结构比较合理的教师队伍。现有教职工900人,教师440人,其中正高职称19人,副高职称95人,中级职称221人。现有在校生3559人,其中本科生1453人,专科生890人,预科生170人。少数民族学生占学生总数的91%,包括苗、布依、侗、彝、土家、水、回、壮、黎、满、白、瑶、仫佬等20多个民族。建院以来,已为贵州少数民族地区培养和输送了1100多名专门人才。近10年来,该院教师在全国省级以上刊物上发表论文2000多篇,有184项科研成果获奖,其中获国家级奖励2项,有专著、编著、译著200余部。学院广泛地开展了对外学术交流活动,曾先后接待美国、英国、法国、前苏联、日本、澳大利亚、新西兰、挪威等国学者来院讲学或留学,也曾多次派专家学者赴美国、日本、澳大利亚、挪威等国讲学或进修。近年来共接收外国留学生20多名。学院教学辅助设施比较齐全,已形成一定的办学规模。

图书馆藏书40余万册。

校园占地1078亩,建筑面积11.55万平方米。

校址:贵州省贵阳市花溪董家堰

邮政编码:550025

■湖北民族学院

湖北民族学院是省属民族高等本科院校,“七五”、“八五”、“九五”均被列为湖北省四所重点建设院校之一进行建设。如今已发展成为一所拥有文、师、农、财、管理、理工、艺术、体育等多学科,拥有32个专业(不含医学专业)的综合性本科院校。

学院坐落在恩施土家族苗族自治州首府恩施市北郊风光秀丽的龙洞河畔,校园依山傍水,丛林掩映,环境幽雅,气候宜人,是教学、科研和学习的理想场所。房屋建筑典雅壮观,具有浓郁的民族特色。

学院师资力量雄厚,有教职工近800人,其中专任教师340余人,教师中有教授、副教授等高级职称人员120人,有讲师等中级职称的200余人,学院还从武汉大学、华中理工大学等高校聘有客座教授46人。

学院现有11系3部和1个实验中心共15个教学单位。有思想政治教育、汉语言文学、英语、数学与应用数学、物理学、化学、电器工程及其自动化、计算机科学与技术、化学工程与工艺、食品科学与工程、园艺、林学、会计学等多个本科专业。学院具有学士学位授予权,现有4个专业联合招收硕士研究生。学院有在校研究生、本、专科普通学生2700余人。学院成人教育事业近年得到较大发展,向社会招收30多个本、专科专业成人学生,在册成人教育学生3500余人。《湖北民族学院学报》自1993年向国内外公开发行。

学院肩负着为湖北民族地区培养和教育各类高级专门技术人才的重任,多年来,在学院党委领导下,坚持以教学为中心、以科研为重点,全面提高教书育人质量,已成为省级文明单位。自1990年以来,学院以科研带教学,先后出版科技专著80部,在国内外学术期刊发表论文1200余篇,实现科技成果转让10项,获得专利4项,有5项科研成果获国家级奖,6项获省(部)级奖,4项获州级奖。

学院每年都有一批应届本科毕业生考取研究生,重庆大学每年还在该院数学专业免试录取研究生。本、专科毕业生在州内外受到广泛欢迎,正在成为湖北民族地区,尤其是恩施自治州经济建设和社会发展的栋梁之才。

校园占地850余亩,建筑面积10余万平方米。

图书馆藏书33.3万余册,中外期刊1800多种。

校址:湖北省恩施市三孔桥路13号

邮政编码:445000

■青海民族学院

青海民族学院是一所以文科专业为主体、民族学科为特色的少数民族高等院校。1956年正式定名为民族学院。现已发展成为一所有本科、有专科,有文科、有理科,有研究生教育,有成人、预科教育的具有一定规模和特色的少数民族高等院校。文、理、政、法兼备,教学、科研结合。目前拥有11个教学、研究系、部,12个本、专科专业。有教职工700余人,少数民族教工占40%以上,其中教师和研究人员355人，包括正副教授63人，讲师187人，助教105人。有国家和省级优秀专家、优秀中青年学术骨干19人。现有来自青海各地的藏、蒙古、回、土、撒拉等18个民族的2400多名学生，其中本专科生1480人，少数民族学生占95%以上。

学院坚持合理布局、突出特色的办学思想，各学科专业的设置与教学均从青海广大民族地区的实际出发。中国民族史(青海地方民族史)、中国少数民族语言文学(藏语言文学)是省级重点学科。学院成为国务院学位委员会首批批准的具有硕士学位授予权的高校之一。中国古典文学学科有较强的实力。学院注重加强基础理论、基本知识和基本技能的教学，重视学生的外语能力、计算机能力和实践能力的培养。根据青海经济建设科技进步和社会发展的需要调整专业结构和课程体系，改革教学内容与教学方法。已为国家输送了14000余名本、专科生和研究生。

在藏族文学史、藏族史、藏族民间文学、藏传因明学及藏传语言学等方面的教学研究独具特色。在计算机领域首家研制了藏汉西文综合处理系统。在民族语言文学、民族历史、民族教育、民俗以及民族政策、宗教问题等研究方面挖掘较深，有独到建树，尤其对青海土著民族的语言、文化、历史等有突破性的研究成果。珍藏有青海藏、蒙古、回、土、撒拉五个少数民族的500余件古时服装、首饰、生产、生活和文化用品。《青海民族学院学报》被评定为全国核心期刊，《青海民族研究》出版发行全国各地。改革开放以来，学院教学科研人员出版著作149部，发表论文2206篇，其中113项获国家和省部级奖。

学院广泛开展了国际合作与交流。美国、德国、日本、法国、加拿大、意大利等国家的友好人士及参观团、访问团曾来院讲学、参观访问。学院同一些国外著名大学和研究机构建立了友好合作关系。先后接收和培养了来自意大利、澳大利亚、美国、英国、芬兰、哥伦比亚、挪威、日本、蒙古、新加坡、韩国等国家的留学生。学院现已成为外国留学生培养点。

图书馆藏书55万册，其中少数民族图书8万册，大藏经988函。

校园占地262亩，建筑面积53万平方米。

校址：青海西宁市八一路25号

邮政编码：810007

■西藏民族学院

西藏民族学院是西藏自治区所属，并且是西藏建校最早的一所综合性高等民族院校。其前身是西藏公学，于1957年筹建，1958年9月正式开学，1965年改名为西藏民族学院。校址在咸阳。建校以来，充分利用在内地的办学优势，大力培养西藏所需的各种建设人才，为西藏的社会主义建设增添了大批的骨干力量。

学院现设有政治系、语文系、历史系、医学系、体育系、财经系、干训部和预科8个系科部，共12个专业，分为本科、大专和中专3个学历层次，并举办成人教育的干部专修科、专业证书班和各种专业知识的进修班，已形成多层次、多规格、多渠道的办学体制。学院师资力量雄厚，科学研究成果颇丰，许多成果已获国家和部委、省市级奖励，藏学研究在国内外学术界获得良好声誉。学院教学设施齐全，包括辅助教学的附属医院、电教中心、计算机室、主要从事藏学研究的民族研究所，以及附属学校办工厂、印刷厂、电影院等。

学院主要招收西藏地区的藏、汉、回、门巴、珞巴等民族学生，同时也在内地一些省份招收部分学生，学生毕业后面向西藏各地区分配，干部学员仍回原单位。学院有权授予学士学位。

图书馆藏书30多万册。

校园占地960亩，建筑面积10.5万平方米。

校址：陕西咸阳市文汇路

邮政编码：712082

■云南民族学院

云南民族学院是一所文、理、财经、政法、艺术、语言各种兼有的综合性普通高等学校，为云南省重点大学。创建于1951年8月1日。

办学初期，以培养党政干部为主，随后扩展为培养少数民族政治、经济、文化等各方面的人才，以适应国家及民族地区经济社会发展的需要。随着以经济建设为中心的社会主义现代化建设的发展，学院在办好民族类特色专业的同时，改造和新建了一批应用专业，以适应社会主义市场经济的需要。1993年2月，云南省人民政府决定把云南民族学院列为省属五所重点大学之一。

学院现有教学仪器设备3100多台(件),总价值1000余万元。学院藏书丰富,搜集有大量的民族文献古籍珍品,如贝叶经、东巴经等,是美国亚洲基金会赠书中国第二样本书中心,已存样书36800余本。

学院现有全日制在校生3524人,其中研究生159人,本科生2220人,专科生777人,预科生368人。另有外国留学生31人,夜函大专科生1247人,夜函大预科生150人,计划外人才培训约1000人。形成了多层次、多学科、多形式的民族高等教育办学体系。建院45年来,已累计毕业学生3.3万余人。

学院造就了一批热爱民族教育事业、具有较深造诣的专业技术队伍,近千名教职工中,专任教师400余人,专职科研人员60余人。其中正高职40人,副高职167人。聘请了学部委员季羡林、周一良,中科院院士戴汝为、丁夏畦、严陆光以及知名专家教授刘尧汉、许清章等作为学院的名誉教授。

图书馆藏书65万余册,订阅报刊2000多种。

校园占地477余亩,建筑面积12万平方米。

校址:云南昆明市莲花池正街74号

邮政编码:650011

历届中国共产党全国代表大会少数民族中央委员、候补中央委员人数简表

届次	时间	地点	代表总数	少数民族代表	中央委员、中央候补委员总数	少数民族中央委员、中央候补委员人数
一大	1921.7.23—31	上海	12	1		
二大	1922.7.16—23	上海	12	1	5	
三大	1923.6.12—20	广州	30余人		14	
四大	1925.1.11—22	上海	20		14	
五大	1927.4.27—5.9	武汉	80	1	45	
六大	1928.6.18—7.11	莫斯科	118		36	1
七大	1945.4.23—6.11	延安	755		77	2
八大	1956.9.15—27	北京	1 133		170	10
九大	1969.4.1—24	北京	1 512		279	
十大	1973.8.24—28	北京	1 249		319	15
十一大	1977.8.12—18	北京	1 510		333	16
十二大	1982.9.1—11	北京	1 749	104	348	31
十三大	1987.10.25—11.1	北京	1 936		285	32
十四大	1992.10.12—18	北京	1 989	198	319	32
十五大	1997.9.12—18	北京	2 048	219	344	38

历届全国人民代表大会少数民族代表人数简表

届　次	时　间	代表总数	少数民族代表数	占总数的%	所含民族(个)
第一届	1954年	1 226	178	14.50%	30
第二届	1959年	1 226	179	14.6%	30
第三届	1964年	3 040	372	12.2%	53
第四届	1975年	2 885	270	9.4%	54
第五届	1978年	3 497	381	10.9%	54
第六届	1983年	2 978	403	13.6%	55
第七届	1988年	2 970	445	14.9%	55
第八届	1993年	2 898	554	18.6%	55
第九届	1998年	2 979	428	14.37%	55

历届中国人民政治协商会议全国委员会少数民族委员人数简表

届　次	时　间	委员人数	少数民族委员数	占总数的%	民族(个)
第一届	1949年	198	19	9.6%	10
第二届	1954年	753	61	8.10%	16
第三届	1959年	1 071	78	7.29%	19
第四届	1965年	1 199	81	6.76%	20
第五届	1978年	2 268	147	6.49%	31
第六届	1983年	2 228	185	8.31%	37
第七届	1988年	2 180	222	10.19%	45
第八届	1993年	2 172	101	4.65%	55
第九届	1998年	2 196	259	11.8%	55

历届全国人大常委会少数民族副委员长、全国政协常委会少数民族副主席简表

届　次	时　间	全国人大常委会副委员长	时间	全国政协常委会副主席
第一届	1954年	达赖喇嘛·丹增嘉措(藏)、赛福鼎·艾则孜(维吾尔)	1949年	
第二届	1959年	达赖喇嘛·丹增嘉措(藏)、赛福鼎·艾则孜(维吾尔)、班禅额尔德尼·确吉坚赞(藏)	1954年	班禅额尔德尼·确吉坚赞(藏)、包尔汉(维吾尔)
第三届	1964年	赛福鼎·艾则孜(维吾尔)、阿沛·阿旺晋美(藏)	1959年	包尔汉(维吾尔)、帕巴拉·格列朗杰(藏)、阿沛·阿旺晋美(藏)
第四届	1975年	韦国清(壮)、赛福鼎·艾则孜(维吾尔)、乌兰夫(蒙古)、阿沛·阿旺晋美(藏)	1965年	韦国清(壮)、帕巴拉·格列朗杰(藏)
第五届	1978年	乌兰夫(蒙古)、韦国清(壮)、赛福鼎·艾则孜(维吾尔)、阿沛·阿旺晋美(藏)	1978年	乌兰夫(蒙古)、韦国清(壮)、杨静仁(回)、帕巴拉·格列朗杰(藏)
第六届	1983年	韦国清(壮)、阿沛·阿旺晋美(藏)、班禅额尔德尼·确吉坚赞(藏)、赛福鼎·艾则孜(维吾尔)	1983年	杨静仁(回)、帕巴拉·格列朗杰(藏)、包尔汉(维吾尔)
第七届	1988年	乌兰夫(蒙古)、韦国清(壮)、阿沛·阿旺晋美(藏)、班禅额尔德尼·确吉坚赞(藏)、赛福鼎·艾则孜(维吾尔)、廖汉生(土家)	1988年	杨静仁(回)、帕巴拉·格列朗杰(藏)、司马义·艾买提(维吾尔)
第八届	1993年	帕巴拉·格列朗杰(藏)、布赫(蒙古)、铁木尔·达瓦买提(维吾尔)	1993年	阿沛·阿旺晋美(藏)、赛福鼎·艾则孜(维吾尔)
第九届	1998年	帕巴拉·格列朗杰(藏)、布赫(蒙古)、铁木尔·达瓦买提(维吾尔)	1998年	阿沛·阿旺晋美(藏)、赵南起(朝鲜)、白立忱(回)

历届全国人大民委、国家民委和全国政协民委主任简表

届　次	时　间	全国人大民委主任	时　间	国家民委主任	时　间	全国政协民委主任
第一届	1954.9	刘格平(回)	1949.10	李维汉	1949.9	乌兰夫(蒙古)
第二届	1959.4	刘格平(回)	1954.9	乌兰夫(蒙古)	1954.12	卢汉(彝)
第三届	1965.1	谢扶民(壮)	1959.4	乌兰夫(蒙古)	1959.4	卢汉(彝)
第四届			1965.1	乌兰夫(蒙古)	1964.12	卢汉(彝)
第五届	1979.7	阿沛·阿旺晋美(藏)	1978.3	杨静仁(回)	1978.2	萨空了(蒙古)
第六届	1983.6	阿沛·阿旺晋美(藏)	1986.1	司马义·艾买提(维吾尔)	1983.6	马信(回)
第七届	1988.3	阿沛·阿旺晋美(藏)	1988.4	司马义·艾买提(维吾尔)	1988.3	杨静仁(回)
第八届	1993.3	王朝文(苗)	1993.3	司马义·艾买提(维吾尔)	1993.3	金鉴(满)
					1995.3	赵朴初
第九届	1998.3	王朝文(苗)	1998.3	李德洙(朝鲜)	1998.3	赵朴初

注:1.历届人大民委所设为主任委员。

2.政协一至六届设民族组,从第七届起设民族委员会,第八届常委会第十二次会议将民族委员会与宗教委员会合并为民族宗教委员会。

3.一至四届称中央民委,从第五届起称国家民委;第一届中央民委主任由中央人民政府委员会任命,从第二届起由全国人大或其常委会任命。

中国少数民族语言系属简表

汉藏语系	藏缅语族	藏语、门巴语、珞巴语、彝语、哈尼语、白语、羌语、傈僳语、纳西语、拉祜语、景颇语、土家语、普米语、怒语、独龙语、阿昌语、基诺语
	壮侗语族	壮语、侗语、布依语、傣语、水语、黎语、毛南语、仫佬语
	苗瑶语族	苗语、瑶语、畲语
	语族未定	仡佬语
阿尔泰语系	突厥语族	维吾尔语、哈萨克语、柯尔克孜语、撒拉语、乌孜别克语、塔塔尔语、裕固(尧乎尔)语
	蒙古语族	蒙古语、达斡尔语、东乡语、土族语、保安语、裕固(恩格尔)语
	通古斯—满语族	满语、鄂温克语、鄂伦春语、锡伯语、赫哲语
	语族未定	朝鲜语
印欧语系	斯拉夫语族	俄罗斯语
	伊朗语族	塔吉克语
南亚语系	孟高棉语族	佤语、德昂语、布朗语
南岛语系	印尼语族	高山语

注:1.京族语的系属尚未确定。
2.回族、满族大部通用汉语(满语只在极少数满族人口中使用)。

中国各民族文字类型简表

象形文字	纳西族东巴文
汉字及其变体	汉文、方块壮字、方块侗字、水书、白文。
音节文字	纳西族哥巴文、彝文。
拼音文字	(一)印度字母体系——藏文、傣文。 (二)阿拉伯字母体系——老维吾尔文、老哈萨克文以及乌孜别克文、柯尔克孜文、塔塔尔文。 (三)回鹘文字母体系——蒙古文、“托忒蒙古文”、锡伯文。 (四)朝鲜文字母体系——朝鲜文。 (五)拉丁字母体系——壮文、景颇文、拉祜文、佤文、傈僳文、新维吾尔文、新哈萨克文以及布依、苗、黎、纳西、侗、哈尼各族的文字方案。 (六)斯拉夫字母体系——俄罗斯族的俄文。

中国各民族名称的罗马字母拼写法

民族	罗马字母拼写法	缩写	民族	罗马字母拼写法	编写
汉族	Han	HA	柯尔克孜族	Kirgiz	KG
蒙古族	Mongol	MG	土族	Tu	TU
回族	Hui	HU	达斡尔族	Daur	DU
藏族	Zang	ZA	仫佬族	Mulam	ML
维吾尔族	Uygur	UG	羌族	Qiang	QI
苗族	Miao	MI	布朗族	Blang	BL
彝族	Yi	YI	撒拉族	Salar	SL
壮族	Zhuang	ZH	毛南族	Maonan	MN
布依族	Bouyei	BY	仡佬族	Gelao	GL
朝鲜族	Chaoxian	CX	锡伯族	Xibe	XB
满族	Man	MA	阿昌族	Achang	AC
侗族	Dong	DO	普米族	Primi	PR
瑶族	Yao	YA	塔吉克族	Tagik	TJ
白族	Bai	BA	怒族	Nu	NU
土家族	Tujia	TJ	乌孜别克族	Uzbek	UZ
哈尼族	Hani	HN	俄罗斯族	Russ	RS
哈萨克族	Kazak	HZ	鄂温克族	Ewenki	EW
傣族	Dai	DA	德昂族	Deang	暂缺
黎族	Li	LI	保安族	Bonan	BN
傈僳族	Lisu	LS	裕固族	Yugur	YG
佤族	Wa	WA	京族	Gin	GI
畲族	She	SH	塔塔尔族	Tatar	TT
高山族	Gaoshan	GS	独龙族	Derung	DR
拉祜族	Lahu	LH	鄂伦春族	Oroqen	OR
水族	Shui	SU	赫哲族	Hezhen	HZ
东乡族	Dongxiang	DX	门巴族	Monba	MB
纳西族	Naxi	NX	珞巴族	Lhoba	LB
景颇族	Jingpo	JP	基诺族	Jino	JN

中国少数民族主要节日简表

民族	主要节日	时间
阿昌族	火把节	农历六月二十五日
	会街节	农历九月初十
	泼水节	农历二月二十九日
	撒神	农历七月初一
	尝新节	农历八月十五日
白族	三月街	农历三月十五日
	火把节	农历六月二十四日
	渔潭会	农历八月十五日
保安族	圣纪节	伊斯兰教历三月十二日
	开斋节	伊斯兰教历九月三十日
	古尔邦节	伊斯兰教历十二月十日
布朗族	开门节	傣历十二月十五日
	关门节	傣历九月十五日
	泼火节	农历二月十九日
布依族	六月六	农历六月初六
	三月三	农历三月初三
	四月八	农历四月初八
朝鲜族	元日	农历正月初一
	上元节	农历正月初五
	寒食节	农历四月初五
	端午	农历五月初五
哈尼族	十月节	农历十月初一
	六月节	农历六月二十四日
哈萨克族	圣纪节	伊斯兰教历三月十二日
	开斋节	伊斯兰教历九月三十日
	古尔邦节	伊斯兰教历十二月十日
赫哲族	赫哲年	农历正月初一
回族	圣纪节	伊斯兰教历三月十二日
	开斋节	伊斯兰教历九月三十日
	古尔邦节	伊斯兰教历十二月十日
基诺族	打铁节	农历一月
	火把节	农历六月
京族	哈节	农历六月初十
达斡尔族	春节(阿涅)	农历正月初一
傣族	泼水节	傣历六月六日
	开门节	傣历十二月十五日
	关门节	傣历九月十五日

民族	主要节日	时间
德昂族	泼水节	农历四月十五日
东乡族	圣纪节	伊斯兰教历三月十二日
	开斋节	伊斯兰教历九月三十日
	古尔邦节	伊斯兰教历十二月十日
侗族	芦笙节	农历六月至九月
	侗年	农历十一月十九日
	斗牛节	农历二月
	吃新节	农历六月至七月
独龙族	卡雀哇	农历十月中下旬
俄罗斯族	复活节	公历三、四月
鄂伦春族	春节	农历正月初一
鄂温克族	米阔鲁节	农历五月二十二日
高山族	新年祭	农历十二月
仡佬族	灯杆节	农历正月初一
	仡佬年	农历三月初三
	尝新节	农历六、七月
拉祜族	库扎节	傣历三月
	火把节	农历六月二十四日
	尝新节	傣历十二月
黎族	三月三	农历三月初三
傈僳族	收获节	农历九月
	澡塘节	农历正月初三
	过年节	农历正月初一
	刀杆节	农历二月初八
珞巴族	旭独龙节	藏历二月
	隆德节	藏历四月
满族	颁金节	阴历十一月十三日
	庙会	农历四月
景颇族	目脑节	农历正月十五日
柯尔克孜族	圣纪节	伊斯兰教历三月十二日
	开斋节	伊斯兰教历九月三十日
	古尔邦节	伊斯兰教历十二月十日
	诺劳孜	农历正月初一
蒙古族	蒙古族新年	农历正月初一
	那达慕大会	农历七～八月
苗族	苗年节	农历十月初五
	四月八	农历四月初八

民族	主要节日	时间
苗族	龙船节	农历五月二十四日
	吃新节	农历六月初六
	赶秋节	农历九月
仫佬族	依饭节	农历十月
	后生节	农历正月或七月
纳西族	正月农具会	农历正月二十日
	三月龙王庙会	农历三月十五日
	七月骡马会	农历七月十五日
怒族	鲜花节	农历三月十五日
普米族	大过年	农历正月初七
	大十五节	农历十二月十五日
	尝新节	农历九月
	转山节	农历七月十五日
土家族	过赶年	农历十二月二十九日
	祈禳节	农历正月初三
	牛王会	农历八月初八
土族	擂台会	农历二月初二
	火神节	农历正月二十九日
	端阳	农历五月初五
佤族	火把节	农历六月二十四日
	播种节	农历三月十五日
	新米节	农历七、八月
维吾尔族	古尔邦节	伊斯兰教历十二月十日
	开斋节	伊斯兰教历九月三十日
	努鲁斯节	伊斯兰教历八月十四日
乌孜别克族	古尔邦节	伊斯兰教历十二月十日
	开斋节	伊斯兰教历九月三十日
	圣纪节	伊斯兰教历三月十二日
锡伯族	春节	农历十二月二十三日至次年正月初二
毛南族	庙节	农历五月
	南瓜节	农历九月初九

民族	主要节日	时间
门巴族	藏历年	藏历正月初一
	望果节	藏历八月间
羌族	羌族大年	农历正月初一
	青苗会	农历三月十二日
	端午节	农历五月初五
撒拉族	开斋节	伊斯兰教历九月三十日
	圣纪节	伊斯兰教历三月十二日
	古尔邦节	伊斯兰教历十二月十日
畲族	分龙节	农历五月十五日
水族	借额节	农历九月
	卯节	农历五、六月
塔吉克族	古尔邦节	伊斯兰教历十二月十日
	迄脱迄迪尔爱脱节	农历三月间
	内孜节	伊斯兰教历九月三十日
塔塔尔族	古尔邦节	伊斯兰教历十二月十日
	开斋节	伊斯兰教历九月三十日
	圣纪节	伊斯兰教历三月十二日
瑶族	盘王节	农历十月十六日
	尝新节	农历八、九月
	歌节	农历三月初三
彝族	二月八	农历二月初八
	送年节	农历三月初七
裕固族	春节	农历正月初五
	端午节	农历五月初五
	中秋节	农历八月十五
	藏历年	藏历正月初一
藏族	望果节	藏历八月间
	雪顿节	藏历七月一日
壮族	三月三	农历三月初三
	中元节	农历七月十四日

历届全国少数民族传统体育运动会情况简表

项目	第一届	第二届	第三届	第四届
时间	1953年11月8日—12日	1982年9月2日—8日	1986年8月10日—17日	1991年11月10日—17日
地点	天津市	呼和浩特市	乌鲁木齐市	南宁市
参加单位	华北、东北、西北、中南、西南、东南等6大行政区和内蒙古、解放军、铁路系统共9个单位	29个省、自治区、直辖市代表团	29个省、自治区、直辖市代表团	30个省、自治区、直辖市代表团
民族及人数	蒙古、回、藏、维吾尔、哈萨克、苗、满、朝鲜、傣、纳西、塔塔尔等12个民族，395名运动员	55个少数民族，863名运动员、教练员，其中：少数民族运动员593人；2个观摩团，400多人；300多名中外记者	55个少数民族，1097名运动员、教练员，其中：少数民族运动员777人；29个观摩团，872人；中外记者580人；港澳同胞及外国朋友45人	55个少数民族，1740名运动员。29个观摩团，有教练员、裁判员、工作人员、少数民族体育先进地区和单位代表、新闻工作者共4500人
比赛项目	举重、拳击、石锁、摔跤、击剑和步射(弓箭射准)	射箭邀请赛、中国式摔跤比赛	摔跤、射箭、赛马、叼羊、射弩、抢花炮、秋千	龙舟、抢花炮、秋千、射弩、珍珠球、木球、摔跤、赛马和武术
表演项目	武术(分棒术和器械，共383项)、民间体育(分石提、爬杆等22项)、骑术(各种马上技巧表演9项)	傣族的孔雀拳、蒙古族的赛骆驼、赛马等68项	表演项目115项	表演项目120项

项目	第五届	第六届	
时间	1995年11月5日—11月12日	1999年9月24日—30日	1999年8月18日—23日
地点	昆明市	北京市(主赛场)	拉萨市(分赛场)
参加单位	31个省、自治区、直辖市代表团，新疆生产建设兵团、解放军代表团、台湾少数民族代表团	31个省、自治区、直辖市代表团，新疆生产建设兵团、解放军代表团、台湾少数民族代表团	31个省、自治区、直辖市代表团、新疆生产建设兵团、解放军代表团
民族及人数	55个少数民族，2342名运动员。30个省、自治区、直辖市组织了观摩团。运动员、教练员、工作人员、观摩人员、少数民族体育模范代表，中外记者及来宾共7000人参加了运动会。	55个少数民族，2626名运动员。各省、自治区、直辖市组织了观摩团、运动员、教练员、工作人员、观摩人员、少数民族体育模范代表及记者共计6000人。	35个少数民族，764名运动员。各省、自治区、直辖市组织了33个代表团和40个观摩团。运动员、教练员、工作人员、观摩人员及记者共计2386人。
比赛项目	抢花炮、珍珠球、木球、民族式摔跤(博克、且里西、格、北嘎、绊跤)、秋千、武术、射弩、龙舟、马上项目(速度赛马、走马、跑马、射击、跑马射箭、跑马拣哈达、叼羊)、打陀螺、毽球等共11项。	抢花炮、珍珠球、毽球、蹴球、木球、秋千、武术、龙舟、民族式摔跤(博克、格、且里西、北嘎、绊跤)、马上项目(速度赛马、走马、跑马射击、跑马射箭、跑马拾哈达)等10个项目	马上项目、射弩、打陀螺、押加等4个项目。
表演项目	表演项目129项。	表演项目111项。	表演项目39项。

中国少数民族全国重点文物保护单位简表

名　称	时　代	地　址
六顶山古墓群	渤海(公元698—926年)	吉林省延边朝鲜族自治州敦化县
辽上京遗址	辽	内蒙古自治区巴林左旗
辽中京遗址	辽	内蒙古自治区宁城县
海宝塔	清	宁夏回族自治区银川市
交河故城	高昌(公元500—640年)	新疆维吾尔自治区吐鲁番县
高昌故城	高昌(公元500—640年)	新疆维吾尔自治区吐鲁番县
克孜尔千佛洞	唐至宋	新疆维吾尔自治区拜城县
库木吐喇千佛洞	唐至宋	新疆维吾尔自治区库车县
大昭寺	公元7世纪中叶	西藏自治区拉萨市
昌珠寺	传为公元7世纪建	西藏自治区乃东县
藏王墓	公元七世纪	西藏自治区穷结县
甘丹寺	明初至清	西藏自治区达孜县
扎什伦布寺	明初至清	西藏自治区日喀则县
布达拉宫	明至民国	西藏自治区拉萨市
江孜宗山抗英遗址	1904年	西藏自治区江孜县
古格王国遗址		西藏自治区扎达县
泸定桥	1935年	四川省甘孜藏族自治州泸定县
太河城遗址	南诏(公元649—902年)	云南省大理白族自治州大理县
石钟山石窟	南诏、大理(公元649—1094年)	云南省大理白族自治州剑川县
金田起义地址	1851年	广西壮族自治区桂平县金田村
溪州铜柱	五代	湖南省湘西土家族苗族自治州永顺县

中国少数民族地区主要自然保护区简表

名　　称	位　　置	面积(公顷)	主要保护对象
长白山自然保护区	吉林:安图、拉松、长白三县交界处	215 110	自然生态
大兴安岭保护区	内蒙古汗马和诺敏河上游	480 000	自然生态
白音敖包保护区	内蒙古克什克腾旗	6 000	沙地红皮云衫
大青沟保护区	内蒙古科右旗	8 466	珍贵阔叶林
锡林郭勒保护区	内蒙古锡林郭勒高原	55 000	草原生态
努登保护区	内蒙古巴彦淖尔盟乌拉特后旗	28 040	珍贵荒漠植物梭梭林
尕海保护区	甘肃省碌曲县	3 500	珍稀鸟类
阿尔泰保护区	新疆布尔津哈巴河县	30 000	自然景观和生态系统
天池保护区	新疆阜康县	5 000	自然环境生态系统
巴音布鲁克保护区	新疆和静县	10 000	天鹅等珍禽
布尔根河保护区	新疆青河县	5 000	珍贵动物河狸
阿尔金山保护区	新疆且末、若羌县	450 000	高寒荒漠野生动物
哈纳斯保护区	新疆布尔津县	250 000	寒温带针阔混交林
青海湖保护区	青海省	7 850	水禽
勐仓保护区	云南勐腊县	6 267	热带干性季节性石灰山季雨林
勐腊保护区	云南勐腊县	6 733	热带季雨林
南滚河保护区	云南沧沅县	6 000	热带季雨林和珍稀动物大象
大围山保护区	云南河口县	15 367	热带亚热带季雨林和长臂猿、红石猴
大雪山保护区	云南永德县	15 787	西亚热带雨林和蜂猴、金钱豹
分水岭保护区	云南金平县	10 760	热带雨林、长臂猿、红面猴、班角犀鸟
黄连山保护区	云南绿春县	13 835	亚热带森林及猕猴、野牛等
玉龙雪山保护区	云南纳西县	26 000	高山森林生态系统及金丝猴、野鹿、飞鼠、水獭
威远江保护区	云南景谷县	7 780	思茅松森林、懒猴、长尾叶猴、叶鸡
哀牢山保护区	云南双柏县	50 360	亚热带阔叶林生态系统和灰叶猴、冠斑犀鸟、白鹇等
高黎贡山保护区	云南腾冲、怒江	123 333	亚热带阔叶林、高山针叶林,豚尾猴、白眉长臂猿、绿孔雀、野牛、熊
铜壁关保护区	云南德宏州	34 160	亚热带季林、长臂猿、野牛、象、孔雀、金丝猴
卧龙保护区	四川汶川县	200 000	自然生态系和大熊猫
白河保护区	四川南坪县	20 000	金丝猴、大熊猫
铁布保护区	四川若尔盖县	23 000	梅花鹿等
马边大风顶保护区	四川马边县	30 000	大熊猫及自然生态系
美姑保护区	四川美姑县	15 000	大熊猫等珍稀动物
九寨沟保护区	四川南坪县	60 000	大熊猫及自然景观
黄龙寺保护区	四川松潘县	40 000	大熊猫及生态系统
喇叭河保护区	四川天全县	12 000	大熊猫、扭角羚、金丝猴、水鹿及自然生态系
蜂桶寨保护区	四川宝兴县	40 000	大熊猫、金丝猴、白唇鹿、扭角羚、雪豹、小熊猫、苏门羚、水鹿
梵净山保护区	贵州江口、松桃、印江三县交界处	36 700	灰金丝猴、珙桐及自然生态系

名　　称	位　　置	面积(公顷)	主要保护对象
草海保护区	贵州威宁县	5 334	飞禽、候鸟等珍稀动物
花坪保护区	广西龙胜、临桂	13 918	银杉及中亚热带森林
芮儿山保护区	广西兴安、资源	1 559	铁杉及水源林
陇瑞保护区	广西宁明县	2 062	白头叶猴及生态系
弄岗保护区	广西龙州县	7 997	白头叶猴及生态系
尖峰岭保护区	海南乐东县	1 635	热带雨林和长臂猿、孔雀雉
大田保护区	海南东方县	2 533	坡鹿
那溪保护区	海南白沙县	333	坡鹿
南海保护区	海南陵水县	933	猕猴
青溪洞保护区	广东乳源县	3 133	南亚热带森林及动物
坝王岭保护区	海南白沙、昌江	2 000	长臂猿及生态系
王朗保护区	四川平武县	277 000	大熊猫、金丝猴、羚羊、毛冠鹿、绿尾红雉
张家界国家森林公园	湖南大庸市	100 000	自然景观
小寨沟保护区	四川茂汶、松潘	6 100	大熊猫及生态系

中国陆地边境县、旗、市(市辖区)概貌

我国陆地边境线东起辽宁省丹东市的鸭绿江口,西迤广西壮族自治区防城港市的北部湾畔,总长度约2.2万公里。其间或纵横、或穿越着长白山、大兴安岭、蒙古高原、阿尔泰山、天山、帕米尔高原、喀喇昆仑山、喜玛拉雅山、横断山和云贵高原等十几座高大山脉和高原。在这些山脉和高原之间,横亘着广袤的草原、荒漠和森林,还有蜿蜒曲折淌流的鸭绿江、图们江、乌苏里江、黑龙江、额尔古纳河、额尔齐斯河、伊犁河、雅鲁藏布江、怒江、澜沧江、元江等大小数十条边界和出境河流。它们像一个个哨兵,共同形成祖国东部、北部、西部和西南部的陆地地理屏障。沿着这条漫长边境线的那一侧,是与我国接壤的朝鲜、俄罗斯、蒙古、哈萨克斯坦、吉尔吉斯坦、塔吉克斯坦、阿富汗、克什米尔地区、印度、巴基斯坦、尼泊尔、锡金、不丹、缅甸、老挝、越南等十几个国家和地区。沿边境线分布着我国9个省、自治区的135个县、旗、市、市辖区(其中民族自治地方107个),居住着2200多万勤劳勇敢、守土戍边的各族人民,有近半数是少数民族。在我国的55个少数民族中,有30多个民族跨境居住生活。除少数几个口岸城市外,绝大部分是我国尚未开发或者开发程度很浅的地区。这里蕴藏着难以数计、千姿百态的动物、植物、矿产以及其他宝贵的资源,品种众多、储量丰富的矿藏。从亚热带到亚寒带、从海拔几十米到几千米高程各种气候条件和垂直地理条件下生长的种类繁多的动物和植物资源,丰富的水资源,以及广袤的有待开发的土地和草原。由于地理环境和居民人文状态的丰富多样,这里还拥有随四季交替变换而各呈奇芭、不可历数、丰富多彩的地理和人文旅游资源。你可以在雪山冰峰、高峰陡壁间登高攀缘,可以漫游于广阔的草原和或汹涌湍急、或轻流慢淌的江河溪流间,可以看大漠孤烟和边关朝霞晚暮,可以寻访远离喧闹人群的民居,聆听山歌、观览民舞,可以考察散落于山谷、荒漠间的众多寺庙和古代城廓遗址以及其中所包含的众多壁画、彩绘和文物,从对这些人类生存踪迹的实际触摸中,扩展见识,思考今人和古人的生命哲学……

中国陆地边境县、旗、市(市辖区)分布表(单位:个)

省、自治区	自治州(盟、地、市)	县、旗、市(市辖区)
全国合计	48	135
内蒙古自治区	7	19
辽宁省	1	5
吉林省	3	10
黑龙江省	8	17
云南省	8	25
广西壮族自治区	3	8
西藏自治区	4	18
甘肃省	1	1
新疆维吾尔族自治区	11	32

中国陆地边境县、旗、市（市辖区）分布表

省	自治州（盟、地、市）	县、旗、市（市辖区）
内蒙古自治区	包头市	达尔罕茂明安联合旗
	乌兰察布盟	四子王旗
	锡林郭勒盟	二连浩特市　阿巴嘎旗　东乌珠穆沁旗　苏尼特左旗　苏尼特右旗
	呼伦贝尔盟	满洲里市　额尔古纳市　陈巴尔虎旗　新巴尔虎左旗　新巴尔虎右旗
	巴彦淖尔盟	乌拉特中旗　乌拉特后旗
	阿拉善盟	阿拉善左旗　阿拉善旗　额济纳旗
	兴安盟	阿尔山市　科尔沁右翼前旗
辽宁省	丹东市	振安区　元宝区　振兴区　东港市　宽甸满族自治县
吉林省	通化县	集安市
	白山市	八道江区　临江市　抚松县　长白朝鲜族自治县
	延边朝鲜族自治州	图们市　龙井市　珲春市　和龙市　安图县
黑龙江省	鹤岗市	萝北县　绥滨县
	双鸭山市	饶河县
	鸡西市	密山市　虎林市　鸡东县
	伊春市	嘉荫县
	牡丹江市	绥芬河市　东宁县
	佳木斯市	同江市　抚远县
	黑河市	爱辉区　辽克县　孙吴县
	大兴安岭地区	呼玛县　塔河县　漠河县
广西壮族自治区	防城港市	防城区　东兴市
	南宁地区	凭祥市　大新县　宁明县　龙州县
	百色地区	靖西县　那坡县
云南省	思茅地区	澜沧拉祜族自治县　江城哈尼族彝族自治县　西盟佤族自治县　孟连傣族拉祜族佤族自治县
	临沧地区	镇康县　沧源佤族自治县　耿马傣族佤族自治县
	保山地区	龙陵县　腾冲县
	文山壮族苗族自治州	麻栗坡县　马关县　富宁县
	红河哈尼族彝族自治州	绿春县　金平苗族瑶族傣族自治县　河口瑶族自治县
	西双版纳傣族自治州	景洪市　勐海县　勐腊县
	德宏傣族景颇族自治州	潞西市　瑞丽市　盈江市　陇川县
	怒江傈僳族自治州	泸水县　福贡县　贡山独龙族怒族自治县

<table>
<tr><th>省</th><th>自治州(盟、地、市)</th><th colspan="2">县、旗、市(市辖区)</th></tr>
<tr><td rowspan="4">西藏自治区</td><td>山南地区</td><td colspan="2">洛札县　错那县　浪卡子县</td></tr>
<tr><td>日喀则地区</td><td colspan="2">定结县　定日县　康马县　聂拉木县　吉隆县　亚东县　岗巴县　仲巴县　萨嘎县</td></tr>
<tr><td>阿里地区</td><td colspan="2">噶尔县　普兰县　日土县　札达县</td></tr>
<tr><td>林芝地区</td><td colspan="2">墨脱县　察隅县</td></tr>
<tr><td>甘肃省</td><td>酒泉地区</td><td colspan="2">肃北蒙古族自治县</td></tr>
<tr><td rowspan="10">新疆维吾尔自治区</td><td>哈密地区</td><td colspan="2">哈密市　伊吾县　巴里坤哈萨克自治县</td></tr>
<tr><td>和田地区</td><td colspan="2">和田市　皮山县</td></tr>
<tr><td>阿克苏地区</td><td colspan="2">温宿县　乌什县</td></tr>
<tr><td>喀什地区</td><td colspan="2">叶城县　塔什库尔干塔吉克自治县</td></tr>
<tr><td>克孜勒苏柯尔克孜自治州</td><td colspan="2">阿图什市　阿合奇县　乌恰县　阿克陶县</td></tr>
<tr><td>昌吉回族自治州</td><td colspan="2">奇台县　木垒哈萨克自治县</td></tr>
<tr><td>博尔塔拉蒙古自治州</td><td colspan="2">博乐市　温泉县</td></tr>
<tr><td rowspan="3">伊犁哈萨克自治州</td><td>伊犁地区</td><td>昭苏县　霍城县　察布查尔锡伯自治县</td></tr>
<tr><td>塔城地区</td><td>塔城市　额敏县　裕民县　托里县　和布克赛尔蒙古自治县</td></tr>
<tr><td>阿勒泰地区</td><td>阿勒泰市　青河县　吉木乃县　富蕴县
布尔津县　福海县　哈巴河县</td></tr>
</table>

注　1.名单顺序按民政部编《中华人民共和国行政区划简册》排列。

2.统计口径以沿陆地国境线的县级行政区划为单位。

3.资料截止时间为1999年12月31日。

4.新疆生产建设兵团56个边境团场暂未列入本表。

全国牧区、半农半牧区县(旗)分布表

单位:个

地区	分类	县数	县(旗)名单
河北	半农半牧区	6	张北、康保、沽源、尚义、丰宁、围场
山西	半农半牧区	1	右玉
内蒙古	牧区	33	阿鲁科尔沁、巴林左、巴林右、克什克腾、翁牛特、鄂温克、新巴尔虎右、新巴尔虎左、陈巴尔虎、科尔沁右翼中、科尔沁左翼中、科尔沁左翼后、扎鲁特、锡林浩特市、阿巴嘎、苏尼特左、苏尼特右、东乌珠穆沁、西乌珠穆沁、镶黄、正镶白、正蓝、达茂、四子王、鄂托克前、鄂托克、杭锦、乌审、乌拉特中、乌拉特后、阿拉善左、阿拉善右、额济纳
	半农半牧区	20	林西、敖汉、扎兰顿市、阿荣、莫力达瓦、科尔沁右翼前、扎赉特、突泉、开鲁、库伦、奈曼、太仆寺、察右中、察右后、东胜市、达拉特、准格尔、伊金霍洛、磴口、乌拉特前
辽宁	半农半牧区	6	阜新、彰武、康平、北票市、建平、喀左
吉林	牧区	1	通榆
	半农半牧区	7	双辽、扶余、长岭、前郭尔罗斯、大安、镇赉、乾安
黑龙江	牧区	7	龙江、甘南、杜尔伯特、富裕、安达、青冈、肇源
	半农半牧区	8	泰来、林甸、同江、虎林、肇东、兰西、肇州、明水
四川	牧区	10	松潘、壤塘、阿坝、若尔盖、红原、德格、白玉、石渠、色达、理塘
	半农半牧区	38	汶川、理县、茂县、九寨沟、金川、小金、黑水、马尔康、康定、泸定、丹巴、九龙、雅江、道孚、炉霍、甘孜、新龙、巴塘、乡城、稻城、得荣、西昌市、木里、盐源、德昌、会理、会东、宁南、普格、布拖、金阳、昭觉、喜德、冕宁、越西、甘洛、美姑、雷波
西藏	牧区	13	当雄、仲巴、萨嘎、那曲、嘉黎、聂荣、安多、申扎、班戈、巴青、革吉、改则、措勤
	半农半牧区	24	林周、昌都、江达、贡觉、类乌齐、丁青、察雅、八宿、曲松、措美、错那、昂仁、谢通门、比如、索县、普兰、札达、噶尔、日土、工布江达、浪卡子、康马、亚东、岗巴
甘肃	牧区	7	肃北、阿克塞、肃南、天祝、玛曲、碌曲、夏河
	半农半牧区	12	永登、永昌、靖远、安西、山丹、民勤、漳县、岷县、环县、华池、卓尼、迭部
青海	牧区	26	祁连、海晏、刚察、泽库、河南、共和、同德、兴海、贵南、玛沁、班玛、甘德、达日、久治、玛多、玉树、杂多、称多、治多、囊谦、曲麻莱、格尔木齐、德令哈市、乌兰、都兰、天峻
	半农半牧区	4	门源、同仁、尖扎、贵德
宁夏	牧区	1	盐池
	半农半牧区	2	同心、海原
新疆	牧区	22	伊吾、木垒、温泉、和静、阿合奇、乌恰、塔什库尔干、民丰、新源、昭苏、特克斯、尼勒克、托里、裕民、和布克赛尔、阿勒泰市、布尔津、富蕴、福海、哈巴河、青海、吉木乃
	半农半牧区	15	乌鲁木齐、哈密、巴里坤、奇台、博乐市、精河、尉犁、且末、和硕、温宿、沙雅、阿克陶、巩留、塔城市、额敏

注:全国共有牧区县和半农半牧区县263个,其中:牧区县120个;半农半牧区县143个。

全国民族贸易县(旗、市)分布表

地区	数量	县(旗、市)名称
河北	5	青龙满族自治县、丰宁满族自治县、围场满族蒙古族自治县、宽城满族自治县、孟村回族自治县
内蒙古	57	苏尼特左旗、阿巴嘎旗、西乌珠穆沁旗、镶黄旗、正镶白旗、正蓝旗、苏尼特右旗、东乌珠穆沁旗、多伦县、太仆寺旗、达尔罕茂明安联合旗、四子王旗、商都县、化德县、察哈尔右翼前旗、察哈尔右翼右旗、察哈尔右翼后旗、乌拉特中旗、乌拉特后旗、鄂托克旗、杭锦旗、准格尔旗、乌审旗、伊金霍洛旗、鄂托克前旗、林西县、巴林右旗、阿鲁科尔沁旗、克什克腾旗、翁牛特旗、巴林左旗、宁城县、敖汉旗、喀喇沁旗、科尔沁右翼前旗、扎赉特旗、科尔沁左翼后旗、科尔沁右翼中旗、库伦旗、奈曼旗、扎鲁特旗、陈巴尔虎旗、新巴尔虎左旗、新巴尔虎右旗、额尔古纳左旗、鄂温克族自治旗、莫力达瓦达斡尔族自治旗、鄂伦春自治旗、阿拉善左旗、阿拉善右旗、额济纳旗、科尔沁左翼中旗、托克托县、清水河县、武川县、和林格尔县、固阳县
辽宁	5	阜新蒙古族自治县、喀喇沁左翼蒙古族自治县、新宾满族自治县、岫岩满族自治县、桓仁满族自治县
吉林	3	安图县、长白朝鲜族自治县、汪清县
黑龙江	1	杜尔伯特蒙古族自治县
浙江	1	景宁畲族自治县
湖北	10	来凤县、鹤峰县、咸丰县、利川市、巴东县、建始县、宣恩县、恩施市、五峰土家族自治县、长阳土家族自治县
湖南	12	龙山县、桑植县、永顺县、保靖县、花垣县、古丈县、泸溪县、凤凰县、新晃侗族自治县、通道侗族自治县、城步苗族自治县、江华瑶族自治县
广东	3	连山壮族瑶族自治县、连南瑶族自治县、乳源瑶族自治县
广西	34	那坡县、凌云县、乐业县、西林县、隆林各族自治县、平果县、田林县、德保县、靖西县、田东县、马山县、上林县、天等县、大新县、龙州县、宁明县、隆安县、上思县、巴马瑶族自治县、环江毛南族自治县、罗城仫佬族自治县、东兰县、凤山县、都安瑶族自治县、天峨县、南丹县、大化瑶族自治县、金秀瑶族自治县、融水苗族自治县、三江侗族自治县、忻城县、资源县、龙胜各族自治县、富川瑶族自治县
海南	8	保亭黎族苗族自治县、白沙黎族自治县、乐东黎族自治县、琼中黎族苗族自治县、东方黎族自治县、陵水黎族自治县、昌江黎族自治县、通什市
重庆	5	酉阳土家族苗族自治县、秀山土家族苗族自治县、黔江土家族苗族自治县、彭水苗族土家族自治县、石柱土家族自治县
四川	51	马尔康县、茂县、红原县、阿坝县、汶川县、若尔盖县、理县、黑水县、小金县、松潘县、金川县、南坪县、壤塘县、峨边彝族自治县、马边彝族自治县、冕宁县、宁南县、德昌县、会东县、会理县、昭觉县、金阳县、甘洛县、布拖县、普格县、喜德县、雷波县、越西县、美姑县、木里藏族自治县、盐源县、米易县、盐边县、康定县、九龙县、炉霍县、甘孜县、雅江县、新龙县、道孚县、白玉县、理塘县、德格县、乡城县、石渠县、稻城县、色达县、巴塘县、泸定县、德荣县、丹巴县
贵州	50	剑河县、台江县、黎平县、榕江县、从江县、雷山县、丹寨县、黄平县、锦屏县、天柱县、麻江县、施秉县、镇远县、三穗县、岑巩县、荔波县、罗甸县、惠水县、三都水族自治县、平塘县、独山县、长顺县、贵定县、龙里县、福泉县、瓮安县、松桃苗族自治县、沿河土家族自治县、印江土家族苗族自治县、卢丰县、望谟县、册亨县、安龙县、晴隆县、兴仁县、普安县、威宁彝族回族苗族自治县、赫章县、纳雍县、镇宁布依族苗族自治县、紫云苗族布依族自治县、关岭布依族苗族自治县、大方县、黔西县、织金县、金沙县、水城县、盘县特区、六枝特区、务川仫佬族苗族自治县

地区	数量	县(旗、市)名称
云南	68	富宁县、麻栗坡县、马关县、文山县、砚山县、丘北县、广南县、西畴县、屏边苗族自治县、河口瑶族自治县、金平苗族瑶族傣族自治县、绿春县、元阳县、红河县、泸西县、石屏县、武定县、禄劝彝族苗族自治县、路南彝族自治县、巍山彝族回族自治县、南涧彝族自治县、漾濞彝族自治县、剑川县、鹤庆县、云龙县、弥渡县、洱源县、祥云县、宾川县、永平县、景谷傣族彝族自治县、江城哈尼族彝族自治县、孟连傣族拉祜族佤族自治县、西盟佤族自治县、澜沧拉祜族自治县、墨江哈尼族自治县、峨山彝族自治县、新平彝族傣族自治县、元江哈尼族彝族傣族自治县、勐海县、勐腊县、潞西县、陇川县、盈江县、梁河县、福贡县、泸水县、贡山独龙族怒族自治县、兰坪白族普米族自治县、中甸县、维西傈僳族自治县、德钦县、宁蒗彝族自治县、丽江纳西族自治县、耿马傣族佤族自治县、镇康县、沧源佤族自治县、双江拉祜族佤族布朗族傣族自治县、寻甸回族彝族自治县、景东彝族自治县、镇源彝族哈尼族拉祜族自治县、龙陵县、南华县、牟定县、大姚县、双柏县、永仁县、姚安县
甘肃	20	张家川回族自治县、临潭县、舟曲县、玛曲县、夏河县、卓尼县、迭部县、碌曲县、临夏市、临夏县、永靖县、和政县、康乐县、广河县、东乡族自治县、积石山保安族东乡族撒拉族自治县、天祝藏族自治县、肃南裕固族自治县、肃北蒙古族自治县、阿克塞哈萨克族自治县
青海	33	门源回族自治县、祁连县、刚察县、海晏县、尖扎县、同仁县、河南蒙古族自治县、泽库县、贵德县、同德县、兴海县、贵南县、共和县、玛沁县、班玛县、甘德县、达日县、久治县、玛多县、玉树县、杂多县、称多县、治多县、囊谦县、曲麻莱县、乌兰县、都兰县、天峻县、循化撒拉族自治县、化隆回族自治县、互助土族自治县、民和回族土族自治县、大通回族土族自治县
宁夏	9	同心县、盐池县、固原县、西吉县、泾源县、海原县、隆德县、灵武县、彭阳县
新疆	53	且末县、若羌县、和静县、和田市、和田县、皮山县、洛浦县、民丰县、策勒县、墨玉县、于田县、坷坪县、乌什县、温宿县、喀什市、巴楚县、伽师县、疏附县、疏勒县、英吉沙县、岳普湖县、麦盖提县、莎车县、泽普县、塔什库尔干塔吉克自治县、叶城县、尼勒克县、新源县、巩留县、伊吾县、巴里坤哈萨克自治县、阿图什市、阿克陶县、阿合奇县、乌恰县、奇台县、木垒哈萨克自治县、温泉县、察布查尔锡伯自治县、霍城县、昭苏县、特克斯县、和布克赛尔蒙古自治县、裕民县、额敏县、托里县、阿勒泰市、布尔津县、青河县、哈巴河县、富蕴县、福海县、吉木乃县

责任编辑：虞　农
封面设计：方浩然

图书在版编目（CIP）数据

中国民族统计年鉴. 2000／国家民委经济发展司，国家统计局国民经济综合统计司编. —北京：民族出版社，2000.10
ISBN 7-105-04252-4

Ⅰ.中... Ⅱ.①国...②国... Ⅲ.少数民族-民族地区-社会经济统计-统计资料-中国-2000-年鉴 Ⅳ.C832-54

中国版本图书馆CIP数据核字（2000）第73181号

民族出版社出版发行
（北京市和平里北街14号　邮编100013）
新华印刷厂排版印刷
各地新华书店经销
2000年12月第1版　2000年12月北京第1次印刷
开本:787×1092毫米　1/16　印张:45.25　字数:1240千字
印数:0001—2500册　　定价:140.00元

锐意进取的重庆市民族工作

中共中央政治局常委、全国政协主席李瑞环、国家民委主任李德洙参观全国少数民族和民族地区名优产品博览会重庆展区

重庆市民族宗教事务委员会是重庆直辖后新设置的政府职能部门。全委干部职工团结一致，克难奋进，打开了全市民族工作新局面，受到了市委、市政府和上级主管部门肯定，被国家民委誉为“团结奋进、求实创新”的单位，1999年评选为全国民族团结进步模范集体，受到国务院表彰。

市民宗委把调查研究作为做好民族工作的基础性工作来抓，并积极向市委、市政府反映情况、献计献策，收到较好效果。1999年，市民宗委先后三次向市委常委会议专题汇报民族工作，市委决定召开全市民族工作会议，出台市委、市政府进一步加强民族工作的决定。市民宗委多次到国家有关部委汇报工作，使国家下达给重庆的民族专项资金有了较大幅度增长。

市民宗委从维护民族团结大局出发，以国家政策、法律为依据，积极协同、配合有关方面妥善处理好民族关系，维护了民族团结和民族地区的稳定。

国家民委副主任图道多吉在重庆市石柱土家族自治县调研民族职业教育工作

重庆市民宗委落实资金帮助对口扶贫乡（镇）建索桥、架电线、修公路、建设学校，并捐款救助失学儿童重返校园；深入民族地区洪涝灾区查看灾情，落实民族专项资金，帮助灾区重建。

国家民委党组成员、纪检组长郝文明在重庆市黔江土家族苗族自治县调查研究

海南省民族自治地方经济发展掠影

海南省民族自治地方在省委、省政府的领导下，坚持以经济建设为中心，改革开放、锐意进取。各级民族工作部门积极参与并大力支持少数民族群众发展经济、改善生产生活条件，全省民族自治地方出现经济发展、社会安定、民族团结的大好局面。

儋州市兰洋镇引进外资发展养殖业

省、市领导深入到通什市黎村苗寨，指导民房改造工作

经过乐东县民宗局和当地苗族群众的共同保护，昌化江畔南盆段展现出热带生态环境平衡发展的秀丽风光

保亭黎族苗族自治县已成为全国最大的红毛丹种植基地。图为保亭县红毛丹喜获丰收

西北民族学院校门

西北民族学院诞生于1950年8月，是新中国成立的第一所民族高等学府。

建校50年来，西北民族学院坚持“立足西北，面向全国，办出特色，服务民族”的办学宗旨，发扬“勤学、敬业、团结、创新”的优良校风，为少数民族培养各级各类人才4万余人。今天的西北民族学院已经发展成为一所拥有十一个学科门类，以本科教育为主，兼具研究生教育、专科教育和中专教育的综合性民族高等学校。学校设有3个教学分院，15个系部，面向全国28个省、市、自治区招生，现有36个民族的各级各类学生8000余人。其中中国少数民族文学、民俗学（中国民间文学）、宗教学、马克思主义民族理论与政策、中国少数民族经济、中国少数民族艺术、专门史（文化史）、计算机应用技术等8个专业，有硕士学位授予权。学校还招收来自日本、韩国、英国、美国、新加坡、蒙古等国和台湾地区的留学生。

自1992年以来，学校教学改革逐步深入，先后召开7次教改研讨会，集中研究教学问题，推进以专业调整、课程建设、师资队伍建设和学科建设为重点的教学改革。

学校科学研究硕果累累，仅1991年至1999年底，承担重点科研项目近150项，科研成果获国家级奖励10余项，省、部级奖励150余项，地、市级奖励200 余项。

近年来，学校对外交流日益广泛，先后同美、英等数十个国家和地区的高校、科研单位、建立了学术交流关系。

《藏汉双语文字信息处理系统》获国家科技进步二等奖。图为中共中央总书记江泽民，政治局候补委员、中组部部长曾庆红观看西北民族学院计算机藏汉信息处理系统展示（2000年6月）

运用现代化手段为学生教授语言课

宁夏民族经贸有限公司

宁夏民族经贸有限公司成立于1992年，注册资本金 388万元。主要以经营各类牧草种子、草坪草种子、承揽绿化工程为主。公司连续三年销售草种年均600吨以上，居西北五省区首位。公司自有草种基地四千亩，“公司+农户”基地五万亩。培育的“美国杂交大叶苜蓿”和“德国大叶苜蓿”良种，粗蛋白含量高达24%，亩年产鲜草6000公斤以上（刈割3-4次），耐干旱，可在年降水300毫米地区生长，耐严寒，冬季可在零下30℃低温下安全越冬。另有加拿大红豆草、披碱草等，均畅销西北、西南各省。

公司也十分重视牧草种子方面的科研开发工作，注册成立了“宁夏绿洲苜蓿研究所”，由草原学教授郭思加任所长，实行“以科研带生产”，“以科技含量高的新品种抢占市场 ”的经营策略。这项工作目前已得到自治区科委的赞同和支持，被区科委确定为国家科技部“黄土高原苜蓿产业化”项目的宁夏区龙头企业和主持单位。

借良好的信誉和自身的经营优势，公司的客户已遍及新疆、内蒙古、甘肃、青海、北京、河北、四川、贵州等省市，且产品已出口到德国，形成了纵横交错的营销网络，公司将继续努力，和立志于牧草产业化的同仁共同奋斗，为推进牧草产业化、取得良好的社会效益和生态效益做出贡献。

技术人员在苜蓿地检查病虫害防治效果

1000亩美国杂交大叶苜蓿良种示范田

美国专家杰克逊博士观看1999年新收获的美国杂交苜蓿种子

公司负责人察看新收获的种子

河南省南阳市民族宗教事务委员会

团结务实的南阳市民族宗教事务委员会领导班子

镇平县郭庄回族乡领导深入棉田指导田间管理

南阳市为豫西政治、经济 、文化中心，辖13个县（市 、区 ），总人口1045万，有少数民族36个，少数民族人口24万多人，占全市总人口的2.4%，占全省少数民族人口的1/5强。有2个回族乡，109个少数民族聚居村（居委会），96所民族学校（其中成人中专一所），民族企业达3603家，1999年全市少数民族农工副业总产值达29亿元，实现税利2.6亿元，少数民族人均纯收入达1927元。

方城县袁店回族乡实施农业结构调整后，乡领导分享田间套种带来的喜悦

改革开放以来，南阳市的民族工作紧紧围绕“团结”和“发展”两大主题，全面贯彻党的民族政策，全力推进了民族团结进步事业，取得了丰硕成果。全市民族经济及各项事业蓬勃发展，并涌现出300多名受到国务院、国家民委、省政府及市政府表彰的民族团结进步模范集体和模范个人。市人民政府、市民委主任王新志同志分别被国务院、省政府授予“民族团结进步模范集体”和“模范个人”荣誉称号，委机关连续三年被省民委评为系统评比第一名，被市政府评为“民族团结进步模范集体”，并一直保持着“文明单位”的称号。

年生产牛羊肉12000吨的南阳甲林清真肉食集团公司的产品销往国内各大城市，并出口韩国、俄罗斯、伊朗、新加坡等国家

湖北省民族企业名优产品集锦

改革开放为民族地区的经济发展注入了活力。在党的民族政策的光辉照耀下，经过各级民族工作部门的帮助和支持，湖北省民族地区工业企业迈上了一个新的台阶。不仅创出了国内知名的品牌，而且产品开始走向世界。

建始县稀世宝经济发展有限公司生产的稀世宝，独特的硒卖点，加上当红明星赵薇的大眼睛；稀世宝人的不懈努力，加上全新的整合营销，使得稀世宝在20世纪的最后一个盛夏以迅雷不及掩耳之势创造了一个畅销的神话。

广水市民族化工有限公司是我国目前最主要的乳酸生产企业之一，已获国家经贸委审批，现有2500吨／年DL－乳酸及系列产品生产能力。公司生产的乳酸、乳酸钙、乳酸钠、乳酸乙酯等产品广泛应用于医药、食品、饮料、啤酒、纺织、化工、建材、烟草等行业，产品除销往国内28个省市自治区外，还远销日本、东南亚等国家和地区。

鹤峰县八峰药厂继13种原料药获香港药物国际博览会金奖后，八峰氨基酸口服液又获中国保健品科技学会2000年“中国保健品高科技成果奖”，全国1000多家同类企业获此殊荣的仅8家。

咸丰县咸丰御酒有限公司生产的“咸丰御酒”，自古以来，就是敬奉朝廷的“贡酒”，改革开放，经过对百年老厂技改，“咸丰御酒”飘香川鄂湘黔数省和首都北京。

粤北明珠——乳源瑶族自治县

外资企业三协电子厂组装车间

乳源瑶族自治县地处广东省北部山区，全县土地面积2125.5平方公里，总人口19.4万，其中瑶族人口2.2万，占11.3%。县境内水力、旅游等自然资源丰富，可开发水能资源45万千瓦；旅游资源有长15公里、深200多米的“广东乳源大峡谷”，5万亩水面的高山平湖——南水湖，海拔1902米的广东省最高峰，国内罕见的原始地下森林。近年来，自治县人民结合当地的地理、气候条件，积极发展区域特色农业，同时充分发挥资源优势，大力发展小水电和旅游业，较好地带动了外向型经济和第三产业的发展。

为加快瑶族地区经济的发展，县委、县政府对瑶区实行财政倾斜、减免税费等优惠政策，大力扶持瑶区经济和教育、文化、卫生等事业，并对缺乏生产生活条件的山区瑶族贫困户实施人口迁移，多渠道筹集资金，增加投入，改善迁移户的耕地、住房、水利、用电、饮水等生产生活条件，支持瑶区村集体参股兴建扶贫电站，瑶区的经济有了较大的发展。1999年，瑶区农村人均纯收入2501元，村委会一级年集体经济收入达到3万元，四个瑶区乡镇年机动财力均达到35万元以上。1999年，自治县人民政府被国务院授予“民族团结进步模范集体”称号。

县城全貌

慈悲济世的广州光孝寺

广州光孝寺是一具有1700多年历史的著名古刹。改革开放后，寺院重光，焕发生机。寺院僧众在党和政府的领导下，发扬佛教“慈悲济世”的菩萨精神，多次捐资捐物，资助社会公益事业。特别是1995年以来，在广东省民族宗教事务委员会的指导下，积极扶助民族地区和少数民族群众，共捐出600多万元，救灾助学，筑路建房，为广东省少数民族的发展和民族团结作出了积极的贡献。

连南瑶族自治县山联乡是全县最边远的乡，乡政府在海拔1300多米的崇山峻岭之中。从乡到县城只有一条崎岖不平、弯曲险峻的小路。交通不畅成了该乡经济发展的极大障碍，乡政府计划修路，但又苦于资金不足。1996年，光孝寺负责人得知后，捐出 12万元以帮助该乡修一条连接公路干线的新路。省民宗委派人协助新路规划勘察，并与

广州光孝寺山门。广州民间有：“未有羊城，先有光孝”的谚语，虽有夸张，但却道出广州光孝寺历史的久远。它作为中国佛教禅宗先祖达摩来中土初转法轮，慧能六祖剃度受戒，初传顿悟法门的胜地，被列为全国重点文物保护单位

广州光孝寺大雄宝殿（创自317–420年）

1995年，广州光孝寺向阳山县秤架瑶族乡捐资助学50万元。图为本焕法师（右一）、新成法师（右二）向秤架瑶族乡捐资

邻县协调关系。经过2个月的紧张施工，一条平坦宽阔的新路展现在瑶族同胞的眼前，从新路到县城的路程比旧路缩短了近10公里。为感谢光孝寺僧众的善举，瑶族群众在新路的起点立了一个碑，铭记光孝寺的功德。

1996年，云南省丽江地区发生地震，光孝寺僧众从新闻媒体上得知灾情后，被灾区人民群众的困境牵动了心，拿出30万元援助灾区群众重建家园。

1999年，光孝寺为协助乳源瑶族同胞迁移到条件较好的地方，捐出75万元建起了腊岭瑶族移民新村，近200个瑶族同胞高高兴兴地从世居的高山和边远地方迁进了新村。

近几年，光孝寺还先后捐出近200万元，为连山壮族瑶族自治县、东源县漳溪畲族乡各兴建了一所希望小学；为连南瑶族自治县建了敬老院；帮助民族地区发展农业生产。光孝寺慈悲济世、乐善好施的美德受到社会各界和少数民族群众的称赞。1998年，广州光孝寺受到国家民委、广东省人民政府的联合表彰，被评为民族团结进步模范集体。

广东省佛教协会、广州光孝寺住持新成法师与广东省民族宗教事务委员会温兰子主任交谈

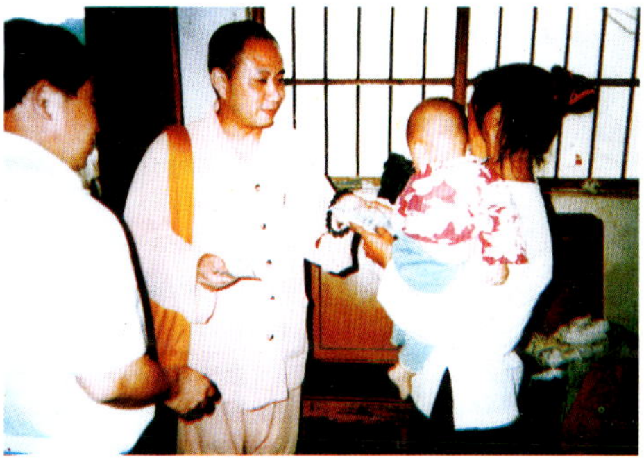
广东光孝寺监院明生法师到连南瑶族自治县考察。图为明生法师捐资2000元慰问迁移瑶族群众

1996年8月，阳山县秤架瑶族乡漏水坪小学教学楼在广州光孝寺的资助下重新建成。图为大楼落成典礼

图为阳山县秤架瑶族乡向广州光孝寺赠送“造福瑶乡”横匾

河北省张家口市清真肉类有限公司

张家口市清真肉类有限公司是国家民委定点的民族用品生产企业，是经国家商检局注册的牛羊肉出口厂家，拥有进出口经营权，也是张家口市畜牧业产业化发展的龙头企业。

总经理陈振月同志

公司占地面积29340平方米，拥有固定资产1835万元，是集活畜购进、屠宰加工、熟肉生产、冷冻冷藏、产品展示、洽淡交易、食宿娱乐等功能于一体的清真肉类生产经营企业。年实现销售收入1800万元、利税100余万元，产品远销全国二十多个大中城市并出口到阿拉伯国家。

公司将坚持以质量求生存，以信誉求发展，用户至上，货真价实的宗旨，愿与国内外各界朋友真诚合作，致力于拓宽国内市场，进入国际市场，为中国的民族经济及食品工业做出更大的贡献。

河北省张家口市清真肉类有限公司外景

八桂名星企业

——广西柳江制药厂

厂长：董敏庆

广西柳江制药厂始建于1970年，是一家生产中西药制剂的国有企业，占地面积约10万平方米，固定资产4000多万元，拥有片剂、冲剂、液体制剂、胶囊剂、散剂等6个剂型70多个品种产品，生产设备及检测仪器共148台（套），现有职工320人，各类专业技术人员120人，年产值4000多万元，税利实现300多万元，其中利润占总税利的60%左右，经济效益排行广西医药制药行业前8名，产品畅销国内20多个省市并由广西区医药保健品进出口公司出口到东南亚国家和地区。

1990年以来连续十二年获得区级“重合同、守信用企业”和“无假冒伪劣产品制售企业”等光荣称号；1997年，自治区药管理局从全区130多家制药企业筛选出9家企业推荐给自治区人民政府命名为“八桂名星企业”，该厂荣获此光荣称号；1997年工厂被国务院有关部门定为全国民族用品定点生产企业；1999年被评为全国民族团结进步模范集体。

科研办公大楼

楚雄民族中等专业学校

教育成果

楚雄民族中等专业学校位于楚雄彝族自治州楚雄市龙川江畔，由原楚雄财经学校、楚雄州民族中等专业学校、楚雄州粮食学校三校合并而成，校园占地面积为177.957亩，有在校生2000人，按财经科、管理科设置21个专业。二十多年来，学校共为全省各地州培养和输送了大、中专毕业生共12470人，为地方经济建设作出了积极的贡献。

学校十分注重各民族师生的团结和共同进步，1999年被国家民委授予“民族团结进步模范集体”称号。面对西部大开发的历史机遇，学校将加快改革步伐，力争五年内把学校建成国家重点中专，为社会主义建设事业作出更大的贡献。

学校实验楼

新疆生产建设兵团农五师八十九团

新疆生产建设兵团农五师八十九团位于阿拉尔山南麓的新疆博尔塔拉蒙古自治州境内塔斯尔海垦区，是个多民族聚居的团场，该团1963年建团以来，经过两代军垦人的艰苦创业，把昔日人烟稀少、一个荒滩连着一个荒滩的戈壁滩，建设成为绿树成荫、道路通达、田畴相连的大型国有农场，是国家40佳造林绿化先进单位。

塔斯尔海垦区土地面积55万亩，人口10万余人，其中八十九团有建制单位29个，总人口15000人，13个民族组成，职工4800名，全团规划土地面积16 万亩，山区草场面积12万亩，现有耕地面积12.8万亩，主要种植的农作物有棉花、小麦、玉米、甜菜、油料、瓜果等，是兵团优质棉花种植基地和优质畜产品生产地，也是优质棉出口地。

八十九团注重团部的基础设施建设，目前团部小城镇建设已初具规模，规划科学、布局合理、建设有序。截至目前，该团建住宅楼18幢，建筑面积约2.91万平方米；建幼儿园、医院、学生宿舍、中小学教学楼8幢，建筑面积约2.4万平方米；建办公楼、商场等6幢，建筑面积约8000平方米；新建和扩建了加工厂、地膜厂、大理石厂等企业厂房；兴建了建筑面积为4100平方米的群众艺术馆及儿童文化园，同时可容纳1400人；占地面积为1.2万平方米的石油液化店已开始投产；有面积达6400平方米的农贸市场，可容纳流动摊位100个。团内开通了400门数字程控交换通讯系统，国际国内直拨电话已达3000部，有28套节目的有线电视入户率达100%；修建了占地1.5万平方米的团喷泉中心花园。

现在，呈现在人们面前的是一座功能齐全，文、教、卫和水、电、路、通讯等基础设施建设并重的绿洲小镇。

八十九团鸟瞰

拥有5万亩喷灌节水农业

优质出口棉花基地，农工正在喜交新棉

初具规模的城镇化建设